吕世伦法学论丛
第三卷

理论法学经纬

Main Points of
Theoretical Jurisprudence

吕世伦　著

黑龙江美术出版社
Heilongjiang Fine Arts Publishing House
http://www.hljmscbs.com

图书在版编目（CIP）数据

理论法学经纬 / 吕世伦著 . —— 哈尔滨：黑龙江美术出版社，2018.4

（吕世伦法学论丛；第三卷）

ISBN 978-7-5593-2687-4

Ⅰ . ①理… Ⅱ . ①吕… Ⅲ . ①法的理论—研究 Ⅳ . ① D90

中国版本图书馆 CIP 数据核字 (2018) 第 074973 号

理论法学经纬
Main Points of Theoretical Jurisprudence

著　　者 / 吕世伦

出 品 人 / 金海滨

责任编辑 / 赵立明　王宏超

编辑电话 / （0451）84270530

出版发行 / 黑龙江美术出版社

地　　址 / 哈尔滨市道里区安定街 225 号

邮政编码 / 150016

发行电话 / （0451）84270514

网　　址 / www.hljmscbs.com

经　　销 / 全国新华书店

制　　版 / 黑龙江美术出版社

印　　刷 / 杭州杭新印务有限公司

开　　本 / 710mm×1000mm　1/16

印　　张 / 45.75

版　　次 / 2018 年 4 月第 1 版

印　　次 / 2018 年 5 月第 1 次印刷

书　　号 / ISBN 978-7-5593-2687-4

定　　价 / 298.00 元

探索理论法学之路

（总序）

　　《吕世伦法学论丛》出版了，此亦垂暮之年的一件快事。值此之际，几十年求法问道的点点滴滴，学术历程中的风风雨雨，不免时常浮现脑海，思之有欣慰也有嘘唏。当年如何与法学结缘而迈入法学的门槛，在浩瀚的法学领域中如何倾情于理论法学，理论法学的教学与研究中所经历的诸般坎坷与艰辛，对自己平生言说作文的敝帚自珍之情，如此等等，都时常萦绕心间。借这套书出版的契机，整理一下思绪，回首自己的学术人生，清贫守道，笔砚消磨，个中冷暖甘苦，或可絮叨一二，喟然叹曰："著书撰文求法意，一蓑烟雨任平生。"

一、"我是中国人"的觉醒

　　我的法学之梦是在一种极为特殊情况下形成的。本人出生于甲午战争后被日本军国主义侵占的大连地区。少年时期读过不到两年的私塾，先是接受童蒙类的教育，继而背诵《论语》《唐诗三百首》等。稍长便开始翻看一些信手拈来的古典小说如包公、彭公、施公"三案"书，当代文学小说，"四大才子书"等。尽管很多地方似懂非懂，但读书兴趣愈发深厚，颇有贪婪的劲头。彼时追求的是知识，与政治无关。进小学不久，太平洋战争爆发，学校里不准孩子讲中国话，只许讲日语（叫"国语常用"），否则便会遭受处罚；每周除了上几堂日语会话之外，其余时间便是军训，种地，四处捡废铁、骨头和采野菜，支援"大东亚圣战"。社会上传播的声音，一方面是因不堪忍受横征暴敛、苦工奴役、饥寒交迫、恐怖虐杀而引起的怒吼，另一方面是关内尤其是隔海相望的山东不断流进八路军率领群众抗日壮举之类所引起的欢呼。大连地区迅速变成一座即将爆发的反日火山。我们中间，也与日俱增地盛传鬼子兵必败的消息，背地里玩着诅咒日本的各种游戏。对我来说，这是头脑中第一次萌发反抗外敌压迫的观念。

　　1945年8月15日，我的心灵受到从未有过的巨大震撼，因而这一天成为我永生难忘的日子。那天，我亲眼看到的历史性场景是：上午，日本宪兵、警察及汉奸们还在耀武扬威，横行霸道，民众敢怒不敢言地躲避着他们；而正午12点，收音机特别是街心的高音喇叭突然播出"裕仁天皇"宣布日本无条件投降的颤抖声音。顷刻间，人们蜂拥而出，塞满街巷，议论着、欢呼着，脸上挂着喜悦、激动的泪花。大连42年被殖民地化和民众被"亡国奴"化的耻辱,一洗而净。大约半个小时之后,鼎沸的人群中响起一片"报仇的时候到了""抓狗腿子去"的喊叫声,瞬间大家三五成群地分散奔跑而去。我们几个小朋友也兴冲冲地尾随大人们四处颠簸,眼瞅着一些又一些"狗腿子""巡捕"从各个角落被揪出来示众和推打;一些更胆大的人则手持棍棒,冲进此前唯恐躲避不及的"大衙门"(警察署)和"小衙门"(派出所)拍桌子、缴枪,而这些往日肆无忌惮的豺狼们,则个个瑟瑟发抖,交出武器,蹲在屋角,乞求给一条活命。

"八一五"这天上、下午之间的巨大反差和陡然引爆的空前的中华民族大觉醒,对我有着决定性的影响,就是使我确切知道了自己是一个中国人。追想起来,几世代大连人的命运,是那样难以表达的不幸。从我懂事的时候起,总听到老人们念叨:"这世道,大清国不回来就没个好!"这是由于他们所经历的是大连被沙皇俄国和日本占领,不知道有个"中华民国",也不知道有个大人物孙中山,而一直没有忘记自己生下来就是"大清国"的子民。

行文至此,我不禁忆起1944年冬天遇上的一件事:一天下午,金州城东街一个墙角处,有位衣衫褴褛、踏着露出大脚趾的鞋子的醉汉坐在地上晒太阳。不一会儿,迎面走来个腰挂短刀的日本警察,用大皮靴狠狠地踢他,问"你是什么人?"汉子被惊醒,连忙回答:"我是中国人。"那警察更凶恶地继续踢他,说:"我要踢的就是中国人!"汉子赶快改口说:"我是满洲国人(指伪满人)。"警察也说不对。汉子显得不知如何应答,便冒出一句:"我是日本人。"警察轻蔑地反问:"你够格吗?!"还告诫:"记住,你是洲人。"(当时日本把大连地区叫做其所属的"关东洲"。)"洲人",这个怪诞的称呼,包含多少令人心酸苦楚的蕴意。其时,我脑际里随即浮现一种强烈的感受:做一个中国人,做一个有尊严的中国人是多么艰难,又多么值得珍惜啊!

二、马克思主义的启迪

日本投降之后,大连地区一天之间变成无人管理的"无政府"状态。此时,出现了大多数人以前未曾说过、处于秘密状态的共产党与国民党两股力量的争夺战。街墙上贴满红红绿绿的条幅,红的歌颂共产党、毛主席、八路军,绿的歌颂国民党、"蒋总裁"、"中央军"。有识者解释,这叫"标语"。1945年8月22日,在居民的欢迎下,苏联红军进驻大连,社会秩序有了个支撑点。但苏军却并不怎么管事,其欠佳的纪律又造成新的秩序问题。当时,更醒目的现象是,猛烈的意识形态争夺战展开了。一方面,莫斯科国家外文出版局中文版的马列书籍大量输入,而且大都是漂亮的道林纸的精装本,堆满街道,几乎不要用钱购买。其中,我印象最深的有《马克思恩格斯选集》《列宁文选》(上、下集)、斯大林的《列宁主义问题》、《联共(布)党史简明教程》及《1936年苏联宪法》(又称"斯大林宪法")等,还有不少马克思主义经典著作的单行本。继而是刚刚闭幕的中共"七大"文献,如毛泽东的《论联合政府》、刘少奇的《论党》、朱德的《论解放区战场》。另一方面，国民党则以"正统"自居，兜售蒋介石的《中国之命运》和一个日本人写的《伟大的蒋介石》等几本书。当时，我面对这些令人眼花缭乱的各类书籍，感到非常好奇，尽力收集，而且勤奋阅读，细心琢磨。不用说，许多东西看不懂，但慢慢也大概知道什么叫马克思主义、列宁主义、社会主义与共产主义；而毛泽东的著作通俗易懂，讲的又是中国的事，读之更觉亲切。当然，作为一种先进的博大精深的意识形态体系，不会那么容易就能把握，遑论尚处在幼稚时期的人。但我确信它是真理，内心里希望追随它。由于这个缘故，便自觉地按照中共党组织的号召行事。当时主要围绕三个主题进行宣传活动：第一，拥护党组织领导的"人民政府"；第二，中苏友谊，向苏联"老大哥"学习；第三，解放战争的胜利。我还曾参加过金洲皮革厂"职工会"的成立工作，在城墙上刷大标语，在北城郊"山神庙"的外墙壁上办黑板报。1947年进入中学之后，担任校学生会学习部部长与校通讯组组长，组织各年级喜欢写作与思想进步的同学，以消息报导、文艺小品或散文等形式，给大连地区各报刊撰稿，宣传党的政策。自己先后在《旅大人民日报》《民主青年》杂志及苏军司令部机关刊物《实话报》（即《真理报》的另一种中文译名）和《友谊》杂志等发表数十篇文章。

这一时期，由于读马列书籍引发了对理论的兴趣，我逐渐尝试写点小型评论，如对"生产力要素"的讨论、评维辛斯基联大演讲"原子弹已不再是美国专有的"，等等。使我无法忘记的是，从那时起，我已开始申请加入仍没公开的中共党组织，但因为出身家庭非工人、贫下中农而未遂愿，只能于1948年春加入"东北青年联合会"。就读高中期间，作为校党支部培养的"积极分子"，我担任"党的宣传员"，每周六下午到低年级各班讲解政治时事。我继续利用课余时间为报刊撰稿，获得过优秀作品奖。临近毕业，按照组织分配，经过简单的培训，我成为大连中学的一个教师。我讲授的是政治课，主要内容包括介绍毛主席和列宁、斯大林著作里的一些政治观点以及中国人民政治协商会议《共同纲领》。在《共同纲领》的备课与授课中，我认真比照那本一直保留着的《1936年苏联宪法》，这是平生第一次关注到法律问题，并对它产生了兴趣。后来还翻阅过新中国成立初期为数很少的几个立法文件。从此，我对政治理论方面的爱好逐渐同法学理论融汇起来，自此终身行走于这条专业道路。

三、正式迈入法学之门

1953—1957年，我在中国人民大学法律系读本科。因为学法律是当初报考的第一志愿，所以学起来很带劲。客观上，这四年恰逢国家处于完成国民经济恢复，转向全面进入社会主义经济建设的新阶段，因而猛烈的政治运动较少，大学生们能安稳地学习专业。通过一批青年老师的热心教学，学生系统掌握到苏联专家传授的苏维埃法学理论；有的老师还尽量做到联系当时中国法律的实际。除了课堂教学以外，还有较长时间到法院、检察院、律师所实习，来应用所学的东西。此间，令学生们获益匪浅的马列主义基础(《联共(布)党史》)、中共党史、哲学、政治经济学这"四大理论"课,对确立与强化未来一代法学家和法律实务家的马克思主义世界观与方法论起到重要作用。确实,离开这种世界观与方法论,很难称之为社会主义国家的法学。我热衷于理论法学的学习与研究,与此有重要联系。

本科毕业后留校任教,我选择了法理专业。十分遗憾的是,恰好从1957年起,政治运动浪潮一个又一个地滚滚而来。反右派,高举"三面红旗"(总路线、大跃进、人民公社),反右倾机会主义,"四清",社教,直至十年之久的"无产阶级文化大革命"。显而易见,这么一来,留给教师们教学与科研和学生们课业学习的时间,几乎化为乌有了。即令断断续续上一些课,皆是重复政策性的内容而且每门课彼此相差不多,即"党的领导"与"群众路线";对立面便是批判"右派"观点。这种情况同1958年中央北戴河会议有很大关系。当时,中央一位领导人说:"什么是法?党的政策就是法,党的会议就是法,《人民日报》社论就是法。法律不能解决实际问题,不能治党、治军,但党的政策就能解决问题。"另一位领导人补充说:"我们就是要人治,不是什么法治。"接着,各层级的领导干部便迅速传达和贯彻首长讲话的精神。我们教师正是以这种"人治"思想为指导,国家的宪法和为数不多的几部立法也被淡化了。

1958年开展了"大跃进"运动,法学研究也跟着"大跃进"。法理方面,撰写《论人民民主专政和人民民主法制是社会主义国家的锐利武器》(出版前,作为兼职党总支学术秘书,我建议改为《论人民民主专政和人民民主法制》);刑法方面,撰写《中华人民共和国刑法是无产阶级专政的重要工具》;刑事诉讼法方面,撰写《中华人民共和国司法是人民民主专政的锐利武器》。其中都突出"专政",而社会主义法制如何保障和发扬社会主义民主则没有得到应有的研究与阐发。至于民法和民事诉讼法,因对私有制与私有权利的恐惧,没有出版教科书,也很长时间不开课。司法中的"重刑轻民",在学校中亦有明显的反映。事实证明,用政策替代法律、以"无法无天"的群众政治运动当作治国基本方略、讲专政不讲或少讲民主、重权力轻权利、重刑事法轻民事法,把法律程序说成是"刁难群众"等,皆同人治思想密不可分。

此外,当年还曾出现过的一种情况是,反右派之后,为配合批判资产阶级观点,还搞了一段时间的"教学大检查"。即发动每个学生仔细翻看课堂笔记,查找"错误"观点,然后写大字报贴在学生宿舍楼侧的墙壁上公示。例如,一些大字报认为"人情""爱情"这类字眼是"不健康"的,把自由、平等、人权、人性等词说成是资产阶级或右倾的,甚至个别大字报上说"人民"的提法也"缺乏阶级性"。在这种出口即错、动辄受咎的情况下,教师便难于登讲台;要讲,只能念中央文件和首长讲话。至于撰写文章,更令人不安:多一事莫若少一事,与其挨批判不如落个清闲自在。在国际间法学信息交流方面,新中国成立之后,来自国外的图书资料已基本上见不到,但毕竟尚有苏联的东西可谈。比如,我们能订阅到《苏维埃司法》等杂志。1959年中苏交恶,读俄文资料的机会也失去了。之后,除需要批判右派言论、右倾机会主义、资产阶级法律思想之外,当然还需要批判苏联修正主义，法学的政治螺丝拧得更紧了。简言之，随着政治运动不断升级，尤其是十年"文革"的暴风骤雨，"知识无用"论、"资产阶级知识分子统治学校"论，以及"四人帮"倡导学生反对教师、"交白卷"等，不一而足。

我之所以回忆这些，不光是表明此二十余年间自己成长的客观环境与条件，更重要的是要总结在这样的环境与条件下自己的法学思维受到哪些影响。从积极方面说，它确实不断地强化我对党的领导、社会主义道路的信念。从消极方面说，主要是"极左"思想的影响。这些在我的讲课和撰写的文章中，都不乏明显的表现。

毛主席从来强调学习马列，在"运动"中尤其如此。学马列很投合我的喜好。在长期坚持翻读马克思主义经典著作的基础上，又加上系统的"四大理论"和国家与法权理论等课程的培养，我在法律系讲坛所授第一课便是"马列法学著作选读"，对象包括本科生和研究生班。这些法学著作有：毛泽东《新民主主义论》《论人民民主专政》，马克思、恩格斯《共产党宣言》《法兰西内战》，列宁《国家与革命》等。可以说，我备课认真，讲课严谨。如，为了讲《国家与革命》，除广泛查阅国内资料之外，还看过苏联和日本出版的相关书刊，一般都做笔记或摘要。日本共青团（左派）机关报《青年战士》登载的长篇论文《〈国家与革命〉研究》，我甚至全部译出。凑巧的是，"文革"中人民大学解散，我被分配到北京医学院宣传组，仍然负责学院和各附属医院领导干部（也包括"工宣队""军宣队"负责人）学习马列著作的讲授工作。虽然这个讲授说不清有几多效果，但我本人是负责任的，积累下一大堆资料和手稿。

在法律科学研究方面，我深知一个理论法学教师欠缺扎实的学术功底是难以胜任的。这就需要以多读书、勤思考为依托，并训练撰写论文。1958年，我作为法律系科研秘书，不仅要定期向最高人民法院和司法部报告系内学术动态，还在《法学研究》杂志上发表相关的通讯报道。在1959—1961年三年经济困难期间，党组织要求师生尽量多休息，"保证身体热量"，因而"运动"也暂时中止。

新中国成立后，党中央一直强调批判资产阶级法律观。因此，平时我经常考虑，要批判就必须弄清其对象究竟是个什么情形，否则就会陷于尴尬的境地。鉴于此种想法，我便集中力量阅读或复读西方法学名著以及法律思想史类的图书，觉得心得不少，制作了许多卡片，对西方法律思想史滋生了浓厚的兴趣。1963年4月，我在《人民日报》理论版发表《为帝国主义服务的自然法学》，继而在该报内部刊物发表《美国实在主义法学批判》。可以想见，在当时对发表文章存在恐惧心理的法学界，载于中央机关报上的这篇文章不免产生一些震动。自不待言，在那种"极左"大潮下，作者亦备受影响，从两篇文章的题目上就可看得出来。翌年，我又在《人民日报》国际版上发表了一篇关于美国儿童状况的政治短评。"文革"前夕给《光明日报》撰写《读列宁〈国家与革命〉》论文，打过两次清样，报社方面也收到人民大学党委宣传部"同意发表"的回复。但是，"文革"凶潮突然袭来，报社编辑部也被"造反"，那篇论文亦不知所踪。此前，我还曾与孙国华教授合作，在《前线》杂志上发表《国家与革命》讲座文章。1958年，《苏维埃司法》杂志刊载《美国人谈美国司法制度》论文,我读完后便顺手翻译出来,并在1959年春《政法译丛》上发表。同年,从苏联归来的朋友送给我一本《苏维埃刑法中的判刑(函授教程)》小册子,以为颇有新意,便翻译出来交人民大学出版社打印。在日文资料方面,除前面提到的研究列宁《国家与革命》的论文外,还翻译过《现代法学批判》一书;该书重点是对西方和日本新兴起的"计量法学"的社会法学思潮的系统评论,国内尚没有介绍过。

四、后半生的理论法学探索

终于熬过漫长的十年"文革",国人无不欢欣。1978年,十一届三中全会提出"改革开放"新政策,使社会主义中国社会、经济、文化和科学焕发勃勃生机,亦为法治建设和法学繁荣创造空前有利的条件。邓小平深刻总结新中国成立以来成功的经验与失误的教训,提出始终以经济建设为中心,实行民主的制度化、法律化,大力建设社会主义法制,提出"有法可依,有法必依,执法必严,违法必究"十六字方针;提出近期需要培养一大批法官、检察官、律师。这就为中国社会主义法学的发展开拓了坦途。我的法学生涯由此而发生巨大的转折与提升。党中央倡导解放思想与实事求是的精神,使我倍加注重独立思考,走学术创新之路,理论思维与方法亦有颇大改变。与此相应,教学与科研的热情与进取心更加高昂。

我开出的课程,先后有:本科的西方法律思想史和全校法学概论,硕士生的法理学、现代西方法哲学、黑格尔法哲学、马列法学原著选读,连续多年为法学院和全校博士生进行法学专题讲座。此外,应邀为中国政法大学前五届研究生和西北政法大学(当时称"西北政法学院")开讲"现代西方法理学"课程;为浙江大学分出来的杭州大学和安徽大学本科讲授西方法律思想史;为国内数十所高校及日本一桥大学、关东学院大学、山梨学院大学、立命馆大学等做过法学专题演讲。在吉隆坡,同马来西亚下议院副议长和前财长进行中国法学问题的交流。

近四十年来,在报刊发表法学论文300余篇。与授课情况相一致,科学研究的主题集中于三个方向,即:理论法学①、西方法律思想史与现代西方法哲学、马克思主义法律思想史。

(一)发表的主要论文

(1)理论法学的论文。第一,法的一般理论,其中除纯粹法理学②之外,还有法哲学、法社会学、法经济学、法政治学、法伦理学、法文化学、法人类学、法美学等边缘性诸

---

① 理论法学包括法的一般理论和法史学两大部分。但是,法史学内容广泛,涉及古今中外,故应把它从理论法学中分别开来,独成体系。
② 纯粹法理学指专门研究法律概念与规范的学科,也有西方学者称之为"法教义学"。

学科。在法学的这些学科领域中,发表的论文多寡不一,有的学科极少涉及。第二,在研写论文的过程中,每每重视紧密联系中国特色社会主义理论与国家建设,尤其法治建设的论文。其内容包括普法评论,党的政策与法,社会主义民主与法治,人治与法治(大辩论),法治与德治,人权问题,当代中国社会性质(社会主义社会还是契约社会),社会主义市场经济的法律精神,依法治国基本方略,根本法·市民法·公民法·社会法,以人为本的法体系,从法视角研究市民社会的思维进路,和谐社会与法,法治思维与法治方式,社会主义政治的制度化、规范化、程序化,法学的基本范畴(权利与权力、权利与义务、职权与职责),社会主义司法制度,廉政建设,国家主义与自由主义法律观评析,公平与正义,中国先贤治国理政的智慧等。

(2)有关西方法律思想史与西方法学家的论文。第一,对西方法学思潮研究的论文,涉及自然法学、人文主义法学、分析实证主义法学、社会学法学、历史法学、存在主义法学、行为主义法学、经济分析法学、功利法学、德国古典法哲学、新康德主义法学、新黑格尔主义法学、符号学法学、美国现实主义法学、斯堪的纳维亚现实主义法学、后现代法学、女权主义法学、种族批判法学等。第二,对西方著名法学家的研究论文,包括托马斯·阿奎那、孟德斯鸠、卢梭、斯密、休谟、康德、黑格尔、费希特、彼得拉任斯基、杜尔克姆、赫克、马里旦、德沃金、拉德布鲁赫、布莱克等。第三,对西方政治法律制度的评论,包括政党政治、三权分立、选举制度、司法制度及现代西方主要政治思潮。

(3)马克思主义法律思想史和马克思主义经典著作的研究论文。第一,马克思、恩格斯法律思想研究,其中包括:马克思、恩格斯法律思想史教学大纲,马克思、恩格斯法律思想的历史轨迹,马克思主义与卢梭,马克思主义法哲学论纲,《黑格尔法哲学批判》中的法律思想,《德意志意识形态》中的法律思想,《共产党宣言》中的法律思想,《资本论》及其创作中的法律思想,《路易·波拿巴的雾月十八日》中的法律思想,《反杜林论》中的法律思想,《家庭、私有制与国家的起源》中的法律思想,恩格斯晚年历史唯物主义通信中的法律思想。第二,列宁法律思想研究,其中包括:列宁法律思想史的历史分期,列宁社会主义法制建设理论与实践,《国家与革命》中的法律思想,列宁民主法治思想。第三,毛泽东、邓小平法律思想研究,其中包括:毛泽东民主、法制思想研究,毛泽东湖南农民运动时期的法律思想,邓小平中国特色社会主义法律理论解读,邓小平民主法制思想解读,邓小平民主法治思想的形成与发展。

(二)出版的法学著作

自人大复校以来,出版法学专著40余部,其中不含主编的"西方法学流派与思潮研究"丛书(23册)、"西方著名法哲学家"丛书(已出20册)。

(1)理论法学著作。包括:《法理的积淀与变迁》、《法理念探索》、《理论法学经纬》、《社会、国家与法的当代中国语境》、《当代法的精神》、《法学读本》、《以人为本与社会主义法治》(司法部法学理论重点项目)、《法的真善美——法美学初探》(国家社科基金项目)、《法哲学论》(教育部人文基金项目)等。

（2）马克思主义法律思想史著作。包括：《马克思恩格斯法律思想史》（初版与二版，国家第一批博士点项目）、《列宁法律思想史》（国家社科基金项目）、《毛泽东邓小平法律思想史》、《马列法学原著选读教程》等。

（3）西方法律思想史著作。包括：《西方政治法律思想史》（教程）、《西方政治法律思想史增订版》（上、下）、《西方法律思潮源流论》（初版与二版）、《西方法律思想史论》、《黑格尔法律思想研究》、《现代西方法学流派》（上、下）、《当代西方理论法学研究》等。

（三）论著的意义与创新

尽管我在学术上执拗地努力，并出版了若干本著作和发表了一批论文，但表达的多属平庸之言。然而近几年来，经常有人尤其学生，非让我谈"学术成就"。每逢这种情况，我总是闻而生畏，设法回避，但有时又不允许我闭口不说。在这里，就把我考虑过的和别人概括的看法略示如下，就算是对自身的一点安慰吧。

（1）马克思主义法律思想史"三部曲"，是国内率先出版的著作①。该书的策划、研写和出版的过程，长达30余年之久。作者们埋头于马克思主义经典作家们浩瀚的书海中，竭尽全力进行探索才得以成书；每出一本著作皆需耗时数年。其中《马克思恩格斯法律思想史》（一版）在市场上销售告罄之后，又忙于出修订版（二版），也很快售完。直至近几年，仍陆续有人向出版社或主编索取该书。可以看出，它是备受欢迎的。当然，"三部曲"的主要意义并非在于其出版早的时间性，而在于能够帮助读者特别是从事法学研究的读者系统地了解马克思主义经典作家们有关法学的基本观点与其发展的历史脉络，并以之作为思考法律现象和问题的指导思想。平素间，亦可作为阅读或查阅马克思主义法学经典著作的得力的工具书。

（2）我在研究西方法律思想史的历程中，一个新的起点便是与谷春德教授一起编写的《西方政治法律思想史（上、下）》的教程。这是高等学校恢复招生之后面世的国内第一部西方政治法律思想史教程，因而产生了广泛的影响力。此后，我主持编写了关于西方法律思想源流、现代西方法学流派、现代西方理论法学和两套"丛书"，以及与此相应的一批论文。这些著作与论文，有些属于论述性的，有些属于评介性的。对于读者来说，或用于教材，或者作为理论观点的参考，或者当成资料，都有一定的意义。

在这些著作中，需要专门说一下《黑格尔法律思想研究》，它开创了国内研究黑格尔法哲学之先河。我国黑格尔研究泰斗贺麟先生在《光明日报》上发表的书评里写道，该书"熔哲学与法学于一炉，可以说填补了黑格尔研究的一个空白"。

（3）《法的真善美——法美学初探》，是我用三年时间同博士生邓少岭探讨国内外均涉足颇少的问题，遑论法美学学科。此间，我们发表多篇相关的学术论文，并在这个

---

① 喜见2014年11月公丕祥、龚廷泰二位教授主编的《马克思主义法律思想通史》四卷本已出版，该书比我们的"三部曲"更为详尽与深刻。

基础上凝结成一部专著。它获得学界的赞许,还获得司法部的奖励。

(4)《法哲学论》。参与写作者有文正邦教授及张钢成、李瑞强、吕景胜、曹茂君等博士,亦系国内头一部系统阐发法哲学的作品。全书分为本体论、法价值论和法学方法论三部分,有青年学者对此研究分类持不同意见,这是令我高兴的好事。从总体上说,该书自成一体,有独立见解,而且引用率较高。

(5)论著中的主要创新观点。

第一,关于民主、法治问题。在法治与人治的大辩论中,我与合作者发表《论"人治"与"法治"》一文,力主法治,并有说服力地解释了"人治论"和"人治法治综合论"的偏颇。《人民日报》以"不给人治留有地盘"为题,转载了论文中的基本观点。在民主问题的讨论中,我率先提出政体意义上的民主和国体意义上的民主的区别,指出前者属于形式民主或程序民主,后者属于实质民主或实体民主,该观点得到普遍的认同。

第二,从法的视角阐发社会主义社会与市民社会的关系。我在《市场经济条件下的社会是怎样的社会》《"从身份到契约"的法学思考》《市民法·公民法·社会法》《"以人为本"的法体系》①等论文中指出:在现今的我国社会,社会主义属性是本体性的,而市民社会是从属性的;社会主义社会是"有契约的社会",而非等同于西方19世纪的"市民社会"或"契约社会"。

第三,批判国家主义与自由主义的法律观。我认为,马克思主义法律观是通过批判这两种法律观,或者说通过这两条战线的斗争而形成的。沿着这样的思考,对西方的政党政治、三权分立、选举制度进行批判性研究的同时,也对国家主义进行系统的探索,揭示了国家主义法律观的几个基本特征,即"重国家、轻社会,重权力、轻权利,重人治、轻法治,重集权、轻分权,重集体、轻个体,重实体、轻程序"。无疑,这种理论探索对我国民主与法治建设是有重要意义的。

第四,人权观点。从20世纪90年代初我国正式宣布"人权保障"伊始,便流行"主权是人权的前提和基础"的命题,而且把它当作不容争辩的真理。我在仔细考察马克思、恩格斯和列宁的人权思想之后,辩证地分析该命题。在《人权研究的新进展》论文中,我指出:从国家主权对国内人权的管辖、反对西方国家人权话语霸权和保护国家主权的独立性而言,这个命题是可取的。不过,从权力(主权)与权利(人权)二者基本关系方面来说,这个命题则是不正确的、不可取的。因为,在民主国家尤其社会主义国家奉行"人民主权"论,权力(主权)来自权利主体的人民并且是以服务人民权利为目的的,即通常所说的"人民当家作主"。所以,权利应当是权力的前提和基础。文中所讲的结论和基本论据均出自马克思主义经典作家的指教,是经过历史实践验证过的真理。这种论述尽管引起一阵"风波",但最终还是被广泛地默认,以至于很少有人再提

---

① 后三篇论文系与任岳鹏博士合写。

起那个命题了。后来,我又发表《权利与权力关系研究》①一文,进一步强化前述观点,具有很强的说服力与启发性。

于今,我已是 80 岁的老迈之人。回顾过往时日,自知碌碌无功,但却没有枉费宝贵的光阴。时至今日,倍感欣慰者有二:一是,目睹一茬又一茬学士、硕士、博士学成离开,并各有所长、各有作为,在各个岗位上为中华民族伟大复兴的梦想而奉献力量。二是,眼下幸运地逢到一个机会,将自己一生在理论法学方面的重要论著(其中许多得益于合作者的启发与帮助)予以系统整理和付梓。这是对个人学术经历的一个回顾,也希望可以得到更多的批评和指教。

在此选集的策划出版过程中,史彤彪、吕景胜、冯玉军、李瑞强、任岳鹏等多位教授与博士以及北京仁人德赛律师事务所负责人李法宝律师,对拙作的出版事宜先后予以大力的支持和帮助。拙作的出版资助款来自一直关心我的学生和学友以及南京师范大学法学院、南京审计学院法学院。我的 2000 级学生王佩芬为拙作出版的各项繁杂工作,陆续付出一年有余的心力和辛苦。这里,对于前列的相关人士与单位,一并表示深深的感谢,并铭记于怀。

吕世伦

2018 年 5 月

---

① 与宋光明博士合写。

第三卷出版说明

本书根据理论法学纬（横向）、经（纵向）两部分来分类，进行学术探讨。横向部分包括社会与国家、法哲学、法理学、法美学；纵向部分包括西方法律思想史学、中国法律思想史学，以及法律制度史学。这些均系作者近些年学术成果的积淀（包括与若干位法学专家及作者所带研究生合作撰写的文章），书中表达的诸多理论观点具有新意和创造性，值得关注。

本书原由中国检察出版社出版于 2004 年 6 月。此次编集，在原版的基础上订正了一些错误，并依照选集体例对本书结构略作调整。

编 者
2018 年 5 月

序

拙作命名为《理论法学经纬》，是根据理论法学本身的内涵而确定的。按照国内外大多数法学家们的共识，理论法学应当包括两大方面：第一，法律史学。其中又分为法律制度史学和法律思想史学。它们均是研究法律运行总体脉络的学科。通常，法律制度是建立在一定的法律思想（或曰法学理论、法律学说）的基础上；反过来，法律制度对法律思想和社会意识也有巨大的影响力。不言而喻，作为一门专史，法律史学的对象属于历时性的存在现象，所以谓之理论法学的经（纵）向学科。第二，法的一般理论。除了法理学是纯粹研究法律或规范本身的学科之外，还应包括其他同法律基础性理论密切相关的法学与别的学科领域相交叉所形成的"边缘学科"，并且这些学科伴随法学的发展在不断地增加。到目前为止，已有法哲学（法学与哲学的交叉）、法社会学（法学与社会学的交叉）、法经济学（法学与经济学的交叉）、法政策学（法学与政策学的交叉）、法人类学（法学与人类学的交叉）、法美学（法学与美学的交叉），如此等等。几十年来，本人或多或少、或深或浅地涉足到这些学科领域，发表了一些论著，有的是写出来但没有发表而压了箱底。所有这些学科都是相互并存的、共时性的，所以谓之理论法学的纬（横）向的诸学科。

今年恰逢我的"古稀之年"。大体估算了一下，平生所撰写理论法学的文章总共300篇左右。这些东西清晰地映现出自己学术思想的演化历程。早年时期的作品，显得很天真幼稚，无法登上大雅之堂是不言而喻的。后来，直到"文革"结束之前，受到极"左"的、歪曲形态的"马克思主义法学"之长期和反复地熏陶，中毒匪浅。职是之故，这些作品连自己都觉得不好意思去面对，当然不会编入书里去。这几年，我先后对余下的文章进行了整理和梳缕，辑成三部文集：第一部是《法理的积淀与变迁》（674 千字，法律出版社 2001 年），内容属于法律思想史学方面的；第二部是《法理念探索》（600 千字，法律出版社 2002 年），内容属于法律一般理论的；第三部便是目下的拙作《理论法学经纬》。顾名思义，它的内容既有经（纵）向的法律思想史学，又有纬（横）向的法的一般理论，两者都属于理论法学范围内的作品。文集中有些是本着"互师互学，教学相长"的精神，同我的研究生们一起研写的。经验使我感到，这是培养研究生的一种颇为有效的方法，还能够起到师生之间彼此启发和共同提高的作用，所以是我经常采用的。在这里想特别强调，1984 至 1988 年我在南开大学法学研究所担任研究员和所长期间，与中国法制史专家杨恩翰教授共事的过程中，经常向他请教有关中国法律思想史方面的问题；收入这本书里的中国法律思想史学部分（包括一篇长文和两篇短文），就是我们合写的,但主要贡献应归于他;至于我所发挥的作用很有限,毋宁说主要是为了向他学习才参与的。此外,我还不能忘怀当年同几位专家教授们富有成效的合作的情谊。现在,我郑重地向以上的同学们和朋友们,以及合作者们表示真挚的谢意。

本书存在的缺点或不足,可能比比均是,衷心期望和欢迎读者不吝赐教,我定会虚心加以思考和拜纳的。

人生有涯,学海无涯。虽然我正式迈入法律科学殿堂已半个多世纪,但真正称得上"成就"者几稀。这个事实鞭策我仍须发挥暮年的余热,使自己还能有所进步。

我的感想或感慨有许多,为了节省读者的时间,就此停住。

这些话权且充作本书的"序"吧。

吕世伦
2004 年于中国人民大学寒舍

目录 CONTENTS

上篇　法的一般理论

下篇　法律史学

上 篇

法的一般理论

第一部分　社会与国家

社会、国家与法

——从法的视角思考国家回归社会问题

　　社会与国家的关系是政治学和法学界长期以来极为关注的问题,近几年来甚至成为我国理论界的一个热点。影响较大的,有 80 年代末的新权威主义和 90 年代初的市民社会理论。前者主张以强有力的具有现代化导向的政治权威作为社会整合和保证秩序的工具,自上而下推动现代化。① 后者则认为在中国应以建构中国的市民社会为基础,建立国家与市民社会之间的良性互动。② 无疑,这两种观点均有其独到之处。但是,我们觉得它们存在着共同的不足之处:第一,没有明确马克思主义关于社会与国家关系的基本原理是什么。第二,没有涉及在社会与国家的关系中法应当担任一个怎样的角色。

　　鉴于这种情况,本文作者为自己确定的主题是:根据马克思主义关于社会与国家关系的基本原理,探讨我国的法如何促进国家不断地回归社会,向着大同世界的伟大目标迈进。这是社会主义法必须承担的根本历史使命。

一、社会与国家关系的历史演进

　　虽然具体形式有所不同,社会与国家之间合一与分离的往返运动,是一个有规律的历史现象。

(一)国家从社会中产生又凌驾于社会之上

　　人类最早的社会组织是氏族制度。氏族实行习俗的统治。对于氏族成员来说,"他们尚未脱掉同其他人的自然血缘联系的脐带"③,从而也不能脱掉自然发生的氏族共同体的脐带。恩格斯描述这种单纯质朴的氏族制度时说:"……没有军队、宪兵和警

---

① 刘军、李林编:《新权威主义》,北京经济学院出版社 1989 年。
② 邓正来:《市民社会理论的研究》,中国政法大学出版社 2002 年,第 1—25 页。
③ 《马克思恩格斯全集》第 23 卷,第 96 页。

察,没有贵族国王、总督、地方官和法官……历来的习俗就把一切调整好了。"①随着社会的阶级分裂及其矛盾的激化,原先赋予少数人执行维护氏族组织利益的社会职能,就逐渐独立化并上升为对社会的统治。他进而指出:"国家是社会在一定发展阶段上的产物;国家是表示:这个社会陷入不可解决的自我矛盾,分裂为不可调和的对立面又无力摆脱这些对立面。而为了使这些对立面,这些经济利益互相冲突的阶级,不致在无谓的斗争中把自己和社会消灭,就需要有一种表面上驾于社会之上的力量,这种力量应当缓和冲突,把冲突保持在'秩序'的范围以内,这种从社会产生但又自居于社会之上并且日益同社会脱离的力量,就是国家。"②国家的存在是为了利用国家权力维护社会中统治阶级的特殊权力,但它却以普遍形式出现,表现出"虚幻的共同体的形式"。即,国家异化为一种虚幻的普通利益与社会成员相脱离的特殊的公共权力。③ 掌握国家的统治阶级特别是官吏攫取社会成员的利益为己有同时又披上合法外衣,导致国家对社会的吞噬。

(二)前资本主义制度下社会与国家的关系

1.古代奴隶制社会与国家的关系

在古代奴隶制社会,社会与国家是统一的。不过,这种统一有两种截然不同的情况。

第一种情况是"像亚洲专制制度那样,政治国家只是一个人的独断专行,换句话说,政治国家同物质国家(社会)一样都是奴隶。"④

第二种情况是古代希腊城邦国家。这种城邦国家的特点是自治、自给与主权在民。城邦的面积和人口都较少,一般都实行直接民主制,全体自由人通过公民大会或陪审法庭机构,直接对城邦的重大事务进行讨论和决策,甚至通过轮番为治和实行津贴制来确保极高的政治参与,进而使希腊人的城邦观念更多是一种政治—伦理观念,其城邦生活是一种公民政治—伦理生活。⑤ 因此,亚里士多德说:"人是城邦的动物。"⑥此时,市民社会与政治国家之间有高度的同一性,二者之间没有明确的界限,政治国家就是市民社会。反之,市民社会的每一个领域,都带有浓厚的政治性质,一切私人活动与事务都打上鲜明的政治烙印。正是从这一意义上说,其市民社会与国家是复合的,公民把"对自己私事的关心同参与公共生活结合起来了"⑦。不过,实质地看,这种复合或结合以城邦主义为基础,是国家对社会的吞食,个人的自由和社会的独立性

---

① 《马克思恩格斯选集》第1版,第4卷,第93页。
② 《马克思恩格斯全集》第21卷,第194页。
③ 同上书,第3卷,第37页。
④ 同上书,第1卷,第285页。
⑤ 参见马长山:《国家、市民社会与法治》,商务印书馆2002年,第17页。
⑥ [古希腊]亚里士多德:《政治学》,第17页。
⑦ [美]萨拜因:《政治学说史》上册,第34页。

被抹杀了。所以,马克思也说"希腊人的市民社会是政治社会的奴隶。"与古东方国家不同的是,这种"奴隶"不是专制主义者从外部强加的,而是自由民自己把自己变成整体的"奴隶"。这可能就是在古希腊语中找不到相当于今日"社会"一词的原因。

2. 西欧封建制社会与国家的关系

西欧封建社会是在日耳曼人入侵与西罗马帝国崩溃的基础上建立起来的。这种入侵打散了罗马帝国原有的行政体系,也带来了西方社会的分裂,此外还有基督教神圣力量的极力扩张。在西方的中世纪,普遍盛行着封建采邑原则,形成领主所有权系统。封君—封臣、领主—附庸的封建契约权利义务纽带,终于在 8 世纪逐步稳定下来。在这里,"领主的权力由三种要素组成:第一,土地的持有(领主权);第二,人(奴隶)的占有;第三,政治权利的擅专(通过强夺或封赐)。"①与此同时,除国王外,每个领主又都是别的领主的封臣;除骑士外,每个封臣又都是别的封臣的领主。② 于是,就形成了一个遍及社会的政治附庸网。国家沦为大大小小封建领主构成的贵族阶级的特权工具。正是封建的等级特权制度,表明了"中世纪是人类历史上的动物时期,是人类动物学。"③社会与国家的对立或国家统治社会已达于顶峰。

(三)资本主义制度下社会与国家的关系

从 11 世纪开始,在西方兴起了城市市民社会,到 17—18 世纪资产阶级革命时期,真正的市民社会渐趋成熟。马克思说,"政治制度本身只有在私人领域达到独立的地方才能发展。在商业和地产还不自由,还没有达到独立存在的地方,也就不会有政治制度。"④随着商业、财产、劳动方式及同业公会等市民社会构成要素日益获得独立存在和发展,市民社会开始同政治国家相分离。同这种分离相适应,政治国家也得到了发展。这就是说,现在高度发达的国家和高度发达的社会之间形成了清晰的两个领域:民主制的国家,是纯粹为社会服务的外部条件。但在官吏阶层私利的支配下,国家又不可避免地要侵犯社会,造成这样的境况:"'警察''法庭'和'行政机关'不是市民社会本身赖以捍卫自己固有的普遍利益的代表,而是国家用以管理自己、反对市民社会的全权代表。"⑤市民社会本身则是纯粹的私人(财产)范围,不允许国家的干涉。所以,社会与国家之间的二元化,是它们相互关系的最突出的特点。这种二元化较之社会不独立的国家——社会一元化或国家对社会的森严统治无疑是一大进步,预示着社会独立力量的日益强大。不过,现代国家在政治上和法上又宣布为人民"普遍理性"的代表者和社会"普遍利益"的代表者,从而又出现社会与国家之间的"再统一"。但是,重要的问题在于,这种统一仅仅是形式的而不是实质性的,所以它必然是一种"虚假的

---

① [德]韦伯:《世界经济通史》,上海译文出版社 1981 年,第 56 页。
② 参见马长山:《国家、市民社会与法治》,商务印书馆 2002 年,第 189 页。
③ 同上书,第 346 页。
④ 同上书,第 283 页。
⑤ 同上书,第 306 页。

再统一",或者是一种"不能统一的东西的统一"①。

在另一方面,我们也必须注意到,近代以来的西方已经呈现国家回归社会的历史趋向。例如,法国的托克维尔在19世纪30年代考察美国时曾指出:"所有的权力都归社会所有,几乎没有一个人敢于产生到处去寻找权力的想法,更不用说敢于提出这种想法了。人民以推选立法人员的办法参与立法工作,以挑选行政人员的办法参与执法工作。可以说,是人民自己统治自己,而留给政府的那部分权力也微乎其微,并且薄弱得很,何况政府还要受人民的监督,服从建立政府的人民的权威。人民之对美国政界的统治犹如上帝之统治宇宙。人民是一切事物的原因和结果,凡事皆出自人民,并用于人民。"②的确,托氏的描述充满浓厚的理想主义色彩。但从中不难发现,它同马克思不久后对巴黎公社经验的论述之间有着颇多的一致性。但从终极意义上说,国家真正回归社会,又是资本主义制度框架本身所不能容纳的。

(四)社会与国家的复归统一

如果说在资本主义社会里,社会与国家的形式的虚假的统一掩盖了它们之间的真实的分离,那么社会主义的任务恰恰就在于要把这种关系引向真正的实质性的统一。在马克思看来,市民社会是"包括各个个人在生产力发展的一定阶段上的一种物质交往","始终标志着直接从生产和交往中发展起来的社会组织"③。市民社会是政治国家的现实基础,是国家的真正构成部分和原动力,是全部历史的真正的发源地和舞台。不是国家和法决定市民社会,而是市民社会决定国家和法。国家不过是社会的超自然的"怪胎"④,是社会机体上的"寄生的赘瘤"。随着社会生产力的高度发展和人类文明的全面进步,国家必将重新融入社会之中而自行走向消亡。

从资本主义到社会主义中间必然要经历一个政治上的过渡时期,这个时期的国家就是无产阶级专政。它是"半国家"或"消亡之中的国家"⑤。即不应再是凌驾于社会之上、脱离社会的机关,而应是国家对社会的异化转为同化,国家把吞噬的社会力量重新归还社会,国家开始逐渐溶于社会。恩格斯在评价巴黎公社政权时指出:"胜利了的无产阶级也将同公社一样,不得不立即尽量除去这个祸害的最坏方面,直到在新的自由的条件下成长起来的一代能够把这全部国家废物完全抛弃为止。"⑥而此时国家也被"放到它应该去的地方,即放到古物陈列馆里,同纺车和青铜斧陈列在一起"⑦。那就是人类彻底解放、普遍的自由与平等和完全的民主(民主消亡)的理想的时代。

---

① 《马克思恩格斯全集》第1卷,第361页。
② [法]托克维尔:《论美国的民主》(上卷),商务印书馆1991年,第64页。
③ 《马克思恩格斯全集》第3卷,第41、28页。
④ 同上。
⑤ 《列宁选集》第2版,第3卷,第185页。
⑥ 《马克思恩格斯选集》第1版,第2卷,第336页。
⑦ 同上书,第4卷,第170页。

　　法和国家是一对孪生姐妹,他们同时产生并将同时消亡。社会和国家关系的每一次变化都导致法的变化,而法在型塑社会与国家关系中又起着巨大的作用。国家融于社会是人类社会发展的最终理想。但是,在当前,特别是中国这样一个有长期专制主义传统的国家,社会从国家收回权力,使国家融于社会,将是一个极其漫长的过程。在这一过程的每一阶段(尤其是近代民主制形成以来),无论是社会权力的张扬,还是国家权力的抑制,法都会起到举足轻重的作用。

二、法在促进国家回归社会过程中的作用

　　与西方在社会与国家关系中的曲折发展不同,中国从国家于社会中产生之时起,便反过来侵吞了社会,通过国家对社会的吞噬而实现了"同一"。这种局面的形成,有多方面的原因,首先可归因于宗法制的存在与延续不绝。中国文明是早熟的产物,这种早熟带来的直接后果,就是宗法制度在中国早期国家中得到了完整的保留和延续,父系氏族内部家长的绝对权力直接演变为君主的绝对权力。所以,中国早期国家从产生伊始,就走上了君主专制的道路。在君主专制制度中,皇权至高无上,以皇帝为代表的国家具有至高的权力,社会本身没有独立地位可言。除去宗法制度外,自然经济的生产方式是形成这一状态的经济因素。马克思在分析亚细亚形态的社会时曾经指出,这些社会之所以在政治上表现为"东方专制制度"的根本原因在于土地公有制在作祟。这种公有制决定了它们的政治形式只能是以王权为中心的专制主义。此外,传统思想中的一些因素也强化了国家侵吞社会这一状态的形成。在这种"普天之下,莫非王土;率土之滨,莫非王臣"的局面之下,"政治国家只是一个人的独断专行,换句话说,政治国家同物质国家一样,都是奴隶。"①托克维尔说:"行政集权只能使它治下的人民萎靡不振。"不错,在一定的条件下,行政集权可能有利于办"大事情","但却无补于一个民族的持久繁荣"②。这正是中国长期"停滞"的一个原因,也成为中国走向现代化的巨大障碍。

　　中华人民共和国建立以后,国家并没有走上如马克思、恩格斯预言的那样的消亡过程,相反,却走上了强化国家政权和强化国家对社会的控制的道路。马克思设想的国家溶入社会的过程却变成了社会国家化的过程。形成这一局面的原因是多方面的,包括受前苏联的影响、战争经验的影响以及面临的形势和要解决的任务等,这种经过强化的国家对社会的控制曾经起过巨大的社会整合和社会动员作用,但也对中国走向现代化造成不利的影响。十一届三中全会为起点的改革开放,特别是中共十四大确立发展社会主义市场经济以来,对国家—社会一体化及其弊端给予了巨大冲击,国家在

---

　　① 《马克思恩格斯全集》第 1 卷,第 285 页。
　　② ［法］托克维尔:《论美国的民主》(上卷),商务印书馆 1991 年,第 97 页。

慢慢退出不该插手的领域,一定程度上还权于社会,社会不断地从国家取得了自身权利。这预示着社会逐渐同国家相对区分,出现两者相辅相成的二元并存格局的趋势,为国家回归社会创造条件。

20多年的改革是一个全方位的国家放权的过程,涉及政治、经济等诸多领域。改革的成果都以法律形式固定下来并用以指导下一步改革,国家生活实现了从主要依靠政策到主要依靠法的转变。党的十五大又确定了"依法治国,建设社会主义法治国家"的基本治国方略,法在国家生活中的作用将日显重要,在国家向社会回归的过程中也将发挥重要的作用。

(一)法保障经济体制改革的顺利进行,使国家逐步退出微观经济领域,并实现经济利益多元化,形成社会对国家权力的制约

马克思主义创始人在《德意志意识形态》和《共产党宣言》中开始把计划经济作为社会主义社会的一个主要特征。"无产阶级将取得国家财产,并且首先把生产资料变为国家财产。""一旦社会占有了生产资料,商品生产就将被废除,而产品对生产者的统治也将随之消除,社会生产内部的无政府状态将为有计划的自觉的组织所代替。"①正是基于这种认识和前苏联的影响,新中国成立以后,我国实行了高度集中的计划经济体制。在这种经济体制下,国家直接掌握着几乎所有的经济资源,社会的生产、交换、消费活动都被国家以行政命令的方式严格控制着,乃至国家所有制与全民所有制、社会所有制之间都变成了同义语。与这种经济体制相对应的是高度集中的权力中心和权力结构,国家意志和权力决定一切,社会依附于国家。十一届三中全会决定在中国进行经济体制改革,这就必然要求改变传统的社会与国家之间的关系。经济体制改革经历了一个渐进的过程,这是一个国家权力逐渐向社会回归的过程。而在这一过程的每个阶段,法都起了重要的推动作用。

第一阶段,从1979年到1984年。以农村联产承包责任制为突破口,中国开始了经济体制改革的步伐。在此期间颁布的法律法规主要有:《中外合资经营企业法》(1979)、《关于推动经济联合的暂行规定》(1980)、《国营工业企业暂行条例》(1983)、《关于扩大国营工业企业经营管理自主权的若干规定》(1979)等。改革的进行,使丧失多年的基本的个人利益开始复苏,同时,个体经济的发展,三资企业的出现,使社会的特殊利益形式出现多样化,被国家吞食的社会开始苏醒。

第二阶段,从1984年到1992年,这一阶段颁布的法律法规主要有:《中共中央关于经济体制改革的决定》(1984)、《民法通则》(1986)、《外资企业法》(1988)、《中外合作经营企业法》(1988)等。通过这一阶段的改革,国有企业独立的法人地位开始得到法律的首肯。与此同时,私营企业的应有地位也为宪法修正案所肯定;乡镇企业、三资企业得到很大发展;个体经济进一步活跃。在特殊利益主体地位得到肯定的同时,它们

---

① 《马克思恩格斯选集》第1版,第3卷,第631页。

进行市场经济活动的权利不断得到法律的保护。

第三阶段,从 1992 年到现在。我们正式提出建立社会主义市场经济体制,计划经济管理模式被决定抛弃。这一阶段,为保障改革的顺利进行颁布了大量的法律法规,其中主要的有:《公司法》(1993)、《合伙企业法》(1997)、《独资企业法》(1999)、《合同法》(1999)等。这些法律进一步肯定了特殊利益存在的各种形式,按社会主义市场经济的要求授予其独立的财产权、人格权、契约权以及其他各种权利。社会与国家的二元社会结构已慢慢形成。

市场经济体制的建立过程,就是国家逐渐从微观经济领域退出的过程。它所产生的后果首先是社会资源占有的分散化、多元化。随着宪法对个体经济、私营经济主体地位的确立,国有企业随着现代化进程的深入,在国民经济中的比重逐渐下降,其他经济成分的比重出现了较大幅度的攀升。这意味着社会已经开始直接掌握了经济资源,拥有了相应的权利。随着多种经济成分的发展,国家的社会控制手段也渐趋多元化,改变了过去仅仅依靠计划指导与行政命令的状况;政社分开逐步发展,要求政府与社会的关系由政府管理社会为主转向政府服务社会为主,也即意味着从"全能政府"向"小政府、大社会"的转变。与此相应,企业也开始从计划经济体制下的国家"生产车间"重新回到社会,不再受国家的任意驱使,其行为遵循通常的市场法则,追求自身的利益,实现企业自治。① 市场经济体制建立的另外一个后果是经济利益的扩展并呈多元化,而国家权力日益缩减。以联产承包责任制为轴心的农村经营体制改革,造就了大量独立自主的农村家庭经济与家庭企业;以政企分开,建立现代企业制度为轴心的国有企业改革,培育了新型的"自主经营、自负盈亏、自我约束、自我发展"的市场竞争主体;多种非国有经济的充分发展,造成"市场权力"的增长,而市场经济条件下对个人择业和迁徙自由、结社自由、财产权利及公共舆论的权利保障,则促动了"社会权力"的增长,大大改变了权力的国家垄断性。② 需要说明,国家逐步退出微观经济领域,并不是削弱、相反倒是有利于对社会经济的宏观调控。对于现代经济而言,这一点也是很重要的。

(二)法划定权力的界限,制止国家权力的滥用

从国家与社会脱离那时起,国家权力与它所由以产生的社会,就处于一个二律背反的悖论中。一方面,社会生活有其自身的缺陷,社会秩序的生成与维护内在地要求国家运用其政治权力对社会生活进行必要的管理和控制。另一方面,权力又具有自我扩张性,如不对其约束,任其任意膨胀,又存在侵害公民权利的危险,成为霍布斯笔下的利维坦。被人们千百次引用的孟德斯鸠和阿克顿的名言:"一切有权力的人都容易滥用权力,这是万古不易的一条经验,有权力的人们使用权力一直遇到有界限的地方

---

① 江平:《社会与国家》,载《南京大学法评论》1996 年春季号。
② 参见马长山:《国家、市民社会与法治》,商务印书馆 2001 年,第 219 页。

才停止";"权力导致腐败,绝对的权力导致绝对的腐败"最恰当不过地表明了对权力加以控制的必要。如何控制国家这一吞噬社会的怪兽,古往今来,人们设计了多种方案,其中最主要者为以亚里士多德为发端,波利比加以深化,再经洛克,最后由孟德斯鸠完成的以权力制约权力思想。这种思想发展到美国,便成为美国立法、行政、司法三权彼此分开、相互制衡的理论依据;西方其他各国资产阶级革命胜利以后,虽具体形式各异,但都把分权与制衡作为他们宪法的基本原则确定下来。在当代,有许多学者进一步地提出以权利制约权力。如我国的郭道晖先生提出应从广泛分配权利、集体行使权利、优化权利结构、强化权利救济、提高权利意识、掌握制衡的度六个方面加强权利对权力的制约。①

根据中国的现实国情,笔者认为,在中国以法制约权力应是权力控制的基本手段,也是实现权力控制的最佳措施。因为法是作为主权者的全体人民意志的集中体现,也因为无论是以权力制约权力还是以权利制约权力都必须以规则的形式表现出来,并且它们对权力的制约最终也靠法来确认和保障。以法制约权力,也即是指制定严密的法律法规,规定权力的范围,严格权力的运行程序,并且依靠法实现对社会权利的保障,达到对国家权力的控制。法在实现权力控制中的主要作用表现在:

首先,法为权力的行使设定明确的范围和界限。如前所述,传统的国家是社会中既具有寄生性又表现出掠夺性的怪胎,为了自身利益,它能掠夺整个社会的成果。权力具有扩张性,并且它会腐蚀它的运用者。所以权力的行使必须有一定的界限,超出这一界限,便是滥用权力。中国古代对权力限制的主要措施是建立以御史监察与谏官谏议相结合的法律监督机制,但由于缺乏对最高权力的拥有者——皇帝权力的制约,多么精巧的监督机制也难逃沦为附庸的命运。新中国成立以后,毛泽东虽然也曾意识到权力过分集中的问题,如他曾指出斯大林的错误在英美西方国家就不可能出现,但他没有从制度上解决权力过分集中的问题,以致终于发生"文化大革命"那样的悲剧。西方国家找到的制约权力的措施是三权分立,由于指导思想和国情的不同,中国不可能实行三权分立制度,但通过权力的分工而严格制约权力则是绝对必需的。这就要求法明确规定权力的界限。不同的国家权力由不同的国家机关分别行使,这种分权既包括同级国家机关的分权也包括不同级国家机关即中央和地方国家机关的分权。其结果,正如博登海默所言:"在法统治的地方,权力的自由行使受到了规则的阻碍,这些规则使掌权者受到一定行为方式的约束。"②

其次,法为权力的运行设定科学合理的程序,排除权力运行过程中的任性。法律程序化是现代法治的典型特征之一,也是法律形式主义运动的必然产物。程序公正是法制现代化的重要价值目标,也是现代法律重要的工具性特质。法律程序的功能意义

---

① 郭道晖:《法的时代精神》,湖南出版社1997年,第299页。
② [美]E.博登海默:《法理学——法哲学及其方法》,华夏出版社1987年,第344页。

在于:一方面它能给当事人一种公平待遇感,促进当事人纠纷的解决,并增加双方之间的信任;没有普遍的人和人之间的信任,国家制度将无以复存。另一方面,它给政治权力的运作提供了相对固定的步骤和方法,从而有效地制约权力运行过程中的主观随意性,为防止权力滥用创设了一种公正的法律机制,为监控权力提供了有力的法律保障。①

最后,法保障公民的政治权利并排除国家权力对公民权利的任意干涉,以监督国家权力。在我国,国家主权属于全体人民,人民或直接或间接即通过选出代表行使国家权力。法在保障人民的政治参与权利的实施方面发挥着巨大作用。在基层政权,法保障人民借助直接选举决定国家权力的运用者,以选举权、监督权和罢免权的行使,直接保证基层国家机关的权力不被滥用,直接质询、罢免、撤换不称职或腐败的国家机关工作人员。在中央和较高层次的地方国家机关,法保证人民通过自己的代表行使权力。不仅如此,公民的合法权益如果受到国家机关的不法侵害,还可以按照《行政诉讼法》《国家赔偿法》获得救济。法通过对公民积极权利与消极权利的保障,既可以使国家权力逐渐缩小,并服从和服务于人民的整体利益,又使人民逐渐获得普遍的平等自由权利,推动国家回归社会的历史进程。

(三)法防止国家公职人员由社会公仆变成社会主人,加强对权力行使的监督,保证公务行为的廉洁性

按照马克思主义的观点,国家从社会中产生并凌驾于社会之上,是社会的异化。国家和氏族组织的最大区别,就是特殊的公共权力的设立。"官吏既然掌握着公共权力和征税权,他们就作为社会机关凌驾于社会之上。……文明国家的一个最微不足道的警察,都拥有比氏族社会的全部机关加在一起还要大的'权威'……后者是站在社会之中,而前者却不得不企图成为一种处于社会之外和社会之上的东西。"②随着阶级斗争的激化和生产力发展带来的社会的复杂化,官僚机构和军事机构不断膨胀,国家日益变成社会躯体的寄生赘瘤和吸吮社会膏脂的蟒蛇。③ 在从资本主义到共产主义的过渡阶段即社会主义国家,已不是本来的、传统意义上的国家,而仅仅是"半国家"或"消亡之中的国家"④。那就是"组织得能立即开始消亡,而且不能不最后消亡的国家"⑤。国家把它吞噬了的社会力量重新归还社会。国家的使命在于全心全意为社会服务,也就是为组织在政权中的全体人民服务。国家工作人员也从国家的主人变为社会的公仆。

马克思主义设想的这种国家或政府与人民关系的理想状态,在现实生活中往往发

---

① 参见刘旺洪:《社会与国家:权力控制的法理学思考》,载《法律科学》1998 年第 6 期。
② 《马克思恩格斯选集》第 1 版,第 4 卷,第 168 页。
③ 《马克思恩格斯全集》第 2 卷,第 185 页。
④ 《列宁选集》第 2 版,第 3 卷,第 185 页。
⑤ 同上书,第 190 页。

生变异。其主要原因是权力具有的自我扩张的特性。如不对权力的行使加以控制,就存在权力运用者重新由社会的公仆变为社会的主人的危险。就我国目前而言,官吏已成为一个过分庞大的队伍,人数已达到3000多万人,成为社会的巨大负担;并且因为缺乏足够的对权力行使的约束机制,权力的商品化趋势愈演愈烈,其直接后果就是腐败的泛滥与屡禁不绝。根据纪检监察部门提供的一份调查,2000年1—10月份,全国查处的有关职务犯罪的案件就达13.4万余件,处分的县(处)级干部4146人,地(厅)级干部331人,省(部)级干部21人。在近年被查处的案件中,涉案人员级别之高,涉案数额之大触目惊心。据胡鞍钢研究,20世纪90年代后半期主要腐败所造成的经济损失和社会福利损失平均每年在9875亿元—12570亿元之间,占全国GDP总量的13.2%—16.8%①。对这一严峻问题,"如果我们掉以轻心,任其泛滥,就会葬送我们的党,葬送我们的人民政权,葬送我们的社会主义现代化大业。"②新中国成立以后的几十年间受传统思维和革命战争时期经验的影响,管理干部和人事安排主要是靠党的政策,并广泛发动群众来清洗污浊。但是,由于政策具有不稳定性,群众运动自身存在无法克服的弊端,已不能成为防止国家公职人员腐化堕落的主要手段,这就要靠具有普遍约束力的法制。正如邓小平所言,我们要靠法制,搞法制靠得住些。法在促进国家工作人员职务行为的廉洁性,防止其由社会公仆变为社会主人方面,正在并将继续发挥更大的作用。

首先,法为权力划分明确的范围和界限,使权力在规定的范围内行使,制止权力的滥用。上一部分已对此作过较详细的论述,此不赘述。

其次,法确保人民通过他们的代表行使国家权力。国家权力来自于人民的授权,权力的行使者通过人民的委托行使权力。能否实行普遍的选举制,对于人民能否实现当家作主的权利,意义尤为重要。马克思在评价巴黎公社实行的措施时指出:"公社采取了两个正确的办法:第一,它把行政、司法和国民教育方面的一切职位交给普选选出的人担任,而且规定选举者可以随时撤换被选举者。第二,它对所有公职人员,不论职位高低,都只付给跟其他工人同样的工资。"③"……用等级授职制去代替普选制是根本违背公社的精神的。"④我国宪法规定公民有普遍的平等的选举权,并且规定公民对国家工作人员的监督权、罢免权、质询权、弹劾权,宪法以及其他部门法还规定了行使这些权力的相应保障。这样就使人民能够真正按照自己的意愿选择权力的行使者,使权力的行使者真正代表人民和为人民服务。

第三,法保障政治体制改革的进行,精简政府机构与人员。从20世纪80年代以来,我国进行了多次政治体制方面的改革,但机构臃肿重叠、职责不清、官吏队伍庞大的问题并未得到根本解决。这种局面同"官本位"观念有莫大的关系。官本位就是权

---

① 参见孙晓莉:《中国现代化进程中的社会与国家》,中国社会科学出版社2001年,第130页。
② 江泽民:《在中央纪委第二次全体会议上的讲话》,《人民日报》1993年9月15日。
③ 《马克思恩格斯全集》第22卷,第228页。
④ 同上书,第17卷,第360页。

力本位,往往与特权紧密联系在一起。当官不仅仅是一种职业上的选择,而更多的是一种身份和符号,是一种取得法外特权的资格和机会。因此,进行政治体制改革,首先必须树立法具有极大权威的观念,法不是御民之典,而是控权之具,根本转变"权大于法"的观念。此外,我们可以借鉴其他国家的经验,实行有限的、有条件的高薪养廉,但必须切断权力与金钱的交易,遏制权力商品化的趋势,杜绝法外特权,保证权力运行的合目的性。还有,根据宪法厘定各部门的职权和职责,并做到依法行使;政府无权管的就放给社会,该撤的机构要撤,该裁的人员要裁,真正做到政府机构的精简和高效,实现"小政府"的目标。

第四,依法惩治腐败,防止国家工作人员腐化堕落。腐败是权力滥用的集中表现。依法惩治腐败,需从以下几方面着手:①完善廉政立法,使反腐有法可依。在此方面,世界各国颁布了诸如《反腐败法》《阳光下的政府法》《公务人员职责法》《公务人员道德法》等,对我们都有借鉴意义。我国反腐败立法的规范性和技术性都未能达到应有水平,而且政策性文件居多。针对这种情况,需要在立法上制定成熟健全的法律法规,并使反腐的一些具体制度法律化、规范化,如公务员财产申报、不明财产追查、公共权力行使的公开等,实现制度的预先控制。②严格执法,监控从严。汉密尔顿曾经指出,"野心必须用野心对抗",国家应加大对国家公职人员贪污、贿赂、挪用等腐败行为的惩治力度。

第五,法保障对国家工作人员的严格的社会监督。为了防止权力的受托者违背委托者的意愿行使权力,就要将权力的行使置于社会力量的极严密的监督之下,同时这也是普通公民参与民主政治的重要方式。美国学者科恩认为:"民主是一种社会管理体制,在该体制中社会成员大体上能直接或间接地参与和可以参与影响全体成员的决策。"①毛泽东曾经指出,"只有让人民来监督政府,政府才不会松懈"②。最近,中共十六大报告也强调人民群众拥有国家决策的参与权。现代社会可以通过各种合法方式表达自己的政治意见和观点,形成广泛的社会意见,即"公众舆论"。这种舆论可以对国家权力的行使进行评判,对权力的滥用进行批评、抗议、谴责、控诉。法是社会舆论的保护者,社会监督也必须法律化、制度化。如邓小平所言:"要有群众监督制度……要制定各种条例,最重要的是要有专门的机构进行铁面无私的监督检察。"③只有法对社会监督的实体和程序准则都作出明确的规定,社会监督才能顺利进行。

(四)依照法来规范党政关系,依法制约党员特别是党员领导干部滥用权力的行为,实现依法治国与党的领导的有机统一

在我国,"依法治国就是广大人民群众在党的领导下,依照宪法和法律规定,通过

---

① [美]科恩:《论民主》,商务印书馆1988年,第1页。
② 转引自薄一波:《若干重大决策与事件的回顾》(上),中央党校出版社1991年,第157页。
③ 《邓小平文选》第2卷,第332页。

各种途径和形式管理国家事务,管理经济文化事务,管理社会事务,保证国家各项工作都依法进行,逐步实现社会主义民主的制度化、法律化,使这种制度和法律不因领导人的改变而改变,不因领导人看法和注意力的改变而改变。"①这是摒弃人治,发扬民主和加强法治的根本点,也是50多年主要的经验教训。在我国,加强党的领导与依法治国是辩证的统一。关键在于党必须在宪法和法律范围内活动。我们应不断保持党的先进性,坚持党的领导并改善党的领导,以推进依法治国的进程。在此只侧重讨论与限制权力滥用密切相关的两个问题,即依法规范党政关系;依法制止党员特别是党员领导干部滥用权力。

1. 依法规范党政关系,确保党在宪法和法律范围内活动

在新中国成立后相当长的一段时间内,我们主要依靠党的政策实现对国家的治理。由于对党的领导存在错误的认识,也由于对党缺乏民主制约机制,以致出现了所谓党的"一元化领导",而这种党的"一元化领导"导致党和国家"一切权力集中于党委,党委的权力又往往集中于几个书记,特别是集中于第一书记,什么事情都要第一书记挂帅、拍板,党的一元化领导,往往因此而变成了个人领导。②"由于长期党政不分,以党代政,这就使党的权力过分集中于个人,党内个人专断和个人崇拜现象滋长起来,也就使党和国家难以防备和制止"文化大革命"那样严重破坏民主和法制的事情,给国家带来巨大的灾难。十一届三中全会总结了历史的经验教训,提出了发展社会主义民主,加强社会主义法制的方针,党政分开成为其后政治体制改革的主要内容。1982年《宪法》提出了党政关系的法制化,该法第5条规定:"……一切国家机关和武装力量,各政党和各社会团体,各企业事业组织必须遵守宪法和法律。……""党必须在宪法和法律范围内活动"的原则成为党政关系法制化的根本原则,也是全社会制约、监督党组织及其领导人滥用权力,破坏法制的根本原则。但由于这一宪法原则没有具体的法律措施加以落实和保证,因此党政关系的界限应如何区分,对党的领导人违反宪法和法律应如何追究法律责任,仍然处于无法可依的状态。因此,有的学者建议制定《党政关系法》,以从制度上明确党政职能的具体划分。③法是明确、普遍的规范,它必须清楚地划清党政关系的职责界限。我们必须坚持党的领导,但这种领导主要是通过方针政策、思想政治工作等渠道实现的。党的意志要通过法律程序转变为国家意志,制定成为法。我们必须清除一些地方由党委包办一切的倾向,把该由政府负责的事情交给政府去办,而不能干预太多,"党干预太多,不利于在全体人民中树立法制观念"④。党对国家的领导绝非像当年国民党那样的"以党治国",更不是"党专政"。党的领导权不能

---

① 江泽民:《高举邓小平理论伟大旗帜,把建设有中国特色的社会主义全面推向二十一世纪》,《求是》1997年第18期。
② 《邓小平文选》第2卷,第328—329页。
③ 参见张浩:《论完善我国的权力制约》,《法理学论丛》第1卷。
④ 《邓小平文选》第3卷,第163页。

高于人民主权,党是国家和人民的领导力量,但它并不凌驾于国家与人民之上。① 党不能超越国家和法律直接向公民和社会组织发号施令。正如江泽民同志指出的:"我们绝不能以党代政,也不能以党代法……我们一定要遵循法治的方针。"②

2.依法防止党员干部滥用权力

因为中国共产党处于执政地位,所以掌握国家权力的人绝大多数是党员干部。对于治理党员干部滥用权力与腐败行为来说,思想教育和政治教育,高薪养廉,加强党风政纪,强化行政处分等都会起到一定的作用。但加强立法、健全法制,依法预防权力滥用和惩处腐败,更为重要。这是因为:第一,法比纪律明确、具体、规范,便于人们自律、自治。第二,对很多腐败分子来说,纪律的最高处分也不过是开除党籍或开除公职,甚至有的地方以开除党籍来代替刑事处分。这种处分的代价显然不足以产生扼制腐败的威慑力量。第三,许多行为的是与非、罪与非罪的界限模糊不清,执法机关难于插手干预。只有消除这种法律的空缺或漏洞,才能提高打击违法和犯罪的力度。可以说,不实行法治,不建立健全有效的法律监督和制约机制,就难以从根本上制止个别党员干部的腐败现象的滋长蔓延。③

(五)法保障实行广泛的社会自治,扩大社会权力,以形成"小政府、大社会"的关系格局

1.法促进地方分权的实现,构建合理的中央—地方关系

在国家结构形式上,马克思原则上主张实行建立在民主集中制基础上的、民族统一的单一制国家,但这种单一制,也必须与真正的地方自治即各地人民自己管理自己事务相结合。在评价巴黎公社式的国家政体时指出:"只要公社制度在巴黎和各个次要的中心建立起来,旧的中央集权政府就得在外省也让位给生产者的自治机关。"④ "公社的存在自然而然会带来地方自治,但这种地方自治已经不是用来对抗现在的国家政权的东西了。"⑤ 列宁也曾多次指出了"中央的无产阶级专政必须同高度的地方自治相结合"。他曾指出,"民主集中制不但丝毫不排斥自治,反而以必须实行自治为前提。"⑥

由于文明特殊的起源方式及家国一体的社会治理方式,整个中国形成了一个具有浓重传统的大一统的帝国。中国虽有清末的"地方自治",民国年间的"联省自治运动"以及由知识分子掀起的"乡村建设"运动,但也都先后以失败告终。这在一定意义上表明了国家权力的强大和社会权力的明显阙如,同时也是国家吞并社会的一个重要后

---

① 参见郭道晖:《法的时代精神》,湖南出版社1987年,第321页。
② 江泽民:《江泽民答记者问》,《人民日报》1989年9月27日。
③ 参见张文显:《依法治国和坚持和改善党的领导》,《法理学论丛》第3卷。
④ 《马克思恩格斯全集》第17卷,第359页。
⑤ 同上书,第361页。
⑥ 《列宁全集》第34卷,第139页。

果。新中国成立以后实行高度集中的政治和经济体制。国家的政治和社会资源集中于中央,地方享有很少的自主权力。这种中央和地方关系抑制了地方积极性的发挥,并且极易导致政治上的集权主义和专制主义,使社会总体的自我调节功能弱化。十一届三中全会以后,中央看到了这种体制的弊端,并多次进行改革。改革的总体思路是放权让利,即放权给地方,让地方享有更多的利益。但由于中央和地方职权划分的不明,这种"放权让利"的行政式改革没有多少实效,反而带来"一放就乱、一乱就收、一收就死"的怪圈式恶性循环。这说明,中央和地方关系的改革特别是地方获得必要的分权和一定程度的自治权的问题,尚缺乏明确的法律调整机制作为保障。由法明确界定二者的权力,既要保持国家的整体,也要照顾到地方;在保持强有力的中央权力的同时,给地方高度的自治权力,真正实现由各地人民管理自己的事务,构建一种合理的中央和地方关系格局。

2.法保障民族区域自治的贯彻落实,实现少数民族人民当家作主,管理本民族内部事务

我国是统一的多民族国家,全国各族人民共同创造了灿烂的中华文明。我国共有55个少数民族,居住状况呈现出大杂居、小聚居的特点。由于各地自然条件千差万别,经济发展状况参差不齐,民族习惯与民族传统各不相同。因此,实行民族区域自治,实现各少数民族管理本民族内部事务,是符合我国统一的多民族国家国情的政治制度,也是各民族人民实现当家作主权利的政治形式。

我国《宪法》第6条规定:"各少数民族聚居的地方实行区域自治,设立自治机关,行使自治权。各民族自治地方都是中华人民共和国不可分离的部分。"这是我国实行民族区域自治的根本法依据。1984年第六届全国人民代表大会第二次会议通过了《中华人民共和国民族区域自治法》,2001年第九届全国人大常委会第二十次会议通过了新修改的《中华人民共和国民族区域自治法》。宪法和民族区域自治法赋予民族自治地方广泛的自治权力,包括:自治条例、单行条例的制定权;管理地方财政的自主权;管理地方经济的自主权;管理本民族教育、科学、文化、体育事业的自主权;等等。为确保宪法和民族区域自治法所规定的民族自治权的实现,国务院、国务院各部委制定了大量的行政法规、规章,各自治地方也制定了大量的自治条例和单行条例,为民族区域自治的实现提供了制度和法律上的保障。当前,西部大开发的决策,也为少数民族自治创造各种条件。

不过,由于多数少数民族地区的群众生活比较贫困,文化水平偏低,使人们"无暇过问政治";同时,国家没有承认少数民族良好的风俗、习惯等"活法"的效力,对他们行使自治权力也是不利的。

3.法保障基层群众自治,实现基层群众自治权利对国家权力的制约

在中国的历史上,依赖家国一体的社会治理方式,而实现社会与国家的"同一"。虽有不同时期和不同程度的"地方自治"与"乡绅自治",但终究是专制主义中央集权的

官治的辅助与补充。新中国成立后实行高度集中的政治、经济体制，尤其是政社合一的人民公社化运动以及"文化大革命"，导致国家主义极度膨胀，再加上处处、事事由组织包办，基层民主自治权利受到严重抑制乃至剥夺。

改革开放以后，我国走上了民主与法制的轨道，基层群众自治权利也逐渐受到重视。1982年《宪法》规定："城市和农村居民按居住地设立的居民委员会或村民委员会是基层群众性自治组织。"由此开始了中国依法保障基层群众自治的进程。1987年六届人大常委会二十三次会议制定《村民委员会组织法》(试行)，1989年全国人大常委会制定《居民委员会组织法》，1998年九届人大常委会五次会议修订制定《村民委员会组织法》，在广大农村推行村民自治和城市社区的自治。基层群众的自治对抑制国家权力过分渗透方面发挥重要作用。它在一定程度上厘清社会与国家的界限，形成基层群众自治权利对国家权力的分割和制约，改变国家对社会传统的权力压制型治理模式，推动了中国的民主法治进程。不过，基层群众自治在我国尚属新生事物。受几千年文化积淀和几十年传统思维影响，基层群众自治组织特别是农村村委会不同程度地存在行政化倾向，人们往往将这一自我管理机构认同为一级行政机关，而在自治管理的过程中依然存在行政行为的各种干预。这种因行政的介入而形成的"科层化"，使基层特别是农村根本不能做到真正意义上的自治。这种局面若不扭转，村民或居民将对自治失去兴趣，对公共事务失去兴趣。当前，摆脱这种困境的办法只能是完善立法，强化措施，理顺基层群众自治组织与国家权力机关的应有关系，有效地发挥其自治功能；保证村(居)民委员会真正成为实行民主选举、民主决策、民主管理、民主监督的自我管理、自我教育、自我服务以及不断地自我完善的基层群众性非政治性组织。这就是江泽民所指出的："扩大基层民主，保证人民群众直接行使民主权利，依法管理自己的事情，创造自己的幸福生活。"[①]

4.法保障社会团体自治，一定程度上实现国家与各种社会群体的分权

社会群体的自治和分权是西方的一个重要的传统，不论在世俗领域或者宗教领域都是明显的事实。二战以后，这种情况有了更大的发展。它在意识形态上的表现，就是广为传播和深得人心的所谓"多元民主"论的崛起。但是，在传统的中国，公民没有建立社会共同体的自由，即使像行会和学会，也必须有国家同意和控制，使之不能做出任何违背官方意志的行为。新中国成立以后，由于实行高度集中的管理体制，国家取代了社会，国家等级性的联系弥漫到社会的每一个角落，各种社会组织和群体都作为国家的附属物而存在。社会自主性的缺失又反过来加强了国家权力的任性。

社会主义国家从建立第一天起，就应当是一种权力逐步回归社会的国家，为此恩格斯曾建议"把'国家'一词全部改成Gemeinwesen['公团']"[②]。在向无国家过渡的

① 江泽民：《高举邓小平理论伟大旗帜，把建设有中国特色的社会主义事业全面推向二十一世纪》。
② 《马克思恩格斯选集》第1版，第3卷，第30页。

过程中,社会团体是社会和国家之间起中介作用的自治组织力量,是制约国家、分享权力,实现国家权力回归为社会权力的重要形式和途径。在大力推进依法治国的今天,我们必须依法推进多种社会群体自治的实现。首先,必须确保社会团体独立的地位,避免行政化和严厉的行政控制的倾向。我国社会组织的设立过去主要从国家的社会控制的角度考虑,社会组织只能是政府机构的延伸,具有浓厚的"官办"色彩,在自治管理的过程中也存在行政行为,因此并不具备社会自治的意义。所以必须弱化以致消除社会组织的"官办"色彩。社会组织加强自治意识,依法控制国家权力的渗透,使社会团体成为实现其宗旨的自律或自管的组织。第二,完善有关立法,扩大和巩固社会组织的自由活动空间。实现《国民经济和社会发展九五计划和2010年远景目标纲要》所要求的,"把不应由政府行使的职能逐渐转让给企业、市场和社会中介组织"。但这仅指从事市场活动的经济组织而言,它还应包括社会的政治、文化、公益等群体的联合体。第三,依法规范社会团体的自治行为,既要制止它们的违法和越界行为,更要制止任何组织和个人违法侵犯这种自治权的行使。

概而言之,社会主义国家就是"社会把国家政权重新收回,人民群众把国家政权重新收回"[1],使国家真正成为"人民的自我规定",并"表现出本来面目,即人的自由产物"[2]。国家从凌驾于社会之上而重新融入社会,也就是国家的消亡,人类的彻底解放。只有到那时,才能把社会变成"每个人的自由是一切人自由发展的条件"的"自由联合体",即大同世界。这当然是遥远的目标,但社会主义社会必须与它衔接起来,而不应遗忘和脱离这个大方向。

三、附论

(一) 实现法促进国家回归社会,需要正确理解国家和法的关系

在中国一直将法视为御民之具。管子曾讲"夫生法者,君也;守法者,臣也;法于法者,民也。"[3]韩非写道:法、术、势"此不可一无,皆帝王之具也"[4]。这种对法的认识,延续几千年,成为中国主要的政治理念。中华人民共和国成立后,受前苏联的影响,我们全盘接受了维辛斯基关于法的定义,阶级性成了法的唯一属性。在法与国家权力的关系上,把法当作单纯的专政手段即"刀把子",贬低了法的价值,甚至否定法的独立地位,为国家主义的盛行推波助澜。在进行依法治国的今天,我们必须正确理解国家和法的关系。从二者的起源上来说,国家和法的产生是同一过程的两个方面,国家的出现意味着法的产生,在此过程中无先后之分。争论国家和法产生的孰先孰后是没有意

---

① 《马克思恩格斯选集》第1版,第2卷,第413页。
② 《马克思恩格斯全集》第1卷,第281页。
③ 《管子·任法》。
④ 《韩非子·定法》。

义的。从二者的职能来看,作为上层建筑,二者存在着既联系又并立的关系,也不发生谁服从谁的问题。法是国家意志的体现;法的实施依靠国家的强制力。前者指立法权意义上的国家,即市民社会派出的代表团的权力;后者指行政权包括司法权意义上的国家,即控制市民社会的纯粹政府权力。但这两种意义上的国家又有共同的职能,即都以服务社会为宗旨。随着国家权力向社会的回归,国家将它从社会获取的权力归还社会,最终溶于社会之中。随着国家的消亡,法也同时消亡,被新的大同世界的共同社会规范所代替。

（二）实现法促进国家回归社会,需要在社会与国家的关系上坚持社会本位,抛弃国家本位

作为一个后发现代化的国家,我们采取的是国家推进型的法治模式,国家权力在这一进程中将起着重大的推动作用,但这也是用法律手段进行的。在社会主义建设的过程中,我们必须坚持社会主义,反对国家主义。马克思、恩格斯多次激烈地反对国家主义。1875 年与拉萨尔主义的斗争中,马克思批判了德国人传统的"国家迷信",指出"自由就在于把国家由一个站在社会之上的机关变成完全服从这个社会的机关。"①恩格斯晚年也指出:"国家再好也不过是无产阶级在争取阶级统治的斗争中胜利以后所继承下来的一个祸害。"②尤其值得注意,列宁在评论恩格斯反对"国家迷信"问题时强调,这是马克思主义国家学说的"最高成就"③。在当前,从社会主义市场经济和民主政治的实际出发,逐步培育社会的独立性,尽量扩大社会自治范围,相应缩小国家权力对社会的控制和干预,防止国家权力的滥用和腐败的滋生,实现"小政府,大社会"的格局,并最终实现国家向社会的回归。社会主义是国家主义的天然对立物,在社会与国家的关系方面,其基本价值取向是社会本位,这就是我们的社会制度称为"社会主义"而非"国家主义"的基本依据。④

（三）实现法促进国家回归社会,需要自觉地用马克思主义国家社会关系的原理武装执政的共产党

国家回归社会是马克思主义最基本的原理。坚持共产党的领导与坚持国家最终回归社会的方向是一致的。但前苏联的 70 年和我国的 50 多年的实践证明,共产党能够坚持这一方向也并非易事。共产党的执政地位特别是掌握高度集中权力的地位,使它很容易忘掉或忽略更不要说坚持这一原理。在社会主义国家中,我们看到两种倾向,一种是把国家回归社会这一长期而艰巨的任务作为唾手可得的东西,其突出代表是赫鲁晓夫当政以来苏共"全民国家"的理论及其实践。"全民国家"的概念由赫鲁晓夫正式提出,并写入了苏共二十二大通过的纲领。在这一理论指导下,苏联走上了强

---

① 《马克思恩格斯全集》第 19 卷,第 30 页。
② 同上书,第 22 卷,第 229 页。
③ 《列宁全集》第 1 版,第 3 卷,第 235 页。
④ 参见吕世伦:《法理念探索》,法律出版社 2002 年,第 18 页。

权主义国家的道路。这一理论明显地违背马克思主义基本原理,使苏联和东欧的国家政权最终走向了社会和民众的对立面,给我们留下沉痛的教训。另外一种倾向是不了解或不重视马克思主义关于国家回归社会这一基本原理,因而不能自觉地实现这一任务。于是就不断地强化国家对社会的控制。又由于缺乏严格的权力制约机制,不免给国家机关和公务人员的专横和腐败提供可乘之机。由此可知马克思主义关于国家和社会关系原理对执政党的极端重要性。

※　　　※　　　※

马克思指出:社会主义国家"是这样的国家,在这种国家里人民本身就是这种普遍事务;在这里,我们谈的是这样的意志,这种意志只有在具有自我意识的人民意志中,才能作为类意志而获得现实的存在"①。这种意志赖以存在的基本形式,就是作为"市民社会在国家的全权代表"的机构所拥有的立法权制定出来的法。既然立法权是国家整体性的权力,那么立法权产生的法也必然是全体人民意志(社会意志)的体现、表达和运用。因此,法必须而且能够成为支配国家特别是政府(行政)权力的唯一力量。确实,代表机构的意志并不能完全等同于全体人民的意志甚至有时会抵触全体人民的意志,而且法常常是政治国家与市民社会之间的一种"协调"或"契约"。但是,除了法之外,在解决国家回归社会这个问题上,没有任何其他的替代物。更何况必要时还可以用超越代表机构的全民公决来决定。但全民公决的结果也是法,而且是更高效力的法。

国家回归社会的主题,看来似乎是抽象和渺茫的,但却是极其现实的。在社会主义阶段,它有力地推动着经济的社会化,推动着国家权力的民主化及公职人员的公仆化和廉洁化,推动着社会精神面貌的道德化和文明化,使我们各方面的事业朝气蓬勃地持续发展。

与薄振峰合作,原载《法制与社会发展》2003 年第 3 期。

---

① 《马克思恩格斯全集》第 1 卷,第 325 页。

社会主义市场经济下的社会是怎样的社会

　　自党中央提出在我国建立社会主义市场经济体制的战略任务以来,学术界针对经济体制转轨中的问题展开了热烈讨论。在此过程中,英国法学家 H. 梅因 100 多年前在《古代法》一书中提出的"进步社会的运动,迄今为止,是一个从身份到契约的运动"的公式,重新唤起许多学者的兴趣,并在论著中加以援用和发挥。其主要观点有:我国经济体制的转轨,就是从身份到契约的运动;社会主义市场经济的价值目标,是建立一个以"个人所有权和契约为两大支柱"的"市民社会";社会主义不仅经济上而且政治和文化思想上,都应当是一个"契约社会",如此等等。

一

　　我国经济体制从计划经济到市场经济的转轨,改变了原先那种单一的行政隶属关系,而赋予社会经济主体在经济活动中以合法的自主权和自由权,使他们相互间的交易关系通过契约来实现。从形式上看,这一过程正好符合梅因"从身份到契约"的公式。不过,从本质上说,二者却是不可同日而语的。梅因公式指的是前资本主义社会(奴隶制和封建制社会)中的人身依附关系,转到 19 世纪自由资本主义社会中的人身自由关系。因此,这一公式适用的历史背景是十分特定的。不是别人,恰是《古代法》的出版者 C. 亚伦,1931 年就清楚地宣布:梅因公式仅仅到 19 世纪为止才是正确的;而在 20 世纪,它已过时了。这一论断是合乎事实的。

　　恩格斯提出,社会发生的任何一项重大的变革,"只有通过公开侵犯财产所有权才能做到"。20 世纪以来,随着垄断资本主义尤其是国家垄断资本主义的形成,19 世纪社会的财产权也受到"侵犯"。这既包括资本主义私有制基础的静态财产权即个人所有权的绝对自由,也包括动态财产即契约权的绝对自由。二战后,在生产和流通领域,资本主义国家积极进行资本的"国有化"(后来有变化)与经济的"计划化"。国家或者直接经营部分大企业,或者在财政、税收、货币信贷诸方面实行对国民经济的宏观调控。对于这种国家广泛干预的经济,一些西方学者称之为"混合经济"。它显然有别于19 世纪的"自由经济"。

　　再来看看我国的情况。在过去的计划经济体制下,作为经济关系主体的个体经济、集体经济、特别是国营经济,无不受到国家严格控制,缺乏独立、自由和平等的属性。它们同国家之间,主要表现为行政上的领导与被领导、指挥与服从的关系。这种关系酷似"身份"的隶属关系。反之,社会主义市场则承认经济主体间在法律上的独立、自由和平等的地位。尤其是它们的相互交易,不可避免地要通过契约渠道实现。这样一来,好像便可以把经济体制转轨代入"从身份到契约"的公式了。然而,形式相像的两种东西,本质上却可能是完全对立的,是风马牛不相及的。其一,梅因所讲的"身份"指奴隶对奴隶主、农奴对封建领主的人身依附。这和我国建立在同志式平等和互助合作关系之上的经济主体间的行政性或管理性的隶属,毫无可比性。其二,如果说现代西方社会的"混合经济"早已突破单纯契约经济的框架,那么,社会主义市场经济必然离它更远。因为,社会主义市场经济建立在生产资料公有制之上,从而比现代西方"混合经济"有更高程度的国家宏观控制。在经济领域中,契约关系的范围更狭窄些,所受到的限制(譬如社会公正的限制)更多些。既然如此,用"从身份到契约"公式表述我国经济体制转轨是完全不得当的。

二

黑格尔和马克思常常把"市民社会"称之为"经济国家",就是由于它属于物质生活资料的生产和消费的领域或"需要的体系"。与市民社会相对应的范畴,是"政治国家"或"公民社会"。市民社会和政治国家二者为社会经济基础与上层建筑关系。马克思说,市民社会"这一名称始终标志着直接从生产和交往中发展起来的社会组织,这种组织在一切时代都构成国家的基础以及任何其他的观念的上层建筑的基础。"由此可以了解,在广义上,市民社会就是从物质关系方面加以强调的一般的社会。社会主义社会是广义市民社会诸形态之一,即从资本主义向共产主义过渡的形态。

同广义市民社会截然不同,从狭义上说,"'市民社会'这一用语是在18世纪产生的,当时财产关系已经摆脱了古代的和中世纪的共同体。真正的资产阶级社会只是随同资产阶级发展起来的(马克思语)。"这里的"市民社会"仅指自由资本主义社会。它是从中世纪的贸易城市兴起、经过资产阶级革命确定下来,其典型形态便是19世纪的西欧北美社会,也就是梅因所说的"契约社会"。

市民社会作为契约社会,从17—18世纪启蒙思想家直到今日的西方思想家,从未间断地予以阐发和论述,构成了一套系统的理论模式。概括起来,市民社会的主要特征在于:在经济上,奉行私有财产神圣不可侵犯的原则,把私有财产自由权(亦称个人财产所有权)和契约自由权当作不容动摇的"两根支柱"。西方学者常常把这种排斥国家干涉、完全让"看不见的手"支配的资本主义叫作纯粹的资本主义。在政治上,把通过多党制和普选产生的资产阶级代议制国家,说成是人们签订国家(政治)契约的结果,是"民意"的体现。在思想上,奉行言论、出版、集会、结社、信仰的自由。概言之,市民社会就是契约社会,就是《资本论》中所指的"所有权、自由和平等的三位一体"。

社会主义社会同19世纪市民社会或契约社会有本质区别。首先,社会主义社会根本不是狭义上的市民社会。其次,社会主义社会(尤其在市场经济体制下)可以说是个有契约的社会,但决非"契约社会"。这是由于:①在经济上,社会主义社会以公有制经济为"支柱",个人所有制及其他经济成分仅处于辅助性的地位。这是社会主义市场经济根本不同于资本主义市场经济之所在,因而也产生了两种不同性质的契约。资本主义社会中的"契约自由",要害是掩盖资本从雇佣劳动身上榨取剩余价值这个基本事实。岂止如此,在那里,只要是有价值的东西,哪怕人格,都可借助契约形式进行交易。对于社会主义市场经济而言,契约仍是经济主体间进行交易所不可缺少的重要方式,但契约关系的主体、客体、内容(权利义务)又严格地限定于法律范围之内,特别是作为国有资产重要组成部分的土地、矿山、森林、河流、水域等自然资源,都不能像私有财产那样随意转让所有权。涉及国民经济命脉的企业,在所有权与经营权分离的前提下,在借助契约形式进行经营的过程中,经营者负有法定责任来保证不断地增值和扩大国家所有权,强化国有经济在整个国民经济中的主导地位和支柱作用。相反,决不允许削弱它。②在政治上,如同列宁所说,社会主义国家一开始就不是"原来意义上的国家",而是很大程度上已经返回并服务于以广大人民为主体的社会,而且最后要完全融合到社会之中的"半国家"。它的一切权力属于人民,国家官吏是人民公仆。这种国家是凭借共产党领导下的人民革命权力和人民的统一意志取得和维持的。因此,社会主义国家不是、也完全不需要用什么"国家契约"或"政治契约"之类的理论来掩盖自己的本质。17—18世纪西方的"契约国家"论宣布,刚刚建立或行将建立的资产阶级国家(主权)是人人共同订立契约的产物。无疑,这种理论对反对中世纪神学主义和专制主义统治起到过积极的革命作用。但它始终不承认这种国家是资产阶级(当年的市民阶级)利益和意志的集中体现。值得注意的是,在当代西方还流行一种"政治市场"论,作为古典的"国家契约"论的新形态。它从多元民主主义出发,论证西方传统的"三权分立""多党政治"的合理性,即论证资产阶级统治的"普遍民主性"。显而易见,社会主义国家决不能以这样的理论来说明和作为指导。我们国家实行以民主集中制的人民代表大会制和共产党领导下的多党合作与政治协商制度,目标是实现高度发达的社会主义民主。任何国家契约论和政治市场论,都是同社会主义国家中党的领导和民主集中制不相容的。③在思想文化上,我国的指导思想和理论基础是马克思主义。这是坚持和发展社会主义市场经济和社会主义民主的基本保证。这里不存在什么马克思主义思想与非马克思主义思想之间的"契约"或交易市场。否则,我们的社会便不成其为社会主义社会了。

的确,我们一定不能离开人类文明发展的共同大道独自前进。特别是对于西方社会的经济、政治、文化思想及制度中的某些非本质性的合理成分,必须加以借鉴,但这是为了使社会主义社会自身更加完善。

与郑国生合作,载《中国社会报》1994年6月4日。

市民社会理论研究中的独到贡献

中国以市场经济为取向的重大社会变革,必然伴随着为实践导航的巨大思想解放和理论突破运动,法学理论研究也呈现出前所未有的繁荣。尽管法学仍需"脱幼"和现代化,但近年来法学理论的重大创新和进步则是有目共睹的。

法学是一门理论性和实践性都很强的学科,它需要对历史发展和社会进步予以积极的关注和回应。随着当代世界政治、经济、文化的重大变革和全球化进程的加快,国家和社会、权力和权利、普遍利益与特殊利益的矛盾关系比以前更为复杂和凸显,市民社会理论也日渐成为一股世界性的理论思潮。可以说,重构国家和市民社会的关系,已成为当今世界一个带有普遍性的、根本性的问题。在我国,随着改革开放的深入和社会主义市场经济的进一步发展,社会主义市民社会已初现端倪,市民社会理论受到了越来越多的关注,法学界也必然要引入市民社会理论进行创新性研究。应当说,市民社会与国家的关系是一个基本的法理问题,对这一问题的深入、系统研究,可以更好地认识和把握法本质、法作用、法运行及其当代发展走向和趋势等,从而为法学研究注入坚深而丰实的理论底蕴。对法治发展的研究来说,市民社会理论则具有更重要的意义。因为,法治的根本之义在于权力制约和权利保障,把法治置于市民社会和国家的历史发展运动中去考察,就会获得更深入、更根本的认识和把握。马长山教授的新著《国家、市民社会与法治》一书,就是这方面的开山之作。

该书以市民社会理论为基点,对法治思想的内在理论路径和西方法治生成的深层动因进行了深入研究,对当代国家和社会关系的新变化、新趋向及其对法治的深刻影响进行了深入分析和把握,进而得出了国家和市民社会的互动关系构成法治的基础和界限这一重要结论,并藉此对中国法治进程进行系统的理论设计和解说,构建了市民社会理论法治观的理论体系,因而颇具学术前沿性和理论创新性,也具有很强的时代感和实践指导意义。该书注释丰富,资料翔实,理论功底扎实,这也表明了作者颇深的学术积淀和认真踏实的良好学风。这在当前具有某种"务实"和"浮躁"倾向的学术环境下,确实是难能可贵的。

我和马长山教授相识于1998年南京"20世纪中国法学与法制现代化"学术研讨会上。作为一个青年学者,其谦逊勤奋、执著学术、颇具洞见的风格给我很深的印象。后来,他又就撰写该书与我多次探讨交流,有很多理论观点我们都能取得共识。通读书稿,感到该书视野开阔,体系完整,理论深邃,使命感强,因而颇具学术感染力。当然,与其他学术著作一样,该书也并不是完美的,比如关于"市民社会型塑与中国法治之路"一章,如能以市民社会理论对社会主义市场经济和人民民主专政,进行再具体些、针对性再强一些的论述,可能会更好。但是,不管怎么说,《国家、市民社会与法治》一书,都可堪称法学理论和法治研究方面的上乘之作,这也是近年来少见的学术价值含量很高,开拓性和时代感很强的理论著作之一。相信该书的出版,能对市民社会理论基点上的法学研究,尤其是市民社会与民主和法治发展的深入研究起到重要的推动作用。

我很高兴,也很欣慰地向学术界推荐此书。是为序。

本文系为马长山《国家、市民社会与法治》所写的序,商务印书馆 2001 年。

论我国法制现代化中的国家主义障碍

今天讲的题目,是我长期思考的问题。邓小平同志南行讲话提到要警惕右主要是防止"左"。讲话后我就一直在思考:当前,在我国法制建设当中"左"的主要表现到底在什么地方? 思考的最终结果,我感觉到我国法制现代化中最大的问题,仍然是传统的国家主义的影响。这也是"左"的主要根源。我这几年都在研究这个问题。现在,把我初步的考虑同在座各位进行交流。大家学习马克思主义的常识都知道,马列经典作家教导说革命的根本问题是国家政权问题。那么,无产阶级革命的根本问题就是无产阶级专政问题。列宁讲过,哪个阶级掌握了国家政权这一点有着决定性意义。无疑,这个观点极其重要。只是人们在记住这个道理的同时,则忘记了或者忽略了马克思主义经典作家还有另外一方面的教导,那就是无产阶级所需要的国家并不是一般的国家,或者传统的国家,而是一种回归于社会的国家,最后要融化到社会中去。换句话讲,这种国家就是一开始就走上消亡道路,而且最后不能不消亡的国家。这方面人们考虑的不多。所以,长期以来对国家的迷信、对权力的迷信,一直是很盛行的。现在,我就这一问题谈一点看法。不论中国外国都一样,由于对权力和权利关系的不同确认和配置的学说的差异,就形成了法律史上国家主义和个人主义的长期对立。开始于19世纪晚期的中国法制现代化运动,第一次以立宪和限制君权这种方式激发了个人权利和国家权力之间的公然对抗,即权力和权利之间的公然对抗。在清末修律的过程中出现了一场"理"和"法"的理法之争。这场争论及其最终的结果,仍是保持以权利为本位的自由主义屈从于以皇权为本位的国家主义(权力主义)这样一种局面。所以还是没有解决中国几千年来传统的权力优位的"老大难"问题。国家主义凭借其长期的雄厚的法律文化基础,后来又吸纳了计划经济时代中央高度集权的体制,就潜存于我国的制度性法律文化和群众观念性法律文化当中,进而影响到我国的立法、行政和司法各个领域。反观20世纪中国法制现代化的变迁的过程,我们不难看出,国家主义的逐渐衰落恰是中国法制现代化走向成熟的最重要的标志。这算是我今天讲演的一个前言吧。

下面,我准备讲这么几个大问题。

一、国家主义的概念及其表现

在学术界,对于国家主义的理解不尽相同,但是基本点没有太大的分歧。这里,为了使用语规范化,避免发生歧义,有必要把国家主义的内涵作一个严格的界定。我所讲的国家主义是指:以国家权力为核心、以权力至上为价值基础的一种普遍存在于社会意识形态领域内的观念体系。也就是说,它是一个集中性的概念,可以表述为权力主义,也可以表述为集权主义,在限定意义上也可以说集体主义。国家主义作为一个意识形态或观念体系,不仅存在于政治体制领域,也散存于我国立法、行政、司法的领域。一讲到集中、集权、集体以及权力和统治,都是好的、香的;一讲到分权和个人,就要打个问号。好像社会主义只需要集权,好像分权、个人、民主都是资本主义社会的专利品。

国家主义的内在精神,集中表现在以下六个方面。

(一)重国家,轻社会

国家主义把国家高高地凌驾于社会之上,而忽略了社会本身的自我调节作用,意图用以暴力为支持的国家权力,来解决社会当中所存在的冲突和利益争端。在中国的法律传统里,法律的伦理化(道德化)和伦理的法律化,使个体的权利被限制在极小的范围内,使社会本身的导向功能受到国家权力的抑制。在我国社会主义经济建设时期,高度的中央集权的计划体制进一步强化了权力至上的国家主义观念。

和中国情况不同的是,从14世纪以来,在欧洲人那里却广泛形成了所谓"市民社会"这样一个概念。在这个概念的影响下,国家权力至上在欧洲文化中受到了重创(欧洲人强调社会权力,而不是国家权力,强调个人权利而非集体权利)。

(二)重权力,轻权利

所谓"权力"是,指挥和支配他人的力量。德国的韦伯把权力定义为:在社会交往中一个行动者把自己的意志强加给他人之上的可能性。这是韦伯对权力下的定义。再说权利,"权利"一词最早源于罗马法。它是指特定主体为实现某种利益,依法直接拥有的或者依法与他人设定的、作一定行为或不作一定行为的可能性。"权利"表现为具有独立地位的主体之间的平等关系。这样一种关系要求国家必须站在公正的立场来确认和保护个体的利益。国家权力和个体权利的合理配置,是现代社会法制的基础。英国的哈耶克在谈到法治时说:"法治"的意思是指,政府在一切行动中都受到事前规定并公布出来的规则的约束。这种规则使每一个人有可能十分肯定地预测、计划他自己的个人事务。以权力至上为价值基础的国家主义割裂了权力和权利的对立统一关系,片面强调国家权力对个体权利的统帅和支配,这样就必然在不同程度上侵害个体权利。

(三)重人治,轻法治

人治作为一种治国方式而获得法律上的公开确认,只是法制现代化开始以前的事。人治作为一种沉浸在法律文化传统当中的观念体系,仍然影响和制约着中国法制现代化变革的全过程。国家主义由于它倾向于权力行使的随意性和任意性,所以和人治的中国法律文化传统存在着天然的亲和力。与近代宪政基础上的法治不同，人治在其操作过程中强调规范的粗放和灵活。这样就为权力的任意行使留下了广泛的空间。后来，国家主义在中国进行法制现代化的时期，由于它无力摆脱宪政这个已经出现的事实和时代潮流，因此它只能在法律的动态环节即立法、行政、特别是司法运行中来发挥作用。

（四）重集权，轻分权

权力由于受到一定利益的驱动，常常成为社会资源配置的一种重要力量。18 世纪法国的孟德斯鸠曾在《论法的精神》中提出：一切有权力的人都容易滥用权力。他按照这个论断，接着就得出一个著名的"用权力制约权力"的原理。两个世纪以来，权力的高度集中所产生的政治腐败，已成为所有国家一种不可争辩的事实。正是这样的事实印证了孟德斯鸠的理论的正确性。我国自新中国成立以来所采取的以计划配置社会资源的、高度集权的计划经济模式，强化了国家主义的权力意识，进而使集权和分权，包括各国家职能部门之间、中央和地方之间的集权和分权的关系，成为我国经济体制和政治体制改革当中长期纠缠不清的矛盾。在国家主义者看来，高度集权能够体现快捷和方便的优越性，而分权则必然要求互相制约、互相监督，给权力的行使带来诸多不便。近年来，我国的《行政诉讼法》和国家赔偿制度在司法实践当中频频受阻的现象，正是国家主义权力观从中作祟的结果。

（五）重集体，轻个体

集体主义作为一种伦理要求，有其存在的合理性和正当性，集体主义对资产阶级极端个人主义的制约亦不容抹杀。但是，我们必须同时承认：个体利益和安全永远是集体主义存在的价值基础。国家主义在集体和个人的关系上，往往是以强调集体利益的名义来侵犯和剥夺个人利益，使这种行为合法化，从而歪曲了集体和个体的应有关系。

（六）重实体，轻程序

实体法与程序法谁轻谁重的争论，是法制现代化进程中不可回避的问题。我国从晚清修律开始，程序法第一次从诸法合体中独立出来。在漫长的封建法制发展中，由于诉讼主体的诉讼权利得不到法律的完全承认，因此以诉讼主体之间的权利和义务为主要内容的程序法，就必然得不到充分的发展。新中国成立以来，程序法的一切内容都被看作资产阶级刁难人民群众的装饰品。程序法里的分工制约原则被看作是捆绑和束缚无产阶级专政手足的绳索。所以，在我国长期以来程序法遭到唾弃。没有程序法，是导致大量冤假错案的主要根源之一。马克思说，程序法是实体法的生命形式。注重程序正义是现代法治的一个重要原则，也是法制现代化收到的极其珍贵的成果。随着时代的进步，程序问题的现代意义越来越突出。众所周知，实体法本身不能操作，能操作的是程序法。所以，在法制社会中必须承认这样一个基本假定：只要程序上是正当的,不管其结果怎样,都是合理的。"程序正义"一词来源于英美法中"正当程序"思想,泛指对任何个体利益的剥夺都需要保证被剥夺者有被告知的权利、陈述的权利和要求听取的权利。显然,程序正义的最初内涵就是和司法专横相对立的。随着自由资本主义的进一步发展,私法领域的契约自由原则和公法领域的重视程序正义的法制原则,成为近代资本主义法律文化的两大基石。近年来,随着我国《行政诉讼法》的颁布和实施,加上我国刑事审判方式和民事审判方式的改革,应该说程序法获得了不小的进步。但重实体轻程序的这种观念,在司法实践和法学理论研究当中,还没有发生根本性的转变。

二、国家主义的历史和理论脉络

国家主义在中国走过的是一个从来没有间断过的一元化的发展道路。这种国家主义集中表现为皇权至上,或者叫王权至上。在几千年的悠久的历史长河中,它几乎没有受到任何挑战。即使在百家争鸣的春秋战国时代,我们也没有看到有哪一个学派曾对此提出异议。儒法两个学派,没有一家是反对君主的个人专权。特别是儒家孔、孟、荀所倡导的"人存政举,人亡政息"这种学说,一切都以个人、少数精英、社会精英为出发点。还有法家的申、商、韩倡导的"法自君主"这样一种学说。这两种学说最为典型。在整个封建社会,君主拥有绝对的生杀予夺的权力。从西汉董仲舒那儿启始,君主专制的伦理主义和神学主义色彩越来越浓厚,到了明代已相当严重。皇权神圣不可侵犯的地位越来越稳固。对此,以至于历代农民起义领袖们也无力加以摆脱,他们争得权力后也要当王,也要把他们的话当成法律。说到这里,我要强调的是,因为皇帝拥有对社会组织、天地万物、时间时空的绝对权力,因此宗教在中国想成为一种独立存在的力量,更不要说成为皇权的强大的制约力量,断无可能。这与西方是完全不一样的。于是,皇权专制由于它的无可置疑,两千多年就一路发展下来。

我们反观西方的情况。在西方,和在中国甚至整个东方不同,它的国家权力从来是受到制约的,从来都是沿着国家权力同其他外在的对应力量之间形成的二元化道路行进的。对世俗国家权力的制约力量,主要有三种:第一种是自然法观念的制约。尽管西方自然法观念经历了不同的发展阶段,即古代自然主义自然法、中世纪神学主义自然法、近代理性主义自然法这么几个不同阶段的发展,但自然法作为国家权力的对立力量始终保持不变。自然法对国家权力的制约,表现在以下几个方面:个人权利的自然性与国家权力的人为性、人的理性与国家的非理性、应然性与国家法律的实然性、自然法的永恒性与实证法的不稳定性等几个方面的对立。简单地说,自然法的地位从来都被看作高于人定法的。虽然圣托马斯在自然法上面架设一个永恒法,但毕竟自然法还是高于实证法,高于人法。这是对国家权力的制约。第二种是基督教的制约。在中世纪,天主教会力图凌驾于世俗国家权力之上,而且得逞了几百年。例如,法国国王亨利四世因婚姻问题被天主教教皇开除教籍,使亨利四世不得不千里迢迢跑到罗马,大冬天跪在教廷门口七天七夜,这样才得到教皇的赦免。由此可以知道,天主教的力量很大,它不允许世俗国家滥用权力。第三种是代议制的制约。在中世纪晚期,在新兴的民族国家里,世俗王权逐渐地排斥和控制了天主教;特别是在路德和卡尔文宗教改革之后,这种趋势进一步加速。此时,为了保证世俗国家权力对宗教权力、中央权力对地方封建贵族权力的胜利,国王不得不依靠正在成长起来的市民阶级的强大的政治影响力,特别是不得不依靠市民阶级手中的强大的经济力量。王权向市民阶级妥协的结果之一,就是等级代议制度的产生。如法国从13世纪开始就召开等级代表会议;在英国,1258年召开第一次国会。通过这种等级代议君主制度,使市民阶级对国家权力即王权的制约力量越来越强大。到了17、18世纪,代议制的议会(国会)成为资产阶级发动革命的大本营。这就决定了西方的国家主义很难形成像东方特别是中国这样大的气候。近代国家主义即资产阶级国家主义,启端于15世纪到16世纪的意大利马基雅弗利和法国布丹,这也同时是近代自然法的开始。布丹在《国家论》六卷这本巨著中强调:主权是不受法律限制的对公民和臣民统治的最高权力。有所谓"近代自然法之父"荣誉的荷兰的格劳秀斯在承认政府产生于社会契约的前提下,主张人们把权利让渡给君主之后,应该永远服从君主;君主拥有最高的权力,人们既不能反对他,也不能惩罚他。接着,英国的霍布斯把主权者的权力说成是至高的、不受任何权力限制的绝对权力;他坚决反对分权理论,而主张专制主义的君主主权。霍布斯不遗余力地为君主主权和权力至上做辩护,他在《利维坦》这本书里写到:什么是法律呢? 法律就是一条锁链,一端拴在君主的嘴唇上,另一端拴在臣民的耳朵上。我们并不否认,以主权在君和权力至上为内在精神的国家主义在中世纪法制向近代资本主义法制转化的过程中,曾经起到了积极的进步作用,它促进了国家和法制的统一,对资本主义发展有利。不过,这只是较短时期的事情。

要对西方国家主义的形成历史进行一般的考察,我们就无法忽略德国黑格尔的国家主义。黑格尔认为,国家是行进在地面上的神,国家存在本身就是目的,个人是为了国家才存在的。黑格尔认为孟德斯鸠的分权理论的最大缺点,就是没有体现君主在国家体系中的核心地位。因此,黑格尔倡导君主主权论,反对人民主权论。从19世纪德国的尼采提出"权力意志论"开始,国家主义在德国愈演愈烈。与尼采同时代的政治学家特赖奇克,他是近现代强权论的国家主义的主要代表人物。他认为一切社会团体和个人都必须绝对服从国家,为了国家牺牲个人是每个公民的天职,而不论国家的要求正当与否。一个国家如果不能有效地控制社会团体的活动,就不是真正意义上的国家。所以,特赖奇克断言国家就是权力,权力就是国家。这种极端的国家主义到了19世纪末,在得到了新黑格尔主义的继承之后,就越来越朝着极端的方向发展,以至于导致后来法西斯主义的产生,给人类带来空前的浩劫。另一方面我们也要看到,国家主义在西方社会的每一次发展都经历了来自于不同意识形态、不同思想、不同学派,特别是自由主义学派的强有力的反击。我们应该知道,霍布斯、格劳秀斯所代表的古典资产阶级国家主义,是资产阶级还不成熟、力量还比较软弱时期的产物。一旦资产阶级强大起来,就必然向国家主义挑战。这就是古典自由主义的崛起。资产阶级古典自由主义的主要代表人物是洛克,此外还包括孟德斯鸠及潘恩、杰弗逊,还有法国的卢梭。卢梭批判地吸收了古典国家主义和洛克的自由主义的合理成分,构筑了以"公益"论为基础的人民主权学说。他把高度民主和高度集中二者有机地统一起来。表面上看,卢梭似乎与霍布斯没有区别,都说人们订立国家或社会契约时把权利统统交给了主权者,但实质上卢梭主张的是最彻底的自由主义,他甚至承认人民有用暴力推翻暴君的权利。到了19世纪自由资本主义全盛时期,以倡导所谓"守夜人国家"为主要内容的边沁的功利主义学派,由于该派理论更能适应自由资本主义经济发展的客观要求,所以就占据了法律思想的主导地位。到了20世纪,英国的哲学家罗素批判了格劳秀斯和黑格尔的国家理论后,进一步发挥了自由主义国家学说。他认为,政治权威和个人的关系是一切政治学的核心问题;个人的自由是一切政治学的出发点和归宿;国家理论的首要任务就在于根据适当的比例来划分国家权力和个人自由(权利)的范围。值得特别关注的是,当自由资本主义进入垄断的资本主义后,西方国家普遍加强了对社会和经济的全方位干预。但是,保护个人权益和自由的观念仍然是当代西方社会法制的价值体系的根基。国家主义在中国和西方的不同政治传统和文化背景,形成了截然不同的内在精神。国家主义在西方的发展中呈现出阶段性和受制约的性质,并且最终使自由主义成为西方政治法律文化的主流。

三、国家主义与当代中国的法制实践

法治在中西法律文化中有着内涵不同的阐释和功能不同的意义。但在近代视野里的法治已经跨越了中西法治文化的差异,得到了普遍的认同。到底什么是法治?美国伯尔曼指出:从本质上说,国家的概念和现实就是依法而治,即法律统治的国家或者叫"法治国"。现代的法治,其实质就是对国家的限权。具体表现在三个方面:①一切权力的行使必须要有明确的法律依据。②一切权力的行使都要有一定的限制或者界限。孟德斯鸠的分权理论使近代"法治"这个词变得更加系统和具体。正是这个分权学说成了自17—18世纪启蒙运动以来,法治从幼稚到成熟的标志。③一切权力的行使都要遵循一定的程序。中国法制现代化开始于19世纪晚期,从那时起,我们看到这样一个规律:中国法制现代化总是与国家主义的逐渐衰微同步进行的。社会主义制度在中国的建立,使我国法制现代化的性质有了根本的改变,使法治的实现成为可能。同时,我们也必须看到,我国社会主义法制起步以来,就有以下几个特点:①在革命中把注意力集中到权力方面,无疑是正确的,无可非议的。但是,没有同时把法律提到应有的地位,相反,却大大贬低法律的价值和意义,以至于把国家司法机关当成单纯的阶级

统治的工具或曰"刀把子"。②片面强调法的阶级性而否认法的继承性,违反了法律文化本身的发展规律,为国家主义的盛行和蔓延做了铺垫。马克思和恩格斯早就说过,继承性是法本身具有的相对独立性的重要表现。而我们则把它忘得干干净净。这必然要留下不利于我国法制建设的后遗症。③把法的功能归结为单纯的阶级斗争工具的功能,这种理论实际上损害了法律的权威。正常的情况应该是,法的阶级性和法所具有的高于政治权威这两者的紧密结合。但是,我国人民长期以来并没有形成用法律约束国家权力的观念。相比之下,西方法律文化传统有所不同。尽管在美国独立战争时才产生"宪政"这个词,但从中世纪后期起,所有西方国家甚至在君主专制制度之下,法律高于政治权力这样一种观念一直在人民群众当中广泛传播。这一点颇不同于中国。④高度集权的计划经济体制为国家主义的生存创造了极适宜的物质条件。法治思想与近代出现的自由资本主义的壮大是相伴而行的,也可说法治本身就是自由资本主义的要求和产物。以市场配置社会资源的经济运行方式培养了市民的权利意识。正是这样一种观念,要求用法律约束、限制国家权力。而以计划来配置社会资源的经济运行方式则要求强大的国家权力为后盾,这一点与国家主义一拍即合。

国家主义作为一种强有力的社会意识形态,广泛地渗透于中国法制现代化的各个领域。

我想先说明国家主义对我国制度性法律文化的影响。①诉讼过程当中的国家本位原则,忽略和轻视诉讼参与人的诉讼权利。诉讼是文明社会里的人们通过国家解决社会冲突和纠纷的一种重要方式。在诉讼过程中,国家应当站在一个消极的中立者的立场。中国古代司法权与行政权合二为一的传统,再加上近代以来大陆法系的教会法所实行的纠问式(审问式)的诉讼传统,二者的结合,为我国诉讼的国家本位原则提供了良好的文化土壤。新中国成立以来,我们对法律本质的偏狭的理解,进一步强化了国家权力在诉讼活动当中的地位。我国现行的刑事诉讼的实践,对辩护人的辩护权施加的种种限制,以及控、辩双方在庭审中权利的悬殊差异,正是国家主义在司法领域的集中表现。②把国家权力的公正性视为预先设定的、不容置疑的原则,并把这样一个原则贯穿于实体法和程序法的表里。例如,我国原来的《经济合同法》关于违约金的规定,显然是侵害了合同当事人的意思自治原则。③在法治的重要性不断地得到普遍认同的情况之下,国家主义常常是通过频繁的立法来扩充其权力的范围。④频繁的立法活动所促成的法律本身的粗放,必然会引起司法过程的权力操作体系的失控,从而为司法机关侵蚀立法权留下很大的空隙。比如,我国《民法通则》第 135 条规定,向人民法院请求保护民事权利的诉讼时效期限为 2 年;而最高人民法院在解释优先购买权的诉讼时,所确定的时效为 6 个月。不言而喻,这违背了法律的规定。再以我国管辖制度为例,最高人民法院在司法解释中明白地说:如果当事人对于驳回管辖权异议的裁定和判决一并申诉的,既对管辖权有意见,也对判决实体有意见,以这两个意见为理由进行的申诉和上诉的,法院经过复查若发现管辖权确实有错误,但判决是正确的,那么应当不加以变动。最高人民法院的这种解释，典型地反映了我国司法实践的重实体轻程序的思想。这是十分有害的。同时，这一点也是司法机关通过司法解释来改变现有法律的一个极明显的例证。事实上不仅仅如此，最高人民法院对《民法通则》进行的解释的数量是《民法通则》本身的几倍，它不是在进行个案的解释，而是规范性的解释，这好像不是在进行法律解释而是在立法。⑤国家主义在政治和经济活动领域的最经常的表现，是行政权行使的无序性和随意性。行政行为本身的规范性和程序性，是现代社会对政府的最一般要求。换句话说，国家大权掌握在政府手中，社会的事无巨细全由政府机关来管理，因此它的权力最应该受到控制。但恰恰是行政机关的行政行为，却又是最缺乏程序约束的。例如，有时为了完成上级政府指派的任务，随时都可以不顾程序法和组织法，成立各种"办公室"，像什么"纠风办""整顿办""纠察办""严打办"等名目繁多的国家机构。本来，成立一个国家机关应有法律根据，可是实际上则由国家机关本身特别是上级机关或首长说了算。⑥国家主义的权力本位原则，是对市场经济法律体系中贯彻自由和平等原则的极大阻碍。自由、平等是市场经济法律体系的灵魂所在，也是现代社会一切法律赖以存在的价值基础。国家主义崇尚的国家权力对公民个人权利的直接干涉，这就使市场经济法律体系的成长过程总是要伴随着同国家主义进行不懈的斗争。当前司法实践当中对大量经济合同，由于合同双方当事人之间的合意或约定超出了法定范围，而被判决合同无效并造成资源浪费的情况，屡见不鲜。还有，合同双方当事人在订立合同之后，没有依法去国家机关办理手续而被判定合同完全无效，从而给善意当事人造成巨大的经济损失，这样的案例也比比皆是。

接着，再说一说国家主义对我国法学理论的影响。

（1）对人权理论的影响。"人权"，顾名思义就是人的权利。它是人在特定的社会关系当中所处地位的一种反映。人权理论最早导源于14世纪欧洲人的"自然权利"理论。到了17世纪初它得到了一定程度的系统化，其中包括生命权、健康权、自由权、财产权和追求幸福的权利。这种人的权利的主要精神有这么几点：①人们在自然法之下享有平等的权利即平等权，任何人都不会屈居于他人的政治权威之下，除非受害人自己愿意这样做。②维护和保卫自然权利，这是政府的主要功能。③自然权利为政府的权威或权力确定了界限。政府行使权力必须以不侵犯个人的权利为界限，否则为非法。破坏了公民权利的政府就丧失了要求人们服从的权力，人们可以合法地加以抵抗直至把它推翻。这就是抵抗权或反抗权。到了20世纪，自然权利和人权这两个概念在内涵上已经一致化了，可以互相替代使用。从人权概念的产生、发展过程中，我们可以看到，总是把个人和国家或者把权利和权力放在一个互相对比的范畴之中来阐释人权本身的内涵；并且始终把国家权力看作是保障、实现人权的一种手段。我国的法学理论从新中国成立以来，一直是对人权理论采取一种简单的排斥态度，不认可的态度。20世纪50年代初，苏联莫斯科大学出版的教材认为，民主、自由、人权都是资产阶级的东西，只有资本主义才讲什么人权，社会主义不必要讲人权，因此对人权一直采取"批判"的态度。这几年适应国内外政治形势和社会发展的需要,先是羞羞答答地承认社会主义国家也需要讲人权,继而在理论方面开始了对人权问题的研究,并且较迅速地形成繁荣局面。尽管如此,我们也不能不看到,到目前为止,人权的研究领域仍然夹杂着许多国家主义的思想痕迹。我认为,这样的国家主义思想痕迹的最突出的代表性的观点,就是所谓"国家主权是人权的前提和基础"的理论。我一点儿也不否认,不同性质的国家对人权的实现程度具有重大的影响。在美国和在希特勒统治下的德国,对人权的态度是很不相同的。虽然如此,我们也不能得出国家主权是人权的前提和基础这个结论。任何一个主权国家都不可避免地要对国内的人权实行管辖。从主权对人权管辖这个层面上,应该承认主权是高于人权的,因为管辖者总是高于被管辖者。但是,主权高于人权这个命题仅仅限于这个层面上能够成立,再向前跨越一步就一定导致谬论。人权是个普遍的范畴,而主权则是每个国家局部的范畴。实现全人类普遍人权这是一个世界性问题,也是一个长期的历史任务。国际社会主义和共产主义运动,本身就是实现全世界普遍人权的运动。从这个意义上讲,人权决不应该局限于各个民族国家的范围之内。恩格斯说过,资产阶级的人权从一开始就是国际性的。那么,无产阶级的人权运动,难道仅只是每个国家内部的事情吗? 显然,这完全不是马克思主义的主张。所以我认为,从无产阶级人权运动的意义上看,应该承认人权高于主权,而完全不必顾虑谁人甚至意识形态的敌人也可能说这样的话。普遍的人权运动代表了全人类的共同愿望,是超越各个民族国家范围的。一个真正的、一个具有合理性的国家,它都应该服从和服务于全人类的总体目标。人权和国家都是经济关系的派生物。国家本身并不是永恒的,它是在历史发展进程中必然要被消灭的东西。有国家存在就意味着没有普遍的人权,而有的主要是统治阶级的人权。所以,从终极的观点看,国家是实现普遍人权的障碍。再者,不管国家对人权有多么重要,都不能认为人权是由主权派生的。这句话是错误的、颠倒的。特别是现代民主国家,即使在直接意义上,主权产生人权的说法也难以立足。相反,倒是人权产生了主权。因为,现代民主国家为人民主权,是由享有人权的每个人的全体所构成的权力;作为最高权力的代议机构,是每个人行使投票权利的产物。这也是权利创造权力。最有论证力的,是马克思主义的国家(主权)发生论。马克思在《资本论》中早已讲明,权力包括国和法,都是由商品交换形成的权利所产生。我觉得,迄今为止,法学家和政治学家即令讲国家起源问题时,也很少有人提及马克思提出的这个非常重要的原理。这实在是件遗憾的事。最后,我还不得不提醒一下:有人一直喜欢把"阶级性"挂在嘴边,但当他宣传"国家主权是人权的前提和基础"的时候,是否意味纳粹德国也是人权的前提和基础? 难道在最具阶级性的国家主权问题上,阶级性理论就失灵了吗?

(2)国家主义对法的性质和功能观点的影响。新中国成立以来在大规模的阶级斗争中,法一直被看成单纯的阶级斗争的一种工具,所以阶级性成了它的唯一属性。正是这种把法看成单纯实现国家权力手段的国家主义的错误思想,导致在"文革"当中,把一切法包括宪法,当作废纸给扔掉了。另外,实施法律的司法机关也被"砸烂"了。此事,凡从"文革"中过来的人,都记忆犹新。

(3)国家主义对法的体系及其内在结构观点的影响。由于国家主义总是以国家权力为本位,这就使整个法学体系和法律体系出现了公法高于私法、实体法高于程序法这样一种偏狭的结构。在这种观点的影响之下,在我国长期的司法实践中普遍存在着所谓"民事给刑事让路"的做法。这样就使公民及各种社会团体的正当的民事权益,得不到应有的保护和救济。这几年以来公安机关频频插手经济纠纷,恰是国家机关滥用权力来侵犯公民个人权利的一种表现。

(4)国家主义对法概念的影响。法是由国家制定和认可的,以国家强制力做后盾的,以调整权利和义务为内容的规范。西方有三大法学派即自然法学派、社会学法学派、分析实证主义法学派。自然法学派认为法是人的理性;社会学法学派认为法是一定的社会事实,它实际在调整人们的行为,包括风俗习惯、社会道德、特别是判决等,而国家制定和认可的法条不过是一种"死法";只有分析实证主义法学派才认为法仅仅是国家制定和认可的规范。既然在西方就有三大法概念,那为什么我们长期以来对法律实证主义学派的观点情有独钟呢?这个谜,我一直想破解。最后我才悟出点门道来。原来是由于分析实证主义法学派最富于国家主义色彩。这与集权型的国家是很符合的。所以,分析实证主义法学派的法概念先是被前苏联采纳,而后经前苏联的媒介,使这种法概念又在我国扎下了根,至今仍占主导地位。于今看来,这一点也不值得奇怪。但当下确乎已到迫切地清算这种国家主义法概念的时候了。从霍布斯到奥斯丁都倾向于把法看成是国家的命令,主权者的命令,因而奥斯丁的法的三要素就是主权者、命令、惩罚。我们承认分析实证主义法学派包含着某些合理性,但其他学派也有合理的地方值得借鉴,不能犯片面性的错误,不能向法律实证主义一边倒。

(5)国家主义对法学理论的影响,还表现在强调强行性、命令性的规范较多,强调授权性规范较少。比如说,根据《宪法》,《游行示威法》本应是保护公民游行示威权利的法,但它很大程度上却像限制群众游行示威权利的法。

最后,再说国家主义对我国大众观念性法律文化的影响。只想谈两点:

(1)公法高于和优于私法的法律文化传统,强化了人们"法即为刑"这种观念。对刑本身的畏惧心理就迫使人们不得不远离诉讼,去追求诉讼以外的和解。法国比较法专家达维德说:中国人一般是在不用法的情况下生活的。他们对法律制定些什么不感兴趣,更不愿意站到法官的面前去,他们处理和别人的关系,以是否合乎情理为准则。他们也不要权利,要的只是和谐和和睦相处。此话并非没有根据。

(2)国家主义作为一种在判断公与私、官与民、权与法等对应范畴的时候,总是以权力为中心。这对于培养适应中国法制现代化需要的国民素质,无疑是一种巨大的阻力。在当代中国的司法实践中,假借集体或国家利益的名义来侵害公民个人权利的这种现象很普遍。正是这种情况,成为政治腐败和司法腐败的一个重要根源。因此,我认为系统地清理国家主义对大众法律观念的影响,是实现中国法制现代化的一个重要精神条件。

四、国家主义的克服与中国法制的未来

正确认识国家和社会这两者的关系的问题,是当代中国社会主义社会转型期间的一个重大的理论问题。它也是涉及建立现代法治社会的一个基础性问题。早在19世纪马克思批判黑格尔的国家主义法哲学的时候,就提出应该从现实的人的活动领域,也就是从市民社会里来寻找国家与法的基础。马克思说,国家的职能和活动是和个人有联系的。现实的人而不是拟制的人,才是国家存在的基础。在1875年与拉萨尔主义的斗争,特别是在批判哥达纲领的时期,马克思、恩格斯又一次对德国人传统的"国家迷信"展开了批判,并说明"自由就在于把国家由一个站在社会之上的机关变成完全服从这个社会的机关"。再晚些时候,直到马克思逝世之前,恩格斯又说:在德国,对国家的迷信已经从哲学方面转到了资产阶级甚至很多工人的一般意识当中去了。接着,他又说:国家再好(无产阶级专政),也不过是无产阶级在争取阶级统治的斗争胜利之后所继承下来的一个"不得不暂时加以利用的祸害"。毛泽东深刻地体会到了这一点。他的《论人民民主专政》这篇重要论文,一开始就讲到了国家消亡以及共产党消亡这个最重要的原理和人类的远大理想。于今,人们普遍地回避国家消亡问题。究其原因,可能是觉得这是个遥远未来的事,但恐怕也有学者认为讲这个问题与"加强无产阶级专政"的提法相矛盾。后种想法是一种误解。实际上,加强无产阶级专政与国家消亡二者完全是一回事。无产阶级专政越巩固,就意味着越接近国家消亡。显而易见,马克思、恩格斯所坚持的基本理论,是以社会主义来对抗国家主义。原因就在于,国家主义是社会主义所反对的东西,相对立的东西。马克思、恩格斯的这个观点是十分明确的。我敢肯定地说,现在有不少学者(冒昧地说特别是极少阅读马列著作的年轻学者)因没有真正弄清楚马克思主义关于社会和国家关系的基本原理,因而对于我们这个社会为什么要叫做社会主义而不叫做国家主义,并不是十分了然的。简言之,我们应坚持社会主义,坚决反对鼓吹国家主义的论调。刚才引证恩格斯说过社会主义国家是"不得不暂时加以利用的祸害"那句话,列宁极度重视。他认为,恩格斯这句话是马克思主义国家学说的"最高成就"。既然是"最高成就",还不值得唤起我们的重视吗?话讲到这儿,我还想强调一个相关的问题,即方法论问题。真正坚持马克思主义必须具有彻底性,始终如一地讲实事求是,反对实用主义。我深感亦不妨说是痛感,在我国,多年来实用主义对理论的危害太大了。例如,在人权这个问题上,美国说人权高于主权,我们就不加深思地反其道而行之,随即就称主权高于人权。这实际上是让人家牵着鼻子走,上当了,离开马克思主义了。从前,毛主席告诉我们说"凡是敌人反对的,我们就要拥护,凡是敌人拥护的,我们就要反对",这个公式无疑是导致极"左"思潮的重

要根源,是典型的形而上学的方法论。事情这样明白,如果主权高于人权这个命题能够成立,《共产党宣言》中的"全世界无产者联合起来"的口号岂不就该作废了吗？这种"联合"的目的就是要解放全人类,实现全世界的普遍人权。而有国家(包括社会主义国家),就意味着有人要被剥夺权利,就没有普遍的人权。有鉴于此,列宁才说无产阶级需要的国家是一开始就走上消亡道路,并且最后不能不消亡的国家。因此,"国家万岁"是不对的,主权高于人权的命题是没有马克思主义味道的。

五、批判国家主义绝不等于否认国家的历史地位

我们批判国家主义,但是我们丝毫不抹杀国家权力存在的现实性和合理性。批判国家主义并不是反对国家本身。如非这样,我们为什么还要坚持无产阶级专政或人民民主专政呢。凡是现实的必是合理的。我们应该承认,在现时代,国家的存在有其现实性和合理性。所以,我们应像当年马克思那样,开展两条战线的斗争:一方面我们应反对资产阶级的国家主义,反对霍布斯主义、黑格尔主义、希特勒主义,同时也要反对资产阶级那种极端的自由主义,这两者不能偏废。邓小平同志提出"反对资产阶级自由化",我体会就是反对传统的资产阶级自由主义。不过,我认为问题还有另一方面,即与此同时也要反对资产阶级国家主义。这样才是全面的。自由主义和国家主义都要反对,特别是作为中国人,我们祖国经历了两三千年的国家主义的传统,这种影响是根深蒂固的。所以,反对国家主义的任务也极其迫切和艰巨。但是,我们并不能因此而简单重复19世纪英国人的极端的自由主义,它对于现代资本主义而言已经落后了一百多年,中国人当然不能回到那儿去,否则就是鼓吹倒退(目前对于市民社会问题的研究中可以看到这种倒退的端倪)。现代西方人正在加强国家权力对社会的经济干涉,以生产资料公有制为基础的社会主义国家更不可能不进行这种干涉。盲目地反对国家的任何干涉,属于一种极端的资产阶级自由主义甚至是一种无政府主义,是危险的。对于我们说来,应该在反对国家主义倾向的同时,还应该重视和强化国家的宏观的调控作用,这两方面不可偏废。原因在于:①没有国家对经济上的宏观调控,市场经济不可能得到健康发展,这是一个重要原因。西方国家同样看到这一点,所以才强调加强政府的权力。②自发的市场经济不是一个自足的体系,相反,它只能导致贫富两极分化。市场经济是无情的,会造成极大的两极分化。单靠市场本身不能解决这个问题,而要靠国家来解决。国家要从经济、计划、货币、财政、税收等各个方面来进行调节,要实行切实的社会保障,缓解贫富两极分化,并逐步走向共同富裕的道路。

总而言之,虽然我们现在理论上应强化对国家主义理论的研究和批评,因为它的确是我们法制建设的一个主要的严重的障碍。但我们目前又要重视国家权力的重要性和现实性、合理性。这两个方面是丝毫不矛盾的,因而不能有片面性。建立法治国家是当代中国政治上的必然选择,也是中国21世纪要达至的一个基本的政治目标。

为此,必须合理地划分国家权力和公民权利的范围,建立权利对权力及权力对权力的制约机制,实在是建立法治国家的核心和关键之所在。

【说明】本稿的基本的内容,是 2001 年 6 月 18 日在吉林大学法学院的讲演稿。它的基本观点是与贺晓荣博士一起研究的成果。超出这个范围的,由主讲人负责。

载《法律思想的律动——当代法学名家演讲录》,法律出版社 2003 年。

第二部分　法哲学

历史·理性·实践

——一种创新性的法价值哲学思维模式

　　这些年来,我国社会主义法制建设蓬勃发展,相应的法学的学术研究也在蒸蒸日上,空前的繁荣。在这种良好的形势之下,客观上自然地就要求学者们自觉地从世界观和方法论的高度上,来观察、理解和总结法现象的科学即法哲学的更新和重塑。如果说,从前法哲学尚属于受忌讳和否定的东西的话,那么现今它已稳定了自己的地位。不仅从事理论法学的人理所当然地重视它,就是许多搞部门法学的人也纷纷对它发生了兴趣,有的甚至取得令人瞩目的成就。这实在是一件值得高兴的事。

　　在法哲学领域,占据主导地位的是法价值问题。这主要是因为,同法哲学的其他组成部分相比较,法价值问题除了深厚的理论品格之外,还有举足轻重的现实品格,与社会的利益分配有十分紧密的、直接的关联。只有研究法价值,才能弄清法应当是什么,通过何种途径实现法,以及法的运行前景。说到这里,我们就不难懂得,迄今为止,国内外谈论法价值的学者何以如此之多的缘故了。

　　杨震教授的新作《法价值哲学导论》,正是在我刚刚介绍的大背景中问世的。该书对法价值的探讨作出了独到的贡献,在当前我国的这一学术领域中占有不可或缺的一席之地。它的最大优点在于,把坚定的历史唯物主义法律观和方法论,同现代法治进展的大趋势及其理论反映相连接。通过作者视野开阔的概括和借鉴,与时俱进的创造性思考,得出有关法价值哲学的结论。这种既维护科学的原则性和善于向外域取经,又不拘旧格而大胆解放思想、勇于开拓的精神是颇为可贵的。我之所以强调这层意思,是有其感而发的。不可否认,当下我国理论法学、尤其法哲学(重点为法价值哲学)的研究中存在着某些不敢苟同的偏向。这些偏向可以归纳为两种教条主义,一是马克思主义的教条主义,二是自由主义的教条主义。马克思主义的教条主义是传统的教条主义。它的坚持者死抱住从前所流行的那种热衷于摘取马列经典作家的片言只语、特别是对被拧曲了的马克思主义法学"通说"不放,面对今日法学兴旺发达形势总有"世风日下""一代不如一代"之慨,而且手中那根"大批判"的棍子紧握不放,随时准备向敢于议论人性、理性、自由、权利之类的人挥舞。他们不愿意与时俱进,也不准别人卷入时代潮流。自由主义的教条主义,是西方的教条主义。在持有这种倾向的人们的眼中,马克思主义等于"过时""僵化"的同义语。他们不学习、不了解马克思主义法律观和方法论的科学性,一味盲目地照抄照搬西方自由主义的法学结论,简单地用西方法价值观及法制现代化和19世纪市民社会等理论来框定当前我国的法制建设和当作我国法哲学的支柱。确实,在这些人中,有的对介绍西方的法治事业的经验和理论成果,做了有益的工作。但搞西方法学的话语霸权的,亦不乏其人。不言而喻,这两种教条主义均有碍于法价值哲学的进展。

往下,我想对《法价值哲学导论》的看法,讲得再集中和具体一点。我觉得这本书中最值得重视的,是作为其立论基础的若干观点。

第一,历史的观点。恩格斯曾有句名言,一切社会科学都是历史的科学。无疑,他说的历史,指社会的历史。社会永远不会停留在某个固定的水平上,而是不断地向前发展的;有时它可能发生波折甚至倒退,但仍会在逆境中滚滚向前。历史的创造者和承载者是人类。他们在共同地改造自然的过程中,同时改造相互之间的关系,提出和满足不同程度和性质的需求。这就自然而然地产生了价值的观念。通过人与法的关系,价值便升华为法价值,进而有了法价值哲学。法价值哲学作为哲学的一个分支学科,同其余的社会科学的诸部门及其分支学科一样,具有历史性。原因在于,它由历史所决定并伴随历史的步伐而推演和成长的;总结人类对自然的征服、人与人的合作与争斗的经验,而一步步得到充实和完善;经过反作用于社会来随时检查其正确或错误,受到肯定或否定;还要一辈又一辈人假以时日地批判和继受前人的思想遗产和移植外域的思想成果。除了这些社会科学的共性之外,法价值哲学更有自己独特的历史性意蕴。即,其研究对象的法价值,涉及一切社会实体的生存与发展的利益。具体说,宏观上包括全人类的、国家的、民族的、各种群体的利益,微观上包括每个人的利益。而且,这种利益关系跟着时间的推移,经常地变动。与此相一致,人们的法价值体验和观念、理论也在变动。《法价值哲学导论》的作者正是基于此,对自己提出的命题,大都进行了相关的历史考察。本书的前两章即"法价值的生成"和"法价值的人性基础",相当详细地进行了这方面的努力;在其余各章亦对历史的考察给予关注。结合历史考察的思维方法来研究法价值的长处是:既能通过对某个命题的来龙去脉的了解,强化对它的观念,又能生动地论证该命题的真理性。先人所云"通古知今""承前启后",早已表达了这个意思。

第二,人性和理性的观点。在不堪回首的极左岁月里,"人性""理性"的字眼是犯禁的。因为,讲人性就意味着不讲阶级性,当然为"以阶级斗争为纲"路线所不容;理性是资产阶级酷爱的抽象物,目的是粉饰他们的法和法思想,欺骗劳动人民。显而易见,在人所构成的社会里否定人性的存在,在谈论以理性为主导的意识形态时拒斥理性,无异于抹杀起码的真理,而推崇和奉行蒙昧主义。

事实是,人类几千年来的文明史上,如同该书昭示的那样,几乎没有什么人否认人性的存在,分歧仅在于对人性的认识和评价的不同。人性包括着人的自然属性和社会属性,其中社会属性有决定的意义。因为,只有在人与人之间的关系中,方能展现人性是怎样的,然后才有对人性的评价。不管认为人性善还是恶,或者非善非恶的,都是人们看待人与人关系、特别是法价值关系的重要的观念基础之一。中国古代的荀子和法家学派,西方近代的马基雅弗利、霍布斯等国家主义和一些法律实证主义的代表者主张人性恶,因而就需要借助法律来命令和抑制人的本性,严惩非分的价值追求的行为。不过,在同样主张人性善者中间,观点上则有区分。例如,孟子强调依靠道德自律保护人的善性,并防止来自环境对它的破坏,而法仅属辅助性的规范,是为了惩罚恶的。同样认为人性善的卢梭,在承认道德的积极意义的前提下,十分强调用宪法和法律保护、维系和发展善性,刑法只是"保卫法律的法律",是不得已采用的手段。很显然,孟子突出道德价值,卢梭突出法价值。马克思主义创始人告诉我们,人性是社会关系的总和,亦必然随着社会关系的变动而变动。在阶级社会里,每个阶级都有本身的善恶的判断标准。只是由于人要共同地生存和发展,有共同的需求及其满足,决定了人不能没有"类本质"即人之为人的共同本性。因之,一切调整人际关系和保证主体(人)使客体对象化的行为的法,会程度不同地反映人的这种本性,并通过法价值以实现人性的需求的满足。的确,"人的类本质"是一种应然的、理想的状态的人性,要经过漫长历史过程才能最终变成现实。虽然迄止目前它仅仅属于客观潜在的并没有得到完全显现的东西,但按照社会规律,确是可以企及的。只有洞悉法的人性基础,才能够准确地理解法价值是什么或应当是什么,得心应手地处理法价值关系,使之更多地惠及于人类。

与人性的关系联系最紧密的,乃是理性。理性为人性的观念形态,表达着"人的类本质"的要求。人性通过理性的人、首先是立法者的造法活动来表现和实现法的价值。但在剥削者的统治之下,由于他们的一己私利之驱使,常常不免拧曲人性,丧失理性,使法价值发生倾斜,对人加以"抽屉式"的分类,把法变成"动物的法"。有鉴于此,当年马克思一再高声呼吁废除"动物的法",建立"理性国家"和"理性法"。正是理性启导人们端正法价值观,尽可能让法服从人性的要求。为此,主要应当做到:①对全体的人公平地分配社会利益,体现法的正义价值。②确保每个人固有的、共同的和最重要的属性,体现法的自由价值。③使人类以最少的资源投入而获取最多的产出,满足不断增长的需求,体现法的效益价值。④造成人际和谐的生活环境,人人有安全感,体现法的秩序价值。历史向我们证明,生活发展的大势是迈向文明的,作为文明之花的法也越来越会理性化。由此可知,不懂得法的内在的理性精神,便不能有力地推动法制与法观点的变革,不能高效地激发法的良性价值。

第三,实践的观点。马克思指出,人的思维是否具有真理性,不是理论问题,而是实践问题。因此把实践的观点引入认识论,是哲学史上的一场最伟大的革命。根据这个道理,我们也可以说,一种法价值理论合不合乎真理或含有多少真理成分,归根到底取决于它能不能在法的实践中经得住检验。假如它不涉及法实践或无助于法实践,那么就等于空谈,无补于现实的法制建设。

杨震教授对马克思主义法哲学深有感悟,并在这方面下了很大的刻苦钻研的工夫。他不乏学术勇气,打破学者们探讨法价值问题的惯例,用全书三分之一的大比例的篇幅,比较全面和系统地阐发"法价值实践论",而且把实践的观点像一条红线似的贯穿全书的首尾,成为书的最精彩、最重要的思维亮点。此种别开生面的做法,很自然地会吸引读者对法实践问题的关注和兴趣。在通读该书的过程中,恰恰是这方面的论述给我的启迪最深,受益也最大。

确实,唯有法实践才配称为法价值和法价值关系的核心。实践是法价值主体与客体沟通的架桥,或者用作者的话说即主体系统与客体系统之间的"中介系统"。它表现主体(人)的能动性,使客体(对象)主体化,变成为我的主体(人)的客体,同时也使主体客体化,变成其意志存在于对象中的主体。通过此番的主体与客体之间的相互交换或转化,满足主体对客体的价值需求。相反,没有法实践,法价值关系只是纸面上的、抽象的、静态的关系,有了法实践,这种关系就会成为实际的、具体的、动态的法价值关系。

法实践中有立法、执法、司法、守法和法监督诸环节。立法是法价值的表达和确定,为法价值关系的前提条件。执法、司法、守法是法价值关系的实现,为法价值运作的积极的结果。法监督是法价值关系的保障,为法价值关系的正确实施的必要措施。法价值中的任何一个环节一旦出现缺失,整个法价值都会顿时面临着全面落空之危险。

作者还提醒我们,社会是发展变化的,作为社会现象之一的法价值当然也不可能永恒地凝止于某种特定的状态之下。法实践不仅担负着维护和实现当前的法价值状态,而且也担负着创造未来的种类更多、内容更丰富、形式更多彩、层次更高的新法价值,直至法价值被新型或新质的社会自身的规范价值取而代之的时候为止。

一言以蔽之,"实践不仅是马克思主义哲学而且是法价值哲学产生和发展的现实基础及其生命力源泉之所在。"

关于《法价值哲学导论》,要讲的就是这些。非常感谢杨震教授让我对他的大作享受了先睹之快。

本文系 2003 年为杨震《法价值哲学导论》所写的序。

法的必然、实然与应然

法的价值是法和法律制度的重要因素和特质之一,也是法学理论中一个重要而又困难的问题。正因为如此,不同国家、不同时代的法学家们,不论是法价值的肯定论者还是否定论者,大都对法的价值问题表现过极大的关注,进行了许多富于启发性的研究。

在西方,价值、法的价值通常是作为具有客观精神性与主观特性相结合的,并且,具有使用性的概念加以把握的。它表示可能对立法、政策适用和司法判决等行为产生影响的超实证法律的因素。这种因素的载体成为一些观念或成为普遍的原则,在现实中往往体现为对法律应当是什么、法律的理想和目的等所进行的理性判断。法的价值问题可以说构成了西方法学和实质性法律思维的一个重要内容和方面。正如庞德所说:"在法律史的各个经典时期,无论在古代和近代世界里,对价值准则的论证、批判或合乎逻辑的适用,都曾是法学家们的主要活动。"[①]古希腊哲学家柏拉图在《法律篇》中率先使用"法律的价值"的概念,而他的弟子亚里士多德则客观地阐发了价值体系,把价值分为经济价值、政治价值、伦理价值、美学价值和法律价值等若干类。根据西方法学对价值问题的重视程度,我们可以把西方法学价值论的发展,分为三个阶段:①从古希腊到17—18世纪的古典自然法的思想传统。这个时期,法学家们借助自然法理论揭示法的正义基础和判断法价值的标准。因此,自然法学就是一种"价值法学"。②19世纪分析主义法学和20世纪初社会学法学的兴起至第二次世界大战。分析主义法学强调对实在法的逻辑分析,社会学法学强调对法的社会作用的研究,其中许多学者忽视法的价值准则。有些极端的学说如分析主义法学中的纯粹法学和社会学法学中的实在主义法学,干脆主张把价值因素清除出法学研究的领域。③二战以后自然法学的复兴。适应形势的变化,法学家们开始重新强调法的价值因素,并在有些问题上逐渐与社会学法学和分析主义法学相互融合和靠近。在当代西方社会,除自然法学派以外,许多其他法学流派如存在主义法学、统一法学、多元论法学、修辞学法学等也注重研究法的价值问题。如芮克斯认为法是用来实现一定价值的规范体系;J.哈尔认为法律是形式、事实和价值的一种特殊结合;菲力普·塞尔兹尼克提出法律社会学应当关注法律制度的价值目标,考察法对于人类福利所具有的潜在作用。最值得注意的,像当代分析主义法学大师哈特,竟然也承认存在"最低限度的自然法"。此间,在西方

---

① 庞德:《通过法律的社会控制》,商务印书馆1984年,第55页。

的思想家、法学家中,涌现出大量的作者,从不同的侧面阐述了法的价值的观点。

在我国,法的价值研究起步较晚,在改革开放以前,法的价值研究是禁区,认为平等、自由、正义等理论是资产阶级学说,只能批判和扫除,十一届三中全会以后,随着社会主义民主和法制建设的发展,人们在反思和总结我国法制建设发展的经验教训的同时,陆续介绍、研究西方关于法的价值理论。我国法学界关于法价值的研究在十一届三中全会以后大致经历了这样几个阶段:①80年代初到1986年。这一时期是我国的法学界研究法价值的起步阶段,表现为在我国的法学论著中开始使用"法的价值""法的价值观念"等概念,法的价值问题逐渐成为法学家思考的问题。②1986年到1992年。这一时期是法价值研究的发展时期。随着我国法制建设的发展和国内哲学界对价值论研究的深入,越来越多的人开始着手研究法价值问题。这一时期,学者们运用哲学的价值分析方法,对法价值的基本理论展开较为全面和较为系统的研究,涉及法价值的概念、法价值的分类、法价值观、法的负价值等问题。先后出版了严存生先生的《法律的价值》①;杜飞进等先生的《法律价值论》②;乔克裕、黎晓平先生的《法律价值论》③;武步云先生的《马克思主义法哲学引论》④一书中,也有很大篇幅讲法价值论。一些学术刊物陆续刊登了一些学术论文,如孙国华先生的《论法的价值》等,共有10多篇论文。法价值研究取得一批初步成果。③1992年到现在。随着社会主义市场经济理论的提出,我国改革开放的发展,法制建设的进一步完善,法学界在探讨市场经济是法治经济,建立与社会主义市场经济相适应的法律体系的过程中,进一步加深了对法律价值的研究。现在,除了继续进行总体上研究之外,更侧重于对法价值的各种形式的研究,如法与公平和效率、法与自由和秩序,以及法律诸价值之间的关系。围绕这些问题,法学界发表了不少论文和专著。如卓泽渊的《法律的价值》⑤、严存生的《论法与正义的关系》⑥等。从现在来看,尽管法价值的研究取得一定的成果,但仍然有许多问题有待于我们作进一步的探讨和研究。

值得欣慰的,在法价值的研究成果中,我的博士研究生周世中副教授和他的同事黄竹胜一起撰写了这本关于法价值的学术专著,并得以奉献在读者面前。本书系统地阐述了法律价值的概念、本质、特征、表现形式等问题。作者在吸取国内外既有成就的基础上,提出自己的一些创造性的独立见解。这些见解主要有:

第一,将法价值问题作为法哲学的一个有机组成部分来进行研究。作者认为,完整意义的法哲学研究包括三个方面的内容:①对法的必然性的研究,即主要揭示法产

---

① 陕西人民出版社1991年。
② 陕西人民出版社1992年。
③ 中国政法大学出版社1991年。
④ 陕西人民出版社1992年。
⑤ 重庆大学出版社1994年。
⑥ 陕西人民出版社1997年。

生、发展、消亡的一般规律、条件、制约机制和具体途径;②对法的实然性的研究,即主要分析实证法的本质,法的创制,法的构成要素、结构、层次,法的实施与实效等;③对法的应然性的研究,即主要研究法的价值,揭示法的价值取向,法的理想和价值目标,法价值评判的标准。这三方面在法哲学研究中是有机统一,缺一不可的基本内容。研究法的价值,必须将其置入宏观的法哲学的内涵结构中加以把握,才能期望得出科学的结论。

第二,对法价值的定义作了有新意的探讨。作者在分析法学家们已经给出的法价值的定义时,剖析四种有代表性的观点,即作用论、意义论、评价论和相关论,指出这些定义的局限性,深入地指出构成法价值的三大要素:法的属性与功能、法律实践、法律主体的需要。阐述了法价值的定义:法价值是指法固有的属性和功能,在主体的法律实践中,与主体需要的一致性。同各种法价值定义相比,不难看出,这个定义更为全面和深刻一些。

第三,对法价值的类型问题,有新的建树。法价值分类是法价值体系的一个基本范畴。法学界从不同的角度和立场出发,提出了各种分类理论,其中最具代表性的有主体说、客体说和结合说,但它们均存在着各自的缺陷。作者运用与众不同的观点,从动态的角度上探析法价值的两大基本类型,即法的手段性价值和目的性价值,并对这两大类价值展开有层次的分析和考察。

第四,在法价值评价和法价值观的问题上做了有益的探讨。传统的研究,往往把法律评价等同于法价值评价,其实这是不准确的。法律评价既包括对法价值的评价,也包括对法律本身的评价。严格来说,法价值评价,只能指前者,而不能包括后者。作者对法价值评价和法律评价的区别和联系予以界定。在法价值观问题上,作者花了较多的笔墨来分析法价值观的内涵、结构、特征,以及研究法价值观的意义,这些都是富有启迪意义的。

第五,把法的价值与法价值的实现结合起来进行研究。通过对法价值的认同或接受,以及法价值的转化过程等问题的探讨,来建立理论框架,这一尝试也是值得肯定的。

当然,作者在探讨法价值理论时,难免有某些不足之处,这些不足有的是受研究材料的限制,有的是现有条件不成熟所造成的。但是。该书的出版,无论在法学理论上还是在建设社会主义法治国家的实践中,都具有现实意义。有鉴于此,本人对这本新著的出版,感到由衷的高兴,我愿意冒昧地把这一成果推荐给学术界和读者,同时也希望作者再接再厉,在法价值这一重要课题的研究方面不断地获得进展。

本文系为周世中、黄竹胜《法的价值及其实现》所写的序,广西师范大学出版社1998年。

法的基本价值范畴

——"法之善"的一点说明

如果说法之善的内涵是很广泛的话,那么法之善的形态则是很复杂的。众所周知,法之善有其各种具体的表现和实现的形态。根据古往今来的说法,它包括正义、公正、公平、平等、自由、权利或人权、民主、法治、权力、秩序、安全、效益或效率等,不胜枚举。用现代的法理念对它加以概括,大抵是这样的:第一,正义可以涵盖公正、公平、平等。因为,几者均是人和人之间的某种协调关系的状态。第二,自由可以涵盖权利或人权。如同黑格尔所说,人区别于动物的主要点在于人是有意志的,而意志没有自由便不是意志,自由是主体的能动的要求即权利,所以意志、自由、权利就成为三位一体的东西,不可截然分割开来。它们都属于基本人权的范畴。第三,民主可以涵盖法治、权力。即,政治之善。具体点说,民主是人民主权(全体人民的权力),并通过体现人民意志的法律进行统治。第四,秩序可以涵盖安全。秩序的目标就是个人和社会的安全,哪里有了这种安全,便意味着哪里存在着秩序。第五,效益可以涵盖效力,无效力的行为是不可能有效益的。正像我们前面已经指出的那样,这五大法价值,就是最基本的法之善。但是,把法和善联系起来进行方方面面的仔细考察,确是一项相当不小的工程,需要更多的气力。

2002 年写于人民大学居所。

公正司法,必须突出程序正义

司法公正,是法律正义在司法环节中的体现。它是一种法律理想和价值判断。法律正义包括实质正义和程序正义。相应地,司法公正也有实质正义和程序正义之分。实质正义,指司法人员以特定的道德、政治、政策等价值观念作为裁判的直接根据。程序正义,指司法人员以公开的、明文的法律作为裁判的直接根据。

历史和现实的通例是:专制主义司法制度常常强调实质正义。这是因为,专制主义者总把自己当作正义的化身,而程序则不过是一种可有可无的附加物甚至束缚手足的累赘。相反,民主制度强调程序正义。因为,民主以法治为保障,而法治首先关心的是人人平等的形式合理性。这是由于,在民主制度下,形式法律不仅体现实质正义,而且具有准确性和可操作性。

我们认为,司法中的实质正义和程序正义均有其合理的成分。只有二者结合起来,才能导致真正的司法公正。不过,对于现代市场经济及同它相适应的法治而言,首要的问题在于保证法律起点或前提的公正,而不是结果的公正。并且,必须一般地假定,只要司法的过程和方式公正,其实质和结果就是公正的。这就要求在司法中必须大力地突出程序正义性。

我国封建时代的司法制度,一贯奉行实质正义原则。新中国成立后,由于受强调主体间不平等的上下行政职权关系的影响,在司法中仍然没有摆脱突出实质公正的传统观念的束缚。具体说,只要法官自信是在贯彻党的政策,或者只要能够听从首长的讲话,就必然得到公正的结果。后来,提出了"以事实为根据,以法律为准绳"和"法律面前人人平等",但片面的实质正义观念依然没有得到克服。

在当前,随着我国社会主义市场经济及民主和法治国家建设的发展,对司法中程序正义的呼唤,必然越来越强烈。

(1)突出程序正义,是现代市场经济的客观要求。首先,现代市场经济产生了新的社会纠纷,特别是需要把以往属于行政调整的纠纷纳入司法管辖。对于这些为数极多的案件,唯有用统一的法律标准才能公正地加以解决。如果直接按照法官的价值信仰,是绝对办不到的。其次,现代市场经济关系要求当事人的意志自由、地位平等以及应有的权利义务。这些同样需要法律的明确规定。而靠法官个人的决断,就免不了会失之偏颇。最后,现代市场经济要求高度的社会效益。遵循法律的规定去办案成本最低,而单纯根据法官个人的价值尺度来裁度,就一定造成诸多失误,使社会付出的成本大为增加,从而"效益优先"便无从谈起。

（2）突出程序正义，是现代民主制的客观要求。在现代民主制度下，不论对经济性案件还是对刑事性案件来说，都要借助法律明确地承认并保障当事人的主体地位和人格的独立性，赋予其应有的权利与义务。但是，这样一些内容远不是法官个人价值头脑所能全面涵盖的。

不难看出，在当前的司法改革中，从价值的角度上说，最为迫切的，并不在于解决实质正义问题，而在于解决程序正义问题。

1999 年中国社会科学院法学所举办的"依法治国与司法改革"研讨会上的发言提纲。

论人权的几个对应范畴

近几年来,由于理论禁区的逐渐放开,对人权的研究愈益走向深入。本文对人权的几对范畴,进行了一些梳理与探索,在人权理论的研究上发表一点浅见,希望对中国正在进行的人权实践有所裨益。

一、人权与主权

在人权的众多范畴中,人权与主权的关系最为复杂,也最容易引起争议。之所以在这一问题上论争不断,乃是人们对这一问题赋予了太多的意识形态色彩,从政治实用主义出发,对本国的对内对外政策寻找理论依据。西方发达国家凭借其政治、经济上的优势对广大发展中国家开展"人权外交"。他们提出的口号是"人权高于主权""人权无国界"。可以在一定意义上说,霸权正在试图利用人权来控制其他主权国家,人权有堕落成霸权的正当化工具的危险。广大发展中国家面对西方大国咄咄逼人的攻势,他们往往更多地强调曾经受过外来侵略的历史,把自己定位成受发达国家强大的经济军事压力影响的弱者,"主权高于人权""人权是本国主权范围内的事"就成为这些国家抵抗发达国家的防御之盾。因此在当代世界,出现了这么一个复杂的局面,即"霸权削弱主权并以人权作为合法性根据,人权借助霸权来促进主权的自我变革,主权以抵制霸权为理由来限制人权活动,人权的法理本身却并不足以限制霸权的局面。"①由于各种政治力量都把人权作为实现自身政治目标的工具,人权与主权的关系成为一个扑朔迷离的问题。对立的双方都以人权作为口号,以致"人权的神圣名义,不论其可能意味着什么,都能被用来维持或反对一个事物。""人权似乎什么都是,又似乎什么都不是。"②发展中国家因为本身的被害者意识,通过强调国家主权来对抗发达国家的霸权是无可非议的,但是否就因此可以说"主权高于人权""人权是主权范围内的事"呢?二者之间存在一个非此即彼的关系吗? 这就需要拨开笼罩在政治意识形态之上的实用主义面纱,披露出人权问题上的科学真理来。

虽然人权思想的萌芽在古代世界就已产生,如在古希腊悲剧作家索福克勒斯的作品中就出现了人权的影子,但现代意义上的人权理论却是从欧洲资产阶级革命期间产

---

① 季卫东:《宪政新论》,北京大学出版社2002年版,第222页。

② Holleman, *The Human Rights Movement*, Preager Publisher, 1987, p4.

生的。而人权理论之所以产生,就是为了对抗公权力的。18世纪开始的欧洲资产阶级革命,使个人权利日益受到重视。资产阶级民主的先驱们越来越感到,不受限制的专制主义君主对个人权利和自由是直接构成侵害的权力,因而出现了限制君主主权,甚至否定君主主权的各种理论,人权就在这种情况下应运而生。古典自然法学派的代表洛克认为,君主的权力应受到限制,决不能听任君主凭他的个人意志进行专制统治。他创立了人权理论,主张平等权、生命权、自由权、财产权等自然权利是与生俱来、不可剥夺、不能转让的。其后的卢梭则进一步否定了君主主权,他把暴政的出现看作人类社会不平等的顶点,主张用暴力推翻封建专制制度,建立市民阶级的国家,以维护市民阶级的民主和自由。卢梭创立了人民主权理论,认为人们为了保护自身的自由,才将自己置于公意的最高指导之下,这种公意的运用就是至高无上的主权。国家主权应属于人民。卢梭的思想对美国、法国等国的资产阶级革命产生了深刻的影响。第二次世界大战后,人权问题成为一个国际社会普遍关注的问题。法西斯主义对人权的残暴践踏让人们充分认识到对国家"利维坦"不加任何限制会造成惨烈的后果,人们普遍发出了保护人权的呼声。在联合国宪章中"重申对基本人权、人格尊严和价值以及男女平等权利和大小各国平等权利的信念",并将"不分种族、语言、宗教及性别,增进并激励对于全体人类之人权及基本自由之尊重"作为联合国宗旨的重要内容之一。继而,《世界人权宣言》规定:"人人有资格享有本宣言所载的一切权利和自由,不分种族、肤色、性别、语言、宗教、政治或其他见解、国籍或社会出身、财产、出生或其他身份等任何差别。"从此人权成为一个世界性问题,世界性的人权规约和各国的人权立法日渐增多和深化,人权保护的各种机构不断设立。可以毫不夸张地说,我们已进入了一个人权时代。

通过以上对西方人权思想发展脉络的简单梳理,我们可以看到,人权思想是对国家主权警惕的产物,它来自于对公权力的防范与不信任,人权与主权之间经常存在着一定的紧张关系,但也不能说二者的关系是完全对抗的,作为一种应然权利,人权的实现不可避免地要受主权的影响,包括促进或阻挠。在政治社会中,人权问题是无法摆脱国家的干涉的,尤其是人的政治权利和法律权利(公民权)本身就是国家规定和认许的权利。从这一意义上,而且仅只从这一意义上,有的人提出的"国家(主权)是人权的前提和基础"或者"主权高于人权"是可以成立的。但如果超出这个范围,此种命题就值得商榷了。在这方面,首当其冲的问题是人权真的来自于主权吗?事实情况恰恰相反。从发生学的意义上说,是人权产生主权,而不是主权产生人权:第一,在人权的三种存在形态(应然人权、法定人权和实有人权)[1]中,那些事实和可能的、可期待的应有人权才是主权的基础,而不是相反。第二,人民主权必须假设作为个体的人享有权利,正是这些享有权利的人的行为产生主权。两点是显而易见的,无法驳斥的。认为人权

---

[1] 李步云:《论人权的三种存在形态》,载《当代人权》,中国社会科学出版社1992年版,第3页。

来自于主权的理论无非是基于这样的一个判断,即人权来自于主权者制定的法律,他们只承认法定人权这一种形态,而忽视了应有人权与实有人权。既然人权不是来自于主权,那么它的"前提和基础"是什么呢?我们认为,人权的"前提和基础"不能从国家那里去寻找,而必须从市民社会即统治阶级赖以生存的物质生活条件中去寻找。马克思在《资本论》中已经系统地揭示,早在原始社会末期开始的最简单的商品交换中,就已包含了"人的法律因素"即自由、平等、权利等。这就是人权的最早萌芽。而由国家借助法律来规定人权,那是很久以后的事了。继而,马克思在谈到资产阶级的"自然权利"和"政治解放"也就是资产阶级人权的实现时说:资产阶级的这些说教,"它把市民社会,也就是需要、劳动、私人利益和私人权利看作自己存在的基础,看作为需要进一步加以阐述的当然前提,所以,也就看作自己的自然基础。"①

从根本上说,人权与主权的关系就是社会(市民社会或经济国家)与国家(政治国家或公民社会)的关系。作为社会的异化,国家最后要将它吞噬的社会的权力归还给社会,实现国家向社会的回归,最终融入社会之中,被人类自由的联合体代替,这也是人类普遍人权的充分实现。在资本主义社会里,无产阶级不是一个特殊无权的阶级而是一个一般无权的阶级,它不能离开全人类,首先是广大劳动人民的利益而追求自己独立的利益。长远地说,无产阶级的最终目标是实现人类的普遍人权,国际的社会主义——共产主义运动,正是争取普遍人权的运动。因而,普遍人权理所当然地高于国家主权。在人权和主权的关系上,"主权是人权的前提和基础""主权高于人权"的宣传恰恰违反了马克思主义的基本原理。马克思恩格斯在他们的著作中多次反对国家迷信和国家主义。早在1843年《黑格尔法哲学批判》中,马克思就同黑格尔坚持的"国家是行进在地上的神"这种典型的国家主义作了彻底的决裂。在批判《哥达纲领》的过程中,他们强调要批判"自由人民国家"的废话。认为有国家就不可能有人的普遍自由,而主要是统治阶级的自由。在1881年的《〈法兰西内战〉导言》中,恩格斯针对在德国蔓延的国家迷信,指出:"实际上,国家无非是一个阶级镇压另一个阶级的机器,这一点即使在民主共和制下也丝毫不比在君主制下差。国家最多不过是无产阶级在争取阶级统治的斗争胜利以后所继承下来的一个祸害……直到新的自由条件下成长起来的一代能够把这全部国家废物抛掉为止。"②列宁认为,恩格斯的论文"是专门用来反对流行于德国的'对国家的迷信'的,完全可以称为马克思主义在国家问题上的最高成就"③。同样道理,在阶级社会里,传统的国家仅仅是作为社会中一部分人即统治阶级实现其自身狭隘的人权(特殊人权),一般地排斥广大被统治阶级人权的手段,而不是实现全体人类人权的"中介"或"前提"与"基础"。所以,在整个人类历史的进程中,在总体上国家从来是普遍人权的障碍物和对立物。要实现普遍的、真实的人权,恰恰要

① 《马克思恩格斯全集》第1卷,第442页。
② 《法兰西内战》,人民出版社1961年版,第12—13页。
③ 《列宁选集》第3卷,第238—239页。

求消灭阶级，进而要求消灭国家，进入共产主义社会，这就是人权发展的前景，也是我们的崇高理想。

"主权高于人权""主权是人权的前提和基础"的论点认识到，一国人民的人权保障有赖于该国政府充分行使主权并为该国人民服务。但却忽略了这样一个事实，政府是人权的最大守护者，也常是人权的最大侵害者。西方人权思想的精髓，在于以人民主权代替专制王权，以人权来制衡国家权力，并寻求个人人权与集体人权的合理平衡，并把实现个人人权当作目的。片面强调"主权高于人权""主权是人权的前提和基础"会产生这样的后果，即只要拥有主权，任何国家，包括法西斯国家都可以成为保护人权的工具了。其实根据现代民主和法治的观点，国家主权只能来自于人民，人民把权力交给国家的目的就是为了保护自己的人权。如果国家对内破坏人民的人权，对外侵犯别国的主权，那么它已经丧失了其合法性，变成侵犯人权的非法的国家权力，人民就有反抗这种暴政的抵抗权。孟子不是人民主权论者，但他的"暴君放伐"也包含了人民抵抗权的合理成分。另外，如果"主权高于人权"或者把人权囿于各民族国家的狭小圈子里，那么无产阶级争取全人类解放和实现普遍人权的斗争不也就成了幻想了？

社会主义国家作为"半国家"或"消亡中的国家"，向国家融入社会，即国家消亡迈进了一步。这时的国家已不是原来意义上的国家，但是国家的异化还没有完全消除，还存在国家对人权造成侵害的可能性。近些年来，西方发达国家对发展中国家展开"人权外交"，人权在一定程度上成为霸权主义推行对外政策的工具。面对这种情况，发展中国家面临着一个两难困境：既要保卫人权，又要维护主权，此时我们提出"主权高于人权"是可以理解的。但这种政治实用主义的口号是根本背离马克思主义原理的。对西方国家借助人权推行霸权主义的企图我们要有高度的警惕，对西方国家借人权口号干涉别国内政的行径要坚决抵制，坚决捍卫国家主权。但也不能因此走向另一个极端而提出"主权高于人权"论。正确的态度是在驳斥少数国家霸权行径的同时，严格按照马克思主义基本原理，强化对国内和国际的人权保护，维护人权事业的发展。千万不能重复"凡是敌人拥护的我们就要反对"那种形而上学的思维方式。

二、人权与公民权

在人权和公民权的关系上，有的学者持一种实证主义立场，认为，"人权实质上就是公民权"①。人权是"对公民基本权利的一般称谓"②。有的学者还主张一般不宜抽象地使用"人权"概念，而应代之以"公民的基本权利和义务"或"公民权"③。人权是否就是公民权呢？如果二者是同一个事物，为什么在国际文件中它们是分别使用的？如

---

① 吴家麟主编：《宪法学》，群众出版社 1983 年版，第 325 页。
② 《宪法词典》，吉林人民出版社 1988 年版，第 5 页。
③ 张光博：《坚持马克思主义人权观》，载《中国法学》1990 年第 4 期。

果不是同一个事物,那么二者又有什么区别,这种区别又是如何产生的呢?

人权是人作为人应该享有的权利,是人基于其自然属性和社会属性所享有的权利。① 马克思认为人权在宏观上指具有"人类的内容"而排斥"动物的形式"的权利。所谓人权"无非是市民社会的成员的权利,即脱离了人的本质和共同体的利己主义的人的权利"②。就是说人权就是作为市民社会成员的权利,它与人们生活的社会和经济条件相联系。而公民权则是政治权利,这是"只有同别人一起才能行使的权利。这种权利的内容就是参加政治共同体,参加国家。这些权利属于政治自由的范畴,属于公民权利的范畴③。为什么会产生这种区别呢? 只有用"政治国家和市民社会的关系,用政治解放的本质来理解"④。国家是"从社会中产生又自居于社会之上并且日益同社会脱离的力量"⑤,表现为"虚幻的共同体的形式"。国家是社会的幻影,是社会的异化。社会与国家的分离,必然导致人权和公民权的二重化,这一点在资产阶级统治时期达于顶峰。资产阶级的"政治解放"就是资产阶级代表市民社会开展的对封建制度进行的革命,它使政治生活与市民社会互相分离。政治解放也使人分裂为政治国家的成员(公民)和市民社会的成员(私人)。政治国家的成员享有的权利是公民权,而市民社会成员享有的权利是人权。公民权就作为人权的异化而产生了。资产阶级政治解放本质上是人在政治上获得解放,获得自由,因而也是人作为公民获得解放,成为自由公民。资产阶级国家的政治宣言和法律都宣布"法律面前人人平等",这就肯定了每一个公民在政治上平等,然而在资本主义社会中,"政治生活本身就是空中的生活,是市民社会上空的领域。"⑥既然政治国家是抽象的,那么公民权利作为政治国家成员的权利也不能不是抽象的。于是人便丧失其在社会中、在人权(作为市民权的人权)中所"固有的、真正的、经验的现实性",而处于一种幻想的自由和平等状态。对资本主义社会而言,每个人通过自由竞争而获得私利的绝非平等的人权的真实内容,便被所有人都是平等的即在政治和法律上是平等的这一虚幻形式掩盖了。⑦

众所周知,人权和公民权两个概念,在人权经典文献和马克思主义经典著作中是区别使用的。如法国 1789 年《人权宣言》的全称就是《人权和公民权宣言》。马克思也说过"一个人有责任不仅为他本人,而且为每一个履行自己义务的人要求人权与公民权。"⑧"人权之作为人权是和公民权不同的。"⑨市民的权利是本源性的人权,公民权是

---

①　郭道晖:《法的时代精神》,湖南出版社 1997 年版,第 165 页。

②　《马克思恩格斯全集》第 1 卷,第 437 页。

③　同上书,第 436 页。

④　同上书,第 437 页。

⑤　同上书,第 3 卷,第 37 页。

⑥　同上书,第 1 卷,第 343—344 页。

⑦　参见吕世伦:《法理念探索》,法律出版社 2002 年版,第 297 页。

⑧　《马克思恩格斯全集》第 16 卷,第 16 页。

⑨　同上书,第 1 卷,第 437 页。

第二性的人权。公民权作为一种政治权利,它的范围小于人权,是对部分人权的法定化,它的基础来自于应有人权。马克思指出:"各种最自由的立法在处理私权方面,限于把已有的权利固定起来,并把它们提升为某种具有普遍意义的东西,而在没有这些权利的地方,他们不去制定这些权利。"①立法的目的就在于将应有人权通过法律的形式变为公民权,使它的实现得到国家强制力的保证。如法国《人权宣言》规定,"一切政治结合的目的都是为了维护自然的和不可剥夺的人权。"马克思对此评论道:"人作为社会存在物所处的领域还要低于他作为私人个体所处的领域;最后,不是身为 citoyen(公民)的人,而是身为 bourgeois(市民社会一分子的人),才是本来的、真正的人。""政治生活只是人权、个人权利的保证"②。马克思指出,在阶级社会里,大多数的人权不可避免地采取公民权的形式,并以公民权来保障,无产阶级要通过斗争争取自己的人权和公民权,那种主张无产阶级应放弃争取公民权的斗争是幼稚可笑的。

资产阶级"政治解放"产生了人和公民、人权和公民权的尖锐对立,这种对立正是政治国家和市民社会相分离的结果,是个人异化的结果和象征。政治解放实现的仅仅是有限的公民权(政治、法律上的平等权),而社会解放实现的却是普遍人权。要改变人类本质的二重化现象,就必须超越"政治解放"的狭隘性,用"社会解放"代替"政治解放"。在《〈黑格尔法哲学批判〉导言》里,马克思说,德国的解放"就在于形成一个被彻底的锁链束缚着的阶级,这个阶级的痛苦不是特殊的无权,而是一般的无权,它就不能再求助于历史权利,而只能求助于人权"③。历史权利主要属于剥削者少数人的,即一种特殊的或"复数"的权利。所以"德国唯一可能实行的解放就是宣布人本身是人的本质这一理论出发的解放","德国人的解放就是人的解放"④。马克思呼吁要建立一个扬弃人的异化,树立人的尊严的社会制度。"共产主义是私有财产即人的自我异化的积极的扬弃,因而是通过人并且为了人而对人的本质的真正的占有;因此,它是人向自身、向社会的(即人的)人的复归。"⑤随着每个人的自由发展是一切人的自由发展的自由联合体的实现,国家也就返回社会即返回构成社会主体的人民之中,公民权也返回人权之中,实现人对人的本质的全面占有,真正实现了"人的根本就是人本身"⑥,才能实现真正的"普遍人权"。

三、普遍人权与特殊人权

当代的普遍人权观念产生于人们对法西斯残暴践踏人权的反思,成型于战后人权

---

① 《马克思恩格斯全集》第 1 卷,第 144 页。
② 同上书,第 440 页。
③ 同上书,第 14 页。
④ 同上书,第 15 页。
⑤ 同上书,第 42 卷,第 120 页。
⑥ 同上书,第 1 卷,第 460 页。

立法的过程,确立于 1948 年联合国《世界人权宣言》之中。冷战期间,西方国家以其为借口干涉别国内政,普遍人权原则在一定意义上演变为西方文化霸权主义的有机构成内容和有力工具。为了对抗西方国家的人权攻势,发展中国家便以建立在文化相对主义基础上的人权的特殊性与其抗衡。直到今天,人权的普遍性与特殊性仍然是国际政治舞台争论的焦点之一。

马克思主义倡导的人权具有普遍性现已得到大多数人的认可,但对于人权普遍性的所指,却有不同的表述方式。有人认为:"承认并肯定一切人权都起源于人所固有的尊严和价值,人是人权和基本自由的中心问题","即可理解为是对人权普遍性的说明"①。"'人权'一词意味着任何地点和任何时间的所有人的权利。"②尽管表述有异,但一般来说,"所谓人权的普遍性是指人权和基本自由是一种应当被普遍遵守和遵行的价值,这种价值的存在和实现对于任何国家、种族和民族的任何人是没有区别的,因而它具有普遍的属性。"③它主要包括如下三方面的内容:第一,"人"的普遍即人权主体的普遍。人权是作为人就平等地享有的权利。米尔恩对此论述道,"人权概念就是这样一种观念:存在某些无论被承认与否都在一切时间和场合属于全体人类的权利。人们仅凭其作为人就享有这些权利,而不论其国籍、宗教、性别、社会身份、职业、财富、财产或其他任何种族、文化或社会特性方面的差异。"④人权来自于人的类的认同感。马克思指出:"人是类存在物。"⑤具有"类本质"⑥和"类意识"⑦,要过"类生活"⑧。也正如恩格斯在《反杜林论》里指出的:"一切人,作为人来说,都有某些共同点,在这些共同点所及的范围内,他们是平等的,就他们是人而言的这种平等中,引申出这样的要求:一切人,或至少是一个国家的一切公民,或一个社会的一切成员。都应当有平等的政治地位和社会地位。"⑨也就是说,人权是从人的本质和"共同特性"中引申出来的,是每个人都应当拥有的权利。1948 年《世界人权宣言》明确宣告:"人人有资格享受本宣言所载的一切权利和自由,不分种族、肤色、性别、语言、宗教、政治或其他见解国籍或社会出身、财产、出生或其他身份等任何区别。"第二,人权的普遍性还表现在"权"的普遍,即存在一些共同的人权标准。人权之所以被称为人"权"必然意味着有一些基本自由和权利是每一个人按其本质或本性"应该享有"和"不容侵犯"的。在人权问题上

---

① [荷]霍夫:《亚洲对人权普遍性的挑战》,载《人权的普遍性和特殊性》,社科文献出版社 1996 年版,第 11 页。
② [美]亨金:《人权概念的普遍性》,载《中外法学》1993 年第 4 期。
③ 参见李林:《跨文化的普遍人权》,载《市场社会与公共秩序》,三联书店 1996 年版,第 84 页。
④ [英]米尔恩:《人的权利与人的多样性——人权哲学》,大百科全书出版社 1995 年版,第 2 页。
⑤ 《马克思恩格斯全集》第 42 卷,第 95 页。
⑥ 同上书,第 97 页。
⑦ 同上。
⑧ 同上书,第 123 页。
⑨ 《马克思恩格斯选集》第 3 卷,第 123 页。

存在一些共同的标准,在人权上的这些见解,就成为国际一系列人权文件的基础。第三,人权的普遍保护。作为"权利的一般形式"①,人权是历史的产物。恩格斯指出:"……这种要求就很自然地获得了普遍的、超出个别国家范围的性质,而自由和平等也很自然地被宣布为人权。"②正是人权的这种"普遍的、超出个别国家的性质",使人权越出国界,成为国际共同关心的问题。二战后以《联合国宪章》和《世界人权宣言》为开端,一系列国际及区域人权文件获得通过,一系列人权保护组织纷纷成立,人权越出国界,成为国际共同关心的问题。所以律雅胜将1948年以后的人权史称为人权的普遍化阶段。③

人权当然也有其特殊性。对什么是人权的特殊性,目前也没有一个大家公认的定义,但归结起来,大体上有以下两个方面的含义:第一,从文化相对主义出发,认为人权和基本自由是与特定的文化传统、政治制度、经济制度相关联的价值标准,它们的存在和实现是有条件的、相对的,在不同的国家、不同的文化、不同的种族中存在着不同的人权价值和行为准则。④ 第二,人权是逐步实现的,"权利永远不能超出社会经济结构以及由经济结构所制约的社会文化的发展"⑤。并且各国具体国情有别,所以各主权国家就有权在遵从人权普遍性的原则的条件下,依据各自国家的国情、社情来决定本国的人权发展模式和人权保护模式。⑥

西方发达国家和发展中国家围绕普遍人权与特殊人权进行了长期的斗争。这场斗争已经超出了问题本身而带有太多的意识形态色彩以及政治、经济利益因素。西方发达国家极力推行普遍人权观,"它试图发展一种超越于特定政治或文化背景的人权概念,并试图将所有少数人集团、所有政府原则纳入它的范围。"⑦"这种做法的背后既有其坚持自由民主主义的信念的使命感,也有以推行普遍人权来追求国家利益的私心。"⑧人权有成为西方国家推行文化沙文主义和政治霸权主义工具的危险。发展中国家对此保持适度的警惕和进行回击是非常必要的。但过分强调文化相对主义和人权的特殊性恰恰又进入了另外一个极端。因为如果用文化相对主义来为本国不尊重人权的现实做辩解是缺乏说服力的。"文化"不能被视为一个中性的、在价值上不偏不倚的东西。专制主义传统不能为专制主义说明合法性;不讲人权的传统也不能否认人权概念的合理性。不平等不能视为是一种文化,一如不能把乱伦视为正义,文化的解释

---

① 《马克思恩格斯全集》第1卷,第437页。

② 《马克思恩格斯选集》第3卷,第145页。

③ [瑞士]律雅胜:《从有限的人权概念到普遍的人权概念》,载沈宗灵主编:《西方人权学说》,四川人民出版社1994年版,第254页。

④ 参见李林:《跨文化的普遍人权》,载《市场社会与公共秩序》,三联书店1996年版,第84页。

⑤ 《马克思恩格斯选集》第3卷,第121页。

⑥ 参见罗玉中等:《人权与法制》,北京大学出版社2001年版,第16页。

⑦ 霍勒曼:《普遍人权》,载沈宗灵主编:《西方人权学说》,四川人民出版社1994年版,第308页。

⑧ 参见季卫东:《宪政新论》,北京大学出版社2002年版,第251页。

亦不能为一种不人道的人权观遮羞。① 正如有学者所言:"任何国家都不能以本国传统或文化的特殊性为由而把对待动物的方式说成是对待人的标准。"②

东西方之间、发达国家与发展中国家之间,在人权的普遍性与特殊性的问题上难道就没有交流与互通的基础与可能吗? 难道世界真的如亨廷顿所言的"文明的冲突"无法弥合吗? 面对这种困境,有的学者提出了跨文化的人权普遍性的概念,承认不同文化间的差异性,力图通过具体社会制度下的具体文化的整合,建构一种为论争各方都能接受的人权概念和人权标准。③ 不管文化呈现出多么不同的面貌,建立在人的道德感和尊重个人尊严基础上的普遍人权必须得到尊重,正如唐纳利所言:"允许特定人权的形式和解释中的有限文化差异是必要的,但是我们必须坚持其根本的道德普遍性。用一句悖论的话来说,人权是相对普遍的。"④东西方之间在人权问题上也不是没有共通之处。众所周知,系统的人权理论是西方的产物,但在非西方国家也有自己的人权观念,一切社会都通过文化和历史展示他们的人权意识,因为人权概念可以追溯到人类起源自身。有的学者把这种非西方的人权称为人权的思想性和机能性的"等价物"或"类似物"⑤。无论文明采取何种形式,但对人的基本道德尊严的尊重是普遍的,他们在终极的人权道德原则上是一致的、相通的,它们之间并非只存在相互排斥和对立的关系。在人权问题上各种文化的精神本质是相通不悖的。最能体现文化差异性的宗教之间在教义上是千差万别的,但对一些基本价值,如正义、人道、仁爱等的追求却是共同的。正是从人权的这种"价值共似性"⑥出发,有的学者主张进行跨文明的人权对话。如日本学者大沼保昭提出建立一种"文明相容的人权观"⑦。虽然在人权的普遍性和特殊性上的争论还会继续下去,但这种在人权问题上进行跨文明对话的主张无疑为不同人权观之间的相互宽容、取长补短提供了有益的视角。中国有的学者也建议建立一种"人权文化",也就是"在差异中寻求和谐,在冲突中寻求融通,谋求建立以尊重人权和保障人权为目标的世界性人权文化"⑧。

由于世界各国历史传统、社会发展状态不同,允许世界各国采取不同的人权发展道路与人权保障模式,人权也表现出其特殊性。在这一意义上的人权普遍性和人权特殊性不是一个层面上的问题。笔者倾向于认同齐延平先生在这一问题上建立人权标

---

① 参见姜峰:《多元世界中的人权观》,载徐显明主编:《人权研究》,第 2 卷,第 3 页。

② 徐显明主编:《法理学教程》,中国政法大学出版社 1999 年版,第 397 页。

③ 参见李林:《跨文化的普遍人权》,载《市场社会与公共秩序》,三联书店 1996 年版,第 84 页。

④ [美]杰克·唐纳利:《普遍人权的理论和实践》,王浦劬等译,中国社会科学出版社 2001 年版,第 145 页。

⑤ [日]大沼保昭:《人权、国家与文明》,王志安译,三联书店 2003 年版,第 155 页。

⑥ 齐延平:《人权与法治》,山东人民出版社 2003 年版,第 69 页。

⑦ [日]大沼保昭:《人权、国家与文明》,王志安译,三联书店 2003 年版,第 360 页。

⑧ 徐显明:《对人权的普遍性与人权文化之解析》,载《法学评论》1999 年第 6 期。

准与人权实践二元分析模式的看法。① 人权标准是一个应然的价值问题,人权实践是一个实然的技术问题,特殊人权只是实现普遍人权的途径和手段,而最终目的是"把人的关系还给人本身"的普遍人权的实现。

人权在阶级社会里具有阶级性。因为"权利永远不能超出社会经济结构以及由经济结构所制约的社会文化的发展。"②马克思恩格斯对资本主义社会里的人权曾经作过深刻的批判。他们指出,在资本主义条件下,"被称为最主要的人权之一是资本主义所有权。"③"平等地剥削劳动力,是资本的首要人权。"④"人权本身就是特权。"⑤从这些论断并不能得出马克思否定人权的普遍性的结论。马克思在这里批判的不是应然的人权,而是实然的人权。即马克思批判的不是人们对人权的要求,而是实存的人权制度或实存的标榜的人权制度。人权的阶级性有其限定的所指,也就是,作为一种意识形态,人权观念是阶级性的;作为一种法定权利或实然权利,人权的享有是有阶级性的⑥。马克思恩格斯也从来没有否定过人权的普遍性。他们认为,人权具有区别于动物界的社会类本质的属性,或普遍自由的属性,每个人都有相同的人格或自由。马克思说:"自由确实是人所固有的东西。"⑦"自由向来是存在的,只不过有时体现为特权,有时体现为普遍权利而已。"⑧这种建立在人的类本质基础上的人权,就是普遍人权。这种普遍人权是非阶级性的,所以人权就是共性与个性、普遍性与特殊性的结合。马克思恩格斯猛烈地批判资本主义社会中的阶级人权,同时也肯定其中包含的合理因素。但他们并未在此止步,他们的最终目标是人类解放。在未来的共产主义社会里,没有私有财产,没有阶级,实现了人类的彻底解放,即克服了人的异化,将人的世界和人的关系还给人自身,实现了"人向自身、向社会的(即人的)复归"⑨。这也就是消灭了阶级特权,真正实现了"普遍人权",即人类久已向往的真正的"自由王国"。

四、自由权与生存权、发展权

广为人知的"三代人权"理论是联合国教科文组织前法律顾问卡雷尔·瓦萨克首先提出来的,他认为,第一代人权形成于美国和法国的大革命时期,主要是指公民权利和政治权利;第二代人权形成于俄国革命时期,主要是指经济、社会及文化权利;第三

① 齐延平:《论普遍人权》,载《法学论坛》2002 年第 3 期。
② 《马克思恩格斯选集》第 3 卷,第 12 页。
③ 同上书,第 57 页。
④ 《马克思恩格斯全集》第 23 卷,第 324 页。
⑤ 同上书,第 3 卷,第 229 页。
⑥ 参见郭道晖:《法的时代精神》,湖南人民出版社 1997 年版,第 194 页。
⑦ 《马克思恩格斯全集》第 1 卷,第 63 页。
⑧ 同上。
⑨ 同上书,第 42 卷,第 120 页。

代人权是对全球相依存现象的回应,主要包括和平权、环境权和发展权。他根据公民与国家的不同关系形态将第一代人权定性为消极的人权,将第二代人权定性为积极的人权,将第三代人权定性为"社会连带权利"。"三代人权"说正式将人权的发展历史划分为自由权本位、生存权本位、发展权本位三个阶段。"三代人权"论一提出,受到相当多的赞同,也受到相当多人的责难。

作为明确的法的概念,"生存权"最早见之于具有空想社会主义思想倾向的法学家安东·门格尔 1886 年写成的《全部劳动权史论》。生存权此时被揭示为,在人的所有欲望中,生存的欲望具有优先地位。① 1919 年的德国《魏玛宪法》第一次将"让人像人一样生存"明确为国家的义务,使生存权完成了其法定权利化过程而进入制度的现实保障。1945 年的《联合国宪章》在序言中将推动经济与社会发展,提高生活水平列为联合国的目的。1948 年通过的《世界人权宣言》规定公民享有接受社会保障的权利,享有保持和保障充分的生活水准的权利,享有劳动的权利、教育的权利和文化生活的权利。1966 年的《经济、社会、文化权利国际公约》对生存权及相关权利作了广泛的规定。与生存权一样,发展权也经历了一个发展的过程。第一个将发展作为一项权利作出规定的国际性人权文件是《非洲人权和民族宪章》。随后的《联合国宪章》和《世界人权宣言》都对发展权作出了规定。1986 年联合国又通过了《发展权利宣言》,从此,发展权被公认为是一项"不可剥夺的人权"。1993 年《维也纳宣言和行动纲领》重申发展权是一项不可分割的、普遍的权利,也是基本人权的一个组成部分。

虽然一系列国际人权文件都将生存权和发展权作为基本人权规定下来,但在生存权、发展权与自由权问题上的论争并没有结束。西方国家固守"人权等于从国家权力的侵害下受到保护"的个人权利观念,将公民和政治性权利等同于人权一般,而经济、社会和文化权利不是人权。他们认为,所谓发展权,只是一个被国际社会普遍接受的国际经济和社会政策,至多是一项非法律性质的"职能原则",而不是独立的法律权利;作为人权的发展权,在法律上也没有可诉性,充其量是一种政治主张。生存权和发展权是一种集体权利,并要求国家的主动干预,集体人权会被压迫性的、家长统治的政权利用,用它来藐视或压迫真正的、具体的人民的欲望,或否认他们的权利,这就把人权转变成压迫性的工具而不是自由的工具。② 过分强调生存权与发展权,会导致一种"发展式独裁制"③,最终会令政府衰弱无力甚至产生致命的合法化危机。④

西方国家将人权仅仅理解为自由权是过于狭隘地定义了人权,对此,一些西方学者也是有所认识的,如一位英国学者曾提出:"只有当西方人把他们的见解扩大到不仅

---

① 徐显明:《生存权论》,载《中国社会科学》1992 年第 5 期。

② [美]杰克·唐纳利:《普遍人权的理论与实践》,王浦劬等译,中国社会科学出版社 2001 年版,第172—173 页。

③ 同上书,第 91 页。

④ 同上书,第 231 页。

包括个人的和精神的,而且还包括公共的和物质的人类和人权观的时候,一种真正普遍的人权观才是可能的。"①作为一个发展中国家,我们一直强调生存权和发展权的重要意义,为此提出的口号是"生存权和发展权是首要人权"。但仔细分析,我们不禁要问,我们在批判西方国家人权观的狭隘性的同时,是不是又走向了另外一个极端呢?

"生存权与发展权是首要人权"的理论基础来自于马克思恩格斯"人们首先必须吃、喝、住、穿,然后才能从事政治、科学、艺术、宗教等等。"②"人们为了能够'创造历史',必须能够生活,但是为了生活,首先就需要衣、食以及其他的东西。"③在这里,生存权优先论者偷换了一个概念,那就是生存与生存权。生存是一种事实状态而生存权是一种法律状态,生存先于自由的事实不能置换为在法律上生存权优先于自由权,而一些生存权优先的论调无一不是基于这一隐蔽的基础之上。④ 在提出"生存权与发展权是首要人权"的口号时,人们预设了两个错误的前提,即经济性人权与自由性人权是可分割的并且二者在一般场合是矛盾的;其二是在人权的属性上,人权的物质属性是首要的,二者有冲突时,以物质属性为第一选择。

人权是不可分割并且相互依存的。这就意味着人的尊严不能仅仅靠保障某种权利来实现,而必须在所有的人权以及相互支持其他权利实现的形式所表现的相互作用过程中来确保和实现。⑤ 1968 年的《德黑兰宣言》第 13 款规定:"人权及基本自由不可分割,因此不能享受经济、社会性权利,也就不能完全实现公民和政治权利。"1993 年《维也纳人权宣言》第 5 款规定:"所有的人权都是普遍的、不可分割和相互依存的,它们互相关联。国际社会必须在全世界以公平和平等的方法,对等且均衡地对待各种人权。"经济性权利与自由权片面强调哪一种都是不适宜的。日本学者井上达夫在评价片面强调生存权以及其他社会、经济权利时提出生存权优先论是不可能真正兑现的,因而具有自我欺骗性。从人权概念发展的历史来看,即使在欧美社会,社会经济的权利也是在市民的政治权利之后才出现的,被称为"第二代人权"。因为只有当社会的经济发达到政府能够掌握足够的财源时才能持续保障一切贫困者都享有配给生活资料的权利。由此可见,认为发展中国家必须先有经济和生存保障而后才有政治的自由保障的亚洲价值论主张,在逻辑上是本末倒置的。⑥

关于人权的物质属性和精神属性的关系,马克思早就作了回答。马克思向来不赞

---

① [英]荷尔曼:《人权运动》,转引自黄楠森主编:《当代西方人权论》,当代中国出版社 1993 年版,第 148 页。

② 《马克思恩格斯选集》第 3 卷,第 574 页。

③ 《马克思恩格斯全集》第 3 卷,第 31 页。

④ 参见姜峰:《多元世界中的人权观念》,载徐显明主编:《人权研究》,山东人民出版社 2002 年版,第 35 页。

⑤ 参见[日]大沼保昭:《人权、国家与文明》,王志安译,三联书店 2003 年版,第 223 页。

⑥ [日]井上达夫:《自由民主义与亚洲价值》,转引自季卫东:《宪政新论》,北京大学出版社 2002 年版,第 242 页。

成过分夸大人权的物质属性。他在批评德国历史法学派否定人的理性而片面强调实证的研究人的做法时认为,他们追求的是"动物法"。1869年马克思在第一国际总委员会上批评无政府主义者时嘲笑说,动物也有享受自然资源的权利。马克思一直认为,人权在宏观上指具有"人类的内容"而排斥"动物的形式"的权利。人与动物的区别恰恰不在于"生存"而是"自由",就是说人是自由的,而动物则没有自由。所以,人权的第一要义是人格及人作为人的尊严和自由。对此,马克思指出:"自由确实是人所固有的东西。"①"自由不仅包括我靠什么生存,而且包括我怎样生存,不仅包括我实现着自由,而且也包括在自由地实现着自由。"②"没有自由对人来说就是一种真正的致命的危险。"③"没有一个人反对自由,如果有的话,最多也只是反对别人的自由。可见各种自由向来就是存在的,不过有时表现为特权,有时表现为普遍权利而已。"④共产主义革命就是要使一切个人摆脱各种偶然性的支配,使个性获得真正的解放。但这也不是否认生存权的重要性,因为毕竟人格和人的自由只有同外部存在物,特别是物质生活条件相结合,才能获得表现和实现。也就是说,人权的来源是人的道德性。人们并不是为了生活而"需要"人权,而是为了一种有尊严的生活而"需要"人权。正如《世界人权宣言》指出的:"人权产生于'人自身固有的尊严'",对人权的侵犯就是对人的道德性的否定,而这种侵犯未必使人的需求得不到满足。

　　"生存权与发展权是首要人权"话语的背后存在一个潜在的危险:即一旦在特殊情况下,经济性人权与自由性人权发生矛盾,将压制自由权而优先发展生存权与发展权。纵观世界历史,我们会发现,越是践踏人权和自由的地方,社会越是动乱,发展越是渺不可及。越是人权得到充分保障的地方,社会越是安定,发展地越快,人民的生存权越能得到保障。而靠暂时牺牲自由权来满足发展权的国家的发展是不能持久的,巴西的实践正是一个生动的例子。假使经济真的能实现发展,但人民付出的是自由的代价,这也不能叫做真正实现人权。固然,一个饥寒交迫的人是不自由的,但一个丰衣足食的奴隶不仍然是个奴隶吗? 再者,我们承认生命是全部人权的载体。因此,经济不发达的国家把生存权置于人权的首位而加以强调是完全可以理解的。但是一旦有一天这些国家富强起来,解决了生存温饱之后,又将怎么说呢? 可见经济性人权只是自由人权的一种条件(当然是必不可少的重要条件),但这并非核心性的人权。

　　由于中国的人权建设是20世纪才开始的,这一时代特征意味着它必然要走一条迥异于西方人权先行国家的人权建设道路。政治权利与经济权利不可能再经历一个代际演变的过程而只能在同一历史切面上同时展开。因此,片面强调任何一方都是不负责任的。而我们的目标是实现共产主义的远大理想,即完全克服人的异化,实现人

①　《马克思恩格斯全集》第1卷,第63页。
②　同上书,第77页。
③　同上书,第74页。
④　同上书,第63页。

的本质向人的全面复归,建立"每个人的自由是一切人自由发展的条件"的"自由人的联合体"。由"必然王国"进入"自由王国"。这就决定了在生存权、发展权与自由权三者中,自由权是处于核心地位的,是目的性人权,它们在目的性与手段性的逻辑关联中互促互进、相互推进,而最终实现普遍人权。日本学者大须贺明在论述人的精神解放时说,未来的理想社会"是精神与物质都均衡地获得解放的社会。而该社会必然是这样一种社会,即它以个人主义与自由主义为其基本原理,保障着以精神自由为主的各种自由,且社会成员能够将打碎封建且非合理的为数众多的桎梏从而解放出来的精神性能源和活动化作动力,从而使个人资质和能力能尽情地开花,并能自由地享受其丰硕之果"①。

五、个人人权与集体人权

人权概念自产生以来,经历了一个主体不断扩展的过程,我国有学者将这一扩展归结为三个阶段,即:"从有限主体到普遍主体""从生命主体到人格主体""从个体到集体"②。集体人权的提出是第二次世界大战的产物。1945年《联合国宪章》第一条规定"国际间以尊重人民平等权利及自决原则为根据之友好关系",此规定已经突破了西方近代以来只讲个人(自然人)是人权主体的理论传统,而开始把"人民"这个集体(集合概念)的人作为人权的主体。1952年联合国大会通过《关于人民与民族的自决权的决议》,确认"人民与民族应先享有自决权,然后才能保证充分享有一切基本人权。"1955年联合国大会作出的一项决议明确指出,自决权是一项"属于所有人民和国家的集体权利,是个人享有任何权利和自由的先决条件"。1966年联合国大会通过的《公民权利和政治权利国际公约》和《经济、社会、文化权利国际公约》进一步肯定了自决权等权利主张。1977年联合国大会通过的《关于人权新概念决议案》指出,人权不仅是个人的权利和基本自由,而且包括民族和人民的权利和基本自由。此后的一些国际人权文件也都确认了集体人权的各种主体形态,如人民、种族、民族、国家以及妇女、儿童、老年人、残疾人等诸多社会群体。至于集体人权的内容,最早和最广泛地被承认的是民族自决权,后来又有发展权、环境权、和平与安全权、食物权、自由处置天然财富和资源权、人道主义援助权等。这些在二战后反对殖民主义压迫的民族解放运动中开始形成并正在发展的人权,被称为第三代人权,或新一代人权。③ 集体人权作为人权的主体已得到包括西方学者在内的相当多人的赞同。如英国国际法学者斯塔克就承认:"一些重要的人权并不是个人的权利,而是集体的权利,即群体或人民的权利,就自决权而

---

① [日]大须贺明:《生存权论》原版序言,林浩译,法律出版社2001年版。
② 参见徐显明、曲相霏:《人权主体界说》,载《中国法学》2001年第2期。
③ 参见白桂梅:《论新一代人权》,载《当代人权》,中国社会科学出版社1992年版,第293页。

言,这是很清楚的。"①

　　虽然一系列国际人权文件对集体人权作出了规定,但在理论上集体是否可以作为人权主体仍存在着激烈的争论。美国学者唐纳利认为:"集体人权概念中的内在混乱,可能会导致进一步地过分强调社会责任。压迫性的、家长统治的政权常常诉诸于人民集体权利,用它来藐视或压迫真正的、具体的人民欲望,或否认他们的权利。"②集体人权"可以被压迫性政权轻易地用来为'临时'否定大多数国家公认的人权,以便实行所谓在实现集体人权的政策辩护。重申一遍,这就把'人权'转变成了压迫性工具而不是自由的工具"③。另一位西方法学家歇斯代克也说:"集体要经常转变为反对个人权利为结局。"④我国有的学者也有类似的见解,张文显先生认为,权利主体有个人、团体、阶级、国家、国际组织等,而人权的主体主要是个人。把人权的主体泛化有悖于人权的真谛。⑤ 姜峰先生认为,集体不可能是绝对同质的,所以集体人权是一种非自足的权利,"可以说,强调'集体'的人权是那种抽象地肯定人权而具体地否定人权的重要思想根源。因此,使集体权利取得人权资格是危险的。"⑥这些主张确实具有合理性和重要性,值得深思。

　　现实的社会是由个人和人群按一定方式构成的有机整体。一方面个人是社会的细胞,另一方面细胞也不能离开有机体。《共产党宣言》所定义的未来社会就是"各个人的自由发展是一切人自由发展条件"的"自由人的联合体"。这就明确说明了个人人权和集体人权的关系。但是人不是孤立地存在,而是社会地存在,其中包括家庭、社团、阶级、民族及至人类的存在。马克思说,在类无用的时候,种也没有什么用。只有在集体中,个人及其自由才能获得发展。在社会还未到达"每个人的自由发展是一切人的自由发展的条件"的"自由人的联合体"之前,个人尚不能避免对一定集体的依赖关系。在这种情况下,对个人而言,相关的集体人权就是对他生存和发展有意义的东西。这里所说的"意义"包括:①条件性意义,指集体人权是实现个人人权的外部环境。例如,国家不独立,公民便不能摆脱外国侵略者凌辱。②手段性意义,指以集体人权为工具(媒介)满足个人人权的需求。③保障性意义,指集体人权捍卫个人人权不受他人侵犯,或者对侵犯个人人权的行为进行矫正,使受害的个人受到救济。特别需要注意的是:第一,集体人权对个人人权的"意义"受特定的时空的制约,也就是相对的、可变的。这从集体人权的历史发展情况中就可以看出来。第二,此种"意义"因民主性集体

　　① 李泽锐:《国际人权法论》,载《人权论集》,首都师范大学出版社1992年版,第318页。

　　② [美]杰克·唐纳利:《普遍人权的理论与实践》,王浦劬等译,中国社会科学出版社2001年版,第172页。

　　③ 同上书,第173页。

　　④ 转引自黄楠森主编:《当代中国人权论》,当代中国出版社1993年版,第146页。

　　⑤ 张文显:《人权的主体与主体的人权》,载《中国法学》1991年第5期。

　　⑥ 参见姜峰:《多元世界中的人权观》,载徐显明主编:《人权研究》,第2卷,山东人民出版社2002年版,第20页。

和压制性集体的不同而有巨大的差别,甚至会成为相反的情况。

我们承认集体人权,但并不赞同我国有的学者提出的"社会主义人权始终强调民族、国家、社会等等集体人权高于个人人权"的观点。从二者的关系来看,个人人权是集体人权的基础。因为,"任何人类历史的第一个前提无疑是有生命的个人的存在。"①人类的历史"始终是他们的个体发展的历史"②。概言之,个人人权才是本原性和目的性的人权,集体人权则是拟制的、派生性的,它始终是服务于个人人权的,即非目的性的。集体人权只有表现个人人权的本质并且能够促进人权的平等实现时,它才具有合理性,只有在这时,集体才可以被认为是人权主体。如果一项集体"人权"与个人人权全然是矛盾和对立的,那么它已经丧失了合理性,也就不能被称为是一项人权了。在二者之间不存在多数与少数在量上的区别,因为个人人权不只是个别人的权利,而是具体的"每个人"的权利之总和。它们之间只是整体与个体在权利性质上有所区别,在二者之间不能实行少数服从多数原则。③ 和集体利益与个人利益之间的关系不同,在它们之间也不能为了满足集体人权而任意牺牲个人人权。

"集体人权高于个人人权"倡导者们观念中所谓的"集体"的核心是国家,具有明显的"国家至上"的国家主义倾向。这是马克思早就批判并在此后反复批判过的国家主义的表现。马克思不止一次批判过国家主义。马克思认为:"国家最多不过是无产阶级在争取阶级统治的斗争胜利后所继承下来的一个祸害。"而它的发展前景只能是"直到新的自由条件下成长起来的一代能够把这全部国家废物抛掉为止"④。马克思在批判拉萨尔"自由人民国家"论时也指出无产阶级争取的是社会的自由和个人的自由,而完全不是国家的自由。这是理解个人人权和集体人权的关系的至理名言。随着社会的发展,国家逐渐融入社会,作为社会异化的国家消失了,作为个人异化物的各种集体也会消失。那时个人人权将会发生历史性的新飞跃,普遍人权才会真正实现。

中国传统文化中的国家主义特征,导致了在社会生活与国家生活中重集体轻个人的基本价值取向。新中国成立后特殊的历史条件与前苏联的影响,使马克思所设想的国家回归社会的过程变成了大力加强国家对社会的控制、社会国家化的过程。这就必然片面强调集体权利,使个人权利受到极大压抑。十一届三中全会后,国家慢慢退出一些领域,一个国家—社会的二元格局正在形成。在这个过程中,渐渐扭转对集体人权的片面强调,逐渐加强了对个人人权的保护。人们认识到,片面强调集体人权,可能会导致作为人权防御对象的公共权力的扩张而造成对个人人权的侵害。正如有人所言:"如果一个社会过度强调群体权利而抑制个人权利,那么个人主张权利便会被认

① 《马克思恩格斯选集》第1卷,第24页。
② 同上书,第321页。
③ 参见夏勇编:《公法》第1卷,法律出版社1999年版,第331页。
④ 《法兰西内战》,人民出版社1961年版,第12—13页。

是有损于群体权利而遭到贬抑。"①1991 年,《中国人权状况白皮书》指出:在社会主义中国,"国家不仅十分注重保障个人人权,而且注重保障和维护集体人权。"②对个人人权用"十分注重"来强调,对集体人权用"而且注重"来强调,正是体现了这种变化。

六、观念人权与制度人权

一般来说,在应有人权、法定人权和实有人权三者的关系中,应有人权是本来意义上的人权,它是现有人权的基础,并且是评价现有人权的基本价值尺度。法定人权是应有人权的法定化、制度化。人权的实现经历了从应有人权到法定人权再到实有人权的过渡。从世界人权发展史来看,人权也经历了一个从应有人权到人权的法定化再到人权的制度化的过程。

在早期人类社会就有了权利观念,这种权利观念存在于人们朦胧的意识里,有学者指出,以自然哲学为主体的人道主义和法学上的权利概念相结合的人权思想在西方古代哲学里已经萌芽。③ 古希腊悲剧作家索福克勒斯的作品里就曾出现过人权的字眼。但现代意义上的人权思想是自格劳秀斯开始的,经胡克、霍布斯、密尔等人的发展,由洛克、卢梭而臻至完善。资产阶级高举人权的大旗,向封建势力展开了进攻,争取人权成为资产阶级号召革命的思想武器。北美独立战争的政治宣言《独立宣言》提出:"人人生而平等,他们均享有不可侵犯的天赋人权,其中包括生命权、自由权和追求幸福的权利。"胜利后的资产阶级都把人权用宪法和法律规定下来,如法国资产阶级革命胜利后,法国国民会议立即着手起草了《人权和公民权宣言》,它提出的原则成为后来各国制宪的准绳。后独立的国家也纷纷将人权写入宪法和法律文件中,使之得到国家强制力的保障。从此,将人权制度化,以法律来保障人权成为一个不可逆转的历史潮流。

二次世界大战以后,基于纳粹蹂躏人权的惨痛经历,《联合国宪章》开宗明义:"重申基本人权、人格尊严与价值。"1948 年联合国通过了著名的《世界人权宣言》,随后于1966 年通过《经济、社会、文化权利国际公约》及《公民权利和政治权利国际公约》,使宣言变为具有法律效力的国际准则。随后一系列的国际人权文件获得通过,广泛的多层次的人权保护机构成立,人权已越出国界,成为国际共同关心的问题,人权思想也已成为全人类共同信念。人权也已从单纯的国内法保护变为一个受到国际法保护的问题。

在中国,虽有丰富的人权思想,但"人权"一词确系舶来之物。国人在 19 世纪末接

---

① 夏勇:《善待权利:实现法治的前提》,载刘俊海、李忠主编:《中国当代宪政与人权热点》,昆仑出版社2001 年版,第 5 页。

② 《中国人权状况白皮书》,中国文献出版社 1991 年版,第 2 页。

③ 夏勇:《人权概念起源》,中国政法大学出版社 1992 年版,第 87 页。

受日本从西方翻译过来的"民权"的概念。20世纪初年才有人权概念。当时的先进知识分子郑观应、黄遵宪、康有为、梁启超等人大力宣传人权,为中国人权启蒙起了重大的作用,1911年的《鄂州临时约法》首次将人权入宪,从此发生的与民主、法治结合于一体的人权观才告定型,此后的民主与法治的变革均以人权为核心展开。而以后人权意识的变化与人权现实的追求的展现方式是五次人权运动,即新文化运动、省宪运动、人权运动、人权保障运动、冤狱赔偿运动。① 这些运动由于时代的限制,都没有取得预期的效果,但他们对于人权意识的启蒙、对人权保障制度所进行的拓荒式探索,对于我们今天运用法律保障人权,即人权制度化提供了宝贵的历史资源。

应有人权在没有法定化以前,是以一种道德权利的形式存在的,它受着一些社会组织的纲领与章程、社会的习俗与传统、人们的伦理道德观念和社会政治意识等社会力量与社会因素的承认与保护。法定人权是人们利用法律这一手段使人权法律化、制度化,使其得到最有效实施的保障。虽然法律化的人权在现实中也未必都可以转变为现实的人权,正如有学者指出的:"在一个国家里,法律对人的应有权利作出完备规定,并不等于说这个国家的人权状况就很好了,在法定权利与实有权利之间,往往有一个很大的距离。"②但法定人权为人权向实有权利转化提供了可操作的条件。人权的制度化不仅使人权问题获得其合法的社会地位,也对人权问题的解决作出了制度的安排和保障。

1992年中国政府发表了《人权白皮书》,又先后签署了两个人权国际公约,特别是《公民权利和政治权利国际公约》,中国的人权保障制度建设进入了一个新阶段。刚刚闭幕的中共十六届三中全会通过了关于修宪的建议。抓住这次机遇,将更多的应有人权写入宪法,将会对我国今后的人权实践产生深远的影响。根据人权两公约,我国的选举制度、代表制度、司法制度、行政制度等都需要进行制度创新。不管在批准两公约时有多少保留,但国际人权公约的基本精神终将要在宪法中得到体现。所以对照人权公约,我国的宪法有太多的有关人权的内容需要增加或修正。在平等权利方面,我国宪法规定:"公民在法律面前一律平等",但宪法及有关次级立法确定的人权标准体系中却存在许多权宜性的规定,如:在教育权方面有着城镇居民与农村居民的二元划分;在选举权上,存在着选举与被选举权取得的差别设计;在劳动权、社会保障与医疗卫生保障方面存在城乡二元机制③;在自由权方面,公民一些基本的自由没有规定,如思想自由、迁徙自由,而许多内容却需要重新修正,如罢工自由、游行示威自由、出版自由、新闻自由等。在财产权方面,虽然宪法规定了私营企业、个体企业是社会主义经济制度的组成部分,但缺乏强有力保障的基本制度性规定。被认为"首要人权"的生存权与发展权虽在条文中有所体现,但未有明确的概念。此外如正当程序与接受公正审判

---

① 参见徐显明博士论文:《制度性人权研究》。
② 参见李步云:《论人权的三种存在形态》,载《当代人权》,中国社会科学出版社1992年版,第14页。
③ 齐延平:《论普遍人权》,载《法学论坛》2002年第3期。

的权利也应进入宪法。还有重要的一点是,我国在制度层面上缺乏人权诉讼的保障机制。至今宪法还没有进入诉讼程序,还没有成为法官判案的直接依据。① 在世界各普遍存在的违宪司法审查制度,在中国也应尽快建立。

随着中国法治进程的不断深入,随着人权思想的不断深入人心,将有更多的人权进入宪法和法律保障的范围,一种名副其实、广泛而深入的尊重人权、保障人权的局面是可以期成的。

与薄振峰合作,2004 年。

---

① 在 2001 年的一起受教育权受侵犯的案件中,最高法院宣布公民可以直接依据宪法获得司法救济。这是"第一例"受理并宣判这类案件,也是目前所知的"唯一"一例。

第三部分　法理学

初论人治与法治问题

多年来流行的、被林彪和"四人帮"推到了"顶峰"的所谓人治,是同三中全会关于发扬社会主义民主,加强社会主义法制的基本精神完全对立的。要贯彻落实三中全会的精神,就必须彻底批判人治,明确它的危害,深挖它的根源,并肃清其流毒的影响。

粉碎"四人帮"以后,有些同志对人治的弊病及其给我们国家政治生活造成的危害作了初步揭露和批判,给人以不少启发。但是,对于究竟什么是人治,人治究竟有什么害处,人治和法治有些什么不同,无产阶级应该怎样看待人治和法治,等等,在这些问题上,人们的看法显然是不一致的,实有进一步搞清楚的必要。我们打算从以下三个方面进行一点粗浅的探讨。

一、从历史作用上看人治和法治

所谓人治,我们的理解,主要指的是由拥有特权地位的个人(如皇帝、君主之类)的意志来治理国家,即倾向于专制主义的政治。人治的最大危害,在于国家政治往往受到执政者本身的狭隘利益和狭隘眼界所局限。在这种情况下,国家不可避免地要成为执政者个人以及同其最接近的上层分子谋取私利的工具;而且很容易凭借个别人一时的好恶决断国策,造成制令上的反复无常,奖惩无度,是非颠倒,乃至于任意出入人罪,草菅人命。这样一来,首先是损害统治阶级整体的、长远的利益,危及政权的阶级基础。更大遭其殃的,是广大劳动人民。因为失去法律上的界限,他们必然要受到无止境的横征暴敛和飞扬跋扈的摧残,经济上和人身上毫无保障,因而人们的生产积极性会受到很大压抑,直接影响社会的发展。

我国的人治和法治的对立和斗争,始见于春秋战国时代。儒家主张人治。儒家的代表人物孔丘、孟轲就曾以反对法治、宣扬人治而著称。如孟轲就曾以"为政在人""其人存,则其政举,其人亡,则政息"(《中庸》)作为"徒法不足以自行"(《孟子》)的注脚,极力以所谓人的作用贬斥法的作用。他们强调要由负有"天命"的"圣贤"以"礼"来治理国家,美其名曰"德政""仁政"。实际上是奴隶主阶级对奴隶的野蛮和残酷的统治;哪里有什么"德"和"仁"的影子呢?!

西欧中世纪,意大利的著名神学家和经院哲学家托马斯·阿奎那竭力鼓吹"神权政治"。他扬言一切权力来源于上帝,上帝主宰一切。而"国王是上帝的一个仆人",是上帝在尘世的代表。这样上帝主宰一切就变成了国王主宰一切。阿奎那的"神治",不过是涂上了神圣色彩的、以国王为中心的人治而已。目的是论证封建专制制度的绝对不可侵犯性,维护封建统治的旧秩序,反对社会变革。

17世纪法国专制君主路易十四,是人治的一个活标本。他公开宣告"朕即国家"。这点,后来成了世界上一切封建统治者恪守的信条。

20世纪,当资本主义从自由竞争进入垄断阶段即帝国主义时期,垄断资产阶级最反动的政治代表希特勒之流拼命鼓噪"元首至上"。他的权力不受任何法律限制,他的意志就是国家最高的法律,他是"德国国民的最高法官"。什么国会、法律、民主自由之类,统统可以取消,只有他一个人指挥和决断国家的一切。法西斯主义是现代人治的顶峰。它不是纯粹个人的罪孽的偶然产物,而是资本主义制度腐朽性的一个侧面,反映着某种历史的必然性。

与人治相对立的是法治。法治强调法律在治理国家方面的重要作用,倾向于限制和排斥由执政者的个人意志来主宰国家的政治生活。我们上边谈到的人治的坏处,相应地都可以反过来把它们看作是法治的好处。法治同人治相比,法治最主要的好处是,它能广泛地代表统治阶级整体的利益和意志,使统治阶级的行动能更为统一和一致起来。无疑,这对于政权的稳定是有重大作用的。关于这一点,我们只需把现代资产阶级的民主和法制同垄断资产阶级的法西斯主义政治,简单地加以对比,便可一目了然。当然,剥削阶级的法治仍是套在被剥削阶级脖子上的一根绳索,它丝毫不能使劳动人民摆脱被剥削、被奴役的命运。但相对地说,这毕竟比没有法律依据或不要法律依据的任意专横的统治,可能要缓和一些。如果是这样,于社会生产的发展是比较有利的。在中外的历史上,这种例子是不少见的。

在古代,法治最发达的是以雅典为首的一些希腊城邦国家和早期罗马共和国。在这些国家里,人治和法治的斗争主要是通过贵族政体和民主政体的斗争表现出来的。民主政体经历了长达数世纪之久的、广泛的和残酷的内战和外战才确立了下来。

不过,最早从理论上系统而明确地论证法治的还是我国先秦的商鞅、申不害、韩非等为代表的法家。如韩非就说过许多像"以法为本"(《饰邪》)、"治民无常,惟法为治"(《心度》)、"刑过不避大臣,尝善不遗匹夫"(《有度》)、"法不立,乱七之道也"一类的话。在此之前,申不害也说过类似的话,什么"圣君任法而不任人",竭力强调甚至于过分夸大了法律在治理国家中的作用。根据马克思主义观点,任何国家都是对统治阶级内部实行民主和对被统治阶级实行专政这两个方面的结合。虽然先秦诸法家的法治理论没有提出民主政体的问题,就是说基本上没有超出君主专制主义的范围,但不能因此而完全忽视其中的民主思想的成分。例如,他们坚持"事断于法""法不阿贵""刑无等级"等的主张,就包含有全体统治阶级成员在法律面前一律平等的意思。尽管这些主张在国王和皇帝具有至高无上权力和森严的等级制度的封建社会里,不可能完全实现。但它毕竟对于"贵人"的特权和"等级"制度多多少少是一种挑战。正因为如此,法治论在当时便成为新兴地主阶级反对奴隶主阶级的武器,对我国的历史发展起了一定的进步作用。

欧美17—18世纪资产阶级革命,开辟了法治的新阶段。现代意义上的法治同古代、中世纪时的法治是有很大区别和发展的。其主要特点是明确地广泛地把法治和民主紧密结合在一起,并把各种社会关系都蒙上了法律的外衣。法学世界观是资产阶级的典型世界观。资产阶级革命的启蒙思想家们,为了反对封建专制和等级特权,提出了"自由、平等、博爱"的口号和法制原则。他们理想的王国——"法治国",就是资产阶级民主共和国。资产阶级的民主和法治这两大思想武器,在历史上曾经起过"非常革命的作用"。

从以上的分析中,我们可以看出以下几点:

第一,迄今为止,一般地说,在历史上,凡是新兴的进步的阶级,总是要打起法治的旗帜,以此来同一切旧阶级、旧制度、旧秩序进行斗争,建立和巩固自己的统治。反之,凡是腐朽没落的反动阶级,为了维护它的摇摇欲坠的统治,总要祭起人治的法宝,进行垂死挣扎。

第二,即使在同一个统治阶级中,也经常存在人治和法治的斗争。一般地说,极少数上层掌权者拥护人治,多数下层没有直接掌权的则拥护法治。在这种情况下,人治就是趋于保守的政治,法治就是趋于开明的政治。统治阶级内部的人治和法治的斗争,尽管是尖锐和激烈的,但它只是统治方法之争,并未也根本不可能导致阶级统治根本性质的改变。

第三,在人治和法治的对立中,被统治阶级乃至广大劳动人民,一般容易支持法治而反对人治。特别是在社会的革命转折时期,法治的口号对于他们具有相当巨大的号召力。

上述这些似乎带有一定的规律性的历史经验,是发人深省、值得借鉴的。

二、从理论上看人治和法治

我们认为,人治论在理论上的荒谬性至少有以下三点:

第一,人治论用抽象的"人治"偷换了"阶级统治"的概念,从而掩盖了国家的阶级实质。

国家是阶级矛盾不可调和的产物和表现。古今中外,任何一个国家政权都是阶级压迫阶级的工具,都是阶级对阶级的统治。在国家机构中直接行使国家权力的人,不过是这个阶级的代表而已。"人性"一样,从来没有也不可能有什么抽象的、超阶级的所谓"人对人的统治"。这是马克思主义国家学说的基本观点。

本来,散布超阶级的虚伪性,是人治论和资产阶级法治论的共同点。按理说,人们至少在这一点上应该是同样看待的。但主张人治的人却只批判法治论方面的超阶级观点,以至于不惜把社会主义法制也当成资产阶级法制加以敌视和批判。而对于人治论的超阶级观点却加以掩饰。其实,这些人所忌讳的并不是什么"资产阶级观点",而是为了取消法治去寻找借口和制造根据罢了。

也许有的同志会说:"我们讲的'人'就是指的统治阶级,'人治'就是阶级统治。"这种说法我们是不能同意的。其一,如同上面已经说到的,人治从来就不具有这种涵义,不能把人治论本来没有的东西硬塞进那里去;其二,马克思主义者理解的法治,已经包括了阶级治理的意思。因为,名副其实的阶级的,而不是阶级中的几个人的治理。这正是法治的基本内涵,所以真想按整个阶级意志办事的人,就必然要搞法治,而不会在法治之外或者针对法治再要提出一个什么"人治"来。

第二,人治论把国家和法律形而上学地割裂开来,对立起来,否认法律在实现阶级统治中的重要作用。

马克思主义告诉我们,法律是一种国家意识形态;意志如果是国家的,就要表现为政权机关所制定的法律。国家与法律是密不可分的,二者属同步的社会现象。首先是法律离不开国家,国家的性质影响法律的性质。没有国家,法律就不能正常地发挥作用。但同时,国家也不能没有法律。没有法律规定国家的根本政治制度、经济制度和阶级结构,国家政权就不能组成;没有法律来表现国家的意志,国家的权力就不能实现;没有法律镇压敌对阶级的反抗,维护社会秩序,国家政权就不能巩固;没有法律在社会经济和文化、教育等各领域的调整作用,国家政权就会失去物质的和精神的条件,不能支持下去。一句话,离开法律就不可能实现有效的阶级统治。

世界上是否存在过完全抛开法律的纯粹的人治呢?根本没有。举例说,中国先秦时期鼓吹人治的儒家,也不是根本不要法律。孔夫子就说过:"道之以政,齐之以刑,民免而无耻;道之以德,齐之以礼,有耻且格。"(《论语·为政》)可见,他们是主张礼、法交替使用的,不过要以"礼""仁""德"为主,法、刑为辅罢了。那个用神治来论证人治的托马斯·阿奎那,也相应地论证了君主专制权力的行使要以"永恒法""自然法""人定法""神法"四大类型的法来作依据。同时,他还提出,君主必须"以法律和劝告、惩罚和奖励等手段",制止人们做"坏事"。即使是希特勒,也有其法西斯主义的法律。

那么世界上是否存在有离开阶级的纯粹的法律统治呢?同样也是没有的。韩非就主张把法、术、势结合起来,资产阶级法学家宣扬"法律统治",目的是为了掩盖资产阶级国家剥削压迫劳动人民的实质。

法律的重要作用明明是无法否定的,法律虚无主义明明是行不通的,那么主张人治的人为什么硬要知其不可为而为之呢?回答这个问题,自然而然地要联系到人治的基本倾向,就是说,他们酷爱的是专制主义,而对民主和法制则是厌恶的。

有的同志说:"我们讲人治,是为了反对法律至上论。"法律至上论确实是不符合马克思主义的,无疑应当批判。但是必须指出,持有这种想法的同志存在一个很大的误解,就是在法治和法律至上论之间划了等号。这显然是不能成立的。尽人皆知,法治的中心点在于"依法办事",也就是强调人人都要服从整个统治阶级的意志和利益;这和法律至上论根本是两码事。再者,人治论和法律至上论都是错误的,不能以错改错。尤其应该看到的是,多年来,我国政治生活中的主要问题并非法律至上,而是法制不健全,"无法可依""有法不依"。造成这种现象,恰恰是同人治论的贻害有密切关系。

第三,从世界观上说人治是建立在历史唯心主义基础上的。

这种理论是以把人分为贤者、能者、智者和愚者为前提条件的。它认为只有那些贤者、能者、智者才能"治人"而愚者只能"治于人"。这一套中国人鼓吹过,如孟轲就说过"劳心者治人,劳力者治于人";林彪"四人帮"之流更叫嚣什么要由"天才人物"来"号令一切""指挥一切""调动一切",对他们的金口玉言"理解的要执行,不理解的也要执行"。外国人也鼓吹过,如托马斯·阿奎那就说过:"才智杰出的人自然享有支配权,而智力较差但体力较强的人则看来是天使其充当奴仆。"(《阿奎那政治著作选》)既然历史是由这类天才人物创造的,那么他们就理所当然是统治者了。唯有这类天才人物才能统治一切,主宰一切,而人民群众的命运只能寄托于"五百年必有王者兴,其间必有名世者"(《公孙丑下》)的身上,人民群众只能永远充当"王者"的被统治者,永远是"阿斗""群氓"。这完全是颠倒历史的彻头彻尾的"天才论"和唯心史观。

说到底,人治论的实质无非就是主张由孤家寡人或一小撮独裁者统治广大人民群众的谬论而已。

还有的同志说:"我国是社会主义国家。这里的人治中的'人'与剥削阶级人治中的'人'是不同的,不是少数人,而是人民群众。我们坚持的是唯物史观。"不错,社会主义国家是人民群众当家作主、全权管理的国家。社会主义法制正是这种人民民主权利的有力保障,正是为了使人民民主权利法律化、制度化。社会主义的法制越完善,人民群众的革命积极性就越能得到充分的发挥。所以只有坚持社会主义法制才和坚持唯物史观完全一致。相反,热衷人治论的人,他们总是担心法制搞多了,搞过头了,企图用人治来否定它此种情绪、态度和行为,还不足以证明他们的所谓人治论就是害怕民主、害怕人民群众的说教吗?还不足以证明他们人治论中的"人"是同人民群众格格不入的吗?

三、从我国政治生活的实践上看人治和法治

实践是检验真理的唯一标准。

多年来,人治论给我们国家的政治生活造成的危害是有目共睹的。正是在这种错误思想的指导下,我国的社会主义法制建设几乎陷于停顿了。许多迫切需要立的法不

立了，已经立起来的法不用了，政法机关被胡并乱砍一气。随着轻视、忽视法律思想的发展，人治论更为某些干部的个人独断专横提供了理论根据。有人硬是借口人治，而不承认任何法律的约束，自己想干什么就干什么，想怎么干就怎么干。人民群众吃尽了无法无天的苦头。

特别是在"文化大革命"中，林彪"四人帮"接过人治的口号，肆意发挥，进一步把它变成摧毁社会主义法制，搞垮无产阶级专政国家的思想武器。他们通过大树特树"绝对权威"，掀起"造神"的狂热，神化领袖，竭力要以神治来补充人治。为此，他们便猛烈攻击法治，给社会主义法制罗织种种罪名，百般诬蔑和丑化无产阶级专政，砸烂政法机关，迫害广大政法干部，对人民群众实行最反动、最野蛮的法西斯"全面专政"。一段时间，伟大的好端端的社会主义的中国被搞得到处无法无天，冤狱比比皆是，经历了一场空前的浩劫。

人民群众付出高昂的代价，换得了深刻的教益。他们终于完全明白了，在社会主义制度下，只能加强法制，决不能搞什么人治。其主要根据是：

第一，从政治方面说，社会主义国家是最新型的民主国家，即由全体人民群众充当国家的主人，按照民主集中制的原则来管理国家。人民群众为了统一自己的意志，并把它提升为国家意志，以便取得整个社会一体遵行的效力，为了有条不紊地组织、运用自己的权力，造成良好的社会秩序，为了团结一致地对敌人实行革命专政，必须建立起一整套的法律和制度，即社会主义的法制。除此而外，没有任何其他的东西能代替社会主义法制的。这就表明，社会主义民主必然造成真正的、完备的、彻底的社会主义法制，而社会主义法制又有力地保障社会主义民主。另外，在社会主义民主制度之下，一切国家干部都是受人民委托和接受人民监督的勤务员，他们的基本职责就是严格地遵照国家的法律和制度，忠实地为人民服务。

而人治，则恰恰同社会主义法制，因而同社会主义民主是背道而驰的。在社会主义制度下搞人治，就意味着允许个别人或少数人用他们的个人意志代替或者冒充人民群众的意志，凌驾人民群众意志之上。于是，这些人便成为事实上的、可以任意运动群众的特权者，而人民群众的主人翁地位即社会主义民主便不复存在了。如果一小撮特权者进而又任意对人民实行镇压，那就说明政治已经蜕变为社会法西斯主义。当年林彪"四人帮"一伙正是妄图要把我们的国家推上这条道路的。

第二，从经济方面来说，社会主义生产关系是以生产资料公有制为基础的、同志式的互助合作关系。这是人民群众的根本利益之所在，也是社会主义制度优越性的最主要的根据之一。社会主义法制，就是这种社会主义经济基础的上层建筑。它强有力地保卫社会主义经济基础，并依据社会主义基本经济规律的要求，积极保护和促进生产力的发展，以满足人民群众不断增长着的物质和文化的需求。与此同时，社会主义法制还坚决反对任何损害人民共同经济利益和破坏人民经济平等权利的行为，坚决反对任何无偿占有他人劳动的所谓"特殊"利益。由此可见，社会主义法制是绝对需要的。

　　而人治,则是同社会主义经济基础的性质完全相违背的。前面已经说过,人治本来就是私有制的产物,即剥削阶级统治劳动人民的一种方法。如果在社会主义制度下搞人治,就意味着有人已经在经济上处于特殊地位,可以随意把国家的、集体的财产攫为己有,挥霍无度,实际成了新剥削阶级分子,人民群众又遭到新的剥削,社会主义经济基础受到破坏。这是因为人治就是治人的政治特权,而政治特权又是要和经济特权相结合的。这一点,林彪"四人帮"之流也是很明显的例证。这样一来,必然要沉重地打击广大人民群众的生产积极性,摧残社会主义经济建设事业,甚至可能导致旧制度(资本主义的和封建主义的制度)的复辟。几年之前,中国人民不是已经面临过这种严重威胁了吗?!

　　综上所述,我们可以清楚地看到,在社会主义制度下,搞人治取消法治危害是无穷的。

　　为了更好更有效地贯彻落实党的十一届三中全会的重要精神,当前需要以历史唯物主义的观点为指导,正确宣传和估价革命领袖在历史上所起的作用,正确宣传人民当家作主的社会主义民主,正确宣传反映人民意志的社会主义法制,彻底批判人治,加强社会主义法制,以保障社会主义现代化建设的顺利进行。

　　与谷春德合作,载中国人民大学法律系《法学研究动态》1979 年第 3 期。

列宁是怎样对待执法守法的

　　十月革命以后,列宁在领导苏维埃国家时期,极其重视建立和加强社会主义法制,并且采取措施有力地保证了法律的执行和遵守。在社会主义法制建设实践中,列宁有一系列精辟的论述,丰富和发展了马克思主义法制理论。今天我们认真学习这些理论和实践,特别是关于执法守法问题的论述和他严于执法守法的范例,对于我国的法制建设,无疑是有重要意义的。

一

　　社会主义法制建设,包括制定法律和执行法律、遵守法律。列宁认为,从制定法律到执行法律、实现法律,总是有相当的距离。制定法律是把全体人民的意志上升为法律规范,以国家意志的形式表现出来;执法守法则是运用法律调整社会关系和维护社会秩序,从而把人民意志真正实现出来。有了法律如果得不到实施,不被遵守,那么法律再好,也只是一纸空文。所以,列宁严肃地指出,必须遵守极严格的革命秩序,必须恪守苏维埃政权的法令和命令,并监督所有的人来执行。并说:"极小的犯法行为,极小的破坏苏维埃秩序的行业,都是劳动者的敌人立刻可以利用的漏洞。"[①]

　　列宁非常强调执法和守法。他说,任何法令"如果不忠实地执行,很可能完全变成儿戏而得到完全相反的结果"[②]。法律的执行和遵守不会自然地、轻而易举地就能做到,它不可避免地要遇到阻力。这种阻力,除来自敌人的破坏以外,还存在于人民内部之中。俄国是一个小资产阶级占绝对多数的国家。列宁指出:小资产阶级在一定的情况下经常表现极端的革命狂热,但不能表现出坚忍性、有组织、有纪律和坚定精神。轻视法律、规避法律的思想是很容易投合小资产阶级的涣散性和无政府主义的,"广大群众的习惯和愚昧的势力,这些群众想'照旧'生活而不了解必须严格地诚实地遵守苏维埃政权的法令"[③]。

　　从历史上看,人民群众对于旧国家事务的仇视导致他们产生对任何法制不信任的心理,这也影响对于社会主义法律的执行和遵守,要克服这种心理是个非常困难的任务。再者,如同列宁所说,无产阶级在夺取政权的过程中是"不要任何法和法律"的,而

---

① 《为战胜高尔察克告工农书》,《列宁全集》第 29 卷,第 510 页。
② 《在农业公社和农业劳动组合第一次代表大会上的演说》,《列宁全集》第 30 卷,第 173 页。
③ 《为战胜高尔察克告工农书》,《列宁全集》第 29 卷,第 510 页。

主要靠党的政策指导下的直接的群众革命行动。这种情况在无产阶级建立政权的初期,还会继续存在着。因此就产生了群众对于苏维埃法律不够重视的副作用。鉴于此,1918 年上半年,列宁强调指出:苏维埃政权"目前的主要任务,就是要集中全力,切实实现那些已经是法令,可是还没有成为事实的改造事业的原则"①。

列宁关于执法守法的意义和对苏维埃俄国存在的规避法律主要原因的分析,对于克服干部和群众中长期存在的轻视法律的思想、尤其是不能切实地执行和遵守法律的旧习惯,对于培养和加强社会主义法律意识起了巨大作用。

二

根据列宁的直接倡议,1918 年 11 月全俄苏维埃第六次非常代表大会通过的《关于确切遵守法律》的专门决议指出:"共和国的全体公民、所有苏维埃政权机关和一切公职人员,都严格遵守俄罗斯社会主义联邦苏维埃共和国的法律和中央政权机关过去和现在新颁布的决议、条例和命令。"这就明确地告诉我们,严格地执法和守法的主体有国家机关、公职人员和全体公民。

列宁非常重视马克思、恩格斯总结的巴黎公社的基本经验,认为无产阶级专政国家机器的主要特征之一就是立法和行政的统一。全俄苏维埃代表大会作为国家最高权力机关是制定法律的机关,同时又是实施法律的机关。这些机关及其成员"必须亲自工作,亲自执行自己通过的法律,亲自检查在实际生活中执行的结果,亲自对选民负责"②。列宁所阐发的原则不仅对国家最高权力机关适用,而且对所有国家机关都适用。因为所有国家机关都要在其职权范围内发布效力不等的法规,这些法规正是首先要求制定它的国家机关本身来遵守和实行。只有这样,才不至于使无产阶级专政的国家机器沦为资产阶级议会式的"清谈馆",或者资产阶级官僚主义的行政衙门。

社会主义国家的法院、检察院和保卫机关是专门的执法机关。它们能否依法办事,对于法律的贯彻实施有特殊的重要性。列宁签署颁布的关于苏维埃法院的三个法令和关于建立检察院的指示,以及当时的苏维埃诉讼法等,对法院、检察院和保卫机关的性质、任务、组织、活动原则、工作程序和方法都作了明确的规定;要求这些机关在执法活动中,包括侦查、逮捕、搜查、起诉、审判和对犯人的管理等,都要严格按照法律规定去办。只有这样,才能胜利地完成打击敌人、保护人民的光荣任务。

无产阶级专政国家的职能,是通过在国家机关工作的干部(公职人员)来实现的。干部特别是各级领导干部以身作则、带头守法极为重要。只有他们模范地遵纪守法,才有资格要求和引导群众自觉守法。列宁认为,对干部破坏法制的行为尤其不能容忍。他反复强调对官僚主义、拖拉作风、贻误工作、挥霍浪费、营私舞弊、贪污受贿以及

---

① 《苏维埃政权的当前任务》,《列宁选集》第 3 卷,第 505 页。
② 《国家与革命》,《列宁全集》第 25 卷,第 411 页。

各种渎职行为必须追究查办,情节严重的要交付法庭治罪,处以严厉的刑罚。1918年5月,莫斯科革命法庭审理关于莫斯科审讯委员会四个干部受贿的案件,最后仅判决六个月徒刑。列宁知道后,极为震怒,断然指示:不枪毙这样的贪污犯,而只判了轻得令人发笑的刑罚,这对共产党员和革命者说来是可耻行为。这样的同志应受到舆论的谴责,并且开除出党。

在列宁看来,社会主义法律是人民群众自己制定的,是自己利益和意志的集中体现,他们必能自觉自愿地、积极主动地遵守。但又要懂得,"国家,这是实行强制的领域。"①国家要强制所有的人遵守它所颁布的法律。法律作为人民整体的意志,不仅对于人民的敌人是一种铁腕,对于人民中各个成员也同样有强制性和约束力。对于能够习惯遵守自己法律的绝大多数人民群众来说,自然是不会感到它怎样地强制了自己的。但当人民中的个别人不听从说服教育而违反法律的时候,就应该对他采取强制措施。这是社会主义法制的要求,是保护人民的利益,巩固无产阶级专政所必需的。

<h1 style="text-align:center">三</h1>

列宁认为,要很好地做到执法守法,就必须坚持法律面前人人平等原则,反对一切特权,不允许任何人超越于法律之外或凌驾于法律之上。无论是谁,只要触犯了刑律,都必须追究法律责任,该治罪的治罪,该处刑的处刑,无一例外。特权和法律是互不相容的。有了特权,就谈不上法制。而破坏执法平等原则的个人特权,最容易从国家干部尤其担任领导职务的干部中间发生。为此,列宁同马克思、恩格斯一样,经常强调干部是人民群众"雇用"的"工人、监工和会计"、"社会公仆"或"人民的勤务员",他们只有努力为人民群众服务的义务,而没有骑在人民头上作威作福的特殊的权利。干部是执法者,理所当然地要在遵守法律方面率先垂范。列宁在强调维护领导权威、加强组织性纪律性、反对无政府主义倾向的同时,也强烈反对少数干部特别是各级领导干部用个人的意志代替国家的法律和制度的做法。他把它称作资产阶级国家官僚制度的"余孽",并号召工人、农民"清除"这种恶劣现象,以便捍卫和遵循"工农共和国的法令"。问题很明白,如果个别领导人挥笔为法,出言为律,点头为制,这就意味着人民群众或下级工作人员要不要执行、遵守国家的法律和制度是无所谓的,他们只要对个别领导者的个人意志唯命是从就行了。在这种情况下,社会主义法制必然化为乌有。

苏维埃国家的许多法律是由列宁亲自起草和领导制定的,但列宁并不因此而随便用自己的意志来改变它。相反,作为无产阶级革命领袖和苏维埃国家最高领导人的列宁,对于社会主义法律非常尊重,一丝不苟地严格遵守。例如,1919年2月,当丹尼洛夫工场代表就有关发给工场口粮问题向列宁提出请求时,列宁复信说:"由于这个问题是由中央执行委员会主席团所决定,而中央执行委员会主席团依据宪法是高于人民委

---

① 《再论工会、目前局势及托洛茨基和布哈林的错误》,《列宁全集》第32卷,第88页。

员会的,所以无论作为人民委员会主席的我,无论人民委员会都无权来废除这项决定。"①从而,拒绝了丹尼洛夫工场的要求,并及时地对该场代表进行了遵守法律的教育。列宁以身作则、带头执法守法的模范行为,是非常值得我们效法的。

列宁还认为,要很好地做到执法守法,就必须坚持法律监督。法律监督的目的在于同一切破坏法制的行为作斗争,保证法律的正确实施。社会主义的法律监督是全社会性的,主要包括党组织的监督、专门国家机关的监督和人民群众的监督。

党是社会主义国家的领导核心,党组织对法律实施的监督是实现党对国家领导作用的重要方面。专门机关的监督,指的是检察院的监督。列宁说,"检察长的唯一职权和必须做的事情只是一件:监视整个共和国对法制有真正一致的了解,不管任何地方的差别,不受任何地方的影响",是以国家公诉人的名义"把案件提交法院判决"②。为了切实使检察机关能起到法律监督作用,列宁坚决主张国家检察组织实行自上而下的垂直领导,不受任何地方机关的干涉。但是,专门机关的监督必须同人民群众的监督密切结合起来。只有这样,才能有效地发挥法律监督作用。

人民群众监督法律的实施,是他们行使当家作主权利、参加国家管理的一条重要途径。十月革命以后,列宁领导苏维埃政权制定了政治、经济、文化、教育等各个领域和各有关方面的监督条例。这些条例鼓励人民群众首先是工人直接管理国家,同一切破坏社会主义法制的行为作斗争,保证他们行使揭发、控告国家机关及其工作人员违法乱纪行为的权利。列宁要求国家机关对于人民群众揭发、控告的案件必须严肃对待,迅速处理。他责成人民委员会的总务处处长及时报告人民委员会接到的一切控告书。列宁经常在百忙中亲自处理和接待人民群众的来信来访。1921 年列宁正患重病,他接到一个红军战士来信,反映顿河区工农群众对某些地方国家机关干部违法乱纪、盗公肥私的行为的不满。列宁指示要立即处理这个案件,并叮嘱书记:"火速找到来信作者,接见他,安慰他,告诉他说,我有病,但他所提出的案子,我是会督促办理的。"③对于干部利用职权对人民群众的控告检举实行打击报复的人,列宁是非常痛恨的。1919 年 4 月,诺夫哥罗得的几个手工业生产合作社的工人写信向列宁控告说,他们的合作社的房屋和工具被非法征用了。列宁便打电报给该省执行委员会,让他们调查此事。可是省执行委员会把控告信转给了有关单位。这个有关单位竟然把控告人逮捕起来,实行报复。列宁得悉后,非常气愤,当即去电严厉追查此事,并要求对违法者加以逮捕,给予法律制裁。由于列宁对于法律监督的高度重视,有效地保证了苏维埃法律的正确实施。

与谷春德合作,载《红旗》1979 年第 12 期。

---

① 转引自《列宁著作中的国家和法的问题》,法律出版社 1958 年版,第 109 页。

② 《论"双重"领导和法制》,《列宁全集》第 33 卷,第 326 页。

③ 转引自《列宁生平事业简史》,中国人民大学出版社 1952 年版,第 334 页。

人人知法，人人守法

五届人大二次会议，根据广大人民群众的要求和愿望，制定了七个重要法律。这些法律是以马列主义、毛泽东思想为指导，根据宪法原则，在总结我国无产阶级专政30年正反两方面经验的基础上制定的。这些法律代表了广大人民的意志，反映了社会主义和无产阶级专政的最高利益，符合社会主义经济建设发展的需要。这些法律的制定和颁布施行，标志着我国社会主义法制建设进入了一个新的发展阶段。

《政府工作报告》中指出："当前以及今后相当长一个历史时期，我们的主要任务，就是有系统、有计划地进行社会主义现代化建设。"作为社会主义上层建筑的社会主义法制，必须适应这个中心任务并为这个中心任务服务。社会主义法制在保障社会主义现代化建设中的重要作用，一方面表现为直接全面地调整着社会主义经济关系，维护社会主义公有制，保卫社会主义公共财产不受侵犯；同时也保护私人所有的一切合法财产不受侵犯；调节人们在生产过程中同志式的互助合作关系，贯彻"各尽所能，按劳分配"的原则。例如《刑法》第2条就明确规定，刑法重要任务之一是保护社会主义的经济基础。其目的就是促进生产力的发展。另一方面，通过镇压各种反社会主义分子的阴谋破坏，惩罚各种刑事犯罪分子，纠正和制止一切违法现象，造成良好的社会秩序、生产秩序、工作秩序、教学科研秩序和人民群众生活秩序，以利于社会主义建设顺利进行；通过保障社会主义民主，维护人民群众管理国家的根本权利和各项民主自由权利，激发广大人民群众的主人翁责任感、积极性和创造性，以形成实现四化的强大动力。

有法可依，这是加强社会主义法制的前提。继新宪法颁布之后，这次五届人大二次会议又通过了一批法律，今后国家还将根据社会主义现代化建设发展的需要，陆续制定包括经济法在内的各项法律、法令，以及各种具有法律效力的规章条例，使我国社会主义法律体系不断完善起来。但是，有了法不等于就加强了社会主义法制。列宁说过，从制定法律到实现法律、执行法律，总是有相当远的距离。加强社会主义法制的关键和中心环节，是有法必依、依法办事。如果有了法律而得不到实施，执法不严，违法不究，那么法律制定得再多再好也只是一纸空文，毫无用处。法律既然已经制定和颁布了，现在的问题就在于如何保证坚决贯彻执行。

广大人民群众看到新制定的法律，普遍感到高兴。但是，的确也有一些人担心"法律能不能很好地执行"。应当说，这种担心不是完全没有根据的。在林彪、"四人帮"横行的日子里，我国也有宪法和其他一些法规，可是全被践踏了，给人民和国家带来极大灾难。粉碎"四人帮"以后，在一些地区和部门，有法不依的现象仍然比较严重，人民的民主自由权利和经济利益受到侵犯,仍然不受法律追究,有些冤假错案至今尚未获得解决。这就说明,要做到切实维护、坚决执行法律,必须进行大量的工作和艰巨的斗争。我们应当看到,粉碎"四人帮"以来,党中央和人大常委会在加强法制方面已经采取了一系列有效措施。比如,在全国范围内开展了关于民主和法制的宣传教育,国家权力机关加紧进行立法工作,政法机关得到了恢复和加强,绝大多数冤假错案得到了平反、昭雪,林彪、"四人帮"造成的那种无法无天的局面有了根本改变。这次全国人民代表大会又通过了七项法律。这些一旦被广大人民群众掌握,就会变成维护社会主义民主和法制的强大力量。

人人都要遵守法律、执行法律。干部特别是各级领导干部以身作则,带头模范地遵守法律、执行法律,严格依法办事尤为重要。只有他们带头遵纪守法,才能够要求并带领群众自觉守法。同时,各级领导干部手中有一定权力,直接掌握和领导一个地区、一个部门或一个单位的工作,他们的一举一动,他们是否遵纪守法,都直接关系到广大人民群众的切身利害,关系到党的威信和政权的巩固。当前,由于封建主义特权思想的影响,有些领导干部认为,"法律是管老百姓的",自己的资格老、功劳大、职务高,可以超于法律之外,凌驾于法律之上。在这种典型的"刑不上大夫"的封建意识形态的支配下,他们或者以个人的意志代替国家的法律,一个人说了算,独断专行,无理干预司法部门的工作;或者把法律作为泄私愤、打击报复、整人的手段,滥加施用,或者视法律为儿戏,自己明目张胆地违法或者纵容子女进行违法犯罪活动,而不受法律的惩处。在这些人的心目中,哪管什么人民是主人,谁有权谁就是主人。他们根本颠倒了公仆和主人的关系,由公仆变成了主人,失去了公仆的本色。在法院组织法、检察院组织法和刑事诉讼法中都规定,任何公民在法律上一律平等。干部搞特权是同这一社会主义法制原则相违背的。在我们社会主义国家里,人们只有分工的不同,而没有尊卑贵贱的区别,在政治上、法律上都是平等的。就是说,人人都享有法律规定的权利,都应承担法律规定的义务。不允许一部分人,哪怕是高级干部只享有权利而不履行义务,也不允许一部分人只尽义务而不享有权利。干部只有带头模范遵守法律的义务,决没有不遵守甚至破坏法律的特权。毛泽东同志一贯告诫各级干部特别是高级干部"一定要守法,不要破坏革命的法制"。毛泽东、周恩来、朱德同志等老一辈无产阶级革命家,以自己的实际行动,模范地遵纪守法,为我们树立了光辉榜样。我们各级干部一定要荡涤封建特权思想,努力做一个遵纪守法的模范。

人民公安机关、人民法院、人民检察院是专门的执法机关。它们是否能够真正依法办事,对法律的贯彻执行具有特殊的意义和极为重要的作用。新通过的法院组织法、检察院组织法和刑事诉讼法,对法院和检察院的性质、任务、组织和活动原则、工作程序和方法都作了明确的规定,必须坚决贯彻执行。人民的政法机关及其工作人员必须忠实于法律和制度,忠实于人民的利益,忠实于事实真相,忠实于社会主义和无产阶级专政。在执法活动中,包括侦查、逮捕、搜查、起诉、审判和对犯人的管理、改造等各个方面和全部过程,都要严格按照新通过的刑事诉讼法和其他有关法律、法令、条例的规定办事。那种个人独断专行,或者依言不依法、依人不依法的错误做法,必须坚决制止和纠正。人民的政法干部思想上要有法,工作中要守法,言行上要合法,以自己的模范行动和大无畏的革命精神,捍卫社会主义法制。应当引起注意的是,要坚决克服在部分同志中存在的那种怕"麻烦"思想和认为依法办事会"束缚手脚"的思想。社会主义法律,包括新通过的刑法、刑事诉讼法等,对阶级敌人、对犯罪分子来说无疑是一种压力和束缚,但对政法干部来说,它却是做好工作的准绳和保证。只有执法活动的每一环节和全部过程,真正能够严格按照法律规定进行,才能够保证办案质量,做到正确、合法、及时,才能够避免冤假错案的发生,即使发生错误也比较容易纠正,张志新式的惨案就不会重演。可见,严格执行法律,依法办事,根本不是什么"束缚政法干部的手脚"的问题,相反倒是完成政法工作任务所必需的。人民信任我们的法律工作者,同时也要求法律工作者刚正不阿,执法如山,不能以任何借口来拒绝执行法律上的各项规定,一定要做人民的"清官"。

要遵守法律、执行法律,首先就要懂得法律。由于林彪、"四人帮"一伙多年来大搞法律虚无主义,社会主义法制被践踏殆尽,法律教育几乎全被取消了。因此,这些年来不但社会上许多人,特别是一些青少年不知法律为何物,就是一些领导干部,包括一些搞政法工作的领导干部,也不懂得或不甚懂得法律,工作上出了不少问题。这种状况不改变,怎么能够保证法律的贯彻执行呢? 因此,当前在学习贯彻五届人大二次会议精神的过程中,十分需要在全体人民特别是在青少年和干部中间普遍开展关于法律的学习和宣传。要使大家认识到,加强社会主义法制,是巩固无产阶级专政国家制度的需要,是维护人民民主权利和经济权益的需要,是保障四化顺利进行的需要。要使大家懂得什么是违法,什么是犯罪,学会运用法律这一武器去同阶级敌人和各种刑事犯罪分子作斗争。通过学习法律,提高人民的政治思想觉悟,加强法制观念,自觉地遵守和执行法律。政法机关及其工作人员更要学好新颁布的法律,要吃透这些法律的基本精神,弄清楚这些法律中的各项具体规定,并为其正式实施,作好各种准备工作。

为了贯彻执行新颁布的法律,进一步加强社会主义法制,我们北京市的各级党组织、政府机关、人民团体、工厂企业、人民公社、学校、商店、街道等组织,都要十分重视对自己的所属成员广泛进行遵纪守法的教育,并把它同日常的思想政治工作、同共产主义道德品质的教育紧密结合起来。通过教育,造成人人知法、人人守法、人人监督法律的执行、人人敢于同违法现象作斗争的良好风气,更好地维护首都的社会秩序,发展首都的大好形势,为实现四化作出新贡献。

与谷春德合作,1979 年 7 月 6 日《北京日报》"本报评论员"文章。

增强法制观念,坚决执行法律

五届人大二次会议通过的七个重要法律,除《中外合资经营企业法》早已生效外,其他六个法律也从今年 1 月 1 日起正式生效了,这是我国政治生活中的一件大事。这些法律将强有力地保护人民的民主权利和合法利益,打击各种刑事犯罪分子,维护社会秩序,巩固和发展安定团结的政治局面,保障四个现代化建设的顺利进行。

社会主义法律的权威,在于它一经颁布就要切实地贯彻执行。要做到这一点,必须以广大干部和人民群众高度的法制观念为基础。粉碎"四人帮"、特别是党的十一届三中全会以来,我们为加强社会主义民主和法制,已经做了大量工作,创造了许多有利条件。经过近半年来比较深入的社会主义民主和社会主义法制的教育,特别是对刑法和刑事诉讼法的广泛宣传,广大人民群众基本上掌握了这些法律的精神实质,知道了什么是守法、什么是犯罪,知道了犯什么法要受到什么惩罚,知道了怎样依照法定程序同违法犯罪作斗争,从而大大提高了守法的自觉性。但是由于我国在解放前长期处于半殖民地、半封建社会,旧社会遗留下来的封建主义、官僚主义、特权思想、家长制作风至今严重存在。加上我们在新中国成立以后对建立和健全社会主义法制长期没有重视,否定法律,轻视法制,以党代政,以言代法,有法不依,在一些同志身上已经成为习惯;认为法律可有可无,法律束手束脚,政策就是法律,有了政策可以不要法律等思想,在一些干部和党员中也还很流行。林彪、"四人帮"横行十年,对社会主义法制的破坏更为严重,其流毒也远未肃清,派性、无政府主义、极端个人主义仍在许多地方为害,阻碍着法制的贯彻执行。因此,在法律生效之后,我们广大干部、党员和群众,仍需继承深入学习法律,弄懂法律,并在执行法律的实践过程中,不断增强法制观念,造成一个人人守法,人人监督法律执行的局面,以保证现代化建设顺利进行。

在法律面前能不能真正做到人人平等,这是衡量我国是否真正坚持社会主义法制的重要标志,是关系党和国家信誉的极端重要的问题。这个原则,早在 1954 年宪法中就作了明确规定,但是这次刑事诉讼法等法律重申这一原则仍有重要的现实意义。所谓"法律面前人人平等",就是凡是我国公民,不论是党员还是群众,是一般干部还是领导干部,他们一切权利和利益都要受到法律的严格保护,一切违法犯罪行为都要受到法律的追究和制裁。正像叶剑英同志指出的,在我们这样的社会主义国家里,从党的领导者到每个党员,从国家领导人到每个公民,在党纪和国法面前人人平等,绝不允许有不受党纪约束的特殊党员和不受法律约束的特殊公民,绝不允许有凌驾于党纪国法之上的特权。在司法实践中,无论被控告者的社会政治地位,社会成分和政治历史有什么不同,无论被控告者是否犯罪和是否属于敌我矛盾,在应用法律上必须一律平等。有的人认为法律面前人人平等是"超阶级的",这不对。因为我们说的平等是在反映全体人民意志和利益的社会主义法律面前的平等,是为了维护全体人民整体利益这一根本目的上的平等。坚持法律面前人人平等,真正做到不徇私情、"法不阿贵",就能维护社会主义法律的权威性、严肃性,从而维护无产阶级和人民群众的整体利益。这正是体现了法律的阶级性。粉碎"四人帮"后,我们国家一再强调健全社会主义法制,坚持法律面前人人平等的原则,严肃处理了一批以"特殊"公民自居的违法乱纪分子,深得人民群众的拥护,大大提高了党和国家的信誉。法律生效了,我们更要和人民一起,切实监督这个原则的贯彻执行。

保证法律顺利地贯彻执行,执法的公检法机关起着十分重要的作用。经过几个月的努力,公检法机关的广大同志从思想上到工作上都为法律的正式生效做好了充分准备。但是也有少数同志对刑法和刑事诉讼法等法律存在模糊认识,甚至错误地认为刑法、刑事诉讼法太宽,放纵了敌人,束缚了自己。因而有些同志在工作上畏首畏尾,该抓的犯罪分子不敢抓了,该判的罪犯不敢判了,该管的违法犯罪分子管得少了。这样的想法和做法,同刑法、刑事诉讼法的基本精神显然是相违背的。《刑法》明确规定,它的任务是"用刑罚同一切反革命和其他刑事犯罪行为作斗争",以保卫无产阶级专政制度,保护人民和国家的利益,巩固和发展安定团结、生动活泼的政治局面,保证社会主义现代化建设的顺利进行。刑法作为无产阶级专政工具,它的打击锋芒集中指向反革命和杀人、放火、抢劫、强奸等严重破坏社会秩序的刑事犯罪行为。只有打击阶级敌人与刑事犯罪,才能保护人民,保护公民的正当权利和合法利益。对于公检法工作人员来说,也只有依法办事,使执法活动的每个环节和全部过程,都严格依照法律规定进行,才能保证办案质量,避免冤、假、错案,防止侵害公民权利的情况发生。最近,全国人大常委会作出决议,重申过去颁布的法律、法令、法规,除与五届人大制定的宪法、法律和五届人大常委会制定、批准的法令相抵触的外,一律有效。"文化大革命"以前,这些法律、法令、法规,对于打击敌人,保护人民,制止扰乱社会治安的活动,起了极大作用。现在,我们有了刑法和刑事诉讼法,再加上这些法律、法令、法规,就有了打击一切反革命和刑事犯罪的强大武器。毛泽东同志早就指出,"要按照法律放手放脚"。司法人员应该跟上形势,转变作风,放开手脚进行工作。通过广大司法人员的努力,把法律的威力充分发挥出来。

要保证法律的贯彻执行,必须加强党对司法工作的领导。这种领导,不是要各级党委去过问具体案子,主要是方针、政策的领导。党对司法工作的领导,主要是切实保证法律的实施,充分发挥司法机关的作用,切实保证人民检察院独立行使检察权,人民法院独立行使审判权,使之不受其他行政机关、团体和个人的干涉。各级党委主要是监督和检查司法机关及其工作人员执行党的方针、政策和国家法律的情况,帮助司法机关总结经验,改进工作。要加强司法机关的思想、组织和业务建设,调配和充实司法工作队伍,以保证法律的实施。各级司法机关的党组织和党员干部,也要主动向同级党委汇报请示工作,在党的领导下,坚决地、不走样地执行法律,维护法律的尊严,真正做到有法必依,执法必严,违法必究。在今后一个相当长的时期里,各级党委要继续深入地进行法制宣传教育,教育人民群众不断提高法制观念,教育党员,特别是各级领导干部带头遵守法律和执行法律,使法律真正发挥保障四个现代化建设的作用。

与谷春德合作,《北京日报》1980 年 1 月 4 日"本报评论员"文章。

青少年要学点法律

孙老师：今天来请你谈谈对青少年，特别是在校的中、小学同学进行法律教育的问题。

赵律师：非常欢迎。还是共同研究吧。

孙老师：邓小平同志强调法制教育"要从娃娃抓起"。叶剑英同志也说过，"我们必须切实加强民主和法制的宣传教育，让人民群众了解和熟悉国家的法律和制度。"我觉得学校经常向学生进行一点法律的宣传教育，从小就培养和提高他们的法制观念是十分必要的，你说对吧？

赵律师：我完全赞同你的想法。我要补充说明的一点是，除了《中外合资经营企业法》已经生效外，其他六个法律都从 1980 年 1 月 1 日起开始生效，这就更增加了法律宣传教育的迫切性。只有使人人明白法律，才能保证法律的实施。

孙老师：可是在我们学校里有不少同学都不是这样看的。比方说，有人认为：学法律主要是法院、检察院、公安局的事儿，我又没犯法，学那个干啥？

赵律师：这种想法不对。我们社会主义国家是人民群众当家作主，法律是反映全体人民群众的意志，代表全体人民群众的利益。人民不仅要制定法律，也要执行法律、遵守法律，并且监督法律的贯彻实施。在这方面，青少年也是有责任的。所以，认为仅仅司法机关才需要学法律、用法律，就有些片面了。

一

孙老师：你能把青少年为啥必须学点法律的道理，再说得具体一些吗？

赵律师：可以。这个问题要密切结合目前我们国家的形势、党的教育方针和学校任务以及青少年的特点和状况来谈才行。这一点，学校老师们比我们搞法律工作的人更了解情况，更有发言权哩！

孙老师：不必客气啦。

赵律师：根据国家统计局公布的数字，1978 年我国中、小学的在校生已达二亿几千万，是一支浩浩荡荡的队伍。青少年是祖国的未来和希望，是我们革命事业的接班人。在实现四个现代化的伟大斗争中，他们是极其重要的生力军和后备力量。现在十几、二十岁的人，到 20 世纪末正是三四十岁的人，那时正是他们为建设我们伟大的社会主义国家充分发挥作用的时候。所以，把广大青少年培养好、教育好，实在是关系到青少年本身的成长,关系到国家前途命运的大问题,是全党全民的一项战略任务。

孙老师:是的,培养好青少年,这是我们教育工作的根本任务。我们引导同学们学点法律的目的,正是为了实现这一任务。

赵律师:对青少年进行法律教育,首要的一点是为了启发他们关心国家大事,培养他们的主人翁责任感。

孙老师:这是不是要从法律与国家的相互关系上去理解呢?

赵律师:很对。法律这个东西是很重要的。历史上任何统治阶级都要运用法律手段来维护自己的统治。列宁说过:"工人阶级夺取政权之后,像任何阶级一样,要通过改变所有制和实行新宪法来掌握和保持政权,巩固政权。"我国的法律(包括宪法)是共产党的路线、方针、政策的定型和条文化,是全国人民的意志和利益的集中体现。凡是涉及国家的一切重大问题都要制定成为法律,以便使整个社会能够普遍了解和普遍遵守执行。相反,如果没有法律,就不成其为一个国家。没有法律规定国家的根本政治制度、经济制度和国家机关的基本组织与活动原则,国家政权就不能组成;没有法律来表现国家的意志和执行国家的职能,国家的权力就不能实现;没有法律镇压敌对阶级的反抗和破坏捣乱,维护社会秩序,国家政权就不能巩固;没有法律在社会的经济、文化、教育等各个领域的调节作用,国家政权就不能支持下去。一句话,没有法律这个手段,人民就无法管理国家,无法实现自己广泛的民主自由权利,无法进行四个现代化建设。由此可见,人民群众学习法律就是学习管理和建设国家的本领,关心法律就是关心国家大事。我们提倡青少年学点法律知识,从根本上说,就在于让他们从年轻的时候起,便熟悉我们国家的法律和制度,了解我们社会主义制度的优越性,热爱人民的政权,养成遵纪守法的习惯,并且在不久将来能以高度的主人翁姿态为保卫、管理和建设自己的社会主义国家而奋斗。从现实来说,维护安定团结的政治局面,集中全力搞四化,是当前我国最大的政治。这是加强社会主义法制的出发点和目的。对青少年进行法律教育,也必须紧紧围绕这一中心并为达到这一目的去进行。

二

孙老师:让青少年学点法律同培养他们的共产主义道德品质二者之间的关系,也是十分密切的吧?

赵律师:你提的这个问题,恰好是我准备讲的第二点。

所谓道德,是确定人们行为的善与恶、荣与耻、正当与不正当、应受到赞扬与应受到谴责的一种社会意识形态和社会规则。一定阶级的道德和法律总是具有共同的本质,不可以决然分割开来的。这个一般道理对于社会主义社会也是适用的。共产主义道德和社会主义法律都体现着全体人民的意志和利益,它们之间相辅相成,相互补充和渗透。作为社会行为规则,道德作用的范围比法律要广阔得多。任何一条法律规则都有相应的道德规则作根据,都体现道德规则的要求;而且,法律规则的实现,除依靠国家强制力之外,还要依靠道德力量的支持。反过来说,社会主义法律对于充分发挥共产主义道德的作用,对于维护和发展共产主义道德,也是一种举足轻重的力量。新中国成立三十年来的经验已经证明,社会道德水平提高了,法制就会加强,法制加强了,就会有助于社会道德水平的提高。这是法律与道德之间的辩证法。

孙老师:解放后,在党的领导下,社会和学校对青少年的政治思想工作抓得很紧,中学还设立过宪法课,学生的精神面貌和道德品质很不错,努力学习,热爱劳动,关心集体,助人为乐,遵守纪律和法律,讲礼貌,蔚然成风。特别要提到,当时我国青少年犯罪率之低,是举世公认的。

但是,林彪、"四人帮"长达十年之久的破坏,使青少年受的毒害最大、最深。林彪、"四人帮"肆意践踏社会主义法制和共产主义道德,仇视科学文化,鼓吹蒙昧主义,颠倒是非曲直,致使不少天真烂漫、缺乏经验的青少年难以分辨,上当受骗。有些人感到前途渺茫,胸无壮志,悲观消沉;有的借混乱之机盲目发泄,干了一些损害社会利益和公德的事;有的无法无天,道德沦丧,走上行凶作恶的犯罪道路。这累累伤痕,于今犹存,而且不是短时间就能彻底消除的。每每想到这些,都强烈地激发着我们教育好青少年一代的责任心。

赵律师:是啊!大力提高青少年的共产主义道德观念,是一个亟待解决并且需要下大气力着重解决的大问题。现在,林彪、"四人帮"那套反动思想和谬论的流毒还远远没有肃清。当前在刑事犯罪中,青少年占的比重很大;在违法犯罪的青少年中,在校学生又占很大比重,这些犯罪的青少年,从偷摸扒窃、打架斗殴、耍流氓,发展到拦路抢劫、强奸妇女、行凶杀人。这些情况的存在极大地破坏了社会秩序(尤其城市秩序),严重影响安定团结的政治局面,影响四化的顺利进行。加强对青少年的共产主义道德教育,不仅仅是教育部门而且是整个社会的课题。只有把社会的力量都动员起来,才能做好这一工作。当然,学校是专门培养青少年的地方,在这方面负有特殊责任。遵纪守法教育同道德品质教育是不能分开的。既然社会主义法律渗透着共产主义道德的内容,那么就可以说,法律教育本身就包含着共产主义道德的教育。我们的法律用系统而明确的形式告诉青少年们,应当做什么和不应当做什么,应当怎样做和不应当怎样做,怎样做是合法的和怎样做是非法的,怎样做会受到国家的鼓励和怎样做会受到国家的处罚甚至判罪。这就使青少年清楚地了解正确行为和错误行为,正确思想和错误思想的界限,想有遵循,行有准则,避邪趋正,明确前进方向。这一切,不正是同共产主义道德教育的目的完全一致的吗?!我国《宪法》第57条规定:公民必须爱护和保卫公共财产,遵守劳动纪律,遵守公共秩序,尊重社会公德,保守国家机密。这既是法律要求,也是道德要求。

孙老师:的确是这样。我们在抓好对青少年的共产主义道德品质教育的同时,也必须抓好对青少年的法律教育。

三

赵律师:最后,我还想同你研究一下另外一点,即青少年们学点法律同他们学习科学文化有什么关系?

孙老师:这太好啦。前一段,我们在学习五届人大二次会议文件的时候,有几位同志说"让学生学点法律对他们的政治思想教育是有意义的,但看不出对他们学好科学文化知识有什么直接联系"。我同这几位同志还争论过一番,可是却没有得出个明确的结论。所以,我非常希望听一听你的意见。

赵律师:党的教育方针的基本精神是培养德育、智育、体育全面发展的,有社会主义觉悟,有文化的国家建设的得力人才。不能否认,提高学生的政治思想水平、道德观念和守法观念是法律教育的主要目的之一。这,我们已经谈了许多,就不必再重复了。问题在于,对于一个同学说来,具有良好的政治思想和道德观念,并不单单是一种品质;引导得好,这种品质很容易变成推动他努力学习功课、奋发攀登科学文化高峰的动力。

孙老师:是啊! 我们什么时候都不要忽略这样一个真理:没有正确的学习目的和端正的学习态度,肯定不会造就出过硬的人才来。

赵律师:近几天,把你借给我的教育部《高教六十条》(修订本)和若干省市教育机关制定的中、小学条例,粗粗地读了两遍,有些体会。广义上说,这类文件一经有关国家机关正式公布后也是法律,具有法律效力。这些条例及其实施细则、办法等,不仅规定社会主义教育的性质、方针、组织领导和各种制度,不仅规定学生的学习目的、学习态度、学习秩序和奖惩办法,而且还规定课程的设置、内容和学习的方法,使学生们知道在校期间要学习一些什么东西以及怎样学习。按照这些规定去做,学生们便能发扬刻苦钻研、孜孜上进的精神,牢固地掌握课程中所要求的基础文化科学知识;并能生动活泼地、创造性地学习,善于独立思考,培养独立分析问题和解决问题的能力。学点法律是与同学们学好科学文化知识有直接联系的。当然,法规毕竟还是法规,它代替不了课本;学点法律也不能和学语文、历史、地理或数学、物理、化学……等同起来。虽然法律本身也是一门科学,但不能代替其他科学文化知识的学习。

孙老师:中央文件上已经讲了,大学、中小学要开点法律课。我同一些老师议论过怎样贯彻落实中央的这一精神。我们考虑到:要区别高年级、低年级,将来志愿学文科的、学理科的等具体对象;法律课单独开、同政治课结合在一起开,以及法律课的内容等,需要订出具体计划。总的说来,不能占去学生太多的时间。

赵律师:你们想得很具体很周到,我很赞成。

孙老师:啊,时间不早了。剩下几个问题以后还得陆续前来请教。谢谢你啦。

与谷春德合作,载《沈阳教育通讯》1980 年第 1 期。

对法律关系的几点新思考

法律关系是法理学中一个比较重要的问题。从理论上讲,研究法律规范的作用和法规问题时,不能不研究法律关系;从实践上讲,研究法律关系对于我国的法制建设也具有很重要的现实意义。但是,现在我们对法律关系研究的深入程度和它的重要性还很不相称,特别是对于法律关系问题的传统观点,多有欠妥之处。为此,我不揣冒昧地就法律关系的几个问题,谈谈几点初步的粗浅看法,期望得到专家学者们的不吝指教。

一、法律关系的概念

对于法律关系,《中国大百科全书》法学卷下的定义是:"由法律规范所确认和调整的人与人之间的权利和义务关系。"①这个定义明确地指出了法律关系实际上是一种权利义务关系。但是,总的来说,这个定义是值得商榷的。首先,"确认"这个词在这里用得不够准确。我们以后用"确立"也许要更为恰当一些。因为"确认"只是对本来就已经存在的事物进行明确的承认和肯定,而"确立"则是明确地创立本来并不存在的事物。事实上,权利义务是由法律规范所明文规定的。在法律规范制定和实施之前,不存在任何权利义务关系。因此,我们只能说法律规范"确立"了权利义务关系,而不能说法律规范"确认"了权利义务关系。

其次,还有一点需要指出的是,法律规范是通过调整人们的行为来调整人们的社会关系的。马克思曾经说过,"对于法律来说,除了我的行为以外,我是根本不存在的,我根本不是法律的对象。我的行为就是我同法律打交道的唯一领域……"②有人就根据这段话提出这样一种观点,认为法律规范只是调整人们的行为,而不调整人们的社会关系,这种观点是不对的。固然,法律规范直接调整的只是人们的行为,但是在直接调整人们行为的过程中,法律规范也间接地调整着人们的社会关系。但是,承认法律规范间接调整人们的社会关系,并不等于说法律规范也调整人们的权利义务关系,不管是直接调整还是间接调整。因为权利义务关系,本身就是法律规范调整人们行为和社会关系的产物,也就是说,权利义务关系在它产生的时候就受到了法律规范的调整,因此在它产生以后就没有必要再受法律规范的调整了。因此,必须明确,法律规范调

①《中国大百科全书·法学》,第 99 页。
②《马克思恩格斯全集》第 1 卷,第 16—17 页。

整的只是人们的行为和社会关系,而调整人们的权利义务关系则是间接的。

《法学词典》对法律关系下了这样的定义:"法律规范在调整人们行为过程中形成的权利和义务关系。"①这个定义比前一个定义要好一些,因为它不但说明了法律关系是一种权利义务关系,而且指出了权利义务关系是根据法律规范而产生的,甚至它还注意到了法律规范直接调整的是人们的行为。但是它还是忽视了这样一个事实:有些行为,如纳税行为、诉讼行为和残废军人领取抚恤金的行为等,是直接根据法律规范的规定而产生的,要是没有相应的法律规范,就不可能出现这些行为。因此,相应的法律关系,即纳税的法律关系和诉讼的法律关系等,不可能是在调整人们行为过程中形成的权利义务关系。另外,该定义中"形成"这个词用得不够明确,没有说明权利义务关系到底是怎样"形成"的。其实,前面已经说过,权利义务关系就是由法律规范所确立的。这个问题在下面还要谈到。

分析法律关系的上述两个定义,目的是为了提出我们自己对于法律关系的定义。基于前面的分析,我们认为,法律关系的概念可以表述为:法律关系是法律规范所确立的人们之间的权利义务关系。

我们说,法律关系是由法律规范所确立的,并不等于说法律规范能使一定的社会关系变成法律关系。实际上,这有两种情况:一种情况是,本来存在一定的社会关系,法律规范在此基础上规定该社会关系的参加者具有一定的权利义务,这种权利义务关系就是法律关系。这时,原来的社会关系依然存在,既没有消失,也没有变成法律关系,也没有改变它原来的性质。比如,在法律对于买卖行为没有作出规定之前,在商品的买卖双方之间就有一种买卖关系,卖方给买方商品,买方给卖方货币。这种买卖关系主要由道德和习惯来调整,而在法律对于买卖行为作出规定之后,在买卖双方之间仍然具有买卖关系,卖方给买方商品,买方给卖方货币。也就是说,买卖关系仍然存在,既没有消失,也没有变成法律关系或者别的什么社会关系。所不同的只是,以前主要由道德和习惯来调整的买卖关系,现在主要由法律来调整,虽然并不排斥道德和习惯的调整,但道德和习惯也不能违背法律。法律规定买卖双方具有一定的权利和义务。这种权利是受法律保护的,任何一方如果不履行义务,另一方就有权要求国家强制执行,这种权利义务关系就是法律关系。

另一种情况是,本来并不存在某种社会关系,法律规范直接创造了某种法律关系。这种法律也不是由社会关系变来的。前面所说过的人们的纳税行为、诉讼行为和残废军人领取抚恤金的行为都是由于制定和实施相应的税法、诉讼法和有关残废军人领取抚恤金的法律而产生的。国家为了支付行政经费和军事开支等,制定了税法,规定了人们有纳税的义务;为了维持稳定的社会秩序,使法律得到真正实施,制定了诉讼法,规定了人们的诉讼权利和义务;为了鼓励参军,照顾残废军人,制定了有关残废军人领

---

① 《法学词典》增订版,第617页。

取抚恤金的法律,规定残废军人有领取抚恤金的权利。就这样,法律规范直接规定了有关人员具有一定的权利义务,这种权利义务关系即法律关系。更重要的是,我们还必须认识到,法律关系产生的两种情况都不是任意的,而是由一定社会物质生活条件所决定的。

对于法律关系,不同的人有不同的理解。权利人把法律关系理解为一种法定权利,而义务人则把它理解为一种法定义务,只有第三人即旁观者才把它理解为既是权利又是义务。由于每个人的利害关系不同,这种不同的理解是很自然的。实际上法定权利和法定义务并不是各自分离、毫不相关的,而是紧密地联系在一起的,脱离了权利的义务和脱离了义务的权利都是不可想象的。法律关系也不是法定权利和法定义务的简单相加,而是它们的有机结合。法定权利以及与之相对应的法定义务,永远是反映着同一种法律关系的。不但债权关系是权利义务的结合,物权关系也是如此。有人认为物权关系只是权利,而不包含义务,并且说所有权与他人的义务毫不相关。这种观点只看到了物权关系的表面现象,而没有看到物权关系的真正本质。因为,从根本上说,物权关系也是人与人之间的关系。

此外,从逻辑上说,还有一些提法也是不正确的。其一,有人说法律关系决定当事人的权利义务。问题在于,当事人的权利义务并不是与法律关系本身割裂开来而单纯由法律关系所决定的东西。如果说法律关系决定当事人的权利义务,这就等于说,法律关系决定法律关系,决定它自己。我们只能说,当事人的权利义务关系即法律关系是由法律规范所决定的。

其二,有人说法律关系的特点就是当事人具有权利义务。这样就等于说,法律关系的特点就是法律关系——就是它自己。所谓法律关系的特点,就是法律关系同其他社会关系相比所具有的不同的特征。经过比较,我们可以知道,法律关系的一个最重要的特点就是,法律关系是受国家强制力保护的。因为,法律关系是由法律规范决定的,而法律规范又是受国家强制力保护的,所以法律关系也是受国家强制力保护的。而其他社会关系如恋爱关系、友谊关系等,不受法律规范的调整,不是法律关系,当然也不受国家强制力的保护。

二、法律关系的性质

法律关系的性质就是指法律关系自身所具有的内在属性。经过分析,我们认为法律关系具有以下三种属性:法律性、意志性和社会物质性。

首先,法律关系具有法律性,这是显而易见的。但也许正因为如此,人们倒往往把它忽视了。法律关系是由法律所决定的,所以法律关系具有法律性。法律关系受国家强制力保护的特点,就可以说是其法律性的反映。

其次,法律关系也具有意志性。这里所说的意志,既包括国家意志,也包括法律关系参加者的个人意志。

(1)国家意志性。法律关系由法律所决定,法律又是国家意志的反映。因此法律关系也由国家意志所决定。法律关系具有国家意志性,是显而易见的。

(2)个人意志性。严格说来,法律关系分为具体的法律关系和抽象的法律关系。所谓抽象的法律关系就是法律规范所反映的法律关系,它只具有国家意志性而不具有个人意志性。但我们通常所说的法律关系指的是具体的法律关系。要使抽象的法律关系成为具体的法律关系,只有通过参加者的有意志的行为才能实现。如果权利人不行使权利、义务人不履行义务,那么,尽管法律规定了他们有权利和义务,这种权利义务关系也只是一种抽象的法律关系,不可能成为具体的法律关系。因此,具体的法律关系不仅具有国家意志性,也具有个人意志性。

我们说法律关系具有个人意志性,并不等于说任何一种法律关系的产生都以其参加者双方的意思表示为前提。因为,法律关系不仅可以由于它的参加者双方的意思表示而产生,也可以由于单方的意思表示而产生,例如单方法律行为和单方行政行为就是这样。而且,还有相当一部分法律关系纯粹由于法律事件而产生,与当事人的主观意志毫不相关。即使是由法律行为而产生的法律关系,当事人也可能并不是为了设立法律关系,而是为了别的目的才实施其行为的。例如,对于因疏忽大意而犯罪的行为人来说,他不但没有希望而且也没有预见到(尽管是可能预见而且应该预见)从他这种行为中会产生某种刑事法律关系。另一方面,人们在做出某种合法的行为时,也不一定是为了设立由于这种行为而产生的法律关系,甚至他并不能预见自己行为的法律后果。例如,某个个体户开了一个商店,由于这个行为就产生了向国家交税的义务,也就是产生了纳税的法律关系。即使他不知道开商店需要纳税,甚至他不愿意纳税,他还是负有向国家纳税的义务。

法律关系不能因为它的参加者不知道、没有考虑或者忘记了它而消灭。债务人不能因为忘记、不知道或者不愿意履行自己的债务,就不再成为债务人了。也就是说,法律关系的现实性并不等于它的参加者的心理状态的现实性。

如果说法律关系的产生并不以其参加者的意志行为为绝对的必要条件的话,那么,法律关系的实现则必须通过其参加者双方的意志行为才能完成。古人云:"徒法不足以自行。"这句话虽然讲的是法,但我们认为,它对于法律关系也同样适用。法律关系的实现,必须其参加者行使权利履行义务即实施一定的意志行为才能完成。这里的行为,包括积极的作为和消极的不作为,也包括自愿的行为和不自愿的行为。但是,不管是积极的还是消极的,也不管是自愿的还是不自愿的,人们的行为总是意志行为,也就是说带有个人意志性。正是在这种意义上,我们才认为法律关系具有其参加者的个人意志性。尽管人们的意志行为并不一定真实反映其内心的主观意愿。例如,有时候人们内心并不愿意履行自己应该履行的义务,只是由于害怕受到法律的惩罚,他们才履行自己的义务。这时,人们的行为仍然反映了他们的意志。试想,如果人们在任何时候都自愿主动履行自己的全部义务,那么人们的权利还需要法律来保护吗? 因此,法律关系本身也没有必要受国家强制力的保护,没有必要以法律关系的形式存在,法律关系也就不会存在了。因此,我们所说的法律关系具有个人意志性,指的是法律关系必须通过其当事人的意志行为才能实现,并不是说法律关系必然反映其参加者双方的内心的主观意愿。意志行为包括自愿行为和不自愿行为。自愿行为当然反映行为人的主观意愿,而不自愿行为则不反映行为人的主观意愿,这是不言而喻的。

具体地说,法律关系分为当事人地位平等的法律关系和当事人地位不平等的法律关系两大类。在当事人地位平等的情况下,例如民事法律关系反映的是双方当事人主观意愿的妥协。比如在买卖关系中,买方希望价钱特别低,而卖方则希望价钱特别高。经过协商,最后达成妥协,以双方都同意的价格成交。在当事人地位不平等的情况下,例如在刑事和行政关系中,法律关系反映的是地位较高的一方当事人的意愿。例如行政组织的下级服从上级就是如此。在理论上讲,如果双方意愿相同的话,不管地位是否相等,法律关系都反映双方的共同意愿,但是实际上,这种情况不会发生,因为在实际生活中每个人的意愿不可能完全一样。不管是双方当事人的妥协的意愿还是地位较高的一方当事人的意愿,都不能违反国家意志,即不能违反法律。即使是国家作为法律关系的一方当事人,也不能违反法律,也就是说,国家一时的意愿不能违反其意志。

总之,法律关系既具有国家意志性,又具有个人意志性,其中国家意志性是第一位的,个人意志性是第二位的,个人意志必须符合国家意志。国家意志决定了法律关系的法律性,个人意志行为本身绝不能赋予法律关系以法律性。

最后,法律关系还具有社会物质性。承认法律关系的意志性,并不等于否认法律关系的社会物质性。既然法律关系由法律所决定,而法律最终由一定的社会物质生活条件所决定,归根到底,法律关系也由一定的社会物质生活条件所决定。因此,法律关系也具有社会物质性。法律关系的社会物质性,具体表现在以下几个方面:第一,任何法律关系都根源于一定的社会物质生活条件。第二,以一定社会关系为客观基础的法律关系,必须反映该社会关系的性质和内容,并受该社会关系发展规律的制约;即使不以一定社会关系为客观基础,而由法律规范直接确立的法律关系,也不是任意创造的,最终反映该社会生产关系的特征。第三,从法律关系本身来看,它一经形成,就作为一种法律社会现象而存在,并对一定的社会关系发生影响。

三、法律关系的要素

所谓法律关系的要素,就是指法律关系结构的各有机的组成部分。传统的观点把法律关系分为三个要素:法律关系的主体,法律关系的内容即权利义务,法律关系的客体。从权利本位的观点出发,简称为权利主体、权利内容和权利客体。多数人都赞同这种观点,他们的分歧只是主体包括哪些方面,作为内容的权利义务能否分离,以及客体的概念是什么和客体到底是指物还是指行为,如此等等。而我们对于这种法律关系"三要素"说的看法,则不尽然。

首先,关于法律关系的主体。法律关系是由法律规范所确立的人与人之间的权利义务关系,因此具体的法律关系总是某些人之间的权利义务关系。就是说,法律关系和它的参加者是不可分离的。没有参加者,就没有法律关系。把法律关系的参加者称为法律关系的主体或者权利义务主体,都说得通。但是,是否因为法律关系和它的参加者不可分离,我们就可以把法律关系的参加者即主体,也看作是法律关系的组成部分即"要素"呢?回答只能是否定的。一切社会关系都是在人们之间发生的,人们是他们所参加的社会关系的当事人或者说参加者,但是他们都不是也不可能是这些社会关系的组成部分。因此,人们不是他们所参加的社会关系的要素。同样道理,法律关系也是如此。所以,我们说法律关系的主体即权利义务主体不是法律关系的要素。

说到法律关系的主体,有必要补充一点,即我们所说的法律关系是人与人之间的权利义务关系,这里所说的"人"即法律关系的主体不但包括自然人,也包括法人和法律所规定的作为法律关系参加者的各种社会组织。它的范围非常广泛,包括公民、国家机关、企事业单位、社会团体和国家等。

其次,关于法律关系的内容。因为法律关系就是权利义务关系,所以法律关系的内容就是权利义务关系的内容,而权利义务关系内容和权利义务内容是一回事。因此,我们也不能把权利义务内容看作是法律关系的组成部分。要不然就会犯一种明显的逻辑错误,法律关系是它自己的一个组成部分。因此,法律关系的内容即权利义务的内容也不是法律关系的要素。

最后,关于法律关系的客体。关于法律关系的客体的概念,有两种观点。一种观点,法律关系的客体就是法律关系所由以产生的东西。这种观点其实包含了一个不正确的论断,就是说法律关系是由于本身的组成部分或要素而产生的。但是在法律关系产生之前,怎么会有法律关系的组成部分的存在呢?因此,根据这种理解,法律关系的客体不可能是法律关系的要素。另一种观点,法律关系的客体即权利客体是指权利主体的权利和义务所指向的对象。问题在于,权利主体的权利和义务所指向的对象,本来就包含在权利义务的内容里面,就是表明权利义务内容的东西。权利义务内容不是法律关系的客体,权利客体也不是法律关系的内容。因此,对于正确理解法律关系说来,设立法律关系客体这样一个概念是没有必要的,那只能引起混乱。

一言以蔽之,不论法律关系的主体、内容和客体,都不是法律关系的"要素"。但是,这并不等于说法律关系就没有"要素"了。我们认为,法律关系是由法律规范所确立的人们之间的权利义务关系,而所谓权利义务关系就是由法律关系主体的权利和义务有机结合而成的。因此,权利和义务就是法律关系即权利义务关系的两个有机组成部分,也就是说,权利和义务是法律关系的两个要素。

四、法律关系形成的条件

法律关系的形成条件,就是指每一法律关系产生所必须具备的各项条件。任何具体法律关系的产生,都得具备三方面的必要条件:

首先,必须具有相应的法律规范。这是法律方面的条件。我们称之为法律要件,它是法律关系产生的根本条件。如果没有法律规范,便不可能产生法律关系。某些社会关系,如恋爱关系、友谊关系和同学关系等,法律关系对它们没有作出规定,它们也就不是法律关系。

有人认为,法律关系的产生不依赖于法律规范,只是在它产生之后才由法律规范所调整。这种观点是和法制原则相矛盾的。不过,有时我们会看到,某些关系在法律上没有明文规定,而是通过法律规定的类推加以调整的。有人把这种情况当成没有法律规范也可以形成法律关系这种观点的重要论据。但是,法律规范的类推适用一定要遵循法制原则,而不是任意的。它必须符合立法精神,严格地根据相近的法律规范来进行。所以,这种类推实际上应看作是在立法精神的指导下,由相近的法律规范产生出来的适用某个具体案件的法律规则或规范。它非常近似于判例法规范。由此可知,由类推产生的法律关系,并非是无法律规范的法律关系。

其次,必须有具有权利能力的主体,这是主体方面的条件。我们称之为主体要件。如果不存在具有权利能力的主体,法律关系也不能产生。在奴隶社会、封建社会和法西斯统治下的资产阶级社会中,某些社会关系之所以不能成为法律关系,正是因为其参加者奴隶和农民等被全部或部分地剥夺了权利能力。从另一方面看,也就是说,没有特定权利能力的人,不能成为相应的法律关系的主体。例如,没有达到法定结婚年龄的人不能结婚。也就是说,没有达到法定结婚年龄的人没有结婚的权利能力,因而不能成为婚姻法律关系的主体。又如,外国人和未满18周岁的公民没有选举权,也就是说他们没有选举的权利能力,因此不能成为选举法律关系的主体。

最后,必须具有法律事实,即现行法律规范所规定的特定法律关系产生、变更和消灭的条件。这是事实方面的条件,我们称之为事实要件,它是具体法律关系产生的最直接的条件。即使具备了法律要件和主体要件,如果没有事实要件,法律关系还是不能产生。比如法律对婚姻关系作了规定,男女双方都达到了法定结婚年龄,符合法定结婚的条件,但是如果他们没有进行结婚登记,那么他们还是没有结成婚姻法律关系。

有人把法律事实说成是法律规定的引起法律关系产生、变更和消灭的"原因"和"理由"。其实,法律事实和法律关系之间并不是因果关系,因而说法律事实是引起法律关系产生、变更和消灭的原因和理由是不恰当的。法律事实只是法律关系产生、变更和消灭的条件之一。通常人们把法律事实分为法律行为和法律事件两类。法律行为指的是人们的有意志的行为,法律事件指的是不以人们意志为转移的客观情况。但是,与法律关系的产生、变更和消灭相联系的事实情况,是否真的只有法律行为和法律事件两类呢?答案应当是否定的。实际情况要比形式主义的公式复杂得多。当我们对法律规范和法律关系进行客观而具体的分析研究时,就会发现,在法律规范中规定作为法律关系产生、变更和消灭的条件的事实中,存在着既非法律行为也非法律事件的事实情况。这些情况,我们不能不把它们也称为法律事实。在这里,我们指的就是法律身份。即具有法律意义的,作为法律关系产生、变更和消灭之条件的身份。例如,根据我国继承法的规定,一个人死亡后,他的配偶、父母和子女有继承遗产的权利。在法定继承关系中,被继承人死亡是该法律关系产生的事实要件即法律事件。但是,光有这一条件还不够。因为,并不是任何人都可以继承死者的遗产,只有他的配偶、父母和子女才有第一继承顺序的继承权。也就是说,继承人必须具备特定的法律身份,才能继承被继承人的遗产。而且,如果继承人不接受遗产,即没有一定的法律行为,继承法律关系也不会产生。因此,继承法律关系的产生,必须具有法律事件、法律身份和法律行为三方面的事实要件。类似的例子是不胜枚举的。再如,每一个国家的公民,都具有法律规定的公民的权利义务,这就是因为公民的法律身份而产生的法律关系。同样,作为一定组织和团体的成员的身份也是很重要的法律事实。确实,身份总是通过一定的行为或事件而产生的,但它并不是行为和事件本身。例如,配偶身份的形成是结婚行为的结果,父母子女身份的形成是出生这个事件的结果,但配偶的身份并不等于结婚的行为,父母子女的身份也不等于出生的事件。从前面所举的例子,我们可以知道,法律身份有时单独作为法律关系的事实要件,有时和法律行为或法律事件或它们二者一起共同作为法律关系的事实要件。不管是哪一种情况,法律身份都和法律行为、法律事件一样,是法律关系的事实要件之一。

据此,我们的观点是,法律关系的产生,必须具备三方面的必要条件,即法律要件、主体要件和事实要件,其中法律要件是最根本的条件,而主体要件和事实要件也是由法律规范所规定的,是由法律要件所派生出来的条件,也是不可或缺的。而事实要件本身即法律事实又包括法律行为、法律事件和法律身份三种情况。

五、法律关系范畴的归属

关于法律关系范畴的归属问题,现在主要有两种不同的意见,一种意见认为,法律关系是思想关系,属于上层建筑的范畴。另一种意见认为,法律关系是思想关系和物质关系的统一,处于上层建筑和经济基础的结合部。

在这里,首先应该明确,"思想关系"和"物质关系"这两个概念都是具有特定含义的。列宁在《什么是"人民之友"以及他们如何攻击社会民主主义者?》一文中提出了这两个概念。他说:"……社会关系分成物质关系和思想关系。思想关系只是不以人们的意志和意识为转移而形成的物质关系的上层建筑,而物质关系是人们维持生存的活动的形式（结果）。"①简单地说,物质关系属于经济基础的范畴,而思想关系属于上层建筑的范畴。法律关系作为法律规范所确立的人们之间的权利义务关系,其内容即实际的社会关系有的是物质关系,有的是思想关系。其形式即法律所规定的权利义务关系的形式也就是法律规范,当然是思想关系。任何事物都是内容和形式的统一。因此,有一些法律关系,从内容到形式都是思想关系,属于上层建筑的范畴。另一些法律关系,从内容上看是物质关系,属于经济基础的范畴,从形式上看,是思想关系,属于上层建筑的范畴。这些法律关系,是思想关系和物质关系的统一,但我们不能因此就认为它们是处于上层建筑和经济基础的结合部。正如真理,形式上是主观的,内容上是客观的,我们也不能因此就说真理处于主观和客观的结合部。因此,把全部法律关系都看作是纯粹的思想关系,或者把全部法律关系都看作是思想关系和物质关系的统一,这两种看法都是不全面的。

其次,法律关系作为当事人之间的权利义务关系,当然地表现为一定的利益关系。但是,我们也不能因此就断言一切法律关系都是思想关系和物质关系的统一。因为,利益本身又有经济利益和政治利益之分。一般说来,经济利益属于经济基础的范畴,而政治利益则属于上层建筑的范畴。因此,反映经济利益关系的法律关系从内容上看是一种物质关系,从形式上看是一种思想关系;而反映政治利益关系的法律关系则无论从形式上看还是从内容上看都是一种思想关系。

最后,具体地说,以经济基础关系为实际内容的法律关系,一般是思想关系和物质关系的统一。从形式上看,是思想关系,属于上层建筑的范畴;从内容上看是物质关系,属于经济基础的范畴。而以上层建筑关系为实际内容的法律关系,从内容到形式都是思想关系,属于上层建筑的范畴。

※　　　※　　　※

综上所述,我们认为,法律关系是由法律规范所确立的人们之间的权利义务关系。一部分法律关系是在社会关系的基础上由法律规范所确立的,其他法律关系则不是以社会关系为基础而是由法律规范所直接确立的。但是,法律规范确立法律关系不是任意的,最终是由一定社会物质生活条件所决定的。法律关系具有法律性、意志性和社会物质性。其中意志性又包括国家意志性和个人意志性。所谓个人意志性是指具体法律关系只有通过其参加者双方的意志行为才能实现,并不是指任何法律关系都真实地反映了其参加者双方的内心主观意愿。而且国家意志性是第一位的,个人意志性是第二位的,个人意志必须符合国家意志,是国家意志决定了法律关系的法律性,个人意志行为本身绝不能赋予法律关系以法律性。法律关系包括权利和义务两个要素,把法律关系分为主体、内容和客体三要素是不恰当的。任何一个具体法律关系的形成都必

---

① 《列宁全集》第 1 卷,第 18 页。

须具备三方面的必要条件,即法律要件、主体要件和事实要件,其中法律要件是最根本的条件,主体要件和事实要件也都是由法律规范所规定的,是由法律条件所派生出来的条件,都是不可或缺的。而事实要件本身即法律事实又包括法律行为、法律事件和法律身份三种情况。对于法律关系范畴的归属问题,应该做具体的分析,笼统地把全部法律关系都看作是纯粹的思想关系,或者都看作是思想关系和物质关系的统一,都是不客观的。具体地说,以经济基础关系为实际内容的、反映经济利益关系的法律关系,一般是思想关系和物质关系的统一,从形式上看是思想关系,属于上层建筑的范畴,从内容上看是物质关系,属于经济基础范畴;而以上层建筑关系为实际内容的,反映政治利益关系的法律关系,无论从内容上看还是从形式上看都是思想关系,属于上层建筑的范畴。

与邹列强合作,1989 年。

法律效力初探

法律效力是法律自身的内在因素,也是法律得以存在的必要条件。法律的正常运作,法律秩序的有效建立与维护,法律实效的获得,无不以法律效力的存在为基础。可以说,法律效力问题,是整个法律的中心问题。法律效力研究的理论与实践意义,的确不能低估。但我国法学理论界对法律效力的探讨,几乎无一例外地仅仅局限于在法律效力的范围上,即在时间、空间、对人和对事上的效力,而很少触及法律效力本身。本文拟把法律效力自身为主题进行一点初步的思考,期望得到学界同仁评说指正。

一、法律效力释义

与我国法学界忽略法律效力的情况不同,西方法学界对于这个关乎法律秩序的根本问题相当重视,不同派别的学者从各种视角研究了法律效力问题。分析实证主义法学派坚持法律的逻辑效力观,认为法律效力不过是国家的强制力和约束力,凡出自拥有一定立法权限的机关制定的规则便当然地就是有效力的法。自然法学派捍卫其基本传统,坚持法律的伦理效力观,认为从终极意义上看,法律的效力就是法律的理性的约束力,因而有效力的法律必然是符合正义原则和道德要求的法律。社会学法学派认为,法律的效力即法律的实际效果,或法律对社会成员事实上的约束力。现实主义法学派干脆将法律的效力归结为人们的心理因素,认为人们对法的态度是法律效力的标准,有效的法律也就是被社会成员认同与肯定并作为行动指南的法律。这四种法律的效力观的根本区别的根据,在于对法律效力的基础或者说法律效力的来源的看法不同。但在法律效力是什么这一本体问题上,它们都同意"法律的效力就是法律对生活的约束力"。应该看到,这几种对法律效力自身性质的认识仍有相当的局限性:其一,把法律的效力归结为法律对社会成员的"约束力",基本上是从法律义务和法律责任方面理解的,它不能令人满意地说明法律权利何以具有效力的问题。其二,"约束力"本身是什么,恰恰是需要进一步阐释的课题。

虽然对事物下定义都仅有相对的意义和微小的价值,但它对于话语沟通和思想交流、对于深化科学研究,却又不可或缺。为此,笔者尝试着提出如下的法律效力的定义:法律效力是由法律的"合法性"所生成,反映社会全体成员对法律的自觉认同,而在法律存续期间以规范压力与规范动力的形式,积极地指向其规制对象人(自然人与法人)的作用力。

针对这个新的法律效力释义,我们进一步进行如下说明:

第一,法律效力反映的是其本身的"合法性"或合理性与正当性以及全体社会成员对它的自觉认同程度。因此,若法律被废止,这种"合法性"与社会成员的自觉认同便失去意义,法律效力当然也无从体现。所以,法律效力必须在法律的存续期间才存在。法律自身的"合法性"与被全体社会成员认同,乃是法律效力的基础(或渊源)问题。本文第二部分将对此进行分析。

第二,法律的效力所指的法律是作为本体的法律,即由法律规范、法律原则和法律概念等要素的有机结合的一个个具体的法律。于是,法律的效力便不能仅仅是纯粹法律规范的效力,"从而诸如宪法的序言是否具有法律效力"之类的疑惑便根本不应当存在。并且,这里所谓法律效力的体现方式,即"规范的压力"与"规范的动力"中的"规范",亦非纯粹法律规范,而是指"规范性的"和"标准的"意思。既然法律是由法律规范和法律概念等因素构成的有机统一体,那么无论法律的规范、概念还是原则均具有"规范压力"和"规范动力"。

第三,人作为(尽管有程度或强弱之分)动物,其自然本性倾向于意志自由和行为自由,即各随己愿而行己事。法律的"规范压力"指法律所具有的与其规制对象人的自然本性基本相反的"消极"作用力,也就是法律对人的自由意志和行为自由范围(程度)的明确指示与强行限定。相应的,法律的"规范动力"则是法律所具有的与其规制对象人的自然本性方向大体一致的"积极"作用力,是法律对规制对象人(主体)的意志自由和行为自由的自主性的认许。笔者认为,法律规范压力的消极性与法律规范动力的积极性,不具有评价意味,仅仅是对它们进行形式上的客观描述时的技术表达。就其社会意义和作用而言,无论规范压力还是规范动力,都是积极的。

第四,虽然从表面看来,法律的规范压力主要是从法律上的义务和责任着眼,法律的规范动力主要是从法律上的权利出发,但这是一种错误的理解。在笔者看来,法律规范的压力和动力,同时都是法律上的权利、义务或责任共同具有的要素。法律义务和责任中也含有规范动力,因为主动承担法律义务,自觉履行法律责任本身就会给行为人带来意志自由和行为自由(至少不会进一步丧失意志自由和行为自由)。同样,法律权利中也含有规范压力,至少权利的滥用会使行为人付出代价,不仅可能丧失本应该保有的意志自由和行为自由,而且可能丧失比这更多的意志自由和行为自由。

第五,法律的效力是法律对人的作用力,撇开法律所规制的对象人,便无所谓效力。至于法律在时间上和空间上的效力,不过是对法律效力所起作用的对象人行为的时空定位而已。至于法律在事方面的效力,最终也得落实到具体人上来。

第六,在我国的立法实践中,不少法律规定某一行为时往往在条文中使用"有效""有效力""发生效力"或者"无效""无效力""不发生效力"等语词。其实,这些语词只是既定的法律表达对于具体法律行为、法律行为的最终结果及其影响之态度,而不是对相关的具体法律(规范、原则、概念等)规定是否具有"法律效力"的宣示。无论法律对于这些法律行为及其最终结果和影响的态度如何("有效"还是"无效"等),涉及这些具体法律行为的法律始终都具有"法律效力"。

二、法律效力的典型特征

法律效力作为法律对其规制对象人的作用力,具有或者应当具有如下的特征:

第一,客观性。无疑,法律是一种人造物,是特定意志的对象化或特定意志的外在表现形式,因而具有主观属性。但它一经制定出来,便毫无疑义地成为一种客观的社会存在(指认识对象物)。就这一特殊的社会存在物的内在属性而言,法律的效力依存于法律本身,并不随法律之外的任何意志而转移。在这个意义上,法律又具有客观属性。

第二,恒定性。法律一经制定并正式施行,直至它被废止之前,都当然具有效力,即当然地对其规制的对象人有作用力。这种作用力在大小和方向上都始终是恒定的,不会而且也不应当因时间和地点的不同以及具体的人和事的特殊性,而发生强弱程度方面与方向上的变化。法律效力的恒定性来源于法律本身的稳定性。

第三,一般性或普遍性。法律效力的一般性或普遍性,意指任何法律在其存续期间对所规制的对象人即属于相同类型群体中的人之效力都是既定的。它不会也不应该随着同类型群体的人之任何自然的或社会的因素的差别有所不同。认为法律效力是一种标准化的或规范化的作用力,就体现于此。在这里,笔者之所以对法律规制的对象人加上"相同类型群体"的限定词,是因为现代社会的法律对于某种类型的特殊的人(如生理缺欠的残疾人等)大多都规定了某些异于普通人的法律对待。这与法律效力的一般性或普遍性没有矛盾。因为,我们是在具体的法律已经合法制定并实施,对于所规制对象人的特殊性已经作了明确安排的前提下来谈论法律效力的。法律效力的一般性或普遍性,实际上也就是法律对其规制的相同类型的对象人在同等情况下的作用力基本相同或相似,即平等的处遇。这恰恰是法治的核心问题。

第四,等级性或层次性。由于法律本身有等级或层次的划分,因而它的效力必然也有层次性或等级性。我们有一个基本的共识,那就是一个国家或地区的法律体系是以宪法(根本法)为核心,由不同层次或等级的法律有机结合组成的整体。在此整体中,宪法(根本法)属于第一层次,民法、刑法、行政法、诉讼法等基本法律属于第二层次,基本法律之下还可能有第三和第四层次……与此相适应,较低一级层次的法律之效力,来自并服从较高一级层次法律的效力。这也应该是法治社会的基本要求。于是就引出一个需要探讨的问题。在我国实行改革开放政策、进行社会主义市场经济建设的今天,由于许多法律的规定已经过时,不能对某些社会关系实行充分的法律调整。于是,我国的立法实践便大量地修改现行的实证法律;但这种修改又是在较高层次的法律乃至最高的第一层次的宪法尚未作出修改的情况下进行的。这种做法确实一定程度上满足了当前社会的实际需要。但是我们认为,这种做法是欠妥的,而且从长远和根本上看,对国家的法制和法治的建设是不利的。法治的真正意义在于法律具有极大的权威和效力。这效力当然包含了法律效力的层次性或等级性隶属性。在较高一级层次的法律甚至第一层次的宪法未加修改的情况下,较低层次的法律不论它多么不适应或者妨碍现实社会关系,都应当坚决地维护其权威和效力,不能随意修改。这是实行法制、厉行法治所必须付出的代价和作出的牺牲。如果把这看作一种"恶"的话,那么这也是我们为了法制和法治建设的前途,而不得不作出的"必要的容忍"。舍此,必定损害法律的崇高权威和效力。我们认为,解决这一问题的根本出路在于维护作为我国第一层次法律的宪法本身的最高权威。具体办法有两种:一是宪法的规定不能太具体,只作原则性表述即可。可以使宪法有一定的弹性,能够为较低层次法律的修改提供适当的空间。这就相应地要求全国人大及其常委会必须加强宪法解释工作。二是对于宪法规定的疏漏或不足,需要以"修正案"的形式,及时加以补充和完善。由于全国人大每年召开一次例会,可随即审议通过宪法"修正案",基本上不存在技术性障碍;而且,这种方法也避免了对宪法频繁修改而损及其权威与法律效力的负面影响。当然,宪法修正案也不宜搞得过于频仍。这是一个需要长期摸索解决的一个十分重大的问题。

三、法律效力的基础

法律效力的基础所涉及的是法律效力的来源,即法律效力"合法性"问题。法律效力的"合法性",亦即法律的"合法性"。对法律的"合法性"进行探讨,必须从一般意义的规则"合法性"开始。但这一论证过程相当复杂,为简洁明了,笔者仅提出如下的论证思路。

在正常情况下,人对其生命的肯定要大于否定。因此,人自身的生存、发展和完善,应当是人的一切行为的最终目的和最根本标准。这是毫无疑问的客观事实。所以,它可以而且应当成为我们理论论证的基本公设。据此,笔者提出如下两个基于人自身的假定作为展开理论论证的前提:其一,人是具有理性的社会动物,既有本能的生理需求又有社会的需求,并且是自我需求之满足程度(自我利益)的最佳判断者。其二,人所处的客观环境提供的满足人需要的资源是有限的。

由此可以推断,作为独立的、相互平等的个体人,他对客观环境的观察、认知和理解,以及在此基础上的个人行为,必然要从自己的需要和利益出发,以自身的生存、发展和完善为目的与标准。在人脱离动物界而成长为人的时候,这就是社会的常态。正是由于人是从自身出发进行行为选择和实施行为,相对于他人说来,他自己行为必然带有恣意妄为的主观随意性,但这肯定要给他人的同样想法和做法造成障碍。就是说,当个人出于自己的需要、利益及生存、发展、完善为标准进行作为或不作为的时候,便不免同别人的相应的行为发生矛盾、冲突和斗争。但是,人又是理性的动物,经过一次次、一代代的生活实践,人会逐渐地发现唯我利益是从、毫不顾及他人同样利益,那么他人也同样有这个"权利"。照这样下去,其结果只能是:一方面,难以满足自己的需要和利益,也难以满足他人的需要和利益;另一方面,既不利于自身的生存、完善和发展,又不利于他人达成同样的目标。当一代代的人经历了反复重复的实践体验并加以理性思考之后,便会发现,如果真的满足自己的需要和利益,那么就必须同考虑和满足他人的需要和利益。这就是西方某些思想家常谈到的所谓"有限的利他性"。为此,个人就会对本人的欲望和需求进行适当的节制,使自己的行为的选择与实施不超过一定的范围,使自己的所想所为与他人相协调,互不妨碍,以便获得互赢。这样彼此才能维持生存和发展,进而走向完善。符合这种境界所提出的条件,就谓之合理或正当;相应这些条件形成的规制即是"合法性"。然而,这种具有实质"合法性"的社会行为规制及其适用,在人类社会的初期具有偶然的、暂时的和变动的特性;它们依靠单独个人对规制内容与意义的认知和理解所产生的自觉来维护。由于这种自觉程度的差异,对规则的遵守与适用必然导致不公正现象的频繁发生,从而使规则的有效性屡屡受到挑战,经常存在着重新复归无秩序、无规则状态之危险。这对一切人说来都是不希望见到的状态。因为,它对任何人均是无利而有害的。于是,理性驱使人们不得不越来越去追求把实质"合法性"的规则固定化、系统化、普遍化,以及规则适用的平等化,并由专门的社会组织或机构来代表一切单独的个人进行评判、宣布、执行和维护这些规则。这就意味着,这些社会行为规则从此具有了形式(程序)的"合法性"。由此可知,社会行为规则是实质"合法性"与形式"合法性"的统一。必须遵守这些规则的信念,正是如此地从社会发展的必然性与人自身的内在本质中产生,从人对自身实践经验的体悟和提炼而逐渐发展起来的。这些规则,无论论其实质"合法性"还是形式(程序)"合法性"都是社会成员普遍认同的结果,所以它们理所当然地对全体人均有效。一言以蔽之,规则的效力在根本上渊源于其"合法性"(质言之,正当性或合理性),渊源于社会成员的自觉认同。

只是当社会的发展与文明的进步达到一定历史阶段,相互独立和平等的社会成员因财富占有的差异便出现利益集团的划分;继而形成不平等社会地位的阶级之间的矛盾、对立和斗争。那些少数在经济上、政治上处于优越地位的阶级占据统治与支配地位,此时新形成的反映统治阶级意志和利益的规则就提升为法律,并由该阶级设立的专门政治组织和机构来制定、宣布、执行与维护,全体社会成员要一体遵循,否则会受到系统暴力的制裁。所以,法律就是打上"国家意志"烙印的社会行为规则(规范)。

然而,在文明社会,不能简单地把法律看成是统治阶级的偏私和任性。一般地说,法律应反映社会发展的客观规律,反映人的类本质,体现人类共同的生活准则与价值理想,以达到人的全面发展。法律的实质"合法性"之意义恰在于此。的确,法律的这种理想性,需要一个渐进的过程。在现代,人们普遍的承认,法律主要是作为人民主权的产物和表达民意的、拥有立法权的国家机关制定的。假若无立法权,任何国家机关、社会团体和个人,不管其制定的文件如何规范化和标准化,乃至形式上与法律毫无二致,内容也具有合理性,但都不能看作法律。其次,法律还要经过民主的程序制定,充分表达和反映民意。再次,制定法律的程序必须是事先由相关的程序法所规定,并在公开的前提下进行,否则人民有权予以反对,不承认它是法律。最后,法律公开性的一个重要环节是法律的公布。除了各种形式"合法性"以外,更为重要的是法律的实质"合法性"。法律的效力,从根本上说,来源于由形式和内容相统一的法律自身的"合法性"。

通常,在民主制度之下,立法者始终应当是以追求"合法性"的法为目标。其中,非常值得重视的问题是如何实现形式"合法"与实质"合法"之间的平衡。首先肯定,实质"合法"作为价值理想或目标的追求,直接表达和实现人民的需求,是最"实惠"的东西,不言而喻是重要的。不过,这种实质性的东西,如合理、应当或价值等词语,总带有抽象性并无法直接操作;如果写到纸面上,加以条文化,就愈发显得抽象。它必须通过一定的程序才能变成可直接操作的对象,从而才能确定和落实下来,转化为现实物。正是基于此原因,自现代以来,随着经济、政治、文化的发展,给人以愈日增长的美好的向往和追求,对于诸如正义、自由、公正、平等、权利、效益、秩序以及民主、法治等的呼吁越来越强烈,其内容越来越丰富。相应的,程序问题显得非常突出。在现实中所谓"程序正义"几乎成为全部正义的显现。这也就是说,必须事先假定,只要程序完全合法,其结果不论怎样,不论哪些人觉得便宜,哪些人觉得吃亏,都是合乎正义,应把它看作实现了实质合法性。我们认为,这种看法固然失之于绝对化,但它并非没有道理。换言之,从大前提上或原则上,这就实现了法律的形式效力与实质效力的统一与平衡。

根据上述,可以说,基于法律的最大程度的实质"合法性"而产生的法律实质效力,与基于法律的形式"合法性"二者的结合,而产生的法律形式效力,乃是法律效力的理想状态;以法律的实质效力(正义的结果)为牢固的目标观念为基础,与纯粹形式"合法性"而产生的法律形式效力的结合,则是法律效力的现实状态。法学史和法律实践充分告诉我们,只讲形式合法性,不问实质合法性即合理性,必然导致法律实证主义者的非道义性甚至"恶法亦法"。反之,只讲实质合法性,不问形式合法性,那就可能重复专制制度下司空见惯的、以正义和公正之类空洞词语(例如古代中国衙门大堂上挂着"明镜高悬"的匾额)为遮拦,而行专横独裁的治理。不能忘记,现时代是个程序的时代。

四、法律效力与法律秩序

法律效力是在法律的实际运行中得到显现的,即由静态而进入动态。法律效力形成的状态是法律在社会生活中实际运作所达到的现实状态,法律的实效。法律思想在政治秩序、经济秩序、文化秩序、社会生活秩序等方面表现出来的人与人的相互关系和行为安排的状态,便是一定的法律秩序实际状况。

对于法律效力与法律秩序的关系,可以从两个角度来分析考察。第一个角度,我们可以从法律效力也就是法律的规范压力与规范动力的结合方面,来看其与法律秩序的关系。首先,从法律规范的压力开始。对法律规范压力的感知和认识,一般说来是人们从对历史和现实的实践及其结果的认识中一代代传承和心理积淀的结果。人在表现上是倾向自由的,任何对意志自由和行为自由的外在限制性安排,都会使一个人本能地把它视为异物而加以拒斥。因此,他对任何法律规范的压力就会产生自发的对抗应力。然而,历史和现实都在向他传达,若藐视法律规范的压力或置之不理,将给自己带来不利的后果。人作为自己利益的最好判断者,在这种情况下他就不得不权衡守法与否的利弊得失,并选择最为有利的行为方式,在此过程中,人的从众的心理因素也起一定的作用。如果他选择守法,那么就可以说法律规范的压力与人对法律的对抗力性应力达成了一种平衡,两者的合力值成为人们守法的现实的内驱动力。如果他选择与法律期望相反的行为方式即违法,那么就可以说他对法律的对抗性应力消解了法律的规范压力,这种应力就成为人们违法的实际内驱动力。

再从法律规范的动力方面看。一般说来,法律规范动力与人的自然本性是一致的,因为它从正面促进人的自由。这有不胜枚举的历史和现实的法律实践为佐证。由于人们从自己利益出发权衡和选择对法律采取何种态度和行为,若人们的法律规范动力与人的自发本性产生的内驱力一致,自然会把规范动力作为自己实际行动的外在助动力,那么他肯定选择守法。若人们对法律的规范动力的认知超出法律要求,即把法律的规范动力作为外在助动力纳入自己本性产生的内驱力之中,并使之服从这种内趋力,那么其实际行为的强大内驱力就会促使其越出法律允许的范围而造成违法。

鉴于法律规范的压力和动力的经常的不一致,人们的行为选择必然同时对二者进行认识并同时与自己的自然本性产生的内驱力相平衡。平衡之后,感到这种内趋力为法律所允许,人们便会选择守法,从而使法律产出应有的实效,法律秩序会顺利地建立起来。相反,经过平衡之后人们选择行为的内驱力超出法律允许的范围,便是违法。在这种情况下,设若违法能够得到即时补救,法律仍可获得实效,法律秩序仍可得以建立;若不能得到补救,法律实效和法律秩序就要落空。

不仅如此,法律秩序的状态还与法律效力的品质有关,也就是与法律的规范压力和规范动力的度有关。第一,规范压力的力度强劲,它可以无条件地消解人们对它的对抗性应力,因为此时它使人们没有条件或来不及从容地去权衡行为选择的利弊得失,而只能服从。这种情况也常常意味着法律规范的动力十分微弱,很难激发守法的内驱力,人们对法律没有真正的内心的认同和信任。这样也能建立法律秩序,但它却是建立在人们出于消极的免受处罚的心理基础上,从而是强行的、脆弱的、不稳固的。

第二个角度,从法律效力包括形式效力和实质效力之统一,来理解其与法律秩序的关系。此前说过,法律的形式不以正义、合理的实质性为基础,那就不免要依靠单纯的国家暴力来取得效力和建立秩序,这是现代法治所不容的,也是广大人民不赞成的。不同的是,法律若以正义、合理的为实质内容,就与人们的价值理想和生活原则相一致,易于获得普遍的认同,会被自愿地遵守。以此为基础的法律实效和秩序,是坚实的和靠得住的。不过,这仅属一种极理想的状态,并非现实的。之所以如此讲,是因为这种假定没有把人的自然本性的全貌考虑进去,即把人一律当作纯善的。所以,用实事求是的观点看问题,就必须将法律的实质"合法性"或合理性同它的形式"合法性"、同法律的约束力相结合,做到以实质为目的,以形式为入手的平衡与统一。

法律效力是法律秩序之源,也是法律本身的必要属性。对法律效力的研究,确实应该不断地深入下去。

与姚建宗合作,1995 年。

论权利意识与法治

　　全面建设小康社会的基本途径,是发展和完善社会主义市场经济。而市场经济的每个环节都需要以法律为依据,即"法治经济"。这里所说的法律(law),并非随便什么样的法律,它应当是当年马克思、恩格斯所指的"作为法的法律",或者叫做良法。本质上,法治意义中的法与权利是同义语,西方人将二者悉称为 right。相应地,法治意识所要求的就是权利意识。本文的主旨在于简要地揭示,公民的权利意识与公职人员的保护公民权利的意识对法治的重要影响。

一、法治的核心是实现公民的权利

　　法治国家实行人民主权。人民需要政权(权力),归根到底是因为它能不断增进社会成员的利益。马克思说,"人们奋斗所争取的一切,都同他们的利益有关。"①对于国家而言,它是通过法律的权利与义务关系来分配社会利益。理性人之间的关系,是"一种真正的权利和义务的关系"②。不过,在市场经济条件下,是以权利为本位的。其集中表现于:权利是目的,义务是服务于权利的手段。有时甚至"当义务不存在的时候,权利依然存在"③。例如,法律在人的生命和健康权利以及弱者特殊权利的保护方面,并不规定主体的相应义务。由此可知,法治的核心就是公民的权利。通过权利来满足公民的利益,小康社会才会变为现实。

　　我国当前正在大力建设和发展社会主义法治,已经建立并正在完善一系列人权的确认和保障制度,使公民享有政治、经济、文化和社会等诸多领域的权利。在立法上,通过授权性规范来设定公民的权利。此外,还根据"法律不禁止就可以做"的原则,尽量扩大公民的权利范围。权利的立法,最重要的是以宪法为准据和启端。列宁指出:"宪法就是一张写着人民权利的纸。"④我国公民享有的政治权利、人身权、财产权、社会保障权等方方面面的权利,在我国宪法中都有概括性的规定。我国现行宪法规定的公民的权利主要有:公民在法律面前一律平等;公民的选举权和被选举权;公民对国家机关及其工作人员的监督权、批评和建议权、检举权、申诉和控告权、获得国家赔偿的权

---

①　《马克思恩格斯全集》第 1 卷,第 82 页。
②　[德]康德:《法的形而上学原理——权利的科学》,商务印书馆 1991 年版,第 36—37 页。
③　[美]M. 本迪特:《作为规则和原则的法律》,斯坦福大学出版社 1978 年版,第 168 页。
④　《列宁全集》第 9 卷,人民出版社 1987 年版,第 448 页。

利;公民享有包括言论、出版、集会、游行、示威和结社的政治自由;公民有宗教信仰自由;公民享有各项人身权利和人身自由;公民享有各项财产权利和契约自由;公民享有各项社会保障的权利。根据宪法的精神,各项基本法和其他法律有更具体和详细的公民权利的规定。宪法中所规定的公民的人身权和财产权,主要由民法来具体贯彻落实。民法是一部以权利为本位的法律。其最突出的特点是:关心和保护普遍的每个人的权利和利益,尊重人的自由意志。每个公民和法人组织享有的具体人身权利和财产权利都在民法中得到确认和保障。具体来说,民法规定和保障公民的人身自由和契约自由,规定公民享有生命权、健康权、身体权、名誉权、姓名权、肖像权、亲权、亲属权、荣誉权等人身权利,享有财产所有权、债权、继承权等财产权利,以及知识产权。我国法律规定的公民在社会、文化教育等方面的权利主要有:劳动权(包括获得劳动报酬的权利和劳动安全保障的权利以及休息权等)、获得物质帮助权、受教育权、从事文化活动的自由等。这些权利在宪法中有概括性规定,具体由劳动法、教育法、社会保障法等来贯彻落实和保障。按照宪法的要求,我国法律还针对特殊群体,如妇女、未成年人、老人、少数民族、残疾人、罪犯,在《妇女权益保障法》《未成年人保护法》《残疾人保障法》等法律中规定了对其享有的权利的特别保障。公法部门,特别是行政法律和刑事法律,也是帮助公民实现权利的有力手段,特别是维护公民权利不受非法侵害的锐利武器。如,刑法以其独有的刑罚手段来惩罚那些严重侵犯他人人身权利或财产权利、构成犯罪的人,保护受害者。最后,还必须指出一点,鉴于权利的重要性和神圣性,宪法和立法法都庄严地宣告,一切涉及公民权利和义务的事项,均属国家最高权力机关规定的范围,一切其他机关和地方机关都无此权力,否则就是违宪行为,没有法律效力。例如,在我国实施了十几年的《城市流浪乞讨人员收容遣送办法》,违反了宪法关于每个公民都平等地享有法律保障的人身权利和人身自由的规定,理当对其进行违宪审查,并予以废止。

当然,我国现行的法律制度还有需要完善之处。我国公民应当享有的一些权利,还需要法律补充规定和提供具体保护措施,如,隐私权,贫困失学儿童的受教育权的保障,公民对政府政务的知情权、监督权,消费者的知情权,等等。相信随着我国法制文明建设的发展,我国公民享有的权利将越来越广泛。并且,随着社会政治、经济、文化的发展,人们还会产生出新的权利要求,这需要立者研究是否予以确认和保障。其中,有些权利要求是法律应当予以确认和保障的,例如:应规定具体的法律救济措施保护公民的隐私权,保护消费者对其购买的产品和服务的知情权;农民的税费负担应当详细公开,并公平合理地予以减轻,以确保其财产权利;等等。而有些权利要求法律是否应当确认还有争议,例如克隆人的生命、从人类胚胎中获取干细胞进行体外器官培植等。

二、普遍的、高水平的公民权利意识的重要性

实现法治,只有法律上的权利规定还远远不够,这只是纸上的权利。更关键的是每个公民自身还必须具有强烈的权利意识,知晓自己拥有哪些权利、善于运用法律手段捍卫自己的权利和尊严,进而根据社会的发展变化提出新的权利请求和主张。权利意识是检验一个合格公民之素质的标尺。

在古代奴隶社会和封建社会里,君权至上,民众是君主可以随意杀戮的"草民"。在中国数千年的君主专制的历史上,君主还利用礼教和严酷的刑罚,奴化和禁锢人们的思想,使民众甘当奴隶。例如,孔子就率先反对让老百姓知道法律,认为这不利于"使民"①。法家的先驱管子也提出"牧民"说。在这样的社会里,民众只有寄希望于君主"爱民如子"、施行"仁政",而不可能向君主主张自己的权利,甚至不知权利为何物。为政权的稳定而施"仁政"的君主,即使顺民心,让老百姓过安稳、富裕的日子,也是出于"使民""牧民"的考虑②,并不是承认和尊重人的权利,甚至根本没有将民众作为主体看待,而是要"牧"之。在君主专制社会,君主无论施暴政还是施仁政,民众均不是权利主体,没有作为人应有的尊严。一般劳动者在法律关系中或者仅是权利的客体(奴隶),或者是部分权利主体(农奴)。黑格尔认为权利意识是"自为意识",相反的则是奴隶(依附)意识。他说,在古代中国,只有皇帝一人是"自为意识"者,其余人都受"依附意识"或"奴隶意识"支配。正是由于这个原因,马克思指出:"君主政体的原则总的说来就是轻视人,蔑视人,使人不成其为人","哪里君主制的原则占优势,哪里的人就占少数;哪里君主制的原则是天经地义的,哪里就没有人了"③。另外,长期居于主导地位的儒家文化,以"礼"来规范社会各类人基于其身份所应遵循的义务,压抑人的权利意识。由此形成的传统的漠视和贬斥权利的无讼、息讼和厌讼的观念,也压抑了人们的权利意识(法律意识)。诚如比较法学家勒内·达维德所讲的,"中国人民一般是在不用法的情况下生活的。他们对法律制定些什么决定,不感兴趣,也不愿站在法官面前去。他们处理与别人的关系以是否合乎情理为准则。他们不要什么权利,要的只是和睦相处。"④

当今,随着生产力的迅猛发展和相应的文明的大发展,人类已大踏步地从人治时代迈向法治时代。这也是从强调统治性的权力时代迈向人的主体性的权利时代。因此,为权利而斗争的实际需要和意识,显得十分紧迫。德国法学家耶林最先提出这个

---

① 孔子《论语·学而》。

② 管子《国语·齐语》中《牧民篇》,转自夏勇主编:《走向权利的时代》,中国政法大学出版社 2000 年版,第 19 页。

③ 《马克思恩格斯全集》第 1 卷,第 411 页。

④ 〔法〕勒内·达维德:《当代主要法律体系》,上海译文出版社 1984 年版,第 487 页。

口号,指出:"人在权利之中,方具有精神的生存条件,并依靠权利保护精神的生存条件。若无权利,人将归于家畜,因此罗马人把奴隶同家畜一样看待,这从抽象的法观点看完全首尾一致。"①基于此,他认为每个人不仅有争取权利的权利,而且争取权利也是其为人的义务。"主张权利是人类精神上自我保护的义务,完全放弃权利是精神上的自杀。"②马克思把"一个人有责任不仅为自己本人,而且为每一个履行自己义务的人要求人权和公民权"③确定为"第一国际"的目标。

不无遗憾的是,漠视人的权利的封建思想的遗毒,现在仍然残存在一些人的头脑中,使得许多人至今仍然缺乏权利意识。在一些人的心目中,仍认为法律是政府用来管老百姓的,只要不去违法犯罪,法律就和自己无关。还有相当比例的人认为人权与自己的实际生活没有关系。④ 这些人在许多自己的权利被侵犯的时候仍然浑然不知,例如,工厂里丢了东西,每个工人都被强令搜身检查,一些人泰然接受,认为这样就可以证明自己的清白;老师体罚小学生,家长认为"不打头就行";等等。即使当自己的人身或者财产遭受重大损害时,他们也不是依靠法律维护自己的权利和利益,而是,或者与侵害人"私了",或者是到各级政府去"上访",寄希望于"清官"来解救他们、为他们做主。本来公职人员是"人民的公仆",应当由人民作他们的主。但在实践中,民众却拜求"父母官"能"为民做主"。尤有甚者,有的人民代表不感谢选民,而首先觉得这个荣誉是"党给的"或"政府给的"。现在充斥在我国电视屏幕上的满是帝王戏、清官戏、武侠戏,这些节目的收视率还挺高,其中不乏有人仍把实现社会公平正义的希望寄托于握有政府权力的人,崇拜以个人的力量来惩恶扬善的武侠,其很大程度上流露出"草民"心态和人治观念。

我们必须承认,这种不符合现代法治精神的状态,不能仅仅归咎于传统的影响,它也同1949年新中国建国以来所奉行的制度和所倡导的社会文化、教育环境有直接联系。我们在很长一个时期实行的是人治而不是法治,在宣传教育方面也过分提倡大公无私、重集体轻个人,这些都不利于公民权利意识的培养和市场经济的发育。波兰法学家、心理法学派代表人物彼得拉任斯基曾指出:"健康、适当强度的权利意识对一个人产生重要的教育影响,使他成为一个有尊严的'公民',使他的性格和行为避免由于没有正确的尊严感和自尊发展出来的一些瑕疵。传统上,这些瑕疵被称为'奴性'灵魂。"⑤社会教育影响着权利意识的培养,权利意识也影响着社会教育。从我国"普法"

---

① [德]耶林:《为权利而斗争》,转自梁慧星主编同名书,中国法制出版社、金桥文化出版社(香港)有限公司2000年版,第12页。

② [德]耶林:《为权利而斗争》,转自吕世伦主编:《现代西方法学流派》(上),中国大百科全书出版社2000年版,第294页。

③ 《马克思恩格斯全集》第16卷,第16页。

④ 《问卷调查资料》,转自夏勇主编:《走向权利的时代》,中国政法大学出版社2000年版,第756、759页。

⑤ Leon Petrazycki, *Law and Morality*, transl, H. W. Babb, Cambridge, Mass, 1955, p98.

宣传教育之前和之后的情况对比中,就可以明显地感到这一点。法治社会的公民所具有的权利意识,不仅表现为知晓自己享有哪些权利,还应表现为尊重他人的权利,承认人的多样性,承认社会和文化的多样性。只有尊重他人的权利,才能要求他人同样地尊重自己的权利,人们才能做到相互尊重、和睦相处。为权利而斗争,并不意味着把个人的权利绝对化。相反,它同时要求把权利与义务二者紧密结合起来。就是说,权利主体还必须承认和履行对他人的义务。你的义务就是他人的权利,他人的权利和你的权利是平等的,内在蕴涵着同样的意义。我国《宪法》规定:"中华人民共和国公民在行使自由和权利的时候,不得损害国家的、社会的、集体的利益和其他公民的合法的自由和权利。"这也是"没有无义务的权利,没有无权利的义务"和权利义务统一的重要法治原则。对于一个公民来说,普遍的权利也同时包含着自己的权利和他人的权利(自己的义务)。任何一个人的权利被侵犯和抹杀,都是否定法本身。换个角度说也是一样,肯定和维护任何一个人的权利,都是实现法。

令人欣慰的是,我国民众伴随社会精神文明和政治文明的建设和发展,权利意识也在逐步提高。学习法律知识,了解自己拥有的权利,用法律武器捍卫自己的权利,逐渐成为一些公民的自觉行为。实际中的一些维权案件,也表现出了公民为权利而斗争的勇气。如:乘客为三角钱入厕费起诉铁路局;北京的两栋住宅楼的一百多位居民状告市规划委要求停止在他们的住宅楼旁修建动物实验室①;几位考生为各省高考录取分数的不平等而起诉教育部;等等。随着人民群众权利意识的增强,民事维权案件也越来越多。过去民事维权案件只有十几种,近几年新出现的民事维权案件已经达到上百种。当事人所主张的权利和起诉的案由甚至法官也觉得新鲜,如要求"永久眺望权""视觉卫生权"等②。对法律制度中的某些违背宪法原则、损害公民权利和自由的具体制度,以及已经不适应社会发展现状的具体制度,也有公民向立法机关提出审查、修改或撤销的请求。例如,孙志刚案引发出公众对采用强制手段限制人身自由的收容遣送制度继续存在的合理性的讨论,几位具有权利意识的公民还向全国人大常委会提出对《城市流浪乞讨人员收容遣送办法》进行违宪审查的请求。这些维权行动终于产生了积极后果,国务院常务会议于 2003 年 6 月 20 日宣布废止《城市流浪乞讨人员收容遣送办法》,代之以被救助人员自愿为前提予以救助和管理的《城市生活无着的流浪乞讨人员救助管理办法(草案)》。又如,针对可能源自动物的冠状病毒所引发的 SARS 疫情,也有人大代表和普通公民提出修改野生动物保护法、禁止猎杀和食用野生动物的立法建议。对这些维权行为和立法建议所产生的作用,我们不应低估。它对社会法治的建设和完善,对政治文明的实现,起着重要的促进作用。即令公民维护自己的看似细微的权利所获得的利益,也会对社会的权利意识有所启迪和推动。很难指望那些对权利

---

① http://www.sina.com.cn.2003 年 6 月 20 日,《京华时报》。

② 参阅《北京青年报》2003 年 7 月 10 日报道。

麻木无觉的人能为国家的乃至国际的人权利益去慷慨赴义。由此可知,公民权利意识的水平如何,确实同整个社会文明的昌盛和国家的富强息息相关。

三、国家权力必须认真对待权利

法治的运行机制,重在恰当地处理它所包含着的公权利(权力,power)和私权利(权利,right)两个要素及其关系。概要地说,这种关系的基本原理有两个方面。第一,权利创造权力,权力是由全体有选举权利的公民通过投票让渡自己对自己的管辖权和裁判权而形成的。长期以来西方人信奉"国家契约论",不过是对这种情况的形象表述。马克思在《资本论》中更为科学和详尽地阐述在简单商品交换过程中形成的"人的法律因素"即权利,怎样产生出公权力(国家)及其意志的一般形式——法律。这是从发生论上论述权利对权力的创造。① 英国的哈耶克解释说:"法治的意思就是指政府在一切活动中都受到事前规定并宣布的规则的约束——这种规则使得一个人有可能十分肯定地预见到当局在某一种情况中怎样使用它的强制权力,并根据对此的了解计划他自己的个人事务。"②按照哈耶克关于法治的理论逻辑的推定,不论权力和权利都要在法律的范围内行使,而权力行使的目的和内容,主要是保障权利(个人事务)的实现。

第二,国家权力必须认真对待权利。讲到权力对权利应持的态度,当代美国的德沃金的"认真对待权利"理论,是最有声誉的。他指出:"政府必须以关怀和尊重的态度对待它统治下的人民。所谓关怀,是指将人民当作会遭受痛苦和挫折的人;所谓尊重,是指将人民看作是能够根据自己的生活观念行动的人。政府要关怀和尊重人民,而且要平等地关怀和尊重。这意味着政府绝不能以某些公民更值得关心而有权利获得更多为理由,来分配各种利益或机会;绝不能以某团体中某些公民的美好生活概念比他人优越或高贵而限制自由。"③他还强调,由于制度的权利是通过立法、行政决定和司法判决的方式来确定的,故,认真对待权利首先就意味着,国会、行政机关和最高法院等机构正式宣告承认道义上的权利在法律的范围内时,就必须审慎行事。④

在国家生活的实践中,权力对权利的关怀、尊重和保障,最经常和具体的是行政执法权和司法审判权的事情。

根据宪法规定,我国政府(行政机关)拥有极为广泛的管辖权和执行权。它涉及公民生活的方方面面,与公民权利处处相关,是权力行使最集中、最活跃、实力最强大的国家机构。政府也最能代表国家的形象。正因为如此,人们往往习惯于把整个国家权力都看作"政府"。近代自由主义鼻祖洛克也将自己的国家理论名著称为《政府论》。

---

① 《马克思恩格斯全集》第23卷,第102页;《马克思恩格斯全集》第16卷,第16页。
② [英]哈耶克:《通往奴役之路》,中国社会科学出版社1997年,第73页。
③ [美]R. Dwokin: *Taking Right Seriously*, Harvard University Press,1978.
④ 参阅吕世伦主编:《现代西方法学流派》(上),中国大百科全书出版社2000年版,第131页。

不是别的,恰恰是政府权力对公民权利有直接、全面和强烈的作用。由此可以清楚地了解,行政权力机关及其公务员的权利意识,即认真对待权利的意识,是举足轻重的。认真对待权利的意识,借用人们熟悉的词语来表达,无非就是人民公仆的意识和全心全意为人民服务的意识。真正树立这种意识,必须坚定地遵循"依法行政"的方针和"精简、统一、效能"的原则。

在公民权利的保障制度中,司法保障制度占有核心地位。国家通过各类执法机关,处理各类侵犯公民权利的案件,为公民的权利提供司法保障。司法审判属于法院专有的裁判权利纠纷的特殊权力。因而,它是权利的最后一道屏障。"没有救济就没有权利",司法审判正是救济权利的权力。据考察,法律出现的最初动因,就在于适应社会无法解决权利争议或权利救济的客观需要。按照中国古代法家学派的观点,这叫"定分止争";按照西方启蒙思想家的观点,认为没有法律和法官而由当事人自己作为涉及自己案件的法官,社会必然会出现普遍的"战争状态",大家和社会有一起同归于尽的危险。所以,法律一开始就是社会中权利矛盾的产物,就具有凌驾于相互冲突的当事人之上的中立力量的属性。它是社会文明的一个重要象征。美国独立战争时期的联邦党领袖汉密尔顿,在参加制定联邦宪法的过程中就明确地指出,司法权的实质就是"判断"权。此种判断权的行使的唯一基准就是法律。偏离或抛弃法律,必然导致司法审判的专横和腐败,而丧失社会的公平与正义,比个别违法犯罪的行径更可恶、更危险。法院和法官保持健全的认真对待权利的意识,其中心环节是"公正司法"。为此,绝对需要法官心理上和行动中的不偏不倚的中立性,敢于抵制任何外部干预的独立性。在这方面存在偏颇,就意味着牺牲国家的审判权,使之堕落成为私人的狭隘利益服务的工具,让私人利益"占了法的上风"①。

除以上所述,笔者还想谈一谈平民百姓十分关注的国家公安机关的权力问题。自改革开放以来,广大公安干警为营造社会主义市场经济的周边环境和安定的社会秩序辛劳工作,甚至流血牺牲,作出了不可磨灭的贡献。公安机关属于行政执法的一个职能部门,不是司法机关。但是它在刑事案件中进行的搜查、拘留、羁押、逮捕、预审等强制措施的活动,又带有局部的司法性质。公安机关与公民频繁接触,对公民的权利的保护工作最为直接。公民的人身权利或者财产权利被犯罪分子侵犯,首先要向公安机关报案并请求保护;一些侵犯公民的人身权利或者财产权利的民事侵权行为,例如家庭暴力,受害人也有权请求公安机关予以制止。公安人员要胜任所承担的公职,必须具备良好的法律意识,心系人民的利益,掌握足够的法律知识,对公民的权利和利益有正确而全面的认识。反之,公安人员若缺乏法律意识,不尊重公民的权利和利益,在具体工作中就不能正确地执行法律。发生在实践中的一些事例,即有力地说明了这个问题。某新闻媒体曾邀请数位法学界人士公开讨论这样一件事:沈阳法库县的几位交警

---

① 参阅《马克思恩格斯全集》第 1 卷,第 154 页。

严格执行县政府的命令,禁止一位乘坐"板的"(人力三轮车)的、即将生产的妇女通过县迎宾道去医院,因绕道延误近半小时,导致新生婴儿落地身亡、产妇大出血①。交警的行为有没有错误？笔者认为,在这个事件中,值班的交警对县政府不允许"板的"经过迎宾道的行政命令的执行和重视,超过了对孕妇和胎儿的生命和健康权利的重视,超过了对法律的执行。我国宪法和民法等法律均规定保护公民的生命权和健康权。《人民警察法》第21条也规定,人民警察遇到公民人身、财产安全受到侵犯,或者处于其他危难情形,应当立即救助。然而,在这几位警察眼里,权大于法,法律的权威不及上级领导的一项命令。其对于人权的认识甚至连普通百姓都不如。在我国流传非常广的民谚中有一句话——"人命关天"。类似的事在其他国家也有发生,但采取的方法却截然有别,体现出行政命令的执行人的法律意识(权利意识)。比利时的著名法哲学家 C. 佩雷尔曼曾讲述这样一件事:某市政府颁发过"禁止车辆进入公园"的文告。但有一次,公园内有一位游人突发心脏病,公园门卫随即喊来一辆急救车进入公园抢救病人。这位门卫的行为是否违规？佩雷尔曼认为,他非但不违规,而且值得褒奖②。理由很简单,那就是西方人历来传诵的"人命大于法律"的民谚。生命是一个人的价值和权利的总体,法律的最高使命就是保卫人的生命。再举一例,广西北海市海东派出所为完成市政法委下达的订报任务指标,抓了数十名过路行人,要求他们每人订一份全年的《广西政法报》才放人。对几个参加赌博的人,也是要他们订份报纸了事。③ 在这个事件中,该派出所的民警为完成上级领导所下达的非属于其本职工作的"任务",不惜践踏公民的人身权利和自由,执法犯法。另外,还有几起办案警察逼迫良家妇女承认卖淫、滥用枪械将一抢夺路人金项链的人击毙在路旁、无视公民的隐私权强行进入看黄碟的夫妇的家中搜查、将一实施盗窃行为的吸毒妇女羁押致使其3岁幼女独自在家中活活饿死的案件,在社会上造成恶劣的影响,严重损害了公安干警在人民群众心目中的形象。频频发生公安执法人员侵犯公民权利的事,和长期以来我们对公安执法机关的职能在认识上的某些错误,以及对公安执法机关工作人员的录用和培养有关。虽然我们一直将全心全意为人民服务作为国家机关特别是公安机关的宗旨。④ 但在长期的实际工作中,却一直突出强调公安执法机关承担维护国家安全、捍卫人民民主专政、打击违法犯罪活动的任务,而忽视其对公民权利的保障的职能。有些人仍然抱着"文革"前那套"以阶级斗争为纲"、公安和司法机关是"刀把子"的陈旧观念。在基层公安工作中,过分强调听从指挥、服从上级命令。包括公安高等院校在内的各级公安院校,对学生即未来的公安干警的培养,也存在类似的问题,那就是过分重集体(尤其是国家)轻个人。在公安院校的法律教育中,重刑法轻民法,重权力而轻权利,不强调

---

① 《北京青年报》2000 年 9 月 5 日报道。
② 参阅吕世伦主编:《现代西方方法学流派》(下),中国大百科全书出版社 2000 年版,第 725—726 页。
③ 《北京晚报》2001 年 2 月 17 日报道。
④ 《中华人民共和国人民警察法》第 3 条。

权利和自由,过分强调义务和服从。相对于以权利为本位的民法而言,突出义务的刑法、行政法更受重视和偏爱。照此持续下去,将难免培养出一些只知服从上级命令的驯服工具,而不是现代法治社会的合格执法人才。在这种体制和教育的影响下,一些基层公安干警和公安院校的学生,头脑中充斥的满是权力至上意识,而非权利意识(认真对待权利的意识)。这种意识在日常工作中的表现便是,以上司的命令取代法律或者他的上司就是他的法律,绝对地以服从上司的命令为天职,哪怕是滥用自己手中的司法和行政职权也在所不惜。某些人即使能够认识到上级的某项命令有错误,出于仕途前程等方面的考虑,他们也遵行不误,认为出了事儿有上面顶着。这种情况是应当加以深刻反思的。

四、提高全社会权利意识的基本途径

马克思的一个经典论断是,"权利永远不能超出经济结构以及由经济结构所制约的社会文化发展"①。该命题是洞察和理解国家权利意识问题的现状、预测和确定提高全社会权利意识措施的基本依据。

经济结构的决定要素是生产力,在现代集中表现为市场经济的状况。市场打破封闭经济酿成的权利的低下和狭隘性,而使权利的质量和范围渐次提高和扩大。我国实行改革开放,特别是启动社会主义市场经济之后,劳动生产率得到迅猛增长,从而个人的劳动报酬权的物质价值有大幅度地攀升。同时,权利的种类也以前所鲜见的程度丰富起来。例如,参与权;知情权;对多种人身权侵权行为的精神损害赔偿的权利;多种知识产权(作品的网络传播权、计算机软件著作权、集成电路布图设计权、植物品种权等);各项财产权(所有权、用益物权、担保物权,尤其是对经营性和投资性财产的权利);多种环境的权利(关于水、空气、采光、声音等方面的权利);各项消费者的权利(对产品和服务的知情权,对不合格产品要求更换、修理、重作和损害赔偿的权利,对受欺诈而购买的产品的双倍索赔的权利等);社会保障权利(劳动者的劳动报酬权、劳动安全的保障权、休息权,学龄未成年人的受教育权,对失业者、生活困难的人的补助和救济等);对弱势群体权利的保障(对妇女、儿童、老人、残疾人的权利保障);等等。与此相一致,公民的权利意识也必然跟着进行不断的深化和充实。

其次是社会文化发展对权利的制约。狭义的文化指古人所云的"文治教化",即社会的精神财富。② 作为法律文化现象的权利和权利意识,不仅受传统的风俗习惯的影响,也受教育、科技、艺术等方面的影响,而且受法律文化的其余因素(法律的规范制度和法律的运行)的影响。在经济全球化和法律全球化的时代,也无可避免地受国际文

---

① 《马克思恩格斯全集》第 19 卷,第 22 页。
② 《汉语大词典》第 6 卷,汉语大词典出版社 1990 年版,第 1515 页。

化特别是国际法律文化的影响。因此,只有把权利和权利意识问题置于这种宏观的文化背景中,方能正确地解读它。在这里,仅以科学技术和教育对权利意识的影响为例。先说科学技术:科学技术虽然是第一生产力,但也是社会精神财富。正是科学技术的发展创造了今日世界姿彩纷呈的新权利和新权利意识,为这种那种权利的实现提供多种多样的有利条件。例如,转基因技术引发出消费者对转基因食品的知情权的要求,人工辅助生育技术引发出单身女性要求借此技术手段实现生育权的问题,等等。再谈教育:教育对于培养权利意识的重要性,也是极易理解的。其中,尤其是法律教育,直接地向人们传播法律知识,端正人们对法律的心理态度,陶冶法律情操,树立人们对法律的信仰和对法治的追求,更使越来越多的人掌握系统的法律理论。于是人们会逐渐产生对法律的亲近感,知道自己和他人有什么权利和如何维护权利,也知道自己和他人有什么义务和如何履行义务,成为法律理性人。鉴于法律教育与社会生活、国家生活的紧密关系,毛泽东在《工作方法六十条》中,专门列出一条即"学点法学"这四个大字,作为党政干部之必修。邓小平更是大张旗鼓地倡导,从党内到党外、从干部到群众,开展全民的普及法律的宣传教育活动。他认为,"法制观念与人的素质有关","加强法制要进行教育,根本问题是教育人"。又说:"法制教育要从娃娃抓起,小学、中学都要进行这个教育,社会上也要进行这个教育。"①党的第三代领导班子还带头学法,经常举行和听取法制讲座。目前,在我国高等院校中,法学已经成为空前热门的专业。据悉,目前全国有330余所普通高等院校设置法律院系和法律专业,在校大学生达6万余人;成人高等政法院校、系(专业)150多所,人数为8.6万;在校中专法科学生约有2.2万人。② 这一大批人才的成长,对我国广大群众法律意识水平的提高,必将起到积极的推动作用。

不过,也应当清楚地认识到,当前我国社会生产力和文化的发展程度,同发达国家相比,还是落后的。因此,我国民众的权利意识要得到进一步的提高,尚需时日,要做不懈的努力。

与刘文合作,载《北方论丛》2004年第1期。

---

① 《邓小平文选》第3卷,第16页。
② 《法制与社会发展》2002年第6期,第37页注(30)。

对法律发展理论的有益探讨

当今时代,发展已成为世界各国孜孜以求的目标,也已成为理论界研究的重大主题,在这种情况下,"法律发展"研究应运而生,并成为整个发展研究不可分割的一部分。法律发展属于法社会学的范畴,法社会学重要议题之一是探究社会发展与法律进步之间的互动关联结构。近代思想家们对人类社会及其法律发展的道路给予了高度的关注,他们确信,在文明的成长以及法律变迁的过程中,存在着一条相对固定的发展轨迹,这条轨迹是由若干前后相继、彼此独立的阶段或形态所构成,并且这一轨迹的运行走向是一个从简单到复杂、由低级到高级的过程。他们认为,现代社会和现代法律的出现,是一个自然的历史过程,各个民族、各个国家法律成长的最后归属就是现代法制的建立。全球化进程和各国的发展与法律发生着密不可分的关系,原因在于,现代市场经济是法制经济,现代民主政治是以法律为基本手段而进行治理的政治,现代文化是借助法律获得体现的文化,法律日益成为时代文明进步的有力杠杆。"法律发展"研究所直接关涉的,是如何启动法律自身特有的价值、功能和作用,使现代社会——尤其是我们这样的发展中国家——在各个领域得到稳步的、快速的发展。

目前,国内理论界对于"法律发展"的研究还比较少,缺乏系统而深入的研究,张清博士的《法律发展片论》可谓是这一领域的有益探索。作者认真研读了经典作家的与法律发展相关的大量文献,从法律社会学的视角挖掘了经典理论的时代价值,并以此为基础着力分析了当代中国的法律发展问题,因而具有重要的理论价值和现实指导意义。全书分上中下三篇,上篇论述了经典作家的法律发展思想,特别是深入研究了列宁时代与我国有着诸多共同之处的俄国的法律发展状况,析出了若干有意义的启示。中篇分析了西方社会理论对中国法制建设的影响,包括经济全球化对法律发展的影响的分析,现代性批判理论、后现代理论对法制建设的建设性意义研究。下篇是全书的重点也是最精彩的部分,作者对当今中国在依法治国、建设社会主义法治国家的进程中出现的一系列重大理论和实践问题,通过自己的理论思考回应了现实需要。

通读书稿,感到该书视野广阔,结构严谨,理论深邃,时代感强,因而颇具学术感染力。概括起来,该书具有以下几个鲜明的特点:

(1)将法律发展置于客观经济关系运行的全过程中来考察。法律根源于物质生活,而人们的物质生活又表现于客观经济关系运行的全过程,因此深入研究客观经济关系对于把握法律发展的内在力量是极其重要的。马克思和列宁的法律发展理论根植于他们当时的客观物质生活条件,无论是西欧资本主义的发展还是俄国的土地制度变迁以及经济体制转型,而当今经济全球化背景下我国的社会主义市场经济建设及其制度创新的伟大实践也为法律发展的研究提供了广阔的舞台。全书以马克思、列宁法律发展理论为指导,探寻了人类社会变迁的客观规律,尤其是法律发展的演进轨迹,这充分印证了马克思"法没有自己的历史"的观点。

(2)紧密结合当代国际和我国的法律实际。作者不仅关注法律发展的理论价值,而且更为重要的是将当代世界范围内的最新研究成果运用于对法律实践的诠释,将理论和实践的力量有机合成,以减少对当代中国法制现代化建设的张力,在全书的中篇特别是下篇有充分的体现,因而使法律发展的研究避免空洞化,能够有力地为现实服务。

(3)开阔的法学思维。理论法学研究涉及各个理论层面,法理学在法律之中研究法,法哲学在法律之上研究法,而法社会学则在法律之外研究法。尽管法律发展属于法社会学的研究领域,但作者交错运用了法理学、法哲学和法社会学的研究方法,使专著富有理论的内涵,并有利于主题的深化。下篇对 WTO、宪政制度、社会资本、第三部门、社会分层结构变迁、法律制度的演进、公民社会的成长、法学教育等极具时代性的重大问题进行了详尽而且很有深度的探讨,显示了作者广阔的知识背景、深厚的理论功底和自己的真知灼见。

(4)将法律发展研究的宏观、中观和微观分析紧密结合。在早先的法律发展研究中,研究者关心的重点是法律与社会之间的关系,诸如特定的法律规范和法律制度形成的社会背景是什么,法律在社会中应具有什么位置,对社会有什么影响,等等。但法律发展如果仅仅停留在对法律与社会关系的哲学原理的演绎推理和对社会关系的泛泛而论这一层面上,是不可能取得实质性的进展的。特别是对社会主义法制建设和经济体制改革的实践,不进行科学的调查研究,是无法进行严肃而有意义的讨论的。进行以客观事实为基础的法律发展研究,要求我们要弄清法律制度的运行过程(包括斥法过程和类法过程),以及在这一过程中互相作用着的法律与社会的各种因素。本书作者糅合人类学、文化学、制度分析法学、法哲学、制度经济学、宪法经济学、政治学、公共选择学和社会学等诸多科学的知识,灵活运用系统分析、经济分析、历史分析、功能分析、结构分析等方法,将宏观、中观和微观结合起来,其方法论上的创新意义是显而易见的。

法律发展是一个十分复杂的系统工程,相信本书的出版定能为法律发展的研究,尤其是在不同层面上的综合研究起到重要的推动作用,我很高兴向学界推荐这部著作。

斯为序。

本文系为张清《法律发展片论》所写的序,中国科学文化出版社 2002 年版。

第四部分　法美学

按照美的规律建造法

——审美的法思维范式初探

　　法作为一种社会规范现象，其内涵丰富，具体存在形态和具体运行机制极其复杂。于是人们有广阔的空间来观察、研究、理解和掌握法。并且，在这方面，人们可以而且必然采取多种多样的视角定位和多种多样的方法。

一、传统的法学思维范式

　　在中国古代，对于法的思考范式影响最大者，莫过于法家学派和儒家学派分别代表的两大主流观点。法家观点的特征在于把法当作考测行为的度量衡，提倡法的形下的工具主义，强调法能够"兴功惧暴""定分止争"。"兴功"指生产建设，"定分"指利益分配，意味着以功利为目的；"惧暴"和"止争"意味着营造良好的社会秩序，以充当实现功利的手段。法家推出的法奠定在人性恶的基础上，企图用外部的强横暴力来矫正人性。其实，这种理论不过是扭曲了人性的统治者强加给民众的，因而不可能符合法的实质。儒家观点的特征在于提倡"德主刑辅""以礼入法"的道德主义。可以说，儒家对法的理解的层次是超越法家的。它的主旨是企图启发人的内在觉悟，通过自律，适应人与生俱来的善的本性之要求。但儒家没有真正把人当作相互平等的主体，反之却将人划成三六九等（特别是君子与小人）；并且还过分地突出人的义务，淡化实证法的意义。这样一来，它便偏向与法相对立的另一极端去了。

　　西方人对法的考察视角主要是由自然法学、分析实证主义法学、社会学法学所代表的主流观点。在自然法学派那里，呈现独到的深邃性。这大约是它历经两千余年而犹盛的基本原因吧。他们洞察到法本源于人的类本质，认为这是"自然"的、自在自为的存在；它紧紧地贴近人和人的需要，乃人与人之间"和平状态"的柱石。所以，实在法必须以法（right）所表达的实践理性为指导，而使之成为"良法"。从自然法的理论中，人类容易看到自己的本性和相互间的应有关系，感受到法的关怀，展现着美好的未来和希望。就此点来说，自然法确实具有永恒性。只要人的类本质尚存（这是当然的），那么它就无法被废除。不过,品味之余,我们又会油然地想到另方面的问题,即在从古代、中世纪到近代都不乏倡导自然法之人,而社会制度却发生了如此巨大的差别,这作何解释呢? 于是,我们找到了见仁见智的答案。但这些答案均是模糊不清或似是而非的。这恰恰是自然法理论的过于抽象和浪漫所带来的局限性。分析实证主义法学派的产生,虽然依傍着19世纪那种自由主义的大背景,但片面的形式主义方法,使他们有意或无意地忽视甚至简直是藐视人的类本质,抹杀人的自为的能动性,而把人看成在本性上需要加以"命令"才会知道循规蹈矩的动物,因而实证法律变成万能的至上法宝,进而竟至于声称"恶法亦法"。诚然,法律实证主义对于近代西方法治的发展作出了值得赞许的贡献。不过,从法律对人的关怀的方面来说,却缺乏人情味道。至于作为最后兴起的一大派别并一路强劲发展下来的社会学法学,又有其独具的风格。它与分析实证主义法学派采纳同样的经验论方法,但则是另辟蹊径。该学派实实在在地洞悉人的类本质中的利益关系,从而把法当作调整利益关系的手段,甚至认为取得或付出利益的事实就是法。与此同时,它并不一般地否定,相反地是一般地肯定人的类本质中的道德成分。与自然法学派相比较,它把利益视为道德的核心内容,而道德则置于第二位。所以,我们有理由相信,社会学法学派的认识更有其深刻之处,反映了现代经济和政治的社会化的大趋势。唯令人不能释怀的是,这个学派在自己的发展途程中总是伴随着影影绰绰的对实证法的过分警惕性,偶尔也不乏个别鼓吹实证法虚无主义的论调(如法律现实主义)。引人瞩目的是,二战后崛起的综合法学思潮,力图把三大法学主流派分别侧重强调的价值、规范、事实的要素予以整合。这种想法确实不无道理,亦是当下法学自身发展的一大走向。但是,就总体而言,在法学研究的视角和方法上,综合法学依然没有对西方传统法学思维范式的框架作出重大的突破。

经过长期的法学生涯,特别是在马克思主义以及一些学者的熏陶和启迪之下,我们逐渐感到而且愈往后愈感到,审美的视角和方法可能提供一种建立不同于传统法学范式的、新的法学思维和研究范式。马克思认为,人对于对象世界是"按照美的规律来建造"①。其中包括两个关键环节:一是使法复现人的类本质;二是使表现法规律的诸外在特征和法的内在价值,均具有浓厚的美感。

二、法应当复现人的类本质

人是有意识即意志和自由的存在物,同时也是"类存在物"。这种类关系的证明,就是他们共同地通过实践(劳动),自觉地创造对象世界,主要是人的类生活的对象化。如此以来,人不仅像在意识中那样理智地复现自己,而且能动地、现实地复现自己,从而在他们所创造的世界中直观自己。人以别人存在为自己存在的前提,必然地要"把

---

① 《马克思恩格斯全集》第42卷,第97页。

类看作自己的本质"①。

　　法是人类对象世界的一部分,确切些说,不是物质世界而是精神世界的一部分。从本体论上理解,虽然法是人的意识的外化,却并非先验的存在物。它源自生活的需要,通过实践特别是劳动创造出来的。这就是我们承认"法没有自己的历史"的科学根据。作为一种特殊的意识形态,法生动而具体地复现人的类本质;透过法,人又能够直接地看到自己的类本质的真实面貌。由此不难得出结论,合理的法,必须是复现人的类本质的法。那么,人的类本质究竟是什么? 那就是以每个人的自由为基础的有机整体。自由是人的天性,但如果不把每个人的自由加以协调而形成有机整体,自由就不会存在。只讲个人的自由而不顾整体,一定导致弱肉强食,其结果就是少数幸运者对自由的垄断。垄断自由的人,实际上也是不自由的;因为,他们不仅受到丧失自由者的反对,还会随时被新的垄断者所吞食。反过来,只讲整体而不顾及个人的自由,那样的整体便是铁板一块的无机体,其中,处于上层的人物肯定是独裁者,主宰社会的一切,多数人将沦为他们的奴隶。所以,在近代,走在时代前头的科学巨匠,敏锐地依照这样的思路来理解和定义法。当康德指出,法就是"任何人的有意识的行为,按照一条普遍的自由法则,确实能够和其他人的有意识的行为相协调"的时候,他阐发了一个多么令人洞开茅塞和肃然起敬的真理啊。更进一步,作为康德这一思想继承者的马克思和恩格斯,他们在《共产党宣言》里把共产主义社会定义为"一个以各个人自由发展为一切人自由发展的条件的联合体"②。这个伟大的命题,不仅说明了理性社会的实质,也指出了法的纯正的实质。

　　法复现人的类本质,复现每个人自由相协调所构成的社会有机整体,复现自由人的联合体,说的是法的终极的理想状态。这种状态作为一种应然性,要历经十分漫长的历史过程,方可变成现实。如同我们已经知道的那样,在原始社会人与人之间的血缘依赖关系中人的类本质集中体现为同质性,互相没有分化,彼此没有差别。在那里,有习惯而没有法,有整体性而没有个体性,有平等而没有自由,是蒙昧和野蛮的社会。从文明时代起,法产生了。但它是作为对人的类本质的异化形态存在的。在法之中,大多数人甚至没有做人的资格,他们或者被当作物(奴隶),或者顶多被当作半个人(农奴)。后来,资本来到世间,提高了人的地位,实现了人的政治解放,自由、平等、权利和法治(rule of law)逐渐地成为法的原则。此时,个人与国家和法的对立、市民社会与国家和法的对立转化为再统一。不过,这种再统一主要是法律形式上的,因而属于虚假的再统一。法改变了人身奴役的异化,却没有改变劳动的异化,反倒是把劳动异化推向前所未有的程度。社会主义社会法在复现人的类本质这方面,迈进了空前的一大步。它把狭隘的政治解放转向更宽阔的社会、经济和文化的解放,以国家回归社会为

　　① 《马克思恩格斯全集》第 42 卷,第 96—97 页。
　　② 同上书,第 4 卷,第 491 页。

目标。在生产资料公有制领域和人民当家作主这方面,实现了权利、义务的统一。不过,社会主义社会将长期地处于初级阶段,在此阶段除了不断完善民主和法治之外,更核心的任务是以经济建设为中心即大力发展社会主义市场经济,争取创造高度发达的劳动生产率。但需要清醒地看到,市场经济从来不是而且永远也不会是一个自足的体系。反之,它的天然的、必然的缺欠就是劳动异化的存在,两极分化的存在,权利本位(商品经济不能不是这样)导致个人自由的扩张而干扰他人自由情况的存在,国家与法同社会相分离的存在。为此,在社会主义的现时代,应该始终牢记邓小平的那个经典的论断,即"社会主义的本质,是解放生产力,发展生产力,消灭剥削,消除两极分化,最终达到共同富裕。"①社会主义社会的本质决定着社会主义法的本质。从历史的大趋势上说,只有社会主义法才能正确反映和最终实现人的类本质。但这依然是漫长的奋斗过程。在我国的现时期,拒绝承认社会主义法的历史地位的观点是非现实的,任何把社会主义法看成"自由平等王国"的化身,同样是非现实的。无论如何,我们强调法要复现人的类本质的命题,是以历史主义和党性(阶级性)的观点作根据的。对此,马克思主义经典作家特别是它的创始人已经讲得十分透彻了。

复现人的类本质,是按照美的规律创造法的最基本的要求。

三、法的形式美和价值美

按照美的规律建造法,还要将反映人的类本质的要求具体落实到法的形式和法的价值上。这个过程就像马克思指出的那样,立法者的使命就是"把精神关系内在规律表现在法律之中"②。精神关系的内在规律亦即"美的规律",因为人不是肉体而是精神的存在物,美的规律乃是精神关系内在规律的集中反映。美的规律是人的审美活动法则。它是理性人,通过五官,对客体的体验而感到的精神性享受。人性和人的类本质,是人的最高需要和追求的极限。对人而言,它必然是最美的。因此,复现人的类本质的法,也就含有美。如果说对没有人参与的自然界,人尚可加以人化,赋予其生命力,陶冶人的情操,使人获得美感的话,那么直接复现人的类本质的法,就必然给人提供更为丰富、更深刻的扣人心弦的美感。

(一)正确表达法的外在形式特征

人对于法的审美建造,直接来自法的外在形式,触法而生情。这样,就需要做到下列几点。

第一,法本身体现严格的逻辑性和确定性。法符合严格的形式逻辑才会具有确定性。就是说,有可能通过推理和判断,根据事先规定好了的规则,了解司法当局在什么

---

① 《邓小平文选》第 3 卷,第 373 页。
② 《马克思恩格斯全集》第 1 卷,第 183 页。

情况下会怎么办,从而为个人的预期行为作出安排。于是人们很自然地感受到法律中的必然,感受到法和个人思维的一致性。反之,非逻辑的或不确定的法,给人们带来的只能是对执法者专横的恐惧和手足无措。

第二,在法的整合中体现普遍性、稳定性和公开性。法的普遍性包括主体的普遍性和对象的普遍性。具体说,法的主体是每个人,法的调整对象也及于每个人,没有差等。这是人民主权和法律平等的标志,是特权的对立物。法的普遍性表明它有极强的内在关联性,牵一发动全身。所以,法追求稳定,不到非不得已,不能更动。普遍性本身便意味着对全体人公开,被全体人所知晓。这样才能谈得上人的法律自觉性,才会有法律监督。不敢公开的法肯定是恶法,不可能是良法。

第三,在法的社会控制中体现法的极大权威性和适当的强制性。极大权威性显示法的崇高地位和人的一体服从。法仅对于个别不轨的人才被迫动用强制手段使之服从,这是"法的统治"(法治)的应有之义。法的强制是理性人自己对自己的强制,但不论如何强制仅有辅助的意义。从前把法当成单纯的"专政工具"和"刀把子"的观点,是建立在专政性的"权威"基础上,因而不能不大力地突出强制性。然而,在根本上,法的崇高地位则是发自内心的信赖,是心悦诚服,与强迫不相容。

第四,在法的运行中体现正当程序和可诉性。正当程序最初导源于英美法治国家,它泛指对任何人的权利与利益的剥夺,都必须保证受侵害者享有被告知权、陈述权和请求听取权。私法里的契约自由原则和公法里的正当程序原则,构成近代西方法律文化的两大支柱。在当代,特别是正当程序,取得越来越重大的意义,以至于可以说它是民主、法治时代的鲜明标志之一。不仅法学,而且伦理学(程序正义与实质正义、程序道德与实体道德、法律的内在道德与法律的外在道德之划分),政治学(程序民主与实体民主的划分)等,莫不广泛地开展程序问题的研究。依笔者看来,在法之中不仅诉讼法讲的是程序,而且全部法律莫不是市民社会用来解决自身事务的程序。这一看法同英国法源于诉讼程序的观点有联系。程序思维的发达,是法治进步的强有力的杠杆。法的可诉性指任何人为保护自己的任何权利而进行诉讼的可能性。显然,可诉性属于法的可行性的重要方面,同时也直接与程序性相关。即使法律赋予公民在民商法事项、行政法事项甚至宪法事项(宪法性权利、违宪审查申请)以诉讼权,但若无程序上的保障也只能流于一句毫无用处的空话。

第五,在法对权力之间关系的调整中体现权力制约性和司法独立性。西方的法治传统,可以说只有到了美国独立战争时期贡献出权力的制约和平衡制度之后才完善起来。权力的制衡以分权为前提。实践证明,国家权力区分为二权(洛克)、三权(孟德斯鸠)或者五权(孙中山)并非最为重要,关键是对权力进行制约,使之严格地按照宪法、法律来组织和活动,保证权力的正当性。对于维护公民的权力而言,国家权力中的司法权占有核心的地位。它是法院所专有的裁判权利纠纷的权力,因而是权利的最后屏障。"没有救济就没有权利",司法权正是重要的救济的权力。从发生论说,司法权一开始就具有凌驾于相互冲突的双方当事人之上,以便"定分止争"或避免"战争状态"的中立属性,不许任何外来干涉而进行判断的独立属性,以确保"公正司法"。法官的任何偏颇就意味着牺牲国家的审判权,不免要堕落成为腐败的工具,让私人利益"占了法的上风"①。

第六,在全球化背景和法文化传统中体现法的可移植性和法的继承性。法的可移植性是一个久已存在的历史事实。不过,在当代这件事显得更为迫切和更为普遍。原因在于,这是世界性市场经济的需要,各国法律发展的不平衡性,以及法制现代化(尤其是发展中国家)的客观形势所决定的。它作为世界各国法律趋同性的反映,使当代的法更为蔚然壮观,展现更广阔的发展空间。当然,法的移植必须与各该国家土壤的适宜程度相符合,才能成功。如果说法的移植表示不同法域的横向关系的话,那么法的继承则表示新法域对过去本国或外国法的纵向承接关系。恩格斯在晚年的历史唯物主义通信中特地指出,法的继承性不仅是可能或有益的,而且是法的相对独立性和法发展的规律之一②。这一点是极易理解的。因为,法作为人类文明成果和智慧的结晶,是不可能被抛弃的。从中华人民共和国成立后的二十几年同现今的情况进行对比,就是生动的证明。不讲法的继承性,法治就难以形成;讲法的继承性,法治就会快速发达。

上面归纳的、法的外在形式特征,由于它们都是自觉或不自觉地按照美的规律或精神关系的内在规律创造出来的对象物。这些外在特征都合乎人的本性和人与人之间的应有关系,因而是一种美的创造。反过来,法的每个外在特征都会给人一种美感,让人细细地咀嚼和品味,我们禁不住为其中蕴含的卓越智慧而赞叹,为人的天性而自豪。

(二)赋予法以崇高的价值

法的价值是人的类本质直接发出的呼声,而不假外求。虽然经验性的法的外在形式特征也应当表达人的类本质,但这种表达与法的价值,两相比较,至少可以找出如下几个不同点:①法的外在特征,顾名思义是形之于外的东西,可经验的东西。法的价值则属于内在的东西,不能经验的抽象的东西。②法的价值不过是人的价值的一种显现,即通过法所呈示的人的价值。所以,法的外在特征是形式的、流露出来的。法的价值是本质的,潜藏于法的背后。③法的外在特征是直接被人感知的。法的价值是间接的,通过法的特征尤其是法的运行及其结果,被人感知的。④法的外在特征是浅层的,它以法的规律为媒介才能触及法的价值。法的价值是人的类本质或人性自身的流露,是不假外求的。⑤法的外在特征是法价值各个闪亮点的外化,因而是零散的。法价值作为人的类的内求,具有单一性,是齐整的。⑥从本质和规律性的角度上看,法的外部

① 《马克思恩格斯全集》第1卷,第179页。
② 同上书,第39卷,第95页。

特征是偶然性,在人们的长期实践中,通过经验的积累才发现和确认下来的。法价值,尤其来自人类生存的长远需求的最基本价值,如正义、自由、秩序,对主体来说具有不以其意志为转移的客观性,是同他们形而上的观念无关的存在;人的认识的渐进性,丝毫不影响它的恒久不变性;认识只能不断地趋近它,不能穷尽它;它之于人,总是被反映者,不是反映者;它的存在和运动借助法的规律、进而再借助外在形式特征,现实地让人们认识到的。所以,法价值是法必然性的深层根据,而且它本身就是一种必然性。⑦从人这方面说,认识法的特征是为了尽可能充分地发挥法的功能和作用,满足自己的需要和利益。由此观之,它不是人的目的,仅仅是手段;目的是实现法价值。目的总是高于手段,价值是更令人珍贵的。

刚才讲过,在终极的意义上,法的价值是人的价值亦即人的类本质所包含的诸成分或要素。这些成分或要素,既是主体性的东西,也是客体性的东西。作为主体性东西,它们是人类的内在规定,是自在的存在;作为客体性的东西,它们反过来成为人类努力追求和实现的对象。在这方面,法正是为此而建造出来的。所以,法价值是人类的自身价值追求的自为存在的表现。那么,这种法价值有哪些呢?近几年,我国学术界对此问题的探讨已成热门话题,取得了许多宝贵的研究成果。但是,彼此在看法上却远非一致。经过长期的思考,我们觉得最基本的价值是:其一,正义。在一些著作和杂志上发表的论文中,曾多次地读到作者们引用 E. 博登海默的一段话:"正义有着一张普罗透斯的脸(a Protean face),变幻无常、随时可呈现不同的形状并具有极不相同的面貌。"①这里讲的是人们对正义的不同理解和说法。其实,仔细琢磨起来,正义的概念是能够界定的。正义乃人的类本质的综合属性,是其他属性(特别是下面将说到的自由、效益、秩序)的总和。脱离这些其他属性,尤其是失去自由、效益、秩序的任何一种,都没有什么正义可谈。正义常常同"公"或"平"(不是整体主义的"公"或"平",而是共同或类意义上的"公"或"平")相联系,如公平、公正、平等之类的语词。但此类语词仅是正义在不同场合的运用。其二,自由。自由是正义在单一人格方面的最重要的体现,是正义链条中的核心环节。如果说自由个人主义者误用了自由字眼的话,那么,整体主义者则惯于漠视个人,进而导致对自由的冷淡。实际上,人类历史的第一个前提无疑是有生命的个人存在。人们的社会历史始终只是他们个体发展的历史。古罗马法学家们非常巧妙地把个人叫做"自然人",以区别法律上的非人(奴隶)和拟制出来的人(典型的是"法人")。但从正义观出发,无疑每个"自然人"都是人,都应当享有人的尊严。那么,个人作为人的实体性标志何在?不是他的自然的躯体之属性,而是精神的属性即自由。因此,不言而喻,自由乃人的最高价值之所在。与动物相区别,自由为人所特有和固有的,从而没有自由是人的最大的悲哀和危险。自由从来都存在着,差别仅在于它有时表现为普遍权利,有时表现为特殊权利(特权)罢了。自由存在的最雄

---

① 〔美〕博登海默:《法理学——法哲学与法律方法》,中国政法大学出版社 1999 年,第 252 页。

辩的证明是:古今中外不曾遇到一个人反对自由,顶多是反对他人的自由,以便为自己谋取更大更多的自由。① 当下,国人正在积极张扬人权,这真是天大的好事。不无遗憾的是,我们从中总能听到某种不太协调的音符。那就是遵循旧有的思维模式,极力贬低这一核心人权的地位,有意或无意地在自由权之上积压着诸如主权、集体人权以及生存权和发展权之类的权利(尤其权力),使自由的空间变得非常狭窄。② 不难看出,一些人对自由或自由权仍存有不小的"戒心"。如同上述,自由是一切人的共同追求或共同意志。因为,自由就是权利,也就是法的实体。西方人使用的一个词汇 right,既是权利又是法,展现着非常科学的语境。马克思断言,"法典是人民自由的圣经"③。的确,全部法律归根到底都是为了实现人的自由的。其三,效益。这个词本意是功效和利益。如同大家都知道的那样,近代以来的效益概念来源于经济学,指根据数学计算的收入和产出、成本和收益之间的差(而用效率来表示则是二者之商)。法经济学的创始人把它引入法学,当作一种基本的法价值。这不失为对法哲学的巨大贡献。特别是在空前激烈的全球性的经济实力竞争的现时代,其意义尤其显得重要。但是,事实越来越证明,把法的效益价值局限于经济的或物质的范围来解释,确实是片面的。应当肯定,物质条件(尤其生产力的状况)是人类生存的前提,社会发展的基础。这一点,马克思主义创始人早在《德意志意识形态》著作中已做过详尽的论述。此前,马克思本人曾说过,"人们奋斗所争取的一切,都同他们的利益有关。"④其中主要讲的是物质利益,但并没有仅仅限于经济利益。除了经济(物质)效益之外,政治、文化方面也存在着效益问题。建构什么样的政治体制才能为民众提供更多的民主,就属于政治的效益;创造哪些条件才能使社会开发出丰富的智力资源和形成高水平的道德,就属于文化的效益。即使我们询问普通老百姓,他们也知道有一个经济效益和社会效益之分。再如,中央确定的"效益优先,兼顾公平"的方针,其中显然包含着效益和公平两种具体价值成分。法中的效益价值,同样是按照美的规律建造的。法所促进和保障的先进生产力使人们越来越能够有效地征服和改造自然,这种情况本身就是一幅宏伟壮丽的画卷。在中国,从古到今,歌颂农业丰收的民谣和诗诵,一直不绝于耳。政治效益亦不例外,当年孟德斯鸠对英国政治制度、托克维尔对美国的民主的描绘,都充满审美的激情。还有精神世界的理想追求,如老子《道德经》、杜甫《茅屋为秋风所破歌》、康有为《大同书》,西方的柏拉图《理想国》、莫尔《乌托邦》、康帕内拉《太阳城》和哈林顿《大洋国》等,这种种理想也内涵着法的精神效益的期望。其四,秩序。同正义一样,秩序也是人的类本质的整体属性。可是,它们之间又有所区别,即:正义是人类共有的内在精神;秩序则是人类共有的外在需要或安全的需要。秩序同自由存在着对应性,是自由的界

---

① 参阅《马克思恩格斯全集》第 1 卷,第 63、74 页。
② 对此,我们将另有专文论述,这里不赘。
③ 《马克思恩格斯全集》第 1 卷,第 71 页。
④ 同上书,第 82 页。

限和屏障。自由，如前所述，乃是个人的最高存在。但自由也有其相对性，特别是在社会资源稀缺，从而人的觉悟有限的条件下，它有可能被主体绝对化，无限地予以扩张，变成滥用，侵略他人的自由，破坏整体的安全。这时，法的秩序的价值就会显现其必要性和重要性。由此可以明白，法的秩序价值同法的正义（矫正正义）原是相通的。恰恰从这个意义上，休谟认为："正义这一德性的用途和趋向是通过维护社会的秩序而达致幸福和安全"；并认为，法律矫正与惩罚不轨行为是区别于"私人性战争"的"公共性战争"①。这话说得对。其实，自古以来，人们就懂得这个道理。中国先秦法家人物商鞅和韩非先后都讲述过"百人争兔"的故事；西方人则讲述所谓人类"原始状态""国家契约""和平（政治）状态"的系列故事。两种故事的目的，实际上无非都要说明法的秩序的价值。（随便一提，这不妨看作后现代法学把法律理论的"宏大叙事"变成"讲故事"的一个生动的例子。）从法的发生论上考察，世界各民族的法形成的直接动因，一般地都是随着生产力的发展导致个人或个体家庭之间财产纠纷的频繁化和激烈化，需要寻找和借用普遍认同的准则作为中立性的裁判人处理案件的依据，来替代每个人自己确定的准则并由自己担当自己案件法官的混乱和无序的状况，以避免使每个人（或每个阶级）与社会在漫无止境的斗争中同归于尽之危险。对此，中国人叫做"定分止争"，西方人叫做取代"战争状态"的"和平状态"。千百年来，法的秩序价值能带来的和平或"升（太）平盛世""国泰民安""天下大治"等，一向被老百姓当作美好的憧憬。当然，法的秩序价值的现实化，也常常会发生差异甚至拧曲倒转。那就是统治者盗用法的名义，以暴力的高压而建立专制主义的恐怖秩序。即使在现代，亦出现过像法西斯主义叫卖的所谓"秩序"。这一点是非常值得一切正直人士汲取的教训。今天，全球的两大时代主题是和平与发展。因此，通过法建立和维护世界和各个国家的全新秩序，便成为一件迫切的事情。

通过外在特征表现出来的、法的实证规律和法的内涵价值，两者同是人的类本质的复现。作为真实（民主）的法，对于人而言，不论是法的外在特征，还是法的内在价值，都带有客观规律性。就是说，不管哪一方面遭到篡改或否定，法都会顿时失去其实体性。

四、简短的结语

与中国传统的法的工具主义和法的道德主义的二分研究有别，也同西方传统的价值、规范、事实的三分研究有别，我们这里运用的是法之真、善、美的三分研究，亦曰法的真善美三维构造解析。根据我们的界定，法的外在的形式特征及其表现的实证规律叫做法之真；法的内在的、实体性的价值叫做法之善；法之真和法之善的有机统一所形

---

① ［英］休谟：《道德原则研究》，商务印书馆2002年，第37、38页。

成的整体叫做法之美。法之真和法之善均包含着美的属性,而且均是体现法之美的两大基本方面。不过,我们却不能因此而认为法之美就等于法之真与法之善的简单的和。法之美作为一种具有新质属性的整体,又区别于亦即高于真和善两者。

对法的审美研究的新思维范式,完全不是同传统的法学思维范式隔绝开来。相反,它是在传统法学思维范式的基础上,大量地得益于前人和外域已获得的成就,包括哲学、政治学、社会学,特别是科学学、伦理学和美学的成果,构思出来的。以同传统法学的关系为例,法之真借鉴了中国的工具主义法律思想和西方法律实证主义思想的合理成分,以及社会学法学提倡的社会行为的控制诸说;法之善借鉴了中国道德主义法律思想和西方自然法学理论,以及社会学法学的心理主义、"活法"中的一些思路;而法之美则更广泛地借鉴了各家各派法思想所体现的审美因素。今后,坚持这样做下去,才能使已迈出的脚步继续向前。

最后,关于本课题研究的宗旨,这里只做扼要的概括。第一,进一步揭示法与人的关系。就是说,法必须复现人的类本质,表达精神关系的内在规律,以便尽可能地促进人的解放和不断地朝着自由人联合体的社会高级阶段迈进。第二,推动法治国家建设。用审美的标准对待法,有助于国家的立法、执法、司法和守法水平的提高。因为,这不仅能整体地、深层次地理解法,并能培育对法的浓厚兴趣和形成法的情结,在无形之中顺应法的精神,崇尚法,树立法的信仰。第三,拓宽法学研究的视野。这主要是克服传统法学把法之真和法之善脱离开来,或者只注意到法的真与善而忽略法之美的倾向。同时,亦利于法学思维的理性主义和非理性主义之间的话语霸权的对争,为它们打造一个互相进行科学商谈对话和相互协调的平台。当然,这种愿望究竟有多大的现实性,则全然不是由我们自己说了算的。

载《北京行政学院学报》2003 年第 5 期。

法的真善美

我们知道,任何社会都包含着自己的内在的统一性,还包含着自己的否定性。这种否定性的展开就是从肯定到否定,从否定到否定之否定,即经历正反合的运动。这一观点由黑格尔提出,被马克思所发展和完善。法的存在和发展也是这样。法作为一种基本制度性的上层建筑的要素之一,它的正、反、合这样一种三维构造是什么呢? 就是真、善、美。当然,在讲这个问题之前,我首先要明确法有历史类型的区别,甚至同一种历史类型的法,由于政治及一些其他因素的影响,其涵有真善美的多少也会不同。但是我觉得,凡是具有历史现实性的法都包含着真善美。这一点是一切法的共性。从法的行程看,社会的发展水平越高,法的真善美成分就越多。资本主义以大规模市场经济所要求的民主、自由和法治为原则,所以它是高于野蛮、半野蛮的社会的法。当然,历史发展是不平坦的,有时也会出现一些例外的情况。比如说,20 世纪二三十年代到四十年代,一些国家出现了例外的、扭曲的法的形态(法西斯化)。但这不是法的发展的常态。同样理由,以消灭压迫和剥削,实现自由人联合体为目标的社会主义法,它应当高于资本主义的法。也就是说,它应当是历史上最理想的法。可是,我们清楚地知道,当代中国和其他社会主义国家的法,同这种理想状态还有很大距离的。尽管如此,我们仍然坚信这种理想状态是可以预期的。

现在,我就法的真善美三维构造进行简要的解析,同大家一起探讨。

一、法之真

真,这个字,常常在不同意义上被使用。我们在这里同善和美并提的这个真,需要从两个角度来理解,即有两层意思。第一层是从客体的实存上来说,美学家王朝闻所说的真,就是从世界的运动、变化和发展所表现出来的客观事物自身的规律性,完全属于客观的真。其次,真还有第二层意思,是从主体的认识上来说的,也就是人对客观事实的正确的把握。所以,真理和客观的真是有区别的,真理是客观见之于主观的东西。因此,客观的真是真理的极限。真理只能不断地去接近客观的真,不能够有一天把它穷尽。这里就存在着一个认识论上的绝对真理和相对真理的关系问题。简单来说,真理意义上的真,仅是第二性的真,它来源于并从属于第一性的真。作为我们探求对象的法之真,最终就是第一性的真。在近代法律思想史上,法国孟德斯鸠《论法的精神》和德国古典哲学家黑格尔的《法哲学原理》这两本书,对法之真的研究,作出了杰出的贡献。我们先说《论法的精神》，这本书中认为"法是由事物的性质所产生出来的必然关系"。这一必然关系当然指的是客观规律。根据孟德斯鸠的分析，法取决于一个国家的历史传统、国家政体，以及人口、地理、气候等各种因素，这些因素共同地构成了一个国家的所谓"法的精神"。我觉得孟德斯鸠这种观点可贵的地方就在于他不是孤立的就法来谈法，而是把法当作一种特定的社会和自然的一种产物。但是，所谓法的精神指决定法的性质的各种观念，并不是法本身的规律。再说，尽管孟德斯鸠在表述法的精神的过程中也涉及法的一些外在的形式特征，但是他毕竟不是把这些特征作为法本身的规律提出来的。这显然是孟德斯鸠在这个问题上的局限和不足。再说黑格尔，他运用深刻的辩证法构思出来的、体系严密的法的运行规律，从抽象法到道德法，再到伦理法，所讲的内容大都是实实在在的东西，特别是讲到了不少法的外部形式特征。这的确是孟德斯鸠所不及的。但黑格尔也有他本身的缺点，首先他否认法的物质根源，把所谓"客观精神"当作法的本体和基准。再说，他把一切社会现象都列入法里面来，这样使人很难真正把握法的自身及其规律是什么。这同黑格尔的客观唯心主义哲学基础是分不开的。我认为，对法之真这一问题的阐述最明确最科学因而也是最有说服力的，不是别人，正是马克思。他在系统地研究了西方的思想家，如康德、黑格尔等这些思想家的法理的基础上，吸收了他们关于法自身规律问题的合理见解，并且给予创造性的发展。在这里，我想引用马克思一段非常精彩的话，这段话恰恰是和我要讲的这个问题紧密相关的，即："立法者应该把自己看作一个自然科学家。他不是在制造法律，而仅仅是在表述法律，他把精神关系的内在规律表现在法律当中。"这一见解对研究法之真，至少有这么几点启发：①法的确存在着自身的规律性。法的规律性就是法的自我肯定和自我规定，对于主体、对于立法者来说，这是不以他们的意志为转移的客观的东西。无论他们是否承认，法都有其自身的规律，也就是说是人们必须服从的东西，否则就会破坏法之真的这个客观属性。②法的规律是精神关系的内在规律。虽然法的自身规律是客观的，但就其性质而言，它是由社会物质关系所派生出来的一种思想关系，即上层建筑关系。所以法的自身规律必然属于精神关系的内在规律，而不是物质关系的内在规律，就是说同法受自然和社会规律制约和决定的规律不是一回事，两者是不能混淆的。③法的精神关系的内在规律体现着人类的文化或文明所包含着的人性、人格、自由、权利和理性的要求。也就是说，它是人的法，是一种良法。那么相反，一切抹杀人性、人格、自由、权利和理性的法都是违背法的精神关系内在规律的。用马克思的话讲，那就是"动物的法"即恶法、坏法。④法的自身规律是不能看到、不能直接把握的。我们要通过法的各种外部形式特征才能看到和把握到。正是基于这个原因，所以马克思在他的著作当中反复地讲法的普遍性，公开性，明确性，准确性，权威性，国家意志性，强制性以及程序法是实体法的生命形式，等等。还坚决反对法的人格指向即反对法指向特定的人，模棱两可，内在矛盾，任意抛弃程序这样一些专制的特权的法律制度。⑤对法之真的研究方法问题。法的真善美各有自己的特点，因此对于它们进行研究的方法必然也会有所区别。法之真是一个客观的实在,为此就必须着眼于事实,采用实证的方法。从外部经验、感觉入手,由表及里,通过经验才能抓住法自身的规律性。这种方法就是马克思在《资本论》中强调的把个别或具体上升到抽象的方法。在这方面,抽象思维仅具有辅助的作用,主要采取实证(证实或证伪)的、经验的方法。

法之真,大致可以从三个层次上来加以把握:①法作为一种精神关系的现象,必须符合它处于其中的客观实际情况和物质规律。这就要同自然规律和社会规律相符合。例如:像经济法,它必须体现社会经济制度,并且以建构和维护相关的经济体制为己任,离开这个就谈不上什么经济法。又如环境法,它要体现生态循环的规律,离开生态循环的规律也就谈不上环境法。最后再看婚姻法,它要体现人际关系和人口繁衍的规律。②法作为文化形态和社会调整手段,也具有它本身的规律,具有其专有的性质、结构和运行机制。而这些都是通过法的各种各样的外部形态特征表现出来的,如果不能认识把握这些外部形式特征,便不可能真正把握法的自身规律。③在法的运作过程当中,主体所要认定那些事实的客观性。这也是一种法之真。如果法背叛了客观事实,那么它同样也是违背了法之真。我们通常所讲的"以事实为根据,以法律为准绳",这里所指的"事实"就是我所说的第三个层次的法之真。这样一种法的事实,要通过调查取证、刑事侦查、勘验鉴定等技术性的措施和方法而获得的客观事实。我们知道,在广大人民群众中,对这样一个层次的法之真,是非常关心的。为什么呢? 因为,他们觉得这第三个层次上的法之真,同自己诉讼上的利益是密切相关的。所以,执法的审判官员和行政官员能不能抛开他私人的偏见和狭隘私利而尊重事实,并且根据事实来决断案件,就成为鉴别清官和赃官的基本标准。我们中国历史上老百姓称颂的包青天、海青天,以及外国小说里所描绘的福尔摩斯、亚森罗萍等这些人,都是人们长期崇敬的人。因为这些人在处理案件时,能够以客观事实为根据。显而易见,第一个层面上的法之真,它的范围是相当宽泛的,涉及到大量的一般的自然科学和社会科学的问题,远远超出了法学的领域。而第三个层次上法之真又过于具体,它们多属于一些部门法学中应用性问题。尽管如此,这两个领域的真都是十分重要而且必须进行探讨的。理论法学的重点应当放在对第二个层次法之真的研究,也就是着重研究法自身的规律,以及它所表现出来的外部形式特征。规律不能直接看到,能看到的是它表现于外部的各种形式特征。所以,对法的各种各样的外部形式特征的研究也是必不可缺的。在这方面取得巨大成就的,我觉得首先是分析实证主义法学派的劳作。但是从二战以来,这个问题已经受到了西方各个法学流派的关注,不再限于分析学派法学家群体。例如,富勒提出了著名的法的八项原则;罗尔斯提出了四项程序正义;菲尼斯提出了法的五大特征;拉兹提出了法治的八项标准;伯尔曼提出了法发展的八点论述;波斯纳提出了法的四个合理性。除此之外,还有贝勒斯在《法律的原则》这本书中,对法的规律和原则所进行的详细的阐述。

根据所列举的这些法学大家和著名学者们的丰富见解,法的规律性所产生出来的诸多外部形式特征,大致可以归为以下几类。①法首先必须符合逻辑理性。其中包括:法的明确性;准确性;符合思维规则(主要是符合形式逻辑);结构严谨;法体系的各个层次以及法律规范各个要素之间的和谐一致。②法必须有巨大的崇高的威严,这一外部形式特征包括:法的普遍性也就是法律的非人格化,没有特定的人格指向;相对稳定性;极大权威性;与社会其他调整机制(如风俗,道德,礼节,宗教信条)之间的区别性。③法的有效性体现着法对权力运行的限制。这包括:权利对权力的限制;权力对权力的制约;依法立法和行政;司法独立;责罚相称;一案不再审;同等案件同等处理;对国家机关实行"凡法律未授权就是禁止的"原则。④法富有现实的色彩。其中包括:法的公开性;可行性;开放性;继承性和可移植性;对人们的行为动机有强烈的刺激性;拥有职业的法学家和法律家的队伍。⑤法必须以保障人权为核心。这其中包括:法的权利和义务的对应性;法无明文规定不为罪;不溯及既往;对于公民实行"凡法律不禁止的都可以做"原则。

必须强调,表现法的规律的每个外部形式特征之间互相紧密联系,往往是牵一发而动全身,抹杀了其中一个特征,就很可能使一整套理想的法律遭到全盘的失落。因此,这些法的每一个外部形式特征,都应该加以重视,都需深入地进行研究。这是法理学必须承担的任务。我们所列出的每一个法的外部形式特征,都可以作一篇大文章。

二、法之善

善,本身是一个伦理学的基本的和普遍的用语,为中国和外国的思想家关注最多的问题之一。在中国历史上,儒家最讲究善,孔子和孟子都把善看成是人性的精华。《三字经》中"人之初,性本善"几个字,便简要地道出了儒家的性善论。释家认为佛法的真谛就是一个善字。所以,他们逢人便称"善哉,善哉"。在西方,对善的研究似乎更发达一点。柏拉图提倡所谓善的本体论,说善不仅仅是一种社会规范现象,也是万物的本源。一个理想的国家,就在于人人都能遵守本分,这种本分可以指道德上的本分,有时也指法律上的本分。亚里士多德则用中庸的观点看待善。他指出,人的情感过度和不及都是恶的表现,只有适当才是善。因此,政治上和法律上都应当是中产阶级意志的体现,最终都必须以公共利益为依归。近代西方对善的研究最突出的学者是康德和黑格尔。康德以道德律令为标准来区分善和恶,一个理性的法必须是善的。而黑格尔把善理解为法发展到道德阶段的一个中间环节。按照他的观点,评判一种法是善法还是恶法,关键就在于它是否能节制人的自然冲动,如果能有效地节制自然冲动,这个法就是善法,否则就是恶法。从这些思想家的倡导当中,我们可以得到的主要启发是,善属于道德上的或者是功利上的正面价值。所以,我们不论在什么意义上,都不能把法之善和法的价值看成两种不同的东西。我们讲法的价值,就是法的善。

　　法之善和法之真一样,都是法所具有的相对独立的属性。但是,这两者之间又有明显的区别。法之善它所表现的是客观的、外部的、实证的法,也就是法之真的意义上的法,向着人的主观的、内部的、形而上的法的转化;是合乎规律的法向着合乎目的的、理想的法的转化;是自在的法向着自为的法转化。为此,法之善能够直接起到启发人的主观能动性,从而能够对人的行为起到一种规范的作用。如果没有这样的一种转化,那么,法、法律、法条这些东西,都是毫无意义的。由此可知,由法之真到法之善是法运行过程中的第一次否定或自我扬弃,是法本身的一大发展。

　　我们说,法之真所揭示的法的客观规律性及外部形式特征,如果没有人的意志性的参与,它是不可能发挥作用的。古人说"徒法不足以自行",讲的就是这个道理。但是,与法之真不同,法之善所表现的人的主观能动性,它可以独立地起作用。例如,作为法精神的那些善的道德或宗教信念、风俗习惯,这些东西在许多场合下都是靠人们的自发性在起作用,而法律则靠国家的强制力起作用。从法能够启发主观能动性这个角度上来讲,先秦儒家所倡导的那一套礼加上德的"德治",比法家的那一套法加上刑的"法治",有更多的合理性。那么,和这个相类似,西方自然法学派的理论比法律实证主义学派的理论有更多的合理性。因为,它更多地强调人们的主观能动性而不是客观被动性,更多地强调自律性而不是他律性。

　　法之善的这种特质它要求人们在把握它们的时候,要和把握法之真相区别。这主要是在思维方法上,不能遵循自然科学家在科学发现过程中采用的那种实证考察或经验考察的道路。我讲的抽象思维方法,是指本质的分析方法和价值的判断方法。只有这样才能够把握法的善。当然,我并不是说经验的方法对于揭示法之善完全没有意义。在这里,经验的方法的作用是间接的,辅助性的。

　　对于法所体现出来的善,从主体上分,有以下几类:人类的善;一个国家的善;群体的善;个人的善。它们之间有一致的地方,也有不一致的地方。从程度上进行分类,有至善;一般的善;不善(恶)。概括地讲,善作为观念世界的东西,它必然有相对性。亚里士多德认为,善会变成恶,恶也会转化为善。黑格尔则说,唯独人是善的,因为他可能是恶的。恩格斯在《反杜林论》这本书中讲得更明确:善恶的观念从一个民族到另一个民族,从一个时代到另一个时代,变得这样厉害,以至于它们常常是互相直接矛盾的。善不仅因为阶级不同而有区别,甚至因为每个人的不同而有区别。道德上的善是这样,法之善就更是如此了。这一点,我们不应该忽视。法之善的各种具体表现或现实形态,从古到今,人们把它分为正义、公正、公平、平等、权利或人权、民主、法、权力、秩序、安全、效益、效率,等等。对善的这些理解,如果用现代法理念加以概括的话,那么:正义可以涵盖公正、公平、平等;自由可以涵盖权利或人权,因为自由是人权的核心要素,它确实是人所固有的东西;民主涵盖法治、权力,因为现代法治社会中的权利或人权总是以民主为前提,民主、法治、权力都属于政治之善;秩序涵盖安全;效率涵盖效益,效益和效率都是功利的善。所以,我觉得正义、自由、民主、秩序、效率这五大法的价值,属于基本的法之善。

三、法之美

法同时具备真和善的属性,是法的内部性和外部性,实证性和形而上性,客观性和主观性,合规律性和合目的性的统一。这种有机的统一就是法之美的根源,同时就是法之美。反过来问,法之美从哪里来的呢?就是来自法之真和法之善的统一。法之美是法的整体属性,它克服了法之真和法之善各自的片面性,而达到了完美无瑕的高度。因此,法之美是通过否定之否定(扬弃了正和反)而实现的合。法之善是对法之真的一种扬弃,是外部法变成人的内部法。再进一步就是,这两者都不得不被扬弃,而达到法之美。法之真强调法的合规律性,法之善强调法的合目的性或合理想性,法之美强调法的审美性和信仰性。

同任何事物一样,法之美也有自己的形式和内容两个层次。第一,我先讲法的形式层次。法之美具有最生动的以理性为基础,并且可以由人的感官感受的形式。对于这个问题,美学家王朝闻先生说过:美的形式存在着特殊的规律性,美的事物一般有合自然规律的性质,但也不违背人的官能的快感,美的事物经常以鲜明的形式,包括色彩、声音、形体等诉诸于人们情感来感受的各种形式,美更因突出的各种合自然的形式,例如均衡、节奏、音律等,达成了一种统一。我们认为,一个理想的法,完全可以按照美的规律来进行创造。任何时代的法都是一个形式和内容的结合体。不管是静态的法的要素和法的体系,还是动态的法的运行和发展,都是感性和理性的交织。就是说,法既可以成为让人们认识和理解的客体,同时又成为人们感觉的对象。法虽然没有色、音、形等鲜明的外表,但是法映现在人们头脑中的形象却远远超出了这些直接的外观,显得更加丰富、充实和生动。比如说,同为社会规则体系,法比道德更有次序,更有条理,更为整齐,特别是更易于操作,更令人寻味和思索。还需要强调,法之美也及于法学的美。近代以来,蕴含在深奥的科学殿堂之中的美,越来越得到肯定。像爱因斯坦的相对论,就被学者波尔称为所有物理理论中最美的一个,是一个被人远远玩赏的艺术品。法之美除了形式之外,还有极其深刻的内容。中国当代占主导地位的美学叫实践美学,这个学派的学者认为美的规律正是人的本质力量对象化的规律。换句话说,无论是自然美还是社会美都是人化的实存客体。从这个意义上说,法和法文化正是人的本性的一种确证,是外在于人的、不同于人的历史社会向人和人之间的自由的生成。所以,它们是美的。社会主义的法作为最高历史类型的法,应该是最能体现美的本性的法,应该是能够真正地实现主体和客体相统一的、对人的终极关怀和服务于全人类解放的这样一种理想的法,所以社会主义法应该越来越美,最后走向美的极致。

让我们再分析一下法的真善美这三维之间的相互关系。第一,先分析法之美和法之真的关系。法之美和法之真之间有一种紧密的联系。从最终意义上说,美是人类能动地改造世界、创造生活的工具和表现。当客观规律作为一种盲目的支配力量,人还不能有所作为的时候,这个世界对人而言就不可能有任何美感。在我国先秦诸子当中,庄子从根本上肯定了美和真的一致性。他说:"法天贵真,不拘于俗。"这样就能获得一种人格的自由,就是美。在西方有美学之父称号的鲍姆加登说:美学是感性认识的科学,艺术作为感性认识,能够提供知识。虽然鲍姆加登的观点忽略了美的理性基础,但是他的结论却是不无道理的。现代科学证明,美能够启真,很多科学的发现和发明都是在对美的追求中获得的。例如,飞机的发明,就是在人类翱翔天空的梦想中发明出来的。同样,法是适应人们追求秩序之美而逐步创造出来的一种特殊的社会规范。当然,真并不等于美,只有真被人创造性地加以掌握和发展的时候,它所拥有的、与人的目的相一致的外部具体形式,才可以成为审美的对象。

第二,法之美与法之善之间的关系应该说更为密切。根据我们的考察,美和善这两者在古代是经常混在一起的,经常表达的是一个意思。苏格拉底说美即是善,认为:"任何一件东西如果它能很好地实现它的功用的目的,它就同时是善的,又是美的,否则它就是恶的,又是丑的。"我们查数了一下《论语》,那里讲"美"一共有十四次,其中十次指美就是善和好的意思。孔子还通过比较的方法,提出"质胜文则野,文胜质则史,文质彬彬,然后君子。"把美和善结合一起,强调两者的统一,这是中国传统美学的一大特征。在美和善的位次上,无论是儒还是道家,都把美看成是高于善的。作为一种精神境界,美比善更高尚,更纯粹,更完善。同美和真的关系相比较,美和善的关系更接近。美以善为基础,和人的需要无关的东西就谈不上美。但美与善这两者又有区别。善直接同人的功利或道德是相关的,而美则是一种鉴赏。我前面讲到,法之美是法之真和法之善二者综合的、整体的表现,是二者的一种升华。它具有一种新的质的属性,也就是说我们不能把法之美看成是法之真和法之善简单的相加,而是这两者相结合形成的一种不同于前两者的独立的东西。

我们一时尚不能精炼地概括出法之美的一般表现,只能援引若干实例加以说明:①言为心声,法有表达人类理性的、简洁的语言文字之美。例如,思想家司汤达就曾说过《拿破仑法典》是一部史诗。②法的体系层次井然,各个组成部分之间错落有致,犹如一座大山,有巍峨雄壮、气势恢宏之美。③法的规则对人的作为和不作为表达得斩钉截铁,流露出刚性之美。④法的原则统领一群法的规则,好似纲举目张,有机巧之美。⑤法的强制性虽然有时显得暴虐,但它却常常不失为一种狞厉之美。⑥法把他律和自律构成一体,包涵着一种道义之美。⑦法以自由观念为核心,确实是体现人性的自然之美。⑧法使人们能够通过逻辑思维、计算和预期自己的得与失之所在,这就呈现出一种理性之美。⑨法以权利和义务的分配,使复杂的社会关系变得清晰和协调,确实是一种和谐之美。⑩法肯定人的主体地位和人的尊严和价值品性,这是一种人格之美。⑪法的运作程序环环相扣,整齐有序,显示出行云流水之美。⑫法的秩序所实现的自然规律和社会规律的人化,是一种天人合一之美。⑬法的历史类型的变迁,显得惊天动地,悲喜交加,存在着戏剧之美。如此等等。

　　法的真善美是一种具体的历史的存在,它发展的过程是曲折而复杂的。正如毛泽东所说:真的、善的、美的东西,总是在同假的、恶的、丑的东西相比较而存在,相斗争而发展。因此,我们在探讨法的真善美的时候,必须批判和清除法中那些假恶丑的东西。如果我们的群众,我们的法学家和法律家,我们的政治家,都能建立起来浓厚的对法的审美观念,对法的认识、认知和理解,对法的实施,必有很大的好处。简单地说,只有通过对法的审美观念的培养,才能够真正建立起对法律的信仰,因而才有蓬勃发展的社会主义法治。

　　【说明】本稿的基本的内容,是 2001 年 6 月 19 日在吉林大学法学院的讲演稿。它的基本观点是与邓少岭博士一起研究的成果。超出这个范围的,由主讲人负责。

　　　　　　载《法律思想的律动——当代法学名家演讲录》,法律出版社 2003 年。

法之美刍论

一、法之美：理论证成

社会主义法同时具备真和善的属性，是合规律性与合目的性的统一，这就在根本上与美一致起来了。因为，"美是真与善的统一，也就是合规律性和合目的性的统一。"①"真与善，合规律性与合目的性的这种统一，就是美的本质和根源。"②

"但无论哪一种美，都必须有感性自然形式。一个没有形式（形象）的美那不是美。"③"美……是一个具有特殊规定性的内容和形式统一体。在这个统一体中，内容处处表现于感性具体的形式之中，不能脱离感性具体的形式而存在。"④

那么，何谓形式呢？法会不会具备这样的形式呢？哲学上的形式指事物的内容诸要素的结构方式和外部表现形态。美是内容与形式的统一体。它的形式有其"特殊的规定性，美的事物一般要求符合自然规律的形式，不违背人们的官能快感。"⑤这形式应是感性的，鲜明的，丰富多彩的。"美的事物经常是以其鲜明生动的形式——色彩、声音、形体等诉诸人们的情感感受的。各种形式美更以突出的合规律性的自然形式（例如均衡、比例、节奏、韵律）成为美的对象。"⑥

法完全可以具备上述的美的形式，社会主义法完全可以按照美的规律来创造。任何时代的法都是内容和形式的统一体。不管是静态的法的要素和体系，还是动态的法的运行和发展，都是感性和理性的交织，它们既可以作为让人认知理解的客体，又同时是人们感觉体味的对象。法律虽然不具备色、形、音等鲜明外观，但作为社会实证现象的一部分，它仍然具备丰富的诉之于感官的力量。当然，对于作为社会美的一部分的法律美的欣赏而言，当包涵着更多的理解或理性的因素。

同为社会的规则体系，法律是要比道德更有次序，更有条理，更整齐，也更具有可感的外观。伦理道德的审美意义既已得到承认，法律之美就不仅是存在的，而且其审

---

① 李泽厚：《美学三书》，安徽文艺出版社 1999 年，第 48 页。

② 前引，李泽厚书，第 485、480 页。

③ 同上。

④ 王朝闻主编：《美学概论》，第 29 页。

⑤ 同上。

⑥ 同上。

美价值似又在伦理道德之上。蕴含于深奥的科学之中的美也越来越得到肯定,爱因斯坦的相对论就被波尔称为"一切现有物理理论中最美的一个""一个被人远远玩赏的艺术品"。科学美这一术语也使用得越来越广泛。相对于科学,法律现象要形象具体得多了。科学可以是美的,法律当然也可以成为美。

法应是美的,这也是社会主体达致真正自由之境所必需的。真、善、美都是主客体相统一的境界,但有层次上和侧重点的不同。在真,法律主体和客体达到了统一,但这种统一还只是抽象和片面的统一。从根本上讲,人类求真知的目的并不在真知本身,更重要的是为了满足人类的种种需要;也即在真这里,主体与客体的统一尚未落到实处。这时,既然外部世界不会自动满足人的需求,人就决心以自己的行动来实现自己的目的,满足自己的需要。在具体的历史性的实践中,法律主体与客体之间的关系就实现了更高层次的统一,达到了善。善更侧重于主观的现实性和必然性的尺度,具有强烈的主体性,是最典型的价值形态。然而此时的统一,仍是主客体之间的片面统一,仍然不是对人性的全面而真实的占有,仍然不是主客体之间全面具体的统一。要实现主体自由,实现主客体之间全面现实的统一,社会主义法就必须扬弃真和善各自的片面性而在更高层次上实现新的综合,这就使社会主义法臻至美的境地。只有在美里,主体与客体之间的对立才能真正消解,主体与客体才能真正打成一片。社会主义法求美之维是对其求真与求善之维的扬弃和超越,美以真为现实前提又包含了真,美也以善为良知的基础又涵容了善。

美的本质出发也可论证法可以是美的。当代中国居于主流的实践美学认为:"美的规律,正是人的本质力量对象化的规律。"[1]"实践美学作为当代美学的主要流派,是从 50 年代美学大论战中脱颖而出的,于 80 年代占据中国美学界的龙头位置,并持续其权威地位至今。"[2]它的一个代表人物讲道,"无论自然美还是社会美,都正是'人化的自然',这两种美都应该用马克思讲的'自然的人化'来解释。"[3]

其实,法、法文化也正是人的本性的确证,是人的自由的定在,是本来外在于人、异己于人的历史社会向人和人的自由的生成。所以,法就必然是美的。而社会主义法作为最高类型的法,最能体现人的本质的法,最能实现主体与客体相统一的法,即最终服从解放全人类实现人的最高理想的法,它就更应该是美的,越来越美的。

所以,社会主义法同时兼具真善美三种意义,是一个三维结构体。继而,让我们再看一看法的真善美这三维相互之间具体关系如何。

美与真有着密不可分的联系。美作为人改造世界能动创造的生活表现,就其历史发生或起源来看,以对于真的掌握或认识为前提。当客观规律对于人说来还是一种盲目发生作用的支配着人的力量的时候,人还不可能能动地改造世界,客观世界对于人

---

① 蒋孔阳:《美的规律》,山东教育出版社 1998 年,第 8 页。
② 宋蒙:《对实践美学的历史地位及现实命运的反思》,湘潭师范学院学报 1999 年第 2 期,第 93 页。
③ 李泽厚:《美学三书》,安徽文艺出版社 1999 年,第 480 页。

也就没有美可言。在我国先秦诸子中，庄子从根本上肯定了美与真的一致性，主张"法天贵真，不拘于俗"①，从而获得和保持个体人格的自由，这也就是美。在西方，美学之父鲍姆加登认为美学是感性认识的科学，艺术作为感性认识也包含着真，能提供知识。现代科学也证明，美可启真，许多科学发现都是在对美的追寻之中获得的。另一方面，真并不就是美，只有当它为人所创造性地加以运用和掌握时，它那与人的目的相一致的感性具体的形式，才可成为审美对象。在古代，美和善是混在一起的，经常是一个意思。苏格拉底就认为美即是善，善即是美。他说，"任何一件东西如果它能很好地实现它在功用方面的目的，它就同时是善的又是美的，否则它就同时是恶的又是丑的。"②我国的情况，据有人统计，《论语》中讲"美"字十四次，其中有十次是"善""好"的意思。将美与善联系在一起，强调二者的统一是中国美学的一个特征。在二者的位次上，不管是儒家还是道家，都视美高于善。在中国文化传统中，作为精神境界，美比善更高尚，更纯粹，更完全；作为人生境界，美比善更充实，更丰富，更光辉灿烂。

　　和美与真的关系比较起来，美与善有着更为直接、更为密切的关系。美以善为主观性基础，与人类的实践需要根本无关的东西，不可能是美的。但美与善又有显著区别。善是直接与人的功利和道德目的直接联系的对象，而美则是观赏的对象。

　　值得一提的是，孔子在美与善的关系上提出了有深刻意义的看法。他一方面明确区分了"美"与"善"，这主要体现在他对韶乐和武乐的评论上。子谓韶"尽美矣，又尽善也"。而谓武"尽美矣，未尽善也"③。另一方面，孔子又主张美善应统一。他说："质胜文则野，文胜质则史。文质彬彬，然后君子。"④

　　就三者的关系而言，真善美应该是具体的历史的统一，但这种统一的实现是极为曲折和复杂的。即使是在追求真善美为共同目标的社会环境中，由于社会分工和实践认识水平的不平衡，也常常会出现真善美相互对立和分离。同时，我们也要注意到，"真的、善的、美的东西总是在同假的、恶的、丑的东西相比较而存在，相斗争而发展的。"⑤在西方历史上，康德的"三大批判"将真、善、美作出经典的划分。但是，这种分离不过是虚晃一枪，康德的最终目的仍在三者的融合。康德之后，席勒等也反对真善美的分割而极力主张三者的统一和交融。进入当代以来，美学家们又提倡美学必须进入社会生活的各个方面，建立审美文化。在这一背景之下，我们提出用美学的方法去研究法，使法现象中注入更多的美的精神和生气，建构法美学这一新学科正可谓适得其时。

　　所谓法美学，是用美学观点和方法研究法的学科体系，如同法社会学、法经济学、

① 《庄子·渔父》。
② 《西方美学家论美和美感》，商务印书馆1980年，第19页。
③ 《论语·八佾》。
④ 《论语·雍也》。
⑤ 毛泽东：《关于正确处理人民内部矛盾的问题》，《毛泽东选集》第3卷，第390页。

法政策学、法人类学等一样,法美学是一种新的交叉或边缘学科。它的着眼点和落脚点不是美学,而仍是法学。

二、法之美:历史考察(上)

先从苏格拉底说起吧,他视善与美为一事,认为有用即是美,这样,既然法是必需的,那法律就一定是美的。苏氏对美论述不多,也不可能专门论及法之美。

苏氏之高足柏拉图是最早向世人猛喝什么是美的大哲学家。他提出了不少富于启发意义的观点。他总结了前人的看法,认为美不是"恰当",不是"有用",不是"有益",也不是"有视觉和听觉产生的快感"。他从他的唯心主义立场出发,明确提出了美是理念说或分有说,其基本观点是,美是理念;个别事物之所以美,是因为它"分有"或"摹仿"了美的理念。柏拉图提出有制度之美:"先从人世间个别的美的事物开始,逐渐提升到最高境界的美,好像升梯逐步上进,从一个美的形体到两个美的形体,从两个美的形体到全体的美的形体;再从美的形体到美的理想国的行为制度,从美的行为制度到美的学问知识,最后再从各种美的学问知识一直到只以美本身为对象的那种学问,彻悟美的本体。"①

柏拉图还有很多关于法与美的论述。"……从前人还有另一种歌。就叫做'法律',上面还冠上'竖琴调的字眼'……"②(这里用字 nomi,兼有法律与歌曲二义。)

在《大希庇阿斯篇》中,柏拉图提到了美的法律和政治国家中的美③。

塔塔尔凯维奇认为,毕达格拉斯派的尺度说和比例说在柏的哲学中虽然出现得比较晚,可是却成了他美学的基本特征。它贯穿于柏拉图的《法律篇》④……而且,他在《法律篇》里还把艺术分为庄严艺术和节制艺术。⑤

柏拉图认为,"法律正义是一种秩序,就是有自己的东西干自己的事情。"同时,正义"即个人的三品质(欲望、激情和理智)在个体协调运行秩序井然时,个人就成了正义之人"。理想国由哲学家、战士、农工商三个层次构成,跟人的理智、意志、情感对应,后两者服从前者的统治,各安其位,各得其所,各守其责,并从高度有序、和谐整一中见出理性色彩。理想国以其高度的争议整一,通神的理性、各阶层的自觉,表现典雅、神圣、肃穆的壮美。

亚里士多德也很关心美、艺术与政治、法律的关系。在《政治家》篇,亚氏用了三章的篇幅探讨城邦公民的音乐教育问题。在此一领域,他依然执守中庸之道,以培养守

---

① 《柏拉图文艺对话集》,人民文学出版社 1959 年,第 251—252 页,转自《古希罗美与诗》,第 51 页。
② 《理想国》,转自《西方美学史资料选编》上,第 82 页。
③ 塔塔尔凯维奇:《古代美学》,第 109 页。
④ 同上书,第 114 页。
⑤ 同上书,第 118 页。

中道的城邦公民为目标。不管是立法还是乐教,都与审美一样,要遵守适度与中庸原则,亚氏虽未曾明言法律与制度之美,但他明确指出美的范围非常之广,"既包括神与人,也包括人体与社会,既有事物与活动,也有地球上的自然界和天体的运动"①。

亚翁肯定地说:"人类在历史过程中自有许多机会——实际可说是无数的机会——再创始各种制度。我们有充分的理由可凭以设想,'需要'本身就是各种迫切的发明教师;而人类社会既因这些发明具备了日常生活的基础,跟着也自然会继续努力创造许多事物来装点生活,使它臻于优雅。这个普遍原则,我们认为对于政治制度以及其他各个方面应该一律适用。"②

亚氏认为和谐是美所必需,和谐即美。同时又认为城邦也是一个和谐的整体,"城邦的本质就是许多分子的集合。"③"把所有分子作出区别而加以配属"④"城邦不仅是许多人的数量的组合,组织在它里面的许多人又该是不同的品类。"⑤这样一种和的思想与其审美旨趣是完全一致的。

亚氏明确主张法治优于一人之治,提出城邦和法律的目的在于促进善德,"法律的实际意义却应该是促成全邦人民都能进于正义和善德的永久制度。"⑥良好的政体应由中产阶级当权,良法也应符合中庸之道,都应与美学原则相一致。

当代德国法律思想家、政治活动家和人本主义者古斯塔夫·拉德布鲁赫,曾明确提出建立一门法美学。实际上拉氏本人即是一个既有科学头脑又有艺术天分的人,他认为艺术和诗歌可使法律职业者达到最高境界,从而展示出一幅生命的画像。1932年秋天以后,他广泛地与思想与艺术家交往,他的文化科学视角因而愈益广阔,1938年他出版了《刑法史》(《刑法学的优雅》)。该书是拉氏后期两代表作之一。

西方马克思主义标榜马克思主义,同时又称要对马克思主义进行改造,他们既不满意于传统的对马克思主义的教条式理解,又批判前苏联模式的社会主义。他们非常重视主体和主观意识在社会生活中的基础性地位,强调文化批判的巨大作用,认为人的解放和理想社会的建立系于主观意识的革命,艺术和审美在此中应该扮演要角。西方马克思主义紧密联系社会、政治来分析美的理论,毋宁说,其美学理论本身就是政治理论和社会理论,而其政治理论、社会理论本身也是美的理论。最突出的如,前南斯拉夫实践派的美学思想就主要讨论社会主义国家中艺术和政治的关系问题,该派眼里,艺术是人类表现自我创造的象征性活动,艺术的自由特征既不可能在资本主义制度下实现,也在前苏联模式的"社会主义现实主义"中受到了歪曲,为此他们探讨了在自治

---

① 塔塔尔凯维奇:《古代美学》,第154页。
② 《政治学》,第371—372页。
③ 同上书,第45页。
④ 同上书,第57页。
⑤ 同上书,第45页。
⑥ 同上书,第138页。

社会主义条件下,艺术被整合在"一种开放的共同体"之中,成为从现实向乌托邦过渡的桥梁,体现出"作为一种人类共同体的社会主义的真正意义"①。

瓦尔特·本雅明被视为法兰克福学派的主要成员,在西方马克思主义美学中占有显要的地位。杰姆逊说:"从今天的眼光看来,本雅明无疑是20世纪最伟大、最渊博的文学批评家之一。"他提到过卡夫卡的《诉讼》,这部作品里笼罩着绝望的阴影,"这种诉讼对被告说来,常常是毫无希望的。即使当存在被告无罪的希望时,也是毫无希望的。"②

三、法之美:历史考察(下):中国

中国传统思维方式重整体、尚和谐,不太擅长逻辑思维,但却培养了高超的体悟能力,先民们常如微醺半醉一般,对天地万物人生世相做朦胧的体验、静观、欣赏,并舞之歌之,我们被称作礼仪之邦,也被称作诗教之国。这一根本的文化精神和人生态度,也同样渗透弥漫于政治法律生活当中。我们有乐教的传统,源远流长,尤其在儒家那里,更是礼乐刑政并提,相互为用,互为终始,缺一不可。这里的刑,当然属法的范畴,礼,从其是具有国家强制性的规范的角度看,亦应是法的一部分。

"夫礼,天之经也,地之义也,民之行也。天地之经,而民实则之。则天之明,因地之性,生其六气,用其五行。气为五味,发为五色,章为五声。淫则昏乱,民失其性,是故为礼以奉之:为六畜、五牲、三牺,以奉无味;为九文、六采、五章,以奉五色;为九歌、八风、七音、六律、以奉五声。"③这段话告诉我们,礼反映着天地之经纬,人伦之规则,而且这经纬规则与色声乐密切相关。

政治与音乐相互渗透,相互为用,似乎自三皇五帝时即已开始了,如《吕氏春秋·古乐》篇就说,"昔来襄氏之治天下也,多风而阴气蓄积,万物解散,果实不成,故士达作为五弦琴,以来阴气,以定群生。"按汉人的说法,神农氏始造琴,到舜时琴乐就变成一种自觉的教育形式和治世的根本措施。《新语》《史记》里甚至有对此的神话般的描述。"昔舜治天下,弹五弦之琴,歌《南风》之诗,以治天下。"

至周公,"兴正礼乐,度制于是改,而民和睦,颂声兴。"④制礼作乐被看作是周公的伟大功绩,这里正是礼乐并举,礼乐相和。周景王时,伶州鸠表达了乐政一致、以和为美的看法。他说:"夫政像乐,乐从和,和从平。声以和乐,律以平声。……"⑤齐国的晏婴,用形象易懂的语言,立脚于和,分析了乐和政的关系,他说:"和如羹焉,水、火、醯、

---

① 冯宪光:《"西方马克思主义"美学研究》,第60页。
② 本雅明:《论卡夫卡》,见《"西方马克思主义"美学研究》,第294页。
③ 《左传·昭公二十五年》。
④ 《史记·周本纪》。
⑤ 《国语·周语下》。

醢、盐、梅,以烹鱼肉,之以薪,宰夫和之,齐之以味,济其不及,以泄其过。君子食之,以平其心。""先王之济五味、和五声,以平其心,以成其政。……"①

儒家祖师孔子张德治、人治、礼治,非常重视艺术在人类生活和政治秩序中的价值,他培养学生的科目中,就是礼乐射书御诗,六艺里,乐与诗都是艺术门类,于美有涉。孔子的礼治,其实也是乐治,他说:"礼乐不兴则刑罚不中",礼乐与刑罚相互支撑,而礼与乐又互为呼应。《乐记》与《乐论》对礼乐关系作了远比孔子更为细致的分析,不仅指出了二者在社会目的上的一致性,而且指出了各自的特点。

站在儒家立场上对诸子百家作出批判继承的荀子,认为大水有似法的特点而美。②又提出,雕刻、服饰、音乐、建筑等艺术美的产生,是为了体现礼在制度上的要求和礼所表达的道德精神。这种对虚无的美与实在的礼法的紧密联系,对于法之美的探讨应颇富启发。

法家从功利主义出发,认为审美有害于法律和法治,文与法是相违背的,是要不得的。

墨家之于法家,有过之而无不及地否定美和艺术的意义。他们重质轻文,认为仪式是无用的,音乐艺术活动奢靡挥霍,劳民伤财,贻害刑政及物质生产,因此应该"禁而止也"。

道家批判儒家的仁义礼乐是一种治标不治本的东西。他们激烈地指出:"五色令人目盲,五音令人耳聋,五味令人口爽,驰骋畋猎,令人心发狂。"③"道德不废,安取仁义! 性情不离,安用礼乐! 五色不乱,孰为文守! 五声不乱,孰为六律!"④

四、法之美的实例征引

本文的第一部分,已在基础理论的层面初步论证了法为什么可以是美的。以下的这一部分,我们将从法律现实的各个方面去寻找法之美的实际例证。作为主观性和客观性的统一,作为理性与感性的统一的法,不管是从其静态的存在,还是从其动态的运行中,我们都可以发现丰富的美。

(1)法律离不开语言,语言是法律的载体,是法律的"建筑材料"。法律是通过词语制定和公布的,法律行为和法律决定也都涉及言辞思考和公开的表达或辩论。法国著名结构主义语言学家和符号学家格雷马斯认为法律和法律现象都是一种符号及其符号化过程⑤,而语言也正是一种符号系统。甚至于,格氏视语言为法律性质的中心。法

---

① 《左传·昭公二十年》。

② 《法行》。

③ 《老子·十二章》。

④ 《庄子·马蹄》。

⑤ 吕世伦主编:《西方法律思潮源流论》,中国人民公安大学出版社1993年,第280页。

律以语言文字为表现形式,语言文字使掌握国家政权阶级的意志最终获得"定在",文字的表达须与法律的特征和功能相适应。法律文本的语言以简洁、严谨、准确为基本要求。只有当语言符合了这种要求时,法律才能较为充分地发挥作用。这时,法律文本中简洁明快的文字就常常透露出凝重严肃、刚健、洗练的美学品格。比如,"在风格和语言方面《法国民法典》堪称杰作。其表述的生动明朗和浅显易懂,司法技术术语和没有交叉引证都颇受称赞,并且因此对法典在法国民众中普及作出了实质性的贡献。司汤达(Stendhal)'为了获得其韵调'(pour preorder lepton)上的语感,每天都要读几段法典条文;保尔·瓦莱里(Paved Valley)则称《法国民法典》为一部出色的法国文学著作。"①翻检法律史册,可发现不同时期的法律呈现出不同的语体特征和语言风格,不唯如此,语体特征和语言风格也随着法律部门之不同而不同。语言文字在给人的行为以明确的指引的同时,也总是给人的情绪以美的感染。诵读《法国民法典》时,也许可以体会到拿破仑对立法工作的参与多少使《法国民法典》"渗入了他那种伟大气魄,而法典的语言也因之而充满力量并激动人心:直截了当而一扫教理式的推断"②。

(2)一国现行法所构成的有机体系应该是和谐统一的整体。它不应该是内部互相矛盾从而自己推翻自己的杂乱无章的堆砌物,而应该是疏密有致、互相照应的统一体;这样的体系,当它既体现了法律调整机制本身的要求又合乎调整社会关系之需要时,法律体系就会既在整体精神和宏观布局上予人以辉煌壮观之感,也会在各细部的相互关系上予人以和谐的愉悦。试想,当成千上万的规范井然有序地构造成一个金字塔形状时,便会是庄严肃穆,巍峨雄壮。部门与部门之间,规范与规范之间,参差错落,浓淡相宜,俯仰映衬,前呼后应,正是一种和谐。而整个体系恢宏阔大,包罗万象,又疏而不失,要而不烦,岂不是到了简洁之极致?

(3)社会发展中必然存在的有序性和无序性的矛盾,使得行为规范成为人类的必需。③ 作为行为规范的一类,作为"人民自由的圣经",法律显得更加肯定、明确和普遍。与风俗习惯和道德不同,由于国家强制力的锻打,这种规范更加斩钉截铁,不容置疑,富于刚性美。和其他类规范一样,法规范也是人类历经艰辛和困苦而收获的生存与发展的智慧定在于符号化系统中,它是千差万殊的社会现象的抽象,是行为自由规律的映现和表征,是生命和生活经意或不经意地透露出的自身的隐秘。对于这样的法规则,只要我们拉开一个适当距离予以静观时,当我们对其沉思默味之时,它就既呈现给我们整齐划一结构完整的形式,也同时显示出人类不断攀升的创造智慧和主体精神。法是内容和形式的统一,在这种统一里,我们便可获致一种美和一种美的享受。

(4)法律的另一个重要因素是原则。"原则指导和协调着全部社会关系或某一领域的社会关系的法律调整机制,在制定法律规则时,进行司法推理或选择法律行为时,

---

① [德]K.茨格威特、H.克茨著:《比较法总论》,潘汉典等译,贵州人民出版社1992年,第169页。

② 同上书,第184页。

③ 武步云:《马克思主义法哲学引论》,陕西人民出版社1992年,第153页。

上篇 法的一般理论

原则都是不可缺少的,特别是在遇到新奇案件或疑难案件,因而需要平衡互相重叠或冲突的利益,为案件寻找合法的解决办法时,原则就是十分重要的了。"①原则是法律价值互相冲突的解决。从此一角度去看待,则每两个较具体的原则都应由一个较基本的原则来加以统摄和综合;每两个较基本的原则也应由一个更基本的原则来统摄和综合。如此类推,直至最后形成一个最基本的原则。这样,法律原则的数量从抽象到具体就会形成一个以"2"为等比的数列,即 $2^0=1,2^1=2,2^2=4,\cdots\cdots$ 这样一个整齐的排列,体现了数学形式之美。诚然,这是一个比较理想的状况。事实总是远离这一状况。但总有慢慢逼近这一状态的趋势。这一理想状态体现了法律调整的规律性,可以是立法的一个参考。规则的体系难以包罗万象,原则的体系或者竟可形成疏而不失的恢恢天网吧。

(5)强制性是法律的必备要件。如耶林所说,没有强制性的法律是"一把不燃烧的火,一缕不发亮的光"。法律本身的强制在阶级对立尖锐的社会中显得更加突出,比如以人对人的依赖为基础的社会即奴隶社会和封建社会里,法律就显得特别毒辣酷烈,处于其下的被统治者自然无法从中看到自己的自由,所感觉到的只能是野蛮残暴,阴森恐怖。"人类是从野兽开始的,因此,为了摆脱野蛮状况,他们必须使用野蛮的几乎是野兽般的手段,这毕竟是事实。"②但那些在今天看来是如此野蛮的观念情感和形象,由于体现了无可阻挡的巨大历史力量,加以保持着一种不可企及的童年气派的美丽,就形成了狞厉的美③,青铜艺术即属此类。

人类早期的法律也可作如是观。它的峻急、神秘、恐怖、威吓,积淀着一股深沉的历史力量,同时也荡漾着朴拙、粗糙、率真的气息。从而,它也就像青铜艺术一样,有狞厉之美。

只是,对于这种美的欣赏,必须等到"物质文明高度发展,宗教观念已经淡薄,残酷凶狠已成陈迹的文明社会里"④。这时,人们才能体会包含于残酷中的历史的狡计,体味那种狞厉崇高之美。

(6)"仰望天空,灿烂群星,道德律令,在我心中"。康德认为,道德可以像星辰一样令人敬畏和赞叹,人因为看到那个神圣的道德律令"耸然高出于自己和自己的自然天性之上,产生一种惊叹赞美的感情"⑤。这种道德律令的高贵,既来自于历史社会整体的分量,也来自于人类的自由意志和自律能力,道德律令以其沉雄庄重、浑厚肃穆的力量暂时压倒主体,给主体造成不快和痛感,但人调动自身的本质力量,通过冲突和抗争,仍可在客体面前保持尊严,人由于"能够强制自己,抑制利己、自私、自爱、自负而屈

① 张文显:《二十世纪西方法哲学思潮研究》,法律出版社1996年,第391页。
② 《马克思恩格斯选集》第3卷,第220页。
③ 参见李泽厚:《美学三书》,安徽文艺出版社1999年,第39—46页。
④ 同上。
⑤ 李泽厚:《批判哲学的批判》,安徽文艺出版社1994年,第322页。

从道德律令,就会感受到自己也同样高出尘表而有一种自豪"①。毋宁说,正因为人尊重了道德之威,道德之大,接受了道德律令的约束,才成就了自身的光荣和尊严。于是,主体就获得了崇高的享受。

道德整体的这一美学意义,在宋明理学那里也有较为明显的显露。在宋明理学那里,一方面,天理与人欲判然有别,激烈冲突,伦理的整体性、普遍性与个体的感性存在之间紧张对峙,森然相持。但另一方面,"感性的自然界与理性的伦常的本体界不但没有分割,反而彼此渗透,吻合一致了。"②宋明理学家爱讲"孔颜乐处","把它看作人生最高境界,其实也就是……属伦理而又超伦理,准审美又超审美的目的论的精神境界。"③宋明理学在本质上是残酷的凶狠的,但就其抓住了整体与个体这一矛盾关系而论,则是很深刻的。

道德整体有庄严肃穆之美,法律亦然。这一点在康德的整个理论体系中比较容易得到说明。康德的法权哲学正是以其先验哲学为基础从伦理哲学出发的,是伦理学在政治领域的应用。他对法的定义为:"法是能使各个人的意志依据自由的普遍法则与他人意志相协调的条件之总和。"这样的法,正是对个体与整体的矛盾的调整。这样的法,体现了历史规律性的制约,是社会整体的命令,是人类亿万斯年中所获得的成果的总结。在这一"大我"面前,"小我"肃然起敬,怵然而惕,生出恐怖惊惧之情。但当人成为法律的调整对象时又并没有丧失其主体性。所以,恐怖惊惧之中,又有赞赏自豪掺杂融合其中,这正是崇高感。

(7)我们还可以从法与自由的关系来分析法中之美。法与自由的关系极其密切,以至于"整个法律和正义的哲学就是以自由观念为核心而建构起来的"。法作为自由的定在和自由的工具、跳板,是人类社会生活领域的一部分。不同文化背景的人们心仪于法、信赖于法,正是因为法律的目的不是废除和限制自由,而是保护和扩大自由。④法,应是人可生活于其中的庇护所,是可供人们静思默祷于其中的"教堂"或"庙廊",是人可安居于其中的广厦华宇。法是世俗的,但同时又闪烁着神性的光辉。它是现世和当下,但却总是透露出信仰和超越的意味。法是功利的,但也有着诗性的成分。从人类整体上看是如此,对某一特定民族而言就更应该是这样。法不仅仅是外在的强加,它更应该是一个民族的性格特征和精神气质的自然流露。理想的法,应该如民歌一样自然流畅,从每一个农夫、猎人、工匠、教师、官员的心中奔溢而出,成为民众生活的象征和生命的颂歌,它在每一个国度每一个民族那里都应有独特的节奏和旋律。所以,与其说法是一种国家艺术,倒不如说是一种民间艺术。"良法"是民族生活之树上自然开出的花朵,是民众共同理想的果实。法的这样一种自然而然的特色和温婉柔曼的诗

① 李泽厚:《批判哲学的批判》,安徽文艺出版社1994年,第322页。
② 李泽厚:《中国古代思想史论》,安徽文艺出版社1994年,第236页。
③ 同上。
④ 洛克:《政府论》下篇,第36页。

意,在前社会主义社会未能得到充分体现,但在社会主义社会里应当和可能有充分展示。社会主义法从本质上讲应能在更高的程度上实现主体自由,实现人与法的统一。

(8)我们又可以从法律关系这一概念入手,寻觅法之何以为美的线索。法律是调整社会关系的。"法律关系是运用法律规范调整事实社会关系时自觉地重建起来的……在法律的实现中起着中介作用的思想社会关系。"①它由主体、客体和内容(权利义务)构成。法律关系中有二元主体。但在前社会主义社会,主体的主体地位不可能得到真正实现。只有到了社会主义社会里,法律关系才能从本质上成为"主体际"关系。它不是一方压倒另一方而使该另一方居于客体地位的关系,也不是黏糊糊地不分你我彼此、权利义务混沌不分的关系。像在前资本主义社会里,由于生产力发展水平比较低,人们尚未脱掉同其他人的自然血缘关系联系的脐带,因之,血缘亲属关系就在社会关系中占有十分重要的地位,这就在一定程度上导致身份、等级同时又并存着权利义务的混淆不分,个人消失于家庭和国家之中而没有独立的地位。再者,权利义务极端不对称,甚至有可能一方几乎只享受权利,而另一方则只承担义务,这就使得关系中的一方屈居于客体的地位。到了资本主义以人对物的依赖关系为基础的法律类型里,虽然有了法律上的人人平等原则,但由于生产资料占有的极不均衡,人与人之间形成真正的主体与主体之间的关系就依然是不可能的事情。只有到了社会主义以人的自由发展为基础的法律类型中,法律关系才真正有可能成为"主体际"关系,也应该成为这样一种关系。在这样一种关系里,各方权利义务相对分明,各方独立承担责任同时又不失对对方的关切。互相之间既有合作,但同时又保持各自的独立和尊严。这样一种关系既让我们体会到人性的尊严,但同时又彼此合作。此时,法律关系这种社会关系的表现形式,就使我们感受到了"冰清玉洁"般和谐的人际关系之美。

(9)从"主体际"关系这样一个短语,我们可看到法主体本身的人格之美。主体之为主体,并不仅仅在于法律规定其为主体,也不仅仅在于经济、社会所提供的外在的宏观条件,主体之成为主体,直接表现于人们在漫长的过程中所形成的主体的人格的状况、结构和水平。要适应现代法治之需,要使法律真正得以有效运转,就必须拥有社会全部的主体性人格的公民。法律所规定的"应为",必须以法律关系主体的"能为"为前提。从此一角度而论,现代法律关系的主体就是历史长期进化的结果,是人类文明积淀而成的人性的单一性。正是这人性中的幽微灵妙和雄奇壮伟,使得法律主体能够给予法律以道义上的担当,信仰上的承诺;倘无此人性人格的支撑,法律便无法顺利运作。

康德曾经赞叹人的道德义务说:"……你丝毫不取媚人,丝毫不奉承人,而只是要求人的服从,可是你并不拿使人望而生厌望而生畏的东西来威胁人……你只提出一条律令,那条律令就自然进入人心……一切好恶不论如何暗中抑制,也都得默然无语!

---

① 武步云:《马克思主义法哲学引论》,陕西人民出版社1982年,第378页。

呵！你的尊贵来源是在哪里呢？……这个根源只能是使人类超越自己（作为感性世界的一部分）的那种东西……这个东西不是别的，就是人格，也就是摆脱了全部自然机械作用的自由和独立的。"①

康德论述的是道德人格，是个人做人的尊严、价值和品质的总和，是人的主体性、目的性和社会性的集结。② 高尚的道德人格往往是富有情感性和感染力，从而具有审美价值的。道德人格的美学意蕴，在孔子与孟子的论述中都有所体现。如孔子在《论语·泰伯》中说："大哉！尧之为君也。巍巍乎！唯天为大，唯尧则之。"孟子则提出："可欲之谓善，有诸己之谓信，充实之谓美，充实而有光辉之谓大，大而化之之谓圣，圣而不可知之之谓神。"③

国家强制力远非法治得以有效运行的充分条件。现代法制的实现，从根本上讲，要依赖于民众的自觉服从和遵守。一整套原则规则的体系需要由具备一定品格的人来操作，法治所需的那样一种理性、独立、有尊严、守秩序、能负责、敢担当、刚健有为、清醒自觉的现代人格，应该可以与道德人格一样，成为审美对象。人性中充满险恶和黝暗，但凭依同时存在着的人性的光辉，我们仍可借助规则而达成和平、秩序与合作。我们审视和体验人的自我调控能力和自律技巧，惊讶并赞服我们自我设定的光荣的法律的束缚。我们既非对权力盲目崇拜对长官唯唯诺诺的顺民，也非无法无天放纵散漫的暴民，而是有中道的行为、均衡的人格的公民。

（10）在法律运作过程中，程序的作用在当代中国越来越受到重视。程序中一系列步骤、方式的严谨整齐、环环相扣的结构及其顺利的动态展开，也总是给人以美的享受。静态地看，诉讼中"法官中立两造与讼对垒"这样一种三角结构，就符合对称和均衡的美的形式法则。而整个程序从开启到结束，如能行进自如、轻快流畅或则跌宕起伏委婉曲折，也会让人体会到美的滋味。

（11）技术美在当代美学中日益受到重视。法律运作的各个环节都要有一定的技术，技术的熟练即成为艺术。技进乎艺，如庖丁解牛然，每一动作，都合乎音乐舞蹈之节奏，"莫不中音，合于桑林之舞，乃中经首之会。"

（12）法律秩序之美。

谢公因子弟④集聚，问"《毛诗》何句最佳?"遏称曰："昔我往矣，杨柳依依；今我来思，雨雪霏霏。"公曰："谟定命，远猷辰告。"谓此句偏有雅人深致。⑤

谢安从这句诗中所体会到的，是否可称为政治美呢？政治现象中有美，可以入诗，

---

① ［德］康德：《实践理性批判》，关译本，第88—89页，转引自李泽厚：《批判哲学的批判》，安徽文艺出版社1994年，第324页。

② 魏英敏主编：《新伦理学教程》，北京大学出版社1992年，第494页。

③ 《孟子·尽心下》。

④ 《庄子·养生主》。

⑤ 《世说新语·文学》。

这在中国古代想来是不会少的。

法律与政治密相关联，政治中有美，有艺术；法律亦当如此。它们都是人类文化的一部分，都可以成为"理念的感性显现"，成为"人的本质力量的感性显现"。

社会秩序的美，早已为古人注意到了。比如在《侍坐》篇中，孔子就赞赏曾皙的那个理想境界："暮春者，春服既成，冠者五六人，童子六七人，浴乎沂，风乎舞雩，咏而归。"这既是人生的胜境，也是政治秩序的理想，很有审美意味。又如五柳先生所描绘的世外桃源，引人无限神往，也是富于审美价值的。再如我们古代人常讲的那个大同社会，物得其宜，人得其安，秩序井然，海晏河清，我们对此也是禁不住啧啧连声的。

法律秩序作为社会秩序的一部分，也完全可以成为审美客体。"法律的秩序要素还可能具有一种审美成分，该成分在对艺术之匀称美和音乐之节奏美的欣赏中也会得到相应的表现。"举例来讲，贞观年间，路不拾遗，夜不闭户，某年秋后处斩竟只有二十几人，可谓是天下大治了。对如此的法律秩序，人们不由自主地称羡和向往，就是一种审美的心态。又比如在当代，假若我们看到某个社会里，法律得到了很好的实施，结果是经济发展，民风文明，社会和谐，这就可以说是达到了法治状态。这样一种状态实为我辈心向往之。

法律秩序是法律运作的结果，是实现了的自由的体系，是主体调控社会的优雅艺术的成果。在理想的法律秩序和法律秩序的理想里，良风美俗，社会和谐，天人之间，人法之间形成鱼水般轻柔亲密的关系。这样一种状态，是感性与理性，抽象与具象的统一，实是一种美的境界。

法律秩序的美，在于主体运用法律调控社会关系的合理性及由此形成的社会秩序的确定性、一致性、连续性等，而且，这种合理性、确定性、一致性、连续性又可通过可感的社会现象表现出来。谓其合理，指合乎社会之理和法律调整机制本身之理。因其合理，故能体现和实现主体的目的和理想，而这正是自由；这自由又是通过具体的个人、事件、社会关系等社会现实表现出来的，故美。

法律秩序之美，不属于自然美和艺术美，而属于社会美。与其他的美的形态相比较，法律秩序美有自己的特点。一是由规范性所带来的整齐划一，这是它显得井然有序的原因。二是由国家强力锤炼所带来的庄重和严峻，甚至有时显得残苛酷烈。三是这种美有浓厚的理性主义色彩，尤其是近现代以来更是如此，因为此时法律是奉理性为圭臬的。四是这种美又显得颇为世俗和现实，它不离功利，与伦理、政治紧相缠绕；乍一看去，这种美因俗而浅，因其强烈的现实性而少了超越意味，似乎缺少一种超凡脱俗的气质。另外，也许是由于以上原因吧，法律秩序美不易为人所体会，即使那些深通法律者，倘缺乏美的素养也是难以尝味得到此中之美的。

在法律信仰者的心目中，法律是正义和力量的结合，是合理的社会秩序，是刚与柔、疏与密、宽与严的均衡配置，是中道的权衡，是正义的艺术，是执剑的女神，为人所渴慕、所景仰、所赞叹，人对之不免自失自迷。

法律秩序美是多姿多彩的。它随时期地域、民族的不同而呈现不同的样态,不同的法律秩序有不同的样式,不同的精神,也体现着不同的美学风格。有的峻急,有的舒缓,有的温和,有的冷厉,有的平易,有的严苛。就民族个性而言,东方与西方的法律秩序美各有其特色。中国人崇尚天人合一,所以古代的法律秩序这一人间事物就被认为是上下与天地万物同流,与天地共处一体,相互沟通,这使得古中国法律显得尤为具有感性色彩和神秘性。古代行刑要看天候季节,说到冤狱则认为可以感天动地。相对于古中国天人合一的思维方式,古代希腊则以天人相分的世界观开始其文明之旅,他们的法律由此显得有一种静穆,这与它们的雕塑是同一的气派风度。伊斯兰法宗教性强,显得神圣刚烈。古巴比伦法则质朴天真。在时间之维上,法律秩序之美也不断变换其风格。人类社会早期,法多狞厉,而现代法律秩序则趋于完缓,早期法律常常简略疏阔,后来则渐趋繁密。法律的强制性逐渐变弱,也许到了社会主义高级阶段,法律将成为温柔的絮语和富于弹性的启示吧。

甚至,领袖人物的独特个性也会鲜明地打烙在法律秩序之美上,使其具有不同的色彩。比如郑国执政子产临终时对其后继者子大叔说:"我死,子必为政。惟有德者能以宽服民,其次莫如猛。夫火烈,民望而畏之,故鲜死焉;水懦弱,民狎而玩之则多死焉。故宽难。"这里面很可能就有个性因素的影响。其他的例子如秦始皇的法律繁如秋荼、密如凝脂,而唐太宗李世民时的法则是疏密得宜,轻重适当,拿破仑治下的法律秩序有一种一往无前的冲决力量,德拉古之法则无比苛酷。历史是具体的,个人的不同性格倾向也是法律秩序美的风格形成的一个因素。

法律秩序有其历史变化。在新旧相代之际,往往会产生一种悲剧性的美。人类跨入阶级社会的过程,也是一个法律秩序取代原始氏族公社秩序的过程,对于大部分人来讲,当美妙的历来靠风俗就把一切调整好了的民族公社秩序终被充满血腥和暴力的国家法所取代时,历史的车轮将亲密无间平等互助的人际关系,自然清新、粗犷质朴的原始情调碾得粉碎时,历史就显示出了一种悲剧性。

在法的历史发展过程中,当新型的法秩序取代旧的法秩序时,也如"一切伟大的世界历史事件和人物一样","第一次是作为悲剧出现的"①。这种悲剧的本质是"历史的必然要求和这个要求的实际上不可能实现之间的悲剧性的冲突"②所决定的。商鞅车裂,吴起肢解,戊戌变法的失败,都属这种情况。

当近现代法秩序取代传统宗法秩序时,当现代文明和传统田园牧歌式的乡村伦理秩序冲突时,后者作为一种人生中有价值的东西被撕碎了,生活于其中的人们是会体会到一种深刻的痛楚和哀婉的。

在新旧法律秩序递嬗之际,如果新生力量比较强大,它以横扫千军摧枯拉朽之势

---

① 马克思:《路易·波拿巴的雾月十八日》,《马克思恩格斯选集》第1卷,第603页。
② 《马克思恩格斯选集》第1版第4卷,第346页。

冲决旧力量,建立新秩序,法律历史也会呈现出酣畅淋漓轰轰烈烈的声势。这也会给观照者以强烈的美感。

法律运行的结果形成法律秩序。法律秩序是实现了的自由的体系,是主体调控社会的优雅艺术的成果。在这样一种秩序理想和理想秩序里,良风美俗,社会和谐,天人之间和人法之间形成鱼水般轻柔亲切的关系。这不正是一种审美境界吗? 只是,到这样一种秩序理想完全实现之日,也就是社会主义法趋于消亡之时。

(13)其实,法与美的必然联系和共存,从其产生时就已开始了。"人类最早产生的法多是以诗歌的形式保存和流传的,如印度的《摩奴法典》即以'输洛迦'(slokas)诗体写成。据考证,古希腊语的法(vonol,nomoi)兼有诗歌的含义。以诗歌的形式表现的法,被称为诗体法。"①其中"德拉古之酷律,如秋霜烈日,其法规自优美之诗句而成;梭伦之法,如春风骀荡,称为宽仁之法。""而梭伦者,诗圣也……梭伦之法典,亦自诗篇而成者也。"②贺拉斯认为,古代诗人的智慧就在于利用神话传说最早教导人们"放弃野蛮的生活"。"划分公私,划分敬渎,禁止淫乱,制定夫妇礼法,建立邦国,铭法于木。"③维柯也用诗性智慧的概念来解释包括法律在内的人类文明社会的起源。诗性智慧是世界中最初的智慧。即原始人的智慧,神学诗人的智慧。又称凡俗的智慧,是同后来才出现的哲学家和学者们所有的那种理性的抽象玄奥的智慧相区别的。诗性智慧即是形象思维,其特点在于想象、虚构和夸张。维柯提出"古罗马法是一篇严肃的认真的诗,是由罗马人在罗马广场表演的,而古代法律是一种严峻的诗创作"④。维柯又说:"《十二铜表法》的不少条都以阿朵尼(Adonil)诗格结尾,也就是英雄体诗的结尾部分。因此,有一种村俗传说,说以这种诗体颁布的法律就必须是真的。"⑤

(14)法事件,常可入于文学作品,这也可从法的审美特征来做分析。作为主观意识的客观化,法律事件不时显出其"妄自尊大"的一面,它总在要求尽可能多的权威和尊重,为此它不得不装腔作势,扭捏做作,它惯于谎称掌握了本不曾掌握的真理,大行不义时仍镇静地宣布自己在行正义,甚至自己本身就是正义,且不是一般的正义,而是优越的正义,不是朴素的正义,而是华丽的正义,因为它有锋利整齐的牙齿,百发百中的枪法,趄趄武步,楚楚衣冠,这实在让人忍俊不禁,我们于此而颇得滑稽之乐。

法律故事由于内在的自相矛盾,又具有寓言的性质,如卡夫卡的《诉讼》,就用荒谬和绝望道出了社会和国家的真理。

法律由于其自身内部的冲突,很能制造紧张的故事,形成戏剧情节,典型者如莎士比亚的《威尼斯商人》,这里的原因和美学意义尚待作进一步考察。

---

① 葛洪义主编:《法理学》,中国政法大学出版社 1998 年,第 14 页。
② [日]穗积陈重:《法律进化论》,黄尊三等译,中国政法大学出版社 1999 年,第 99—100 页。
③ 贺拉斯:《诗艺》,第 158 页,转引自李醒尘:《西方美学史教程》,北京大学出版社 1994 年,第 93 页。
④ 《朱光潜全集》第 19 卷,第 122 页。
⑤ 同上书,第 18 卷,第 275 页。

（15）诉讼的进行，近似于音乐剧。它有演员即法官、两造和观众，法庭本身有剧场一样的隔离作用。

（16）法律设施之美。这里比较突出的大概要算建筑与服饰。正义必须被看见，才能被最大限度地信服。可观可触之物，法律现象中并非仅此两种。但这两种较为典型。

（17）司法者人格之美。法律的力量通过司法者得以体现。道成肉身，法律的理念凝结、积淀在具体的有血有肉的个人身上，凸显人格的智慧、明察、老成、超脱、果决。

（18）法律的游戏成分。

（19）法律与仪式。

（20）法律与象征。

法的表现形态林林总总，法中的美也千姿百态。法之形如水，或平齐如镜，静谧清澈，给人以公平与透明的美感；或辽阔舒展，一望无垠，给人以开阔广远的美感；或浩浩荡荡，奔腾澎湃，给人以奋斗和进取的美感；或曲折迂回、温婉柔曼，给人以亲近舒缓的美感；或冷面霜颜，凛冽肃杀，使人顿起庄严敬畏之美感。

五、法之美：研究意义

法美学的建立是社会主义法的本质和历史使命的必然要求。马克思主义经典作家的理想是人的自由和全面发展，实现人对人的本质的全面占有，实现主体与客体的全面统一。马克思认为，共产主义社会是"建立在个人全面发展和他们的共同社会生产能力成为他们的社会财富这一基础上的自由个性"①。在那里，"每个人的自由发展是一切人的自由发展的条件。"②在马克思看来，"任何一种解放都是把人的世界和人的关系还给了人自己。"③

要达到这一目的，仅仅有真和善这两个方面是远远不够的。自由应该是真善美的统一。马克思写道："动物只是按照它所属的那个物种的尺度和需要进行塑造，而人则懂得按照任何物种的尺度来进行生产，并且随时随地都能用内在固有的尺度来衡量对象；所以，人也按照美的规律来塑造。"④自由是合规律性与合目的性的统一，是真善美的综合。因此，以追求人的自由和发展为己任的社会主义法，就应超越真善之间的二分，走向情理交融、圆满和谐的美的状态。

从必然王国到自由王国的跋涉，实际上必将是一个漫长的历史实践过程，这一过程既意味着宏观方面的社会经济、文化的不断发展，同时又意味着人性的不断生成和

---

① 《马克思恩格斯全集》第 46 卷（上），第 104 页。
② 同上书，第 1 卷，第 273 页。
③ 同上书，第 443 页。
④ 马克思：《1844 年经济学—哲学手稿》，刘丕坤译，人民出版社 1979 年，第 50—51 页。

逐步丰满充实。在这一过程中,主体总是既受制于既成的历史文化和人性水平的制约,同时又以积极进取的精神力图突破既定框架而展现人的热情、智慧和创造力量。法作为已经实现了的自由的体系,同时又作为实现进一步自由的环节,作为主体客体化和客体主体化的中介,它不仅仅停留在真和善这两个方面,而应在此基础上实现综合性的超越,达至美的境界。只有在美的境界里,才会实现主体对个体生命有限性的突破,在瞬间见永恒,才会实现内容丰富全面的真自由,才会真正实现社会主义法的全部价值。

法中的真善美是一个从不统一到统一的过程。最初,作为社会调控器的法仅仅注意求真和求善,而且二者也常常处于对立之中,或则法作为工具精妙灵巧,但却扮演着反对人和压抑人的角色;或则虽然追求高远的理想,但其调控技术却粗陋简单。

社会主义社会作为从有阶级社会到无阶级社会的过渡,作为人类历史的一个重大飞跃,作为人性提升的一个阶梯,作为主体性和客体性实现完满统一的一个重要的过渡,它的法应该是真与善相统一的法,是美意盎然的法。

法中的美长期以来是受到忽视的,人们最多只讲法中之真和法中之善,几乎没有谈及过法中之美。原因之一在于,法总是与暴力相联系,具有强制性,人类大部分历史时期的法又常以残酷野蛮为特征。社会成员生活在这样的法律之下,避之犹恐不及,又哪能谈得上拉开距离观照其中的美呢? 其实,这样的认识并不全面,前已述及,即使是早期的残酷的法律,有时也会显示出狞厉之美。正像“异化劳动也能够创造美”一样,剥削阶级法,甚至那些残酷野蛮的法律,也会因为社会成员在进行法律实践时倾注了自己的本质力量而成为美的载体。同时,当统治阶级还处于上升时期时,当他们还能适应生产力进步与社会发展的要求时,他们的法也就与人类自身发展的方向是一致的,从而可以制定和实施肯定人的本质的法律。这样的法,就有可能达到合规律与合目的的统一而成为美的。

原因之二在于,美学对美的界定比较偏狭。最初,美学家们只承认艺术领域中的美,自然美和社会美是后来才进入他们的视野的;即便如此,不少人在强调美之为美的形象性和情绪性的同时,还总是将形象性与抽象性,感性和理性割裂开来。必须看到,美并不局限于艺术领域,而是可以存在于实践的方方面面。杜威认为,艺术就是经验的完美,思想、实践和伦理都可以成为艺术的。① 现代美学将触角伸向生活的方方面面,力图使人类的生活世界成为一个审美的世界。技术美学已得到广泛承认和提倡,还有一些人认为存在着“科学美”。也需看到,抽象与形象、感性与理性本非截然分离,它们之间总是相互包涵、交融和转化。法是人的理性的载体,直接通过禁止、义务、授权的方式表达理性的命令;同时,法中也沉积着情感,它也会展示出可感受的形象性。

人类进入近现代社会以来,科学技术突飞猛进,道德理论也有长足发展,但却无法

① 聂振斌等:《艺术化生存》,四川人民出版社1997年,第十二章。

排除科学与伦理之间存在的对立。这种对立在法律领域中主要是借助合法性与合理性的对立表现出来的。这时,法律的合法性合理性都有了显著的提高,同从前相比,对法律合理性和价值的讨论与分析都得到了极大的增强。这就意味着,法律的求真与求善及其相互关系问题的研究,也获得了空前的进展。但不幸,人们并没有完全消除这样的情况,即总是感受到法律的外在的性质,感受到良心上的压抑,不能充分实现自由,感受到异化而不能充分展示创造自己的本性。解决这一问题的出路,就是要在法律中发掘审美精神和艺术生气,以实现人的心灵与躯体的和谐,动机与行为的和谐,人际关系的和谐,天人之间的和谐。

康德分别对真善美三维所做的深刻思考,最后落脚于审美判断,恰是他对"人是什么"这一千古疑问的回答。他认为只有在审美领域中,才能真正克服自由和必然、实然与应然的分离,达到真正的自由。这启发我们,法中真善的两极,倘无美的统摄,便极有可能导致法律和伦理各行其道,从而也就不能达到个人与整体社会的和谐。

对待资本主义法,如果不运用人的自由和解放的尺度,不运用审美的尺度来审视,便不可能是彻底的批判。马克思主义认为,人应"按照美的规律来造型"。这一角度可以帮助我们把握马克思主义对资本主义批判的真实高度和深度。资本主义法从根本上将人的不完善、不和谐和社会分裂加以固定化。所以,它势必一步步失去其合法性和合理性。社会主义法则力图尽最大可能实现对真与善的综合和超越,着力实现人的心灵和躯体的和谐,实现主体与客体的统一,使人尽可能全面地实现和拥有人的本质和自由。它正是由于以此为目标和理想,才取得了自己的历史合理性。

建立法美学的理论意义是巨大的。既往的理论法学囿于法之真与法之善,导致缺乏对二者的真正综合。这就使对法现象作深层次追问和思考的法哲学,既缺乏轻盈飘动的神采,又缺乏深沉雄浑之气象。当我们上升到审美之维后,将使法哲学更能准确地找到其本体支点和价值基础,看到法哲学的最终奥秘与人的密切关联。"认识自我乃是哲学探究的最高目标,这看来是众所公认的。在各种不同的哲学流派之间的一切争论中,这个目标始终未被改动和动摇过,它已被证明是阿基米德点,是一切思潮的牢固而不可动摇的中心。"[1]"马克思主义的出发点是人,正是对现实的人及其生活条件分析,马克思才形成了自己的思想体系。"[2]同时可以看到,哲学与美学的交融似乎是中外哲学发展的一个方向,哲学美学化有其深刻的必然性,那就是:完满的人生需要有审美境界;诗化哲学的涌现,更加深刻地使哲学指向生动活泼的社会实践主体,更加明确地意图把握现代人和未来人的本质存在。"人并不是抽象地栖息在世界以外的东西。人就是人的世界,就是国家社会。"一样地,法也当然与人密切相关,从而也与美应该密切相关。在我们看来,哲学、人的秘密与美是同一的,紧相缠绕的。从而,法的哲学,作

---

① [德]卡西尔:《人论》,甘阳译,上海译文出版社 1985 年,第 3 页。

② 王若水:"人是马克思主义的出发点",载于汤一介、杜维明主编:《百年中国哲学经典·八十年代以来卷》,海天出版社 1998 年,第 372 页。

为与社会主体紧相关联的哲学形态,也就应当回应这一哲学美学化的趋势,进一步关注人和人的发展,为人的自由和解放寻求既符合理想原则又切实可行的道路,增强对法律实践和实证法学的指导。

法美学的建立,在当代社会主义中国尤为迫切。美作为包涵真又高于真、蕴藏善又超越善的实证形态和价值形态,可使法的真与善能得到更充分的实现。因为美是社会历史长久积淀的产物,美既可启真,又可求善。符合审美规律的东西也往往是真的和善的。反过来看,一旦我们偏离美的角度而去考虑真与善时,则往往没有真和善可言。

以美为标准来衡量法律,有助于促进立法质量的提高。当我们从美的标准来审视和要求法律规则、法律体系、法律秩序时,我们便可在更高的层次上体现法的合规律性与合目的性。

法律的实施离不开法律推理。推理通常指人们逻辑思维的一种活动,即从一个或几个已知的判断(前提)得出一个未知的判断(结论)。这种思维活动在法律领域中的运用就泛称法律推理。它大体上是对法律命题运用的一般逻辑推理过程。显然,这是一种抽象思维。假若我们能把形象思维加进去,使形象思维辅助抽象思维,就能解决很多难题,使思维更加圆通、机智、周密。从这个意义上讲,审美之维可以提高思维水平,促进法的实施。

法美学的建立,又能够提高全民族的法律文化水平。社会主义法治的达成,决定于有无广泛的社会主体基础。民众知法、爱法、尚法则法治兴,民众对法漠不关心、憎法、厌法、避法则法治弛。所以,全民法律意识水平的提高,实为法治的先决条件和精神的根据。完成这一任务,离不开审美这条途径。法律中的美,使民众在欣赏的愉悦中就会自然而然地甚至自觉不自觉地趋近法、信仰法,把法这一客体主体化,内化为主体的新质,从而时时处处以法为则进行思考和行为,严格地守法护法。通过法律实践,也逐步提高了民众美育素质,这实际上也是其人性的提高,主体性水平的提高,整个社会的精神文明水平也随之得以提高。

用审美的观点来看待法律是对后现代转型的回应,从这一点来看,法美学理论无疑是激进的。后现代理论被视作是从本体论、价值论到审美论、认识论的基轴性转移,在审美之维的观照下,我们对法的方方面面的理解都会发生深刻的变化,我们必须重新审视法哲学的每一个领域。

现代主义在尊重科学理性的同时,不由自主地走向了对理性的盲目崇拜,这必然造成对感性的压抑。此点在法学领域里表现得尤为突出。审美之维正可帮助我们从理性的过分的压抑中解放出来,重新恢复活泼的感性,建构丰满完善的现代人格。

法治的运行,必须要有一大批具有现代法律观念的普通公民的支撑,公民法治观念的养成,其中一条有效的途径就是审美。在美感的熏陶中,民众日迁善而不自知,不觉间就走上了爱法尚法的道路,形成对法律的信仰,这对法治观念基础薄弱的我国尤为重要。

从认识论角度讲,现代法学仅从反思和计算,判断和推理上去理解法、认识法。这就使得本来力图追求整体的法学反倒割断了理性和感性,认识和现实之间的联系而显得机械、零碎和做作。自大而独断的理性主义虽不至于寿终正寝,但是却迫切需要解毒,审美之维恰是一副清凉剂。正是审美使我们完全地敞开完整的自我,去观照和体验本来即是一体的法律世界,获取鲜活生动、具体而微的法律经验。这无疑使我们对法律的理解更完整、更全面。总观法学史,各派对法的解说各执一端,难免有盲人摸象之失,法的审美之维则将其触角伸向法哲学的各个领域,力图达到跨文化的历史的把握整体性地理解和解说我们对法律的集体经验。

从启蒙运动以来的思想传统,在弘扬主体性的同时,又把主体性张扬到盲目的地步,所以在后现代理论中出现了主体性的衰落。虽然我们认为衰落的并非主体性本身,而是狭隘、夸张的主体性,但这却引起我们的反思。法学在张扬主体性的队伍中如果不是走在最前列的话,也应是急先锋之一,法学对人性的解放建功厥伟,亦对近现代人格的型塑出力甚巨。相应地,法学也助长了主体的霸道,尤其是对个体人格的吹捧,几至于无以复加的地步。对此一张狂性的消解,审美与美学是一剂良药。美之为美,不仅讲主体与客体的统一,而且强调个体与群体的统一,不仅要有个体身心灵肉的和谐,而且也要有自我与他者的和谐。要讲主客统一,就既要尊重主体性,又要尊重客体的客体性,天人和合,主客交通。这个客体性,就是天道,是伦常,是历史传统之力,是自然造化的神功。这个客体性就是法律置身于其中的社会的规律,也是法律自身运动的规律,是其体制的规律,制度的规律,机制的规律,形式的规律。近现代法强调权利,尤强调个体权利,这无疑提升了人性的尊严,但它不由自主地忽略甚至贬抑了社会整体之和谐,造成单子式的封闭自我,缩小了人性的可能性空间,简化了人生的无限丰富性。通过审美,人摆脱孤傲的枷锁,让自我在与他者宽容沟通之中,在狂欢里,在愉悦里,在轻松里,在肃穆里,把人性再超拔到一个神圣的高度。

概而言之,法美学的建立既为社会主义理想所需要,又为现实任务所要求。它既深刻影响现实的法运动,同时又着眼于法的长远未来,而且,还会对理论法学的发展产生重大影响。

六、法之美,建立一门学科的可行性

法美学的建立将是艰难的。原因并不仅仅在于资料的缺乏,更在于人类历史现阶段发展水平的制约。按照马克思主义原典的设想,只有到了共产主义的高级阶段,社会才能真正成为"自由人的联合体",才能真正将个体和社会较为完全统一起来。在此之前的人,则不可避免地要生活在从总体上来讲不美或美之不足的社会里。单个人自身往往存在着理性与情感,公益观与私欲心,动机与行为,手段与目的之间的对立,社会上存在着利益与价值与取向诸方面的冲突。看来,只要有法存在,客观上便意味着无法彻底地步入真与善的统一和超越而达到美的境界。而当法真正进入美的境界时,法也就要消亡了。所以,法美学本身也处于一种矛盾中,仅具有相对性。当它力图建构自身时,经验材料将不会特别丰富。在目前的社会主义初级阶段里,虽已不以阶级斗争为主要矛盾,但由于生产力水平低下,精神文化水平也不高,法之美就受到很大的局限,不可能有充分的展现。

但是,我们并不是法的审美问题上的悲观论者,不是无所作为的提倡者。相反,我们认为在这个领域里仍然大有希望,可大有作为。从宏观的历史角度看,我们已建立了社会主义这一新型的社会,它的法以社会主义的人权和自由为原则,以完整人性的生成、发育以促进人的创造才能的发挥为宗旨,努力促使自然的人化和人的自然化,实现法主体的广泛性。这样,它就将在越来越大的程度上将合规律性与合目的性统一起来,美的因素将会越来越多。何况,人类文明已积累了相当丰富的成果,主体的觉悟也有了较大提高,这也使得我们有可能融合社会主义法的求真与求善,创造社会主义法的美。

再从具体资料来看,虽然直接探讨法之美的专著和论文难得一见,但到目前为止,一方面,美学的范围有了相当的扩大,审美文化日益成为现代社会的自觉追求,人类力图使人生艺术化,使社会生活艺术化,这为我们从美学上分析法提供了有益的借鉴。另一方面,应用美学的探讨也取得了一定的成果,可资我们研究的参考。

与邓少岭合作,2001 年。

法与法人格之崇高

位我上者,灿烂星空;道德律令,在我心中。

——伊曼努尔·康德

一、康德伦理学、法学与美学的交叉点:崇高

伊曼努尔·康德以其著名的勤奋和天才的洞见,写出传世不朽之作《纯粹理性批判》《实践理性批判》《判断力批判》三书,分别研究认识、道德和审美是如何可能的,清晰明确地将主体的知、意、情分别划定于三个不同的领域,成为不同学科的研究对象。

显然,康德用意所在,是着力区分真、善与美,区分认识、道德与审美,而他对于三者之差异的认识,也确乎是前无古人,达到了难以企及的历史高度;对此是毋庸置疑的。但另一方面,历来受到忽视的是,康德在其著作中对于三者关联的论说,重要性并不亚于三者的区分,甚至还有过之。《判断力批判》的创作,本意所在,恰恰正是要沟通真与善、认识与实践、必然与自由的鸿沟,务使真可通向善,真善美三者和谐统一。仅就善与美的关系而论,康德一方面指出二者的差异,将二者严加区别,这主要是:美不涉及利害关系,善涉及利害关系;美只在于形式不在于内容,善在于内容的性质意义;美感是自由的快感,表现于情感,道德感是不自由的快感,表现于意志。① 毋庸讳言,康德对于真善美三者的区别是大加阐发、不厌其烦的,从而给人们留下了深刻的印象,以至于有人认为他对于三者的联系是不重视的。实际上,康德完全看到了它们之间的联系,只不过所说不多罢了。康德指出,美与善是关联的,是统一的。第一,他认为,美只在社会中才存在。"从经验的角度来说,美只有在社会中才能引起兴趣。……如果一个人被抛弃在一个孤岛上,他就不会专为自己而去装饰他的小茅屋或是他自己,不会去寻花,更不会去栽花,用来装饰自己。只有在社会里,人才想到不仅要做一个人,而且要做一个按照人的标准来说是优秀的人……"②第二,康德区分自由美(纯粹美)(fieie schoenheit)和依存美(anhangende schoenheit),康德对二者的定义是:纯粹美(自由美)"不以对象究竟是什么的概念为前提,后者却要以这种概念以及相应的对象为完

① 刘峰:《伦理美学》,第 479 页。

② 康德:《判断力批判》,第 41 节,转引自朱光潜:《西方美学史》,人民文学出版社 1979 年,第 363—364 页。

善的前提;前者是事物本身固有的美,后者却依存于一个概念(有条件的美),就属于受某一个特殊目的的概念约制的那些对象"①。初看起来纯粹美优于依存美,但实际上纯粹美的数量微乎其微,只有像花、鸟、贝类、无标题音乐等不多的类别。存在更多的是依存美,实例俯拾皆是。它们都有一定的目的,完满性就是对他们的鉴赏判断力的规定根据。为了研究,康德处处强调纯粹美;但在实践中,他不仅承认审美与其他因素经常混合在一起,并且还认为认识的愉快和善的愉快会增强审美愉快。② 尤其是,第三,理想的美不是纯粹美而是依存美。理想美不能只以感性形式或空洞的形象显现,同时也要涉及理性概念。真正美的东西,从道德观念来看,也要是完善的。同时只有人才有理想美,"只有人才能显出理想美所要求的道德精神的表现"③。从总体上,第四,康德提出了美是道德的象征的命题。道德的象征与美的理想是一致的,对于美是道德的象征的论述也同时是对美的理想的论述。在美的普遍性和必然性之后深藏不露的是道德律令和人的道德感。道德的美是一个来源于纯粹实践理性的概念,不可能有一个直观与之相对应。要把善的概念实在化和感性化,就要采取象征的方式,而能够最恰切地象征善的概念,并能引起类似于伦理愉快的就是美。所以要用美来象征善,美是道德的善的象征。④ 对于我们最有启发的是,第五,康德关于崇高的论述。康德之前,已有一些思想家对崇高作过探讨,但康德对"崇高问题所进行的探讨比起任何美学思想家都远较深入"⑤,而且,他的崇高论即使不是后无来者,也至少是"到目前为止,也没有发现哪一家在崇高理论方面超过康德"⑥。康德将美与崇高对举,指出二者的区别为:"第一,就对象来说,美只涉及对象的形式,而崇高却涉及对象的'无形式'。形式都有限制,而崇高对象的特点在于'无限制'或'无限大'。"⑦其次,主观心理反应也不同。"美的愉快和崇高的愉快在种类上很不相同,美直接引起有益于生命的快感,所以和吸引力与游戏的想象很能契合。至于崇高感却是一种间接引起的快感,因为它先有一种生命力受到暂时阻碍的感觉,马上就接着有一种强烈的生命力的洋溢迸发,所以崇高感作为一种情绪,在想象力的运用上不像是游戏,而是严肃认真的,因此它和吸引力不相投,心灵不是单纯地受到对象的吸引,而是更番地受到对象的推拒。崇高所生的愉快与其说是一种积极的快感,毋宁说是惊讶或崇敬,这可以叫作消极的快感。"⑧在对崇高的论述里,康德几乎抛弃了美的分析中"美在纯形式"的论断,而特别强调崇高感的道德性质和理性基础。崇高之为崇高,其根据全然不在对象,而仅存在于主体的心中,

---

① 康德:《判断力批判》,第 16 节,转引自朱光潜:《西方美学史》,第 357 页。
② 曹俊峰等:《德国古典美学》,上海文艺出版社 1999 年,第 99—100 页。
③ 朱光潜:《西方美学史》,人民文学出版社 1979 年,第 386—388 页。
④ 曹俊峰等:《德国古典美学》,上海文艺出版社 1999 年,第 195—199 页。
⑤ 朱光潜:《西方美学史》,人民文学出版社 1979 年,第 365 页。
⑥ 曹俊峰等:《德国古典美学》,上海文艺出版社 1999 年,第 145 页。
⑦ 朱光潜:《西方美学史》,人民文学出版社 1979 年,第 366 页。
⑧ 康德:《判断力批判》,第 23 节,转引自朱光潜:《西方美学史》,人民文学出版社 1979 年,第 367 页。

他反复阐说,崇高并非如常识所认为的那样是事物的属性,"崇高不存在于自然的事物里,而只能在我们的观念里寻找","真正的崇高只能在评判者心理寻找,不是在自然对象里"①。崇高来自于我们的心意情调或精神情调。这种情调是超感性的心意能力的升华,是人类对其他存在的优越感,是人类"对自己使命的崇敬"。人不仅能战胜外部自然,而且能战胜内部自然。"人类在以精神力量战胜自身内部的原始冲动,战胜动物性的欲望时,就能产生一种自豪感,并发出某种形而上的理性冲动和激情,把自己从其他造物分离出来,以宽容和友善的情怀俯瞰宇宙万物,这就是康德所说的'心意情调'和'精神情调'。"②也就是说,人是把自身的伟大力量投射到外物上,人对外物引起崇高感觉时,恰恰是在崇拜自身的力量。无边的海洋,浩瀚的沙漠,险恶的巉岩,巨大的冰川,只不过是借得了人的崇高而言。对于崇高的体会和欣赏,需要主体的勇敢精神,需要人是真正的人,具有纯真、高尚的情怀。康德认为,对崇高的鉴赏判断需要比对美的欣赏更高的主体条件,在这里,康德把崇高与勇敢精神联系起来,非常强调道德修养的必要,他说:"如果没有道德观念的发展,对于有修养准备的人是崇高的东西对于无教养的人却只是可怕的。"③按照康德的伦理学说,道德律令是先验的,它存在于人的心灵之中,凡有良知的人都有先天的道德观念,而这正是崇高感的基础。先天的道德观念产生了崇高判断的必然性。④ 崇高事物之所以能成为审美对象,在于它能引起人的自我尊严感。崇高立基于人性的尊严和美之上,是人的道德情操的表现。

道德与美的紧密联系,我们不仅可以在康德的美学理论里看到,他的伦理学对这一点也有深刻的揭示和描述。由于崇高可以是没有形象的,仅凭想象就可完成,比如上帝的崇高就是如此。这是一方面。另一方面,道德律令具有的绝对的普遍的性质,它的那种威严就会引起人的惊赞和尊敬。道德义务的遵行,不能考虑任何的功利目的和利益,或者,更准确地说,不能以功利和利益为目的,只能为义务而义务,为行善而行善,任何超出善之外的考虑都会妨碍善德和德性的完满。当道德义务与人的自然感性欲求相矛盾时,此时人就必须舍弃自己的感性欲求和利益,甚至牺牲自己的生命,舍生取义,杀身成仁。就是要把善恶与对祸福的衡量相分离,要把义务的履行与得失成败脱钩,这样方能彰显人的道德尊严,把人与动物区分开来。按康德的理论,人只有凭理性的力量平伏了"自负"与"自爱"等消极感情,才会产生出"对于道德律令的一种敬重感情……也可以称为道德感情……"⑤。这种道德感情的特点,"一方面不是快乐,相反,它还带着少量的痛苦,包含着强制性的不快;另一方面又因为看到那个神圣的道德律令耸然高出于自己和自己的天然特性之上,产生一种惊叹赞羡的感情,同时由于能

---

① 康德:《判断力批判》,第25、26节,转引自曹峻峰等:《德国古典美学》,第128—129页。
② 曹峻峰等:《德国古典美学》,第129—130页。
③ 康德:《判断力批判》,第29节,转引自朱光潜:《西方美学史》,人民文学出版社1979年,第372页。
④ 曹峻峰等:《德国古典美学》,第144页。
⑤ 李泽厚:《批判哲学的批判》,安徽文艺出版社1994年,第322页。

够强制自己,抑制利己、自私、自爱、自负而屈从道德律令,就会感到'自己也同样高出尘表'而有一种自豪。"①这样的情感里,既有痛苦,又有愉悦,以痛苦而开始,但却是以快感而终结,这不正是一种崇高感吗?只不过,康德是把崇高的根据置于主体,置于主体的存在结构,也就是人格。他认为,只有人的道德品格,才能引起敬重的道德感情。在我们看来,崇高自然离不开具有一定心意能力的主体,但仅仅强调这一方面恐怕有失偏颇。所以,黑格尔就此点批评过康德。我们认为,崇高既在主体心中,崇高主体是肯定需要的,但崇高同时也以对象为根据,需要有崇高客体。巨大、威严的道德律令和道德整体,就属于此类的客体。人站立于道德律令和道德整体之前,一开始会感到压迫和屈抑,既而因为激起道德的自觉力量,又感到主体昂扬力量的投射,这即是一种崇高感。康德就是把这样的崇高感与人的道德人格紧紧联系在一起的。康德在《实践理性批判》这一深探道德之理的著作中,曾用富于感染力的笔触激叹人的道德义务说:"……你丝毫不取媚人,丝毫不奉承人,而只是要求人的服从,可是你并不拿使人望而生厌、望而生畏的东西来威胁人。……你只提出一条律令,那条律令就自然进入人心……一切好恶不论如何暗中抑制,也都是默然无语!呵!你的尊贵来源是在哪里呢?……这个根源只能是使人类超越自己(作为感性世界的一部分)的那种东西……这种东西不是别的,就是人格,也就是摆脱了全部自然机械作用的自由和独立的……"②康德这里的描述也是一种崇高感,崇高的客体是道德律令本身和伦理整体。在康德的心中,夜间的星空和道德律令是两种最为崇高的事物。

康德的崇高论,从整体上说是缺乏历史感和实践内容的。他的崇高,原因其实在于历史的实践的人类社会生活中,在于个体与整体的既对立又统一中,在于特殊与普遍的既冲突又和谐中。所谓伦理道德说到底就是要处理这些矛盾、协调这些关系,努力既促进个体的利益又使个体服从整体的利益。由于个体与整体的冲突在生活的历史中是必然的和普遍的,所以个体就总是要面临着一个舍小我为大我的义务,这一义务的履行常常是不那么让人感到愉快的,甚至是个体要与之进行血淋淋的搏斗方可最后认肯这义务。在这斗争中,生命会感到受到了压抑,生命力受到了阻滞,于是就感到痛感。然而人有理性的力量,最终会接受自己的使命,于是他又可体会到一种作为人中一精华的优越感,此时,痛感就转化成了快感。作为道德情感和审美的崇高正是在此合而为一。

将伦理整体的感性内容与理性内容相统一,将善与美密切相关联,是我们中国传统思想的鲜明特色。其中,把那种伦理整体的庄严和崇高突出出来的,典型的要数孟子和程朱。孟子高扬人之为人的道德主体性,提出充实之为美的光辉论断。程朱理学更是把伦理整体上升到形上本体和宇宙论的高度。一方面是强调天理的绝对要求和

---

① 李泽厚:《批判哲学的批判》,第 322 页。
② 康德:《实践理性批判》,关译本第 79 页,转引自李泽厚:《批判哲学的批判》,第 324 页。

超经验属性,另一方面又不是那种纯然的形式,而是把体和用、本体和现象紧密联系起来,"把'义务'、'绝对命令'明确建筑在某种具有社会情感内容的'仁'或'恻隐'之心上。"①由于感性与理性的互相渗透,礼的境界就是一个"属伦理而又超伦理,准审美而又超审美的精神境界"。这一境界,"确乎与物我两忘而非功利的审美快乐和美学心境是相似和接近的"②。

法律与道德一样,其根本任务也是在于处理个体和整体、特殊与普遍的关系。守法也照样会遇到一个个人感性欲望与国法尊严的关系问题。诚然,个人的利益在守法时也常常能得到实现,但并不能保证总是如此。人类(中的每个社会)之所以要立法定制,恰恰是因为需要个人利益不要超越了界限,不要任意地毫无限制地行使,以和他人利益相协调,并服从整体利益的实现。一般说来,义务的履行总是远远困难于权利的行使,所以法律总是花费很大的精力以保证义务的履行。职是之故,对于不法行为的否定,对违法和侵权课以法律责任的后果就是法律必不可少的条件。由此点而论,与其说法学是权利之学,不如说法学是义务之学。

因此,康德对所谓的道德情感的论述,也同样可以适用于法律。这一点与康德的思想应是非常一致的。很多人是把道德从属于政治,而康德站在启蒙的立场上则力主法律、政治从属于道德。他的法哲学可以说是其伦理学的应用,法哲学从而与其伦理学有着同样的精神。康德对道德的本质的归纳是与他的法的定义非常一致的。在《实践理性批判》里,他说绝对命令为"不论做什么,总应该做到使你的意志所遵循的准则永远同时能够成为一个普遍的立法原理"③。而他对法律的定义则为:"外在地要这样行动,你的意志的自由行使,根据一条普遍法则,能够和所有其他人的自由并存。"④可以见出,二者在强调意志自由和规则的普遍性上是一致的。在康德那里,法哲学又称为政治伦理学,是研究政治的先验原则的理论。"法是道德的外壳。"⑤不仅如此,康德还特别强调守法的绝对性。他认为,"守法是法制的中心问题。……所有的人毫无例外地必须遵守它。"即便出现了法律与公平的冲突或法律与极端需要的冲突,法律义务仍然不能免除。⑥ 这与他对道德义务的要求何其相似!

正由于法律来自于普遍的公意,来自于先验的理性,是高高耸立于尘世之上的伟大建筑,所以当我们站立于法的面前时,便会产生严峻庄严之感,初而感到压抑,继而由于理性自觉的力量洋溢而出,我们又会感到自身的优越:我们并非蛮人,所以我们自觉地套上法律这光荣的枷锁。主体力量在自豪里又被提升一层。这也正是崇高的感

---

① 李泽厚:《中国古代思想史论》,安徽文艺出版社 1994 年,第 235 页。
② 同上书,第 236 页。
③ 韩望喜:《善与美的人性》,人民出版社 2001 年,第 163 页。
④ 康德:《法的形而上学原理——权利的科学》,沈叔平译,商务印书馆 1988 年,第 41 页。
⑤ 见于吕世伦主编:《西方法律思潮源流论》,中国人民公安大学出版社 1993 年,第 129 页。
⑥ 同上书,第 130—131 页。

觉,一如我们在道德整体面前所感到的那样。关于这样的法律的崇高,康德并没有明确点出,但也并非丝毫未予提及。他在批评那些嘲笑形而上学但又宣称"最好的政体,就是在这个政体内,不是人而是法律去行使权力"的人们时说,"有什么东西能比他们这种观念具有更多的形而上学的崇高性呢?"①除此,康德还在另外两个地方各给出了一个法律崇高的例子,这两例中,康德都反对对法律作出形象描绘。其一,他说,"犹太法中,再没有比禁止偶像的诫命更崇高的章节了。诫命单独就可解释犹太人民所怀有的对他们的宗教的深情和在与其他民族相比时对本族宗教信仰所感到的自豪感。"②其二,埃及司生殖及自然之神伊希斯的庙里有著名的铭文:"我是所有正存在的一切,也是所有将存在的一切,还是曾经存在的一切,没有任何有生有死之物揭开过我的面纱。"康德就此说,再没有比这更崇高的言说了,也再没有比这更崇高些的表达了。③ 而伊希斯女神的铭文用意也是在严厉禁止用偶像表现法,认为法的本体是无法用形象加以表现的。康德所举说明崇高的两个例子都是(反对用形象展示神圣的)法。④ 康德认为,形象可能限制想象的力量从而使人的精神变得消极。

在崇高的理论史上,英国的博克(Edmund Burke,1729—1797,英国著名的哲学家、政治家、政论家、美学家,可惜他的美学成就几乎为其政治学盛名所掩)占有承上启下的重要地位。他从经验主义出发走向有几分机械的唯物主义,通过对经验的归纳和分析,他在早年写出了具有深远影响的《论崇高与美两种观念的根源》。他认为,崇高的生理心理基础在于自体保存的情欲或本能,而美感所涉及的则是"社会生活",即要求维持种族的生命的生殖欲和一般社交愿望或群居本能。博克说:"任何适于激发产生痛苦与危险的观念,也就是说,任何令人敬畏的东西,或者涉及令人敬畏的事物,或者以类似恐怖方式起作用的,都是崇高的本源……"⑤但同时"当危险或痛苦逼迫太近时,不可能引起任何欣喜,而只有单纯的恐怖。但相隔一段距离时,得到某种缓解时,这时如同我们日常经历,就有可能是欣喜"⑥。博克对崇高和美的不同,作出了细致的大体也是准确的描述。"崇高的对象在它们的体积方面是巨大的,而美的对象则比较小;美必须是平滑而光亮的,而伟大的东西则是凸凹不平和奔放不羁的;美必须避开直线条,然而又必须缓慢地偏离直线,而伟大的东西则在许多情况下喜欢采用直线条,而当它偏离直线时也往往做强烈的偏离;美必须不是朦胧模糊的,而伟大的东西则必须是阴暗朦胧的;美必须是轻巧而娇柔的,而伟大的东西则必须是坚实的,甚至是笨重

---

① 康德著,沈叔平译:《法的形而上学原理——权利的科学》,第 193 页。

② Immanuel Kant, *The Critique of Judgment*, oxford: University Press,1973,127. cited in Costas Douzinas, The Legality of The Image.

③ Immanuel Kant, *The Critique of Judgment*. p176.

④ Costas Douzinas, *The Legality of the Image*.

⑤ 博克著,李善庆译:《崇高与美——博克美学论文选》,上海三联书店 1990 年,第 36 页。

⑥ 同上书,第 37 页。

的。它们确实是性质十分不同的观念，后者以痛感为基础，而前者则以快感为基础。"①

在博克那里，崇高客体不仅存在于自然界，而且也存在于社会。崇高是在不可触摸的、遥远的、骇人的力量面前激起的感情，同样的，人们臣服在上帝、国王或父亲面前，因为此类的父权式的人物是令人敬畏的，它们通过运用让人们难以理解的压倒性的力量来使我们拜从。博克认为，"阴暗、难以看见是崇高的政治性符号。建立在人们的(尤其是害怕的)激情上的专制政府，总是尽可能地使其首领不被臣民看见，宗教在好多情形之下也采取同样的策略，几乎所有的异教教徒的庙宇都是阴暗的色调。"②过去，日本天皇几乎从不向世人现身，他假若对谁即使是半露玉颜，那也是作为一种莫大的恩宠；天皇同时独享了祭祀圣物的权利；总之，通过种种措施制造神秘气氛。

在这里，我们已可看出，博克把政治和美学中的崇高联系起来了。不仅如此，对于法与崇高的关系，博克也有所着墨。他不仅把法与崇高相联系，而且认为，在崇高的层次里，语言高于形象，不成文法、传统和习惯高于成文的实在法。撒克逊的习惯法比(成文)法律运行好得多，并且给后来的法律和宪法提供基础，而法律和宪法只是对古代口头传统的定型和完成。③站在极端的保守立场上，博克极力推崇不成文法而贬低成文法，甚至说，"可见的、成文的宪法甚至是犯罪"④。博克之所以推崇不成文法，是因为他认为崇高的东西，应该是能激发起人的想象力的东西，是模糊的而非清晰的，所以他认为无言优越于有言，语言和文字优越于图画和图像。⑤

博克的经验论立场恰与康德的形而上学倾向相矛盾，但二者不约而同地都认为，超验的权力和绝对的世俗权力都是不可再现的，所以要禁止偶像，于是近现代的法律就成为崇高的法律。它是抽象而且否定性的。近代是一个关键时刻，不可视性从神圣传递到世俗的法律，从神学传递到法学。法变成了绝对和超越的现代性的力量。这一点在崇高理论里得到了表达。当上帝从历史中抽身而退之后，崇高的法继承了上帝的把现代主体(subject)变为存在(existence)的关键功能。⑥ 如果这样来看的话，则法无异于填补了信仰失落的真空。注意到此期科学与理性的节节胜利，注意到近现代法与理性的深刻的联系，这一点确实不难理解。不过，我们要注意的是，由理性所型塑和锻铸的崇高，毕竟不仅仅是理性，也不仅仅是真和善，而是导人于审美之境，把人带向真善美合一的深境。这已经预示了马克思主义关于人的自由、人也按照美的规律来造型

① 马奇主编：《西方美学史资料选编》上卷，第555页。转引自吴琼著：《西方美学史》，上海人民出版社2000年，第271—272页。

② Edmund Burke. *A philosophical Enquiry into the Origions of the Sublime and the beautiful*(endited by J. T. Boulton, Notre Dame: University of Notre Dame Press. 1958, p63. cited in, Costas Douzinas, the Legality of the Image.

③ Costas Douzinas, *The Legality of the Image*, selected in, the Modern Law Review Limited 2000, p. 824.

④ Edmund Burke, *Appeal from the New to the Whigs*, quoted in Costas Douzinas the Legality of the Image.

⑤ Costas Douzinas, *The Legality of the Image*.

⑥ Costas Douzinas, *The Legality of the Image*.

的思想,也已经预示了后现代主义在科学和理性发生危机后所采取的美学路径。而且由此也可以看出,法律与审美的紧密关系,对于近现代社会实在具有不可替代的重要性。

对于法律的整体性,黑格尔的论述也是非常深刻的。黑格尔以牢笼百态、宰制万端的绝对精神演绎出其庞大的哲学体系,法律被视为是客观精神的一部分,国家与法律都从属于伦理,是伦理实体的展现。国家是行进在地上的神。伦理精神的运行一往无前,浩浩荡荡。虽然黑格尔无意于对国家和法律进行审美,但他的论述由于抓住了整体和个体这样一对矛盾,并且又比康德多了深沉的历史感,就使他的法律整体不仅有静态的庄严而且有激荡的雄壮,它一往无前地开辟着自己前进的道路。

这样的法的整体,一如道德的整体一样,巍峨而庄严。具备了充分的文化修养和法律信念的人,恪守法律的义务,甚至不惜于牺牲自己的生命,此时,生命就会展现出灿烂的光辉。比如未曾为雅典流过一滴眼泪的苏格拉底,他虽然并不赞同雅典的民主制度,但当有机会逃脱雅典所判的死刑时,却仍然从容赴死,慷慨就法。因为在他看来,他住在雅典这一事实本身就意味着他与雅典法律签订了契约,所以应该信守不移,逃跑则是无比可耻之事。这里的苏格拉底就展示了一个岿然而立的大丈夫形象,袒露了人格的高贵和尊严。又如马丁·路德·金,面对极端不合理的种族歧视和压迫,奋起抗争,英勇无畏,但这种抗争,又是在纯洁的纪律和严格的法律之下展开的,他克制着极大的愤慨,自觉让法律成为为正义而斗争的边界。不管正义的大河如何滚滚奔流,理性的力量始终是两岸峻嶒的堤防;不管公理的运行如何气吞山河,规则的光芒一直是自我约束的神圣束缚。金虽然生活在资本主义制度下,他的理想和事业虽然还有不少局限,但他恪守的法律还有较大合理性,这就是他的严格的规则意识不仅是争取白人支持的策略,而且也是符合历史进步的道德抉择。因此,他和他的战友们才让我们如此肃然起敬。再如包拯,不管是面对强权还是亲情,总是公正无私,一断于法,由此赢得了千古颂扬。

二、法人格之崇高

为什么守法? 道德和法律的义务根源于何处? 这是一个聚讼纷纭、争论不休的问题。因为这是上帝的诫命,所以我们必须信守之。因为我们有理性和意志自由,所以我们必须承受选择所带来的后果。因为这是经济必然性的制约,不如此就无法安排生产,进行文明创造。因为法律是国家意志的合理的表达,所以爱国者理应奉之无违。[1]种种的理论,抛开历史和阶级内容而不论,似乎无不在个体与整体、特殊与普遍的角度来追寻守法的义务。大写的历史和大写的人以无可辩驳的力量,要求每一个小写的人

---

[1]　孙国华、冯玉军:《爱国与守法》,载于《光明日报》2002 年。

的服从。这种力量是如此强大,以至于道德和法律选择使人面临的冲突不亚于一场你死我活的战争,常常是只杀得血淋淋相似。从而,在道德和法律整体显出其崇高的客体形象时,主体也展露出其人格的崇高性。这一点是康德极力要加以强调的。他说:"如果由于生不逢时,或者由于无情自然的苛待,这样的意志完全丧失了实现其意图的能力,如果他竭尽自己的最大的力量,仍然还是一无所得,所剩下的只是善良意志(当然不是个单纯的愿望,而是用尽了一切力所能及的办法),它仍然如一颗宝石一样,自身就发射着耀目的光芒,自身之内就具有价值。"美学家陈望衡与宗教学家何光沪都有专文论及此点。道德与法律义务的光辉说到底恰是人性和人格的光辉。毋宁说,正是人性的伟岸赋予了法律整体以庄重和沉雄,正是人格的尊严圣化了规则体系的浩然生命。所以,讨论法律的崇高,不能不谈人的崇高,同时,也不能不谈人的所应(what to ought to)与所能(what to be able to)。一句话,不能不谈法律面前的人,不能不谈人的人格。

首先让我们来看一下法律面前的人的形象吧。要认识法律,必先认识人。"因为如果不了解作为法律的对象的人,就不可能很好地了解法律。"①古罗马私法中的人,是一个良家父的形象:理智、明达、谨慎、负责任是其本质特点。当然,这里的人并不包括奴隶和妇女,所以这人的普遍性是很欠缺的。虽则如此,这一假定和设想还是被继承下来并作为后世法律中的人的范本。这一形象在启蒙运动之后,不仅没有削弱,反而是大大加强了。经典文本如《法国民法典》和《德国民法典》,都以理性为最高的原则,都以意志自由为其基础。② 相对于近代理想中的理性人、强人,现代法中越来越多地出现了糊涂的人、软弱的人的形象③,现代社会里人的形象虽然越来越远离近代法学中的那样一种理想人格,但仍然是以理性和意志自由为其核心。要不然,整个法律就会失去其根基——"我没有意志,你能把我怎么样?""我没有头脑我怕谁?"

可以说,整个规范的大厦都立基于人的意志自律之上。人并不仅仅是凭借着快与不快来安排自己的行为,决定自己的取舍进退,人的高贵之处在于它能超越于感性和功利之上,自觉地以一己的行为去践履来自于律令的使命,这律令不管是来自于道德、宗教还是法律。规范要求能承担起法的那样一种人格。④ 法律中虽然充斥着功利的算计,弥漫着世俗的气息,但这世俗的背后潜隐着人性的高贵,"私人利益的战场"却总是显现出人的本质的灵光。不管是东方还是西方的人性观和社会观都对此有所揭橥。据圣经理论,人因偷吃智慧果而被逐出伊甸园,从此便永远别离了感性的快乐王国而不得再与动物植物为伍,走上了痛苦而艰巨的人之为人的道路。人拥有了智慧,识别了善恶,但却就此背上沉重的十字架。在种种的规则之下,感性与理性,肉体与灵魂,

---

① 查士丁尼:《法学总论·法学阶梯》,张企泰译,北京商务印书馆1993年,第11页。
② 参见赵晓力:《民法传统经典文本中"人"的观念》,《北大法律评论》1998年第1卷第1辑。
③ 参见谢鸿飞:《现代民法中的"人"》。
④ [德]京特·雅科布斯著,《规范·人格体·社会—法哲学前思》,冯军译,法律出版社2001年版。

个体与整体的分裂和斗争从此便无休无止。因了此种痛苦，人与万物区别开来，也因了此种痛苦，人开始高于万物而拥有尊严。与此相应，我们中国人也认为礼这种规则是人禽区分的标志。但与西方圣经理论不同，在中国文明的源头，个人与整体的矛盾虽然并没有那样尖锐，但规则仍然是使人高出于物，使人拥有生命的价值和道德的尊严的东西。有了道德，人才显得崇高而伟大。所谓"天地有正气，杂然赋流形；上则为河岳，下则为日星；于人曰浩然，沛乎塞苍冥。"人与天地并立，顶天立地，挺立于万物之上。

可以想见，当人摆脱动物状态，开始有关于食物和性的规范与禁忌之时，这些规范一定是显得神秘、可怕、冷厉而威严。虽然在事实上，规范的产生是一个由量变而质变的漫长过程，但可以推测的是，规则初成之时，人们对它是顶礼膜拜甚至恐惧万分的，这一因素一直包含在人类的心理中延续到现在。随着文明水平的提高，道德意识渐趋明朗，恐惧感就开始转化而为崇高感。

法律面前的人也和道德面前的人一样，需要主体性的挺立和高扬，主体性的集中表现，便是法律人格和道德人格。"人格"一词在古希腊语中表示"移近""置换"；在拉丁语中是 persona，表示"面具""伪装"。后经长期演变，词义才逐渐固定下来，即表示"理性的、个体人的存在"①。其实，人格是一个被人们广泛使用但意义含混的术语，尤其是西方心理学对人格的定义就不下几十种，他们或者认为人格是本我、自我、超我的统一，或认为人格是性质、气质、能力的总汇，或者认为人格是身份、角色和主体的同构。人类学所称的人格指人类个体特殊的生存方式及与之相关联的自然机体的自我认同和他人肯定。人类学鼻祖舍勒坚持认为个人才是道德价值主体，并将个人视为先验既予的价值主体。这样个人的道德责任也才能与共同责任统一，才能使多种社会特质内在化②。"在古希腊罗马时代，人格就已开始不单单指个人的外部特征，而且也指由其内在精神方面的差异而形成的个性、气质、品格等等。随着语言文化的演进，persona 越来越多地意指人的内在精神品格、尤其是道德品格。"③所以我们经常可以见到道德人格的说法，甚至好多人所说的人格就是道德人格。"所谓道德人格就是人们通过道德生活意识到自己的道德责任和道德义务以及人生的价值和意义，从而自觉地选择自己做人的范式，培育自己的道德品质，丰富和完善自己的内心世界，体现出人之区别于动物的内在规定性。道德人格是个人做人的尊严、价值、品质的总和，是人的主体性、目的性和社会性的集结，也可以说道德人格是人的位格、性格、品格的统一。"④

人格可以成为审美对象，这一点早已得到了美学理论的肯定。甚至有人认为，"世

---

① 徐黎明：《别尔加耶夫哲学思想概述——代中译序》，见尼古拉·别尔加耶夫著，徐黎明译：《人的奴役与自由——人格主义哲学体认》，贵州人民出版社 1994 年，第 15 页。
② 万俊人：《现代西方伦理学（下）》，北京大学出版社 1992 年，第 51—57 页。
③ 同上书，第 333 页。
④ 魏英敏：《新编伦理学教程》，北京大学出版社 1993 年，第 494 页。

界上最美的莫过人格的美。这种美所体现的就是人的内在的完满性。这就是说,合目的性是一种理想的要求,包含着内在的应然的根据。目的性在这里就是人生可能成为什么的理想的根据。这个目的性一旦确定下来,欲望、情感、意志、理智等一切构成主体的因素,都应该与他协调一致,达到与人的本质相符合的完满性。……人格完满性的美可以称作自由美。人生的美,应该是功用美和自由美的统一。"①

我们中国古代有关于人格的丰富的理论资源。儒道墨法各家都有这方面的深刻论述,都有自己的理想人格。尤其值得注意的是,它们的理想人格都同时又是审美境界。我们先看儒家:儒家的理想人格是顶天立地的道德人,其最高层次是圣人。

……哀公曰:"善!敢问:何如可谓圣人矣?"孔子对曰:"所谓圣人者,知通乎大道,应变而不穷,能测万物之情性者也。大道者,所以变化而凝成万物者也。情性也者,所以理然、不然、取、舍者也。故其事大,配乎天地,参乎明,杂于云霓,总要万物,穆穆纯纯,其莫之能循;若天之司;莫之能职;百姓淡然,不知其善。若此,则可谓圣人矣。"②

孔子首先提出了人格美的思想,孟子则进一步将其明确化和系统化。到宋明理学,道德人之"大"被提升到了本体论高度,如陆九渊就说:"人须是闲时大纲思量;宇宙之间,如此广阔,吾身立于其中,须大做一个人。"③

亚圣孟子思考的主要问题之一是社会规范如何落实在具体的个人身上。他的结论是人有善端,人性本善。他说,"仁义礼智,非由外铄我也,我固有之也。"④人要发现这善端并不断保养和发挥它,就会达到完满的境界,社会就会太平和谐。基于这一思想,他极大地高扬了人的主体性,对人的道德主体地位最为重视,突出了个体人格的价值。由于善的实现表现为人的自我肯定和自我确认,而美的本质也无非是人的自我实现和自我肯定,所以孟子的伦理人格在此就与审美交汇在一起了。"当善的实现作为个体的完全自觉的、无所畏惧的努力而表现出来的时候,他就不但会唤起我们敬重的道德感,而且会唤起我们惊赞的审美感,因为从中我们看到了人的自由,看到了人支配世界的力量。"⑤试看孟子那段有名的"我善养我浩然之气"的话。

"敢问夫子恶乎长?"曰:"我知言,我善养我浩然之气。""敢问何为浩然之气?"曰:"难言也!其为气也,至大至刚,以直养而无害,则塞于天地之间。其为气也,配义与道;无是,馁也。"⑥在此,道德理性内容与个体意志情感相混溶。个体精神巍然屹立,至大至刚,不仅是伦理的,也是审美的。"孟子已经朴素地意识到了人格美就是社会的伦

---

① 宋希仁:《不朽的寿律——人生的真善美》,中国人民大学出版社1989年,第188—189页。
② 《大戴礼记》,"哀公问五义"。
③ 《陆九渊集》,第439页。
④ 《孟子·告子》。
⑤ 李泽厚、刘纲纪:《中国美学史(先秦两汉编)》,第170页。
⑥ 《孟子·公孙丑上》。

理道德同个体内在的情感意志要求的统一……"①孟子也明确地说道,人格美当然要落实在感性的个体的颜面、行为、神采等方面。

孟子的人格美可以说是一种伟大或崇高美。他特别着力于发现、阐发和培养人的那种作为道德人的伟男子大丈夫气概,如说"吾善养吾浩然之气",又说"富贵不能淫,贫贱不能移,威武不能屈"。特别是,他在美善统一说的角度提出"充实之谓美"的命题,他说,"可欲之谓善,有诸己之谓信,充实之谓美,充实而有光辉之谓大,大而化之之谓圣,圣而不可知之之谓神。"②孟子的这句话,常常为美学家所引用,以说明人格之美。孟子所谓大,近似于我们所谓的壮美,相当于西方的崇高,但没有西方美学所讲的丑怪恐怖的因素。

儒家的言论,虽有历史和阶级的局限,但就其高扬人的道德主体性这一点来说,对于当今之中国乃至世界都是极富启迪意义的。尤其是,他们把美的光辉注入善的内容,把善和美结合起来,使美显得更充实饱满,又使善显得辉煌而空灵。

……屈原在《橘颂》中也表达了他的人格理想,"清黄杂糅,文章烂兮。精色内白,类任道兮。"(你的外表青黄相间,文采多么灿烂!你的内部纯净洁白,就像任重致远的志士仁人③。)

魏晋时出现人的觉醒,对人本身的美的欣赏达到了一个新高度。那是一个风行人物品藻的时代,审人之美主要有四个方面的内容:重才情,崇思理,标放达,赏容貌。四者之中,又以才情最为重要。

一定时代需要一定的法律,一定的法律需要一定的人。法律既需要其经济社会文化的基础和条件,也需要一定的主体条件的支撑,这两个方面不可偏废。主体既包括群体,也包括个体,这二者的关系也是辩证的。作为近现代法律,它所需要的是什么样的主体呢?前已述及,这人是抽象化的、理性的、具有自律精神的。申而言之,近现代法律所要求的人是具备主体性人格的人。黑格尔对此有深刻的洞见。在《法哲学原理》中,黑格尔认为"人"(mensch)和"人格"(person)并不等同,人(mensch)的最高贵的事情是成为人(person)。近现代的人是主体,主体性或主观性并不是或基本上不是指主观任意的意思,"而主要是指以自由意志为根据的、个体的特殊性、自由、独立自主、能动性、自我、自我意识、个人才能、积极性的发挥,以及主观性和客观性、特殊性与普遍性、个人利益同整体利益的统一,权利和义务的统一,乃至国家主权等含义"④。黑格尔指出,主观自由的法,是划分古代和近代的转折点和中心点。由此,我们可以把近现代法治面前的人格称为主体性人格。如日本一学者指出的:"个人的主体人格(与

---

①　李泽厚、刘纲纪:《中国美学史(先秦两汉编)》,第171页。

②　《孟子·尽心下》。

③　郭沫若:《屈原赋今译》,人民文学出版社1953年版,转引自李泽厚、刘纲纪:《中国美学史(先秦两汉编)》,第358页。

④　武步云:《黑格尔法哲学——法与主体性原则的理论》,法律出版社1995年版,第12—13页。

作为市民社会政治反映的近代国家),是近代的法(和伦理)得以建立的(两个基本要素)。"①(括号为笔者所加)可以说,不管是道德还是法律规范的落实,都依赖于独立而自由的人格。他律之法须经过主体意志的认同,才能成为自律之法。只有经过主体通过自律意志的接受这一中介环节,抽象的律令和规范才能成为具体的行为。只有具备了自由意志和自律精神,才能勇于去履行"当为"的要求。只有弄清了人何所是何所能的问题,才能科学地理解人何所应为的问题。人有践履"应当"的命令这一"类本质",能够通过自己的选择和行为架起规则和现实之间的桥梁。正是这一本质特性得到了康德的激情叹赏。可以说,近现代法治不论从其价值目标还是从其实际运行,都依赖于普遍存在的主体性人格的支撑。以下从相互联系的几个方面加以说明。

第一个角度是法关系。法的关系是主体际关系。(有人指出主体性的黄昏早已来临,但我们认为,趋于式微的只能是那种霸道的张狂的主体性;而作为人的独特性、主动性、指向创造与建设的主体性则永远不会消失。)有主体而无际或者有际而无主体,都无法构成关系。在法关系中,双方都是主体,各主体都同时又是客体,但当其处于客体地位时又并不失去其主体地位和资格。主体际关系,要求双方都是真正的主体,彼此都是一种坚固而独立的存在。惟其如此,惟其互相作为主体来对待,各方才能互相尊重,真正视彼如己,既明确自己的权利范围,又同时能尊重他者的权利。现代法关系摒弃宗法依附关系,也摒弃混沌未开的原始平等关系。几乎可以说,这种法关系是决斗者之间的关系,一面是力量的紧张和对峙,另一方面却又"彬彬有礼",恪守规则。这种关系,冰清玉洁,但却不近人情;清澈可鉴,但也凛冽逼人。(国人尚未能够较好承担。)

也可从自由与责任的角度加以说明。近现代伦理和法律都把自由作为自己首要的精神向度。自由是每一个人都珍视、向往和追求的美好理想,同时,它也是人之为人的本质特征。按存在主义的说法,人是注定自由的,自由是与生俱来的。人生本是"无"。人的属性和本质需要主体去不断地建构。在人被抛入的这个世界上,充斥的是无尽的偶然性。人就要在这成千上万的偶然性中去选择。所有的选择都带有赌博的性质。骰子一掷,顷刻间便无法挽回。同时,一切的自由都要牵涉到世间的利害得失甚至爱恨情仇,所有的选择都会带来风险和责任。一切的责任最后都必须由一己承当,都必须在现世承当。家族隐退了,奇里斯玛型的神力无边的领袖也消失了,我们无法再把自己的责任交给他们。上帝死了,责任的兑现也无法拖到天国或地狱。一切责任都成了个人的、现世的、当下的。于是,自由就不仅仅是一个价值,更是一个事实。自由就不仅仅是一支娇艳的花朵,而更是一种重负,一个十字架,一种责任。于是,很多人开始(像萨特所说的)在自欺或"严肃精神"中藏匿,有的人则(如弗洛姆所说的)逃避自由。所以,如果人勇敢地承担起自己的自由,毅然决然地接受由此所带来的后

---

① [日]川岛武宜著,王志安等译:《现代社会中的法律》,中国政法大学出版社1994年,第49页。

果,人就表现出主体性的昂扬挺立和人格的尊严。正是在这里,每一个人都可以有一种顶天立地的感觉,每一个人都可以表现出一种英雄气概。在自由选择中,在深沉的责任意识中,人的生存达到了一个崇高的境界。

选择遵守法律,需要意志的自觉和努力。法治的实现,显然远远不是强力就可解决的。近现代法治需要一大批敢选择、能担当的主体。不仅义务的履行需要主体的积极态度,而且权利的行使也需要坚决和勇气。德国法学家耶林曾撰文《为权利而斗争》,主张斗争是法的生命。他说,"原告为保卫其权利免遭卑劣的蔑视而进行诉讼的目的,并不在于微不足取的标的物,而是为了主张人格本身及其法感情这一理想目的,与这一目的相比,诉讼所带来的一切牺牲和劳神对权利人而言,通通无足挂齿——目的补偿了手段。……心灵之声告诫他自己,决不后退,重要的不是区区标的,而是他的人格,他的名誉,他的法感情,他作为人的自尊——即诉讼对他而言,从单纯的利益问题变化为主张人格抑或放弃人格这一问题。"①为此,耶林极力推崇莎剧中主张一磅肉的夏洛克,说:对权利的坚决主张,表现出夏洛克精神的高尚和庄重。耶林又说,夏洛克所谓的"我要求法律,我有证据在手中。""我要求法律"(ich forore das sesetz),诗人在上面的四个单词中,用了任何一个法哲学家也未能确切表达的方法,淋漓尽致地描绘了主观意义上的法和客观意义上的法的真正关系以及为权利而斗争的含义。自这数语道出的瞬间,案件从夏洛克主张个人权利急转为涉及威尼斯的法律,将这数语道出之时,这个男子汉表现出多么力量强大,威风凛凛!②

耶林的论述说明,法要实现,必须依赖权利主体的积极行动和坚决斗争,需要调动其整个的人格力量。外在的律条,必须转化为内在的要求。任何一种由外而来的责任,只有经过内在的义务认同时,方可有效地转化为现实的行为。也只有在责任和"所应"与我们的"所能"相适应时,我们才能真正承担起法律和法治,责任才是现实的责任。总之,法律要求强毅的人格,要求我们的人格中具备新的质素。

三、法官的人格美

法治之中,人人须有善和美的人格,法官尤甚。古往今来,有不少法官以其独特的人格给人留下了深刻的印象。他们不仅有道德的感召力,不仅引起我们的尊敬,而且可以让我们观赏体味。如中国古代的包拯、海瑞等,秉公执法,不畏权贵,不徇私情,为了正义勇往直前,甚至不惜粉身碎骨,留下了一曲曲浩然正气之歌。他们虽然是剥削阶级的法官,但他们的精神却是值得敬仰的,他们的所作所为也有利于社会的进步。他们的形象正是崇高的形象。

---

① [德]耶林著,胡宝海译:《为权利而斗争》,载于《为权利而斗争——梁慧星先生主编之现代世界法学名著集》,中国法制出版社 2000 年,第 11 页。
② 同上书,第 32—33 页。

　　法官的人格之美，首先来自于内在的素质。关于理想人格，中国儒家讲智仁勇三大德。孙子论将，认为应该具备五条：智信仁勇严。古希腊认为人应该具备智慧、节制、勇敢等重要品质。对于法官，人们总是给予了很高的期望。亚里士多德说："法官盖公平之保护者也。"又说："依此义，则不公为不公正与不平等，法官之责，即在力使之平而已。击者与被击者，杀人者与被杀者，行者与受者，两者分际不均，法官所事，即在是刑法以步其利益之不均而遂均之。……人当争论之际，每求直于裁判官，即所以求得公平也。而裁判官者，则公平人之化身耳。"①法官既承担如此重任，就应要求其具备极良好的素质。作为法官，首先要能够是一个智者。没有知识，没有深刻的洞见，没有敏捷的反应和判断能力，没有在纷繁复杂的情形中发现事物的真相的能力，就无法成为一个好法官。法官又应该是道德上有高深修养的人，他们仁民爱物，对这世界充满同情。是勇敢的人，有大无畏的精神。他们不阿权贵，不循流俗，奉法律为指针，坚定不移。泰山崩于前而色不变，麋鹿兴于左而目不瞬。法官还应该是威严的和严格的。法官必须是洞察了所有的人的情感又能超脱于所有的人之情感之上，他不以情感为判案的根据，或者说，法官以其无情而实现了正义的大感情。所以法官应是冷而厉的。他不为眼泪所动。

　　作为消极的裁判者，法官亦应守虚静之道，如道家所说的那样，无为而无不为，符合道家的人格理想。道家的理想人格总体上说就是"人貌而天虚"，即人貌而天心，虽具有人的形貌却负载着天的精神。老子鄙薄礼法，认为大丈夫不应作礼仪之徒，而应"处其厚，不居其薄；处其实，不居其华。故去彼取此。"②人应该是朴诚之人，不奢华，不虚浮；不躁动，不为天下先。

　　庄子以其雄美的语言和瑰丽的想象描绘了理想中的神人、至人、真人的形象。在《逍遥游》中，他说，"藐姑射之山，有神人居焉，肌肤若冰雪，绰约若处子，不食五谷，吸风饮露，乘云气，御飞龙，而游乎四海之外。其神凝，使物不疵疠而年谷熟。"

　　在《齐物论》中，他说，"至人神矣，大泽焚而不能热，河汉冱而不能寒，疾雷破冰而不能伤，飘风振海而不能惊。若然者，承云气，骑日月，而游乎四海之外。死生无变于己，而况利害之端乎！"

　　《大宗师》里给出了真人的形象。"何谓真人？古之真人不逆寡，不雄成，不谟式。若然者，登高不栗，入水不濡，入火不热。是知之能登假于道也若此。……古之真人，不知说（悦）生，不知恶死，其出不欣，其入不距；翛然而往，翛然而来而已矣。不忘其所始，不忘其所终，受而喜之，忘而复之，是之谓不以心损道，不以人助天，是之谓真人。"

　　庄子的圣人形象也与儒家很不相同。《刻意》篇里说"圣人之生也天行，其死也物化。静而与阴同德，动而与阳同波。不为福先，不为祸始，感而后应，迫而后动，不得已

---

① 《亚里士多德伦理学》，商务印书馆1933年，第104页。转引自严存生：《论法与正义》，陕西人民出版社，1997年第34页。

② 《老子·章三十八》。

而后起。去知与故,循天之理。故无天灾,无物累,无人非,无鬼责。其生若浮,其死若休。不思虑,不豫谋,光矣而不耀,信矣而不期。其寝不梦,其觉无忧。其神纯粹,其魂不罢。虚无恬淡,乃合天德"。

总之,庄子的人格理想是以自然无为法天贵真为美,这种美才是最高的美。《天道》中说,"夫虚静恬淡,寂寞无为者,万物之本也。……静而圣,动而王,无为也而尊,素朴而天下莫能与之争美。"庄子的思想对于法官的修养应是很有启迪意义的。法官应该是无欲则刚。法官也不应像行政官那样积极主动,而应静如处子,守虚以待。法官还应排除偏见,兼听各方。法官生活应该低调。日常生活中,最好深居简出,不宜抛头露面,也不宜过多表态。法官不应在外表上光辉绚烂,而应以朴素无华为本色。

法官除了内在之美,还应有体现于外的外在美。法官的语言应该是中正典雅的、准确精练的,语气应该是流畅而坚定的,声音应该是清晰而洪亮的。法官在法庭的动作不应该是拖泥带水的,应该是简洁利索的。法官也应该遵循法庭礼仪。举手投足一颦一笑均应力避轻浮草率。法官的服饰应该是庄重的、深沉的,最好能引起人们丰富的联想。

至于法官的身材相貌,不宜看得过重。毕竟内在的美要比外在的美重要十分。经过长期的修养学习,人的气质风度的力量会超越相貌本身而成为首先给人深刻印象的东西。很多人相貌不佳,但却以其德行的力量,以其智慧的魅力打动了千千万万人的心。即使身患残疾,但凭着坚强的意志紧紧扼住命运的咽喉,用钢铁一样的生命连接起事业的断崖,用坚韧的双脚抹去前行道路上的种种"不可能",其人格的力量真可谓惊天地而泣鬼神。

作为法官,就是作为正义的代言人,神圣和超脱便是必备的特征。神圣从何而来?当法官超越了一己私利的斤斤计较,当法官自觉地把司法看得比生命还重要,不惜为此粉身碎骨,当法官对规则之治的正义怀着深刻的信念,当法官把事业视为生命的一部分并让事业来圣化人生、使人生完美时,也只有此时,法官才会给人神圣的感觉。同时,法官司法的技术炉火纯青,甚至不时有神来之笔时,那他就是一个艺术家(此点容后展开)。

总之,法官的典范就是正义的肉身化,正义的象征。不仅有静态的形象美,更有动态的行为美。有一身浩然正气,又恬淡无欲。不仅有威仪,而且智慧超人。不仅冷若冰霜,而且对人世怀着热肠。他衣着朴素,但却有内在的光明可以洞察人间最幽邃的神秘。所以当他深居于帏幔之后,我们翘首以待;当他君临人间,我们则屏息以听。法官应是神灵似的存在。

以上所述,都是以理想法为前提,这样的法是与历史前行方向相一致的,是合理的法,是良法;假如当法律本身变成不正义的、残酷的、反动的法的时候,挺身而起加以反抗就不仅是被迫无奈的举动而且是义不容辞的事业。当此时,勇于以身抗法的英雄举动就也成为光辉的业绩而值得赞美,相反唯唯诺诺、退缩忍让则是一种不可原谅的丑行。如安提戈涅,挺身而出反抗国法时,则其身单力薄的一己之人就也会显示出崇高的品性。(这似乎与博克和康德的理论相矛盾。但有人早已指出,崇高不一定需要有形体的巨大。比如一只奋力抗击一只猫以保护幼雏的麻雀,竭尽全力,直至战死而后已,这里就也显出崇高。)或如梁山豪杰,在历史舞台上演出一幕幕威武雄壮的活剧。

其实,崇高是美的一种形态,一个范畴,要了解它在美的家族中的地位,最好对美的范畴体系有大体的了解。

四、美的诸范畴

美存在于不同的领域中,有各种各样的形态,为了理解的方便,古往今来的思想家一直在对美进行整理、分类、编纂纲目。这就是我们所要说的美的范畴。

"在希腊,就已经有了相对性的美或几何形式的美,协调美或有主观条件的美。崇高的范畴出现在罗马……中世纪又区分出更多的美的范畴。……狄德罗提出了俊俏的、美的、雄浑的、妩媚的、崇高的这样一些范畴,而且,他还加上了一句'等等以至无穷'。……C. 拉罗曾划分了九种范畴,即美的、壮丽的、优美的、崇高的、悲剧性的、戏剧性的、滑稽的、喜剧性的、幽默的。E. 所罗又加上典雅的、感伤的、迷狂的、雅致的、诗意的、奇特的、闹剧性的、英雄式的、高尚的、史诗的。"①而在博克和康德那里,崇高和美(优美)是有着本质的不同的,这可以说就是 18 世纪西方美学讨论的主要问题。

中国古代对美的范畴也有许多系统的描绘。刘勰的《文心雕龙·体性》将美的风格分为八种:"一曰典雅,二曰远奥,三曰精约,四曰显附,五曰繁缛,六曰壮丽,七曰新奇,八曰轻靡。"唐代诗论家司空图在其著名的《诗品》中,列出了二十四种美学范畴,依次是:雄浑、冲淡、纤秾、沉着、高古、典雅、洗练、劲健、绮丽、自然、含蓄、豪放、精神、缜密、疏野、清奇、委曲、实境、悲慨、形容、超逸、飘逸、旷达、流动。以二十四作为基数,其实也是古代书品、画品、词品、文品的楷模。

我们应该注意,美学范畴或审美范畴,并非如权利与义务构成法学的主要关节点那样,也构成美学的枢纽。这里所说的美学的范畴,并不具有那种意义。美学家叶朗认为:"审美现象是一种文化现象。不同的文化圈曾经发育了自己的审美文化。每一种审美文化都有自己的独特形态。不同的审美文化之间有着因文化的价值取向、最终关切的不同而带来的重大区别。如果说,艺术风格反映了不同艺术的意象的性格,那么,审美范畴则是文化的'基本意象'的风格。"②基于这样的认识,美学范畴除了通常的优美、崇高、悲剧性、戏剧性之外,又可加上中国的偏近于儒家的中和和偏近于道家的玄妙。

---

① [波]符·塔达基维奇著,褚朔维译:《西方美学概念史》,学苑出版社 1990 年,第 209—213 页。
② 叶朗主编:《现代美学体系》,北京大学出版社 1989 年,第 40—41 页。

另一当代美学家张法则将审美基本类型分为三大类,分别是悲、美、喜,悲中又包含悲态、悲剧、崇高、荒诞四小类;美中又涵盖了优美、典雅、壮美三小类;喜中则有怪、丑、滑稽三种。美,"体现了人与对象的一种和谐关系";悲,"体现了人与对象之间的不平等关系,对象大于主体";"喜,则是西方喜剧性意义的喜,体现了主体与对象间的另一种不平等关系,主体大于对象。"①

当然,各范畴之间并非是截然的井水不犯河水。它们之间是相互交融和过渡的,事实上存在的美也往往并不那么典型,而是介于各范型之间,杂糅了好几种样态。再者,由于文化差异和论者认识路径不同,对于各个范畴的理解也会出现较大差异。比如,就崇高和壮美的关系,有人将二者等而同之,但也有人认为二者之间有较大不同。比如,张法教授就把崇高置于悲的范畴之下,而把壮美划作美(狭义)的小类。他说,崇高与壮美有联系又有区别,有不同又有交叉。有一些审美对象是划入崇高,还是划入壮美,主要"看其在内容上与人的关系如何。看它是与人同一的,还是与人敌对的。同一即壮美,敌对即崇高"②。但不少并不做此划分。比如宗白华先生译介康德美学时,就将崇高与壮美等而同之③。

美的范畴或类型很多,但我国学者讨论最多的是优美、崇高、悲剧性和喜剧性四类。叶朗先生添加了中和和玄妙两个独具中国特色的范畴。中和之美更多是儒家的理想,玄妙之美则主要是道家的追求。大体上,我们认为优美已可涵盖中和之美,故将中和之美划归于优美项下;不过在理解时要注意它所具有的中国品位。此点在讨论法的秩序之美时即可见出。玄妙之美本身与法律并非无涉,在《中华法系的"天人合一"之美中》有所展示。在拙文中,也不拟对崇高和壮美作严格区分。可以说,法之美与上述范畴都有关系,法既有崇高壮美之美,也有优美和谐之美,还有荒诞和滑稽之美。所以,拙文主体部分的展开就以美的范畴为构架。以下对这些主要范畴做一个简单的说明。

优美与崇高:在中国古代关于美的理论中,阴柔与阳刚一直是最为重要的范畴。汉代的扬雄,是真正把阴阳和审美开始联系起来的人,他说:"阴敛其质,阳散其文,文质班班,万物粲然。"④前述刘勰的八个范畴、司空图的二十四品,都可划分成阴与阳两大类。我们把词分为豪放与婉约,也是阴阳哲学的反映。清代文学家姚鼐对阴与阳的形象描绘历来最受重视。他说:"其得于阴与柔之美者,则其文如升初日,如清风,如云,如霞,如烟,如幽林曲涧,如沦,如漾,如珠玉之辉,如鸿鹄之鸣而入寥廓;其于人也,邈乎其如叹,邈乎其如有思,暖乎其如喜,愀乎其如悲。"他又把阳刚之美的特征概括为:"其得于阳与刚之美者,则其文如霆,如电,如长风之出谷,如崇山峻崖,如决大川,

---

① 张法:《美学导论》,第 88 页。
② 同上书,第 101 页。
③ 请参阅,宗白华:《康德美学原理述评》,见宗译《判断力批判(上)》附录。
④ 杨雄:《太玄经·文》。

如奔骐骥;其光也,如杲日,如火,如金镠铁;其于人也,如冯高远视,如君而朝万众,如鼓万勇士而战之。"①

在比较简单的意义上,可以把中国的阴柔之美与阳刚之美和优美与壮美等同。阴柔之美即优美,阳刚之美即崇高或壮美。这里还有必要予以交代:美有广义狭义之分,"广义的美泛指所有具有审美价值的客体对象;狭义的美是指相对于崇高的美的范畴,即优美,是美的一种存在形态。"②

一般认为,最早提出崇高这一范畴的是古罗马时期的朗吉弩斯,其人著有《论崇高》一书,这书虽影响深远,但其论所主要关注的却是文章的体裁,即修辞意义上的宏伟和巧妙。前已述及,18世纪的博克和康德大大推进了对崇高的研究。博克站在经验主义的立场,从心理和生理的视角探讨了崇高的基础和特征。康德的崇高论以哲学的深刻而著称。他坚持认为,崇高不在对象,而在主体。他指出崇高的主体条件是:①人处于安全地带;②有一定的文化修养;③无所畏惧和抵抗的决心。③ 博克首次明确地把美和崇高加以对比。他说,崇高与美乃是"一种值得注意的对比"④。不管是在博克那里还是在康德那里,崇高与优美都是既有一致的一面,但二者的不同又是那样突出,相互排斥,"以至于崇高的东西绝不可能成为美,而美的东西也同样不可能成为崇高"⑤。

在崇高,主体的感觉往往是既有快感又有痛感,是由痛感转化成快感,主体初而感到生命受到了阻滞和威胁,于是生恐怖惊惧之情,由于很快体会到自身的力量和尊严,转而又有自豪的感觉随之而起,体会到强烈的快意。快与不快相混合产生出昂扬和紧张的情感。凯瑞特把这个过程分为四个阶段:引起我们情感的超常的体积或力量;首先是一个受挫或拒绝的消极状态;然而随后,一个自我扩张或者提高,其最后的情感是与客体合一的积极情感。⑥

在我国古代的美学理论里,虽从未提及过崇高这一术语,但与崇高含义相近的"大"却早在先秦时期就已引起过人们的注意,而这个大又往往与人格紧密相连。春秋时吴公子季札品论《魏》乐说"美哉,沨沨乎,大而婉,险而易行,以德辅此,则明主也"⑦。孔子在《论语·泰伯》中也曾热情地说:"大哉!尧之为君也。巍巍乎!唯天为大,唯尧则之。"孟子的说法就更明显地具有审美意味,前已述及,他把善信美大圣神看作是人格修养的六层境界,这里的"大",就类似于崇高和壮美。庄子则明确地区分

---

① 姚鼐:《复鲁絜书》。

② 司有仑主编:《新编美学教程》,中国人民大学出版社1993年,第212—213页。

③ 张法:《美学导论》,第103页。

④ 博克:《论美和崇高》,第三章,第二十七节。

⑤ 费希纳:《美学研究》,1876年,卷二,第163页。转引自前引符·塔达基维奇:《西方美学概念史》,第234页。

⑥ E. D. Carritt, *The Theory of Beauty*. London, Methuen, 1941, p. 224. 转引自张法:《美学导论》,第102页。

⑦ 《中国美学史资料选编》上卷,中华书局1980年版,第3页。转引自司有仑主编:《新编美学教程》,第227页。

"美"和"大",并且也认为大高于美。他说:"天地有大美而不言,四时有明法而不议,万物有成理而不说。圣人者,原天地之美而达万物之理,是故至人无为,大圣不作,观于天地之谓也。"①庄子认为美在于道,道自然无为,但又无所不在,"夫道,覆载万物者也,洋洋乎大哉!"②所以,要追求无限之美。"昔者舜问于尧曰:'天王之用心何如?'尧曰:'不敖无告,不废穷民,苦死者,嘉孺子而哀妇人。此吾所以用心已。'舜曰:'美则美矣,而未大也。'尧曰:'然则何如?'舜曰:'天德而出宁,日月照而四时行,若昼夜之有经,云行而雨施矣。'"③庄子之大,已经不同于孟子之大有着浓厚的道德伦理意义,而是一个纯粹的美学范畴了。④　不过,庄子之大,与西方的崇高还是有区别的。这种大美,并不伴随着恐怖和痛感,而是"主体等同于无限的结果,它所产生的审美的愉快伴随着惊叹,但没有恐怖和痛感,也丝毫不带有西方所说的崇高中常有的那种宗教的神秘意味。这是一种令人欢欣鼓舞、奋发昂扬的美,是一种明朗地肯定着人的自由和伟大的美"⑤。此点深深地影响了中华民族的审美精神,当然也包括对于中华法系之美的影响。

　　崇高作为美的范畴之一,也是人的本质力量的感性显现,只不过它不是反映主客统一的和谐美,而是充满了冲突、斗争和艰难险阻,反映人历经千难万险、百折不挠英勇无畏的那样一种力量。单个来看,欣赏恐怖时依赖的是个人的自信和无所畏惧的力量,但这力量的根源却并不在个人自身,而是在于历史性的实践之中,人类经过漫长的积累之后聚集的本质力量积淀于个体之中,在关键时刻喷薄而出,这是崇高的本质。

　　作为美的范畴的崇高,可以表现于自然领域,也可以表现于艺术领域,但其突出和集中表现却是在社会领域。法律的整体所带给人的感觉,首先是庄严和崇高。法人格之美,也首先是崇高和壮美。

　　优美是人类较早发现也是最早在理论上得到阐明的美的类型,它反映着主体和客体的统一,其最基本的美学特征便是和谐。这种和谐,"特别明显地体现在优美对象内容与形式的统一关系上"⑥。而在崇高,是内容压倒形式。在优美,讲求的是秩序、对称、均衡、比例、调和、娇小、光滑、柔软等;而在崇高,则是失衡、粗糙、巨大、粗犷、模糊、朦胧、瘦硬、笨拙、阻滞等。在前者是"小桥流水人家";在后者则是"大漠孤烟直,长河落日圆"。在前者是"杏花春雨江南";在后者则是"骏马秋风冀北"。在前者是朝发芙蓉,红桃白李;在后者则是危岩千丈,怪石嶙峋。在前者是落花无言,人淡如菊;在后者则是力拔山兮气盖世。在前者是围炉夜话,娓娓忘倦;在后者则是夸父逐日,道竭而死。所以,优美所带给人的美感与崇高带给人的感觉就很不一样,它给人的是宁静、平

①　《庄子·知北游》。

②　《庄子·天地》。

③　《庄子·天道》。

④　李泽厚、刘纲纪著:《中国美学史(先秦两汉编)》,第243页。

⑤　同上。

⑥　刘叔成、夏之放、楼昔勇等著:《美学基本原理》,上海人民出版社2001年,第234页。

和、愉悦、超然。里普斯说:"我这里特地再说一下,凡不是猛烈地、粗暴地、强霸地,而是以柔和的力侵袭我们,也许深入得更深些,并抓住了我们内心的一切,便是'优美'的。"①车尔尼雪夫斯基也说:"美感的一个主要特征,是一种温柔的喜悦:我们看到,由伟大在我们心中所引起的感觉的性质完全不是这样。"②车氏这里所说的美,应是狭义的美,即优美。

自然界中的优美对象,更多地体现出形式美的特征。社会里的优美,则偏重于内容的方面,以真与善的和谐统一为特征。优美也大量地表现于艺术领域,艺术美是现实美的提炼和升华,所以往往更加精致、纯粹、典型。拙文《法律的秩序之美》主要属于优美的范畴。

法中的美,主要是崇高和优美,但复杂的法律生活中也存在一些滑稽和荒诞,所以有必要谈谈这几个范畴。

卡夫卡(1883—1924),生于布拉格一个犹太人家庭,操德语,于1906年在布拉格大学获得法学博士学位,1907年起供职于保险公司,直到1922年因肺病而提前退休。他自1904年开始文学创作,作品甚多,三部长篇小说《诉讼》《城堡》《美国》尤其为人称道;大部分作品直到死后才发表,值得注意的是,他本人曾坚决要求其挚友马克斯·勃罗德将其所有作品付之一炬,但幸而勃罗德未能遵嘱照办,真是善莫大焉。他的作品体现了法的荒诞性。他有黑色幽默代表作小说,题名为《第二十二条军规》,主要内容是说:

第二十二条军规无所不在地统治着皮亚诺扎岛上空军人员的生活,按照第二十二条军规,精神失常者可以提出申请不完成规定的战斗任务回国。但你提出申请,就说明你不是精神失常者,因此你必须执行飞行任务。按照第二十二条军规,空军执行官执行完四十次飞行任务就可以回国,但同样按照第二十二条军规,无论何时都得执行司令官叫你做的事,司令官会叫你继续飞行。大兵们说按照第二十二条军规应把姑娘们赶出住所,但法律又规定可以不给人宣读第二十二条军规究竟是怎么说的,可以不宣读是按照法律,法律之所以这么定,又是根据第二十二条军规。谁都不知道第二十二条军规究竟是什么。③

大概与他本人的专业和职业有关,卡夫卡的诸多作品都涉及法律现象,尤其是长篇小说《诉讼》(又译《审判》),更是直接以法律为题材。该小说的梗概为:

约瑟夫·K.被控诉了。但是他不知道为了什么。他坚持为自己辩护,但也不知道为什么。律师们认为他的案子很烦难。同时,他却没有耽误恋爱、饮食和读报。后来他被判决了。但法庭很阴暗。他有点莫名其妙。他只是猜测他被判决了,但几乎没问

---

① 《喜剧性与幽默》,《古典文艺理论译丛》第7辑,第80页。转引自刘叔成等著:《美学基本原理》,第235页。
② 同上。
③ 参见张法:《美学导论》,第106页。

过判了什么刑。有时他甚至怀疑是不是判了刑,他继续活下去。过了很久才来了两个衣冠楚楚、文质彬彬的人,请他跟着他们走。他们极有礼貌地把他引到一个荒凉的郊外,把他的头放在石头上,把他杀掉了。被判决的人死前只说了半句:"像一条狗。"①

集中地表现法律的荒谬的是第九章的寓言《法的门前》,其内容可简述如下:

在法律大厦前站着一个看门人。一个从乡村来的人跑到他那里,请求进入法律大厦。看门人对他解释说,他现在不能让他进去。这个男人问道,是否以后允许进去。看门人对他解释说:"可能,但现在不行。"这个乡下人想不到有这么大的困难,因为他以为,法律的大厦对每个人来说都是敞开的。但他决定还是等着,一直等到允许进去为止。看门人给了他一张矮凳,让他靠门边等着。他这样等了几天,几年。他不断请求让他进去,甚至还送了看门人各种礼品来贿赂他。看门人接过礼品时这样说道:"我接受它,为的只是不致使你相信,你耽误了什么东西。"这个男人就这样一直等到老,等到自己变得稚气,视力越来越差,他在生命结束之前问看门人:"大家在渴望法律大厦,可是怎么在这么多年里,除了我之外,没有人要求进去。"他在临死前得到这样的回答:"这里没有人能允许进去,因为这一入口只是为你而设的。"②

这些作品中,法律都显得不清不楚,不明不白,若明若暗,若现若隐。即使法庭和法官,也是只闻其声而不见其形。在这样的法面前,人觉得有一种说不清道不明的绝望,一种压在喉头的似渴非渴的焦灼,一种看得透说不出的荒谬,一种似乎远在天外又似乎近在眼前的恐惧,一种摆脱不掉的死死粘住你的物体所引起的恶心。我们想恨,但却没有道理;想喜欢,更是匪夷所思。想笑,笑不出;想哭,也没理由。它不仅解除了我们的理性,也解除了我们的情感。我们想拼杀,却找不到敌人。我们想奋斗,却没有目标。我们失重了!在此,我们所体会到的就是一种荒诞感。

作为审美范畴的荒诞,是现代社会的产物。荒诞的核心是人无法解释自己和世界,也无法相信现有的解释世界的理论,因此人看不到生命的意义。③ 正如荒诞派戏剧大师尤奈斯库所说:"荒诞是指缺乏意义……和宗教的、形而上学的、先验论的根源隔绝之后,人就不知所措,他的一切行为都变得没有意义,荒诞而无用。"④可以说,意义失落和理性失败是荒谬的根源和主要特征。荒诞就是平面化、荒原化,就是无价值无中心,人生失去了深度,变得轻飘、捉摸不定、怪里怪气、难以理解。所以,人在荒诞里所感到就不是"主体心灵的感动、兴奋甚至一种强烈的激荡",而是"一种极端的冷漠和不

---

① ［法］阿尔贝·加谬著,刘半九译:《弗兰茨卡夫卡作品中的希望和荒诞》,载于叶庭芳编:《论卡夫卡》,中国社会科学出版社1988年版。

② ［捷克］保尔·雷曼著,余匡复译:《卡夫卡小说中所提出的社会问题》,载于叶庭芳编:《论卡夫卡》。

③ 张法:《美学导论》,第97页。

④ 伍蠡甫主编:《现代西方文论选》,上海译文出版社1983年,第357—358页,转引自彭峰:《美学的意蕴》,第195页。

动声色"①。人觉得没有指望,没有出路,世界不可理解,自身也不可理解。人觉得不安和惶恐,但又没有具体的对象,就像模糊地预感到了地震即将来临但又无法确证一样。在荒诞派戏剧里,人物对话驴唇不对马嘴,前言不搭后语。不仅剧中人毫无目的毫无希望,不知他们在做什么以及为什么做,就是作者本人也感到糊里糊涂,莫名其妙。比如"等待戈多",等者不知为什么等,甚至也不知道等谁,就在那里有一句没一句的瞎聊,但被等的人直到最后也没有出现。

我们这里有必要探讨的是,法为什么给人这样一种感觉,它为什么会带给人一定的荒诞感?

虽然法就其本身来说乃是理性和正义的代表和产物,但法从一开始就与非理性和不正义紧紧连在了一起,正是这种深刻的矛盾构成了法之荒诞的深层原因。法本身就是矛盾。法时时刻刻都想极力摆脱这矛盾,但它根本无力摆脱,就像人无法提着自己的辫子把自己提起来一样。法极力追求统一和和谐,但却总是陷入冲突和矛盾之中。法总是想显得道理充分,但为了方便却总是强词夺理。法极力要追求公开,但为了实用的目的却总是想秘密行事。法一贯如此。一个社会处于没落的时候就更是如此。如果社会遇到了特殊的危机,执掌权柄者就更加有了充分的理由。法的本身就已经内含着异化的因素,特定的时期这种异化就会表现得变本加厉。人要用法追求安全,法却带来了恐怖;人用最高的理性来制造法律机器,但法律却制造了更多的非理性。人要追求意义,但法却带来了更多的莫名其妙,更多的荒谬。尤其是小人物,我奉公守法,只想过安生日子,不成想

一定有人诬告了约瑟夫 K,因为他没干什么坏事,一天早上就给逮捕了。

来押我的人衣冠楚楚,但却吃了我的不多的正要用之充饥的饼干,并没收了不该没收的衣物。我想申辩,我想见到法官,但法官始终不肯露面。我知道被判了罪,但我却不知何罪。我本以为还可延宕一段时间,但命运不露声色地带来了最危急的信息:

K 三十一岁生日的前夕——晚上九点钟光景,正是大街开始沉寂的时候——有两个人来到他的寓所。两人都穿着大礼服,面色苍白,长的肥肥胖胖,头上戴的显然是不能折叠的大礼帽。在大门口就为了谁该先进而客气了一番,来到 K 的房门口时又重演了一次,而且比第一次更甚。事先并没有人通知他有客来访,K 坐在门边一把扶手椅上,也是身穿黑色礼服,正在慢条斯理地戴上一副紧绷在手指上的新手套,那样子倒像是在等候客人似的。

假若是大兵压境,我们会奋起抵抗;假若刽子手凶神恶煞,我们可以摆出毫无惧色甚至大义凛然的样子。但现实却与此根本不同。文质彬彬,衣冠楚楚,他们执行公务,只是为了执行公务,生死、意义、正义都与他们无关,都与法律无关,于是一切都无可

---

① 伍蠡甫主编:《现代西方文论选》,上海译文出版社 1983 年,第 357—358 页,转引自彭锋:《美学的意蕴》,第 195 页。

理喻。

法律中的这种因素可以说如影随形，区别只在于程度的深浅和范围的大小，可以说，即便在社会主义社会里也无法完全幸免这一点。社会主义社会毕竟不是历史的结束，而是一个更高阶段的开端。它有着种种的缺点和弊端。非理性和理性过度，会使它显得不伦不类，法会失去重量、意义和深度，导致难以言传的深悲、压抑和疏离。为了将类似的荒诞减少到最小的程度，我们需要作出多方面的努力。就法本身而言，我们应该厉行法治，完善法律，提高法律文化的水平。密切相关的还有另一方面，就是要始终把法律与意义相联系，防止那种本来应为人所支配的东西反过来却支配了人的局面的出现，防止人与法的疏离。

法一贯是严肃的。法一贯是正经八百的。法一贯是不苟言笑的。法一贯是高明无比的。法有此自信。法于是雄赳赳、气昂昂。

但是法未必总能是其所应是。它也未必就真的想是其所应是。它总在以己之矛，攻己之盾。很多情况下，它根本就不知道这一点。它意识不到自己与正常尺度的偏离，它低于那样一个尺度。更何况，它总是把严肃弄成僵直和机械，就更使滑稽感油然而生。笔者一时还没有收集到更好的例子，举下面一则故事以资说明。

一个警察押送一个犯人去监狱。忽然他的帽子被风吹掉了。"我跑去替你捡帽子，行吧？"犯人讨好地问。

"你以为我那么愚蠢吗？"警官说，"你站在这儿我去捡！"①

当然，有时它也不幸地发现了这一点。怎么办？掩饰和欺瞒成了最好的出路。法于是就还是装着无所不知无所不能的样子。当我们竟然违背法的预期"过于聪明"地发现了法的虚弱和无能时，我们所体会到的也是一种滑稽感。此时的滑稽就是另一种类型："明知自己的偏离却要掩盖自己的偏离，甚至炫耀自己的偏离。"②

当事人：大人，我求你一件事，你能不让我老婆知道吗？

法官：当然可以。

当事人：大人，我有一件传家珍玩，永远放到您这儿将是对我家莫大的恩典。

法官：只管放这儿，你老婆肯定不会知道——我就只当没发生过这档子事儿。

滑稽，是美的基本类型喜的一种，或者有人干脆将滑稽与喜、喜剧、喜剧性视为同义词。当使用喜剧这一词语时，要注意：狭义地讲，喜剧是戏剧的一种；广义地，喜剧则是美的一个范畴。

在欧洲美学思想奠基人亚里士多德看来，"喜剧的模仿对象是比一般人较差人物。所谓'较差'，并非指一般意义的'坏'，而是指具有丑的一种形式及可笑性（或滑稽）。可笑的东西是一种对旁人无伤，不致引起痛感的丑陋或乖讹。例如喜剧面具虽是又怪

---

① 董黎编译：《英语幽默集萃》，外语教学与研究出版社1992年，第246页。

② 张法：《美学导论》，第114页。

又丑,但不致引起痛感。"①在西方美学史上,康德、黑格尔、车尔尼雪夫斯基、里普斯都对崇高的研究作出了宝贵的贡献。马克思主义在历史唯物主义的宏观框架里,从社会发展中的新旧矛盾来理解喜剧的本质和成因。在《〈黑格尔法哲学批判〉导言》里,马克思指出:"现代的旧制度不过是真正的主角已经死去的那种世界制度的丑角。历史不断前进,经过许多阶段才把陈旧的生活形式送进坟墓。世界历史形式的最后一个阶段就是喜剧。"②马克思又说:"黑格尔在某个地方说过:一切伟大的世界历史事变和人物,可以说都出现两次。他忘记补充一点:第一次是作为悲剧出现,第二次是作为笑剧出现。"③历史发展是辩证的,曾经在历史上属于上升的进步的力量随着时间的推移,也必将失去其合理性而走向其反面,这时,它如果仍然拒不退出历史舞台,披上新时代的服装,在先是悲剧和崇高的,现在则变为喜剧了。喜剧,就其本质来说,也是人的本质力量的感性显现,它通过对丑的直接否定来突出主体本质力量的现实存在。

喜剧的存在形态可以有肯定性喜剧和否定性喜剧。"肯定性喜剧是对于自身的或正面事物的非本质的丑的嘲笑,直接显示出现实对实践的肯定,肯定了生活中的美和美的思想。……否定性喜剧是通过对旧事物丑的本质的揶揄、嘲讽和彻底揭露,间接地显示出现实对实践主体的肯定。"④如果说前者的特征是美的内容采取了某种丑的外观,如机械的、愚蠢的、某些类似旧事物的表现形式,那么否定性的喜剧的特征是把丑的内容用美的形式掩盖起来。徐九经升官记是肯定性喜剧的例子。

苏东坡在杭州时所判的一个案子就具有较高的滑稽性。案情如下:

灵隐寺有一个和尚,名叫了然。他常到勾栏院寻花问柳,迷上了一个妓女,名叫秀奴。最后钱财花尽,弄得衣衫褴褛,秀奴便不再见他。一夜,他喝得醉醺醺之下,又去找秀奴。吃了闭门羹,他闯了进去,把秀奴打了一顿之后,竟把她杀死。这个和尚乃因谋杀罪而受审。在检查他时,官员见他的一只胳膊上刺有一副对联:"但愿同升极乐国,免如今世相思苦。"全案调查完竣,证据呈给苏东坡。苏东坡不禁把判决词写成下面这个小调儿:

这个秃奴,修行忒差,云山顶空持戒。只因迷恋玉楼人,鹑衣百结浑无奈。

毒手伤心,花容粉碎,色空空色今安在。臂间刺道苦相思,这回还了相思债。⑤

罪案本身并不复杂,但恋情和通奸、相思和杀人、宗教和法律不伦不类地纠结在一起,再加上东坡的谑笑,整个儿构成了比较充分的喜剧氛围。

法是世俗利益冲突的产物,但它却要众生奉之为地上的神灵。法律无法保持中立,但却必须把自己粉饰成超然而客观的象征。法律的认识能力是有限的,但它却声

---

① 亚里士多德:《诗学》第5章,转引自朱光潜:《西方美学史》,人民文学出版社1979年,第89页。
② 《马克思恩格斯选集》第一卷,人民出版社1972年,第5页。
③ 《路易·波拿巴的雾月十八日》,《马克思恩格斯选集》第1卷,第603页。
④ 司有伦主编:《新编美学教程》,第244—245页。
⑤ 林语堂著,张振玉译:《苏东坡传》,百花文艺出版社2000年,第147—148页。

称自己可以洞察一切。法宣称自身是正义,是无以复加的正义。是真理,是裁判一切的真理。作为主观意识的客观化,法律事件不时显出其"妄自尊大"的一面,他总在要求尽可能多的权威和尊重,为此他不得不装腔作势,扭捏做作,它惯于谎称掌握了本不曾掌握的真理,它大行不义时仍镇静地宣布自己在行正义,甚至自己本身就是正义,且不是一般的正义,而是优越的正义,不是朴素的正义,而是华丽的正义,因为它有锋利整齐的牙齿,百发百中的枪法,赳赳武步,楚楚衣冠——这实在让人忍俊不禁,我们于此而颇得滑稽之乐。①

与邓少岭合作,2002 年。

---

① 我们常说的讽刺与幽默都可包括于滑稽项下。关于法律中的滑稽,德人有著作为:奥托·冯·祁克著:《德意志法上的幽默》(Otto von Gierke, Der Humor im deutschen Recht);T.施泰因贝格著:《法律中的笑话》(Theodor Sternberg, Der Witz im Recht)。——见舒国滢:《在法律的边缘》,第53、54 页。

法美学及其建构的初步设想

一、法美学释义

社会主义法既应是真,又应是善,同时它还是美。社会主义法应是真善美的三维结构体。社会主义法求真与求善之维的存在应是没有疑义的,问题在于,法中有美吗?法可能是美的吗? 也许大多数人并没有真正关注到这个问题,但理论法学发展到今天,它已经被提到日程上来了。为此,我们将在本文中尝试论证法之美的存在,并在此基础上提出对法美学建构的一些粗浅想法。

(一)社会主义法应是真

真,可以在几种不同的意义上使用。在与善美并列的意义上的真,是"获得了真理,达到了真理的境界,即主体在思想和行为上充分接近和适合于客体的必然性"①。从社会实践角度来理解,"真是从客观世界的转动、变化、发展之中所表现出来的客观事物自身的规律性。"②可见,真即是合乎规律,与真理相符。

具体到法之真,我们认为至少可以从以下三个层次上去把握。首先是,法作为社会的主观因素,必须符合它所处于其中的客观世界的真实情况和规律;法作为社会调控手段,必须适合于它的调控对象和属性。法之真的第二个方面,是指一种文化形态和社会调整工具的法,本身也有其自身规律,要具备合理的结构和有序得宜的运作机制。法之真的第三个也是最为具体的层次,指在法律运作中,主体所认定的事实的客观性。通常所说的"以事实为根据,以法律为准绳"中的"事实",就是在法之真的这第三个层次意义上讲的。

这里,我们基本上不在上列第三个层次上来讲法之真;第一个层次上的法之真由于范围广泛,也非我们能详细分析;我们将主要关心第二个层次的法之真。

博登海默指出:"哲学家与法学家通常都强调法律同普遍性之间的紧密联系。"③凡为法律都必须具备这个特征。与此相关,法的连续性、稳定性和严肃性也常为历来思想家和法学家所强调,这些都讲的是法之真的内容。现代西方对于法之真的论述,

---

① 李秀林等主编:《辩证唯物主义和历史唯物主义原理》第4版,中国人民大学出版社1995年,第373页。
② 王朝闻主编:《美学概论》,人民出版社1981年,第32页。
③ [美]E.博登海默:《法理学——法律哲学与法律方法》,邓正来译,中国政法大学出版社1999年,第234、374页。

往往集中于法治上,分析法学派对此最为重视,比如拉兹就将法治的基本原则概括为八个:第一,所有法律都应该是适用于未来的,公开和明确的。第二,法律应相对稳定。第三,特别法(尤其是法律命令)应由公开的、稳定的、明确的一般的规则所指引。第四,司法独立应有保证。第五,自然正义的原则必须遵守,公开的和公正的听证,没有偏见等,对正确适用法律和法律的指引行为的能力,显然是必不可少的。第六,法院应对其他原则的实施有审查权。第七,法院应该是很容易为人接近的。第八,不应容许预防犯罪的机构利用自由裁量权而歪曲法律。①

在我们看来,对于法律的规则、原则,对于法律制度作为一个整体的细致研究,正是分析法学派所长。他们对于法之形式的探索,多可以看作是对法之真的揭示。

(二)社会主义法又应是善

善有广义狭义之分,狭义上的善仅指道德上合乎规范,广义的善则包括使人在自然关系和社会关系中各方面需要得到满足的实际价值。功利和道德上的正价值都可以称为善。法之善与法的价值几乎同义。

法价值一词可以有不同的含义,其中之一指法本身有哪些价值,一般的法总意味着某种理性、效率和秩序,而与非理性主义、不顾效率和无政府主义是对立的。同时,现代社会的法,还和某种民主、自由和平等相联系,而与专制、独裁相对立,所以民主、自由与平等也是法的价值。

法价值问题是自然法学派关注的重点。如新自然法学派代表人物之一富勒认为,一个真正的法律制度应满足这八项原则,即:第一,法律的一般性;第二,法律的公布;第三,适用于将来的而非溯及既往的法律;第四,法律的明确性;第五,避免法律中的矛盾;第六,法律不应要求不可能实现的事情;第七,法律的稳定性;第八,官方行动和法律的一致性。② 富勒将这八项原则称之为法律的内在道德,与法律的外在道德相对应而称,前者又称程序自然法,后者又称实体自然法。法律的内在道德,其实亦可以法律本身的善来称呼,法律的外在道德,其实也正是法律所追求的善。这种善可包括两大类:正义与秩序。

有必要指出的是,上面所述的拉兹与富勒所列举的法治原则,从一个方面看是法之真,因其符合法律自身机制的内在要求。但从其同时符合一定的价值准则而论,它们又同时是法之善。正如我国古代法家所谓的"尺寸也、绳墨也、规矩也、衡石也、斗斛也、用量也,谓之法"③。这一方面强调的是法的客观性,为法之真;同时又强调了法的平等性,为法之善。

---

① 参见沈宗灵:《现代西方法理学》,北京大学出版社 1992 年,第 215 页。
② 同上书,第 60、61 页。
③ 《管子·七法》。

（三）社会主义法还应是美

已如上述，社会主义法同时具备真和善的属性，是合规律性与合目的性的统一，这就在根本上与美一致起来了。因为，"美是真与善的统一，也就是合规律性和目的性的统一。"①"真与善，合规律性与合目的性的这种统一，就是美的本质和根源。"②

"但无论哪一种美，都必须有感性自然形式。一个没有形式（形象）的美那不是美。"③"美……是一个具有特殊规定性的内容和形式统一体。在这个统一体中，内容处处表现于感性具体的形式之中，不能脱离感性具体的形式而存在。"④

那么，何谓形式呢？法会不会具备这样的形式呢？哲学上的形式指事物的内容诸要素的结构方式和外部表现形态。美是内容与形式的统一体。它的形式有其"特殊的规定性，美的事物一般要求符合自然规律的形式，不违背人们的官能快感"⑤。这形式应是感性的，鲜明的、丰富多彩的。"美的事物经常是以其鲜明生动的形式——色彩、声音、形体等诉诸人们的情感感受的。各种形式美更以突出的合规律性的自然形式（例如均衡、比例、节奏、韵律）成为美的对象。"⑥

法完全可以具备上述的美的形式，社会主义法完全可以按照美的规律来创造。任何时代的法都是内容和形式的统一体。不管是静态的法的要素和体系，还是动态的法的运行和发展，都是感性和理性的交织，它们既可以作为让人认知理解的客体，又同时是人们感觉体味的对象。法律虽然不具备色、形、音等鲜明外观，但作为社会实证现象的一部分，它仍然具备丰富的诉之于感官的力量。当然，对于作为社会美的一部分的法律美的欣赏而言，当包涵着更多的理解或理性的因素。

同为社会的规则体系，法律是要比道德更有次序，更有条理，更整齐，也更具有可感的外观。伦理道德的审美意义既已得到承认，法律之美就不仅是存在的，而且其审美价值似又在伦理道德之上。蕴含于深奥的科学之中的美也越来越得到肯定，爱因斯坦的相对论就被波尔称为"一切现有物理理论中最美的一个""一个被人远远玩赏的艺术品"。科学美这一术语也使用得越来越广泛。相对于科学，法律现象要形象具体得多了。科学可以是美的，法律当然也可以成为美。

法应是美的，这也是社会主体达到真正自由之境所必需的。真、善、美都是主客体相统一的境界，但有层次上和侧重点的不同。在真，法律主体和客体达到了统一，但这种统一还只是抽象和片面的统一。从根本上讲，人类求真知的目的并不在真知本身，更重要的是为了满足人类的种种需要；也即在真这里，主体与客体的统一尚未落到实

---

① 李泽厚：《美学三书》，安徽文艺出版社 1999 年，第 48 页。
② 同上书，第 485 页。
③ 同上书，第 480 页。
④ 王朝闻主编：《美学概论》，第 29 页。
⑤ 同上。
⑥ 同上。

处。这时,既然外部世界不会自动满足人的需求,人就决心以自己的行动来实现自己的目的,满足自己的需要。在具体的历史性的实践中,法律主体与客体之间的关系就实现了更高层次的统一,达到了善。善更侧重于主观的现实性和必然性的尺度,具有强烈的主体性,是最典型的价值形态。然而此时的统一,仍是主客体之间的片面统一,仍然不是对人性的全面而真实的占有,仍然不是主客体之间全面具体的统一,要实现主体自由,实现主客体之间全面现实的统一,社会主义法就必须扬弃真和善各自的片面性而在更高层次上实现新的综合,这就使社会主义法臻至美的境地。只有在美里,主体与客体之间的对立才能真正消解,主体与客体才能真正打成一片。社会主义法求美之维是对其求真与求善之维的扬弃和超越,美以真为现实前提又包含了真,美也以善为良知的基础又涵容了善。

从美的本质出发也可论证法可以是美的。当代中国居于主流的实践美学认为:"美的规律,正是人的本质力量对象化的规律。"①"实践美学作为当代美学的主要流派,是从 50 年代美学大论战中脱颖而出的,于 80 年代占据中国美学界的龙头位置,并持续其权威地位至今。"②它的一个代表人物讲道,"无论自然美还是社会美,都正是'人化的自然',这两种美都应该用马克思讲的'自然的人化'来解释。"③

其实,法、法文化也正是人的本性的确证,是人的自由的定在,是本来外在于人、异己于人的历史社会向人和人的自由的生成。所以,法就必然是美的。而社会主义法作为最高类型的法,最能体现人的本质的法,最能实现主体与客体相统一的法,即最终服从解放全人类实现人的最高理想的法,它就更应该是美的,越来越美的。

所以,社会主义法同时兼具真善美三种意义,是一个三维结构体。继而,让我们再看一看法的真善美这三维相互之间具体关系如何。

美与真有着密不可分的联系。美作为人改造世界能动创造的生活表现,就其历史发生或起源来看,以对于真的掌握或认识为前提。当客观规律对于人说来还是一种盲目发生作用的支配着人的力量的时候,人还不可能能动地改造世界,客观世界对于人也就没有美可言。在我国先秦诸子中,庄子从根本上肯定了美与真的一致性,主张"法天贵真,不拘于俗"④,从而获得和保持个体人格的自由,这也就是美。在西方,美学之父鲍姆加登认为美学是感性认识的科学,艺术作为感性认识也包含着真,能提供知识。现代科学也证明,美可启真,许多科学发现都是在对美的追寻之中获得的。另一方面,真并不就是美,只有当它为人所创造性地加以运用和掌握时,它那与人的目的相一致的感性具体的形式,才可成为审美对象。在古代,美和善是混在一起的,经常是一个意思。苏格拉底就认为美即是善,善即是美。他说,"任何一件东西如果它能很好地实现

---

① 蒋孔阳:《美的规律》,山东教育出版社 1998 年,第 8 页。
② 宋蒙:《对实践美学的历史地位及现实命运的反思》,湘潭师范学院学报 1999 年第 2 期,第 93 页。
③ 李泽厚:《美学三书》,安徽文艺出版社 1999 年,第 480 页。
④ 《庄子·渔父》。

它在功用方面的目的,它就同时是善的又是美的,否则它就同时是恶的又是丑的。"①我国的情况,据有人统计,《论语》中讲"美"字十四次,其中有十次是"善""好"的意思。将美与善联系在一起,强调二者的统一是中国美学的一个特征。在二者的位次上,不管是儒家还是道家,都视美高于善。在中国文化传统中,作为精神境界,美比善更高尚,更纯粹,更完全;作为人生境界,美比善更充实、更丰富,更光辉灿烂。

和美与真的关系比较起来,美与善有着更为直接、更为密切的关系。美以善为主观性基础,与人类的实践需要根本无关的东西,不可能是美的。但美与善又有显著区别。善是直接与人的功利和道德目的直接联系的对象,而美则并是观赏的对象。

值得一提的是,孔子在美与善的关系上提出了有深刻意义的看法。他一方面明确区分了"美"与"善",这主要体现在他对韶乐和武乐的评论上。子谓韶"尽美矣,又尽善也"。而谓武"尽美矣,未尽善也"②。另一方面,孔子又主张美善应统一。他说:"质胜文则野,文胜质则史。文质彬彬,然后君子。"③

就三者的关系而言,真善美应该是具体的历史的统一,但这种统一的实现是极为曲折和复杂的。即使是在追求真善美为共同目标的社会环境中,由于社会分工和实践认识水平的不平衡,也常常会出现真善美相互对立和分离。同时,我们也要注意到,"真的、善的、美的东西总是在同假的、恶的、丑的东西相比较而存在,相斗争而发展的。"④在西方历史上,康德的三大批判将真、善、美作出经典的划分。但是,这种分离不过是虚晃一枪,康德的最终目的仍在三者的融合。康德之后,席勒等也反对真善美的分割而极力主张三者的统一和交融。进入当代以来,美学家们又提倡美学必须进入社会生活的各个方面,建立审美文化。在这一背景之下,我们提出用美学的方法去研究法,使法现象中注入更多的美的精神和生气,建构法美学这一新学科正可谓适得其时。

所谓法美学,是用美学观点和方法研究法的学科体系,如同法社会学、法经济学、法政策学、法人类学等一样,法美学是一种新的交叉或边缘学科。它的着眼点和落脚点不是美学,而仍是法学。

二、法之美的实例征引

本文的第一部分,已在基础理论的层面初步论证了法为什么可以是美的。以下的这一部分,我们将从法律现实的各个方面去寻找法之美的实际例证。作为主观性和客观性的统一,作为理性与感性的统一的法,不管是从其静态的存在,还是从其动态的运行中,我们都可以发现丰富的美。

---

① 《西方美学家论美和美感》,商务印书馆 1980 年,第 19 页。

② 《论语·八佾》。

③ 《论语·雍也》。

④ 毛泽东:《关于正确处理人民内部矛盾的问题》,《毛泽东选集》第 3 卷,第 390 页。

(1)法律离不开语言,语言是法律的载体,是法律的"建筑材料"。法律是通过词语制定和公布的,法律行为和法律决定也都涉及言辞思考和公开的表达或辩论。法国著名结构主义语言学家和符号学家格雷马斯认为法律和法律现象都是一种符号及其符号化过程①,而语言也正是一种符号系统。甚至于,格氏视语言为法律性质的中心。法律以语言文字为表现形式,语言文字使掌握国家政权阶级的意志最终获得"定在",文字的表达须与法律的特征和功能相适应。法律文本的语言以简明、严谨、准确为基本要求。只有当语言符合了这种要求时,法律才能较为充分地发挥作用。这时,法律文本中简洁明快的文字就常常透露出凝重严肃、刚健、洗练的美学品格。比如,"在风格和语言方面《法国民法典》堪称杰作。其表述的生动明朗和浅显易懂,司法技术术语和没有交叉引证都颇受称赞,并且因此对法典在法国民众中普及作出了实质性的贡献。司汤达(Stendhal)'为了获得其韵调'(pour preorder lepton)上的语感,每天都要读几段法典条文;保尔·瓦莱里(Paved Valley)则称《法国民法典》为一部出色的法国文学著作。"②翻检法律史册,可发现不同时期的法律呈现出不同的语体特征和语言风格,不唯如此,语体特征和语言风格也随着法律部门之不同而不同。语言文字在给人的行为以明确的指引的同时,也总是给人的情绪以美的感染。诵读《法国民法典》时,也许可以体会到拿破仑对立法工作的参与多少使《法国民法典》"渗入了他那种伟大气魄,而法典的语言也因之而充满力量并激动人心:直截了当而一扫教理式的推断"③。

(2)一国现行法所构成的有机体系应该是和谐统一的整体。它不应该是内部互相矛盾从而自己推翻自己的杂乱无章的堆砌物,而应该是疏密有致、互相照应的统一体;这样的体系,当它既体现了法律调整机制本身的要求又合乎调整社会关系之需要时,法律体系就会既在整体精神和宏观布局上予人以辉煌壮观之感,也会在各细部的相互关系上予人以和谐的愉悦。试想,当成千上万的规范井然有序地构造成一个金字塔形状时,便会是庄严肃穆,巍峨雄壮。部门与部门之间,规范与规范之间,参差错落,浓淡相宜,俯仰映衬,前呼后应,正是一种和谐。而整个体系恢宏阔大,包罗万象,又疏而不失,要而不烦,岂不是到了简洁之极致?

(3)社会发展中必然存在的有序性和无序性的矛盾,使得行为规范成为人类的必需。④ 作为行为规范的一类,作为"人民自由的圣经",法律显得更加肯定、明确和普遍。与风俗习惯和道德不同,由于国家强制力的锻打,这种规范更加斩钉截铁,不容置疑,富于刚性美。

和其他类规范一样,法规范也是人类历经艰辛和困苦而收获的生存与发展的智慧定在于符号化系统中,它是千差万殊的社会现象的抽象,是行为自由规律的映现和表

---

① 吕世伦主编:《西方法律思潮源流论》,中国人民公安大学出版社1993年,第280页。
② [德]K.茨格威特、H.克茨著:《比较法总论》,潘汉典等译,贵州人民出版社1992年,第169页。
③ 同上书,第184页。
④ 武步云:《马克思主义法哲学引论》,陕西人民出版1992年,第153页。

征,是生命和生活经意或不经意地透露出的自身的隐秘。对于这样的法规则,只要我们拉开一个适当距离予以静观时,当我们对其沉思默味之时,它就既呈现给我们整齐划一结构完整的形式,也同时显示出人类不断攀升的创造智慧和主体精神。法是内容和形式的统一,在这种统一里,我们便可获致一种美和一种美的享受。

(4)法律的另一个重要因素是原则。"原则指导和协调着全部社会关系或某一领域的社会关系的法律调整机制,在制定法律规则时,进行司法推理或选择法律行为时,原则都是不可缺少的,特别是在遇到新奇案件或疑难案件,因而需要平衡互相重叠或冲突的利益,为案件寻找合法的解决办法时,原则就是十分重要的了。"①原则是法律价值互相冲突的解决。从此一角度去看待,则每两个较具体的原则都应由一个较基本的原则来加以统摄和综合;每两个较基本的原则也应由一个更基本的原则来统摄和综合。如此类推,直至最后形成一个最基本的原则。这样,法律原则的数量从抽象到具体就会形成一个以"2"为等比的数列,即 $2^0 = 1, 2^1 = 2, 2^2 = 4, \cdots\cdots$这样一个整齐的排列,体现了数学形式之美。

诚然,这是一个比较理想的状况。事实总是远离这一状况。但总有慢慢逼近这一状态的趋势。这一理想状态体现了法律调整的规律性,可以是立法的一个参考。规则的体系难以包罗万象,原则的体系或者竟可形成疏而不失的恢恢天网吧。

(5)强制性是法律的必备要件。如耶林所说,没有强制性的法律是"一把不燃烧的火,一缕不发亮的光"。法律本身的强制在阶级对立尖锐的社会中显得更加突出,比如以人对人的依赖为基础的社会即奴隶社会和封建社会里,法律就显得特别毒辣酷烈,处于其下的被统治者自然无法从中看到自己的自由,所感觉到的只能是野蛮残暴,阴森恐怖。"人类是从野兽开始的,因此,为了摆脱野蛮状况,他们必须使用野蛮的几乎是野兽般的手段,这毕竟是事实。"②但那些在今天看来是如此野蛮的观念情感和形象,由于体现了无可阻挡的巨大历史力量,加以保持着一种不可企及的童年气派的美丽,就形成了狞厉的美③,青铜艺术即属此类。

人类早期的法律也可作如是观。它的峻急、神秘、恐怖、威吓,积淀着一股深沉的历史力量,同时也荡漾着朴拙、粗糙、率真的气息。从而,它也就像青铜艺术一样,有狞厉之美。

只是,对于这种美的欣赏,必须等到"物质文明高度发展,宗教观念已经淡薄,残酷凶狠已成陈迹的文明社会里"④。这时,人们才能体会包含于残酷中的历史的狞计,体味那种狞厉崇高之美。

(6)"仰望天空,灿烂群星,道德律令,在我心中"。康德认为,道德可以像星辰一样

① 张文显:《二十世纪西方哲学思潮研究》,法律出版社1996年,第391页。
② 《马克思恩格斯选集》第3卷,第220页。
③ 参李泽厚:《美学三书》,安徽文艺出版社1999年,第39—46页。
④ 同上书,第46页。

令人敬畏和赞叹,人因为看到那个神圣的德律令"耸然高出于自己和自己的自然天性之上,产生一种惊叹赞美的感情"①。这种道德律令的高贵,既来自于历史社会整体的分量,也来自于人类的自由意志和自律能力,道德律令以其沉雄庄重、浑厚肃穆的力量暂时压倒主体,给主体造成不快和痛感,但人调动自由的本质力量,通过冲突和抗争,仍可在客体面前保持尊严,人由于"能够强制自己,抑制利己、自私、自爱、自负而屈从道德律令,就会感受到自己也同样高出尘表而有一种自豪"②。毋宁说,正因为人尊重了道德之威,道德之大,接受了道德律令的约束,才成就了自身的光荣和尊严。于是,主体就获得了崇高的享受。

道德整体的这一美学意义,在宋明理学那里也有较为明显的显露。在宋明理学那里,一方面,天理与人欲判然有别,激烈冲突,伦理的整体性、普遍性与个体的感性存在之间紧张对峙,森然相持。但另一方面,"感性的自然界与理性伦常的本体界不但没有分割,反而彼此渗透,吻合一致了。"③宋明理学家爱讲"孔颜乐处","把它看作人生最高境界,其实也就是……属伦理而又超伦理,准审美又超审美的目的论的精神境界。"④宋明理学在本质上是残酷的凶狠的,但就其抓住了整体与个体这一矛盾关系而论,则是很深刻的。

道德整体有庄严肃穆之美,法律亦然。这一点在康德的整个理论体系中比较容易得到说明。康德的法权哲学正是以其先验哲学为基础从伦理哲学出发的,是伦理学在政治领域的应用。他对法的定义为:"法是能使各个人的意志依据自由的普遍法则与他人意志相协调的条件之总和。"⑤这样的法,正是对个体与整体的矛盾的调整。这样的法,体现了历史规律性的制约,是社会整体的命令,是人类亿万斯年中所获得的成果的总结。在这一"大我"面前,"小我"肃然起敬,怵然而惕,生出恐怖惊惧之情。但当人成为法律的调整对象时又并没有丧失其主体性。所以,恐怖惊惧之中,又有赞赏自豪掺杂融合其中,这正是崇高感。

(7)我们还可以从法与自由的关系来分析法中之美。法与自由的关系极其密切,以至于"整个法律和正义的哲学就是以自由观念为核心而建构起来的"⑥。法作为自由的定在和自由的工具、跳板,是人类社会生活领域的一部分。不同文化背景的人们心仪于法、依赖于法,正是因为法律的目的不是废除和限制自由,而是保护和扩大自由。⑦法,应是人可生活于其中的庇护所,是可供人们静思默祷于其中的"教堂"或"庙

---

① 李泽厚:《批判哲学的批判》,安徽文艺出版社1994年,第322页。

② 同上。

③ 李泽厚:《中国古代思想史论》,安徽文艺出版社1994年,第236页。

④ 同上。

⑤ 康德:《道德形而上学》第一部分,转引自吕世伦主编:《西方法律思潮源流论》,中国人民公安大学出版社1993年,第129页。

⑥ [美]博登海默《法理学——法律哲学与法律方法》,邓正来译,中国政法大学出版社1999年,第279页。

⑦ 洛克:《政府论》下篇,第36页。

廊",是人可安居于其中的广厦华宇。法是世俗的,但同时又闪烁着神性的光辉。它是现世和当下,但却总是透露出信仰和超越的意味。法是功利的,但也有着诗性的成分。从人类整体上看是如此,对某一特定民族而言就更应该是这样。法不仅仅是外在的强加,它更应该是一个民族的性格特征和精神气质的自然流露。理想的法,应该如民歌一样自然流畅,从每一个农夫、猎人、工匠、教师、官员的心中奔溢出来,成为民众生活的象征和生命的颂歌,它在每一个国度每一个民族那里都应有独特的节奏和旋律。所以,与其说法是一种国家艺术,倒不如说是一种民间艺术。"良法"是民族生活之树上自然开出的花朵,是民众共同理想的果实。法的这样一种自然而然的特色和温婉柔曼的诗意,在前社会主义社会未能得到充分体现,但在社会主义社会里应当和可能有充分展示。社会主义法从本质上讲应能在更高的程度上实现主体自由,实现人与法的统一。

(8)我们又可以从法律关系这一概念入手,寻觅法之何以为美的线索。法律是调整社会关系的。"法律关系是运用法律规范调整事实社会关系时自觉地重建起来的……在法律的实现中起着中介作用的思想社会关系。"①它由主体、客体和内容(权利义务)构成。法律关系中有二元主体。但在前社会主义社会,主体的主体地位不可能得到真正实现。只有到了社会主义社会里,法律关系才能从本质上成为"主体际"关系。它不是一方压倒另一方而使该另一方居于客体地位的关系,也不是黏糊糊地不分你我彼此、权利义务混沌不分的关系。像在前资本主义社会里,由于生产力发展水平比较低,人们尚未脱掉同其他人的自然血缘关系联系的脐带,因之,血缘亲属关系就在社会关系中占有十分重要的地位②,这就在一定程度上导致身份、等级同时又并存着权利义务的混淆不分,个人消失于家庭和国家之中而没有独立的地位。再者,权利义务极端不对称,甚至有可能一方几乎只享受权利,而另一方则只承担义务,这就使得关系中的一方屈居于客体的地位。到了资本主义以人对物的依赖关系为基础的法律类型里,虽然有了法律上的人人平等原则,但由于生产资料占有的极不均衡,人与人之间形成真正的主体与主体之间的关系就依然是不可能的事情。只有到了社会主义以人的自由发展为基础的法律类型中,法律关系才真正有可能成为"主体际"关系,也应该成为这样一种关系。在这样一种关系里,各方权利义务相对分明,各方独立承担责任同时又不失对方的关切。互相之间既有合作,但同时又保持各自的独立和尊严。这样一种关系既让我们体会到人性的尊严,但同时又彼此合作。此时,法律关系这种社会关系的表现形式,就使我们感受到了"冰清玉洁"般和谐的人际关系之美。

(9)从"主体际"关系这样一个短语,我们可看到法主体本身的人格之美。主体之为主体,并不仅仅在于法律规定其为主体,也不仅仅在于经济、社会所提供的外在的宏观条件,主体之成为主体,直接表现于人们在漫长的过程中所形成的主体的人格的状

---

① 武步云:《马克思主义法哲学引论》,陕西人民出版社 1982 年,第 378 页。
② 吕世伦、公丕祥主编:《现代理论法学原理》,安徽大学出版社 1996 年,第 137 页。

况、结构和水平。要适应现代法治之需，要使法律真正得以有效运转，就必须拥有社会全部的主体性人格的公民。法律所规定的"应为"，必须以法律关系主体的"能为"为前提。从此一角度而论，现代法律关系的主体就是历史长期进化的结果，是人类文明积淀而成的人性的单一性。正是这人性中的幽微灵妙和雄奇壮伟，使得法律主体能够给予法律以道义上的担当，信仰上的承诺；倘无此人性人格的支撑，法律便无顺利运作。

康德曾经赞叹人的道德义务说："……你丝毫不取媚人，丝毫不奉承人，而只是要求人的服从，可是你并不拿使人望而生厌望而生畏的东西来威胁人……你只提出一条律令，那条律令就自然进入人心……一切好恶不论如何暗中抑制，也都是默然无语！呵！你的尊贵来源是在哪里呢？……这个根源只能是使人类超越自己（作为感性世界的一部分）的那种东西……这个东西不是别的，就是人格，也就是摆脱了全部自然机械作用的自由和独立的。"①

康德论述的是道德人格，是个人做人的尊严、价值和品质的总和，是人的主体性、目的性和社会性的集结②。高尚的道德人格往往是富有情感和感染力，从而具有审美价值的。道德人格的美学意蕴，在孔子与孟子的论述中都有所体现。如孔子在《论语·泰伯》中说："大哉！尧之为君也。巍巍乎！唯天为大，唯尧则之。"孟子则提出："可欲之谓善，有诸己之谓信，充实之谓美，充实而有光辉之谓大，大而化之之谓圣，圣而不可知之之谓神。"③

国家强制力远非法治得以有效运行的充分条件。现代法制的实现，从根本上讲，要依赖于民众的自觉服从和遵守。一整套原则规则的体系需要由具备一定品格的人来操作，法治所需的那样一种理性、独立、有尊严、守秩序、能负责、敢担当、刚健有力、清醒自觉的现代人格，应该可以与道德人格一样，成为审美对象。人性中充满险恶和黝暗，但凭依同时存在着的人性的光辉，我们仍可借助规则而达成和平、秩序与合作。我们审视和体验人的自我调控能力和自律技巧，惊讶并赞服我们自我设定的光荣的法律的束缚。我们既非对权力盲目崇拜对长官唯唯诺诺的顺民，也非无法无天放纵散漫的暴民，而是有中道的行为、均衡的人格的公民。

（10）在法律运作过程中，程序的作用在当代中国越来越受到重视。程序中一系列步骤、方式的严谨整齐、环环相扣的结构及其顺利的动态展开，也总是给人以美的享受。静态地看，诉讼中"法官中立两造与讼对垒"这样一种三角结构，就符合对称和均衡的美的形式法则。而整个程序从开启到结束，如能行进自如、轻快流畅或则跌宕起伏委婉曲折，也会让人体会到美的滋味。

（11）技术美在当代美学中日益受到重视。法律运作的各个环节都要有一定的技

---

① ［德］康德：《实践理性批判》，关译本，第88—89页，转引自李泽厚：《批判哲学的批判》，安徽文艺出版社1994年，第324页。

② 魏英敏主编：《新伦理学教程》，北京大学出版社1992年，第494页。

③ 《孟子·尽心下》。

术,技术的熟练即成为艺术。技进乎艺,如庖丁解牛然,每一动作,都合乎音乐舞蹈之节奏,"莫不中音,合于桑林之舞,乃中经首之会。"①

(12)法律运行的结果形成法律秩序。法律秩序是实现了的自由的体系,是主体调控社会的优雅艺术的成果。在这样一种秩序理想和理想秩序里,良风美俗,社会和谐,天人之间和人法之间形成鱼水般轻柔亲切的关系。这不正是一种审美境界吗?只是,到这样一种秩序理想完全实现之日,也就是社会主义法趋于消亡之时。

(13)人类跨入阶级社会以来,法秩序取代了原始氏族公社秩序,对于社会和大部人来讲,当美妙的历来靠风俗就把一切调整好了的氏族公社秩序终被充满血腥和暴力的国家法所取代时,历史的车轮将亲密无间平等互助的人际关系,自然清新、粗犷质朴的原始情调碾得粉碎时,历史就显出了一种悲剧性。

在法的历史发展过程中,当新型的法秩序取代旧的法秩序时,也如"一切伟大的世界历史事件和人物一样""第一次是作为悲剧出现的"②。这种悲剧的本质是"历史的必然要求和这个要求的实际上不可能实现之间的悲剧性的冲突"③所决定的。商鞅车裂,吴起肢解,戊戌变法的失败,都属这种情况。

当近现代法秩序取代传统宗法秩序时,当现代文明和传统田园牧歌式的乡村伦理秩序冲突时,后者作为一种人生中有价值的东西被撕破了,对于生活于其中的大部人来讲,是会体会到一种深刻的痛楚和哀婉的。

(14)其实,法与美的必然和共存,从其产生时就已开始了。"人类最早产生的法多是以诗歌的形式保存和流传的,如印度的《摩奴法典》即以'输洛迦'(slokas)诗体写成。据考证,古希腊语的法(vonol,nomoi)兼有诗歌的含义。以诗歌的形式表现的法,被称为诗体法。"④其中"德拉古之酷律,如秋霜烈日,其法规自优美之诗句而成;梭伦之法,如春风驰荡,称为宽仁之法。"而"梭伦者,诗圣也……梭伦之法典,亦自诗篇而成者也。"⑤贺拉斯认为,古代诗人的智慧就在于利用神话传说最早教导人们"放弃野蛮的生活"。"划分公私,划分敬渎,禁止淫乱,制定夫妇礼法,建立邦国,铭法于木。"⑥维柯也用诗性智慧的概念来解释包括法律在内的人类文明社会的根源。诗性智慧是世界中最初的智慧。即原始人的智慧,神学诗人的智慧,又称凡俗的智慧,是同后来才出现的哲学家和学者们所有的那种理性的抽象玄奥的智慧相区别的。诗性智慧即是形象思维,其特点在于想象、虚构和夸张。维柯提出"古罗马法是一篇严肃的认真的诗,是

① 《庄子·养生主》。
② 马克思:《路易·波拿巴的雾月十八日》,《马克思恩格斯选集》第 1 卷,第 603 页。
③ 《马克思恩格斯选集》第 1 版第 4 卷,第 346 页。
④ 葛洪义主编:《法理学》,中国政法大学出版社 1998 年,第 14 页。
⑤ [日]穗积陈重:《法律进化论》,黄尊三等译,中国政法大学出版社 1999 年,第 99—100 页。
⑥ 贺拉斯:《诗艺》,第 158 页,转引自李醒尘:《西方美学史教程》,北京大学出版社 1994 年,第 93 页。

由罗马人在罗马广场表演的,而古代法律是一种严峻的诗创作"①。维柯又说:"《十二铜表法》的不少条都以阿朵尼(Adonil)诗格结尾,也就是英雄体诗的结尾部分。因此,有一种村俗传说,说以这种诗体颁布的法律就必须是真的。"②

法的表现形态林林总总,法中的美也千姿百态。法之形如水,或平齐如镜,静谧清澈,给人以公平与透明的美感;或辽阔舒展,一望无垠,给人以开阔广远的美感;或浩浩荡荡,奔腾澎湃,给人以奋斗和进取的美感;或曲折迂回、温婉柔曼,给人以亲近舒缓的美感;或冷面霜颜,凛冽肃杀,使人顿起庄严敬畏之美感。

三、法美学建构的必要性

法美学的建立是社会主义法的本质和历史使命的必然要求。马克思主义经典作家的理想是人的自由和全面发展,实现人对人的本质的全面占有,实现主体与客体的全面统一。马克思认为,共产主义社会是"建立在个人全面发展和他们的共同社会生产能力成为他们的社会财富这一基础上的自由个性"③。在那里,"每个人的自由发展是一切人的自由发展的条件。"④在马克思看来,"任何一种解放都是把人的世界和人的关系还给了人自己。"⑤

要达到这一目的,仅仅有真和善这两个方面是远远不够的。自由应该是真善美的统一。马克思写道:"动物只是按照它所属的那个物种的尺度和需要进行塑造,而人则懂得按照任何物种的尺度来进行生产,并且随时随地都能用内在固有的尺度来衡量对象;所以,人也按照美的规律来塑造。"⑥自由是合规律性与合目的性的统一,是真善美的综合。因此,以追求人的自由和发展为己任的社会主义法,就应超越真善之间的二分,走向情理交融、圆满和谐的美的状态。

从必然王国到自由王国的跋涉,实际上必将是一个漫长的历史实践过程,这一过程既意味着宏观方面的社会经济、文化的不断发展,同时又意味着人性的不断生成和逐步丰满充实。在这一过程中,主体总是既受制于既成的历史文化和人性水平的制约,同时又以积极进取的精神力图突破既定框架而展现人的热情、智慧和创造力量。法作为已经实现了的自由的体系,同时又作为实现进一步自由的环节,作为主体客体化和客体主体化的中介,它不仅仅停留在真和善这两个方面,而应在此基础上实现综合性的超越,达至美的境界。只有在美的境界里,才会实现主体对个体生命有限性的

---

① 《朱光潜全集》第 19 卷,第 122 页。
② 同上书,第 18 卷,第 275 页。
③ 《马克思恩格斯全集》第 46 卷(上),第 104 页。
④ 同上书,第 1 卷,第 273 页。
⑤ 同上书,第 443 页。
⑥ 马克思:《1844 年经济法学—哲学手稿》,刘丕坤译,人民出版社 1979 年,第 50—51 页。

突破,在瞬间见永恒,才会实现内容丰富全面的真自由,才会真正实现社会主义法的全部价值。

法中的真善美是一个从不统一到统一的过程。最初,作为社会调控器的法仅仅注意求真和求善,而且二者也常常处于对立之中,或则法作为工具精妙灵巧,但却扮演着反对人和压抑人的角色;或则虽然追求高远的理想,但其调控技术却粗陋简单。

社会主义社会作为从有阶级社会到无阶级社会的过渡,作为人类历史的一个重大飞跃,作为人性提升的一个阶梯,作为主体性和客体性实现完满统一的一个重要的过渡,它的法应该是真与善相统一的法,是美意盎然的法。

法中的美长期以来是受到忽视的,人们最多只讲法中之真和法中之善,几乎没有谈及过法中之美。原因之一在于,法总是与暴力相联系,具有强制性,人类大部分历史时期的法又常以残酷野蛮为特征。社会成员生活在这样的法律之下,避之犹恐不及,又哪能谈得上拉开距离观照其中的美呢? 其实,这样的认识并不全面,前已述及,即使是早期的残酷的法律,有时也会显示出狞厉之美。正像"异化劳动也能够创造美"一样,剥削阶级法,甚至那些残酷野蛮的法律,也会因为社会成员在进行法律实践时倾注了自己的本质力量而成为美的载体。同时,当统治阶级还处于上升时期时,当他们还能适应生产力进步与社会发展的要求时,他们的法也就与人类自身发展的方向是一致的,从而可以制定和实施肯定人的本质的法律。这样的法,就有可能达到合规律与合目的统一而成为美的。

原因之二在于,美学对美的界定比较偏狭。最初,美学家们只承认艺术领域中的美,自然美和社会美是后来才进入他们的视野的;即便如此,不少人在强调美之为美的形象性和情绪性的同时,还总是将形象性与抽象性,感性和理性割裂开来。必须看到,美并不局限于艺术领域,而是可以存在于实践的方方面面。杜威认为,艺术就是经验的完美,思想、实践和伦理都可以成为艺术的。① 现代美学将触角伸向生活的方方面面,力图使人类的生活世界成为一个审美的世界。技术美学已得到广泛承认和提倡,还有一些人认为存在着"科学美"。也需看到,抽象与形象、感性与理性本非截然分离,它们之间总是相互包涵、交融和转化。法是人的理性的载体,直接通过禁止、义务、授权的方式表达理性的命令;同时,法中也沉积着情感,它也会展示出可感受的形象性。

人类进入近现代社会以来,科学技术突飞猛进,道德理论也有长足发展,但却无法排除科学与伦理之间存在的对立。这种对立在法律领域中主要是借助合法性与合理性的对立表现出来的。这时,法律的合法性合理性都有了显著的提高,同从前相比,对法律合理性和价值的讨论与分析都得到了极大的增强。这就意味着,法律的求真与求善及其相互关系问题的研究,也获得了空前的进展。但不幸,人们并没有完全消除这样的情况,即总是感受到法律的外在的性质,感受到良心上的压抑,不能充分实现自

---

① 聂振斌等:《艺术化生存》,四川人民出版社 1997 年,第十二章。

由,感受到异化而不能充分展示创造自己的本性。解决这一问题的出路,就是要在法律中注入审美精神和艺术生气,以实现人的心灵与躯体的和谐,动机与行为的和谐,人际关系的和谐,天人之间的和谐。

康德分别对真善美三维所做的深刻思考,最后落脚于审美判断,恰是他对"人是什么"这一千古疑问的回答。他认为只有在审美领域中,才能真正克服自由和必然、实然与应然的分离,达到真正的自由。这启发我们,法中真善的两极,倘无美的统摄,便极有可能导致法律和伦理各行其道,从而也就不能达到个人与整体社会的和谐。

对待资本主义法,如果不运用人的自由和解放的尺度,不运用审美的尺度来审视,便不可能是彻底的批判。马克思主义认为,人应"按照美的规律来造型",这一角度可以帮助我们把握马克思主义对资本主义批判的真实高度和深度。资本主义法从根本上将人的不完善、不和谐和社会分裂加以固定化。所以,它势必一步步失去其合法性和合理性。社会主义法则力图尽最大可能实现对真与善的综合和超越,着力实现人的心灵和躯体的和谐,实现主体与客体的统一,使人尽可能全面地实现和拥有人的本质和自由。它正是由于以此为目标和理想,才取得了自己的历史合理性。

建立法美学的理论意义是巨大的。既往的理论法学囿于法之真与法之善,导致缺乏对二者的真正综合。这就使对法现象作深层次追问和思考的法哲学,既缺乏轻盈飘动的神采,又缺乏深沉雄浑之气象。当我们上升到审美之维后,将使法哲学更能准确地找到其本体支点和价值基础,看到法哲学的最终奥秘与人的密切关联。"认识自我乃是哲学探究的最高目标,这看来是众所公认的。在各种不同的哲学流派之间的一切争论中,这个目标始终未被改动和动摇过,它已被证明是阿基米德点,是一切思潮的牢固而不可动摇的中心。"①"马克思主义的出发点是人,正是对现实的人及其生活条件分析,马克思才形成了自己的思想体系。"②同时可以看到,哲学与美学的交融似乎是中外哲学发展的一个方向,哲学美学化有其深刻的必然性,那就是:完满的人生需要有审美境界;诗化哲学的涌现,更加深刻地使哲学指向生动活泼的社会实践主体,更加明确地意图把握现代人和未来人的本质存在。"人并不是抽象地栖息在世界以外的东西。人就是人的世界,就是国家社会。"一样地,法也当然与人密切相关,从而也与美应该密切相关。在我们看来,哲学、人的秘密与美是同一的,紧相缠绕的。从而,法的哲学,作为与社会主体紧相联的哲学形态,也就应当回应这一哲学美学化的趋势,进一步关注人和人的发展,为人的自由和解放寻求既符合理想原则又切实可行的道路,增强对法律实践和实证法学的指导。

法美学的建立,在当代社会主义中国尤为迫切。美作为包含真又高于真、蕴藏善又超越善的实证形态和价值形态,可使法的真与善能得到更充分的实现。因为美是社

---

① [德]卡西尔:《人论》,甘阳译,上海译文出版社 1985 年,第 3 页。
② 王若水:《人是马克思主义的出发点》,载于汤一介、杜维明主编:《百年中国哲学经典·八十年代以来卷》,海天出版社 1998 年,第 372 页。

会历史长久积淀的产物,美既可启真,又可求善。符合审美规律的东西也往往是真的和善的。反过来看,一旦我们偏离美的角度而去考虑真与善时,则往往没有真和善可言。

以美为标准来衡量法律,有助于促进立法质量的提高。当我们从美的标准来审视和要求法律规则、法律体系、法律秩序时,我们便可在更高的层次上体现法的合规律性与合目的性。

法律的实施离不开法律推理。推理通常指人们逻辑思维的一种活动,即从一个或几个已知的判断(前提)得出一个未知的判断(结论)。这种思维活动在法律领域中的运用就泛称法律推理。它大体上是对法律命题运用的一般逻辑推理过程。显然,这是一种抽象思维。假若我们能把形象思维加进去,使形象思维辅助抽象思维,就能解决很多难题,使思维更加圆通、机智、周密。从这个意义上讲,审美之维可以提高思维水平,促进法的实施。

法美学的建立,又能够提高全民族的法律文化水平。社会主义法治的达成,决定于有无广泛的社会主体基础。民众知法、爱法、尚法则法治兴,民众对法漠不关心、憎法、厌法、避法则法治弛。所以,全民法律意识水平的提高,实为法治的先决条件和精神的根据。完成这一任务,离不开审美这条途径。法律中的美,使民众在欣赏的愉悦中就会自然而然地甚至自觉不自觉地趋近法、信仰法,把法这一客体主体化,内化为主体的新质,从而时时处处以法为则进行思考和行为,严格地守法护法。通过法律实践,也逐步提高了民众美育素质,这实际上也是其人性的提高,主体性水平的提高,整个社会的精神文明水平也随之得以提高。

概而言之,法美学的建立既为社会主义理想所需要,又为现实任务所要求。它既深刻影响现实的法运动,同时又着眼于法的长远未来,而且,还会对理论法学的发展产生重大影响。

四、法美学建构的可行性及其理论框架

法美学的建立将是艰难的。原因并不仅仅在于资料的缺乏,更在于人类历史现阶段发展水平的制约。按照马克思主义原典的设想,只有到了共产主义的高级阶段,社会才能真正成为"自由人的联合体",才能真正将个体和社会较为完全统一起来。在此之前的人,则不可避免地要生活在从总体上来讲不美或美之不足的社会里。单个人自身往往存在着理性与情感,公益观与私欲心,动机与行为,手段与目的之间的对立,社会上存在着利益与价值与取向诸方面的冲突。看来,只要有法存在,客观上便意味着无法彻底地步入真与善的统一和超越而达到美的境界。而当法真正进入美的境界时,法也就要消亡了。所以,法美学本身也处于一种矛盾中,仅具有相对性。当它力图建构自身时,经验材料将不会特别丰富。在目前的社会主义初级阶段里,虽已不以阶级

斗争为主要矛盾,但由于生产力水平低下,精神文化水平也不高,法之美就受到很大的局限,不可能有充分的展现。

但是,我们并不是法的审美问题上的悲观论者,不是无所作为的提倡者。相反,我们认为在这个领域里仍然大有希望,可大有作为。从宏观的历史角度看,我们已建立了社会主义这一新型的社会,它的法以社会主义的人权和自由为原则,以完整人性的生成、发育以促进人的创造才能的发挥为宗旨,努力促使自然的人化和人的自然化,实现法主体的广泛性。这样,它就将在越来越大的程度上将合规律性与合目的性统一起来,美的因素将会越来越多。何况,人类文明已积累了相当丰富的成果,主体的觉悟也有了较大提高,这也使得我们有可能融合社会主义法的求真与求善,创造社会主义法的美。

再从具体资料来看,虽然直接探讨法之美的专著和论文难得一见,但到目前为止,一方面,美学的范围有了相当的扩大,审美文化日益成为现代社会的自觉追求,人类力图使人生艺术化,使社会生活艺术化,这为我们从美学上分析法提供了有益的借鉴。另一方面,应用美学的探讨也取得了一定的成果,可资我们研究的参考。

从不同的分析思路出发,可以建构不同的法美学的体系框架。即使更多的人加入这一学科的研究之后,也应该提倡基本体系的多样性。我们下面尝试给出自己的初步设想。法美学大体包括如下部分:

(1)法美学的概念。

①美与法,法何以是美的,法之美的源泉。

②美、法之真与法之善的统一体。

(2)法之美的特征与定位。

(3)法之美的创造:规律与技巧。

(4)法之美的欣赏。

(5)通过美育的法律情感教育与通过法律教育的美育。

(6)各法部门中的美,法运行的诸环节中的美。

(7)法的技术美。

(8)法之美的历史发展。

与邓少岭合作,1999 年。

下 篇

法律史学

第一部分　西方法律思想史学

论西方资产阶级法律思想的源流

第一阶段　17—18 世纪的启蒙法律思想

波澜壮阔的欧洲和北美的资产阶级革命浪潮,是以古典自然法学为理论先导的。自然法是西方世界最古老的、从未中断过的法律理论。古代自然法为自然主义自然法,认为国家(城邦)和法律属于自然现象,人们必须绝对地顺从。其代表人物主要有希腊的柏拉图、亚里士多德和罗马的西塞罗。中世纪自然法为神学主义自然法,认为自然法是神的永恒法在人类社会中的体现,是连接神法与人定法的桥梁。其主要代表人物是圣·奥古斯丁和圣·托马斯·阿奎那。17—18 世纪古典自然法则为理性主义自然法,认为法律的本源既非自然亦非神,而是人自身的本性。其主要代表者是一大批后来被称之为启蒙思想家的大人物。如,荷兰的 H. 格劳秀斯(Grotius,1583—1645),B. 斯宾诺莎(Spinoza,1632—1677);英国的 T. 霍布斯(Hobbes,1588—1679),J. 洛克(Loeke,1632—1707);法国的伏尔泰(Voltaire,1697—1778),C. L. 孟德斯鸠(Montesquieu,1689—1775),J. J. 卢梭(Rousseau,1712—1778);美国的 A. 汉密尔顿(Hamiltan,1757—1804),T. 杰弗逊(Jefferson,1743—1826),T. 潘恩(Paine,1737—1809);德国的 S. B. von·普芬道夫(Pufendorf,1632—1694),C. von·沃尔夫(Wolff,1679—1754);意大利的 C. B. 贝卡利亚(Beccaria,1738—1794)等。

古典自然法学一开始就区别于中世纪的神学主义自然法,把矛头指向天主教的精神统治和封建专制统治。它是沿着 11—15 世纪文艺复兴运动及其诸潮流如科学、艺术复兴、罗马法复兴、宗教改革乃至早期空想社会主义所提供的进步思想轨道前进的。它的基本主张,概括为如下几个方面。

一、自然状态论

在古典自然法学那里,自然状态论和自然法这个基调有着不可分割的联系。因为,自然状态论是自然法学说的重要支撑。古典自然法学家们从人类的原始社会即自然状态下不存在法律(人定法)这样一个客观事实出发,力图证明在没有法律的社会中,由自然法在支配人们的行动,社会得以维持。至于说人类的自然状态究竟是怎样一种状态,其答案则因人而异。但是,大体上有三种类型:①霍布斯型的。也就是认为,由于人的本性是自私的,每个人都力图把自己的自由实现到最大限度,而且大家都平等地具有这种能力,所以就自然导致"人与人是狼的关系",即普遍的战争状态。每个人都有竞争、猜疑和荣誉的心理,它驱使每个人为自己的利益、安全和地位而侵略他人。既然人类居住在这种没有共同权力的自然状态中,就不能不经常发生敌对的战争。在那里,根本谈不上土地的开辟,航业的发展和应用,文学艺术的繁荣等。人的生命短促,生活贫穷,相互关系凶残,无公道可言。②洛克型的。他认为自然状态本来是完好的,但越来越增长着危险;或者说在普遍的和平状态中,战争状态的个别性因素会扩大起来。洛克说:"人类原来所处的自然状态,那是一种完备无缺的自由状态,他们在自然法的范围内,按照他们认为合适的办法,决定他们的行动和处理他们的财产和人身,而毋需得到任何人的许可或听命于任何人的意志。"①自然状态的缺陷有三点:其一,缺少一种确定的、明文规定了的、众所周知的判断是非的标准和裁判一切的纠纷的尺度。虽然存在着自然法,但有些人由于私利而加以曲解。简言之,缺少人定法(法律)。其二,缺乏一个有权依照既定法律来裁判一切争执的知名的和公正的裁判者即法官。其三,缺少共同的权力来支持正确的判决,使之获得应有的执行。自然状态的这三大缺陷,使人们对财产的享有便不会十分安全和稳妥,因而那里就不是长期的共同生活的理想之所。③卢梭型的。在他看来,自然状态是人类的"黄金时代"。卢梭认为,在自然状态下,每个人都是平等的、独立的、自由的。人和人之间只有年龄、健康、体力的差别,而从来没有什么天生的奴隶和天生的主人,没有什么服从和被服从、奴役和被奴役的情况。在那里,人类具有一种高尚的道德,团结、友爱和同情。人类那时也不存在善或恶的观念,无所谓权利或义务,互相都是一样的。后来,"由于人类能力的发展和人类智慧的进步,不平等才获得了它的力量并成长起来;由于私有制和法律的建立,不平等终于变得根深蒂固因而成为合法的了。"②卢梭把私有制,首先是土地私有制的出现以及法律对它的肯定看成是不平等产生的真正原因,是自然状态瓦解的标志。

二、国家契约论

既然自然状态最终都要因其自身缺点的发展和扩大而走到尽头,那么它或迟或早总要由新的人类共同体(或叫社会状态、政治状态、公民状态即国家)所代替。在自然状态的末期,人类面对着种种不幸和危险的局面,经自然理性的启发,便不约而同地一

① 《政府论》(下篇),商务印书馆1964年,第5页。
② 《论人类不平等的起源和基础》,法律出版社1958年,第149页。

起寻找新的出路。那就是通过订立契约来建立国家。在启蒙思想家们中间，相应前述三种典型的自然状态论，便有三种典型的国家契约论。①大资产阶级专制主义政体的契约论。按照霍布斯的观点，自然状态下的人们摆脱普遍战争状态的唯一办法就是相互订立契约建立公共权力。驾驭这种权力的主权者通常是一个人，有时也可能是由一些人组成的议会。霍布斯说，契约所创造的是一种统一的人为的人格，也就是把全体人溶成一个人格。"这一人格是大家人人相互订立信约而形成的，其方式就好像是人人都向每一个其他的人说：我承认这个人或这个集体，并放弃我管理自己的权利，把它授与这个人或这个集体，但条件是你也把自己的权利拿出来授与他，并以同样的方式承认他的一切行为。这一点办到之后，像这样统一在一个人格之中的一群人就称为国家，在拉丁文中称为城邦。这就是伟大的利维坦（Leviathan）①的诞生——用更尊敬的方式来说，这就是活的上帝的诞生。"②霍布斯强调，订契约的当事人是后来构成国家的全体成员，而主权者仅仅是由契约授出的权力的接受者。因此，这种授权一旦完成，主权者就成为永恒的社会统治者；除主权者自己外，任何人都无权提出取消授权和解除契约。背约问题只对臣民存在，对主权者是不存在的。其次，臣民订约时所让渡给主权者的差不多是自己的全部自然权利，而为自己保留的仅仅是管理自己身体的权利，如享受空气、水、往来运动等最低生存的权利。这样一来，契约所构成的必然是专制主义绝对权力。主权者操有对臣民的生杀予夺的全权。霍布斯说，主权者除了自己是上帝的臣民而必然遵守自然律之外，对所有的事情都不缺乏权力。他不论在什么口实之下做的事，没有一件对臣民说来可以正式称之为无信义或侵害的；即使他处死臣民，仍然可以说双方都没有做对不起对方的事。他还说，法律不过是一条锁链，一端拴在主权者的嘴唇上，另一端拴在臣民的耳朵上。自由都是属于主权者的，臣民没有自由；臣民只能在法律规定的限度内自由活动。霍布斯的契约论，反映着资产阶级力量还相对弱小、还不能完全摆脱封建势力束缚的状况。虽然霍布斯的理论是不革命的，但却有进步的性质。他反对神权的唯物主义世界观，主权来自于民授及政体可以变更等说法，即具有明显的资产阶级色彩。所以，霍布斯主张的专制主义是为资产阶级服务，而不是为封建阶级服务的。②中产阶级君主立宪政体的契约论。根据洛克的描述，人们为了避免自然状态中的缺陷特别是日益增长着的战争状态的危险，以保护自己的财产以及社会的安全、幸福和繁荣，便互相协议，自愿放弃一部分自然权利，而把它交由专门的人，按照社会一致同意或授权的代表一致同意的规定来行使。"这就是立法和行政权力的原始权利和这两者之所以产生的缘由，政府和社会本身的起源也在于此。"③这就表明，国家（卢梭把它当作"社会"的同义语，而洛克把它与"政府"当成同义语）是基于臣民的同意而建立，以个人的认可为基础。与霍布斯不同，洛克的契约论中包括

---

① 基督教《圣经》中所讲的一种力大无比的海中神兽。
② 《利维坦》，商务印书馆1985年，第131—132页。
③ 《政府论》（下篇），第78页。

两种契约,一是臣民相互之间为表达建立国家(政府)的共同意向的协议;一是全体臣民同政府或执法者达成的组建权力机关的协议,这属于一种委托性的协议。所以,国家的主权者是全体臣民,而政府或执法者仅是契约关系主体的一方,并非凌驾臣民之上的第三者。它只能在臣民授权的范围内,根据全体社会成员的共同意志,行使其权力。其次,臣民订立国家契约时,所放弃的权利主要是个人充当执行自然法的法官的权利,至于每人的自然权利从来没有放弃,而且也不可能放弃。政府的任务恰恰就是要捍卫人们的自然权利,使之不遭破坏。特别是,"最高权力,未经本人同意,不能取去任何人的财产的任何部分。"①倘若政府违反契约,侵犯臣民自然权利,那么臣民就有更换它的权利。最后,既然国家契约以每人的意愿为基础,那么它只能对于缔约的参加者有约束力,而那些不愿意加入契约的人,他们之间仍旧处于自然状态之中,国家的管辖权对他们是不起作用的。洛克的契约论是替英国 1688 年"光荣革命"所确立下来的君主立宪制度进行论证的。从政治上看,洛克的观点是适应英国一般资产者利益的自由主义,但君主立宪制本身就包含着英国资产阶级和从原先封建阶级中分化出来的新贵族之间的妥协。③小资产阶级激进的民主共和政体的契约论。卢梭是把他的社会(或国家)契约论和人类不平等的起源与发展的学说联系在一起的。他认为,随着私有制的出现,产生富人与穷人的划分,是人类不平等发展的第一阶段。在这个阶段,人与人之间发生争夺和残杀,威胁到每个人的生存。于是人们便要求订立社会契约,通过它把每个人组织在一起,形成"公意"及其物质附属物。卢梭说:"要寻求一种组合的形式,使它能够以全部共同力量来防御和保护每个参加者的人身和财富;而通过这一组合,每一个与全体相联合的人实际上又只是服从本人自己,并且仍然像以往一样的自由。这就是社会契约提供解决方法的根本问题。"②这种契约是个人与全体(社会)订立的。卢梭把这种契约的内容归结为,每个参加者都无例外地将自己的一切权利转交给集体。这样做的好处在于,从集体那里,每个人都可以随时取回自己所转交出去的同等的、等量的权利,获得其失去的全部等价物,而且还可以得到比自己保存自己权利更大、更安全的保存力量。这种借助契约而成立的共同体,便是国家(社会)。尽管人们创立国家的动意是良好的,但国家一建立便与人们始初的愿望相悖。因为,统治者与被统治者的出现,就会在已有的社会地位不平等的基础上又造成政治地位的不平等,统治者总是用法律来维护其特权和利益。所以,国家是人类不平等发展的第二阶段的主要标志。到了暴君和暴政的出现,人类不平等也就达于第三阶段。"这里是不平等的极限,是封闭的一个圆圈的终点","直到新的变革使政府完全瓦解,或者使它再接近于合法的制度为止"③。卢梭把国家建立在"公意"基础上,这无疑是一种集权制,但是它却是在高度民主条件下的集权。所以,卢梭的学说兼有霍布斯与洛克两种国家契约

① 《政府论》(下篇),第 86 页。
② 《社会契约论》,商务印书馆 1962 年,第 19 页。
③ 《论人类不平等的起源和基础》,第 145 页。

论的成分,但同时又有别于二者。这一点,许多学者往往没有弄清楚,因而有人把卢梭法律思想归于集权主义或国家主义的,也有归于完全自由主义的。这些看法都是片面的。

三、天赋人权论

天赋人权又称自然权利,指每个人与生俱来的共同的基本权利。这就像理性一样。霍布斯是较早地倡导天赋人权论的思想家之一。他说,上帝造人造得很均衡,使每个人的体力、智力都差不多,而且实现和保卫自己权利的能力也差不多。在自然状态下,每个人的自然权利是无限的。这种权利"就是每一个人按照自己所愿意的方式运用自己的力量保护自己的天性——也就是保全自己的生命——的自由。因此,这种自由就是用他自己的判断和理性认为最适合的手段去做任何事情的自由。"①自然权利的基本内容,无非就是生命和生命的安全。至于说到自由,那么它仅仅是自然状态下的事情。与此不同,斯宾诺莎则坚持说,不论在自然状态或者政治状态下,天赋人权的基本内容永远是自由。"自由比任何事物都为珍贵。"②人们在订立国家契约时,只是出让一部分权利。当权者如果把人的天赋权利尽皆剥夺,那就是暴政。在斯宾诺莎的眼中,自由、理性、法律是三位一体的。他说:"每个人只要是为理性所引导,他当然是自由的……所以,一个人越听从理智的指使——换言之他越自由,他越始终遵守其国家的法律,服从他所属的统治者的命令。"③最基本的天赋人权、最基本的自由,是信仰和思想的自由权利。能否保障人民的此种权利,成为检测政府好坏的标准。在洛克的著作中,始终是把自然权利与自然法结合一起论述的。他说,由于人的自然权利的存在才需要自然法,如果自然权利不受尊重,自然法也就无从谈起。自然权利包括财产、生命、平等和自由的权利。他强调"人应该尽量地保卫自己"和"保卫人类",而"保卫自己"则是前提。天赋人权论的最重要的宣扬者是卢梭。卢梭认为,自由、平等、追求幸福是每个人生而俱有的天赋权利。他在《社会契约论》中的第一句话就是,"人是生而自由的,但却无往不在枷锁之中。"④以此作为推翻封建制度的根据和构思新社会制度的根据。卢梭确信人类所建立的一切政治制度和法律制度都是为了保障人的天赋权利,如果它们同天赋权利背道而驰,人们可以废除它们,甚至可以通过暴力手段推翻它们。人民对于暴政的反抗权也是从天赋人权中自然引申出来的。与洛克的羞羞答答不同,卢梭关于反抗权的思想是非常鲜明的。卢梭对于自由问题的观点,也如对于平等问题的观点一样,充满生动的辩证法。他认为,个人意志符合公意的时候才有自由,

①　《利维坦》,第 94 页。
②　《神学政治论》,商务印书馆 1958 年,第 12 页。
③　同上书,第 218 页。
④　《社会契约论》,商务印书馆 1982 年,第 23 页。

而法律是公意的运用;所以,服从法律才有自由。他说:"根本就不存在没有法律的自由,也不存在任何人是高于法律之上的。一个自由的人民,服从但不受奴役;有首领但没有主人;服从法律但仅仅是服从法律。"①当一个人有违背法律的行为时,就要强迫他去遵守法律;这也就是强迫他自由。启蒙思想家们的天赋人权论,特别是卢梭的天赋人权论,在1776年《美国独立宣言》这篇被马克思称为人类历史上第一个"人权宣言"中,以及在1789年法国《关于人权和公民权宣言》中都得到明文记载。《美国独立宣言》把美国的独立要求说成是,"在世界列国之中取得那'自然法则'和'自然神明'所规定给他们的独立与平等的地位时,就有一种真诚的尊重人类公意的心理。"这个文件宣布,"我们认为这些真理是不言而喻的:人人生而平等,他们都从他们的'造物主'那边被赋予了某些不可转让的权利,其中包括生命权、自由权和追求幸福的权力。为了保障这些权利,所以才在人们中间成立政府。而政府的正当权利,则系得自被统治者的同意。如果遇有任何一种形式的政府变成损害这些目的的,那么,人民就有权利来改变它或废除它,建立新的政府。"法国《人权宣言》则进一步发挥了上述文件的精神,写道:"在权利方面,人们生来是而且始终是自由平等的。""任何政治结合的目的都在保存人的自然的和不可动摇的权利。这些权利就是自由、财产、安全和反抗压迫。"此外,那里还规定:"自由就是指有权从事一切无害于他人的行为。因此,各人的自然权利的行使,只以保证社会上其他成员能享有同样权利为限制。""法律是公共意志的表现。""在法律面前,所有的公民都是平等的。""自由传达思想和意见是人类最宝贵的权利之一。""人权的保障需要有武装力量。""财产是神圣不可侵犯的权利。"这两个宣言有关天赋人权的规定,成为后世一切资产阶级民主国家立法的定式。

四、分权论

西方的分权和制约平衡的思想是由来已久的。古希腊的亚里士多德的《政治学》一书就说到国家权力分为议事(立法)、行政和司法三种;还认为,这三权之间应当有相互的制约平衡关系,以防止一种权力的专行。作为罗马第一位法律思想家的波利比在《历史》一书中断言,罗马共和国的生命力在于它在不自觉中采取了"混合政体"及各种国家权力的制衡制度。但近代意义的分权论仍然是17—18世纪自由主义派启蒙思想家们的创造。英国的洛克的《政府论》(下篇)第一个提出分权学说。洛克说一个国家有立法权、行政权和对外权三种权力。立法权为制定和公布法律的权力;行政权为执行法律的权力,包括司法;对外权包括战争与和平、联合与联盟以及同国外的人士和组织打交道的权力,包括宣战、媾和、签约等。这三种权力应当由特定的机关分别掌握,否则就会产生流弊。特别是立法与执法两种权力交由一个机关执掌,它既立法又

---

① 《社会契约论》,第51页。

执法,便会发生只顾自己利益、攫取权力的现象。按照洛克的观点,立法权是最高权力,由民选的议会行使;行政权由国王来行使但要根据议会的决定;对外权也由国王行使,它同行政权是分不开的。由此可知,洛克三权论中所包含的分权论,仅仅是两权(立法权和行政权)分立论。在洛克学说的基础上,法国孟德斯鸠完成了"三权分立"的学说。其特点在于,它把分权与公民的自由问题紧密地联系一起。孟德斯鸠主张,国家的三种权力即立法权、行政权、司法权,应互相独立,由不同的国家机关来行使,而不应由同一个机关或同一个人来行使。他说:"当立法权和行政权集中在一个人或同一个机关之手,自由便不复存在了;因为人们将要害怕这个国王或议会制定暴虐的法律,并暴虐地执行这些法律。""如果司法权不同立法权和行政权分立,自由也就不存在了。如果司法权同立法权合而为一,则将对公民的生命和自由施行专断的权力,因为法官就是立法者。如果司法同行政权合而为一,法官便将握有压迫者的力量。""如果同一个人或是由重要人物、贵族或平民组成的同一个机关行使这三种权力,即制定法律权、执行公共决议权和裁判私人犯罪或争讼权,则一切便都完了。"①根据这些道理,孟德斯鸠为资产阶级政治制度设计了一套系统的方案,对后世的资产阶级国家影响巨大。美国独立战争时期的联邦党的领袖、有"美国宪法之父"之称的汉密尔顿,是行动中的孟德斯鸠主义者。他把整套孟德斯鸠的学说运用到美国 1787 年宪法中去。汉密尔顿坚持三权分立论,但又认为这种分立不是绝对的。他主张三种权力相互间的局部混合,不但并非不当,而且是对于相互制约平衡还是重要的。汉密尔顿提出三权分立和相互制衡的方案,主要是:①立法机关(议会)有权制定法律,但是它不能行使行政权和司法权,尽管它可以任命法官和弹劾行政官员。②总统和政府掌握全部行政权,但是它不能制定法律和管理司法工作,尽管它可以有条件地否决立法机关制定的每条法律,可以任命法官。③法官的职务是司法,但是它不能行使行政权和立法权,尽管它是行政系统的分支,尽管立法机关在制定法律的时候需要同它商量。这种分权和制衡的目的,在于"防止把某些权力逐渐集中于同一部门",在于"给予各部门的主管人抵制其他部门侵犯的必要法定手段和个人的主动"②。他坚信这是防止和纠正违反宪法情况的最切实可靠的办法。贯穿着汉密尔顿三权分立和制衡精神的美国宪法,是第一部完整的资产阶级民主共和国宪法,其意义是可想而知的。

五、人民主权论

国家主权究竟应属于君主或由少数人组成的机关,还是应属于人民,这是启蒙思想家中国家主义派和自由主义派之间的重要的分野。可以说,人民主权论是 17—18 世

---

① 《论法的精神》(上),商务印书馆 1961 年,第 156 页。
② 《联邦党人文集》,商务印书馆 1980 年,第 264 页。

纪革命思想在政治方面的最集中并且是最高的表现。这一思想也首先发端于洛克。他说,人民通过契约形式,把立法权、行政权和对外权委托给一定国家机关或人员,要按照人民共同批准的法律来行使。人民作为契约的订立人,当然是要支配法律的。洛克的人民主权思想更突出地表现在他关于立法权的论述中。立法权是国家的最高权力,所有其他权力都受制于立法权。而立法机关必须经人民选举或选派出来的人员组成,所以立法权是一种来自人民委托的权力,随时以取得人民的普遍信赖为依据。为了避免使立法机关一旦成立就蜕化变质,成了人民的压迫者,洛克提出,不论何时,立法机关制定的法律都要以社会的同意为条件。若缺少这个条件,任何决议和命令都不能具有法律的效力和强制性。洛克还提出,人民的福利是最高的法律。这种"福利",无非就是他所说的平等、自由、生存、财产等天赋人权包含的东西。他宣布,如果社会的全体或大多数人觉得法律并不是为自己福利而制定的,人民将可以随时为自己建立一个新的立法机关;同样,如果他们发现政府部门不执行反映人民福利的法律,也得随时为自己建立一个新的政府。人民行使这种权力的最终手段就是举行起义。很显然,洛克的这些论述中也包含人民反抗权的思想。反抗权,是人民主权论的题中应有之义。人民主权论的最高成就者,是卢梭。他的《社会契约论》像一条红线一样地贯穿着人民主权思想。卢梭认为人民主权就是公意的具体体现,就是直接来自社会契约并集中体现契约精神的国家最高最大最原始的权力。他的逻辑是,既然社会契约由人民自己所订立,并须全体人民参加和同意,那么由此产生的主权理所当然地要属于全体人民,全体人民才是国家的主权者。不仅如此,卢梭还系统地论述了人民主权的特点:①至高无上性。就是人民主权是绝对的、神圣不可侵犯的,它不受制于任何法律;反之,它的行为就是法律。一国之内,没有任何权力同人民主权相平行,更没有任何权力凌驾它之上。②不可转让性。"主权既然不外是公意的运用,所以就永远不能转让;而主权既然只是一个集体的生命,所以只能由自己来代表;权力可以转移,但意志却是不可转移的。"①③不可分割性。主权是不可转让的同一理由,主权也不可分割。"因为意志要么是公众的,要么不是公众的;它要么是人在前一种情形下,这种意志一经宣示就成为一种主权行为,并且成为法律。要么是人民整体的,要么仅只是一部分人的。在前一种情形下,这种意志一经宣示就成为一种主权行为,并且成为法律。在后一种情形下,它便只是一种个别意志或行政的行为;至多也不过是一道命令而已。"②根据这一点,卢梭不仅反对君主主权论,也反对洛克、孟德斯鸠等人的分权论。④不能代表性。卢梭认为,人民主权只能借助直接民主形式来表现和行使,而不可采取代表制。因为,代表们的意志顶多是一种团体的意志,而不是公意。所以他说,如果一个民族推举出代表来立法,那么这个民族就不再是自由的了,不再是主权者了。这时,国家主权便属

---

① 《社会契约论》,第 31 页。
② 同上书,第 32 页。

于一小撮代表者,而不是人民了。实践证明,卢梭的这一主张,确实有一定道理。⑤不能具有个别的指向性。主权意味着作为整体或公意的人民即主权者对于个别或众意的人民即臣民的关系;这种关系对一切人是一视同仁的,而不能有个别的指向或目标。主权一旦有个别的指向或目标,它便不再是公意因而不再是人民主权了。根据这个道理,卢梭也不能赞成立法者同时行使行政权。他主张行政权(政府)应是立法权绝对控制和领导下的具体执法机关的事。⑥永久无误性。人民主权体现公意,它总是公正的、以公共利益为依归,不可能发生错误。卢梭这一观点,实际上是从民主的集中原则出发所作的假定,并不是认为人民整体真的可以完全不会犯错误。这仅仅是说,即使公意是错的,每个人也要把它当作正确的,而加以服从。美国的杰弗逊在其起草的《独立宣言》中,明确地贯彻卢梭的人民主权思想。他说:"我认为构成一个社会或国家的人民是那个国家中一切权力的源泉;他们可以自由地通过他们认为适当的代表,处理他们所共同关心的事情;他们可以随时个别地撤换这些代表,或在形式上或在职能上改变代表的组织。"①人民主权的观点,后来也普遍地为资产阶级国家的民主宪法所采纳。

六、法制(治)论

与封建的专制主义的人治不同,除霍布斯等个别人外,大多数启蒙思想家都倡导法治即所谓"法的统治",反对人治。斯宾诺莎认为,法律是理性的产物,因此理性也要求和指导人们维护法律。他说:"人的天性是,如果没有一种共同遵守的法制,人是不能生活的。"②对于那些违反理性,破坏法律的人,则要给予严厉的惩罚。法制的核心是法律面前人人平等原则。斯宾诺莎说:"执行法律的人必须不顾及到一些个人,而是把所有的人都看做平等,对每个人的权利都一样地加以卫护,不嫉羡富者,也不蔑视穷者。"③与斯宾诺莎同年出生的洛克,其法制思想更为系统。撮其要者:①国家必须以正式的法律来统治。这种法律是以法定手段制定和公布出来,并被普遍接受的。坚决反对用临时性的命令和未定的决议进行统治。②要执行已公布的法律。不执行法律的政府是专横的政府。如果掌握最高执行权的人玩忽和放弃职责,致使已经制定的法律无从执行,这就是无政府状态,意味着政府的实际解体。③法律面前人人平等。"每一个个人和其他最微贱的人都平等地受制于那些他自己作为立法机关的一部分所制定的法律。"④对于高居显位的人、对于执法者,在守法方面应有更高的要求。④法制不排斥个别场合的执法灵活性。由于立法者不能预见并用法律规范社会中的一切事情,因

---

① 《关于对法条约的意见》。
② 《神学政治论》,第265页。
③ 同上书,第12页。
④ 《政府论》(下篇),第59页。

此法律执行者对于那些法律无规定的情况,要依据自然法精神自由地裁处,直到有关的成文法加以规定为止。卢梭的"法治国"的思想是驰名的。他的基本政治理想就是建立一个具有完备法治的共和国。卢梭重视法治远胜于重视政体形式。他说,凡是实行法治的国家,无论其政体形式如何,都可以叫做共和国。"国家构成的基本要素不是官员而是法律。"法治共和国的特点在于:①法律只能是公意,即作为合作公民的行为和意志。它只能由人民来创制。②人人都必须服从法律。这就是服从自己的意志。③法律平等就是"任何人都不能自以为居于法律之上"。

17—18世纪启蒙思想家的法律思想即古典自然法学是欧洲、北美资产阶级革命的号角和旗帜,也为新兴的资产阶级国家政权和法律制度提供理论基础。

第二阶段　19世纪的法律思想

17—18世纪的革命,为欧美国家的经济发展开拓广阔的道路,从而使19世纪成了自由资本主义经济的黄金时代。特别是19世纪30—40年代,继英国基本上完成产业革命后,法、美等国家也接踵而行,使资产阶级在政治上、经济上的实力迅速地强大起来,跃居于稳固的统治地位。比较之下,德国和亚洲的日本则相形见绌;但从70年代开始,即普法战争后的德国和明治维新之后的日本,资本主义经济也获得猛烈的发展。与此相适应,19世纪的西方法律思潮也必然不同于17—18世纪的古典自然法学。可是它们之间有着密切的批判继承关系。19世纪的法律制度以新的法律思潮为理论基础,但从总体上看,这种法律制度大体又是17—18世纪理论的实证化,或者叫作具体化、条文化、规范化。打个比方说,17—18世纪古典自然法学的理论之花,结出了19世纪法律制度之果。

一、功利主义法学

在资本相互间的激烈角逐中,其显而易见的目标就是金钱或者功利。英国作为率先进入资本主义社会的国家,自然地成了最早的功利主义的王国。这种意识形态在法学领域的反映,便是功利主义法律思想的勃兴。马克思和恩格斯在《德意志意识形态》一书中指出,霍布斯和洛克是近代功利主义的始祖。他们说:"把所有多式多样的人类的相互关系都归结为唯一的功利关系,看起来是很愚蠢的。这种看起来是形而上学的抽象之所以产生,是因为现代资产阶级社会中,一切关系实际上仅仅服从于一种抽象的金钱盘剥关系。在第一次和第二次英国革命时期,即在资产阶级取得政权的最初的两次斗争中,在霍布斯和洛克那里出现了这种理论。"①同样,霍布斯和洛克的功利主义

---

① 《马克思恩格斯全集》第3卷,第479页。

法律思想的因素,也是从资产阶级利益出发并为其服务的。不过,功利主义法学作为一种体系,还是很久以后由边沁及其弟子们完成的。边沁的《道德和立法原理引论》(1789)一书,是功利主义法学的第一部代表作。那里写道:"自然把人类置于两个至上的主人——苦与乐的统治之下。只有它们两个才能够指出我们应该做些什么,以及决定我们将要怎样做。"政治、法律和道德,都以功利为原则。边沁解释说,"所谓功利,意即指一种外物给当事者求福避祸的那种特性,由于这种特性,该外物就趋于产生福泽、利益、快乐、善或幸福,或者防止对利益攸关之当事者的祸患、痛苦、恶或不幸。假如这里的当事者是泛指整个社会,那么幸福就是社会的幸福;假如是具体指某一个人,那么幸福就是那个人的幸福。"人对任何一种行为表示赞成不赞成,均以它是增加还是减少自己的幸福而定。国家的法律和制度的好坏的标准也只有一个,那就是看是否能够增进"最大多数人的最大幸福"。由此可知,"最大多数人的最大幸福"乃是每个人都为自己的幸福而同他人进行充分的自由重要竞争,即"人人为自己,上帝为大家",根本不是某些人所误解的什么"社会主义"。如果一项法律对于人们来说其苦多于乐,就是不利的、有害的法律。法律本身并不能左右人,能左右人的是法律所可能带来的功利。为了达到趋乐避苦、趋利避害的目的,边沁提出四种制裁方法:一是自然的制裁(如疾病),二是政治的制裁(如司法判决),三是道德的制裁(如舆论),四是宗教的制裁。边沁根本否认国家契约论。他认为,国家的产生是在社会出现治者与被治者的划分的条件下,人们感到"服从统治比不服从更有益处"的心理造成的。就是说,若没有国家,人们就没有安全,没有家庭生活和财产,甚至不能从事任何劳动,即不能实现功利。所以,功利是国家发生与存在的最终根据,功利原则是国家活动的唯一原则。边沁颂扬民主政体,反对专制政体,认为民主政体最利于实现私利和公利的结合,为最大多数人谋最大的乐。边沁也承认人民的反抗权,但他说这种权利不必借助自然权利的依据,单纯从功利原则出发就足够了。边沁把法律定义为,它是主权者自己的命令或被主权者采纳的命令的总和。法律是强加于公民的义务,如果反抗这种命令就要给予制裁。法律的基本特征是:其一,它是主权者的意志和命令;其二,具有普遍性;其三,是行为的准则;其四,调整人们间的权利义务关系;其五,以法律规定的刑罚及其他处罚为表现形式的国家强制力作保证;其六,以最大多数人的最大幸福为目的。边沁功利主义法律观的最重要的继承人是杰姆斯·密尔和约翰·密尔父子及奥斯丁。其中,约翰·密尔贡献尤大。同边泌和杰姆斯·密尔的个人功利主义相比,约翰·密尔更强调所谓社会功利主义。他说,"个人幸福、他人幸福和社会幸福常常是可以统一起来的。国家、法律、道德及各种社会组织,都应促进这种统一。统一的根据在于,人类有为别人幸福而牺牲自己的最大福利的能力。"①但是,密尔解释说,在一个组织得完善的社会里,通过牺牲个人来增进别人幸福的办法,并不是一个好办法。其次,密尔还把苦和乐

---

① 《功利主义》,商务印书馆 1957 年,第 19—20 页。

作了质和量上的区分。这一点同每个人的条件和素质有密切关系。而密尔本人更强调"精神之乐",号召人们不要沉溺于低级的"物质之乐",而做苏格拉底式的精神方面的"不满足"的人。密尔的功利主义法律观,同时就是自由主义的法律观。自由主义是从功利主义中引申出来的。他说,自由是"社会所能合法施于个人的权力的性质和限度"①。自由的基本原则有两个:其一,一个人在不损及他人利益的条件下,有完全的自由,不必向社会负责;别人对这个人及其行为不得加以干涉,顶多是予以忠告和规劝,或避而不理。其二,只有当个人行为损及别人利益时,他才受社会或法律的惩罚。换言之,只有此时,社会才能对个人的行为拥有裁判权和强制力。密尔宣称,真实的自由就是"按照我们自己的道路去追求我们自己的好处的自由"②。在诸多的自由中,密尔最推崇思想和言论自由,认为这是对的。但是,仅有这点而无行为自由,那也等于没有自由。密尔关于资产阶级代议制的学说是很有名的。他认为,代议制的政体或政府形式是最优的。它是"主权或作为最后手段的最高支配权力属于社会整个集体的那种政府,每个公民不仅对该最终的主权的行使有发言权,而且,至少是有时,被要求实际上参加政府,亲自担任某种地方的或一般的公共职务"③。代议制政府及其法律要尽可能地在功利主义原则基础上,对公民的财产、自由实行不干涉主义、放纵主义的政策。他反对由政府来经营经济、办教育,因为这会影响公民的经济竞争和限制思想自由。而对于妨碍别人这种自由的人,更不能宽宥。密尔举例说,干预他人对中国进行鸦片贸易,在粮店门口宣传反对私有制,对这些行为就必须加以惩罚。由此可知,密尔的"社会之乐"或"公众之乐"仅仅是掩盖资本主义私有制、自由竞争和极端个人主义的招牌罢了。

二、分析法学

19 世纪的英国乃至整个西方世界在法学领域中最富有代表性的成就,是分析法学以及作为其产品的法理学(jurisprudence)的出现。分析法学的创始人是约翰·奥斯丁。他是边沁的得力门生之一。他绝对相信功利原则是测度法律好坏的最后根据。他说:"一个至高无上的政府的崇高的目的或意图便是最大可能地促进人类的幸福。"④但是,在奥斯丁那里,功利主义主要是被当作社会伦理问题,也可以说是当作立法的根据或法律最终要导致的结果(目的)而被强调的;而不是被当作法学问题被强调的。相反,奥斯丁认为,法学有自己独特的研究对象和方法。就这一点而言,它同功利主义是严格区别的、互相无干的。奥斯丁的分析法学是汲取欧洲大陆注释法学的成果

---

① 《论自由》,商务印书馆 1959 年,第 1 页。
② 同上书,第 13 页。
③ 《论代议制政府》,商务印书馆 1986 年,第 45 页。
④ 《法理学范围之确定》,H. L. A. 哈特编,伦敦 1954 年,第 294 页。

以及边沁和密尔父子对法律现象的实证研究的成果而形成的、自成体系的学说。它与边沁的功利主义法学虽有紧密联系，又有严格的不同。奥斯丁的分析法学基本观点，可概括为如下几个方面：①法理学的对象和方法。奥斯丁深受孔德实证主义哲学的影响，认为只有实在法才有意义。所以，他坚持的法学研究对象的范围，只限于实在法。根据这种研究的方法，他仅仅重视对法律规范结构的分析，特别是逻辑关联上的分析，而认为不必过问规范本身的好或坏。不过，这一点丝毫没有妨碍他对法律的功利性的重视。因为，奥斯丁坚信这个问题在立法过程中已有详尽的考虑，功利的分配已经包含在法律规范之中，从而坚持规范也就是坚持立法所既定的功利分配。但是，他认为立法学是伦理学或价值科学的分支，是同法理学有区别的①。②法的定义。奥斯丁继承霍布斯的传统，尤其直接发挥边沁的观点，认为法是"主权者的命令"，提示人们可做某种行为或不可做某种行为，违反时就要遭到国家的制裁。就是说，其中包含主权者、命令、制裁三个要素。而命令是核心要素，所以霍布斯和奥斯丁的法定义被称之为"命令说"。奥斯丁承认习惯法也是实定法的组成部分，但一种习惯规范只有经过主权者的默许或认可才能成为习惯法规范。③法的分类。奥斯丁说法有四类：一是神命法，包括自然法。二是实在法。三是实在道德，即起源社会之中的规范。其中也包括从习惯而来的调整国家基本制度的宪法，以及调整国家间关系、以国际惯例为基础的国际法。同样，它们只有取得立法者的认可，方具有法律效力。四是万物法。它不适用于人类，仅适用于人类以外的自然界。乍然看去，奥斯丁的法律分类论似乎囊括了多种多样的"法"。但从其论述中稍加推敲可知道，他实际上仅仅把实在法（第二类的法）看作是真实的、有法律效力的法。奥斯丁分析法学的重要性在于，它是自由资本主义社会中的典型的法学思潮，深刻而全面地表达了自由资产阶级法治主义的要求，也就是借助法律来保证资本之间能够平等地展开自由竞争、保证资本同雇佣劳动者之间的所谓自由的契约关系。所以，这股法学思潮能如此迅速地在北美和欧洲以及英国的殖民地或附属地广为流行。如果说在17—18世纪资产阶级革命时期，古典自然法学是占据统治地位的法律学说的话，那么在19世纪，以奥斯丁的分析法学为先导的"概念法学"或"机械法学"则当仁不让地取代了这种统治地位。但是有必要指出，分析法学与古典自然法学并非只有对立关系的一面；除此而外，它们还有密切联系的一面。分析法学的倡导者们解释说，他们之所以要用一套新学说替代古典自然法学，是由于古典自然法学主张的自由、平等、法治及理性，已在现行的实在法中实现了。所以，把法的理想主义改为法的现实主义，已是历史的要求。由此可知，古典自然法学是为建立资产阶级法律制度而斗争的理论，而分析法学是为维护已建立起来的资产阶级法律制度。两者在本质上的一致性是极为明显的。

---

① 参见博登海默：《法理学——法哲学及其方法》，华夏出版社1987年，第113页。

三、哲理法学

19世纪初期,德国还是一个经济落后的、政治上分裂的、半封建的君主专制主义的国度。因此,在那里产生的法学思潮必然有其自己的特色。德国法学流派之一,是以康德、黑格尔为主要代表的哲理法学。从总体上说,就像马克思所概括的,它是"法国革命的德国理论"①。康德法哲学的直接渊源,是卢梭学说中的自由主义成分。不过,这种自由主义到了康德手里便变为"法国的自由主义在德国所采取的特有形式"②。康德认为,指导人们行为的"实践理性",其最高准则是道德法则。它是"绝对命令",包涵三项具体原理:①使自己的行为符合"普遍的立法形式"。因为,道德采取立法形式才能获得普遍的实现。②人是目的而不是工具。就是说,每个人的人格是至上的。③意志自律。即严格要求自己,做到把道德准则当作自己的立法。其次,康德把自由看成是道德体系的出发点和归宿。自由就是理性和意志的能动性。康德说,我"能做"是因为我"应做";"能做"属于自然因果,"应做"就属于自由。自由应当体现"善良意志"。在康德那里,法学实际上是一种政治伦理学。法不过是道德的外壳。他认为:人对于自己的义务,属于道德的范畴;对于他人的义务,就属于法的或政治的范畴。道德采取内在的、自觉的形式,法采取外在的、强制的形式;道德统治内心动机,法统治外部行为。因此,合法行为是外表上服从法的行为,而不问其动机如何。纵然动机不正确,但只要能够守法,国家也不能加以反对。因为,动机如何的问题,是法所无法干预的。这意味着,道德是肯定性的,积极地推动人们的行为;法是否定性的,消极地限制人们的行为。但是,法的这种否定性和消极性对道德说来,却又起着积极的维护作用。这可以保障每个人的理性自由,同时又不去侵犯他人的自由。康德说:"他们事实上放弃了野蛮的无法律的自由,但获得了在法律依附状态中即法的国家中的完整的、没有减少的自由,因为这种依附是他们自己的立法意志所创造的。"③正是在法与道德相互关系的基础上,康德提出自己的法定义。他说:"法是能使多个人的意志依据自由的普遍原则与他人意志相协调的条件之总和。"④这里含有两个主要意见:①法是表现和实现"自由的普遍法则"即道德的绝对命令的外部条件的总和。②这些条件的目的在于要协调全体公民的自由意志,以此来支配或强制每个人的行为,保证社会一体地服从道德的绝对命令。康德对于法的意义十分注重。他认为,法律的完善是社会文化进步的主要标志。他说,法国大革命这类震撼世界历史的奇观,并不显示为革命的实践,而显示为人类追求完善的意向和能力的法观念的胜利,显示为自然——法体系的进化。法

---

① 《马克思恩格斯全集》第1卷,第100页。
② 同上书,第213页。
③ 《道德形而上学》第1部分。
④ 同上。

的重要性也表现在它与国家的相互关系中。既然全体公民的义务是服从法、以法为转移,那么作为公民联合体的国家必然受法的支配,成为"纯粹的法的组织"了。就是说,理想的国家、共和国应当是"法治国"。在法的体系问题上,康德认为有自然法和人定法两大部分。自然法是理性法,与道德原则没有区别。人定法即法律,分为公法和私法。康德在部门法方面的著名贡献很多,如:他是近代报复刑法论的主要倡导者;他把所有权分为法的"本体的所有权"和由原始取得而形成的"现象的所有权";他认为权利者有物权、人格权、物权性的人格权(婚姻关系中双方的人格权);他提出处理国家间关系的"永久和平"论,对于国际法有深远影响。康德对于17—18世纪古典自然法学家,尤其卢梭的自然状态、国家契约及自由、平等、独立的学说,都是赞同的。他坚决反对封建特权和绝对君主制,追求代议制的、三权分立的共和政体以及法治。他推崇人民主权,但却不同意人民应当有的反抗权。

在德国哲理法学思潮中,最杰出的代表人物是康德之后的黑格尔。他是西方法哲学体系的完成者,在资产阶级思想家中至今尚找不到第二个人能超过他的法哲学。黑格尔的整个法律思想都包含在其客观唯心主义的哲学之中。他把法当成纯精神现象来把握。任何客观精神通过人的思想体现出来的、对人行为的要求,都叫作法。精神的东西具有意志的属性,是自由的;因而,法是自由的领域。法的发展包括从低级到高级的三个阶段:①抽象法。它是一种自在的人格、意志、自由和权利,仅仅通过主体(人)自身获得体现,而没有外部的定在。对于他人而言,它不能提出肯定性的权利要求,只能提出否定性的权利要求,也就是"不得侵犯别人的人格"。抽象法要转化为现实的法,就要获得外部的定在,这有三个环节即所有权、契约和不法。②道德。即抽象法能动地向自己内部发展,同个人的内心确信相结合,从而变成一种主观的法。它是在共同的行为准则的指导下进行自我规范的法。道德的发展有故意和责任、意图和福利、善和良心三个环节。③伦理。客观(共同)的抽象法和主观的道德二者的统一,就形成伦理。它是社会群体(组织)的权威,每个人都必须服从。此外,伦理的法有其确定的内容,是自在自为的体系。伦理有家庭、市民社会和国家三种形式,即三个发展环节。家庭是直接的、自然的伦理实体,它以家长为代表的普遍性排斥其各个成员的特殊性。市民社会,是全体独立个人的联合,它作为每个人谋取生存的"需要的体系"而存在,也是借助警察(内务管理)、司法和同业公会(职业组织)来维系的"外部国家";它是私利的战场,个人主义斗争的舞台,以特殊性排斥普遍性。国家伦理的最高现实,普遍性和特殊性完美的结合体。国家哲学是黑格尔法哲学的主体部分,也是黑格尔国家主义政治法律思想的集中体现。黑格尔认为,国家是行进在地上的上帝。一个人只有充当国家的成员才具有现实性、伦理性和真理性。国家作为最高的伦理精神,一开始就存在于家庭与市民社会之中;家庭和市民社会不过是国家在发展过程中把自己区分出来的两个理想性环节。为了维持国家的集中统一的权威和它同社会间的牢固联系,黑格尔反对专制政体,也反对民主政体,即拥护君主立宪制,排斥民主制,黑格尔的理想国家的权力结构有王权、行政权、立法权三个要素。三者既互相区分又互相包涵。不区分就会导致权力的僵化,甚至导致专制主义;不包涵就会破坏权力的统一。因此,绝对集权论是错误的;分权论(尤其三权分立论)也是错误的。黑格尔还特地解释说,他赞成君主主权论、反对人民主权论,贯穿着法治主义,排斥无政府主义的精神。实际上,他心目中的政体,大体上就是"光荣革命"后的英国式的政体。在黑格尔的法哲学中,法与法律是有严格区别的。黑格尔是自然法论者。他所讲的法就是自然法或理性法。而法律则是另一种东西,它指的就是由国家制定或认可的实定法。自然法是实定法的立法原则,实定法可能反映自然法的精神,也可能违背自然法的精神,以此区分良法和恶法。在部门法领域中,黑格尔的报复刑罚论是最为著名的。这一理论来自康德,但有许多新的发展。黑格尔认为,犯罪是对法的否定,而刑法是对这一否定之否定,从而又回到了法。作为对犯罪者的报复的刑罚,有其质和量上的一定范围,是与犯罪相"等同"的。但刑与罪的等同,不是康德那种外部形状的等同,而是社会价值的等同,即对于人们的理智而言显得是适宜的。因此,同态式的报复是不可取的。报复刑罚论的根据,就是为了承认或尊重犯人自由理性。这是从犯人行为中寻找刑罚的概念和尺度。由于这个理由,惩戒刑罚论、矫正刑罚论都是不可取的。国家的报复刑罚与私人的复仇不同,能够保证正义;而私人复仇却是一种新的侵害,并且会陷于世代相传的恶性循环。

康德和黑格尔都以自己特有的方式,曲折地表达德国资产阶级的愿望,具有历史的进步性。但同时,他们的理论都含有政治上的软弱性,拖着一条德国庸人的辫子。

四、历史法学

与哲理法学相对立的另一个学派,是德国历史法学。它的代表人物有胡果、萨维尼和普赫塔。马克思指出,这个学派是"法国旧制度的德国理论"①。又说:它"以昨天的卑鄙行为来为今天的卑鄙行为进行辩护,把农奴反抗鞭子——只要它是陈旧的、祖传的、历史性的鞭子——的每个呼声宣布为叛乱。"②不过,德国历史法学派政治上的保守性,并不完全排除它在法学中的某些新成就和贡献。该学派的基本理论有以下诸点:①注重探讨法的起源及其规律的问题。德国历史法学的重要出发点,是普赫塔提出的"法有其自己的历史"的命题。根据萨维尼的划分,法的历史经历三个阶段:其一,自然法(指习惯法)。其二,学术法,它既是民族生活一部分,又是法学家手中一门特殊科学。其三,编纂法典,使习惯法与学术法统一起来。德国历史法学对于法律史科学的贡献是巨大的。②认为法是"民族精神"的体现。萨维尼在《论当代在立法和法理学

① 《马克思恩格斯全集》第1卷,第101页。
② 同上书,第454页。

方面的使命》一书中认为,法的内容包含着与一个民族本身不可分割的必然因素。在人类"历史的早期阶段,法律已经有了该民族的固有特征,就如同他们的语言、风俗和建筑有自己的特征一样"。③强调习惯法的作用,反对编纂法典。德国历史法学派认为,不成文的习惯法是最基本的法源,而成文的实在法则是从属性的法源。相比之下,实在法不如习惯法那样自然发生,它渗入了过多的人为因素,如国家立法机关、立法人员和法学家们的意志。历史地看,习惯法的产生在先,而且即使在成文法的时代,习惯法仍然是法律背后起着重要作用的东西。这个历史法学派正是以习惯法的重要性为由,坚决反对编纂全德国统一的民法典。1814 年海德堡大学教授蒂保发表题为《论制定全德民法典的必要性》的小册子,立即受到历史法学派的抵制。以此为契机,掀起近代以来的西方法学史上的第一次大论战。当时,德国的哲理法学派及一切倾向进步的人士均站在蒂保一边。④对于罗马法的研究成果。德国历史法学重视罗马法在德国的作用,而且对罗马法开展了系统的、并有成效的研究。如同美国学者 J. H. 梅利曼所说,"这个学派依据对罗马法研究中所发现的原则,创造了高度系统化的法律体系。在此之前,《学法汇纂》已经被人们系统地研究了几个世纪,但是,只有到了 19 世纪中叶德国的法学家才使这项研究达到了最高和最为系统化的水平。德国法学家的研究成果,在德国所颁布的有影响的法规中达到了顶点。"①

历史法学所代表的思潮在德国兴起以后,很快地扩展到欧洲和北美。在这过程中,历史法学便逐渐摆脱早期的某些缺欠,着手于实实在在的法制史的研究。特别是在英国的亨利·梅因那里,已是成就辉煌了。他通过极丰富的历史文献和资料,不仅找出各民族、法律、文化的差异,而且找出其共同趋势。梅因指出,法律拟制、衡平、立法,依次是法律改变和演进的产生手段。尤其是通过对古罗马、印度、英国及其他诸国古代法的研究,得出社会进化的一个著名的公式:"进步社会的运动,到此为止,是一个从身份到契约运动。"②恩格斯在谈到此公式时指出:"这一点,就它的正确而言,在《共产党宣言》中已经说过了。"③在历史法学的后来的演变过程中,它的实证观点被功利主义法学和社会学法学所吸收,它的成果则作为法制史学科而得到发展。除此而外,它还有一笔重要的遗产,那就是法学研究中的历史的方法。于是,至 19 世纪末 20 世纪初历史法学作为一股法律思潮或一个独立的学派,已不复存在了。

第三阶段　20 世纪前半期(现代)的法律思想

20 世纪西方世界面貌的最重大变化,是经济体系已全面地完成从自由资本主义向垄断资本主义的转变。从政治上说,第一次世界大战的爆发和第一个社会主义国家苏

---

① 《大陆法系》,知识出版社,第71—72 页。
② 《古代法》,商务印书馆 1984 年,第 97 页。
③ 《马克思恩格斯全集》第 4 卷,第 75—76 页。

联在地球 1/6 土地上的出现,都有力地证明帝国主义时代的资本主义固有矛盾正在大规模的激化。这种形势一直持续到 50 年代,即第二次世界大战的完结以及东欧和中国、朝鲜、越南等一大批社会主义国家的涌现,可以算作一个历史阶段。与该阶段的经济、政治的特征相一致,法领域(包括思想领域和制度领域都在内)的重大转折,就是由前一世纪的"个人本位"向"社会本位"(严格地说应叫做"个人—社会本位"比较恰当)的转折,自由放任主义向国家干预主义的转折。

一、社会学法学

(一)目的法学

这个时期法律思潮的最为重要的新成果,是社会学法学的形成,而且它经久不衰一直在蓬勃的发展。社会学法学的正式启端,是从德国历史法学中分化出来的耶林的"目的法学"。他为法学确定的基本方向,在于把法当作一种社会现象和服务于一定社会目的的手段来研究。而他对"概念法学"(法律实证主义)的批判,则揭开 20 世纪法学的新篇章。耶林同时代的契克强调社会集团的内部生活及社会中的规范是法的渊源的观点,对于社会学法学的兴起也起了重要作用。在此基础上,德籍奥地利人 E. 埃利希号召法官自由地发现社会中"活的法"的"自由法学",德国 P. 赫克倡导的法律规范仅为立法者解决社会利益冲突而制定的准则的"利益法学",其影响尤大。法国的 E. 杜尔克姆(又译涂尔干)和法国的 M. 韦伯则是从纯粹社会学的角度出发来研究法现象的代表人物,他们对社会法学的影响也是深远的。此外,各种心理学对法学的渗透,给社会学法学增添新的因素。从总体上说,20 世纪前半期实力最大的社会学法学派别,是社会连带主义法学、社会法学和实在主义法学(又译现实主义法学)。

(二)社会连带主义法学

社会连带主义法学是法国 L. 狄骥根据杜尔克姆的理论创立的。狄骥认为,人们之间的连带关系是社会的第一要素。其中含有两种属性和两种感觉:与社会性相适应的是合作的、社会的感觉;与个人性相适应的是分工的、公平的感觉。一切社会规范都来自社会连带关系和维持连带关系。社会规范的发展,经历经济规范、道德规范、法律规范三阶段。违反法律规范便会遭到社会群体(特别是国家)的强制或制裁。法律规范的任务在于协调社会连带关系的两种属性和人们的两种感觉,以维持社会的平衡。直接表达社会连带关系的法是"客观法",它为实证法的立法根据。这种客观法,实际上同所谓自然法没有区别。狄骥把国际法叫做社会际法,是国际社会连带关系的反映。他说,在国内社会连带关系中,个人只有义务而没有权利;在国际社会连带关系中,作为主体的国家同样地没有什么主权。狄骥倡导团体主义国家论,认为任何国体都拥有权力,国家作为最大的团体拥有最大的权力这一理论,为法西斯主义"组合"国家学说提供了理论根据;同时,也为多元主义的政治法律学说奠定了基础。社会连带主义法学同社会学法学的其他流派相比,有较多的法律实证主义成分。它强调国家必须"合法","国家服从法"。

（三）美国社会法学

它是霍姆斯大法官创立的实用主义法学的一个支派,以庞德为倡导者。庞德及其学派影响是很大的,它不但表现于20世纪的前半期,尤其表现于20世纪的后半期。为此,对社会法学的阐述将放到下面再详说。

（四）实在主义法学（又译现实主义法学）

这是一股含有浓厚心理学色彩的思潮。它是不仅否定法律的分析实证观点,也否定法价值判断观点的流派。它又有美国实在主义法学与斯堪的纳维亚实在主义法学的区分。美国实在主义法学属于实用主义法学的另一分支,代表人物主要是J.弗兰克和K.列维林。列维林认为,由于社会变化比法律变化更快,所以要重视对法律的修订,尤其要重视法官造法;必须区别法律中的应然因素与实然因素,避免应然因素对法官的影响。简言之,就是抓住"实际的法",排斥"书本中的法"。所以,列维林是以法律规范的怀疑主义或虚无主义而闻名。而弗兰克则以法律事实的怀疑主义（虚无主义）为特征。他认为,审判程序仅仅是从法官所认定的事实这种暂时性的结论开始的;法官个人特性是形成判决的决定因素;法律原则和词语常常掩盖着因法官各自品行不一而造成的矛盾,因而不能把法律本身神圣化。以列维林和弗兰克为主干所掀起的法律现实主义运动,是同罗斯福总统倡导的"新政"是相一致的,有其进步的作用。这一点,从前往往被一些学者（包括我本人）所忽略。

斯堪的纳维亚实在主义法学（又称乌普萨拉法学派）的创始人是瑞典的A.哈盖尔斯特列姆。其他重要代表者还有瑞典的A.伦德斯德特、K.奥列维克罗纳,丹麦的A.罗斯等人。该学派强调,法律是社会事实的集合体而不是规范条文,是以暴力为后盾的权力的工具。它抨击分析主义法学的一整套的法概念,认为这些概念都是心理和情感的产物。它还批判法正义论,说法律不以正义为基础,而是由社会集团的压力或不可避免的需要产生的。

二、20世纪前半期的分析主义法学

它是在社会学法学的猛烈攻击下,艰难地生存与维持着。不过,它在19世纪那种统治地位,确是一去不返了。20世纪前半期的分析主义法学主要有德国实证主义法学,特别是奥地利维也纳学派的纯粹法学。

（一）德国实证主义法学

德国实证主义法学虽然比奥斯丁的分析法学晚出半个世纪,但却是德国土生土长的东西,具体说是在历史法学中分化出来的温得莎德派创立的。虽然它不是奥斯丁分析法学的直接继承者,但却与奥氏的理论殊途同归,甚至比他走得更远。它的代表人物有 A. 梅克尔、A. 波斯特和 O. 迈尔等。作为软弱的德国资产阶级的理论,它经历了和该阶级相同的曲折道路。德国实证主义法学的基本观点是:把研究对象严格局限于实证法;在方法论上,借助形式逻辑来构成和分析实证法,排斥自然法学的价值方法,也排斥社会学法学的因果方法;法官只是根据法律制作判决的机器,即不能有自己的内心信念。这种实证主义法学又可分为两种,即除了强调对现行法实行逻辑操作的法律的实证主义以外,还有强调法学创造法的法学的实证主义。正由于德国实证主义法学的这种现行法的迷信,尤其"恶法亦法"的结论,使它在纳粹统治的年代充当了被人们指责的"帮凶"的不光彩的角色。

(二)纯粹法学

纯粹法学是 H. 凯尔逊倡导的。它以新康德主义的思维方法为理论基础,主张法学是研究实际(实然)的科学,而不问应当(必然)怎样。所以,要排除价值判断,也要尽可能地避免受其他学科的影响,而纯粹研究实在法规范。基本的法学方法是逻辑的方法,即法律概念的推理和判断的方法。纯粹法学对法律体系的研究有两个显著特点:其一,认为法律体系的建立是立法程序问题,不是内容问题。在凯尔逊确定的法律体系中,从杜撰的"基本规范"到实在法规范,再到一般规范,进而到最低层次的个别规范,都是程序上的委托与含蕴关系。其二,用逻辑方法来推导低层次法律规范的合法性。就是说,只要在上一级规范中找到根据,那么这下一级的规范就是合法的。一个国家的法律体系就是如此形成的规范的阶梯式结构。纯粹法学的国家理论,是双重的国家论。它认为,在社会学和经济学上,国家是实际(实然)的存在,一种事实;在法学上,是应当(必然)的存在,是一种法律体系或法律秩序。国家是法律的人格化,是法律的发号施令的机关。因而,法律高于国家。纯粹法学的国际法论的要旨,是鼓吹否定国家主权和国际法优先国内法的"世界法律"论。尽管纯粹法学有失于偏颇,但其对法律规范的研究的确是非常杰出的,对本来意义上的"法理学"的贡献亦值得予以重视。

三、自然法学

19 世纪末 20 世纪初,西方出现了自然法的复兴运动,其中包括世俗自然法和神学自然法两个派别,以神学派占主导地位。神学派倡导的自然法又称新托马斯主义或新经院主义自然法,它的主要代表人物有瑞士的 V. 卡特赖恩、法国的 F. 惹尼和 T. 马里旦、奥地利的 J. 麦斯纳、比利时的 J. 达班、德国的 H. 罗曼等。较之 17—18 世纪古典自然法,20 世纪上半期的复兴自然法的最主要的特征是理论倾向的混杂性。这表现在下列几方面:①神学主义与世俗主义两种倾向的交错,以神学主义倾向为主导。②相对自然法与绝对自然法两种倾向的交错,以相对自然法倾向占主导地位。古典自然法主张绝对自然法,即自然法在时间与空间的永恒不变性。但是,从 19 世纪末德国新康德主义法学派的领袖 R. 什坦姆列尔提出"内容可变的自然法"之后,便开了相对自然法的先河。自此,大多数的自然法学者,或公开声明自然法的可变性,或事实上把自然法当作可变的东西。③社会本位与个人本位两种倾向的交错,以社会本位倾向为主导。除马里旦等少数自由主义派分子外,一般都坚持社会本位。惹尼强调,必须根据当时的社会的需要和社会关系来适用法律。德国的布伦纳认为,人和共同体的关系是不平等的,个人永远服从共同体。达班也说,法的"社会目的"是第一位的。麦斯纳断言,自然道德法只能在社会和民族关系的范围内得到承认。④世界主义。复兴自然法学抓住古典自然法强调自然法的空间上的绝对性的观点,导出同古典自然法相反的国家主权虚无主义的结论。他们鼓吹"世界国家""世界政府""世界法律"。这种主张在后来真的发生越来越大的影响。

四、社会哲理法学

社会哲理法学,是前一世纪康德、黑格尔的哲理法学的变态。它包括两个即新康德主义法学和新黑格尔主义法学相互不同的派别。

(一)新康德主义法学

由德国的 R. 什坦姆列尔所首倡,重要的成员还有 G. 拉德布鲁赫、意大利的 G. 韦基奥等人。H. 凯尔逊则属于该学派的较为极端的派别。新康德主义法学的理论基础是康德哲学中不可知论和二元论导出的相对主义,夸张法存在与法意识、法学与法的评价截然对立。什坦姆列尔认为,社会中的法律现象完全不表达任何必然的东西,法律的基本意义是按照人们普遍意愿规定应当实现的东西。法律和经济之间是形态和实体的关系,形态不依赖实体,而实体则依赖形态来规定自己的属性。法律有应然的合理性,但主权是形式的合理性,而不是内容的合理性;因为,内容的合理性是以社会状况的多变及每人的不同价值观念为转移的。什坦姆列尔坚持康德的自由主义传统,说社会法律理想就是"自由意愿的人们相互结合起来的团体";它必须有尊重原则与参与原则。什坦姆列尔提出的"日新月异的自然法"或"内容可变的自然法",对于自然法的复兴运动起了巨大的推动作用。拉德布鲁赫原来是法律实证主义者,后来转向自然法学。他发挥什坦姆列尔关于社会法律理想的观点,认为这种理想所体现的社会客观价值就是法律的本质。不过,社会客观价值不是认识,而是其时其地的普遍信仰。特别是他提倡"法律相对主义"观点,影响较大。总之,他的基本看法仍然没有离开康德主义的范围。

(二)新黑格尔主义法学

新黑格尔主义法学的代表者有德国的 T. 柯勒、K. 拉伦兹,以及由新康德主义法学派转变过来的德国 T. 宾德和意大利 G. 韦克奥等人。他们的基本共同观点,在于进一步发展黑格尔关于法理念的学说。宾德认为,法观念不仅是法律(实证法)的指导原则,而且是一切可能的经验法律的宪法前提。立法者的主观精神完全受到客观精神的制约,所以他们在创造法律时,不能对客观精神附加什么东西,而是简单地遵循客观精神的进程。如果法律都接受客观精神的作用,那么法律本身必须是善的或正义的。拉伦兹也认为法律原则来自法理念,法律原则以共同的法律意识为载体,并被人们融入法律秩序之中。此外,新黑格尔主义关于文明与法律关系的观点,也很值得注意。柯勒明确地指出,法律是人类历史文明不断提高过程中的一种现象,法律文化是随着时代发展而变化的。法律的目的和作用在于克服和消除阻碍文明成长的因素,维护、促进和传播文明,调节文明发展中的偶然性和不合理逻辑的因素,满足文明发展的各种需要,为各种进步的事物提供一个必要的制度结构。在民族共同体中,法律理念导致政治机构的法律化和法律制裁的实施。在20—30年代开始,新黑格尔主义法学便侧重于宣扬和发挥黑格尔的国家主义、民族主义的政治法律思想。此种理论客观上为法西斯政权所利用,从而使其声誉扫地。但是,把新黑格尔主义与纳粹主义等同观之,那也是不公平和不正确的,在理论上不可取的。

第四阶段　20世纪后半期(当代)的法律思想

甲、当代法律思想的主要特点

当代(二战以后)法律思想是20世纪前半期法律思想的延续。因此,这两个阶段的法律思想不可能有根本性质上的区别。但二者的外在特点仍可找出重要的差异。如果说20世纪前半期是不同法律思潮尤其三大法学主流派(复兴自然法学、分析主义法学、社会学法学)相互分歧与对立的时期,那么,二战以后不同法律思潮之间的相互融合则成为一大明显的倾向。虽然当代的法学流派的数量不断增加,但这不仅不排除各学派间彼此接近,而恰恰表现着这种接近。特别值得注意的是,这一切都围绕着三大法学主流派的合流工程进行的。相反的小股思潮当然也有,但那是分量不大的。

三大法学主流派之间的相互渗透,是它们趋向合流的更为典型的形式。所谓相互渗透,不是一般地指某些具体观点的影响,而是着眼于大的方面,即三大主流派原有的特征和界限,由于一方自觉或不自觉地沾染上另一方的色彩,而变得模糊。可以从两个方面、两个角度上来考察这种情况。

一、自然法学的实证主义化

分析主义法学和社会法学,都属于实证主义法学的范围。实证主义强调以研究实证事实为依据,分析主义法学把这种实证事实集中为实在法律规范,所以是法律的实证主义法学;社会学法学把这种事实放大为社会事实因素,所以是社会的实证主义法学。而纯粹意义上的自然法学,则把自己局限在抽象的道德原则和价值判断的圈子内——它本来就是同实证主义背道而驰的。但是,复兴自然法学却不是那样纯粹了,它那里常常显现出一种被改造的实证主义倾向。

如同前面已提到过的那样,复兴自然法学区别于古典自然法学的重要特征,在于它主张相对自然法。这一思想渊源于同实证主义有着亲近关系的新康德主义法学创始人 R. 什坦姆列尔的"内容可变的自然法"。发生此种转变的原因在于,这个学派越来越认识到,"挥舞抽象的、狂热的正义论不但不能改善事态,相反地,愈要不限于恶化的窘境,就愈要充分考虑到人类的事实上的状态。"①

复兴自然法学的实证主义倾向有时是社会的实证主义,这在其先驱者 F. 惹尼的法律解释论里可以看到。他主张必须根据立法者立法时的意图以及当时存在的社会关系和社会需要,来解释成文法律。他强调法律的严格顺序,即:立法—习惯—权威和传统—自由的科学研究。此外,J. 麦斯纳的自然道德法通过个别道德而具体化,并且随着个别道德的成熟而发展的思想,多少也看出其社会实证主义倾向。不过,复兴自然法学更多的时候,是倾向于法律的实证主义的。E. 布伦纳反对自然法高于实证法这种自然法学的传统观点。他说,"国家的法规具有法律效力和约束力的垄断权力,在国家的法律没有破坏的情况下,自然法就不能要求法律力量。"②宗教改革家们的基督教的自然法,仅仅是"应该在实证法律中得到实现的一种思想"③。J. 达班则竭力要把奥斯丁的分析法学和托马斯·阿奎那的神学自然法学拉到一块儿去。

当代西方法学发展过程中出现的一个极为重要现象,是 50 年代末至 70 年代初美国自然法学家 L. 富勒及其追随者 R. D. 德沃金同英国新分析法学大师 H. L. A. 哈特之间展开的、把一批批法学家卷进去的大论战。论战中存在着饶有趣味的情况,即每一方在高声指责和驳斥论敌的同时,暗中又偷运论敌的观点,或者连连作出让步。正是这场论战大大推动了新自然法学(复兴自然法学)和新分析法学的成熟,也是三大法学主流派较大规模合流的开端。富勒的自然法学说偏重于研究他所说的作为法律内在道德的程序自然法(与之相应的是作为法律外在道德的实体自然法),它包括如下 8 个法制原则:①法律的普遍性。②法律的公布。③法律是适用于将来,而非溯及既往。④法律的明确性。⑤避免法律中的矛盾。⑥法律不应要求不可能实现的事情。⑦法律的稳定性。⑧法律和官方行为的一致性。显而易见,富勒已经大大地跨入法律实证主义"世袭"的研究领域了。

---

① E. 布伦纳:《正义》(1943),日文版第 134 页。
② 同上书,第 110 页。
③ 同上书,第 215 页。

二、分析主义法学和社会学法学对自然法学的让步

在这方面,哈特倡导的新分析法学是一个突出的例子。西方学者们认为,哈特在法律实证主义和自然法学争论的中心问题即法律和道德关系问题上,走了一条"中间路线"①。他的《法律的概念》一书,标志着二战以后法律实证主义者"退却的第一个重要的步骤"②。首先,哈特修改了"法律实证主义"的概念,说"我们讲的法律实证主义的意思,是指这样一个简明的观点:法律反映或符合一定道德的要求,尽管事实上往往如此,然而不是一个必然的真理。"③这就将法律同自然法挂了钩。其次,更重要的是,哈特提出"最低限度内容的自然法"的理论。他解释说,这种自然法是人类为了生存而自然形成的用以补救人性缺陷的行为规则,是一个社会的法律和道德的共同因素。比如,人有怯弱性,既会偶然地攻击他人,又容易遭到他人的攻击,因而自然法要求人们自我克制,并且要求保护人们的生命安全;人格大体上是平等的,任何人都不可能长期地或无限地统治别人,因而自然法迫使人们达成协议,相互妥协;人具有侵略性,同时也有有限的利他主义,因而需要在自然法的指导下抑制前者,弘扬后者;人的衣食资源是稀缺的,因而要有自然法作为某种形式的财产为保障;人的意志力和智力也是有限的,因而只有靠自然法的启迪才能使人理解到要互相尊重,履行诺言,彼此合作,以及牺牲或节制眼前的利益,等等。

社会学法学不像分析主义法学那样把自然法学作为自己的直接对立面,然而这并不意味着它们之间就不把对方当作批判的对象了。社会学法学的一个分支斯堪的纳维亚实在主义法学所宣扬的"价值怀疑主义"及其对"正义"方法的不懈斗争,把对自然法学的批判推向高潮。但是,正统的社会学法学(尤其庞德的美国社会法学)则采取最较为明智的做法,以博采众家之长,给自然法学留下一席之地。这种传统承认,探讨法律制度的伦理基础和哲学基础的哲理方法,也是法学研究的科学方法。它的法律概念并不一概排除法律理想成分。此外,这种传统还把道德看作是实行社会控制的主要手段之一;即使在法律成为社会控制的首要手段的情况下,道德依然是一种必要的辅助手段。纵然庞德的"包括了立法机关和法院在制定或解释法律时所必须考虑的全部公共政策"④,在社会利益的分类中,一般道德的利益也是一个方面。持有这种传统观点的法学家并不回避法律的正义、价值之类的问题,只是站在社会学法学的立场上对这些问题作出新的解释。例如,庞德认为,正义意味着对关系的调整和对行为的安排,以最小限度的阻碍和浪费,来尽可能地满足各种相互冲突的利益。这是"对文明有利的。

---

① B.卡塔多等:《法律和法律活动导论》1980 年英文第 3 版,第 36 页。
② N.B.雷诺兹:《自然法在英美法哲学中的复兴》,1979 年国际法哲学和社会哲学大会论文之一。
③ 《法律的概念》,英文版,第 181—182 页。
④ [美]帕特森:《伦理学》,第 518 页。

因而也是具有一种哲学的价值"①。社会学法学的另一分支社会连带主义法学,其传统也是如此。这个学派是以 A. 孔德理论的后继者的姿态出现的。孔德理论包括实证主义和社会学两大因素,前者主要为分析主义法学所发挥,后者主要为一般的社会学法学所发挥;唯有社会连带主义法学才较为完整全面地把孔德理论体系运用到法学领域中。不仅如此,它甚至还有些自然法学的东西。L. 狄骥所建立的以社会连带关系为基础,按照黑格尔的"正、反、合"格式展开的规范体系,正是这样一种复合体。这个体系包括经济规范、道德规范和法律规范,它们的共同原则是"决不从事有损于同求或分工的社会连带关系,尽其可能地促进这两种形式的关系"②。经济规范调整经济关系,道德规范调整思想关系,法律规范作为二者的统一居于最高等级,它实现了向"客观法"的复归。狄骥称,他对道德规范的理解是实证的,所以不同于康德的自然法学;因为它们都超出了实证科学研究的范围,把道德规范理解为一种先验的原则或评价事物好坏善恶的标准。看来狄骥很希望划清他同自然法学的界限,但有时却身不由己地滑向那一边去。他所说的带有先验性质的"社会连带关系"和高于实在法的"客观法",都表明某些西方学者将他归于披着社会学外衣的自然法学派是不无道理的。上述,就是三大法学主流派之间由于相互渗透而发生的两个最重要的后果。至于分析法学和社会学法学的相互影响,并不占有特别的重要地位。因为,它们作为实证主义法学的两个侧面,本来就比较接近;只不过是在当代,这种接近进一步地强化而已。总之,我们可以借用《国际社会科学百科全书》中的一句话来概括合流中的三大法学主流派的关系,即它们正"处于相当高级的辩证对立的状态"③。必须强调的是,三大法学主流派的融合或合流倾向在二战后涌现出来的新学派的表现,有两种情况:其一,全面地吸取三大法学主流派的固有特点,而加工成为一个新理论体系的学派。这主要是"综合法学"(或译为整体法学、统一法学等)和丹麦 S. 乔根森倡导的"多元论法学",以及一定程度上的比利时 C. 佩雷尔曼提出的"新修辞学法学"或"多元价值判断逻辑法学"。其二,部分地吸收三大法学主流派中一两个学派的理论为基础,与其本身的创新相结合,而形成的新理论体系。当代的大部分的新学派,属于这种情况。不论是第一种情况的学派还是第二种情况的学派,均放在下面考察。

乙、当代法学流派

20 世纪前半和后半两个时期,即习惯上称为现代和当代,是相互紧密联系的。从法律思想上来说尤其如此。我们看到,西方有一大批举足轻重的法律思想家是活跃于这两个阶段的交接域的。为了避免重复,我们在上面讲得较多的学派或代表人物,这

---

① 《通过法律的社会控制》,第 122 页。

② 狄骥:《国家、客观法和实在法》(选录),载美国法学院协会主编:《现代治国法律哲学》,第 296 页。

③ 转引自上海社会科学院法学研究所编译:《法学流派与法学家》,知识出版社 1981 年,第 21 页。

里就不再重复了,反之上面没讲或讲得极简单的,这里就多说一些。但不管怎样处置,都是要突出当代法学流派所具有的特色与新颖性。

一、当代的三大法学主流派

(一)复兴自然法学

如同前面已经说到的那样,二战结束至60年代,在复兴自然法学中以神学派为主导。但是,从70年代起,世俗派的力量开始勃起并迅速壮大。

1. 神学派的学说

神学派自然法学说包括:①天主教派学说即新托马斯主义自然法学说,其中又有倾向保守主义与倾向自由主义两部分的差别。②基督教派的学说即路德—喀尔文派的自然法学说。法国 J. 马里旦是新托马斯主义派的自由主义自然法学家,也是当代自然法学的首席代表者。他的《人和国家》(1952)一书,定下了当代西方自然法学的基调。虽然马里旦重复着托马斯·阿奎那的自然法定义,说它是人类对于上帝永恒性的参与,但不赞成认为自然法有实证法效力的传统观点。马里旦提出自然法包涵本体论要素和认识论要素的主张,是一种创新。特别值得注意的是,马里旦从自然法学说出发,把西方的人权理论推向一个新阶段。他对人权进行了几种区分,有:自然法人权和实在法人权;绝对不能让与的人格权和基本不能让与的人格权;权利的享有和权利的行使;旧权利或原有权利和新权利或后来取得的权利;人格权、公民权和劳动者的权利。在这种人权分类论里,可以看出许多辩证法的成分。马里旦的国家学说,被称为国家工具主义。其核心是强调"人是目的""国家为人服务"。在国际法方面,马里旦反对国家主权学说,宣扬国际法高于国内法(实在法)以及"世界政府"。比利时的 J. 达班属于新托马斯主义派的保守主义自然法学家,著有《实在法制度哲学》《国家总论》《法学总论》等书。他的保守性集中表现在,认为自然法具有实证法律效力,而实证法不过是"自然法的最低限度"。他宣布一切违反正义的法律,都是无效的恶法。达班认为,自然法无非就是上帝的正义法则。正义有三种:其一,交换正义,表现为平等的财产交换关系。其二,分配正义,表现为经济、政治、荣誉分配的不平等关系。其三,政治(法律)正义,表现为个人对群体尤其对国家所应尽的义务。它是三种正义中最优先的。瑞士的 E. 布伦纳为"基督教的自然法"理论家。他的不同于天主教派理论的特点,是具有更浓厚的世俗色彩。布伦纳声言,它用自然法来论证和维护实证法,而反对要求自然法具有实证法律效力的传统观点。他明确指出,自然法不过是为实证法提供一种正义原则而已。但这一点并不妨碍他承认人民对专制恶法的反抗权。布伦纳的正义论,包含着:一是共同正义(平均正义),要求人的尊严的平等性。二是分配正义,表现人与人之间在官能上和性情上的不平等性。他认为,共同体或共同关系当有优越于个人的地位。

2.世俗派的学说

从 70 年代起,主要是从马里旦逝世后,在美国以富勒为首领的世俗派的自然法学就得到猛烈的发展。这一新情况表明:第一,复兴自然法学中的世俗派已开始取得相对的优势。第二,复兴自然法的中心地,已由西欧转移到了美国。L. 富勒的代表作是《法律的道德》一书。他把法律定义为"把人类置于规范统治之下的事业"。他坚持法律与道德之间的不可分割的联系。富勒继承亚当·斯密的观点,认为道德有愿望的和义务的两种。愿望的道德,是应当努力实现的、有关善行的道德,实行这种道德的人会受到赞扬。义务的道德是必须遵行的道德,人们不会由于遵守这种道德而受到赞扬,但不遵守则会受到谴责。在一根标尺上,愿望道德从上向下,要求最高成效;义务道德从下向上,要求最低限度义务。此外,富勒还有程序自然法(法律的内在道德)和实体自然法(法律的外在道德)的划分。这是借助法律形式表现出来的两种情况。程序自然法(法律的外在道德),讲的是立法、法解释和适用中的原则,即前节叙及的八项法制原则。其中彻底丧失任何一项原则,法律便将失去道德基础,而不再是法律了。实体的自然法(法律的外在道德),讲的就是古典自然法学派那种法律理想或法律目标。J. 罗尔斯是美国当代世俗自然法论的另一位学者。他的《正义论》颇负盛名。罗尔斯宣布"正义是社会制度的首要价值"。为了论证正义,他提出人类"原始状态"中"无知之幕"的假说。这就是假定人们知道社会结构的一般事实和人类心理的一般法则,但不知道本人的社会地位、阶级属性及天赋的情况等足以产生个人偏向的一切因素。在此情况下,共同一致的想法就会确定下来。例如,由于每个人都会想到,如果自己有一天落入不幸的境地,也应当能较好地生活下去。这样,大家便会赞成"最大最小值原则",即给社会上最不幸者以尽可能多的照顾。其次,罗尔斯认为,正义有两个主要原则。第一,无差别原则。其重点是自由;第二,差别原则,其重点是平等。自由优先平等。因为,平等是自由的保障,二者形同目的与手段的关系。可见,罗尔斯遵循的是传统自然法学的平等的自由主义模式。最后,罗尔斯说,正义原则的实现要经历着原物状态中对正义原则的选择、立宪、立法、执法与守法四个阶段。R. 德沃金是美国最年轻的世俗自然法的知名学者,提出一种"整体性"法学体系。1977 年所写的《认真看待权利》,是他的代表作。德沃金认为,现代的法律制度,除了规则以外,还包括原则、政策及其他准则。规则与原则的区别在于:规则在适用时,要么有效,要么无效;对于法官而言,仅限于是或者不是。原则则具有"分量"的特性。当几个原则发生冲突时,法官要掂量每个原则的分量,以便确定适用其中一个原则;几个相矛盾的原则之间可能存在着"二律背反"的关系,即可能同时有效(如过错原则与无过错原则)。德沃金也讲到原则与政策的区别,说:"原则的论点目的在于建立个人权利的观点;政策的论点目的在于建立一种集体目标的观点。原则只是表述权利的命题;政策是表述社会目标的命题。"①

---

① 《认真看待权利》,英文版,第 90 页。

因此,原则是分配性的,政策是综合性的。德沃金的权利学说,从上面的叙述中可以明显看出,是以个人权利为中心的自由主义体系。他认为,最根本的就是每个人受到社会和国家的"关怀和尊重的平等权利"。从个人权利观点出发,德沃金提出:个人出于道德的考虑或者为了给政府施加压力而违法,属于"善良违法"。这是公民的"温和抵抗",政府对此尽量采取宽容态度。他断言,一个承认个人权利的政府,并不需要公民永远顺从它;凡是镇压温和抵抗运动的政府,都会招致信誉的损害。

(二)新分析法学

H. L. A. 哈特是继 H. 凯尔逊之后的、当代最有影响的分析主义法学的代表者。他把自己的理论称为"新分析法学"。哈特的法学著作极为丰富,如《权利和义务的归属》《法理学的定义和思想》《自然权利是什么》《20 世纪中的分析法理学——对博登海默的回答》《法和道德的实证主义分析》《法的概念》《法、自由和道德》《法哲学上的刑罚和责任》《功利和权利关系》等。新分析法学(牛津法学派)是经过同新自然法学的几次大论战,自 60 年代开始形成的,一段时间曾是独占分析主义法学论坛的学派,也是在英国居于绝对优势的学派。

1. 法理学的研究对象

哈特继承奥斯丁和凯尔逊关于"应当是这样的法"与"实际是这样法"的区分。同时,他也承认法律和道德之间的联系。但是他强调法律的效力不取决于道德规则,法律反映道德的要求也不是必然的;同样,道德的效力也不取决于法律。法哲学的研究对象是"实际上是这样的法"。就是说,要把人们的视线从法律规则是否合乎正义或是否正确,引向只注意实际发生法律效力的法律规则本身。

2. 法的概念

哈特对当年奥斯丁的法定义,持有不同的见解。奥斯丁说,法是主权者的命令,如不服从这种命令就加以制裁。哈特认为,奥斯丁的"命令"说有四大缺点:①它意味着法律仅对下面的人有约束力,而对主权者或在上面的发令者没有约束力。这显然是同法律的普遍性的特征不符合的。②它实际上只讲义务和责任,而没讲权利和授权的内容。③它否认了法的渊源的多样性。因为,除了命令之外,法律、决议、条例等都是法的渊源。更何况在命令中只有那些含普遍意义的,才是法的一种形式。④它没能真正指明法是由谁制定的。所谓主权者,在不同国家其涵义并不相同。哈特认为,法就是直接或间接地为了决定什么行为将受到公共权力惩罚或为什么惩罚,而使用的一种特别规则。这个法定义的核心是规则,即"规则"说。法律规则同道德规则、风俗习惯、礼仪规则、游戏规则等一般规则既有联系又有区别。就是说,法律规则同道德规则有相似的地方,它们都有责任和义务的设定以及约束力,指导人们的行动;但法律规则又有自身固有的属性与特点。有效的法律规则是法的无尽宝藏,它把所有案件都清清楚楚地包括进去了。

3.主要规则和次要规则

哈特宣称,法律就是主要规则或第一级规则和次要规则或第二级规则的结合。主要规则,是对社会成员规定义务和责任的规则。次要规则,是那些规定主要规则如何及由谁制定、承认、修改或者废除的规则,亦可称"授予权力的规则"。次要规则包括三种:其一,承认规则。它以相关的宪法规则为最高规则。承认规则要确定某一规则有没有法律效力,以确定义务规则的存在与否,这样就能消除主要规则的不确定性。其二,改变规则。也就是授予一定的主体施行新的主要规则,以取代旧的主要规则的权利。这里包括授予国家机关以"公权"和授予私人以"私权"两种。改变规则可避免主要规则的静止性。其三,审判规则。这是指授权一定的国家机关或私人,就某种行为违反法律规则与否作出决定,并确定要不要给予惩罚以及给予什么惩罚。也就是,规定谁有权进行审判以及通过什么程序进行审判的规则。审判规则能够克服来自社会的关于处理案件压力的无效或低效性。哈特所说的主要规则(第一级规则)和次要规则(第二级规则)并不是根据重要的程度划分的,而是根据调整社会行为直接或间接的情况划分的。只有把主要规则和次要规则紧密结合起来,才能造成一个无可争议的法律制度。

4.对法律规则的内在观点和外在观点

哈特指出,人们对法律规则的不同看法和不同态度,可以概括为两大类,即持有内在观点与持有外在观点的区分。对法律规则的内在观点,指他站在规则的同一立场上,接受规则的约束,用规则指导自己的行为。其表达方式是"我有义务"或者"你有义务"这样做。与此不同的,对法律的外在观点,指站在旁观者或第三者的立场上来对待规则。他在审视和思考这些规则怎样施行、对遵守或违反它们会怎样,以及那些持内在观点的人如何了解和对待规则。其表达方式是"我不得不这么做""这个规则是如何如何的"。哈特指出,持有法律规则的内在观点和外在观点的两部分人,往往是处于对立状态的。这就表明,在法制社会中,有些人是自动遵守法律规则的,有些人则是通过强制甚至武力才服从法律规则的。不过,哈特说:"这两部分人之间的平衡将取决于许多不同的因素。如果这一制度是公正的,并真正关注所有它所要求服从的人的巨大利益的话,它就可以取得和保持大部分人长期对它的忠诚,从而也将是稳定的。相反,这一制度可能是一个狭隘的、排他的,为了谋求统治集团利益的制度,它可能日益成为压制性的、动摇的、具有产生动乱的潜在威胁。"①

5."最低限度内容的自然法"

如同前面已经提及的,作为当代分析主义法学的代表者的哈特,已开始接受自然法的影响。特别在他同自然法学的几次论战之后,这种影响反而逐渐加强。其重要表现就是,哈特承认"最低限度内容的自然法"。在哈特看来,在维系社会生存的诸多共

---

① 《法律的概念》,英文版,第97页。

同规则中,首先有来自人性的公理。它们是:①人的脆弱性。即,人是容易相互攻击对方躯体的,因此都要求对自己的生命和健康加以保证。②人大体是平等的。要保持此种平等关系,就必须彼此进行妥协,而不能为所欲为。③人具有有限的利他主义。每人出于存活的需要,必然会对他人表现出一定的互助和自抑性。为了弘扬利他主义,限制利己主义,就得进行统一的社会控制。④物质资源的稀缺性。这就要确定一种最少限度的财产所有制度,保证每人均得以存活。⑤人的理解力和意志力的局限。这就会造成人们在遵守社会共同准则方面的分歧。有人表现出足够的理智和意志力来维持这种准则;但有人则缺乏这种素质,破坏这种准则,所以,"理性所要求的是在一个强制制度中的合作"。这五项基于人性的公理,既然是自然的存在,那就不取决于每个人的意志,也是立法者所莫能为力的。在哈特看来,这就是每个人从而整个社会的生存所依赖的"最低限度的自然法"。它同法律是相互补充、相互依存的。

(三) 庞德的美国社会法学

罗斯克艾·庞德是霍姆斯实用主义法哲学的最早追随者,并通过独立的研究和同其他学派的斗争,创立美国社会法学。在他将近70年的法律实践和法学生涯中,拥有浩如烟海的著作。可以说,迄今为止,在西方法学领域中尚找不到第二个人物有他那么巨大的影响。庞德对西方社会学法学的突出贡献,可归纳为如下几点。

1. 批判"机械主义法学",强调法律的社会目的和效果

所谓机械主义法学,是庞德对19世纪传统的法律实证主义的讥称,如同对耶林的"概念法学"的讥称一样。庞德剖析机械主义法学,指出它的最大弊病在于盲目地信仰无所不包的、固定不变的法律规则,并把法学和司法实践视为简单地根据法条进行概念的逻辑分析的工作。他说:"长期最有逻辑性、最需要熟练的推理原则,不能真正达到法律的目的。"庞德主张,法哲学的基本组成要素,是对法律背后潜在的、法律所要达到的社会目的的意识和反应。为此,就要积极地研究法哲学的实际社会效果,公平正义地适用法律。但是,社会处于不断变化过程之中,法学要不断地对随时变化了的社会提出的新问题进行回答和解决。

2. 反对法哲学在理论上的闭关自守,提倡法学流派"大联合",并汲取其他社会科学的成就

虽然庞德是社会法学之集大成者,猛烈抨击其他法学流派的弊端,但并非绝对排斥其他流派(尤其自然法学和分析主义法学)的某些被认为是合理的成分。这一点,早在庞德同美国实在主义法学派的骨干成员 J. 宾汉教授的论战中,就明显地表现出来。宾汉同庞德都是霍姆斯大法官实用主义法学的信徒,但宾汉对自然法学和分析主义法学的批判走向了绝对化,否定法的价值判断和法律规范的意义。而庞德则附和当时美国"进步主义"的潮流,反对宾汉的绝对化。这场论战集中于以下诸问题。

第一,宾汉针对自然法的观点,说道:"所有坚持认为有一种外部的超然力量存在着,并认为这种超然力量制定着或为我们建立起一个绝对的、毋庸置疑的公平正义的

道德标准的人,同时也就是赞成实际上存在有一个不可割裂的道德法则和基本原理,并且这些原则和原理是可以被发现的人。"①而他本人认为:除非根据人们追求的目的和由此产生的思想变化的过程,就不能鉴别正确与错误。这一观点,宾汉长期坚持不放。相反,庞德承认存在一种为众人认可和追求的"价值的固定标准和严格一致性"的东西。他断言,"普遍盛行的道德观念实际上经常在审判活动中频繁引用,只是人们很少意识到这一点"。他认为,不论在什么情况下,都"不能忽视法律中的理想成分"。这种理想和价值标准是法律中的"连续性"的因素。庞德进而又说,法律作为社会存在的基础,正是道德价值标准的荟萃之地。法官为了恰到好处地履行他的社会职责,就要在自己的裁判中体现社会道德价值标准;他的裁判跟社会道德价值标准之间的出入越小,就越具有权威性。在庞德看来,社会经常处于变化之中,但一定的行为模式和诚实、勤恳、自我克制等道德要求都是经久不变的。简言之,庞德认为"我们可以有一种内容正在起着变化或形成着的自然法"。

第二,宾汉针对分析主义法学的观点,说:法律规范和原理仅仅是思想过程,把它们宣布为"最基本的和确信无疑的东西……那就是把认识的形式或认识的表达方式当成了认识的实际内容"。他认为,法律不是这些规范的机械的组合,而是外部现象的集中反映。所以,法官不能拘泥于法律规范和法律原则,不必寻求这种机械的支持;法律家所应关注的是通过科学的调查方法,研究政府机关及其具体作用和影响,还有它与这些作用效果之间的因果联系,从而得出自己的原则和裁判案件的根据。那么庞德呢?他大体上赞同宾汉的论据,但不完全赞成他的结论。庞德认为,19世纪机械主义思维方式确实脱离实际,但"尽管如此,它们(法律规范和原则)仍然提出了为达到某种目的的司法判决形成的模式,并且在某些方面,实现公平正义还要遵从它们"。就是说,庞德对法律机械主义的批判,同当时的进步主义者一样,是有限度的。具体表现在,他突出地强调法的灵活变通性和特殊性的同时,也承认法的内容上的"连续性"。他主张要善于区分哪些法律规范和原则需要引用,哪些不需要引用。除上述外,庞德历来反对把法看作是绝对独立的学科。他强调,法哲学必须建立在广泛的社会科学成果的基础上,注意吸收经济学、社会学、一般哲学的知识,使自己变成一个开放性的学科。否则,它就很难从法律实证主义中解放出来。

3. 法律的社会控制

庞德把文明当作社会的标志,而文明的展现则要有一个过程。他说:"文明是人类力量不断地更加完善的发展,是人类对外在的或物质自然界和对人类目前能加以控制的内在的或人类本性的最大限度的控制。"②人类只有通过自我控制,才能实现对自然界的控制。人类之所以需要加以控制,是由人的本性决定的,就是说,人生来就有一种

---

① 1911—1912 年密执安大学法律评论。

② 《通过法律的社会控制,法律的任务》,商务印书馆,第9页。

"扩张性",而"扩张性的或自我主张的本能使他只顾自己的欲望与要求,不惜牺牲别人来设法满足这些欲望与要求,并克服一切对这些欲望与要求的阻力"①。因此,必须要有对它的、以强力为后盾的控制。但是,运用这种强力的人们也是人,所以对他们也需要加以控制,诉讼法主要就是控制这些人的。那么,社会控制的主要手段是什么呢?庞德用历史观点指出,有道德、宗教和法律三种。它们分别与三种类型的社会相适应。①与民族组织或早期国家组织(如希腊国家)相适应的,是道德的手段。当道德形成体系时,它就具有法律的性质即道德法。②与宗教组织相适应的,是宗教的手段。一旦宗教构成系统的组织并得到国家强有力支持的时候(如中世纪的欧洲),就出现宗教法。③在近代,与系统的政治组织相适应的,是法律的手段。法律是道德和宗教手段的发展,它本身也包括道德(价值判断)和宗教(信仰性)的成分。在当今的社会,法律把社会控制的全部活动都纳入自己领域之内了。最后,庞德一再强调,通过法律的社会控制的目的,在于实现所谓"在最少的阻碍和浪费的情况下给予整个利益方案以最大的效果"。

4. 法律的社会系统工程

美国法律史学者 G. 怀特指出,"庞德把他的法律社会工程视为整个社会控制系统的一部分。"法律社会控制是法律的基本功能,而法律系统工程则是实现法律社会控制功能的活动。庞德的法律系统工程论,是针对法律实证主义提出的。他说,强调法律的社会系统工程的性质,就在于指出它是通过一定社会组织来实现人的活动,而不是一堆死的知识或者工作规程(规则)。在法律系统工程的施行中担任主要角色的,是司法和行政机关,尤其是法官。由于这个原因,庞德一再详细地论述其"司法判决形成"的概念。他说,开明的司法判决的形成过程,划分为三个阶段:①从社会相互依赖的观点出发,注意到人们非常关心个人行为的社会责任。这是法官追究犯法者的根据。②从司法裁判与社会整体不可分离的观点出发,不能就法论法,而必须把法律以外的有关现象集中到审判过程中来。这是法官确定犯法行为社会危害性所需要的。③社会系统工程阶段。法官在这一阶段的任务是:"根据文明开化社会的某个时间和某个特定环境概念化(归纳出来)的一般要求,将个别的要求加以分类(区别对待)。"就是说,法官作为法律社会系统工程的工程师,他最终所要干的事情是:在熟练地把握当前社会中通行的社会价值标准的基础上,把所审理的个别案件理解为与文明开化的社会生活相冲突还是相一致的,从而作裁判。

---

① 《通过法律的社会控制,法律的任务》,商务印书馆,第81页。

二、反映三大法学主流派相互靠拢倾向的法学流派

（一）综合法学

1. J. 哈尔的综合理论

1947年，哈尔发表了《综合法学》一书，开宗明义地抨击法学研究中"完全忠于一派的错误"，反对将法律的形式因素、事实因素、价值因素彼此隔离开来的偏向。他认为，自然法的价值观念应该体现在实证法的形式中，而最终又要见诸"被统治者同意"这样的社会事实。所以，法律是"形式、价值和事实的特殊结合"。这里提出的法律概念中的三个因素，恰恰就是分析主义法学、自然法学、社会法学所分别侧重研究的问题。哈尔认定，三大法学主流派所包涵的有意义的成分是相互联系、相互依赖的。我们今日需要的法学，就是把这些成分"综合"到一起的理论。

2. H. 拉斯维尔和麦克道格尔的"法律政策学"

按照这两位合作研究"法律政策学"的美国政治学家和法学家的解释，法律是国家共同体的权力价值的一种形式，目的在于促进人们对民主价值的共享。具体说，共同体的政策或决策是法律规范制定与适用的指导性的灵魂。他们指出，法律是"在一个共同体中权力决策的总和"。又说，"法规在具体案件中的每一种运用，事实上都要求进行政策选择。"但是，不论法律还是政策，又应当同最大范围和最大程度上的民主价值的分配，以及保护"人的尊严"的这种"倾向未来的目标思想"相结合，应当作为这种"目标思想"的反映而存在。不难看出，在这两位学者的"法律政策学"有关法律的概念中，兼有分析主义法学（强调法律是权力机构的命令和规则体）、社会学法学（强调法律是社会利益与社会秩序）、自然法学（强调法律是价值与理想）三者的多种特征。

3. J. 斯通的"三部曲"

澳大利亚的斯通撰写的《法律的范围和功能》的名著，其主题在于指出，要理解"根据法律的正义"意味着什么，"就必须知道：第一，法律的结构及其作用；第二，正义是什么；第三，为适合正义而利用社会中的法律的适应性"。随后，斯通又针对这三个问题，分别地写了三本书。这些著作的观点表明，三大法学主流派对于法律研究都很重要；只有将它们结合一起才能够构成完整的法学。在斯通竭力阐释的法律概念中，主要内容不外三个方面：一是法律现象包括对人们行为的强制性的规范体系；二是法律规范要与社会中的规范即"活的法律"相适合，而且它本身亦属社会规范，调整社会成员之间的行为关系；三是这些规范要体现正义，并且离不开价值观念力量的维护。

4. 博登海默等人的论述

博登海默是著有闻名的《法理学——法哲学及其方法》的美国法学家。该书中形象地指出，法律作为一种体系，就好像一座有许多厅堂、房间和角落的大厦，结构复杂。所以，不能以局部观点来观察它。他呼吁："随着我们知识的不断增进，我们必须努力

去构成一种综合法学。这种综合法学利用了过去的全部贡献。"他反对用任何一种因素来解释法律现象,而主张把三大法学主流派的基本观点编织到一张法律之网里面去。在博登海默之后,G. 帕顿、E. 费希纳等人也提出相近的观点。到目前为止,西方法学界中有越来越多的人加入"综合法学"的大合唱的队伍。综合法学思潮正在一步步地向前推进。

(二)多元论法学

在二战后的北欧,斯堪的纳维亚实在主义法学的一统天下的局面仍保持很长一段时间。变化是近年开始的,其中最明显的是多元论法学的生成。该学派的创始人是丹麦的斯蒂格·乔根森。他著有《多元论法学》和《理性与现实》等书,均于80年代出版。

1. 多元的法学方法论

乔根森认为,传统的一元法学方法论,既不能适应当今社会发展的需要,又不能完整地认识法现象。这是由于:①今日的社会是一个多元的复杂的社会,由此决定了法的多元性。②法本身具有多方面的功能。所以,他说:"法和现实中的其他现象一样,是不能仅用一种方法加以定义的。"①乔根森形象地说,以往各法学学派就如寓言中的盲人摸象一样,接触到的只是法的一个侧面。所以,他们的共同错误恰恰在于,把法的一个因素当作法的整体。多元论法学正是意图克服传统法学理论的这种片面性,而全方位地、准确地反映法的全貌。方法之一,将以往各种法学学说,特别是三大主流派的学说,予以"兼容"。实际上,乔根森的理论中不仅涵有社会学法学和分析主义法学的基本观点,也涵有自然法的观点。为了同斯堪的纳维亚实在主义法学划清界限,乔根森强调:自然法理论长期以来所形成的概念已深深地植根于人类的良知之中。只有承认自然法,才能解释为什么民主政治优于专制政治,才能解释公民必须有参政的权利,等等。道德和法律的关系,也应取"兼容"态度。道德虽非评判法律是否有效的根本标准,但二者联系紧密。道德的某些基本原则,势必为法所尊重和认可。事实上,在法中总是存在着道德的基本要求。方法之二,在法学研究中要"兼容"其他社会科学的方法。法的复杂性决定了,单纯依靠法学自身的传统方法是远远不够的,所以,要看到人类学、心理学、社会学、经济学、政治学等使用的方法对法学都是有用的。乔根森说,"法的政治功能最好由政治学和经济学进行研究。"②

2. 多元的法功能论

《理性与现实》一书写道:"法总是有不同功能的,其中一些是原本的,另一些则是随着社会的日益发展和复杂化而在后来增加的。"③法的功能有外部的和内部的两大类。法的功能有外部功能,又称法的政治功能。它有五个方面:①维护社会的和平与

---

① 《理性与现实》,1986 年英文版,第 96 页。
② 同上书,第 76 页。
③ 同上书,第 102 页。

秩序。②解决各种冲突。这是法的最原本的功能。不过,在现代社会中,防止冲突比解决冲突更为重要。③实施道德、伦理影响。④促进社会公益。⑤进行社会的批评。简言之,法的外部功能主要指它的统治和管理职能。法的内部功能,指对正义的认识和期望,反映人类社会长期以来形成的价值观念。这包括三个方面:①形式正义。说的是,法律对于同等情况要给以同等对待。每人不论身份地位如何,在法律面前一律平等。还要确保每人有公平的机会,来阐发自己的意见。②实质正义。说的是,法律既要体现平等,又应兼顾合理、正当及公共荣誉等。③义务。法本身就含有义务的内在成分。针对斯堪的纳维亚实在主义法学的心理主义观点,乔根森指出,义务不以人们的感觉为转移,而是确确实实存在的。

3. 多元的法概念论

乔根森认为,三大法学主流派在有关法的性质问题的结论均有可取之处,但又均不全面。所以,应当确定一个多元的法概念取代那些一元的法概念。他说:"法的概念是一个相对的、多元的概念。法不仅是一种规范体系,也是一种对法官和当局行为的预测,一种对当局和公众的命令,一种一般的法律意识或特殊的法官意识。法事实上包涵了行为规范、获准的命令、政治统治保护性和抑制性措施、'规范化的正义内容'、制度或判决的规则、法律习惯和文化模式。"①鉴于这一概念的繁琐,并有把前人各种法概念简单拼凑之嫌,乔根森在《理性与现实》一书中对法概念又进行重新表述:"法不仅是一种像自来水工程或救护的事业,其目的是弥补社会的缺陷,应付社会的突发事件(紧急情况),而且是社会组织得以存在并发挥功能的一种条件。"②但这样的概念,未免又太抽象和太模糊了。

(三)多元价值判断逻辑法学

比利时的 C. 佩雷尔曼是这股法律思潮的首倡者。他的重要贡献在于,以现代多元民主主义为指导,把自然法学的价值判断——分析主义的逻辑主义紧密结合一起,而形成一套独立的法哲学体系。佩雷尔曼在《正义、法律和辩论》(1980)一书中,把自己的法哲学观点概括为这样一句话,即"法律基本上是关于各种价值的讨论,所有其他都是技术问题"。这表明,他的理论体系,有两个主要部分:

1. 法律价值论

佩雷尔曼的价值论,集中地表现为他著名的正义学说,尤其形式正义学说。他认为一切法现象归根到底都是同解决正义的归属问题分不开的。正义观念又总是与平等观念相一致的,对此,不同人有不同的平等观念(正义观念)。按照佩雷尔曼的观点,正义(平等)有以下几种:①普遍平等地分配价值,即无差别的平等。②按德性(优点)分配价值。这是一种道德标准。这意味着,在德性相同的人们中间彼此是平等的。

---

① 《多元论法学》,1982 年英文版,第 46 页。
② 《理性与现实》,第 92 页。

③按劳动(工作)分配价值。这是实证的效能标准,就是说,在提供同等效能的人们中间是相互平等的。④按需要(最低限度需要)分配价值,即要缩小贫富间的不平等差距。社会救济法所体现的就是这种正义。⑤按身份分配价值。这是贵族主义的政治正义。前资本主义社会奉行这种正义。⑥按法律权利分配价值。这就是公民在法律适用上一律平等。不过,这种正义仅以现行政治为限。在另一政治制度之下,就可能变成不正义了。第①种正义是抽象的、绝对的正义,后5种正义都是具体的、相对的正义。佩雷尔曼坚决反对第⑤种正义观念,但也不赞成将其余的5种正义绝对化。他提倡的是,建立在多元价值判断基础上的"形式正义"论,即应当以相同的方式对待人。它没有"主要范畴",也就是没有对特定人的指向,而仅仅是"应然"的标准。上述第①种正义是形式正义;第②、③、④、⑥种正义也包含着形式正义。只有第⑤种正义应当完全加以否定,因为它的出发点就把人看作本性上不平等。形式正义之所以不容怀疑,在于它和人的心理特性及人的理智相一致。抽象地说,没有什么人会反对对于同类的人应当给予平等的待遇。相反,具体正义就不是这样。不同种类的人,就必然有不同的价值观念和价值标准,从而就有不同的关于具体正义的定义。佩雷尔曼主张,正义的法律必须是体现正义的法律,按照形式正义的原则来对社会上的人们实行价值分配。其最终目的是要达到社会的安宁状态,也就是"法律和平"。

2. 法律技术论

法律价值分配的实现,离不开一定的技术保障。这种法律技术,佩雷尔曼称为"法律逻辑"。法律逻辑采取的方法,不是通常的形式逻辑方法,而是"多元的价值判断方法"。法律实证主义采用的一般模式是,把法律规范当作大前提,把法律事实当作小前提,而推导出结论,即"如果 A,那么 B"。但是,多元价值判断的逻辑则是研究"怎样提出各种价值的根据,怎样实现平衡,怎样达到各种价值的综合"。它是实体性的模式,非程序性的模式。这种逻辑是法律家们为了实现正义,而在说服社会公众的基础上,进行"平衡"和"综合"的一种智力。佩雷尔曼指出,立法者常常是单纯地按照形式逻辑(演绎法)来制定法规,因而便不免违背国家的基本法律制度,同时也会导致在实践中无法贯彻的后果。无疑,法官应该适用立法机关的法律,但他又必须有完备、澄清甚至一定程度上修改法律的权力,充分发挥法官运用智力手段的本领。

为了说明价值判断的逻辑所体现的法律技术,如何不同于三段论式逻辑所体现的法律技术,佩雷尔曼提出一个例证。假定法官面临着一条"公园禁止车辆通行"的法律规范,那么他对于一辆驶入公园内抢救危重病人的救护车,该持什么态度呢?显然,他应当承认这是合法的。此例告诉我们,单纯靠形式逻辑的法律技术来处理案件,不可避免地会把法官当成法律概念的操作机器,从而往往作出违反常理和立法精神的裁决。真诚可靠的法律技术,是价值判断的逻辑。就是说,必须让法官去考虑应当保护什么样的价值,比较相互冲突的价值中哪些要加以牺牲,哪些要加以保障之类的问题。

三、哲学法学流派

(一)现象学法学

现象学法学是现象学哲学对法学渗透的结果。其主要倡导者是德国的一批学者,有 A.赖纳赫、F.施莱沃、F.考夫曼和 P.阿姆斯里克。阿姆斯里克的贡献最大。

1.现象学法学的理论基础

作为现象学法学理论基础的现象学哲学,把自我意识到的一切称为"现象"。哲学就是研究对现象的意识。研究的方法是:首先把客观存在(对存在的"信仰")问题加以"悬置",存而不论或放在"括号"里,而仅仅"描述"现象。其中,最基本的方法是"还原"法。"还原"是指通过我的直觉来了解现象,即了解我意识中的东西是什么。这其实就是我把对意识的意识还给意识(现象)。这个过程有三个层次:①现象的还原。就是对全部现象的简单的直觉。②本质的还原。E.胡塞尔认为,本质不是在现象背后,也毋需通过抽象来认识;它不过是现象中那个稳定、一般和不变的东西。如果把本质周围附着的假象或杂质拂去,本质就显露出来。③先验的还原。我之所以能区分本质现象与非本质现象,是基于我的先验的意向性和标准。只有经过先验的还原,才能最后地完成认证的过程。因此,还原法不是实证的分析方法,也不是因果方法。

2.现象学法学的主要论点

(1)法学的分类和方法。阿姆斯里克认为,法学包括以下两部分内容:其一,法律现象学。它是一门直接描述法律现象的学科。其二,法律理论现象学。它是法学家对于自我经验世界中的法律现象的一种观点的分析。这属于研究法律思想理论现象的学问。阿姆斯里克认为,现象学的还原法对法学研究极为重要。他说,还原法使我们排除了先前关于法律现象和法律本质的一切假设和学说,使我们不受那些模糊认识的迷惑。通过运用这一科学方法,法学家们就能把研究方向集中到法律现象上,并且不会把所从事的法律研究与其他不相干的问题混淆起来。研究法律现象不需要什么自然科学的知识。现象学的还原法为我们直接感觉法律,提供了便利。阿姆斯里克还说,在法律现象的还原中,为了深入到法律的基本结构中去,还必须剔出法律现象中的易变的东西,这样就抓住了它的本质。

(2)法律原则。赖纳赫说,运用现象学的本质还原法,可以使人们找到实证法律的原则(法律原则属于法律的本质现象)。他认为,法律原则不能通过简单的现象来发现,而要进行本质的还原,并最后依靠先验的还原来求得。例如,对于民事法律制度(承诺、诉讼权、合同等)进行逻辑推理,就很容易发现所有的民事法律制度的先验原则,像自愿、合意、平等、等价、有偿、诚信、践约等原则。阿姆斯里克也说,凯尔逊对于以法律规范现象为对象的"纯粹"法律理论的追求,就是受了现象学精神的启发,而且依赖鲜明的逻辑推理方法研究法律的,他的"基本规范"便是先验的。

（3）法律规范。阿姆斯里克指出,法律和法律规范是一致的。他采取一种纯粹的技术方法,认为一个规范就是一种手段。阿姆斯里克从感知的必然性过程中寻找法律规范的特征。他按照康德的观点,认为"必然性观念"是一种先验的逻辑形式,是实证法律规则的逻辑本质。就"必然性观念"本身而言,完全与法律规范的内容无关,但都对法律形式有绝对的约束力。具体说,先验的必然性观念不以法律规范的内容为转移,而是相反,法律规范倒是建立在这种必然性的基础之上的。阿姆斯里克明确地说过,甚至一项具有不合理或荒诞内容的法律规范也是法律规范,只要这一规范符合必然性观念。仅就这点而言,它显然是一种"恶法亦法"的法律实证主义观点。

（4）法律理论现象学。阿姆斯里克认为,法律理论现象学是实际的、科学的法学家对法律现象进行的心理学描述。他把法律理论现象学区分为两种:其一,法律技术学。它是研究制定和运用法律规范的科学。其二,法理学。即研究一般法律理论的科学。阿姆斯里克说,人类对所面临的法律现象的要求具有二重性。也就是,作为个人而存在,属于心理学要求的目标;而作为社会团体而存在,则属于社会学要求的目标。因此,法理学是分别地溶化于法律心理学和法律社会学之中的。

（二）存在主义法学

存在主义法学是建立在存在主义哲学基础上的法学流派。其基本观点是,主张从人的"自我存在"的角度上认识法律现象。

1.［德］W.迈霍费尔

1954年迈霍费尔的《法与存在》一书,侧重分析所谓自我存在的两种形式。

其一,"成为自身"。迈霍费尔说,自我存在首先是一种单一的、无比较的绝对存在。它以自己为目的和意义。对自己的命运和生活进行选择和设计。这样的自我存在就是使自己成为"自身",即成为本来面目的纯粹的自己。不过,自我又要与外部世界发生关系,同别人打交道。这种联系就是契约关系,它体现了多个自我的"自治"。迈霍费尔声称,原始人的人类国家就是由自我"自治"、成为"自身"的人们组成的"自然国家",那里的法律就是"存在的自然法"。其二,"成为角色"。自我存在还可以表现为社会的、可比较的相对形式,即"社会的存在"。在那里,自我被放到一定的身份和地位上,发展到"成为角色"。这时,每一自我均作为一种角色来显现自己。在"成为角色"的人们中,存在有两种秩序:一是"深入秩序",假定人们是处于不平等的关系。二是"平均秩序",假定人们之间的平等的关系。这两种秩序决定了两种法律正义。从"深入秩序"中产生"分配正义",按照人的不平等身份分配利益。从"平均秩序"中产生"交换正义",给人们平等的自由和权利。表现这两种正义的法律,叫作"制度的自然法"。与其相适应的国家,是"他治"国家。

2.[荷]U.霍梅斯

霍梅斯的代表作是《存在和法律》(1962)一书。他的理论的核心,在于论证存在与法律之间的"辩证关系"。书中说,法律有两个方面的矛盾性:①法律只能从个人存在的"超然性"(自由)之中、从个人存在之间的交往之中获得意义。②但是,法律又超出这种个人存在的超然性,而具有自身的客观性和普遍有效性。霍梅斯的理论体系,就是建立在这种"辩证关系"的基础之上的。按照霍梅斯的观点,法律就是个人存在与他人共存的合理而有效的模式。在其中人(存在)使自己制度化和组织化。于是,法律便决定和规定了个人与他人的存在。法律的重要性超过存在的重要性。霍梅斯认为,具有客观性和普遍有效性的法律,只是实证法律。但是,在法律之先,存在(人)就有其"先天命令"即生而自由这种超然性。存在的"先天命令"决定了法律的超实证性。在对待人的违法问题上,霍梅斯大体同意康德和黑格尔的观点,认为存在是自由的,违法也是其自由意志的表现。但实证法律的客观性和普遍有效性,则有权力惩罚他的违法行为。最后,霍梅斯还说,在法律的二重性(实证性与超然性)的矛盾中,必然产生出人的"法律原罪"。因为,实证法律代表全社会利益,而其超然性所反映的个人自由的实现一定会排斥他人的自由。所以,每个人控制自己自由的范围,服从实证法律是必要的。

3.[墨西哥]L.西奇斯

西奇斯的《人类生活、社会和法律》(1948)一书中说,人是两个世界的公民:一是时空中可经验的自然世界的公民;一是理想的、只能由自我内心感受的("直觉"的)价值世界的公民。法学理论的任务,就在于要打通这两个世界的鸿沟。西奇斯认为,法律不是一种价值,而是实现价值的规范制度。法律的最初目的,是保障个人在集体生活中的安全;最高目的是实现正义。在法学流派的倾向方面,西奇斯是自然法与法律实证主义两种观点的混合。自然法的倾向表现于,他强调保护单个人的"最高价值标准";法律实证主义倾向表现于,强调非正义的法律也是法律。

4.[德]H.柯英

在《法哲学原理》(1950)一书中,柯英说,人的存在及其尊严和自由,是先于法律的"绝对价值"。它包括各种自然权利,构成了最高的法律原则。不过,这个最高法律原则又不能完全地被制定为实证法律。就是说,为保证社会普遍福利,必须对它加以限制。这便是最高法律原则与实证法律之间的冲突。当这种冲突足以破坏最高法律原则时,要维护最高法律原则,而非实证法律。

(三)符号学法学

西方符号学法学,是符号学对法学影响的产物。其主要代表有遵从欧洲大陆符号学传统的A.J.格雷马斯的符号法律理论和C.S.皮尔士的符号学法律理论。前者主要盛行于法国;后者主要集中于美国。美国符号学法学的任务在于,从信息交流(通讯)的角度,研究法律符号系统如何在其使用者之间传递法律信息。也就是说,研究法律符号系统和法律信息的特征,法律整体(法律文本、法律话语或法律辩论等)的结构,以及法律创制者、实施者使用法律符号的行为。符号学法学根据符号信息交流的图示模式(发送者—符号—接受者)来分析法律信息交流方式。它把立法者、法官、律师及诉讼当事人,划归"发送者"和"接受者"的角色中;法典、法律语言技术术语和结构等是"编码";自然语言的习惯是"符号";法院和立法机关等是"媒介";"语境"则比较广泛,包括历史、习惯、地理等。这些要素有机地组合成为完整的法律通讯结构。

1. 格雷马斯的符号学法律理论

它的主要内容,包括以下两方面。

(1)法律结构的语义学。在法律领域内,语义指法律的意义之来源和一般性质。格雷马斯把法律话语分为两部分:其一,法律话语的组合水平。这里的"组合",指基本词语的水平结构及使用词语产生意义的语言部分的秩序。其二,范例式水平。所谓"范例式",指依据组合规则词语的运用。通过对法律话语的结构和功能的静态和动态的分析,试图发现隐藏在法律现象背后的"法律语法"。但格雷马斯更重视立法者和法官本身的行为。格雷马斯认为,立法和法官是法律符号通讯过程中的一部分,他们有自身的角色和功能。立法者是一个发送者的角色,表达着"国家意志",其行为是"说";另一方面,他又是这一通讯过程的最后接收者。立法者以法律文本的主体—客体姿态出现。他通过话语的语词行为,建立和维持一种"法律文化"。立法者在文本中不仅是一种法律力量的提供者,法律意志的设立者,而且是证明这种主体能力及维持这一角色的控制者。因此,立法者在法律文本中是一种多元角色,一种复杂的角色构造。通过立法者的"立法命名行为",使不具有司法语义的符号客体变成具有司法语义的符号客体。法律具有一种证明的再生程序,它不断地参与和实践这种证明程序。立法者的行为仅产生一个"潜在的司法世界",只有当法官适用它(司法证明行为)时,潜在的司法世界才得以现实化。这里,作为原始信息发送者的立法者,被补充的发送者法官所代替。法官在适用法律的过程中,既证实了立法话语在法律话语中的地位,又把它们从一般立法信息变成特殊的司法信息,从而与实际的社会生活相联系。

(2)法律语言的特点。格雷马斯重视法律语言的研究。他认为,法律语言是一种技术语言。它具有单一语义的特征,即一个词语仅与一种意义相联系。这与日常语义多义性存在着明显的区分。法律语言另一特征是自治性。这种自治地构成的法律语言,通过一种法律制度的参与和一定的程序,符号客体进入法律词典。在法律词典内,法律语言是一个独立的整体,代表法律意义的整体世界。不过,法律语言的自治性并不排除它与日常语言之间的联系。二者的关系可归纳为:第一,特殊的语言有其特定的语言结构和句法特征。但它们和日常语言有相同的基础(同样的语音和一般的词汇、语形、词法)。没有此种基础,同一自然语言内的法律工作者和非法律工作者就不可能互相理解。第二,法官在法律解释过程中使用日常语言的意义。这对判例法的发展和成文法的解释都适用。这说明法律体系依赖于日常的语言的语义结构。

2.皮尔士的符号学法律理论

（1）皮尔士认为，法律表示一种符号通讯过程，一种由符号和符号系统方式进行的信息交换。法律作为一种符号的论辩，是日常语言的原型。法律体系的整体性观念（涵法律文本和法律实施的通讯过程），是作为一个辩证思想的发展模式在起作用。在同经济及其他体系的关系中，法律整体是立体性社会价值交换的原型。符号的每一种解释就产生一种新的、更加复杂的符号，使先前的符号添加新的涵义。与上述观点相一致，皮尔士认为，没有什么理想的法律体系，只有相互竞争和冲突的法学体系的网络，法律不是封闭的，法典也不可能一劳永逸。皮尔士提供一种推理的辩证模式，代替三段论式的封闭思维模式。它表明，即使一个判决在案件中确定下来，也不绝对排除其他选择的存在。

（2）研究方法及其发展。

皮尔士的符号学方法论同思辨的修辞学具有同等的涵义。它要解释这样一个过程：一种思想或判断符号如何从其他符号中产生出来，判断如何发展，新的知识如何演化。与三段论式的形式逻辑不同，皮尔士提出了对思想发展的事实解释和通过话语程序增加原有意义的事实解释的问题。他说，存在着一种系统的、直接的思考模式，它允许依据话语程序增加和解释新的信息，也允许通讯者采取话语中的不同方向。这样，就不仅需要证明的逻辑，而且需要"发现的逻辑"。

四、数量法学

（一）行为主义法学

行为主义法学，是由一般行为科学，经过行为主义政治学的媒介，到70年代才形成的。它的研究对象是人的法律行为，重点是官方的立法行为，尤其审判行为。行为主义法学的主要内容，表现为以下几种理论。

1.结构功能主义的法律社会控制论

行为主义法学把美国T.帕森斯等人的结构功能主义社会学理论移入法学领域，来构造自己的模型论，主要是"法律社会控制模型"和"法律纠纷模型"。"法律社会控制模型"论认为，法律社会控制的效果，取决于个人间的"相互期待行为"的"顺应"程度，如假定1表示社会平衡或法律秩序的正常状态，K_1，K_2，K_3…分别表示社会的经济、政治、道德等结构（每一领域的法律行为顺应性）在平衡状态中所占的比例，其公式表是：

$$1 = K_1 + K_2 + K_3 + \cdots + K_n$$

即 $1 = \sum_{x=1}^{n} K_1$

其次，为保证相互期待行为的顺应，又进一步设定解决法律纠纷的"法律必要功能"概念，建立"法律纠纷模型"。具体说，当某种结构发生功能不足时，社会便陷于不平衡,造成法律秩序的紊乱。这就需要向该结构中注入必要的功能(设为 C),令 $\sum_{x=1}^{n}(K_1+C_1)=1$ 使社会重新平衡和法律秩序复归正常。

2."自动探测仪"的审判过程论

行为主义法学认为"审判预测的可能性,要依靠控制审判的方法来提高"。这就是所谓"自动探测仪"的方法。即,把审判中不可能表现直接观察到的法官心理活动,理论地"在数量上表现法官预测的现象",变成电子计算机的活动过程。人们向这架"自动探测仪"输入有关案件的法律规定(规范)、事实及不确定的信息(杂音),然后从那里获得法律决定(裁判)。进而,再从输入—输出数量处理的模型中,确定解决各类案件的典型方案。比如,可以把国家的刑法典编成总程序存放到计算机电脑里,平时陆续储存各种案例的数据;日后碰到某个具体案件时,把它的各种数据(有关的刑法规定、证据事实及其他)汇集一起,编成具体程序输入计算机,就会得出被告人是否具备犯罪构成,犯什么罪,处以什么刑罚的结论,以便法官参照。

3.G. 舒伯特的司法政策制定论

通过审判实现的法律社会控制,是连续的、有指导的活动。因此,由国家出面经常适应形势调整司法政策是必要的。美国舒伯特提出的图表模型,是行为主义法学关于司法政策制定理论的一个简括。

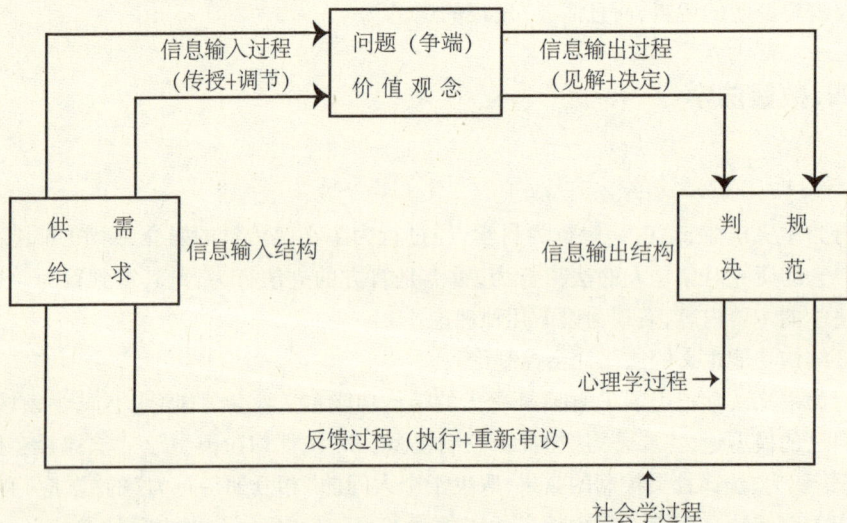

对该图表,作者作了如下的说明:①该模型描述三个规定的结构相互间的功能关系,所以是整体的。②输入结构。其内容是司法人员对有关案件的客观事实供给所进行的选择需求。它作为传授和调节的信息,而进入输入过程。③转换结构。它是司法人员借助自己的价值观念,认识案件中的问题或争端之所在,这作为一种见解和决定的信息,而进入输出过程。④输出结构。这是司法人员借助法律规范而作出判决,至此案件审理便告结束。⑤反馈过程。即,在判决的执行和案件的重审中,还要验证判决的正确性,甚至验证法律规范的正确性。⑥结论。一项司法政策及相应法律规范的维持或废止、修改、订立,正是以这个模型对许许多多案件的处理所提供的资料为基础的。顾名思义,这一模型论正是为了解决国家当局确定和调整司法政策问题,亦即在更高程度上,更广范围内,以及更深入地去实现法律社会控制的任务。因此,它具有更为宏观的意义。

(二)纯粹法社会学

纯粹法社会学是美国年轻的行为主义法学家 D. 布莱克所倡导的。布莱克最初是耶鲁大学社会学系教授,1982 年转入哈佛大学任教授,现任该校刑事司法研究中心主任。其主要著作有《法社会学的范围》(1972)、《法的行为》(1976),以及近年的《司法社会学》。《法的行为》一书系统阐述了他自命的纯粹法社会学,亦即其独具特色的关于法行为的数量分析学说。布莱克认为,法是政府的社会控制,是一个国家及其公民的规范生活,如立法、诉讼和判决。换句话说,法就是国家和公民的法行为。法行为本身,既有数量,又有类型。法行为的数量,指法行为的有无和多少。法行为有四种类型:惩罚性行为,赔偿性行为,治疗性行为,调解性行为。惩罚性行为和赔偿性行为二者,属于控告型的法行为;治疗性行为和调解性行为二者,属于补救型的法行为。法行为的数量和类型,都是不断变化的。

布莱克把社会分为分层、形态、文化、组织、社会控制五个方面。分层,是社会生活的垂直方面,或者说生存条件的各种不平等的分配。形态,是社会生活的水平方面,或者说人们相互之间关系的配置,包括他们的劳动分工、结合程度和亲密程度。文化,是社会生活的符号方面,例如宗教、装饰、民间传说。组织,是社会制度的组合方面,或集体行动的能力。社会控制,是社会的规范方面,或者说对越轨行为的规定和反应,例如禁止、起诉和赔偿。法行为的数量和类型,随着这五个方面的变化而变化。布莱克法行为理论中心内容,正是要阐述这种变化。概括起来,布莱克的基本结论,有这样几点:①每个社会的法行为的数量都是不相同的。一个社会分层越多,分工交换越发达,文化越繁荣,组织程度越发展、越复杂、越多样化,那么其他社会控制就越薄弱,法行为就越多。②一个社会内部,法行为的分布也是不平衡的。富裕的人,处于社会生活中心的人,有文化教养的人,守传统的人,组织起来的人,有名望的人,他们之间的法行为较多。相反,贫穷的人,处于社会生活边缘的人,欠文化教养的人,反传统的人,无组织的人,没名望的人,他们的法行为较少。也就是说,上等阶层比下等阶层有较多的法行为;等级越高,法行为越多,等级越低,法行为越少。③针对下等阶层的法行为比针对上等阶层的法行为要多,而且要严重。每种法行为,不管是控告、逮捕、公诉、诉讼、判决、赔偿,还是惩罚,都更可能是针对下层的,下等阶层冒犯上等阶层的越轨行为,往往被小题大做;而上等阶层侵害下等阶层的行为,却往往是大事化小、小事化了。④针对下等阶层的法行为,等级越低,法行为就越多,越严重;针对上等阶层的法行为,等级越高,法行为就越少、越轻微。下等阶层人对上等阶层人的犯罪或侵权的严重性,随着二者之间等级差距的增加而加重;而上等阶层人对下等阶层人的犯罪或侵权,则随着二者等级差距的增加而减轻。布莱克通过自己独到的研究,取得了一些合理的、有意义的法学成果。首先,他表达了法运行的某些具体的规律。如指出,随着私有财产、商品生产、社会关系的复杂化以及相应的文化的发展,法也成正比的发展;法的数量同社会其他调整手段成比例,等等。其次,布莱克以大量素材揭示,法总是倾向于有产者、统治者以及社会中处于种种优越地位的人,这一结论,有利于加深人们认识文明社会特别是资本主义社会的法的内在倾向性。再次,布莱克所总结的法运行的某些共同规律和经验(教训),对于社会主义法制建设亦有借鉴意义。例如,他指出法容易偏向亲近的人、上层人、城市人、男性、大民族等的利益,这就提醒人们必须非常自觉地反对各种形式的特权,真正坚持法律面前人人平等原则。最后,布莱克所发挥的法数量分析方法,如能经过辩证地改造,确不失为一种重要的法学方法。至于说到布莱克理论的局限性,恰在于他的"纯粹"性,即把数量分析绝对化。

五、当前美国正在流行的法学流派

(一)批判法学

批判法学(Critical Legal Studies,CLS),又称批判法学研究运动。它来源于60年代末产生于美国耶鲁大学法学院某些学生和年轻教师中的一股思潮。到70年代后期、80年代初期,已形成为有相当实力的法学流派。该学派的代表人物是邓肯·肯尼迪、莫顿·哈维茨、罗伯特·昂格尔等人。

1. 论驳

美国批判法学差不多是全盘否定西方现行的法学理论的基本观点的。他们认为,过去繁杂纷纭的法学理论尽管名称不同,但均可用两种法学世界观加以概括。①客观主义的法学世界观,即认为法律是一定社会结构的产物,或者说它是社会历史发展的反映。这种法学世界观在于,先把社会定型化,然后再去求证法律制度和法律规范是怎样服务于每个社会发展阶段的职能要求。因而,它是一种固定或僵化的法律观。②形式主义的法学世界观,即认为法律仅为一套规则体系;或者说,法律是自主和中立的,不带有政治偏见。根据批判法学派的综合,西方尤其美国传统的涉及当前的法学理论的基本观点有如下几个方面。进而,他们一一地予以论驳。

驳1:法律反映全社会的意志,是社会冲突的预防者和调停人。批判法学指出:法律不是全社会意志的反映,而是统治者集团特殊意志的体现;不是社会冲突的预防和调停人,而是实现非正义统治的工具。由于社会中不同利益集团的存在,才导致不同愿望和利益的冲突。社会的现实是,国家通过法律限制一部分社会成员的愿望和利益。在美国历史上,诸如保护奴隶制的法律,强迫印第安人搬迁的法律,控制黑人的法律等,无不表现统治阶级设置法律只是为了组织自己,瓦解对方,以实现本身的政治经济目的。现代美国法律正是如此。例如,法律允许资本的"罢工"(拒绝在某一领域进行投资),却限制工人的罢工;法律允许资本家对劳工组织的控制;法律保护雇主随意裁员,使工人没有工作保障,等等。

驳2:法律是社会历史发展的反映,是一定社会结构的产物。批判法学指出:社会生活和历史发展进程是不确定的,至少是不以任何固定的进化途径为转移的。法律不由社会结构所决定,并非社会发展过程的客观反映。通常的情况是,相似的社会条件产生相反的法律效果。由此可知,某一具体法律的产生不取决于社会必然性,而取决于政治上的偶然性。

驳3:法律是一个规范系统,旨在对有关社会行为的所有问题进行回答。批判法学指出:法律是不确定的,它从来都不能对有关社会行为的问题给予确切的答复。法律仅仅虽是一种程式和符号,由于人们的利益不同,经历不同而赋予它不同的涵义。

驳4:法律是专家们据以作出答复的一种推理形式;它是纯技术的,超脱于政治之外。批判法学指出:并不存在什么自主和中立的法律推理模式。法律规范及其实践是冲突着的社会集团间的斗争的产物,目的是占有财富、权力、知识、地位、武力和组织能力。严格地讲,法律就是政治。批判法学派通过对美国现行法律制度的无情批判,指责它不过是统治阶级为达到自己的目的所使用的工具。在美国并不存在正当性的政治,由于其法律的不确定性,只能造成法官的任性和专横。他们的结论是,美国当前的法律已经腐朽,任何为它辩护的法学理论都终将遭到失败。他们呼吁,应当重新建立一套政治和法律制度。美国批判法学派在国内受到的主要批评,是说只有批判,而没有建设。这确实是有道理的。尽管罗伯特·昂格尔在他的新作《批判法学研究运动》一书作了建设的尝试,但仍然是零散的,始终没有提出一套有说服力的新理论模式和改革方案。

2.思想渊源

批判法学的正式渊源,目前尚难说得十分清楚。根据国内外法理学界的诸多看法,至少有下述几个方面。

从其发源和成长的背景及其政治情绪上看,批判法学受中国"无产阶级文化大革命"运动的影响较大,并且是直接跟着这场运动而兴起的。

西方马克思主义对传统马克思主义的"改造了的"观点,也大量为批判法学所吸收和运用。

至于美国批判法学中的表现政治和法律虚无主义的因素,则明显的是小资产阶级无政府主义倾向。

批判法学还把西方现代哲学中的结构主义和符号学理论当作一种工具。

更多的学者指出,批判法学同美国实在主义法学有紧密的联系。这两个学派的共同点是:其一,它们都持有一种法律怀疑论和反法律形式主义的法学世界观。其二,它们都试图破除法律的神秘色彩,而力图在"行动"中揭示法律的真谛。其三,它们都带着非历史主义和唯心史观的浓重成分,不承认经济基础对法律的决定性作用以及法律发展的历史规律。

当然,批判法学又与美国实在主义法学有很大的差异。就是说,批判法学是一种新理论,二者主要不同点是:其一,批判法学不像美国实在主义法学那样对法律推理与政治加以区别,而认为法律等于政治。其二,批判法学偏重法理,而美国实在主义法学偏重判例。其三,批判法学对美国现行法律制度基本取否定态度,而美国实在主义法学顶多是取怀疑态度。

(二)经济分析法学

20世纪60年代,美国一些法学家和经济学家G.克莱布里斯、R.库斯、J.伯克等开始把经济学理论方法引入法学研究领域。他们借助经济学的理论和术语来分析、描述和概括法律的现象和问题。最初用"法和经济学"表示这股新思潮,强调法律与经济的内在联系,研究反垄断法、税法等明显地调整经济关系的法律制度和规范。随着理论体系的完善、研究方法的成熟,又进一步将它扩及整个法律领域,形成"经济法理学""法律经济学",亦即经济分析法学。R.A.波斯纳是经济分析集大成者,这位大学教授和法官的主要著作有《法律的经济分析》《反托拉斯法》《司法经济学》《联邦法院:危机和改革》。《法律的经济分析》几乎成为经济分析法学派的经典著作。它以1972年初版后,不断地加印和修订,遍布西方世界。书中,波斯纳总结经济分析法学的历史,概述它的基本假定和方法,系统阐述各个部门法律的经济原理和经济逻辑,强调任何法律现象都以经济关系为基础,一切法律规范都有经济根源。结论是,所有的法律问题归根结底都是经济问题。由于波斯纳的这本书出版时正担任芝加哥大学法学院教授,故而经济分析法学派又称"芝加哥学派"。按照波斯纳的归纳,经济分析法学的主要论点如下。

1.法律的目的

经济分析法学的核心思想在于,全部法律的规范、制度、活动,最终均以有效地利用自然资源,最大限度地增加社会财富为目的,从而效益(efficiency)便成为立法、司法的唯一宗旨。经济分析法学主张把经济学引入法学领域,主要是三个基本规律。其一,市场经济学的供求律。即价值幅度和商品数量之间的反比关系。其二,福利经济学的最大利益律。即在可选择的机会中,人们总是选择对自己最有利的。其三,在可能的情况下,商品交换总是趋向于实现最大价值。它认为,这些规律要作为观点和方法,指导法律制度和活动的改造,朝着实现最佳的经济效益目标迈进。

2.普通法和制定法的比较

经济分析法学指出,普通法(判例法)和制定法在同经济的关系方面之重要区别是,前者维护动态的经济利益,后者维护静态的经济利益。换言之,普通法根据经济的逻辑而形成,制定法根据单纯所有权而形成;普通法侧重经济效益,制定法侧重财富的分配。这主要是因为:其一,普通法是在19世纪美国物质资源极为贫乏时期形成的,因而效益就成为普通法各部门的活动中心;而即使在大萧条时期产生的制定法(如铁路法),也仅涉及财富的分配。其二,普通法领域的许多问题,是从经济效益出发的本能反映,而制定法调整的那些领域,则更多是出于非经济的考虑。其三,普通法领域由法官创造法律,便于把握动态的经济情况;而制定法则在其制定的过程中,就已受到政治影响。因而法官只能依照死的法律规定办案。

3.对传统的道德和价值观念的挑战

对于经济分析法学而言,传统意义上的公平、正义等概念和原则,理所当然地都要加以改变。一切法律都要为高效益地利用资源和产生高效益的经济结果服务。特别是要给予大工业高效益发展所需要的一切权利,保证其始终处于优势地位,使之获得更大的利润,创造更多的财富。的确,这样做是会助长贫富的悬殊差别,但就最终结果而言,却可以使穷人间接地得到好处。如贫困线的提高,就业机会的增长等。所以,这种违背传统道德和价值观念的办法,恰恰是在更高层次上实现了公平和正义。

该学派进一步强调,具体法律关系中的当事人是否得到公平的判决,是无关紧要的。例如,只要对社会有效益,法官完全可以或应当支持一种违约行为(当然要给受害人适当补偿)。波斯纳说:"我一直在努力发展一种超过传统功利主义的道德观,并且我认为,判断(法律)行为和制度是否合乎正义或是否是好的,在于它们是否有助于增加财富。这种观念把功利、自由甚至平等之间的相互调节,看作是相互对抗的道德原则。"①

4.法律概念的必备属性

经济分析法学认为,法律实证主义给出的法律概念过于抽象,至少还需要明确法律的以下特性:其一,法律的可行性。从经济观点看,法律的基本功能是通过改变人们的动机而改变他们的行为。这就决定了,法律的有效性在于它的可行性。其二,法律的公开性。它必须为人们所知晓。其三,在内容上,法律要确立一种能够刺激人们利益动机的经济机制,并借助给予更大个人利益的方法,使人们的行为纳入规范的轨道。其四,法律必须有一个与自身目的相适应的、合理的结构。这也就是使法律规范的假定,处理、制裁的要素,都紧紧地为增加社会财富服务。

5.法律规范的种类

在这个问题上,克莱布里斯的理论最具代表性。他从对权利的保护方法的角度出发,认为法律规范应分三类:

(1)财产规范。这是从静态保护所有权主体的财产权利的法律规范。按照这类规范,所有人有权禁止任何人减少其财产的经济价值的行为。只有当所有人自愿地与他人进行交换或者放弃自己的权利时,才能例外。

(2)责任规范。这是以最大社会经济效益标准,实行强行性的财产权利转让的规

① 《法律的经济分析》,1977年英文版,第158页。

范。它允许那些较之所有权人更高地估价其财产权利的人,在交易成本太高的情况下,可以不经过交易而侵犯所有权人的财产权利;但事后有责任以等于或稍大于对方损害的价值,进行补偿。责任规范取代财产规范的目的,在于鼓励加害人比受害人创造和提供更高的经济效益。

(3)不可剥夺规范。这指保护人民的生命、自由和人格的规范。这些利的转让,即使本人同意也无效。因为,任何有理性的人都不会赞成把这些权利作为交易的客体。所以,坚持这个原则绝不会给社会效益带来任何损失。

6. 守法的根据

经济分析法学认为,人在本性上是自我利益的维护者,追求享乐和满足。一个人如能在社会管理者规定的条件下,从事法律要求的行为,不从事法律禁止的行为,那么他将会获得更大的个人利益和满足。在大多数情况下,他会按照法律去做。法律作为社会管理的一种有效工具,就是通过改变人们的动机而把他们的行为纳入规范之中,使法律成为防患未然的力量,避免和减少社会所不期待的行为发生。

7. 在部门法律中应用的例证

(1)刑法。罪犯是经济交易人。他的服刑是向社会还债,而刑罚则是社会向罪犯索取的赔偿。预防、减少犯罪的有效方法就是加重刑罚,提高犯罪行为的价格(交易成本),使具有犯罪倾向的人把自己的活动转移到其他交易方面去。

(2)损害赔偿(侵权法)。损害赔偿的意义有两方面。其一,损害事件虽已过去,但为防止和减少以后类似情况的发生,并不使经济损失加给受害人,仍需要加害人赔偿。否则就是对当事人的鼓励。其二,更重要的是提醒社会防止和减少此类事故,避免对整个社会造成经济效益上的损害。

(3)所有权法。X的生产成果被Y拿走,法院要保护X的权利。因为,不这样做,就没有人去生产了,这表明法律保护财产权具有根本的经济职能,即刺激人们有效地利用资源,增值社会财富。

(4)专利权法和著作权法。看起来,对这两种权利的保护,有时似乎不是那么合理,甚至不利于社会生产的发展。但是,它有利于刺激发明创造,从而能大幅度地促进经济效益的提高。

(5)合同法。它是为了高效能地实现对资源的利用,减少商品和资源流转过程中的损失。这主要体现在对违约者的处罚条款。这种条款会让双方当事人知道商品流转过程的复杂性,签订合同时要考虑到失败的可能性和相互间的责任。这就会减少社会财富的损失。此外,处罚条款还有补救的意义。

总之,尽管各部门法律代表的经济要求的方式不同,但目的和方法都是相同或者相似的。

六、西方马克思主义法学

西方马克思主义法学,泛指西方(包括追随西方的国家)那些以自己独特的对马克思主义的理解,来分析和研究法现象的思潮。它是西方马克思主义或新马克思主义体系的组成部分。严格说来,西方马克思主义法学尚远未形成一套体系,许多观点因人而异,甚至相互对立的说法也比比皆是。

在西方马克思主义法学中,确实有些是符合马克思主义法律观的,个别看法也不妨说是对马克思主义法学的发展。不过,就其中的一些学者的倾向而言,是非马克思主义的。在政治上,它以激进的姿态批评现存资本主义法律制度,但大致说来其最终目标不是要推翻它,而是要改良它。

西方马克思主义的形成过程是很长的。一般认为,1904 年奥地利的卡尔·伦纳出版的《私法制度及其社会功能》一书,是试图较系统地探讨马克思主义法律理论的最早尝试。它从全体人民赋予法以强制性的所谓"社会化的人类"基本观点出发,解释法现象。十月革命后,苏俄的 P. 斯图契卡、E. B. 巴舒坎尼斯等人的某些主张,也被认为是西方马克思主义法学的渊源。意大利共产党领导人安东尼奥·葛兰西坚持法律既是阶级统治工具,又是普遍教育手段的"法律二元功能论",以及法兰克福学派 O. 柯切恩海姆、J. 哈伯马斯、结构主义马克思主义者 L. S. 阿尔杜塞等人,也先后为西方马克思主义法学提供了重要内容。60 年代末,中国的"无产阶级文化大革命"的极"左"思潮,在西欧、美国和日本的青年知识分子尤其大学生中造成很大影响。1968 年法国的"五月风景"最为突出。这场风波所形成的"新左派"思潮,有力地推动西方马克思主义法学的发展。类似的思潮,在美国还产生了批判法学。迄止目前,西方马克思主义法学方兴未艾,其著作正大量涌现。如:在美国有 M. 哈维茨的《美国的法律改造》,M. 图什内特的《美国奴隶制法律》,R. 奎林等人的《犯罪的社会现实》,P. 贝尔尼主编的《马克思主义和法》;在英国,有 M. 凯恩的《马克思和恩格斯论法》,A. 韩特的《法律上的社会运动》《马克思恩格斯论法》,C. 萨姆纳的《阅读意识形态:对马克思主义法律和意识形态的探讨》,Z. 班克夫斯基的《法律的意向》,D. 萨格曼编《法律、意识形态和国家》,H. 柯林斯的《马克思主义和法》,I. 泰勒的《批判犯罪学》;在澳大利亚,有 K. 杰恩的《法律与经济》;在法国,定居于此的希腊人 N. 普兰查斯作为当代结构主义马克思主义法学家,著作颇多,如《政治权利和社会阶级》《法西斯主义和独裁——第三国际和法西斯主义问题》《当代资本主义中的阶级》《独裁的危机》《国家、权力和社会主义》等。

西方马克思主义法学的主要观点,可概括为以下几方面。

(一)法的阶级性和相对自主性

西方马克思主义法学并不是简单地否定法的阶级性观点。但是,它认为把法的阶级统治工具论加以绝对化是不正确的;特别是随着现代西方国家的中立的、非政治性面目的强化,法开始越来越多地体现人民的意志和利益。这种观点在萨格曼那里叫作"法律的多元化"。他说,他要强调的是 20 世纪资本主义国家和法的多元化的重要性。就是说,法律不仅仅为国家内的某阶级服务,同时也保护被统治阶级一部分利益。此外,萨格曼还把法律体系的不同部分加以分割,认为犯罪法体现国家镇压功能,所以有阶级性,而民法则完全不同。

查理·格瑞对法阶级性问题又有自己的说法。格瑞承认西方国家法律的资产阶级本质,即体现资产阶级利益。但又说,法律对被统治阶级利益也加以兼顾。同理,法律要实施国家的镇压职能,但又限制国家的这种职能。格瑞还提出这样一种主张,即资产法律形式往往能有效地破坏被统治阶级的政治利益。这是由于:①资产阶级法律形式贯穿个人权利本位原则,它所处理的问题都具有特定性,因而使被统治者无法从整体上提出相反的问题,无法组织起来。②资产阶级法律形式中对正义、民主、自由、平等之类的适合资本主义发展的概念,均有明确的规定,而且又有法治和法律程序的保证。在此情况下法律以中立姿态出现,保护每个人的权利免受国家的侵害为标榜。因而,被统治者就很难为反对资产阶级的法律找出论证的理由。

西方马克思主义法学关于如何对待资产阶级法律的态度问题上,认为改良主义和暴力否定两种办法均不可取,但却没有指出应当怎样做。

国家和法的相对自主性,是西方马克思主义法学所关注的又一重要问题。对此普兰查斯的论述最为系统。按他的观点,这种相对自主性是指在阶级斗争中国家对统治阶级的关系。他说:"国家对政治上的统治阶级或派别的相对自主性是资本主义形态中各个环节相对自主性的反映。"①在现代社会中,资产阶级并不直接控制国家,国家以社会代表身份出现,从自己的法律政策干预经济。因此,一个马克思主义者在承认经济基础对国家和法的决定作用时,也要承认国家和法的相对自主性。就是说,为维护资产阶级的统治地位,国家既需要对统治阶级进行干预,也需要借助这种干预赢得被统治阶级的支持。普兰查斯的论述是富有启发性的,但他的阶级观点仍然是模糊的,令人难以把握。

(二)法与经济、法与意识形态

西方马克思主义法学反对把法仅仅看成经济的产物,称这种观点为"简单的经济主义"。但是,如何全面地看待法与经济的关系,则说法又出现分歧。

凯恩和韩特认为,重要的在于了解法律在经济发展和转变过程中的效用和影响。他说,法律是资本主义生产方式的产生和发展的"先决条件"之一。它为扫除封建关系、剥夺小农从而创造大批的劳动力,也为资本主义关系提供一种契约框架。② 不过,

---

① 《政治权力和社会阶级》,伦敦 1975 年版,第 251 页。
② 《马克思和恩格斯论法》,伦敦 1979 年版,第 64 页。

另外一些人如杰恩则觉得"先决条件"论有取代或否定经济决定论的嫌疑。他主张要把法律和经济分开研究;只是在必要的时候才考虑法律与经济联系,找到它们之间某些"特殊的联结点"①。显而易见,上述每种说法都回避了马克思主义经济基础和上层建筑相互关系的学说。

至于法与意识形态的关系,可以说是西方马克思主义法学第一位关心的问题。这个学派认为,法律是最为复杂的意识形态。它一般地反映统治阶级的资产阶级意识;也反映资产阶级内部各种有差别的意识,以及反映其他阶级的意识;进而,反映商业团体、少数派团体,反映有关家庭结构、道德、环境、政治等方面的意识。当然,与其他意识形态相比法律在这方面有不同的特点,就是说,由于社会的各不同部分的权力大小有别,决定了法律的反映必然有偏颇。它主要反映统治阶级以及他们政治和文化上的代表者的意识。韩特说,法律是意识形态统治的重要工具,资产阶级借助法律而在不知不觉中把自己的意识形态灌输到人民群众里面去。② 柯林斯也说:"法律制度是占统治地位的意识形态的最重要的承办商,不仅法官充当着占统治地位的意识形态的传声筒,而且全部法律学说也运用法律修辞表达诸如私有制已渗入每个公民价值之中的概念。"③

(三)对马克思主义法学体系的认识

西方马克思主义法学的倡导者们所持的比较一致的看法是,马克思、恩格斯著作的重点不是法律问题,也没有法律的专门著作。但又不能因此而断定马克思主义没有法律理论。实际上,马克思、恩格斯有关法律的许多重要问题提出了经典的论述。其缺点是"没有系统性""过于片面"。柯林斯在《马克思主义和法》一书中指出:"人们常谈根本不存在一个马克思主义法律理论,这种议论听起来非常奇怪。因为,作为社会进化的一般理论,马克思主义对法律之类的重要制度作出评价是理所当然的。"但是,"马克思主义的创始人从未建立起系统的法律理论体系","直到现在马克思主义法理学仍然非常贫乏"④。

萨姆纳在《阅读意识形态》一书中,一面肯定马克思和恩格斯对法律作了重要论述,另一面也认为他们没有关于法律问题的专门论述。特别是长期以来对马克思主义思想的研究的"经济主义化"倾向,否定经济以外因素对法的决定影响,否定统治阶级以外的其他阶级在维护法律中的作用,以及把法律的功能视为创造生产关系进而创造生产力的机器。所以,他认为"马克思主义法学理论应得到发展",回到"真正的"马克思主义法律理论上来。⑤ 其实,萨姆纳认定的"真正的"马克思主义,同样是需要打折扣的。

---

① 《法律与经济》,伦敦 1982 年版,第 18—21 页。
② 萨姆纳:《阅读意识形态》,伦敦 1979 年版,第 264 页。
③ 《马克思主义和法》,牛津大学出版社 1982 年版,第 90 页。
④ 同上书,第 9—10 页。
⑤ 《阅读意识形态》,第 247 页。

丙、当代西方法律思想发展趋势

法律思想是法律文化乃至整个人类文明的一个组成部分。因此,它必然同文明和法律文化一起向前运行。根据历史的经验,法律思想运行的轨道呈现这样两个特点:其一,它总是追随社会生产方式以及与此适应的政治法律的变化而变化;其二,它总是受到既存的法律思想的制约,并与之保持长期的、程度不同的联系。在我们预测当代西方法律思想发展趋势的时候,决不能忽视这两者所包含的启迪性。

一、三大法学主流派之间又区别又靠拢的局面将继续下去

自然法学、分析实证主义法学、社会学法学这三大法学,是西方长期间法律思想史的结晶。在今天即在科学文化空前繁荣兴旺的时代,它们之所以仍能生存并不同程度地得到发展,根本上是由于它们都能够从某个角度上揭示了法的真理,并长期地对西方国家法律制度的建设具有指导意义。举例说,当前西方世界方兴未艾的人权运动和人权立法的发展,就离不开古老而又常新的自然法关于理性、理想、正义、自由、平等之类的观念。再如,法学作为一种特殊的规范科学,就不可能没有对规范的分析研究。尤其在大陆法系和英美法系日趋接近的情况下,不论是制定法的创立和适用,还是判例法的形成和遵循,都需要采纳分析主义法学所提供的成果。最后,至于说到作为垄断资本主义时代经济和政治直接产物的社会学法学,其重要性更是显而易见的。不说别的,仅就突破传统的公法和私法之分的社会法之出现而言,已足以看出社会学法学的巨大功绩了。

当代科学的特性之一,是要求把握世界的整体,从而要求各门学科的开放及其相互联结。这种思维方式对于三大法学主流派也是适用的,既然它们都是有关法的学说,并且又都包括一定的合理成分,那么,对于它们的"综合"或者"兼容"便是情理之中的事情。所以,使三大法学主流派日趋靠拢的形势,必然会长期地持续下去。

不过,正像我们在二战后的半个世纪当中已经看到的那样,三大法学主流派的相互靠拢的趋向,并不完全排除它们各自的相对独立地位。换言之,每一流派之所以仍能保持自己稳固的存在,是因为有其现实的根据。借用西方流行的术语来表达就是,法律思想的这种多元性,同其多元性的环境相一致。这种多元性环境至少包括这样一些因素:①资产阶级内部的利益多元性。就是说,这个阶级的不同阶层、集团及不同的政治派别的利益要求总是有分歧的。从而它们所期望的法律制度和相应的法律思想也就不能没有差别。比如说,在同一个时期内,资产阶级的社会本位主义派可能倡导社会学法学,个人本位主义派可能倡导自然法学,而自由主义派可能倡导分析主义法学,等等。②认识的多元性。法学是揭示法现象的规律和真理的科学。如同在任何科

学领域一样,不论在什么时候都会存在着不同的见解。更何况三大法学主流派都由于各自已包含的正确成分而为自己赢得存在的根据。③方法论的多元性。对于一种理论体系而言,它的认识论和方法论是一致的。正像当代西方大多数法学家共识的,三大法学主流派的区别,同时是三种不同的法学方法论的区别,即理性的方法(自然法学)、法律规范的实证分析方法(分析主义法学)和社会学的方法(社会学法学)的区别。由上可知,把三大法学主流派的相互靠拢解释为很快要合成一体,是不正确的。

二、各种学科对法学的渗透会进一步地加强

法的存在不是一种孤立的现象,而是广泛地关涉到社会生活各领域的现象。法所调整的范围愈加宽阔,就愈加精密。因此,除了法学家以外,其他领域的学者也有越来越多的人对法现象的思考和研究感兴趣。西方长期以来尤其现代以来的历史经验证明,没有来自多个不同学科的支持和充实,法学也就不会获得新的生命力,就不能跟上时代的步伐。

按照比较一致的看法,当代的法学结构主要包括如下几个部分:①理论法学。又分为法学学、法哲学、法理学、法社会学、法史学和比较法学。②应用法学。大体上指对各部门法规范的制定和运用方面的科学,分为立法学(法政策学)和法适用学(法解释学)。③法律技术科学。如,刑事侦查学、物证技术学、法医学、司法精神病学、司法统计学、司法会计学、法律逻辑学等。法律技术类的诸学科是法学同其他学科结合的产物。这点显而易见,自不待言。即使理论法学和应用法学两类学科中,也多有相似的情况。比如,法哲学是法学与哲学的交叉,法社会学是法学与社会学的交叉,法史学是法学与历史学的交叉,法政策学是法学与政策科学的交叉,法美学是法学与美学的交叉,等等。

法学的学科如此,法学的思潮也是如此。首先以三大法学主流派而言,自然法学突出地体现理性法和实证法的哲学二元论及伦理学观点;分析主义法学主要是主权主义政治学、实证主义哲学和逻辑主义的产物,表现为法律的实证主义;社会学法学直接以实证主义社会学为理论基础。其次,作为三大法学主流派衍生物的各种法学思潮的情况,似乎更为明显。例如,现象学法学受现象学哲学的影响;存在主义法学受存在主义哲学的影响;经济分析法学受经济学的影响;综合法学、多元论法学、多元价值判断逻辑法学受多元主义政治学的影响;西方马克思主义法学受西方马克思主义的影响;行为主义法学受行为科学的影响;符号学法学受符号学的影响;纯粹法社会学受社会学、行为科学和科学主义的影响;以及我们前面未言及的人类学法学受文化人类学的影响;程序法学受程序科学的影响等。这里所说的"影响"指大致情况。假若进行更深入细致的分析,那么问题就可以讲得更清楚一些。随便地举比利时的 C. 佩雷尔曼的学说为例,我们把它称为多元价值判断逻辑法学,而佩雷尔曼本人则强调它是"新修辞学的法学"。在这一学说里,除了上面提到的多元主义政治学的影响之外,还充满并不亚

于自然法学的伦理说教,以及浓厚的逻辑学和修辞学的色彩。

迄今为止,我们所说的各种学科对法学进行渗透的状况还在继续加强,因此,有理由预计,这是当代西方法律思潮发展的又一重要趋向。

三、新科学技术成果的影响与日俱增

二战以来,人类进入了科学技术空前地长足发展的新时代,新的理论和技术成果越来越强烈地影响人们的生活,也影响着人们的头脑。于是我们看到法律思潮和法律科学不仅接受哲学和其他社会科学部门的巨大影响,同时也接受自然科学尤其是科学技术新成果的影响。这种影响既包括理论观点方面的,也包括方法论方面的;既包括直接的,也包括间接的。在所有的新科技成果中,对法律思潮和法学影响最大的是信息论、控制论、系统论的"三论"。除此而外,还相继引入诸如定量分析、模型论、数学模拟、模糊数学、行为科学、计算机管理等方法。需要特别一提的,是行为科学对法律思潮的影响。战后,行为科学首先是在政治学中造成一场大变革,产生了行为主义政治学。继而,以行为主义政治学为媒介,才产生行为主义法学。它以美国为发端,一经产生便成为70年代至80年代前期的最有势力的法律思潮,席卷西方(包括日本)的法学阵地。在行为主义法学的这段鼎盛时期,同时就是各种自然科学和技术及其理论与方法奔流般地涌进法学大闸门的时期。可以说,法学领域的行为主义运动,为法学同自然科学的结合奠定牢固的基础。

当代科学技术对法律思潮和法律科学的积极推动作用,也表现在它给法学带来一系列的新课题。1974年美国的隐私法制定以后,立即就受到高新技术的挑战。各种电话应答机的偷录装置,摄像监视仪器的暗中扫描,电脑对个人详细档案资料的搜集和储存,都突破该法律关于隐私权界限的规定。1991年亚拉巴马、加利福尼亚等六州司法部长,正是鉴于此种情况,而对TRW信用公司提起诉讼,认为它侵犯消费者的隐私权。这几年,西方法学界包括各部门法学界极大地加强了对新科学技术革命与法学相互关系的课题的研究,有关的学术讨论会频繁地举行。例如,宪法学界讨论过电信通讯新手段与广播自由的保护,计算机的广泛应用与公民和生活的保护,医学新技术带来的人工生育、器官移植、脑死亡、安乐死、借腹生子、试管婴儿甚至克隆人等新问题。再如环境科学的崛起以及与此紧密相关的"可持续发展"理论,直接创造了环境法部门;这也肯定要推动各派法学家们的新思维。当代新科学技术革命给法学所带来的问题,一开始仅有个别的性质,并没有引起多大的重视。但是到目前,它差不多已扩及一切法学部门,而且其程度日益深入,确实达到了相当尖锐与迫切的地步。不难想象,在20世纪的最后几年和21世纪伊始,此种情况必有更激剧的发展。现在,我们只能断言,法学领域遇到的这些新问题决不限于事实方面,还一定会给理论思维方面的创新开辟道路。

四、越来越重视社会的现实需要

社会现实中最根本的是经济因素。它是一切法律类型的出发点和归宿。所以,我们看到,资本主义社会发展的每一阶段,都有表现着该时代经济特征的法律思潮。在19世纪,有以维护个人利益为特征的功利主义法学。在20世纪上半期,以所谓社会功利主义为内容的社会学法学勃然兴起;此间,即使意大利法西斯主义和德国纳粹主义(国家社会主义)的法律思潮,也呼喊要解决种族的或人民的集体生存权。在20世纪后半期,情况又有新发展。大体说,可以70年代中期为界划分两个阶段:前一阶段的经济法律思潮的基调是福利主义;后一阶段的经济法律思潮的基调是效能主义。如同1983年美国《法律教育杂志》举行的"经济学在法律教育中的地位"研讨中指出的,效能分析的立法代表了西方法学发展的新希望。这股新潮流就是上面讲过的70年代以来经济分析法学运动。它的兴起的主要原因,一是各发达资本主义国家的福利政策碰壁,使社会经济发展的资金越来越不足;二是发达国家间的经济竞争和各国社会矛盾的强化,以及亚洲的崛起和挑战。当前世界的主流是和平和发展,这就决定了西方世界的效能主义的经济法律思潮必将有更大的发展。这种有效推动经济发展的动机,形成一股强大的"经济全球化"的大趋势。

从政治上看,随着苏联和东欧一批社会主义国家的瓦解,结束了东西方间长期的冷战局面。在这种形势下,跟着就涌现出一大堆新问题。如,美国、日本、欧洲共同体的对峙中产生的"商战"日趋尖锐;前几年,欧共体内部围绕1991年12月中旬在荷兰签署的《马斯特里赫特条约》而高涨起来的新欧洲联邦主义,前苏联国家里爆发的激烈的民族主义,以及整个西方世界近期流行的多元民主论、社会民主主义、人权运动等等。这些问题与思潮,正在要求法学上的答案。这几年来,由于西方法学家们不得不把其观点转向现实的重大变化,因而对法学自身的可操作性开始倍加关注。例如,从1990年以来,德国法学家们着重探讨国家统一后的宪法和法制的连续性,德国统一中的权利保护,德国统一与欧洲联合,以及欧洲共同体国家的宪法关系。在法国,还专门研究了东欧的变化与宪法及人权与自然法、社会民主主义权利和欧洲共同体法制等问题。海湾战争爆发以来,日本法学家普遍重视对"联合国和平活动法"的思考,激烈地争论自卫队派往国外的问题。对于英国而言,随着1993年欧洲统一市场的形成,其不成文宪法体制的不适应性问题也迫切要求理论上的解决。西方世界正孕育一种新的法律思潮。尽管我们尚难以预知其详,但作为一种趋向并且是大趋向则是绝无疑义的。

2001年草稿,2004年修改稿。

论西方自然法的几个基本问题

在西方,自然法观念绵延两千多年,几乎贯穿于法律发展的各个时期。在社会大变革特别是革命时期,自然法总是作为一面旗帜,主导着西方社会法律发展的大方向。梅因说过:"如果自然法没有古代世界中一种普遍的信念,这就很难说思想的历史,因此也就是人类的历史,究竟会朝哪个方向发展了。"①

作为西方政治文化中的核心观念之一,自然法概念在不同的时期内涵虽然有别,形式也不断变化,但自然法的思想传统及政治意识形态却独具魅力,根深蒂固,经久不衰。从总体上说,它是一种积极的力量,推动着西方民主和法律制度的完善,促进社会的进步。

一、西方自然法的历史变迁

无论是在西方哲学史,还是在伦理学史、政治学史和法理学史上,自然法都占据了十分重要的地位,两千多年来一直为哲学家、法学家研究的重要课题。它历经古希腊罗马时期的自然主义的自然法、中世纪的神学主义自然法、近代理性主义自然法及现代社会自由主义自然法几个阶段。尽管不同的时期,自然法在形式上被人们或称为"正义",或"道德",或"神意",或"理性",或"人性",但它们在对道德思考和对价值的追求上却存在共同的因素。他们都承认法是自然(不以人的主观意志为转移)的东西,人们必须服从它;至善至美的自然法是衡量一切人定法是非善恶的标准;自然法不过是作为人性的理性或称自然理性的体现。

(一)古代自然主义自然法

古希腊自然法的萌芽时期可追溯到荷马时代。当时由于科学不发达,人们习惯从朴素的直观出发看待自然现象,认为城邦及其立法、道德、风俗习惯及奴隶制度都和江河湖海、山川草木一样自然生成。任何人都不能违背,强调"与自然相一致的生活"。我们将这种自然法称为自然主义的自然法。自然主义的自然法指的是一种能被人的理性所发现却不能被人的意志所改变的客观自然秩序。在古希腊思想家看来,万事万物都是有规则秩序的,不仅自然界存在着规则,社会之间、民族之间、个人之间的关系也都是它们先前已经确立的整合秩序,这个整合秩序或者叫做"自然法",或者叫做"理

---

① [英]梅因:《古代法》,沈景一译,商务印书馆1996年版,第43页。

性"①。他们认为,正义是对这种秩序的根本服从,幸福就是过正义的生活。人是以自然的一个有机组成部分的身份而进行自我反思的,追求的是自然的同一,而不是人作为独立于自然的主体对个人的主观权利要求。这种观念在社会政治生活中的集中表现,就是希腊人顽强的"城邦主义"观念。即,城邦(国家)及其伦理、道德,特别是法律具有神圣性,绝对不得违背。如,赫拉克利特把法律看作是"神的法则"的体现。智者学派反复强调"与自然相一致的生活",包括与城邦一致的生活。苏格拉底宁愿死在狱中也不肯逃走,为的是要恪守法律。柏拉图说:"我们认为应该有办法仿效'黄金时代'的生活,如同传说的那样,在家庭和国家方面,都要服从我们内心的那种永恒的质素,它就是理性的命令,我们称之为法律。"②特别是亚里士多德,更直截了当地提出人天生是"城邦动物",只有神和牲畜才不属于城邦,不归属于法律的管辖。斯多葛学派建构了较明确的自然法学说。该学派第一次将自然、法律和人的平等相联系,并认为来自人类自然的理性就是自然法。自然法是一切法律的来源,是判断法律好坏的唯一标准。罗素对斯多葛学说曾给予高度评价:斯多葛学派的伦理观、知识观、自然法和自然权利说在西方的影响深远,"像16、17、18世纪所出现的那种天赋人权的学说也是斯多葛学派的复活,尽管有着许多重要的修正"③。

罗马时代,适应多民族现实及商品经济发展的需要,客观上要求不断强化自然法的实证性,国家立法较为发达,这一点虽与古希腊不同,但罗马人的自然法观念并未改变,罗马法学家都是自然法的信奉者,至少到今天还未找到一份历史资料能证实哪位是拒绝自然法的。罗马法学家将法分为自然法、市民法和万民法,认为不管是万民法,还是市民法,都应反映自然法的要求。自然法便是正义,包括分配正义和平均正义。自然法是最根本的法,市民法应以自然法为根据。万民法在一般情况下,应与自然法相一致。西塞罗将自然法观念系统化为古代自然法的最佳文本。他认为,自然法是一种"与自然保持和谐的真正理性","是上帝的权力和命令的表达"④。在西塞罗的理论中,自然法这一称谓本身所蕴涵的客观性与古希腊人所赋予正义的属性相吻合,自然法是普遍适用、永恒不变的。国家与个人的最高行动准则均在自然法当中。一切人类社会的立法都必须服从自然法。"真正的法是符合自然的理性。它永恒不变,并具有永恒的适用性……即使是元老院、公民会议的决定也不能摆脱它所设定的义务。这个法,不管是在罗马或雅典,不管是现在或将来,都没有什么不同,对一切国家和一切时代都具有不变的效力。"⑤西塞罗的正义观是以善为出发点的,"公正的首要功能是使

① 张文显:《二十世纪西方法哲学思潮研究》,法律出版社1996年版,第40页。
② 西方法律思想史编写组:《西方法律思想史资料选编》,北京大学出版社1983年版,第23页。
③ [英]罗素:《西方哲学史》上卷,何兆武、李约瑟译,商务印书馆1963年版,第340页。
④ Carlyle. R. W. &Carlyle. A. J,*A History of Medieval Political Theory in the West*,6vols,Edinburg & London,W. Blackwoodand Sons,1903—1936,Volume One. p5 - 6.
⑤ [古罗马]西塞罗:《国家篇》,转引自 E. Bodenheimer,*Jurisprudence*,Harvard University Press,1974,p13.

一个人不做伤害他人的事情,除非是为了邪恶所激怒。"①真正的法律来源于推动人类以善为标准而行动的本能,而这种本能是不能用法律文字来表述的,只能由理性的人去感知。他曾讲道:"最高的法律是万事存在的,发生于成文法未制定、国家未成立之前。"②在这里,"最高的法律"指自然法,"成文法"即指人定法。他认为,那些本非来源于自然法的法律也许具有自然法的形式特征,但决不具有自然法的真正特征。人民和国王可以制定法律,但除非这些法律来源于自然法这一终极性的法律,否则,他们是不具有真正法律性质的。卡莱尔指出:"对西塞罗来说,自然法理论是社会正义的一种形式,是整个人类社会结构赖以建立的基础。"③

(二) 中世纪神学主义自然法

神学主义自然法经历了两个发展阶段:第一阶段的代表人物是圣·奥古斯丁。他将斯多葛派、西塞罗的自然法理论加以神学主义的发挥。他认为,神法是最高的理性、永恒的真理。神的理性、神的意志就是一种秩序。他说:"你(天主)的法律即是真理。"④这里的神法,指的是整个生物界的自然习惯、自然规律,是万物的秩序,是人服从上帝的那种永恒的法律。自然法则是"神法在人的意识中的表现而已",从而自然法就降格为第二等级的法。人法是神法的派生物,服从神法是人的义务。奥古斯丁从"原罪说"的观念出发,认为自然法和人法实际上都是人向上帝赎罪的法。第二阶段的代表人物是托马斯·阿奎那。他的自然法学说融合了奥古斯丁的神学主义法律思想和亚里士多德的自然主义自然法思想,是神学自然法学说的集大成者。他将法分为永恒法、自然法、人定法和神法,自然法是从神意出发并以神意为归宿。他认为,"自然法是理性动物对永恒法的参与",将自然法说成是上帝与人之间表现人与自然(包括社会化了的自然)关系的那部分永恒法,自然法已不再是最高的法。这一点是与奥古斯丁殊途同归的。值得注意的是,阿奎那主张君主权力要受法律的约束,指出:"就法律的支配能力来说,一个君主的自愿服从法律,是与规定相符合的。"⑤"无论何人,如为他人制定法律,应将同一法律应用于自己身上。我们根据先哲的意见了解到,你应当使自己受你所颁布的同一法律的支配。""按照上帝的判断,一个君主不能不受法律的指导力量的约束,应当自愿地、毫不勉强地满足法律的要求。"⑥此时,阿奎那理论多少受到亚里士多德理论的影响,受文艺复兴的启发,增加了世俗主义色彩。他曾明确指出,在自然法的这种规定之中,保全人的生命、维护人的各种本能、维持社会秩序这三大基本要

---

① [古罗马]西塞罗:《西塞罗三论——老年·友谊·责任》,徐爽春译,商务印书馆1998年版,第3页。

② 西方法律思想史编写组:《西方法律思想史》,北京大学出版社1983年版,第59页。

③ Carlyle. R. W. &Carlyle. A. J, *A History of Medieval Political Theory in the West*, 6vols, Edinburg&London, W. Blackwood and Sons, 1903—1936, Volume One. p6.

④ [古罗马]圣·奥古斯丁:《忏悔录》,周士良译,商务印书馆1981年版,第40页。

⑤ [意]托马斯·阿奎那:《阿奎那政治著作选》,马清槐译,商务印书馆1982年版,第122—123页。

⑥ 同上书,第123页。

素,是与自然的倾向和上帝的意愿相一致的。这一点同把人看作自然的奴隶的古希腊自然法理论和把人看作上帝的奴隶的奥古斯丁的自然法理论相比,是一大进步。人开始有了一定的独立性。

（三）近代理性主义自然法（古典自然法）

中世纪后期,随着文艺复兴、宗教改革及商品经济的发展,出现了一种与中世纪神学世界观对立的法学世界观,称为古典自然法学说。与中世纪的经院主义的自然法不同,古典自然法具有以下显著的特征:第一,古典自然法完成了将神学逐出法学领域的思想飞跃。在中世纪,以阿奎那为代表的神学政治论者强调维护"上帝创造"的社会秩序,其基本特征就是以上帝为中心来构建国家权力体系,维护封建的专制制度。而古典自然法学家则认为,自然法直接从人的共同本性中推导而来,并不依赖于神学。这种观念的提出,完全从人的理性出发来构建政治理论体系,推翻了神学政治论赖以存在的哲学基础,从此,"代替教条和神权的是人权,代替教会的是国家"①。第二,中世纪经院哲学家认为自然法的范围仅限于少数几项抽象的首要原则。而古典自然法学家则认为可以直接由人的理性推导出具体而详细的规则体系,认为理性的力量普适于所有的人、所有的国家和所有的时代,而且在对人类社会进行理性分析的基础上能够建构起一个完整且令人满意的法律体系。

启蒙思想家们一般采用自然状态、天赋人权、自然法、契约论的观点来说明人类社会的原始状况。他们从人的"自然理性"说出发,特别强调人的天赋权利或自然法的权利,强调国家和世俗法律（人定法）来自社会契约——平等的、具有自然理性的个人之间的相互协议。他们提出了民主、自由、博爱、权利等观念以及国家的产生等问题,从而在此基础上提出"人人在法律面前平等"的原则。霍布斯、斯宾诺莎、洛克、孟德斯鸠、卢梭等启蒙思想家都高举自然法和自然权利的旗帜,积极进行资产阶级革命斗争。古典自然法学说以"理性"为基点,是在排除朴素直观的自然主义及蒙昧的神学主义基础上发展起来的。他们认为法现象不是根植于纯自然或神,而是根植于人本身的理性意识。正如格劳秀斯所言:"自然法之原理,无不本身就是昭然若揭的,几乎跟我们用五官去知觉的事物一样明显。"②人之所以能够认识和运用自然法,就在于人有理性。将自然法视为理性的建构,意味着自然法是绝对有效的、不证自明的,即使上帝也不能改变。洛克更是坚定的自然法论者。他强调自然法是理性法,是不成文的,除在人们的意识之外无处可找。③

古典自然法倡导理性主义、分权学说及社会契约理论,成为革命的理论武器。从权利意义上理解自然法,这种精神是同整个时代的精神是相一致的。法律面前人人平

① 《马克思恩格斯全集》第21卷,人民出版社1965年版,第546页。
② ［荷］格劳秀斯:《战争与和平法》第1卷,商务印书馆1958年,第39页。
③ ［英］洛克:《政府论》下篇,叶启芳、瞿菊农译,商务印书馆1996年版,第84页。

等、契约自由等自然法原则,在古典自然法学者看来是每个公民的权利,是神圣不可剥夺的。所有这些原则既是法的原则,又是道德的原则,是人与人和谐相处所必需的。古典自然法学说在历史上起过巨大的启迪人类的作用。不仅促进了资产阶级民主和法治的建立,而且成为美国的《独立宣言》、法国的《人权宣言》及《法国民法典》等法律宣言书和基本法典的理论基础,甚至成为近代资本主义的许多法律原则的源泉。对此,意大利学者登特列夫评价道:如果没有自然法,恐怕不会有美国或法国的大革命,而且自由与平等的伟大理想,恐怕也无理由进入人们的心灵,再从而进入法律的典籍。可以说,古典自然法学说是西方自然法思潮发展的顶峰。

（四）现代社会自由主义自然法

现代自然法出现于 19 世纪末 20 世纪初。由于它是在自然法的"复兴"口号下进行的,因而又被称为复兴自然法。与古典自然法学宣扬的个人主义、自由主义的所谓"个人本位"不同,现代自然法逐渐趋向"社会本位",但又保留个人主义和自由主义的基础,故曰社会自由主义。现代自然法学说虽然分为神学和非神学（世俗）两大类,其各个代表人物的思想风格和具体论述也差异很大,但是,他们在维护自然法观念的崇高地位和绝对权威上却是大体一致的。例如,现代自然法的最大代表人物、法国的马里旦从本体论的要素,即由物的本性所产生的必然性出发,认为自然法的本质就是来源于不变的人性,是人的本质要求的规则化,因而自然法肯定是万古不易、必须服从的。他还将人权学说与自然法观念紧密联系起来,坚持认为自然法观念正是人权学说的哲学基础,正是实在法甚至国际法的精髓,是其中经久不衰、永世生效的部分。当代世俗自然法理论大家,也是如此。富勒提倡道德的自然法论。他严格区分法的"外在道德"和"内在道德",明确指出:法的外在道德即"实体自然法",指法的实质目的或理想,如人类交往和合作应当遵循的基本原则、抽象的正义等。法律的内在道德（程序自然法）不能解决法律是否正义的问题,而法律的外在道德是与正义原则一致的,法律不能独立于其实质目的——正义原则而存在。罗尔斯提倡正义的自然法论。他虽然没有直接应用自然法一词,但他的正义论被西方学者推崇为 20 世纪法哲学、政治哲学、道德哲学和社会哲学的"最伟大的成就",其社会正义原则作为一种实体正义的价值标准,不仅仅在于论证和说明现行社会、政治、法律制度,更重要的是以此作为对现行各种制度进行评价和批判的基本标准,实际上赋予了"正义原则"以类似自然法观念那样的崇高地位和绝对权威性。德沃金提倡权利的自然法论。他则始终坚持将自己的理论体系严格建构在其著名的权利论的基础上,用合乎正义的个人权利来衡量法律的成败得失,使权利成为其理论的核心概念,从而使其理论成为西方传统的自然法观念,特别是近代西方资产阶级革命时期盛行的自然法观念所极力倡导的权利观念的当代版本。

二、现代自然法的主要特征

（一）在绝对自然法与相对自然法的对比中，以相对自然法为主

传统自然法包括自然主义自然法、神学主义自然法、理性主义自然法，大都主张自然法在时间上、空间上的不变和永恒。即"永远如此，到处如此"，具有先验性和绝对性。如古典自然法学家试图从某个绝对原则演绎出所有的法律规则和法律制度，基本上属于绝对自然法。19 世纪末 20 世纪初，现代自然法的复兴，开始由绝对转向相对。德国新康德主义法学派的领袖什坦姆列尔提出"内容可变的自然法"，便开了相对自然法之先河。现代自然法以相对自然法为主，认为自然法是可以容纳不同观点的普遍形式，其内容是可变的，可以是正义、平等、自由、效率，也可以是知识、财富、避苦求乐的功利。① 相对自然法学者或者公开声明自然法的可变性，或事实上把自然法看作可变性的东西。前联邦德国法学家 H. 印古斯哈将相对自然法概括为"'现在，在这里的'自然法"。"现在"，讲的是时间性；"在这里"，讲的是空间性。这两个方面的限定性，同传统自然法强调时间与空间的绝对不变是不同的，具有明显的向社会法学派和分析实证主义法学家靠近的倾向。马里旦的社会自然法理论和比利时的达班的分析自然法理论就是这种倾向的标志。"近几十年来，自然法学家与实证主义法学家开始缓和彼此之间的对立状态。较之过去，每方都表现出更愿意接受由另一方提出的某些学说的修正形式。"②

（二）在形式自然法与实体自然法的对比中，以实体自然法为主

古典自然法以自由、平等、民主等作为自己的宗旨，尤其强调自然法实证化的唯一途径就是通过理性人之间的协议，因而契约形式成为合法性的基本根据。不仅政治关系如此，民事关系亦复如此。所以，这种自然法大体上属于形式自然法。正如韦伯曾讲道的："自然法的原则可以分成若干类。我们仅研究与经济秩序密切相关的原则。使实在法具有合法性的自然法可以与形式或实体的条件相联系。当然，两者并非泾渭分明，因为不可能存在纯形式的自然法，这种自然法将成为空洞无物的东西。不过，区别还是比较明显的。第一种是在 17—18 世纪，因上述已提到的因素影响下产生的，以'契约理论'的形式表现，尤其是这一理论中的个人性。所有的法律都来自于制定，而

---

① 严格来讲，相对自然法萌芽于中世纪神学自然法。如，奥古斯丁说，上帝在不同的城邦和城邦的不同时期，可制定不同的法律。继而是阿奎那，他将自然法放在永恒法之下，看成是神法与人法的桥梁。认为随着时间的推移，神法和人法都有可能甚至有必要对自然法加以补充。如私有制、奴隶制度不是自然法规定的，不符合原始基督教的教义。但是社会的发展证明对世界有好处，所以就不能将其看成违背自然法，而是人的理性确认的、对自然法的有益补充。

② ［美］哈罗德·J. 伯尔曼：《论实证法、自然法及历史法三个法理学派的一体化趋势》，《法学译丛》1989 年第 5 期，第 12 页。

制定则依赖于理性的协议。"①他认为,这种协议有两种属性:一是其真实属性,是实在发生的,来源于自由个人之间的契约;二是其理想属性,"法律的合法性在于它的内容与自由协议形成的理性秩序观念相一致"②。韦伯进而指出,17—18世纪的古典自然法的本质是"自由"或称"契约自由"。"自然"和"理性"是合法的实体性标准。这种自愿的理性契约成为自然法结构最普遍的形式原则。在自然法的观点看来,"作为'自然法',属于具有一般约束力的规则,'连上帝也不能改变之',任何法律秩序也不可与之相抵触。比如,只有一种货币符合'事务的本性',即通过商品的自由交换获取的货币。15世纪的有些狂热者认为,根据自然法,国家应该分解,否则,纸币'人为'创设的非法性将玷污了合法的法律稳定性。"③

现代自然法虽然在形式上仍然主张正义、道德、人权,但不再像19世纪以前那样侧重强调形式意义上的自然法,而是更加注重自然法的实质正义即实体自然法,由形式逐渐转向实体。韦伯认为,"这种自然法的形式主义因各种原因而被削弱了。首先,为了确立与现实秩序相关的制度,自然法不得不接受并非来源于契约自由的权利之合法性,特别是继承取得。人们千方百计地将继承取得建立在自然法的基础上。"④那么是什么原因导致形式自然法转向实体自然法呢?韦伯认为,"首先是与靠劳动取得财富的社会主义理论分不开。对于这种理论,反对的意见不仅列举了通过继承途径或受保障的垄断方法取得的财产,而且还提到了契约自由的形式原则与人们对通过契约取得的权利之合法性的普遍承认。根据这种理论,所有物品的取得必须以它们是否通过劳动取得来作实体性的衡量。"⑤即只要为社会承认的现实权利和权力就是合法的。凡是社会存在的合理的关系,都被认为合乎自然法则,如遗产、继承等。总之,原则上,一旦某项取得权利同实质性的经济内容相结合,而不是同纯粹的形式(协议)相结合,形式的自然法便要转变为实质自然法。这种转变的背景,是同现代以来西方社会本位逐步代替个人本位,19世纪的绝对所有权、绝对契约自由和绝对过错责任原则的削弱是相一致的。

(三)在神学自然法与世俗自然法的对比中,神学自然法与世俗自然法的力量互相消长,最后使世俗自然法越来越占主导地位

自然法的复兴运动有两个时期。第一个时期是19世纪末20世纪初,世俗自然法虽占有优势地位,但其力量微弱,影响不大。第二个时期为第二次世界大战后,由于空前的战争灾难强化了人们对神的信仰,因而促成神学自然法倾向明显地占据主导地位,且力量强大,以马里旦为最大的代表。与此同时,世俗的概念法学,尤其是德国的

---

① [德]马克斯·韦伯:《论经济与社会中的法律》,张乃根译,中国大百科全书出版社1998年版,第289页。
② 同上。
③ 同上书,第290页。
④ 同上。
⑤ 同上书,第291页。

实证主义法学,在群众中逐渐失去信仰,"恶法亦法"被称为"纳粹的帮凶"而遭到唾弃。

20世纪60年代末以来,因越南战争、贫富两极分化、失业率增长、种族矛盾的激化等,造成越来越大的社会问题。面对这种情况,空洞的宗教信仰已不能解决问题,促使人们必须从现实中寻找解决办法。于是,世俗自然法又猛烈地崛起,并造成巨大的影响。这就使世俗自然法跃居主导地位。

(四)在个人本位的自然法与社会本位的自然法的对比中,以社会本位的自然法为主

与17、18世纪反映个人本位与个体自由主义相比,现代自然法学家虽然承继了此前的自由主义精神,但更多地强调个人受社会整体的干预,有明显的社会整体倾向。这种倾向的出现是与垄断资本主义政治、经济、意识形态的发展趋势相符合的。如,富勒强调的道德就是利他主义的,强调义务,有社会本位倾向;罗尔斯则强调社会整体利益,强调给弱者群体以特殊照顾;德沃金、马里旦的人权也是讲要从整体理解法律,吸收一些社会学理论;法国的惹尼认为,必须根据当时的社会需要和社会关系来适用法律;德国的布伦纳曾指出,人和共同体的相互关系是不平等的,个人永远服从共同体;奥地利的麦斯纳讲,自然道德法只能在社会和民族关系的范围内得到承认。至于西方普遍奉行的"福利国家"政策,更是建立在国家对社会的直接干涉的基础之上的。

(五)在本体论自然法与方法论自然法的对比中,以方法论意义上的自然法为主

美国学者约翰逊曾指出,当我们运用自然法这个术语时,指的是一种方法,我们运用它以判断个人伦理或实在法的原则应该是什么。自然法的哲学家们渴望在理性和人类本性的基础上,而不是依靠神启或先知的灵感做出这样的判断。这样定义的自然法是一个比任何特定的自然法理论都更为广泛的范畴。一个人可以相信自然法的存在而不同意亚里士多德或阿奎那等自然法的倡导者的特定的体系。我正在描述的是一种思想方式,而不是特定的理论。①

任何一种意识形态(包括自然法论)都是本体论与方法论的统一。但是,在古代自然法、中世纪自然法和古典自然法中,都突出了本体论(自然主义、神学主义、理性主义)的方面,而忽略方法论方面。现代以来,由于社会生活的复杂化和疾速的变化性,使法学家们必然更多地考虑自然法的具体的运用,即考虑现实中的自然法是什么及应当怎么做,而非自然法渊源于什么,或者说侧重点必然是方法问题而不是本体问题。可以认为,早在什坦姆列尔提出"内容可变的自然法"的命题中,已含有自然法理论的方法论的意思,即已经把自然法当作解决现实问题的工具了。不过,更自觉地强调自然法的方法论的人,当属马里旦。他明确地将自然法分为本体论和认识论两个方面,而认识论中主要阐发方法论,最引人注目的是对人权的种种分类。此后,我们看到,美

---

① [美]约翰逊:《对自然法的某些思考》,《法学译丛》1998年第6期,第20页。

国先后出现的道德自然法、正义自然法和人权自然法,实际上主要是方法论上的差别。

方法论的自然法比本体论的自然法更具有时代精神。

(六)世界主义趋势加强

古典自然法学虽然将自然法说成是没有国界的人类共同规则,但他们同时又是坚定的国家主权论者。而复兴自然法学过于强调自然法的全人类性,鼓吹世界主义,具有排斥国家主权的倾向。马里旦便是强烈地反对国家主权的世界主义者。他认为,通过人们的共同实践,有可能达成有着不同意识形态的人们所共同接受的人权内容和行动的实践原则,建立"世界政府"。他曾在联合国教科文组织的有关会议上宣传人权,呼吁人们在对立的文化和信仰中发现人权的共同主张。美国的一家大杂志的主笔卢斯说过:"在现实条件下,法学家最重要的任务是传播这一原理:我们所据以生活的各种法律……是奠定在宇宙法的基础之上的。"当然,世界主义也是整个现代西方法学的一种普遍性的倾向。例如,凯尔森提出"国际法优先国内法";狄骥倡导"国际法的主体不是国家,而是各国的公民";等等。在当代西方,随着经济全球化带来法律全球化,以及各种国家共同体特别是欧盟的发展,世界主义思潮有不断扩大的趋势。尽管如此,也不能导致对国家主权的否定。

三、自然法为什么会产生在古希腊

希腊人强烈的自然哲学、自然观念对自然法观念产生很大影响。古希腊的哲学家一般都认为,哲学源于神话,而神话又是人与自然的关系中产生的,所以古希腊的哲学是自然哲学。这种自然哲学思想在政治法律领域中的表现,就是倡导自然主义的自然法,强调"与自然相一致的和谐生活"。由于古希腊具备以当时最为发达的哲学为核心的科学,所以在那里,相应地率先诞生了最早的法哲学或法学思想。正如美国学者博登海默所指出的那样:"我们之所以从阐述希腊人而非某个其他民族的法律理论入手来考察法律哲学的演化过程,完全是因为古希腊的先哲对自然现象和社会现象有着非凡的哲学洞察力。"①但我们认为,"非凡的洞察力"并不是西方自然法的本源,这种本源应当从更深层次的客观的社会历史条件中去寻找。

(一)历史原因

西方自然法观念的产生是同西方各民族特别是古希腊民族所自发经历的原始社会尤其是原始氏族制度的特殊情况不可分的。恩格斯曾讲道:"雅典人国家的发生乃是一般国家形成的一种非常典型的例子,因为一方面它产生的方式非常单纯,并没有外来的或内部的暴力行为的任何干涉——庇士特拉托(Pisistratus)的夺取政权,因其存

---

① [美]E.博登海默:《法理学——法律哲学与法律方法》,邓正来译,中国政法大学出版社1999年版,第3页。

在很短,并未留下任何痕迹——另一方面,在这里,极发展的国家形态,民主共和国,是直接从氏族社会中发生的;最后,因为我们是充分地知道这一国家形成的一切主要详情的。"①希腊国家是在既无内部又无外部的压力下,完全是随生产力、经济关系自发的发展产生的。希腊半岛上的每个城邦的成员都确信,本城邦是从远古的共同始祖一代代地繁衍而形成的。事实也正是这样。每个城邦都是在确定的氏族组织的基础上演变过来。原始时期的习俗和制度直接转化为人民主权和法治,甚至像雅典那样的民主共和国。这真正是很"自然"的。因此,直到进入奴隶社会时,仍认为国家和法律本源于自然的进化,所以应当将国家和法律看成大自然一部分或在大自然的延长线上加以把握。城邦通行的伦理道德、风俗习惯、对神灵的信仰乃至奴隶制度,也不例外。自然界至高无上、神圣不可侵犯,作为自然界的一部分的城邦法律也是至高无上的。因而,在希腊人看来,在大自然(包括城邦和法律)面前,人是无能为力的。② 正是从这种直观的、朴素的意识中,产生出自然法即自然主义的自然法观念。

(二) 地理原因

希腊有独特的地理条件,临接爱琴海与地中海,除农业之外,还有渔盐之利,商业、航海业和手工业发达。地中海地理环境优越,气候温和,有水域、平原、山丘,自然现象很成比例。高山、平原、爱琴海,适合于人的生存发展,人们认为和自然很和谐,这就使人们自然而然地产生对大自然的景仰。这是造成希腊人与自然和谐的直接原因。希腊人总是强调要与自然相一致的生活。虽然他们对这个世界怎么会形成这样壮丽精巧的原因,尚无法作答,但却为宇宙间的一切事物的精致纤巧、井然有序所折服。希腊特殊的地理环境,使他们无须组成一个大一统的民族国家。他们组成一个个城邦,他们的政治基础是民主的,当然是自由人的民主。虽也有过所谓僭主政治,有过斯巴达那样特殊类型的尚武的集权国家,但从未建成同时代埃及、波斯那样的绝对专制主义国家。而且,古希腊早期的海上迁徙也是促成公平、自然法律观的原因之一。离开旧庙宇和坟墓意味着摆脱了神和宗法血缘的控制。没有这种控制的生活是流动的、自由的。人们之间更容易形成理性而平等的关系。韦伯指出:"除了'市场'和贵族定居城市外,还有两种重要的现象:一方面是后来控制整个生活的'竞技比赛'……其次是:尽管有对神的敬畏,同诸神的关系根本没有约束力……英雄社会这种对神的不敬,只能产生于流浪迁徙特别是海上流浪迁徙的结果,产生于他们不必与旧庙宇生活在一起,不必生活在坟墓旁。"③即使他们为自己塑造了诸如雅典娜那样的神以及最高之神宙斯与欧罗巴恋爱的故事,也和中国的严肃而令人敬畏甚至狰狞恐怖的神不同;这些神是充分人性化的,使人感到可爱可亲和愉悦景仰的形象。

---

① 恩格斯:《家庭、私有制及国家的起源》,人民出版社1954年版,第114页。
② 参见吕世伦:《法理的积淀与变迁》,法律出版社2001年版,第349页。
③ [德]马克斯·韦伯:《经济与社会》下卷,林荣远译,商务印书馆1998年版,第636—637页。

古代中国,也强调过天人合一,但它是作为一种理想和追求提出的,不是一种现实关系。中国的"法自然"与西方"自然法"显然不同。雅典自然法首先表现为城邦主义,确信"人天然是城邦的动物",将城邦法律奉为神圣,这是古希腊普遍承认的自然主义的城邦观念。当时几乎所有的思想家都主张必须要"和自然相一致的生活",都承认法是自然的东西,人们必须服从它。西塞罗在追溯希腊的历史时曾指出,"法律最初是从自然产生的;接着,被断定为又有的标准就相因成习地确定下来;最后,尊敬和神圣又对这一从自然产生的并为习惯所确定的东西加以认可。"这就是希腊人和后来罗马人的自然哲学进而是自然主义自然法精神的一大表现。

(三)经济原因

古希腊原始国家的经济起点是最高的。它独特的地理环境使其在公元前两千多年便开始了频繁的海上贸易和海外掠夺,"大海挟着人类超越了那些思想和行动的有限的圈子。……这种超越土地限制、渡过大海的活动是亚细亚洲各国所没有的。"①公元前7世纪,当流之于小亚细亚的希腊文明回到本土,这时的氏族血缘关系已近彻底瓦解,在较发达的商品经济的推动下,民主政治得以发展,正义观念兴盛。考察世界古代史可知,雅典文明制度形成是建立在生产力发展水平较高基础上的。希腊时代有些东西,竟出现惊人地"现代化"。历史学家修昔底德斯在《伯罗奔尼撒战争史》中指出,由欧洲人带到中国乃至全世界的一套国际关系的惯例——条约、使节、宣战、媾和、战争赔款等鸦片战争前中国人不知道的东西,已盛行于当时的希腊世界。这一套国际间的法权关系,只能产生于航海、商业的民族。古希腊航海业及海外贸易的发达,促进了商品经济的发展。恩格斯对古希腊社会的发展评价道:"由于农业和手工业、商业和航海业之间的分工和进一步发展,氏族、胞族和部落的成员……的杂居"以及对氏族制度机关的扰乱,才有一系列改革。也正是"……日益发达的货币经济,就像腐蚀的酸类一样,渗入农村公社的以自然经济为基础的传统生活方式。氏族制度同货币经济绝对不能相容","氏族制度走到了尽头"②。希腊人使用铁器,始于原始公社末期,雅典时期生产工具达到同期世界各民族的最高水平。希腊的精神文化业绩,也是相当发达的。"雅典卫城"堪称是艺术杰作。生产力的发达,使人的主体精神得以发展。人对自然改造能力更强,自然赐给人们的更多,必然建立人们对自然界的亲近感。

(四)社会原因

古希腊是城邦社会。城邦既是一种政治制度,又是一种社会结构。在那里,国、家概念是独立的。国是政治法律概念,家则是民事概念。这就意味着国家不是个人的,而是大家的。因此,国家(城邦)的职能就在于维护联合体的利益,公平、平等地对待联合体的每个人。法律是联合体共同利益的最高体现,法律成为人们公认的公平、平等

---

① 参见黑格尔:《历史哲学》,王造时译,上海书店出版社1999年版。
② 《马克思恩格斯选集》第4卷,人民出版社1972年版,第109—110页。

的权威。而且,古希腊的简单商品经济使得血缘关系解体,人们已经以财产划分政治社会关系。因而,人们的社会关系依据的是公平、合理、等价有偿等商品经济运行规则。这一切都不是人为的,而是自然地发生的。

四、西方的自然法观念何以历经几千年而不衰

德国法史学家祁克曾指出,"不朽的自然法精神永远不可能被熄灭。如果它被拒绝进入实体法的机体,它就会像一个幽灵飘荡在房间的周围,并威胁要变成一个吸血鬼去吸吮法律机体的血液。"①自然法之所以在西方长盛不衰,至少可以从以下几个方面来分析。

(一)古希腊、罗马以来的民主和法治传统具有连续性

在西方法学理论的发展历史上,民主、法治理论一脉相承并延续至今,这是由于它们一开始就建立在自然法的基础上,后来也是以自然法为支撑的。民主与法治是人类先进的政治文明,而先进的文明总是会被后人所珍贵而不会轻易抛弃的。西欧民主渊源于希腊尤其是雅典民主共和国。古希腊国家实行主权在民和直接民主制度:"凡享有政治权利的多数公民决议,无论在寡头、贵族或平民政体中,总是最后的裁判具有最高的权威。"②"城邦既然是'轮番为治'的公民团体,城邦当然高于它的每一个个别公民,也高于它的一切统治者,这是城邦的'民主集中主义'——一种以公民最高主权为基础的民主集体主义,所以,它必须有规章,要按章处理。同时,城邦既然是自给和闭关的,它也必须有各种法律才能保障这种自给和闭关的生活。"③(这里所讲的"闭关"应从城邦主义角度上理解。)城邦轮番为治的民主制度,导致必然实行法治,这种法治作为古希腊罗马文明的重要遗产,成为后来资产阶级法治精神、文化及制度的滥觞。古希腊首次明确而系统地提出法治理论的是亚里士多德,其法治模式成为人们探讨法治问题的一个必要理论支点。他指出:"我们应该注意到邦国虽有良法,要是人们不能全体遵循,仍然不能实现法治。法治应该包含两重意义:已成立的法律获得普遍的服从,而大家所服的法律又应该是本身制订得良好的法律。"④亚里士多德这一关于法治的阐述,奠定了西方法治、民主的理论基础。这种民主制在伯利克里时代的雅典达到了顶点。中世纪时虽然自然法打上深深的神学教条主义的印迹,但人、君主、教皇仍要服从法律。阿奎那曾讲道:"如果君王自承受法律的约束,这是一个与统治者的尊严相称的说法;因为甚至我们的权威都以法律的权威为依据。事实上,权力服从法律的

① O. vin Gierke, *Natural Law and the Theory of Society*, see G. C. Christie, *Jurisprudence-Text and Readings on the Philosophy of Law*, West Publishing Company, 1973, p263.
② [古希腊]亚里士多德:《政治学》,吴寿彭译,商务印书馆1965年版,第199页。
③ 顾准:《希腊城邦制度》,中国社会科学出版社1986年版,第19页。
④ [古希腊]亚里士多德:《政治学》,吴寿彭译,商务印书馆1965年版,第199页。

支配,乃是政治管理上最重要的事情。"①尽管中世纪的基督教教会充当了蒙昧神学的工具,但由于受到神学思想家对"上帝即法律本身,故他珍爱法律"的宣传,以及教会在组织上的独特性,使得教会几乎成了现实法治的试验品,而且教会中也实行选举,代议制的议会也是天主教先搞起来的。这在一定程度上为近代民主制和法治主义发展提供了启示。正如伯尔曼所说:"教会是一个法治国(Rechtsstaat),一个以法律为基础的国家。与此同时,对于教会权威进行限制,尤其是来自世俗政体的限制,以及教会内部尤其教会政府的特殊结构对于教皇权威的限制,培育出了超过法治国意义上依法而治的东西,这些东西更接近于后来英国人所称的'法的统治'。"②顾准也曾讲道:"罗马覆亡之时,许多罗马显贵投身教会,著名的教父,多半是罗马文化的显贵。所以,教会是黑暗时期罗马典章、罗马法治、希腊思想的保藏库。"③到17、18世纪,启蒙思想家们倡导共和、人权、民主、自由、法治、分权、人民主权等理论,提出建立资产阶级民主共和国的政治纲领。哈林顿对于"怎样才能使一个共和国成为一个法律的王国,而不是人的王国"的问题进行了论述。他指出:"每一个政府的基础或中心就是它的基本法律。"④只有在法治的共和国中才存在法律统治下的自由。洛克则将自由与法律紧密连接。他说:"在一切能够接受法律支配的人类状态中,哪里没有法律,那里就没有自由。这是因为自由意味着不受他人的束缚和强暴,而哪里没有法律,那里就不能有这种自由。但是自由,正如人们告诉我们的,并非人人爱怎样就怎样的那种自由(当其他任何人的一时高兴可以支配一个人的时候,谁能自由呢?),而是在他所受约束的法律许可范围内……的那种自由。"⑤卢梭认为,法律是公意的体现,意志具有普遍性。即"无须再问君主是否超乎法律之上,因为君主也是国家的成员;也无须再问法律是否会不公正,因为没有人会对自己本人不公正;也无须再问人们既是自由的而又要服从法律,因为法律只不过是我们自己意志的记录。""法律既然结合了意志的普遍性与对象的普遍性,所以一个人,不论他是谁,擅自发号施令绝不能成为法律;即使是主权者对于某个个别的对象所发出的号令,也绝不能成为一条法律,而只能是一道命令;那不是主权的行为,而只能是行政的行为。"⑥现代自然法的代表人物富勒将法作为一种目的的事业,即"法是使人类的行为服从规则治理的事业。"⑦"法治的实质必然是:(法律)对公民发生作用时(如将他投入监狱或宣布他主张有产权的证件无效),政府应忠实地运用曾宣布是应由公民遵守并决定其权利和义务的规则。如果法治不是指这个意思,那就什么意

---

① [意]托马斯·阿奎那:《阿奎那政治著作选》,马清槐译,商务印书馆1982年版,第123页。
② [美]哈罗德·J.伯尔曼:《法律与革命》,贺卫方等译,中国大百科全书出版社1993年版,第259页。
③ 顾准:《顾准文集》,贵州人民出版社1994年版,第249页。
④ [英]詹姆士·哈林顿:《大洋国》,向新译,商务印书馆1983年版,第104页。
⑤ [英]洛克:《政府论》下篇,叶启芳、瞿菊农译,商务印书馆1996年版,第36页。
⑥ [法]卢梭:《社会契约论》,何兆武译,商务印书馆1996年版,第50—51页。
⑦ [美]富勒:《法律的道德性》(英文修订版),耶鲁大学出版社1969年版,第106页。

思都没有。"①德沃金更加重视关怀和尊重人的平等权利。他认为,"政府必须关怀它所治理的人……也必须尊重他们……政府必须不仅关怀和尊重人民,而且要平等地关怀和尊重人民。"②

更值得注意的是马克思主义创始人的思想与雅典民主共和国的联系。恩格斯在《家庭、私有制及国家的起源》中讲到将易洛魁人的直接民主同雅典民主焊接在一起,完全撇开了斯巴达,将神权政治的希腊王政说成是军事民主。马克思向往雅典民主,在《法兰西内战》中,为法国人设计的一套政治制度,也是以希波战争后"雅典同盟"为其原型。马克思早期著作中的民主主义倾向,也受到雅典民主的影响。至于在《共产党宣言》中所讲的"每个人的自由发展是一切人自由发展的条件"的共产主义目标,也显示了雅典民主的影响。可见,自有着深厚的历史文化传统的古希腊罗马时代兴起的自然法观念,到西方资本主义几百年来所倡导的"理性、正义、平等、自由、公平"观念,民主、法治、共和观念始终一脉相承,成为强大的推动因素和惯性力量,更多地启发人的主体精神,将现实状态理想化。这些都是自然法思想得以延续的不可忽视的思想基础。③

(二)自然法所表现的正义、理想和道德的追求具有连续性

对正义的追求构成了贯穿西方自然法学发展的红线。一定程度上讲,自然法是对非正义理论的对抗。对不满现存政治法律制度或要求变革现存法律秩序的人来说,自然法是很好的武器。梅因讲道:"时代越黑暗,则诉诸'自然法律和状态'便越加频繁。"④正义与自然法几乎是通用的。在古希腊,正义以一种调整自然力对宇宙组成部分的作用,保证平衡和协调的先验宇宙原则,而首次出现。苏格拉底将正义作为立法的标准,说道:"我确信,凡合乎法律的就是正义的。"⑤柏拉图认为,正义应是一种人类品行、人类美感的道德原则,它体现为善和各守本分、各尽其职。法律是用来维护正义的手段。其著作《理想国》的副标题即为《论正义》,主要是围绕正义来展开对法律、政治思想的论述。亚里士多德对正义概念加以发展,认为"相对于城邦政体的好坏,法律也有好坏,或者是合乎正义或者是不合乎正义。"⑥他将法律与正义更加紧密地联系在一起:"要使事物合乎于正义(公平),须有毫无偏私的权衡;法律恰恰正是这样一个中

① [美]富勒:《法律的道德性》(英文修订版),耶鲁大学出版社1969年版,第209—210页。

② R. Dworkin, *Taking Rights Seriously*, Harvard University Press, 1978, pp272—273.

③ 这些与古东方国家是有本质区别的。后者强调的是专制主义,把一切人都看成奴隶,无自主意识、无平等协调人际关系的理想。只有人们在不堪压迫时,才产生朦胧意识。而且不管是奴隶起义,还是农民起义,基本上没有张扬民主、法治的问题。或者说,即使包含一些类似主张,也并未明确提出来。而古希腊、罗马不同,民主法治首先使自由人将这些制度现实当成现实的东西。

④ [英]梅因:《古代法》,沈景一译,商务印书馆1996年版,第53页。

⑤ [苏]涅尔谢相茨:《古希腊政治学说》,蔡拓译,商务印书馆1991年版,第117页。

⑥ [古希腊]亚里士多德:《政治学》,吴寿彭译,商务印书馆1965年版,第148页。

道的权衡"①；说法律的实际意义应是促成全城邦人民都能进于正义和美德的永久制度。斯多葛派认为，即使人们的地位、天赋和财富等方面不可避免地存在差别，但人人至少都有要求维护人的尊严的起码权利，正义要求法律应当认可这些权利并保护这些权利。西塞罗的正义与法律的自然观更加突出，认为正义的法律是普遍的、永恒的，因为它是与自然相适应的。"真正的法律，乃是与大自然相符合的正理（right reason）；它是普遍适用的，不变而永存的……在罗马和雅典不会有不同的两套法律，在现在与未来亦复如是，一种永恒不变的法律将适用于一切时代。"②中世纪神学自然法思想家都把正义置于神学的体系内，将正义说成是上帝的意志。奥古斯丁曾指出，法律只不过是"正义的流露"。古典自然法学说是一种具有强烈意味的正义法律理论。康德、黑格尔从形而上的"自由"出发，认为正义是人类自由意志的体现，法律的价值就在于确保人类的这种自由意志，自然法和制定法的效力来源于自由意志及正义。现代自然法学派的富勒认为法律有内在及外在道德，其中法律的外在道德与正义是一致的。罗尔斯的正义论更是在法学界产生了重大影响。他认为，正义对社会制度来说是至关重要的，就像是否符合真理是理论的首要美德一样，正义是社会制度的重要美德。不管一个理论如何设计精巧和实惠，只要不是真理，就该被推翻；法律制度也如此，不管它是如何安排巧妙和有用，只要不符合正义，就必须加以改造或废除。③罗尔斯为社会正义原则的选择设计了一套程序，认为这种被选择出的正义原则是所有理性人都应该选择的原则。这些原则不仅仅是为了论证现在的社会、政治、法律制度，更重要的是构成对现有制度进行评判的标准。正是在这个意义上，其学说归入自然法学。虽然并未提到自然法一词，但其法律哲学是融入正义论之中的，因而被称为"正义论法哲学"。可见，在西方自然法的历史变迁中，无论是古希腊罗马的自然主义自然法、中世纪的神学自然法、古典自然法，还是现代自然法，虽然它们在理论上有所不同，但有共同的东西一脉相承，即都强调自然法是社会持续不断的思维和行动的原则，是"人类所共有的权利或正义体系"，都使正义始终与作为其载体的法律紧密相连。法作为一种最具有权威性的价值体系和规范体系，当然也应将实现正义作为自己最终的理想目标。因此，历代的立法者无论其法律是否真的体现了正义，但常常要标榜自己是追求正义的。

其次，自然法随着时代的变化而改变自身的存在方式，而它的理想追求却是永恒的。纵观自然法的发展史，自然法学思想家们总要通过研究社会矛盾与时代的哲学、宗教、文化、道德等上层建筑之间的关系，对主流理论进行批判，来确立自己的政治理想，并以此为立足点来回答由时代所提出并急需解决的重大社会政治问题。如，西塞罗的自然法学说，便是从古希腊的政治理论和斯多葛哲学中寻找解决罗马共和国晚期各种冲突的方法的结果，该学说也同时表达了他对秩序和和平的追求。托马斯·阿奎

---

① ［古希腊］亚里士多德：《政治学》，吴寿彭译，商务印书馆 1965 年版，第 148 页。
② ［意］登特列夫：《自然法：法律哲学导论》，李日章译，台湾联经出版事业公司 1984 年版，第 15 页。
③ ［美］罗尔斯：《正义论》，何怀宏、何包钢、廖申白译，中国社会科学出版社 1988 年版，第 1 页。

那则面对亚里士多德主义在中世纪的复兴所导致的理性和信仰之冲突状况的恶化,其自然法思想寄托着他对上帝和教会统治之下实现人类和平的理想。由于自然法思想家们的思想成果是借助于自然法这一传统形式表达出来的,因而自然法理念就是对人类理想的企望。思想家对现实社会普遍矛盾的深切关注构成了自然法与现实社会之间动态平衡关系的中介和通向理想世界的道路。

最后,道德是人性在法的精神中的体现,是人类社会的永恒话题。绵延几千年的自然法无不包含了人类最美好的道德关怀。自然法纠正人们对法的错误理解,使单纯的道德原则在社会中得以体现,道德秩序借助于法的运行来实现。在道德对法的渗透下,法得以永恒化。正因如此,随社会的发展,自然法会变换不同的形态,也会受到来自其他方面的冲击,但自然法永远不可能消失。如19世纪末20世纪初,分析法学曾盛行一时,道德价值在法中的地位曾受到挑战。但不久爆发的第二次世界大战便使人们重新认识到自然法的重要性,使人们重新思索"难道恶法也必须遵守吗?"等现实问题。对此,自然法学家做出了否定的回答。他们把自由、平等、人格尊严摆到了至高的地位。现代一些著名的自然法学家对自然法的重新崛起发挥巨大的作用。这些都充分说明,只要人类存在,就不会失去对道德价值的追求。事实上,道德强烈地影响着法律思想的进程。

(三)自然法蕴涵丰富的理性精神,使之具有连续性

自然法的发展过程,实际上是在特定的文化背景和价值取向的推动下的理性的运用和发展过程。无论是在哪一种形态中,理性都会将自然法置于客观世界的逻辑体系中。正因为如此,自然法又常被统一地归结为"理性法"。在自然法学论者看来,自然法不过是理性的推论。这里的"自然"当然不是简单地意指自然界,而是指一种精神。它用之于人即指理性或自然理性,用之于神即称作神意或神的理性。自然法肯定任何与人的理性同社会本性相结合的行为,就是道义上公正的行为,反之就是道义上罪恶的行为。于是就赋予自然法以永恒性和绝对性。在古希腊罗马时期,自然法被理性地论证为自然存在着的一种正义,就如古希腊世界的诸神一样,与人类的意志是毫无关系的;将人类理性自然化、规律化或客观化,企图让自然法的道德原则同自然界一样的久长。如西塞罗认为,国家与法律正是基于理性这种人的自然本性而发生的。这种理性是人生而有之的,自然法正是它的体现。中世纪,自然法被视为人的理性对上帝的理性的参与,实质上是试图从上帝那里寻求自然法的永恒。到了近代,自然法被认为纯粹是人类理性的体现,是人类自然本性的必然要求及人类自然理性的必然选择。①"自然法的基本原则是属于公理性的,就像几何学的定理一样。"②此外,古典自然法学

---

① Robert P Gzeorge,*Natural Law—Contemporary Essays*,Oxford,Clarendon Press,1992. pp31—33.

② 彼得·斯坦,约翰·香德:《西方社会的法律价值》,王献平译,中国人民公安大学出版社1990年版,第12页。

家们还从理性契约入手论证自然法,目的就是要从人类起源的角度追求自然法的永恒。如格劳秀斯曾经谈道,自然法是人类理性或本性的体现,是永恒不变的法则,即使上帝也不能把白的说成是黑的,把黑的说成是白的。它既是人们必须遵守的道德准则,又是国家和法律理论的基础。在现代,自然法被认为是实践理性在追求人性之善的过程中的一种合乎真正善的逻辑选择。①

自然法哲学本身具有浪漫而又深邃和开阔的情怀,这为人们愿意遵循它从而去追寻永恒的正义提供了条件。此外,自然法的生命力还在于,自然法学家们不仅用哲学术语提出和讨论人生的基本问题,还建立起坚固难摧的哲学体系,进行现实的制度设计。正如博登海默所说:"思想家提出的一些假设和结论因日后的经验和发现而未能经受住时间的考验,但是这些思想家……寻求解决问题的各种可能进路的方法,却可以说是持久有效的。"②"自然"本身就是个永恒的概念。理性自然法不会随着时代的变化而消逝,它要与人类共存。

(四)自然法方法论方面的抽象和灵活的特点,使之具有连续性

自然法具有抽象性。自然法宣扬的善、恶等都是形而上的,不仅提供给人们广阔的思考余地,而且为人们方便、创造性地利用它提供保障。特别是在社会变革或革命时期,任何新崛起的社会利益集团,都不会轻易放弃对自然法的呼吁,论证本身的利益符合自然法精神。正如我们已经看到的,自然法既能存活于"黑暗时代",又能存活于理性时代,甚至成为号召社会的有力手段。无论在什么环境中,处于什么时代,西方社会都能听见自然法的声音。亚里士多德、阿奎那利用自然法论证奴隶制的合理性;斯多葛派利用自然法论证人的平等性。中世纪的世俗君主派利用自然法,反对教会的干涉;反暴君派利用自然法维护教会,反对"暴君"。霍布斯用它为专制主义辩护;洛克则用它为自由主义呐喊。20世纪发生的两次世界大战,对传统价值标准、理想信念带来冲击,促使人们开始反思法律的正义、理想及价值追求的意义,从而对法律的正义、理性的价值予以重新思考。正是作为一种恒久的文化理念,形成于古希腊的自然法穿越了中世纪和近代的文化时空,得以延续至今。正如马克思指出,自然法是不能够被废除的,在历史的不同环境中发生着变化的,只不过是其发挥作用的形式而已。③ 其原因就在于自然法作为一种恒久的文化理念,不仅能适应环境的变化,自如地应付来自各方面的挑战;而且能把人们的普遍价值追求纳入一种自然的逻辑体系之中,从而使之获得客观性,并借助于理性的力量使某种特定的利益要求和价值取向为社会普遍认同。

---

① John Finis, *Natural Law and Natural Rights*, Oxford University Press, 1980. pp125—127.

② [美]E.博登海默:《法理学——法律哲学与法律方法》,邓正来译,中国政法大学出版社1999年版,第3页。

③ Tony Burns, *Natural Law and Political Ideology in the Philosophy of Hegel*, Avebury Ashgate Publishing Ltd, 1996.

自然法具有灵活性。自然法是一种被客观化了的主观理念。由于随时空不断变化,支撑它的理论模式及其生存的文化环境也得以变化。因而自然法的形态也处于一种流变的动态过程中,是非常灵活的。从古希腊到现代,自然法的理论框架及其内涵是不尽相同的。它在不同历史时期,被赋予了不同内容。古希腊早期的思想家们将其看成是一种自然正义;斯多葛学派将其解释为遍及整个宇宙的理性;中世纪的神学家们用神性加以限制,自然法的基调是个人为确保社会秩序所承担的义务。① 近代自然法的基调,则以平衡道德与法律、"应然"与"实然"、个人与社会的关系为主旋律的②。可见,正是自然法本身在内容上的相当混杂和模糊,这事实上也成为法律实证主义者反对把它作为价值准则的主要理由。从一定程度上讲,自然法的这种灵活性不仅体现着自然法的生命,而且成为自然法观念在西方长盛不衰的原因之一。在其漫长的发展过程中,尽管它曾面临多次来自理论和实践方面的挑战,例如在中世纪它面临着神学的挑战,在近代面临着经验主义、功利主义和历史主义的挑战,当代又面临着实证主义、现实主义和行为主义等法学流派的挑战,但是它却从容地为自己一次又一次地找到了生存的空间。③

还需要指出,在社会的不断发展演进中,有关自然法的一些问题,不仅没有消失,反而显得日益尖锐。比如,关于永恒而抽象的自然法是否为真实的存在;徒具形式的法律是否属于法律的范畴;法律是否具有道德性;法律是否仅仅意味着规范和秩序;实在法之上是否有一种指导其制定和实施的正义原则;等等。只是对诸如此类问题的思考和争论,也足以使自然法观念长期地延续下来。

五、自然法观念的历史地位

(一)自然法观念维系、发展了古希腊罗马以来民主和法治的成果

西方从古希腊至今,一直非常重视民主法治建设。古希腊和古罗马的文明史同时是一部法律发展史,法律不仅是国家政治活动的首要事物,也是普通公民社会生活的不可或缺的准则。在法律的基础上建立以正义为目标的民主政体,是西方通过法律实现正义的重要方面。古代罗马私法的发达,根源于自然法思想。近代《拿破仑法典》的问世,正是古典自然法理论的实证化。虽然19世纪曾受到功利主义、历史主义和分析实证主义等法学流派的冲击,但20世纪伊始仍得以"复兴"。此后,特别是二战以来,对法律价值的研究有不断走强的趋势。单纯的法制建设未必能导致正义的实现,实现正义最可靠的保障只能是民主性的法律,而法律的民主性又很难同理性自然法相悖

---

① A. P. d. Entreves, *Natural Law And Historical Survey*, NewYork, Harper & Row Publishers, 1965, p45.
② 张宏生、谷春德主编:《西方法律思想史》,北京大学出版社1990年版,第453—497页。
③ Yves R. Simon, *The Tradition of Natural Law*, New York, Fordham University Press, 1965, p3.

离。至今,自然法尤其是古典自然法的基本原则仍作为确立近代宪政的基本原则和构成要素,用来衡量一国是否真正实现了宪政,从而对西方民主法制建设起着指导作用。"古典自然法哲学与近代西方宪政制度紧密结合,成为西方资本主义社会的制度性因素。……作为西方宪政制度的理论基石,古典自然法将与西方资本主义社会同存。"①从很大程度上可以说,正是对自然法的不断思考,对其蕴涵的人的平等、自由、权利、正义、安全等的不懈追求,才有今天的西方文明,才建构起西方现代法治。而自然法的生命力和合理性又恰恰表现于此。英国的《权利法案》、法国的《人权宣言》、美国的《独立宣言》和1787年宪法及其修正案,无不是自然法学说发展的结晶。西方社会的"私有财产神圣不可侵犯""契约自由""罪刑法定""无罪推定""司法独立"等法律原则和制度,首先也应归功于自然法学说。英国学者沃克认为,自然法理论对西方社会曾产生巨大作用,它帮助把严格的罗马市民法发展成适用范围较广泛的,更加公平的法律制度;它是中世纪教皇和皇帝冲突中互相都加以利用的理论武器;它奠定了现代国际法的基础;它构成了美国宪法解释的基石,这种解释的目的在于抵制制定法限制个人经济自由的企图;它孕育了自然权利的概念,这种自然权利后来演变为基本权利,今天人们称之为人权。美国一位学者就美国宪法提出自己的看法:在此以前,赋予宪法以至上性的并不是由于其推定的渊源,而是由于其假定的内容,即它所体现的一种实质性的、永恒不变的正义。可以说,西方尊崇法治的传统的根源,就来自于普遍性的这样一种认识。

(二)自然法观念有力地培养了人们的理想追求和主体意识

自古希腊罗马时期直至现代的自然法学说,无不以正义、理性、自由、契约、民主等作为信念追求,这些不仅启发了人类的美好理想,而且对人们形成权利意识、自由观念、法治思想起到了促进作用。即使是在黑暗的中世纪,人们对正义、法治的信念仍深信不疑。基督教圣徒奥古斯丁在《上帝之城》中写道:"如果正义不复存在,政府将是一大帮强盗。""没有真正正义的地方,法律是不可能存在的。""没有正义,人们之间的联系就不可能通过法律的纽带继续。"②他认为人们的权利或权力是以遵守法律为前提的。近代资产阶级革命时期,启蒙思想家们倡导的自由、平等、民主、权利和分权的法治原则,不仅体现了人们的价值追求,更为西方资本主义民主法治理论建设打下坚实的基础,从而形成完整的资产阶级宪政体制,在一定程度上保障了西方社会朝着民主、文明、进步方向持续发展。至今,它仍然为西方各国政治制度不断提供新的养料。

另一方面,自然法培养的理性追求和主体意识,还表现在敢于反抗暴政的精神。中世纪末期反暴君派的思想,启发了古典自然法学家,产生出洛克特别是卢梭的抵抗权和反抗权理论,进而在实践中导致欧美各国的反封建的革命风暴。在近代和现代西

---

① 张乃根:《西方法哲学史纲》,中国政法大学出版社1993年版,第129页。
② [美]约翰·麦·赞恩:《法律的故事》,刘昕、胡凝译,江苏人民出版社1998年版,第181页。

方国家中,反抗权理论又成为人民群众捍卫民主和法治的有力手段。西方学者麦克唐纳尔德曾指出:"从斯多葛学派和罗马法学家到欧洲宪章和罗斯福的四大自由,自然法和自然权利学说经历了漫长而感人的历史。人仅凭其共同人性而享有某些权利的观念既受到热情的捍卫,也遭到猛烈的攻击。它曾遭受休谟冷静的怀疑论的针砭,被边沁讥蔑为'高烧时的胡说八道',也不可避免地被集权主义国家的理想主义者和马克思主义哲学家所遮覆,但'自然权利'的主张从未被彻底击败。每逢人类事务发生危机,它总会以某种形式复兴,因为每当这时,平民们总想表达或通过他们的领袖阐明其朦胧却坚定的信念:他不是任何政治舞台中无足轻重的搭配,也不是任何政府或统治者的财产,而是活生生的、有反抗精神的人;所有的政治舞台都是为了他而搭起,所有的政府也是为了他而建立。"①

可见,自古希腊罗马时代兴起的自然法观念起,到西方资本主义几百年来所倡导和向往的理性、正义、平等、自由、公平的观念,始终是人们价值追求的重要部分,成为人们将理想变成现实的强大的推动因素和惯性力量,更多地启发了人们的主观能动精神。简言之,自然法向来承认人格独立性,承认人追求价值和利益的合理性。

(三)自然法有很强的社会历史适应性,不断促进法律意识形态和法学的进步

由于自然法拥有独特的抽象性和巨大的弹性,它总能够随着时代的步伐而得到创新,并解决社会面临的实际问题。这使自然法较之其他意识形态,有持久的优越性。我们已经说过,自然法的主张曾成为西方社会革命和改革的重要武器。每一次社会变革,自然法观念都会生长起来,而且不断地得到新发展。从奴隶社会末期到封建社会,从启蒙思想家到现代自然法的复兴无不如此。任何社会体制下,自然法都具有很大的启发力和号召力。自然法观念作为西方社会普遍意识,深深积淀于西方大众的文化心理结构中,而形成一种强型的情结。近代的古典自然法学说不仅成为西方资产阶级反对中世纪封建专制及神权专制的锐利武器,而且是对构成西方法治和宪政制度的理论基石。一位学者曾指出:"如果没有自然法体系和自然法先知者的学说,近代宪法和近代国际法都不会是今天这个样子。在自然法的帮助下,历史教导人类走出中世纪的制度而进入近代的制度,特别是近代国际法,其本身的存在应归功于自然法学说。"②可以说,自西方自然法观念发端于古代社会时起,就成为自古希腊柏拉图时代至今一直发展着的政治法律思想。它不仅是西方进行社会、政治、法律等制度设计的基本参照,而且还是关于社会、政治、法律等的评判标准。

---

① 　J. Waldron, *Theories of Rights*, Oxford University Press, 1984, p21.
② 　[英]劳特派特:《奥本海国际法》上卷,第1分册,王铁崖、陈体强译,商务印书馆1971年版,第63页。

（四）自然法作为比实证法更高层次的理性法，有利于启示人们探讨实证法背后的东西

单纯的实证法观念的主要弱点在于，它就法律而谈法律，为了法律而谈法律，因此就不免流于肤浅和短视。但是，自然法观念，从一开始就作为对实证法之外或之后的东西之思考。古希腊人探讨大自然（包括社会的自然）对法律的作用。中世纪人探讨宗教对法律的作用。近代启蒙思想家探讨人的理性对法律的作用。在现代，随着价值哲学的发达，法学家们越来越关注正义、道德和人权等对法律的作用，不仅自然法学家是这样，甚至许多法律实证主义和社会学法学家也有这种倾向。例如，新分析法学家哈特提倡"最低限度的自然法"之理由的说明；制度法学家麦考密克和魏因伯格，把人类实践理性（道德）作为追求的"最终目标"，承认法律需要"应然性"及"制度道德"。再如，奥地利的埃利希认为，道德等"活法"比实证法更重要；美国的庞德承认正义和道德对立法和司法都有不可避免的影响；美国法社会学家塞尔兹尼克和诺内特宣布：自然法之所以确实存在，就表现在人类的理性和理想的存在以及价值观念影响的存在。特别重要的是，马克思和恩格斯在自然法的思维方法的影响下，发现"法律没有自己的历史"，看到了经济关系对法律的决定性作用。

在这里，我们侧重强调以下几点。

第一，自然法研究有利于把握道德和法律的互动。

黑格尔在《法哲学原理》一书中指出，道德是法向着主体的内部发展，体现着"自为的无限性"。自然法从一定程度上可以说就是道德法。道德使自然法达到自己的目标。尽管实在法也包含了价值追求，但道德价值在自然法和实在法中的存在方式和作用方式却有很大的不同。自然法和实在法同是法的渊源，自然法不仅影响着法，而且其精神必然构成特定时代的法的精神。从自然法入手去分析道德和法律的关系，有助于正确认识道德和法的关系。首先，道德和法的内涵关系。传统观念认为，道德是指向人们的内心，而法律指向的是人们的外在行为。而自然法告诉我们，法律中包含着道德价值。法律不仅指向人们的外在行为，它也要求人们内心的自觉。如果一种价值只是束缚人的外部行为，而不问其内心动机，那么这不能说是一种真正的价值。道德不仅指向人的内心，而且要求人们外部行为的完善。缺少任何一方面，都同样会受到社会的谴责。当代法学家凯尔森指出："且不说从心理上违背自己的偏爱和自私自利而按照相反的动机行为的不可能性，一个仅与行为动机有关的道德规范是不完全的，它只同规定外部行为的那些规范相联才能有好的结果。也就是说，只有动机和外部行为都符合道德规范，才能有道德价值。"[①]当然，道德与法律也是有着明显区别的。比如并非所有受道德谴责的行为都会受到法律的制裁。其次，二者都具有权威性，但法律还具有国家强制性，即法律的实现是由国家强制力来保障的，其权威是一种强制性

---

① H. Kelsen, *Essaysin Legal and Moral Philosophy*, ed. By Weinberger, pp82—83.

的权威,没有强制性的法律是不可思议的。道德也具有权威性,即有关正义的权威、评价的权威、人性的权威等。但道德的权威既无须国家制定或认可,也没有国家强制力的保障实施,而是在长期的社会习惯中逐渐形成的。当然,由于法律在一定程度上包含了一些正义的道德内涵,因而,法律具有权威性并非完全是由于其具有强制性。再次,法律须有道德基础,否则便是专横的恶法。良好的道德有利于法律调整的顺利进行及法律秩序的实现,而且有些道德也是法律所极力追求的价值。反过来,法律又强化和维护着道德。

第二,有利于正确认识法律遵守与宗教信仰的关系。

在西方,人们对法的普遍信仰主要表现在法律的神圣性和至上性的理念的形成。信仰作为人的一种绝对精神,处于人类意识的核心,其形成往往需要很多因素的辅助。西方人对法律的信仰并非完全是从对法律的直接认识中产生的,也受到宗教信仰的熏陶。中世纪的基督教文化在很大程度上影响了西方文化,同时深深地影响了人们的意识。① 当时在人们的思想中,上帝是神圣的,具有超越一切世俗权力的权威,因此作为上帝意志表现的法律也具有神圣性。对上帝的崇拜有力地促进对相应的法律意识的树立。比如“法即神意”的观念,在客观上必然在人们心灵深处培养对法律的神圣性和至上性的认识。由于对上帝的普遍信奉,使得他们相信遵守法律包含的普遍准则实际上就是对上帝的服从。伯尔曼曾讲过:西方法律至上的理念来自于超现实的宗教信仰,即基督教信仰的帮助。法律秩序产生的一个条件就是“存在一种广泛流传的信念,在不那么严格的意义上,可称其为自然法观念”。西方自然法观念首先来自于罗马法学家在人性基础上发展起来的万民法和商品交换的支持,“对自然法观念的另一支持来自于超验性的宗教”② 。近现代西方国家法治的建立一定程度上得益于基督教所创造的各种心理基础。在伯尔曼看来,法律和宗教“代表了人类生活的两个方面,法律意味着秩序,宗教意味着信仰”③ 。宗教因法律而具有社会性,法律因宗教而获得神圣性。没有法律,人类无法维持社会存续所需要的平衡及稳定基础;失去信仰,人类无以面对未知的未来。虽然法治主义与宗教信仰有着本质的不同,但在西方法治大厦的建构中,如果说法治原则和法律制度是其硬件基础的话,那么对法律的真正普遍信仰则是其内部不可缺少的软件建设。没有人们对法的普遍信仰与遵守,法治大厦将不会完善。从这个意义上讲,中世纪人们普遍树立的对法律的信仰及法律至上观念无不在一定程度上促进了法治的形成。

第三,有利于今天实证法的研究。

西方自然法学对于加强我国的法治建设、繁荣法律科学都具有重要的借鉴意义。在我国法治建设过程中,如果社会道德出现问题、人们的价值追求出现扭曲,社会风气

---

① 汪太贤:《人文精神与西方法治传统》,《政法论坛》2001 年第 3 期,第 102 页。

② [美]昂格尔:《现代社会中的法律》,吴玉章、周汉华译,中国政法大学出版社 1994 年版,第 68 页。

③ [美]哈罗德·J. 伯尔曼:《法律与宗教》,梁治平译,三联书店 1991 年版,第 3 页。

出现滑坡,民族精神发生危机,那么即使是有法可依,也绝不可能做到有法必依,执法必严。在这方面,西方的自然法的丰富内涵值得我们研究。当然,西方自然法观念存在很多不科学成分,而且具有特定时代的阶级内涵。韦伯讲过:"无论是契约自由这一形式理性自然法,还是劳动所得的绝对合法性的实体自然法理论,都具有阶级的内涵。"①但是,正如梅因所言:这个理论"虽然有其缺陷,我们却不能因此而忽视其对于人类的重要性"②。自然法观念强调自然法与理性相一致,其倡导的自由、平等、权利、契约等观念,至今对于我们探索、形成和巩固我国社会主义民主与法治的指导思想和基本原则,实行依法治国,树立社会主义法治的尊严和权威,建设完善的社会主义法治国家,是有启发的。近年来,由于实行改革开放和思想解放的政策,我国对个人权利束缚的放松,促进了社会的向前发展。可以说,正是对人的自由选择、平等竞争、权利本位的逐渐尊重,推动了社会主义市场经济的发展及民主法治的形成。我国的经济建设、政治建设、法制建设的突破性的进展,是在马克思主义法律观特别是邓小平理论指导下取得的,但不能否认也在一定程度上间接地受到自然法精神的影响。自然法所包含的合理性及其在过去与现代产生的进步的制度是人类文明成果的一部分,"借鉴人类政治文明的有益成果"和"借鉴当代人类文明的有益成果"③是必然的。

(五)西方自然法对研究马克思主义法律思想,特别是马克思、恩格斯的法律思想,不可或缺

马克思、恩格斯早期深受自然法观念的影响,尤其是受到以康德、黑格尔为媒介的卢梭的自然法思想的影响。比如,马克思最初的法哲学体系从"应有"出发,推演出"现有",与康德法哲学体系的"存在"和"实有"的分离有某种相似之处;继而又批判黑格尔客观唯心主义和国家主义的法哲学体系。可以说,马克思、恩格斯在完成从新理性批判主义法学向历史唯物主义法学的过渡,就是在清算了欧洲古典自然法学派及其在德国的"翻版"的康德、费希特、黑格尔及费尔巴哈的理性主义法律观,指出他们倡导的人权、民主、自由、平等、分权的局限性,特别是他们法哲学的历史唯心主义,同时又汲取其中的一切科学成分,才得以实现的。需要专门提及的是,必须正视一种长期被人们忽略或者有意回避的事实,即马克思的理论一直保留了西方自然法中的许多优秀的成果。如,他批判把法(自然法)与法律相混淆的做法,提倡"作为法的法律",反对让法去迁就法律(恶法);认为自由是"人所固有的东西",没有自由对人是最大的悲哀;认为平等、人权、法治及权力的制约等对无产阶级及其政权的必要性和重要性。他甚至于说过自然法是不可能取消的。一言以蔽之,马克思是珍惜自然法遗产的。

---

① [德]马克斯·韦伯:《经济与社会》下卷,林荣远译,商务印书馆1998年版,第291页。
② [英]梅因:《古代法》,沈景一译,商务印书馆1996年版,第43页。
③ 江泽民:《全面建设小康社会,开创中国特色社会主义事业新局面》(2002年11月8日)。

研究西方自然法观念,可以帮助我们更好地学习、掌握马克思主义法律观,以科学的态度批判地借鉴和吸收西方法律文化遗产,以促进我国的法制建设。从这个意义上讲,对自然法思想的研究是不可或缺的。

与张学超合作,载《国际法与比较法》第 6 期,中国方正出版社 2003 年。该文后四个部分载《法学研究》2004 年第 1 期。

费希特的国家和法哲学

一、早期思想

费希特(Johann Gottlieb Fichte,1762—1814)企图从一个统一的根据出发,来演绎和把握康德所区别的两个世界即自然的世界和自由的世界。在其生涯中使之发展的"知识学"的意图是,从唯一绝对的统一原理中引导出理性的各种活动和法则。它的出发点是"自我存在"。"自我"不是经验的个人的我,而是先验的"绝对自我";并且,"自我存在"是自我塑造自己本身。由于自我塑造自己本身,自我是存在的。它与纯粹的行为同时,是事实的"实践活动",作为"自由"的行动而构成哲学的统一原理。

在自我是塑造自己的本身的方面,必须区别一切其他的东西;在这里,"非我"的观念被对立起来。那不是"物自体",一切物的根据是追求自我,物自体的观念是作为其自身的矛盾而退却出来。非我是自我塑造的,因而"自我是在自我中塑造非我"。那不外是自我为了限制自己本身的行为。于是,"自然"是当作单纯的限制被思考的,并且,那个限制是自由的自我亲自塑造的东西;由于这一限制,自我作为自我即作为自由,得以认识自身。

绝对的自我的其自身无限的活动,依靠亲自确立的界限,不断地自己设定新的课题,通过它的解决而超越那个界限,再向新的界限前进。在那里,自我是亲自地一面扩展界限,一面把握非我。这样,由于自我的亲自克服而亲自确定界限一事,原来说是因为自我是实践性的而把它当作必要的矛盾。这个矛盾对于实践的自我说来,应当是存在于其本质中必然的课题。作为课题,其解决是不能达成的;但自我的无限的行动,都正是基于此原因而成为必要的。

自我必须限制,为此,与有限的同时,在那个有限的事物中存在着无限。理由在于,那个限制(自己所确立的界限)被无限地扩张,并且通过它的克服得以回复自我的本质的绝对性。在这里,自我如同康德的意识一般,不纯粹是形式的,而是实在的整体归于自我;表象的整体世界的形式和内容一道从那里抽引出来。换言之,世界的本质构成绝对自我的内容,理论知识的作为实践的无限努力的对象而存在,整体自然是自我的自由的创造行为的目的。"自由",在康德那里是实践的理念即伦理性的当为的原理;现今在费希特那里,进而是作为实在与知识一般的根据即理论的乃至形而上学的原理,加以思考的。这是由于自然构成认识的根本原理。为此,康德那里的自然必然的世界和自由的睿智的世界之间的二元的对立,被认为是根据唯一的原理而得到的统一。

如上的知识学的立场,对于向来的独断论说来,是使新的观念论的立场更加鲜明。独断论的立场把客观赋予的绝对性即当作其自身存在的"有"来确定;但它怎样给与我们的表象,仍是一个问题。对此,于今大体是费希特称之为"有"的一切存在,即认为客观是自由的自我在其实践中进行自我限定时成立的东西。这在对法律及国家论的应用上,带来重要的结果。我们在他的《自然法的基础》中可知这一点。

在向来的独断论的立场上,权利主体的多数不过是单纯的假定。费希特如何把那个"多"当作基础,作为问题? 那是人格的形体上的"非我",即"你"及"他",换言之"他者"的演绎的问题。原来,在我们的现实的意识中,自我的一定的活动,必定通过那个对方的某种现实的"客观"的对立,才是可能的。而且,自我意识的唯一可能条件在于,主观的自由活动和同它对应的客观必须同时得到综合。然而,对于"物"即单纯的外部存在,那就没有可能。因为,物不过是单纯地赋予必然的强制。它如同必然地对自我构成自由活动那样,一定是"要求"的东西。为此,要求的东西本身必须与自己一样,是理性的东西。"有限的理性的东西是,在感觉是,还没有把自由活动归于他者,换言之,在自己以外没有把其他理性的东西当作前提的情况下,把自由活动归于自己本身是不可能的。"(《自然法的基础》第三节)。

于是,由于自我活动以他者的存在为前提,这里便产生作为个别自我的"个我"概念,感情的现实世界中的一者与他者的交互关系,即从事各种固有的自律活动的人们共同体的社会关系,便成立了。那就是赋予把不妨碍人们相互的自由当作对自己的法则的、自由的存在者之间的共同社会。这个法则的总体,就是"法"的概念。在这里,法是作为自我在感性的现实世界中个我存在的必要条件,换言之,作为自我意识可能的条件,先验地从自我的观念中演绎出来的。

这个新的自然法论具有的意义,最重要的是,相对于道德而言,展开了法的固有的领域。在康德那里,法从实践理性的道德法则中抽引出来,可以说是道德论的应用的观点;相对而言,费希特追溯到根本,在认识论的基础上,作为自我意识的条件问题来演绎法。即,道德作为纯粹自我的本质,是把实践的自我对自己本身的关系,也就是把自我的行为直接地对其心情的关系作为问题,进行对比;法是作为现实社会生活中理性者相互的共同存在的条件,在基于个我的自我限制的一者与他者的交互关系中成立的。不像一般的自然法学家那样,从人的"自然性"中进行演绎;费希特基于"知识学"的原理,求助从理性的本质中进行演绎,那就是应当正确地称作"理性法"性质的东西。

然而,在费希特那里,法律理论的本质目的在于国家论。由于法和权利关系必须保障和实行,所以必然地具有"力量"。这个法与力量的统一不外是国家。它以"国家公民契约"为理论基础,作为超越的"公正的第三者"、各个人意志构成的"共同意志"的表现,应当是其本身的"自由的存在者"。通过这种国家的结合,法的共同社会的维持,每个人的自由和权利得以确保。法和权利通过国家而且唯有通过国家,才是有效力的。在这种意义上,国家是"自然法的实现",国家的法律是"实现了的自然法"。

上述立场,在《知识学》成书前,是年轻的费希特学术生涯的出发点,是内在于《法兰西革命》(1793)等书显示的极端自由主义理论之中的民主主义思想的发展和确立的理论基础。在那里,承认超越个人的国家共同体的必然性,至少是认为有向那发展的可能性,在这点上,他明确地支持卢梭的"公意"。并且,如今同卢梭一起,把基于人民主权的国家宪法当作原理的要求;非这样的国家形式,就不承认是正义国家。就是说,在公意是法律的意义上,即在作为国家意志的法律的制定必须由成员的意志来实行的意义上,它才是合法的国家。从而,在那里,国家停留于单纯形式上的"法律国家"的概念上,距离卢梭的国家及费希特本身的以来的文化国家思想都是很远的。可是,有展开他的社会主义理论的1800年《闭锁的商业国家论》。

从《自然法的基础》到《闭锁的商业国家论》的发展,是从"法律国家"观到"经济国家"、莫如说"社会主义国家"的发展,赋予国家公民契约和权利关系的现实的社会生活的实质内容。

本来,费希特的特征是,一切存在的根本原理都置于纯粹自我即人的理性乃至精神的本质之中。这简直就是"自由"的理念。但是,人同时又属于感情的自然的世界,是它的一部分;在此范围内,我们自身作为感情的存在,必须在现实世界上谋生。所以为了使自由变成具体的行动,为了我们内在的更高的东西即理性目的,在必须制御和训练感情的、自然的东西的同时,一定要积极地在自我的自由的活动中起作用,必须用一切方法改变形成和无限地发展它。这是纯粹的道德行为,或者说是同单纯的抽象理性文化有所不同的、到达自由的"感情文化"的概念。

他的政治社会理论及社会经济生活中的根本概念,是从这里得出的。首先,"所有权"不是向来的独断论者所认为那样的单纯是对"物"的权利,重要的是做成物、使之作为物的行为,即无非是加在每个人为了从事文化活动即当作感情素材的物之上的自由行为的权利。一般地作为私有财产制度的基础来解释所有权的概念,在那里怎样得出社会主义结论的呢?这同上述的所有权一样,要借助费希特所称的人的"基本权利"及"劳动权"的概念。前者是人为了行为和活动而维持自己本身的继续存在,即亲自维持其身体的生命的权利;后者是作为上述的结果,为了取得生存上必要的物而劳动的权利,根本的是每个人对于感情世界的有目的地活动的权利。

这些概念是向来的自然法思想,从而使人想到重农学派那里的天赋人权,费希特已经在《自然法论》的应用部分中进行了演绎。然而,费希特那样的概念,例如所有权,不像一般的自然法学家那样地把它作为人的天生的自然权利,在其现存的状态中,单纯由国家承认和保障:"先是把他的东西给与每个人,使之取得他的所有,而后在其所有中开始保护他",应当是国家的使命。(《闭锁的商业国家论》第一编第一章)国家,为了使每人通过自己的劳动取得生存上的必要的物,并且为了给每人的整体财富的正当份额,必须造成广泛的计划和自己的体制。提出的方案是:在这里,在公定价格制度下,统制整个生产与消费,内部按一定标准划分职业的阶级,外部以自足的国家经济为目的,经过国家的手来管理对他国的商业。

对于我们的观察,重要的不是这些方案的内容的个个纲领,而是他洞察到自由主义的个人主义经济的弊害,特别是商业上的无政府主义,要求社会主义国家。进而,重要的事情在于,他的社会主义国家,归根到底是先验的理想主义的逻辑归结。为此,即使在国家统制经济的物质生活的场合,维护自然的欲望和生存那种东西也不是目的,说到底,在感情世界中人的超感觉的本分(前述的到达自由的“感情文化”的形成)是目的,是国家睿智的课题。它在根本上仅限于作为自我自由行为的条件思考的,费希特的社会主义可理解为仍置于个人主义基础上的东西。

然而,已与古典的自然法思想的原子个人主义不同,可以称之为文化的“个性主义”;其背后,古典的自然法思想被当作前提。并且,以承担广泛经济任务而被表现的社会主义国家,已使人们预想到那件事,但它以更清晰的形状展开的,还是在后期的“知识学”之中。

二、后期思想

费希特知识学的变化,是以宗教为中心的。原来,在前期的知识学中,以自由的概念为媒介,把实践的道德世界与理论的认识世界结合起来。物的本质不在感情的世界中,而应当是把超感觉的道德世界秩序中真的存在当作前提。正是这个超感觉的世界,以“神统治世界的道德世界秩序”为概念,前期的宗教论的根据是植根于此的。(《论我们信仰神统治世界的根据》,1798)这是构成“无神论争论”原因的思想,表明费希特仍停留于伦理宗教的界限之内。

可是,1800年以后,绝对的实在(又称绝对者、绝对的生命线)不是来自道德的立场,而是以真理的认识为前提,这个绝对的实在以自我的存在为基础,并且在自我之中获得知识。换言之,神已经不是道德的世界秩序,而是绝对存在的问题;这种神的绝对存在已不是实践道德的永恒课题,而是常住的祝福;借助参与神事,才能发现人的永恒的生命和祝福。(《通向幸福生活的启示》,1806)应当说,这是从伦理宗教向形而上学宗教的转变。

与此相伴,整个知识学发生转变。知识学本身变成宗教哲学。与从前自我无限努力的道德课题相对应,于今代之以在其自身超意识的“神的绝对”之中理论理性和实践理性获得统一的基础。从而进入这样的想法,即一切的实在都从神的绝对的生命和观念中导引出来,认识在终极上是神的启示。前期中的绝对自我,已变得不是从前那种“为了行为而行为”,而是“为了看到神而行为”;一切的存在和睿智的世界,要在绝对的神的实在的净观中来求得。这样一来,于今要从绝对永恒的观念世界出发,在道德本身、人的生活的一切领域中,才能展开神的理念,政治社会也只有在新的光辉之中才能观察。

此时,社会共同体的根据是在人的存在之根本的神的实在中,从而不是纯粹的不得达成的理念,而是当作行为经常要求并可能的现实生活形态来把握。大概这意味着,在现实中求得永恒的东西,汲取历史的现实的新意义。由于这个缘故,一切人若非依据同一理性的普遍统一就不存在,这样个人与理性一般的抽象对立被克服了;在活生生的具体的有机统一的整体中,个人是这样那样地保留着其固有的存在。那就是同启蒙思想的完全诀别。

还在1804年的《现代的特征》中,从普遍一般分离出的个别作为时代特征进行描述的费希特,于今把国家当作有机体的整体来思考,排斥向来的德国哲学家的法律国家观,包括他个人此前有关法律国家或经济国家的说法。在那里,称为"绝对国家"的东西是同自由主义思想完全分离的;作为道德的生活的准备,国家被认为有要求一切市民全部力量的权利。然而,理性文化的高级领域(宗教和伦理生活本身)仍是国家目的的除外。

不过,概括意义上的国家共同体理念的基础,是在他的有名的一系列讲演构成的1807—1808年《告德意志国民书》中确立的。在这里,他新颖地提出"民族"或"国民"的个体,那是同后期的宗教哲学相关联的。所谓民族,重要的不是其构成的人种和其居住的地域,归根结底要从基于自由觉悟的国民精神的本质中来理解;那个原理是同神的理性的启示或绝对宗教的理念深深结合的。在这种觉悟中,每个国民自身存在着固有的价值的共同体,即作为价值个性是超个人的共同体。

并且,国家重新借助它所具有的教育的任务,使此前的"法律国家"或"经济国家"本身更作为"教育国家"或"文化国家"而出现。它已经不是单纯作为权力机构和组织的国家;在那个原理中存在的是国民的共同体、费希特意义上的"祖国"思想。这种国家观念与柏拉图观念是共同的东西。国民教育不是单纯地使公民尊奉既定的法律秩序,造成忠诚于国家统治者的公民,而是把国民当作神的永恒性的承担者,持续发展永恒的生命。如果说在最深层的意义上,把文化理解为神的绝对理念在人类精神中的显现的话,那么就可以作为赋予文化国家以最高形式的东西来把握费希特。

这种国民的国家共同体,与所谓的政治国家的范围,不可能是等同的。在这里也许可以说,人们、国民即使失掉政治上的统一,却没有丧失文化。不过,对于费希特说来,这种见解并非皮相或浅薄的东西。因为,丧失国民的政治独立,学问和艺术就将失去其自身存在的条件。不,更进一步,在他那里,一切文化的终极目的都置于政治国家的统一。即,"维护各种学问、艺术等文化的目的,在于在适当时期内,造成适合一般生活与完全适合人的秩序……如果科学放弃这个目的,科学的品位和独立也将失掉。"(《告德意志国民书》第十二讲)

在这里,我们可以知道的是,政治国家生活本身在人类的精神生活中具有独自的文化意义。作为国有的文化共同体,民族和国民必然地具有其自身的政治秩序。这是费希特那里的民族概念所必然要求的"民族国家"的政治原理。

然而,需要注意,那一场合,费希特论述德意志民族的"原民族"的概念,不仅是指古老的历史传统的国民;其中还意味着,通过保障和发展"人的东西""人的自由",要求在世界上显现神的理性的高度文化国家。换言之,民族的本质是,"一般地成为高尚人们的思维、行动、信仰的源泉的同时,对于人的一切可贵事业,给与永恒的保障。"(《告德意志国民书》第八讲)另外,这里强调的"国民教育"原理也不单是维持特殊的国粹;它的标的,归根结底置于达到"人的东西""人的自由"的教化,借此期望经过国民更好地达到人类种属的目的。

这样一来,费希特的民族概念,就是把人的理想作为中心,达到合理主义的形成。在这里,他的民族主义和民族国家的原理,超越历史的现实国家的界限,同人类的理念,从而世界主义的理念相结合。把这一点进一步地明确展开的,是他晚年论述的"理性国家"概念。

1813 年《国家论》中所构想的"理性之国"的概念,是费希特生涯的最后的哲学成果。他通过德意志国民和"理性之国",把这个成果作为人类的最高课题加以揭示。它在根本上是"精神之国""哲学精神之国",并且应当是永恒的、纯粹由精神创造出来的世界,把这种世界及其一切当作纯粹精神的形象理解的时候,就是"自由"。

作为这种"精神"与"自由"的生活条件,现在便论述"法"与"国家"。法的秩序和强制是把人提到理性的高度洞察,是作为在人心中觉悟共同体意识的条件思考的。国家,作为"通向理性之国",是教育国家;必须企望通过这个教育任务,使自由在各个人中得到发展,达成"理性之国"。这样,国家在自我关涉精神价值之点上,同道德是相同的。不,在法本身也可视为道德法则。在这里,前期中道德与法的对立消失了,二者一起被视为同一发展的过程来认识。称为"自由之国"的就是那个东西,道德目的只有在这里才能实现。

但是,上述之外,"理性之国"的终极意义,存在于宗教的"神国"。这大约是费希特固有的基督教观念的结果。基督教是达到真理认识的"净观"的问题,同时也是"组织"的问题。他把基督教也作为历史发展中应改变人类状态的世界组织的原理来理解。在这里,可以看到政治与宗教的内在结合的桥梁。即,"天的国土"的本质,是超感觉的统治、神的理念的统治的自由王国;不过,它不是首先开始于彼岸,而是显现于此岸。并且,政治国家不只是导向天之国土,国家的理念应当是其自身在地上的神国。

虽然它不过是一种"神学政治"的思想,但同古代世界的神学政治、中世纪的神学政治都不相同的,正是他称作"悟性的神学政治"的东西,它的意义在于开拓凭借人的理性自由的途径,以贡献于对历史传统的纯粹理性的观察。于是,作为地上的"神国"期望实现神的统治这一点,便要求国家的理想。原来,他在这一点上发现宗教改革的纷争点,于今代替教会的是以国家为中心,来思致人的社会关系的新形成。这可以看作是路德的新教社会思想的哲学发展;人类历史的终极目的,在这种意义上,系于地上"神国"的建设。这无非是宗教与政治的结合。作为前期的自然法论中的个我的相互关系的法律国家,终于成为由神的唯一的绝对者所统一的理性国家。这意味着其政治哲学思想的顶点,同时也是知识学体系的归结。

历史上每个国民的整体,都因上述的"理性之国"而受到召唤;在向那里进展中,有国民的真正独立和自由。国民统一的概念,不是什么主张特殊的国民的性质,而是进一步地追求创造上述意义的"自由之国"。另方面,他也没有理由无视国民的共同命运和历史的经验。民族的本质不仅仅是作为历史命运的共同体,归根到底要同历史中国民的理性本分的关联上来理解。换言之,国民的历史的、经验的特殊性格,只有作为实现普遍的人类理想的条件,才有意义。在这里,德意志国民的目的和人类的普遍目的是一致的,民族主义和世界人的理想内在地结合在一起。

在这种意义上,不独是德意志国民,各国国民都是作为人类的代表者而受到召唤的。因为,神的理念显现于这样那样的国民之上,人类通过多种国民的个性才能发挥精神性。为此,多个国民最重要的应当是确立国民的统一及与其相一致的国家组织。费希特在1812年的《自然法论》中,以"国际法的演绎"为出发点,不外就是为此。但由于这种独立统一国家相互间必然导致不断的战争,对此他提示国际政治的新秩序是多个国家的联合。它的形式最终不要成为"国际联合""国际国家"这点被注意了。大概是由于国家的不法关系依存于国际上的不法关系的缘故吧。并且,在不是向普遍上"世界国家"而是向一切国家之间"联合"求得国际政治秩序的形式之点上,可以视为国民主义与世界主义综合的政治表现。

费希特关于这种世界秩序的构想,不言而喻,是蒙受于康德的。他最初的自然法论中关于这个问题的论述,依据的是康德的永久和平论。世界的普遍政治组织的观念,对于人类的实践性的努力说来,是必然的课题。为此,要了解为:自然也帮助它,在自然的历史行程中迟早要保障它的实现。然而,在费希特哲学的后期的发展中,论及到世界政治秩序应当如何实现的问题,那已经超出人的理性努力的范围,作为"在神的世界统治中不能解决的课题"而规定了。这在根本上意味着,知识学已从伦理的观念论向宗教的观念论拓展。与此同时,应当说是费希特的政治论证在由实践伦理性向宗教的形而上学倾斜的路径上颠簸的结果。在这里,一般地政治正义的最终解决,现今成为神的世界统治的问题。在高度的意义上,政治不是单单止留于人的秩序问题,其本身就作为神的世界秩序问题思考的。

三、批判

德意志理想主义和观念论哲学之中,政治的国家理论占据重要位置,即以国家政治和法秩序的演绎和确立为基础,是哲学之终极的课题,这一点先前已经指出了。我们已经可能在康德那里认清它。然而，在他那儿，体系的中心终极是实践理性的普遍道德法则，国家生活也是它的应用。为此，政治国家作为实践理性的普遍合乎法则的国家，而滞留于抽象的法律国家，各国家的存在单纯作为法律上的形式理论，没有导出主权国家的观念。

可是费希特，尤其到了后期，树立"民族"的概念，确定"民族国家"主义原理的基础。应该说这就使问题进一步展开了。由此，政治重新地获得文化的基础，他的"教育国家"观念也无非是逻辑的手段。那个民族概念，不是通常评价那样的非政治性的；如同我们已见到的，它的文化的民族概念所到达的，是政治的民族国家的思想。比之于一般的文化的非政治的性格，可了解为：相反，是政治的性格的肯定，至少是开辟通向政治性文化认识的道路。

只是，他把这确定为理论，是通过后期知识学核心的宗教的绝对理念。其结果表现为宗教与政治的结合或综合。应当说，为此，他的哲学终于具有宗教的、政治的性格。在这种意义上，费希特本身虽然没有扬名，但可以看成那是柏拉图国家的再现，那个基督教的再现，那时节，成为政治与宗教的桥梁的是教育。"如果没有同为了洞察法的教育的结合，就不会有［国家］的强制。这个最后的要素（教育）赋予强制以合法的形式。进行强制者，同时就是教育者。……"（1813年《国家论》第一节《前提》）在这里，作为那个时代和国民中的"最高的人的悟性"的代表者或哲人阶级，被当作前提。此所谓"悟性"，不是空虚的简单的合理性，而是存在于概念的形式之中的。它意味着柏拉图的"认识"（通过理念从而世界理性，规定其意志的人的能力）。他们借助这种意义的普遍妥当的悟性，具有把握更高的真理即超感觉物的能力；结果，依靠"不可究的神意""神的恩惠"，否，依靠"神本身"确立起来。

这种"理性国家"，于今与柏拉图有所不同，而是超越个别的国民国家，最终使人类和世界得以继续；费希特的普遍的世界组织的永久和平的理念，在这儿确立起来。并且，他不外是向基督教求得这个世界组织的中心原理。"这么一来，曾几何时，何处，在［现实的］基督教国家中，此前奉行过来的强制统治变成无用的，渐渐地被废弃。……现在的强制国家，将随着时间的推移，反抗它的一切力量不再显现，随着所具有的自身的时效而静静地死去。并且，主权的最后的遗产，如果是这样的，就会由于把自己引入国民的学校，而转化为一般的平等。……为抚慰我们而附加的好事，倘若必须做出若干预言的话，那就只是向神及其儿子耶稣·基督让路。"（《国家论》第三节《新世界》）这是预想令人类种属最终独立地内在地结合起来的基督教国家即"神国"在地上的实现。

在这里，是离开康德的批判主义的思维方法。康德置于思维之上的有限的神的实在性，于今表现在哲学的面前；结果，便走向开辟宗教的形而上学的思辨道路。费希特在最终表现神国哲学的宗教理性之国中描绘政治国家的理想，企望政治与宗教的综合，应当说是来自形而上学思辨的东西。其结果，一方面，转化着宗教本来的非合理性,从基督教那儿直接地引出一个合理的政治原理;同时,另方面,对于政治,他一经承认的历史的现实性已不再是发展的,而仅是作为神的理念和绝对精神的显现加以静观。与失去宗教的纯粹性的同时,政治上固有的概念和价值的根据也就不能不加以阐明了。

然而,费希特的根本思想仍有与康德共同之处。如果说到同我们的问题有什么关联的话,特别需要指出,不论在什么地方都保持着人的人格自由。那个民族主义和民族国家原理,最终也不外是主张,在每种国民中,形成纯粹人的东西、自由的人。实际上,尊重和发展人格的自由,是真正爱国行为的绝对条件。为此,真的期望国家的永远发达,最重要的是必须确保多种人的自由。《告德意志国民书》的演讲,不外是上述的精神。在这点上,他的民族主义理论决非离开康德地盘的东西,而是在其上发展的东西,可以说是把两者的志向同一起来的东西。

换言之,民族不是单纯的生物的、心理的存在,亦非现存的不合理命运的共同体;作为固有的精神价值,要在其合理的本质或理性的本分中加以把握。民族国家的概念也不是历史的国家那种东西,而是基于国民自由的觉悟,以人类普遍的政治理想的实现为目的的价值共同体。它在根本上无非就是要求"理性国家""完全国家"。如同前述,国民主义同世界主义不矛盾,相反是相结合的。在那里,在国家之间联合的形式中,世界的普遍政治组织的观念所要求的,正依赖于这种关系。

前述"完全国家""理性国家"的思想讲的是他的国家论的二元主义,在根本上可以说是表示与国家的"现实"不同的国家"价值"即政治的"当为"。因为,它在后期的知识学的发展中,当宗教的绝对的概念表现于前面的时候,也绝不认为是实在与理念的一元地融合。

然而,正在这点上,还有用费希特的哲学不能满足时代的东西。这件事情意味着,最终还被认为,康德遗留的对世界统一的把握,运用费希特的方法仍是不完全的。在这里,通过费希特所企望的桥梁,他试图迫近非合理的生命的根子,并借此把其要解决的个人与共同体的关系,进一步地在根本的统一中加以综合。这是浪漫主义的要求,是黑格尔的课题。

费希特与浪漫主义的关系在于,费希特受到浪漫主义的影响,同时,反过来费希特的哲学又起着创造浪漫主义哲学基础的作用,这是没有疑义的。原来,费希特的不可捉摸的、创造的"自我"观念,在浪漫主义的运动上不是没有留下重大印象的。尤其他的后期知识学是向着宗教的形而上学展开这一点,更同浪漫主义贴近。因为,作为世界的实在的根源,"绝对"的理念是重要的,这达到在哲学面前的显现。于今,世界是借助实在的永恒性,作为无限的神秘世界,一种精神的世界,以宗教的光芒中照射出来的。这怎样地给与浪漫主义人们以感铭,怎样地给与那里仍缺乏的哲学的根据,在我们的理解上不是一件困难的事情。

另一方面,关于费希特的政治思想,其整体性格和基调另作别论。特别 1807——

1808 年代的民族主义思想中,他本身,国粹主义或国家绝对主义者,是给后世造成几多误解之因。大概那是他最靠近浪漫主义精神的时候,试图将民族共同体作为宗教精神的统一体,去综合自我的统一与精神生活的共同体等等,是要满足于同浪漫主义精神吻合的想法吧。

　　果真如此,那么浪漫主义的特色和主张又怎样认识呢? 进而,与此相关,黑格尔哲学又怎样兴起,走向怎样的归结呢? 那是论及费希特所必须观察的影响。

　　原载[日]南原繁:《政治理论史》,东京大学出版会 1980 年,译于 1987 年。

逻辑实证主义法学

现代西方的一个庞大的哲学派别叫做分析哲学,主张哲学的唯一任务是"分析",包括观念分析、逻辑分析、语言分析等。逻辑实证主义,即是分析哲学的主要分支之一。它又被称为新实证主义、逻辑经验主义等。

现在,依据逻辑实证主义的基本观点,考察它对法学的影响。

一、逻辑实证主义法学的方法论基础

(一)实证主义

第一,逻辑实证主义的基本原则是"实证"或"证实"原则。任何理论与命题(判断)只有能为经验(觉知、观察)所证实才有意义。否则,就没有意义,或为假象问题。

从这个观点出发,法学的任务仅限于研究法律条文本身和人们对法律的经验,而不要去探讨法律的本质及其指导思想等等"形而上学"之类的东西。

第二,逻辑实证主义否认作为经验对象的客观事物具有因果性、必然性、规律性。

因此,法学不应奢望发现法律与经济基础之间以及与其他上层建筑之间的规律性的相互制约关系;法学只是根据经验来确定法律的规则,进而作出法律上的假说。比如,根据各种经验材料来确定犯罪与刑罚,作出刑法方面的假说;根据审判经验材料来确定刑事诉讼法上的规则,作出刑诉的假说……显然,这就不免带有很大的主观主义色彩。

第三,逻辑实证主义把认识与价值判断完全对立起来,认为科学的认识同价值是互不相容的。认识有共同的"规则性",而价值判断却纯粹取决于个人情绪(相当于现实主义法学派所说的"法官的个人特性")。

按照这个观点所导致出来的是法律价值虚无主义。它全然抹杀了法律对于维护特定社会集团利益的意义。一些西方法学家倡导所谓刑法只有"功能"而无价值的"功能主义刑法学",以及民法只是"平衡"私人之间的利益而不讲谁是谁非等,都是与此有直接关系的。

(二)经验主义

这里仅指出两点,即所谓"经验科学"与无意识形态性的关系问题。

第一,逻辑实证主义认为,真正的科学只有两种:一种是"经验科学";一种是由逻辑科学或数学构成的"分析科学"或"形式科学"。这里只说"经验科学"。如前所述,

"经验科学"无非就是"实证科学"。在逻辑实证主义看来,经验科学是"统一的科学"。其统一性表现在:①它的对象(不论自然现象或社会现象)都具有统一的时空的物理学属性;②它的对象相互间都具有结构与还元的关系(语言符号上的,而不是客观的物质运动形态上的)。

逻辑实证主义者说,法学应当属于经验科学的范围,即"作为经验科学的法学"。在他们看来,把法学叫做"作为经验科学的法学",就明确了它在"统一科学"中的地位:①对于部门的经验科学(法社会学、法史学、人类学及无价值判断的法哲学、法解释学等)说来,它是个"统一科学"。②对于其他经验科学说来,具有相互的构造和还元关系,即:人作为其对象的法律现象——一般社会现象(如人的犯罪活动、买卖行为、管理活动)—心理与生理现象—电子信息。不难看出,"作为经验科学的法学",具有片面的、机械的、主观主义的性质,至少到目前为止还看不出它在法学上提供的有价值的新东西有多少。

第二,逻辑实证主义,如同把认识与价值判断对立起来那样,把经验与意识形态对立起来。理由是,意识形态会妨碍经验的科学性。

与此相应,所谓"作为经验科学的法学"强调在检验理论或命题的正确与否的时候,绝不能求助于意识形态的标准,唯一的办法就是以经验来检验经验,从数学和逻辑学上来验证经验。

(三)逻辑主义

逻辑实证主义虽然以老实证主义的"实证"原则为前提,但在它的发展过程中却越来越强调"分析科学"(逻辑学和数学)的作用。它认为只有逻辑真理才能提供绝对真理,但这和经验事实是毫无关系的。为什么绝对真理是绝对的呢?就因为它仅仅是"重言式的命题",即同义语的反复。如,"$2+2=4$"是绝对真理,这无非是"$4=4$"罢了。进一步,再如:"刑罚＝应给予刑法上处罚的行为""犯罪＝具有社会危害性的行为",等等。

要保证逻辑真理,就要遵守"公理"或"基准"。公理是由人们任意约定或习惯形成的,这叫"容忍原则"。

"科学的哲学"的任务,就在于向科学提供一种科学方法,即:分析科学语言的逻辑关系。

回过头来,我们再看这种逻辑主义在法学上的影响。

根据某些逻辑实证主义法学家的观点,法学最基本的概念是"行为—反应"这一概念。法学家的任务在于:把"行为—反应"的概念,"翻译"即运用到具体案件中去,这是一个逻辑的演绎(从抽象到具体)过程;进而,构成各种法律的假说或公理体系或模式,如刑法模式、民法模式等。对此,我们要侧重指出的是,这种逻辑主义的法学方法带有颇大的臆想成分。

（四）语言主义（语义学观点）

语言主义（语义学）是逻辑实证主义的重要组成部分。

旧实证主义力图把被经验的事物及人的思维命题，还原（翻译）成感觉命题，遭到了失败。因为，思维虽然以感觉为基础，但并不是感觉的量的集合。鉴于这种教训，逻辑实证主义便倾向语言主义，企图借助语言（符号）来"指示"和"整理"可经验的世界。

语义学认为，思想根本不能反映现实；它只是因人而异地接受外部现实的符号。语词（符号）所包含的意义是人们任意捏造的。例如民主、法西斯主义、资本主义、经济危机、失业之类的哲学或社会科学一些基本概念，就是通过语言而使它"事物化"的。其理由无非是借口这些东西不能经验。如日本的早川一荣先生就说，这些东西"用高倍显微镜"也无法发现。"不信，请你给'资本主义'照个相片试试。"他们认为，要消除社会种种弊端或矛盾，就需要实行"语言革命"。怎样"革"法呢？柯日布斯基提出使用五种"警告符号"：①每个名词后边要标上"指数"符号，如犯罪者1、犯罪者2等，以示同类物本身的变化；②标上"时间"符号，如英国1980、英国1982等，以示事物本身的变化；③在相关的名词之间标出"连接"符号，如"身—心""时间—空间"，以示事物间的相互联系；④标上"引用"符号，如"资本主义""社会主义""某甲杀了人"等，以示该词因人而异；⑤每个陈述句后边标上"等等"，如"这花是红的等等""某人犯了杀人罪等等"，以示事物性质的无穷而不可尽言。（语义学派的一个重要刊物的名字就叫《等等》。）如能实现了"语言革命"，一切社会问题和争议，便可顿时得到化解和消逝。显然，语义学的理论是以想象的主观主义和相对主义（不可知论）为哲学基础的。

按照这种语义学理论，法学不过是通过语言（符号）来"指示"与"整理"法律现象的工具；至于采用什么样的语言（符号），全由每个人的需要来决定。当然，这里也存在正确与否的问题。正确的就意味着满足了你的需要，达到了你的目的。为什么会搞正确了呢？就因为你"捏造"得对了，"猜"对了。立法者制定法律，法官和检察官运用法律，律师进行代理或辩护，都是如此。在他们看来，法学中强调法律的本质、法律的价值、法律与客观经济制度的关系等，是没有意义的。

二、法律是社会控制的符号技术

逻辑实证主义法学关于法律的概念、功能和适用问题的理论，都是建立在上述所说过的方法论的基础上的，这里作一简单的说明。

（一）法律的概念和功能

什么是法律？逻辑实证主义法学的回答是："法律是社会控制的符号技术。"

这个法律的概念所表明的是：

第一，法律适应一种运用符号的技术。这是从逻辑实证主义的逻辑主义和语义学的观点引申出来的。具体点说,法律同其他经验科学一样,无非是如何恰当地运用语言和符号。例如,民法、刑法、犯罪、刑罚、杀人、盗窃、债权、债务、承诺等,都是语言或符号,就看你如何摆布它们。

第二,法律是社会控制的手段。这个命题是从现代社会学法学那里搬过来的。正是它,表现出逻辑实证主义法学同现代社会学法学的密切关系。

在整个"经验科学"中,"符号技术"是普遍的内容,而"社会控制"则是法律的符号技术的内容和目的,亦即法律的内容和目的。

所谓"社会控制"就是要说明如何造成社会法律秩序,即"从'无法社会'到'法律社会'的过程"。这实际上说的就是法律的功能或法律的价值,但它却是同"无价值判断"的说法是相矛盾的。

第三,法律是特殊的社会控制手段。社会控制手段除了法律之外,还有道德、宗教、习俗等。法律与其他手段的区别在于,它是靠一整套政治制度与政治权力(主要是国家)作为保障的。如前所指出的,逻辑实证主义的这种法律概念,忽略了三个基本问题:一是社会控制就是按照占优势者的利益来控制人们的行为(行为主义尤其布莱克的行为法学的主张);二是非阶级性;三是替法官的任性进行论证(参照"共同规则"、语言或符号的"捏造"等说法)。

(二)"再控制"和法解释论

第一,什么是"再控制"? 逻辑实证主义法学把法律的社会控制分成两种:一种是"第一次控制",即立法权通过制定法律对民众的行为实行自上而下的控制;一种是"第二次控制"或"再控制",即"为了民众利益"而进行的"逆控制"或"对控制的控制"。需要指出的是,在民主派的西方法学家中,"再控制"本来是指民众按照切身利益对立法权进行的各种制约。但是逻辑实证主义法学却根据三权分立的原则,对"再控制"加以理解,认为"再控制"是法律适用机关(主要指法官)通过法律解释所进行的控制。在这方面,可以清楚地看到逻辑实证主义法学同现代社会学法学的不谋而合的对接。

第二,"承认决定的社会控制"问题。逻辑实证主义法学明面上不反对说审判活动包括"承认"(认定事实)、"决定"(作出裁判)、"标准"(有关的法律规范)这三个要因。但在展开论述时,则有意把法律或标准甩开,只强调"承认决定"。而"承认决定",也不过是逻辑规则和语言运用过程。于是,再控制就是"审判的社会控制","审判的社会控制"就是"承认的社会控制"。

除此而外,逻辑实证主义法学还以"承认决定"来说明法社会学和法解释学。认为,法社会学的研究对象,就是作为"承认决定"主体的法官(不排除行政官吏)的行为方式的社会意义;法解释学的研究对象,就是"承认决定"的语言(符号)的逻辑表达。所以,"承认决定"便被说成是法社会学和法解释学的连接点。

这一切都表明,逻辑实证主义法学确确实实同一种鲜明的"法官法学"——美国现实主义法学二者是殊途同归的。

　　最后,不应忘记的是,在逻辑实证主义法学看来,法律的语言逻辑构成是实现法律社会控制的技术手段。真的,这话有其合理的方面。不论在立法或是法解释中,都离不开法律的语言逻辑构成问题。尤其是,在法官不参与主观成分的条件下,准确地揭示法律的语言逻辑构成,可以使法律的社会控制符合立法者的意图即"客观化",能够按照立法者的意图说明法律社会控制的结构(体系)。不过,它既然是一种单纯的法律逻辑操作,就不可能进一步地指出法律社会控制的意义和方向,这也是很明显的事情。

　　本文系1984年对中国政法大学和西北政法学院两校研究生的报告稿。

简说存在主义法学

存在主义法学是西方二次大战后兴起的、建立在存在主义哲学基础上的资产阶级法学流派。所谓存在主义哲学，是帝国主义时期资产阶级和小资产阶级对于人的"存在"的危机感的产物。它的基本倾向是主观主义和非理性主义。它所研究的对象是抽象的超载阶级的人的价值。存在主义者声称，人生没有目的和意义，人的存在是偶然和荒谬的。这种哲学反映出帝国主义时期资产阶级走投无路、垂死挣扎的状况。

存在主义法学，就是运用存在主义哲学来杜撰自己的法学理论。其基本观点，是主张从自我的"存在"的角度认识法律现象。存在主义法学的骨干人物有 W. 迈霍菲尔、U. 霍梅斯、L. 西奇斯和 H. 柯英等人。

一

迈霍菲尔的主要著作是《法与存在》(1954)，其理论的核心是对于所谓自我存在的两种形式的分析。

1. "成为自身"

迈霍菲尔说，自我存在首先是一种单一的、无比较的绝对存在。它以自己为目的和意义，对于自己的命运和生活进行选择和设计。这样的自我存在就是使自己成为"自身"，即自己是本来面目的纯粹的自己。不过，自我又要与外部世界发生关系，同别人打交道。这种联系就是契约关系，它体现了各个自我的"自治"。迈霍菲尔宣称，原始的人类国家就是由自我"自治""成为自身"的人们组成的"自然国家"，其法律就是"存在的自然法"。

2. "成为角色"

自我存在还可以表现为社会的、可比较的相对形式即"社会的存在"。其中，自我被放到一定的身份和地位上，发展到"成为角色"，即自我是作为男人、女人、所有者、承租者等角色显现自己的。在"成为角色"的人们中，有两种秩序。第一，"深入秩序"。它假定人们是处于不平等的关系。第二，"平均秩序"。它假定人们之间存在着平等的关系。这两种秩序便决定了两种法律的正义。从"深入秩序"中产生"分配正义"，即按照人们之间的不平等身份分配利益。从"平均秩序"中产生"交换正义"，即给予人们以平等的自由或权利。表现这两种正义的法律，就叫作"制度的自然法"。

可见，迈霍菲尔的理论完全是对于国家和法律历史的一种主观唯心主义的杜撰。

他所描绘的"成为自身"情况下的"自治"国家和存在的自然法,全然是资产阶级和小资产阶级极端个人主义的王国。而他所描绘的"成为角色"情况下的"他治"国家和制度的自然法,则是对于现实资本主义经济关系和政治法律关系的十分清楚的表白。所谓"深入秩序"和"分配的法律正义",无非就是论证按照资本分配权利;所谓"平均秩序"和"交换的法律正义",无非就是资本主义商品货币交换方面的平等或自由。最后,尤其重要的是,这套理论用抽象的人性偷换了国家和法律的阶级性。

二

霍梅斯的主要著作是《存在和法律》(1962)。霍梅斯理论的核心,是论证存在与法律之间的所谓"辩证关系"。他认为法律有两个方面的矛盾性。第一,法律只能从个人存在的超然性即自由之中,以及存在于个人存在之间的交往之中,才能取得意义。第二,但是,法律又超出个人存在的超然性,而具有自身的客观性和普遍有效性。他的全部理论都是建立在这种"辩证关系"的基础上。

什么是法律? 霍梅斯说,法律就是个人存在"与他人共存"的合理而有效的模式,在其中存在使自己制度化和组织化;这样,法律便决定和规定了个人与他人的存在。在他所表述的法律概念中,法律的重要性超出存在的重要性。

霍梅斯认为,具有客观性和普遍有效性的法律,只能是实证法律。在这方面,他和法律实证主义者的观点是一致的。但是,另一方面,他又认为在法律之先,存在(人)就是其"先天命令"。这种存在的"先天命令",决定了实证法律的合法性和范围。它就是实证法律的超实证基础。霍梅斯没有明确解说存在的"先天命令"是什么。它有点像康德的道德"绝对命令",又有点像自然法学所讲的神命令或者理性的命令一类的东西。

不过,在对于人的违法行为问题的评论上,霍梅斯基本上沿用了康德尤其是黑格尔的观点。即认为存在(人)是自由的,违法也是他自由意志的表现。他有权利自由地违法,而实证法律的客观性和普遍有效性则有权力惩罚他的违法行为。霍梅斯就是企图以这种所谓法律与存在自由之间的矛盾来掩盖资产阶级法律的阶级性。

三

西奇斯的代表作是《人类生活、社会和法律》(1948)。

按照西奇斯的说法,人是两个世界的公民:一是存在于时空之中的、可经验的自然世界;一是理想的、只能由自我内心感受即"直觉"的价值世界。西奇斯声言,他的法学理论所要承担的任务,就是要打通这两个世界的鸿沟。

在他看来,法律不是一种价值,而是实现一定的价值的规范制度。法律的最初目的,在于保障个人在集体生活中的安全。法律的最高目的,在于实现正义。

西奇斯理论在法学流派的倾向方面,是自然法观点和法律实证主义观点的混合。当他强调法律的"最高价值标准"就是绝对保护单个人时,他倾向于自然法观点;而当他强调非正义法律也是法律、也应当服从的时候,他又倾向于法律实证主义(即恶法亦法论)。

西奇斯理论中的种种矛盾说明,他既想鼓吹超阶级的人性自由论,又想维护现行的资产阶级的实定法,而这两种东西实际上是调和不到一起的。所以,这是一种小资产阶级"跪着造反"精神的典型表现。

四

柯英的主要著作是《法哲学原理》(1950)。

根据柯英的说法,人的存在的尊严及其自由,是先于法律的"绝对价值"。它包括一系列自然权利,这些权利构成了最高法律原则。不过,这个"最高法律原则"又不能完全或无限地被法律所实证化。就是说,为了保证社会普遍福利,必须对他们加以限制。这样一来,就不免会造成"最高法律原则"同实证法律之间的冲突。当这种冲突足以破坏"最高法律原则"时,柯英主张要维护它,而不是实证法律。

柯英的理论基本上是一种以个人自由为核心的自然法理论。他把个人自由说成是"最高法律原则",表面上看好像有一定的激进性,但实际上是美化西方资产阶级的现行法律。因为,根据他的观点,除了像当年的纳粹法律外,各发达资本主义国家的法律都是在维护个人自由的。

上述可见,存在主义法学是一个理论上荒诞不经、内容上杂乱无章、逻辑上漏洞百出的资产阶级法学派。

首先,存在主义法是主观唯心主义的。它从抽象的超阶级的人、人性、人道主义等概念出发所鼓吹的"存在",是一种神秘的、捉摸不定的、任凭作者主观意志捏造的东西。它完全脱离了具体的社会环境和社会关系。

其次,它完全抹杀了法律的阶级性。它妄谈法律的概念、法律的原则、法律的冲突等,就是避免和反对讲法律的阶级性,以美化资产阶级现行法律。

再次,存在主义法学的折中主义。存在主义法学者以貌似崭新的姿态宣称要运用"存在"的概念来改造西方法学理论,但是,实际上,它不过是西方资产阶级实证法学、自然法学等理论的粗制滥造的"拼盘"。它反映了西方资产阶级法学日薄西山的没落景象。

最后,存在主义法学的极端个人主义。资产阶级极端个人主义是存在主义法学的主要精神支柱。存在主义法学者大多是孤立的、超然的、狂妄的自我存在、个人奋斗的鼓吹者。他们所发出的痛苦、绝望的呻吟,说明资产阶级极端个人主义最终是没有出路的。

与杜钢建合作,载《法学杂志》1984年第1期。

德沃金整体性法学体系的揭示

李晓峰博士的大作《德沃金法律思想研究》将要在闻名的北京大学出版社出版,邀我为之作序,我欣然地接受了这件差事。这是因为:第一,长期以来,我对德沃金法律思想一直重视,并从他那里受到许多启发。第二,这部专著的初稿,我在两年多前就已仔细拜读过,印象颇深,觉得若能公开出版肯定是对法学学术有所裨益。

德沃金不愧为当代一位声名昭著的法学家。新分析实证主义法学巨子、德沃金主要论战对手之一的 L. H. A. 哈特,也承认他的法律思想的形成"标志着一个新的法理学时代的开始"。所以,德沃金激起国外和我国法学界的轰动,乃理所当然。不过,迄今为止,特别是在我国,对于德沃金法律思想的关注,尚停留在语录的引用和综述的水平上(坦率地说,本人亦如此)。不同的是,晓峰博士的专著开始打破这种局面,别开生面地把德沃金的研究提高到一个新档次。我这个断语的根据,集中表现于作者借助洗练的语言,比较全面和系统地概括德沃金法律思想的全貌,对于其中各基本观点进行细腻的阐发,并予以准确的评价(优点与缺点),从而清晰地揭示出德沃金的法学理论体系。

通过对德沃金原著的反复阅读和对这部书稿的一再琢磨,我深深体悟到作者论证的德沃金法学体系,就是"整体性法律"理论。在这里,为了使法学界同仁和广大读者能够深入阅读这部专著,并确切地把握这套整体性法律理论,我本着作者的思路,不揣冒昧地把它作如下的扼要表述。

一、整体性法律是德沃金的理论范式

德沃金倡导的法律整体性或曰整体性法律(law as integrity)理论,实际上是在借鉴各学派主张的合理成分的基础上,创造性地提出一种新的法学思维范式。

由于社会的整体性和政治的整体性所决定,一个国家的法律体系本来就应当是整体的。如果法律不是整体的,而是立法者、执法者和司法者恣意性的东西,那就必然破坏法治国家的政治目的,使社会中的权利失去保障。

怎样实现整体性法律?这包括历时性(纵向)和共时性(横向)两方面。前者,指坚持国家按照一套前后一致的原则办事。后者,指在不违背维护权利这个目的性原则之下,使社会各群体能够达成理性的妥协,以便一体地理解和遵循共同规划的约束。立法的整体性和司法的整体性,均是整体性法律的组成部分。

与整体性法律相悖反的主张有:第一,因袭主义。它因过分地看重历史上的定论,而妨碍法官对现实问题的解决。第二,实用主义(功利主义、工具主义)。它因眼光短浅,而不能全方位地看到社会利益需要的格局。

多少仔细地分析一下便不难发现,德沃金整体性法律的理论范式,相当成功地把价值、规范、事实三大法律因素协调一起,而呈现出一套法学理论的新范式。在二战后自然法学、分析实证主义法学、社会学法学三大主流派的相互趋同过程中,整体性法律理论所取得的成就,远胜于各种具有"综合性"法学倾向的诸派别。

不过,诚如作者指出的那样:"德沃金关于整体性吸引力的理由不能说没有说服力。整体性有利于提高社会道德的权威,使公民可以对法律有更好的预期(对权利的预期——引者注),更有利于一个法治社会的建立。""然而,德沃金为了论证其整体性观点,有意识地把公平和正义对立起来,似乎走的是除公正和正义之外的另一条路。"我认为,对整体性法律理论的这个评价是恰如其分的。

二、法律阐述的整体性

法律如何保证它的整体性?最为重要的是把法律理解为"解释性的法律",对法律进行"阐述性的建设"。对法律的解释或阐释或诠释,有许多种类。但从大的方面来说,有法律实证主义传统的描述性方式,即死板地依照法律文本进行的说明。与之对立的另一种,就是德沃金所归纳的阐述性的方式。德沃金说,法律概念本身就是一个阐述性的概念。它的基本内涵是把作为对象的法律同一定的目的紧密联系起来进行创造性的理解和说明。其中包括两个方面:一是解释文本要关注它的起源和历史,了解原初的立法精神;二是把法律文本与立法者区别开来。但是,侧重点不应当是法律的过去而是现实的客观情境,不是法律发生的原因而是其发生的结果。这就需要建设性或创造性的智慧,摆脱形式主义造成的干瘪的片面的法律,使之变成丰满的、完整的法律。

阐述性法律与描述性法律两种观念之对立的重要反映是,法律有没有确定性,尤其疑难案件有没有唯一正确答案的问题。按照描述性法律观,法律解释的对象只能是实定法。但是,第一,实定法显然不能网罗社会中的一切,必然存在着诸多的漏洞;第二,即使法律有现成的规定,也难免语境和语义上的模糊性;第三,对于法律空缺结构,不采纳非实证(特别是道德)的观点和规范来填补。由于这些原因,许多案件就会出现每个人自说其是。结论就不能不认为法律是不确定的,疑难案件亦不可能存在唯一正确的答案了。不同的是,阐述性法律观则摒弃把实证法当作唯一的法律因素的看法,注重发掘法律背后的其他法律因素,还有道德这个非实证事实的意义。这就意味着能够保证法律的确定性,也能够使疑难案件获得唯一正确的回答。

三、法律渊源的整体性

德沃金论证整体性法律和阐释性法律的过程中,包含着一个不同于法律实证主义的唯规则(范)论的法律渊源的新说。在他眼中,法律渊源有规则、原则、政策三者。在承认规则具有最直接和最广泛意义的前提下,他突出地强调法律原则。的确,此前学者们和法律家们对原则问题的阐发十分不足。当国家权力机关确定一项立法纲要的时候,总必须同时考虑到原则的要求和政策的要求。

规则、原则、政策及其关系是:①规则。同原则相比,它们作为行为准则都是针对特定情况下的有关法律权利和法律责任的特定之决断。对于一条规则而言,它在具体案件适用时有一个重要特点,即要么它是有效的,要么是无效的,不可能同时都有效。所以,规则应尽量地完备化。针对德沃金的这一看法,李晓峰博士尖锐地指出:德氏把问题绝对化了。实际上,一项规则需要另项规则来补充的情况是屡见不鲜的。②原则。它是规则之上的指导性的准则,因而其"分量"或深度都高于规则;并且,它没有必要也不可能像规则那样完备和细密。原则不同于规则之处,还表现在对于案件的适用时,常常会遇到相互冲突的原则可能同时有效。在这种情况下,就需要进行"分量"的权衡。最后,借助原则审理案件较之以原则名义宣布的规则,更能表现法律制度的连贯性和一致性。德沃金所论述的法律原则,主要是个道德问题。③政策。它也是任何国家法律不可或缺的因素之一。没有政策,法律体系便不可能与时俱进。德沃金认为,政策与原则有重要的区别。政策的意义在于确立整体性的目标,是指明目标的综合性的陈述。原则的意义在于确立个人权利,是指明权利的分配性的陈述。所以,在权利、义务关系的案件中应根据规则和原则,而不能根据政策进行裁判。正由于法律渊源包括规则、原则、政策,特别是原则的存在,德沃金断然拒绝法律实证主义者单纯基于规则的缺陷或空白而得出法官自由裁量权的理论。他相信,原则和政策足以弥补规则的局限,不至于导致任何案件结果的空缺。法官的自由裁量仅是规则、原则和政策范围之内的权力。

四、权利——整体性法律的核心

在二战后的美国世俗派自然法学三大家中,有富勒的道德法学,罗尔斯的正义法学,德沃金的权利法学(整体性法学)。所以,权利问题是德沃金整体性法律理论及其组成部分的解释性法律和法律渊源(尤其原则)学说的核心。德沃金的权利论是古典自然法的"自然权利"观点的当代解读,同法律实证主义的法律产生权利的观点,同功利主义和当代经济分析主义法学的只重竞争的自由与平等而藐视事实上的自由与平等的观点,是对立的。

　　德沃金认为,只要在集体不反对的任何情况下,个人就有权利。一切政治目标的决定和法院的裁判,都是为了权利的实现。尽管权利有背景权利与制度化权利、抽象权利与具体权利、对国家的权利与对公民的权利、普遍权利与特殊权利的划分,尤其道德权利与法律权利的划分,但都应当以个人权利为主轴。

　　在权利问题上,基本的是每个人受到国家和社会"关怀和尊重的平等权利",否定任何形式的个人优越的特权。与此相关,个人出于道德或良心或宗教的考虑,对政府施加压力的非暴力的温和抵抗,属于"善良违法"。对此,官方应予以宽容,而决不能镇压。有限度地对抗政府,这也属于公民的权利。如果说公民享有权利,那么政府的根本任务就是"认真对待权利",关怀、尊重和保护权利。

　　简而言之,我以为晓峰博士对于德沃金法律思想的研究,富有成效;从某种意义上说,其贡献不仅在于填补系统的揭示整体性法律学说这方面的空白,而且做得相当成功,值得赞扬。我期盼他今后在此基础上再迈进一步。

　　是为拙序。

　　本文系为李晓峰《德沃金法律思想研究》所写的序,载《皖西学院学报》2004 年第 1 期。

后现代法学思潮的缺陷与现代法学的价值合理性

以历史的视野看,中国社会向现代化转型的时期几乎与后现代思潮向中国的输入同步。当此之时,后现代的名词、观念与思潮在中国学界纷至沓来。① 哲学界甚至用"争后恐先(现)"来形容。有人说后现代思潮标志着一个时代的产生,也标志着一个时代的结束。中国法学界在 20 世纪 90 年代中期由苏力、冯象和季卫东等学者首先对后现代法学做出回应。② 自此也开始有了对西方后现代法学的不同态度和看法。一些学者主张我们不应当拒斥西方的后现代话语在当代中国法学中流行,但也有一些学者认为后现代法学既然有西方现代化以后的,它不能成为我们的主流话语,我们还是要自说自话。③ 那么,在中国社会转型时期,我们需要的究竟是现代法学的指引还是后现代法学的眷顾? 究竟哪一种法学思潮对转型时期的中国法制更具有合理的指导性? 如何评价后现代法学思潮? 它真能终结以现代法学为标志的时代吗? 这些问题,毫无疑问需要我们予以正面回答。本文拟从后现代法学的一般特点和主要学术观点入手分析其缺陷,然后进一步说明现代法学之价值合理性。

---

① 国内较早介绍西方后现代思潮的是由唐小兵翻译的杰姆逊讲演集——《后现代主义与文化理论》(陕西师范大学出版社 1986 年版)。后来,哲学界也开始了认真研究,如王治河的《扑朔迷离的游戏——后现代哲学思潮研究》(社会科学文献出版社 1993 年版)。

② 参见冯象:《法文化三题》,《读书》1995 年第 4 期;季卫东:《面向二十一世纪的法与社会》,《中国社会科学》1996 年第 3 期;苏力:《后现代思潮与中国的法学与法制——兼与季卫东先生商榷》,《法学》1997 年第 3 期;苏力:《可别成了"等待戈多"——关于中国"后现代主义法学研究"的一点感想或提醒》,《南京大学法律评论》2000 年秋季卷。

③ 张文显先生认为,中国社会现在基本上还是一个从传统向现代转型的社会,其中有大量的传统、封建的东西存在,同时也遇到西方现代化或工业化之后出现的一系列问题、弊端和危机。基于对社会的这种认识,他认为现在需要弘扬的还是现代法学。香港大学的陈弘毅教授在分析了后现代主义的问题后,也认为后现代主义或福柯的研究成果,都未能说服我们放弃现代启蒙精神的凭理性追求真理、进步和一个更人道、更合理的社会的伟大而崇高的事业。夏勇先生认为,我们要了解后现代到底解决什么问题,但要自说自话,而不是自说他话。参见朱景文等:《关于后现代法学研究中的一些理论问题——"后现代法学与中国法制现代化"研讨会论文与发言摘要》,载朱景文主编:《当代西方后现代法学》,法律出版社 2002 年版,第 508—537页。许章润教授直截了当地说,后现代主义,包括法律领域的后现代思潮在内,是西方精神在这个现代后的时代真实焦虑的产物,来自于其现实的社会生活本身的满足与不足,辗转于其人生与人心的希望与绝望、豪情与沮丧,构成西方精神现象史的 20 世纪末期景象。参见许章润:《法律:民族精神与现代性》,载朱景文主编:《当代西方后现代法学》,法律出版社 2002 年版,第 465 页。

一、后现代法学思潮的一般特点

后现代法学与现代法学有明显不同。如果说现代法学的特点可以归纳为强调合理性、形式性、价值性以及与社会的融洽性的话，那么后现代法学的主要特点可以概括为三个方面①：

第一，强调法的不合理性与非理性。这一点与现代法学针锋相对。在后现代法学者看来，社会上不同的阶级和阶层均存在着不同的法，它们之间的关系主要是统治与被统治关系，不可能存在共识。现代法学所强调的合理性完全是一种意识形态。法只不过是社会主流阶级的意识，但却被打扮成所有人的意识与意志。这一特点的不足之处，是错误地理解了共识，对法的理解过于极端。共识不一定是社会每一个成员的意志，我们通常所说的全体人民的意志也绝不可能是每一个人的相同意志的简单相加，它显然是一个比较复杂的合成概念。当然这种观点本身的批判性还是相当有价值的，但后现代主义的极端化观点不具有亲和性。一方面，后现代主义主张解构（deconstruction），强调差异与冲突，对法的理解也是如此。在他们看来，法形成的过程，不是形成共识的过程，而是社会上的各种弱势群体被剥夺和被边缘化的过程，弱者意志和利益不可能反映出来。另一方面，后现代法学派主张视角主义（perspective），它不代表主流意识，而是从穷人、妇女、黑人和精神病人等弱势群体的角度看问题。这种看问题的角度当然富有启发意义，但他们大多像极端女权主义者那样走入极端，反而适得其反。

第二，强调法的实质性。② 这一点也是与现代法学相对的。现代法学强调形式上公平、法律面前人人平等、法律推理只能依法律而不能依法以外的任何其他标准、法是自治自主而非他治的并不应与法之外的道德、政治等因素相混同。但后现代法学怀疑现代法律推理和法律解释的客观性与中立性。他们认为法律推理的过程并非如许多学者所说的那样客观公正，而是法官进行选择的过程，其间，掺杂着法官的个人感情和伦理价值。这种强调法的实质性而反对法的形式性的观点也具有片面性和误导性，特别是对法律解释进行了片面性理解。我们不能想象，一个完全主观的充满个人好恶的法律推理与法律解释会成为经典的被人们一以贯之地尊奉的法，如《法国民法典》《德国民法典》等。

第三，强调法的非整体性与非统一性，反对法的一切宏观话语。现代法学强调法的普遍性、法的至上性及法的中立性等特点，但后现代法学思潮对这些基本观念嗤之

---

① 参见信春鹰：《后现代法学：为法治探索未来》，《中国社会科学》2000年第5期。

② 按照德国社会学家马克斯·韦伯在《经济与社会》中的理解，实质性的法是指两种法：一个是非理性的实质法，指立法者和法官无视一般法律规则而仅凭个人感情和伦理价值等确立的法律；另一个是理性的实质法，指立法和判决依赖于伦理律令、功利利益、权宜规则、政治公理等实质规范的法。这两种法都不是法的最终合理形式。参见谢立中主编：《西方社会学名著提要》，江西人民出版社1998年版，第43页。

以鼻,认为这些不过是虚拟的宏观话语。利奥塔就指出,后现代社会是告别整体性和统一性的社会,所以类似于法律普遍性这样的宏观历史叙述已经完成了使命。① 就一般意义而言,现代法学并非完全否认社会多元的现实,甚至为迎合多元社会而允许多元性地方立法的存在,但这并不意味着统一性的立法就没有存在的价值,相反,正是在统一性的价值理念指引下,人们对法律全球化充满了期待。

二、几个具体学术流派的后现代法学观点及其缺陷

后现代法学思潮不仅仅只局限于几个后现代哲学家的法律思想,除哲学家福柯、德里达等人的法思想外,还包括批判法学、极端女权主义法学、法与文学、种族批判法学和法解释学的相关思想。② 这个范围基本涵盖了20世纪50年代以来的一批法学极端派思潮。③

(一)批判法学的主要观点及其存在的问题

(1)法律推理的非确定性。批判法学认为,传统法学宣扬的法律推理所依据的大前提、小前提都是不确定的。因为它们并非事先确定,而是法官、陪审员认定的结果,无客观性可言。这种观点的可信性是值得怀疑的。法律推理在很大程度上可以说确实有一整套与立法、政治决策的任意性、主观性不同的模式。法律推理是在一定的制度设置和条件制约下进行的,其客观性、中立性和公正性是不容置疑的。

(2)法不是适应社会需要的必然产物,而是适应政治斗争的偶然产物。批判法学的这种观点主要来源于他们对法的另一种片面认识。他们认为,法是政治,是社会中各阶层力量斗争的产物,完全没有客观性和必然性可言。这种观点显然也只是在批判的意义上有所启发。事实上,人类社会包括政治、经济、文化等多方面的发展与需要,

---

① 参见信春鹰:《后现代法学:为法治探索未来》,《中国社会科学》2000年第5期。

② 关于后现代法学的范围是存在争议的。朱苏力和崔之元等人认为,不能把一切与传统法学研究或诠释不一致的学说都称为后现代法学,法律经济学、批判法学、法律与文学、女权主义法学、批判种族理论都不属于后现代法学。而另一些学者按自己的理解认为可以做一些大致的归类。如信春鹰认为后现代法学主要包括三个学派,即激进的女权主义法学、法律与文学运动和批判种族主义法学。於兴中认为有一个更广泛意义的后现代法学范围,包括法律解释学、批判法学、新实用主义法学、女性主义法学、种族批判法学和同性恋法学等。朱景文教授提出了他的三分说,即后现代主义对法学的影响分三种情况,一是公认的后现代哲学家对法学的阐述,二是它影响了一些属于亦此亦彼的人物,三是影响了一些公认的现代法学的代表人物。参见朱景文等:《关于后现代法学研究中的一些理论问题——"后现代法学与中国法制现代化"研讨会论文与发言摘要》,载朱景文主编:《当代西方后现代法学》,法律出版社2002年版,第505页以下。另外,该书书名及内部结构、收入的主要文章名称也反映了朱先生对后现代法学范围的看法,笔者对此划分基本认同,但有一点要说明的是,所谓影响了一些公认的现代法学代表人物,只能说有所影响,并不意味着这些法学家已全面转向后现代。比如罗尔斯对正义理论的修正,尤其是对两个著名的正义原则的补充,更多的是一种现代性完善。参见罗尔斯:《政治自由主义》,万俊人译,译林出版社2000年版,第307—308页。

③ 参见吕世伦主编:《现代西方法学流派》下卷,中国大百科全书出版社2000年版,第1056—1191页。

才是法产生与存在的基本根据,而经济的最终决定性才是法产生的根本动力,历史唯物主义的这个道理应是不言而喻的。

(二)激进的女权主义法学观及其存在的问题

女权主义法学中的激进派,以一种近乎发泄的方式对现代法学进行攻讦。如果说传统的女权主义法学是在坚持现行政治经济制度之合理性的前提下争取更多更充分的女性权利,要求真正意义上的男女平等,因而具有相当的积极意义和价值的话,那么激进的女权主义运动中的女权主义法学则明显地带有极端不合理成分。①

首先,激进派主张妇女受压迫的根源是生物性的。他们认为,由于妇女生育造成身体虚弱,使妇女不能不依赖于男人,男人在肉体上压迫女人,比私有制社会中的阶级压迫更严重。他们主张建立一个完全以妇女为中心的社会模式,认为只有这样才能彻底改变男女不平等的传统社会结构。这其实是在某种意义上背离妇女解放的原则,并不具有当然的可行性。

其次,激进派对本质主义与基础主义也进行了批判。传统女权主义一般站在两性平等的基础之上,认为女性应以男性的标准来要求自己,把达到男性的标准看成女性解放的目的和标准。而激进派认为,这种观点只反映了白人女性与有钱女性的观点,忽视了大多数的女性如黑人女性的要求,还有少数民族的女权观与第三世界女权观都不尽相同。这种批判有一定道理。但进一步的要求却离其所要实现的真正目标相去甚远。因为男女平等仍是当今世界各地女性的一项重要而基本的要求,也是现代法律所要保障的基本原则,如果刻意要把某类女性与其他女性分割开,就会适得其反。

再次,激进派对社会性别也持批判态度。传统女权主义认为,社会性别是相对于生物性别而言的。它基于可见的性别的社会关系的要素,如妇女做秘书、做护士,妇女留在家里,男人到社会上去,这是社会分工性别的歧视。而激进派认为,传统上,白人把自己的经历看成是具有普适性的,从而抹杀了种族与阶级的差别。这种现象被认为是所谓新帝国主义。其实,任何一个社会的观念都有普适性和特殊性的因素,偏执一端无助于问题的解决。

最后,激进派对法律和权力的批判可谓带有很大的偏见。比如,他们认为,法是按男人看待和对待女人的方式来看待和对待女人的。在他们看来,法律将妇女看成是母性化的群体,把妇女看成是性的群体,法律的这种性别男性化实际上把妇女看成是从属性的了。他们经过一系列对比后得出结论,以男性为基础的法不会顾及女性之根本利益。事实上,现代国际性法律中,保护男女平等权的公约是有目共睹的;现代国家的国内法(伊斯兰国家可能是个例外),也在一定意义上为保障妇女的平等权利做了与以往有很大不同的明确规定,这些规定为妇女的平等与自由提供了合法的依据。激进派

---

① 参见孙文凯:《女性主义法学:从自由主义的女性主义到激进的女性主义》,载朱景文主编:《当代西方后现代法学》,法律出版社2002年版,第253页以下。

在这个问题上采取的是不顾事实的极端做法。

（三）法律与文学运动、法律解释学中的有关问题

法律与文学运动是 20 世纪 80 年代后期兴起的一个富于后现代特色的法学流派。它主要有两个分支：一是主张文学中的法律运动，另一是主张法律中的文学运动。它们各有自己的旗帜和口号，这里主要涉及后者的一些观念。

法律中的文学运动的主要观点可以说是惊世骇俗的。他们认为，法不像现代法学所主张的那样是一系列的原则与规则组成的制度体系，而是故事或者说是人类的故事、表演和语言的交流。在法的故事中，有法官、律师、当事人等活生生的角色，每个角色在叙述故事时均有不同的视角。他们批评现代法学只讲一个故事或者只是一个人讲的故事，而且是一个带有强烈意识形态色彩的故事。因此，他们认为应有个转向，要把讲故事的权力赋予所有的人。这样，讲故事的人多了，就不会有人再被当作边缘的人和被忽视的人。

这种观点有强加于人的味道，错误地理解了现代法学关于法的学说、观点。因为现代法学所理解的法，一般地说，尤其强调人权和公民的权利①，强调法的自由平等价值，强调民主性与科学性。因此，把现代法看成只是一个人讲的故事，具有误导性。当然其关于法是故事的观点，无疑是新颖而有趣的，但其偏执与极端也由此可见一斑。

法解释学是从哲学解释学中引进很多方法后发展起来的。德国哲学解释学的大师伽达默尔认为，人类的偏见是随时随地都存在的，既然偏见随时随地存在，那么解释就不可能符合文本原来的含义，所以不存在放之四海而皆准的普适性真理，只有在偏见基础上的看法和在偏见基础上的对文本的认识。人们的解释过程，只是不断地把偏见加入其中的过程。这种观点完全把解释看成是随心所欲的主观判断，缺乏对事物或文本的基本信赖，具有很大的偏执性，以致对自我理解都无法完成。

三、转型时期现代法学之价值合理性

后现代法学尽管特色鲜明、想象力丰富、论证新颖、结论具有震撼性，而且在美国已出现法理学的后现代转向。② 但后现代法学缺陷和局限也十分明显，远不足以终结以现代法学为标志的时代。反观现代法学，尽管在某些方面尚存不足，但从整体而言，

---

① 在此点上，西方的法学流派，甚至是神学的法学派，如马里旦的思想里，都有人权思想或权利平等保障的思想。参见张宏生、谷春德主编：《西方法律思想史》，北京大学出版社 1990 年版，第 455 页以下；沈宗灵：《现代西方方法理学》，北京大学出版社 1992 年版，第 146 页以下；吕世伦主编：《现代西方法学流派》上卷，中国大百科全书出版社 2000 年版，第 37—41 页。中国现代法学中的人权思想随着改革开放的进一步深入，已经非常普遍，当今法理学、宪法学、刑事法学和国际法学的一些论著中随处可见与此相关的一系列思想观念。

② 参见朱景文：《当前美国法理学的后现代转向》，载朱景文主编：《当代西方后现代法学》，法律出版社 2002 年版，第 1 页以下。

其合理的基本价值内核,其对现实社会中政治、经济、文化、科技以及军事领域法制建设的指引与指导,仍然具有不可替代的作用。

之所以说现代法学在近几个世纪的发展中已形成了基本的合理价值内核,后现代法学以现有的观念和形态根本不具备取代现代法学之能力,至少是因为以下几个理由:

(1)现代法学的价值内核是不容替代的。价值内核是什么呢?是多元论的价值内核,还是一元论的价值内核?如果只是一元论的价值内核,那现代法学就显得形单影只,不能海纳百川。我们认为,现代法学的价值内核本身就是多元的,具有极大的包容性。它表现为:在形式上,多个法学流派并立,各法学流派之间相互沟通、相互补充;在价值观上,以尊重一切人的基本权利为核心,以实现社会的有序治理为目标,以创造人类的幸福和社会的和谐为宗旨;在所主张的社会调整手段上,以多元化的方式实现法律的全方位调整,并且与政治、经济、道德、文化、教育、艺术等手段相兼容,它甚至可以包容或吸收后现代法学观念中的一些合理内涵,解决法律中的个别性问题。这些基本的价值内核不是某些极端的后现代观念所能否定的。而且,现代法学正是以这些价值内核为基础,论证了确立现代社会政治、经济与文化等制度的现代化目标与实现这些目标的法律方式的合理性。这些目标与法律方式在当代中国具有毋庸置疑的合理性。①

(2)现代法学在现实中仍然发挥着极其重要的社会作用。诸如指导立法与司法实践,引导法律实现秩序、效率、公平与正义等价值。在现代法学指引下,也为现代公法制度和私法制度确立了一系列的合理原则。现代公法中人权保障原则、民主原则、分权制衡原则、法律面前一律平等原则、无罪推定原则、罪刑法定原则以及现代私法中的公平原则、诚信原则、契约自由原则等皆是实例。

(3)现代法学本身也是一个包罗万象的不断发展的体系,以西方理论法学而言,法学流派可谓洋洋大观,远非19世纪的少数几个流派可比。新自然法学中包括有权利论法学、正义论法学、道德论法学、神学论法学等;新分析实证主义法学中包括纯粹法学、语义分析和规范分析法学、新制度分析法学等;社会学法学中包括社会连带主义法学、利益法学、自由法学、社会工程和社会控制法学、现实主义法学等;此外,还有经济分析法学和综合法学等。② 现代法学的学派众多显示了其论证的厚重性,而这也不是后现代法学片面极端的言辞所能撼动的。

(4)现代法学按其体系内部划分来看,至少有理论法学、应用法学和边缘法学三大

---

① 关于这些目标的合理性证明,有许多论著进行过探讨,参见吕世伦:《法理念探索》,法律出版社 2002 年版,第 125—294 页;公丕祥:《法制现代化的理论逻辑》,中国政法大学出版社 1999 年版,第 63—145 页;刘作翔:《迈向民主与法治的国度》,山东人民出版社 1999 年版,第 48—110 页;等等。

② 参见吕世伦主编:《现代西方方法学流派》下卷,中国大百科全书出版社 2000 年版,第 3 页以下;沈宗灵:《现代西方法理学》,北京大学出版社 1992 年版,第 24—26 页、第 37—412 页;张文显:《二十世纪西方法哲学思潮研究》,法律出版社 1996 年版,第 37—351 页。

类。进一步的划分会更细致一些,很多法理学著作做了这方面的工作,本文恕不赘述。以理论法学而言,支撑它形成壮观局面的各基本法律原则与法治原则仍然符合现代社会的各种需要。同时,现代法学也是一个开放性的学问体系,它具有很大的包容性,对其自身的不足,在现代法学体系内能够不断地得到弥补并完善。几个世纪走过的历程证明,现代法学正是由于其广泛的包容性才有了如此巨大的发展和如此强大的生命力。它在各应用法学领域如公法学、私法学和社会法学等各个学科领域的价值原则,仍将是人类不可或缺的准则和信念基础。

(5)现代法学所研究和倡导的现代法律还具有一系列的合理性因素。仅就思维的抽象层面上看,即有法自身的实质合理性①和形式合理性。按照周世中博士的观点,法还有其实践合理性,并认为这种合理性的增加,在一定程度上能弥补原分类不能穷尽法律的合理性的缺憾。② 就现代法而言,法的形式价值领域的自身合理性是其实质价值合理性的重要保障。周世中甚至认为这两者是不可分割地联系在一起的。③

法的这种形式合理性是由法的规律性表现出来的法的外部形式特征,笔者不揣冒昧,将其大致上归纳为如下五个方面。④

①符合逻辑理性:明确性、准确性、⑤适应思维规则(具有逻辑性),结构严谨、法体系的多层次及其规范内部的各要素间的和谐一致。

②具有巨大的威严性:包括普遍性⑥(非人格性)、相对稳定性、极大的权威性(至上)、仪式象征性、与其他社会调整机制的明显区别、有效性。

③体现对权力运行的限制:权力对权力的制约和平衡,依法立法和行政、司法独立、责罚相称、一案不再理、同类案件同等处理、对于国家机关实行"法未授权即禁止"的精神。

④富于现实色彩:公开性、可行性、开放性(适应形势变化)、继承性和可移植性、对人们行为动机有强烈的刺激性、拥有职业法律家和法学家队伍。

⑤具有强烈的权利凸显性:如保障权利、权利与义务的对应性、法无明文规定不为罪、不溯及既往、对于公民实行"凡法不禁止即可以做",对政府实行"凡法不授权即不可为"。

---

① 这里所说的实质合理性指的是法的内容的实体合理性,与前述后现代观念中的法的实质性显然不同。此外,我国一些学者探讨现代法的实体价值目标,正是在法的实体正义上演绎的。可见一些系统论证法律价值的著作,如严存生:《法律的价值》,陕西人民出版社1991年版;乔克裕、黎晓平:《法律价值论》,中国政法大学出版社1991年版;卓泽渊:《法的价值论》,法律出版社1999年版;吕世伦、文正邦主编:《法哲学论》,中国人民大学出版社1999年版;等等。

② 参见周世中:《论法的实践合理性》,载张文显、李步云主编:《法理学论丛》第2卷,法律出版社2000年版,第334页以下。

③ 同上。

④ 具体论证将另撰他文展开。

⑤ 参见葛洪义、陈年冰:《法的普遍性、确定性、合理性辨析》,《法学研究》1997年第5期;葛洪义:《探索与对话:法理学导论》,山东人民出版社2000年版,第388页。

⑥ 同上。

这五个方面的特征大致上构成了现代法律的基础,如果对它们进行全面解构,结果将是现代法律的崩塌。而在崩塌的废墟上,我们很难想象还能建立出什么样的法律体系。

简要阐述了现代法学及法律的价值合理性之后,我们已不难回答,在当代中国,究竟哪一种法学思想或思潮能代表当今社会未来的发展走向?

我国正处在社会转型时期,当前最为急迫的任务是制度建构,而不是解构,因而恰恰是现代法学更能适应当前社会的需要,与时代发展的潮流相一致,而不是后现代法学。尽管现代法学中也有些学派存在着这样或那样的批判与质疑的倾向性,但它对社会现实法律的总体态度是建设性的,而非否定性的或所谓解构性的。

我国现代法学的教育与研究起步较晚,如果从新中国建立后起算就更晚①,20 世纪 50 年代几乎是全部照搬前苏联的模式,60 年代以后现代法学教育与研究又被"文化大革命"中断,法学教育与研究的成果也是很令人惭愧的。所以,在我国,与现代化建设同步的现代法学的真正建构恐怕只能从 20 世纪 70 年代末算起,当代主要的法学杂志也大体上自那时恢复或新建,专业的出版机构也成立起来,有了法学自己的学术阵地,法学研究方面的文章与著作逐渐多了起来,也具有一定的现代气息。在教材建设方面,也在各校自编的基础上,开始有了全国统编的法学系列教材。我国的法制现代化建设也正是从那时开始,在理论和实践中摸索,逐渐走上正轨,到目前已蔚然大观。法学也在百花齐放、百家争鸣的方针指引下,有了海纳百川、有容乃大的精神。一些学者从后现代法学观念中寻找法治合理性根据的做法无疑也是一种包容精神的体现。②总体上而言,在这样的法学研究与教育的背景下,沿着现代法学的道路可能会有更多的收获。

当然,后现代法学所采用的一些方法,比如怀疑、批判、质疑与否定,其实也是现代法学研究中经常采用的一些方法,也正是这种不断的否定之否定,才有不断的创新、不断的进步和发展。现代科学毕竟也是在大胆地挑战已有观念的基础上发展的。那种具有典型后现代特征的彻底"解构"方法,其实是很危险的,这方面已有很多经验教训被学界所汲取。如近年来,一些法理学者和民商法学者对新中国建立之初彻底打碎旧的国家机器特别是法律制度方面的措施及其背后的观念进行了检讨。

与张德淼合作,载《法商研究》2003 年第 3 期。

---

① 中国近代法学和现代法学的建构究竟从何时算起或者以什么为标志,学界争议很多。范忠信、李贵连、何勤华等学者均对近代法学史做过一些研究。按范忠信教授的观点,梁启超就是一个标志,因为他"在很多方面都是一个开创者"。参见范忠信:《认识法学家梁启超》,《政治与法律》1998 年第 6 期。笔者这里暂不讨论 20 世纪前半期的中国法学中,究竟哪些算近代法学哪些算现代法学,这个问题是有争议的。英文中"modern times"既有近代之义也有现代之义,中国史学界当然有自己的划分,然而法学史的划分还不明晰。

② 中国学者一向愿意并善于从各种不同的学术体系中寻找对中国社会有益的经验、知识和理论,传统中国学者中即有以天下为己任的抱负,这似乎已成为传统。

拨开当代美国法律解释学的迷雾：
激进与保守之间

法律的适用离不开对法律的解释。各国的法律研究者,无论属于哪一法律分支学科,他们的研究都或多或少地在进行着法律的解释。作为一种学术意义的"法律解释"的地位,学界少存疑虑或分歧。然而,作为一种可适用于具体案件中的法律解释,则必然会涉及"有权解释的主体""解释的方法和规程""解释的等级和效力"等众多复杂问题。其中一些是技术性的,而有一些则与一国的政治、法律、文化传统有着密切的联系。

尤其像美国这样一个典型的、"制定法须经法官解释方能有效"的国家,法律解释自然成为了法学界、实务界争论的焦点。从某种意义上来说,美国法学界形形色色的各路法学流派之间的异同,均可体现于对待"法官释法的地位和方式"的态度上来。

在美国、英国、德国等西方国家,真正致力于后现代法学研究的学者并不多见。因而,20世纪末,在丹尼斯·佩特森(Dennis M. Patterson)、巴尔金(J. M. Balkin)以及菲尔德曼(Stephen M. Feldman)之间,关于"法律解释的现代抑或后现代"之论战,尤其引人注目。该论争涉及德国著名学者伽达默尔的解释学、德里达的解构理论、德沃金的整体性法律阐释观、波斯纳的新实用主义法律研究进路、费希(Stanley Fish)以及怀特等人的后现代法学理论。从某种意义上说,不了解这些理论所蕴含的价值取向上的差异,很难真正评价、反思和借鉴当代美国法理学界所发生的一切。①

从解释学视角来研究美国法学思潮的演进与变迁,在中国法学界可谓硕果累累,但将这一研究进路纳入现代与后现代法学的知识背景中予以研究,实为罕见。笔者不揣浅陋、抛砖引玉、期盼学界同仁斧正。

---

① 佩特森(D. M. Patterson):美国著名保守派法学家,Rutgers School of Law-Camden 法学教授。巴尔金(J. M. Balkin):美国耶鲁大学法学院著名宪法学家、批判性法学研究的主要代表人物。菲尔德曼(S. M. Feldman):美国图尔什大学法学院法学教授,在1997—2000年撰写了倡导后现代法学思潮的系列著作,分别出版于纽约大学及哈佛大学出版社。

一、后现代主义法学在美国的兴起①

> 在20世纪的后25年中,西方学术界最为有学术影响的浪潮,无疑应首推后现代主义的兴起。②
>
> ——Douglas E. Litowitz

在现代法学理论中,法律是以保守、中立、普适的面目出现的。法律在维持社会秩序与安定、促进社会发展与人权进步等方面,的确起着不可磨灭的贡献。然而在新的时期,现代法律以及作为其理论、价值支撑的,人文、社会科学中的最后一个堡垒——现代法学,亦面临着自身的合法性危机。后现代主义思想家们在质疑、挑战现代性世界观和方法论的同时,也将反思、批判的矛头直指现代法学所弘扬的基本原则、法治理念,揭露诸多规则和制度在维护强者利益的同时,对弱势群体权益的漠视和排斥。他们试图运用各种新的方法,采用不同于现代主流法学的认识论进路,颠覆体现于现代法学领域的形形色色的流派中的那种一脉相承的形而上学本质,从而打破其话语霸权,化解"语词的化石",使非主流的、边缘性话语获得一席存在的空间。

在世纪之交,后现代主义的这些主题思想已挺进美国法理学或者说法哲学领域。法学院的教授们开始撰文评述后现代主义法律运动。引人瞩目的有,加里·敏达的《后现代法学运动》、道兹拉斯与沃灵顿合著的《后现代法学》、马丽·福拉格的《后现代女权主义法学》以及利托维兹的《后现代哲学与法律:罗蒂、尼采、利奥塔、福柯》等专著③。一系列的有关后现代主义法律理论的研讨会亦如雨后春笋般冒了出来。

具有典型的后现代法学研究风格的法学理论家主要集中在美国,如斯坦利·费希(S. Fish)、皮尔·斯拉格(P. Schlag)、彼特·古德里奇(P. Goodrich)、J. M.巴尔金、德尔哥达、菲尔德曼、D.肯尼迪(Duncan Kennedy)、麦金侬(Catharine Mackinnon)以及A.哈金森(Hutchinson)等法学家。他们所关注的核心理论主要是后现代主义哲学家德里达、福柯、利奥塔、罗蒂等人的哲学思想,以及他们对正义、权力、法律文本的新颖视角和方法论,并将这些方法与美国的政治与法律实践相结合。

如果说后现代法学的基本思想和方法主要源于欧洲大陆后现代主义哲学和别开

---

① 详见高中:《后现代法学》,吕世伦主编:《西方法学流派精粹》系列丛书,法律出版社(按出版社计划,于2004年1月出版)。

② D. E. litowitz, *Postmodern Philosophy & Law:Rorty,Nietzsche,Lyotard,Foucault*, University Pressof Kansas, (1997) p1.通常认为,这些"异类"思潮的先驱追溯至尼采,海德格尔。而风云人物则包括法国的利奥塔、福柯、德里达,美国的罗蒂等学者。福柯对现代化社会中权力与知识关系的揭露、利奥塔的科学与语言游戏观、罗蒂的新实用主义后果论、德里达的解构主义范式,无不展示了与现代性思维迥然有异的风格。

③ Gary Minda, *Postmodern Legal Movements*, CNY:N. Y. U. Press, 1995; Costas Douzinas, *Ronnie Warrington*, *Postmodem Jurisprudence*, C. N. Y. Rontledge, 1991; M. J. Frug, *Postmodern Legal Feminism*, NY:Routledge,1992.

生面的哲理解释学,那么美国就是一块融化这些思想的试验田。

(1)从社会实践和制度层面上来看,美国的司法审查制度、经由法官解释后"制定法"方能在具体案件中得以适用的普通法传统,使得在欧陆乃至英伦三岛纯属政治性的、往往须由议会决断的问题,在美国均成为了法律问题。作为西方世界中排行第一位的超级大国,美国建国的历史虽然不长,但是历史包袱却十分沉重。妇女地位、少数种族的平等对待等问题一直是困扰美国政体合法性的"烫手山芋"。加之非正义的越南战争、大学生校园造反运动、民权运动、性解放运动等,使得美国成为了各种思潮争鸣的沃土。这无疑为后现代法学在美国的兴起提供了法律理论与实践的平台。

(2)从理论渊源上看,法国的德里达、福柯等后结构主义和解构主义思想家的理论对后现代法学的萌芽和发展无疑具有深刻影响。美国本土的、以罗蒂为代表的新实用主义后哲学化运动对英美法系国家,尤其是美国的后现代法学更是起着潜移默化的作用。以詹姆斯、杜威、霍姆斯为代表的实用主义思潮为哲学基础的、盛行于美国20世纪初的法律现实主义运动已深深地渗透到美国法律文化之中。美国法学界对司法过程、法官释法的合法性、法律解释的理论与方法的高度关注,既是美国法理学传统以来的鲜明特征,又成为了后现代法学兴起的切入口。

(3)从参与者来看,既有典型的后现代法学代表人物如邓肯·肯尼迪、斯坦利·费希、怀特、麦金侬、德尔加多、菲尔德曼等法学家(他们中间有部分人本身就是前批判法学运动的弄潮者),亦有直接参入法学对话的罗蒂、福柯和德里达等哲学家。德国的哲学家、法学家哈伯马斯,美国的自由主义权利论的倡导者罗纳德·德沃金,以及新实用主义法学家、法律与经济分析理论的创立者波斯纳等具有明显现代主义法学风格的法学理论家,亦在一定程度上受到了后现代主义思潮的影响。

(4)从学界态度来看,以保守、中立为典型特征的英美法律制度和正统法理学对后现代法学的认识论与方法论一直持有高度警惕和排斥的态度。他们极力捍卫形式主义法学传统在宪法、制定法和判例解释和适用的司法过程中的主导地位,将后现代法律解释观贬斥为相对主义、怀疑主义、法律虚无主义和终极意义上的政治保守主义。这对尚未成熟、内部远未达成共识的后现代法学来说,无疑是必须直面的严峻挑战。

(5)从直接起因来看,在20世纪50年代至70年代,以沃伦为首席大法官的联邦最高法院自由派(或曰左派)大法官,针对隐私、堕胎、种族歧视、罪犯的权利等社会、道德热点问题,作出了一系列新颖的、史无前例的判决。反种族隔离的布朗判例、关于"州议会所制定的干预已婚夫妇使用避孕药具的刑法条文"违宪的隐私权判例、宣布"妇女堕胎自由"的生育自由权判例(罗伊判例)以及扩展刑事诉讼中死刑犯的诉讼权利的司法政策等,在美国法学界引起了广泛而持久的争论。以罗伯特·博克(Robert Bork)、佩特森为代表的保守主义法学家对自由派大法官"肆意妄为"的司法能动主义做法,深表愤慨。他们认为,这群大法官自认为是社会道德的评判者、"柏拉图式"的正义守护神,而实际上却是民主立法的"篡权者";对宪法和制定法的解释应当遵循立法者意图的原则,恪守依循先例的普通法原理,不应当肆意妄为地创设新法。

下述"法律解释的现代抑或后现代"的法哲学层面上的论争,以及波斯纳与德沃金在激进与保守之间的不同抉择,针对的就是这些"充满道德争议"的疑难案件中的法律解释问题。

二、"法律解释的现代抑或后现代"之论争

(一)后现代法律解释观:纯属相对主义和虚无主义

1.主流话语的态度:陷入虚渺深渊中的后现代法律解释观

人们究竟是怎样理解法律文本或其他任何文本的?[1] 佩特森在《普适主义解释论的贫困》《维特根斯坦与宪法理论》等论文中指出,后现代主义解释理论中错误地回答了这一重大问题[2]。

(1)后现代主义解释论的误区。

后现代主义解释论的核心信条是:"人的存在的最基本的方式是解释性的。"[3]依照佩特森的理解,这一信条实际上就是说,人的存在就意味着握有了一个解释性的坐标。通过拥有一个衡量外部世界的模板,人就拥有了世界,或者说,外部世界也因此变得可以理解了。"一位视力极差的人(解释者)在一间大屋子内瞎撞(外部世界),直到他幸运找到了一副眼镜(意义的模板)。突然间,世界的意义在他面前呈现出来。"[4]

可见,解释主义者们不过在争辩,唯有"通过某种镜片(lens)"方能解读任何文本。解释不过是一个联结"理解与文本"的过程或桥梁,因为"解释的行为被置于文本与对文本意义的把握之间。解释就是一种思量——思考得当,文本的意义就能获得理解;思考不得法,理解将落空。"[5]

佩特森坚决地回击后现代解释主义者宣称的"我们总是并且已经在解释的进程中"的论断,认为这是绝不可能的事情。其原因在于,"后现代主义解释论者误使解释者陷入了一个无穷的解释过程中,一种永无止尽的、无法自拔的思量行为之中。"在这

---

① 文本(text)指各种现象、事件等。后现代主义者认为,每一事物都是一种文本。因此,司法意见、判决、制定法、越南战争、洛杉矶"黑人风暴"、福利计划、社会改革等,也是某种客观存在的文本。(参见:波林·罗斯诺:《后现代主义与社会科学》,张国清译,上海译文出版社1998年10月,第1页。)

② D. Patterson, *The Poverty of Interpretive Universalism*: *Toward the Reconstruction of Legal Theory*, 72 Texas L. Rev. 1131(1994); D. Patterson, *The Poverty of Interpretive Universalism*: *Toward the Reconstruction of Legal Theory*, 72Texas L. Rev. 1131(1994).

③ H. G. Gadamer, *Truth and Method*, *Joel Weinsheimer & Donald G. Marshalltrans*. Crossroad Publishing Corp. 2d. Rev. ed. 1989,(1960).

④ D. Patterson, *The Poverty of Interpretive Universalism*: *Toward the Reconstruction of Legal Theory*, 72 Texas L. Rev. 1131(1994).

⑤ D. Patterson,*Wittgenstein and Constitutional Theory*,72 Texas L. Rev. 1837(1994).

样的"囚徒困境"中,解释者将永远无法获得文本的真谛。更严重的是,在"文本的不确定性"论调的缠绕中,相对主义、纯主观主义的唯我论(solipsism)将汹涌而至,对人类理性将造成毁灭性打击。

佩特森尖锐地指出,正因为解释和视角因人而异,事实上将根本无任何确定性标准来选择何为最佳解释。这样,包括左派法官、倡导解释主义理论的法学家在内的法律人陷入相对主义的怪圈中将不可避免,因为没有什么原则或标准能够阻止这一解释的无穷过程。一种视角出现,另一种视角又否认前一视角……在这场解释的游戏中,最终获得的只有己见,而无共识;只有怀疑,而没有确定的成分。在这场游戏中,现代法律的公平、正义、确定性、可预见性和普遍性等基本价值荡然无存了。二战后在美国兴起的司法能动主义判决,不过是假借法律解释之名,推行其主观政治信仰之实。

佩特森坚信,后现代主义解释理论侵蚀了社会批判或批判理论所应有的确定性根基。解构理论,以及包含德沃金版本的整体性法律观在内的其他范式的"解释整体主义"(hermeneutic holism),将无法使我们的批判和反思找到确定的起点。既然任何起点或基础之间无优劣之分,那么没有哪套话语或理论将可作为批判理论的起点。可见,"后现代主义解释论,最终将导致政治上的保守主义。"①

那么,如何才能使我们免于陷入这种解释主义设下的虚渺深渊呢?佩特森的回答采用了维特根斯坦的实用主义进路。他宣称:"摆脱虚无主义的恶性怪圈的唯一办法是充分认识到,人们行为的规范性特征在于规则(如法律)的引导,并非受制于个人的、诸如解释之类的行为。"②

(2)"理解"的本体论意义。

正是这种基本的实践,即一种作为理解(understanding)的法律实践行为,挽救了我们免于后现代法律解释主义所带来的危险。"我们拥有一个与他人相互联系的世界,原因在于我们理解了构成这个世界的丰富多彩的行为和活动。在这些活动中做到不掉队,并且积极地参与到各种实践中是极为重要的,而知道如何行动(knowing how to act)恰恰是理解的精髓之所在。"③

可见,严格区分"理解"和"解释"具有重要的意义。"理解"是"基础性的"(primordial),而"解释"是居于第二位的(secondary)。"理解"(understanding)是一种"非思量性的语言实践"(unreflective linguistic practice),而"解释"则涉及对文本意义的个人考量。

因此,针对一种居于二级规则的(Second-order)、思考性的或者说反思性事业的"解释",我们只有在无法迅速理解文本的意义(例如:法律文本的意义模棱两可或者含

---

① Patterson,*Postmodernist/Feminism/Law*,77 Cornell Law Review,p314.

② Ibid. p21.

③ Patterson, *The Poverty of Interpretive Universalism*:*Toward the Reconstruction of Legal Theory*,Texas Law Review,Vol. 72,1993,p1.

糊不清时)方可使用。对此观点持赞同意见的还有理查德·夏兹曼(R. Shusterman)、詹姆斯·图里(J. Tully)、哈特(H. L. A. Hart)等学者。①

佩特森进而指出,理解文本或话语的标准并非一个过程;相反,它是对文本或话语的恰当反应。例如,当有人说"请将盐递给我"时,我们或者将盐递给他,或者向他解释为什么不行,以此来表达我们的理解。"理解"体现在"递盐"或不"递盐"这一行为中,"行为"恰恰是理解这个请求的标准。可见,"理解体现于对这种请求的恰当行为之中。"当然,如果这一请求模糊不清、难以理解,那么对这一请求的解释方有必要。生活中的日常言语和交往如此,法律文本与法官、法学研究者的关系亦是如此。可见,理解避免了解释可能带来的不确定性。理解充当着挽救我们免于文本不准定性、唯我论、相对主义和虚无主义危险的护身符(talisman)。后现代法律解释论者完全没有意识到,"没有理解,解释不过是在空中乱舞的精怪之已。"②

佩特森的上述评价本来针对的是美国当代法哲学家罗纳德·德沃金的整体性法律阐释观和费希的后现代法律解释论。但是,这两位美国法学家在司法解释论的进路上,与后现代主义解释学有着深刻的渊源关系。因此,"对德沃金、费希的否定"就是对以伽达默尔为首的后现代法律解释观的批判。

2. 为后现代法律解释观辩护:解构与建构同在

作为后现代法学研究中的佼佼者,美国法学家菲尔德曼撰写一系列著作,如《别开生面的形而上学:美国法理学的阐释性转向》(1991)、《诊断权力:法学界与司法实践中的后现代主义》(1994)、《美国法律思想从现代主义向后现代主义的转型:评沃伦法庭的意义》(1996)、《权力的韧性与确立后现代理论的对话标准》(1999)等著作,致力于美国法律解释学、法史学的后现代转型。

在回应佩特森等人对后现代法律解释学的批判和否定的挑战中,菲尔德曼教授探究了后现代解释学开山鼻祖德国哲学家伽达默尔与法国后现代主义哲学家、解构主义大师德里达在理论与风格上的异同后指出:"后现代主义解释学是解构与建构同在的;'虚无主义、唯我论、相对主义、不确定论调'等指责,是对后现代法学的重大误解和偏见。"③

(1)后现代解释观究竟是什么。

菲尔德曼认为,佩特森对解释主义(interpretivism)的解读和指责纯属现代主义的进路,与真正意义上的后现代解释观没有丝毫关系。伽达默尔的哲理解释论充分证明了这一指责的荒谬。伽达默尔已对如何接近和理解文本进行了前沿性的详尽探讨。伽达默尔指出:"从某一视角来看,哲理解释观是一种试图识别、认同人类理解的不可

① R. Shusterman, *Beneath Interpretation:Against Hermeneutic Holism*,73 Monist 181(1990);J. Tully, *Wittgenstein and Political Philosophy*,17 Political Theory 172(1989).

② Patterson, *Postmodernist/Feminism/Law*,77 Cornell Law Review, p313.

③ S. M. Feldman, *The Politics of Postmodern Jurisprudence*,Michigan Law Review,Oct. 1996. nl,p202.

或缺的条件的努力。"①

　　伽达默尔与费希均认为,解释者或读者总是处于某种社会"传统"之中,这种传统将偏见(中性意义的 prejudice)和旨趣(interests)不断灌输到个体头脑中。正是这些偏见和旨趣在一定程度上指导和限制了理解和交流。② 伽达默尔认为,一个人所处的社会传统(复数意义上的 traditions)起着形塑解释者基本立场的作用。对各种事物的看法,必然来自于某一特定的立场。对科学、宗教乃至历史的态度都莫不如此。可见,"传统不是某种过去的东西,而是某种我们时时刻刻参与的现实。正如我们生活在当代社会中一样,我们也是生活在传统中的历史的人。我们不可能摆脱、回避,或者将传统、偏见、旨趣等搁置一边。"③

　　然而,传统并不会因其历史的惯性而继续;它需要人们的肯定、接纳和挖掘。"有趣的是,社会中的各种传统(traditions)以及与之相伴随的偏见和旨趣,不仅制约着我们的理解和交流,同时也有助于我们、甚至赋予我们交流与理解的能力。"④

　　在佩特森看来,理解先于解释。而伽达默尔的进路却是,理解只有在阐释的或解释的过程中方有意义,因为我们的传统、偏见或旨趣使我们事实上通过挖掘我们对某一文本的期待,而获得意义、理解和真理。"作为存在着的人的历史性,带着偏见(或前见)的风尘,在先决意义上,塑造了我们体验生活的能力。"⑤

　　可见,只有通过参入社会传统活动而获得的偏见(前见)和旨趣,包括理解、解释和运用的解释行为方有实现的可能。如果没有前见和旨趣,我们将失去方向,"理解"这个概念将没有任何存在的意义。正如伽达默尔明确指出的,"属于传统就是一种解释学意义上的条件,或者说,传统使得理解得以实现"⑥。

　　在现实生活中,当我们面对某一文本(法律的或其他的文本)时,我们期待或者假定某一文本的完整性,假定它传递了某种意思上的统一含义。这样,"解释"要求我们在探究文本含义的同时,直面而不是顺从它。带着前见(fore-undemanding),我们探索意义,而前见则常常是在我们质疑文本过程中,不断调整的。也就是说:"我们在不断地形成作为新的一轮理解的前见(pre-understanding)。"⑦

　　正是通过这种理解、质疑、调整、再质疑、再调整的相互作用的辩证过程,运动中的

---

　　① Gregory Leyh, *Introductionto Legal Hermeneutics*: *History*, *Theory*, *and Practice*, xi, xii, Gregory Leyhed, 1992.

　　② H. G. Gadamer, *Truth and Method*, at 284—84; Stanley Fish, *Change*, 86s. Atlantic Q. 423, (1987).

　　③ Ibid. p281.

　　④ Feldman, *The Politics of Postmodern Jurisprudence*, Michigan Law Review, Oct. 1996. nl, p203.

　　⑤ Gadamer, *The Universality of the Hermeneutical Problem*(David E. Linge trans.) *reprinted in Josef Bleicher*, Contemporary Hermeneutics(1980), p133.

　　⑥ Gadamer, *Truth and Method*, p329(着重号为笔者加).

　　⑦ Gadamer, *On the Scope and Function of Hermeneutical Reflection*, in Philosophical Hermeneutics p18, p38 (David E. Linge ed. & trans. 1976).

文本意义呈现于读者(解释者)的面前。这样,一开始我们带着前见所理解的文本含义,最终在解释学意义上的辩证过程中,可能产生一种不同的含义。但解释者仍然会认为文本是可以理解的、在意义上是一致的(尽管在某些例子中,解释者可能得出相反的印象)。前哈佛大学法学院院长庞德教授认为:"在某种意义上,一部法律史就是一部法律解释的历史。"其实,该论断讲的就是这个道理。

解释者、文本与传统三者之间亦属于一种相辅相成、相互作用的关系。这种关系既非主观亦非客观,而是将"理解"看作是一种传统、文本、解释者三者的互动关系的体现。

伽达默尔认为,制约我们对文本进行理解的前见,源于与某种传统相关联的共识。但是,在与传统相联系时,这种共识也在不断地变化、不断地调整着。传统本身也不是一池静水,而是一种我们正在参与着的传统。在理解传统的过程中,我们自己生产出自己的共识,并产生新的传统。可见,理解的周期不是一个"方法论意义上"的周期,而是构建"理解"的本体论框架意义上的一个成分。正是在重构的抽象化的解释循环中,文本的意义产生了。①

(2)谁是真正的保守者。

菲尔德曼指出,与佩特森的维特根斯坦进路恰恰相反,伽达默尔强调,"理解""解释"和"适用"三者是一个有机统一的解释行为,"一种统一的过程",绝非佩特森所谓的"一级规则、二级规则"的等级序列关系。伽达默尔明确反对这种将主(解释者)、客(文本)体截然分离的现代形而上学观。他的"存在就是解释"的论断,体现了主、客体的有机互动关系,这正是法哲学、宪法学等领域中,法律解释与适用的本体论意义上的基础。

总之,在后现代法律解释理论中,理解总是解释性的,而解释只不过是一种理解的运动。解释并非虚无的、纯主观的;各种传统亦非铁板一块,它们总是在不断的演进,它们是社会的、群体的安排,与我们生活和实践着的社会同在。传统不是我们可戴可弃的有色眼镜,而语言、文化和法律实践只不过是传统中的、具有动态意义的组成要素。后现代法律解释理论之所以不会使我们陷入法律虚无主义、道德相对主义的深渊,恰恰因为解释是"理解、解释、适用"的辩证统一。②

佩特森指责以伽达默尔为先驱者的后现代法律解释论鼓吹者在政治上过于保守,心甘情愿地接受传统的权威和文本的传统意义。菲尔德曼尖锐地指出,从形而上的意义说,佩特森试图"将苏格拉底再一次判处死刑,罪名是对传统的质疑"。

事实与之恰恰相反:佩特森才是真正的政治保守者,因为他强调,"理解"源于"传统的意义",并且只有通过"适合的""恰当的"行为方能体现"理解"。因此,佩特森宣称,法理学的任务在很大程度上是描述性的(即强调对法律规则的描述和服从),而不

---

① Gadamer, *Truth and Method*, pp164 – 165.

② S. M. Feldman, *American Legal Thought from Premodernism to Postmodernism*, Oxford University Press, 2000, Conclusion.

是批判性的(即强调用批判和发展的眼光来对待法律规则)。马提尼茨(George. A. Martinez)在《新维特根斯坦主义者与法理学的终结》的文章中一针见血地指出,佩特森对相对主义、怀疑主义、虚无主义的恐惧,诱使他陷入了对传统的盲从。①

美国法学家彭斯(Gerald L. Burns)在《法律与语言:关于法律文本的一种解释进路》一文中亦指出,"事实上伽达默尔的哲理解释学早已为'保守主义地接受法律文本的意义'的主流法学,播下了解构的种子。"②

(二)后现代法律解释论与解构主义:正义缺席

许多批判解构主义和后现代主义解释论的学者,如巴尔金和亨利·斯岱廷(Henry Staten)等人均认为,这种法律思潮实质上是鼓励那些解释主义者和解构主义者在对待规则和传统的态度方面无法无天、为所欲为。③ 通过比较研究后现代法律解释论与德里达的解构主义理论,菲尔德曼的结论是解构主义者在"与正义的理念与实践密切相连"的法律解释领域一直耕耘者,正义并没有缺席。

1. 伽达默尔与德里达的异同

菲尔德曼认为,从后现代解释论视角来看,德里达式的解构主义与伽达默尔哲理解释学(philosophical hermeneutics)的确有着许多共同的特征。和哲理解释学一样,解构主义亦可被理解为一种试图认同"人类理解的不可或缺的条件"的努力。伽达默尔和德里达都致力于探究,如何在拒绝现代性法学的本质论形而上学观的同时,又能达到理解法律文本的目的。④

正如伽达默尔强调"我们的偏见源于社会传统"一样,德里达辩称"我们总是在借用来自于每一传统的文本的概念"。前者认为,"我们永远不可能摆脱我们的传统,或游离于我们的立场之外";后者则认为,"我们局限于时代话语的羁绊"。也就是说,解构的事业总是要不可避免地使用、描述那些它致力于解构的形而上学的东西和语言结构。

哲理解释学与解构主义的差异则在于:在一定意义上,伽达默尔偶尔会颂扬片刻存在的(moment)意义和真实(真理);德里达却不会。

其一,两位学者均强调"任何文本,任何条件都有许多潜含的意义,许多可能的真理,真理在不断出现(truth keeps happening);不可能有存在于任何情境(contexts)中的,

① George. A. Martinez, *The New Wittgensteinians and the End of Jurisprudence*, 29 Loy L. A. L. Rev, 545, 549,558—565(1996).

② Gerald L. Burns, *Law and Language:A Hermeneutics of the Legal Text*, in Legal Hermeneutics:History, Theory, and Practice(1992) p23, p26.

③ Henry Staten, *Wittgenstein and Derrida*(1984); Balkin, *Transcendent Deconstruction, Transcendent Justice*, 92 Mitch. L. Rev. 1131(1994).

④ Stephen M. Feldman, *The Politics of Postmodern Jurisprudence*, Michigan Law Review, Oct. 1996. nl, pp166—202.

永恒不变、单一的意义和真理"。分歧在于,伽达默尔认为"文本的意义是不竭的(inex-haustible)";在德里达眼中,"文本的意义却是无法确定的(undecidable)"①。

伽达默尔认为,我们的前见(或偏见)既限制着又有助于我们的理解和解释,我们在不断地建构、再建构我们的传统。在这种"理解、解释、适用"的过程中,在个体(解释者)、文本、传统三者的互动中,建设性与解构性同在。而它们的结合点,恰恰体现于"适用"这一环节的社会、政治、法律的实践。可见,解构的因素隐藏于解构的效果之中。这正是许多后现代解释主义者认为,伽达默尔的哲理阐释学蕴含着"不同于现代主义的"解构潜质的原因。

因此,当伽达默尔描述"传统如何助使我们揭开文本的意义",而德里达则警告我们,"传统的权威被暴力所买断"②。也就是说,德里达想将传统从后台置于前台,以便于提醒我们或者向我们展示,"传统是如何通过残酷和伪虚的方式来确立自己的权威的"。

其二,德里达在解释领域中,高举解构的大旗,不愿意费心地从众多可能的意义和真理中,去确认真正的意义或片刻的真理。他之所以不愿意的原因很简单,因为少数者群体并非不想做出决定,而是缺乏做出决定的权力!

德里达认为,在理解某一问题的"解释过程中",我们在不断地定义着别人,排斥别人,将异端思想从传统中剥离;异类不仅在局外,而且是根本不属于这个圈子的局外人、被抛弃的人。可见,德里达的解构主义也具有政治倾向性——它欲揭露"被隐藏的、被压迫的、被侵犯的、被否定的"他类群体(边缘群体)。③ 而伽达默尔则欲揭露"他类群体"是如何受到我们所理解的、包含法律在内的权威文本的压迫。

为了进一步阐述伽达默尔与德里达,在对待文本、解释权、传统、正义价值等方面的异同,菲尔德曼虚拟了他们之间的以下对话:

伽达默尔:我们对传统的参与(participation)有助于我们理解文本。

德里达:对。但是,究竟是什么使传统合理化的呢?我认为,"部分传统"是由于暴力和欺诈产生的。

伽达默尔:你对合理性的欲求,只会再一次引诱你步入现代形而上学的后尘。你究竟想要什么?某种不变的、稳定的基础主义的东西吗?

德里达:你说得对!你实际上阐述了我欲强调的东西。在这一传统与另一传统之间,并没有能使意义合法化的基础。恰恰相反,传统本身不具备确证自身合法的基础。传统不完全合法,亦不完全不合法。因此,在我们忽略,乃至否定传统中所固有的暴力

---

① Madison, *Beyond Seriousness and Frivolity*: *A Gadamerian Response to Deconstruction*, *in the Hermeneutics of Postmodernity*(1988), pp293—294.

② J. D. Caputo, *Gadamer's Closet Essentialism*: *A Deridean Critique*, *in Dialogue and Deconstruction* (Diane P. Michelfelder & Richard E. Palmered. ,1989) p263.

③ Stephen K. White, *Political Theory and Postmodemism* 16(1991).

和欺诈时,"理解"极有可能会建立在盲从和虚伪的基础之上。

伽达默尔:你说得极是。我们确实在交流,我们确实在理解。这些实践中的活动可以不需要在合法的基础上展开。

德里达:对,但是暴力、压迫、否定、排斥仍然……①

菲尔德曼由此指出,"两位学者的对话将继续下去,而没有定论。我们的社会,法律实践亦是一个辩证法意义上的过程。也许我们没有必要在解构主义和解释学哲理观之间做出选择。事实上,任一选择都可能没有什么意义。这两者的进路只是后现代主义法律解释观的不同轴心而已。也只有在这一意义上,方能评价解构主义的正义观。"用一个形象的比喻:面对桌上的盛有半杯水的杯子,伽达默尔会说"这个玻璃杯中有半杯水";而德里达则会认为"这个杯子一半是空的"。前者乐观,后者悲观,但意思是一致的。②

2. 后现代法学内部的争鸣:法律解释与正义价值的实现

1990年,德里达发表了《法律之力量:权威的神话基础》的论文。在该文中他提及到:"解构主义运动给人的印象是,从来不提及正义的问题,但是'解构'实际上是一种对正义的表达,尽管是拐弯抹角的。"③

在文中,德里达着重从"法的暴力(或力量)为何总是被视为正义或合法"这一视角探讨了"解构与正义"的关系。德里达的结论是"在法律宣称自己是建立在终极权威之上时,实际上预设了法律源头上的某种神话"。因此,在德里达看来,"正义被误置了";正义从未被完全实践,正义是"一种无尽的诉求"(infinite demand)。我们不断地期待正义,但是对正义的实现总是那么可望而不可即。

作为后现代法学阵营中的中坚人物,巴尔金教授在《超验主义的解构论:超验主义的正义观》一文中,回应了德里达的正义观,同时也回应了佩特森关于"后现代解释主义是一种相对主义、虚无主义的政治、法律倾向"的指责。④

巴尔金教授措词明确地指出,解构的批判是为了完善和改进;它寻求批判不公平或不正当的话语霸权,以便于提出一种更佳的规则。它的论断总是以此为前提,即总是存在着某种可替代性的规范,这种规范不仅仅不同,而且更加公正;即使这种解构的结果并不一定很完美,并且面临着进一步的解构困境。这样的解构进路认为,存在着评价正义与非正义的可能性;它毫不犹豫地反对这样的宣称:没有哪种规则就一定比另一种规则或行为更加正义。也

① Stephen M. *Feldman*, *The Politics of Postmodern Jurisprudence*, Michigan Law Review, Oct. 1996. nl, pp166—202.

② Feldman, *Diagnosing Power:Postmodernismin Legal scholarship and Judicial Practice*,88N. U. L. Rev. 1046 (1994).

③ J. Derrida, *Force of Law:The Mystical Foundation of Authority*,11 Cardozo L. Rev, and 919 Mary Quaintance trans,1990.

④ J. M. Balk, *Transcendental Deconstruction:Transcendental Justice*,92 Mitch. L. Rev 1131(1994).

就是说,解构的进路拒绝"所有一切都是同等正义的"。

　　尽管菲尔德曼赞同巴尔金对待"解构主义与正义关系"的诸多认识,但否认巴尔金所得出的最终结论。菲尔德曼认为:"巴尔金正在陷入后现代的眩晕之中。作为宣称同属后现代法学阵营中的学者,他在镜中又看到了另一面镜子,在另一面镜子中,却又……突然,他心中产生一种莫名的恶心感,好似被旋转的变形镜给搅昏头了。因此他不得不停下来,紧紧抓住现代主义的魔杖。"①

　　巴尔金认为,德里达关于正义的论断表明,他本人正在从事某种超验主义的解构概念的构建,并且只有超验主义的解构范式,方能理解"我们对正义的无尽的需求"和"永不枯竭的动力"。但是"这些超验主义的价值并不会以一种完全确定的形式呈现出来;相反,它们需要文化(culture)来使其转化为有意义的、明确的概念。这些超验主义的价值不存在于乌托邦式的柏拉图天国中(platonic heaven);它们存在于人类心灵之源泉中(the well spring of the human soul)。"也就是说,正因为任何文化都不能完全展示或实现我们对正义的渴求,同时我们对正义的感觉和渴求又超越于文化,因此正义的最终之源在于人类的心灵。巴尔金指出,正是这种超验主义的正义观,使我们避免陷入现代主义者常常咒骂的"虚无主义"泥坑中。英美普通法传统中法官依良知断案正是这种超验主义正义观的体现。

　　菲尔德曼尖锐地指出,巴尔金的超验主义解构论既是对德里达的正义观的误读,又是一种现代主义者常具有的文化优越主义的国际人权观。尽管构想新颖、不乏独创,但最终却会使人误入歧途(misleading)。

　　依巴尔金的进路,当我们认为实证规则(如制定法)是不完整,并且需要解构时,我们应该运用那些超验的、源于心灵的正义价值观来批判、重构它。既然文化又在一定程度上体现我们心灵中的价值追求,那么我们就有理由用某种"体现了我们心灵所认同的公平、正义的观念"的文化来解构另一种文化中的规则、传统。比如,我们可以用1964年《美国民权法案》来谴责在美国存在的、同性恋权利的缺失。问题是:"我们为什么认为,我们美国文化中的某一特定部分就一定可以作为评论这一文化的另一部分的正义、公平与否的标准? 既然同属美国文化的平等组成部分,文化本身并不能成为衡量两者关系的规范性标准(a norm)。"②

　　菲尔德曼指出,通过诉求于超越文化的、心灵的正义来解决这一悖论,巴尔金最终使个人高于文化,将个体与外部世界对立开来。巴尔金陷入了现代主义形而上的羁绊中,这恰恰是后现代法律解释观所反对的东西。

　　在真正的后现代主义者看来,巴尔金的康德式进路是没有必要的(unnecessary),"后现代主义解释论并不会破坏责任的承担,亦不会动摇正义的动力。巴尔金的担心

---

　　①　Stephen M. Feldman, *The Politics of Postmodern Jurisprudence*, Michigan Law Review, Oct. 1996. nl, p190.
　　②　Id. p204.

是没有必要的,巴尔金的理论实质上在倒退(backward)。"①

3.解构主义者在法律解释与正义领域一直耕耘着

菲尔德曼坚信,后现代法律解释论能够解释"我们是如何理解作为价值的正义的"以及"它那不竭的动力之源",而不需要借助于超验的现代主义进路。

在伽达默尔范式中,"正义是一种存在于我们各种社会传统中的竞争性概念。正义的概念和意义是开放的;这并非因为我们的心灵超越文化,而是因为我们参与着社会传统和文化的实践。我们对正义的态度并非来自外部世界,而来自于我们各自的文化背景或立场。个体存在于现实世界的意义,并不会颠覆正义的价值或剪除对他们应承担的责任;相反,正义和责任的各种意义恰恰由于我们的现实存在而显现出来。"②

简而言之,"我们的正义观念均是社会的产物。"诚如戴维·赫尔德(David Held)教授所言:"我们不应当徒劳地寻觅纯洁的珍珠,而是应当在现实的社会和文化结构的理解以及过程中,关注我们的交往、行为和价值。如果'真理在不断地出现'(truth keeps happening),那么,关于社会正义的真理和意义也在不断地涌现。正义的含义永不枯竭:当我们迈入新的情境中,正义的含义也在随我们的立场而变化。正如传统和文化、规则和标准在不断地建构和解构,正义本身也经历着实践中的人(解释者)的不断建构和解构,乃至无穷!动态意义的传统,有助于推动我们对正义的永无止尽的追求。"③法官解释法律的过程正是将现时的正义理念运用于具体案件的过程。

艾登·什西威尔(Adam Thurschwell)在《解读法律》中也指出,"我们不应该企图去将某种传统,乃至关于传统的概念绝对化,将其套入某种单一的语言框架,或固定不变的图标之中。"④这恰恰是德里达和福柯所致力于表达的认识观。

斯坦利·费希亦在著作中表达了类似的思想:在任何情境中,只要我们将某种行为或事件贴上"公正"的标签,总会有"他人"(个体或群体)的态度或观点隐藏在我们所理解的视域的边缘;每当通过解释行为表达出来的"正义",总会有不正义存在;每一种正义的行为总会武断地排除、否认或压迫他人。因此正义不可能完美地实现,它总是被错置了(displaced)。所以,解构主义并不需要被改进:符号的游戏推动着我们的正义感。"解构主义者已经,并且总是在耕耘着。"(Deconstruction is always already at work.)⑤⑥

---

① Stephen M. Feldman,*The Politics of Postmodern Jurisprudence*,Michigan Law Review,Oct. 1996. nl,p206.

② Id. p207.

③ David Held,*Introduction to Critical Theory:Horkheimer to Habermas*198(1980),p149.

④ Adam Thurschwell:*Reading the law*,in *The Rhetoric of Law*,p275,pp312—317,Austin Sara & Thomas R Kearned,1994.

⑤ Stanley Fish, *Play of Surface:Theory and the Law*,in *Legal Hermeneutics:History,Theory, and Practice* (Gregory Leyh ed. ,)(1992)p297,pp305—306.

⑥ Christopher Norris:*What's Wrong with Postmodernism*(1990); Feminism/Postmodernism,Linda J. Nicholson ed. ,p200.

菲德尔曼指出,德里达在《法律的力量》中所宣称的"解构就是正义"的命题,尽管有将解构与正义同一化之嫌,但是应当承认,两者确实处于某种不可分割的状态中。特别需要提及的是,解构主义的目标非常明确,那就是致力于使边缘者(the other)成为正义话语中的一个重要部分,主张"揭露暴力与欺骗,将重心定位于对否定、排斥和压迫的曝光"等行动和呼声,应该处于"为正义而斗争"的前沿阵地上(fore-front of justice)。也就是说,"尽管不能肯定正义的真实图景,但要致力于消除非正义的现象。"①

最终"解构主义"与"正义"的密切关系以似是而非的命题而结束,而不是某种确定性的联系而存在。解构主义者强调处于边缘的个体和群体的"他类"(the other)被排除和否定。这样,解构主义挑战着我们将这种暴力和压迫合法化的企图。问题是,"即使我们改变现状,我们也不可能将'他类'抹去;某种异类群体总是存在着。我们不一定要仅仅因为某种异类社会群体曾经被压迫而向他们低头。巴尔金说得对,有些群体应该被镇压,而其他群体则不应当。例如,新纳粹主义(Neo-Naxis)应当被镇压,而民主主义者则不应当受如此对待。有些情况中,对'异类'的(outgroup)宽容和盲从,可能将使自己遭灭顶之灾。更为令人疑惑的是,当我们致力于向某一'异类'群体展示宽容时,我们可能会给自己添加一副枷锁。我们可以通过各种措施,促使'异类'群体融入主流文化中来,而不是忽略或扼杀他们的声音。"②

可见,上述似是而非的命题(paradoxes)和社会主体不同的行为选择只意味着一点:解构主义与后现代法律解释进路并不提供某些确定的结果。人们也不应该期待圣人下凡,指点迷津。后现代主义解释论并不承诺或提供确定的基础。然而,它确实具有显著的政治倾向,它更有点像罗蒂的新实用主义法哲学观。

三、保守与激进之间的抉择:波斯纳与德沃金

在佩特森、博克等主流法学家的视野中,法理学的任务在很大程度上只是描述性和分析性的,因而在政治上以保守主义者姿态出现。在菲尔德曼等后现代法学家的视野中,法理学的首要的或者至关重要的任务却是批判性的——就是要将法律领域中否定、排斥异类(包括囚犯、少数种族、有色群体、穷困无助的边缘者、思想中的异类者、精神病人等)的理论和实践,暴露于阳光之下。③

因而,面对社会中的不公正问题,保守主义者更倾向借助民主的立法程序,而反对司法能动主义或司法激进主义。在左派阵营中处于激进群体的后现代法学家们更偏向于主张运用法官的法律解释的手段来促进社会的激进改革。其原因在于,美国民主的立法往往是受集团利益的左右,很难真正地反映弱者的声音。进而言之,经过政治

---

① Feldman,*The Politics of Postmodern Jurisprudence*,Michigan Law Review,Oct. 1996. nl,p210.

② Ibid,p200.

③ Ibid,p201.

妥协制定出来的法律往往过于抽象,不具操作性。可见,法官的法律解释对维护弱者的权益具有特别重要的制度功能。在这一意义上,伽达默尔的哲理解释学与德里达的解构理论对后现代法律解释观的哲学方法论的奠基,以及50—70年代美国联邦最高法院的"激进"判决的合法性提供了正当化理论基础。

后现代法律解释进路在美国语境中或许体现了某种社会的存在和现实,不管人们接受或者不接受它。哲理解释学向人们展示了,包括法官在内的法律人是如何理解包括法律在内的文本,而不至于陷入虚无缥缈之中。同样,德里达的解构理论亦展示了"尽管正义可望不可即,人类仍然在不断地追求正义"。问题在于,尽管解释者、文本与传统三位一体的理论模型以及解构主义关于法律与正义的辩证过程论逻辑自洽、浑然一体,但是面对纷繁复杂的现实社会,理论所固有局限性却呈现出来了。针对法律所追求的秩序、稳定、公平、发展与进步等诸多既相联系又相冲突的价值理念,不同的人必然有不同的态度,不同的阶层或群体必然有着自己的价值序列等级表。历史经验告诉我们,即使掌握了正确理论、具有严密逻辑思辨能力的人也有可能在具体问题出现偏差,甚至犯大错误。

这也从侧面揭示了,为什么许多意欲维护人权的后现代法学家如麦金侬在涉及女权的某些问题上、费希在对待"法律理论研究"问题上所持的激进观点却会被学界纷纷斥为"法律虚无主义"和"唯我主义"。可见,后现代法学的兴起有助于边缘话语参与到主流话语中来,以增进思想的多样化和社会的变革。然而,某种学说或理论一旦将自身真理化或者绝对化了,必然会在现实面前碰得头破血流。①

德沃金与波斯纳在保守与激进的法律解释理论中的不同抉择,对进一步反思上述论争或许能提供多维度的启迪。

(一)德沃金:既"向前看"又"向后看"的法律解释观

以自由主义法学代表人物、左派阵营中的中流砥柱罗纳德·德沃金为首的法学家们,积极支持以沃伦为首席大法官的联邦最高法院自由派(左派)大法官所做出的一系列判决和司法刑事政策。他们指出,这体现了民权的胜利,符合美国宪政发展的整体结构,美国联邦法院大法官就是应当成为民权的守护神。当依照"民主的大多数"原则制定的立法,以及往昔的司法判例与美国宪法中确立的公民基本权利相冲突时,依民主的合宪性原则,法官对此享有予以严格司法审查的政治道德责任。②

通过对美国法律界占主导地位的实证主义和实用主义思潮的解剖和反思,德沃金以美国的法律文化传统和社会变迁的现实为基础,提出了以"阐释的法"为理论前提,以原则观、建设性法阐释模式和整体性法律原则为主要内容的司法解释理论,从而开

---

① 详见高中:《后现代法学》,吕世伦主编:《西方法学流派精粹》系列丛书,法律出版社(按出版社计划,于2004年1月出版)。

② 罗纳德·德沃金:《波斯纳的指责:我的立场究竟是什么》,高中译,载中国人民大学报刊复印资料中心《法理学、法史学》2001年第8期。

创了当代美国法律解释学之先河。

在德沃金的理论框架中,引人注目的一个解释进路就是,将法律(判例、制定法、宪法)解释视为创作一部连锁小说(a chain of novels),每一位小说家都对前面已写的章节进行阐释,并主动结合自己的创作环境,以便写出新的一章;这一章之后,又给后面的小说家的创作活动添加了予以阐释和发展的材料。以此类推,每一位小说家都有写出他那一章的工作,使小说尽可能有最佳的构成。在这一意义上,美国普通法乃至宪政的发展史就是一部完整的小说,尽管不排除其中可能存在的参差不齐的部分。

德沃金认为,此项任务的复杂性犹如根据"作为整体的法律"(law as integrity)判定疑难案件时的复杂性。然而,在审判中却要求小说家们(法官)以更严肃的态度来对待这种连锁性。"创造性阐释"旨在辨识作者在创作某部小说或维护某种社会传统时的目的或意图。因此,"创造性阐释是在对象与目的之间的一种相互关系。"法官在创制新的法律判决时,应秉承既"向后看"又"向前看"的态度。①

可见,德沃金的法解释观深受伽达默尔的哲理解释学,以及后现代法学中的"法律与文学"研究倾向的影响。区别在于,他既强调法律解释过程中解释者、文本和传统三者的辩证统一的关系,又极力反对法学研究中各种形态的相对主义和怀疑主义。

这种思想贯穿于他的一系列著作中。例如,他既反对以哈特、拉兹、麦考密克为代表的分析实证主义法学,又坚决否定将法律与政治混同的批判法学以及某些后现代法学者对美国宪政和人权发展所持的悲观主义态度和一味解构的倾向。他既驳斥英国法学家德富林主张的"用法律强制来推行多数人的道德信念"的法律道德主义观,又强调"私人道德领域不容法律强制"的私德与公共道德相区别的两分法,并主张"将平等的关怀与平等的尊重为核心的政治道德作为美国宪政基石"的"德性之法治"。

在与波斯纳长达30余年的思想争锋中,他高度评价了波斯纳的"法律与经济分析"研究方法在反垄断法、知识产权法、商法等领域中的创见,但坚决反对将这一进路运用到涉及宪法解释的民权案件以及部分侵权案件中。对于波斯纳近年来所持的新实用主义法律观,德沃金亦持反对态度,因为一味以"后果"(consequences)为权衡的法律解释观并不能解决法律的不确定性问题。更为危险的是,美国宪法及民权判例中确立的人权原则可能会遭到"民主的多数者"的践踏。

综上,在对待法律文本与法律解释的态度上,德沃金的理论处于左派阵营中,但又与激进主义者,乃至与富勒、罗尔斯等复兴自然法学派人物的政治法律思想保持着审慎的态度。② 他是"一块冰",试图用冷静的法哲学思考和乐观主义态度,来消解激进的

---

① 参见罗纳德·德沃金:《认真对待权利》,信春鹰、吴玉章译,中国大百科全书出版社1998年5月;罗纳德·德沃金:《法律帝国》,李常青译,中国大百科全书出版社1996年1月;以及高中:《论德沃金自由主义权利论法学》,《政治与法律》2002年第5期。

② 德沃金:《波斯纳的指责:我的立场究竟是什么》,高中译,中国人民大学报刊复印资料中心《法理学·法史学》,2001年第8期。

法律思潮,因为任何激进、虚无和绝望的思想都有可能在为自己的权利(或权力)斗争中,损害乃至践踏他人的权利,从而最终丧失自己的合法利益。而这恰恰是宪政的稳定与发展之大忌。

正如他在《自由的法律》中所言,"宪法是美国的道德之帆,我们必须有勇气来坚持它其中所蕴含的信念。这种信念是:我们每一个人都是道德共和国的平等公民,这是一种伟大的信仰,只有乐观主义者才可以将这一信仰付诸实践。"[1]

(二)波斯纳:在法解释问题上一切以实用为权衡

在当代美国法理学界,乃至司法实践中,居于主导地位的"一般法理学"理论依然是以实证主义哲学为基础的法律实证主义和以新功利主义为内核的法律与经济分析思潮。前者以哈特、拉兹和麦考密克为代表,而后者则以波斯纳为集大成者。在70—90年代初,法律与经济分析学派似有一统美国法理学天下之大趋,而波斯纳亦成为了保守主义阵营中的中坚人物。

随着罗尔斯的正义论思想、德沃金的权利论思想的影响的不断加深,以及纯粹运用成本与效益的微观经济学方法来分析、解释和适用一切领域的法律问题所必然存在的缺陷,学术界中诸多学者将波斯纳的理论贬斥为"富人理论"。面对挑战,波斯纳的理论在晚近提出了新实用主义的法律解释观。

美国新实用主义哲学的中坚人物、美国后现代主义思潮的积极倡导者理查德·罗蒂的"实用主义的后果论"对波斯纳的法律解释观的转型无疑具有重大影响。在《实用主义的后果论》这一新实用主义宣言中,罗蒂嘲笑、怀疑并解构了来自柏拉图时代以来的哲学思想及其变种。在批判真理主义、宏大叙事理论和统一主义进路的同时,罗蒂提出了"取消哲学""为实用主义正名""走向后哲学时代"的主张。他认为,在美国法学界越来越多的学者正树起反形式主义的旗帜(anti-formalism)。这说明了实用主义进路已被法学家们所接受。R.波斯纳、R.昂格尔以及R.德沃金等学者均可纳入这种宽泛意义上的实用主义思潮之中。[2]

罗蒂指出:"在适用法律时,不需要因缺乏理论而心感惭愧(theory guilt)。重要的是,形成一种新的视野,将观点付之于法律实践,然后看是否行得通。如果效果好,也不要洋洋自得,或试图从中总结出什么宏大理论或原则。如果效果糟糕,就中止它,将其抛弃!""法庭不是在寻找法律中早已存在的权利,而是进行一场关于某种观念的试验,如同在黑暗中的跳跃(leaps in the dark),而关于黑人平等权与妇女生育自由权的实验,证明效果的确不错。可见,法官在某些情况下,是在无原则(unprincipled)的情况下做出司法判决的,没有固定的公式可循,只能本着'试试看'的态度(let's-try-it atti-

---

[1] 德沃金:《自由的法:对美国宪法的道德解读》,刘丽君译,上海人民出版社2001年9月,第50页。

[2] Richard Rorty, *Consequences of Pragmatism*, University of Minnesota Press, 1982. Introduction.

tude)。"可见,罗蒂在拒绝"大写的哲学"的同时,亦拒绝了"大写的法律理论"①。

波斯纳的新实用主义法律解释进路在精神上与之类同。在波斯纳看来,新实用主义法学中的"新"体现在对法律现实主义中幼稚的政治学和其他不成熟的观点的抛弃。他认为,实用主义无论从其原始形态或是新的变化趋势来看,都体现为逐步更加坚决地拒绝启蒙主义、本质主义关于主观与客观、感觉与实在、形式与内容的二元论。以康德为代表的伦理法学,不过是一种保守的社会、政治与法律秩序的支柱。这种保守的思想浸染了柏拉图、亚里士多德式的世界观,即所谓在混沌的感觉印象背后隐藏着一个有序的世界秩序,富勒、罗尔斯、德沃金等均可归入此类。但是他又宣称,尽管他是个相对主义者和怀疑主义者,但与费希、邓肯·肯尼迪的抛弃理论、解构一切的相对主义、怀疑主义有着本质的区别。②

事实上亦如此,例如在其后期的著作中波斯纳不再大张旗鼓地主张"法律与经济分析"的旗帜,强调在法律的解释和适用过程中一切后果为转移;特别是主张法学研究要与社会科学、经济学、人类学、心理学等其他学科紧密结合。波斯纳坚持认为,法官能够避免德沃金们在法律解释学上煞费苦心的争论,因为法官已把握了解决这些法律问题的全新方法和理路——实用主义法律解释观。在司法过程中,法官无须忧虑于审判行为是否缺乏某种道德观念上的证成,或胚胎是否享有自身的利益,或者民主之最佳理念究竟是什么。取而代之的是,法官们应当辨明"允许协助自杀、认定堕胎为谋杀行为或认定某些制定法违宪"的判决会产生什么样的后果(consequences),而后,将之与"逆向判决"(opposition decision)可能产生的后果相权衡。可谓两利相权,取其重,两害相权取其轻! 因此,实用主义法官所做出的判决,只要能满足于现时和将来的需要必定是最佳的判决。③

德沃金针锋相对地指出,为了确定基于某个判决所假设之后果,是否必然优于逆向判决或其他可能做出的判决的预设后果,律师和法官均必须考虑道德或政治上的原则,或针对这些原则做出适当假设。例如,我们可能自信地认为,从长远目标来看,对起诉药品制造商的民事案件施加特别的程序限制,将鼓励医学研究并极大地促进公共卫生事业。然而,只有当我们首先确定,那些限制性措施对在诉讼中受阻的病人是否公平,方有可能断定这些程序限制是否能产生最佳的后果。当然,不同的法哲学家对何为公平有着不同的回答。如功利主义者(utilitarians)会说,如果这些措施能够产生普遍的幸福或快乐,它们就是公平的。但是,功利主义恰恰属于一种充满争议的道德哲

---

① Cited from: Douglas E. Litowitz, *Postmodern Philosophy & Law: Rorty, Nietzsche, Lyotard, Derrida, Foucault*, by University Press of Kansas, (1997) p148.

② 朱景文主编:《当代西方后现代法学》,法律出版社 2002 年 3 月;R. 波斯纳:《道德与法律理论的疑问》,苏力译,中国政法大学出版社 2001 年 11 月;以及 R. Posner, *An Affair of State: The Investigation, Impeachment, and Trial of President Clinton*, Harvard University Press, 1999.

③ Cited from Ronald Dworkin, *Philosophy & Monica Lewinsky*, The New York Review of Books, Mar. 9, 2000.

学,劝说法官接受这样的原则断案,不但不是劝导他们避免哲学层面的冲突,反而使之陷入了波斯纳本人所坚决否定的相对主义法律解释观的困境中。①

波斯纳站在实用主义的立场上坚信,最高法院在 Roe v. Wade 的堕胎案中所做出的"早期堕胎行为合法,而德州有关堕胎之刑法条文违宪"的判决是欠成熟的,或如其本人所言"时机尚未成熟"(premature)。他认为,如果联邦最高法院允许美国各州在不同层面上尝试规制或禁止堕胎的实践,以经历一个"试错的过程"(trial and error base),以期从中自发地产生一种原则化的、客观的答案,一种法庭和全社会均认同的价值共识,此举将更加明智。他指责德沃金等人,对这种"试错过程"所产生的智慧,存在着理解上的盲区。② 许多学者则认为,如果不决定究竟妇女是否享有生育自由的宪法性道德权利,法官或民众又如何能判断那种后果是原则性的。如果坚信妇女确实享有这种宪法权利,这将意味着,在某些州所进行的那些所谓尝试(experiment),已然侵犯了这种不可剥夺的人权! 实际上,对历史不持鸵鸟政策的人,均可清醒地看到,这种残酷的"试验"已在 Roe v. Wade 之前,在许多州实施了数十年之久了。期间,给妇女的身心健康、儿童的成长、尤其是贫困无助的家庭带来的痛苦,可谓罄竹难书。社会学实证调查数据就是最好的佐证。③

可见,波斯纳在民权性宪法案件上所持的宪法解释进路与极端保守主义者的"严格解释观"以及"司法限制主义观"是有区别的。尽管在本质上他与保守主义者在秩序与人权、社会安定与变革等问题上态度是一致的,即秩序优于人权、社会安定优于社会变革、效率优于公平。但他的保守主义进路更显灵活性——当社会中民权呼声日益高涨时,应顺势而行;而当社会倾向不明朗、争议或分歧过大时,法官不宜在这些案子中过早表态,哪怕存在着人权受到践踏的可能或现实。不过其理论虽好,"度"却不好把握。可以说,波斯纳的法律与经济的分析进路与他的新实用主义法解释观并没有本质的区别。在对待制定法与判例法的解释上,他的理论前提或者价值预设是确定的——一切以"实用"为权衡。美国学界将其视为"右偏中"的代表人物似不为过。

四、点滴启示

上文所述的关于美国法律解释问题,以及美国法官角色的定位的诸多论争具有多维度的启迪意义。限于篇幅,仅从制度学意义上谈谈笔者的点滴体会:

其一,从美国法理学界关于"法律解释的现代与后现代"之争,以及处于两者之间的两位法学家对法律解释的立场可推知,美国社会存在的诸多社会问题正是在各种思想观念的相互冲突与争鸣、实践与理论的互动中逐步解决的。美国宪政之所以能稳步

① Ronald Dworkin, *Philosophy & Monica Lewinsky*, The New York Review of Books, Mar. 9, 2000.
② 理查德·波斯纳:《道德与法律理论的疑问》,苏力译,中国政法大学出版社 2001 年,第149—167 页。
③ 德沃金:《自由的法:对美国宪法的道德解读》,刘丽君译,上海人民出版社 2001 年,第53—169 页。

地发展,得益于各种思想和观念的自由发表,因为任何一种理论都不可能是绝对正确的,针对任何一个疑难案件也不可能只有一个正确答案。倘若上述某种理论(德沃金理论、波斯纳理论、激进或者极端保守的理论)真的享有了强制对方沉默的权力,那么国家的长治久安、稳定发展将难以实现。从这一意义上来说,一个现代政府善于在各种价值冲突、各个群体(或阶层、集团)的利益冲突中,寻找妥协的基点,使矛盾化解为动力,不失为治国之上策。①

作为一个判例法国家,美国正是运用法律解释机制的保守性与灵活性,将众多政治风波和社会事件化险为夷。美国法律研究的繁盛亦在很大程度上得益于这种以言论的自由表达为平台、民众在“以法律解释为核心的司法制度”之内或之外进行广泛争鸣的制度土壤。也许可以说,这恰恰是培育法治意识、形成法治文化传统的便捷方法。当然,制度不是一天生成的。成为社会现实的表达自由精神和制度原则,在美国也并非源远流长、一脉相承。这说明像罗纳德·德沃金这样的学者,为什么如此地珍视“学术自由”的价值,为什么如此地强调“学术只有自由而没有民主”。因为,即使在美国这样一个倡导自由、民主的社会,这种学术自由的传统和氛围也只不过是近几十年来,美国知识分子、富有正义感的新闻媒体,以及普通民众通过不懈努力,以他们自己的实际行动获得的、“来之不易”、并须继续为之奋斗的成果。②

其二,后现代法律解释学中将解释者、文本与传统三者辩证地统一起来,看似没有为现实问题提供任何具体的答案,甚至显得过于保守或者虚无。其实,它探索的恰恰是法律的稳定与变迁、保守与灵活等事关社会政治与法律制度的合法性与合理性问题。在这个问题上,复数意义的传统(traditions)既限制着我们的理解又有助于我们的理解。而传统本身亦非一池静水;传统是不可能完全抛弃,但又是不断变化的,它与我们的“存在”是统一的。这种辩证观既是“法律解释”的真谛,又是政治、经济、文化等制度生成与演进的真实写照。值得回味的是,伽达默尔的著作《真理与方法》的标题实际上潜含着某种反语(irony):没有哪种特定的方法能保障绝对不变的“真理”,不管这种真理是法律意义上的或是其他领域的;没有哪种解释技巧能使法官、法律研究者、律师免于法律解释所必然存在的“法律思量”之劳苦和困惑。③

中国目前正在将改革与创新向纵深方向推进。在经济学领域的新左派与新右派之间关于国企的存与废、计划与经济两者之间的恰当定位、贸易保护与贸易自由的执

---

① 在当代中国语境下,涉及的则是“执政党的执政安全问题”。参见徐晨光:《执政党执政安全研究》,红旗出版社 2003 年 11 月。

② 参见德沃金:《自由的法》第十一章“为什么学术必须自由”;戴继·凯尔瑞斯:《言论自由》,载《宪法比较研究文集》,宪法比较研究课题组编译,山东人民出版社 1993 年 7 月版;余志远主编:《英语国家概况》(英文版),“美国政治法律文化”一章,外语教学与研究出版社 2000 年第 2 版;以及 Kenneth L. Karst, *Belonging to America*;*Equal Citizen ship and the Constitution*, Yale University Press, New Haven and London, 1989.

③ Jeffrey Goldsworthy, Tom Campbell ed., *Legal Interpretation in Democratic States*, Athenaeum Press, Ltd. Gateshead, Type & Wear, 2002, Chapter 7.

优孰劣等问题,法学界关于修宪、违宪审查制度的构建、司法独立、民法典的制定等问题,论争可谓异常激烈。这种百家争鸣、百花齐放的局面无疑体现了中国社会在政治、经济、法律等领域日益走向民主化和公开化。但是,笔者隐约感觉"话语霸权"正在形成或可能已然形成。弱势群体和阶层的声音,强调对"地区经济发展极为不平衡的人口大国"的国情予以认真关注的呼声,似乎越来越弱了。由此产生的众多棘手的社会、法律问题在各级媒体中时有揭露。如果中国的制度改革与变迁不是基于各个阶层利益的均衡和妥协,并且没有一种或多种机制来实现这种均衡与妥协;如果将传统置于一边,一切推倒重来,或者固守传统,不愿与时俱进,未来的中国的命运将难以预料。

美国的法律解释实践中存在着极端保守者与极端激进者两极,以及介于此中的众多偏左或偏右派人士。他们对待法律解释的不同态度反映了以集团、阶层利益为基础的、不同的价值取向。理论归理论,现实归现实。真正保证美国社会稳定发展的基石,正是这种来自四面八方的合力的结果。从这一视角来看,中国各项体制改革的快车将意欲何方,实在值得学界同仁的慎思。

与高中合作,载《湖南师范大学学报(哲社版)》2004 年第 2 期。

西方史上的法学人物

毕达哥拉斯

毕达哥拉斯(公元前582—公元前497),是古希腊毕达哥拉斯学派的创始人。毕达哥拉斯学派是一个数学学派、唯心主义哲学学派和反动的政治法律学派。该学派对数学作出很大贡献,如毕达哥拉斯定理、三角形内角和等于180°、"1"加奇数为偶数和加偶数为奇数等;但又把"数"神秘化,以数代替物质世界。毕达哥拉斯也是西方史上第一个正式宣扬"灵魂"论的人。毕达哥拉斯学派曾在古希腊克罗顿城(南意大利)建立贵族寡头政治,最后遭到了人民反抗,毕达哥拉斯及其弟子被杀。在理论上,他们也是疯狂鼓吹贵族主义的政治"秩序",说服从优秀人物统治,恪守贵族制定的法律是符合一般人的天性的。实际上,毕达哥拉斯所塑造的理想国家模型,是拼凑了斯巴达国家的兵营式制度与古东方国家神化统治者的宗教式制度的大杂烩。

赫拉克里特

赫拉克里特(公元前530—公元前470)认为"火"是宇宙万物的本源,其学说充满了辩证法和唯物主义。但他在政治上倾向贵族主义制度。赫拉克里特一生都在敌视其故乡爱非斯城的民主制度,说它是"小孩子"政治、"儿童掌握王权",扬言要把爱非斯人都"吊死"。他说:"一个人如果是最优秀的,在我看来就抵得上一万人。"所以,他极力推崇"优秀人物"的统治,即贵族政治。赫拉克里特还狂热鼓吹战争,说:"战争是万物之父,也是万物之王。它使一些人成为神,使一些人成为人,使一些人成为奴隶,使一些人成为自由人。"赫拉克里特的意思在于,号召贵族阶级要通过战争来取得自己的统治地位,即成为"神"。赫拉克里特重视法律,强调守法。他呼吁城邦"要用法律武装起来",人民要"为法律而战斗"。他认为,只有这样才能"扑灭放肆",也就是制止下层自由民参加国家活动。赫拉克里特的法律思想中,还含有早期自然法(他叫"神的法律")的因素。他说"神的法律"是人法的依据。赫拉克里特政治法律思想中的进步因素主要表现在:他坚决主张清除旧氏族制度残迹,用成文法取代旧氏族贵族的习惯法。

德谟克里特

德谟克里特(公元前460—公元前370)是古代最杰出的原子论者。他也是民主政治的杰出拥护者。

一、社会论

德谟克里特认为奴隶制度合乎自然和伦理,他说:"应该像使用我们身体上的四肢一样地来使用奴隶,用每一个来完成一种特定任务。"他坚决拥护私有制,宣布:"正如癌是一切肿瘤中最恶的一样,当人侵犯旁人财产时,也是一种最坏的占有。"他辩解说:"共同的贫穷比每个人孤立受穷更难堪,因为这样就什么救助的希望也没有。"但是他反对暴富和赤贫的悬殊,提倡清心寡欲,提倡小康生活,拥有"中等财富"。他希望有钱人能支出一笔款项帮助穷人,又希望穷人不要嫉妒富人。这样才能实现公民之间的齐心协力,巩固国家。

二、国家论

在国家起源问题上,德谟克里特也同普罗塔哥拉一样,倾向功利的解释;强调国家由于人们的利益的"需要",并伴随文明生活的发展而产生。国家的目的是实现公共的利益,主持公道,保障公民安全。德谟克里特主张,每个自由民一方面要顾及自己的利益,另方面又要兼顾国家即公共的利益,否则就会落得很坏的名声。他支持民主制度,声称:"在一种民主制度中受穷,也比在专制统治下享受所谓幸福好,正如自由比受奴役好一样。"国家应由人民广泛参加管理。他反对官吏的特权,批评说:"在现行制度中,没有任何地方能使官吏避免不义";并说,官吏做了好事是本分,不应受到表扬,"因为把他选出来本来不是叫他做坏事,而是叫他做好事的。"

三、法律论

德谟克里特说:"法律意在使人们生活得更好。这只有人们自己有成为幸福的人的愿望才能达到;因为对那些遵从法律的人,法律显然是适合于他本性的道德。"从相反方面说,法律之所以需要,也是由于社会中还存在缺乏幸福和美德这种愿望的人,并且妨碍着别人成为这样的人。德谟克里特说,"人们若不互相倾轧,则法律就不必禁止任何人随心所欲地生活了。"德谟克里特就这样从积极的和消极的两方面,说明了法律的意义。德谟克里特强调,在自由民内部,要尽可能地采用说服的和道德的手段,而少采取强制的和法律的手段。因为对于教育一个人来说,前者比后者更有效果。但是,对于犯罪者,他则主张采取严刑峻罚,毫不留情。德谟克里特是中等奴隶主阶级利益的典型代表者,这一点给了后来的亚里士多德以巨大的影响。

普罗塔哥拉

普罗塔哥拉(公元前481—公元前411)是老诡辩学派的杰出代表。他在政治法律思想领域的进步表现和主要贡献,并不在于一般地拥护民主的国家和法律制度,而在于最先从个人主义的、实用(技术)的、功利的观点出发,给国家与法律问题涂上契约论色彩。

普罗塔哥拉是西方历史上第一个同人类的原始"自然状态"结合起来说明国家与法律的起源问题的思想家。他生动地描绘原始人类的处境:最初是过着同野兽没有区别的生活;后来懂得生存技术;最后才懂得"政治技术",即出于"自保的要求"而建立城市;进而,有了国家与法律。国家的目的,也是技术(实用)性的、功利性的,也就是为了人们整体利益的。普罗塔哥拉强调"人是万物的尺度"。他从否定传统的、抽象的"普遍正义"的观点出发,从肯定人的自私本性以及彼此力量不平等的观点出发,断言政治权威是建立在实力基础上的,少数强者拥有优势,就是贵族政体;多数弱者联合起来形成优势,就是民主政体。普罗塔哥拉本人认为,在自由民内部,人人有权参加国家事务,为自己保功利;同时,人人有义务遵守法律,以免损害他人的功利。这表明他支持民主政体。

苏格拉底

苏格拉底(公元前470—公元前399)是伯罗奔尼撒战争后嚣张一时的贵族派的主要理论代表,柏拉图的老师,其理论活动的特点是"述而不作"。苏格拉底作为诡辩学派的门徒,也批判传统的城邦观念,有个人主义倾向。但与普罗塔哥拉不同,他是从唯心主义与贵族主义角度上进行的。苏格拉底认为国家、法律起源于神。自然法就是神意法。苏格拉底鼓吹知识(美德)贵族掌权的国家。他恶毒攻击雅典人民大会、抽签选举官吏等民主制度,并企图颠覆它。苏格拉底在历史上以遵守法律的精神而享有盛名。他的主张的基本观点是"恶法也是法"。这是他从整个奴隶主阶级利益出发的。所以,当苏格拉底受到死刑宣告之后,但放弃出逃机会,而在狱中自杀。不过,苏格拉底的"恶法也是法"的观点,在现今西方法学界还在继续争论着。

柏拉图

伯罗奔尼撒战争带来的政治后果,是反动的贵族派势力的激剧增长。在民主制最发达的雅典也不例外。还在战争的进行过程中,雅典贵族就曾于公元前411年和公元前404年,两度夺取了政权。虽然他们的努力先后都遭到失败,但并不肯善罢甘休。更何况有斯巴达作为直接的后盾,他们的气焰必定是很嚣张的。柏拉图正是战后贵族派的主要代言人。他所完成的庞大的政治哲学体系表明,其人也是古代希腊贵族主义政治法律思想的最大代表者。

柏拉图(公元前427—公元前347),有久长的80年生涯。这期间恰好是从伯里克利去世至马其顿军事力量席卷雅典的过程,因此极为重要。柏拉图出身于雅典的名门之家,本名叫阿利斯托克鲁斯。母方系梭伦同族,一直和雅典民主政治的领袖人物保持联系。柏拉图早年丧父,所以长期受养父普利兰庇斯的教化。这个养父是伯里克利的亲密朋友;伯里克利死后,他仍然是民主派的支持者。但对于触发柏拉图的贵族主义观念具有重大影响的却是他的舅父,即当时的僭主克尔米底斯。20 岁时又投到苏格拉底门下,成为忠实的信徒。苏格拉底死后,他去埃及、小亚细亚、西西里和南意大利旅行。公元前 387 年返归雅典,创办"学园",长期从事于教育和著作的活动,在希腊名声很高。柏拉图为了实现其反动的贵族主义"理想国家"的方案,曾两次涉海到西西里。通过当地统治者迪奥尼西二世①的叔父迪恩,得到自由地改革叙拉古政治组织的许可。然而,柏拉图的所谓改革是一塌糊涂的东西。迪奥尼西在盛怒之下,险些把他送到奴隶市场。这个失败对柏拉图的打击是沉重的。

柏拉图的主要政治理论著作是:一是描绘其理想国家的形象的《国家论》(亦即《理想国》)。该书是在"学园"创办后即公元前 386 年左右写成的,是反映柏拉图政治法律思想的典型作品。它在政治法律思想上造成的巨大影响是不可低估的。我们看到,甚至像 16 世纪的托马斯·莫尔和 18 世纪卢梭这样激进思想家的著作中也留有它的斑痕。值得注意的是,作者本人又给该书加添上《正义论》的副标题。这进一步地表明,《国家论》是柏拉图的反动的哲学和伦理学的产儿。稍许考察一下它的时代背景便可明白,其矛头是直接指向雅典民主制度的。二是试图推导出政治理论定义的《政治家论》。这本比《国家论》晚出大约十年的作品,集中宣扬"理想国家"应该由所谓智力优越的哲学家进行统治的道理。因而,应把它看作是《国家论》的重要补充和续篇。三是描绘被认为可能实现的而又正当的国家和法律制度的《法律论》。这是柏拉图的晚年之作,在他死后才出版。柏拉图在推行其贵族主义的国家和法律理论的过程中碰了钉子,因而对于理想和现实之间的冲突有痛苦的体验。虽说《法律论》是给前两本书做逻辑结论的,但又不得不被迫进行某些具体方面的改变,使他的理论增添一点"现实"的色彩。柏拉图是一个知其不可为而为之的人。在《国家论》里,他设定关于统治的绝对标准,但又供认不能把它现实化。在《政治家论》里探讨"真正统治者"的性质,可又宣告这样的统治者还未曾发现过。只是在《法律论》里,他才力图设计一个自以为是切合实际的国家方案。这本书的突出之点在于强调法律的作用。此外放弃了一些原有的想法,例如取消奴隶主的集体所有制和公妻制等。但基本点并无变化。

在哲学上,柏拉图是一个最大的唯心主义者。他继承和发挥毕达哥拉斯的"数"论、苏格拉底的理性论,搞了一个庞大的"理念"论(伊迪亚)体系。他使一切都最后溶解到理念里面去了。什么叫理念呢?按照柏拉图的解释,理念是宇宙的普遍的本质。理念世界是绝对的实在世界,而个别世界是变化的假象世界。最高理念是"善",它在

---

① 迪奥尼西二世,当时出名的暴君。

凡常的人类世界中的体现是"正义"。柏拉图认为自己的使命就在于用善的理念这个灿烂的太阳来照耀黑暗、阴郁的人类世界,以期实现正义。他的政治哲学正是理念在国家、法律领域的展开。柏拉图的理念实际上就是"神"的同义语,因而,他的国家论和法律论,在本质上同神学的政治法律思想是没有多少区别的。

关于国家和法律的起源问题。柏拉图政治哲学的出发点和归宿点是正义的概念。在他看来,政治秩序的目的就是为实现正义而建立的道德秩序。正义是社会结合的韧带,个人之间唯有借助正义才能达成协调和统一,组成国家。反过来说,唯有正义才能确保国家及其成员的最高的善。柏拉图进一步地解释说,正义就是赋予每个人的"本分"。经过合作和分工,使每个人得到发挥能力、满足欲望的机会。他的前提是:孤立的生活是不可能的,人们生来具有相互接近的秉性。这成为国家和法律存在的契机。不难看出,柏拉图所坚持的是一种心理学的国家和法律的起源论,即把国家和法律当作人的思想的产物。

关于理想国的问题。这是柏拉图政治法律思想论述中的主体部分。他的理想国的说教,大致上又可以从国体(阶级结构)和政体两个方面来了解。

柏拉图露骨地进行神学的杜撰,说上帝分别用金、银和铜铁来造人。这三种质料不同的人便代表着理性、意志和欲念的人性的三个发展阶段。至于奴隶,照例是不属于人的范畴的。具体些说:一是只关心日常生活各种需要的庶民,即占人口中绝大部分的农民和手工业者的被统治集团。虽然他们构成国家的重要部分,也勉强算作公民,但绝对不允许行使统治权。二是相当于军人、官吏的集团,其任务是维护国家的内外秩序,执行正义的命令,实现道德规则。他们和第三种人的统治集团一起,共有教育、妇女、孩子和其他一切。他们决不能因个人利害而妨碍对整体的献身。三是埋头于培养知识和追求真理的集团,也就是领导国家,从事立法、监督人民服从,促进整个伦理目的的哲学家。只有这些哲学家才是统治者。他们交替地担任国家最高官职,余暇时间用于研究学问和追求善的理念。这三个集团各有自己的道德规则,是国家内部协调的、统一的三种凝聚力。假如国家能很好地组织和规制它们,使之归属人性的三个发展阶段的话,具有这样秩序的国家就同正义的理念相一致了。

柏拉图的国家结构论和他的统治形式论或政体论是密切相关的。他以正义概念为根据,对统治形式进行分类,并阐述它们如何由最好到最坏的依次转化(实际上是蜕化)着。摆到最高位置的,是贤人凭借正义进行统治的完全的贵族政治。在这种场合下,如果统治阶级被名誉和财富所左右,就转化为财权政治。而作为财权政治的结果,必然引向寡头政治。一旦人民群众抬起头来,又会变成民主政治或众愚政治。这时,无训练的群众便滥用自由,出现无秩序的社会,导致僭主政治。柏拉图认为,理想国只能是贵族政治。其余的都是腐败的统治形式。但他最为痛恨的是民主政治,说民主政治必然导致专制政治。《国家论》第八卷集中地攻击民主政治。还有一个情况需要提及,即柏拉图后来在《政治家论》中,曾索性鼓吹过单个人统治的君主政治。但又指出,要是脱离了宪法,单个人统治就会变成在一切统治形式中最坏的专制政治。无疑,柏拉图设计的理想国蓝图,包括他对统治形式的论述,全是受到希腊城邦的历史的和现实情况的制约。但由于它是以柏拉图唯心主义理念论作指导的,所以必然得出反动的结论。特别应当看到的是,柏拉图的理想国理论表明:他不仅是广大奴隶阶级的死敌,而且也是人数众多的希腊下层自由民即农民和手工业劳动者的敌人。柏拉图讴歌的贵族政治,大致就是被理想化了的早期的斯巴达制度;而他竭力诽谤和攻击的民主政治,不言而喻是指当时比较进步的雅典制度。这也是他的政治立场的系统的大暴露。

关于法律的问题。柏拉图的法律观也是理念论的派生物。他认为,不管采取什么统治形式,只要它还要保有某些善,就必须依靠法律。因为法律可以排除对个人判断的过分信赖,更主要的是排除人民群众的"恣意性"。在《法律论》中甚至包含这样的意思:政治统治是法律的统治,而不是人的统治。所谓"法律的统治",绝对不能把它误解为法制主义。柏拉图所说的统治者是凌驾于国家和法律之上的。因为,他们把握着理念和正义的原则,法律只是这些原则的产物,而不能相反。统治者创立法律的权威不是来自另外的立法者或者宪法、法律,而是来自它们的外部的并高于它们的原则。统治的优越性不具有法律的意义;他们不对法律负责,只对理念或正义负责,也就是只对上帝负责。这就意味着,法律实际上是一小撮贵族奴隶主的意志。法律是统治奴隶和下层自由民的工具,对于执掌政权的贵族本身没有约束力。

严格地讲,到柏拉图为止,尚未建立起完整的政治学。它依然是哲学的附属品,顶多可以称作政治哲学。但这丝毫不排斥柏拉图在这方面取得的重大进展,也丝毫不排斥他的政治法律思想的重大影响。

亚里士多德

亚里士多德是知识极为渊博的科学家和杰出的思想家。他在政治法律思想史上的贡献是不朽的。他的著作《政治学》,首次把政治概念置于首位,成为开拓独立的政治学发展道路的历史性文献。通过亚里士多德的努力,政治学才得以从哲学、进而从伦理学的领域中分离出来,形成一个独立完整的体系。

亚里士多德(公元前384—公元前322),其生活期间经历过斯巴达从在希腊炫耀权势到没落的变迁,以及故国马其顿从获取希腊的霸权到分崩解体的变迁。亚里士多德的大部分生涯是在雅典逝去的,但其出生却在马其顿的伊奥尼亚殖民地斯塔吉拉。他父亲是马其顿王的侍医。他年轻时跟父亲学习医学、生物学等,对自然史兴趣很浓。公元前366年父亲死后,17岁的亚里士多德便迁居雅典,进入学园,从事20年的攻研,成为柏拉图门下首屈一指的高材生。公元前347年柏拉图临死之际,他的外甥斯庇乌西浦斯夺去本应由亚里士多德继承的学园首领的地位。于是亚里士多德便去侍奉阿塔尔耐乌斯的僭主霍尔梅亚斯,做其典医和师傅。5年后霍尔梅亚斯因革命被杀,亚里士多德失去职业。不久，应马其顿王菲利浦二世的招请，给他的后继者、13 岁的亚历山大做师傅。亚历山大与亚里士多德的相互影响是怎样情况，无从考证。实际上，在亚历山大于公元前 334 年出征亚细亚尚未开始之时，亚里士多德就已迁移到雅典，建立自己的学校吕克昂，在亚历山大和马其顿宫廷的支援下，在那里经营了 12 个年头。据说，亚里士多德平时在校内苍郁的林荫道上，一面逍遥，一面同弟子们深沉地思考学问，因而得到"逍遥学派"的称呼。在这期间，希腊人对马其顿的统治的强烈不满急剧增长。亚历山大一死，雅典就发生反马其顿的暴动，亚里士多德立即就成为反对的对象。他逃到埃乌保尼亚的加尔基斯市。翌年，即公元前 322 年，因过劳引起慢性消化不良症，殁于该地。终年 62 岁。

长期间，亚里士多德所处的环境，对他的政治学研究极为有利。在他思想的活泼时期，担任亚历山大的老师，既无需参与公事，又得以利用马其顿宫廷的大量资料来考察希腊世界。他搜集的当时城邦宪法就有 150 余部。尤其是，马其顿建立霸权的结果，出现一时的和平状态，也方便了亚里士多德对各种统治形式的观察和比较。

亚里士多德作为一个哲学家，对他的老师柏拉图的理念论是有所批判的。列宁说："亚里士多德对柏拉图的'理念'的批判，是对唯心主义，即一般唯心主义的批判。"这主要表现在其现实的倾向。他用"原型"论代替理念论。所谓原型就是形式；但因为它是事物的决定性因素，所以又是本质。原型和"素材"（物质）相结合造成各个事物。他正确地指出，普遍物不是超越各个事物的实在，而是各个事物的内在。但是亚里士多德并未信守这一点，而是无限地夸张形式，把它说成是事物的动力和目的，终于凌驾物质之上。结果，又不能不叛归到柏拉图的理念论。由此可见，亚里士多德是动摇于唯物主义与唯心主义中间的。这套哲学思想，在他的政治学中得到了明显的反映。

国家的目的论是亚里士多德政治学的一个首当其冲的问题。亚里士多德从希腊人传统的城邦主义出发，得出人是"政治动物"或"城邦的动物"的结论。他认为人的最高生活只有在城邦之内才是可能的，离开城邦便无从考虑个人的问题。但是城邦就是政治，因此政治生活是第一位的。正像任何原型都具有目的性一样，国家（城邦）原型就是以实现人的"幸福"为最高目标。也就是说，国家不单纯是借助统治机关的活动起着维持法律和秩序的作用，更重要的是创造人的良好生活、不断充实作为理性存在的人性，而积极谋划公共的善。那么，实现国家目的的基本条件是什么呢？第一，是坚决维护奴隶制度。亚里士多德可以说是系统论证奴隶制必要性的第一个人。他露骨地宣称，奴隶是"说话的工具"。说什么"谁在本性上不属于自己而属于别人，同时他仍然是一个人，这个人按其本性来说就是奴隶"，"一个人当他是人而又成为财产的时候，他就属于别人了"。奴隶制就是自由民幸福的保障。还说，这种统治和服从的关系的原理，在自然界是普遍的，不可避免的。在这样的条件下，只要主人不滥用权威，奴隶制度会给双方带来利益。需要指出，亚里士多德在肯定这种所谓"自然"的奴隶制度的同时，反对用法律和力量的强制把自由人变成奴隶，认为这是反自然的、不正当的。这大体上反映着梭伦改革以来的希腊城邦的现实。第二,是坚持彻底的奴隶主的私有制。为此,他非难柏拉图一度主张的奴隶主的集体财产所有制和公妻制。他认为,放弃家庭韧带和私有财产,就会把人的生活弄得狭隘化了。特别是集体财产所有制,破坏所有权能够给人带来的愉快感,使自由和宽容的德性成为不可能。就是说,在心理上、道德上都起着坏的作用。至于妻子和孩子的公有,阻止爱情的发展,引起人们之间的相克。然而,亚里士多德不赞成私有财产的过分集中,要求加以"限制"。他说,非常富裕和极其贫穷两个极端都不好,财产分配应该"中庸适度",只有"小康"最幸福。这十分明显地反映着亚里士多德代表中等奴隶主阶级利益的立场。另外还要看到,在亚里士多德的政治学中,很重视经济的影响作用。他认为,经济问题对政治的安定有密切关系。不仅如此,他甚至说,统治政策的决定,通常不外是对保持经济权力者所造成的各种现实的裁可。这一观点是非常正确的。第三,主张奴隶主的政治自由。其理由是:既然国家是为确保市民集合体的最高福祉,那就必须在最大程度上容许每个人参与政治,得到自由;并且,国家与政府不同,政府是由控制国家和保持最高权力的人们构成,国家是由全体市民构成,所以政府不得限制市民的政治自由。

亚里士多德的国家目的论,还没有脱离柏拉图"正义"的根底。亚里士多德说,伦理的正义只有在国家生活中才能保证实现。他进一步分析说,正义有"分配的正义"和"平均的正义"两种。分配正义是"表现在对荣誉、金钱或其他任何可以在参加某个社会的人们之间进行分割的东西的分配上"。它是从人的价值的不平等性出发的。而这种不平等性同样是自然造成的,是不能完全改变的。与此相反,平均正义是"表现在对属于交换物品范围的东西进行平均分配上"。它以人的等价性为依据,使相互利益等同。亚里士多德的所谓分配的正义和平均的正义,不外是自由民在政治上的平等和经济上的交换平等。这两种正义实际上就是亚里士多德设定的、处理奴隶主阶级内部关系的准则。

亚里士多德在国家起源问题上,没有采取老诡辩学派的契约论和柏拉图从抽象理念推导的方法。他认为,国家是从家庭开始,自然地并且必然地建立和完善起来的。亚里士多德说,政治结合是人们的内在需要,结合的目的是为了谋求共同利益。这种组织起来的政治生活,对于人的生存来说是本质性的东西。只有神仙或者野兽才会不感到这种结合的必要。本来,人的结合无非有两种基本形式:一是两性结合;二是命令和服从的结合,即自然的统治者和自然的服从者的结合。由夫和妻、父和子、主和仆(奴隶)这些关系的联结,便造成了家庭。因此,家庭是两种结合的最初形式。亚里士多德非常重视家庭,说比什么都重要的是家庭、妻子和耕牛。"这里次于妻室所说到的牛,在穷苦家庭中就相当于奴隶。""家庭就成为人类满足日常生活需要而建立的社会的基本形式。"但是,在家庭中,家长是妻子、孩子和奴隶的管理者。氏族、村落、种族、国家,无一不是家庭相互集合的产物。亚里士多德进而指出,像这样受年岁最长的男子统治的家庭,是君主制国家的原始形态。以此类推,把村落、种族也当作一种秩序,便达到更高的集合体,即国家的概念。他说,由一个以上的村落产生和完善起来的集合体就是国家。"等到由若干村坊组合而为'城市(城邦)',社会就进化到高级而完备的境界,在这种社会团体以内,人类的生活可以获得完全的自给自足。"很明显,亚里士多德宣扬的是一种古老的家长制的国家起源理论。这种理论相对于国家起源的神学论或柏拉图的理念论,无疑是进步的,但它同样是错误的。实际上,家长制的家庭和国家,作为私有制的结果,是同时产生的。那么,应该怎样认识和对待现实中的国家集合体与其他集合体(包括家庭集合体)的关系呢?为了解释这一点,亚里士多德提出,国家的标准是完全的独立性、自我满足性和自我生存性。这些属性是家庭或者村落等集合体所不具备的。国家这种集合体存在的意义,主要在于:一是人们生活的最广泛的恒久条件;二是最大限度发挥人们能力的唯一组织形式。基于这些理由,"国家,自然地要优先于家庭和个人"。这种论述正是古代希腊人城邦主义观念的典型的理论概括。

亚里士多德关于国家政体的论述是独具风格的,成果是丰硕的。在这方面,也表现出和柏拉图的国家理想之间的分歧。柏拉图探讨的是一定要适应超时代、超民族的国家组织。而亚里士多德则指出,不可能存在什么在任何环境下总是最好的统治形式;统治形式,最终由不同人民的特殊要求来确定。在亚里士多德看来,基本的国家制度不能脱离具体的时间、地点和人民的条件来考虑。其中,包括综合地考察地势、气候、资源以及居民数量诸情况。这里有地理环境决定论的色彩。《政治学》的主要任务之一,就是研究国家的统治形式。

亚里士多德认为划分统治形式有两条标准:第一,根据主权属于多少人,即由一个人执政呢,少数人执政呢,还是多数人执政呢来划分;第二,根据统治所趋向的目的,即根据是实现全体市民的利益呢,还是只为自己的利益来划分。这第二条标准是主要的。就是说,不问主权者(执政者)的人数多少,只要是为整体的共同的善而组成并有效能,就应该看作是正常的。反之,在一个阶级或集团排他的利益之下组成的组织,尽管以多数人为背景,也不算是正常的。正常的有君主政治、贵族政治、共和政治;不正常的有僭主(暴君)政治、寡头政治、民主政治。僭主政治是为君主私人的利益并凌驾人民之上的统治形式;寡头政治是为富裕阶级的利益并凌驾贫民阶级之上的统治形式;民主政治是为贫民阶级的利益并对富裕阶级实行限制的统治形式。这三种是腐败的形式,必须予以否定。那么,亚里士多德本人追求的统治形式是什么样的呢?起初,他曾设想过,在能够保证贤明的、善良的人当君主的情况下,可以把君主制看作是最好的统治形式。但是,他又怀疑这种保证缺乏现实的可能性。因为君主政治常常易于堕落成为专制政治。后来,亚里士多德主要倾向于立宪的共和国。用他的话来说,这是一种介乎三种正常政体之间并吸收三种正常政体优点的中间型的政体;在这种国家中,中等阶级占据优势。亚里士多德理想的实在根基,不是民主制全盛时期即伯里克利时代的雅典;他把这种政治制度实际是看成民主政治的典型,而加以谴责的。确切些说,其根基是排斥下层自由民的梭伦时代的雅典。这说明,在政体问题上,再次反映了亚里士多德坚决维护中等奴隶主阶级利益的立场。在《政治学》中,亚里士多德借助大量的历史例证,考察政治制度的变化。其目的之一,是寻求安定政治组织的手段和避免动乱的方策。依照亚里士多德的看法,政治动乱的根源是国家组织方面存在着不平等。君主政治是由父权家长制的家长直接发展起来的,是最原始的统治形式。它一开始是非利己的,即是为整体幸福的目的。后来,它蜕化了,变成为君主利己目的的统治,转为腐败的僭主政治。接着,土地贵族兴起,推翻这种专制政治,建立贵族政治,即为公共的幸福而由贵族进行统治的形式。可是这个贵族政治,不久又被拥有财富的人们弄得腐败不堪,忘掉对全体市民的道德义务;由此便出现寡头政治,即少数拥有财富的人们为利己的目的而进行统治的形式。在这种情况下,市民推翻寡头政治,确立正常的共和政治,即以整体的幸福为目的的法律统治。以后,法律统治又让位给群众统治;正常的共和政治退出的空间,被腐败的民主政治所填充。于是,得到若干人支持的强悍人物洞察到恢复秩序的紧急性和必然性,指出政治的发展前景,树立起君主政治。亚里士多德的这套理论确实属于一种政治变迁循环论,几乎可以说是宿命的解释。不过,另一方面也要看到,他自己并没有把不可避免的循环论公式化。他积极地探讨关于预防这种变迁的办法,就是明证。具体点说,亚里士多德认为,追究政治权力引向社会不平等和政治腐败的原因,直接的或者间接的,都可以捕捉到心理的因素。在这个意义上,便能有意识地加以避免。不难发现,亚里士多德在这方面已经深深地陷于历史唯心主义的泥沼之中了。

亚里士多德在《政治学》中,对法律问题进行了许多的研究。他的法律观和国家观是一致的。亚里士多德认为,法律的目的也是为了整体的幸福。他研究数以百计的城邦宪法以后得出的结论是,只有实现整体的幸福的基本法(宪法)才是正常的基本法。幸福,无非就是分配的正义和平均的正义。谈到法律维护幸福的时候,要作两个方面的说明:一是法律不能制造新的不平等,特别是不能把自由人变成奴隶;二是在本来就是不平等的人们之间,例如前面指出的夫与妻之间、父与子之间、主人与仆人(奴隶)之间是没有法律可言的。这两个方面的情况是自然的现象,或自然法调整的秩序,成文法(人定法)是无能为力的。亚里士多德把法律分为两类,一类是自然法,一类是人定法。自然法是反映自然存在的秩序,它高于人定法。当然,这个自然不是真正的客观的自然,而是被亚里士多德用奴隶主阶级的三棱镜折射出来的。其次,亚里士多德认为,法律的内容是变化不定的,到处一样的法律是不存在的。法律的基本要求是正义。行为合乎正义,就是依法办事。再次,亚里士多德接受柏拉图的法律统治的思想,赋予它以柏拉图所没有的、一定程度的法制主义的成分。他认为法律统治的长处主要在于使执政者不至于脱离正义,防止正常的统治形式蜕变为不正常的统治形式,防止专横。特别是亚里士多德在解释民主共和政体是最好的统治形式时,其根本理由就因为它是一种法律的统治。就是说,最好的国家必须是法制的国家。但是不要忘记,亚里士多德的法制主义固然是抗衡少数人的政治专横,同时也是抵制广大下层自由民参与统治。按他的观点，后一种场合也叫专横，即民众的专横。这表明，剥削阶级的法制主义一开始就含有极大的阶级局限性。

伊壁鸠鲁

伊壁鸠鲁（公元前341—公元前270），"希腊化时期"杰出的思想家。他是萨摩斯岛人，出身教师家庭。一开始，他在小亚细亚各城教哲学，公元前306年前后，在雅典一座花园创办学校叫"伊壁鸠鲁花园"。以伊壁鸠鲁为首的一些人结成一个政治性派别，经常举行晚会辩论政治问题。他们坚决主张维护希腊城邦的独立，反对马其顿人的统治。

伊壁鸠鲁学派的思想理论是进步的，其个人主义的主要表现是功利主义。在哲学上，他们是德谟克里特的原子唯物主义和无神论的忠诚继承者。其伦理学的核心是快乐主义。该学派虽然也同斯多葛学派一样承认自然的规律性，要求人要同自然相一致的生活，但不承认斯多葛学派的神的理性论、禁欲主义、宿命论，而是提倡快乐主义和功利主义，即积极的个人主义。伊壁鸠鲁说，快乐是人的自然天性和最终目的，是最高的美德和善。快乐不能只限于抽象的心灵，而应以肉体器官的实际感受为标准，但要以不放荡和服从理性为限度。还强调，一个贤智的人绝不厌恶生存，也不畏惧死亡。伊壁鸠鲁说："死亡对于我们是无足轻重的，因为我们存在时，死亡对于我们还没有来，而当死亡时，我们已经不存在了。"伊壁鸠鲁学派的国家与法律思想中，也严格贯穿着个人功利主义。他们说国家和法律是人们基于功利的考虑而订立契约的产物。他们认为，为保证人们的快乐和功利，国家应该尽可能少地干涉个人，个人也要尽可能关心政治。他们还说，判断法律是否合乎正义，就看它能否促进个人快乐和利益这样的社会关系。但一般说来，人们是一定要服从法律的，因为不服从马上就会给自己带来惩罚的痛苦，影响了快乐。

芝　诺

芝诺（公元前336—公元前264），是所谓希腊化时期斯多葛学派的创始人。他是塞浦路斯人，伊利亚城著名哲学家巴门尼德的义子。芝诺承袭了赫拉克里特的辩证法，在认识论方面也具有某些唯物主义成分。但其哲学的基本特征却是主张"一切都是必然"的宿命论。

芝诺的伦理学，有两个重要论点：第一，他提出善就是同自然一致地生活，也就是与自己个人的本性一致地生活。因为个人的本性是普遍自然本性的一部分。第二，提倡禁欲主义，这个学派认为，美德本身就是幸福，不需要另外的物质福利。人的最高道德目的是"恬静寡欲"，完全摆脱欢乐、欲望、忧伤和恐惧。这种伦理观是一种消极的个人主义。芝诺在国家与法律问题上,倾向于普遍主义和世界主义。他们认为,四海之内皆兄弟,人与人互相是平等的,因为大家都是上帝的儿子。与此相应,主张建立"世界国家"。这种国家应当采取民主、贵族(贤人)和君主三种政体的混合形式。在这种国家里,"有智慧的人"应该实行公妻,自由配偶,并且最好使一切儿童都有同样的父爱,以保证人们之间的和谐。他们广泛发挥自然法的理论。他们把宇宙万物看作是"普遍理性"的表现。认为宇宙间存在着自然法,不论自然界现象和人类行为的标准都受自然法支配。自然就是理性,自然法就是理性法。人有理性,所以能够了解自然法,并根据它来建立习惯法与实在法。芝诺等人进一步解释说,所谓顺从自然的生活方式,就是不做法律所禁止的事情。无形中,把法律的正确性和正当性等同起来。斯多葛派的理论,主要是伦理思想和政治法律思想的渊源,基本是继承普尼克派(犬儒派)的,其次也掺有柏拉图、亚里士多德等人的东西。

斯多葛派的消极成分为其后的新斯多葛派所继承和发挥,成为基督教思想的重要来源。

波利比

波利比(公元前204—公元前122),是希腊的一个政治家,但却是罗马政治法律思想的开拓者。他第一个把古希腊的政治法律思想同庞大的罗马国家的政治实践结合起来,论证罗马共和国贵族政治的优越性。

波利比的政治法律思想,集中反映于《历史》即《罗马史》一书中。该书在观点上大都是因袭柏拉图尤其是亚里士多德的,但在方法论上却是迥然不同的。它的最显著的特点是能够跨过个别国家的历史,而从世界史的范畴来构建政治法律思想,再用史实予以形象化。就这点来说,是对西方政治法律思想史的一个重要贡献。

一、政体循环

波利比认为,政治社会是从自然中发展过来的。他说,从灾变的幸存者绵延增长的人群,同牛羊之群没有什么区别。在很久以后,家庭之间的关系和社会关系日渐加强,理智也本能地发展,于是就产生了善、正义诸观念。这时,那些最善于顺应这种观念的人,便成为强有力的领袖;而群众之所以要服从他个人,是由于对暴力的恐惧和受功利的驱使,这就是君主政体的开始。之后,在位的君主喜欢滥用权力,骄奢淫逸,遂引起人民群众的妒忌仇恨,在这种情况之下,君主便镇压人民,使君主政体转化为暴君政体。再后,一些为公共着想的贤明人物协力奋斗,驱逐暴君,从而受到人民的拥护,使之执掌政权。这就是贵族政体。但是,这些贵族的后代,自动就处于其父辈的高位大权的卵翼之下,既没有丝毫艰难的锻炼,又不知人民的平等和言论自由为何物。这样的一小撮人一旦继承其父的权威地位,自然难免贪婪无厌,花天酒地,欺压人民,于是贵族政体便变成寡头政体。过了一个时期,人民对于一小撮寡头忍无可忍,便推翻寡头，另立政府，人民群众鉴于以往的教训，不敢把公众的福利委托给君主一人，更不敢继续委托给少数人，所以就把希望寄托于自己本身。这样，代替寡头政体的，便是民主政体。在纯粹的民主政体国家里，人民虔敬神灵，孝顺父母，尊敬师长，恪守法律，社会的风俗之情良好，人民的意志主宰一切。然而，数代相传，人们对于自己的自由平等的意义逐渐淡漠；富有者为谋取权力，便不惜千方百计地腐蚀群众，欺骗群众。群众在不知不觉之中，因贪财喜利，甘愿接受煽动，胡作非为。在这种情况下，民主政体就变态为暴民政体（群愚政体）。从而又为独裁专制开辟道路。波利比认为，政体的如此循环是一切国家所不可避免的。

我们说，波利比的这套理论虽然有一定的事实作根据，但显然是失之于过分机械的夸张和渲染，甚至到了宿命的程度。

二、混合政体

混合政体论的发明者应归于柏拉图，尤其是亚里士多德。但是，对这一理论加以绝对颂扬，并且用它来解释一个现实的政体（即罗马共和国），波利比还是第一家。波利比认为，罗马国家虽然最终不能逃脱政体的上述循环，但它之所以这样优越、伟大而久长，基本原因就在于集中了君主、贵族和民主三种政体的长处，采用了混合政体。他说：“最优政体，是三种［正常］政体的混合。”他还以斯巴达国家和罗马国家作为最好的实例。那么，罗马国家是怎样“混合”的呢？波利比说：我们假若专指执政官而言，则显然是专制君主的成分；若专指元老院而论，则是贵族制成分；最后，若专指人民的权力，则明显是民主制成分。波利比援引的斯巴达和罗马共和国这两个范例，无所谓什么混合政体，而是典型的贵族政体。斯巴达的实权在元老会议中，后来在执政官手中；罗马共和国的实权则始终操纵在元老院手中。正是这个混合政体论，最足以证明波利比是个贵族主义者。

三、国家机关之间的制约平衡

波利比理想的混合政体中的三种构成成分（执政官、元老院、人民大会），实际上是同一国家的三种职能机关。按照波利比的说法，这样的混合政体之所以最优，就表现在三种成分或三种职务之间，既彼此密切联系又在权限上相互限制。他以罗马共和国为例，作了如下的具体说明：执政官（君主成分），如果得不到元老院通过的律令，他所统率的军队就无法弄到给养；而且，他得不到人民大会的通过，也不能同他国媾和与缔结条约。元老院（贵族成分），不能脱离人民大会而独立；对于死刑的执行，一定要事先经过人民大会的批准。再以人民大会而言，它也不能漠视元老院；凡人民大会动议的签发大型建筑合同、雇用征税官吏等事宜，全归元老院掌握。波利比说道：既然三部分各自握有互相协助和互相干涉的权力，那么结果就是一个足以战胜一切困难和危机的联合，就是一个强大无比的政权。凡三者之中，如果任何一部分妄自尊大、挑衅捣蛋、过分越权时，就会立即受到其他两部分的限制与抵抗。这样就一定能阻止这类的不良趋向。其结果就是，由于每一部分都因畏惧其他部分而受到阻挠，这种平衡局势便得以维持。波利比的所谓三部分国家机关的相互制约平衡论,实际上是当作防止变态政体的药方。无疑,波利比的这一理论,对于维护一个阶级的统治来说,的确是极为重要的。正因为如此,在17至18世纪资产阶级革命时期,许多启蒙思想家(尤其洛克、孟德斯鸠及美国独立战争时期的思想家)都起而效法。

西塞罗

马可·土利乌斯·西塞罗(公元前106—公元前43),是第一个有名的罗马政治法律思想家。西塞罗出身于骑士阶级。在晚年他爬到了贵族阶级的行列,公元前63年担任罗马执政官,退官之后又按罗马的惯例充任元老院的成员。西塞罗的政治法律著作主要是仿效柏拉图的"三论"而撰写的《国家论》、《官职论》(又译《义务论》)、《法律论》的新"三论"。西塞罗的政治立场是,早期倾向雅典式的民主制,晚年随着其阶级地位的变化,成了罗马以元老院为代表的贵族制的狂热维护者。西塞罗生活的年代,正好是罗马共和国末期,骑士—平民民主派、贵族派和个人专制主义派的激烈斗争导致频繁内战的时代。西塞罗作为一个坚定的贵族派,拼命去挽救反动的、过了时的元老院的统治。为此,一方面,他无情地反对民主派,亲手镇压了喀提林的暴动;另方面,对个人专制主义也不大满意,因而同先后继起的军事独裁者之间也存在很大矛盾。恺撒掌权时容忍了他,而渥大维一上台就把他杀掉了。

一、"人类平等"和"人民"

"人类平等"论和"人民"论,是西塞罗政治法律思想的重要前提和组成部分。只有理清这两个概念,才能深入地理解他的政治法律思想的实质。

西塞罗继承了斯多葛派关于所谓人类的本质平等(大家都是神的儿子,相互灵魂平等)的观念,表面上看去和柏拉图、亚里士多德所说的人们自然不平等的理论是全然不同的。西塞罗所谓的人类平等,指的是人人都有理性,都有接受知识的可能性。这种平等在现实的罗马政治生活中的基本体现,便是强调构成共同体(社会和国家)的各个成员的法律平等性,亦即自由平等都要服从同一的社会秩序,尽自己的义务。不难看出,西塞罗的这些论调是十分虚伪的。首先,人人都有接受知识的可能性,并没有作为现实性来承认;在现实中,西塞罗认为,只有一小撮贵族成员才能有知识,因而应该成为统治者,而广大自由民中下层只是被统治者。其次,法律平等性更明显的是不平等的同义语。因为,他所说的法律本身就是贵族意志的集中体现,而不是全体自由民意志的体现。至于为数众多的奴隶,西塞罗压根儿就不认为他们是人类的一部分,当然没什么平等可言了。西塞罗对这部分人,仅限于顺便地提到;奴隶主要给他们"公正待遇"而已。

同西塞罗"平等"论密切相关的,是他关于"人民"的论述。毛泽东同志指出,"人民"这个概念在不同历史时期和不同国家里,其含义是不同的。前面提到的,西塞罗所说人人平等和法律上平等,就是指罗马人民内部而言的。"人民"一词,是古罗马人的一个悠久的传统观念。它是相对于大都是外来人组成的"平民"而言的。罗马同希腊城邦的封闭的整体性(即社会与国家不分)不同,社会与国家是早已被区别开来的。国家一开始就被理解为一种权力组织,个人很早就被宣布为权利主体。在罗马法中一般地规定,统治者的权力是从人民中间派生出来的。国家和法律,在任何情况下都被当作是人民的共同财产。但这丝毫不意味着肯定代议制是唯一合法的政治制度,相反,即使是一个专制统治者,也可以把它看成是授权于人民的。用西塞罗的说法,人民是作为一个整体的、集合的概念来理解的,是一个"政治单位"。因此,它可以脱离人民的各个组成部分的意志,更不用说每个成员的意志了。但是,不要忘记,西塞罗所说人民拥有终极的绝对的最高权力的时候,这里的"人民"是把占人口绝大多数的奴隶排除在外的。

二、国家

国家是怎样产生的? 对于这个问题,西塞罗基本上是因袭亚里士多德的答案。即国家本源于自然,在家族的基础上演进而成。它的直接动力是人的自然的合群本性。西塞罗说:"国家是人民的事业。可是所谓人民,不是指任何个人在任何情况下的结合,而是指一个人群因服从共同的正义的法律和享受共同的利益而造成的整体联合。"又说,国家的本质是正义,没有正义就不成其为国家,而是"强盗团体"。明确地说,西塞罗认为,构成国家本质(正义)的,有意志(法律)和功利(利益)两个基本因素。无疑,这种理解有其正确的一面。但他故意用"人民共同的意志和利益"来偷换贵族阶级的意志和利益,则是极其谬误的。

西塞罗关于国家政体的理论,大体上是重复波利比的混合政体论。稍有不同的是,他宣布三种正常政体中以民主政体为最劣;并且一度认为,君主政体可能为最优。西塞罗同波利比一样,把罗马共和国说成是混合政体,是最优的政体。

三、自然法

西塞罗的法律思想中最突出之点是按照罗马国家统治者的需要,系统地发挥了斯多葛派的自然法理论。这项工程是由《法律论》一书完成的。法律是怎样形成的? 西塞罗的基本观点是:"法律最初是从自然产生的;接着,被断定为有用的标准就相因成习确定下来,最后,尊敬和神圣又对这一自然产生的并为习惯所确定的东西加以认可。"这是讲的"尊敬和神圣",指国家权力机关。其中,西塞罗提供的模式是:自然规范—习惯—成文法。西塞罗说:"依照自然而生活则一切尽善尽美。"正义就是自然的原则。社会、国家和政府,都有自然作为其本源,同样,法律最终也不是个人(不论人数的多少)的智慧与意志所能规定的,它一定是以自然为根据。自然法是千古不变的原则,并且到处相同,因为它是上帝的命令。命令人去尽职,命令人接受统治,等等,这些都是自然法的要求,是不能避免的。至于人定法,它应当是自然法的表现和应用。君主或人民可以制定法律条文,但这些条文不能与自然法相背反。否则,它就不能成为法律。由此可见,在西塞罗那里,法律之为法律,首先不在于手续和形式(程序),而在于实质和内容(正义)。那么,人为什么能够认识和发现自然法呢? 西塞罗答复说,因为人人生而具有理智或理性;而这个理智或理性又都是同一的,即都是同一地来源于上帝。不难看出,对于理智或理性的这种解释,无非是柏拉图的理念论(尤其是"回忆"论)的变相说法而已。所谓自然法,纯粹是剥削阶级理论家虚构出来的东西。但如同我们从整个西方政治法律思想史上所看到的那样;正由于它的虚幻性,所以各不同的阶级和政治势力,都可以毫不费力地把它拿来为己所用。西塞罗手中的自然法理论,就是用以论证罗马贵族奴隶主阶级专政的国家与法律的工具。

塞涅卡

如果说西塞罗是罗马共和国末期的思想的代表,那么,在他约一个世纪之后的塞涅卡则反映了初期罗马帝国的意识形态。不过,两者之间仍然有共同的思想的媒介,那就是斯多葛主义。西塞罗做的是恢复全盛时期的罗马共和国的贵族制度的迷梦;而塞涅卡则坚信,在罗马,共和国已经无可挽回地死亡,所以必须适应帝国制度来构思理想。

鲁齐乌斯·安涅·塞涅卡(公元前4—公元65),出生于西班牙的科尔多巴。他曾当过尼禄皇帝①王位继承人的教师,并以执政官的身份参与帝国初期的国政的谋划,受到尼禄的青睐和恩赏,地位十分显赫。后来,由于受到参加叛乱的嫌疑而被赐死,遂自杀。他所遗留的著作主要是《道德书简》。

塞涅卡作为新斯多葛主义即罗马斯多葛主义体系的奠基人,也把斯多葛学派的原则和观念,系统地移植到帝国的政治思想领域中来。他一方面表示强烈地向往由自然法所规制的那种秩序、安宁和自由的状态;一方面却又协助尼禄皇帝制造混乱、暴力和镇压,并使之达于极端。一方面宣传对奴隶们的暴虐要加以限制和给予人道的待遇;一方面却又主张奴隶应当服从上苍的安排,逆来顺受。恩格斯对这个上层奴隶主阶级的代表的伪善,进行了无情的揭露,指出:"这位讲道德谈克制的斯多葛派,是尼禄宫廷中的头号阴谋家,不可能不阿谀奉承。他让尼禄赏赐金钱、田庄、花园、宫室。当他宣扬福音中贫困的拉撒路时,他实际上正是这个寓言里的富人。"

在塞涅卡所处的时代,面临专制制度已经成为无可挽回的现实,奴隶主的政治法律思想家们已不再对国家政体或统治形式的问题怀有兴趣了。换言之,他们所关心的,已经从专制制度应当还是不应当存在的问题,转到了谁应当成为专制的君主,以及专制君主如何能更好地进行统治的问题了。塞涅卡的理论,正是这一历史条件的产

---

① 尼禄(54—68在位),著名的暴君。64年罗马城大火,群众都说"尼禄放火"。尼禄借此大杀嫌疑犯和基督教徒。由于残暴成性和荒淫无耻,弄得民不聊生,国库空虚。为此,各行省人民纷纷暴动。68年,西班牙、高卢等地的总督也联合号召推翻尼禄王朝,恢复共和制。尼禄无奈而自杀。

物。他不遗余力地歪曲斯多葛学派的积极方面和发挥斯多葛学派的消极方面,都是适应奴隶主专政的新帝国的需要。

塞涅卡赞同和发挥了自然状态与社会契约论。他说,在原始的社会中,人们乐于过没有强制权威的生活,乐于服从贤人,彼此完全没有财产和身份的区别。随着私有财产的发生,这种黄金时代便走到了尽头。从这时起,人们不得不共同订立契约,组成了国家。

国家的价值在于,尽管它包含有某些恶的因素,但它一经产生便成为对于人们过着合理的、善良的生活所必要的积极的制度,甚至是一个前提条件。这是因为,人本来是社会动物,理性命令他们要互相提携;国家就是这样一种现成的组织。为此,人们如有机会就积极参与国家活动,以促进社会福利这个合理的、善良的目的。另外,正是从这种价值观出发,塞涅卡主张不论统治形式如何,只要有最好行政的国家,就是最好的国家。很明显,这是替当时的专制制度辩解。

与此同时,还应当看到,在充满伦理道德色彩的塞涅卡理论中的另一方面的特征,即社会和国家相分离的观点。塞涅卡说:社会,是受自然所规制的普遍的人类集团,主要是依靠伦理道德来调整;而国家,是政治的组织,主要依靠法律来调整。他反对那种无视公共利益,仅追求满足私利的行为,强调善良的人都应当按照自己的能力为道德义务服务,为社会服务。这种服务可以是不在国家之中和不具有政治的机能,甚至没有政治权力也能进行这种服务。塞涅卡追求超国家、超政治的那种所谓社会,不是别的,正是指的精神社会、神的社会,亦即宗教社会。随后而出现的基督教理论,恰恰是从塞涅卡所致力于创造的庸俗的斯多葛主义(即新斯多葛主义)和犹太神学的混合之中产生出来的。这套货色以后经过奥古斯丁到托马斯·阿奎那,得到了巨大的也是灾难性的发展。

罗马法学家

古罗马国家留给迄今为止的西方世界的影响最大的遗产,就是罗马法(主要是罗马私法)。而在罗马法的发展过程中,罗马法学家又起着举足轻重的作用。罗马法对后世的这种影响的秘密,就在于罗马法是一个完整的、发达的私有制的法律体系。从奥古斯都时代起,法学家作为国家元首的顾问,他们的学说和意见就具有法律效力。426年,皇帝颁布命令,指定帕平尼安、保罗、盖尤斯、乌尔比安和德斯梯努士五人的学说和著作,作为适用法律的标准。公元6世纪,拜占庭皇帝查士丁尼一世搞出《罗马法汇编》,分为"法学阶梯""学说汇编"和法典三个部分,前两个部分都是罗马法学家的法律理论思想和意见,尤以保罗和乌尔比安的地位为突出。

罗马法学家作为奴隶主阶级的代言人,其根本使命是维护奴隶主阶级对生产资料(包括奴隶的人身)的私有制,维护奴隶主阶级的政治统治。当然,其内部也具有具体的立场和观点上的分歧。还在 1 世纪初,罗马法学家就划分为皇帝主义的萨比尼里派和共和主义的普拉库里士派。对于这两大法学家的对立,至今学术界仍没有一个统一的观点。通过查士丁尼《罗马法汇编》反映出来的罗马法学家的主要政治法律思想(特别是法律思想),主要有下列几点。

一、自然法

罗马法学家们认为,同国家一样,法律的本质是正义(即人们的意志和利益),包括分配正义和平均正义两方面。但正义又来自于自然。这种法律思想,就是自然法思想。在罗马法学家中间,至今尚未找到材料证明有哪一个人是自然法的否定者,正由于这样,他们坚持说,市民法应以自然法为根据。这个国家与那个国家的市民法,因各自国情的不同必然会有差别,但它们在以自然法为根据这点上必须是一致的。另外,除盖尤乌斯等少数人认为自然法与万民法是一个东西之外,绝大多数罗马法学家都将二者区别开来,认为有时二者是不会一致的。这种不一致明显地表现在这些法学家们对于"自由"与"统治"两个矛盾概念及其相互关系的理解上。如,有人说:"自由依据自然法而存在,统治是由万民法而发生。"还有人说:"自由是任何人为所欲为的自然权力——除非受到强力或法律的禁止,奴隶制是万民法的产物,使一个人违反自然地为他人所有并受其主宰。"至于私有制,罗马法学家一致认为是公平合理、符合自然的。

二、立法权寓于人民的观点

我们前面已经说过,人民是罗马人的传统观念。因此,罗马法学家一致承认立法权赋予人民,是很自然的事。他们都相信,立法的机关可以有所不同,但法律最后的根据都在人民。例如,朱里安那斯说:"条文律令能够有效而且人们必须严格遵守,就是因为人民曾表示接受它。所以,凡人民所认可的,即使没有成文法的规定,也应该正当地看作是同样有效的,人人都要严格遵守。"乌尔比安说:"凡皇帝所决定的东西就具有条文律令的效力……人民已将他们原有的无上主权,移置并赋予皇帝了。"至于人民能否向皇帝收回他们固有的这项大权,则罗马法学家中几乎无什么人加以过问。这种立法权力是属于人民的罗马观念,在日耳曼民族入侵后更加兴盛。资产阶级革命时期的"主权在民"论,同这个传统观念也是有联系的。

三、法律分类的观点

第一,就法律的性质而言,分为公法(有关神职的法律和国家事务的法律)和私法(民法)。

第二,就法律的形式而言,分为成文法、不成文法。

第三,就法律关系而言,分为对人的法律、对物(包括对奴隶)的法律、对行为的法律。

第四,就法律(指私法)的渊源而言,分为自然法、万民法、市民法。

这种法律分类观点,也是罗马法学家的一致看法。

奥古斯丁

奥古斯丁(354—430)是第一个最有权威的基督教理论家。为此,他很早就被剥削阶级在其姓氏之前冠以"圣"字。奥古斯丁最早的神学著作是《忏悔录》(约400年),它在文学史和思想史方面都有一定的地位。但他最重要的著作还是《神国论》(426年),这也是《圣经》之外的第一部神学巨作。

一、神国

神国是奥古斯丁《神国论》一书论述的中心问题。"神国"究竟指什么？它与"地国"的不同何在？这个问题历来是有不同理解的。从奥古斯丁的分析看,"神国"与"地国"似乎以精神生活的倾向为分野。他说:"这两种国的兴起,是本于两种爱好。地国起于爱一己,而憎上帝。神国则起于爱上帝,而憎一己。地国只向人们求光荣,而神国则以虔求上帝为无上的光荣……地国君主奢崇权力,野心无极;神国则君民相助,君知护惜,民喻服从。在神国中……只有信上帝的真仁,而其所望的酬报造成一个天使与凡人合组的社会。"虽然奥古斯丁曾以基督作君主为最高理想,说神国之中无生无死,但在整个行文中,"神国"未必全都指来世的天堂。如果说神国都是指尘世的教会也不全妥当;因为他曾说神国与人类一起开始,在基督教未出现之前作基督教徒也可以参入神国。确切些似乎可以把奥古斯丁的神国同柏拉图的理想国相比拟,大体上就是多少加以修饰(当然是基督教的修饰)的罗马帝国。但是,在《神国论》发表的当时及后世人的印象,是指尘世教会的统治。

二、国家

对于奥古斯丁的国家学说,也多有争论。《神国论》以赞同的口吻,评论西塞罗的"国家是人民事业"的定义,并进一步指出:人民是群众性动物所组成,和谐地同享他们的所好。"正义"是否是构成国家的根本要素？这对于奥古斯丁是不成其为问题的。问题在于,他强调的正义一定是信仰基督教上帝的。他说,在基督教没有产生之前,可以存在缺乏正义(上帝)的国家;当今的罗马,只有信奉基督教才能维持。国家是绝对不能离开教会的。

三、平等与"原罪"①

奥古斯丁认为,人生来就有社会性,并且上帝造人时本来使之平等自由。政府之所以存在,人之所以受制于人,只因人类有"原罪"。政治制度是一种补救。政府是上帝设立的,统治权力具有神圣色彩,君主权威之所以神圣,不是因为君主本人,而在于其权威的性质。奥古斯丁极力为奴隶制度辩解。他说奴隶制度也是起源于"原罪"。

---

① 原罪——《旧约》中载,人类的始祖亚当和夏娃,受恶势力蛇的挑唆,偷食了上帝伊甸园中善恶树上的智慧果,引起上帝忿怒。原罪指人的欲念(性的欲念、财产欲念等)。但神学理论家们也常常指把所谓人的前生的"罪孽"也置于"原罪"之中。原罪论,也叫"人类堕落"论。

他写道:"自然的规范,因为人的堕落而受破坏。由于这个原因,堕落的人陷于奴隶地位实在是公正的事⋯⋯"

神法是绝对的法,是根本的、永恒的法。它没有时空的界限,主宰一切;并且它自身就是正义、真理,就是上帝。奥古斯丁面对上帝说:"在你(天主)的惩罚的范围中哪里能避得开你的法律?'你的法律即是真理',而'真理即是你'。"

不过,神法的这种"原则上"的绝对性,丝毫不影响神在运用上的灵活性。奥古斯丁一再说:"天主的法律一成不变,不随时间空间而更改,但随时代、地区的不同形成各时代、各地区的风俗习惯";"天主权衡时宜,对古人制定那样的法令,对今天制定这样的法令,古往今来都适用同一的正义";"在某时代准许做的,换一个时辰即行禁止;在某一角落许可或命令做的,在附近的另一角落便不许做,做了要受责罚";这叫"因时制宜"。的确,在历史上像奥古斯丁这样大讲特讲神法的灵活性,是颇为罕见的,究其原因,不外是适应罗马统治阶级应付当时混乱不堪的政治局面,尤其镇压人民反抗的需要而已。

人法,是神法(永恒法)的派生物,它必须绝对服从神法要求。奥古斯丁说:"如果人法不是人们从永恒法得来的,那么在人法里就没有一条条文是公正或合理的。"不公正或不合理就是非正义,而"如果法律是非正义的,它就不能存在"。实际上在奥古斯丁心目中,罗马法的每一条都合乎神法的要求。为此,他讲神法时,总是同罗马法纠缠在一起。换言之,他有意给罗马法涂上圣油。

精心为罗马绝对君主制作辩护,是奥古斯丁法律论的又一特点。他说:"君主有权在所统治的城邑中颁布前人或本人从前未曾制定的新法,凡是服从新法,并不违犯本城的旧章,而不服从恰就违反本城的制度,因为服从君主是人类社会的共同准则。"这意味着,法律是君主随心所欲的东西。不论他作出什么决定,不论此一决心与彼一决心是否矛盾,一概都要当作国家的制度强使人们来服从。奥古斯丁说法律"不应为市民或侨民所破坏",但君主却有相反的权力!

由此可见,奥古斯丁宣扬的法律论是神意法和君主专权法——愚昧和野蛮两者兼备。

盖拉西

盖拉西(492—496 为教皇),是最早提倡教政二元主义的理论家之一。这就是所谓"两剑"论。他说,在耶稣那里本来是君主、教皇合为一体的,但耶稣深知人的弱点,所以在俗世中又把这两种职位划分开,把两把剑分别地一给君主,一给教主,并使他们相互提携。盖拉西说:"治理现世的有两大系统,一为教士的神权,一为人主的君权。在

'最后判决'①中，就是君主也须由教士代向天主负责。就这点而论，则这两种权力中教士权力的分量较重。"又说："耶稣·基督在规范这两权各得其所的方法和尊严中，已区别彼此的职务……即：为使来世的永生，信教皇帝用教士；而教士应适用皇法，也只是为了尘俗事务的缘故。""其所以如此，是由于使精神的行为不受俗务的干扰，就是说'为上帝效命者不应为尘世俗务之牵扯'；而缠迷于尘俗事务的人，不应指挥神圣事务。"

大格利高里

大格利高里（590—604 为教皇），其观点同盖拉西很相类似。他说："国家的和平，只有仰赖于教会的和平。"另方面，他又没有忘记鼓吹俗权，说：天使之间也存在一定的统治关系，所以人民反抗君主就是背叛上帝。从这点来看，大格利高里是"君权神授"论的先驱者。

兴克马

兴克马（806—862），是教皇尼古拉一世的重要理论家。兴克马承认君位神圣，人民应服从，但却又说："君王作为一个凡人，与任何凡人没有区别。君王应尊重教会和私有财产。他的职务同其他基督教徒一样。"兴克马又把君王分为真正的君王与暴君，说暴君也是一个罪犯，一样要受教士的统治。君王不宜世袭，更须受法律的约束。凡法律的设立，就是为了对付不正义的人、恶人和罪犯。真正的君王不能违反法律。君王犯法就是假君王，要受法律的处治。兴克马说："有人说人君是君王，君王只受制于上帝的法令，其余的则无效力。假使是个名副其实的人主，真是君王，这个说法是对的。君王之为君王，在于他贤明治理，在于服从上帝旨意，使善者趋于正路，驱恶者归于善途。君王要是能做到这步，那么，除上帝外，他就是不受任何人的束缚。……但是，人主进行奸淫、凶杀、暴戾之事……及身犯其他罪恶，则将由教士审判，依照国家法及教会法治罪；因为教士是上帝的代表。"

格利高里

教皇格利高里七世（1073—1085 为教皇），通过 1077 年卡诺莎事件，进一步提高了教权对于俗权的优越地位。格利高里的理论是："只有罗马主教掌握废黜或复用其他主教的权力。"并认为，"教皇有废黜皇帝之权。""教皇的命令无人能取消，只有教皇才

---

① 教会对于一个人死后能否"升天"的认定。

能取消任何人的命令。""罗马教会从来没有错误，而且永远不会有错误。""教皇有权宣告庶民对于暴君不再有忠顺誓言的义务。"格利高里断言，政权的产生是因为世人趋而作恶，不从上帝。所以，政权不仅需要教会的帮助，而且需要教会的准可。教皇对于人主有一种精神的统治权。

马内哥德(卢特巴)

劳汀巴哈的马内哥德(卢特巴)(1030—1065)，是教皇的有力辩护人。马内哥德理论的要旨是，君王不是任何人都能胜任的，唯具备超越的智慧和美德的人才有君王的气度。君王与暴君根本不同。君王的尊严不在于其人，而在于其职务。唯有教皇才拥有判定君王是否暴君的权力。君权得自于他同人民之间的契约，人民没有服从暴君的义务。马内哥德说："君王，不是人物的命名，而是职位的称号。人民之所以对君王推崇备至而受其统治，不是为了给予他们权势、便利他当暴君；而是为自己求得保护，不受他人横暴的欺凌。为此，如果君王变成暴君，那么君王就丧失尊严，人民不再受其统治。这不是明白的事情吗？暴君毁坏了原来得位的契约，昭然无疑。譬如，有一家雇用牧人……而牧人得便偷窃或宰杀其牛羊，怎样能不把他赶出，取消委托呢？""当皇帝、国君，不是任何人所能自命。人民之所以推举一个人担任这项角色，是让他依照正义统治的原则而管理民事。无论如何，一旦人主破坏所据以被选的契约，则他就解除了人民顺从的义务。"马内哥德明确地表示了，君权不是来自上帝，而是来自人民，来自同人民订立的契约。但他的本意不是要抬高人民，而是抬高教皇。换言之，是为了替格利高里废黜德国君王享利四世制造根据。(这同 16 世纪耶稣会派的做法颇为相似)。

索斯巴里的约翰

索斯巴里的约翰(1115—1180)。教权主宰政权的理论，到了约翰这里得到更高的发挥。约翰是国家有机论的最早创始人，他在《政治家书》著作中对此进行了系统的论述。约翰说国家是个有机体物，它像一个蜂群，也像一个自然人。更具体地，教士是灵魂，人主是头脑，元老院是心，官吏是耳目，军队是臂膀，财政机关是肠胃，农工是脚。约翰专门讲到君王与法律的关系。他认为，说君王一定要受制于法律，指的是不这样就失掉他作为君王的意义；说君王超越法律，指的是君王能够不越出轨道地判断一切。约翰承认君王权力来自上帝，但却说他又是教士的仆人。约翰强调，"一切法律除非以神法为本，否则一律无效；人主的一切命令，除非以教会的旨意为根据，否则统统无用。"约翰也讲君王与暴君的区别。他说，人民可以不服从暴君，并且可以杀死他。约翰暗示，人主是由人民选出，再经上帝批准的。约翰理论还有一个新颖之处是，他认为除国家外,教会里也会有暴君,不过这得由上帝来处置。由于约翰敢于指出教会的弊病,所以在当时获得了所谓"思想解放者"的美名。

英诺森三世

英诺森三世(1198—1216为教皇),是一个极端的教权一元主义的理论家和实践家。英诺森的理论,主要是"帝政转移"论,即俗权应转归教权。他的说法是:"创造宇宙的上帝,正像天空上设置的日月两大光明,使大者治昼,小者治夜,所以,要在统一的教会里面设置两大尊荣,使大者治灵魂,小者治躯壳。这两个尊荣不是别的,就是教皇的权力和人主的势力。如同月的光来自日,因而其质、量、位、力都逊于日,人主势力的尊严的光辉都来自于教皇的权威。"

阿奎那

欧洲形势到了13世纪前后有了进一步的发展。教皇权力在英诺森三世时期已达到顶点,此后是一个渐次下落的趋势。促成这种趋势的因素有两个方面:一是正统基督教的反对派力量的增长,尤其是革命力量的增长。恩格斯指出,在当时的条件下,"一般针对封建制度发出的一切攻击必然首先就是对教会的攻击,而一切革命的社会政治理论大体上必然同时就是神学异端。"并指出,这些异端有三部分,即:法国和瑞士的韦尔登派;法国和意大利的阿尔毕派,阿尔诺德等;英国的约翰·博尔、皮卡尔第地方的匈牙利传教士等。二是随着生产力的发展,不仅自治城市壮大起来,各国世俗权力的实力也在迅速地膨胀,日渐超越教会权力。在新的形势下,古旧的奥古斯丁的理论,已经不敷需要了。教会的精神权力要继续保持对世俗权力的优越地位,就不能停留在盲目的孤高上面,也不能简单地把地上国家当作罪恶的国家。为了保护封建阶级的整体利益、共同镇压劳动人民和革命派,它必须要面对现实,显示出灵活和妥协来。托马斯·阿奎那主义便是这种历史条件的产物。

托马斯·阿奎那(1225—1274),出生于那不勒斯地方亚库依附近的一个贵族之家。这个在学生时代曾有"哑牛"之称的人,后来进入那不勒斯和巴黎的大学研究哲学,接着当过巴黎、波罗尼亚、罗马、那不勒斯等地的大学教授。还在巴黎大学做研究生的时候,他就发表演讲主张用亚里士多德的观点作为理解基督教信仰的真正合理的根据;同当时的正统派神学相比,有所"创见"。不久,他发表了《亚里士多德(政治学)诠释》,系统地表明了自己理论的渊源。1270—1272年写出《论君主政治》。他的主要著作《神学大全》,是临终前用了将近十年的时间创作的。就这样,托马斯在基督教的神学史上夺取了桂冠,是继奥古斯丁之后最大的、最高的权威。

托马斯所生活的世纪是意大利早期文艺复兴运动的前夜。中世纪的欧洲在经历了七百余年的闭塞、愚昧、喑哑、黑暗的漫长岁月,于今总算开始了一点学术的活动。基督教的多米尼各派和法兰西斯派的修道僧们,把各大学作为知识活动的中心,从事各种学科特别是哲学和神学的系统研究。辉煌的古典的希腊罗马文化,自然而然地成为借鉴。在这方面也确实有所成就。例如,一些法律学校发现了有关罗马法的一些正确的资料和知识;《政治家论》作者约翰研究西塞罗,并力图以西塞罗为媒介去探讨亚里士多德;1260年维里阿姆首次不经过阿拉伯文而直接根据希腊文原著译出亚里士多德的《政治学》。于是,古典希腊罗马文化,尤其亚里士多德的思想,便发生着与日俱增的影响。当然,这种影响因人而异;站在不同的立场上,就会得出不同的结论。多米尼各派的托马斯之所以要在这方面争先锋、抢旗帜,完全是为了替反动的封建统治阶级服务的。

托马斯主义基本上是借助亚里士多德主义构成的。确切些说,对亚里士多德的进步方面加以曲解,对其错误、糟粕加以发挥,然后巧妙地将它们揉进中世纪的思维中来。托马斯作为经院哲学的大师,无耻地盗用亚里士多德的逻辑学进行神学的诡辩。至于他作为神学政治法律思想的大师,差不多可以说片刻也离不开亚里士多德。

托马斯的不平等的等级制论。按原始基督教的根本精神,人在神的面前是平等的。这种精神顺理成章地应当归结为民主政治才对。但是,托马斯却一味朝相反的倾向上去认识。他说,整个宇宙,从顶点的神起到最低的存在物,构成一种地位的阶梯。在人类社会中,犹如精神统治肉体一样,绝对地需要有统治的部分。就是说,社会是神有目的地安排的组织,使令较高级的东西统治较低级的东西,较低级的东西服从较高级的东西。不过,为了安抚被统治者,托马斯又说这种统治是附有条件的,即:统治者能为全体公共的善着想,能给一切人带来幸福,能使各阶梯或等级的人循规蹈矩。这是统治的道德目的和统治者的义务。明白些说,奴隶主统治,奴隶服从,封建主统治,农奴服从,就是共同的善、幸福、道德和秩序。托马斯的不平等的等级论,主要来源是两个方面:一是根据奥古斯丁以原罪为理由使奴隶制正当化的谬论而引导出来的;一是根据亚里士多德的较高的总是支配较低的公式引导出来的。所不同的是,亚里士多德把奴隶制理解为自然的制度,而托马斯则把它解释为神意。

托马斯的国家论。在国家的起源和目的的问题上,亚里士多德认为它是从家庭中自然地生长、发展起来的东西,一开始就是最善良的。政治统治的目的在于保障善良的生活。亚里士多德的立论有两个特点:社会和国家不是被当作观念的,而是自然的,社会和国家是被一体看待的,因为一切都包括在城邦的政治生活之中了。虽然,在托马斯那里以神创造国家为前提和归宿,而且把社会和国家(政治社会)分离开来,但是在具体论述方面却没有离开亚里士多德的思路。例如,他说:"人本来是政治的、社会的动物","人具有要求生活在社会上的自然倾向"。还说,社会就是各阶层一面实行其固有的机能、一面为完成善良的生活而互相服务的人类集团。

在国家政体问题上,托马斯与亚里士多德的一个突出的共同点是都认为专制政治是最坏的统治形式。但这仅仅是表面现象。实际上,他们对于究竟什么叫专制的解释上有根本的区别。托马斯归根结底是以世俗权力对教会权力的态度作标准的。当他说必须以法律来限制政治权威的时候,不外是指由教权来限制政权、控制政权。托马斯甚至还部分地接受了"反暴君论"。他说,对暴君的正当反抗是全体人民的公共义务。不过在这个问题上,托马斯是非常谨慎的:一是声称原则上反对叛乱,因为叛乱原本是罪过的;二是强调反暴君的行动的危害必须要小于暴君的危害。那么什么是最好的统治形式呢?答案同亚里士多德截然不同。托马斯认为,只有君主制是最好的。他不否认非专制的其余形式可以是合法的,但均不足取。托马斯宣扬,君主权力就其实质而言是来源于神的;只要在不违背神意和教权的情况下,君主就是国家,就是人民。君主制的优越性在于它符合一个最高的神统治整个宇宙的模式。从以上的分析中可以看出,同奥古斯丁的理论相比,特别是同教皇格利高里与英诺森的理论相比,托马斯多少已经把世俗权力的地位提高了。其目的无非是适应新形势,以维护封建的教俗统治阶级的共同利益。

托马斯的法律论。托马斯从神的绝对性出发,把亚里士多德关于法律普遍意义的思想,老斯多葛学派的自然法学说,以及罗马法学家的法律分类和有关民事关系方面的一些论述等拌混一起,穿凿附会,凑成一个繁琐而杂乱的神学法律理论体系。

托马斯说,整个宇宙是由神、理性和政治权威这三重秩序组成的。因此,他相应地对法律作了四类划分:①永恒法。这是由永恒的、不变的神所直接规定的,是神用以统治宇宙的规范。它是一切其他类别法律的根据。②自然法。它反映着神和人的关系,是永恒法对于人类世界的具体适用而形成的规范。所以称之为自然法,是因为人类世界就是神创造的自然世界的一部分,并且还表现着人类思维和活动的共同规律(自然规律),例如基本的道德原则等。③人定法,亦即国家制定的法律。它是国家的统治者,直接遵照自然法的精神,适应各该具体场合(时间、地域、人口的情况)而确定的。这样的人定法就是人的理性的准则。在人定法问题的论述中,托马斯除了讲到许多犯罪和惩罚之外,也大量抄袭了罗马法有关所有权和民事流转的规定,以确保封建社会的经济基础。这也不妨视为托马斯神学法律理论的一大特点。④神祇法,亦即《圣经》。本来,在托马斯的法律体系中已无孔不入地体现了神意,为什么还要加进一个神祇法呢?他的答复是,神祇法可以补充人定法的不足和纠正人定法的错误。不难看出,托马斯作为一个顽固的教权主义者,总是念念不忘对俗权的监督与控制。所谓神祇法,无非是为牢牢守护教权而设下的一道最后的警戒线而已。

阿奎那的理论中也有合理的因素。至少是:第一,它把原始基督教的平均主义与经济竞争相结合。还说,"普遍贫穷整个救济也不会有。"这样便适应自由主义经济发展的客观要求。第二,它开始承认人的独立地位,提出法必须承担保全生命、实现人的本能要求和维持社会秩序三大职能。它同古代自然主义自然法、奥斯丁"原罪论"自然法相比,前进了一大步。

巴黎的约翰

巴黎的约翰(生卒年待考),其出名的著作《君主与教皇的权力》系统地反映了他的观点。这些观点大体是:第一,教皇没有政权。第二,君主的权力,远则来自上帝,近则来自人民,所以他的法令不受教会干涉。政权与教权都有神圣性,但政权更为重要;因为它不仅以尘世事务为目的,也要促进美德和精神。第三,反对大统一帝国的主张,认为法国国王的地位同神圣罗马帝国皇帝是一样的。从事实方面说,法兰克人也从未受帝国的主宰。第四,如果教皇不能尽职,君主可予警告,必要时可凭武力革除教皇。第五,教皇不等于教会;教会大权应属于宗教总会议。第六,由人民参政的立宪君主制为最优政体;教会组织也应当仿效这样的制度。第七,教会财产属于整个教徒,教皇不过是一个管理员。退一步说,即使他属于教皇,那么对于这些财产的法律处置权也应属于君主。

杜波伊斯

比埃尔·杜波伊斯(1250—1312)是法国国王腓力四世委任的宫廷律师,主要著作有《教皇权力问题》《圣地的收复》。杜波伊斯承认所谓"君士坦丁的让予"说,但认为教皇之流多是老态龙钟,不足以讲国家军政大事。最好由法国国王统一欧洲,恢复圣地。其理由是,法国国王当时是最强有力的君主,而且"法兰西民族具有一种特殊优点,即对于一件事必定详加思虑,不仅正义,判断力比任何民族都高强。"显而易见,这是一派法兰西民族主义和霸权主义的腔调。

但 丁

但丁(1265—1321)的政治法律思想的突出特征,可以概括为和平主义。这是由于他从直观出发,深深厌恶欧洲的争战,尤其他的祖国意大利的分裂的情绪造成的。正是这种和平主义,一方面表现了但丁的进步性,另方面又表现了他的落后性。进步性,在于他激烈地反对教皇主义,把教皇看作是破坏和平的祸首;落后性,在于他发思古之幽思,向往古罗马帝国的世界主义,不理解民族国家兴起的历史必然性。但丁的这些观点集中于他的《论君主政治》《宴会》等著作里。但丁说:国家的起源,从近处说是根据人性,从远处说是根据上帝。国家的目的是求得人类的快乐,在于得到和平、自由和正义。要想得到普遍的和平、自由、正义,就必须有普遍的君主政治即世界帝国。接着,但丁就援引"上天"的制度。他说,上天只有一个统治者即上帝,那么,地上也只能有一个君主。一个君主的好处,又有两个方面的根据:第一,人性的根据。他说:"人的性情是不肯占据少许土地就会知足。反之必定企求扩张。所以经验证明,君主国与君主国之间不可避免地要发生争执和战争。这样就要增加城市的负担,并因此而牵连影响,遍及邻区、家庭和个人,从而便不再有快乐。真想清除战争的原因,就要使全世界和整个人类归于一个君主国即全世界应合并成一个政府,由一个人主[皇帝]统治。这个人主掌握一切,就不再有任何欲望,就一定会约束一切君主各守边境,也许和平可以继续,从而城市安宁,邻区互相亲爱,家庭的需要得以供给。于是个人也就能过上他本来应该具有的快乐生活。"第二,历史的根据。他主要是颂扬罗马帝国,说:"在无数国家争取统治世界之中,罗马人独占优势。罗马人之所以如此,全是上帝意志的结果。所以,罗马人得到这种地位,是根据正义。"但丁对于当时徒有其名的神圣罗马帝国皇帝亨利七世寄托了巨大的期望,祈祷他能实现统一意大利和恢复和平。但不过是幻想而已。在教政关系问题上,但丁坚决反对教高于政的论调,肯定二者各有其范围。政权一定要独立,不容教会干涉,因为人主的权力是来自上帝,而不是来自教皇。但丁虽然是大帝国的鼓吹者,可是并不赞成专制主义。他明白地说,法律必须本着上帝的旨意,不是国家可以任意滥造的;国君的权力不能自我赋予,一定要得自于人民。他写道:"人民不为君主而存在,君主倒是为人民而存在……说到治理权力,君主是人民的主宰……说到职务,则君主是人民的仆役,……尤其是全体人类的仆役。"换言之,但丁的理想主要是强调要在许多国君之上设一个统一的指挥机构,而非设一个专制者。

马西利

马西利(1270—1342),北意大利的帕多凡人,有名的著作是《和平的拥护者》。他的理论直接渊源于亚里士多德。他的主调同但丁一样是和平主义,即借助和平来攻击教皇权力。马西利认为,国家以和平为职责。国家起源于自然,由父权的家庭到村落而逐渐形成。国家成员包括农、兵、工、商、僧、官六种成分;他们均由立法者来划分,受国家的统治者管理。按照这个观点,显然教会是从属国家的组成部分。他说:立法者是人民或公民的全体,或者他们当中的多数人。所谓法律,就是根据公民大会的意旨,对于民政事务加以禁止或令行并附以罚则的规范。公民全体或其多数在立法的时候,可以亲自出席也可以委托一人或多人来做。但受委托人不是严格意义的"立法者",他们最终是听命于原始的立法的权威。不难看出,尽管马西利没有使用民主、宪政、分权之类的名词,但已明白地表示了立法高于行政、人民重于政府、统治者应建立在被统治者同意的基础上等意思。无疑,这是"主权在民"论的先声。

在国家结构形式问题上,马西利不赞成世界政府之类的主张,认为可以把不同的语言作为建立分立的、单一的国家的准则。

马西利理论的激进性还在于,他进一步地把上述观点应用到教会。那就是:第一,教会是全体教徒,任何教士都不得个人自命为教会。第二,即便是教皇,他对教会也不拥有绝对主权。第三,教会的最高权力,应属于由全体教士和教徒按照区域比例选出代表组成的宗教总会议。诸如解释《圣经》、决定教籍、任命教会官员、礼拜仪式等事宜,都由这个会议决定。第四,教会不具有丝毫国家行政性的强制权力。他说:"号称教皇的罗马主教,或任何教士或牧师,不论个别或集体,都毫无强制的治理权可以用来管理教士、主教……对于任何情形下的人君,或政府,或区社,或团体,或个人,更没有这种权力。"意即,全部法律管理权力一律属于国家,不容教会染指。

可以想见,马西利对于教权的这种接近于全盘否定的立场,必定招致教会的仇恨。为此,《和平的拥护者》一书被教会下令取缔,作者本人被革除教籍。

奥卡姆的威廉

奥卡姆的威廉(又称奥卡姆)(1280—1347),是英国学者,马西利的战友。奥卡姆的著作有《关于教皇权威的八大问题》《论皇帝的法治权》《对话》《论皇权与教权》。奥卡姆的社会论和国家论,同有机体论是针锋相对的。他认为,社会是人们所关心的各种事情集结起来的、不稳定的组织,而政治权威本身,也不过是人们之间利害关系的产物。至于法律,就是统治者的命令。奥卡姆认为皇帝的主权要受到自然法与万民法的限制。奥卡姆花了大量笔墨论述教皇与教会问题。他说,教皇贵在服务,不贵争权,更不能剥夺任何人的自由权利和财产。教会的最高权力存在于宗教总会议之中;当然它也不是万无一失。宗教总会议的产生和组织,采用层层间接选举办法。如果能做到这一点,即使没有教皇召集,甚至没有教皇参加,宗教会议也能全权代表教会。奥卡姆的这套主张,实际上是一种基督教会的民主代议制度。它对日后的资产阶级国家的民主代议制的建立,有巨大的影响。

威克里夫

约翰·威克里夫(1320—1384)是牛津大学教授,英国14世纪下半期异端运动的发动者。威克里夫理论的主要政治背景是:由于英法百年战争(1327—1453)爆发,而大大强化民族意识;尤其1365年,英国国会作出决议,否定神职人员对法院判决向教皇申诉的权利,并废除国家向教皇呈交年贡。在这种情况下,威克里夫便取得了国家官方的支持。从而,他可以公开地宣传自己的观点,写了大量的著作,造成巨大的影响。威克里夫的政治法律思想,集中表现为他的"主管"论。所谓"主管"就是统治或管理的意思。"主管"有三种:第一,"神圣主管"或最高主管,即上帝对于一切人的主管。它是无所不及的,并且是完全直接的。这就是,人人都可直接通过上帝,用不着教士居间介绍。这种观点已突破中世纪的传统思想,为"宗教改革时代"的个人主义开辟了道路。

第二,"自然主管"。指原始自然状态下,每个人既是主管者又是被管理者的关系。第三,"政治主管"。这是"人类堕落后出现的现象"。政治主管的主管者,必须是具有正义的人。威克里夫"主管"论的要点,是要认定一切主管都必须得到上帝的恩准。威克里夫在财产问题上主张,拥有管理财产权利的人,同时就负有义务。教会不能有也不应当有绝对的财产权。它更不能凭借"革除教籍"的手段,强迫世人纳税。威克里夫提倡君主政体。他在晚年更强烈地主张,在政治领域中,君主高于一切,而教皇根本不能有政治权力。还说,教会中出了弊福,君主应当用强力加以纠正。威克里夫的理论,几乎成了英国 1381 年农民起义和罗拉得派(贫僧派)运动的直接导火线。不仅如此,大陆上的胡司也采用了威克里夫的观点,燃起大规模胡司运动的烈火。正因为这样,威克里夫不仅遭到教权势力的一贯反对,就连英国官方也开始反对起他来了。

格拉齐昂

格拉齐昂(生卒年份待考),意大利人,寺院法学派的领袖。寺院法学派出现于 12 世纪教权主义猖獗时期,并直接充当教权主义的得力工具。该法学派的主要代表人物是波伦亚的传教士格拉齐昂。1140 年左右,他为了适应罗马教会模仿罗马帝国而力图把教会法当成罗马法化身的野心,便把 9 世纪以来的教会法令(主要教令、罗马教皇命令和世界宗教会议的决议)编纂而成,叫做《教令》。其目的就是要给教皇的无上权力寻找法律根据,并且制造教皇是法律渊源的观念。格拉齐昂为首的寺院法学派,在法律理论方面,很多是抄袭古罗马斯多葛派政治法律思想家和圣奥古斯丁的,如说私有财产、政权、奴隶制等不是来自于自然,而是由于人性堕落引起的。该学派的人们把法律说成自然法和人定法两大类。自然法就是神法。人定法包括万民法和市民法;人定法就是习惯法,不论成文与否。这种法律分类的观点,后来由托马斯·阿奎那加以继承和发展。

巴托罗

巴托罗(1314—1357),中世纪意大利注释法学派理论的集大成者。

注释法学派亦波伦亚学派,起源于 11 世纪初。它是适应商品货币关系发展的新需要,而重新对古罗马法进行整理、编纂和注释而得名的。该学派的创始者是伊纳留士(1055—1130)及其在意大利波伦亚大学的一群门徒。13 世纪亚库索士编辑前辈的注释成果,出版了《通用注释》一书。但是,注释学派的最后和最大的代表人物是巴托罗。注释法学派对于在欧洲推行罗马法起了巨大作用。他们在教政主义中,是站在世俗权力一边,而同反动的寺院法学派相对峙。

巴托罗不仅在推行罗马法方面有杰出的贡献,而且在政治法律思想方面也有丰富的论述。这个意大利人的主要政治法律方面的著作是《论暴君》。巴托罗的观点,最重要有下列几点:第一,竭力为民族国家和城市共和国的独立权力作辩护。他说,从法理上讲神圣罗马帝国的权力及于一切,但从事实上讲许多君主国和城市都是皇帝的权力和法律力量所不及的。这是为什么呢? 因为,尽管名义上选举的皇帝高于君主,但各个国家也可以不受干涉地进行立法,君主在其境内也不亚于一个皇帝。再以城市而言,它作为"共同体",同君主国、同帝国只有程度差别,没有本质差别。就是说,它也是国家即共和国家。第二,反暴君论。巴托罗《论暴政》一书的主要内容,是用法律的观点研究所谓暴君问题。他说,暴君有篡窃暴君和祸国殃民暴君两种。祸国殃民的暴君的地位有法律的根据,所以应以法律对付;篡窃的暴君本来就无地位,所以人人可得而诛之。暴君及其臣吏的法令,自始至终都是无效的。第三,政体论。政体没有绝对的优劣。小国宜于采用民主政体,大国宜于采用君主政体,中国宜于采用贵族政体。第四,法律论。法律依次分为神命法,自然法,帝国法,市民法(各具体国家的法律)。在讨论国家之间战争问题时,巴托罗还隐隐约约地流露了国际法(国际战争法规)的观念。第五,政党法。巴托罗可以说是为政党寻找法律上的正当根据的第一人。他说:"假若一个国家中真有一个政党,其基本倾向确实是有利于公众福祉,使国内有优良与和平的治理;又假若,为了抑制反对派,非有一个政党名称不可,那么我认为就大体说这是合法的。这正像朋友们可以结合来保管财产是合法的一样,为了更大的理由即保管公共福祉而结合是合法的。"显然,巴托罗的基本政治法律思想,离中世纪的正统思想体系已经相当遥远了。

诺克斯

约翰·诺克斯(1505—1572)是英国最早的反暴君论的代表,苏格兰·喀尔文派的领袖人物。诺克斯最先是倾向君权神授论的,后来由于苏格兰女王玛丽·斯图亚特奉行压迫新教徒的政策,促成了他观点的转变。从1557年起开始,同女王作对。翌年,撰写《反对女人畸形统治的巨吼》一书,提出系统的反对暴君的观点。

从书的题目可以看出,诺克斯反暴君论一大特征,是从反对妇女统治作为出发点的。他说,妇女单薄、脆弱、不能忍耐、没有力量、愚笨、反复无常、暴虐、缺乏纳言治理的精神,"天生是侍奉和服从男人的";这就注定妇女当君主,必然是暴君。诺克斯咒骂玛丽是"怪物",说"驱逐"玛丽是"各等级和人民的职责"。诺克斯讲什么是暴君问题时,是比较含糊不清的,他讲到对暴君的对抗,则甚为明确而果断。他说:"凡能犯上帝权威的种种罪恶……对其处罚权力不仅君主有,全体人民其至人民中的每一分子都有。"对暴君,"人民当然可以反抗,即使用武力也可以"。

布卡南

盖尔基·布卡南(1506—1582),美国反暴君论的代表人物。

1567年苏格兰玛丽女王终于被新教徒所逐。翌年,布卡南就针对这一形势,写了《论统治苏格兰人的君权》一书。布卡南反暴君论的前提,是契约。他说,自然状态的人跟野兽一样,后来由于合群的天性形成原始社会。君主权力来自同人民之间的默然契约。最早君主权力往往是无限的,后来人民接受了教训,懂得对它必须加以限制。布卡南还强调,法律是人民所订立的,君主要改变法律必须经人民的总投票来复决。布卡南所理解的暴君是,他破坏了和人民之间订立的契约,破坏了表现人民意见的法律。暴君是人民公敌,人民得令其退位,甚至人人可以得而诛之。布卡南比诺克斯更激进之点在于:第一,他提倡用立宪办法来保障人民的反抗权;第二,无保留地宣布个人反抗的正当性。

浩特曼

法兰西斯科·浩特曼(1524—1590),法国反暴君论者。他的名著《法兰克—高卢》(1573),从历史方面论证反暴君问题。他开宗明义地说:"今天我国一切祸患的补救,在于恢复祖宗的法度。"接着他说,这种法度就是人民自由,主权在民,君主由人民选举并且权力受到限制。浩特曼理论和当时大多数反暴君论者的区别,是没有限于反暴君,进而反对专制君主制。

莫耐

腓力浦·莫耐(笔名叫布鲁塔,1549—1623),法国反暴君论者。

莫耐于1579年发表《论拥护对抗专制君主的自由》一书,影响极大。其中主要论述四个大问题。

第一,两种契约论。

莫耐说:"在产生君主时,存在两种契约:第一种是在上帝与君主、人民之间,使人民成为上帝的人民。第二种是在君主与人民之间……"作者的目的是要从两个方面(上帝与人民)来限制君主的权力。但第二种契约是莫耐理论的核心。他的人民主权思想,正是在阐述第二种契约时大加发挥出来的。莫耐说,人的本性是爱自由、讨厌束缚,愿出令而不愿受命,要不是为了得到更大的好处,人民决不会放弃本性的权利来接受别人的统治。所以,君主的设立,就在于维持公正,保卫国家和每人的利益。莫耐提出"君轻民贵"思想,说人民可以没有君主而存在,但没有无人民的君主。在第二种契约中,人民是订契的主动者,君主是被动者。人民享有国家中的各种基本大权。

第二,反抗论。

莫耐认为,暴君是触犯上帝者,人民一定要进行积极的反抗。什么叫人民? 莫耐解释,"全体人民是个多头怪物",无法反抗。人民,指的是"那些身受人民委托而有职权的人们"即官吏。这显然是喀尔文的"集体反抗"论。不过,谈到教徒们(胡格诺派)为保卫神圣教会而反抗时,莫耐甚为激动,说在这种情况下,以武力反抗暴君,比合法战争更合法。

第三,暴君论。

什么叫暴君? 莫耐说:"任何君主,如果只图私人的利益和快活……玩弄法律而使之变态,虐待庶民比野蛮的敌人的虐待还厉害,这就真正可称为暴君。"暴君政治是"一切祸害的魁首、总和与结晶"。莫耐继续说,反抗暴君就像狗反抗狼,牛反抗狮子一样,是自然的本性,即自然法的教导和命令。即使万民法和市民法(国内法),也承认这种反抗权。莫耐认为,暴君有"祸国殃民暴君"和"称号上暴君"两种。前者职位合法,行为非法(毁约);由于他的权力是人民集体赋予的,所以个人无权反抗,只能集体反抗。后者则人人可诛。反抗暴君,对于有关的人来说,是权利也是义务。尤其国家官吏,若不去拯救人民,他们自身就应列入暴君的行列之中。

第四,国际支持。

莫耐说,要是一国人民因信异教而遭到残杀或者受到暴君的虐待,邻国应有援助这国人民的义务。否则其罪过比这国的暴君更大。

布拉克乌德和巴克利

亚当·布拉克乌德(1539—1608)和巴克利(1546—1608),这两人都是苏格兰的旧教徒,因新教力量的壮大而逃居法国的。

布拉克乌德攻击布卡南,鼓吹君权神授。巴克利的论调与他基本一样,只是更多地强调国家独立性。这两个人是 17 世纪君权神授论的开拓者。

杰姆斯一世

英国国王杰姆斯一世(1563—1625),是信奉本国喀尔文主义的清教徒的镇压者和自我神化者,是当时西方君权神授论的总代表。其著作《自由君主的正宗法律》(1598),是他政治法律思想的结晶。杰姆斯少年时曾长期以布卡南为师,由于宗教改革运动的影响,其父母均遭杀,使他坚决转向维护君主专制,反对改革派。

第一,君主的一切都是上帝命定的。

杰姆斯说,君主的职位、权力、族属、人选,统统出于上帝的意志。他说,君主不仅是被上帝任命的地上代表,而且他们也是被称作"众上帝"的人们。君主的特质之处与上帝一样,上帝在天上有的权力,君主在地上也统统具有。

第二,君主凌驾法律之上,不受任何约束。

杰姆斯承认君主要以法为治,但君主本人高于法律,不受任何约束。杰姆斯说:如果有人提出上帝能作什么或不能作什么,就是亵渎上帝,那么,农民提出君主能作什么或不能作什么,就是亵渎君主。基督徒以上帝意志(《圣经》)为满足,农民以君主意志(法律)为满足。

第三,人民要绝对服从君主。

杰姆斯认为,服从君主是自然所赋予的义务。为此,他一方面驳斥一切君权主义反对者,另方面又反驳教皇干预君主统治的种种说法。

第四,对契约论的批判。

杰姆斯向契约论挑战。他说:一是没有任何人参加过订契约;二是即使假使有契约,也无人可作裁判官;三是,有人说契约是上帝的启示,那么一切就由上帝去处理好了,人们无权加以过问。

第五,暴君。

杰姆斯说,一般地讲,一个君主没有什么理由使自己去作暴君。真是个暴君,那也是上帝旨意,人民也不得反抗。杰姆斯关于暴君问题论述的特点是,它主要不以《圣经》为根据,而以现时国家需要为根据。他强调暴君胜过无君,暴政胜过乱政。他写道:"宁可由君主维持一项不公正的法令,也不可由人民诘问每一法令、每一判决。""宁可生活在没有一件事被认为是合法的国家里,也比生活在任何事对任何人都合法的国家里要好。"

但是,不论杰姆斯怎样以国家统一、安定为口实,绝对君主制毕竟与英国宪法精神相抵触,而且,就西方先进国家的政治形势的发展来看,"君权神授"论已近于强弩之末了。

梅因威灵

梅因威灵(生卒年份待考)是英国查理一世时代的王室神父。

梅因威灵作为一个激烈的君权神授论者,为了吹捧查理一世,不顾及国会下院的反对,大发违背国家现行政制的厥词。他说:"在神规定的一切权力之中,君主的权力最高、最强,而且最大。不论世俗界还是教会,均不能对此加以掣肘,地上主权者(指君主)持有的一些重大权力,不是来自人的权力或人的权力的集成,而是神本身的全能的一部分。"

菲尔麦

罗伯特·菲尔麦(1589—1653),早年就读剑桥大学,是英国革命时期的顽固保皇派和君权神授论者。这种观点集中表现于他 1680 年出版的《家长,或君主的自然权力》一书之中。菲尔麦是个典型的家长制的国家(权力)起源论的吹鼓手。他正是用这种理论来论证"君权神授"的。菲尔麦说,上帝创造亚当并使他组织了家庭,便意味着他取得了"父权"或"父亲身份的权利"。但是,这种父权同时就是君权。他说:"亚当一创生,就由于上帝的选任而成为世界的君主,虽然他还没有臣民,因为,虽然在没有臣民以前,实际上不可能有政府,可是,基于自然的权利,亚当理应是他的后裔的统治者,尽管不是事实上,但至少在外表上,亚当从他的创生时起就是一个君王。"菲尔麦进而说:"不独是亚当,就连后继的先祖们,依据作为父亲的权利,对他们的子孙也享有王权。"君权在历史上应当如何禅递?菲尔麦坚决主张世袭的长子个人继承制,其提出的论据是:"上帝给予亚当的,并基于亚当的赠与、指定或让与而给予他的儿子们的个人统治权是不可能被取消的,把一切东西给予挪亚和他的儿子们共有,也是不大可能的。挪亚是剩下的人类的唯一继承人,为什么竟有人以为上帝会剥夺他生而获有的继承权,并使他在世界一切人中成为与他的儿孙们圆满的仅有业主呢?"因此,任何违反君权的长子世袭继承制的做法,都悖忤上帝的旨意。

源于家长权的君权,是一种什么样的权力?菲尔麦论证应当是"具有生死的绝对权力"。他说:"王权既是依据上帝的法律而来,就不受任何低级法律的限制";"君王的地位优于法律";"一个完善的王国,就是君王依照其个人的意志进行统治的王国"。他"追溯"历史,认为"亚当是他的家庭里的父亲、君主和主人;在起初,作为一个儿子、一个臣民和一个外人或奴仆的权力,本来是一回事。"在鼓吹君主专制制度的同时,菲尔麦猛烈攻击任何形式的"天赋自由和平等"主张。英国"光荣革命"的思想家洛克在其名著《政府论》的上篇中,对于菲尔麦的理论作了淋漓尽致的批判。

路易十四和保修埃

法国的君权神授论到路易十四(1643—1715)时,达到最高峰。这个以"朕即国家"闻名的君主,其主要喉舌是皇太子的老师保修埃。保修埃(1627—1704)最重要的著作《从圣经的语中导出的政治论》,用神学来解释政治的起源。他说,人类因恶欲而堕落,而把自然境域变为战争和无政府的世界。只是由酷爱和平的上帝,才使具有强制性的政府建立起来。保修埃写道:"假如君主不能得到人民的绝对服从,公共治安的基础就会发生动摇,其结果使国家不再有秩序、和谐、安宁。"又说:"上帝任命君主做他在尘世的代理人,正是为了使君主的权威变成神圣不可侵犯的。"

马基雅弗利

在政治法律思想史上，第一次比较系统地、完整地表达资产阶级国家观和法律观的，是伟大的文艺复兴运动的摇篮——意大利出生的尼科罗·马基雅弗利。

马基雅弗利（1469—1527），是意大利的佛罗伦萨共和国人。非贵族家庭的身份，长期成为他出入官场的障碍。只是从 1494 年才踏上进身之阶，当上了共和国的官吏并一再升发，曾被派往一些国家充当外交使节。在尖锐复杂的国内政治生活和国际关系的漩涡中，有力地激发了他的具有鲜明的时代性的政治法律思想。马基雅弗利的主要著作是《君主论》和题为《对迪特·李维最初十部著作的研究》的罗马史论著。这两本书，大约都在 1513 年写就，并以各种书写本流行着。《君主论》于 1532 年正式在罗马印刷，20 年后被列入禁书目录册。但是，它却仍旧翻译成拉丁语而广泛地散布于欧洲。两本书在考察国家发生和灭亡的原因，以及政治家为保持国家的长久存在而需要采取的手段之点上是一致的。但在政体问题上的主张却迥然不同。马基雅弗利没有写完的最后一本书是《佛罗伦萨史》（1532 年出版）。

马基雅弗利的政治法律思想的特征之一，在于它的现实的和经验的色彩。他作为一个政治活动家和外交家，积累了丰富的实践经验；同时作为一个历史研究者，又占有大量的历史材料。他正是以此为立论的根据。除了某种唯物主义的成分之外，从马基雅弗利的理论中还可以看出某种辩证的成分。例如，他认为：一种政治制度其自身都包含有导致崩溃的萌芽；尽管看起来它生长着、发展着，但还是一时的东西。所以，要有新的成长，就不可避免地要有破坏。的确，这种理论观点和方法论，可以看作是以波利比为中介、接受了亚里士多德的影响。不过，归根结底，是以当时新兴资产阶级的需要作为动力的。概而言之，马基雅弗利在自己的政治法律思想体系中，比较彻底地把奥古斯丁以来的神学唯心论，以及托马斯·阿奎那以来的狷獗的神学形而上学，驱赶出去了。

马基雅弗利是统一的中央集权的民族国家的坚决倡导者。16 世纪初，即正当马基雅弗利努力于著述的时候，绝对君主制在法国、西班牙业已告成，不久英国也循例而行。但是，最早开展文艺复兴运动的意大利，由于贸易中心转到大西洋沿岸造成经济发展的迟缓，因而政治上仍处于四分五裂的状态。在那里存在五个国家，即南部的那不勒斯王国、北部的米兰公国、东北部的贵族政体的威尼斯共和国、中部的佛罗伦萨共和国和教皇管辖地。马基雅弗利对于这种严重妨害资本主义经济发展的一片混乱局面感到极端的愤慨。他清楚地看到了造成这种局面的直接的政治原因，并据此指出意大利统一的道路。首先，马基雅弗利认为意大利软弱无力的主要原因应当归咎于教皇制，因此，他要求建立一个摆脱神权干预、纯粹俗权统治的意大利国家。本来，教皇已经丧失统一意大利的能力，但仍然凭借自己的有利地位破坏世俗的力量来统一意大利。教皇为了保持控制各小国的权力,无耻地挑动它们互相争斗,甚至还频繁地引诱法国、西班牙和德国侵略意大利。所以,马基雅弗利猛烈攻击教皇和教会是不无理由的。其次,马基雅弗利认为意大利的软弱无力的另外一个主要原因是各小国腐败的贵族统治者们的自私自利,因此,他要求建立一个清除贵族势力的意大利。确实,马基雅弗利在这方面的体验也是颇为深刻的。例如,他目睹那不勒斯国储王斐迪南为首的一小撮人的飞扬跋扈;见过米兰贵族头子们罗得威科·莫罗之流的自私自利和荒淫糜烂,等等。更无须说,在佛罗伦萨,马基雅弗利不仅直接领受过而且直接与之斗争过的美第奇家族的反动统治了。不论从哪个角度上说,马基雅弗利关于统一意大利的主张,都是积极的和具有进步意义的。

马基雅弗利在构思其国家政体理论的过程中,是充满内心矛盾的。在《对迪特·李维最初十部著作的研究》中,激昂慷慨地歌颂共和制,而在《君主论》中则狂热地鼓吹君主制。另外,从他的整个生涯来看,大体上是,前期共和制的倾向比较明显,而后期君主制的倾向比较明显。其实,在马基雅弗利那里,这种前后和彼此矛盾的现象,还是存在着内部逻辑联系的。他的前提是,一个国家究竟采取什么统治形式,要从实现其目的的实效出发。不承认有超时代、超民族的所谓普遍的和最上等的统治形式。在马基雅弗利的心目中,鼎盛时期的罗马共和国才是国家统治形式的楷模。他认为,这个国家包含着市民和统治者双方的德性;市民能互相协调一致,统治者能牺牲自我而为公共福利和国家目的去献身服务。从而,它造成了政治上、军事上的惊人业绩和经济的繁荣。这一点与其说发古之幽思,莫如说憧憬一个强大的资本主义的意大利及其主导下的资本主义的新世界。

不论如何,深深崇拜古罗马共和国和在佛罗伦萨长期受到共和制度熏陶的马基雅弗利,是把共和国作为最终理想的。他论证说,真正自由、公平的法律和健康的宗教,只能存在于共和制度之下。还具体地列举共和制有比较多的政治灵活性,比较容易废止少数人的特权以实现人民的自由,比较能够保障私有财产的安定等项好处。他从未否定把共和政治作为唯一可能的统治形式的那种社会条件的存在,问题只在于时间罢了。

马基雅弗利对于君主制的提倡甚至达到狂热程度,正是以其时其地的具体社会条件为根据的。也就是说,要实现理想的共和国,必须创造一定的条件。他觉得这种共和国的统治组织,在瑞士和德意志诸邦等地或许有实现的可能,但是在意大利是断无可能的。原因是,共和政治一定要以人民的德性和秩序作前提,而意大利恰好是市民德性颓废、秩序紊乱的典型。在这样的国家,唯一的出路就是首先建立绝对君主制。通过强有力的君主来克服分裂,激发人民的德性,恢复社会的秩序,繁荣经济,使国家强大。按他的说法,在这种社会大变动的时期中,是根本谈不到什么立宪主义或共和主义的。至于将来如何由绝对君主制向理想的共和国过渡,他并未做出像样的回答。马基雅弗利关于国家政体的理论,特别是关于君主制的论述中,既包含反对封建主割据势力的方面,又包含有害怕人民群众的方面。这是资产阶级秉性的写照。

马基雅弗利政治法律思想体系中影响极为强烈的一点,是建立在人性恶理论基础上的统治权术论。这也就是被后人称之为"马基雅弗利主义"的那套货色。

马基雅弗利如同历史上一些剥削阶级的代言人一样,力图把自己阶级的丑恶本性说成是人类的共同本性。按他的说法,人的共同本性就是无时不受无穷欲望的驱使。他们不论是在权力方面、物质利益方面及其他一切方面,总是要确保既有的,更要攫取未有的。从而,人性又必然富有侵略性。自私自利,你争我夺,尔诈我虞,阴谋诡计等都是由此而产生出来的。虽然马基雅弗利尽情地以污言秽语来亵渎人类,但毕竟还是以"人"而不是以神为中心的。这是文艺复兴思潮的一种反映。

马基雅弗利的连篇累牍和滔滔不绝的统治权术论,尤其君主权术论,正是从他的人性论出发并以此为根据的。一般地讲,古代奴隶主阶级的政治法律思想,以伦理道德作为准则;中世纪封建主阶级的政治法律思想,以神作为准则。但是,马基雅弗利的政治法律思想却以方便、功效作准则。凡对达到政治目的有用的,就是正当的。国家权力不为道德和宗教服务,道德和宗教倒是为国家权力服务。国家权力也不以道德和宗教作根据。只要对统治有利,道德或不道德、基督教或异教均可采取。道德和宗教问题,对于统治仅仅具有中性的意义。马基雅弗利分别地谈到了国家的权和术两个方面:第一,权力问题。任何一种权力都追求着更大的权力。国家就是对内部的敌人和邻近诸国,不休止地希求权力。它的统治者只有足够强大的时候,才可以防止无政府状态,建立秩序。因而,国家的目的归结起来就是统治,就是独揽权力。那么,国家权力的支柱是什么?是军队。在《佛罗伦萨史》中,明确地提倡建立常备的国民军;并强烈地渴求意大利能够降临一位君主,组织、指挥这样一支军队,以便有力地保卫国家、统一国家,削除教皇的权力。第二,统治权术问题。马基雅弗利认为,要实现长久的、强有力的统治,还必须深入体会行使权力的权术。于是便在这方面进行了精心的论述。古希腊的悲剧诗人幼里披底斯在《弗尼莎女性》中,借着一个角色的口说:"不管怎样,如果需要干不正当的事,那么,为了治世,干了就是好的。"马基雅弗利继承了这种精神,大肆宣扬:在政治成功的背后是伪善和诡计。他赤裸裸地倡导:"君主必须懂得适应时机,当狐狸,又当狮子。当狐狸是为着发现兜网,当狮子是为着使虎狼不敢近身。"再必要时,就应当利用残忍性,说"单纯的残忍性,只是在非必要的场合下才应受到非难,如此而已。"在政治上,无须过问什么叫正当、什么叫不正当,只应过问什么是有效的、什么是有害的。通常,在马基雅弗利那里,对善良、道德、宗教之类,唯有在影响到政治成功的范围内才加以留心。例如,他说欺骗也成了君主"第一等的政治上必需的事"。这表明,为贯彻统治者的政治目的,反道德的行径不仅不能否定,而且需要予以赞颂。虽然马基雅弗利并不忽略恐怖和无信也是一种危险的手段,但却坚信在选择平常手段不能奏效时,它们就是最大的手段。他还认为,理想的君主是在受到被统治者喜爱的同时,又使他们感到恐惧。当然,实现这种理想是困难的。假如必须在被恐惧和被喜爱二者之中择其一的话,那么被恐惧比被喜爱要好。理由是,君主是处于公的地位,被统治者处于私的地位,彼此的道德往往不一致;所以,让私服从公应当是凭借强制(被恐惧),而不应当是迁就(被喜爱)。从马基雅弗利这些率直无讳的言论中,不难看出,资产阶级从它呱呱坠地之日起就是一个强权的、阴险的和不择手段的阶级。

马基雅弗利的《君主论》问世以后,尽管遭到教会方面以及某些世俗界的上层统治人物的责骂,但它实实在在地充当了专制君主们恭恭敬敬捧读的教科书。1572年的圣·巴托罗缪之夜的大屠杀,就不妨看作是马基雅弗利主义的一次最初的试验。后来,资产阶级专政亦无逊色。在帝国主义时代,马基雅弗利主义是法西斯主义的一个重要组成部分。

布 丹

让·布丹(1530—1596),法国政治界的上层人物。布丹当时所面临的法国,虽然最早形成强大统一的绝对君主制的民族国家,但由于宗教改革运动所导致的教派的纷争和内战,又重新提出了国家的和平与统一的问题,重新提出了如何稳定专制君主权力的问题。布丹的政治法律思想,尤其是他的主权论,正是为了解决这种现实的政治问题的。

一、《简明历史认识方法》(1566年)

这本书,后人首先是把它当作一部重要的历史哲学著作来看待。但是,它的侧重点是讲国家问题和法律问题的。我们更有理由把这本书看成近代资产阶级的历史法学、比较法学及法哲学的先声。

再一个突出之点是,这本书极为系统地发挥了"地理环境决定论",强调自然条件对于社会政治法律制度的先天的作用。布丹说,气候制约着人民的思想、心理、性情、生活和文化。北方人大多身体强壮,勇敢冒险,但智慧比较迟钝。南方人体质较弱,但聪明伶俐,善于思考,倾向于宗教和哲学理论,比较不太务实。除此而外,包括法国在内的中部地区的人,兼有南北方的长处;在政治法律思想方面的贡献,主要是由中部地区的人们做出来的。

布丹还进一步强调,统治者一定要因地(地理环境)制宜。他说,如果用统治意大利或法兰西(中部地区)的办法,来统治非洲人(南部地区)或者瑞典人(北部地区),势必引起混乱。

以上,使我们看到,后来孟德斯鸠得以享有盛名的"地理环境决定论",其实早已由布丹详尽地发挥过了。

二、《国家论六卷》(1576年)

这是布丹的最重要的政治法律著作,介绍与评价其要点。

1. 国家的起源

布丹在国家起源问题上，基本是亚里士多德的家长制度论。他说："家庭是一切国家的真正由来和起源。"但是，除此而外，布丹也掺进了有关人类的原始状态和契约论的成分。最后由他本人的主权论作归结，即认为国家起源问题实质上就是主权的发生的问题。

2. 主权

这是《国家论六卷》一书的主题思想，也是布丹的巨大的独立贡献。布丹断言，主权是国家问题的核心，也是国家的最重要的定义。他自豪地说，从前一切法学家以及哲学家都不曾给国家下过这样的定义，即："国家是以主权力量对无数家庭及共同事务的正当处理。"那么，对于主权概念的本身，又应当怎样理解呢？布丹回答是："主权是一个国家的绝对和永久的权力。""主权是处理国民和庶民的无上权力，不受法律限制。并且，主权是不可分割的。"这样讲，布丹觉得还不够，于是又补充说："除上帝以外，尘世上没有比处于主权地位的君主再伟大而尊严的了；各位主权的君主是上帝所设立，是上帝的助理，以向众人发号施令。"简言之，皇权就是除上帝外不受任何约束的最高权力。

但是，布丹毕竟是个资产阶级的思想家，他不能不受其阶级的根本利益所摆布。为此，他不得不亲自把其长篇累牍加以论述的主权的绝对性，回过头来，再把它变成相对的东西。换言之，他不得不把不受任何约束的东西，变成了受约束的东西。布丹写道："至于神法和自然法，那么，世间的一切君主都要受其约束。假若君主不愿意侵犯上帝……而冒大逆不道之罪的话，君主没有破坏神法和自然法的权力。"布丹强调的所谓神法和自然法的内容，最根本的就是保障私有财产制度。他认为，"如果把'你的'和'我的'去掉，则一切国家的基础就必将倾覆了。"

3. 政体

布丹以他的主权概念出发，认为政体就是主权者（主权主体）的人数的多少。在他看来，主权者分为全体人民、人民的一部分（一个阶级）、单独一人这三种情况；它们分别产生了民主政体、贵族政体、君主政体。布丹本人所推崇的是世袭的专制主义的王朝君王制。

布丹承认有暴君的存在。但值得注意的是，他宣布：即令暴君仍不失其为主权者的资格；因为暴政和王道的差别，不过是一种道德的差别，不是主权者地位的差别。显然，这话的矛头是直接指向"反暴君派"的。正是在这点上，布丹同"君权神授论"者，不知不觉之中，走到一起了。

布丹效法亚里士多德，也大谈所谓"革命"问题。他所理解的革命，就是主权者的改变。布丹说，不管是哪种政体，革命是不能避免的；但是人们可以运用智慧对革命加以预防，即减少革命的次数和程度。

布丹继续说，减少革命和延长安宁的方法，随政体的不同而不同。他强调说：不要轻易变法律,对人民的信仰问题要采取正确的政策,取缔过分的不平等(尤其财产方面的过分不平等);更加重要的是,在人民中间灌输拥护合法的、正统的君主的观念,让他们知道:公民"是自由人,但要受别人的主权力量的制约",因而造反就是最大的犯罪。

4.宗教

法国的动乱和分裂的最大原因是由宗教信仰问题造成的,因此它也是实现国家统一和安宁的关键。布丹本来是一个保守的天主教分子,但其基本倾向是主张"重国轻教"(相对地说)。有人说,马基雅弗利牺牲道德换取意大利的统一;而布丹则牺牲宗教来换取法兰西的统一。这话不太贴切,但也有点道理。

路　德

马丁·路德(1483—1564)是德国宗教改革运动的发难者和领袖。

一、信仰自由和教徒平等

路德发挥奥古斯丁"首先是信仰"的说教,认为"就一个基督徒来说,他有了信仰便万事俱备了。"但是,信仰是出于"自由意志"的事情。他说:"无论教皇,或主教,或其他任何人,对于一位基督徒决不能未得到他自己的同意而强令其信从——就是一句话一个字也不行。否则,就是暴政。"路德坚决反对教会举行仪式的一套繁琐的"事功",尤其反对罗马教皇定的法律、诏书、敕令、戒规。他认为,"事功"只能冲淡内心对上帝的信仰,甚至会培养一边干坏事、一边进行祈祷的伪君子、伪教徒。只要凭着虔诚的信仰,就可得到上帝的怜悯,消除原罪,获得解放。路德对于教阶制进行了抨击。他说,现行的四套教阶制度,在《圣经》上没有根据。《圣经》所讲的"执事""仆人""管家"都不是为全体教徒服务的,而是统治和愚弄教徒的。事实上,现行的教阶制进行了最极端的"玩弄权术和可怖专横",把教徒变成"最下贱的奴隶",以便达到其"卑鄙可耻的目的"。

路德充分估计到,宗教改革必然会引起残酷的斗争。因此,他把教皇派努力比喻成"暴君"和"豺狼",号召"勇敢地抗拒……教皇、主教们的法律","要猛力和狼作战",甚至动用武力也在所不惜。

二、论证俗权的优越地位

路德关于教权与俗权的相互关系理论的前提是:必须区别俗权与教权,区别政治学与神学。

路德把中世纪的教皇—皇帝—君主的公式,完全翻过来。他说,教权决不能统治有形的东西,否则就是"狂妄无知";有形的权力属于"尘世的国君、王公和官吏的职权"。在他看来,教皇对皇帝的唯一权力就是在神坛上对他进行加冕;皇帝和法律没有君国法律更为可取,因为各国情况有别。路德明确地说,君主有改革和纠正教会腐化的权力;一切基督教会的组织都应当服从国家的安排,根据国家利益开展活动;一切基督徒要绝对服从国家。

的确,路德讲过这样的话:"自世界开辟以来,英明的君主不可多得,仁慈的君主更是罕见。拿一般君主来说,通常都是世间最大的愚夫或者最坏的恶棍。"即使这样,路德还是坚持必须绝对服从君主。他说,不管政府干出什么不正当的事情,都不能反抗,否则应该受到最严重的惩罚。

三、为世俗统治者争取经济利益

法国的世俗统治者之所以热衷路德的教义,不仅出于政治权力的考虑,背后还隐藏着经济动机。

路德说,法国每年输送到罗马的钱,比往年给皇帝的还多。"我们的君主、贵族、城市、团体、寺院的人民日趋贫穷,实在是不足为怪的。我们觉得奇怪的,倒是我们还能活命。"又说:"我们徒有帝国的空名、虚位和军队,而教皇则拥有宝物。"更加明显的是,路德在他提出的宗教制度改革的二十七条方案中,首当其冲的第一条,就是不再向罗马教皇纳岁贡。更何况,世俗贵族们还可以借没收教会的土地、财产来饱填欲壑。

喀尔文

喀尔文(1509—1564)是法国人,后来成为瑞士(日内瓦)宗教改革的领袖。喀尔文的主要著作是《基督教的制度》(1536 年初版,1559 年最后一版时已由原六章扩充到八十章),另作一本重要著作是《宗教主义》(1537 年)。

一、政治统治的必要

从时间上看,主权这个概念,是喀尔文先于布丹使用的,但二者的用意全然不同。喀尔文所讲的主权是上帝独占的,而世俗君主拥有的权力则是由主权派生的政治统治权。但是,不论如何,君主是上帝的代表,他的权力是上帝赋予的。这就是政治权力必要性的最终根据。喀尔文气愤地说,有人以《圣经》里答应给人们自由,就认为是不要政治统治;岂不知,"精神上的自由和政治上的束缚,是完全不矛盾的"。又说:"消除政府的想法,简直是彻底的野蛮。政府的统治对于民众的用处,不亚于面包、水、日光和空气,其尊严是不能抗拒的。"政治统治的目的,不仅在于使人得到饮食、呼吸和温暖,而且使民众安定、不被动摇,使每个人的财产都受到保护和稳定,使人们彼此相通,而且使各种美德得以培养和发展。总之,喀尔文是以神意和人欲结合起来说明国家即政治统治的必要性的。

二、教政关系

喀尔文认定,上帝统治一切政府,所以世上的一切君主、侯王、官吏都是上帝的旨意。但另一方面,上帝又设立了一个"精神政府"即教会,这个政府的任务就是宣传人人都要对世俗政府百依百顺,而绝不要叛乱。世俗的和精神的两个"政府",既然都是上帝创造,那么,它们必然是密不可分的。缺一方面,另方面也一定受害,就像切掉一只胳膊,另一只就难以胜任职能一样。明确地说,教会、国家虽是两个职能不同的、不可侵害的组织,但基本方面是教会为国家服务。喀尔文所领导的日内瓦政府,大体上就是本着这个原则得到的。

三、对国家权力的绝对服从

喀尔文说:"在上帝看来,政治权威不仅合法,而且神圣,是世人一切地位中最神圣、最光荣的。""庶民服从君主,就是服从上帝。"世上绝没有反抗官吏而同时不反抗上帝的事情。不承认"统治阶级权威"的人,就是"疯子"。喀尔文断然否认革命。在他看来,最残暴的君主也是上帝所派。他是上帝用以惩罚人民的罪孽的。所以,他也应受到我们的尊敬和服从,要像对待最好的君主一样。再说,君主本来就不对人民而只对上帝负责,因而他要是有罪也得由上帝处罚。在这种情况下,人民只有忍受痛苦,祷告上帝。喀尔文特别强调,暴君再坏,也比人民没有首领、没有官吏、没有权威因而彼此平等要强。因为,在后一种情况下,人民会感到更加残酷可怕。

四、政体

长期以来,人们对于喀尔文在政体问题上的主张究竟是什么,弄不清楚。有人根据喀尔文国家理论中的君权神授色彩和他的日内瓦政府的严峻措施,就认定他提倡绝对君主制。有人着眼于喀尔文政治法律思想所造成的实际影响,推断他倾向民主共和制。其实,这两种看法都值得商榷。的确,喀尔文在谈国家尤其政权神圣性时,大多是以君主制为例的,但他并不因此而否认其他政体的国家也具有神圣性。这是第一。第二,日内瓦是个有长期传统的共和制的城市,这一点并没有因为喀尔文的参政而改变性质,只是增强了政治上的神学主义色彩罢了。不可否认,喀尔文对日内瓦政权的影响很大,但他毕竟还不是君主,也不拥有独裁的权力。最后,把喀尔文政治法律思想本身,同它所造成的后果混为一谈,是不恰当的。我们下面要说到,二者差别很大。我们对喀尔文政体主张的初步看法是:他在理论上鼓吹的是少数"人民天然领导者"和"集体"的统治,这同他主持下的日内瓦政权的实践是相符合的。这表明,喀尔文是倾向资产阶级的带有浓厚封建神权色彩的贵族主义共和制。

另有一个极其重要的问题,需要加以讨论,即:喀尔文的政治法律思想之中,特别是在它的守旧、蒙昧的政权神圣论和不准反抗论的背后,是否存在有某种激进的因素呢? 答案应当是肯定的。

其一,喀尔文认为,在一个完善的政治制度中,不妨设立监督和限制君主权力的机关。他说:"我所说的'不能反抗'仅仅指私人而言。假使本来有民意官吏……我并不禁止这种官吏在职务上公开地限制君主的过度滥用权力。不但如此,要是坐视君主对下级人民的横暴而不动声色,则这些官吏的装聋作哑本身,就不能逃避卑鄙无耻之徒和渎职昧良的罪名。要是这样,他就是明知自己受命于上帝,应该成为人民的保护者,而却践踏人民的自由权。"这段话表明,对于暴政个人不能反抗,但"民意的官吏"及"人民天然领导者"的"集体"可以而且必须反抗。于是,"绝对服从"变成非"绝对",甚至一定条件下的不准"绝对"的了。同时,从强调统治者的意志,变成强调"民意"了。这当然是个极大的"但书"。

其二,喀尔文认为,出于宗教良心,人民宁可反抗君主而服从上帝。他说:"我们一定要坚持一个例外,即毋使对于君主的服从和对于上帝的服从有所抵触。""上帝是万王之王。上帝及其命令是代替一切,超越一切的……如果君王的命令抵触上帝,则我们完全可以置之不顾。恰好,'顺从上帝不顺从人,是应当的'。"(《新约·使徒行传》)不管喀尔文讲到反抗时是多么消极、多么勉强,但仅仅这些,已给革命者,尤其新教推行者的反抗君主的行为,提供了足够的口实。

其三,喀尔文在改革教会的领导体制的议论中,也包含有明显的反封建教阶制的贵族主义和民主主义色彩。这些主张也可以把它搬进国家制度中来。后来的结论,果然如此。

闵采尔

托马斯·闵采尔(1490—1525)是德国宗教改革运动中的贫苦农民、工人和城市平民派(激进派)的领袖,也是1524—1525年德国农民战争的领袖,早期空想共产主义者。

闵采尔领导革命活动的主要组织,是1522年建立的"基督教同盟"。他还担任过闵豪森"永恒议会"这个革命政权的负责人。闵采尔的政治法律思想反映在他的著作《向诸侯说教》(1524)、《致曼斯菲尔德地方矿工的信》(1525)等之中。另外,闵采尔派的纲领性文件《书简》(1524)和《十二条款》(1525)也是研究闵采尔思想的重要文献;《十二条款》妥协性比较大(主要在土地、政权问题上)。

一、革命的宗教观点

恩格斯指出,闵采尔的革命宗教观或宗教哲学,远远超出当年通行的看法。就是说,"他在基督教外形之下传播一种泛神论,他的泛神论和近代推理思考方法相当接近,个别地方甚至着了无神论的边际。"闵采尔对于神学有精深的造诣,对于《圣经》的熟悉达到了倒背如流的程度。闵采尔把《圣经》看作古代贤人的智慧的结晶,是一部理性的作品。《圣经》之所以对于人有"启示"价值,就在于此。但如果把它当成唯一的、绝对无误的启示,就变成了迷信、崇拜的偶像了。他大胆地说,《圣经》也有缺点和疏漏。这样一来,从本质上看,上帝就是人,《圣经》就是人的理性。依此推导下去,闵采尔进而又说:"天堂"就在尘世,靠人们自己来创造;"地狱"就是罗马教会和世俗剥削阶级的统治。闵采尔笔下的上帝,简直就是贫苦劳动人民的智慧和力量的化身。

二、政治理论和纲领

恩格斯说:"闵采尔的政治理论是和他的革命的宗教观点相联系的,他的政治理论远远超出当时的社会政治条件。""他的政治纲领接近于共产主义。"闵采尔向人民宣告:"我确切地知道,上帝的圣灵已经向许多蒙拣选的虔诚人作了启示,必须要有一个伟大的、不可战胜的即将来临的革新。""整个世界必须忍受一次大震荡,这是关于不敬上帝的人(指反动势力)的垮台而卑贱的人翻身的事情。"这场"革新"和"大震荡"的内容以及实现的方法,是什么呢?

1. 诉诸革命暴力

闵采尔驳斥路德之流的伪善,揭露他们为了给恶人作辩护,大讲"基督从来没杀过人"。闵采尔大量引证《圣经》中有关运用正义暴力的语。如:"我(基督),来不是叫地方太平,乃是叫地方动刀兵。"(《新约·马太》)"上帝……要教导你们怎样和他的仇敌争战。"(《旧约·诗篇》)"……刀剑也是灭绝恶人所必需的。"(《新约·罗马书》)"你们不可怜恤崇拜偶像的人,要拆毁他们的祭坛,打碎他的偶像,将他们烧毁,免得我向你们怒气发作。"(《旧约·申命记》)"把我的仇敌们拉来,在我面前杀了他们吧。"(《新约·路加》)……经过闵采尔的转述,《圣经》简直成了暴力革命的教科书。针对在1525年战争中封建贵族同农民"和谈"的阴谋,闵采尔全力呼吁人民群众要"上前,上前,上前","不要误入妥协的迷途","不要对这般(敌)人发慈悲",要"趁着火热! 不要让你们刀上的血冷了。"果然,德国农民战争失败的重要的、直接的原因,恰在于武装的人民受了敌人软化的欺骗。

2. 摧毁旧政权,建立人民的新政权

闵采尔很了解,由封建教会贵族把持的国家机器,是愚弄和压迫人民群众的反动暴力组织。他指出:"眼前的这个帝国……极想行使强权。""伪善者(指路德之徒在内)和他们的阴谋诡计充斥全地,因为谁不会欺骗,谁一定就是傻子。"针对这种情况,闵采尔号召要用革命的铁棍将国家这个"旧机器""大打一通","打得粉碎"。应该说,闵采尔粉碎旧国家机器的思想尽管很原始和粗糙,但确是难得的。闵采尔还进一步看到,通过暴力革命打碎国家之后,必须代之以人民群众自己的新政权。于是,他又借《圣经》一句话,"只管壮起胆来,天上地下的一切权力,都已经赐予那位行将统治一切的人了"。这里"行将统治一切的人",就是指人民。如果说,路德理想国家模型是像世俗的萨克森选帝侯那样的全权统治,喀尔文理想国家模型是以他为首的日内瓦市民国家的话,那么,闵采尔理想国家模型便是闵豪森"永恒议会"那样的政府。也就是人民群众通过"基督教同盟"组织,行使自己的统治。这在闵采尔派《书简》里指出的"基督教同盟"的纲领里,得到了比较清楚的说明。这个纲领指出:"基督教同盟"在可能范围不借助武装流血来使人民获得的自由。如果有少数人缺乏同人民群众相"友爱团结"的愿望,而拒绝加入"同盟"时,就要对他宣布"世俗的斥革",即入"另册"——专政。"世俗斥革"包括使大家拒绝同这些人的往来,拒绝同他交易,拒绝供给他一切物资,使他们变成"与世隔绝的死人一样"。不管"世俗斥革"是否切实可行,甚至不管"基督教同盟"纲领包含多少缺点,都不影响它是一个人民民主主义的共和制政权。这一点是很明白的。

3.空想的共产主义

闵采尔企图最终建立的"天国",按照恩格斯的分析,"只不过是没有阶级差别,没有私有财产,没有高高在上和社会成员作对的国家政权的一种社会而已"。这就是他预测中的共产主义。闵采尔痛切控诉教俗封建剥削者和资产阶级剥削者对劳动人民进行榨取的罪行。这些老爷们口中嚷嚷"勿盗窃",严惩为生活所迫的小偷小摸行为,但正是他们压迫所有老百姓,对劳动人民实行豪夺巧取,"掠夺了他们所能想到的一切东西:水中的鱼,空中的鸟,田野中的植物"。

闵采尔认为,这一切罪恶现象必须消灭。闵采尔的共产主义思想是同原始基督教的社会平等观念一脉相承,特别是同几个世纪以来的"异端"思想有直接联系。例如,14世纪英国的约翰·博尔就尖锐地提出:"当亚当耕田、夏娃织布的时候,谁是贵族?"还说,只要一切还不是公有的,人与人的差别还没有消灭,人民群众就不能摆脱不幸的命运。至于当时的各种神秘主义派别以及胡司艺人、再洗礼派等呼吁消灭高利贷、劳役、地租、捐税、特权,进而呼吁反对私有制——这些观念均为闵采尔所吸收。当然,闵采尔的共产主义是在西方资本主义发展很微弱,尤其在德国经济更为落后的情况下提出的,因而是没有物质和文化根基的空想,是不能实现的。

莫 尔

莫尔(1478—1535)的《乌托邦》(1516),是历史上第一部伟大的空想社会主义的代表作。该书分两部。第一部分是从现实出发,对英国的社会制度进行淋漓尽致、切中要害的揭露和批判。第二部是借助述说"乌托邦"故事,深入、系统地阐述和描绘作者的"理想国家"。在书中,虽然一系列的正面结论大多出于对话人拉斐尔·希斯拉德之口,但一看便知是作者本人的观点。

一、社会论

在莫尔的社会历史观中,最值得珍视的,首先是他认识到,经济制度,尤其财产所有制是决定社会性质和社会面貌的基本因素。他说:"确定财产均等是达到社会幸福的唯一道路。""我深信,只有完全废除私有制度,财富才可以得到平均公正的分配,人类才能有福利。如果私有制度仍然保留下来,那么,大多数人类,并且是最优秀的人类,会永远被压迫,处于痛苦难逃的悲惨重负下。"

在莫尔看来,当时作为资本原始积累的基本方式之一的"圈地",就是私有制制造出来的灾难,即"羊吃人"。他写道:"绵羊是那么驯服,吃一点点就满足,现在……变成很贪婪很凶恶,甚至要把人吃掉,把田地、家园、城市要蹂躏完啦。"莫尔痛恨剥削者是一事不做的"工蜂",专靠别人养活。这表明,他已清楚地看到社会阶级的对立。

针对这种情况,莫尔让他构造的乌托邦的新社会,建立在完全相反的经济制度之上。即:第一,没有私有制,一切归全民享用。第二,没有纯粹的农业劳动者和农村居民,消灭了工农和城乡差别,在很大程度上消灭了体力劳动和脑力劳动的差别。第三,各尽所能和按需分配,使劳动成为求生要素。第四,不存在商品货币关系,轻视金银等贵重品。第五,自觉地进行生产的计划调节。

其次,在意识形态方面。莫尔是古希腊文化的崇拜者,因而他也用自然主义世界观来装备乌托邦人,让他们"符合自然规律地生活"。乌托邦人非常重视学习,推崇科学上有成就的人,甚至使他们免除体力劳动。莫尔对科学文化的态度,对后人有极大的启迪作用。乌托邦人有充分的信仰自由,认为宗教上的强迫是严重的犯罪行为。可见,尽管莫尔本人是个固执的天主教徒,不赞成马丁·路德或喀尔文那一套,但他的均等主张要远远先进。

二、国家论

莫尔不懂得唯物史观,但他深知国家制度总是同社会制度相适应的道理。莫尔强烈攻击旧国家制度,说那是"一伙富有者狼狈为奸……实则为私人利益打算"的工具,即特权的工具。而乌托邦国家迥然不同。在这里已实现全体居民的民主制。从中央到最基层的四级政权(全岛、城市、特朗尼普、摄护格朗特)全通过自下而上的民主程序产生,完全对人民负责并可随时撤换。国家干部的工作中,强调集体研究决定重大问题,上下级密切合作,不使个人拥有重大实权;对领导者的越权和非法行为给予严厉惩罚,达到死刑。缺点是城长的终身制和特朗尼普的事实上的终身制,但却非绝对的。乌托邦国家没有消除对人的管理的职能,甚至还保留一点镇压职能。不过,主要职能已经转移到对物或对生产与分配的管理方面去了。乌托邦国家的干部的形象是十分可爱可敬的。莫尔侧重指出:"凡在乌托邦想用阴谋诡计去取得官爵的人,毫无希望获得任何官爵。"在乌托邦,"官长并不愿意傲慢,也不令人望而生畏。老百姓叫官长做爸爸,官长的举止也不愧是爸爸。乌托邦人对官长致以当然的尊敬,这乃是自愿的而并非出于强迫。"又如,本来按法律干部可以免除体力劳动,但干部们都力争从事劳动,并以身作则。莫尔讲到了战争,说乌托邦反对不义之战,反对流血,但不放弃自卫,也不放弃支持正义的战争。

三、法律论

莫尔本人在法律理论和实践上都有很深的造诣,因此他在讲到乌托邦法律制度时也颇为精湛。莫尔首先揭示了当时英国法律的本质,说"富人假借国家名义……把他们的阴谋规定成大家必须遵守的东西,这种阴谋就当成了法律。"就是说,它是剥削阶级意志和利益的反映,是剥削阶级国家的工具。乌托邦的法律,完全相反。莫尔说:"这种法律,是在公平的法制的指导下由贤明的君主,或是在不受暴政压制和阴谋操纵的情况下通过国民的意见一致而制定的。"这种法律以公共利益为前提,但又充分照顾到个人利益。虽然作者加进"贤明的君主"的败笔,但仍不难看出:乌托邦法律是全体人民意志和利益的反映。莫尔谴责英国法律的繁多晦涩,刁难人民的特点。他强调乌托邦人认为,法律必须精简,简易而明白,一见便知,在乌托邦,"人人精通法律"。莫尔本人是名律师,但这并未妨碍,相反倒有利于对旧律师制度本质的揭露。他说,律师们是挑唆是非,曲解法律,坑害劳动人民的人;因此,乌托邦不允许这种律师制度的存在(当然也无律师的必要)。

莫尔的刑法思想,很有科学价值。第一,关于犯罪原因,莫尔指出,社会自身的罪恶,尤其像资本原始积累这样的巧取豪夺,已造成犯罪的基本原因。他挖苦英国统治阶级:"实在,你们给老百姓的教育太妙啦,让他们从小就渐渐堕落下去。等到他们成年后犯了罪,你们就认为须加惩罚。殊不知他们这样的罪恶是从小起就无时无刻不在意料之中的。你们纵民为盗,又去办盗,这不正是你们干的事么?!"反之,在大同世界的乌托邦,人人衣食无忧,彼此经济平等,就有消灭了犯罪的经济上的诱因。第二,要把法律的威慑和经常的教育诱导结合起来,才能制止犯罪。他说:"要是一个人除掉怕法律而外,什么都不怕,而把希望只寄托在自己的肉体上,那么,毫无疑问,只是为了满足自己的欲望,他会不惜千方百计回避国家的法律,甚至尽量破坏国家的法律。"就是说,自私可以构成直接的犯罪动因。所以,在新的社会中,应以深刻的公共道义感作为人们守法的依据。第三,在同犯罪作斗争中,要正确地运用法律。莫尔斥责英国政府动不动搬出"那些为习惯所废除的法律,尤其那些过时不合用的法律"的伎俩。他认为,不正确地运用法律,便达不到惩罚犯罪的目的。第四,罪罚应当相称。莫尔坚决反对不问犯罪性质和情节,一律施以严刑峻罚的做法。他反复指出,将杀人罪与盗窃罪一律处以死刑的英国做法,不仅起不到警戒社会的作用,反而促成为盗者去杀人。第五,对罪犯要给予人道主义待遇,使之有充分的重新做人的机会。莫尔主张,立法者一定要把消灭一切恶习的决心同对罪犯的具体处置区分开来。他写道:乌托邦"对于败行恶习是愤恨的,其目的是要将其粉碎根绝。对于人,它是挽救保全,在处置上使其感到改过迁善的必要,对于过去危害社会的罪恶在以后尽力匡正补救。"乌托邦正是这样做的。

莫尔先进的法律思想,长期以来,一直没有引起人们足够的重视,这是非常遗憾的事。

康帕内拉

康帕内拉(1568—1639)时期,意大利仍由于教皇和外国侵略者的插手而四分五裂,并直接受西班牙统治。因此,争取民族独立是这位空想社会主义者的一大特点。他虽然没有最后引颈受戮,但却渡过了比莫尔更悲惨的30余年的囚徒生活,是个布朗基式的英雄人物。康帕内拉的著作颇多。从政治法律思想史方面来看,其著作有两个性质不同的方面。一部分是《论基督教君主国》《论教会执政》《告意大利公爵书》《论西班牙君主国》等,散布反宗教改革、拥护教权扩张主义观点,希望教皇能承担建立神权政治的意大利国家,甚至世界国家的重任;这种议论固然包含反西班牙统治、实现祖国统一的一面,但主要是用以敷衍罗马教会,转移教皇对自己的注意力,所以这些作品并非康帕内拉的真实思想。真正能表现其政治法律思想的,是最著名的、影响最大的古典空想社会主义文献——《太阳城》及其续文《论最好的国家》。《太阳城》是康帕内拉提出的理想国家方案。作者明确地说,这是"一个力所能及的可以仿效的榜样","这种生活,那是可能的"。《太阳城》一书是借一个热那亚的航海家向一个朝圣香客讲述的方式表达的。它在艺术上是死板的,但所描写的太阳城国家的形象极为扣人心弦。《论最好的国家》一文是以讨论"太阳城"国家方案形式出现的。它通过对非难的反驳,再次强调《太阳城》一书的基本观点和它的现实性。

一、社会论

康帕内拉是私有制的自觉批判者。他激烈地揭露私有制所造成的社会灾难,指出"财产会使人六亲不认""自私自利是万恶之因"。他在《论黄金时代》一首诗中认为:"如果人们忘掉'你的''我的'……我相信现实生活就会变成天堂。"这同布丹的说法恰好相反。还坚持说:"按照自然法,一切都公有——这是千真万确的。"于是康帕内拉就让其笔下的太阳城人过公有制生活,即"他们的公社制度使大家都成富人,同时又都是穷人;他们是富人,因为大家共有一切;他们都是穷人,因为每个人都没有任何私有财产;因此,不是他们为一切东西服务,而是一切东西为他们服务。"

太阳城人都能自觉地劳动,有强烈的劳动光荣的观念。他说,每个人都忘我地工作,一切工作总是做得尽善尽美。对精通技艺和手艺的人,做繁重工作(打铁、建筑)的人,服务工作(厨房食堂、照顾病人)的人,都受到格外的尊重。工作时间为每天四小时,其余时间用于全面发展体力和脑力。太阳城实行按需分配产品。"不让任何人获得超过他所应得的东西,但也不会不给他所必需的东西。"

太阳城里没有商品货币关系,金银用于制作器皿或多种制品材料。

太阳城人生活丰裕而简朴,实行公餐制,食品讲究,衣服彼此差不多,住宅半年换一次,寿命一二百岁。太阳城实行公妻制。康帕内拉说这是保证"一切公有"所必需的。太阳城极其重视教育,从婴儿起到成年都作了严格安排。据说,那里的学生一年所学的比意大利十至十五年学的多得多。太阳城信仰基督教,甚至还有"人祭制度"。这在宗教改革运动中是很不合时宜的。此外,康帕内拉让太阳城人相信占星术。——这些都是《太阳城》一书中极其失败的糟粕。

二、国家论

马克思把康帕内拉同近代启蒙思想家摆到一起,说他们"已经用人的眼光来观察国家了,他们是从理性和经验中而不是从神学中引出国家的自然规律"。康帕内拉自己也说:"我们描写的这个国家,不是上帝提供的国家制度,而是通过哲学家的推理所发现的国家,而且我们是从人类可能具有的智慧出发,来证明《福音书》的真理是符合自然的。"他在论述太阳城的公职人员选举办法时,也说"那是合乎自然的。而不是随意的"。诚然,康帕内拉国家理论中的神学的、封建的糟粕很多,但其主导方面仍是理性主义、经验主义和自然主义的,即和文艺复兴的思潮相一致。

太阳城在政体上实行的是政教合一的、有浓厚贵族主义色彩的城邦共和国。这一点同喀尔文的日内瓦有雷同之处;也显然接受了柏拉图的哲学家政治的影响。但在国体方面却是完全不同的。康帕内拉在政体问题上的这种观点,有两方面的原因造成:一是理性主义即过分相信"优秀"头脑的作用;二是认为只要有了公有制,上层建筑方面就有了绝对的保险系数。可以说,这是空想社会主义的一个很坏的传统,甚至在我们今天的社会主义国家也有影响。太阳城的公职就是按照"杰出的人物掌权"原则配置的,甚至让这些人实行终身制或事实上的终身制,并实行高度的集权主义。至于民主的色彩那是很淡薄的。

太阳城的国家体制。最高统治者由大祭司担任,叫太阳;其下是名叫"威力""智慧""爱"三个助手。这"四大领导人"握有国家全权。他们通过"禅让"方式择定接班人,不论谁都不能被罢免。其他各级官员大体实行领导提名、群众讨论的办法决定。由全体人民(二十岁以上公民)参加的"大会议",可以对政府和官员的缺点进行批评,但实权不大。就是说,康帕内拉对于代议制是缺乏热情的,他还专门指明,在太阳城里不准搞"竞选"。

太阳城可以进行正义的战争。对于战争中俘虏的奴隶可以出卖或令其做苦工,但对战败国人民则给予恩惠;还可以对战败国实行殖民同化政策。这些都是莫尔的流毒。

三、法律论

在法律论方面,康帕内拉受到莫尔影响也很大。他们都认为其理想国中的法律是反映全体人民利益和意志的,都主张法条要少,简明扼要,人人皆知,相比之下,康帕内拉的法律论没有莫尔那样精深透彻,但却比莫尔更重视法律在新社会中的作用,而且研究的广度要大些。

1.刑法

康帕内拉对犯罪主体、客体、主观要件、客观要件以及定罪、量刑等刑法一些基本问题都触及到了。康帕内拉深知,由于太阳城实现了人们的经济平等,作为阶级社会中犯罪的主要根源——经济根源已消除了,所以犯罪的种类极少,主要是:第一,危害政治制度和亵渎宗教罪,包括"反对国家自由""反对上帝""反对人",一律作为最严重犯罪,处以死刑。第二,破坏军事纪律罪,包括临阵脱逃(处死刑)、对盟友或战友不予及时援救(赤身抽打)、不执行命令(放到沟里同狮熊搏斗)。第三,侵犯人身罪,包括:行罪,死刑或同态报复("以眼还眼"……);诽谤罪,"依法惩处"。第四,伤风败俗罪,包括:违反自然美感罪,"(妇女)'脸上冷酷打扮,穿高跟鞋来显示身材,穿长裙遮盖粗腿',要处以死刑";鸡奸罪,罚其将鞋挂到脖子上示众两天,以示其"违反自然",重犯可至死刑。康帕内拉刑法论中提出人道主义、罪刑相应、教育改造的原则,受严刑峻罚、报复主义、人身污辱等旧刑法观的余毒很深。

2. 刑诉法

行政、司法合一,官长即为法官制;规定口头诉讼、证人、辩护权、上诉、赦免("太阳"的权力)等,规定揭发犯罪和犯罪后坦白予以从轻处分的制度,不株连制度,死刑执行由群众乱石砸死(证人或原告打第一下)等。

3. 道德审判制

对于群众内部的不道德又不构成犯罪的行为,由道德法庭予以审判,进行道义谴责。这点对社会主义国家是有意义的(如列宁提出的"同志审判会"的意见)。

总之,康帕内拉法律论中有许多积极的东西可批判汲取。

格劳秀斯

格劳秀斯(1583—1645)是尼德兰资产阶级革命时期最重要的政治法律思想家,是近代资产阶级理性主义的自然法理论体系的奠基人。他的一整套的政治法律思想,可以说都是建立在自然法理论的基础之上的。

一、法律的一般概念

1. 法律的定义

什么是法律? 格劳秀斯说:"法律所指示的,只不过是所谓正义而已。同时,这个正义是消极的意义多于积极的意义。因此也可以说,所谓法律就是指不是不正义的意思。任何事物对于理性的人类所建立的社会本性有所冲突的,都是不正义的。"所谓"消极意义多于积极意义",就是强调法律规范的"禁止性"多于"许可性"(即授权性)。因为在格劳秀斯看来,许可性的法律行为不必是法律规定的行为,宁可说是"法律的沉默"。严格说来,格劳秀斯的法律定义,不能算是一种定义,而仅仅是说明了法律与正义的关系。这表明,格劳秀斯的法律思想还没有同伦理思想分开;就是说,还浓厚地保留了古代和中世纪法律思想的痕迹。

2. 法律关系

格劳秀斯认为,法律调整两个方面的关系,或者说是直接保卫两个方面的权利。

第一,保卫社会各部分成员之间相互联系的权利。

格劳秀斯说:"社会的每一部分,如果没有相互容忍与善意的保卫,那么,这个社会便不能存在。"在格劳秀斯那里,所谓"社会的每一部分"的总和,被当作社会的基本结构。因而保卫这一结构,就是法律的首要任务。社会各部分的联系,有两类:一是建筑在平等基础上,包括兄弟之间、人民之间、朋友之间、协约者之间的关系;这种法律关系表现出来的权利,叫作"平等权"。二是建筑在优越地位的基础上,即治人者与被治者之间的关系,包括父子之间、主奴之间、君民之间、神人之间的关系;这种法律关系表现出来的权利,叫作"优越权"。

第二,保卫个人利益的权利。

格劳秀斯强调,这种权利是"属于人的",而不属社会。它主要指"物权"。"物权"有两类:一是"特授权"(所有权),其中包括对自己的权利即自由,对他人的权利即支配他人的权利,债权。二是"自然情势"。格劳秀斯说:特授权和行为相应;而自然情势,当我们谈及自然物时,是和权力相应的。格劳秀斯对于法律关系两个方面的论述,基本上是重复古罗马法学家关于公法、私法划分的理论,独立贡献不很多。

3. 法律体系

格劳秀斯认为,任何国家的法律体系都必然由三个部分组成。

一是自然法。它是最高的、普遍的、永恒的和不成文的法律。二是神法。格劳秀斯承认神法,主要是由于当时客观条件所迫。事实上,他在著作中并没有给神法派定什么具体的地位;神法,有时似乎是自然法的组成部分,有时又似乎是伦理道德性的东西,故意使人捉摸不定。三是"制定法"或"人的自主权法"或曰"民族法"。它是一个国家的统治者制定的法律。但是这种制定必须遵循两条原则,即要和自然法的精神相一致,要得到众人的共同允许。

综合格劳秀斯关于法律一般的观点可以知道,尽管它缺乏革命的尖锐性,并且主张国家集权主义,但其资产阶级性质仍是一目了然的。

二、自然法

如果说格劳秀斯关于法律一般概念的论述是比较平淡无奇,那么,他在自然法学说方面却有许多创建。

1. 自然法的定义

什么是自然法? 格劳秀斯说:"自然法是正当理性的命令,它根据行为是否和合理的自然相谐和,而断定其为道德上的卑视或道德上的必要,并从而指示该行为是否为创造自然的神所禁止或所命令。"又说:"很少有什么法律是一切民族所共同的。如果有,那就是自然法。因为自然法本身一般称为民族间的法律。"这个定义表明了自然法有如下的特征:第一,自然法是"正当理性的命令"。所谓正当理性的"正当"二字无非是强调凡理性就是正当的,而不意味还有什么非正当的理性。格劳秀斯这里所讲的理性,实际上就是借助抽象的客观精神的术语而表现出来的资产阶级的阶级意志。所谓理性的命令,那就指刚刚诞生的荷兰联省共和国的统治者——大资产阶级和新贵族利益的要求。这点是理解格劳秀斯自然法论的关键环节。第二,自然法的准则是"合理的自然"。我们必须知道,格劳秀斯所说的"自然",和古代自然法学说所指山川草木的自然界不同,而是指所谓"一个合理而社会化的自然"。换言之,就是一种处于理想状态的社会。这样的社会,在格劳秀斯看来,既不是古代奴隶社会,也不是中世纪封建专制社会,更不是社会主义、共产主义社会,而仅仅是资本主义社会,即资本主义的经济制度、政治制度乃至风俗习惯。第三,自然法不仅是制定法(人定法)的依据,而且又是道德判断的依据,甚至是执行神法的标志。这也就是说,唯有自然法才是最高的行为规则。实际上,格劳秀斯鲜明地提出了,人法、神法和道德规范一律要适合和体现资产阶级的理性或意志。第四,自然法是超国家的、各民族共同的法律,即普遍的法律。第五,格劳秀斯在《战争与和平法》一书中,用黑体字强调说:"自然法是固定不变的,甚至神本身也不能更改。""神的自身,他的行为也要受这一规则的裁判。"格劳秀斯的理由是,任何事物的本性都有其内在的规定性或规律性。格劳秀斯这个说法孤立起来看当然是不错的;但是,他忽视一事物同其他事物之间的联系,导致事物永恒不变的结论,则是荒谬的,而且也同他自己变革社会的要求相矛盾。这种形而上学观点,是格劳秀斯企图把资本主义制度永恒化愿望的反映。

2. 自然法存在的论证

既然自然法是个不具形式的、抽象的东西,那么它的存在本身就需要加以证明。对于这个显而易见的问题,格劳秀斯当然是知道的。为此,他就竭力进行论证。格劳秀斯说,论证自然法存在表现为两种方式。第一,先天的论证。格劳秀斯说,当我们借助人的先天的理性进行推理,指明某一事物是否合乎一个合理而社会化的自然及其本性时,这种推理就是先天的。例如,亲子间的相互扶养义务的推定,就是如此。他还说,先天的论证,是较为深入的论证法和绝对的论证法。格劳秀斯所谓先天论证法的根本错误之点,就在于他不懂得人的认识(包括理性)不可能是先天的,而是后天实践的产物。先天的认识就是唯心主义的先验论。第二,后天的论证。格劳秀斯说,当我们不能绝对地证明某一事情是否合乎自然法时,那就要看众人至少要较有文化的民族的意见。凡是他们普遍接受的,就是真理,就合乎理性,从而就证实了有关这一事情的自然法规范是确实存在的。格劳秀斯说,这是一种相对的、常识性的和较为通俗的证明法。其实,格劳秀斯的所谓后天论证法也显然是无济于事的。客观真实的问题,只能通过实践来验证。没有这种实践根据的意见,不管是少数人或多数人的,均不足为凭。最明显的是,千百年中欧洲绝大多数居民,包括绝大多数的学者们都信仰上帝,即使如此也不能证明上帝的存在。一言以蔽之,格劳秀斯关于自然法存在的两种论证或证明法都是虚妄的。

3. 对格劳秀斯自然法论的历史评价

格劳秀斯自然法理论的重要性,正在于它充当了近代资产阶级自然法理论的开拓者,并基本上造成了这个理性主义自然法理论的体系。格劳秀斯继承了文艺复兴以来资产阶级思想运动前驱者们的自然法理论,而且吸取了古代、中世纪自然法理论一切为资产阶级有用的东西。于是他就把自然法变成冲击封建专制主义和神学主义政治的武器。应当承认,在格劳秀斯那里,这个武器还是比较软弱的;但到了他的后继者英国革命和美国革命的启蒙思想家,特别是法国革命启蒙思想家那里,却越来越变得强而有力了。

三、国际法

格劳秀斯在法学领域中另一个突出成就,是他的国际法理论。格劳秀斯一生中的主要的经历是从事外交方面的活动,而他的主要著作《捕获法》(1604)、《公海自由》

（1609）和《战争与和平法》（1625）都是以国际法（主要是国际公法）为主题的。这些著作中对于国家间的外交关系规则、战争规则和海上规则等方面，都作了系统的论述。因此，格劳秀斯被公认为近代资产阶级国际法理论的奠基人。

1. 格劳秀斯国际法理论出现的历史条件

格劳秀斯国际法理论是其时代的产物。

第一，自尼德兰资产阶级夺取政权之后，西方世界出现了深远而广泛的资产阶级革命的新时期。英国革命的危机已近于成熟；美国和法国的革命也日趋临近。与此同时，革命的敌人——封建专制主义和神权主义势力也在加紧武装，进行垂死挣扎。反动的封建阶级，尤其大国的封建阶级，不仅在国内进行血腥镇压，在国际上也推行强权政治，破坏公海航行自由，并肆意干涉他国内政，镇压那里的革命人民。在这种情况下，格劳秀斯强调国家主权原则，提倡国家间的独立平等，反对任意干预他国内政，显然是有利于各国人民革命力量的发展的。

第二，在1618—1648年期间，以德意志为主要战场，进行30年的残酷的国际战争。这场战争几乎可以说是整个欧洲性的战争。它名义是新教与旧教势力之争，实际上是几个大国乘机进行侵略。这场战争的非正义性和野蛮性，激发了格劳秀斯提出区分正义战争与非正义战争、对于和平居民（尤其老人、妇女、儿童的）保护，以及对于战俘的人道主义待遇等想法。这一系列原则，深为国际人民大众所拥护。

第三，在格劳秀斯的时代，英国、西班牙、葡萄牙以及相继而起的荷兰等海上强国，为了大规模地发展国际贸易，尤其对亚、非、拉进行殖民和掠夺，相互在海上越来越激烈地大搞海盗和半海盗式的角逐，包括背信弃义、破坏、掠夺乃至频繁的战争。在格劳秀斯看来，这种局面不仅危及国际和平，危及正常的资本主义国际经济秩序，特别是危及像荷兰这样的较为后起的、实力不是最强大的殖民国家的发展。格劳秀斯的"海上自由"论，就是鉴于这一情况提出来的。

综上三点，不难看出，格劳秀斯的国际法理论是进步的，是符合资本主义的发展和资产阶级革命需要的。但是，恰恰因为它是资产阶级的理论，便不能避免其局限性，尤其是维护了西方宗主国对殖民地人民的侵略和掠夺。

2. 格劳秀斯国际法理论的渊源

第一，是自然法理论。从历史上看，凡是倡导自然法理论的人，不论具体说法有何差异，一般地都认为自然法是人类共同的、普遍的法律。格劳秀斯也不例外。既然全体人类都要遵循自然法规则，那么包括人类各个部分的各民族之间和各国家之间便理所当然地要一体按照自然法来处理它们的关系。格劳秀斯说，国际法分为习惯（惯例）法和制定法两种；但是归根结底都起源于人类的共同理性，即根源于自然法。

第二，是罗马法学家的"万民法"理论。古代的罗马法学家们适应罗马这个庞大地域国家的实际，把法律（人定法）分为"万民法"和"市民法"两种。罗马大帝国垮台之后，"万民法"的许多规范继续被作为国际惯例，先是由神圣罗马帝国境内的各国所遵守,后来又由各独立的民族国家共同遵循。格劳秀斯的国际法理论,显然是同古老的"万民法"理论有血脉的联系。

第三,历史上其他一些政治法律思想家们有关国际法问题的观点。

四、国家论

1. 国家定义

格劳秀斯说:"国家是一群自由人为着享受公共的权利和利益而结合起来的完善的团体。"

这个国家定义中包含着比较浓厚的亚里士多德城邦主义国家论的色彩:第一,它把国家视为维护公共权益的完善团体,也就是把国家看作人类的最高的存在物,并且将国家与社会混合为一谈。第二,它把国家看成自由人的结合,排斥非自由人。事实上,在格劳秀斯的著作中反复强调"子女"和"奴仆"等政治地位和经济地位的卑下,这就是明证。

2. 国家的起源

格劳秀斯如同大多数自然法论的倡导者一样,用所谓人类的自然状态和契约来说明国家的起源。在这方面需要加以强调的是:第一,格劳秀斯认为,国家的产生是同私有制相联系的。在原始状态是没有私有财产的,他说:"现在使用的财产,最初,也是人类意志中的一种创造品。"这种所谓意志,无非指原始取得者的占有欲和他人对此的默许。人们之所以要订立契约建立国家,很重要的一点就是保卫财产权益。第二,格劳秀斯说,人们在订立国家契约之后,一般的情况是把最高权力(主权)赋予了少数人或一个人。

3. 主权

格劳秀斯的主权论,大体上是遵循布丹的思路发展的。其间的明显差别是:第一,格劳秀斯的主权论,侧重于从国家之间的相互关系方面(从国家的对外主权),或者说从国际法的角度上展开的。

第二,格劳秀斯认为国家的主权是可以分割和转让的,即具有很大的相对性。这个说法基本上是反映着和默许着当时荷兰(从西班牙分立出来),欧洲(国家的分裂、强行的兼并、自愿的联合或合并等),以及欧洲强国对殖民地或保护国的关系等的现状。

4. 政体

格劳秀斯政体论是以他的主权论为前提的。他承认政体有多数人拥有主权即民主制、少数人拥有主权即贵族制、一个人拥有主权即君主制的区分。但他倾向贵族制(荷兰共和国采取的政体)和君主制,尤其是大力地鼓吹君主制。格劳秀斯在政体问题上的态度,不仅取决于他的祖国荷兰现状的影响,更取决于他长期从政的国家——君主制的瑞典、法国、英国的影响。

斯宾诺莎

斯宾诺莎(1632—1677)比格劳秀斯和英国的霍布斯都晚出生近半个世纪,是尼德兰革命胜利后的人。他只活了四十几岁,其生涯是短暂而悲惨的。但他在西方思想史上却占据辉煌的一页。

一、政治法律思想的方法论

斯宾诺莎在哲学上是一个自然神论或泛神论的杰出代表者。他勇猛地向着陈腐的神学主义冲击,宣布上帝、自然、实体的三位一体、彼此等同的理论。他说,上帝就是自然;世上一切现象的存在都是自然的,实在的。

斯宾诺莎以自己的哲学思想为根据,在他的政治法律思想的方法论方面,具有两个极其显著的特点。

1.自然主义方法

斯宾诺莎认为,国家和法律现象也是自然的一部分。但自然并不是个别现象独立堆积而成的,而是有其内部的和谐和秩序的。因此,对于国家与法律现象的了解,不能孤立地、零碎地进行,而要从自然的整体出发来加以把握,充分看到它同自然之间的联系,看到它对自然的反映,看到它所具有的自然本质。

2.理性主义方法

所谓理性,斯宾诺莎则常常称之为人性。人性,无非是人所体现的自然性而已。斯宾诺莎说,政治思想家研究人性,就像数学家研究线、面、体一样;不懂得人性的本来面貌,就不能真正了解什么是国家和法律,就会使政治学离开科学而堕入乌托邦的幻想。他批评说,有些人动辄对人性加以讥笑、叹息、斥责、痛恨,歌颂事实上不存在的人性,贬低实在的人性;仅此一点已注定了他们不可能提出切实可行的政治学家理论。为此,斯宾诺莎宣布他自己的政治学方面的治学态度是"现实"的或"客观"的。他说:"当我致力于政治学时,谨慎自矢。对于人类行为不加讥笑、不加感叹;不事求索,而唯求了解";"不在讲什么是应当做的事,而根本地在什么是能够做的事。"斯宾诺莎的这种从自然主义和理性主义方法出发所导出的所谓现实的或客观主义的态度,作为一种政治法律思想研究的方法论来说,在启蒙思想家中具有很大的代表性,并且对于而后的资产阶级政治法律思想家也产生了巨大的影响。无疑,这样一种方法论,在当时反对神学主义的专横和武断方面,起了巨大的历史作用。但是它毕竟是一种超阶级的观点和方法。

二、国家的产生、国家的使命和国家的统治权

斯宾诺莎和其他早期资产阶级革命思想家一样,倡导自然状态论和契约论,并借此以论证国家的产生。斯宾诺莎认为,在原始社会中,人们按照自然规律而生活,尤其是按照由人类本身所体现的自然本性即人性而生活。那么人性是什么呢? 就是"自我

保护"。用他的话来说:"每人所作所为皆出于他的本性的必然性","各人各自按照自己的意思寻求自己的利益,为自己的仇恨进行报复"。这种"自我保护"的人性要求是人人平等的,是天赋之权。但是天赋平等之权只是一种可能性,并不等于现实。所以他们实现自己天赋权利的能力就不会相同。这意味着,每人实际享有的权利是和他本人的力量相等的。这条规律也同样是从人性中引导出来的,同样是符合自然的。斯宾诺莎说:"例如,鱼是天造地设在水中游泳,大鱼吞小鱼,因此之故,鱼在水中快乐,大鱼有最大的天赋之权吞小鱼。因为,在理论上,自然当然有极大之权为其所能为;换句话说,自然之权是与自然之力一样广大的。"这样看来,人性的"普遍规律"不仅是自私的,而且是弱肉强食的。那么,对人的这种本性应当怎样评价? 这是善的,还是恶的呢? 是公正的,还是不公正的呢? 斯宾诺莎根本反对这样来提出问题。因为,在自然状态下,没有法律、没有统一的评判善恶、公正与不公正的标准,每个人都有自己的法律即满足个人利益的要求这个标准。斯宾诺莎说:"在自然状态下,无所谓人人共同的一致承认的善或恶,因为在自然状态下,每一个人皆各自寻求自己的利益,只依照自己的意思,纯以自己的利益为前提去判断什么是善,什么是恶,并且除了服从自己外,并不受任何法律的约束,服从任何别人。"这就是人类之自然状态。

斯宾诺莎认为,这样一种自然状态虽然是符合自然、符合人性,但并不是理想的状态。因为每个人都力图实现其天赋权利的最大限度,就不可避免地,越来越频繁地而激烈地争执、对立和冲突。于是人们就在自然法或理性的启迪之下,自愿或被迫地各自同意放弃本身的一部分天赋权利,交给社会,相互订立建立国家的契约。斯宾诺莎说:"人不互助或没有理智的帮助,必是极其可怜的生活着。……如果人要大致竭力享受天然属于个人的权利,人就不得不同意尽可能妥善相处,生活不应再为个人的力量与欲望所规定,而是要取决于全体的力量与意志。"这里所说的"全体力量与意志"的体现,就是国家。按照斯宾诺莎的逻辑,国家产生的动因就决定了它的使命。他说:"国家就是建筑在法律之上的和自我保护的力量上面的社会。"意思就是说,国家通过法律这个基本手段来限制每个人自保权利的无限发展,从而达到社会的人人普遍自保的目的。简言之,就是增进人民的福利和大众的和平,特别是要保障个人的理性和自由。斯宾诺莎认为,国家的权威最根本地就体现在它拥有统治权。对于人民来说,就是必须服从最高统治者。最高统治者可以用武力来威吓人,也可以用刑罚(直到死刑)来禁制人。相应地被统治者,不管是出于拥护、热爱或者是恐怖,反正得服从。否则,统治权就无法维持。这就是国家统治权的绝对性。可是问题还有另一方面,就是说国家统治权的绝对性,并不等于它可以干预人们的一切。这是因为人民在订立契约时并没有、也不可能把一切权利都转让给国家,个人的生存自保权、理性自由权依然在每个人手中,国家不得干涉。国家最高统治者如果干预了和损害了这种基本的人权,它就破坏了契约,人民就有权进行反抗。由此可见,国家统治权又是有限度的、相对的。斯宾诺莎在资产阶级和贵族妥协的荷兰共和国里提出这种主张,其目的就在于:他一方面坚决维护资产阶级已得到的政治统治权,以对付人民的反抗;另方面,又时刻警惕着封建势力和贵族有朝一日实现复辟或独揽大权,并为资产阶级的反抗作了准备。

三、政体

斯宾诺莎说,一个国家适用什么政体,取决于订立国家契约的情况。人民在订约时,可能把最高统治权交给一个人,可能交给少数人,可能交给多数人或全体人;这样就分别产生了君主制、贵族制、民主制。斯宾诺莎断然否定君主政体的合理性。他认为君主一人掌权很容易导致恣意专行,使统治权漫无限制,没有理智,把同自己意见不合的人当作敌人,甚至动辄把人民处死,实行"极其暴戾的统治"。斯宾诺莎说,显然,"有正确判断力的人是不会承认他能这样做的。"斯宾诺莎本人坚决主张民主政体。他说:"在民主政体,所有的或大部分的人民集体握着权柄。""我相信,在所有政体之中,民主政治是最自然,与个人自由最相合的政体。在民主政治中,没有人把他的天赋之权绝对地转付于人,以致对于事务他再不能表示意见。他只把天赋之权交付给一个社会的大多数。他是那个社会的一分子。这样所有的人仍然是平等的,与他们在自然状态之中无异。"这一主张是斯宾诺莎从资产阶级统治的稳固性方面考虑的。这种民主制观点为而后的卢梭加以接受并全面加以发展了。

四、法律

斯宾诺莎认为法律有自然法和人定法两种。斯宾诺莎主张的自然法同孟德斯鸠较接近,认为自然法就是"一切事物据以成立的自然的规律和法则本身"。这表明,自然法是一切现象的内在规律。自然法在人类中的表现是人的本性(人性)和理性,其中尤其是"自我保护"和以强凌弱的法则;所以,自然法是人性法或理性法。

人定法是同国家一道产生出来的,其目的和作用同国家相一致。斯宾诺莎说,如果人生而就能听从理智的呼唤,对自己的欲望有些节制,那么法律显然就是不必要的。法律的必要性就在于用它来节制人性的无限扩张,保障整个社会利益,从而使社会得以生存和发展。斯宾诺莎作为一个法治主义倡导者,十分强调法律制定程序的合法性以及遵守法律的重要性。他认为随着国家政体的不同,立法权的归属也不同,或委之于全体,或一部分人,或一人。但不论在哪种情况下,立法权都属于"国家当局",而不属于私人。不过,在讲到民主制国家的立法时,斯宾诺莎很少谈到广大人民是怎样参与立法的。相形之下,他强调人民必须守法这一点则相当突出。在他看来,法律是理性的产物,因此理性也要求和指导人民维持国家的法纪。对于那些违反理性,破坏法纪的,斯宾诺莎倾向给予严酷的处置,直到大规模的武力弹压和采取死刑。斯宾诺莎的法律思想,比较起来算不上很系统,独创性和先进性也不很突出。

五、思想自由和言论自由

斯宾诺莎的政治法律思想中占有最突出地位的,是思想自由和言论自由的论述。斯宾诺莎关于思想自由和言论自由的观点,主要有以下几个方面。

1. 自由的概念

斯宾诺莎说:"只有完全听从理智的指导的人才是自由的人。""最高自由的国家是其法律建筑在理智之上,这样国家中的每一分子才能自由。"斯宾诺莎的意思无非是说,自由就是服从理智或理性。能按照理性去行动的个人是自由的人;能按照理性行动的国家是自由的国家,即保障个人自由的国家。如果国家的法律是基于理性之上的,那么,公民服从法律也就服从理性,就实现了他的自由。

不过,理性又是同人性分不开的。所以,服从理性就是服从人的"自我保护"原则,也就服从个人的利益。归根结底,自由就是个人利益的体现。由此可见,斯宾诺莎的自由概念是一种资产阶级的个人主义自由的概念。

2. 自由是公民的"天赋权利"

斯宾诺莎认为,自由是人的本性的一部分,是同人的存在分不开的。尤其是思想自由即人的自由思考、判断之权,不论是自己和他人均无法令它不是这样。所以斯宾诺莎说:"人都不能放弃他的判断和感情的自由,即是每人因为有不能割让的天赋之权,是他自己的思想的主人","个人放弃自由行为之权,而不放弃自由思考与判断之权,是对的","此天赋之权,即使由于自愿,也是不能割弃的。"意思是说,人们在订立国家契约时,只是自愿地转让了自由行为之权,而没有,也不可能转让思想自由之权。所谓思想自由,斯宾诺莎认为其中就包括言论自由和用文字表达言论的自由。

3. 政府无权控制公民的思想

斯宾诺莎一开始就把这个命题同反对封建的和神学主义的专制对立起来。他说:"如果人的心也和人的舌头一样容易控制,每个国王就会安然坐在他的宝座上了,强制政治就没有了。"但是斯宾诺莎要证明这种专制政治终究是实现不了的。因为,"人的心是不可能完全由一个人处治安排的。"根据这个道理,"想方子控制人的心的政府,可以说是暴虐的政府,而且规定什么是真的要接受,什么是不真的不要接受,或者规定什么信仰以激发人民崇拜上帝,这可算是误用治权与篡夺人民之权。"又说:"政府剥夺个人吐露心里话的这种自由,是极其残酷的。"简言之,按照他的观点,能否保障思想自由以及在何种程度上保障这种自由,是测定一个政府好坏的基本标准之一。

4. 国家保障思想自由的好处和侵犯思想自由的坏处

一个国家保障思想自由的好处在于:第一,可以使公民自觉自愿地遵守法律。斯宾诺莎认为,人们的法律行为(守法的或违法的)总是受他的思想支配的。所以,只有使人们能充分地思考,对于法律有深邃的理解,认识到法律的合乎理性的本质,才能心甘情愿地、积极主动地加以遵守。这一点对于有学识造诣的人尤其重要。第二,可以使政权不受攻击。斯宾诺莎认为,"如果不把表面的附和认为高于确信,如果政府要握权握得牢,对煽动分子不被迫让步,那就必须得容许有判断的自由。"意思是,人们的想法和政府的想法有不一致之处是自然的,这只能靠疏导,靠让人们自由思考来缓冲。相反,如果采取强制手段迫使人们服从,靠限制人的思想自由来让他们服从,就势必招致相反的后果,使不同意见的人群起而攻之。而这种变成众矢之的的暴虐政府是不可能稳固的。第三,可以造成国家的兴旺繁荣。斯宾诺莎为了证明思想自由"不会引起烦扰",他特地用当时的荷兰大城市阿姆斯特丹为例加以论述。说"阿姆斯特丹城在最繁盛而为别人景仰中收获了这种自由的果实。在这个典型的资本主义城市中,人们只问切身的物质利益,而不问他的身份地位,尤其不问其思想状况(包括宗教信仰)如何。司法机构也是如此。"我们正是以这个例子可以看到斯宾诺莎的思想自由论归根到底是为什么经济制度服务的。第四,可以促使人民的团结。斯宾诺莎根据荷兰的历史的、现实的经验,认为政府越不允许人民有思想自由,人民就会把矛头指向政府,而且也容易把忿怒随意指向任何人,进而造成一部分人同另部分人相互攻击和争斗,这就是导致党派对立的原因。他说:"派别不是起源于爱真理,爱真理是礼让与温文的源泉,而是起源于过度的争权之念。"纷争就要导致掌派政治,从而使国家不得安宁。

国家侵犯公民思想自由的坏处主要在于:第一,扼杀科学和艺术。斯宾诺莎认为科学与艺术的繁荣,必须依靠自由地、独立地思考才能取得。既然思想自由同人类的发展有如此重大的联系,所以自由思想本身就应当被看成一种德性。他说:"思想自由其本身是一种德性,不能禁绝";反之,"若是一个人判断事物不能完全自由,没有约束,则从事于科学与艺术,就不会有什么收获。"在这里,正确地总结了科学艺术发展的规律。第二,造成阿谀和背信。斯宾诺莎说:"即令自由可以禁绝,把人压制得非有统治者的命令他们都不敢低声说一句话;这仍不能做到当局怎么想,人民也怎么想的地步。因此,其必然的结果会是,人们每天这样想,而那样说,败坏了信义(信义是政治的主要依靠),培养可恨的阿谀与背信,因此产生了诡计,破坏了公道。"这里主要是指压抑思想自由在伦理道德上造成的危害。第三,将导致人民的抵抗,造成政权的不稳。斯宾诺莎说:"强制言论一致是绝不可能的。因为,统治者越是设法削减言论的自由,人越是顽强地抵抗他们。"而且,这种抵抗主要是"那些因受良好的教育,有高尚的道德与品行,更为自由的人"。所以其损失必然很大,其影响也很大。这种压制思想自由的法律,对国家的危害也是灾难性的。第四,致成党争。斯宾诺莎总结神学史上的教训说:"由于教会当局对于神学上繁荣的争论用法律作决定,教会中产生了多少党派!"又说,如果人们不迷惑于希望法律与当局站在自己的一边,希望在大众面前压倒对手以获取荣耀,他们就不会如此恶毒地竞争,不会有这样大的互相厮拼的怒火了。就是说,法律上要是允许充分的思想言论自由,人们就不会结成党派互相抗争,而会心平气和地进行探讨。斯宾诺莎虽然揭示了竞争的某些历史现象,但无力揭示党争的阶级实质。

5. 言论自由的界限

斯宾诺莎花了很大力量论证思想言论自由的必要,但也花了很大力量论证言论自由的相对性或界限。

第一,言论与思想的界限。

斯宾诺莎承认言论和纯粹的内心思想是有区别的。他说:"不能否认言论可以有损于权威",在这点上言论与行动有相近之处。所以斯宾诺莎提出"必须研究,究竟能够并且必须给予(人民的言论)到多大限度"的问题。那么,是多大限度呢?他回答是"发表言论,或用以教人,而不损及他的统治者的权威或公共的安宁"为限度。尤其严禁反政府当局的言论出于"以私人的权威去要求变革的企图"的言论。

第二,言论与行动的界限。

斯宾诺莎认为一个公民可以有纯粹基于内心信念而发表反对当局的言论的权利,但他不能有反政府的行动。因为"没有人能违反当局去行动而不危及国家"。他说,"若是个人不放弃完全依自己的判断的行动之权,是无法保护安宁的。"

第三,言论与法律的界限。

斯宾诺莎有这样一段话:"举例来说,若是有一个人说,有一条法律是不合理的,所以应该加以修改;如果他把他的意见全给当局加以审查,并且同时绝没有违反那条法律的行动,他很对得起国家,不愧是一个好国民;可是如果责备当局不公,鼓励人民反对当局,或是如果不得当局的同意,他谋乱以图废除这条法律,那他就是个捣乱分子与叛徒。"就是说,言论必须不能同现行法律的效力"相背而行"。言论自由要限定于法律范围之内。接着,斯宾诺莎便开列了一个所谓"有危险性"的言论或意见的清单,其中包括:一个人主张最高之权对他无权过问;主张应该不实践他的诺言;主张每人愿怎么样就怎么样;主张完全与国家契约相反的学说;等等。

最后还须专门提到的是,斯宾诺莎也是西方世界中最早的倡导惩罚行为而不惩罚思想这个资产阶级刑罚原则的之一。他说:"若是法律侵入思辨的领域,把人的意见加以法律的审判、定罪,也和罪恶一样,而这种意见的人不是因公众的安全,而是因反对者的怨恨与残忍而牺牲,只有在这种情形下,叛乱才会发生。若只有行动才算罪状的根据,至于言论,则听其自由,则那样的叛乱就会与争辩有截然的分别了。"又指出:"对待思辨问题的法律是完全没有用处的。"

总之,斯宾诺莎有关思想言论自由的思想是相当丰富的,深入的。它在当时的历史条件下也是进步的。但不难看出,这种思想自由是严格的资产阶级性质的。它为了资产阶级的利益而反对封建阶级、神学主义的野蛮统治;另方面又为了维护资产阶级利益,反对劳动人民反资产阶级统治的思想的传播,反对资产阶级的个别人违反本阶级利益的行为。无疑,斯宾诺莎的思想言论自由学说中的很多东西是可供我们今天借鉴的,但是必须在批判的基础上,在划清资产阶级自由与无产阶级自由的界限的基础上来进行。尤其反对为了某种片面观点而寻句摘字的做法。

霍布斯

霍布斯(1588—1679)的政治法律思想,在近代资产阶级的启蒙思想史上居于重要地位。他的政治法律思想的性质,概括地说,是不革命的,但却是进步的。

霍布斯作为一个英国大资产阶级利益的代表者,其政治立场是极端软弱和动摇的。他鼓吹极权国家理论和君主专制主义,事实上是对当时英国的封建王朝派有利、对资产阶级占据主导力量的国会派不利的,因而遭到革命人民和激进的资产阶级革命派的反对。但是他的突出的机械唯物主义世界观,极端个人主义的人性论,人民订立契约产生国家的理论等,都具有反封建、反教会、反贵族的意义,为此也遭到反动的君权神授论者和封建王朝派的反对。客观地看,霍布斯的政治法律思想是资产阶级革命处于初潮的、尚不够充分发展时代的产物。

一、自然状态论

有史以来,关于所谓人类的自然状态(或原始状态)的描绘和论证,霍布斯可算作为最为详尽和最为深入的。霍布斯的自然状态论,是以他的人性论为基础的。因此,人性怎样,自然状态就怎样,人性驱使人类做什么想法,自然状态也就随之发生相应的变化。

首先,人是生而平等、生而自由的。因此,人类的自然状态就是完全平等、绝对自由的状态,或者说叫作享有充分的自然权利的状态。霍布斯说:"自然创造人类,在人类身体和心灵的功能上,是造得极为平等的。""从每一个人都满意于他所得的一份这一现象看来,世界再没比这现象更足以表示才智的平等分配了。"也就是说,人人都有同等的攫取财产的能力,都有攻击另一个人的能力(单独地或联合地进行)。另一方面,除了能力之外,人人也随时可以毫无限制地把这种能力付诸实践,即实现"绝对的自由"。其次,人天生是恶的,是不能避免争执的。霍布斯说:"在人的天性中,我们发觉三种主要争执原因。第一为竞争,第二为猜忌,第三为荣耀。"由于这种争执,便引起相互间的漫无止境的侵略和掠夺,乃至于血腥屠杀。所谓"人对人是狼"的名言,就是这样引申出来的。

霍布斯在自己的著作中,对于人们之间的这种敌对关系作了反复、长篇累牍的描写。霍布斯的结论是,人的自然状态就是彼此处于"战争的状态"。

不过,霍布斯认为,人的这种凶恶的本性和自然状态的这种恐怖,是不应当使我们感到惊奇的。他说,我们并不能谴责人类的本性。人类的欲求、情感及行动,都不是罪恶,即由这些情感而来的行动,做到法律禁止这些行动时,也不是罪恶。这又做到法律已成立之后,他们是不能知道的。他又说,对在这种人人互相为敌的战争中,没有什么是不公道的。是和非、公道和不公道的概念,在这里没有存在的余地。因为,当时没有公共的权力,没有法律。没有法律就没有公道。武力和欺诈是在战争中的两种主要品德。公道和不公道是实际,是和人类在社会中,而不是在孤独中有关的性质。简言之,这种现象不能归咎于人类自身,而是取决于人类还没有发展到认识政治生活的重要意义的阶段,所以应当看成是客观历史发展过程中的必然要存在的东西。

总体来说,人类的自然状态,虽然人是平等的、绝对自由的,享有一切权利,没有私有财产、没有统治,没有国家法律,但并不是理想的境界。相反,霍布斯说:"在这种状态下,是没有发展工业的余地的,因为他们的成果是不可稳靠的缘故。因此,便也没有土地开辟,没有航海业、没有舶来品的应用,没有宽阔的建筑,没有推动搬迁需要极大力量的事物机器,没有地理知识,没有时间的计算,没有艺术,没有文学,也没有社会,最甚的是,人们都在不断的恐慌中,都有暴死的危险,而人类的生命是孤独,是贫穷,是龌龊,是凶残,是短促的。"不能否认,霍布斯关于人类原始状态的描述是从世俗的(非神学主义的)观点出发的,而且有许多正确的成分;他对于所谓罪恶与否、公道(正义)与否的问题的分析,也有辩证的、历史的方法因素。但是,他不以生产力的性质而以人性作为社会发展的决定因素,则是错误的、唯心的历史观。尤其是他竭尽丑化所谓人性,实际是把资产阶级的人性附合于整个人类而已。并且,他的人性论又是抽象的、超阶级的。这一切就注定了,他不可能对原始社会及其发展,作出科学的答复。

二、自然法

霍布斯对于自然问题的论述,同样是极精心、极细腻的,而且多有独到之处。

1. 什么叫自然法

霍布斯说:"所谓自然法,乃是理性所发现的一种箴言,或普遍的原则。"又说:"这自然法是用来禁止人去做伤害他自己生命的事情,或禁止人放弃保全生命的手段,并且去做他所认为最可以保全生命的事情。"首先,这一自然法的定义表明,霍布斯的自然法理论是典型的理性主义自然法理论。它既放弃了以上帝的命令来解释的神学自然法,也放弃了把自然法与大自然界现象所混同的自然主义自然法理论。其次,霍布斯的自然法表明,他的自然法说和他的理性论一样,都以所谓"自我保护"为中心的、彻底的资产阶级个人主义。在谈到自然法概念时,霍布斯还特意强调,不能把法和权利混而为一。法,对于一个人来说,是一种束缚、一种责任;而权利,则是一种自由,即"有自由去做或有自由去忍受"。

2. 自然法制基本要求

霍布斯提出这个问题,主要目的是论述人类如何从自然状态进入社会状态和政治状态,也就是如何由战争状态进入和平状态。

为此,霍布斯编造了所谓自然法的十项"和平条目"。第一条,寻求和平而遵守之。霍布斯说,在每个人对每个物都能运用自然权利的情况下,则不管是谁,不管他如何强大或聪明,都不能有安全感,不能保证自己活到应有的寿命。所以,理性便命令每个人;只要有期望获得和平的时候,应该尽量求得和平;只有在和平没有求得的希望的时候,才去寻求和借助战争的帮助。第二条,对等地放弃自然权利。这也就是说,为着和平和防卫自身,在别人也有同样愿意时,一个人便应该放弃自己的支配一切物的权利。同样,享有自由的范围(限制)也应相互对等和相互承认。假如这种行为是单方面的,那就无异于将自己置于别人的虎口一样,也还不会有和平。这种相互对等地放弃自身自然权利的愿望和行为,实际上就是订立集体契约。霍布斯提出,这第一、二两条是保证人类摆脱自然的战争状态而进入社会的和平状态的根本条件。但仅仅这两条,还不足以维护和平并使之持久。于是,还要补充以另外一些条目。它们分别是:第三条,人类要履行他们的契约。有了契约,就有了政府和法律,就有了公道与否和罪恶与否的问题,进而就有了制裁的权力。所谓制裁权,就是借助某种恐怖去强迫人们平等地履行他们的契约。不是因为有了制裁权的保证,才促成财产权的实现,以抵偿人们所放弃的普通权。霍布斯把国家的法律同财产权不可分割地联系在一起,揭示了国家和法律的本质。但他在这方面发生了第一性和第二性关系的颠倒,即:他认为,是国家法律决定了私有财产制度,而不是私有财产制度决定了国家法律。第四条,人人要知道感恩。否则就叫忘恩负义。第五条,和顺。社会中的人们有天然的杂异性,和一堆石头一样。差异的石头加以规制可盖成一座房屋,人们之间只有互相和顺才能构成和谐的社会。和顺就是善于社交的品德,排除固执、刚愎和倔强。第六条,宽宥。对于犯有过失而又有悔悟的人,应当宽宥。第七条,在对某人实行以怨报怨的报复中,不要注重旧恶,而要注意引导他向善。霍布斯说:"除为着改正犯过者,或为着指导他人外,我们禁止以其他目的去惩罚他人。"否则,就叫作残忍。这一点作为刑法思想来看,是正确的。第八条,不可用行动、语言、相貌或姿态来对他人表示仇视或藐视。违反者就叫作傲慢。第九条,承认别人在本性上同自己是平等的。违反者就叫作虚荣。第十条,让每人保留最低限度的自然权利。这指的是"管理自己身体的权利,如享受空气、水,运动,往来行动自由,以及其他事物(缺少了这些事物,一人即不能生存或不能好好生存)的权利。"霍布斯把以上十条归结为一句话,就是"己所不欲,勿施于人"。

除以上十条之外,霍布斯自然法的性质,还进行了四点说明:第一,自然法的效能,表现为个人的自我强迫和其他人的自我强迫两个方面的统一。如果只有某人的自我强迫,而他人都不作自我强迫,那么这个人就是人的俎上之肉;某人不作自我强迫,而别人都作这种强迫,那么他就是去寻求战争,亦即寻找法律暴力来毁灭自己。第二,自然法是永恒不变的。原因是,不公道的或罪恶的行径决不能使其成为合法的,战争永远不会比和平更有利于保全生命。第三,自然法是真正的道德哲学。霍布斯说:倘若承认和平是善的,那么,达到和平的方法或手段,如公道、感恩、谦卑、正直、慈爱及其他自然法规范,也都是善的,即是说都是合乎道德的品德。第四,自然法或理性命令通过国家而表现出来,那就是法律即制定法。

三、主权和政体

霍布斯说,主权者就是人们通过契约把所有的权力和力量统统交给了一个人或由一些人组成的议会。这也就是把全体人的意志变成一个意志,变成一个人格。这个人格便是国家——"伟大的'利维坦'"。

主权者的权力是至高无上的。如果说,在自然状态下,自由属于每个人,那么,在政治状态下,"自由是主权者的自由,而不是平民的自由"。也就是说,主权者的权力是没有限制的。它有立法权,有司法权,有宣战媾和权,有选任顾问和政府阁员权及赏罚权,有决定国教权,有选定教育学说权。这些权力不可以与他人分享,不可分割。但它可以把其他一些权力(如铸币权)授予别人。而臣民的基本职责就是服从主权者。他们不得对主权者进行抗议,更不准改变政体乃至取消国家。否则就是破坏契约,要受到严厉的惩罚。霍布斯说:"主权的代表人,不论在什么口实之下所做的事情,没有一件对臣民说来可以正式称为无信义或侵害的。因为,每一个臣民都是主权者每一行为的授权人,所以他(主权者)除开自己是上帝的臣民,因而必须服从自然法以外,对其他任何事业都绝不缺乏权利。"即使主权者杀死臣民,那也不存在做了对不起对方事情的问题;相反,这也是受罚者自己授权的,反映了他自己的意志。霍布斯并不回避,这种政权统治可能出现某种恶果。但他解释说,这也比人和人之间的战争状态的可怕情景要好得多。

霍布斯关于政体问题的观点,更明确地说就是:统治权(主权)可以掌握在一个人的手里,那就是君主政治;也可以掌握在一些人组成的议会手里,那就是贵族政治,或者是民主政治。在所有政体中,君主政体为最好。在君主身上公私利益得到最密切的结合;君主的行为同一个团体的人的行为相比,更能前后一致。不管哪种政体,统治权都应当是绝对的。它们都是人间的上帝。统治者不宜太重视公民个人的良心,而应当注意发挥自己手中权力的作用。因为,靠公民的良心办事往往引起纠纷,而依靠公共法庭处理问题则会维护和平。但是,公民个人在某些事情上也有权加以拒绝。这指的是每个臣民的权利不能用契约来转让的事情上,他是有自由的。如,他没有义务伤害或杀死自己,没有义务坦白自己的罪恶,没有义务杀死任何人,等等。

四、自由

霍布斯的自由论是其极权主义国家论的一个侧面,或者说一种补充。

1.什么是自由

霍布斯指出:"自由一词根据这种公认的本义来说,指的是在力量和智慧所能办到的事物中,可以不受阻碍地做他们愿意做的事情的人。"根据霍布斯本人的分析,这个自由的定义包括以下几个要素。第一,自由的主体是人。他举例说,"言论自由"一词,指的是言论者的一种法律的自由,而不指音波的自由或者吐字的自由。同样"意志自由"也是意志者的自由,而非意志、欲望或意向的自由。第二,自由要和事物的运动联系在一起理解。因为,没有运动,就无所谓自由。第三,自由指的是没有阻碍的状态。自由与阻碍是反比关系。自由如果被阻碍在一定的空间和时间的范围内,那就是一定空间和时间的自由。这讲的是对自由的客观限制。第四,自由是一个人的力量和智慧所能办到的事情。这讲的是自由的主观条件。如果办不到,就可以说运动的阻碍存在于其本身的构成之中。如,在某些方面,成年人、健康的人可能是自由的,那么在同样情况下,未成年人、病人就可能没有自由。第五,自由是做愿意做的事情。如果他根本不愿意去做,这事对他就没有意义。接着,霍布斯还进一步说到"自由与必然是相像的"。自由是必然地在上帝所创造的条件下的自由,如同河水向下游方向流动的自由有必然性存在其中的道理是一样的。正是从这个意义上,霍布斯把自由称呼为"天赋自由"。就是说,自由要附和客观规律。显然,霍布斯的"自由"概念侧重是从哲学及逻辑学的意义上加以阐述的。它具有浓厚的机械唯物主义的味道,但也夹杂若干辩证法,是难能可贵的。这个概念及其分析,在法学上也有重要的价值。

2. 自由与法律

霍布斯说,人们在创造国家的同时,也就创造了法律这个锁链。锁链一端拴在主权者的嘴唇上,另一端则拴在人们自己的耳朵上。"臣民的自由只是相对于这些锁链而言的自由。"这个形象比喻无非是说,在政治状态之下,公民的自由不能脱离法律而单独存在。具体说,发展自由意味着,"在法律未加规定(指禁止性规定)的行为中,人们有自由做出自己理性认为最有利于自己的事情。"霍布斯所举的例子是买卖或其他契约行为的自由,选择自己的住所、饮食、职业的自由,以及按自己认为适宜的方式教育子女的自由等。

非常值得注意的是,霍布斯在著作中花了很大的篇幅来批判被他说成是"把自由看成是免除法律的自由"的观点,说这是"荒谬的",其结果只能导致战争状态,以至于使人人的生命都失去了保障。霍布斯提醒说,"人们很容易被自由的美名所欺骗,并由于缺乏判断力不能加以区别,因而把只属于公众的权利当成了个人的遗产和与生俱来的权利。"在这里,霍布斯俨然以保卫"公众的权利"、批判个人主义的姿态出现。乍然看来,这是不错的。实际上,"公众权利"乃是他向往的专制和极权的招牌罢了。

此外,霍布斯还含沙射影地攻击了从亚里士多德、西塞罗以来的非个人专制主义的倡导者,说这些人"由于要避免更换[现存共和国]政府的念头",才不惜向人民宣传:"他们是自由的,所有君主国家中的人都是奴隶。"人们正是由于读了这些人的书,"从小就在自由虚伪外表下养成了一种习惯,赞成暴乱,赞成肆无忌惮……其结果是血流成河。"因而,霍布斯感叹地说,"我认为可以老实地说一句:任何东西所付出的代价都不像我们这西方世界学习希腊和拉丁文所付出的代价那样大。"为了维护绝对君主制,霍布斯不惜采取历史虚无主义的态度。

我们认为,霍布斯关于自由与法律的关系的论述,关于正确理解自由问题对政权稳定有重要意义的论述,关于有分析地对待前人思想家的自由学说的论述,应当为社会主义制度下的人民所借鉴。不过,它无论如何,到底还是大资产阶级的理论,而且是专制主义的附属品的理论。

密尔顿

英国共和时代的重要思想家,应首推密尔顿(1608—1674)。密尔顿是著名的长篇诗作《失乐园》的作者,也是一个未有参加独立派的独立派政治思想的代表者。他的主要政治法律著作有《论出版自由》(1644),《为英国人民声辩》(1651)和《再为英国人民声辩》(1654),《建设自由共和国的简易办法》(1660)。

一、《论出版自由》

当代表大资产阶级和新贵族上层的长老会派在 1644 年反斯图亚特王朝斗争取得初步胜利以后,立即就抛弃他们先前标榜的人民自由和反抗压迫的旗帜,力图寻求同国王势力妥协。尤其在它控制了议会以后,肆无忌惮地通过法律来扼制人口,强行书报检查,限制人民革命言论的自由。为了同长老会派这种倒行逆施作斗争,把革命推向前进,密尔顿在国会中发表了《论出版自由》的演说,产生了巨大的影响。这是密尔顿的第一部政治论著,作者也因它而享有盛名。密尔顿指出,"这种取缔出版自由的阴谋,给予我们造成的巨大损失和危害,较之敌人可能封锁我国一切海岸港口要厉害得多,因为这种行径阻止和延误了我们最丰富的货品即真理。"他还认为,真理如果没有讨论的自由就无法发现,也不可能维持。"扼死一篇好作品和杀死一个人相差无几;但杀死一个人只是杀死一个理性的动物……至于毁灭一篇好作品却是扼杀真理本身。"密尔顿又指出,即或是一篇坏作品也不宜"扼杀"。理由是,如果不让人们懂得什么是恶德,便不可能懂得什么是美德。本着这个道理,思想、意见、信仰等思想领域的东西,完全不必强求一律。而且这也是办不到的。密尔顿在思想自由方面说出了一些很好的道理。他的目的是奋力为英国中等资产阶级争取自由权利。

二、《为英国人民声辩》和《再为英国人民声辩》

1649 年,独立派推翻长老会派统治(在国会和军队中的领导权)之后,由于革命人民的强烈要求,把国王查理一世处以死刑,废除君主制,成立共和国。国王之死,引起国内外一切反动封建王朝势力的极度恐慌和疯狂的咒骂。其中有一个法国的拉丁文学者撒尔美夏斯受查理二世之托,写了一本《为英王声辩》的小册子,具有很大的煽动性。为了保卫新的英国共和政权,密尔顿便满怀革命激情先后发表了这两篇《声辩》。在第一个《声辩》写完后,撒尔美夏斯因理屈词穷而羞愧自杀,但密尔顿也因过度疲劳而双目失明。两个《声辩》虽是围绕杀死国王查理一世而发的,但其中广泛地展开了密尔顿政治法律思想的一切主要点。密尔顿坚决主张革命不受旧法律限制的观点。他说:"有人要想处死国王和改变国家政体是'根据什么权利,根据什么法律'?那么,我的答复是:根据上帝和自然法所规定的法律。任何一个事件,只要它是为了整个国家普遍福利,那就是理由,从而就是合理的、公正的。"密尔顿针对敌人引证《圣经》的"任何权力都是出于上帝"的说法,回答说:第一,《圣经》所说的任何权柄是指任何合乎正义的权力,不包括反正义的权力在内;第二,现在人民掌握了权柄,那么国王就要听从人民的判决。密尔顿还说,自然法的规定是"强者"统治"弱者","智者"统治"愚者"。英国王是极愚蠢之辈而且现在又是弱者,所以他受到统治和处置是合乎自然法的。

其次,密尔顿还具有一定的主权在民的思想。他说:"一切人本来是生而自由的,……都愿意出令,而不愿受命。"最早的君主是以公正统治全体的,即为公共利益着想的。但越到后来越偏私滥权。这样就使人民大众发现了公认的法律,开始懂得了"君主也要受法律的限制",亦即受人民的限制。人民不一定要有君主,如果有,那他一定是人民的

"仆役"。只是不顾法律,不顾公众福利,而只为自己和私党的国王,不管他的地位合法与否,都是暴君。而对于暴君,人人得而诛之,更不用说以国会的名义处死他了。

三、《建设自由共和国的简易办法》

这本书写作背景是在克伦威尔死后,反动军事头目揽权,力图抛弃共和国的时期,即在查理二世复辟前的一个多月。密尔顿的用心在于极力维护共和制,抵挡专制君主复辟。这本书,实际上就是密尔顿想挽救共和国的紧急措施。虽然如此,它极为简要地表述了密尔顿的政治法律思想。

密尔顿的总口号是建立一个没有国王(独夫)和上议院的自由共和国。其主要理论和措施是:其一,要用新的国家契约代替旧契约。密尔顿说:"无论从天理还是从宗教来看,(人民)都不再受旧契约的限制了;因为国王后来做出的和后来的被我们发现的那些背信弃义的行为,以及我们对这些行为的日渐深刻的认识,逐渐地解除了我们对他和他的后裔的契约关系。"这种认识就是"君主制是一种不必要的累赘的、有害的政体"。其二,不受旧政府法律的限制,只受自然法的限制。密尔顿说,只有"自然法才是全人类根本的、真实妥当的法中之法,是全部政治的开始与总结,是任何议会或人民进行彻底改革时可以而且必须依据的法律"。其三,改造议会,这是最主要的。密尔顿认为,议会"要遵照公正和必要的资格限制,选出能干的、不赞成独夫或上院的城乡议员来,如果人们能这样做,事情就成功了。至少自由共和国的基础便由此奠定,主要结构的主要部分也就建立起来了。……国家主权必须交给这个最高总议会,但不是转让给它,只是让它代理,好像你在它那里的样子"。这里所说的选举,就是指从城乡"士绅"或"贵族"中产生的。密尔顿虽说反对旧法令,但在资格限制上,则明确表示是按照旧有规定来干的。另外,密尔顿坚持这些议员的终身制,并赋予他们很大的特权。至于对广大劳动人民,密尔顿则是十分鄙视的。他说:"不把一切都交给那些喧哗叫嚣的粗野群众,而只允许他们之中确有资格的人尽量提名,再从这个名单中由一些更有教养的人更加审慎地选出更少的人来,一直经过三次或四次极其严格的选拔后,才剩下和名额相符的人数,也就是多数人认为极好的人。"不难看出,密尔顿推崇的议会根本不是代表人民群众的。其四,保障人民信仰自由。其五,实行地方自治。密尔顿认为这是中央和地方的制衡,目的是要使中央没有独裁的权力。但地方自治权力,按密尔顿的明确说法,应由"贵族和士绅"把持着。

一言以蔽之,密尔顿所谓"自由共和国"的理论和措施在当时有很大的革命性,但都是地地道道、不加掩饰的资产阶级和新贵族即"中产阶级"的自由共和国。

温斯坦莱

温斯坦莱(1609—1652)是英国革命时期掘地派的领袖兼理论家,也是杰出的空想社会主义者。在英国革命的大动荡时期,社会各阶级甚至各阶层都从自己的利益出发,作出评价和提出要求。作为广大劳动群众,尤其是作为贫苦农民代表者的温斯坦莱认为,这场英国革命的最终目的应该是彻底消灭私有制度和压迫制度,就是说应该实现社会主义或共产主义。正因为如此,温斯坦莱对于推翻封建王朝之后代之而起的资产阶级统治,同样是极为不满的。按照他的意思,这场革命的结果仅仅是用"集体王权"取代了"个人王权",对劳动人民的剥削和压迫一点也没有改革,甚至比以前更厉害了。最为严密的标志是富人扩展土地和农民无地可耕的局面有增无减。鉴于上述情况,温斯坦莱写了一系列掘地派文件和著作,猛烈抨击现行制度和要求实现新社会制度。其中,最为系统和成熟的作品是 1652 年发表的《自由法》,全名叫作《以纲领形式叙述的自由法或恢复了的真正的管理制度》。温斯坦莱作品同早期空想社会主义者莫尔、康帕内拉的作品相比,神学色彩大为减少,理性主义色彩大为增强,尤其突出的是法治主义色彩很明显。这一点即使从体裁上也反映出来了:它不是采取对话方式来构造新社会,而是借助系统的法律规定的方式来表达所追求的新社会。这种情况是同荷兰、英国资产阶级掌握了政权,从而非常强调法律作用的客观现实的影响是分不开的。同时,这种法治主义的空想社会主义,从温斯坦莱开始,对而后的空想社会主义者产生了很大影响。以下,将温斯坦莱的空想社会主义政治法律观点,简要作一评述。

1. 经济制度

《自由法》一开始就提出什么叫"真正的自由"问题。作者认为资产阶级文人们提出的贸易自由、雇工自由、布道自由、同女人交往自由等,这些都将导致有利剥削制度的结果,因此这些东西不是劳动人民的自由。真正的自由集中表现为土地使用的自由。只有这种自由才是未来自由共和国的经济基础。温斯坦莱认为,土地私有制是社会罪恶的根源,所以必须断然地予以取缔。在这个基础上,温斯坦莱提出自由共和国的根本经济原则。首先是生产资料(尤其是土地)为公共所有,以家庭为单位进行使用。温斯坦莱认为,"土"和水、火、空气这四样东西都是上帝赋予人类整体享用的自然物。因此它不能为少数人所垄断,否则便违反人的天赋权利,是上帝所不允许的。其次是人人自由、平等地参加社会性的生产劳动,严禁雇用他人替自己劳动,严禁游手好闲和懒息。再次是产品的按需分配。即,从统一的产品仓库中领取。严禁一切物品的买卖,废止货币、贵金属用于日常生活,只在外贸场合下才使用一部分作为通货。最后,是将生产资料和生活资料分别对待。凡是私人合法获得的生活资料,以及妻子、儿女,均不得共同享用,而属私的范围。在这方面,温斯坦莱比早期空想社会主义前进了一步。

2. 政治制度

温斯坦莱所设想的"共和管理制度",是绝对依照法律来进行的。国家的结构形式是由中央、省或郡、城市或中心区(教区)三级权力分工的单一共和国。其最高权力机关或唯一立法机关是议会,它握有一切权力。为了保障国家的性质,温斯坦莱提出和强调两个具体制度:第一,选举制。凡是国家官员一律由选举产生。同时具备选举权和被选举权条件的人是:"行动上证明拥护普通自由的人","性情温和、待人接物稳重的人","受过国王迫害的人",坚信和努力"把土地从奴隶制度下解放出来"的人,在制定法律方面有经验的人,年满四十岁的人。其次,破坏社会秩序的醉汉、爱吵架、老好人、贪图安逸的人,没有被选举权,仅有选举权。再次,只有"同君主政体和君主管理制度有关系的人",才既无选举权又无被选举权。温斯坦莱提出,为了保证国家机关永远朝气蓬勃,公正无私,关怀人民,而不使恶劣积习沉积,腐坏、特权得以发生,选举每年一次,不得终身任职。第二,监督制。所谓监督,当然包括对全体公民的监督,即每人都受法制的约束。但更为主要的是对国家官吏的监督。即,任何官员随时受人民群众的监督。另外,还专门设立"监督人"的职务督促、检查国家官员的行为。国家官员如果违法,予以严惩。

3. 法律

第一,法律的概念。

温斯坦莱说:"法是人和其他创造物在自己的行动中为了保持普遍和平而遵循的规则。"

接着,温斯坦莱又说,这种法的概念具有"两种意义"。即:一是自然法,或叫事物"内在法"。自然法又通过"无理性"的方式和"理性的"方法。前者指生物的本能行为,后者指人的理智行为。二是成文法,由人的理智或愚昧而产生的条文法律。不难看出,温斯坦莱提出的法概念是斯宾诺莎或孟德斯鸠式的法概念。即使他补充了自然法与成文法的分类,也完全不足以说明什么是法的问题,更谈不到揭示法的本质问题。这表明,温斯坦莱受到剥削阶级法律理论的影响是不容忽视的。

第二,法的起源。

温斯坦莱明确地认为,法律有两个起源。一是所谓起源于"共同的自保"。他说,所谓"共同自保"就是每个人都奉行同样一个原则,这个原则指使他一视同仁地为别人也为自己寻找幸福;这是正义与和平的法律的真正管理制度的根源。自由共和国以这种法律为根据。二是起源于"个人的自保"。"就是说,个别公职人员寻求自己在人间的幸福、安逸、荣誉、财富和自由。推崇当权人物和官人,不去关心和平和自由,也不去维护兄弟中间弱者和蠢人。"这就是暴政、不公正法律及一切王法的根据。把法律同所谓"自保"联系在一起,也明显是斯宾诺莎理论的痕迹,不同的是温斯坦莱认为只有产生于共同自保的法律才是真正的法律,而且它又与废除私有制相一致。

第三,法律体系。

温斯坦莱强调,新社会的法律必须是在坚决废除旧法律(尤其国王的法律)的基础上才能建立,它是为全体人的共同自保服务的。温斯坦莱所拟定的"自由法"体系,共有六十二条,大体上包括立法、司法和刑法的一般原则,以及耕种法、游手好闲惩治法、仓库法、监督人法、买卖惩治法、航海法、金银法、公职人员选举法、背叛惩治法、失去自由人法、奴隶恢复自由法、婚姻法等。如同上面已指出的那样,正是通过这个法律体系,绘出了温斯坦莱的空想社会主义理想国方案。

第四,执法、守法。

温斯坦莱非常重视执法守法,这是其法治主义观点中必然引申出来的。为便于法律的执行和遵守,他强调新法律要和剥削阶级旧法律相反,条目少,文字简短易懂。国家机关、教育部门及在公民的日常生活中都要加强法律宣传,比如经常宣读法律条文等。力图做到人人精通法律,人人都时刻离不开、放不下法律,人人都按法律办事。公职人员在这方面要做出模例,带头服从法律。

4. 结论

温斯坦莱的空想社会主义弱点在于:第一,是一种最典型的以土地问题为中心,以贫苦农民为主体的农业社会主义,即建立生产力很不发达的、基本上是手工劳动的、平均主义的基础之上。实际上它无非解决一个人人有饭吃的问题而已。第二,混淆了法律同经济的关系,似乎新社会制度是建立在法律(即所谓自由法)的基础之上。这里显然带有资产阶级法律至上主义的影响。第三,把通向"自由共和国"的道路建立在抽象的所谓"正义""理性""爱"等基础上,而反对革命手段。温斯坦莱宣扬"我们不应该战斗,而应该忍耐""仇恨武器""用爱来赢得他们(剥削者)的心"等。这些说法都反映了当时无产阶级自由的软弱性,反映了贫苦农民对前途出路的暧昧不清和茫然无措的矛盾心理。当然,我们应该非常珍惜温斯坦莱为无产阶级所遗留的思想财富。尤其在自觉地要求共和国、民主、法制等政治法律观点,对我们今天都有很大的借鉴作用。马克思把以温斯坦莱为首的掘地派称之为"最彻底的共和主义者"和"真正能动的共产主义政党",也正是基于他们所作出的正面的功绩而言的。

洛 克

洛克(1632—1704),根据马克思的评价,他是英国1688年"光荣革命"的产儿。他的政治法律思想是全力为英国资产阶级夺取和维护新的政权作论证的。洛克在这方面的主要著作是《政府论》,尤其是它的下篇。

一、"自然状态"和"战争状态"

所谓"自然状态"和"战争状态",是洛克政治法律思想中的两个相互联系和相互对应的重要概念。这两个概念首先是用以说明原始人类的情况的;除此而外,也用以说明国家或政治社会的起源,说明政治社会和原始社会的关系,以及说明政治社会里的一些重要现象。

1. 自然状态

洛克说,人类的自然状态是一种自由的状态和平等的状态。其之所以是一种自由状态,是因为人们在自然法的范围内,能按照自己认为合适的办法,决定自己的行动和处理自己的财产和人身,而无须得到任何人的许可或听命于任何人的意志。其之所以是平等的状态,是因为在那里,一切权力和管辖权都是相互的,没有一个人享有高于另一个人的权力。他们毫无差别地享有自然界的一切条件和运用自己的身心能力,不存在从属和受制的关系。但是,自然的自由平等状态都不是放任的状态。就是说,人们共同地接受自然法的约束。自然法使所有的人不侵犯他人的权利,不互相伤害,维护人类的和平和安全。如果有人对于他人的人身和财产实行侵犯,那就是对于人类整体的威胁。这时受害人就拥有处罚侵犯者的权力。但这种处罚并不是按照感情冲动和放荡不羁的意志来行事,而比照他的罪行程度,尽量起到纠正和禁止的作用以及警戒不规者,即以自然法、理性和公道为尺度。只有对于杀人犯的灭绝理性的罪行才采取极端的手段,就是说才可以把他当作同人类生存不相容的狮子或老虎那样加以毁灭。在自然状态下,人人都是执行自然法的法官。

2. 战争状态

霍布斯从"人对人是狼"的观念出发,认定自然状态就是普遍的战争状态。而洛克的说法则有些不同,他把人们之间的战争状态解释为带有局部性和偶然性的现象。什么是"战争状态"呢?洛克说:"谁企图将另一个人置于自己的绝对权力之下,谁就同那人处于战争状态,这应被理解为对那人生命有所企图。"换言之,洛克理解的战争状态就是奴役别人的状态,而这种奴役是违反人类天赋权利的。洛克严格地把战争状态与自然状态加以区分。他指出:"不存在具有权力的共同裁判者的情况使人们都处于自然状态,不基于权利的强力加诸别人,不论有无共同裁判者,都造成一种战争状态。"从这句话中可以明确看出,如果说自然状态只是或主要是存在于原始人类中间的话,那么战争状态,不论在原始人中还是在政治社会中都是存在的。洛克甚至更加侧重地论述了政治社会中的战争状态的问题,即借助战争状态的理论作为反封建专制制度的武器。他指出:"凡在社会状态中想夺去那个社会或国家的人们的自由的人,也一定被假设为企图夺去他们的其他一切,并被看作处于战争状态。"洛克还进一步指出,在下列两种情况下,战争状态仍然继续着:第一,受害者得不到明文法和权威裁判者的救济;第二,虽然有可以向其控诉的法律和裁判者,但由于公然的枉法行为和对法律的歪曲,从而不能得到法律的救济。受害人的问题没有得到公平处理,当然他同加害人(个人、团体、掌权者)的对抗就无法消除。

3. 自然状态的缺陷

洛克虽然把自然状态写得不坏,但不认为那是理想的境界。他说,自然状态的缺欠,集中表现在以下三个方面。第一,在自然状态中,缺乏一种确定的、规定了的、众所周知的法律,即缺少可为共同的同意所接受下来的是非标准及裁判他们之间纠纷的尺度。第二,在自然状态中,缺乏一个有权依照既定的法律来裁判一切争执的知名的和公正的裁判者。第三,在自然状态中,往往缺少权力来支持正确的判决,使它得到应有的执行。这也就是说,在自然状态中,人们的人身和财产的安全是缺乏保证的,生活是不稳定的。因此,人们并不留恋这种状态;相反,他们向往在人类的相互关系中,建立新的关系。

洛克关于自然状态和战争状态的理论的根本问题,就在于它不是从社会生产方式上来解释原始社会的情况,而是从孤立的和抽象的人的理性出发来解释原始社会,因而依然囿于资产阶级人性论的偏狭眼界。

二、国家起源

在洛克的著作中,国家一词经常被表述为所谓政权社会或公民社会,有时干脆以政府作为国家的同义语。就是说,他在这方面使用的术语是颇不严格的。

1. 国家的概念

洛克对于什么是国家的问题,不一般地下定义,而是通过反复地同自然状态相比较进行回答。洛克把国家(政治社会)与非政治社会(血缘社会)严格区分开来。他说:"最初的社会是在夫妻之间,这是父母与儿女之间的社会的开端;嗣后又加上了主仆之间的社会。……这些,不论个别地或联合在一起,都不能形成政治社会(即国家——注)。"而国家(政治社会)则是公众整体权力的共同体,是"为了规定和保护财产而制定法律的权力,判处死刑和一切较轻处分的权力,以及使用共同体的力量来执行这些法律和保卫国家不受外来侵害的权力;而这一切都只是为了公众福利"。洛克把血缘社会和政治社会(国家)加以区分的观点,是有科学的成分的。但是,他对国家(政治社会)的理解却抽掉了阶级的实质。

2. 国家起源于协议或契约

洛克断言,国家"这个权力仅仅起源于契约和协议,以及构成社会的人们的相互同意"。国家建立的动因,是人们摆脱自然状态的愿望。国家建立的基本条件,是愿意成为国家成员的人们统统放弃其自然的自由权和自然法的执行权,而把它托交给这个共同体,使之成为公共的权力。洛克说:"当某些人基于每人的同意组成一个共同体时,他们就因此把这个共同体形成一个整体,具有作为一个整体而行动的权力,而这是只有经过大多数的同意和决定才能办到的。……所以人人都应根据这一同意而受大多数人的约束。"洛克特别强调订立国家契约必须"人人同意",说:只有这样,"才能创立世界任何合法的政府"。那么,对于不愿参与订立契约的人怎样呢? 洛克说:参与订约的人并不损害到其余人的自由,他们仍然像从前一样保有自然状态中的自由。

3. 由"默认"而成为公民的问题

洛克坚持认为,"任何政府都无权要求那些未予自由地对它表示同意的人民的服从。"为此,他断然否认一个人生来就是一个政府臣民而不需有同意表示的观点。洛克说:"一个孩子生来并不就是国家或政府的臣民。在他成年以前,他处在他父亲的教养和权威之下;到了成年,他便是一个自由人,可以随意使自己处在哪个政府之下,加入哪个国家。他也不受他的祖先所订立的任何契约的约束。"但是,另方面洛克又提出所谓"默认的同意"说。他说:"只要一个人占有任何土地或享用任何政府的领地的任何部分,他就因此表示他的默然的同意,从而在他同属那个政府的任何人一样,他必须服从那个政府的法律。""只要身在那个政府的领土范围以内,就构成某种程度的默认。"

虽然,洛克的"默认"说是存在着自相矛盾的,在实践中也是行不通的。所以,最后不得不实际上把"默认"当成了不得不服从的同义语。不过,我们不能认为"默认"就是毫无意义的东西。因为,洛克的"默认"说是附会于其国家契约论的,而国家契约论又是为反封建专制的国家制度服务的。

三、权力分立

在近代资产阶级思想家中,洛克是被公认第一个提出三权论和分权论的人。他所谓的三权,指的是立法权、行政权和对外权。

1. 立法权

洛克明确地强调,立法权是国家的最高权力。它是指享有权力来指导如何运用国家力量,以保障这个社会及其成员。洛克接着说:"一个国家的成员是通过立法机关才联合并团结成为一个协调的有机体的。立法机关是给予国家以形态、生命和统一的灵魂;分散的成员因此才彼此发生相互的影响、同情和联系。"这主要是指只有立法机关通过的法律,才能集中表现彼此的意志,并且用以调整彼此的关系。正因为立法机关拥有最高权力,其他国家机关,尤其是行政机关都应视为立法机关的派生机关,而其他机关的权力都是根据法律而获得的。当立法机关认为有必要时,有权收回自己的授权,或者处罚任何违法的不良行政。其次,正是鉴于立法权对于国家的举足轻重的作用,所以洛克又认为必须有力地防范立法机关堕落为专制的机关。为此,洛克提出以下几点措施。第一,把立法权和执法权区别开来,即实行"权力分立"。洛克说:"如果同一批人同时拥有制定和执行法律的权力,这就给人们的弱点以绝大的诱惑,使他们动辄攫取权力,借以使他们自己免于服从他们所制定的法律,并且去制定法律时,使法律适合于他们自己的私人利益,因而他们就与社会的其余成员有不同的利益,违反了社会和政府的目的。"第二,不使立法机关成为常设机关。洛克说:"立法机关既然不是经常有工作可做,就没有必要经常存在。""在组织完善的国家中,全体福利受到应得的注意,其立法权属于若干人,他们定期集会,掌握有由他们或联同其他人制定法律的权力,当法律制定后,他们重新分散,自己也受他们所制定的法律的支配,这是对他们的一种新的和切身的约束。"第三,限定立法权的范围。一是它必须遵循自然法精神,对于人民的生命和财产不得进行专断。二是审判工作不能以立法机关的临时专断的命令为根据,而必须以公布过的、经常有效的法律为根据,并由有资格的著名法官来执行。三是它未经本人同意,不得取去任何人的财产的任何部分。四是它不能把制定法律的权力转让给其他人。

2. 行政权和对外权

行政,洛克指的是以君主为首的法律执行权。按他的意思,行政权实际上包括国家的全部治理和司法大权。它和立法权是分割开来的。洛克说:"由于那些一时和在短期内制定的法律,具有经常持续的效力,并且需要经常加以执行和注意,因此就需要有一个经常存在的权力,负责执行被制定和继续有效的法律;所以立法权和执行权往往是分立的。"所谓对外权,包括战争与和平、联合与联盟,以及涉外权力。对外权虽然是洛克并列提出的三权之一,但并不是一种独立于行政权之外的权力。洛克承认,对外权和行政权"这两种权力几乎总是联合在一起的"。又说:"每个社会的执行权和对外权……很难分开和同时由不同的人所掌握;因为两者的行使既然都需要社会力量,那么把国家力量交给不同的和互不隶属的人们,几乎是不现实的;而如果执行权和对外权掌握在可以各自行动的人的手里,这就会使公共的力量处于不同的支配之下,迟早总会导致纷乱和灾祸。"由此可见,洛克的权力分立论并非三权分立,而实际主张的仅仅是立法权和行政权的两权分立论。

3.主权

洛克在讲到国家契约的订立时说,"只要政府继续存在,立法权就绝不能重归于人民,因为他们既然已赋予立法机关的永远继续存在的权力,他们自己的政治权力放弃给立法机关,不能再行收回。"乍听起来,国家的主权似乎不属人民,而属立法机关。这种理解是不对的,因为洛克这里讲的"人民"不是指人民整体,而是指"个人",即不能把社会权力"重归于个人"。另外,洛克一再强调一切国家权力都是人民整体权力的表现,一切官吏都是人民整体的受托人,人民有权产生他们,也有权更换他们。对于立法机关成员如此,对君主也如此。洛克说:"社会始终保留着一种最高权力,以保卫自己不受任何团体,即使是他们的立法者的攻击和谋算";"如果在法律没有规定或有疑义而又关系重大的事情上,君主和人民之间发生了纠纷,我认为在这种场合的适当裁判者应该是人民的集体。"由上可见,洛克的政治法律思想中,确实是存在人民主权论的。不过,这种人民主权论是羞羞答答的。因为洛克心里明白,英国"光荣革命"后的国家是资产阶级和新贵族联盟的国家;所谓"人民集体",无非就是这个联盟而已。

四、政体(国家形式)

1.四种国家形式

第一,纯粹的民主制。在洛克看来,这种国家形式对于集体参与订立国家契约的人们来说,是很易于理解的。他说:"既然大多数人自然拥有属于共同体的全部权力,他们就可以随时运用全部权力来为社会制定法律,通过他们自己委派的官吏来执行那些法律,因此这种政府形式就是纯粹的民主制。"

第二,寡头政制。洛克说,人们在订立契约时,"如果把制定法律的权力交给少数精选的人和他们的嗣子或继承人,那么这就是寡头政制。"

第三,君主制。如果把立法权力交给一个人,就是君主制。君主制又分两种:一是世袭君主制,即君主把自己权力交给他的嗣子;二是选举君主制,即权力只限于君主本人的终身拥有,在他死后,推定后继者的权力仍归于大多数人。

第四,混合的政府形式。洛克说:"依照这些形式(指以上三种形式),共同体可以就他们认为适当的,建立复合的和混合的政府形式。"洛克心目中,英国式的君主立宪制,大约就属这混合政府形式。

洛克明确宣布他划分政府形式(政体)的标准,说:"政府的形式以最高权力即立法权的隶属关系而定……所以,制定法律的权力归谁这一点就决定国家是什么形式。"

2.反对专制制度

洛克对专制制度或绝对的管辖权是极端憎恶的。他说:"绝对管辖权,无论由谁掌握,都绝不是一种公民社会,它和公民社会格格不入,正如奴役地位与财产制格格不入一样。"特别是对于君主专制主义,洛克说它"完全不可能是公民政府的一种形式"。为什么呢? 洛克提出几点基本理由:第一,专制制度不是一种自然或授予的权力。因为,自然在人们彼此之间,并没有作出这种差别,没有赋予一个人或一小撮人对大多数人有任意侵犯其生命、自由和财产的权力。第二,专制制度不是以契约所能让予的权力。因为,根据自然法和理性要求,一个人对于自己的生命都没有随意处置(伤害、自杀)的专断权力,更谈不到把这种权力给予另外一个人。第三,专制制度同公民社会的目的是不相容的。如同上面已经提出,公民社会的目的是为避免并补救自然状态的种种缺陷,从而使人们的生命、自由、财产得以确保。而专制制度却是恰恰相反的。洛克进一步分析说,自然状态就是人们没有可以向其申诉的共同权威以便解决彼此的纷争,从这个角度上看,一个专制君主统治的人们就是处于自然状态。实际上,比自然状态更坏。因为,自然状态下的人们是自由平等的,不是奴隶,不会遭到如此肆无忌惮的侵犯;自然状态下的人们都有自卫的权力,而现在刚被禁止拥有这种权力。洛克的结论是,专制主义的统治者就是使他与人民之间处于你死我活的战争状态。

五、反抗权

洛克从人民主权和人民保留着生命、自由和财产这三大不可让予的天赋权利的思想出发,认为国家机关和官员发生了违法和越权行为,人民能够通过法律程序加以纠正;要是对方采用强力手段对待人民,人民用同样手段来对付。他说:"越权使用强力,常使使用强力的人处于战争状态而成为侵略者,因而必须把他当作侵略者来对付。"即"人民便有权用强力来加以扫除"。人民这样做,"似有背叛之名,但在上帝面前并不是罪行,而是为他容许和赞同的事情"。

洛克对于立法机关的非法和专横的行径,表示了特别的关注。他说,立法机关虽然拥有立法这个最高的权力,但它依然是人民的委托者,所以,"当人民发现立法行为与他们的委托相抵触时,人民仍然享有最高的权力来罢免或更换立法机关。"如果立法者对人民施行专横的强暴,人民不仅解除了对他们的服从义务,而且与他们处于战争状态之中,可以完全自由地反抗,达到随意为自己组成一个新的立法机关为止。同样,洛克也论证了人民对行政专横的反抗权,尤其是对国王专横的反抗权。他说:"如果国王在任何地方丧失他的权威,他就不是国王,他就可以被反抗,因为哪里不再有权威存在,哪里也就不再有国王,而国王就成为没有权威的其他人一样。""如果一个国王已使自己与人民正处于战争状态,有什么办法能让人民不来控诉这个已丧失其国王地位的人,如同对待与他们处于战争状态的其他任何人一样呢?"在这个问题上,洛克强调"一个人置身于能支配十万人的官长权力之下,其处境远比置身于十万个个别人的专断权力之下更为恶劣",其意思仍然在于说明政治社会中的专横比自然状态更坏。最后,我们还应知道,洛克作为英国资产阶级革命的一面镜子,对于人民的革命暴力毕竟还是有很大戒心的。为此,他另方面又不得不一再对于反抗权作了许多限制解释。如说什么"强力只能用来反对不义和非法的强力。凡是在其他场合进行任何反抗的人,会使自己受到上帝和人类的正当谴责"。"强力只应该在一个人受到阻碍无法诉诸法律时才被运用","才使他的反抗成为合法"。就是说,人民的反抗权是在局限于资产阶级法律的狭隘的框子之内的。

六、自由

洛克自由论的一个显著的特点,就是他坚持把自由和法律或理性结合在一起。也就是,自然状态的自由同自然法结合在一起;政治社会中的自由同国家的法律结合在一起。具体说,洛克强调下列几个原理。第一,自由必须以法律的规定为约束,而不是随意怎么干。

什么是自由? 洛克回答说:"处在社会中的人的自由,就是除经人们同意在国家内所建立的立法权以外,不受其他任何立法权的支配,除了立法机关根据对它的委托所制定的法律以外,不受任何意志的统辖或任何法律的约束。"换言之,"处在政府之下的人们的自由,应有长期有效的规则作为生活的准则,这种规则为社会一切成员所共同遵守,并为社会所建立的立法机关所制定。"针对绝对君权主义者菲尔麦对自由的曲解,洛克提出:"自由并非像罗伯特·菲尔麦爵士所告诉我们的那样:'各人乐意怎样做就怎样做,高兴怎样生活就怎样生活,而不受任何法律束缚的那种自由。'"第二,法律是自由的保障,而不是限制自由。洛克论证说,法律是包括每个人自由意志在内的共同意志,是包括每个人正当利益在内的共同利益;因而没有理由把法律与自由对立起来。相反,他说:"法律按其真正的含义而言,与其说是限制还不如说是指导一个自由而智慧的人追求他的正当利益……"他继续解释说,假使人们不要法律会更快乐,那么法律就会成为一个无用之物而归于消灭了;反之,既然承认法律的价值,就表明对于人们有益。那么,为什么往往会有人觉得法律是限制甚至会废除自由呢? 主要是因为他们对于法律的目的不理解,尤其是把法律的防范人们不致堕入泥坑和悬崖的作用称为对自由的"限制"。所以这是一种无知和误解。洛克说:"法律的目的不是废除或限制自由,而是保护和扩大自由。这是因为在一切能够接受法律支配的人类状态中,哪里没有法律,哪里就没有自由。"第三,自由、法律同理性是相互一致的。洛克进一步分析说,自由与法律的统一是同理性的力量分不开的。他说:"人的自由和依照他自己的意志来行动的自由,是以他具有的理性为基础的,理性能教导他了解他用以支配自己行动的法律,并使他知道他对自己的自由意志听从什么程度。"反过来说,倘若一个人抛却理性而离开法律去追求自己无限制的自由,那就等于将自己降到低于人的、同野兽一样的不幸的状态。不难看出,洛克所讲的自由,也如他所讲的法律与理性一样,是些抽象的概念,缺乏历史地、阶级地分析。这些,当然使他不能作出本质的判断和结论。不过,洛克对于自由、法律、理性(道德观念等)相互关系的论述中,的确包含着正确性的一面。

七、法律

1. 自然法

洛克和格劳秀斯、霍布斯一样,宣称自然法是上帝的法律和自然的法律,"自然法也就是上帝意志的一种宣告。"但似乎洛克更多地强调自然法是理性的法律,说"自然法是不成文的,除在人们的意识中之外无处可找"。如同我们前面已经讲过的,这种理性主义的自然法,同中世纪的神学主义自然法有着重要的区别。但在唯心主义世界观(尤其历史观)方面却没有严格的界限。同样,自然法在洛克那里也是被视为具有最高的、永恒的属性,"以至于全能的上帝本身也为它们所束缚"。自然法的目的在于"保护人类",所以"凡是与它相违背的人类制裁都不会是正确的或有效的"。

2. 法制

洛克是近代资产阶级法制主义的重要倡导者之一。他的法制思想主要表现如下。第一,国家必须以正式的法律来统治。就是说,这种法律必须是以法定的手续制定和公布出来,并被普遍接受的法律。为此他坚决反对以临时性的命令和未定的决议进行统治。第二,执行已经公布的法律。洛克说,有了法律而不执行,等于无法。不执行法律的政府是专横的政府,从而就不能算作真正的政府。他写道:"如果握有最高执行权的人疏忽和放弃他的职责,以使业经制定的法律无从执行。这显然已把一切都变成无政府状态,因而实际上使政府解体。因为法律不是为了法律自身而被制定的,而是通过法律的执行成为社会的约束,使国家的各部门各得其所、各尽其应尽的职能;当它完全停止的时候,政府也就搁浅了,人民就变成了没有秩序或联系的杂乱群众。"第三,法律面前人人平等。洛克说:"每一个个人和其他最微贱的人都平等地受制于……法律","公民社会中的任何人都不能免受它的法律判裁的"。洛克甚至提到,对于那些位高权大的人要有从严的要求。他说:"损害的罪行,不管是出自戴王冕的人或微贱的人之手,都是一样的。罪犯的名位和他的党羽的数目,除了加重罪行之外,并不使罪行有何差异。"第四,法制不排斥执法的灵活性。洛克认为,立法者不可能预见并用法律规定社会中的一切事情。这一点表明,法律执行者对于这些无法律规定的场合,应当根据自然法的精神自由裁处,直到有关的成文法加以规定为止。这是为公共的福利所必不可少的。这同非法专横是两码事。洛克最后讲道,法制与暴政是势不两立的。"统治者无论有怎样正当的资格,如果不以法律而以他的意志为准则,如果他的命令和行动不以保护他的人民的财产而以满足他自己的野心、私情、贪欲和任何其他不当的情欲为目的,那就是暴政。"

3. 刑法

洛克的刑法思想被公认为古典学派的始祖,这种刑法思想实际上在西方统治了二百年。洛克强调刑罚的目的应是教育改造犯罪者和警戒别人。他说:"处罚每一种犯罪的程度和轻重,以是否足以使罪犯觉得不值得犯罪,使他知道悔悟,并且儆戒别人不犯同样罪行而定。"正因为如此,他反对畸重畸轻,尤其认为封建式的严刑峻罚是不合法的。其次,洛克生动地论证了受害人在什么情况下可以杀死犯罪者的问题。对此,他提出了两个条件:一是自己的生命直接受到了威胁;二是当自己来不及诉诸法律的时候。[例一],在通常的情况下,一个窃贼盗去我的全部财产,但我不能杀掉他。而一个强盗用手枪逼迫我交出我的马或衣服时,我却可以杀死他。[例二],一个手持利刃者在公路抢我的钱包,尽管那里不过12个便士,但我可以合法地杀死他。而当我把一百英镑交给另一个人保管,我回头向他索还时,他赖着不还,反而用强力威胁我,我却不能杀死这个人。

洛克这些论证,都是严格地从法律上说明正当防卫问题的。

4. 国际法

洛克主张对战争作正义与非正义的划分,或叫正义的征服和非正义的征服的划分。他主张:征服者若是正义的,那么他有权对于实际参加和赞同向他们作战的人实行专制,要求使用他们的劳动,以财产赔偿自己的损失。但是,对于敌国不同意战争的其余的人们和对于俘虏的子孙及其财产,却不享有权利,不能把征服作为管辖他们的权利根据,更不能把这种权利传给他的后裔。征服者对被征服者实行奴役,这是他们彼此之间战争状态的继续;而奴役无辜的人们,则是征服者新造成的、同这些人的战争状态。洛克提出的这种国家间的和平主义和被征服国家人民有反抗权的思想,是进步的。但是,洛克对这些问题的论述是比较笼统的,而且这些理论同他所维护的英国统治者的实践是适得其反的。洛克是17世纪西方世界中最有代表性并且也是影响最大的新兴资产阶级的政治法律思想家。在这方面,不论他的进步性还是他的妥协性,都颇值得我们予以研究和借鉴。

孟德斯鸠

孟德斯鸠(1689—1755)的主要政治法律思想著作是《波斯人信札》(1721)、《罗马盛衰原因论》(1734)、《论法的精神》(1748)。孟德斯鸠花了20年心血完成的《论法的精神》一书的问世,震动了整个科学界。伏尔泰称该书是"理性自由法典"。它是一个极其丰富的政治法律思想的知识宝库,是公认的近代资产阶级政治法律思想的奠基之作。

一、法的概念

孟德斯鸠是资产阶级法律至上论或法律万能的先驱者。他所谓的法,几乎是一个无所不包的东西。孟德斯鸠说:"从最广泛的意义上来说,法是由事物的性质产生出来的必然关系。在这个意义上,一切存在物都有它们的法。"这个法的一般概念,实质上并不是法的概念,而是事物的法则或规律的概念。因此,作为法的概念是不科学的,是把社会意识形态的法与客观规律混为一谈了。但是,这一别开生面的法的概念有极其重要的意义。因为它至少说明了一个大问题,即任何法的内容及作用都取决于它所调整的一定社会关系。法,不是什么随心所欲的产物,而是一定社会关系的产物。

在孟德斯鸠看来,法律只不过是法这个总概念的一部分,即法在人类中的表现,是通过理性而产生的行为规范。他认为:"一般地说,法律,在它支配着地球上所有人民的场合,就是人类的理性;每个国家的政治法规和民事法规应该只是把这种人类理性适用于个别的情况。"

孟德斯鸠说,法律必须反映和表现下列几个方面的关系。①法律要反映一个国家的整体情况。一个国家的法律竟能适合另一个国家的情况,是非常巧合的事情。②法律要同国家政体的性质、原则相适应。在共和政体或民主政体下,制定投票权利的法律,是基本法律;应对公民的选举权与被选举权,议会及政府、官吏等职权作出规定。在贵族政体下,贵族是统治者而且有一定的数量,需要设立一个处理贵族事务的"参议会",所以制定有关参议会的成员、资格、职权的法律,就是基本法律。在君主政体(这是指专制君主政体)之下,只凭一个人任性和反复无常的意志行事,所以不可能有什么基本法律。③法律要和国家的自然条件相适合。也就是与气候、土地质量、地理形势、面积、人民的生活方式等相适合。④法律要与政制所能容忍的自由程度相适合,与居民的信仰、性情、财富、人口、贸易、风习等相适合。⑤法律与法律之间要相互适合,与法律的渊源、立法目的及作为法律基础的事物秩序相适合。综合这五大"关系",便构成孟德斯鸠说的"法的精神"。

二、自然状态和自然法

按照孟德斯鸠的说法,在自然状态下,人是非常胆小怕事的动物,终日因环境的一切危险而慌张逃避。所谓自然法,就是为理性所反映的、先于理性而存在的规律。自然法在无意识之中为人类所发现。孟德斯鸠说,自然法主要有四条原则:①和平。自然状态下人们都是自卑的,几乎没有互相攻击的现象,所以首要的是和平。②寻找食物。③相互爱慕。④希望过社会生活。这是人们最新的和最重要的认识。为此才有了社会。社会一经产生,人们便失掉自身的软弱感,并且出现了不平等,人人都想高出别人,所以开始了战争状态。

三、人为法及其种类

孟德斯鸠所说的战争状态,包括国与国之间以及人与人之间两种。为了避免和限制战争状态,就需要制定法律,即人为法。人为法,按照其调整的关系而分为三类:①国际法。它调整人类在不同人民之间、民族之间的关系。国际法的原则是:和平时期,应尽量谋求各国的福利;战争时期,应尽量在不损害自己利益的条件下减少破坏。另外,还有关于国家交往的规则。②政治法。即调整统治者与被统治者关系的法律。尤其是关于政府的组成与活动的法律。③民法。这是指广义的、即调整公民之间关系的法律。

四、刑法

1.刑法与政体

（1）刑法的多少与繁简的程度，是直接同政体相关的。

在共和政体下，人们（包括最卑微者）的生命都得到尊重，其荣誉、财产非经长期审查，是不能剥夺的；其生命，除了国家的控诉外，不得剥夺；即会受到控诉，也给他以自我辩护的手段。所有这些情况都必须以法律规定下来。从而，刑法必然要繁多。但在君主政体下，就简单得多。在专制政体下，就无所谓刑法了，法官就是法律。

（2）由于政体不同，审判方式也不同。

在君主国，采取法官公断方式，实行少数服从多数原则作出决定。而在专制政体下，君主可亲自审判案件。

（3）政体不同，刑罚轻重不同。

严刑峻罚是适用于专制政体的。此外，刑罚种类的繁多，肉刑、拷问、羞辱刑、株连等等，都是以专制政体为最甚，而为共和国所排斥。

2.具体刑法观点

（1）反对酷刑。

孟德斯鸠反对威吓刑法论。他说：如果一个国家里人民是由于惧怕残酷的刑罚而不敢犯法的话，那么便可肯定，这主要是由于政府的暴戾，对轻微的过错使用了残酷的刑罚。就是说，孟德斯鸠反对威吓论，最终是为了反对作为造成威吓后果的原因的酷刑。拷问是酷刑制度的产物和表现。在孟德斯鸠看来，"拷问在性质上并不是必要的。"这是由于，审讯是一个弄清事实的过程，而不是执行刑罚的过程。对于中国封建社会中那种父亲获罪要连坐儿女妻室的做法，孟德斯鸠明确地提出这仅仅是"出自专制狂暴的一项法条"。

（2）反对惩罚思想。

孟德斯鸠称惩罚思想是"大暴政"，使国家里的一切"都混乱了"。具体说，处罚思想包括单纯的想法、语言和文学几种情况。首先，单纯的想法仅仅是限于个人内心之中的东西，"并没有实际行动过"，没有任何实际危害，因而也不能为任何惩罚提供出根据。其次，言论是思想的外壳，所以孟德斯鸠也反对仅仅以言论定罪。他解释说，"人们所处罚的不是语言，而是所犯的行为，在这种行为里人们使用这些语言。"即，语言在任何情况下都不是行为，它顶多是附属于行为之上或者表达行为的。最后，文字，它不过是文字形式的语言。为此，孟德斯鸠说："如果文字不是为大逆罪作准备而写出的话则不能作为犯大逆罪的理由。"

（3）反对刑罪不成比例。

孟德斯鸠认为，有的国家对叛国罪和诬告罪同等地科刑，这是"咄咄怪事"。另外，把杀人和抢劫均判死刑，也极不合适。这些做法往往导致本想犯较轻罪的人索性去犯较重罪,如促使抢劫者常常去杀人。古罗马国家《十二铜表法》规定,对现行盗窃犯科处笞杖刑,成年人要降为奴隶;而如果盗窃犯带着赃物到了隐匿地点以后被发现时,科处赃物价值一倍的罚金。针对这一情况,孟德斯鸠说,后一种情况丝毫不改变犯罪的性质,因此在科处刑罚方面作了这样大的差别是根本没有道理的。他所强调的是,任何时候都应当坚持刑罚与犯罪本身的危害要成比例。

(4)反对有罪推定论。

孟德斯鸠宣布中世纪欧洲天主教的法庭即"忏悔法庭","同一切良好的施政是背道而驰的。"因为,从根本上说,它把一切否认自己有罪的人都视为不知悔改,应该受到刑罚;一切承认自己有罪的人,似乎就是知道悔改,应使之"得救"。而究竟是有罪还是无罪的客观事实,倒成了无关紧要的事情了。无疑,在这个问题上再次表明了孟德斯鸠的反宗教法庭制度,但从中也可看出他关于罪行假定问题的鲜明观点。

(5)提倡教育刑主义。

孟德斯鸠的刑罚目的论,是一种从自然伦理观点出发的教育刑主义。他说:"让我们顺从自然吧!它给人类以羞耻之心,使从羞耻受到鞭策。让我们把不名誉作为刑罚的最重要的部分吧!"刑罚,只有当它能触发犯过者的自尊心、自爱心的时候,才能使其真正受到教育。

五、民法与家庭婚姻法

1.民法

这里所说的民法,主要内容是指调整公民间财产关系的法规,即严格的近现代意义上的民法。

在君主政体下,有一套复杂的社会关系的区分,如等级、门第、出身之区别,因而导致相应的财产关系也复杂化。从而,用以调整这些财产关系的法律也就多。相应的,为解决各种财产纠纷的民事诉讼法也多。

在专制主义国家中,所有土地都属于君主,君主有继承一切财产的权利,君主独揽贸易等,这些几乎都不需要或极少需要法律。

2.家庭婚姻法

在孟德斯鸠那里,家庭婚姻法并非作为一个独立于民法的特殊部门的。因此,属于家庭婚姻关系,往往同财产关系穿插讲述的。第一,法律的繁简。在专制主义下,家庭婚姻关系的法律也是很简单的,因为它一般是由父亲、丈夫、主人的意志来决定的。第二,婚姻制度。寒冷地带的国家(如欧洲),通常实行一夫一妻制。热带的国家(如亚洲),通常实行一夫多妻制。第三,妇女地位。在共和国,由于生活条件有限制、平等、温和而适中,所以威吓妇女不太容易改造。在专制政体下,妇女处处受到歧视和支配。第四,离婚与休婚。离婚,是由双方感情不和,经协议而成立。休婚,是由一方意志、为了一方利益而进行的;它往往是另方掌握着的权利。法律本身就实际上偏袒男子。只有当女方衰老,丈夫需要新欢时,才给妇女以离婚、休婚权利。显然,孟德斯鸠的民法及家庭婚姻法的观点,同样是鲜明地反映了资产阶级对抗封建专制主义的要求。

六、法治

孟德斯鸠认为,专制政体是同法治不相容的。他说:"专制政体是既无法律又无规章,由单独一个人按照一己的意志与反复无常的性情领导一切。"作为君主附庸的行政官吏和司法官吏的横行,是司空见惯的现象。孟德斯鸠说,亚洲存在奴役,欧洲存在自由,除自然条件外,主要就取决于法治的有无。他说:"在欧洲,天然的区域划分形成了许多不大不小的国家。在这些国家里,法治和保国不是格格不相入的,不,法治是有利于保国的,没有法治,国家将腐化堕落。"所以,欧洲的法制比较发达。这样以自然条件来区分亚、欧两洲有无法制,当然是不确切的;但从中可以看出他的法治主义的倾向。

关于如何加强法治的问题,孟德斯鸠提出下列的观点:①加强立法。孟德斯鸠说,法律是立法者创立的特殊的和精密的制度,而绝非君主个人的任性、成见即不是他的个人意志。那么是谁的意志呢?孟德斯鸠含糊其辞,实际上是上层资产阶级的和新贵族的意志。②保持法律稳定性。法律一经制定,就要维持其尊严,为此它本身就必须是相对稳定的,不可朝令夕改,轻易变动。他说:"如果没有充足的理由,就不要变更法度。"一定要变更,也要和法律的尊严相符合。③司法要依照程序。孟德斯鸠认为,专制国家的一套司法专横、法官受贿、拖延习气及敲诈勒索、严刑峻罚、暴力的做法绝非长久之物,必须改变。其出路就在于使司法工作严格遵照法定程序进行。④法治与自由。孟德斯鸠把法治视为表现和实现自由的重要形式。他说,"在一个有法律的社会里,自由仅仅是:一个人能够做他应该做的事情";自由"就是做法律所许可的一切事情的权利;如果一个公民能够做法律所禁止的事情,他就不再自由了,因为其他的人同样会有这个权利"。这就是说,自由同法律、法治密切相关;自由以守法为前提,只有遵守法律才有个人的自由,超越法律规定的限度,就没有自由可谈。一般地说,这个观点是对的。但孟德斯鸠当然不可能指出,法治也还有不同阶级性质的差别。

七、法学方法论

孟德斯鸠对法学的巨大贡献,不限于对法的一般理论和各部门法学方面;他对法学方法论上的新创造,同样是不可忽略的。所谓法学方法论,回答的问题是:把法学作为一门科学,应当如何进行研究。孟德斯鸠在法学方法论上的主要贡献是历史的方法和比较的方法。探根求源地看,历史方法和比较方法,始于柏拉图,特别是亚里士多德;其后经过波利比,以及近代前期的布丹,有一定的发展。但只是到了《罗马盛衰原因论》和《论法的精神》二书的问世,才能说它们进入完成阶段。

1. 历史法学

历史法学,泛指以历史的观点和以历史材料为根据而进行法学研究的方法论。《罗马盛衰原因论》是历史法学的专著之一。它的中心思想不是描述罗马国家盛衰的历史,而是历史地考察罗马国家的政治法律制度的盛衰的原因及其教训。在《论法的精神》一书中,进一步地在具体政治制度和具体法律制度(包括部门法)方面作了历史的研究。例如,第五卷第二十四章,从宗教史上考察各国所建立的宗教与法律的关系,第六卷第二十七章考察罗马继承法的起源和兴革,进而在第二十八章研究罗马继承法怎样经过法兰克王国而逐渐形成现今法国民法的;第三十和三十一章即最后两章,则集中从法律理论上考察,从法兰克君主国建立到现今法国极端反动的绝对君主制的过程,揭示法兰西君主制的发展规律。

2. 比较法学

比较法学,泛指对不同国家的法体系或法制度进行对比研究的方法论。现代的学术界公认,孟德斯鸠的《论法的精神》一书是第一部完整的比较法学巨著。《论法的精神》中,每一章都把世界上一些主要国家,从历史上和现实上,反复地进行交错的比较研究。其中,除了国家制度和法制度外,还广泛地包括经济、教育、宗教、贸易、人口、战争、国际关系等方面的比较研究。尤其是法制度,更为细致,几乎包括了各个法的部门。需要强调指出,第二十九章即制定法律的方式,作者对于所谓立法精神问题,系统地提出了他比较研究的结论。例如在本章中指出:和立法者意图好像背驰的法律,却常常是和这些意图相符合的;有些法律和立法者本身意思是相违背的;相似的法律,未必就有相同的效果;相似的法律,未必出自相同的动机;看来相反的法律,有时是从相同的精神出发的;看来相同的法律,有时实在是不相同的……该章的第十一节题为"对两种不同的法律应当怎样进行比较",系统地阐述了比较法学的理论。作者的结论是:"要判断这些法律中哪一些最合乎理性,就不应当逐条逐条地比较;而应当把它们作为一个整体来看,进行整体的比较。"所谓整体的比较,就是要结合各个国家的自然条件、历史状况、人情风习等,从它们的整个法律体系和部门法体系即"立法精神"上进行比较。孟德斯鸠认为,只有整体比较才算实质的比较,才能掌控各具体法制度或法规范的真实要旨。相反,逐条的比较则是形式主义的比较、文字上的比较,得不出什么实质的结论来。比如说,古往今来,各国法律都有禁止随意杀人、盗窃等规定,假若你不能掌握它们的历史背景、各该国政治制度、经济状况、立法的目的、该条法规范在整个法体系的地位等,就不可能对它们分别地进行认识,统一地进行比较,从而得出是非好坏的结论来。

在这里,对于孟德斯鸠法学方法论方面有两点值得注意:第一,社会历史领域中的真正科学的方法论,是由马克思主义经典作家们完成的,但是,在这以前的时期中,孟德斯鸠的历史方法和比较方法,也作出了其应有的贡献。孟德斯鸠不懂得社会发展的规律,不懂得生产方式是社会发展的决定性因素,不懂得阶级和阶级斗争,因此他的方法论不可能建立在历史唯物主义基础之上。但他的方法论又有许多科学的成分,对人类是有益的。第二,我们还应该懂得,辩证唯物主义与历史唯物主义并不能代替历史法学和比较法学的方法论。我们的任务在于,要以辩证唯物主义与历史唯物主义观点来批判地改造孟德斯鸠以来的资产阶级法学方法论,建立和完善马克思主义的法学方法论,包括历史法学和比较法学在内。尤其在目前的我国,这方面几乎还是空白,亟待于我们努力。

八、政体分类及其性质和原则

1. 政体分类

孟德斯鸠基本上沿袭亚里士多德的政体分类理论,按照掌握国家最高权力的人数,以及掌权者对法律的态度,来划分政体。第一类,共和政体。在这种政体下,主权属于全体人民或人民的一部分。共和政体又可分为民主政体与贵族政体。第二类,君主政体。在这种政体下,主权属于君主,君主依照法律进行统治。实际上,孟德斯鸠说的是立宪君主政体。第三类,专制政体。在这种政体下,主权属君主,但君主不是依照法律而是依照个人意志或任性进行统治的。孟德斯鸠关于政体分类理论的最大弊病是把民主制和贵族制混淆不清,特别是把君主制和专制制断然分开。这取决于孟德斯鸠所代表的上层资产阶级和新贵族的阶级立场,反映了他不敢直截了当地攻击当时法国的专制君主制的动摇、妥协的态度。

2. 政体的性质

孟德斯鸠说:"政体的性质是构成政体的东西","是政体本身的构造"。换言之,政体性质就是回答国家的最高权力是由什么人来组成的问题。对此,我们在上述政体分类中已分别简略地作了介绍。

3. 政体的原则

政体原则指的是"使政体行动的东西",或者说"使政体运动的人类的感情"。

具体说,三类政体的原则如下:第一,共和政体的原则是"品德"。孟德斯鸠解释说,这里所说的品德,不是道德上的品德,也不是宗教上的品德,而是"政治品德"。实际是指忠于集体的精神。在共和政体之下,就是"爱共和国"的感情和淳良的风俗。民主政治是众人的政治,所以需要品德的无限发挥,使人人都感到自己对国家的责任,尤其使"执行法律的人觉得本身也要服从法律,并负担责任";否则民主的政治就无法维持。在贵族政体下,品德同样是需要的,因为它也是集体掌权的。但是同民主政体相比,贵族政体对品德的需要,并不是绝对的;理由是,掌权者毕竟是少数人,品德少一些也不致大乱。贵族政体所需要的节制,实际是指对私欲的某种限制。这是一种较小的品德,目的在于"使贵族们至少在贵族之间是平等的,这样他们就能生存下去",即能够维持统治。第二,君主政体的原则是"荣誉"。君主政体是一个人的统治,因此它不需要人人关心如何治国的问题,也就是说不需要什么品德。它所需要的是荣誉,以荣誉为动力。什么叫荣誉?孟德斯鸠说:"荣誉就是每个人和每个阶层的成见。"实际是指个人的荣誉、私欲、野心。就是说,要激励人们竞相追求他所认为是有益于自己的东西。因为,有了每个人的发展自己的愿望,最后就可以造成整个国家的发达。孟德斯鸠继续说:"有君主政体就要有优越的地位、品级,甚至高贵的出身。荣誉的性质要求优遇和高名显爵。"又说:"在共和国里,野心是有害的。在君主国里,野心却会产生良好的效果。野心使君主政体活跃而有生命。它对这类政体没有危险,这是优点。"野心可以在相互竞争中而受到压抑或抵消。第三,专制政体的原则是"恐怖"。专制政体的原则不会是品德,这是显而易见的。另外,它也绝不是荣誉。孟德斯鸠说:"在那里,人人都是平等的,没有人能够认为自己比别人优越;在那里,人人都是奴隶,已经没有谁可以和自己比较一下优越了。"在暴君统治下,把轻视人的生命视为光荣,任意对人民生杀予夺;他为所欲为、反复无常,人民无任何规则可以遵循。所以,专制政体的原则只能是恐怖。

孟德斯鸠说,在专制政体下,"那些有强烈自尊心的人们,就可能在那里进行革命,所以就要用恐怖去压制人们的一切勇气,去窒息一切野心"。这就是专制政体需要恐怖的原因。从以上的论述可以看出,孟德斯鸠对专制政体是十分仇视的;而对君主政体(实际上指君主立宪政体)却是向往的。他所讲的君主政体下的荣誉原则,实际上是提倡资产阶级的自由竞争,即英国式的资产阶级君主立宪国家。

4.政体的目的

任何统治者都不是为了统治而统治,都是为了追求特定的目的。孟德斯鸠说:专制政体的目的是君主个人的欢乐;君主政体的目的是君主与整个国家的荣誉。一切国家的目的,都是保卫自己。与政体的性质、原则、目的相适应,孟德斯鸠还谈到所谓法律的目的。实际上说的无非就是法律怎样维护政体,从而维护统治者的利益的问题。在这方面,没有更多的新东西。

九、政体的好坏以及政体的改变

1.政体的好坏

孟德斯鸠认为,世界上不存在绝对好的或者绝对坏的政体,它的好坏是相对的。一个政体是好是坏,要看它是否适合该国社会的政治、经济、地理、气候的要求。比如说,在炎热的气候下,人们比较懒惰,对于他们的劳动需要加以强迫,所以专制政体最适合。在寒冷的气候条件下,人们比较刚毅、勇敢、活泼,热爱劳动,所以共和制最适合。如此等等。这就是孟德斯鸠享有盛名的"地理环境决定"论。这种机械主义的理论,在政治思想领域里曾发生很大的影响。孟德斯鸠的心目中,最好的政体是英国的君主立宪政体,说它最能保障政治自由。这就是他亲自对英国进行考察所作的结论。

2.政体的改变

既然政体的好坏是相对的,那就意味着它是可以改变的。一个国家政体的改变,以构成政体的原则的改变为转移。民主政体是随着平民的爱共和国的、平等的感觉的消失而消灭。贵族政体是随着贵族的节制、温和的精神的消失而消灭。君主政体是随着特权阶级荣誉观念的消失而消灭。至于专制政体,它本来就不稳固,随时都可能消灭。这就是说,每种政体的改变,都是它自身逐步腐化的结果(专制政体本身就是腐化已极的东西)。于是,民主政体将变成不平等的贵族政体或君主政体,或者无政府状态,或者专制政体。贵族政体可能变成寡头政体。君主政体可能变成专制政体。

3. 领土大小与政体的稳固

孟德斯鸠最为重视领土大小与政府的适应。按照他的观点,共和政体适于领土面积小的国家,君主政体适于中等的国家,专制政体适于大的国家。如果领土面积变更,政体就要随之变更。所以,要维持原有政体,就要保持原有的疆域。孟德斯鸠这种观点同马基雅弗利不同。马基雅弗利认为,不论什么政体的国家,只有实行领土扩张才能生存;而孟德斯鸠则认为,领土扩张只能利于专制主义,使共和国的品德与君主国的荣誉丧失,使之自取灭亡。

十、自由和分权

自由和分权理论,是孟德斯鸠政治法律思想体系中的基本问题之一。

1. 自由

第一,自由和法律。什么是自由? 孟德斯鸠说,没有比自由这个词被赋予更多的涵义,并在人们意识中留下更多不同的印象。接着,他否定对于自由的各样的理解。孟德斯鸠认为,自由必须与法律联系起来理解。他的名言是:"政治自由并不是愿意做什么就做什么。在一个国家里,也就是说,在一个有法律的社会里,自由仅仅是:一个人能够做他应该做的事情,而不被强迫去做他不应该做的事情。""自由是做法律所许可的一切事情的权利;如果一个公民能够做法律所禁止的事情,他就不再有自由了,因为其他的人也同样会有这个权利。"

第二,哲学上的自由和政治的自由。

孟德斯鸠指出,公民的自由有哲学上与政治上的涵义,即哲学上的自由和政治的自由。他说:"哲学上的自由,是能够行使自己的意志,或者,至少(如果应从所有的体系来说的话)自己相信是在行使自己的意志。政治的自由是要有安全,或者至少自己相信有安全。"简言之,哲学上的自由就是意志的自由;政治的自由就是不受其他公民侵犯的自由。孟德斯鸠论述的重点是政治自由。既然政治自由是个人的"安全"或"心境的平安状态",那就是单个公民所无能为力的,而必须靠一种政治制度来保证。所以,孟德斯鸠又说公民"要享有这种自由,就必须建立一种政府,在它的统治下一个公民不惧怕另一个公民"。孟德斯鸠又指出,要使公民享有政治自由,其前提是不能有对他人的人身依附,即不能有奴隶制和农奴制。

孟德斯鸠断然地说:"奴隶制在性质上就不是好制度",它是摧残人性的。接着,他逐一驳斥罗马法学家辩护奴隶制的种种"理由"。主要有三:一是战争胜利者有权把俘虏看守起来不使继续为害,而无权使之沦为奴隶;二是说一个自由人可以卖身,是荒谬的;三是说奴隶子女生而为奴,同样是站不住脚的。结论是,"奴隶制违背自然法,而且也同样违背民法(人定法)。"它完全是不合理的政治制度的产物,只和专制制度相容。

第三,自由与自然条件。

我们已介绍过,热带宜专制,自由少;寒带宜共和,自由多。另外,平原易被征服,自由少;山区较安全,宜共和,自由多并且有保障。

2. 分权

政治自由要政府来保障,那么,什么样的政府才最能保障公民自由呢? 以解决这个问题为主旨,孟德斯鸠提出并详尽地发挥了他著名的分权论。

第一,孟德斯鸠分权论的现实的和理论的根源。

现实根源是以英国政治制度为蓝本。理论根源是洛克的分权论。

第二,国家三种权力的划分。

孟德斯鸠认为,任何一个国家都包括立法、行政、司法三种权力。

立法权,指制定、修改或废除法律的权力。行政权,指宣战或媾和、派遣或接受使节,维护公共安全,防御侵略的权力。司法权,指惩罚犯罪或裁决私人争讼的权力。孟德斯鸠有时又把行政权与司法权区别为:前者是执行有关国际法事项的权力;后者是执行民法事项的权力。有时又把司法权也塞入行政权之中。

第三,制衡原则。

三种权力应分别由不同的国家机关行使,即:立法权由两院制的议会行使;行政权由国王或政府行使;司法权由法院行使。这种分权的目的,是为了保障自由,所以不容许相互混淆或交错。按孟德斯鸠的说法,当立法权和行政权集中到一人或一机关手中时,自由便不存在了。因为,这意味着法律的制定者又是法律的执行者,就可能导致双重的暴虐——暴虐的法律和暴虐地执行法律。如果司法权不同立法权分开,自由就不存在了。因为,这意味着法官就是立法者,可能导致对公民生命和自由的任意专断。如果司法权同行政权合而为一,法官将握有压迫者的力量,自由就失掉了保障。如果三种权力集中到一人或一机关手中,那就是专制主义,一切都完蛋了。以上所述,意味着国家三机关分别掌握三权在相互间起着制约平衡的作用。

在实践中,孟德斯鸠和洛克一样,是把英国的制度加以理想化,并提到理论高度上加以论述的。孟德斯鸠之所以鼓吹这一理论,表现了他的反封建的不彻底性。即,一方面要限制君主权力,另方面又要维护君主的统治;一方面要为资产阶级争权,另方面又不肯完全否定封建阶级的权力。

孟德斯鸠的分权论即三权分立论同洛克分权论相比,在理论上更为系统、深入、细致,而且在实践方面更容易采用。1787 年美国宪法是孟德斯鸠三权分立论的一个样板;1789 年法国大革命中的斐扬派的君主立宪论,很大程度上是孟德斯鸠的东西。其后,人们说到"三权分立",一般是指孟德斯鸠理论,而非洛克理论。直到今日,这个三权分立论在世界上还是很流行的。所以,我们必须对它进行深入的批判性研究。

伏尔泰

伏尔泰(1694—1778)的原名是弗朗斯瓦·玛丽·阿鲁埃。他的创作用过百余个笔名发表,"伏尔泰"是用得最多的。

一、对天主教势力的抨击

在宗教问题上，伏尔泰同斯宾诺莎差不多，都认为《圣经》中的道理有价值，其他的说教无价值。他撰写大量文章攻击天主教，直接反对教皇，公开提出要消灭这些"败类"。他说，天主教是来源于无知、狂热和欺骗，是建立在"最卑鄙的混蛋所作出的最卑贱的欺骗"的错综交织之上的。教会史是一部罪恶史。宗教是最大的罪恶，是改善人们生活的最大障碍。伏尔泰对下述两方面的批判，尤其突出。一是对教阶制度的批判。伏尔泰对于那些自称基督代表的教皇、主教、修道院长之流，淋漓尽致地痛斥。基督是反对不平等的，但教会是一个极不平等的机关，从教皇到小僧侣等级森严。基督为人们立下高尚的道德，如谦虚、节俭等，而教士们都骄横跋扈，非绫罗不穿，非宫室不住。基督曾说和平是最大的幸福，赞美宽恕精神，而教会充满"不容忍"精神，挑起许多战争，包括反对希腊政权的战争和反对思想自由的战争。教会至少屠杀了一百万人，真是罪恶满盈。二是对教义的批判。伏尔泰说，《圣经》是患精神病的无知者杜撰出来的。天上神人不会同凡尘的女子恋爱结婚并生出许多孩子。他断然驳斥所谓"宗教高于理性""信教是人的天性"的胡说。伏尔泰对宗教裁判尤其仇恨。尽管伏尔泰在批判宗教方面立下很大功勋，但他本人则期望有一个适应资产阶级统治的宗教。

二、反对封建制度，主张立宪君主制

伏尔泰激烈反对封建专制和等级特权；提倡思想自由，尤其信仰自由和出版自由。

在政体方面，伏尔泰认为，一个民族有一个民族的政府，无所谓绝对的好坏。"谁有能力谁就统治。谁当上了主人的时候，谁就尽可能地统治。"(《哲学词典》)从历史上看，"几乎没有一个大民族是由自己统治的"。它们都要臣服于征服者。伏尔泰最初主张建立"开明的君主专制政体"，说"我是厌恶单独一人的暴政亚于若干人的暴政的。一个专制主总有某些好的时刻；一个专制主集体则从来没有好的时候。"(《形而上学》)后来他游历英国，对该国立宪君主政体十分赞赏，于是把这种政体视为最理想的国家制度。他认为在英国，议会(尤其是下院)是民意机构而且拥有决定性权力，国王受到限制，只能干好事而不能干坏事。从政体观点上看，伏尔泰同洛克、孟德斯鸠是一致的。他向往立宪君主制，作为对法国封建专制君主制的一种对抗，是进步的；但是他把英国制度描绘为"为了人民"的制度则显然是歪曲。伏尔泰的上层资产阶级和自由贵族(新贵族)的立场，在这里表现得很明显。

三、平等和自由

1. 平等

伏尔泰承认人生而平等。他说："一切享有各种天然能力的人，显然都是平等的；当他们发挥各种动物机能的时候，以及运用他们的理智的时候，他们是平等的。"任何君主也不能禁止人的消化、禁止人思想。可是另方面，伏尔泰又认为，人也生来具有喜欢统治、财富和欢乐等强烈倾向，所以人们之间又是不可能平等的。这样，他就得出这样的结论，在社会中，"平等既是一件最自然不过的事，同时又是最荒诞不经的事"。伏尔泰对法国第一、第二等级的特权十分不满,要求各等级的平等。这实际是使第三等级中的资产阶级与特权等级平等,而不是全体人的平等。伏尔泰还认为,平等是法律上的。即,要有统一的法律,统一的度量衡制度,平等的纳税义务。他不主张财富上的平等。相反,他认为财富不均、穷富有别是自古不变的法则。他公开说,在一个行星上不分穷人阶级和富人阶级,那是根本不可能的。"在我们这个不幸的星球上,生活在社会里面的人们不可能不分成两个阶级:一个是支配人的富人阶级;另一个是服侍人的穷人阶级。"对于一个富翁的伏尔泰来说,提出这样的妙论,的确是没有什么值得奇怪的。

2. 自由

伏尔泰的自由论同孟德斯鸠颇接近,说"自由就是受法律支配";他也附和洛克的一些说法,认为自由就是人们去做他意志绝对必然要求的事情的权力或能力,除此而外的对自由的理解都是不正确的。特别是,自由不是绝对的、爱怎样就怎样。伏尔泰不主张把自由给予一切人,因为,据他说,庶民开始议论起来,一切都完蛋了。这话的含义主要是政治上的,就是说,政治舞台是不容穷人阶级插足的。这就恰好看出来伏尔泰的大资产阶级和自由贵族们卑视和排斥穷人的政治立场。

四、法律

伏尔泰是自然法论者。在他看来,所谓自然法就是使人知道正义的本能;而正义则是天下人都认为是那样的事情。他说:"有一种自然的法律,这种法律既不在于使别人痛苦,也不在于以别人的痛苦使自己快乐。"抢夺别人的劳动成果,撕毁自己的约言,说谎,诽谤,杀人,下毒,忘恩负义等都是不正义的行为,都是违反自然法并为自然所禁止的行为。伏尔泰强调法律(人为法)的作用。他认为,一个社会要存在下去,就必须有一些法律,正如每种游戏都必须有一种规则一样。法律是由统治者制定的,其内容取决于立法者的感情、利益和意志,以及各国所处地带的性质。因地带、气候、习惯的不同,各国的法律是不可能一样的,这和孟德斯鸠观点相一致。顺便一提,伏尔泰对中国封建法制很重视。他认为中国封建法制是"善良意志"的体现,是为了善良的目的而制定的,贯彻了人性、宽恕和道德的精神。这种观点显然是不正确的,抹杀了封建专制主义法制的本质。

卢梭

在西方17至18世纪全部革命启蒙思想家中,卢梭(1712—1778)是一个集大成者。他的政治法律思想,水平最高,影响最大,达到资产阶级革命时期政治法律思想的顶端和极限。他不仅强有力地激发和鼓舞同时代革命者的战斗意志,而且一直启迪着后人。

一、卢梭的政治立场

卢梭和同时代的大多数(包括最先进)的政治法律思想家所不一样的特点,首先表现在他的坚定的平民民主主义的政治观点和政治立场。也就是说,他一直深深关怀社会中贫苦的、被压迫和受屈辱的下层人民群众,而对封建专制主义旧制度毫不妥协地批判。在18世纪的法国,全体启蒙思想家都是"第三等级"的喉舌和反封建专制的战士。但是,第三等级的成分很复杂,其中有上层资产阶级和新贵族(开明贵族)、中产阶级、小资产阶级以及无产者群众。这就决定了对旧制度的批判,其具体的阶级立场必然是各不相同的。伏尔泰、孟德斯鸠出身于新贵族或上层资产阶级,并维护这个阶级的利益;狄德罗为首的"百科全书派"唯物主义者们,也大都出身资产阶级或名门,也是这个阶层的代言人。他们把资产阶级利益理想化,说它就是整个第三等级的利益。另方面,对劳动群众及其要求采取鄙视态度。而卢梭则迥然不同,他不仅看到封建阶级同第三等级民主要求相矛盾,更看到穷人同穷人的矛盾;并且知道,贫富矛盾单靠法律的平等原则是不能解决的。所以,卢梭是走在所有启蒙思想家前面的。

我们可以简单地从卢梭的几部主要作品,来说明他的上述政治立场。

1.《论政治经济学》(1775)

这是卢梭应狄德罗之请而为《百科全书》撰写的论文。该文慷慨地说:"难道社会的一切利益不是都给豪强和富人占去了吗?难道全部肥缺不是落在他们头上吗?难道免税的特权和优惠不是由他们享受吗?难道贵族不是永远几乎不受惩罚的吗?……穷人遭遇同贵族相比是多么不同!人类越多受到穷人的益处,就越不让他们享受权利。"

2.《爱弥儿或论教育》(1762)

在这部经典的近代教育学杰出作品中,有力地揭露了资产阶级"法律平等"的虚伪性。卢梭提出,这种法律平等是骗人的,因为用来维持平等的手段本身就是要消灭平等的;法律就是联合强者反对弱者的力量,破坏自然在弱者和强者之间确立的那种平衡力量。冠冕堂皇的"法律"和"纪律"永远被用作暴力的工具和不义行动的武器。

卢梭不但对富人压迫穷人、贵族压迫平民提出抗议,而且预见到穷人奋起反对富人、被压迫者反抗压迫者的时刻已经临近。他向反动统治阶级和富人说:"你们认为现存社会秩序稳如泰山,你们没有想到,这个秩序会被不可避免的革命所推翻,你们既不可能预见到,也不可能防止会触动你们儿女地位的事情……我们已面临危机,革命的时代即将到来……我不能认为欧洲各大君主国还能存在多久。"另方面,他对农民和工匠进行歌颂。特别赞扬农业劳动者,说他们从事的是"一种自然的劳动,是唯一真正必要的和有用的劳动"。

在围绕对劳动人民态度问题上,卢梭和伏尔泰、狄德罗、休谟等一度要好的同道者或合作者们,不惜决裂。例如,他说:"伏尔泰不放过任何机会来说些鄙视穷人的话,这特别使我生气。"他称霍尔巴赫是反对劳动人民的"霍尔巴赫公子"。并同休谟、狄德罗、达学贝尔等人发生激烈的是非之争。

3.《科学和艺术的复兴是否有助于敦风化俗》(1750)

这本书是第戎科学院的征文获奖作品,事先得到狄德罗的启发。卢梭对征文题目的基本答复是:科学和艺术的成就并非就是道德的成就,凡是艺术和科学复兴的地方,风俗就会败坏和衰落下去。

卢梭所作的这个结论,并不是因为不懂科学和艺术对于社会发展的推动作用。在这里,他运用了辩证法的分析,对剥削的社会制度提出强烈的抗议。他明确地说过,科学和艺术所以会起这种坏作用,根本原因就是因为科学和艺术出现在社会制度恶劣的国家里,出现在不平等和贫富对立的条件之下,具体说,科学、艺术和每个成就,都被用于奴役劳动人民,使完整的人变成片面的人。

卢梭的这种观点是极为深刻的。马克思主义创始人实际上也汲取了其中的精华。马克思主义关于资本主义制度下"人的异化"学说,恩格斯关于文明社会中每个进步都同时包含着倒退的学说,都同卢梭有密切关系。不少资产阶级学者,从当时到今天,经常有人攻击卢梭是"反理性主义"者,其实不过是暴露了其自身的愚昧或别有用心而已。

二、论人类不平等的起源

1754年第戎科学院进行第二次征文,卢梭写了一本题为《论人类不平等的起源和基础》的书。它虽然没有当选,但是却造成了比《论科学和艺术》要大得多的影响。该书的问世,表明卢梭的政治法律思想已经成熟,已经形成一个完整的理论体系了。

《论人类不平等的起源和基础》一书是《论科学与艺术》思想的直接发展。用卢梭自己的话说,这本书的趣旨就在于指出:在什么"对抗","强权"代替了"真理","法律"支配了"自然",强者想到要奴役弱者,人民用"实际的幸福"来换取"想象的安宁"。一言以蔽之,人类间的不平等是怎样造成的。

1. 自然状态

卢梭对于自然状态的想象是独具一格的。他认为,那时的"野蛮人",非恶非善,无过失无德行。原因是,人类的智力未开化,没有可以供他们加以运用和滥用的才能;没有知识,当然也就没有法律,从而也就没有区分行善或作恶的准则。那时,人的本能的怜悯心和相爱心获得纯度的表现,它抑压着自私自利之心的发展,而履行法律、风俗和道德的职能,没有人愿意违抗它。那时,社会不存在不平等,就是体力、智力方面的"天生的"或"自然的"不平等也微乎其微。在这种情况下,"所有人都是不受任何束缚的,强者自然也无从行使他的权力。"

正是从没有不平等这个角度上,卢梭称"自然状态"是人类的"黄金时代"。

2. 不平等的三个发展阶段

第一,土地私有制的产生——不平等的第一阶段。

卢梭尖锐地看出,土地私有制是从自然状态进入不平等状态的最重大的步骤。他用生动而形象的语言表达自己的观点,说:"谁第一个把一块土地圈起来并想到说:这是我的,而且找到一些头脑十分简单的人居然相信了他的话,谁就是文明社会的真正奠基者。"我们不要把这句话误解为,卢梭好像是把私有制当成某些人灵机一动的产物。相反,卢梭提出,私有制是伴随一系列技术改革和生产工具创造,以及与此相应的人类智能发展的长期过程产物,包含着历史的必然性。但不可否认,卢梭确实有夸大人的思想对社会发展的作用的一面。卢梭说,当人开始需要别人的帮助和发现一个人占有够两个人吃的粮食的好处时,"人与人之间的平等就消失了。……广大的森林就变成了须用人的血汗来灌溉的欣欣向荣的田野;不久便看到奴役和贫困伴随着农作物在田野中萌芽和生长。"接着,富有的人就施展阴谋诡计,以保障大家自由为掩饰,制定法律。于是,"就给富者以新的统治手段,永远消灭天赋的自由,把私有财产制度和不平等在法律上永远固定下来,把巧取豪夺的占有变为不可能触犯的权利,为了少数野心家的利益,使全人类陷于水深火热之中,受尽劳苦和奴役。"不平等的第一阶段的结果,是使富者和贫者的差异合法化,主要是出现了经济上的不平等。

第二,国家(权力机关)的建立——不平等的第二阶段。

随着不平等的出现和法律的出现,那个名义上作为公共权力机关的国家,就成为可能和必要的东西了。

卢梭强调,国家的产生不是抑制不平等,而是使不平等进一步深化。它是统治阶级愚弄人民和奴役人民的工具,从而使人民越发贫穷和不幸。不平等的第二阶段的结果,使弱者和强者的差异合法化,发展到统治与被统治的关系,即进一步发展为政治上的不平等。

第三,暴君的出现——不平等的第三阶段。

卢梭说,尽管国家如何是一个罪恶的产物,但一开始它还是合法的、法定的权力。后来,由于统治者的贪婪和任性,便逐渐堕落为压迫全社会的专制暴政,形成暴君政体。卢梭说,在暴君统治之下,"我们会看到人民大众为了防御国外的威胁而采取的一系列措施,他们在国内却被同样的措施所压迫;我们会看到这种压迫继续不断地增长,而被压迫者永远不知道这种压迫有无尽头,也不知道为了制止这种压迫,他们还剩有什么合法的方法;我们会看到公民的权利和民族的自由逐渐在消灭,弱者迟早会变成祖国的敌人……"这样一来,道德和美德已无影无踪,唯一的美德就是服从暴君,甘心做暴君的奴隶。不平等的第三阶段的结果,是使主人和奴隶的差异合法化,这不论在经济上、政治上都是绝对的不平等,即达到了不平等的极限。

3. 卢梭的总结

卢梭在分析了不平等的产生和发展过程之后,提醒人们注意一个情况。即,第一阶段的开始,是自然平等;第二阶段是同自然平等对立的不平等;第三阶段是同不平等对立的平等。但这后一个平等是不平等的极限;其内容就是,在暴君面前,所有的人"都等零"。所有的人都是奴隶;从而是一个由"极度腐化"而造成"新的自然状态"。所谓"新的自然状态",意味着社会所有的人都重新获得了自由活动的权利,获得了否定暴君的权利。卢梭说,暴力支持着暴君,而暴力也推翻暴君,这又是平等的,作为一个暴君没有任何理由存在什么怨言。暴力革命,这就是结论。也就是说,暴君制度,培养了自己的掘墓人。对于卢梭这种论述所包含的深刻的革命辩证法,恩格斯给予崇高的赞赏,认为其中与《资本论》的论述有共同之处。卢梭《论人类不平等的起源和基础》一书的革命精神是显而易见的。它对于人类的社会历史科学的贡献也是巨大的。不过,需要加以指出的是,卢梭的观点基本上是小资产阶级的。这最为明显的表现就是他对于私有制的态度问题。卢梭难能可贵地认识到私有制是国家和法律产生的基础,是社会不平等的罪恶的渊薮;认识到不可倒转历史,把私有制社会退回到原始社会(即自然状态)去,让人们变成四脚爬的动物,重新返回到原始森林里去。无疑,这些观点都是正确的。但是,由于历史和阶级地位的限制,使他不能科学地来认识社会发展规律,指出私有制的真正前景。于是就在《论人类不平等的起源和基础》一书不久,他在《政治经济学》论文里又鼓吹,私有制是"一切公民权利中最神圣的权利,就某些方面说,甚至比自由本身还要重要"。卢梭所提倡的是反对大私有制而发展小私有制的平均主义理论。归根结底,他并没有从根本上摆脱资产阶级思想体系的樊笼。

三、社会契约论

1762 年,卢梭发表了《社会契约论》一书。这是卢梭政治法律思想的比较全面的概括。《社会契约论》一书的中心思想在于论证:契约是国家产生和存在的基本根据。首先需要提出,《社会契约论》同 8 年前的《论人类不平等的起源和基础》,有着重大的观点上的区别,主要是对社会状态或公民状态的评价。现在,卢梭强调公民状态同自然状态相比,是高级阶段;社会公约不但不消灭自然平等,而是以道德和法律的平等代替自然造成的生理的不平等。那么,国家是怎样发生的?《社会契约论》首先反驳了两种常见的答案。一种是家庭起源论。卢梭说,家庭是最原始的、最自然的社会,在家庭中以父亲与子女之间的爱为基础。但在国家之中,首领对人民没有这种爱,有的只是发号施令。可见,国家与家庭有本质的不同,因此它们之间也不可能有什么因袭的关系。另一种是暴力论或战争论。卢梭说,战争总是要基于一定利益目的之上的;但在自然状态下,谁也没有什么固定的财产,所以私人间的战争是根本不可能出现的。这就证明,硬说国家产生于强者的暴力和私人战争的观点,是毫无根据的。卢梭的这个观点是科学的。恩格斯在《反杜林论》中批判暴力论时,基本上就是采纳这个观点的。

卢梭断言,国家只能起源于契约。随着私有制的出现,人们越来越受到相互掠夺和残杀的威胁。在这种情况下,人们就被迫去寻找自由和安全的新的出路。即要求订立社会或国家的契约。卢梭大体上是重复斯宾诺莎的观点。卢梭说:"'要寻找出一种结合的形式,使之能以全部共同的力量来卫护和保障每个结合者的人身和财富,并且由于这一结合而使每一个与全体相联合的个人又只不过是在服从自己本人,并且仍然像以往一样的自由。'这就是社会契约所要解决的根本问题。"这段话就是卢梭契约论的主题。卢梭说,这种社会契约的条款从来就不曾被正式宣告过,但在普天之下为人们所默认或公认。意思很明白,就是"社会契约"这一概念,无非是表示客观历史上已经存在的普遍情况而已。

卢梭又说,社会或国家契约的条款,全部归结起来就是"每个结合者及其自身的一切权利全部都转让给整个的集体"。之所以需要全部转让,其理由有三:第一,只有全部转让,才可以做到对于所有的人的条件都是同等的,从而使任何人都没有什么负担了。第二,只有全部转让,才能使"联合体"完美。如果一些人全部转让,而另外一些人只转让一部分,那么后果就可能使社会或国家变成另一些人推行暴政的工具。这很接近霍布斯的观点。第三,只有全部转让,才能做到没有向任何人奉献出自己。就是说,人人都把自己的权利献给全体人,便意味着人人都把自己的权利完整地存放在全体人之中,未有丝毫损失。他不但随时随地从全体人那里获得所交出去的全部权利的"等价物",而且得到全体力量的帮助来保卫自己的全部权利。对于社会契约直接带来的这些后果,卢梭概括为一句话,即:我们每个人都以其自身及其全部的力量共同置于公意的最高指导之下,并且我们在共同体中接纳每一个成员作为全体之不可分割的一部分。

卢梭说,大家都绝对服从"公意",而"公意"又保障每个人的自由平等权利,这样的社会或国家,就是共和国。实际上,就是卢梭理想化了的民主共和国。显然,按照卢梭的契约论而产生的国家,如果不是民主共和国,那就是非法的、不合理的了。霍布斯的契约论要论证的是君主专制政体,洛克的契约论要论证的是君主立宪政体,而卢梭的契约论则要论证民主共和制政体。可见,卢梭契约论是最先进的。

鉴于契约是人们自愿签订的,所以它就必然具有一种属性,即:假若一些人不履行契约,就意味着契约已经无效,从而另一些人也没有履行契约的义务。这样一来,国家就瓦解了。为了避免此种情况的发生,契约中自然要包含履行契约的内容。卢梭说:"为了使社会公约不至于成为一纸空文,它就默契地含有这样一种规定——唯有这一规定才能使其他一切规定具有力量——即任何拒不服从公意的人,全体就要迫使他服从公意:这恰好是说,人们要迫使他自由。"

同时,卢梭还论证,当执权者(统治者)滥用职权不履行契约,以损害人民权力和利益时,人民就有权取消契约;当统治者凭借暴力手段来剥夺人民的自由时,人民就有起义的权利,借助暴力从暴政之下夺回自由。

四、人民主权

卢梭为了达到使每个人既完全服从社会,又仅仅是完全服从自己的双重目的,就使每个人有参加一定决定的权利。于是,个人权利就是政治权利。从整个社会来说,就是完全的人民主权的社会,即最高权力是属于人民的。卢梭认为,只有在这种理想形式之下,社会原则和个人原则就获得了统一。

卢梭认为,主权有两个主要特征。第一特征,是不可转让性。

卢梭说:"主权既然不外是公意的运用,所以就永远不可转让……权力可以转让,但是意志都是不可转让的。"如果最高权力可以转让,这就意味着意志不再是全体的,而是部分人的或个人的,从而就破坏了社会的原始契约,也就是消灭了政治共同体。

公意不可转让,其中就包括不能代表。卢梭说,主权要么就是公意,要么就是非公意,中间的东西是没有的;而非公意就不是真正的主权。根据这个道理,卢梭反对人民代议(表)制。他断言,人民的议员不可能是人民的代表,他们只是人民的公仆,他们不能作出任何最终的决定。任何法律不是经过全体人民批准的,都等于零,都算不了法律。真正的法律,只能是公意的表现。由此可见,在立法权方面,人民不能让别人来代表。在立法权上,人民一旦给自己选出代表,他们的意志就不再是自由的,自由就消灭了。但是,行政权方面,人民可以而且应当选代表,因为行政权是一种执行法律即公意的权力。这样,从主权的不可转让性,卢梭推论出抛弃代议制度,采取向每一个公民征询意见的制度,即全民公决制度。换言之,就是最广泛的直接民主制。

第二个特征,是不可分割性。

卢梭断然反对权力分立论。他说,各种权力分立学说的共同错误就在于仅仅把主权的表现当作主权的构成部分。实际上像行政、司法等行为,都是执行法律的权力或个别行为。它们所服从的都是主权,都是公意。

除了主权的特征问题之外,卢梭也谈到了"主权权力的界限"问题。按照他的说法,主权是绝对的、完全神圣的、完全不可侵犯的权力,就是说它有普遍的强制力,有支配它的各个成员的权力。尽管如此,主权权力还是有界限的。这些界限在于:第一,主权者不能加给臣民以任何一种对于集体毫无益处的约束。第二,主权者对于每一臣民都要以公正平等为标准,不能有任何偏颇。第三,人人都可以任意处置契约所留给自己的财富和自由。如果超出了这几条界限,主权者的权力就不再有效了。

五、意志

所谓意志,在卢梭的政治法律思想体系中占有十分重要的地位,以至于离开意志就不可能掌握卢梭政治法律思想的每个主要部分。例如,在卢梭说来:契约是公意的产物和表现;主权是公意的运用;法律"只不过是我们自己意志的记录"和"公开的宣告"……具体说,卢梭认为意志有四种:个别意志,集团意志,众意,公意。他论述的重点是公意问题。公意的最大特征就是"永远是公正的,而且永远以公共利益为依归"。它具有民主集中的性质。例如,假定人民大会通过的法律不是出于我的意志(或者说我没有投赞成票),那么这项法律能否表示公意呢? 卢梭认为,这不妨碍这项法律是公意。他说:在这种情况下,表决总数的结果就是公意。而对我来说,我被证明是错了:我认为是公意的东西,原来不是公意。正确的态度应当是,我要坚决服从公意,而放弃被我误认为是公意的个人意志。卢梭认为,构成公意有三个条件:第一条件,参加、发表和形成公意的,必须是国民的全体。公意不一定而且往往不是全体国民一致的意见,但必须全体参加,必须是多数人的意志。这里说的是公意的主体问题。第二个条件,公意的对象必须是全体国民,必须是与全体有关,对每个国民影响都是同等的。卢梭说:"公意若要真正成为公意,就必须在它的目的上以及在它的实质上同样地都是公意。公意必须从全体出发才能对全体施用;不然当它倾向于某种个别的、具体的目的时,它就会丧失它的本质上的公正,因为我们既是对不是我们的目的来进行判断,就没有任何真正公平的原则来指导我们了。"卢梭尤其强调,"正如个别意志不能代表公意一样,公意当其具有个别目标时,也就轮到它自己变了值,也就不能再作为公意对某个人或某件事作出判断了。"例如,当雅典人民大会亲自任命或罢免其首领,对某人授予勋爵或判刑时,人民不再有真正的公意了,他们已经由主权者变成了行政官。法律可以规定君主政体,这是公意的表现;但决定哪一个人为君主则是政令,而不是法律,即不是公意。关于公意的对象问题,大体如此。第三个条件,公意的参加者,每一个人都必须以全体共同利益为动机,不能以个人、一个民族、一个集团、一个阶级的利益为动机。为此,卢梭坚决反对政党派政治。这讲的是关于公意的内容问题。

卢梭进而论证公意和集团意志的关系。二者有联系,有相近之处,但团体意志不等于公意。所谓集团意志,指国家中一部分人的意志。集团意志对于集团的成员来说是公意,而对全体国民来说则是个别意志。

再次,卢梭又把公意与众意加以区分。公意,指参加契约的每一个人意志的共同一致的部分,或者说,公意是每个人所共同具有的意志的总和。它考虑的是共同的利益。而众意是个别意志的总和,考虑的都是个别的利益。

卢梭又分析了一个行政官员身上所表现的意志。他说,行政官本身具有三种不同的意志:其一,其本人的个人意志,它倾向于自己的利益。其二,全体行政官的共同意志或政府意志,是集团意志的一种,即:对政府说来是公意,而对全体国民(国家)说来则是个别意志。第三,人民意志或主权意志,它不论对国家,还是对政府,都是公意。

最后,卢梭对个别意志、集团意志和公意三者的相互关系作了概括。他指出,一个有完美立法的国家,个别意志应当是毫无地位,政府本身的集团意志应当是次要的,公意应当是主导的,成为其他一切意志的唯一标准。但是,按照自然(人的本能)的顺序则相反,各种不同意志越是能分别地集中起来,越是活跃。所以,公意总是最弱的,集团意志好一些,而个别意志占第一位。在这种情况下,政府的每个成员首先为自己,其次为行政官们,最后才为公民。这是和缔结社会契约的目的相反的。

那么,如何克服上述弊病的发生,而很好地表达和保证公意呢?一是实行直接民主制,每个人都根据自己的想法,直接发表意见。二是不允许国家之内有党派的存在。否则,往往容易用党派意志冒充公意。两党制弊端尤多。假若党派不可避免,那索性让党派越多越好,不易使一党一派冒充公意。

卢梭意志论的最大弊端,在于其超阶级性和夸大意志的历史作用。

六、政府及其形式(政体)

1.政府的概念

我们已经说过,卢梭是把国家与社会混为一谈的,但却把国家(社会)同政府严格区别开来。卢梭说:"什么是政府呢? 政府就是臣民与主权者之间所建立的一个中间体,以便使两者得以互相适应,它负责执行法律并且维持社会的以及政治的自由。"而该"中间体"的成员就是行政官员和国王。政府不是由契约产生的,而是由主权者的意志即法律产生的。由此决定,政府的职责是执行法律,维护社会秩序。

2. 政府的好坏

和孟德斯鸠一样,卢梭也断言,不存在绝对好或绝对坏的政府。政府的好坏,要看它是否同该国的民族特点,以及自然条件(地理、气候、版图等)相符合。

卢梭还提出,政府作为主权者和公民(臣民)的"中间体",是一个"比例中项",即:

主权者:政府 = 政府:公民

卢梭对这个模式的解释是:政府从主权者那里接受命令,然后再把这个命令发给人民。从权力的量上说,两边一算,政府的乘方和公民同主权者的乘积是相等的。即:

$$政府^2 = 主权者 \times 公民$$

该模式中的三项,任何一项的改变,都将立刻打破比例。比如,主权者想颁布法律,而公民拒绝服从,那么原有的秩序就消失,就会造成混乱。其结果,有两种可能:第一种可能是国家陷于专制政治,即政府的独裁。这种可能性的假定是:主权者作为常数项(K),那么,公民个人权力越大,政府权力就越大,即:

$$政府^2 = K \times 公民$$

第二种可能是国家隐于无政府状态,每个公民都是一个政府。这种可能性的假定是:主权者已经起不任何作用(等于"0"),从而政府也就行政等于0,即:政府^2=0×公民,所以政府 = 0。

另外,从这个模式中也可看出,在政府不变(常数)的情况下,国家人口越多,意味着构成主权者的数量越大,因而个人的权力或自由就越少。例如,以一个一百万人口的国家与一个十万人口的国家作对比,情况就是:

政府权力^2(常数) = 主权者权力×公民权力

甲国 10 万^2 = 100 万 ×1

乙国 10 万^2 = 10 万 ×10

即,甲国(一百万人口国家)中每个公民手中所拥有的自由权力,仅仅等于乙国(十万人口国家)每个公民手中拥有的自由权力的十分之一。

以此类推,国家越大,政府的权力就越大。在同一个政府中,行政官吏的数量越多,政府的权力就越不容易集中,因而就越没有力量。

卢梭关于国家权力的模式,反映了一定的正确成分。但是,它主要是建立在自然条件(尤其是人口数量)决定论的基础上的,是缺乏科学性的。

卢梭关于国家权力的模式论,即对于政治和法律进行数量分析的方法,对于现代西方政治法律思想中的模型方法,显然是有重大影响的。这一点需要引起我们的注意。

3.政府的腐化和防止的办法

卢梭指出,政府是可以腐化或蜕化的。其途径有二:一个途径是当政府收缩(权力集中)时,政府就腐化了。那时,即会由民主制过渡到贵族制,或由贵族制过渡到君主制。另一个途径是当国家解体时,政府就腐化了。其方式是:其一,君主不再按法律治理国家,即个人篡夺了主权。这时君主制就变成了专制制。其二,政府的成员各自篡夺了只能由集体行使的权力,这种情况就是,有多少行政官就有多少个君主。这样一来,国家实际上已解体了。防止政府或官员篡夺权力的根本办法是主权者定期集会,讨论主权者是否愿意让目前担任行政职务的人继续担任下去。这样,便可保障主权永远属于人民,又可更换已腐化的政府。卢梭还讲到,这也是避免革命的可靠办法。

4.政府(政体)的分类

卢梭根据掌握政府权力的人数多少(而不是主权者人数的多少),把政体分为四种。

第一,民主制。

卢梭说:"主权者可以把政府委予全体人民或者绝大部分的人民,从而使做行政官的公民多于个别的单纯的公民。这种政府形式,我们名之为民主制。"民主制适于小而贫穷的国家。在民主制之下,财产平均,人民平等,更符合缔结契约的目的。在民主制下,人民既有立法权,又有行政权。但是卢梭又认为,就严格意义上说,真正民主制不曾有过。因为多数人统治少数人是违反自然秩序的。这实际上是不成其为政府的政府。卢梭认为,要建立民主制必须具备下列条件:①国家很小,人民容易集会,并使每个公民之间相互认识。②国家比较贫穷,有十分淳朴的风尚,不致形成漫无边际的争论。③公民地位、财产完全平等。④没有或极少有奢侈,以"德行"为原则。

第二,贵族制。

卢梭说:"把政府仅限于少数人的手里,从而使单纯的公民的数目多于行政官,这种形式就称为贵族制。"这种制度适于财富和国土大小适中的国家。贵族制又有三种:①自然的贵族制。只适于单一民族国家。②选举的贵族制。是最好的、最严格意义上的贵族制。③世袭的贵族制。这是最坏的一种政体。

第三,君主制。

卢梭说:"把整个政府都集中于一个独一无二的行政官之手,所有其余的人都从他那里取得权力。这……叫做国君制或者皇家政府。"君主制适于大而富的国家。在这种政体下,财富和权力集中在君主一人手中,达到不平等的顶点。这种政体的缺点是,往往是一些卑鄙小人、骗子、阴谋家走运,用他们的小聪明在宫廷里爬上高位。一旦登上高位就立刻暴露其不称职。尤其国王利益高于一切,人民处于悲惨和无法反抗的地位。

第四,混合制。

卢梭说,"由于同一个政府在某些方面可以再分为若干部分,一部分以某种方式施政,而另一部分则以另一种方式施政;于是这三种方式相结合的结果,便可以产生出大量的混合形式……"这就是多种混合制。在卢梭看来,根本就没有单纯的政体,一般都是混合的。一个君主必定有下级行政官吏;一个民主制政府必定有一个元首……

5.卢梭的理想政体

卢梭向往的是宗法式的小共和国。其中,全体人民或大部分人民能够参与国家活动,直接掌握国家主权,亲自制定与通过法律;保证法律的正义性,保证人民的自由平等权利。卢梭长期把他的祖国——日内瓦贵族寡头共和国加以理想化。经过一段实际了解之后,改变了对日内瓦的看法。但建立民主共和国的观点没有变。恩格斯正确地提出:"卢梭的社会契约在实践中表现为而且也只能表现为资产阶级民主共和国。"就是说,尽管在启蒙思想家中,卢梭的国家理论最富革命的彻底性,但在理论体系上依然没有超过资产阶级的范围。

七、法律

1.法律的概念

卢梭首先批判了两种法律概念:一是批判孟德斯鸠的"法是由事物本性所产生的必然关系"的说法,认为它是"形而上学"的,是以偏概全的方法。理由是,这种法概念是把自然法和国家的法混为一谈。意思是,作为"由事物本性产生的必然关系"的法,仅仅是自然法。这种自然法同人定法(即国家的法)之间,永远不可能完全一致。二是批判霍布斯的"法是统治者(主权者)的命令"的说法,因为它根本没有揭示出法的根本东西即公意。卢梭关于法律概念的提法是:"全体人民对全体人民作出规定。"前一个"全体人民",是作为主权者而制定法律的全体人民;它表现了"意志的普遍性",也就是公意。后一个"全体人民",是作为法律的对象而服从法律的全体人民,是由单个的个人集合起来的全体人民("众意"意义上的全体人民);它表现了"对象的普遍性"。法律,正是把这两种意义上的全体人民统一起来,使二者之间"没有任何分裂"。这样一来,法律才是完全"公共"性质的法律,也就是卢梭理想的法律。

2.法律的分类

卢梭说,在一个国家的法律体系中,根据其调整的不同关系,而可以分为四种法。

第一,政治法。指的是规定主权者、政府(统治者)和公民相互间比例关系的法律,它是国家的根本法(相当于宪法性规范)。卢梭指出,既然人民全体是主权者,那么它有权改变这种比例关系。它既可以制定保障自己美好生活的政治法,也可以制定损害自己的政治法。

第二,民法。指的是规定公民之间关系及公民对整个共同体关系的法律。卢梭说,公民之间的比率应该尽可能地小(接近于"1"),以便使每个公民对其他公民都处于完全平等、独立的地位;而公民对整个共同体的比率则应该尽可能地大,以便使公民极端地依附于国家,因为唯有国家强有力才能保障公民的自由。

第三,刑法。指的是不服从法律和惩罚的关系。卢梭说:"刑法在根本上与其说是一种特别的法律,还不如说是对其他一切法律的制裁。"换言之,刑法就是保卫其他一切法律得到执行和遵守的法律。对罪犯的惩罚是一种行政行为,由主权者委托的司法部门来进行,而不能由主权者自己进行。但是,主权者拥有超法律和超法官的赦免或减刑之权。

第四,风尚、风俗尤其舆论。

卢梭认为,在四种法律中这是最重要的一种,这种法律铭刻在人们的心里,形成了国家的真正立法;它每天都在获得新的力量,当其他法律衰老或消灭时,它可以复活或代替那些法律,以保持民族的创造精神,并且在不知不觉之中,以习惯力量取代政治权威力量。显而易见,这第四种法律,是一种理性的法律或自然法。所以,它是卢梭理性自然法论的一个重要表现。

3. 立法

主权的主要任务是立法,所以立法权是国家的最高大权。任何法律都需要由全体人民来表示意见和表决。但是,卢梭认为:实际地说,立法者不可能是人民群众,也不可能是某些个人。理由是:人民群众虽然希望自己幸福,但却不是永远都能看清自己的幸福;相反,某些个人(主要指睿智者)虽然能看到人民群众幸福之所在,但却无立法权。因此,要制定十全十美的理想法,只有神灵才能做到。卢梭的上述说法无非要证明,立法者在所有一切方面都应是"非凡的人"。但是他又没有超乎常人的特殊权力(立法权只能属于人民),通过说理使人民群众认识自己的利益。总之,在一个民族"没有成熟"之前,是谈不到制定和奉行好的法律的。其次,要制定明智的法律,必须同国家的幅员相适应。疆域太大,难于管理,难以实施同一的法律。疆域太小,又很难在强大的邻国面前生存。所以,疆域应是不大不小,适其中。如此等等。

4. 法治主义

卢梭的理想的民主共和国,同时就是一个法治国。他说:"凡是实行法治的国家(无论它的行政形式如何),我就称之为共和国。"因为,只有在法治的国家里,占统治地位的才是公共利益,才能叫作公共事务。可见,卢梭对于法治的重视远远胜过对于政府形式(政体)问题的重视。其次,卢梭的法治主义包括立法权唯一地、永远地属于人民全体,即属于公意。除此而外,都绝对不能成为法律。尤其要反对个人的以言代法的现象,说"一个人,不论他是谁,擅自发号施令就绝不能成为法律"。最后,法治就是严格按照法律办事,遵守法律,在法律面前人人平等。卢梭说:"根本就不存在没有法律的自由,也不存在任何人是高于法律之上的。一个自由的人民,服从但不受奴役;有首领但没有主人;服从法律但仅仅是服从法律。共和国对于行政官所设下的全部障碍,都是为着保障法律的神圣堡垒的安全而建立的。他是执行者而不是仲裁者;他们应该保卫法律而不是侵犯法律。"又说:"公民要求的只是遵守法律。人民之中的每个人都很清楚,如果有了例外,那就会对他不利。因此,大家都怕有例外;而怕例外的人就会热爱法律。"卢梭对遵守法律和保障公民自由、平等的关系的论述是非常辩证的。

尤其对于人民自己的法律（社会主义法律）来说,这种观点是非常可取的。

八、卢梭政治法律思想的时代影响

卢梭的时代,是法国人民正在酝酿推翻反动的封建主义和专制君主制统治的历史大转折时代。于是,卢梭的思想成为法国资产阶级大革命的最有号召力的旗帜。卢梭的著作成了新时代的"神音书"。卢梭受到人民和革命家的景仰。不久以后的吉伦特党人和雅各宾党人,都根据卢梭著作来制定自己的纲领。尤其雅各宾党的领袖罗伯斯庇尔,在卢梭病危时专程拜访了他,称自己是卢梭忠实的学生。在西耶士和罗伯斯庇尔的著作中,以及包括1789年"诉愿书"、《人权宣言》,直到几个法国宪法在内的革命文献中,都充满卢梭的语言。18至19世纪的许多法国空想社会主义者也得到卢梭的很大启发,并从左的方面对卢梭思想加以发挥和解释,从而预告资本主义社会被社会主义所取代的前景。关于卢梭的巨大影响,不少国家的统治者为了欺骗舆论,在迫害和焚烧卢梭的著作之后,又不得不再对卢梭作出某种"善意"姿态。如,法国、德国当局表示要给卢梭以年金,波兰、科西嘉统治者说卢梭起草了法律,甚至极端反动的俄国沙皇也"赞扬"起卢梭来了。这当然是徒劳的。

卢梭的政治法律思想在近代政治法律思想史上占有光辉的一页。就是革命的无产阶级,也不会忘掉他的伟大贡献。但是,如同我们已经指出的,同马克思主义的科学社会主义理论相比,卢梭主义毕竟是属于旧的时代的理论,毕竟是资产阶级的革命理论,它对于社会主义革命是陈旧的、过时的、不适用的东西了。

今天,我们一方面反对借用马克思主义来苛求卢梭的非历史的做法,另方面也反对无批判地搬用卢梭理论的倒退的做法。正确的态度永远应该是批判地继承。

狄德罗

德尼·狄德罗(1713—1787),杰出的唯物主义者,"百科全书派"的思想领袖,以30年的时间致力于《百科全书》的编纂工作。他撰写的影响较大的著作有《拉摩的侄儿》(1762)、《与达朗贝尔的谈话》(1769)。狄德罗公开宣布自己憎恶专制制度。在俄国叶卡捷琳娜二世邀请他前去访问期间,他当着一位女皇面指出她是专制君主,并建议她效法英国君主立宪制。他提倡人民主权,由人民选择政体。在狄德罗想象的人类自然状态中,人处于各自孤立的生活,不断相互摩擦。所以,聪明的立法家想到要把人们联结起来,构成社会。他对传统的国家契约论持有暧昧的、自相矛盾的态度。狄德罗赞成自然法,认为"自然法就是我们的行为必须以之为规范的那种永恒不变的秩序。它的基础是善与恶之间的本质区别"。他十分重视法律,主张法律面前人人平等,保障公民的自由不受君主的侵犯,保障财产权。他对民法、刑法和国家法,都提出自己独立的进步见解。

爱尔维修

克劳德·爱尔维修(1715—1771),法国"百科全书派"的中坚人物,主要著作有《精神论》(1758)、《论人》(1773)。爱尔维修综合英法近代思想家的观点,认为人生而平等(尤其智力平等),人人懂得"利己"和"趋乐避苦"。所以,立法的基础和政治基础就是"功利"。显然,这是边沁功利主义的直接渊源。政体有好坏之分。好的政体在于,能寻找与运用自然控制人间之法则,能使社会获得最大的福祉。国家权力不能掌握在专制者手中,而应掌握在众人手中。爱尔维修不同意先前一些自然法的观点,但又认为人的理性能够不断地趋近自然法。特别值得注意的是,他对立法家的推崇。他不认为政府是人民品性之结晶,而认为政府的法制产生人民的品性。法律能强制地将人的行为纳入规范之内;而教育则以风习、信仰等弥补法律的不足。

霍尔巴赫

保尔·霍尔巴赫(1723—1789),法国"百科全书派"的中坚人物。著有《自然政治学》(1773)、《社会体系》(1773)、《普通伦理学》(1776)等。霍尔巴赫公然宣布自己属于"无神论者",对教会的攻击不亚于卢梭式的激烈。他提倡纳人类于"自然、经验和道德领域之中"的自然主义。国家的法律制度为自然的一部分,有其自身的规律。他认为国家一开始就是人民订立盟约的产物。政体有君主制与专制制两种。君主政体是基于人民之同意,其权力有根据和有限制,实际上讲的是英国的政体。尽管霍尔巴赫不同意某些自然法论者的观点,但不否认自然法本身。体现自然权利的自然法是最根本的法律,保障着人民的自由与安全。而现行法律则违背自然法,要进行绝对的根本的改造。霍尔巴赫强调"人本自由",因而他主张人的快乐主义,但同时又强调道德的重要性。

贝卡利亚

马吉斯·切查利·本湟萨那·贝卡利亚(1738—1794)是 18 世纪意大利的资产阶级革命启蒙思想家,刑法古典学派的最早代表者。他出身米兰一个没落的贵族家庭,本人曾承袭侯爵之位。

贝卡利亚本人声称,他自幼就深受法国启蒙思想家孟德斯鸠和卢梭的影响,深受"百科全书派"狄德罗、孔狄雅克、爱尔维修等人的影响。因而,他的思想比较激进。1763 年,贝卡利亚主办过《北意大利百科全书派》(IICaff)杂志,宣传进步思潮。

贝卡利亚的一个突出特点是,他一直注重于刑法问题的研究。当时的欧洲刑法制度是极黑暗的,刑法和刑事诉讼中根本没有人权保障。法律的严酷,审讯的苛刻,刑具的惨毒,刑罚的残暴,拘禁的痛苦,诉讼关系人的阶级不平等,司法人员的贪赃枉法,奖赏揭发密告制度的黑暗,都是令人发指的。号称自由的英国,死刑罪就不下160种,偷砍果园的树木或扒窃腰包也要判处死刑,虽是小孩也不能幸免。其余国家更可想见。此外,贝卡利亚又通过其朋友、米兰的监狱官威里(Verri),对于囚犯备受折磨的情况有更详细的了解。于是,贝卡利亚便决定抨击黑暗的刑法制度,提倡人道主义的改革。为此1764年(27岁)时便写出《犯罪和刑罚》一书。著作很讲究斗争策略,语言不很激烈;但所提出的建议,显然都是同现行制度针锋相对的。所以,作者未署真名。这本书一经问世,立即就轰动了整个欧洲。它作为一本刑法的小册子,是史无前例的。

由于《犯罪和刑罚》一书的重大影响,米兰政府便开始拉拢贝卡利亚,任命他担任政府的经济顾问,并允许他同时在大学里讲授经济理论。1769—1770年,贝卡利亚把他的经济学讲稿整理成册,以《财政新论》书名出版。他的经济观点开始时倾向重商学派,而后来则转向重农学派。

在贝卡利亚晚年,即1791年,受米兰政府之命,参加了民法、刑法、诉讼法改革委员会并担任委员。

总体地看,在贝卡利亚的政治法律思想体系中,充满了法国先驱者的人性论、功利论、契约论、三权分立论等,其独创性是不多的。不过贝卡利亚能够把这些理论融会贯通起来,作为自己刑法理论的基础。这样,他就创立了刑法古典学派的完整学说,这份功劳则是很大的。

贝卡利亚认为自爱和自利是人的本性。也是人类一切行为的动机。不论在自然状态里,或是在政治社会里,人人都受自爱、自利的力量所支配。他在小册子中说:"趋乐和避苦是一切富有感觉动物的唯一推动力。"即使是宗教,它也崇善罚恶,即最终也是叫人避苦趋乐,所以,彻底的"无私"与"为人",在世界上是根本不存在的。

但是,贝卡利亚又进一步说:虽然自利是必需的,不可避免的,不过不等于说它是漫无限制的。倘若对自利不加限制,就会是:我为了得到利益而损害别人的利益,别人也为了自己利益而损害我的利益——其结果是谁也得不到利益。贝卡利亚尤其对现存的封建社会表示不满。他在书中开宗明义地说:"社会的利益理应平等地分配给社会的一切成员。但是实际上人类社会的倾向经常是把一切权力和幸福集中于特权的少数人身上,把一切危弱和悲惨集中到其余大多数人身上。"为了解决这种不合理的现象,贝卡利亚把希望寄托于所谓"良好的法律"之上。他相信,通过这种"良好的法律",就能实现"最大多数人的最大幸福"(这是爱尔维修的话)。

这就是贝卡利亚的功利主义。

这里特别需要指出的是,贝卡利亚关于国家起源理论,以及由此引申出的刑罚权的起源和基础的理论。贝卡利亚说,在自然状态下,"人们被无休无止的战争,被无法确保而且又无意义的自由搞得疲惫不堪,于是他们就想到需要转让出自己的一部分自由,以便确保剩下的自由。这种每个人提供一份的自由的总和,就构成一个国家的主权。"接而又说:"这种自由的一小部分份额的总和(注:即主权),就是刑罚权的基础。行使超出这一基础的刑罚权,都是滥用,都是不正当的。"正是从这一原理出发,贝卡利亚得出他的一系列关于犯罪与刑罚的观点。

贝卡利亚也采取三权分立学说。他指出:以刑法而言,犯罪和刑罚的条文规则,由立法者订立。审判案件、适用法律,由独立的法官执行,法官不得违背或者增损条文中的规定。判决的执行,是行政机关的事情。这三部分权能是不允许混淆的。

贝卡利亚的犯罪与刑罚理论,大体上可以归纳为四个方面。

一、刑法的基本原则

1. 法无明文不为罪原则

什么是犯罪、什么是对犯罪所应当科处的刑罚,必须预先以法律加以规定。没有法律规定或者超越法律规定的范围,都是既不可以认定犯罪,也不可以科处刑罚的。

2. 人人平等的原则

对于法律规定的犯罪实施刑罚时,该犯罪的任何人必须平等地、不能逃避地接受。不允许因为身份的不同而判处不同刑罚,不允许因司法权以外的权力而妨害司法权正确地进行科刑。

3. 立法权和司法权相互区分的原则

主权者有以法律来规定犯罪和刑罚的权限;但判断某个具体人的行为是否相当某一条法律规定的权限,只是法官才拥有。法官适用法律的权限,不是解释法律的权限。他仅仅是能够以法律为大前提,以被告人的特定行为为小前提,最后得出被告人有罪或无罪的结论,并宣判相应的刑罚。

4. 法律规范的明确性原则

法律必须是明确的,反对不明确性。这里所谓的"不明确性",意味着有两个方面的情况:一是法律的词语暧昧不清;二是法律条文很难理解,即用法律来遮瞒人民的眼睛。贝卡利亚尤其强烈反对后一种意义上的不明确。他主张作为当时封建特权阶级独占物而把市民置于无法知道的情况之下的法律,必须拿出来拿到市民手中。

二、诉讼要公平

(1)反对密告制度。被告、原告要相互见面,在审讯中要对质,以免陷害无辜者。

(2)实行公开审判,以免司法机关暗中捣鬼。

(3)逮捕、拘留,除了事先是合乎法律所明确规定的那些嫌疑案件之外,不得进行。

(4)未决拘留中的被告人,不是作为犯罪人处理的(有无罪推定的含义),并且未决拘留期间即审问期间,必须尽可能地缩短。因为对于真正的犯罪者,处罚的迅速性是符合刑罚目的的;对于无辜者,理应把判决前就被事实上科处刑罚的这种不正当性加以减少。

(5)证据。认定犯罪必须有充分的证据。被告人的供词不可以作为证据。因为把供词当作证据,强迫、拷问就成了必要的审问程序,就会发生把无辜者认定为有罪的错误判决。再说,供词、证人的证言等供述证据是不确切的东西,凭信力很软弱的东西。因为,证人出于利害关系,被告人出于强制和拷问都会作出伪供述,以此为根据来再现供述者的回忆是靠不住的。鉴于以上理由,传令被告人、证人宣誓的制度,是把他们迫于要么欺骗良心、要么使自己获罪二者择一的境地的、有害的东西。

三、刑罚要合理、轻缓

(1)刑罚的不合理和残酷,就是暴政。

(2)被当作犯罪而需科处刑罚的行为,规定得越少越好。对于无所谓的行为施加不必要的刑罚,从而扩大犯罪的范围,那只能在社会上增加犯罪的数量,毒化社会,把社会搞坏。

(3)犯罪和刑罚之间必须要均衡。例如,假若对杀死一只野鸡的人、杀死一个人的人,伪造证券的人都同样地适用死刑,就是认为这些犯罪之间没有什么区别,于是正义就被丢弃了。同样,有关相同的犯罪,未遂和既遂必须有刑罚上的差别。在共犯者之间行为有轻重区分的场合,也应当如此。

(4)刑罚以儆戒为目的。所以,加于犯人身体上的痛苦必须尽可能的少而且缓和。残酷的刑罚以及污辱的刑罚,在任何场合都是不必要的、有害的,都是反社会契约的。

(5)死刑有害无益,应当废止。这一点在当时就引起巨大震动,遭到许多人的反对。

四、预防犯罪胜于处治犯罪

贝卡利亚说:"与其处罚犯罪,莫如预防犯罪。因为预防犯罪是优良法制的目的。假若用数学的方法计算这个世间的幸福和不幸的话,那去给予人们的最大限度的幸福、最小限度的痛苦,就是法律的艺术。"

从眼前情况看来,预防犯罪的正确方法之一是增大处罚犯罪所起到的儆戒作用,以便使社会变好,公布正当的法制。

从根本上说,对国民广泛地进行科学和知识的教育是至为重要的。贝卡利亚说:"当一国之中,知识能排山倒海地扩展之时,无知和中伤社会消除灭迹,不正当的权力就会动摇,唯有法律是具有一切力量的东西永恒存在。并且,知识的光芒照耀下的人们,都将热爱那个明白地承认其利益的社会契约,承认作为公共安全基础的社会契约。因为,人们能够把他自己舍弃的无用的一小部分自由,同其余一切人为了他的利益而转让出的自由的总和进行比较,并且,这种其余一切人的自由的总和,假如没这个法律(即契约——注),也许就会成为与他敌对而武装起来、一致加诸他的阴谋的东西。"贝卡利亚这一观点就是,思想文化的发展程度同犯罪率成反比。

最后,贝卡利亚认为:预防犯罪"这个问题是同一个国家政府的性质密切相关的。在这个意义上,在遥远的将来、一直到法律的目的除了公共幸福以外没有任何别的东西的时代来到之前,大约都可以说,世界只是极少数学者们所耕耘的荒凉的不毛之地"。即只有好的政府和好的法制才能普及文明。

以上所述,是贝卡利亚关于犯罪和刑罚理论的基本命题。这些观点在后来,经过刑事古典学派的另一巨匠,德国的安塞尔姆·费尔巴哈的努力,把它概括为"罪刑法定主义",并加以公式化,而一直风行至今。

资本主义的商品货币关系要求所谓"法律面前人人平等",要求所谓"法律的统治"。这种经济关系在思想理论上的表现就是所谓"法律的世界观"。恩格斯说:"法律的世界观是典型的资产阶级世界观。"贝卡利亚本人恰恰就是非常明确地把自己的理论叫作"法律的世界观"。在他那里,这种法律世界观是作为新兴资产阶级(市民阶级)反对、批判封建僧侣贵族阶级的特权的锐利武器。贝卡利亚刑法理论之所以能够迅速地风靡于全欧洲,正是以此为背景的。由此可见,贝卡利亚理论具有深刻的、历史的和革命的意义。

潘　恩

托马斯·潘恩(1737—1809)和杰弗逊同属美国独立战争时期的革命激进派,政治法律思想体系也大体相当。但相比之下,潘恩的政治法律思想,基本上渊源于卢梭,故有"美国的卢梭"之称。

一、自然权利

潘恩的自然权利论,是和他的民主主义思想联系在一起的。他高举资产阶级"人权"的旗帜,呼吁言论、出版、信仰等自由,呼吁人们政治平等(即人民的普选权和参政权),呼吁人人都有追求物质福利的权利。潘恩把这种人权称为"自然权利",也就是说是人们与生俱来、不可转让、不可剥夺的。人们在社会和国家中所应该具有的各种民主自由权利,都是以自然权利为根据的。潘恩在《政府基本原理》中说:"在自然境域中,人们的权利彼此平等。"《人权论》一书中也说:"所有的人本来都是一样的,因而他们全都是生而平等的,并享有同样的自然权利。""自然权利虽不能由单独的个人来实现,但权利来自统一的自然权利,利用这种权力来侵犯个人所有的自然权利是不容许的。"以自然权利为根据,潘恩抨击奴隶制。他谴责英国国王纵容贩卖非洲黑人为奴隶是违反自然、正义、人道和良心的罪恶行径。他说,黑人也是人,享有人的自然权利和不容损害的自由。他主张对那些贩卖奴隶的人应该当作损害人的尊严的罪犯加以惩罚。更为可贵的是,潘恩能把人权问题同经济制度联系起来进行考察和论述。他指出,社会的不平等是由私有财产造成的,具体说是借助私有财产对别人实行剥削造成的。他不主张取消私有制,但主张由社会的大多数人享受社会财富,倡导小私有制,限制分配上过分不均。国家如果能这样办,便可造成人间"乐园"。这些观点显然是承袭卢梭的,是不切实际的小资产阶级平均主义的幻想。

二、社会和国家(政府)

潘恩把社会和国家作了严格的区分,但把国家和政府看作一个东西。

潘恩认为只有根据人民订立契约而产生的政府才是合法、正当的,才对人民有益。他在《人权论》中写道:"政府是怎样产生的? 欺骗、暴力、迷信、压迫都是历史上政府的起源。但是,唯一合乎法理手续的在于人人订立契约。"人们之所以要订立契约是为了满足维护自己自然权利的欲望而不得不彼此进行合作。按照潘恩的观点,一是先有社会而后才有政府或国家;二是合法的政府(即国家)只能根据人人之间订立的契约,而不可能是政府和人民之间订立的契约,因为这意味着没有人民的契约之前就已经有政府(国家)了。这种观点同许多启蒙思想家是不尽相同的。再者,在潘恩看来,社会和政府的区别不仅在时间前后上,更有性质的不同。《常识》一书中说:"社会是因为我们的需要而建立起来的,政府却是因为我们的缺陷而建立的。"为什么说政府因"缺陷"而建立呢? 潘恩的意思是政府的需要,是鉴于社会上已开始出现私有制,出现事实上的不平等以及忘掉"情谊"的自私现象,人们为避免这些祸害的恶性发展才想到或者才被迫订立契约。为此,潘恩又说,社会是"积极地促进我们幸福",而政府即合法的政府顶多是"消极地促进我们的幸福";如果是非法的政府,那就完全是坏东西。潘恩关于社会与政府之间的区别的论述,从抽象的思维方面说比其他的契约论更能激励人们反抗暴政,但它毕竟是没有事实根据的。

三、政体

潘恩是坚决而激烈的君主制的批判者和民主共和国的捍卫者。

潘恩在《常识》一书中对君主制(包括英国的君主立宪制)进行极其尖酸刻薄的批判。他说,君主制的荒谬,根本上在于它授权"无从获得广博见闻"的人去处理"需要十分明智"的人才能处理的事务。接着,潘恩又对君主的世袭进行批判。他说,君主制意味着君主本身的"堕落"和对我们的侮辱和欺骗;而君主的世袭则意味着对我们子孙后代的侮辱与欺骗,以至于使他们受到孺子或老态龙钟者的统治,或者说"恶棍"和"傻瓜"的统治。潘恩认为,最合理的政府只能是民主共和国。他解释说,所谓"共和"就是"公共事务"和"公共福利"的意思。《人权论》一书中说:"凡不以公共事务为其全部和唯一目的的政府,都不是一个好政府。"所以《常识》一书所得出的结论是,美国必须坚决"推翻国王这一称号,把它分散给享受这一称号的人民"。也就是说,创造一个建立在普选权基础之上的代议制民主共和国。他特别强调要把"代议制与民主制结合起来",说只有这样才是理想的政体。潘恩的政体论虽然讲得颇能震动人心,但是它对君主制的批判缺乏历史的分析,多少有些简单化,对共和政体问题则缺乏阶级的缺点。

四、战争和革命

潘恩认为,战争有非正义和正义的两种。《人权论》一书中说,"总是想发动战争、侵占他国领土、谋取利润和战利品的政府政策",所导致的就是非正义战争。英国对美国人民所进行的战争就是这样的战争。相反,当"遭到敌人的攻击和侵略,国家存亡的紧急关头……人民……起来保卫和拯救自己"的战争,就是正义的战争。美国人民反对英国的战争正是这样的战争。潘恩说,人民是希望和平的,但是在迫不得已情况下,就应坚决拿起武器进行战争。他认为,反抗英国侵略,只能以武力作为解决问题的"最后手段",每个人都要站到反对外国暴君的前面来。潘恩坚决进行独立战争的号召,有力地鼓舞了革命人民及其领袖人物的斗志,华盛顿本人承认《常识》这本书引起人们心里的"巨大变化",同时,又挫败了大资产阶级和种植园主温和派的妥协性。从而为革命战争的胜利,制造了强大的舆论。

杰弗逊

托马斯·杰弗逊(1743—1826)是美国独立战争时期的政治家、思想家,是同"联邦党"相对立的"共和党"(后改为民主共和党,今民主党前身)的首领。杰弗逊属于革命激进派,后来一直连任美国第四、第五两届总统。杰弗逊的政治法律思想受英国洛克和法国启蒙思想家的影响很大。他的政治法律思想突出表现在1774年美国《独立宣言》中,这个宣言是他起草的,马克思称它为"第一个人权宣言"。

一、人民主权

在《关于对法律条约的意见》一文中明确指出,人民是构成一切社会和国家权力的源泉,并且是当然的主人。在《英属美洲的权利概述》中,进一步指出:即令是英国国王也"不过是人民的首席官员,他由法律所任命,并赋予一定权力,以协助推动那一架为人民的利益而建立的、因而必服从人民的监督的庞大政治机器。……国王是人民的仆人而不是人民的主宰"。连一个国王都如此,对于一个共和国官员更是不言而喻了。杰弗逊坚持认为,任何情况下,全体人民都应无例外地有权参加和监督国家政权。

二、天赋人权

《独立宣言》的头一段话就是:"我们认为这些真理是不言而喻的:人人生而平等,他们都从他们的'造物主'那边被赋予了某些不可转让的权利,其中包括生命权、自由权和追求幸福的权利。"这个思想渊源于洛克的"生命、自由、财产"是人的天赋权利,但把"财产"改为"追求幸福"则显示了更激进的意义。杰弗逊的一系列的革命性的实践活动,正是从这个"天赋人权"思想出发的。

杰弗逊尖锐批判美国1787年宪法忽视人权保障的反民主性。他指出,这部宪法没有列入有关人民的民主自由条款是违反自然法和理性要求的。他坚决主张要把言论自由、出版自由、宗教信仰自由等内容写进宪法。但这个意见直到1789年,即在法国革命冲击之下,才作为对宪法的十条修正案即《权利法案》,而成为宪法原则。杰弗逊反对野蛮的奴隶制。他在《独立宣言》原稿中,有一段谴责英国国王乔治三世的话,说:"他向人性本身发动了残酷的战争。由于侵犯了一个从来就没有冒犯过英王的远方民族的最神圣的生存权和自由权,由于诱骗他们并把他们运到另一个半球去充当奴隶……"这个正义要求,由于大种植园奴隶主阶级的反对而被删除了。因为同样原因,1787年宪法也拒绝了杰弗逊的要求,反而列入袒护奴隶制的条款,例如宪法第一条就规定奴隶不计入选举众议院选民人数之内,只计入纳税人数之内。杰弗逊在担任总统期间,断然废除了前任总统颁布的一系列侵犯人权的法令。

三、契约论和政体

杰弗逊认为契约是建立国家的根据。《独立宣言》在讲了天赋人权之后,紧接着写道:"为了保障这些权利,所以才在人们中间成立政府。而政府的正当权利,则系得自被统治者的同意。"他认为美利坚合众国就是这样建立起来的。按照契约论观点,杰弗逊认为民主共和国最符合人民的"安全和幸福"的愿望。为此,他反对君主立宪制。他不赞成孟德斯鸠所说的地域广阔国家不适于建立民主共和国的观点。相反,他认为疆域越大,越能给发展民主共和制提供广阔的条件,越需要群策群力,这样才能管理好。

在国家结构形式方面,杰弗逊同联邦党人一致赞成把美国建成一个联邦国家;但是不赞成联邦党人那种由联邦过分集中权力的主张。杰弗逊认为,保障各州在管理内部事务方面的主权性,有利于维护人民的民主自由权利。这个观点得到当时客观现实的支持,例如许多州宪法都有民权条款,而联邦宪法却没有。杰弗逊关于中央集权和地方分权(地方自治)相互关系的原理是具有普遍意义的。马克思主义经典作家对于社会主义国家也有类似的教导。

既然国家根据契约建立,人民是主权者和主人,那么当统治者背叛、侵犯人民利益和权利时,人民就自然地拥有反抗权。杰弗逊在《独立宣言》里写道:"当一个政府恶贯满盈、倒行逆施、一贯奉行着那一个目标,显然是企图把人民镇压在绝对专制主义的淫威之下时,人民就有这种权利,人民就有这种义务,来推翻那样的政府,而为他们未来的安全设立新的保障。"又说:"如果遇有任何一种形式的政府变成是损害[人民的]这些目的的,那么,人民就有权改变它或废除它,以建立新的政府。"杰弗逊从这里便直接引出人民革命的重要结论。1786年,独立战争的老战士谢司在马萨诸塞州发动起义。联邦党人和华盛顿都采取镇压的态度。而杰弗逊则不同。他认为这是人民的权力,说美国经过十多年发生这么一场"革命"并不足为奇。

四、法治主义

杰弗逊认为,一个民主共和国,应当是以法律为旗帜,使所有的人都"集合在法律的旗帜之下"。这是因为,只有法治才可以防止和限制统治者的专横和野心。杰弗逊还认为,"法律和制度必须和人类思想的进步齐头并进。"就是说,法律和文明是分不开的。法律是人类文明的体现,一个文明的国家,其法制应当是发达的。正因为如此,杰弗逊又说,每一代人(20年左右),都应当按照发展变化了的客观情况修订一次宪法,使宪法能经常跟上人类文明前进的步伐。这里面包含对法制与文明相互关系问题的正确观点。杰弗逊本人,不论是他当弗吉尼亚州长期间,还是任美国总统期间,都为破除反民主的法律,建立民主的法律作了巨大的努力,也就是为法治而努力。

革命导师,包括毛泽东同志在内,对于杰弗逊的政治法律思想的进步性,都是给予充分的肯定的。

汉密尔顿

汉密尔顿(1757—1804)是美国独立战争时期的领导人物之一。他是当时联邦党的领袖。这个党即现今美国共和党的前身。在西方,汉密尔顿素来有所谓"美国宪法之父"的称号。这因为汉密尔顿是美国最早的制宪会议的骨干,是1787年美国宪法的主要起草人;而且是这个宪法的最主要的论述者。1787年宪法草案拟定后,他同杰伊、麦迪逊合作,先后发表了85篇论文,其中半数以上是由他所著或者由他参加下所著。后来,又由他编辑成《联邦党人文集》一书。这部巨著可以看成是关于1787年宪法草案的详细报告。汉密尔顿的政治法律思想也主要体现在本书中。1787年宪法的历史地位如何,这是评价汉密尔顿政治法律思想的基本依据,二者应当说是一致的。汉密尔顿政治法律思想的主要渊源是孟德斯鸠主义。其中最明显地表现在政体理论方面,包括国家结构形式方面的联邦主义,特别是国家管理形式方面的三权分立和制衡说。这不仅因为孟德斯鸠所面临的法国革命和汉密尔顿所参与的美国革命的根本性质是一样的,而且他们二人所代表的阶级即上层资产阶级也一样。如果说1787年美国宪法是实践中的孟德斯鸠主义的代表作的话,那么汉密尔顿就是孟德斯鸠主义的突出的实践家。

一、反民主的保守主义倾向

汉密尔顿是美国资产阶级革命中的右翼首领,代表大资产阶级和种植园奴隶主阶级的利益。这就不可避免地表现出极大的两面性和动摇性(妥协性)。从主张同英国殖民主义作斗争这一点上看,他具有一定程度上的革命性和进步性;但在革命取得基本胜利伊始,就主张同英国妥协,反对人民和民主权利,这一点,更暴露出他的保守和倒退的倾向。汉密尔顿公开鼓吹人和人之间的不平等。他说:"所有的集合体都分成少数和多数两部分,前者是富有和出身显贵的,后者就是人民大众。"他甚至明确地提出,这就是在财产不平等基础上造成的对立的"阶级"。汉密尔顿认为这种阶级不平等是普遍的、永恒的、合理的现象。他认为国家政权只能由富人阶级掌握并为这个阶级的利益服务。至于穷人阶级,那是不懂全局的愚妄者,变化多端和反复无常者。所以需要由富人阶级掌握的政府来替他们规定"权利",并防止他们的动摇性,镇压他们的反抗。汉密尔顿亲自指挥镇压谢司起义就是明证。汉密尔顿的反民主倾向,还明显表现在坚决反对把"民权法案"列入美国宪法中。他在第八十四篇论文里作了很多诡辩。诡辩之一,说什么,人权法案就其来源而论,乃君主与臣属间的规定,只解决臣民交出多少权利和保留多少权利的问题。而美国不是君主国,"人民不交出任何权利;既然保留全部权利,自然无需宣布保留任何个别权利。"诡辩之二,进而又说,把人权法案列入宪法,不仅无必要,而且是有害的。因为,这反而会使政府"要求多于已授权力的借口"。例如,既然未授权政府限制出版自由,何必再宣布一下"不得限制出版自由"等呢？这岂不意味着让政府有了讨价还价的机会了吗？诡辩之三，他说，整个美国宪法都可以说是一个权利法案。汉密尔顿这些辩解，目的是反对和遏制民主的。

二、联邦主义

孟德斯鸠认为小国寡民的地方最宜于实行民主制，但是为弥补邻近大国入侵的弱点，它们又要相互结成联邦。汉密尔顿紧紧地抓住和利用了这一理论，但作了许多并非孟德斯鸠原意的发挥。汉密尔顿在同主张小国寡民的联邦主义者论战过程中，主要强调两个论点。第一，联邦主义者说共和国不适合于大国。汉密尔顿说他们是把共和政体和民主政体混为一谈了。他讲："民主政体"和"共和政体"是不同的。"在民主政体下，人民会合在一起，亲自管理政府；在共和政体下，他们通过代理人组织和管理政府。所以，民主政体将限于一个小小的地区，共和政体能扩展到一个大的地区。"这一辩解表明，汉密尔顿是自觉地把美国的所谓共和政体同民主制对立起来。第二，联邦主义者说每个州都应当是一个国家。汉密尔顿则说，在地理上，十三个州联到一起是个南北狭长地带，每个州都差不多同西部非美国领土有边界，并且每个州都比孟德斯鸠想象的小国大得多，所以不适于建立一批各自独立的、人民普遍参加管理的小国，而只能是一个统一的联邦。实际上，这是对孟德斯鸠的"修正"。因为，孟德斯鸠并未排除像美国每个州那样的规模，就不能实行民主制；另外，孟德斯鸠所讲的联邦，实际上是古希腊式的邦联，而不是美国宪法中的联邦。

那么，美国实行联邦制的好处是什么呢？对于这个问题，汉密尔顿花费的气力最大，大约占去《联邦党人文集》的一半篇幅。其理由概括起来，大致有以下几点：第一，只有联邦才能保证美国的和平和安全。他说："在一个有效的全国政府领导下，一个和谐的联邦能为他们提供可以想象的对付外来的战争的最好保证。"第二，只有联邦才可防止各州制造事端。他说，如果美国分成三四个邦联甚至十三个独立国家，就不会长期保持相互间的均衡地位。每个国家都会为自己的利益而同他国抵触、摩擦，制造事端，甚至各自寻找一个欧洲强国作后台，你亲英，我亲法，他亲西班牙，显得非常"卑贱"。他说："美国如果完全不联合，或者仅用简单的攻守同盟软弱无力地联合在一起，那么就会由于这种不协调的同盟的活动，逐渐被卷入欧洲的政治和战争的一切有害的纠纷中去，而且由于它所分成的各部分之间的破坏性争斗，它可能变成各部分敌对国家的阴谋诡计的牺牲品。分而治之必然是怀恨或害怕我们每个国家的箴言。"第三，只有联邦才能造成一个健康的、强有力的政治局面。他说："一个政府能够集中和利用在联邦任何地方发现的优秀人的才能和经验，它能按照全国一致的政策原则办事。它能使各部分和各部门互相协调，对他们进行保护，并使它们都能深谋远虑和谨慎从事的好处。""它能把全国的资源和力量用于任何部分"，以及能统一进行军事、军队建设等。第四，只有联邦才能减少军队数目，避免军事专制主义。汉密尔顿认为，联邦国家既然可以减少甚至很少有内部侵略摩擦并且提高军事素质，那就比各小国设置军队数量的总和要少得不可比拟。这样一来，"人民没有遭受军事性专政的危险。法律也没有为顾全军事需要即习惯于松弛状况。政治国家依然生气勃勃……军队规模之小，使社会的自然力量能胜过它。"第五，只有联邦才能有力地防止国内"党争"，镇压"叛乱"。汉密尔顿说："我理解，党争就是一些公民，不论是全体公民中的多数或少数，团结在一起，被某种共同情感或利益所驱使，反对其他公民的权利，或者反对社会的永久的和集体利益。"如同前面已说过的，汉密尔顿的"党争"，并不是真正指资产阶级政党的相互争斗，而是指穷人阶级反对富人阶级的联合和斗争。那么，联邦为什么更易于解决这个"党争"问题呢？一是大国容易避免民主制（直接民主制），而实行代表制，使"党派"分子直接参政机会少；二是大国可以使不同"党派"的力量互相冲销；三是在大国党派势力不易蔓延全国；最后，更重要的是大国力量大，易于"镇压内乱"。简言之，大国可以方便资产阶级对劳动人民的专政。第六，只有联邦才具有经济上的"优越性"。汉密尔顿所讲的优越性，首先是促进庄园奴隶主经济、工业、贸易、航海、渔业等资本主义经济的发展，即维护资产阶级统治的基础。另外也包括所谓"用一份公务员薪金代替多份薪金"，增加税收等，以维护资产阶级专政机器本身的经济条件。总之，汉密尔顿所讲的联邦的好处，就是可以最有力地发挥美利坚国家的各种职能。

三、三权分立和制衡论

《联邦党人文集》的另一个主题就是美国式的三权分立和制约平衡论。

汉密尔顿从孟德斯鸠关于没有分权就没有自由的理论出发，认定"立法、行政和司法权置于同一个机关手中，不论是一个人、少数人或许多人，不论是世袭的、自己任命的或选举的均可公正地断定是虐政"。他还认为，仅有分权而没有必要的相互制约和力量平衡，也不能避免虐政。

1. 分权

汉密尔顿所讲的分权就是立法、行政、司法三个部门权限的严格划分，并保证各部门独立地行使这种权力。

具体说，在美国，立法权属于国会，行政权属于总统，司法权属于法院。对于各部门的权限，汉密尔顿都作了精心的设计，并予以详尽地论证。这种权限的划分和行使，在1787年美国宪法中都有规定，这里不拟重复了。

跟着分权而来的问题是怎样保持这种权限划分，或者怎样使各部门具有确实的独立性。汉密尔顿认为，主要的方法有两个方面：第一，使一个部门不依赖另一个部门。从组成一个部门的人员上说，不由另一个部门来任命，而要尽可能做到直接来自"人民"。例如，国会议员和总统都分别由人民选举出来，最高法院的法官是总统与议会两部门结合起来任命，这种做法虽不是由人民选出来的，但也不是一个部门单独可以决定的。从各部门公职人员薪金上说，靠法律规定，而不依赖其他部门来供给。第二，给予各部门的主管人以抵抗其他部门干涉的法定手段和个人的主动性。这点被认为是各部门维护自己独立性的"最可靠办法"。汉密尔顿把一个部门的越权行为称作"攻击"，把一个部门抵抗这种越权的行为称作"防御"。他认为，在法律上，"防御规定必须与攻击的危险相称。"汉密尔顿又说,这样的法律是建立在人人都有野心的人性分析的基础之上的,所以是"野心必须用野心来对抗"的办法。他解释说,这种规定不是对政府或长官的污辱,而只是客观必然而已。"如果人都是天使,就不需要任何政府了。如果是天使统治人,就不需要对政府有任何外来的或内在的控制了。"

2. 制约

汉密尔顿所说的三个权力部门的独立性并不是绝对的,三者的分立指其主要方面而言的,而不是说每个局部都是孤立的,互不"混合"的。他说:"只要各个权力部门在主要方面保持分离,就不排除为了特定的目的予以局部的混合。此种局部混合,在某种情况下,不但并非不当,而且对各权力部门之间互相制约甚至还是必要的。"由此可见,局部混合是为了实现各权力部门的互相制约。那么,互相制约的目的何在呢?汉密尔顿认为,"直接目的是使各部门对其他部门都有法定的监督"。即,使各部门都能按照法律的规定办事。我们说,从法制的意义上理解三权的相互制约或牵制,这是抄袭孟德斯鸠的观点。在美国,三种权力是怎样互相制约或牵制?汉密尔顿是这样阐述的:第一,对立法权的制约。总统有法律提案权,特别是具有有条件的法律否决权;法院有法律的违宪审查权。第二,对行政权的制约。国会有对以总统为首的政府官员的质询权、弹劾权,有对政府签订的条约和一些重大决定的批准权。法官拥有对行政官员的某种审判权;在国会审判总统时,最高法院院长为当然首席。第三,对司法权的制约。总统和国会结合行使法官任命权。国会有司法性的叛国罪的宣告权、审判总统权。总统则有特赦权。如此等等。这种互相制约,也就是在法律上的互相监督。

3. 平衡

三个权力部门的互相平衡,意思是造成彼此在权力或力量比例上的均势。按汉密尔顿的说法,就是:"没有一个部门在实施各自的权力时应该直接间接地对其他部门具有压倒的影响",就是"防止把某些权力逐渐集中于同一个部门"。汉密尔顿在所谓"平衡"理论中,最重视的是对立法权或立法机关力量的削弱。他说:"立法部门的成员很多,他们分布和生活在一般人民中间。他们的血统关系、友谊关系和相互结识,在社会上最有势力的那部分人当中,占有很大比例。他们受公众信任的性质意味着他们在人民当中有个人影响……具有这些有利条件,几乎不能设想,敌对的一方(指行政或司法权)会有均等机会获得有利结局。"又说:"立法部门由于其他情况而在我们政府中获得优越地位,其法定权力比较广泛,同时又不是受到明确的限制,因此立法部门更容易用复杂而间接的措施掩盖它对同等部门的侵犯。"因此,就像在君主国中容易发生君主专制那样,在共和国中最容易发生立法权"专制"。为了削弱立法权,汉密尔顿认为,除了其权限范围的限制及受其他两部门的制约外,最重要的一招就是建立两院制,即设立参议院和众议院。并且,还要规定两院所产生的途径、议员条件、承担的职能等都不相同,尤其把参议院凌驾于直接民选的众议院之上。这样一来,就可以造成国会内部的强有力地自我制约,特别是对众议院权力的冲销。"平衡"的另一个方面,是增强行政权和司法权的力量。从行政权上看,汉密尔顿主张赋予总统以十分广泛的大权,几乎可以说是近于独裁的权力。这还不够,他坚持总统的连选连任,实际上是终身制。按照美国的传统,总统的任期不超过两届,这一习惯性法律规范,直到1951年才正式列入宪法之中。理由是,总统任期越长,越不会产生邪念,竭力满足私囊,临时应付,从而越能充分发挥"单一性的优越力",越足以维护行政权的效能和国家安全。其实,按照这套论证,美国总统比他原先设想的立宪君主制的君主的权力,要大得不可比拟。

从司法权上看,汉密尔顿认为,法院的重要性和它所经常处的地位是不相称的。他说,法院对保卫宪法和人权起着积极作用。但是,与立法、行政部门相反,"司法部门既无军权,又无财权,不能支配社会的力量与财富,不能采取任何主动的行动。故可正确断言:司法部门既无强制,又无意志,而只有判断;而且为实施其判断亦需借助于行政部门的力量。"所以,"司法机关为分立的三权中最弱一个,与其他二者不可比拟。"根据这个分析,自然是最需要增强司法部门的权力。如何增强?汉密尔顿绞尽脑汁,想了许多办法,如:法官终身制,法律的违宪审查权,广泛的审判权等。

综合上面所讲的汉密尔顿关于分权和制约平衡的理论,明显地反映出其反民主倾向。首先,国会制或立法权,尤其是下院的权力,是资产阶级民主的基本标志,一切激进的资产阶级革命家和思想家总是不遗全力地鼓吹国会(尤其下院)权力。相反,汉密尔顿则极力企图缩小国会(尤其下院)的意义和削减它的权力。其次,资产阶级统治的主要机器是行政和司法权力,所以资产阶级越趋于反动便越是强调强化这两种权力。汉密尔顿思想倾向也正是如此。

四、法律

这里仅指出两点。

1.国家的政策和法律必须稳定

汉密尔顿说:政策多变,在国内造成的后果,其灾难性很大,自由也要受到摧残。法律之多,连篇累牍,谁能卒读? 加以矛盾百出,读亦何益? 特别是朝令夕改,隔夜即不知何所适从;这样的法律,即使由民选代表所定,予民何益? 法律原是行为的准则,如果人皆不知,又复动辄改订,怎能遵之以为准则呢? 他认为,这种情况只对少数精明和富有的人有利,而对勤勤恳恳但不了解情况的人民是不利的。这个分析是有道理的。

2.法律必须附有制裁手段才是有效的法律

汉密尔顿说:"政府意味着有权制定法律。对法律观念来说,主要是必要附有制裁手段;换言之,不守法要处以刑罚或惩罚。"这里对于法律与国家关系的揭示,比那些法律万能或至上说要正确。反过来,汉密尔顿又说:"如果不守法而不受处罚,貌似法律的决议或命令事实上只不过是劝告或建议而已。"这又进一步把法律和道德、舆论、友谊等区别开来。这也是正确的。对于违法处罚或惩罚的方式,汉密尔顿认为有两种:一是由法院和司法人员处置,即行政上的强制,这只能应用于个人;二是由军事力量来处置,即武力上的强制,这是用来对付政治团体、社团或各州。行政强制通过司法程序进行;武力强制直接凭借武力行动,无法通过司法程序。第二种情况,其实主要是影射对大规模革命或反叛行为的镇压。汉密尔顿所说的这种惩罚方法的划分,也仅仅是方法问题而已。它丝毫不改变资产阶级专政暴力的实质。

孔多塞

孔多塞(1743—1794)自命是无党派人士,但从思想理论体系和政治态度上看,实是属于吉伦特派的代表者。孔多塞出身贵族,少时参与《百科全书》编辑工作,学问很渊博。他是法国革命的积极参加者。1791年当选立法大会议员,随后又参加国民代表会议。后来他与西耶士、潘恩同为宪法起草委员会委员,一道起草1793年宪法。雅各宾派掌权后,他持反对态度,因惧逮捕便匿居起来。继而又出走国外,不久故去。不论在什么环境中,都不曾停止研究和著述。

一、自然权利

孔多塞认为,人类的自然权利到处一样,不因民族、地理、气候而差别。他大力歌颂美国革命,就是由于它产生了一个"权利宣言"即《独立宣言》。孔多塞说,自然权利包括的主要是:第一,身体的安全与自由;第二,财产自由;第三,法律的确定与平等;第四,直接或间接的立法权;第五,言论自由。他提出,国民会议的主要任务是制定权利法案,确认并保障实现这些权利。他本人曾草拟了一篇"权利宣言"草案,并积极主张权利宣言要为全体国民所了解,知道这是自身所应有的权利。他主张一切人应在事实上平等,而不仅是权利上即法律上的平等,主张社会制度必须以增加穷苦人的身体、智慧、道德的进步为标准。他对《人权宣言》不满,认为它没有符合上述诸要求;他反对西耶士或1791年宪法关于积极公民和消极公民的划分。

二、人民主权

孔多塞认为,个人的自然权利和国家的绝对主权是一致的。主权捍卫自然权利,否则自然权利就不会存在。所以主权较之自然权力更为重要。他说,任何权力都来自由人民组成的社会,否则社会就可予以否认。主权永远存在于社会本身之中,社会是自己的统治者。社会自愿遵守的法律,就由它自己来制定;它也可以变更法律;它可以委托一个或数人担负执行法律的职务。他一再论证,不管一个国家采用何种政体,主权永远属于人民。凡人民(包括妇女)都有选举权,参政权;宪法是人民制定的,即由人民的总投票决定。

三、政体

孔多塞认为共和政体最好,能保障自由和自然权利,能防御外患。除奴隶外,没人赞成君主政体而反对共和政体。共和政体与君主政体的主要区别是:共和政体,行政权由国民议会选出的机关或民选的元首执行,元首是全国最高行政长官,其辅佐由元首任命,元首及其下属一律要服从法律,承担法律责任。君主政体,行政权全归一个(选举的或世袭的)所掌握,大臣均由一人委任,并不负法律责任。孔多塞起初赞成立宪君主政体,后来转而主张共和政体。他认为,不论中央、地方都要实行代议制;但统治要集中,所以赞成单一的共和国,反对联邦制。孔多塞反对三权分立论,认为立法权是最高的,其他机关不过执行法律而已。立法机关应归一院制,由全国选举。他说,两院制理论是不通的,实践中也难以贯彻,弊病多。他承认一院制也有缺乏经验和专门人才等缺点,所以主张建立英国式的上院;但它的任务仅限于:当立法院所订法律有欠当时,可用书面通知,修改公布。如立法院坚持,那要由它经三次通过才能成立。

四、宪法理论

孔多塞认为,法律是人民公意的表现,个人意志必须服从公意即服从法律。法律有各个部门。目的在于保障私人契约的执行的,是民法;保障安全、制止暴行的,是刑法;维持秩序的,是警察法。而宪法同所有一切法律相比,它是基本法律。宪法以理智和正义为根据,规定公民的各种权利,宣布各种人权,以及各项不可改变的原则;政府也是根据宪法建立的。制定宪法要有专门机关来做,这个机关即人民全体大会或人民代表大会。其他一切机关均无此权力。孔多塞认为,制定宪法是严肃的事情,也是简单的事情。说它简单,就是说只要根据主权、自由、权利等各项简单原则以及其他定论的原则,通过理智的推理和演绎,便可制定出宪法来。孔多塞认为,修改宪法与制定宪法一样,要由专门机关进行,不能让政府及政府各机关拥有这样的权力。否则是危险的,理论上也讲不通。为此,宪法中对宪法修改程序、办法和机关,要作出明确的规定。只有这样,才能保障宪法的安稳、固定、得到遵守,从而充分发挥其效能。归结起来,孔多塞的宪法理论有这样几个特点:第一,宪法是基本法;第二,宪法要成文;第三,宪法的制定、修改、废除必须由专门机关办理;第四,宪法的最后决定权属于主权者的人民。这种宪法理论,恰是革命的资产阶级的法治主义或宪政主义要求的反映。

五、社会历史理论

孔多塞的驰名著作《人类进化的历史观纲要》,是资产阶级社会学的先驱。它同孔多塞的政治法律思想有密切联系。它是孔多塞的最后的著作。

1. 人类社会不断地进步着

《人类进化的历史观纲要》在当时,是以新的社会历史观问世的。就是说,它与各家之说均有所不同。

孔多塞反对保修埃的神学论,即社会发展取决于神命的观点;反对雨果所说的人类无所谓进化,只是常常经历野蛮与文明的循环的观点;反对卢梭对于人类进化问题的观点。他的基本看法是:从人类产生开始,时时都在发展,不停地进步,并且是永无止境的。在这发展和前进过程中,呈现出一个又一个或大或小的阶段性。简言之,迄今为止,共经历了三大时代或九个时期。

2. 三大时代

第一个时代,语言形成时代。孔多塞说:"人类在没建立社会而处于孤立状态时,获得完全语言到什么程度,现在不得而知。不过,这时有一种明显的色彩,即有几种粗浅的美德观念,并开始有了社会的秩序,使人与动物已稍有区别;自此以后,渐渐形成一个有规则的社会。"第二个时代,形成文字时代。孔多塞说:"这个时代人类已知道应用技术,并且科学的光明也在这个时候开始了。由通商的结果而产生出国家,并且发明了文字。借助这些东西的帮助,我们才可以将各种不同的社会都能联合在一块。"只有到了这个时代,初期人类社会才可以说是完善了。第三个时代,社会的历史完全形成的时代。孔多塞说:"人类文化进步的行程现在已变成实在的历史了。再用不着哲学家的想象和任何假设来构成。把这个时代的事实积累起来,就足可以揭示由它所彼此关联而产生的真实。"

3. 九个时期

所谓九个时期,只是三个时代的具体化,二者是一致的。第一个时期,原始人的时期。人类处于没有社会的孤独状态,存在自然造成的小家庭。有几种粗浅的技术,如武器的制造,食物的贮藏,耕种的试验,语言的发展,道德情感的进步等。由于复仇感情,产生了战争,即初期政治的芽苞。第二个时期,畜牧期。以畜牧为主,开始了畜产品的加工技术和交易。因战争俘虏而产生奴隶制度。人类的习惯渐渐变得温和,最初的法律判断已有萌芽。第三个时期,农业期。以农为主,各家耕种小块土地,生活趋于安定。由于有人没有或有很少土地而沦为仆役或奴隶,形成地主和劳动者两个阶级。集中人们行动的城市的出现,产生了最初的政治首领;由于对首领破坏德性的不满,引起战争和革命。最后,因土地经济关系的发展,产生了农奴,这就是封建制度的起源。第四个时期,希腊时代,即人类的真正历史时期的开始。这时精神文明开始大发展,产生了科学、艺术、哲学。第五个时期,罗马时期。除了科学上的进一步分工外,罗马人有两点:一是法律,二是宗教。第六个时期,黑暗时期——中世纪。由于野蛮人的统治,文化全面毁灭,宗教势力剧增。第七个时期,文艺复兴时期。造成文艺复兴的原因是:教士的反动统治,学校中尚保留的自由习惯,普通人民思想的解放,十字军东征造成东西方文化交流。第八个时期,由印刷术的发明至笛卡儿哲学的出现。近代思想自由倾向出现。路德的宗教改革只是对思想自由贡献的一半,宗教反动力量仍很强大。自由精神正同传统偏见激战。第九个时期,人权运动时期。培根、伽利略、笛卡儿是此期的先进人物。法国革命是新时期的最强音。

4. 对人类社会前景的展望

孔多塞极力鼓吹美国和法国革命,在他看来,美、法革命不过是人类社会历史最高时期的开端,它将继续向前迈进,总趋势是一天天向着平等走去。

孔多塞预言人类社会的前景有三方面:第一,民族不平等的消除。就欧洲各国而言,停止军备,减少武力,各国制度就会逐渐接近,使美、法革命普遍被仿效。殖民地与宗主国的不平等要要通过废除被压迫民族的精神与肉体的奴隶状态、改革商业垄断政策、使殖民地自治等途径,获得实现。第二,阶级不平等的消除。其途径是指提倡平行财富,扫除保护富者、保障垄断、限制贸易自由的法律,提高工资,奖励信用,发展储蓄和保险事业,发展合作事业等,从而避免有产者和无产者的对立,实现社会平等。第三,完善人性。完善教育方法,完善科学发明,完善道德、哲学、社会科学,完善法律,消灭男女不平等,减少战争,建立世界语等。他强调法国革命的缺陷在于:过分重理智和逻辑,轻视了人们的心理、习惯以及民族的历史和经验。他还谈到法律,认为:不管一国宪法如何,在工商自由、直接土地税、简化民法、宽恕的刑法等方面,均应一样。又认为:既然道理、公正、人权、财产、自由、安全等到处相同,那么民事、刑事、商业等法律也应相同。最后,他坚信全世界都会走美国与法国的道路。

综上所述,孔多塞的社会历史观有许多正确的地方,但是还存在重大的问题。这些问题中最首要的是,他离开人类的物质资料的生产方式来研究社会历史发展。他对社会历史发展分期所采取的标准是极其不统一的,尤其不适当地强调理智的历史作用,从而陷于历史唯心主义。

西耶士

西耶士(1748—1836)本是天主教修道院长。1789 年选入三级会议。1790 年参加"1789 年社"。1792 年当选国民公会代表。"热月政变"后参加起草 1795 年宪法,加入督政府。拿破仑政变后任临时执政官、元老院议员;第一帝国的伯爵。波旁王朝复辟期间流亡比利时。西耶士是法国上层资产阶级和新贵族利益的代言人,斐扬派的著名理论家。当国王宣布召开三级会议后,他立即就发表《第三等级是什么?》小册子,猛烈抨击封建制度,强有力地表达了资产阶级的革命要求,影响极大。下面侧重评述该书的思想。

一、第三等级就是法国的全体国民

小册子指出,国民生计和繁荣的要素是个人的工作和公共的职务。个人的工作可分四类:第一,既然水陆把原料供应人类的需要,那么一切从事农村劳作的家庭就是第一类工作(农业劳动);第二,从原料出售到原料消费和使用,其中需要许多劳动,这是第二类工作(工业劳动);第三,从生产到消费要有中介人,即商人和经纪人,这是第三类工作(商业劳动);第四,从事科学工作和自由职业的人,这是第四类工作。所有这四类工作,都由第三等级担任。至于公职的职务,用宝剑、长袍、教会、行政四名称表示,他们分别是军人、法官、教士。承担这四类职务的人,二十分之十九是属于第三等级的。特权等级(上层僧侣等级和贵族等级)不愿担负这些"艰苦"工作;他们垄断一切有实利而又体面的位置。第三等级不管怎样服务和有什么才能,只是到此为止,不能再超过一步。封建专制制度把公共职务当作封建采邑而分封给世袭的特权阶级,结果一切职务的设立都不是根据被统治者的需要,只是根据统治者的利益。西耶士驳斥所谓特权阶级有利于公共职务安排的谬论。他说公务中的一切繁重工作都会由第三等级来完成;要是没有第三等级,一切高级职务会得到更恰当的安排。第三等级构成法国的一切。没有特权和等级,法国国民不会缺少什么,反而会多些什么。所以,第三等级是什么? 是一切。然而,它现在受束缚和压迫。如果没有特权阶级,第三等级会是更"自由而昌盛的一切"。这样看来,凡不属第三等级的人,理应不能算作国民。所谓国民,无非是一个生活在共同法律之下,而由同一个立法机关所代表的人群集团。而贵族阶级,他们享有特权、豁免权,同第三等级不平等,是"国家里面的国家",不能算作国民。

二、第三等级政治上无权

小册子指出,第三等级长期受限制和屈辱,以及政治上无权的情况。它断言,假如第三等级不能自由,而要想使国民自由,是根本不可能的。因为,"使人自由的,不是特权,而是一切人具有权利。"贵族压迫人民,其权力的根据是什么呢? 假使是根据"征服权",那么在这方面第三等级用不着害怕追溯过去,它也可以继承这一权力进行同样的征服,以取得政治权力。小册子说,法国议会中,没有真正的第三等级的代表。有些是新贵族,他们是假代表,不是人民自由选举出来的。况且,这些新贵族同老贵族也不平等,老贵族看不起他们。他们需要提出四代或一百年的资格,才能同老贵族坐在一起开会。不论老贵族还是新贵族,一经成了贵族,就违反了公共利益和公共权利,就不是普通等级的成员,就无权代表人民投票。第三等级就等于法国国民。但迄今为止,特权阶级笼罩法国一切。所以,必须要消灭一切特权,消灭一切特权阶级,根本改变政治现状。

三、第三等级的基本要求

小册子指出,第三等级的要求是:有真正的代表出席三级会议。也就是说,要从第三等级队伍中产生自己的代表,只有这样的代表才能表达人民的意愿,保护人民的利益。第三等级应当在三级会议中占统治地位,至少他们的代表数目同特权阶级相等,否则就不能出席会议并投票。其次,投票要按人数计算,而不按等级计算。

一言以蔽之,第三等级的基本要求,就是在三级会议中拥有同特权阶级相等的势力;进而争取左右法国政治局面,改变特权阶级的统治。

四、第三等级达到自己目的的道路

第三等级要获得有利于全国国民的政治权利,有两条道路可以达到这一目的。第一条道路,第三等级单独集会。它完全不要同僧侣、贵族一起开会,不论在个人或等级方面,均不受制于特权阶级。第三等级代表2500万法国人,完全应单独构成国民议会。而僧侣、贵族只代表20万人的特权,根本不代表国会。第二条道路,诉之于全国人民的裁判。人民应该是处理有关宪法纠纷、尤其国民权利的唯一胜任的裁判者。

五、法律思想

既然第三等级就是法兰西全民族,那么它的意志就是民族意志,因而就是法律。

宪法也是根据民族意志制定的,即民族意志的产物,所以高于宪法。民族意志不受宪法和任何法律的制裁。宪法约束政府,也约束立法机关。如果这些机关违反宪法,就是不合法的、无效的。制定宪法以及修改宪法,均需经人民选举的代表进行。立法权永远存在于民族意志之中,不是任何个人所能代表的。

总之,西耶士是为第三等级争取统治法国的权力。但为了第三等级无非是个名义,实际是为上层资产阶级争权的。这明显地表现在西耶士有关立宪君主制的主张中,也表现在以他为主笔所起草的《人权宣言》把公民分成积极的与消极的两部分的主张中。所以,西耶士归根到底还是法国资产阶级革命中的温和派,其反封建的革命性很不彻底。

罗伯斯庇尔

罗伯斯庇尔(1758—1794)出身律师家庭。大学毕业后,先后做过检察官、律师,担任阿拉斯科学艺术研究院院长。1789年当选阿尔土瓦省的第三等级代表,出席三级会议。进而任国民议会议员和制宪议会议员。不久把自己主要活动转入雅各宾俱乐部,并开展反吉伦特派的斗争。1793年革命后,他担任雅各宾政府领袖,以他为首的雅各宾派专政,把法国资产阶级大革命推向顶峰,使法国革命成为世界史上最为彻底的旧式资产阶级民主革命。1794年大资产阶级热月政变,他被处死。罗伯斯庇尔自称是卢梭的学生,在他的大量演说和专题著作及政治实践中,都生动地体现了他的坚决革命精神。但是,由于他的小资产阶级立场的局限性,当下层人民群众提出更彻底的革命要求时,便感到不能容忍甚至采取镇压态度。尽管如此,像马克思主义经典作家指出的,以罗伯斯庇尔为首的雅各宾专政,基本上是一种"人民的革命"。

一、人民主权的共和国

在国家政体问题上,罗伯斯庇尔吸收了孟德斯鸠的许多说法,尤其关于政体原则的理论。但由于二者所代表的阶级利益不同,所主张的政体便迥然有异。

1. 对封建专制政体的批判

罗伯斯庇尔猛烈攻击封建专制制度,他说:"在专制国家里,法律不过是君主的意志,而惩罚和奖赏与其说是犯罪或善行的结果,不如说是君主愤怒或宠爱的表示:当他施行惩罚的时候,他的公正性本身总是与暴力和压迫没有区别。"罗伯斯庇尔认为,贵族是君主政体的基础,君主的专横与贵族的专横是不可分开的。他说:"君主国家必然要求有高官显爵,等级差别,特别是贵族等级。"他赞成培根的说法,"没有贵族就没有君主,没有君主就没有贵族"。在专制政体下,社会舆论极为重视门第的高贵,贵族享有一切特权。在法律上,对贵族犯罪的惩罚,只是剥夺其特权,而体罚对贵族则不适用。僧侣也享有特权,免除体罚。所以体罚只适用于一般群众,尤其农奴。1789年革命后,贵族的这种特权也未完全消除。如贵族虽受体罚,但其家属不受羞辱,而平民则不同。罗伯斯庇尔主张要铲除封建专制的任何痕迹。

2. 国家方案

罗伯斯庇尔主张建立一个以秩序、正义、理智为基础的、繁荣的共和国。这个共和国的方案,大体上写入他草拟的《关于人权和公民权利宣言》的文献里。这个文献宣布:"人民是主权者,政府是人民的创造物和所有物,社会服务人员是人民的公仆。"在另一个地方,罗伯斯庇尔又说:"主权的人民受自己制定的法律领导,自己去做所能做的事情,并借助自己的代表去做自己所不能做的一切事情。"这个共和国作为人民的政治团体,其目的是"维护自然的和不可剥夺的人权和发展人的一切才能"。这种权利更具体地说,包括:关心保全自己生命或生存的权利;随意表现自己一切能力的自由;通过和平集会、出版及其他方式表达自己意见的自由;私有财产所有权的法律保障,等等。并且,"这些权利同等地属于一切人,不管他们的体力和智力有什么不同。"文献最后说:"当政府违犯人民的权利时,全体人民和每一部分人民的最神圣义务就是起义。"就是说,人民对暴政有反抗权。

二、出版自由和言论自由

1. 言论自由是人的基本权利

罗伯斯庇尔认为,言论自由属于一个人的基本能力和永远享有的权利。他说:"除了思维能力之外,向自己的亲友表达自己思想的能力,是人类有别于动物的最惊人的品质。这个能力又是人创造社会财产的不朽天职的标志,是社会联系的基础、灵魂和工具,是改善社会、使人的权势、知识和幸福达到可能达到的最高程度的唯一手段。"此种权力和能力,对于每个人都是一样的。他还指出,出版自由和言论自由是没有区别的。二者都是神圣而必需的自由。没有出版自由,言论自由也无从谈起。

2. 不同政体下,出版自由和言论自由的命运是不同的

在专制制度下,这两种自由备遭摧残。专制君主阴险狡诈地反对言论自由和著作自由,借助法律予以迫害。其原因显而易见,就是由于这种自由是鞭挞专制主义的武器。一旦被压迫的人们能自由地发出心声时,就会使广大群众觉醒和联合起来,专制主义便要垮台。在共和政体之下,两种自由是受法律保护的,是共和国自身所必需的。罗伯斯庇尔说这种自由"必须是完全的和无限制的,不然它就根本不存在"。

3. 绝不能按照法律的限制和手续来实现言论和出版自由

罗伯斯庇尔认为,法律的力量仅限于禁止每个人损害别人的权利,而不禁止他行使自己的权利。言论出版自由恰是每个人的自然权利。至于制定出版法之类的事情,罗伯斯庇尔更加反对。他说这是荒诞不经的想法,会产生一种最坏的后果。因为人们不能在取得警察、官吏的许可证之后再发表自己的意见,人们也不能在取得书报检查员的赞同和依照政府的许可再进行思考。

三、刑法

在西方近代政治法律思想史上,罗伯斯庇尔的刑法思想是相当著名的。

1. 革命恐怖

罗伯斯庇尔说："如果在和平时期,人民管理的工具是美德,那么在革命时期,这个工具就同时既是美德又是恐怖。"他认为美德和恐怖不能分开;没有美德,恐怖是有害的;同样,没有恐怖,美德就显得无力。革命的恐怖是迅速的、严厉的、坚决的、正义的,从而也就是美德的表现。怎样比较共和国的恐怖与专制政体的恐怖呢?罗伯斯庇尔说,自由的英雄手中的利剑很像暴政信徒手中的利剑。专制君主借助恐怖,统治自己愚昧的臣民的时候,有他自己的道理。为了巩固共和国,使用恐怖手段迫使自由的敌人驯服,同样是对的、必需的。两种恐怖有本质的不同。革命恐怖是自由对暴政的专制。革命恐怖的对象是压迫者、封建统治者、保皇党徒(立宪派)、谋叛分子(吉伦特派特务)。共和国对于无辜者、弱者、不幸者、对人类要仁慈;而对于自己的敌人、恶棍则无仁慈可言。

2. 刑法要温和

罗伯斯庇尔说："一切人都赞成公正的和温和的法律,一切人都反对残酷的法律。"法律的效力以它所引起的爱戴和尊重为转移,而这种爱戴和尊重是以内心感到法律的公正和合理为转移的。从历史上看,刑法的温和始终是符合各民族的自由、明智、温和的统治。如果刑法温和,人人都会把犯人赶快交出来;相反,当人们一想到送人去死的时候,他就会感到天性在内心中战栗。例如,在保留死刑的条件下,责成每个公民来密告人犯的法律,必然是不公正的、荒谬的,是行不通的。因为本来想密告的人,由于怕送人去死,也不密告了。

3. 反对惩罚自由思想

罗伯斯庇尔主张,"法律在任何时候都不应该处罚对道理、法规、政治、宗教等现象表示自己意见的人。"其理由是,通过相互自由地交流思想来增进自己的能力,学会行使自己的权利,这是人的天性和美德。什么叫思想自由?罗伯斯庇尔认为,"发表自己意见的自由,只能是发表一切对立意见的自由。"而且,这种自由,"百分之百地给予每一个人"。因为,"真理只能是从真实的或虚伪的,荒谬的或理智的各种思想的斗争中产生出来。"罗伯斯庇尔还认为,一部作品是好是坏,是不是煽动暴乱的、危险的、离经叛道的,不能根据随便的告发和证据就来认定,进而定罪处罚。这件事应交给社会舆论判断,只有社会舆论才是唯一合法的检查员。绝不能把在胆战心惊情况下的"出版自由"叫作真正的出版自由。结论:"借口取缔滥用出版权利而为作品规定的任何刑罚,都会完全不利于真理和美德,而有利于恶习、谬误和专制政治。"所以,共和国的法律应当宣布:每个人都有以任何方法发表自己意见的权利,出版自由不受任何形式的拘束或限制。由上可知,罗伯斯庇尔关于言论和出版自由的见解是最激进的。无疑,这对反对封建专制和宗教迷信是大有力量的。但是,这种激进之中显然包含着小资产阶级的偏激和无政府情绪。谁都会了解,世界上还存在阶级对立的情况下,不受任何限制的言论出版自由是根本无法实现的。事实上,在雅各宾专政时期也不是这样办的。

4. 定罪要有足够的证据

判定犯罪,不能单凭法官的良心和随心所欲的意志,而要凭证据;没有确凿如山的证据,就不能判罪。两个人的证明是法律规定的证据的一种。但是,如果两个证人作了不利被告的证词,而法官知道他们头脑不清或不够诚实,或者看出了他们没有信心和犹豫不决的情形,知道被告人的性格,他的无可责难的声望,以及在法官面前暴露出来的许多情况,都足以形成一个比证人供词更令人满意和更加有力的证据,在这种场合下法官不能判罪。否则就表明,法官宁要虚幻的证据而不要真实的证据,要真理的影子而不要真理本身,用法律的宝剑盲目刺死一个无辜牺牲者,破坏法律精神和法律目的。除此而外,当法官的个人信念与虚构的证据发生矛盾时,也不能判罪。罗伯斯庇尔还多次强调:证词应采取书面形式;没有法定的证据,不得宣布被告人被证明有罪;对于陪审员来说,如果他们的知识和个人信念同证据有矛盾,他们应该宣布不能证明被告是有罪的。罗伯斯庇尔的口号是:"宁可宽恕一百个有罪的人也不可冤枉一个无辜的人。"

5. 刑罚

罗伯斯庇尔强调,刑罚的目的在于预防犯罪,刑罚的方法要服从社会的利益。他说:"刑罚的存在不是为了使犯罪人受到痛苦,而是为了以刑罚的惧怕来预防犯罪。""刑罚的目的和方法,就是社会的利益。"反对侮辱性刑罚。他认为像车磔绞刑就属侮辱性刑罚。它不仅侮辱了罪犯本人,而且侮辱了其家庭。对非婚生子女也不能侮辱和歧视。所以这种刑罚必须废除。反对株连。他认为,刑罚不能株连犯罪者家庭;不能没收死刑犯的财产,因为这就等于对其继承人的惩罚。这也可以说是对罪犯家属的侮辱,给他们造成贫困。罗伯斯庇尔坚持把法律中的平等原则变成刑罚的原则。即,不管犯罪者的社会地位如何,犯同样的罪,就要给予同等的刑罚。例如在军队中,军官犯法,与士兵同罪同罚。

6. 死刑

罗伯斯庇尔的反死刑论是很出名的。但是,在他领导的雅各宾专政时期,又因使用了许多死刑判决而被资产阶级和反动派所痛恨。罗伯斯庇尔认为,从公共利益的眼光来看,死刑是极端不公正的。它不是最有镇压性的刑罚。与其说死刑能防止犯罪,不如说它更能促使犯罪事件的增加。因为死刑制度本身就会毒化社会风尚,使草菅人命的犯罪增长。罗伯斯庇尔论证说:在人们没有订立契约的自然状态下,人们为了自卫有必要杀死自己的敌人。但在市民社会,情况不同了。市民社会可以惩罚犯罪,并且可以使犯罪者无力再来伤害社会。社会给他戴镣铐,安然地惩治他,使此后不再叫人怕他。罗伯斯庇尔还说,一个战胜者如果杀死俘虏,则称之为野蛮人;一个成年人如果杀死他可以驯服的坏孩子,则被称之为恶魔。以此相比照,社会杀死一个可以控制的罪犯也是没有道理的。所以,罗伯斯庇尔坚决主张从法国刑法典中删去死刑。罗伯斯庇尔根据实践经验,提出问题:"死刑是必需的。如果这话是对的,那么为什么有许多民族可以没有死刑,而这些民族都成了最明智和最幸福的呢? 如果死刑是防止重大罪行的更适当的刑罚,那么在大量采用这种刑罚的那些民族那里,这种罪行就应当比较少,但是实际情况恰恰相反。"例如,在日本,广泛采用死刑和拷打,结果犯罪比任何国家都多。但是,当法国革命成果处于存亡的紧急关头,当反革命势力残酷地向革命进行反扑的严峻时刻,罗伯斯庇尔没有固执自己的一贯坚持的理论,而断然地采用了革命恐怖政策来镇压敌人(包括采用死刑手段),捍卫革命。

梅 叶

让·梅叶(1664—1729)的空想社会主义巨作《遗书》,在作者死后第二年以手抄本在法国秘密流传着;许多人不惜重金争相购买阅读。法国的一些启蒙思想家大都受到该书的影响。例如伏尔泰就说,这本书的革命思想使他惊恐之至。他们分别编印了几个《遗书》摘要本,并把它推荐为优秀的启蒙读物。《遗书》全文直到1864年才于荷兰正式出版。《遗书》是杰出的哲学和政治学著作,深深刺入封建专制主义和宗教迷信势力的心窝,有力地激发人们对未来新社会的憧憬。

一、对反动宗教的揭露和批判

梅叶是一个先进的唯物主义思想家。他坚决认为,物质是世界的"始因",它是客观的存在;而运动则是物质自身的属性。这就表明神和宗教是没有存在的余地的。

1. 宗教是怎样产生发展起来的

梅叶认为,宗教是人的臆造,是奴役、压迫人民的精神工具。他说:"一切世界宗教当其创始时都只是人捏造的,而它教训我们的一切和强使我们信仰的一切都只是谬误、自欺、撒谎和招摇撞骗的。"还说:"这一切都是那些好愚弄别人的人和假仁假义的骗子为了欺骗别人,或是那些阴险狡猾的政客,为了严厉控制别人和对付无知群众而妄想出来的。"按梅叶的意思,一切宗教都是先由奸猾诡诈的阴谋家虚构出来,然后由伪预言家、骗子、江湖术士加以渲染扩大,再由愚昧无知的人盲目信奉,最后由国王及贵族们以法律加以维护和巩固。宗教的邪恶与罪孽的历史,大体就是如此。

2. 宗教和政治的关系

梅叶指出,长期以来,宗教总是同反动政治紧密结合的。政府和宗教就像两个互相袒护的小偷一样,宗教袒护最坏的政府,政府袒护最荒谬、最愚昧的宗教。封建制度支配人们肉体,宗教控制人们灵魂。宗教愚弄广大农民,要他们相信现存封建制度来自上帝,是永恒的。农民要安于受奴役、压迫的地位。

3. 人民有权要求尘世的幸福

梅叶说,在自然状态下,没有私有财产,一切财富都是公有的,大家共同享用,平等相处。又说,根据自然法的要求,人人本来就"同样有权在地上生活和立足,同样有权享受天赋的自由和他的一份世间福利,人人都应当从事有益的劳动,以便取得生活中必需的和有益的东西"。只是后来,由于人的贪欲和浪费破坏了自然状态和自然法,产生了私有制。特别是由于暴政的出现,把人分成等级,破坏了自由、平等和幸福,出现了国王和奴隶以及人对人的统治。而宗教在这过程中,起了为虎作伥的作用。

二、批判法国封建专制制度

梅叶尖锐地揭露法国封建专制主义统治下的社会中的种种"祸害"。第一种,即最大的祸害是地位、身份不同的人们之间的极度不平等。梅叶说,现今社会"把整个权力,一切福利,一切享受,一切使人愉快的东西、财富,甚至游手好闲都交给世上的强者、富人和贵族,而把一切最不快的和难堪的东西、依附、忧虑、不幸、不安、惊惶,一切累人的工作都交给贫民"。有些人横暴地统治别人、骄奢淫逸,另外一些则是奴隶,终生受鄙视和贫困。这种不平等是其他一切祸害的根据。第二种,是社会寄生现象的严重存在。除了国王和贵族之外,还有教士、僧侣、修女、各级官吏、包税人,都是吮吸劳动人民血汗的寄生虫。第三种,是私有制的存在。这是人们受压迫、剥削的主要经济根源。第四种,国王的残暴统治。国王和诸侯的暴政,以最残酷的方式不断蹂躏可怜的人民,以苛刻的法律和各种义务压榨人民,迫使人民服从统治。梅叶淋漓尽致地控诉了暴君路易十四的滔天罪行。梅叶说,要解除人民的不幸,只有彻底根除这些祸害,消灭暴政、国王、私有制、宗教、寄生虫、不平等……彻底改变社会制度。

三、空想社会主义

梅叶所期望的新社会,是一个空想的社会主义社会。根据他对这个社会的描绘和设想,其内容可概括为下列几点。第一,消灭私有制,建立公有制。土地、资源和一切财富都归全体人民公有、共享。集体生产和消费,消除私有制及其观念的影响。梅叶说,住在同一地区、城市、乡镇、教区的全体男女,组成像家庭一样的大公社,彼此兄弟姐妹般地互助,享用同一种食物、衣着和住所。第二,消灭寄生者,实行普遍劳动制。在全体人中间普遍树立劳动光荣、寄生可耻的观念,人人自觉参加有益劳动,是法律和道德的义务。第三,管理制度。为了建立与维护社会秩序,还必须有专门机构和专门人员。但他们的产生办法和承担的任务、工作的目的,都和国王及其官吏有本质区别。管理机构是公社和公社联盟。其人员是通过选举产生的最贤明和有经验的人。梅叶认为,比较贤明者管理其余的人是正确的。法律和各种命令均由这些人制定与发布。其次,那时还保留某种人身的从属关系。最后,梅叶认为,人民应该相信自己有能力解放自己。人民有一切必要的手段把暴君变成自己的奴仆。因为暴君的一切都是人民给予的,只有人民觉悟和团结起来,暴君就会垮台。人民为了达到建立新社会的目的,应当采取革命的手段(包括谋杀的手段)。

综上可知,梅叶反宗教和专制主义的战斗精神是很坚强的;他坚决反对私有制和旧的压迫制度是正确的;他对未来社会的构想也有许多可取之处。但梅叶对旧事物的批判多是从理性、人性出发的,有时还夹有封建主义成分。特别是由于时代限制,他不可能找到实现社会主义的社会力量。

摩莱里

一、摩莱里事迹考

摩莱里(生卒待考)其人的情况迄今为止知道的很少。就是摩莱里这个名字是否真名也无把握。现今知道的仅仅是:他确属法国人。能够明确下来的,他的著作共有八部。其中,下列四部是集中表达其空想社会主义思想的。①《阿齐里阿达》,全名《浮岛的毁灭或著名的皮尔派的阿齐里阿达》,1753 年发表。该书以乌托邦的文学形式,描写一个以共产主义原则为基础的国度。②《人心论》(1745)。论证人生而地位平等,追求幸福是本能,行为动力是自爱。人的自爱心理要求脱离自然状态组成社会;这样人的欲望可自由发展,需要可以得到满足。③《君主论,内心的最高快乐或对一个贤明政府的伟大法律和制度的优点的研究》(1751)。阐述所谓"人是社会动物"原理(区别于"人是政治动物"的亚里士多德原理),说自爱这个不可遏制的力量推动人们互助,过社会生活。书中还讲了政体问题。说民主政体虽为最好政体,但易陷于混乱,所以人生来就愿意服从君主。作者把君主作为理想人物推崇,认为君主有一切必要美德来公正地治理社会。他的最重要职责是保障人们幸福。④《自然法典》(1755 年匿名发表)。一直到 19 世纪,人们都以为是狄德罗所写。1841 年维尔加德尔第一次用"摩莱里"的名字出版这本书,解除了误解。该书全名是《自然法典或自然规律的真实精神》。全书除序言外,共四篇。第四篇是关于未来社会的法律草案。《自然法典》一书是研究摩莱里空想社会主义思想的唯一完整的著作。

二、自然法

摩莱里的哲学和政治法律思想受洛克和"百科全书派"的影响很大。他是从理性主义出发研究社会历史的。摩莱里认为,在自然状态下,人类依据自然规律生活,受自然法支配;只是进入社会状态以后,才受制于法律。他还认为,人的本性不是自私的,而是和睦团结、互相关怀、尊敬老人、尊重智慧的。最初的人类过着未开化的动物生活,后来逐渐被"需求"唤醒。"需求"使人们关心自我保全,自我保全的本能又要求联合和互助,于是组成社会。社会的动力,就是需求总大于满足需求的能力。为此就要通过共同的合力来达到。早期的人类社会即原始社会,属于人类幸福的童年和黄金时代。那时没有私有制,没有国家,没有主人与奴隶之分,人人自由平等,按照自然规律过共同生活,即共同劳动和消费。《阿齐里阿达》一书写道,那时"只是满足于生活需要的东西,用来维持每日的生计和享乐的东西,才属于个人所有;田地不属于种地的人;树木不属于采果的人;甚至在人的个人劳动的产品中,也只有他所使用的那部分属于他自己,其余的一切东西,跟人的身体一样都是属于整个人类的。"家庭是原始社会的组织单位。原始家长制"政体",是受血缘关系凝结起来的爱和温情感所支配,财产公有("政体",显然是赘词)。

这样的原始的共产主义社会衰落的原因是:第一,家庭数目增加,从而血缘纽带造成的眷恋情感下降;第二,由迁徙造成各家庭公有纽带的破坏;第三,在新居住地建立秩序时发生困难。作者显然没有抓住生产力发展这个基本原因。

三、对私有制的批判

私有制的出现是立法者错误、教育不良和道德败坏的结果。这种看法当然是不对的。摩莱里指出:"私有制是世界的一切罪恶之母。"其主要罪恶在于:第一,私有制产生穷人和富人,破坏了平等。几乎是全体人民肩负着使少数富人享福的重担,而牺牲了自己的安宁和幸福。第二,私有制产生贪婪、残酷无情和利己主义恶习。于是便导致一切良好的政治现象和道德现象的堕落直至毁灭。摩莱里还指出,在私有制度下的法律是维护富人利益、压迫穷人的工具。这种法律总是惩罚不幸的人,宽恕真正的罪犯。严厉的法律,不过是用以掩饰富人和统治者的罪恶的一种方式,它只对人的恶行加以惩罚,却不知道消灭这种行为的途径。统治者为了维持自己的威信,常常使无罪行为变成罪行。

四、政体论

1. 把政体问题与私有制结合起来分析

这是摩莱里政体理论的一大特点。摩莱里认为,一切政体都以私有制为基础,但这是"一切基础中最坏的基础"。同时,他还接受了孟德斯鸠关于政体原则的理论。在共和政体下,以某种财产平等和地位平等为标准的私有利益和部分利益,在一定时间内可与公共利益保持均衡。但它总归要遭到破坏的,因为私有制易使人倾向掠夺、贪婪、破坏公共福利。于是就失去品德,政体发生改变。在贵族政体下,因私有制存在,使整个民族利益变成几个人的利益,少数奴役大多数。贵族政体的执行人员失去节制,巧妙利用一切机会把自己变成国王,于是便产生君主政体。在君主政体下,人人都要服从君主的最高统治,为君主服务,逐渐就变成专制政体,使人民陷于深渊,国家衰弱。要保持君主制,就要把德行、荣誉同其好的结果的行为结合起来,消灭私有制,遵守自然规律,遵守法律。

2. 批评"分权"论

摩莱里认为,分权并不能改变私有制的国家中少数人压迫多数人的本质。《阿齐里阿达》说道:"这种分权,在私有制私利益造成的惊人的不平等的状况下,丝毫也没有改变这些国家不幸居民所受到的最大痛苦,这不过是使人能够高声喊怨的可悲慰藉而已。这些国家里的穷人,有时比只被一个君主统治的国家还少。但是,不幸却经常是大多数居民的命运。这些国家的人民不是专横跋扈的政权的奴隶,但是,他们却要服从严厉的法律,这种法律几乎到处都不受人欢迎,而且都不能减少罪恶活动。人民根据自己的意志为自己选举的统治者,可以按照这些法律的严格要求,以公正和义务的原则为名压迫人民,而且在实行暴政的时候,能够得到表扬。如果不修改法律,是不能反对这种暴政的。"摩莱里已经相当深刻地看到国家政体问题并不是国家本质,看到资产阶级三权分立原则的虚伪性,看到它只不过是借民主、法律的名义实行压迫的新制度。这一切都十分可贵。

五、新社会的法律蓝图

摩莱里所说的"自然法典",就是他理想国家的、所借以构成和活动的准则。这部被说成是"合乎自然意图的法制的蓝本",有"基本法"(三条)和"单行法"(一百一十条)。

1. 基本法

基本法或神圣法,规定新社会的最基本的原则。第一条,规定:"社会上的任何东西都不得单独地或作为私有财产属于任何一个人,但每个人用来满足生活需要、用来享乐或用来进行日常劳动的生产除外。"这实际上是宣布废除生产资料私有制,并把生产资料和消费资料加以区分。但其中关于生产工具的个人所有,这是受当时生产力水平所决定的。第二条,规定:"每个公民都将是有工作和依靠社会供养的公务人员。"这是保障公民的劳动权、消灭寄生现象,并由全体公民管理的思想。第三条,规定:"每个公民都要根据自己的才能和年龄促进公益的增长。"这是各尽所能的意思。这三条基本法,确定的是国家的基本经济制度和政治制度,尤其是经济制度,所以至为重要。

2. 单行法

单行法是基本法在各方面的具体运用,共有十项即十个部门。现概括其要点和基本精神。第一,政治组织。社会由一定数量的家庭组成家族,若干家族组成一个城市,若干城市组成省,若干省组成国家。只有家长才有政治权力,他可终身出任族长,也可轮流任市长、省长和国家元首。国家设各级参议会和政务会,监督法律的执行和领导行政工作。至于国家政体,是无关紧要的。只要废除私有制、建立公有制,不论民主制、贵族制、君主制,都可保证实现政治经济上的平等权利。因为,从根本上,国家已改变了原来的性质。摩莱里关于新社会政治制度问题的缺点在于:①它显然是带有小生产的宗法式的色彩;②把政体的意义过分贬低了。第二,生产组织。生产分工业与农业两大类。农业生产是义务劳动,每个公民从二十岁到二十五岁都要从事农业。二十五岁后才能转入工业劳动。工业生产在专门作坊中进行。每行业成立一个行会,由行长领导。行长由终身任职的工长轮流担任,任期一年。每人从十岁起就选择或分配一个行业,住在行会宿舍,接受技术训练,十五岁成普通工人。各行业生产,根据社会需要,由各级首长统一计划、管理。第三,产品的分配和消费。一切产品必须交公民仓库或公有市场,原则上平均分配,若产品不足可暂停或减少分配。《取缔奢华法》及其他单行法还规定,各城市街区大小一样,房屋形式相同,三十岁以下者必须穿同样质料的衣服,服装颜色按行业区分。人们饮食要节制,衣着不求华丽。第四,反对把劳动当作惩罚手段。劳动是每个公民的光荣权利。犯有过错的人不准参加劳动,而用"无所事事"办法予以惩罚。第五,消灭体力、脑力劳动差别。任何人不得免除体力劳动的义务。从五岁起就要进行劳动作业的教育。科研、文艺等活动,只能在业余时间进行。

摩莱里的社会主义明显地带有绝对平均主义和清苦的色彩。但他用法律方式来达到理想国家的方案则是受典型的近代资产阶级理性主义和法治主义的影响。在这方面,摩莱里是沿着英国温斯坦莱的步子前进的。正由于这种近代的色彩,使摩莱里的空想社会主义更易于影响后人。

马布利

马布利(1709—1785)出身贵族家庭。他曾在里昂耶稣会学院研究人文科学,毕业后一度进过修道院,后又从事一段外交工作。三十七岁起专攻学术,结识了包括孟德斯鸠在内的许多学者。他主要研究哲学、历史、政治、法律问题,著作很多。马布利是杰出的启蒙思想家和空想社会主义者,马克思、恩格斯多有赞许的评价。

一、自然状态

马布利笔下的自然状态比卢梭认为的还要美好一些,是"黄金时代"。所谓"自然状态"就是纯粹按照自然规定的秩序的状态,同人类本性和理性相一致的状态。在自然状态下,出于人的本性,过着社会生活。行为的善恶以理性作标准。马布利说,人生而平等,大自然赋予人类以同情心、感恩、好胜和荣誉心等"社会品质"。每个人进入社会都是为了保护自己的生命,免遭暴力和贫困的威胁。《论法制或法律的原则》一文中说:自然界给了所有的人以同样器官,同样需要和同样理性,自然界一切财富属全体人,而没给哪个人的特殊的世袭领地,也没在田地上划界,自然界没有创造富人和穷人,也没给某个种族以特殊恩赐,让他处于特权地位,更没有创造人与小人,主人和奴隶。财产、地位、智慧、荣誉等方面,都是平等的。《论公民的权利和义务》一文中也说:"人们来自大自然的怀抱时都是完全平等的,因此没有一些人统治另一些人的权利,而且都是完全自由的。显而易见,自然界没有创造国王、统治者、庶民和奴隶,它给我们制定了一条规律:为了成为幸福的人而工作。只要人们处于这种状态,他们就可以尽多少义务而享多少权利。一切都属于他们当中的每一个人,每一个人都是一个有权治理世界规模的大国的君主。"看来,自然状态似乎是没有任何缺陷的。

二、私有制

马布利认为,"私有制是财产和地位不平等的起因,从而也是我们的一切罪恶的基本原因。""财产私有为千万种的恶习和罪恶开辟了道路。"私有制是如何产生的? 马布利认为,由于个别社会成员的懒惰和公职人员的假公济私,引起大多数人愤慨,于是人们错误地采取了划分财产的做法,破坏了自然秩序和平等。这种解释的错误在于从人的意识上寻找私有制产生的原因,从而颠倒了客观事实,犯了唯心史观的毛病。私有制的主要恶果是:第一,造成人类道德的颓废,智慧的退化,以及偏见、贪婪、虚荣心。第二,引起财产和社会地位的不平等,发生贫富分化,改变人心自然趋向,降低人的品质。第三,给世界带来游手好闲、无所事事。马布利还批判了一些资产阶级学者为私有制辩解的理论。马布利对私有制的批判是正当的,但缺乏历史的分析,而偏向于理性和道义的谴责。

三、国家

《论公民的权利和义务》中对于社会和国家的产生与目的、政体、法律都作了论述。

1. 国家的产生

马布利的国家起源论是契约论。马布利说:"在成立社会的时候,发生了一次不平凡的革命:人成了公民以后,就和自己的同类互相约定,遵循一定的规则各去寻找自己的有某些变化的幸福。"进而又说,"为了确立初生的社会的基础,只有这种协议还是不够的:如果不执行法律,新建立的社会就要垮台。因此,需要创造统治者,这就是说,公民放弃了自己的独立。……人们改变了自己的某种本性,而为了判断人在这种状态下的新义务,就必须了解他与他的同胞所定的各种契约,特别是要研究主要的行政管理法。"他还说:"我认为,人们在结成社会时所规定的法律、契约或协议,是规定他们的权利和义务的一般规律,只要没有找到更合理的法律,公民就应当遵守它们。"这里要指出的是:第一,马布利认为契约或协议在历史上确乎存在;第二,契约是在"同胞"之间订立的,不是同统治者之间订立的,相反,统治者是订约的结果;第三,强调要遵守契约或法律,人人承担此项义务,国家才能支持下去;第四,契约的目的即国家的目的。

2. 国家的目的和人民的反抗权

国家的目的在于控制人的理性,即控制人的贪婪的欲念,使人不发生有害作用,而只发生有益作用,从而造成社会的秩序、和平、安全与幸福。马布利说:"国王是为人民而创造的,而人民不是为了国王而创造的。"如果国家、法律违背了人民订约的目的,对人民滥用职权,严加控制,丝毫不能增进人民的福利,那么,人民就有权更换和改变它,以更合理的制度和法律代替它。人民对暴君的残酷统治有权反抗,甚至以内战形式反抗也是合理的。这是马布利革命精神的表露。《论公民的权利和义务》中,专门分析了"内战"问题。作者指出,认为内战永远是不公正,号召公民不要以武力反对暴力,这是最违反道德和公益的学说。他举出历史上的例子加以论证。他说,为了反对暴君压迫和人民伟大的福利而进行的内战,人民不但不应反对而应加以认可,并有权发动它。

3. 政体问题

马布利反对封建专制,也反对君主立宪制,对于封建的世袭制和君主的终身权力更为深恶痛绝。他明确主张建立小共和国。他还提出对国王的权力要加以限制,逐步取消国王财政支配权、制定法律权、任免公职权。他对孟德斯鸠的分析论取赞成态度,但解释有异。

四、新社会构想和社会改革的法律纲领

1. 新社会的构想

马布利对其理想国的描述不甚多,但大体轮廓是很清楚的。他期望的是一个社会主义共和国。在那里,"人人都是富人,人人都是穷人,人人平等,人人自由,人人是兄

弟,这个共和国的第一条法律就是禁止财产私有。"大家都把劳动果实送到公共仓库里去。它们是国家的财产,也是人人的财产。家长们每年选出"家政管理员",负责按各个人的需要分配必需品,按照公有制的要求分配人们的工作,并维护国内的道德。共和国更极力鼓励劳动,保护公共财物。马布利认为古斯巴达国家是通向理想国家的可行道路。他十分推崇斯巴达人度过的六百年的生活样式,其中包括土地公有、人们崇尚道行而清心寡欲。理由是,人的需求越少,幸福越多。他甚至还提倡过像美洲、非洲不开化民族的生活,用粗糙皮革缝衣,走路不穿鞋,躺在地上睡觉,以普遍食物充饥,妇耕男猎,财产公有,人人平等。由此可见,马布利的社会主义是极其粗鄙的。

2.社会改革的法律纲领

马布利认为,由于私有制遗留的恶习是难以克服的,所以很快实现公有制为基础的理想社会是不可能的。为此,首先要对现存社会加以改革。他提出用法律手段作为推行这一改革的手段。第一,取缔豪华法。他说,凡用以增加国家或其他执政者需求物,本质上都是罪恶的。反之,能减少需求的一切法律,都是济世救民的法律。让人民安于低微的福利,而让政府豪华富丽,是不合理智的想法。为取缔统治阶级的骄奢淫逸,要用法律规定其家具、住宅、饮食、仆人和服装的限度。法律越严,不平等的危害就越小。第二,禁止经商法。商业会刺激人们的贪欲、恶习和任性以及奢侈和享受。商人没有祖国,到处把自由、劳动、服务变成可供买卖的商品。所以,要坚决禁止经商。社会越接近自然经济,对人民越有利。社会繁荣和致富的方法,要靠满足朴素的生活和少量的财产。这条法律表明,马布利认为商业经济在不同社会中,其性质和作用是不同的。第三,直接土地税法。反对间接的土地税制度,并坚持认为没有财产的人也就没有交纳税捐的义务。第四,取消公务人员特殊报酬法。马布利说:"我最希望颁布一项法律,规定参加治国工作与由此得到的任何报酬没联系。"治国只是人们的义务,应克服困难,关怀人民,注重荣誉,他们即使要求最低的报酬也是罪恶,至少是大罪恶的萌芽。因为得到报酬的人,往往会用贪婪的称衡量自己的工作,往往认为所干的工作要比所得报酬价值高,从而就会玩忽职守。他批驳"任何劳动都要有报酬""公务人员应生活得体面些"的说法,认为这是奴隶的说法、庸俗腐化者的观念。法律要采取坚决措施,不准公务人员的需求多于普通公民。第五,土地法。重新分配土地,限制土地占有量。尤其法国僧侣阶级大量占有土地的状况必须改变。第六,限制和取消财产继承法。这是直到平等的最重要措施。立法者要采用严格手续,务使财产的出卖和转让不易实现。还要禁止公民有立遗嘱权,死者财产应酬劳仆人,或平等分给他的子女,或分给贫民。最好的法制,对因贪婪和虚荣而积置起来的财产,必然会极力使之缩小和分散。

马布利提出的这些法律纲领表明:第一,平均主义色彩很浓;第二,禁欲主义倾向更突出。恩格斯在《社会主义从空想到科学的发展》一书中明确指出,马布利的共产主义学说是"苦修苦练的、禁绝一切生活享受的、斯巴达式的共产主义"。一言以蔽之,是非科学的共产主义,空想的共产主义。

康 德

在伊曼努尔·康德(1724—1804)的哲学体系中,政治哲学是一个十分重要的组成部分。它不仅具有理论的性格,而且更富于现实的性格。唯有透过康德的政治哲学,才能直接地、准确地了解与评价其哲学体系的阶级倾向和历史地位。

一、道德法则

康德的政治思想的显著特点之一,是具有浓厚的伦理学色调。康德的政治哲学则是直接从其伦理学中引导出来的。

1.道德的概念

康德的伦理学认为,人的行为有感性的和理性的区分。感性行为具有经验和感官的实质内容,受时间、空间及因果律的支配,属于自然现象的范畴。理性行为则是不假上述的任何因素,完全受自己的自由意志所支配,是无条件的。这样一种指导人们去行为的道德意识,就是所谓"实践理性"。

正因为道德是无条件的,所以它不是"假定命令",而是"绝对命令"。换言之,唯有按"绝对命令"办事,才是"善的意志和道德行为"。对人们来说,道德法则要求的是"应当"而不是"自然",是"必须"而不是"实际"。不掺入任何情意和欲望,不问效果如何。为道德而行道德,为义务而尽义务,为"善的意志"而保持"善的意志"。凡带着为己、为人及其他"实质性"的考虑的行为,都不是道德行为。可见,在康德那里,道德法则或"绝对命令"是强制的、先验的、形式的"纯粹理性"(思维意识)。

2.道德原理

那么,康德当作人的最高行为准则的道德法则或"绝对命令",究竟是什么呢?对此,他进一步地提出三点更具体的原理。

第一,使自己的行为符合"普遍的立法形式"。按照康德的说法,"纯粹实践理性的基本法则:不论做什么,总应该做到使你的意志的遵循的准则永远同时能成为一条普遍的立法原理。""只照你能愿意它能成为普遍法则的那个准则去行动。"在这里康德实际上阐述的是空想的(抽象的)道德和经验的(实证的)法律规范(立法形式)之间的相互关系,即,道德是法律规范的本源,法律规范的内容由道德所决定;反过来,道德只有通过法律规范才能表现出现实的普遍有效性。就个人而言,其行为的出发点只有同普遍立法形式(法律规范)相一致,自己才是道德的。可以看到,这一观点与其说是让法律从属道德,毋宁说让道德服从法律,更为合适。

第二,要坚持人是目的而不是工具。康德说:"这样行动,无论是对你自己或对别人,在任何情况下把人当作目的,决不只当作工具。"这一命题是从人和人之间一种平等的假定出发的。因为,只有这样,道德才有普遍性,从而使立法也有普遍性。道德义务仅仅存在于人和人之间,不能存在于人和神(只是立法)之间,也不能存在人和动物(只是服从)之间。康德进一步举例说,自杀、对他人说谎、不去发挥自己的才智、不去帮助别人等都是违背"人是目的"原理的。自杀、自弃是将自己仅仅当作工具;骗人、弃人是将别人仅仅当作工具;统统是不道德的。

第三,每个人的意志都是立法意志。康德继续写道,"意志的第三个实践原则首先是与普遍实践理性相谐和的最高条件,就是:每个有理性的存在者意志当作立法意志。"又说:"人是道德法则的主体","这个道德法则就建立在他的意志自律上"。这个所谓"意志自律",是强调个人的主动性。即把"普遍立法形式"原理中个人的被动性变为主动性,把"人是目的"原理中个人与他人的关系变为对自己的关系。现在个人所要绝对服从的道德准则就是自己所立的法,就是服从自己的法。于是个人意志与普遍意志便取得了一致。

3. 自由

自由是康德论体系的出发点和归宿。在康德看来,作为理性的主体的人都根据意志行事,而意志总是自由的。康德前述的三点道德原理,无不是建立在自由的基础之上的。最明显的是,"自由这个概念是解释自律的关键。"因为,意志自律,并非就是个人自由地自己决定自己。至于普遍立法形式和把人当作目的的问题,也离不开个人的自由意志,具体说,离不开他的决定和选择。一个人之所以要对其行为负有道德责任,在于他有服从或不服从的道德法则的主观自由。一个道德的人,会毫不顾及时间、空间、因果律等诸情况或条件,不管自己内在的和客观外在的情况如何限制,而坚守"绝对命令"。康德说:"他由于觉得自己应行某事,就能够进行某事,并且亲身体会自己原是自由的。"他强调,我"能作"是因为我"应作","能作"属于自然因果,"应作"就属于自由。

康德的道德和自由的理论是直接渊源于 18 世纪的法国,反映了德国资产阶级向往法国资产阶级在反封建的革命中所采取的政治上和经济上的胜利成果,但是又不敢提出自己的要求,而是畏缩、退让。于是,法国唯物主义思想家(尤其霍尔巴赫)的幸福说,在康德这里变成了对情欲的克制;卢梭的政治自由论,变成了空洞的"意志自由";法国人的革命行动,变成了不问效果、渺茫的"善的意志"。正像马克思和恩格斯在《德意志意识形态》一书中尖锐地指出的那样:"18 世纪末法国的状况完全反映在康德的《实践理性批判》中。当时,法国资产阶级经过历史上最大的一次革命跃居统治地位,并且夺得了欧洲大陆;当时,政治上已经获得解放的英国资产阶级使工业发生了革命并在政治上控制了印度,在商业上控制了世界上所有其他地方;但软弱无力的法国市民只有'善良意志'。哪怕这个善良意志毫无效果他也必要获得,他把这个善良意志的实现以及它与个人的需要和欲望之间的协调都推到彼岸世界。康德的这个善良意志完全符合于法国市民的软弱、受压迫和贫乏的情况。"在这方面,康德没有欺骗德国的封建统治阶级,而是欺骗了广大人民和自欺欺人。

二、国家的起源及其原则

在国家起源问题上,康德沿着霍布斯和卢梭的自然状态论和契约论的思路,作了自己别出心裁的发挥。

康德设想,人有先验的社会性。但这种社会性是经过长期的斗争过程而逐步发展和完善起来的。一开始,人类生活在世外桃源的牧歌式的条件下,和谐一致、适度和相互友爱,人人都像绵羊一样的驯服。但是这样平静的状态都只能使人类陷于停滞,限制人的禀赋的发挥,从而使人的生存价值未必比牲畜更高。为此自然界便以"恶"的手段打破这种僵局,使人类潜在的能量解放出来。这也就是令人受贪欲、荣誉感和权势欲的驱使。使人们之间对抗、不爱交际,愿意参加社会生活同时又与社会格格不入,使人没有真正的自由。康德说,这就是人类从野蛮走向文明的一个转机。出路何在?先验理性告诉人们,只有每个人自愿地放弃自己一定的自由,把它交给集体。这就是订立契约,从无法律的自然状态过渡到普遍立法的公民社会。在普遍立法的公民社会里其成员享有最大的自由,但这种自由是同他人的自由相一致的;这里也存在对抗,但它受到法律的限制。只有在适宜的条件下,人类本性中的潜在能量才得以充分发挥,从而推动人类的前进。

虽然康德同英法启蒙思想家们一样,认为契约是国家成立的唯一根据,但他强调这种契约是一种先验的理性的产物。或者说,它不是一个客观的实践和一个事实,也不能由历史证明。它仅仅是一个无疑的有实践现实性的理性概念。于是我们看到,被卢梭说成是具有强烈政治性质的"公共意志"的社会契约,现在则变形为不自由,不是积极抵制当局的自由和暴力革命的自由。简言之就是服从的"自由"。其次是平等。康德明确地说,平等只限于精神形式上的平等,即大家都有权作为"臣民"而服从统治者的"平等"。尤其反对经济平等。"这个一般的平等,是同人们私有财产数量等级上的不平等共存的。"最后是独立。康德效法法国大革命时期斐扬派的主张,将公民分为"积极公民"与"消极公民"。什么叫"消极公民"呢?就是"需要依赖别人生活和保护的人",包括妇女、雇工、学徒、家庭教师、农奴、外籍人等。康德说,占据了全国人民的绝大部分的这些人,"不具有公民的独立性",因而他们连政治法律形式的平等权也没有。康德的这一套说教使我们悟出的道理是,如果说当初法国资产阶级提出自由、平等、独立的口号时就包含着极大的虚伪性,那么,德国资产阶级则比这更为相形见绌。

三、主权和政体

康德是卢梭的人民主权论和孟德斯鸠三权分立论的鼓吹者。

康德反对封建特权、反对绝对君主制。为此,他断然拒绝霍布斯的君主主权论,在《论格言》中说霍布斯"认为国家首领不受契约约束,他永不会错"是一个"可怕的命题","将给予他以神意,提高到超越人类之上"。康德甚至对于"爱民如子"的统治也不予赞同,认为这也同样是对自由的废弃。按他的想法,既然国家是由"公共意志"建立的,那么国家的最高权力、立法权就理应属于全体人。所以他宣布"主权只属于人民",说人民只有"服从自己的立法才是自由的",才有"作为公民的人人平等"。

康德主张,对于国家政体,应当以"统治方式"和"政权方式"两个角度来划分政体。所谓"统治方式",是按照参与立法的人数的多少,分为君主政体、贵族政体、民主政体。他认为民主政体是最不好的,因为它往往要引起暴政,不能真正保证公民的"公共意志"的实施。所谓"政权方式",是按照主权与行政是否分立,而分为专制政体(不分立)和共和政体(分立)。他认为,这个"政权方式"是最重要的。

康德本人是代议制的、三权分立的共和政体的坚决拥护者。按他的解释,作为共和政体的基本特征的立法、行政、司法三种权力的分立,其重大意义就在于保证国家的立法权体现着人民的统一意志。但是,立法者不应是执政者,因为其中一个是颁布法律,一个是服从法律,彼此性质不同。不论是立法者或者执政者都不能进行审判,他们只能委任法官。人民通过他们的同胞自己审判自己,而这些被委任进行审判的同胞是经过自由选举出来的人民的代表。很清楚,这是法国《人权宣言》和美国1787年宪法的精神。康德对于共和政体的独特的说明在于,他按照卢梭《社会契约论》的观点,突出地强调共和政体同君主制相结合的可能性。他说:"一个国家很可以对自己以共和制进行统治,尽管它在当前仍是君主的统治方式。"关键在于只要实行三权分立,实行法律统治就好。实际上他所暗示的,是英国式的君主立宪制度。康德对于共和制的另一个"但书"是:他认为由于人的本性是恶的,每个人都受本能的支配,所以在现实中很难造成真正的"公民意志",即造成完全的共和制将是十分困难甚至是不可能的。马克思指出:"康德认为,共和国作为唯一合理的国家形式,是实践理性的基础,是一种永远不能实现但又是我们应该永远力求和企图实现的基准。"这一评论,是完全合乎康德实际情况的。

虽然康德赞成卢梭的人民主权和共和政体的思想,但却不赞成卢梭关于人民的反抗权的思想。康德反对暴政,曾颂扬1789年法国革命是"赋有天才的人民的革命"。他表示"近似于热情的同情"。另一方面,康德又明白地宣布:"一切反抗最高立法权……一切诉诸暴力的反叛,在共和政体中是最大和最需惩罚的罪行,因为它破坏了它的基础。这种禁止是绝对的。"理由就是,凭借暴力反抗暴政会动摇法意识,从而导致更大的暴政。为此,他说英国人民处死查理一世、法国人民处死路易十六,即"使充满人权观念的灵魂发抖"。康德说:"人民的义务是忍受对最高权力的滥用,甚至是那些被认为是无法忍受的滥用……在存在着弊病的国家制度中,有时要求实行改变,但是这只能由当权者自己通过改良进行,而不能由人民通过革命进行。"人民对于国家元首的暴行所具有的权利通过舆论、出版的手段,发表意见,加以批评。当人民实在忍无可忍的时候,顶多是"废黜"国家元首,绝不是惩治他。反过头来,康德对于英国,尤其法国已经发生过的事情,又以迫不得已的口吻说:"如果革命获得了成功并且建立起了新制度,那么这种创举的不合法性并不能排除作为一个善良公民要服从的事物:新秩序的义务。"这一切都表明,康德的内心是充满矛盾的:既对法国革命推翻封建的制度同情,又害怕人民的发动,特别是害怕对德国统治者的触动。

四、法和法制

法哲学,在康德那里又称之为"政治伦理学",是研究政治的普遍先验原则的理论。法是道德的外壳,人对自己的义务,属于道德的范畴;对他人的义务,就属于法的或政治的范畴。道德命令采取内在的、自觉的形式,法采取外在的、强制的形式。道德统治内心动机,法统治外部行为。因此,合法行为就是外表上服从法的行为,而不问其动机如何。即使动机不正确,但能够遵守法,国家也要加以赞许;反之,动机正确而不能遵守法,国家也要加以反对。因为动机问题是法所无法干预的。这意味着,道德是肯定性的,积极地推动人们的行为;法是否定性的,消极地限制人们的行为。但是,法的这种否定性和消极性对于道德说来,却又起着积极的推动作用。因为,它可以保障每个人的理性自由,同时又不去侵犯别人的自由。康德说:"他们事实上是完全放弃了野蛮的无法律的自由,但获得了在法律依附状态中即法的国家中的完整的、没有减少的自由,因为这种依附是他们自己的立法意志所创立的。"康德正是在法与道德的这种相互关系基础上,提出他特有的法的定义。他说:"法是能使各个人的意志依据自由的普遍法则与他人意志相协调的条件之总和。"这一命题含有两层主要意思:首先,法是表现和实现自由的普遍法则(即道德法则或绝对命令)的外部条件的总和;其次,这些条件的目的又是要协调全体公民的自由意志,即支配、强制每个人的行为,以保证一致地服从道德法则或绝对命令。必须指出,康德的法定义的荒谬性在于,它把法表示的统治阶级的意志或国家意志硬说成似乎是全民意志,并且把法反映经济基础的要求硬说成是作为意识形态的道德法则的要求,从而对法的本身作了唯心主义的曲解。

康德极力宣扬法的意义。他认为作为经验的法律的完善,是社会进步的主要标志。在立法领域中又存在着法自身的进步规律。他认为法国革命这震动世界历史的奇观,并不显示为革命的实践,而显示为人类追求完善的意向和能力的法观念的胜利,显示为自然法体系的进化。

法的重要性也表现在它与国家的相互关系中。既然全体公民的义务是服从法,以法为转移,那么,作为全体公民联合体的国家必然要受法的支配,成为"纯粹的法的组织"了。就是说,理想的国家、共和国就当是"法制国"。

根据康德的论证,法制的中心问题是守法。他说,法律是一种形式的东西。所有的人毫无例外地都必须遵守它。只要在执行法律中容许有一点点例外,法律就变成靠不住的和毫不中用的东西。

不过,康德在强调守法的同时,也看到了同守法相矛盾的两种情况。一是法律与公道的冲突。在某些情况下,法律的规定可能是不公道的。但公道不能代替法律;法律仍应该得到遵守。这是法律意识的原则。二是法律与极端需要的冲突。康德并不否认这种情形的存在。但是他认为,即令如此,也不可能有把非法的东西说成合法的东西这样一种需要。如果你不得不违犯法律,那你就要知道,无论如何你不要把恶冒充为善,把破坏法律冒充为服从法律。由此可见,按康德的观点,守法原则在任何时候都不能有例外。

五、公法和私法

康德把法分为自然法和人定法两类。自然法是理性法,同道德法则没有区别。人定法即经验的法律,其中又分为公法和私法。公法,规定个人在国家中的地位和在人类社会中国家之间的关系。前者主要指国家法、刑法,后者指国际法。私法,规定私人之间的关系,主要指财产关系,其中有民法、婚姻家庭法。康德的这种法的分类方法是源于罗马法学家以来的传统,并无特别的新颖独到之处。

1. 刑法

康德是西方近代报复主义刑法理论的主要倡导人之一。康德认为,犯罪是一种破坏法律从而违反理性和正义的行为;刑罚则是对犯罪的惩罚,是对理性和正义的恢复。这样的恢复就是"报复",并且是同态复仇式的报复。在康德看来,刑罚不是把罪犯当成工具,也不是出于社会功利的考虑,而是侵犯别人自由所应得的自己自由遭到的同等剥夺。比如说杀人者要被处死,不是因为他对社会有害或者具有社会危害性,而是他应该受到侵犯别人那样的相同的侵犯。为此,他反对贝卡利亚和罗伯斯庇尔宣传的废除死刑的主张。康德说,罪人不能自处于立法者的地位,不能以罪人的身份参与立法,指望他们来同意死刑。因此,那种认为保持死刑的法律规定就等于人人同意自杀的观点,至为荒谬。

康德的刑法理论的主流方面是反封建主义的进步性。它反对把罪犯当成单纯的刑法客体即当成工具,主张尊重罪犯的自由意志和自己的立法,从而不把犯罪对社会的危害,都体现资产阶级的人道主义精神。但也不能回避他所提倡的同态报复的刑法论里也包含着落后的野蛮法观点。康德的报复刑罚论,很大程度上被后来的黑格尔所继承和发挥。

2. 民法

康德认为,私有财产是公民社会的基础。但私有财产并不是一开始就存在,而是历史的产物。以调整私有财产关系为主要内容的私法,其基础是自然法。自然法要求人人都享有财产的自由权利,从而把物分成"你的"和"我的"。

康德把财产的所有权(物权)分为"本体的所有权"和"现象的所有权"两种。前者指公民社会的法律认可的所有权;后者指因经验上的占有即原始取得而形成的所有权。所有权的本质,表现在物的所有者有向非法占有者的返还请求权。

康德主张,一个国家之内的任何财产都应当属于私有财产,这样就能充分地实现公民在财产的取得和转让方面的自由。相应地,他反对封建制的历史所遗留下来的国家、骑士、教会的财产特权,显然,这些主张旨在为资本主义商品货币经济的发展廓清道路。

按照康德的理论,在私法关系中所有权的主体是人,其客体是物(财产)而不是包括人——占有人是不允许的。但他并没有把这一进步的资产阶级私法观点坚持到底。如同前述,他在一定程度上还承认人身的隶属关系。这实际上是有限度地把人身也视为私法关系的客体。

康德的私法观点的形成,显然是受到正在积极酝酿过程中的《拿破仑民法典》的影响。(顺便一提,康德逝世的1804年,恰好是《拿破仑民法典》正式颁布的年份。)

3.婚姻家庭法

同《拿破仑民法典》的体系一样,康德也是把婚姻家庭关系列为私法(民法)的调整对象,丝毫无意把婚姻家庭法看作是一个独立的法律部门。

康德反复强调婚姻双方的平等,但是,婚姻是什么?康德在谈到人不能成为私法关系中的占有对象问题时继续说:当然,存在着一个物——个人权利的领域,在这个领域里人们把自己看成是物,为了相互利用而彼此让与——这就是婚姻。康德把权利分为物权、人格权、物权性质的人格权、家庭,尤其是婚姻关系完全属于物权性质的人格权,即人带有物的属性。这种把婚姻的实质当作人(夫妻间)的物与物相交换,或者互相利用的观点,是赤裸裸的资产阶级的婚姻观。此外,康德还把婚姻定义为"不同性别的两个人为了有可能享有对方的性器官而结合"。同样,为了保障双方获得快乐的平等权利,丈夫可以对离弃他的妻子感到一种需要,而妻子也可以对离弃她的丈夫感到一种需要。这便是离婚自由。把离婚自由当作婚姻自由的主要标志,是比一般资产阶级法学家们的高明之处。的确,对于一向高谈先验的理性、道德法则的康德,竟能发出这样的庸俗而浅薄的所谓"平等""自由"的婚姻问题说教,是令人啼笑皆非的。

从康德关于家庭成员间相互关系的论述中看到,他同时也是一个不平等、不自由的鼓吹者。不过,这种鼓吹是以"法律"作为掩护的。康德认为,在所谓"法律的决定"之下,一个人即使还保存生命,却可以成为另一个人任意处置的工具。其中,就包括丈夫对妻子、父母对子女的人身特权在内。更刺目的是康德对非婚生子女的极度歧视。他宣布:"非婚生子在法律之外(婚姻是一种法律规定),因此,便不受法律的保护,像违禁品的走私商人一样,就会可以无视它的存在,因此他们根本就不应该如此进入存在。"不言而喻,这里流露出剥削阶级的残忍和偏见。

六、永久和平与国际法

正像论述人类从自然状态向公民状态过渡那样,康德又论述从国家间的战争状态向永久和平状态过渡的辩证法。在《对人类历史起源的推测》(1786)中,康德一方面说"对文明民族的最大灾祸就是战争",另方面又说"在人类文明的现阶段,战争是促进文明发展的必不可少的手段"。原来这也是自然世界用"恶"的手段推动历史的表现。例如,从法国革命,尤其拿破仑战争中就可以看到这个道理。在康德看来,战争能够推动社会前进,只是在特定历史时期即社会发展水平还不够高的"现阶段"才如此。所以战争并非通常人的愿望,当然也并非康德本人的愿望。相反,康德是一个一贯坚定的和平主义者。"永久和平"是他的国际法思想的核心。

还在《道德形而上学》(1797)中,康德就宣布:"建立一个普遍和持久的和平,不只是纯粹理性范围内的法理论的一部分,而且是理性的整个最高目标。"在此之前,即1795年,康德已撰写闻名的《永久和平论》专著,全面而具体地宣传国际和平的思想。书中采取国际条约文件的形式,分作预备条款、正式条款和秘密条款三个层次展开论述。

预备条款,规定为建立国家与国家之间正常关系开辟道路的条款。这实际上就是康德本人认为应坚持的国际法的基本原则。它们是:第一,任何一个和平条约如果在签订时包含有引起新战争的隐蔽的可能性,就不应当认为是和平条约。第二,任何一个独立国家(不论大国还是小国)都不得为他国用继承、交换、买卖或让与等手段加以侵吞。第三,常备军将来应完全废止。第四,国债不得用于对外政治斗争的目的。第五,任何国家都无权以暴力干涉他国政治制度和政府机构。第六,任何国家在与别国交战时都不得采用会使在将来的和平条件下建立相互信任成为不可能的敌对行动,如派遣暗杀者和放毒者,违反投降条件、煽动对敌国的叛乱等。简言之,这些条款的主要内容可以用主权、和平、信义来概括。

正式条款,是关于如何保障已获得的和平问题。第一,每个国家的政体都应该是共和制。康德正确地认识到国际制度取决于各国国内制度这一真理。他指出迄今为止国际动乱、战争频起的根源在于各国国家制度这一真理。他指出,迄今为止国际动乱、战争频起的根源在于各国国家制度性质的不合理,尤其在于专制君主制。康德明确地指出,只有共和制才能成为国际永久和平的先决条件。因为共和制是按照人民的公意行事,而人民是反对战争的。"相反,在臣民不是公民从而不是共和制下……领袖不是国家的同胞而是国家的所有者,他的筵席、狩猎、宫苑等等一点不会因战争而有损——他就可以像请一次客似的由于微不足道的理由而发动战争。"在康德看来,能自觉地承担义务的道德精神,在良好的共和政体之下才能发展。一旦世界各国都推翻专制政体,建立共和政体,"这对我们所愿望的永久和平就……作为由于承担义务而产生的一种状态。"第二,各个国家自愿结成联盟,并且联盟体制中的各成员国的权利都得到保障。康德坚定地维护国家主权原则,说明建立国家联盟或"自由国家联邦"并不是实行国家的合并和"世界国家",而是国家间的一种和平的、协调的状态。在国家间相互走上联盟道路的过程中,犹如当初人们签订国家契约的情况一样,它们只是放弃自己的一小部分权利(更正确地说是放弃独断专行),不仅不失去独立,而且使独立获得了坚定的保护。系统地论述全世界确立普遍和平的必然性,这是康德的一项新贡献。第三,要把"世界公民权"限定于有去别国受到接待的权利。康德的意思是,每一个人都应该有可能访问地球上的任何地方,而不遭到侵犯和敌视;每一个民族都享有对他所拥有的领土的权力,不应受到任何的外来的国家和人的威胁。多年来,西方强调除直接用公开的武力进攻外,还借"世界公民"的口实(如旅游、移民、传教等方式)对弱小和落后国家进行侵略的勾当。康德虽然是总结了这些教训,通过这一"正式条款"来反对殖民主义。

秘密条款,论述只有在法的基础上使政治和道德相结合,才能实现合理的政治制度与世界的永久和平。康德的尖酸刻薄的词句和反讥的手法,揭露了所谓"哲学家"(如柏拉图的"哲学家国王"的理论)、"法学家"、"政治实践家"、"道德家"们惯常的野心和阴谋诡计,即马基雅弗利主义。康德辛辣地戳穿"政治实践家"的信条:第一,行动而后加以谅解。不要放过独霸(本国或邻国)权利的有利时机。事后为此找一个辩护理由或用体面的借口来掩饰暴力那是非常容易的,而且会做得很漂亮。第二,如果你做了,你就要否认,不要承认自己犯下的罪行。譬如,在你把自己的人民引向绝望的困境因而引起暴乱时,你就要说这是臣民执拗的过错。在国际间也采取同样的办法。第三,分而治之,如果你的人民中有某些享有特权的实力人物,他们选你为他们的最高首脑,那你就要在他们中间散布纷争,离间他们和人民的关系;然后你就为人民辩护,许以大量的自由来诱骗他们,这样一来,一切都将取决于你的无限意志。至于谈到其他国家,那么挑动他们之间的争吵,则是在帮助较弱者的借口下,使他们一个接一个地服从于你的完全可靠的手段。康德最后指出,侵略者的这一套政治信条是尽人皆知的,骗不了人的。问题是要使这伙野心家声誉扫地,彻底失败。这样才足以保证各国人民的和世界的永久和平。康德的以永久和平论为指导的国际法思想受到一切正直人士的欢呼,对于而后,特别是现代的国际法产生巨大的影响。

马克思精辟地指出:"在康德那里,我们也发现了以现实的阶级利益为基础的法国自由主义在德国所采取的特有形式。"这儿所说的法国自由主义的固有含义,指的是1789年法国大革命中进步的资产阶级思想体系。康德把它移植到德国来,不言而喻地具有积极的反封建的意义。不过,为使这种移植在德国的土壤中成活,康德又不能不下一番修剪的工夫,即按照软弱无力的德国资产阶级的需要进行发挥。于是,犀利的、革命的法国理论,就蜕变成了我们已经看到的那种动摇和妥协的德国理论。这应当视为时代的、阶级的制约,有其客观的必然性。就其时其地的德国而言,康德毕竟是走在前头的。

费希特

在18世纪末、19世纪初的德国古典法哲学的发展过程中,费希特起着极其重要的作用。他是康德与黑格尔之间承上启下的代表人物。

约翰·哥特利勃·费希特(1762—1814)出生于耶拿的一个贫穷的织匠家庭,先后在耶拿和莱比锡两大学就读。他早年曾直接受过康德的指教,1794年成为耶拿大学教授,1798年因遭到宣传无神论的指责而罢职。此后赴柏林,担任柏林大学教授,进而当选该校首任总长。52岁时,感染鼠疫而殁。费希特有关政治法律思想的著作颇为丰富,举其要者有《向欧洲君主索回至今仍受压制的思想自由》(1793)、《纠正公众对法国革命的评断》(1795)、《自然法的基础》(1796)、《关闭的商业国家》(1800)、《现代的特征》(1804)、《对德意志民族的讲演》(1907)、《权利学》(1812)、《国家论》(1813)。

批判哲学家康德区分自然世界与自由世界的学说,诱发了费希特的哲学。费希特的"知识学"正是演绎、把握康德的这种学说,从"绝对自我"的"存在"出发,并在与自我塑造的"非我"对立统一中引导出理性运动的法则。知识学哲学经历了康德式的二元论、主观唯心主义和客观唯心主义三个阶段。相应地,以知识学哲学为理论基础的费希特政治法律思想,也大体上可以划分为三个时期。最先,费希特追随洛克、卢梭及康德,鼓吹自由主义、个人主义,倡导国家契约论、自然法、人民主权和个人权利诸学说,并充当法国资产阶级大革命最激烈的拥护者和宣传家。其后,在1800年前后,费希特逐渐转向社会本位主义。最终,以拿破仑进攻德国为契机,费希特变成强烈的民族主义和国家主义者。简单地说,第一个时期是以所谓"法的统治"为核心内容的"法律国家"论;第二个时期是以国家社会主义为理想的"经济国家"论;第三个时期是以民族主义和"祖国"观念为基础的"文化国家"或"教育国家"论。不过,理性和自由的信念却是贯彻始终的。正是这一点清楚地表明,同康德一样,费希特的学说也是革命的法国理论的德国翻版、一种独具特色的翻版。

一、自由和革命

费希特把理性当作人的本质,而理性的根本属性是自由和对自由的追求。所以,自由即人性,与人性的自由对立的是非人性的奴性。他的看法是,被别人奴役的人固然是奴隶,而奴役他人的人也是奴隶即具有奴性的人。基于这种观点,费希特认为做人的第一要义就是认识到自己是自由的,别人也是自由的,能够不惜一切地维护自己作为自由人的尊严,也能够积极地维护别人自由的尊严,只有这样的人,才是真正自由的人。费希特还深信斯宾诺莎在《神学政治论》一书中提出的见解,也就是在人的自由中最重要的是思想自由。他说,一个人可以放弃一切,"唯独思想自由不能放弃"。纵令他欲放弃,也没法做到。既然如此,思想自由权利更不能容忍他人来剥夺。费希特严厉地呵斥那些肆意蹂躏人民思想自由权利的封建贵族和君主们:"不! 你们不是我们的上帝。"人民只是自己本身的财富,并且知道怎样来保卫这种财富。

当法国大革命发展到雅各宾派专政的高峰时,引起欧洲和德国封建势力和反动文人的疯狂攻击,也有许多不觉悟和不明真相的善良人跟着流露出疑虑情绪。在这种政治形势面前,费希特奋笔写下《纠正公众对法国革命的评断》,旗帜鲜明地驳斥各种歪曲和诽谤法国革命的谬论,为法国人民助威。书中论证革命的法国人民的行动有充分的根据:一是理性的根据。也就是说,他们觉悟到自己在本性上是自由的。二是法理上的根据。他们要夺回的仅仅是本来就属于自己的"原始权利"。费希特还宣布,法国革命的狂热,定会是过去封建阶级高压政治的结果,毫不值得奇怪。尽管费希特觉得

"暴力革命确属人类的冒险尝试",但他毕竟还是断言"运用暴动,运用强力革命与剧变之后,一个民族或许能在 50 年中获得比平常 500 年中更多的进步。"

费希特的言论与态度表明了与康德的差别。费希特的理论具有直截了当的政治性,而他本人则不愧是当时的一位有胆有识的革命理论家。

二、自然法和法律

费希特将人类遵循的规范划分为四种:①天理。这是上帝的真理。②自然法。③社会的一般协议或契约。④国家法或国家契约。这样一个规范层次表示,自然法高于一般社会协议,更高于国家法。所以,费希特强调,国家绝不能逾越自然法,否则便侵犯人民的自由。不但如此,从根本上说,即使像财产、教育、文化,也是独立于国家的。因为,财产是人们为了生存而劳动的权利,教育是家庭和社会的职责,文化是伴随社会的发展自然而然形成的。由此可知,任意扩大国家法的范围没有法理根据,从而是不允许的。费希特如此贬低国家的地位,在于要提高法的地位,实现"法的统治",使国家成为"法律的国家"。

从《自然法的基础》一书中看出,费希特是欧美古典自然法学派传统的继承者。他所讲的自然法,就是人性法或"纯粹理性形式"。自然法的核心内容是承认和维护每个人生而具有的"原始权利"或"绝对的自由"。正是这个"原始权利",构成自然法及实定法的基础。其实,费希特本人也知道"所谓人的原始权利,并非真有此物。""原始权利这东西全然是一种虚构,然而为了权利学,却是一个必需的虚构。"

与康德一样,费希特认为,从本源意义上说,真正的法只是自然法;它是国家实定法的立法原则。所不同的是,康德讲的法是从实践理性中抽引出来,是道德的应用或"绝对命令"。简言之,法是道德论的产物。费希特不同,按照他的说法,自我活动以他人的存在为前提而形成"个我",即现实地同他人交往关系中的自我,只是在此领域中各种固有的意志自律才发挥作用,从而才有法。所以,作为纯粹理性形式的法,是认识论的产物。

人是理性动物。那么,人的理性表现在什么地方? 就表现在:一个人自知我有理性,他人也有理性,我是自由的,他人也是自由的;从而我在行使自己权利时必须作一定的限制,以保证他人也能行使权利。这样一种内在于理性的自由人格的群体之中,并表现他们相互间必然关系的诸法则和规则便是法。费希特写道:法的概念乃是自由人格和相互间必然关系的概念。法概念的整个对象,就是自由人格相互间的集团。这一法的概念告诉我们:其一,法存在于理性的人际关系中,也就是存在于由自由人格结合起来的社会群体中;其二,法渊源于每个自由人格以其内部自由(自由思想)约束其外部的自由行动;其三,法的目的是保障每个人格都有机会实现自由,行使自己的权利。如果缺少这三个要素中的任何一个,都不会有法。显而易见,对于现实的社会而言,赋予此种涵义的法是自然法和理想法,而不是实定法,亦即费希特心目中的自然法。

法借助国家的法律(实定法)表现出来。因此,法和法律属于同一范畴,而不与伦理属于同一范畴,为此,要了解法与伦理的关系,就必须考察法律与道德的关系。费希特认为,法律和道德有如下的不同:第一,法律调整人的外部行为;道德调整人的内部精神。第二,法律直接涉及人际关系,因而法律责任是相对的,道德发生于个人的良知,是个人的内心确信,因而道德责任是绝对的。第三,法律表达的是"公意",所以法律中的义务要经过国民的普遍同意;道德为每个理性的自由人格所共有,所以道德中的义务不需要这种普遍同意。另方面,费希特还认为,虽然法律与道德有区别,但它们又相互补充。道德没有法律的支持,不道德的人便会无法无天。法律没有道德的支持,就不能实现,甚至它本身或许是"恶法",而遭到社会的唾弃。在这个问题上,一切取决于人的认识和觉悟的程度。如费希特所言,倘若社会中人人遵守道德,那么法律就根本无用了。可见,没有法律的社会是费希特的一种美好的向往。

费希特的自然法和法律的学说,是近代古典自然法的继续。它对德国容克贵族的野蛮法和等级特权法,无疑地是一种挑战。另外,它所包含的理论观点,尤其关于法与道德关系的论述,不乏精辟之处,对后人有一定的启发。但是,在德国,这种学说没有发挥多大的实际推动作用。因为,当时的德国毕竟不是法国,没有给自然法学说以革命的地盘。更何况,费希特又尽力使这种学说向着纯哲理方面收缩,使之变得尤为抽象了。

三、国家论

在费希特的政治法律思想方面的著作中,论述最多、最为集中,并且一生中从未间断探讨的一个主题,是国家问题。

1. 自然状态和国家契约

费希特假定的人类自然状态,是人人孤立的状态。在那里,每个人都想尽量把自己的"原始权利"运用到最大限度。既然"原始权利"是绝对的权利,那么它当然要包括抗御他人侵犯的"强制权利",即,在有人侵犯我的时候,我有权利对他施行强制。随着"强制权利"而来的,是"制裁权利"。它指自认为受到侵害的人确定在什么时候、什么事情上需要对加害人施行强制。不难想象,在这三种权利统一于每个人身上的情况下,必然造成人们之间互相抵触、相互争斗的局面。于是,使每个人的"自然权利"都失去保障,大家都没有安全感。从而,"权利"也就形同乌有。

出路在哪里? 理性启迪人们去寻求彼此妥协的办法。费希特说,唯一的办法是每个人都把"强制权利"和"裁判权利"交给一个最有权威的、被普遍信赖的第三者也就是"法律"。而法律只不过是包含每个特殊意志在内的"共同意志",所以服从法律就是服从理性、服从自己。与此相应,作为表达共同意志和制定法律的国家,必须由契约来产生。

整体的国家契约,可以看作由更为具体的三部分契约所构成:①个人间订立的"财产契约"。每个人在相同的条件下,用自己的财产作为担保,不去侵犯别人的财产。

②个人间订立的"保护契约"。每个人保证竭力保护他人的财产。③个人与人民整体间订立的"结合契约"。这种契约无非是要使前两种个人间的契约取得全社会的确认，并获得一致遵行的效力而已。非常明显，费希特的国家契约论所紧紧围绕的核心就是私有财产；契约国家或法律国家，就是私有财产权的国家。

最后，关于国家契约问题，费希特还附加三点重要的说明：其一，国家契约是由人和人所订立，而不是人与政府所订立。所以，政府不是作为人民整体的对方之平等当事人，而是处于人民意志（契约）之下的。其二，人民订立国家契约时交给国家的仅是每个人"原始权利"派生物的"强制权利"和"裁判权利"，绝不是"原始权利"本身。如同前述，"原始权利"不会也不可能转让。其三，既然国家契约是每个理性人格完全出于自愿而参与的，那么每一订约者也有权随时宣布退出国家而又不离开原有的疆域，或者同其他社会成员一块重新组合一个国家。仅就这一点而言，比洛克、卢梭的主张还要激进。也正因为如此，其幻想性质就更加突出。

2. 政体

按照费希特的逻辑，人民订立契约建立国家，国家要奉行人民的"共同意志"，那么，顺理成章，国家主权必须是人民的主权。他指出：不论从事实上说还是从法律上说，人民有至高无上的权力，并且是其他一切权力的渊源；人民只对上帝负责。如果政府篡夺人民的主权，人民当然可以进行反抗，而不承担背叛国家的罪名。因为，"人民全体不能成叛徒，以叛乱之名加给人民全体是绝大的荒谬。"纵然在费希特的晚期倾向集权主义的"文化国家"或"教育国家"论的时候，他仍坚持说："君主属民族的一部分，是毫无疑义的"，"以德意志而言，一切文化都来自人民"。

费希特强调，国家政体必须由"国民全体绝对一致地同意"，而且是"众法之法"的宪法来规定。费希特的政体学说，有两个基本点：第一，反对传统的"三权分立"论。费希特认为，国家权力结构中只应有两种权力，即行政权（包括立法权、司法权）和监察权。他说，"这样一条实属每一合乎理性和合乎法理的国家组织的基本法，行政权和控制或约束行政的监察权二者应当分立。监察权必须留在全体人民手中，而行政权则必须委于特定的人物。"民主制是全体人民兼掌监察权和行政权，就好比行政元首（君主）兼掌监察权一样，都是"专政的统治"。第二，反对将政体形式绝对化。费希特认为，只要经过人民的一致同意并载于宪法之中，只要建立独立的监察权，君主政体、贵族政体、共和政体都可以是合理的。一个国家采用什么政体形式，取决于具体环境和条件，他举例说，在国内人民还没有养成守法的习惯，或者与国际邻国之间缺乏法律调整的情况下，就应当有集权的政府，采用"一人政体"；在国内早已建立起良好秩序、法律畅通的情况下，就应当采取"共和政体"。

在费希特的政治理论中，最富有特色的是关于"监察权"的说教。监察权的根本意义在于，它是全体人民监督和审查政府（行政权）是否遵守宪法和法律。平时，监察权由人民选出的"监察院"行使。监察院不得参与和干涉任何行政活动；它只能在认定政府违法时,有权宣布停止政府的活动,同时召集人民开会议决。人民集会听取政府与监察院双方的辩论,然后作出判决。政府与监察官,不论何方败诉,都要被判为"叛逆大罪",而受到处置。假使监察院与政府狼狈为奸、毁法殃民,那么,人民就有权一致地自动集会,废除政府和惩治监察院。由此可知,人民集会之举动,总是包含着撼动国家的巨大危险。不管怎样,费希特关于监察权的学说,不失为其人民主权论的重要体现之一。

必须说明,上面所谈的契约和政体的论述,都是费希特的早期思想。以后我们将看到,对于这些东西,费希特本人也鉴于其非现实性,而渐渐地抛到一边了。

3. 国家社会主义

1800 年《关闭的商业国家》问世,标志着费希特的政治法律思想已由"法律国家"转向"经济国家",也就是由精神性的个人自由主义转向物质性的、群体的国家社会主义。在该书中,作者开宗明义地反省自己以往的观点,断言国家应当赋有监督一切公民事务的全权及谋求公民功利的全权。其意思是主张国家对社会和公民生活,尤其是对经济进行干涉和控制。

费希特指出:人类一切行为的目的在于求得生存,凡自然赋予生命者都有要求能够生活下去的同等权利。所以,经济分配应当以大家都能生活为转移。为此,费希特便强调公民的所有权和劳动权这两种权利的意义。但是,所有权不是单纯的对物的权利,重要的是将作为素材的自然物进行动作的自由的行为。另外,人的劳动绝非牛马式的苦役。它应该伴有欢乐并可导致精神达到至高境界的效益。这样,就要求国家必须制订广泛的计划和合理的统制。首先,人民需要依照工作的性质,划分为三大基本阶级和三个附属的社会集团。三个基本阶级是:①生产阶级。②制造者阶级。③商人阶级。每个阶级的人数都有确定的比例,每个阶级所经营的范围也要有比例,均不准随意增减。三个附属的社会集团是:①官吏。②教师。③士兵。他们皆受国家赋税收入供养。其次,国家的经济水平,唯求达到自给自足,稍有余裕,而无求于他国为限度。过于富裕或过于贫困,都会成为祸乱之源。为此,国家必须绝对地垄断对外贸易,以杜绝国际战争的根源;对内,也要严格控制生产与消费,实行公定的价值制度。再次,废除"世界货币",实行"国家货币"。就是说,金银概由国家储存统制,私人间的流通以粮谷为计值单位的国家发行的纸币或皮币作手段。最后,关闭的商业国家需要以规模和资源适度的"自然疆域"为条件。费希特说:"每个国家必须有其自然的疆域,才能保证其所需而不再有求于邻国;同样,他国也因此而无求于此国。"这样,彼此方可"不致再扩张"。

《关闭的商业国家》一书的背景是,费希特正目睹先进的资本主义国家为夺取对外贸易的霸权而频繁地掀起国际战争。另外,虽然这时费希特的"天赋人权"已不再局限于抽象的理性和自由,而变成重农学派——亚当·斯密式的东西。但费希特知道,德国尚没有形成真正的产业资产阶级,甚至没有作为自由贸易起码条件的国家统一。在这种情况下,自由贸易只能造成这个后进的农业国家的更大灾难。为此,他提出了与斯密截然不同的主张。这个主张看起来确实汲取西方历史上的政治浪漫主义和乌托邦主义的许多思想观点。但实际上,它却含有现实的根据,反映德国从重商主义向近代资本主义转折时期的特征。费希特把这本书献给普鲁士的财政大臣这一点,也是一个很好的证明。当然,书中也不乏浓厚的小资产阶级的平均主义及中庸适度的小康主义一类空想成分。至于有许多西方学者们断定"关闭的商业国家"属于什么"社会主义"著作,全然是一种误解。不要忘记,费希特所讲的这种国家,仍然是以私有制为基础的阶级统治。它同本来意义上的社会主义(更不必说是科学社会主义)是有根本区别的。这种"社会主义",仅仅是资产阶级国家全面干涉社会经济的"国家社会主义"而已。

4.“教育国家”论

费希特后期的国家思想即"教育国家"论,以 1804 年《现代的特征》一书为正式开端,以 1812 年《权利学》和 1813 年《国家论》为终结。这和他在哲学上从主观唯心主义向着神学的客观唯心主义的转变相一致。这个时期,费希特形成这样一种信念:彻底的"理性王国"或现实的自由世界,只能由纯粹的、永恒的精神所创造。这一艰巨的历史任务,不能指望借助人民群众的自发性来实现,而必须通过有权威的理性共同体即国家的教育来实现。"教育国家"是无限地导向"上帝之国"的地上的神国。这种"悟性的神学政治",正是费希特纯粹理性的观察和推理的结论。

既然国家承担教育全体公民的重任,那么,它就要求高度的权威性和强制性。于是,费希特便不能不对其早年的观点大幅度地加以改变。其一,用社会本位主义修正个人自由主义。费希特说:根据真理而言,是不存在什么个人,存在的只有人类团体。合理性的生活在于,每个人置身人类团体之中而忘掉自己,把自己的生活系于团体生活并为整个团体而牺牲。其二,用国家主权论修正人民主权论。从前费希特鼓吹卢梭关于人民的整体永远是主权者,"公意"就是主权意志的观点。现在,他则强调"主权是国家的最高意志和权力","主权必须寓于个人",甚至"这一个人可以说是根据上帝命令而设立的强制者"。同样,原先大力渲染的"监察院"也取消了。理由是,这种制度"难以实现","人民判断政府未必可靠",云云。一言以蔽之,他提倡的已经是国家主义了。

费希特国家学说的发展过程呈现一条由高而低的下降曲线。从"法律国家"到"经济国家",再到"教育国家"的三部曲,其反封建的锋芒越来越钝化,调门越来越低沉,直至乞求于宗教的启示。

四、民族主义

费希特的民族主义大体上是与其国家主义同步发展的,在一定意义上甚至不妨把它视为国家主义的重要组成部分。1807 年《对德意志民族的讲演》,是这种民族主义之大成。

不言自明,费希特的《对德意志民族的讲演》首先在于动员德国人民奋勇抵抗法国军队的侵略,维护国家的独立和民族的尊严。但是,他更深层的想法却是要激发德国人的大民族主义情绪,图取德意志民族在未来的特殊优越地位。他说:请大家想象两种不同的境迁。两者之中,你们必须选择其一。假若你们仍在愚昧和消沉的路上蹒跚,那么奴隶生活的一切灾难如贫乏、耻辱、胜利者的藐视等终将来临,直至你们必须牺牲原有的国籍和语言文字,以换取一种卑贱的生存地位,乃至整个民族的逐渐灭亡。反之,假若你们彻底醒悟,一致奋发,则可以得到能够忍受但却是光荣的生存。不仅如此,你们将看到一个新世纪在自己周围生长出来。它给你们及全体德意志人以获得无上光荣的希望。……你们将看到德意志民族成为全世界新生命的再造者。继而,费希特又阐发他有关民族主义的一系列的观点。

什么叫民族?以前,费希特注意民族的地理环境;而现在则认为,文化,尤其是语言文字是构成民族的基本要素。他说:不论在什么地方,凡发现一种特定的语言文字,那就是一个民族。这个民族就有独立地管理自己的事务和统治自己的权利。反之,如果语言文字不同,即令居住在同一个地区,也不是同一的民族。按照这样的标准,费希特又说:操着同一语言文字的各邦都是德意志民族,普鲁士也不例外。但德意志人与欧洲其他地区各国人,则不是同一民族。就是说,费希特鼓吹的是德意志民族主义,而没有扩展为日耳曼民族主义或雅利安民族主义。

论及民族和国家的关系问题时,费希特突出两个要点:首先,民族是"祖国"的实体,它高于国家。他说:民族与祖国,作为尘世间永久性的砥柱而言,远在普通意义上的所谓国家之上。因为,国家仅仅是执行法律以维持社会安宁和人民生存需要的物质条件的手段;而对于民族或祖国的爱,则是达到"至善"这种永恒和神圣事业的途径。其次,是民族主义同爱国主义的一致性。费希特说:世界大同是一种意志,说的是生命及人类的目的要在人类中实现。而爱国主义说的是上述目的必先在每个民族国家中实现,而后把这种成功的结果由民族国家扩展到人类。所以,爱人类要先爱祖国,谋世界和平要先谋民族国家的独立。

接着,费希特便提出"原民族"概念,鼓吹德意志民族的特殊"优越性"。所谓"原民族",就是指一直保持先进文化传统的民族。按照费希特的说法,在日耳曼人中,唯有德意志人是"原民族",比其他支派都"超卓"。因为,只有德意志人居住在自古以来的土地上,保持自古以来的语言文字的纯粹性,并使其文化不断地发扬光大。马丁·路德的宗教改革,中世纪德意志城市的繁荣,德意志人倾向共和政体和地方自治,以及德意志人在哲学、诗歌和人才方面的出类拔萃,都有力地证明德意志民族是世界上"最优秀""负有引导世界全责"的民族。既然德意志民族最有"保存的价值",那就应当自信、自强,改善自己的现状。它不应当蹈袭古希腊的一民族多国家那种分离状态,而应当实现民族的统一;不应当屈从"外来文化"(特别是法兰西文化),而应当振兴自己的传统文化。

最后,费希特认为,德意志民族复兴图强的根本出路是进行"精神性"的建设或"教育"。他说,德意志民族区别于非德意志民族的东西,集中表现在精神、心理和哲学方面。简言之,它的特点是"在信仰人的本性中具有绝对的原动力,是信仰自由、信仰无穷尽的改善及信仰我们的永远进步"。但这种信仰是离不开教育的保障的。"除了教育,没有别的方法能拯救德意志的独立。"德意志民族今日处于如此悲惨的处境,都是教育的罪过。所以,"保存德意志民族的唯一方法,是彻底改变现行教育体系。"

费希特在国家的紧急危难之秋,勇敢地挺身而出,号召德国人民反抗侵略,奋力向上,统一国家,这一股热忱和爱国精神是正当的、无可非议的。不过,他借此而发挥的一通民族主义理论却存在着严重的问题。民族是一个物质生活和文化生活的共同体,在它的内部还有阶级的划分,而物质生活条件是最基础性的。但是,费希特的民族概念中则仅强调文化特别是精神性因素,显然是片面的。另外,"原民族"观点也没有什么科学根据。实际上,它不过充当费希特为宣扬"大德意志民族主义"而制造的口实罢了。尽管在费希特那里,这种大民族主义并没有引申出民族侵略和扩张主义,而是同世界大同与人类自由联系在一起,但两者的间隔只有一纸之薄。在后来的德国历史上,这种民族主义愈演愈烈,产生了非常不良的后果。还应当看到,费希特竭尽全力宣扬的教育拯救民族的主张,实质上和他的"教育国家"论是一回事。

五、永久和平和国际法

费希特是康德"永久和平"论的拥护者,渴望普遍善的、作为伦理共同体的世界。

费希特认为,世界不安宁的祸殃直接源于各国统治者的自私自利和穷兵黩武的野蛮行径。他对欧洲各国已经和正在兴起的资产阶级国家的扩张和掠夺政策极为不满。费希特愤怒地说:"人的最残忍的敌人是人。""即使文明使这一群野蛮人在法律约束之下联合为一些民族,这些民族也仍然利用联盟和法律赋予它们的权力而相互攻击。它们的军队不顾艰辛与匮乏,和平地横穿森林与原野;它们的军队互相遭遇,一见自己的同类就如听到厮杀的号令。海军舰队用人类知识作出的最高成就装备起来,横渡重洋;人们穿狂风、破恶浪,急于到荒无人烟的平原上,寻找同类决战;他们寻找自己的同类,也不怕狂风暴雨,都为的是亲手消灭自己的同类。即使在人们好像都在法律之下平等地联合起来的国度里,以可敬的法律名义占统治地位的东西也仍然大部分是暴力与诡计;在那里战争进行得更加卑鄙无耻,因为这战争是不宣而战,以致受攻击者不可能制定保卫自己,反抗非正义暴力的方案。"

为了避免非正义战争的灾难,费希特倡导各国要在完全自愿的基础上订立契约,成立"国际联合",以相互保障独立和解决纷争。国际联合的决议虽然未必永远公正,但不公正的决议也不那么容易得逞。为使决议得到切实执行,国际联合需要有军队维持其权威。军队可临时由各会员国分派,而不是常备的。费希特认为,"这种国际联合逐渐扩大,及之全球,便可建立永久和平。永久和平是各国之间的唯一合法的关系。"不过,费希特专门声明,国际联合只是建立在国际法基础上的国家间的秩序,不是"国际国家"或"世界国家"。

勤劳、法治、永久和平,都是有限的"自然"。人类更高的理想应该是"无限的自然"即意志或精神性的,是"伟大的、自由的、道德的共同体"或者"伟大的伦理王国""彻底善的世界"。这就是"人的使命"。

费希特对剥削阶级统治者发动非正义战争的谴责和对大同世界的向往,富有人道主义情味。这和康德的谈法颇多类似。但康德的"永久和平"论的主要倾向是经验性的东西;费希特则全然是从抽象的理性甚至"天意"中推导出来,充满神秘主义性质。因而,同样没有可能认识到非正义战争的经济的、阶级的根源,更不可能为人类指出一条通向大同世界的正确道路。

黑格尔

1820 年出版的黑格尔《法哲学原理》(副题《自然法和国家学纲要》)一书,是西方资产阶级古典法哲学的最高成就。它一问世便引起了巨大的震动。无产阶级革命导师马克思先后发表过《黑格尔法哲学批判》及《〈黑格尔法哲学批判〉导言》。恩格斯也非常重视这本著作,说它形式是唯心主义的,内容则是现实的;并说,它是人类知识的大厦。《法哲学原理》应列为法学家必读的书。现将该书的内容简要地加以评介。

黑格尔(1770—1831)的法哲学,是研究法的理念的学说。法被理解为客观精神,以意志为实体;而意志是自由的,所以法属于自由的王国。既然法不以人(包括立法者)的特殊意志为转移、为法律的依据,那么就完全有理由把它叫做自然法。法哲学同以法律为对象的实定法学是有区别的。黑格尔的法哲学体系,由抽象法、道德、伦理所构成。

抽象法,指维护抽象人格的法。它没有提供任何具体的权利,仅表现权利的能力。它只能以禁令为基础,命令每个人不得否定他人的人格。抽象人格要变成现实人格、权利的能力要变成实际的权利,必须与外部领域结合起来。这就是所有权(与自然物结合),契约(与他人结合),不法(对现实权利的否定)。所有权的内容有:①占有,包括对物的直接的身体把握,给物以定形,对物加上标志三种形式。②使用,即发挥物满足主体需要的使命。完全的使用权,就是所有权。使用也包括使用物与物间的可比性即价值。③转让,指主体把他的物不再视为自己的行为。但是,人格是不可转让的。契约是中介的所有权,即主体间为转移所有权而达成的合意。它以单一意志间的任性为特征。契约分为:不同所有人的对等换位的实在契约,分割让与的否定环节与接受的肯定环节的形式契约。不法是对所有权和契约的否定,包括无犯意的不法、诈欺、犯罪。其中的犯罪,是自在自为的不法。对犯罪要施以刑罚。犯罪是对法的否定,刑罚是否定之否定,目的在于恢复法。刑罚是由法官代表普遍意志所施行的报复,而不是私人报复(复仇)。报复的形式为理智的报复即在社会价值上显得等同的报复,非同态报复。对主体科以刑罚,是尊重他的人格(主观的法)的表现。

道德,是主观的法,它要求在人的内心之中与抽象法相一致。道德属于法律无法干预的领域,由故意和责任、意图和福利、善和良心的环节所构成。故意和责任之间是一种因果联系。单一意志仅以其知道自己所做的事情为限,才对它负责,而不是单纯的客观归责。这里讲的故意是主观方面的泛称,包括过失在内。至于结果,有必然的与偶然的、得到完全发展的与未得到完全发展的区别。意图和福利属更深层次的东西。意图是主体对自己故意行为将导致的结果的社会价值的了解,同故意相比,它是普遍性的东西,是故意的间接形式。动机产生目的,目的规定行为的内容,行为是达到某种福利的手段。意图、目的、动机、行为,均在福利上获得统一。但它们相互间并不总是绝对一致的。善和良心的对应,是绝对法和彻底实现了的自由二者的对应。无疑,行为应该合于法。而法,有判断善的法,又有判断行为本身的法。前者属于道德范畴,后者才属于法律范畴。至善的人才是彻底自由的人。

伦理,是现实的善。它既有精神力量又有物质力量,要求人们绝对服从。伦理有如下依次向上的环节,即家庭、市民社会、国家。

第一,家庭。它是直接的、自然的伦理实体。它以两性与血缘的爱为基础。婚姻是具有法的意义的伦理性的爱,把原先无关的两性结合成一个人格。因此,它不是赤裸裸的自然关系,也不是契约关系。它可以出自双方的主动,也可以出自父母的事先安排。由于婚姻的神圣性,决定了它本身的不可离异性。但婚姻的主观成分,又产生离异的可能性。男方的生活领域在家庭的外部,女子则是守家礼。要严格遵循一夫一妻制和反对血族通婚。家庭人格必须以持久而稳定的财产为定在物。这种财富主要靠男方的劳动获得,并以男方作法律代表,但都是全体家庭成员的共有物。子女有被父母教养的权利。家庭或由于夫妻离婚或子女获得独立的法律人格或父母死亡而解体。后一种是自然的解体,将导致财产继承的后果。遗嘱是死者的任性,弊端累累。法律可以承认遗嘱的效力,但又加以限制。只有在没有近亲时,才允许远亲或无血缘关系的人来继承。

第二,市民社会。它是需要的体系、物质的国家,也是私利的战场。市民社会的环节是:①司法。所有权经过司法保护才达到有效的现实性,而成为自为的。司法的准则是法律。法律指导人们按普遍性来行事,所以必须使社会一体遵守。法律应当是实定法。习惯法是主观地、偶然地被知道的,缺乏稳定性与明确性;即使是习惯法汇编,也属畸形的法律。英国式的判例法是埋藏在浩繁档案中的成文法,且使法官成了实际的立法者。成文法典是文明民族的标志,历史法学派反对法典是错误的。法律有概念的界限(原则性)与偶然性(灵活性),法官的任性领域仅在后一方面。法院是唯一的司法机关。每个市民都有向它起诉的权利。但也有到庭陈述的义务。法定的诉讼程序在于使当事人有机会主张其证据方法和法律理由。为避免程序的繁琐和滥用,应推行简易法院与平衡法院。审判公开进行。陪审制更能显示判决是自由人对自由人的宣告。②警察。这里指管理内务的行政权力。③同业公会。它是市民等级的劳动组织,直接满足市民的需要。

第三,国家。国家是伦理理念的现实。所以,它本身就是绝对的目的。个人只有在国家中才具有客观性、真理性和伦理性。实体地看,家庭和市民社会是国家把自己分成的两个理想性环节。国家机体的构成部分有:①主权。国王是国家的象征,代表国家的普遍性。他的权力是抽象的、没有根据的自我决断的权力,对于争议的事项以"我要这样"作结束。不允许以人民主权代替君主主权,因为人民是一群无定型的抽象物。但是,王权不是任性的专制权力,而是立宪的、法治的权力。②行政权。它的职能是实施国家中已经决定的东西(法律)。行政权包括司法权和警察权。行政官吏由国王按照个人的才能选拔和任命。对官吏要有自上而下的等级监督和自下而上的自治团体、同业公会的监督。③立法权。这是一种涉及普遍性的国内事务的权力。立法权以国家制度为前提,并且是国家制度的组成部分。其任务在于调整个人与国家的关系。立法权产生的法律应当是明确的,以便于施行;又应当是原则性的,以便适应情势变化而进行修改。立法权与行政权结合一起作为王权与人民之间的中间环节。等级要素即代表制或议会,是实现立法权的机构。代表来自国王的任命和社会团体的选举,而不是人民的投票。内阁的大臣都应是代表。代表直接对普遍利益负责,不对选民负责。议会有上、下两院,会议公开举行。

国际法,是从主权国家之间的关系中产生的。尽管国家间应该存在自在的法,但由于不存在超国家的权力,因而国家关系只能停留在应然上面。国家与国家彼此订立条约,但又都凌驾于条约之上。一切国家都是独立的,不能干涉别国内政。国家要相互承认。福利是国家对别国关系中的最高原则。战争是解决国际纠纷的最高手段。不论平时或战时,都要遵守国际条约与惯例。

世界历史,是作为客观精神的法的自我认识过程。这是一个没有终结的过程。

黑格尔的法哲学是法国革命的政治法律思想的德国翻版。它呼喊的是进步的、但又十分软弱的德国资产阶级的声音。不容置疑,在黑格尔的法哲学中充塞大量的保守的封建性国家观和法律观的杂质。然而,黑格尔理想化了的国家与法律制度,毕竟不是现存的普鲁士制度,而是它未来的模式。换言之,是资产阶级君主立宪的国家及其法律。尤其应该看到,由于强烈的历史感和深刻的辩证法的驱使,黑格尔的法哲学提供了大量的当年英、法等国思想家所没有的或者没有达到的新成果。这些精华,正是我们要认真加以研究和吸取的。

萨维尼

萨维尼(1779—1861)是法国历史法学派的中坚人物,因而其影响最大。

一、法的起源及其规律问题

萨维尼认为,法律的发展规律表现为三个阶段:第一阶段是自然法,指在民族历史中自然发生的,以口头或文字世代传袭下来的诸法规。它存在于民族的共同意识之中,是习惯法。第二阶段是学术法。它具体地存在于社会上已经出现的法学家阶级的意识之中,使法律走向科学化。这个阶段的法有二重性,它既属民族生活的一部分,又属法学家手中的一门特殊的科学。第三阶段是编纂法典,使习惯法与学术法统一起来。应该说,萨维尼提供的线索,大体上符合法律尤其罗马法的历史发展过程。

萨维尼对于法的起源及其规律进行探讨的尝试,为法律历史科学的创立奠定了基础。这是一项极其重要的贡献。但是,它在理论上有很大的弊病。其一,它把法当作脱离社会生产方式而独自产生和发展的东西。实际上,法是社会的上层建筑,总要以社会生产方式的发展为转移。正是针对这种历史唯心主义,马克思断然地指出"法没有自己的历史"。其二,它在法的历史研究中,存在着过分崇拜经验的非理性主义倾向。马克思在《法的历史学派的哲学宣言》一文中,有力地揭露了在法史研究中的这种实证主义和保守主义。

二、法是"民族精神"的体现

萨维尼在《论当代在立法和法理学方面的使命》一书中强调,法的内容不是由任何偶然或任意的东西所构成,它包含的是同民族本身不可分割的必然因素。在人类"历史的早期阶段,法律已经有了该民族的固有的特征,就如同他们的语言、风俗和建筑有自己的特征一样。不仅如此,而且这些现象并不是孤立存在的。它们不过是自然地、不可分割地联系在一起的、具有个性的个别民族的独特的才能与意向。把他们联结为一体的是民族的共同信念和具有内在必然性的共同意识。"简言之,法律就是"民族精神"的体现。一个国家的法体系,就是其固有的民族精神之长期的、不易察觉的作用的结果。

除了民族精神之外,萨维尼也承认法学家在立法中的作用,甚至把这种作用称为法律的"双重生命力"之一。不过,法学家的作用是从属的、有限度的。他说,法学家对于立法干预太大,便会忘记对法的历史因素的考虑。在这种情况下,他们就可能向法律中"掺杂武断的意愿或意向","使法律越来越矫揉造作和复杂化",导致法和法律体系的扭曲变形。

萨维尼把一个国家的法律同民族发展的状况和特点结合起来进行考察,认为法律必然地受到民族状况和特点的影响。这确实是无可非议的、合理的。但同时,需要指出的是,决定着法的实质内容的所谓民族精神,属于神秘之物。从哲学的意义上讲,它没有比它要批判的古典自然法学提供更高明的东西。两者同是意识至上论。古典自然法学是理性的神秘主义,德国历史法学是民族精神的神秘主义。差别在于前者宣扬非历史的法律观,后者宣扬虚构历史的法律观。不过,前者的目光毕竟是朝前的,后者则是朝后的。

三、强调习惯法的作用,反对编纂法典

萨维尼认定,不成文的习惯法和成文的实在法都是重要的法源。但是,成文的实在法不如习惯那样自然发生,它渗入了更多的人为的因素,如国家的立法机关、立法人

员和法学家等的意志。从历史演进的角度上看,倒是不成文的习惯法产生在先;而且,即使在成文法的时代,习惯法仍然是法律背后起着重要作用的东西。

谈到法律效力问题时,萨维尼也突出习惯法。他竭力论证:"在习惯上表现出来的法律规则之所以能强加于人",是因为"这些规则是从自觉的意识中产生而为人民所默认的";其次,"在成文法律上所表明的法律是民族自觉意识和民族意志的正式表示。"——这两个命题表明,不论是不成文的习惯法,还是成文的实在法,其最基本的渊源和效力来源,应该说是同一种历史因素,即所谓"民族自觉意识和民族意志"的东西。正是在这个意义上讲,不成文的习惯法与成文的实在法之间不仅有同源关系,而且成文法是习惯法发展的必然结果。也就是说,在形式上,成文法固然是超脱了不成文形式的、法律发展中更高一级的表现形式;但在内容上,成文法却不能逃避历史因素的影响,它与习惯法在内容上不能没有历史的联系。既然如此,习惯法又不能不高于成文法。毕竟,习惯法不仅先于成文法产生,而且更直接地与民族历史相联系。由此,德国历史法学派认为,要想真正理解现实的成文法,必须首先研究和理解习惯法的地位和作用,重视过去被忽略了的这一历史因素。

其实,萨维尼之所以这么注重和强调习惯法的地位和作用,认为习惯法最重要,单纯从理论上说,其目的无非是要告诉人们,对习惯法的研究和探讨是理解现实法律的前提和基础。如同胡果早已说过的那样,要让人们意识到法律即成文法并不是法的唯一来源。在一切国家里,法不仅仅是立法的结果,而且也是在立法者活动范围以外形成的。例如,历史上的习惯法,罗马的最高审判官法就是如此。由此可知,他们所极力强调的"习惯法的作用不可忽视",如果从其整体上理解的话,不过是"法的历史因素"不可忽视这种主张的进一步地延伸和具体化。

萨维尼在强调习惯法的作用和地位的同时,又以习惯法的重要性为由,坚决反对编纂全德统一的民法典。这又一次明显地表现出此学派政治态度上的保守主义倾向。萨维尼认为,编纂法典,国家要审查它的整个立法体系,使其见诸文字,为的是如此编纂的法典在今后不应使其他法律继续有效。法典的实质有两重性:一部分由现行法律组成,一部分由新的立法规定组成。就法律本身而言,要有高度的准确性,同时,在选用法律上要求高度的统一性。萨维尼借用 F. 培根的话辩解,认为"非常值得考虑的是培根依其渊博的知识和丰富的经验对于这种工作所说的话。"他认为,除非有紧迫的必要性,否则决不要从事编纂法典工作,而且即使从事这一工作时,也要特别注意有新的法律的权威意见;首先要谨慎地采用可以在法律权限内适用的每一件东西,其次是对其保留和调整。他说:"总之,只有文化和知识超过前一时期的时候才能从事这一工作,如果过去的成果由于目前的无知而被毁灭掉,那才是真正可悲的。……必须透彻理解和准确表明,现行法不能修改,只能保留。"另外,除了考虑法典的实质外,还必须考虑它的形式。萨维尼在谈"我们的立法使命"时,断定德国没有编纂一部良好的法典的能力。他说,"对于法学家来说必须具备两种精神:熟悉每个时代和每种法律形式细节的历史精神;从每一概念和每一规则来看它的整体的主动关系和合作,即唯一真实和自然关系的系统精神。18世纪的法学家具有这两种科学精神的较少。……实际上,这种改进几乎还没有动手去做,据此我否认我们有编纂一部良好法典的能力。"对此,黑格尔极为激愤,指出:"否认一个文明民族和它的法学界具有编纂法典的能力,这是对这一民族和它的法学界的莫大侮辱。""最近有人否认各民族具有立法的使命,这不仅是侮辱,而且还含有荒谬的想法,认为个别的人并不具有这种才干来把无数现行法律编成一个前后一贯的体系。其实,体系化,即提到普遍物,正是我们时代无限的要求。"黑格尔的见解表达了当时德国一切进步思想家的共同的心声。

四、对于罗马法的贡献

从德国的历史上看,还在几个世纪以前,意大利法学家所解释的罗马私法就已为德国所正式接受。因此,在19世纪的德国的法源中,除了德意志固有的、不统一的日耳曼习惯法及其他话形式之外,罗马法,主要是罗马私法,也是其主要法源。萨维尼在谈到德国民法时,就曾明确地指出:"不但各州法律本身的许多法律条文纯属罗马法,而且这些条文只有根据罗马法原文才能理解;但即使在那些故意通过判决的部分中,也经常是按照新传进来的法律予以解释和执行的。因此,没有罗马法,就无法理解哪些地方应该用这种新法律解决的问题。"有鉴于此,德国历史法学派不仅认为应该正视罗马法的存在和作用,而且有力地、卓有成效地对罗马法开展了系统的研究。美国人J. H. 梅利曼对此评价道,德国历史法学派"依据对罗马法研究中所发现的原则,创造了高度系统化的法律体系。在此之前,《学说汇编》已经被人们系统地研究了几个世纪。但是,只有到了19世纪中叶德国的法学家才能使这项研究达到了最高和最为系统化的水平。德国法学家的研究成果,在德国所颁布的有影响的法规中达到了顶点"。梅利曼的说法不免有些言过其实,但大体上是不差的。

梅　因

当历史法学由德国扩展,进而影响到欧洲其他国家之后,这股思潮便逐渐排除其早期的某些缺陷,摆脱其政治上的保守性。绝大多数历史法学家们已经开始用实实在在的研究来代替神秘的"民族精神"之类的侈谈。而到了英国法律史学家、历史法学派在英国的代表梅因(1822—1888)闻名于世的时候,历史法学已不再像它在德国那样只注重经验和古代资料,在学术方法和政治态度上偏于主观主义、非理性主义和保守主义;而转为具有建设性和客观性的倾向了。

尽管梅因的主张和研究并不与德国的历史法学派完全相同,但梅因从萨维尼等人的主张中,至少受到两个方面的启发:一方面是把法律当作一个发展过程的思想;另一方面是法律与一定社会历史相联系的观点。正是基于此,人们才把梅因列为历史法学派的代表人物之一。然而,这里要强调指出的是,梅因对德国历史法学派固然有承袭的关系,但更多的却是新的贡献与发展。

梅因在其举世驰名的《古代法》一书的自序中,明确地认识到,研究古代法的目的,在于说明反映在古代法中的这些人类最早的某些观念与现代思想的联系,在于解决现实问题。有了这种认识,在具体的研究中就能增强目的性,从而就可以在具体的经验基础上提出系统的、具有文化属性的、对法律制度及其历史的把握。由此,我们可以断言,如果说萨维尼时代历史法学的研究尚处于其初期,历史决定着那时只能是注重本民族的历史法律文化的特点及其与民族法律文化之差异的话,那么,梅因时代的研究,则处于历史法学的成熟期。

具体地讲,如果说德国人强调的是"法律是民族精神的体现"和习惯法的重大历史作用,那么,梅因则在强调习惯的作用的同时,更明确地指出了习惯法必须进一步发展成为实定的成文法典。萨维尼等人只注重通过历史研究解释和说明现行法,而梅因却认为研究法律不能局限于现行法律,还必须用比较的方法在详细地研究之后提出法律发展的原理。由于梅因在研究时,其取材并不局限于法律,而且对圣经、史诗、剧作、印度宗教典籍以及法学家著作亦无不涉及。比如在《古代法》一书中,他就引用古希腊大诗人荷马的诗篇。因此,他的研究不仅仅是找出各民族的法律文化之间的差异,而且还在此基础上找出各民族的法律文化在历史发展中的共同趋势。

梅因在继承萨维尼等人注重法的历史因素的同时,更全面、更客观地指出:"法律拟制""衡平""立法",依次是历史上法律改变和演进的主要手段,三者各有其应有的作用,不可忽视其中的任何一者。他通过对古罗马、印度、英国和其他古代法律的深刻研究,用令人信服的发展与进化的思想和观点,得出了最著名的公式:"进步社会的运动,到此为止,是一个从身份到契约的运动。"梅因通过自己坚实的研究,从实在的历史中得出的这个结论,不仅取代17—18世纪古典自然法学那种雷厉风行的历史虚构(最为突出的是"自然状态"的学说),而且第一次从法律关系的角度,明确地表达并肯定人类从奴隶制、封建制这两个奉行等级特权的"身份"社会到资本主义"个人自决"的"契约"社会,为历史的必然。这是社会关系的革命在法律关系上的一种基本的、普遍的表现。这样,梅因便通过对法律历史的研究,把经验的、量的积累与理性的结论,借助法律的术语统一在一起,从而克服了早期的德国的历史法学特别是胡果把经验与理性完全对立起来的做法。

R.庞德曾说:"历史法学家们看到了体现在人类经验之中的一种自由的观念,从中可以引申出展现当时这种观念的最高峰的法律制度。梅因用黑格尔式的术语,将实现自由这个抽象的一般命题说成是从身份进展到契约的具体的一般命题,因而就使黑格尔和萨维尼的学说,似乎转向为实证主义了,以致今天有些人把梅因列为一位社会学家。"庞德的评论足以印证,在梅因的时代,历史法学已经把经验和理性统一在一起了。恩格斯在谈到梅因那个"从身份到契约"的公式时,十分明确地指出:"这一点,就它的正确而言,在《共产党宣言》中早已说过了。"如果说《共产党宣言》是从社会基本矛盾的质的分析的角度上阐述人类社会总体发展的必然规律的话,那么,梅因的"从身份到契约"的公式,则从另一个侧面,即从历史发展的量的积累的角度上,向我们说明了人类社会从奴隶制和封建制的形态发展到资本主义形态的过程中在法律关系上所表现出来的特征。当然,梅因这种到资本主义社会为止的社会法律关系特征的揭示,实际上美化了资本主义商品交换关系,让人们坚信资产阶级法律的核心是"契约自由""私有财产神圣不可侵犯""保护个人权利"等教条。但从另一个方面来说,这在客观上却有助于人们认清资本主义法律关系的特征。

历史法学发展到梅因这里,至少给人以这样的启示,即"我们必须永远记住:在我们的法律中记录着为理性所发展的经验和被经验所考验过的理性这样一种教导传统。"

历史法学在美国的代表者是 J. C. 卡特(1827—1905)。但他的表现已是历史法学的回光返照了。卡特同纽约州民法典起草人 D. D. 菲尔德(1805—1894)之间的论战并赢得胜利,这一事实乍然看来颇若当年萨维尼同蒂保之间的论战。可是,卡特作为普通法系传统的维护者,他所坚持的是民事和经济方面的单行法,尤其判例法,这与萨维尼坚持半封建的习惯法不能相提并论。我们讨论美国的历史法学的时候,无论如何不应忽略这一点。

19 世纪和 20 世纪交接时期,随着法律史科学的形成,作为研究法律历史的特殊的思潮或专门的派别已失去其意义。至于对除去历史的社会法现象的、现实的社会法现象之研究,这又成为新兴的社会学法学的任务。于是,所剩下来的,又像我们在亚里士多德、波利比、布丹和孟德斯鸠等人那里所看到的,仅仅是一种法学方法即历史的研究方法罢了。当然,现在它是自觉的、系统的、深入的,一言以蔽之,更高层次的法学方法论。而这种法学方法论属于各种各样的法学方法论之一。

圣西门

克劳德·亨利·圣西门(1760—1825),19 世纪上半期法国空想社会主义者。

恩格斯指出,"圣西门是法国大革命的产儿",他的思想处处都有法国资产阶级大革命的烙印。法国革命爆发时,他站在第三等级一边,反对贵族、僧侣,积极参加斗争。他极力接近群众,宣传平等思想,要求废除一切封建特权。为此,他声明放弃自己的贵族身份,改自己的伯爵名字为公民(包诺姆)。但革命发展超出他能接受的界限,因而他脱离了革命。不过,通过革命的体验,他看到贵族、僧侣阶级与第三等级的斗争,也看到贵族、资产者同无产者之间的阶级斗争。这是圣西门的卓越的发现,恩格斯予以充分肯定。但他对法国的革命专政、对处死国王路易十六都不赞成,甚至感到恐怖。

圣西门对未来社会的一个卓越的预见是,阶级压迫将被消除,统治者与被统治者的对立将不再存在,政治将由对人的管理变成对物(经济)的管理。他说,那时,"政治学就是关于生产的科学,也就是,目的在于建立最有利于各种生产的事物秩序的科学。"恩格斯评价说,"圣西门宣布政治是关于生产的科学,并且预言政治将完全为经济所包容。虽然经济状况是政治制度的基础这样的认识在这里仅仅以萌芽状态表现出来,但是对人的政治统治应当变成对物的管理和对生产进程的领导这种思想,即最近纷纷议论的废除国家的思想,已经明白地表达出来了。"(《反杜林论》)圣西门主张在未来社会中还是有统治阶级的,这个阶级由实业家、学者组成,由他们掌握社会的经济、政治、文化等方面的权力;圣西门认为未来社会同样要树立国家机器,不过这时的国家已非统治工具,而是组织生产、为社会造福的机构,其职能完全改变了。

圣西门否认暴力革命,宣传依靠理性的威力、人们的道德观念、社会舆论,实现其"实业制度"。他说:"我的笔就屡次想要描述法国人自己制造的灾难的情景,再现他们曾经做过的暴戾举动,复述他们在革命时期所做的残忍行为,但是我的心反对我这样做。一想起我亲眼看到的一些可怕情景,我的心就颤抖起来。"因此,他把宣传作为实现变革的主要手段,努力游说,组织团体,发出呼吁。特别是他把希望寄托在法国国王身上,认为只要他颁布一道敕令,委托实业家编制预算草案,他的"实业制度"就能够实现了。这当然完全是幻想。

傅立叶

法朗斯瓦·马利·沙利·傅立叶(1772—1837),19世纪上半期法国空想社会主义者。

傅立叶出身商人家庭,本人长期从事经商活动,对资本主义商业内部种种罪恶勾当非常熟悉,并且对此进行了深刻的观察和机智的揭露。当傅立叶成年时,正是法国大革命处于高潮之时,但他对革命并无兴趣。他因被吉伦特派士兵抓去当兵,商品被叛乱部队征用,全部资本损失已尽,这更激起他对革命持否定的态度。

18世纪启蒙思想家宣传"天赋人权""社会契约"思想,约许以后给一切人幸福与文明。傅立叶抓住这点,把它同资本主义社会中工人的贫困和大量失业的情况联合起来,给予辛辣的讥讽。他指出,劳动人民连起码的劳动和生存的权利都被剥夺了,如果他们想享受自己最迫切的权利,享受靠一定条件为生的权利,他们就要遭受监禁和被送上绞刑台。可见,社会契约在保障劳动权方面是多么的无能。

傅立叶设想的"法朗吉"并非完全社会主义性质的合作社。因为他主张在这种制度下仍要保留若干重要的资本主义因素。他反对消灭私有制和不平等现象,要保存股息形式的非劳动的剥削收入。他认为在这种制度下,要依靠四种人的合作,即合作社创办人和首脑、谈判家、宣传家、发明家。所谓谈判家,就是那些与达官贵人和资本家有来往的人;所谓创办人、宣传家,就是资产阶级政客,拿破仑手下的将军和王公贵族。

他特别重视国王的作用,认为他是有决定性影响的人物。傅立叶不仅要保留资本主义因素,简直连封建的遗老遗少、国王也要保存,并顶礼膜拜。

傅立叶还有一个突出的思想,即宣扬"阶级调和""阶级融合"。他认为,由于情欲引力的奇妙作用和在"法朗吉"中的共同劳动,富人将不厌恶劳动和轻视劳动人民。同时,由于"法朗吉"分配办法和优裕生活,贫居人可以节省开支,增加积蓄,把积蓄换成股票,这样就使穷人变成富人,他们不但不会对富人反感,反会满意。于是穷人与富人、工人和资本家的界限就会逐渐消逝,社会便日益趋于"普遍的和谐",其美好的社会理想就实现了。阶级斗争、革命等,都是不必要的。仅此一点已注定傅立叶的理想是必然要失败的。

欧　文

罗伯特·欧文(1771—1858),19世纪上半期英国空想社会主义者。

欧文以一位空想共产主义实践家而著称。他对资本主义的批判比另两大家要全面、深刻。他抓住资本主义生产资料私有制,认为这是造成广大劳动群众贫困与社会灾难的总根源。他说:"私有财产或私有制,过去和现在都是人们所犯的无数罪行和所遭的无数灾祸的原因。"这样的批判当然更能动摇资本主义制度的基础和实质。不仅如此,欧文同另两大家相比显得更激进。他主张消灭生产资料私有制,消灭城乡差别、脑力与体力劳动差别及阶级差别。这些共产主义思想的科学因素为马克思主义的社会主义所吸收。

欧文的共产主义实践活动。欧文力图亲自实践自己的理想,这是他更先进之处。从1824年开始共产主义实验,然后花了几十年时间,方式繁多,结果均告失败。1824年,欧文率信徒去美国,购置了三万亩土地,成立"和谐公社",社员千余人,实行自给自足。他们通过一个"宪法",实行财产公有和民主管理制度。试验四年,终于宣告失败。1829年返回英国后,欧文又积极参加和组织合作社运动,以作为向共产主义过渡措施。但因经不住资本的竞争,没多久也破产了。1832年欧文又建立"劳动市场",企图通过流通渠道来组织生产,作为改造资本主义的初步措施。这年他领导的"全国劳动产品公平交换市场"在伦敦成立。由于资本主义生产的无政府状态,有些商品一抢而空,有些大量积压,以至于使这种交换难以维持下去,三年后被迫关闭。1833年欧文又准备通过工会组织按行业直接管理生产,以改造资本主义社会。这年十月,欧文主持召开了英国第一次工会代表大会,正式成立"大不列颠和爱尔兰全国生产部门大联盟"。他想通过这种工会组织来掌握管理生产的权力。又因资产阶级及其国家的强烈反对,这个组织1834年8月宣告解散。1834年后,欧文又进行"协和移民区劳动公社"的试验,组织各民族、各阶级的协会,共坚持五年,又失败了。欧文的试验一再受挫,这本身就足以说明其理论缺乏科学根据,说明其选择的道路的不正确,即和平改造资本主义社会的道路,在当时是断然行不通的。

欧文对法律有自己的见解。他把法分为神令法(即自然法)和人为法两种。他主张神令法,反对人为法。因为在他看来,人为法使人产生了各种各样有害的感情,制造了犯罪,给人类带来种种的苦难。只有神令法才能培养人类的善良和理性,防止犯罪的发生,使人类摆脱粗鄙的无理性的状态,导致普遍的坦率、真诚和幸福。人为法把财产当成社会主要因素,千方百计维护私有制。神令法则认为私有财产是巨大的灾祸,是各阶级纷争的根源。总之,人为法违反理性,是资本主义社会的必然产物。神令法是以人的理性为基础,以自然权利为根据而建立的。只有按照神命为指导来建立新组织法,才能维护人类社会和整个自然界的和谐。

欧文在《新道德世界书》中分析了人类社会产生的各种政体,包括专制制、君主立宪制、寡头政治、贵族政体、民主政体等,均未给人类制造幸福。欧文认为,一个政体的好坏,主要看它是否能培养人类的高尚性格,是否能使人人丰衣足食。资产阶级政府都是使用暴力的政府、欺骗的政府、给人民造成贫困的政府。但他并不主张"消灭现有的政府",相反,主张由现有政府和统治者进行改革。他把和平改造资本主义的希望寄托在资产阶级政府身上,甚至寄托在君主和官僚身上。他认为资产阶级政府是完成人类改造资本主义社会这个重大任务的一种"自然的、轻易的、十分完善的方式"。欧文相信,只要进行开导工作,是能达到目的的。显然,这是对资产阶级政府的迷信,是自欺欺人的空想。

弗格森

亚当·弗格森(1723—1816),苏格兰的思想家。他的著作有《政治社会史》(1767)、《道德哲学》(1772)、《罗马共和国的兴衰史》(1782)、《道德与政治学原理》(1782)。弗格森生前颇负盛名。他的著作被人们争阅,动辄印行五版以上;而且,很快译成法、德、俄各国文字,流传于外国。即令像法国百科全书派的重要人物爱尔维修、霍尔巴赫及英国的休谟等,也倍加赞赏。但是,在弗格森逝世后,其学说却随之迅速地湮没无闻。

弗格森的思想主要渊源于孟德斯鸠,同时兼收休谟和亚当·斯密的东西。然而,弗格森所构成的,却是一套独立的思想体系。它在一些基本方面,都和当时的启蒙思想家(包括孟德斯鸠在内)相区别。这就是其宿命的自然主义和非理性主义。人们对于弗格森思想的看法的暴热与暴冷,恐怕都和他貌似独树一帜的做法大有关系。

一、自然

弗格森对于当时大多数启蒙思想家们的自然观持否定的态度。认为那种自然观点是主观想象和臆造出来的。弗格森则声明,他并不否认自然的存在,但是对于自然的了解必须通过历史经验来实现。

什么是自然？弗格森认为,凡事实就是自然。自然不仅包括山川湖海的自然界现象,也包括美丑、善恶、爱憎、和平与战争、分离与联合、野蛮与文明、君主制与民主制等社会现象,同时还包括与各种社会现象相应的人们的行为。当研究人性问题时,必须调整其事实上怎样,而不要推想应该怎样。人把生命看作最宝贵,趋乐避苦,有平等也有不平等,这些都属于人性的事实,因而都是自然的。总之,弗格森认为,自然有以下的特征:第一,自然有永恒不变的规律;第二,自然有齐一的谐和;第三,人类社会历史这种自然,是不断进化的。

弗格森的自然观是非理性主义的,同启蒙思想家们的理性至上论完全抵牾。弗格森认为,政治社会的变化,全是在自然规律的作用之下,并不知不觉地达到自然的目的,人是无能为力的。他在《政治社会史》一书中写道:"社会的各种态式,都是以渺茫隐约的源头演化而来的。社会的兴起都在哲学产生以前,是由于人的本能而不是人的理性。人们极少对抗环境而从事某个理想的计划,其成就和准则也都受所处境遇的支配。""对于未来而论,人们的一举一动都是盲目的。"他举例说,某一民族有时有所建树,这固然是人的行为的成绩,但绝非任何人计划的实现,归根结底是在完全偶然、无意中取得的。即使最高明的政治家,对于其所持的政治方案究竟能把国家引向何地,常常是不知道的。再如,没有一部宪法是根据各方的完全同意而制定出来的;没有一个政府是按照某个计划建立的。由此推论:国家的成立绝不来自契约;政府的组成不是理论的产物;用立法改进社会,希望甚微;人民利乐的增进,不能靠理性服从;私有财产和公有财产也不是事先设计好的。支配政治现象与决定政治制度的是一切力量,包括历史、环境、地理、气候、心理、习惯、冲突、对抗的偶然的交织,而不是政治思想。

弗格森的自然观所引申出的最终结论,便是一切"有赖于偶然"。可见,虽然弗格森和孟德斯鸠一样都从承认自然规律出发,导致的后果却截然有别。孟德斯鸠是理性主义,强调人的能动性。弗格森是非理性主义,走上了斯多葛学派倡导的宿命论。

二、社会

弗格森是近代资产阶级社会学的重要先驱者之一。

什么是社会?弗格森认为,最紧要是承认社会是一种事实。它是各种人的群体,如家庭、部落、政治团体、民族、帝国。

社会的组成来自自然,即来自人的本性。弗格森说:"人类一开始就在部落或社团中漂流寻食,有时集居和平,有时争夺对抗。"这一情况并不是由于人们认识到结成社会有好处,也不仅由于习惯,而是由于人性与必然。有人类就有社会,而有社会也就有团结、互助、组织。所以,启蒙思想家们所谓人们离群索居的那种"自然状态"根本不存在。

社会总是要进化的,这也是自然的现象。社会和宇宙万物一样,其存在和延续都有自然的秩序。进化是绝对的;进化一停止,一切都会由腐化而归于消灭。进化的动力来自差别,如种族的歧异,气候与地理位置的不同,各种分工与组织,好动求变的人性,等等。

认真分析一下可以知道,弗格森的社会学说同一些启蒙思想家的同类学说相比,在历史真实方面和方法论方面都有其高出一筹的地方。这是应当看到的。

三、国家

国家是一种社会现象,是社会的工具之一。国家的特质在于掌握权力的分配。

弗格森批判了契约论和暴力论两种国家起源学说。他认为,国家起源于社会中的事实需要;国家无非是这种事实需要的一种组织表现。具体说,它起源于人们的相互依赖、合作的必要,起源于地位、职业、才能、性格、习惯、贫富、功绩而产生的各种不平等,起源于战争和安全感,起源于商业,起源本能的出令和受令。其实,对于弗格森而言,无非所谓国家起源问题,有人类就有社会,有社会就有国家,如此而已。

其次,关于政体。政体没有绝对的好或坏,这要根据环境而定。在这个问题上,好或坏的区别不在于具体的组织形式,而在于统治者能否尽职和尽责,业绩怎样。归根到底,取决于人民及其领袖们的德行和风尚。

再说政府。政府的权力受自然的制约,有一定的范围。政府的目的表现在国防、司法与富裕三个方面;尤其是财产、工商、偿还债务,要受到法律的最高保护。政府要承认人生来在智慧、力量、性情上都是不平等的,但也要给予每个人各自发展的平等机会。政府有权威和人民的服从,根本地是来源于人们的思想习惯。弗格森没有说人对于暴虐政府的反抗权,但鉴于对法国大革命的恐惧心理,他极力主张调和和改良。

四、冲突

弗格森的社会、政治和法律哲学的另一脉络便是"冲突",即一切自然的东西都是冲突的,或都是冲突的产物。冲突是进化、自由和生命的动力和保障。他说,在历史上个人之间、团体之间、阶级之间、教会之间、民族之间、国家之间的对抗冲突才使法律、政府、国家、道德、宗教等得到形成和巩固。冲突,除战争以外,还包括嫉妒、争胜、激辩、决斗等千姿百态。一切理论和信仰都绝不能消除这种普遍而自然的冲突。弗格森说:"没有民族的对抗,没有战争的流行,政府社会本身便要失去其凭借的目的和具有的形式。""我们常常把和平及教育看作公众福利的基础,殊不知独立团体的对抗和民众间的纷争,是生活的原理和教育人类的学校。"他举例说,君主政体的形成,多半由于对外战争需要领袖。奴隶制度的兴起,也是基本财产的争夺。任何社会不能避免分工,分工就包含和引起竞争。冲突可以导致无数的意外收获:"公共利益得到巩固,通常并非由于每个人把公共利益视为自己行为的目的,而由于人人注重一己的地位,决心维护一己的利益。自由之能够存在,全靠社会中人们继续不断地彼此进行纷争和反抗,而不是由于众人对于公平治理存在共同的热忱。所以在自由的国家中,最善良的法律,大约都绝不是任何一派人的利益或精神决定的,而是经过许许多多不同派别的人的提出、反对和修正,才最后成为竞争各派迫不得已的调和结果。"

在意志问题上,弗格森只承认由各个人意志组成的"众意",而不承认有"公意"。

另外,他只承认有群众心理、本能、习惯等,而不承认有理性。所以,他坚决反对把法律说成是理性意志的表现、公意的表现。

弗格森的这种哲学,不妨说是一种典型的"斗争哲学"。他看一切事物中都包含冲突,冲突是进化动力;这是符合物质运动一般规律的。但是,他完全否认调和、统一在事物发展中的作用则是不科学的。正因为如此,必然导致抹杀社会、国家、阶级、法律等现象的相对稳定的内在规定性,抹杀其本质的存在。至于他倡导的非理性主义,则应当视为英国资产阶级腐朽的一面的反映。

布莱克斯顿

布莱克斯顿(1728—1780),是英国国家法学者。他从 1763 年开始在牛津大学授课。1786—1770 年为国会议员。1770—1780 年任法官。著名的《英国法释义》,是他在 1765 至 1769 年间加工其牛津大学讲稿的基础上完成的,该书出版不久便被译成法文,而在美国尤其风行。据统计,美国联邦法院和州法院的判决书中引用此书作为权威者,在 1771—1890 年就有 6477 次;1890—1915 年又有 2412 次。特别是 1787 年美国宪法规定三权分立、牵制平衡和混合政体之类的制度,除了洛克、孟德斯鸠的理论以外,也与布莱克斯顿的影响分不开。

一、国家起源

布莱克斯顿同当时多数启蒙思想家一样,相信人生而具有理性和自由意志,生而平等。对于人来说,快乐与公平是统一的。国家或政治团体所由以建立的目的,即在于维护这种统一。

人们结合为政治团体,不是通过什么契约,那是一种荒诞不经的想象,在历史上找不到根据。正确地说,它是由人生而不能不置身于社会之中的客观事实所决定的,即有社会就必然要有政府。布莱克斯顿对于社会、国家、政府三者,并没有作出严格明确的区分。他仅仅说到,社会基于欲望与恐惧,如同后来黑格尔在《法哲学原理》一书所描绘的"市民社会"那样;而国家则是"由无数个人所组成的联合体,其联合的动机为求得安全与便利,其目的所在为行动一致,就像一个人一样"。

在布莱克斯顿看来,国家虽然不是起源于契约,但却有契约的性质。他说:"社会的原始契约……虽然从未在任何国家用成立时正式签订过,但是就本性和道理而言,在人与人结合的行为中,必然要经过相互的了解和承认。这就是全体应当保护它的各个部分,而各个部分应当服从全体的意志。"

与国家起源问题密切相关的,布莱克斯顿也否认各种有关人的自然状态的假定。但是,他却又支持"自然权利"理论。他说,由身体、自由、财产三大自然权利的总和,就是"自然的自由"。人们为了巩固自然法赋予自己的"绝对权利"才加入政治社会;而政治社会的主要任务,则是限制这种自然的权利。

我们看到,在所说的问题上,布莱克斯顿缺乏他自己独立的理论体系。他主要的功夫花费在糅合霍布斯、洛克与卢梭的国家起源学说。

二、主权与政体

既然国家起源于需要,那么就有它应尽的职能。实施这种职能的,便是政府。布莱克斯顿说,政府的起源已无法考察,但它是主权的所在这一点却毫无疑问。各式各样的政府,"无论它们怎样起源,无论它们根据什么权利而继续存在,凡是政府就有并且必须有一个至高无上、不可抗拒、完全绝对、不受限制的权威,这即为主权之所在。"这种主权概念,大体上是布丹以来的各种主权学说的概括。

主权是借助国家政体来实现的。于是,布莱克斯顿便在主权和政体之间插进一个"智、善、力"三元素作为媒介环节。他说:"智、善、力三者是主权的自然基础,而且也是完美政体的必备条件。"一切真正的主权,都必须完全具备三要素。但是,对于不同的政体,这三要素分布的情况则是有区别的。一种政体强弱,正是根据这一点来判断的。具体地分析:第一,"力"的要素,最适合大权独揽的君主政体,最有利于行政的发展。君主政体的弊病是容易流于自私,即政府谋一族的尊荣而忘记万人的痛苦。第二,"智"的要素,最适合崇尚贤德的贵族政体,最有利于立法的发展。不过,这种政体论"力"不及君主政体,论"善"不及民主政体。第三,"善"的要素,最适合民众为自身谋利益的民主政体。民主政体虽然"力"弱"智"浅,但其"善"总是可取的。

接着,布莱克斯顿集中地论述了现行的英国政体。他说,英国之所以能够发展成为一个"超绝古今国家"的这样的国家,在于它能混合三种政体,分别地取各政体之所长而弃其短,从而并备力、智、善三要素。英国"委之于彼此完全独立的三种权力。第一,国王。第二,贵族院……本其德性、门第、智慧、勇武或财产所选的贵族团体。第三,平民院,从人民相互间自由地推选出来的,所以是一个民主机关。现在以这三部分的集合而组成国会,掌握处置一切的最高权力。如果三者中有一者做出不利全体的事情,势必遭到其余二者的一致反对。又由于每一部分均拥有否决权,所以,如果认为某一政策有害而无利,有盈余的力量加以制止。"这种说教显然是对英国立宪君主制的极大乔装粉饰,并不符合实际。但它作为一种理论,还是具有很大的影响力。

我们综观布莱克斯顿的政体理论,可以知道:他其实并没有多大的创造性。所谓政府主权的三要素,是同柏拉图的"知、气、欲"、康帕内拉的"力、智、爱"、孟德斯鸠的"荣誉、节制、品德"等主张一脉相承的。至于混合政体论,更是古代柏拉图、亚里士多德和波利比,近代的洛克和孟德斯鸠等人的衣钵。布莱克斯顿的政体论发生较大影响的原因,不在于它的新颖性和深刻性,而在于它恰好适应了正忙于建立或健全国家政权如资产阶级的迫切需要那种历史条件。

三、法律

在法的概念问题上,布莱克斯顿倾向于孟德斯鸠的观点,把法看作是自然的规律。按照他的说法,宇宙间一切事物都有它们的法。昼夜和寒暑的更迭有其法,一草一木的萌芽、长叶、开花、结果,每一步都受法的制约。人类社会当然不会例外。所有这些法,其内容有别,而性质相同,即都是表现了事物运动的规律。更具体地,对于人类而言,法是指"在上者所制定而在下者所服从的一种动作的规律"。

法分为三大类。第一,自然法。这是上帝所制定,而为宇宙万物所必顺从的法律。第二,神命法,它是自然法的一部分,专门应用于人类,而通过"启示"表现出来。第三,人定法,即国家制定的法。人定法必须顺从自然法与神命法的原则或规律,若同其相抵触便无效。至于"万民法",它不是由某些人订立的,所以属于自然法的范畴。

从现象上看,布莱克斯顿始终坚持以上帝为一切之本源,但又兼容反封建的"近乎自然"论。他想要证明的是,法并非主权者(不论一人或者多数人)所可随意决定的东西,它必须合乎自然及自然的规律性。

孔 德

孔德(1798—1857),著名的法国思想家,曾长期担任空想社会主义巨匠圣西门的秘书。主要著作是《实证哲学教程》。

一、实证主义和社会学

孔德是实证主义的创始人。所谓实证主义,就是断定人们只能认识事物的现象,而不能认识事物的本质及其规律,所以主张把认识限制在经验的范围之内。只有可经验的东西(看得见、摸得着的东西),才是可以实际证明的即实证的。否则,都属于没有意义的"形而上学"。实证主义哲学还声称,它是超脱唯心主义和唯物主义的、最新自然科学的哲学。由此可见,实证主义的基本观点是抄袭康德的哲学二元论与不可知论,是同所谓新康德主义相一致的。

孔德也是社会学的创始人。他把实证主义哲学作为工具,来研究社会生活的现象,并力图使之成为一个单独的学问领域。孔德给它起了名字就是"社会学"。孔德说,社会学就是研究一般社会现象的科学。所以,我们拿今天的科学的社会学与之比较,孔德的社会学也可以称为实证主义社会学。

二、社会发展阶段

恩格斯指出,"孔德的全部天才思想都是从圣西门那里剽窃来的,但是他在分析整理时用他个人所特有的方式把这些思想糟蹋了。"孔德关于社会发展阶段的理论,最为明显的是套用了他师傅圣西门的,另外又掺进一些孔多塞的东西。

孔德说,人类文化经历三个阶段。

第一,神学阶段,或强力阶段。与此相应的是奴隶制的存在,专制主义政体的存在。

第二,形而上学阶段,或法律阶段。存在农奴制度,贵族政体或无政府共和国。

第三,实证阶段,科学与工业阶段。这是以生产为唯一目的,由工业支配一切阶段。存在的是"社会政体"，为一切人谋利益。所以，实证社会是孔德的"理想王国"。

在划分社会阶段的指导思想方面，孔德本人明确地说道，他既反对保守反动的思想体系，也反对启蒙思想家和当代的革命思想体系，而是不偏不倚的、唯一正确的思想体系，即实证的思想体系。他的用心，主要是反对革命思想，把革命者诱入改良主义的邪路。

三、静力社会学和动力社会学

孔德把他的社会学分为两大部分。

第一部分是研究社会静态现象的，叫做静力社会学。他说，静力社会学的中心课题是"秩序"。

第二部分是研究社会运动现象的，叫做动力社会学。动力社会学的中心课题是"进步"。

于是，"秩序和进步"便成了孔德社会学的口号。所谓"秩序"，无非是维持现在资本主义社会的秩序；所谓"进步"，无非是在现存制度的基础上实行渐进的、和平的改良，使资本统治永世不灭。这一点，只要我们看一看孔德对于其理想的实证阶段的具体设计和描绘，便可一目了然。

四、社会团结和社会职能

孔德说，"团结"与"和谐"是宇宙的规律。政治的任务就是要巩固社会团结，建立社会整体与部分的和谐，使社会各部分都能充分地发挥其承担的社会职能。社会职能也就是社会义务，每个人只有义务而没有权利。据说，个人权利是破坏社会的因素。

孔德设想的实证社会的情况是：科学家、神职人员起领导作用，他们用社会合作精神指导全体社会成员。无产阶级推选出拥有独裁权力的最高社会长官，但他的权力主要是道德性质的。资产阶级掌握拥有实际权力的议会。照孔德的说法，这是低级的人（无产阶级）尊重高级的人（资产阶级、科学家、神职人员），高级的人统治低级的人并为他服务的"社会政体"下的应有状态。

显然，这种实证社会，只不过是稍加修改的资产阶级的社会而已。所以，马克思在《法兰西内战》初稿中说孔德是独裁主义的鼓吹者。

边　沁

耶利米·边沁（1784—1832），是英国资产阶级法学家和伦理学家，功利主义理论的创始人。他的主要著作有《政府片论》（1776）、《道德与立法原则》（1789）。

边沁认为，人类的一切事情，包括宗教、社会、政治、经济、道德等，都起源于人性。人性的规律就是趋乐避苦，它支配着人的一切行为，成为人生的目的。边沁说："自然把人类置于两个至上的主人——'苦'与'乐'——的统治之下。只有它们两个才能够指出我们应该做些什么，以及决定我们将要怎样做……举凡我们之所为、所言和所思，都受它们支配。"边沁所谓的快乐就是功利。法律、伦理道德都以功利为原则。伦理道德中的一切真理,法律中的一切良善,都来自功利,都以功利为标准。他说,"所谓功利,意即指一种外物给当事者求福避祸的那种特性,由于这种特性,该外物就趋于产生福泽、利益、快乐、善或幸福,或者防止对利益攸关之当事者的祸患、痛苦、恶或不幸。假如这里的当事者是泛指整个社会,那么幸福就是社会的幸福;假如是具体指某一个人,那么幸福就是那个人的幸福。"就是说,人们对任何一种行为表示赞成或不赞成,要由这个行为对自己是增多还是减少幸福而定。在边沁看来,国家的法律和制度好坏的标准只有一个,那就是看是否能够增进最大多数人的最大量的乐。如果一条法律、一项制度对人们来说苦胜于乐,那就是不利的、无益的。相反,如果乐胜于苦,那就是有利和有益的。法律、制度本身不能左右人们的行为,能左右人们行为的是法律、制度中的功利。换句话说,一切都以是否对人有利为转移。为了达到追求快乐避免痛苦的目的,边沁提出要依靠四种制裁方法:一是自然的制裁(如疾病等),二是政治的制裁(如法律的判决等),三是道德的制裁(舆论等),四是宗教的制裁。自然制裁,意即产生于自然常轨中的快乐与痛苦。政治制裁,指的是政府和法律的意志对个人的干预而造成的快乐与痛苦,也就是通常由政府的奖惩措施所导致的苦乐。道德制裁,就是周围的人通过言行对个人苦乐所产生的影响。宗教制裁,是指上帝或教会对个人行为的干预而造成的快乐与痛苦。边沁认为,上述四种制裁中,以自然的制裁最为基本有力,它可独自发生作用。

边沁根本否定契约论。他认为,国家的产生是由于社会出现了治者和被治者的划分,是由于服从的需要,归根到底还是由于功利。当人们感到"不服从的祸害,较服从祸害更大"的时候,人们便要求成立国家。因为没有国家人们就没有安全,没有家庭生活和财产,甚至从事任何劳动都不可能,从而,人们的功利就不能实现。这样,功利便成了国家所以产生的唯一根据。

边沁把国家和政府混为一谈,认为国家和政府的目的都是达到功利。政府担负的任务极为广泛,概括说来,就是用赏罚的方法来增进社会的幸福。因此,功利便是政府的唯一原则。在谈到政体问题的时候,边沁提出,首先要考虑到人性的自私,政体的名称、人数的多少,要以对人有利为前提,要以能为最大多数人谋最大量的快乐为条件,要以私利和公利结合为原则。以此为目的,在分配政府权力和采取政体形式时,特别要考虑任期的长短,人数的多少,职权范围的广狭,以及权力的大小等。但极力反对君主专制政体,对民主政体大加赞扬,认为它极能体现功利主义的原则。人民反抗政府不必以"自然权利"作根据,以功利原则为出发点就足够了。

边沁认为,法律是主权者自己的命令或者被主权者采纳的命令的总和。它是强加于公民身上的义务。如果反抗这一命令就要受到制裁。法的基本特征在于:第一,法是主权者的意志和命令,体现这种意志的人性、心理、功利;第二,具有普遍性;第三,是行为的准则;第四,调整人们之间的权利义务关系;第五,具有强制力,具体表现就是法律规定的刑罚及其他处罚。法律的根本目的在于为绝大多数人谋求最大量的幸福。

马克思、恩格斯尖锐地揭露，"边沁的公益归根到底就是一般地表现在竞争中的公益。"边沁所塑造的人是典型的利己主义的"现代市侩"。他把私人利益当作公共利益的基础，是"把一切都弄颠倒了"。马克思还把这种功利主义与18世纪的"自由、平等、博爱"相比较，认为两者具有共通之处，即带有其先天的虚伪性，所以可以将它们捏到一起，即"自由、平等、博爱，边沁!"既然功利主义政治法律思想是资产阶级人生观的概括，自然对后世政治法律思想的发展会产生极大的影响。

詹姆斯·密尔

詹姆斯·密尔(1773—1836)，是边沁最得力的弟子。他的主要著述有《政府篇》(1820)、《法学篇》(1820)、《国际法篇》(1822)。

詹姆斯·密尔认为，人的本性就是自私自利。一切人皆受制于动机，而动机则起之于利益。人的行为均以对己是否有利为标准。人类所以组织国家和政府，就是由于人们自私自利特别是经济利益的需要。如果没有政府，没有政府的限制，人人都会损人利己，从而造成痛苦，违反功利原则。有了政府就可以对人的行为加以限制，使其行为不致损害他人的利益。政府的目的就是为最大多数人谋幸福。

詹姆斯·密尔对法律理论的研究非常重视，并对边沁的法律思想有不少新的发挥和见解。他认为，权利受政府保障，以利用他人或他物而满足自己的需求。权利的核心内容还是功利或利益。为了保障权利，应对一切权利规定确切的定义；破坏或侵犯权利的行为要受到惩罚；法官的权限由法律加以明确规定。法学的任务应以研究权利这一中心内容来展开。研究权利的定义就是民法学；研究犯罪的惩罚，就是刑法学；研究诉讼的手续，就是诉讼法学；研究法庭的组织，为的是执行和实施前三项任务。此外，他还注重国际法的研究，他的有关论断在当时确有积极的作用。

詹姆斯·密尔的思想基本上承袭了边沁的观点，没有超出他的老师的范围。其贡献在于补充了功利主义的心理学的根据，并且使之通俗化。

约翰·密尔

约翰·斯图亚特·密尔(1806—1873)，是詹姆斯·密尔的长子。约翰·密尔的功利主义同边沁及其父辈的功利主义已有很大差别。他将原来的功利主义化简为繁、由粗到细，加以精密的修正。他的本意在于弥补原始学说的缺陷，解决遗留的疑难，但结果使原始学说失去了本来面目。约翰·密尔的功利主义是边沁功利主义发展的末期阶段。他的主要著作有《逻辑体系》(1843)、《政治经济学原理》(1848)、《论自由》(1859)、《论代议制政府》(1861)、《功利主义》(1863)等。

约翰·密尔极力鼓吹超阶级的人性论。他认为,人性可以发现和被证实。人不应完全服从人性,有时人应控制甚至违反人性。人性本身也要有一定的节制。"人的行为愈能增加幸福就愈正确,愈能产生不幸福的效果就愈错误。"人应限制自己的无限的企求,只做应做的事。宁肯自己受苦,也让大家享乐,宁肯暂时受苦,也要图长久之乐。人性的集中表现是所谓快乐,而快乐则是构成功利主义的最主要的内容。人的企求除快乐外没有别的。金钱、权力只是达到快乐目的的工具。他说:"除了让人快乐的东西和让人能达到快乐或避免痛苦的手段以外,对人类来说便没有东西是善的。"在这点上,同边沁的主张完全相同。但在具体解释上却有很大不同。他较强调"社会之乐",即"众人之乐"。他指出,"功利主义的道德标准肯定地承认为他人利益作出的自我牺牲是善的。因为功利主义判断行为的正确和错误的标准,不是行动者自身的幸福而是公众的幸福。"还说,个人之乐与众人之乐紧密相连,法律制度不应使二者分开,而应使二者结合。人的行为的目的在于促进快乐,但快乐本身不是唯一目的,还有许多体现美德的行为,特别是当个人的快乐同众人的快乐发生矛盾的时候,宁可牺牲个人的快乐,也要使众人、使世界增多快乐。

此外,约翰·密尔认为,苦乐本身有优劣和高下之分,人的智慧也有差别。因而对苦乐的理解和趋乐避苦的能量彼此也是不同的。有智慧的上等人能理解的苦乐,没有智慧的下等人就不一定能理解。因为有智慧的上等人经验丰富,善于比较,而没有智慧的下等人就不具备这一优越条件。

约翰·密尔不仅是资产阶级人性论的鼓吹者,同时也是资产阶级自由主义的宣传者。他认为,自由是"社会所能合法施用于个人的权力的性质和限度"。自由的基本原则有两个:第一,一个人在不损及他人利益的条件下,有完全的自由,不必向社会负责;别人对这个人及其行为不得进行干涉,顶多是予以忠告、规劝,或者回避不理。第二,唯个人行为损及别人利益时,这个人才应受到社会或法律的惩罚。也就是,只有在这种情况下,社会才对个人的行为拥有裁制权和强制力。他明确宣称,真实的自由就是"按照我们自己的道路去追求我们自己的好处的自由"。它包括思想意识、行为及集会结社的自由。他特别强调思想、言论的自由,这是绝对的。仅仅有这点而缺少行为自由,就等于没有自由。因为无论是促进文化的发展、个性的施展,还是促进人才的培养,都非常需要行为的自由。他断言,只有完全的自由和充分的个性发展,才是个人幸福的根本,并且是社会进步的主要因素之一。

在国家和政府的问题上,密尔虽然没有系统的观点,但也有若干论述。在国家起源上,他反对契约说及自然滋长说。政体没有绝对的好坏,也没有永远不变的政体,但须符合以下条件:一是人们愿接受;二是人们愿为此种政体的存在而努力;三是此种政体能满足人们的愿望和需求。政府的任务在于保护人和财产。政府的好坏在于是否有自由,如果没有自由,政府就是坏的。

约翰·密尔把资产阶级自由主义的功利主义法学推到了最高峰。

奥斯丁

英国人约翰·奥斯丁(1790—1859),是功利主义思想大师边沁的得力门生之一。他从功利主义出发,汲取欧洲大陆注释法学的成果,创立分析主义法理学体系即其本人自己称谓的"分析法学"。但是,在奥斯丁那里,功利主义是作为立法的根据和法律最终导致的结果而被强调的。这一点是必须交代清楚的。

奥斯丁的分析法学的基本观点有以下几点:第一,法理学的对象和方法。奥斯丁深受孔德实证主义哲学的影响,认为只有实在法才有意义。所以,他坚持的法学研究对象的范围,只限于实在法。而这种研究的方法,仅仅重视对法律规范结构的分析、特别是逻辑关联上的分析,不必过问规范本身的好坏。但是,这一点丝毫没有妨碍他对法律的功利性的关心。因为,他坚信这个问题在立法过程中已有详尽的考虑,功利的分配已经包含在法律规范本身之中,从而坚持规范就是坚持立法所既定的功利分配。第二,法的定义,奥斯丁同老师边沁一样,秉承霍布斯的"命令"说,认为法律包含三个基本要素即主权者、命令和制裁。具体说,法是主权者的命令,指示人们可做某种行为或不可做某种行为,违反时就要遭到制裁。习惯法是实在法的组成部分,但一种习惯规范只有经过主权者的承认(往往是默认)才是习惯法。第三,法的分类。奥斯丁认为,法有四类:一是神命法,包括自然法。二是实在法。三是实在道德,即起源于社会之中的规范。其中也包括从习惯而来的调整国家基本制度的宪法,以及调整国家之间关系的国际法。但它们只有得到主权者意志的认可时,方具有法律效力。四是万物法。它不适用于人类,仅适用于人类以外的自然界。乍然看去,奥斯丁的法律分类论囊括了各种各样的"法"。但稍加推敲,便可知道,他实际上仅将实在法看作是真实的、具有法律效力的法。

奥斯丁的分析法学的重要性在于,它是自由资本主义社会中的典型的法律思潮,深刻而全面地表达了自由资产阶级法制主义的要求,也就是依靠法律来保证资本之间的所谓自由的契约关系。所以,这股法律思潮能如此迅速地在欧洲和北美诸国得到强烈的反响。如果说在17—18世纪资产阶级革命时期,古典自然法学是占据统治地位的法律思潮的话,那么在19世纪,以奥斯丁的分析法学为先导的"概念法学"则当仁不让地取代了这种地位。

耶　林

鲁道夫·耶林(1818—1892)是现代西方法学的启端人物,即社会学法学的正式创始者。

19世纪中期,由萨维尼等人组成的德国历史法学派产生的潘德克顿法学即研究罗马法《学说汇编》的学者中,影响最大的正是耶林。确切些说,他是潘德克顿法学中的历史——社会学派的核心。耶林把萨维尼等人探讨历史上的社会之背后的"民族精神",引申为探讨现实社会中的法背后的"利益关系",他把这称为"法的目的"。进而耶林还提倡使用自然科学的方法,即运用生物解剖学的原理,把法的研究深化;运用生理学原理,考察法的社会功能与作用。于是就形成独具特色的"目的法学"。

目的法学以批判德国法律实证主义为契机,而名声大噪。耶林把法律实证主义讥讽为"概念法学",并加以无情的抨击。这实际也是对 19 世纪曾长期占据法坛主导地位的整个分析实证主义法律思潮的批判。与此同步的,耶林也是第一个坚持系统研究法所保护的"社会利益"的人,他倡导的目的法学,是西方社会学法学的最早形态。

耶林对概念法学的批判具有划时代的意义。第一,它适应 19 世纪末自由资本主义向现代资本主义转变的客观要求。现代资本主义要求国家对社会经济的干预,要求用社会整体利益代替纯粹个人主义。简言之,要求以"社会—个人本位"代替纯粹的"个人本位"。耶林强调的"承认罗马法而超越罗马法",强调社会权力优于个人权利的主张。这些都同 20 世纪以来的西方的经济和政治发展的大趋向是相符合的。第二,耶林呼唤"为权利而斗争",甚至认为每个人维护自己的权利就是他的义务,是他作为人的尊严之必需。这一方面,也为后来对权利义务的理论研究和实证立法奠定基础。更进一步地说,当代人权事业的勃兴,亦受到耶林深刻的启迪。

斯宾塞

赫伯特·斯宾塞(1820—1903)是英国资产阶级社会学家,社会法学的创始人。

斯宾塞出生于教师家庭。幼时因体弱靠父亲指导学习;成年后,作过教育工作,学习土木工程,又搞新闻工作。斯宾塞的社会学和政治著作有《政府的适当范围》(1842)、《社会静力学》(1850)、《社会动力学》、《人对国家》(1864),《综合哲学》十卷(1862—1896)。严复翻译的《群学肄言》是《综合哲学》中的《社会学原理》三卷。斯宾塞是孔德的实证主义和社会学的继承者。他自己独到的"成就"是"社会有机"论。

一、社会进化论

斯宾塞用庸俗进化论解释社会现象。他认为有机生物界和社会都只是逐渐的进化,而无飞跃,最终进入和谐状态。他说,工业社会即资本主义社会是社会发展的最高阶段,是"最完善、最和谐"的社会。

二、社会关系

斯宾塞把人类社会和国家比作生物有机体。整个社会就像一个人体,由类似的各种器官和系统所组成。在社会中,工业组织是消化系统,商业组织是血液循环系统,政治组织是神经系统。每个组织有自己的职能,各自接受信息、作出判断,并加以执行。他进一步说,工业是生产系统,其职能承担者是工人;商业是分配系统,其职能承担者是商人;政治是管理系统,其承担者是有产者(资本家)。这一切是合理的、永恒不变的。

三、国家的任务

国家的任务在于维护个人的生命、自由和幸福的追求。为此,它对外要防御侵略,对内要防止对个人权利的侵犯。国家职权的行使,只限于这个范围才合乎公理和正义。行政权不能过于集中,否则就趋于专制。要实行代议制、扩大选举权和推广地方自治。这些都是实现国家任务所必需的。

四、个人地位与生存竞争

斯宾塞大力鼓吹资产阶级个人主义,宣扬每人都有按照自己意志自由行动的权利,而不受任何限制。只是不得侵害他人的同等权利,妨碍他人的意志自由。这是达到社会有机体的和谐与均衡以及进化所必需的条件。其次,社会的繁荣是受人的生存竞争规律支配的。他说,在竞争中,"无能者贫困,无谋者受苦,懒汉挨饿,强者欺凌弱者,给弱者造成不幸,这是伟大、深远而造福众生的规律的要求。"国家不应该维护"劣等人"即劳动者,以免影响社会进化。

根据上述几点,我们可以看出,斯宾塞的社会有机体论的意义,主要有两个方面:第一,以庸俗的有机体的比喻,全面抹杀社会和国家的阶级本质,欺骗被统治阶级。第二,以生物学(达尔文主义理论)中的生存竞争的观点,论证资产阶级剥削、压迫广大劳动人民的合理性,论证强权政治。所以这一套理论是彻头彻尾的为资产阶级统治服务的理论。

戴　雪

艾尔伯特·戴雪(1835—1922),英国著名的公法学和国际法学专家。就读牛津大学,1860 年以《论枢密院》毕业论文而获得"阿诺德奖",一生著作颇多,其中最有震撼力的是《英宪精义》(1885)。

该书揭示,英宪有议会主权、法治、宪法与宪典之联系三大实质精神。

在英国,巴力门(议会)拥有主权,是至高无上的。它除了不能"把女人变成男人"之外,无所不能。唯有巴力门可以立法,因而巴力门主权必然导致法律的统治。法治以保障人权为核心,非依法定程序并由普通法院证明其违法,不能对人的财产和身体实行处罚;要坚持人在法律面前的平等。英宪首次提出是"不成文宪法",变化性强并无固定形式,属柔性宪法,英宪由两部分组成:一是宪法性法律(主体部分);二是宪典或典则,包括习俗、成训、惯例(附属部分)。宪典之所以有效,集中表现为任何内阁若违反它,便会陷于非法。戴雪这些观点被认为是对英宪的最权威的说明,但亦在以后引起许多争论。

尼 采

弗里德里希·尼采(1844—1900)是19世纪后期德国反动思想家,曾任瑞士巴塞尔大学教授。其主要著作是《查拉图斯特拉如是说》(四卷本)(1883—1885)、《善恶的彼岸》、《道德体系论》(1887),自传体的《看这个人!》(1908),《权力意志》(1895)(未完稿)。

一、反理性主义

尼采在自己的著作中,借助波斯学者久拉所持的主张,宣扬自己的理论。他宣称正摧毁一切"旧价值体系",建立"新价值体系"。尼采所谓"旧价值体系",指从基督教学说,一切进步的和自由主义的资产阶级理论、直到马克思主义理论。理由是,这些理论是理性的思想体系。他对于马克思主义尤其仇恨,诽谤它是传播宗教的"祸首"。尼采的所谓新价值体系就是反理性主义的、反人道主义和反人性论的思想体系。他坚决主张抛弃"理性""正义""道德""怜悯"等传统观念。他说,善恶的分别仅仅是"权力意志的声音",是追求权力的斗争的工具。

二、超人

尼采理论的核心是"超人"论。什么是超人? 就是超越"一般的人"的人或"神人"。尼采对于广大人民即"一般的人",充满敌视、蔑视的情绪。他说人民是"末日时代的人""小人物",是超人眼中的"笑柄""可耻的东西""最大危险的东西"。因为,他们总是要求"人人平等",要求"不再有贫富之分",要求"只有牧群而没有牧者"。尼采对于妇女也充满仇恨与鄙夷,说"在女子面前不要忘记带着鞭子"。尼采常常以"超人"标榜自己,狂妄到无以复加的程度。例如,他在《看这个人!》(1908)的自传体著作中所使用的一些标题就是《我为什么这样聪明?》《我为什么能写出这样杰出的著作》等。

三、权力意志

尼采的超人论是以唯意志论的唯心主义反动哲学作基础的。其集中表现在于,极力宣扬所谓个人的"权力意志"是社会历史发展的决定性动力的谬论。尼采不承认斯宾塞鼓吹的"生存竞争"。他说:凡生存的人,最主要是其意志,而意志就是野心,就是争取统治权力的愿望。所以,世界上的斗争主要是"权力"的争斗,即"权力意志"而竞争。这种"权力意志"论是鼓吹极端的个别"英雄"创造历史的观点。

四、强权政治

既然人和人之间的根本斗争是权力意志的斗争,那么国家政治必然是强权政治或极权政治,一般凭借权力、强力、武力来办事。

尼采宣扬的强权政治,包括国内的和国际的两个方面都在内。

(1)在国内,尼采主张对人民群众要断然地进行血腥镇压。

尼采看到无产阶级革命势力正在马克思主义指导下迅速发展,对资产阶级统治权力造成极大的威胁。他说过,巴黎公社"比起将要到来的情况,也许不过是一种轻微的'消化不良'而已"。所以,必须要采取断然措施来对付。另方面,尼采又认为,各国的统治者对待人民群众太软弱、太仁慈,甚至太"卑贱",他们自然是"人民公仆",宣扬"人民主权""代议民主""自由平等"之类老一套东西,这只能是纵容"下等阶级"的"犯上作乱,倨傲不敬,即暴民的状态"。一言以蔽之,为了维护资产阶级统治,就必须坚决诉诸以整个暴力。尼采的这套反动叫嚣,是直接为当时的铁血宰相俾斯麦推行1876年的反社会党法令等恐怖政治呐喊助威的。

(2)对国外,鉴于国际共运的发展和德国军国主义力量的发展,以及德国开始向帝国主义转变等因素,以德皇威廉二世为首的统治者,迫切需要发动镇压国际共运尤其争夺殖民地的战争。

为此,尼采便鼓吹国际间的强权政治,为德国军国主义效劳。他叫嚷什么爱好和平是进行新的战争的一种手段,"战胜就能使一切战争理由神圣化"。尼采的政治思想为极端野蛮的帝国主义即法西斯主义政策奠定了基础。法西斯匪帮的头子墨索里尼、希特勒都非常崇拜尼采,极力追随尼采的理论。墨索里尼供认,他把尼采写的书都看破了,正是尼采启发他来"改造"自己的"社会主义理论"。希特勒《我的奋斗》中整段地抄引尼采的言论。他本人还经常瞻仰尼采博物馆,并让记者拍照。由此可知,尼采政治思想是法西斯主义的前驱。不过,所具有的勇于批判现实的思维方式,也确有可取或借鉴之处,这也是不应该忽略的。

什坦姆列尔

鲁道夫·什坦姆列尔(1856—1938)是德国法学家,新康德主义法学的主要代表人物。他先后在马尔堡、吉森、哈雷、柏林等多所大学担任法学教授,对罗马法、民法有较深的研究。他的主要著作是《论公正的法律》。他的新康德主义法学,成为20世纪初期最有影响的法学派别之一。尽管什坦姆列尔宣布要彻底打破历史法学派和实证主义法学派在德国的统治,但是由于采取康德主义作为理论基础,使他不能离开实证主义法学的窠臼。这就意味着,新康德主义法学仍然同概念法学有紧密的联系,而且其概念法学的色彩还相当浓厚。其次,什坦姆列尔也继承康德的自然法理论,并加以发挥,成为现代"复兴自然法学"的先驱者之一。

一、法学的范围

什坦姆列尔以康德的不可认识的"自在之物"理论为根据,断言人类的认识只限定于自然科学所能达到的界限,亦即经验的界限;在这以外的东西,如"价值""精神""实质"等,都是不可认识的和没有意义的。所以,作为科学的法学不应该进行价值判断,不奢望掌握什么国家、法律的本质之类"形而上学"的东西。其次,有一些东西,如社会、经济、政治等,它们虽然属经验科学之内的,但也被排除在法学研究之外。因为,法是不依赖这些东西而独自存在的。就法律与经济的关系而言:法律是社会的"形态",经济是社会的"实体",所以法律决定经济,经济依赖法律。这是承袭亚里士多德"形式"与"质料"关系的学说。法学研究不应当关心"实体性"的东西——"自然"的东西或"实有"的东西。

二、法学的方法

什坦姆列尔的法学另一个出发点是:在各种社会现象之间,不可能揭露因果性或规律性。照他看来,社会生活现象只能从人们自觉确定的和应当实现的角度上来分析。也就是说,作为法学研究的基本方法,只需关心"应当"或"应有"或"必然"的东西就行了。再明确些说,法学研究的任务就是在法律规范本身上下工夫,弄清:依据这个规范,"应当"做什么和怎么做就行了。什坦姆列尔显然是持有一种唯心主义和形而上学的历史观,力图把法学研究当成一种"纯粹"的研究。

三、"内容可变"的"自然法"

什坦姆列尔的新康德主义法学同分析法学与实证主义法学的一个很大区别,在于它承认"自然法概念"。什坦姆列尔从启蒙思想家那里窃取自然法理论为己所用。其目的主要有两方面:第一,利用自然法理论的超阶级性和内容的不确定性,来替资产阶级改良主义和机会主义作辩护。什坦姆列尔提出所谓"内容日新月异的自然法"概念,就在于暗示:法律是以自然法为根据的,自然法的内容可变,因而法律也可以逐渐改变等。第二,把"自然法"当作一种方法。论证人们可以随心所欲地确定法的方向。即,让资产阶级统治者任意地用法的武器。这样,什坦姆列尔就变成了"复兴"自然法学的先驱者。实际上,什坦姆列尔关于内容可变的自然法的理论,同他关于法学的对象和范围的理论是互相矛盾的。因为,自然法是抽象物,应当排斥在法学研究之外的。

什坦姆列尔的新康德主义法学出现,是19世纪自由资产阶级的概念法学向着20世纪垄断资产阶级的法学转变的一个很好的标志。

拉德布鲁赫

古斯塔夫·拉德布鲁赫(1878—1949),是新康德主义弗莱堡学派(又称西南学派或巴登学派)的哲学家,德国著名的刑法学家。曾在海德堡、哥尼斯堡、基尔等大学任教。1921—1924年,任德国社会民主党的国会议员。此间,参与《魏玛宪法》的起草工作。1921—1923年,两度担任司法部长,拟写了刑法草案。1926年,再度担任海德堡大学教授。1933年,遭到纳粹驱逐,曾一度在英国牛津大学执教,战后1945年归国;积极参加对纳粹主义的批判。他的主要著作有《法学导论》(1910)、《法哲学要文》(1912)、《社会主义文化论》(1922)、《法哲学》(1932)。

拉德布鲁赫的法律理论,可以概括为新康德主义的"法神价值论"。就是说,他力图应用康德的批判哲学方法于法律价值的研究,以树立独立的法律批判哲学。其中,也包括对老康德的法哲学和马堡学派的什坦姆列尔的法哲学的批判。首先,拉德布鲁赫认为,康德的批判形式认识论,仅根据个人的"自由意志"来判断法律是怎样形成的,而没有应用批判方法探讨法的本质,因而便无从研究法律的普遍的正当性原理,这就不免流于空洞,不可能解决实际问题。其次,拉德布鲁赫继而论及什坦姆列尔的法律批判论。他认为,什坦姆列尔以法律的形式与内容的对立为前提,把法律的价值判断只限于法律形式,从而照例地无法研究整体法律的普遍正当性原理,故而也不免流于空洞,不可能解决实际问题。拉德布鲁赫的法律价值论的一大特点是,以什坦姆列尔的"法律理想"或"社会理想"来补充着康德的个人"自由意志",再以自己的"社会的客观价值"来补充什坦姆列尔的"社会理想"。

拉德布鲁赫肯定,普遍正当性是法律所固有的,它具有时间、空间的属性,受时代的社会需要的制约;因此,确定法律的普遍正当原理时,当然不能离开社会环境的需要和社会的理念。不过,他侧重强调"法律是具有文化意义的产物",其普遍正当性的形成总是根源于一定的"社会的客观价值"。在拉德布鲁赫看来,任何法律都有它的目的和本质。研究法律,就要具有法律价值"观念",并进行法律价值判断。而法律价值判断的任务,就在于指明各派法律的目的是否合乎"社会客观价值",揭示它们在本质上是否表达出"社会的客观价值关系"。不能否认,拉德布鲁赫的"社会的客观价值"论,既承认法律的目的和本质的存在,又承认它们的可知性,这比老康德和什坦姆列尔都前进了一步。但是,这个所谓社会客观价值或社会客观价值关系究竟反映哪个阶级的利益和意志呢? 在这点上,没有作任何交代。由此可见,拉德布鲁赫关于法律的目的和本质的学说,丝毫没有离开超阶级的法律观。如同拉德布鲁赫对于康德和什坦姆列尔的批判一样,他本人用以炫耀的"法律价值"论在解决实际问题上也受到极大的限制。

拉德布鲁赫的法律作用学说,也应引起注意。他认为,法论的基本作用是定分止争,从社会的分配方面来规范人们的外部行为。法律所体现的社会客观价值之本质,就在于公平正直。法律的普遍正当性就是追求这个社会客观价值,也就是亚里士多德所说的"分配正义"。具体讲,每个人享有的权利,应按照其力量的大小来确定应得的比例。义务的履行与责任的分担,也要根据每个人能力的大小加以分配。不过,拉德布鲁赫又声明,社会客观价值仅仅是信仰,而不是认识。有时就由于每个人信仰视点不同,而产生不同结果。例如,个人主义者强调一切人都应当得到同等份额。团体主义者强调能为团体谋利益的人应当得到更多的份额。如此等等。至于这些人们特有的不同信仰观点中,何者更符合社会客观价值,纯属个人实践理性决定的问题,同法学研究是无关的。倘若他们彼此发生抗争,影响社会秩序时,那么,肩负维持秩序之责的人有选择价值标准,并制定出有关法律的权力。拉德布鲁赫这种法律价值判断的相对主义,以及赋予少数统治者拥有价值标准的最后决断权,显然是为独裁政治制造了一种新口实。

需要指出的是,虽然拉德布鲁赫是历史唯心主义者、现代资产阶级的法哲学家,但此人对纳粹主义是有抵制的。特别是在战后,比较积极地参加了批判纳粹主义运动。

例如,他在论述法律实证主义同纳粹主义的联系时,指出:"'命令就是命令','法律就是法律',采用这两个原则,纳粹就可以把那些一方面是军人,另一方面是法官的纳粹仆从们,紧紧地牵在手上。"在当时,他的言论引起过很大的反响。

杜尔克姆

杜尔克姆(1858—1917)的法社会学的核心,是探讨社会分工与资产关系对法律决定性的作用,奠定了现代法社会学的基础。

一、法与社会连带关系

社会资产关系有两种:①机械连带关系。这是指人们之间缺少互相分化和彼此相似而形成的关系。在这种社会里,人之间的同质性高、异质性低,共同的价值取向多,集体主义强烈;反过来,人的个性很难发展。原因在于,生产力落后,社会分工欠发展。前资本主义的社会大体上是机械连带关系。②有机连带关系。这是指社会的经济发展导致分工的发达,人与人之间在个性方面越来越分化。此时,人与人的依赖关系已不再是个人对集体的依附,而是个人之间的协调,所以,有机连带关系导致的,不再是集体主义,而是个人主义。

由于上述社会连带关系所决定,法律也有两种类型:①刑事法占支配地位的社会。刑事法最能表示人间的集体意识,并通过惩罚增加这种集体感情。这种集体感情对人们的要求,不是个人的自由与权利,而是集体秩序的义务;惩罚正是义务所固有的东西。所以,集体意识越强大,被定为罪行的就越多,刑事法的作用也就越重要。②恢复原状法和合作法占支配地位的社会。在有机连带关系,特别是现代社会中,劳动分工极为发达,不同阶级、职业贫困和专业人员的基本观点不同,甚至不同经历、身份和地位的人也有各自的人生观、价值观及意识结构。随着社会分工的发展,人们之间的有机依赖关系越发达。正由于个人自由的发展和互相需要关系的发展,从而惩罚法(刑法)的地位日渐降低,而恢复原状法和合作法的地位日渐提高并占统治地位。恢复原状法指民法、商法、民诉法(私法),它们维护个体的自由、权利;而合作法指宪法、行政法(公法),它们协调分化了人与人的有机关系。

二、法律的社会演变

法律随着社会的演变而演变,具体说,决定法律演变的社会因素,主要是:

1. 世界观的合理化

世界观的演变是一个抽象的过程。最早人们把现实物加以神圣化;进而产生超验的神;往后,逐步缩小神圣的领域,而最终还原为自然(神也不再属于这个世界)。社会是从传统型向现代型转化,法律由刑事法向恢复法和合作法的转化,都是和人的世界观的转化相一致的。

2. 法律与道德的普遍化

在传统社会,法律起源于宗教,并保持宗教的象征;法律的力量是神的力量,法律的惩罚是对亵渎神灵行为的惩罚。但是,当人类社会发展到今天法律的这种神秘性就被其普遍性与公开性所代替,法律越来越同公民的利益相关,因而其使用范围也空前地扩大了。现代法就是为了平衡私人利益,因而民法中的补偿损失或恢复原状也就代替刑法中的赎罪,即在基本方面是用维护个人利益的法律代替集体秩序的法律。

3.个人主义的发展

随着社会的发展,人也越来越多地发展成为个人,而实现人的自主化。人们只能按照他本身能获得的东西来看待他的特性,同时这些东西仅仅属于他自己。人的自主化的过程,就是已摆脱集体化意识和宗教的一致性实现出来的。个人之间形成新的联合,它不再以一种先定的价值一致性为前提,而是通过多个个人的努力达成的。在信仰造成的社会统一被新的合作的统一所代替的情况下,惩罚法自然地让位给民商法、诉讼法、宪法、行政法。这就是杜尔克姆所说的,"法律和道德不仅随着社会类型的变化而变化,而且就是在同一社会里,如果集体生存的条件发生了变化,法律和道德也要发生变化。"

三、犯罪与刑罚

人们都认为犯罪是一种社会病态,这是误解。实际上,犯罪是正常的社会现象。不存在没有犯罪的社会;随着社会的发达,犯罪率不是在降低,而是在上升。

犯罪,从社会学角度上说,不过是指一种行为"触犯了某种强烈的、十分鲜明的集体感情"。

杜尔克姆认为,犯罪的必然性是同整个社会生活的基本条件相联系,而这些条件是法律与道德所不可少的。从社会发展看来,宁可认为犯罪是有益的。因为,它能促使法律和道德的进化,从而促进社会的进化。集体感情总是趋向于保守的,如果它过于强烈,社会便会停止不前,犯罪恰恰是对这种集体感情的保守性的冲击,有利于独创精神的发挥,为社会改革开辟道路。如,希腊的苏格拉底触犯雅典国家的法律就是如此;还可以举哥白尼、布鲁诺等人的"犯罪"为例。

不过,在杜尔克姆强调犯罪的正常性,甚至有益性的时候,他并没有完全走向极端,而是同时提出三点说明:第一,犯罪率过于急剧上升就是不正常的,甚至是一种病态。例如,19世纪初欧洲犯罪率的急剧上升就不是正常的情况。第二,犯罪是正常的,但不能说任何犯罪的心理素质都是正常的。第三,不能因为犯罪是正常的,就不会引起社会的憎恨。

杜尔克姆接着又论述刑罚问题。他蔑视那种认为刑罚目的在于防止重新犯罪的观点,说:刑罚的意义不在于威慑,而在于使共同意识(感情)得到满足或补偿。此外,他反对报复刑罚论,说:刑罚不是为了报复,即高级的报复(较私人报复),而是为了维护人们利益的秩序。

四、财产和契约理论

财产一开始就具有巫术(信仰)的性质。因此,一开始它就不许神的干预,继而不允教会与国家的干预。正是这种巫术性质,成了人们之间正常财产关系的基础(尊重所有权)。但为了维护集体感情,人们需要作出一定的财产牺牲即缴纳税债。维护教规的祭品就是一种税债,它最初交给神,后来交给教会,再后来交给国家。至于说到个人财产,那是个人脱离集体(尤其家庭)而成为独立主体之后才出现的,但它仍然具有对于家庭的宗教感情(集体感情),为此法律也不得不反映这种宗教感情。所以,不能以习惯上应是法律之法,即把继承作为财产转移的一种规范形式。

关于契约法。契约法是从财产法中派生出来的,也是财产变化的源泉。社会已从传统进入现代,法律也由刑事法转化为民商法,而契约恰恰正是民商法的基本工具。但杜尔克姆不承认社会是建立在契约基础上,因为这就意味着用个人行为来解释社会。此外,杜尔克姆特别强调,契约的签订也并非完全取决个人自由意志,合意仅仅是检验契约的外部标准。实际上,契约的成立要受到社会因素、社会结构的制约。这主要表现在,契约必然合法和符合道德。违约是要受到法律的指控,还要受到宪法的谴责。这种法律和宪法的要求,就是契约不得损害"普遍利益"原则。

韦　伯

一、方法论的特征

马克斯·韦伯(1864—1920)是德国著名的社会学家,也是法社会学家,其现实影响非常巨大。

韦伯法社会学的方法论,是建立在康德主义二元论基础上。它的特点是:第一,以主观主义去研究法社会学,即"理解的社会学"。他认为,社会行为只能通过个人的意图与他的才能被理解。第二,把事实与价值分开。他认为,价值不是事实和对象自身的属性,它只是主体与被评价的对象之间的关系,属于形而上学或抽象的东西,不服从理性的与科学的评价。这就是韦伯的"价值无涉"论。

"价值无涉"含有两方面的内容:第一,要求社会学家一旦按照自己的价值观念选定课题,在研究过程中就停止价值观念的应用,仅从事实资料中得出结论。第二,"事实"与"价值"、"存在"与"应然"、"认识"与"评价"要加以区分。社会学只能解释社会记录,而不对现象作价值判断。

但韦伯承认,没有概念和抽象,是无法认识现实的。为此,他规定用"理想类型"的分析概念,作为自己方法论的核心。"理想类型"靠综合现实的典型和运用逻辑的方法来建构。"理想类型"有两种:一是共时性的社会结构类型;一是历时性的社会变迁类型。

二、法的概念

韦伯说:"如果一种秩序的效力可能由外部所保障,这种可能性是指一个专门的社会组织可能对行为者施以强制(物质的或精神的),以使各种社会行为合乎这个秩序的要求或对违反者给予处罚,那么这种秩序就叫做法。"

(1)社会行为。法的调整对象是"社会行为",即:把自己的意图同他人相联系的个人行为。

(2)强制性。它是法的另一构成要素。通常,社会规范是靠多数人的自觉遵守的,即使有强制性也并不突出。即作为社会规范的法律,强制性是极为明显的。

(3)专门的强制机构和执行人员。当规范由社会的专门机构或人员进行强制时,它就是法律。当这些机构或人员是国家时,这种规范就是国家的法律。

(4)强制手段和对象。强制可以是直接的或间接的,可以是物质的或精神的,可以是对付群体的内部成员或外部成员。

(5)秩序。秩序包括具体规范形成的秩序,也包括抽象的或一般的规范形成的秩序。秩序是规范要达到的直接目的。

三、社会规范系统与法

从人们行为动机出发,韦伯将社会行为分为四种:其一,目的合理性行为,即行为者为实现某种目的而实施的行为;其二,价值合理性行为,即行为者为其所信奉的理想或价值而实施的行为;其三,传统行为,即行为者受一定风俗习惯的支配而自然而然地实施一定行为;其四,情感行为,即行为者由情感所支配的带有偶然性的行为。

社会规范系统包括习俗、惯例、法律等。它们都是从外部约束具有一定规律性的、反复出现的社会行为,因而都是法。

韦伯认为,人类早期社会中,习俗与惯例是社会规范的唯一形态。它们严重地阻碍法律的产生。后来,法律的产生主要决定于:①传统或对传统神圣性信仰的逐步解体;②社会的阶层分化及阶级利益的多样化;③现代商业交易的透明性、可预见性的需要。这些因素通过人们的感化、移情和认同,认识到需要愈来愈多地把习俗或惯例,变成"习惯法"即变成强制性的义务。这样,就把规范置于一个强制性机构的保障之下,即转化为制定法。

四、法律类型与统治类型

决定法律类型有四要素:

(1)"理性"要素。这是韦伯法社会学的核心概念。在法学上理性的涵义,大体是:第一,法律程序能够使用逻辑方法。第二,具有可计算性,能够预计其后果。第三,法律的严格体系化。第四,具有抽象性(上升为概念)的分析或阐述。第五,可以为人的智力所把握(上升为概念),与信仰不同。

(2)形式性。与理性紧密相关的,是"形式的法律"这一概念。形式法律指,根据事先制定的法律进行运作的体系。这样,就使法律运作有预见性和可计算性。法律的形式分为:①外在形式,如特定的词语表达文件的签署、象征性的行为公布等可被感知的严格形式。②内在形式,主要指可通过逻辑分析来揭示与法律相关的事实的特征,以及法律概念具有高度抽象性。

(3)非理性要素。与理性法律相反的是非理性法律。即,法律的实体与程序,同其要达到的目的之间,没有必然的联系。

(4)实质性的要素。与形式法律相反的,是实质性的法律。即,它受个案特殊性的影响,法律就有很大的伸缩性,常常是根据某种宗教、伦理、政治价值等法律以外的尺度进行裁决,如衡平法。

这四个概念组合起来,就形成四种类型的法律:

(1)形式非理性的法律。这是指执法者运用法的巫术、魔力等非理性的手段进行裁决。它的形式性在于,这种裁决不经有严格的固定程序,否则便不能发生效力。它的非理性在于,往往人都不能确切理解这种"魔力"真正效果,这是原始法律的特征。

(2)实质非理性的法律。这是指按照宗教首领或长者的意志执行的法律。执法者不参照任何形式规范,而以"灵活"方式用证据去附和神意或天意等这样一些被认为是实质的东西。按韦伯的看法,中国古代法律,大体上属于这种法律(这个观点,只有部分的正确性)。

(3)实质合理性的法律。这指强调法律运行中根据宗教或伦理或政治等价值观念的要求,并以此对规范进行的任意修改,以达到"公正"这种实质性的结果。实际上,实质合理性往往是把执法者本身的"正义"假设作为前提("文革"前我国法律就有这种特点)。

(4)形式合理性的法律。这指不考虑神学的、伦理的、政治的、经济的实质正义原则,而是沿着罗马法的形式主义的法律体系,当事人法律平等,仅仅依据法律条文对确凿无疑的法律事实进行判决。西方发达国家的法律运作就是形式合理性。形式合理性法律又可分为两种:①附带的理性法律,僵硬地恪守法律形式主义;②逻辑的理性法律,在法律系统中,包含一切可以想象的事实,即均可用逻辑方法解决,而不是仅拘泥于法律的条文规定。

与法律类型极一致的,韦伯进一步提出"统治类型"。

(1)传统型统治与法。传统型统治,指人们对于个人权威的服从,建立在神圣化了的传统习惯的基础上。传统型统治的法律特征是:①缺少理性法律的制定;②统治者及其权力不是由法律赋予的,而是传统习惯;③行政班子的任命与管理也不依照法律运作。

(2)卡里斯玛(个人魅力)型统治与法。这指对具有特殊神圣性、英雄主义或非凡的个人表示效忠的情景。卡里斯玛型统治也是一种法律虚无主义。

(3)理法型统治与法。这就是法治型的统治,其中包括:①法律以理性为取向,包括目的合理性和价值合理性;②法律得到普遍遵从;③法律是抽象的,非人格化的;④人们服从的是法律,而非个人;⑤统治者发号施令,必须以法律为准绳。理法型统治要符合这样一些条件:①行政机构依照法律建立;②每个机构均有特殊的权限、固定的职责、履行职责所需的必要的强制性手段;③职务等级原则,任何机构均有固定的监督或监察,下级机构有权向上级提出投诉;④行政官要有正规的技术训练;⑤行政管理班子同行政管理物资与生产物资全面分开,职务财富与私人财富分开;⑥不存在任职人员对职位的占为己有。

[说明]此部分是根据"西方法律思想史"的教学与研究中积累的资料,于1985年春写成,2003年进行了稍许更动。

第二部分　中国法律思想史学

《淮南子》法律思想辨析

《淮南子》是西汉初期在大一统政治及经济发展第一个高峰出现之后和黄老学说极盛的形势下问世的。它所涉猎法的思想内容也是极其丰富的,构成了一个相对独立的和比较完整的体系。这与以淮南王刘安为首的智慧群体能够针对当时社会政治生活中出现的问题,认真总结秦与汉初封建统治集团的政治历史经验教训是分不开的。同时,也以先前的《吕氏春秋》、陆贾《新语》以及贾谊《新书》等著述为其铺垫和较充分的思想资料,重新建构自己的法律思想。

至今,《淮南子》中法的思想仍具有认识和历史借鉴的价值。它凝聚着我国古代民本思想的精华;它提出许多富有历史进步意义的法的思想;它为我们研究和认识中国法思想的历史发展规律、特点,提供了有价值的史料。

本文将其具体内容(略去以阴阳、五行说解释法现象的部分)进行初步整理、归纳,并加以评析。

一

势、法、术关系论。在这个问题上,与先秦后期的《韩非子》的以法为本,法、术、势相结合的思想来比较,说明《淮南子》不仅批判地继承《韩非子》的成就,而且结合汉初的政治与法的现实,予以综合创新性的总结,把对这个问题的认识向前推进了一大步,使之更为概括、具体、清晰和切合实际。

《淮南子》认为,势、法、术三者之间的关系是相辅相成、相互为用的关系,在实施上,既是一致的、密切相关的,而又是不可相互替代的。

《淮南子》说:"尧为匹夫,不能仁化一里;桀在上位,令行禁止。由此观之,贤不足以为治,而势可以易俗明矣。"[①]还说:"舜之耕陶也,不能利其里;南面王,则德施乎四海。仁非能益也,处便而势利也。"[②]这里,它以历史人物的不同地位的变化及其有无权力

[①]　主术训。
[②]　淑贞训。

的对比,说明政治地位与政治权力的社会作用,以及这种作用的两种可能的发展趋势。

《淮南子》说:"法律度量者,人主之所以执下,释之而不用,是犹无辔衔而驰也,群臣百姓反弄其上。是故有术则制人,无术则制于人。"①还说:"权势者,人主之车舆;爵禄者,人臣之辔衔也。是故人主处权势之要,而持爵禄之柄,审缓急之度,而适取予之节,是以天下尽力而不倦。"进而又说:"权势者,人主之车舆也;大臣者,人主之驷马也。体离车舆之安,而手失驷马之心,而能不危者,古今未之有也。"所以要"制术而御之";"明分而示之"②。这里,说明"人主"一要治国行法;一要用术以制人、禁奸,而法又援术才能奉行。由此可见,势凭法、术来巩固;法借势、术而奉行;术依势、法以制人、禁奸。这就是《淮南子》中势、法、术关系论的梗概。它既有别于"权力决定论",又不同于"法律至上论",是其认识的独到之处。今天,对我们理解权力、法律、政策(或策略)之间的关系不失为正反两方面的参照。

二

以"仁义"为本,以"法度"为末的治国行法的主张。《淮南子》的这一主张是历史与现实相统一的产物。它对先前设政立法的历史进行了较全面的考察,特别是批判地继承了先秦道、儒、法诸家的思想成就和同时代先人积累成果,结合当时社会、政治、法制等方面存在的矛盾,运用本末统一观,重新阐释了仁、义的内涵及其在设政立法中的意义。同时,它从不同角度反复论证了"无法不可以为治"的思想。它同先秦儒家的"德主刑辅"与法家的"以法为本","法""术""势"相结合的主张相比较,也应看作是一个历史的进步,显得更切实际、更朴实。

《淮南子》认为,"设政施教""县(悬)法立仪",应考察其形成、发展的历史过程,深晓治国的根在哪里,而且富于远见,才能收到预期的效果。它说:"圣王之设政施教也,必察其终始;其县(悬)法立仪,必原其本末,不苟以一事备一物而已矣。见其造而思其功,观其源而知其流,故博施而不竭,弥久而不垢。"③它还认为,治国应看到大局,抓住根本。要做到有宽松的政治环境、富裕的社会经济和良好的社会风尚,才能长治久安。因此,它说:"大政不险,故民易道(导);至治宽裕,故下不贼;至忠复素,故民无匿(慝)。"④与此相背,则是:"小快害义,小慧害道,小辩害治,刻削伤德。"⑤它还说:"治身,太上养神,其次养形;治国,太上养化,其次正法。神清志平,百节皆宁,养性(生)之本也;肥肌肤,充肠腹,供嗜欲,养生之末也。"同时,在看大局、抓根本这个问题上,它还

---

① 主术训。
② 主术训。
③ 泰族训。
④ 泰族训。
⑤ 泰族训。

强调了封建统治集团上下之间,要相应的有具体的不同要求。

《淮南子》对先秦儒、法两家在上述方面存在的偏颇之处,进行了分析批判,也表述了自己的主张。

《淮南子》指出,儒家重教化,辅之以刑的主张,是治标治不了本的。问题不在其重教化,而在于它既未能深入探究问题发生的根源,又不理解教化与刑罚之间的相互关系及其实质,只知其然,不知其所以然,因此,不能抓住治之本。它说:"今夫儒者,不本其所以欲,而禁其所欲;不原其所以乐,而闲其所乐。是犹决江河,而障之以手也。故儒者非能使人弗欲,而能止之;非能使人弗乐,而能禁之。夫天下畏刑不敢盗,岂若能使无有盗心哉!"①它之所以不能抓住治之本,就如同"射者,非矢不中也;学射者,不治矢也。御者,非辔不行;学御者,不为辔也。知冬日之箑,夏日之裘,无用于已,则万物之变为尘埃矣。故以汤止沸,沸乃不止,诚知其本,则去火而已矣。"②

《淮南子》又指出,法家重刑罚,以刑去刑的主张,同样是不穷究问题之所以发生,而弃本求末,不但无益于治,反而生乱。它说:"今若夫申、韩、商鞅之为治也,悖拔其根,芜弃其本,而不穷究其所由生,何以至此也?凿五刑,为刻削,乃背德之本,而争于锥刀之末,斩艾百姓,殚尽大半,而忻忻然常自以为治,是犹抱薪而救火,凿窦而出水。"③它还说:"水浊则鱼,令苛则民乱。城峭必崩,岸崃必陀。"所以它认为,"峭法刻者,非霸王之业也,笙策繁用者,非致远之术也。"④

《淮南子》则主张:以"仁义"为"治之本","法度"为"治之末";先本后末,本末一体。它说:"治之所以为本者,仁义也;所以为末者,法度也。凡人之所以事生者,本也;其所以事死者,末也。本末,一体也,其两爱之,一性也。"它还说:"故仁义者治之本也。今不知事修其本,而务治其末,是释其根而灌其枝也。且法之生也,以辅仁义。"⑤"法度者,所以论民俗而节缓急也。"⑥"今重法而弃义,是贵其冠履而忘其头足也。故仁义为厚基者也,不益其厚而张其广者毁;不广其基而增其高者覆。"⑦这就是《淮南子》对"仁义"与"法度"的本末关系所做的论证。

《淮南子》还对"仁义"的内涵及其在治国行法中的作用作了具体的诠释。它说:"所谓仁者,爱人也;所谓知者,知人也。""爱人则无虐刑矣;知人则无乱政矣。"⑧"治由文理,则无悖谬之事矣;刑不侵滥,则无暴虐之行矣。上无繁乱之治,下无怨望之心,则百残除而中和作矣,此三代之所以昌。""义者,宜也。""循理而行宜也。""仁者,百姓之

---

① 本经训。
② 本经训。
③ 览冥训。
④ 主术训。
⑤ 泰族训。
⑥ 氾族训。
⑦ 泰族训。
⑧ 泰族训。

所慕也,义者,众庶之所高也。"①"故仁莫大於(于)爱人,知莫大於(于)知人。二者不立,虽察慧捷巧,劬禄疾力,不免於(于)乱也。"是基于此,它提出:"一以仁义为之准绳",来衡量一切人与事。它说:"圣人一以仁义为之准绳,中之者谓之君子,弗中之者谓之小人。君子虽死,其名不灭;小人虽得势,其罪不除。使人左据天下之图而右刎其喉,愚者不为也,身贵于天下也;死君亲之难,视死若归,义重于身也。天下大利也,比之身则小;身之重也,比之义则轻;义,所全也。"②这里,是从封建国家根本制度的高度论证"仁义"的,其内涵还有别于从一般社会规范角度所作解释的含义。

《淮南子》从法律规范与其他一般社会规范的关系以及它们不同社会作用的角度,论证了"无法不可以为治"的思想。它说:"仁、义、礼、乐,可以救败,而非通治之至也。""夫仁者所以救争也;义者所以救失也;礼者所以救淫也;乐者所以救忧也。"③"神明定於(于)天下而心反(返)其初,心反(返)其初而民性善,民性善而天地阴阳从而包之,则财足而人澹(淡)矣,贪鄙忿争不得生焉。""道德定於(于)天下而民纯朴,则目不营於(于)色,耳不淫於(于)声,坐俳而歌谣,被发而浮游,虽有毛嫱、西施之,不知说(悦)也,掉羽、武象,不知乐也,淫泆无别不得生焉。""是故德衰然后仁生,行沮然后义立,和失然后声调,礼淫然后容饰。"④这里,把仁、义、礼、乐并举,从一般社会规范的角度论述了它们不同的社会作用及其相互关系。它还说:"民无廉耻,不可治也。非修礼义,廉耻不立。"⑤"民不知礼义,法弗能正也。""非从善废丑,不向礼义。"所以说"无法不可以为治也。"而且,"不知礼义,不可以行法。法能杀不孝者,而不能使人为孔、曾之行;法能刑窃盗者,而不能使人为伯夷之廉。"⑥这里,进一步简洁明晰地说明上述一般社会规范与法的规范之间的相互关系及其不同社会作用。

从上述论证的内容,可以看出,法的规范与一般社会规范之间是不能相互取代的,但是,在它们各自发挥社会作用过程中,又不是孤立的,而是相互制约、相互补充的,缺一不可的。

《淮南子》还从对社会存在的邪恶势力及其活动特点、规律和犯罪思想根源的分析上,进一步论证了"无法不可以为治"的思想。它说:"众曲不容直,众枉不容正。故人众则食狼,狼众则食人。""欲为邪者必相明证,欲为曲者必相达直。此以善托其嗜。""众议成林,无翼而飞,三人成市虎,一里能挠椎。"⑦与此表现不同的另一类,则是"窜端匿迹,立私于公,倚邪于正,而以胜惑人之心者"。而他们犯罪,皆"由嗜欲无厌,不循

① 人间训。
② 泰族训。
③ 本经训。
④ 本经训。
⑤ 齐俗训。
⑥ 泰族训。
⑦ 说山训。

度量之故也";"惑于财利之得,而蔽于死亡之患也";"志所欲则忘其所为也"①。可见,"世治则愚者不能独乱,世乱则智者不能独治。"抵制和阻止社会邪势力发展及其犯罪活动,要形成正道压倒邪道,众正不容邪,同时,需要有法及其实施的保障。

总之,"国之所以存者,仁义是也。"而治国"无法不可以为治也"②。这就是《淮南子》上述主张的结论。

三

"养民以公"的预防犯罪说。这是《淮南子》结合现实的需要,承继上古时代以来就存在的优良传统。《淮南子》重新加以总结和阐释,使其成为具体地贯彻执行以"仁义"为本,以"法度"为末主张的重要战略思想之一。《淮南子》认为,"养民以公"的政治教化是培养与形成良好社会风尚,预防犯罪的根本途径。

《淮南子》认为,"养民以公"的政治教化内容,就是:教民为公,导民耕织③。只有教民为公,才能使百姓意识到个人不能脱离社会而生存,只有人人诚实的耕织,社会上才不会有人受到饥寒。百姓的"诚朴""公道"的确立,都是由于有这样的思想基础。所以,它说:"公道不立,私欲得容者,自古及今,未尝闻也。"④导民耕织,才能"物丰","故物丰则欲省,求澹(淡)则争止。""失民有余即让,不足则争,让则礼义生,争则暴乱起。"并说:"饥寒(并)至,能不犯法干诛者,古今之未闻也。"⑤可见,"养民以公"的政治教化的核心思想,就是要使百姓能够正确认识和处理好个人与社会的关系。这也正是培育与形成良好社会风尚,为预防犯罪创造有利的客观条件所要解决的基本问题。

《淮南子》认为,要切实发挥这一教化的作用,还必须将"养民以公"的政治教化内容,形成法律规范,以国家立法来保障它的实施。这是由于颠倒着的社会现象仍然存在:"乘奇技,伪邪施者,自足乎一世之间;守正修理不苟得者,不免乎饥寒之患,而欲民之去末反(返)本,是由发其源而壅其流。"⑥只有通过国家立法的保障,才能使这种现象得到调整和纠正;而社会上为公的氛围形成,"公道"立,百姓的个人权益才有保证。

《淮南子》认为,实施这一教化的关键在于:封建统治集团的率先垂范。并做到:一要"功约""事省""求寡"。"功约,易成也;事省,易治也;求寡,易澹(淡)也。"⑦二要

---

① 氾论训。
② 主术训、泰族训。
③ 主术训、齐俗训。
④ 说山训。
⑤ 齐俗训。
⑥ 齐俗训。
⑦ 泰族训。

"抱德推诚"。"其德厚,其威强","故德足以怀天下之民";"精诚"才能"施道","诚心可以怀远","诚则民化","民之化也,不从其所言,而从其所行。"三要"因性"施教。"民众者教不可以苟","因其所喜以劝善,因其所恶以禁奸","圣人之治天下,非易民性也","故因之则大,化之则细"①。

《淮南子》强调了这一政治教化的重要意义。它认为,不注意社会风尚的培育和端正,是危险的。因此,它向封建统治集团敲起警钟:"刘氏持政,独夫收孤,则有馀也。故世治则小人守政而利不能诱也,世乱则君子为奸而法弗能禁也。""非法不存也","纲纪不张,风俗坏也","虽十管仲弗能治也"②。就是说,社会关系与社会秩序乱了,纲常法纪被破坏了,有法等同无法,也会不治亡国的。这已为历史所一再证明的。

《淮南子》"养民以公"的预防犯罪说是针对当时封建统治集团内部与社会上存在的问题而提出的,并且,有其深刻的战略思想基础。这就是它所说的:"良医者,常治无病之病,故无病。圣人者,常治无患之患,故无患。"③所以说,"养民以公"的预防犯罪说,是《淮南子》中治国行法的一个极其重要的指导思想。

这一思想深邃之处,就在于"它把百姓个人从事物质生活创造与其精神面貌的形成、变化,看作是相互制约在实践中的动态统一过程。而在实践中把教民为公与导民耕织二者统一起来,正是人们促进和推动这一过程的正常发展的主观努力,而良好社会风尚的形成是预防犯罪的客观条件。"从上述内容,可以看到它在认识上的深刻和系统,堪称中国古代的预防犯罪之一说。

四

"利于民""周于事""务于治"的立法思想。《淮南子》首先强调了立法对设政治国的意义。它说:"立政者,不能废法而治民。""夫民之好善乐正,不待禁诛而自中法度者,万无一也。下必行之令,从之者利,逆之者凶,日阴未移,而海内莫不被绳矣。"④

《淮南子》认为,立法工作的关键在于立法官员。所以它特别提出了立法官员应具备的两个方面的基本条件:一是要懂得社会的治与乱形成的根源,并具有善于独立思考与独立工作的能力;二是要懂得法的历史,并具有适时应变的能力与创造精神。它说要"心知治乱之源者。""心不知治乱之源者,不可令制法。必有独闻之耳,独见之明,然后能擅道而行矣。"它又说:还要"知法治之源者"。"知法治之由生,则应时而变;不知法治之源,虽循古终乱。今世之法籍与时变,礼义与俗变,为学者循先袭业,据籍守

① 齐俗训、泰族训。
② 齐俗训、泰族训。
③ 说山训。
④ 主术训。

旧","以为非此不治,是犹持方枘而周员(圆)凿也,欲得宜适致固焉,则难矣。"①这是我国古代法史上富于创造性的总结,概括堪称精辟。

《淮南子》还提出,立法应坚持两项最根本的原则:

(1)"论世""随时""吐故纳新"的原则。它认为,法和礼义还不同,礼义比法相对更稳定。所以,应强调"论世而立法,随时而举事"。"时世异也,是故不法已成之法,而法其所以为法。所以为法者,与化推移者也。夫能与化推移为人者,至贵在焉尔。"因此,立法需要"吐故纳新","先王之制,不宜则废之;末世之事,善则著之。""亡国之法有可随者;治国之俗有可非者。""美之所在,虽污辱,世不能贱;恶之所在,虽高隆,世不能贵。"②这在当时,实是难能可贵的、彻底的批判态度。这种辨是非所表现的坚定的原则性和鲜明的求实性,确乎可取。

(2)"利于民""周于事""务于治"的原则。它说:"治国有常,而利民为本;政教有经,而令行为上。苟利于民,不必法古;苟周于事,不必循旧。夫夏商之衰也,不变法则亡。三代之起也,不相袭而王。故圣人法与时变,礼与俗化。""法度制令,各因其宜,故变古不可非,而循俗未足多也。百川异源而皆归于海;百家殊业而皆务于治。""若乃人考其才,而时省其用,虽日变可也,天下岂有常法哉。"③

此外,《淮南子》还提出,经济立法应遵循的四项基本原则:

一是,"防民之所害,开民之所利"的原则。它说:"天子发号令行禁止,以众为势也。夫防民之所害,开民之所利,威行也。"如同"循流而下易以至,背风而驰易以远"④的道理。

二是,举措审慎的原则。它说:"义者非能偏利天下之民也,利一人而天下从风;暴者非尽害海内之众也,害一人而天下离叛","故举错(措)不可不审也。"⑤

三是,"量民积聚""取下有节"的原则。它说:"人主租敛于民也,必先计岁收,量民积聚,知饥馑有馀之数。"应"取下有节,自养有度",不可"侵渔其民,以适无穷之欲"⑥。要"善取""善予"。"善予者",即"用约而为德""守约而治广";"善取者",即"人多而无怨"⑦。"春贷秋赋,民皆欢;春赋秋贷,民皆怨。得失同,喜怒别,时异也"。"故人莫恶于无常"⑧。

四是,"应时修备"的原则。它说:"夫天地之大计,三年耕而馀一年之食;率九年而有三年之畜(蓄);十八年而有六年之积;二十七年而有九年之储,虽澇旱灾害之殃,民

---

① 汜论训。
② 说山训。
③ 汜论训。
④ 主术训。
⑤ 主术训。
⑥ 主术训。
⑦ 汜论训。
⑧ 说山训。

莫困穷流亡也。故国无九年之畜（蓄），谓之不足；无六年之积，谓之悯急；无三年之畜（蓄），谓之穷乏。"①它还说："食者，民之本也；民者，国之本也；国者，君之本也。是故人君者，上因天时，下尽地材，中用人力，是以群生遂长，五谷蕃（繁）殖。"②使百姓"生无乏用，死无转尸"，安居而乐业。

上述经济立法的四项原则，应视为《淮南子》立法思想的总体内容的组成部分，充分体现了"足用"以"安民"的精神。

《淮南子》上述立法原则的提出，有着明确的总的指导思想，概括地说，就是要"惨怛（淡）于民""得人心"③。它以追本穷源的方法，具体地论证说："为政之本，务在于安民。安民之本，在于足用；足用之本，在于勿夺时；勿夺时之本，在于省事；省事之本，在于节欲；节欲之本，在于反（返）性；反（返）性之本，在于去载；去载则虚，虚则平。"④这里，"载"与"虚"是一对范畴，"载"，即满也；"虚"，即空也。前者，可以理解为"浮华"；后者，可以理解为"节""约"。所谓"去载"，就是去掉一切浮华，才能达到"平"。"平"，即安定也，就是达到"安民"这个本。也就是说，不要做"贪残国家""费财乱政""穷民绝业"的事情（这些是指当时西汉统治出现的问题）。它认为："未有能摇其本而静其末，浊其源而清其流者也。"只有按照上述思想和原则行政立法，才能使"足用"以"安民"得到实现，并且获得国家法律的保障。

还有值得一提的是《淮南子》中有关生态、环境保护方面的立法思想。它在提出上述"应时修备"的经济立法原则时，强调了：要看时节、土地、环境等具体情况，各因其宜地进行耕种、饲养、植竹木等，特别肯定了先前有关生态、环境保护方面的立法及其重要意义。它说："先王之法，畋（田）不掩群，不取麛夭，不涸泽而渔，不焚林而猎。豺未祭兽，置罦不得布于野；獭未祭鱼，网罟不得入于；鹰隼未挚，罗网不得张于溪谷；草木未落，斤斧不得入山林；昆虫未蛰，不得以火烧田。孕育不得杀，卵不得探，鱼不长尺不得取，彘不期年不得食。是故草木之发若蒸气，禽兽之归若流泉，飞鸟之归若烟云，有所以致之也。"⑤上述情况，目前，所见史料中，最早的是秦朝的《田律》，有相似的规范，所谓先王之法系指《秦律》而言。上述文字，可以说是我国古代有关生态、环境保护方面立法的较早记载。反映的尽管是比较原始的、粗糙的，甚至带有迷信色彩，但是仍可以看出我们祖先的智慧和当时社会生活的文明程度。

《淮南子》中上述立法思想，贯穿着朴素唯物论和朴素辩证法思想，其历史进化论观点和比较彻底的批判态度以及综合创新精神是应当肯定的。可以说，它是我国古代法律思想史上第一部运用民本思想比较集中而系统的阐述法的著作，从而鲜明的、充

---

① 主术训。
② 主术训。
③ 主术训。
④ 诠言训。
⑤ 主术训。

分的弘扬了民本思想传统,是可贵的历史一页。无疑,它固有的时代局限,也是一目了然的,不再赘述。

<h2 style="text-align:center">五</h2>

执法正平思想。《淮南子》认为,执法首要的是去掉"私志"。它说:"人主之用法","衡之于左右,无私轻重,故可以为平;绳之于内外,无私曲直,故可以为正";"无私好憎,故可以为命"。与此同时,还要做到:"权轻重,不差蚊首;挟拨枉挠,不失针锋;直施矫邪,不私辟险",这样,才能"奸不能枉,谗不能乱"①。也就是说,它强调了"人主"从思想到执法率先做到上述要求,才能执法正平,使奸、谗无隙可乘,更有力地防止枉乱。所以,只有执法正平,才能使法律发挥应有的效力以及震慑的威力。

《淮南子》认为,执法正平就是要做到"法不法""赏当赏"。它说:"法者,天下之度量,而人主之准绳也。县(悬)法者,法不法也。设赏者,赏当赏也。法定之后,中程者赏,缺绳者诛;尊贵者不轻其罚,而卑贱者不重其罚;犯法者虽贤必诛,中度者虽不肖必无罪。是故公道(畅)而私道塞矣。"②即是说,法定之后,执法中应做到:对犯法者不论其社会地位的尊卑和品德上的贤与不肖,一律依法衡量,应罚者罚,该诛者诛。无罪者就是无罪。只有执法正平,才能堵塞私道而树立起公道来。这是执法正平能起到的另一个重要作用。

《淮南子》认为,坚持执法正平的原则,重要的是防止擅断、专行。它说:"法者,天下之度量,人主之准绳。""置有司也,所以禁民,使不得自恣也;其立君也,所以制有司,使无专行也;法籍礼仪者,所以禁君,使无擅断也。"③也就是说,坚持执法正平原则的关键在于:必须依法度量一切,防止"人主"的擅断和"有司"的专行。

上述执法正平思想,主要是针对执法擅断、专行而言的,而私志、私道则是其思想基础和得逞的渠道。擅断、专行,是封建专制制度和等级特权的产物,是其自身无法克服的弊端。所以说,在当时,执法正平思想,既是反现实的,又是超现实的,不可能成为当时执法普遍遵行的原则,况且封建法律本身就有许多等级特权的规定。上述具有历史进步意义的法的平等观,只是属于未来的,而不是空想的。

<h2 style="text-align:center">六</h2>

守法自正思想。《淮南子》认为,守法自正,一是法的本身就有要求自正的性质,即要求和促使人们用它来规范、端正、约束自己的行为。它说:"法者,非天堕,非地生,发

---

① 主术训。
② 主术训。
③ 主术训。

于人间,而反以自正。"二是法的这种要求的实质就是立法者要率先做到守法,才能"适众适于人心",才会使天下令行禁止。它说:"法生于义,义生于众,适众适于人心,此治之要也。"①"通于本者,不乱于末;睹于要者,不惑于详。"②可见,守法自正,首要,就是立法者率先示范做到这一点。它说:"所谓亡国,非无君,无法也;变法者,非无法也;有法而不用,与无法等。是故人主之立法,先自为检式仪表,故令行于天下"。率先守法自正,"故禁胜于身,则令行于民矣"③。

《淮南子》进一步把守法自正原则的内容概括为:"有诸己不非诸人,无诸己不求诸人;立于下者,不废于上;所禁于民者,不行于身。"④这里,它特别强调了"人主"在治国行法中躬身力行的示范作用。

综上所述,可以看出,《淮南子》把立法、执法和守法联系起来,概观之中,强调了有法不用的危险和"人主"守法自正的重要。它认为,这两个方面之所以至关重要,是因为直接关系到国家的政令,法禁能否行于天下,关乎国家兴乱存亡。这就是《淮南子》关于立法、执法和守法所做的简要总结。

七

"贵正""尚忠"的依法治吏思想。《淮南子》认为,"贵正""尚忠",既是慎选人才的标准,又是治吏防奸之策。它说:"人主贵正而尚忠,忠正在上位,执正营事,则谗佞奸邪。无由进矣。是故人主之一举也,不可不慎也。所任得其人,则国家治,上下和,群臣亲,百姓附;所任非其人,则国家危,上下乖,群臣怨,百姓乱。故一举而不当,终身伤。"⑤这里,它把用人防奸联系起来,看作是一个问题的两个方面。而且特别强调了选拔人才应持审慎态度,因为这关乎国家安危和民心向背。

《淮南子》还提出"得用人之道",即慎选和使用人才的办法。它说:"得用人之道,而不任己之才者也。""以天下之目视,以天下之耳听,以天下之智虑,以天下之力争。是故号令能下穷,而臣情得上闻,百官(修)同,群臣辐(凑)。"⑥就是说:"人主"治吏防奸,"得用人之道",不能只凭个人的才智,而要善于依靠众力和众人的耳目。当然,这里也包含庶官百姓的呼声。这是它提出的一个总的原则思想。

《淮南子》认为,要在实践中贯彻和体现上述思想,还必须做到两点:一是要使群臣百官"各得其所宜""各有所施"。二是要不以人的尊卑贵贱论是非。它说:"贤主之用

---

① 主术训。
② 主术训。
③ 主术训。
④ 主术训。
⑤ 主术训。
⑥ 主术训。

人力,犹巧工之制也。""无小大长短,各得其所宜,规矩方圆,各有所施。""有一形者处一位,有一能者服一事。力胜其任,则举之者不重也;能称其事,为之者不难也。圣人兼而用之,故无弃才。""夫乘众之智,则无不任也;用人之力,则无不胜也。"它还说:"是非之所在,不可以贵贱尊卑论也。是明主之听于群臣,其计乃可用,不羞其位,其言可行,不责其辩。""是故贤者尽其智,而不肖者竭其力。德泽兼覆而不偏,群臣劝业而不息;近者安其性,远者怀其德。"①

《淮南子》认为,尽众智,竭众力,关键在于"人主"要"执正持平""处静以修身""俭约以率下"。它说:"静则下不扰矣,俭则民不怨。下扰则乱政,民怨则德薄。政乱则贤者不为谋,德薄则勇者不为死。""是绳正于上,木直于下。非有事焉,所缘以(修)者然也。故人主诚正,则直士任事,而奸人伏匿矣。"它还解释说:"非澹(淡)薄(泊)无以明德,非宁静无以致远,非宽大无以兼覆,非慈厚无以怀众,非平正无以制裁。""得失之道,权要在主。"②可见,关键就在于"人主"的自身修养。否则,不仅难得到贤良人才,而且更谈不上用好人才。

《淮南子》还提出依法治吏应遵循的三个原则:一是"言事者必究于法,而为行者必治于官"。这样,才能做到"上操其名,以责其实;群臣守业,以效其功"。二是"言不得过其实,行不得踰(逾)其法"。这样,就能"群臣辐(凑),莫敢专君"。三是遇到法中没有规定的问题,"而可以便国佐治,必参伍以行之"③。这"参伍以行之",就是对那些便于国家行政和有利于治理的意见,也需要在实践中,多方面地、反复地去观察、对比、检验、权衡,证明其确是稳妥可行的,方可定夺,而不可轻率地做出决定。

它认为,坚持上述治吏原则,还必须"阴考,以观其归;竝(并)用周听,以观其化;不偏一曲,不党一事,是以中立而偏运照海内"④。这样才能出现"群臣公正,莫敢为邪;百姓述职,务至其公道也。主精明于上,官劝力于下;奸邪灭迹,庶功日进,是以勇者尽于军"的局面。否则,将会是混乱而不可收拾。

《淮南子》并提出了依法赏罚的原则。它认为,治吏的正确赏罚原则,应当是"放准循绳",即依法赏罚原则。这一原则是针对先前历史上存在的"好仁"与"好刑"两种倾向的弊端而提出的,它说:"及无好者,诛而无怨,施而不德,放准循绳,身与无事,若天若地,何不复载。"⑤

同时,它指出上述两种倾向的做法,是"醜(丑)饰""伪善"的,是"奸乱之俗,亡国之风"。"好仁"者"为惠"与"好刑"者"为暴",从后果上说,都是这样的。所以,它说:"重为惠若重为暴","为惠者,尚布施也。无功而受赏,无劳而高爵;则守职者懈于官,

---

① 主术训。
② 主术训。
③ 主术训。
④ 主术训。
⑤ 主术训。

而游居者亟于进矣。为暴者,妄诛也,无罪者死亡,行直者而被刑;(修)身者不劝善,而为邪者轻犯上矣。故为惠者生奸,而为暴者生乱。奸乱之俗,亡国之风。"①它并就"放准循绳"原则的实质指出:"明主"为国,不为己的,根本不同于上述两种倾向的做法。它说:"明主之赏罚,非以为己也,以为国也。适于己而无功于国者,不施赏焉;逆于己而便于国者,不加罚也。""喜不以赏赐,怒不以罚诛,是故威立而不废。"②

《淮南子》还认为,治吏,不但要坚持依法赏罚的原则,而且要做到善于赏罚,才能收到应有的效果。因为赏与罚不是目的,而是手段。它说:"古之善赏者,费少而劝众;善罚者,刑省而奸禁"。"赏一人而天下不忠之臣者,莫不愿忠于其忠,此赏少而劝善者众也";"罚一人,皆知为奸之无脱也,犯禁之不得免也"。"利害之反,祸福之接,不可不审也"。"故赏一人而天下誉之,而罚一人而天下畏之。故至赏不费,至刑不滥。"③以上,就是《淮南子》中依法治吏思想的基本内容。

此外还值得一提的是:《淮南子》针对当时西汉在治吏方面存在的问题,曾进行了总结,从历史的经验教训中,吸取了"三危险"与"三不祥",用以告诫封建统治集团。它说:"天下有三危;少德而多宠,一危也;才下而位高,二危也;身无大功而受厚禄,三危也。"它并说:"故物或损之而益,或益之而损。""不行礼义,一不祥也;嗜欲无止,二不祥也;不听强谏,三不祥也。"④这可视为是淮南王刘安向历史申诉他的立场。

《淮南子》上述法的思想,概括说来,就是:在法与刑的思想上,提出了以"仁义"为"治之本","法度"为"治之末"的主张;反对"峭法刻诛",力倡"法宽刑缓"。在"势""法""术"的关系方面,主张统一而兼施,相互为用,相辅相成。在预防犯罪问题上,把"养民以公"的政治教化,视为"大本"。在立法、执法、守法思想上,贯穿利民务治的总原则。在治吏思想方面,主张依法治吏,反对"好仁""好刑",提出善于赏罚,即"赏少而劝众""至赏不费";"刑省而奸禁""至刑不滥"的原则。总之,它是一个比较全面、完整的具有特色的法的思想体系。

《淮南子》中法的思想体系,有着深远的历史渊源。它是以先秦道家思想为理论基础的,消化吸收了儒、墨、法诸家及古代阴阳说、五行说中一些有价值的思想因素,特别是它凝聚了先前民本思想的精华,富于创造性的突破了老、庄的法律虚无主义,发展了"黄老学说"的道、法融合的倾向,重新阐释了《老子》的无为政治思想,排除了它的一些消极因素,从而增添了它的活力。《淮南子》还独创地提出"智圆行方"说,是我国古代知行观史上的一次不凡的飞跃,由此增强了他们的认识能力;也奠定了他们的理论和策略的哲学基础。经过上述的批判继承与综合创新,使《淮南子》取得了系统的成就,我们说,这是一个历史性的总结过程,它包含着历史经验教训的鉴别、吸取,先前一切

① 主术训。
② 缪称训。
③ 氾论训。
④ 人间训。

有价值思想的筛选、积累,等等,这孕育着思维能力的提高,也是一个综合创新过程,始终与他们的种种实践交织在一起的,实践向他们提出了问题,他们回答了实践中的问题。实践,正是他们综合创新的基础。

上述民本思想是我国古代意识形态中的精华部分,这是应当肯定的,但它毕竟同当今社会主义民主思想有着本质的不同。由于本文主题的限制,暂且不加议论。

《淮南子》法的思想内容如此丰富而精粹,不仅有着深远的历史渊源,而且是以对现实的深刻认识为基础的。这两者又是密不可分的。所以说,它的认识基础,一是具有上述的思想历史条件,二是能够认真总结西汉封建统治初期的经验教训。

《淮南子》的问世(公元前 164 年,即汉文帝前元十六年),就其经济、政治、法的思想内容来说,一方面反映了西汉开国后,40 余年出现的社会经济的恢复和发展、百姓生活安定的状况。同时,也反映了伴随着这个社会经济发展高峰而来的许多不祥的征兆,即由于以租佃制(简言之,即"见税什五""耕者得其半")为主体的土地占有关系的不稳定因素的显露,诸如土地兼并的出现与不断加剧,农民负担的地租、赋税、徭役愈日繁重等,而封建特权所形成的好取贪残的发展,更直接促使这些不稳定因素急遽严重起来。这就是,缓和后潜伏着的阶级矛盾,以及封建统治集团内部,在指导思想和实际政策等方面,长期积累起来的问题。它在社会经济与社会风尚的恶化趋势下,而日益激化。《淮南子》用"靡沸豪乱①"四个字概括当时的形势,足资表明封建统治集团内外矛盾的激化程度。《淮南子》所囊括的内容,大部分反映和代表着封建统治集团中极少数人,已经敏锐地看到这些不利于巩固封建统治的危险因素以及他们的心态。

《淮南子》法的思想体系的民本思想倾向之所以这样鲜明,并非是偶然的,又与这个智慧群体的社会地位和处境是分不开的。由于他们大都来自"天下方术之士及诸儒",与民间有着天然的千丝万缕的联系,深知并同情百姓的疾苦,对来自百姓的呼声,十分理解;也与刘安本人在封建统治集团中的境遇,不无关系。尽管刘安没有也不可能摆脱"皇权一统""刘氏天下"的时代与阶级的局限,然而,其经历的具体情况,必然使他更倾向于先前的民本思想和具有同情百姓的一面。(据史料记载:当时太傅贾谊曾就汉文帝非常欣赏刘安的才华及对其弟兄赐封一谏言说:"怨雠之人,不可贵也!"可见是时刘安的处境如何。此言所指的是:刘安之父刘长,是刘邦北上讨韩信时,于返还途中过赵,与赵王所献女子的"私生子",后由宫内抚养,并封为淮南王。因此,后刘安虽承袭其父为淮南王,但在政治上也饱受了歧视和压抑之苦。而此前其祖母及其父和随后其弟衡山王、庐江王的遭遇都是很凄惨的。)再与其上述思想的历史渊源联系起来看,就不难理解了。也正是由于这些原因,他们对现实的认识就比较敏锐、比较深刻。其著述是对汉高祖的大一统业绩和随其后的"文景之治"盛世进行确认的官方史料中所找不到的。历史的全面和真实,不能不从《淮南子》一类的著述中寻觅到一些真迹。

---

① 齐俗训。

汉武帝元狩元年(公元前 122 年),所谓淮南谋叛狱起,刘安遂自杀。《淮南子》的命运,正如东汉末年高诱所说:"者见(睹)时人少为淮南者,惧遂凌迟。"①这就是淮南其书其人的结局。

《淮南子》一书从一定意义上说,是西汉开国"黄老之学"盛行 40 年和对道、儒优劣论争总结的产物。两汉封建统治集团内部思想斗争始终为先秦道、儒两家思想影响所左右。始初"黄老之学"盛行 40 年,到武帝即位,随即改弦,采纳董仲舒"独尊儒术"的主张,结束了"黄老之学"盛行的局面。这是一次历史性转变。然而,这种先秦道、儒两家思想影响消长的变化以及此后道、儒优劣论争的消失,并没有改变贯穿其内部思想斗争的内容。说明这种消长与消失的变化的实质,不过是其内部权力角逐的反映而已。与其施政立法所执行的实际政策,并没有直接的关系,因为这是不同的领域。如果说二者之间有什么联系的话,最多也不过是前者对后者一定的影响。

同时,《淮南子》针对西汉前施政立法中存在的弊端及其危害进行了实际的总结,而提出上述法的思想。姑且不论汉初萧何制定《九章律》的情况,仅以文帝时施政立法为例,如:以死刑代替肉刑;废除收孥诸相坐律令,而不废夷三族之诛;立轻法而行重刑等等。后来,景帝时,与之不差上下。尤其是景、武年间,多酷吏,并非偶然。这是以维护封建统治集团的根本利益为出发点和以社会政治变化的需要为转移所必然形成的。而且所谓"汉承秦制"带来更多的是先秦法家的思想影响,武帝时已形成法密刑严的状况。所以,确切地说,西汉的施政立法的指导思想始初即是道、儒、法兼收并蓄的。汉武帝的"独尊儒术"如何解释得了这种实际状况?

根据上述情况,应当说,《淮南子》是中国古代法的思想史上一部内容比较全面并具特色的著述,也是第一部展现以先秦道家思想为理论的法的著述。在历史上,由于淮南王刘安的身世与经历,其书其人,不可能获得应有的历史地位和发挥其应有的作用,正是今天需要我们遵循批判继承与综合创新原则,进行认真研究、借鉴的。

与杨恩翰合写。1984 年初稿,2003 年修改稿。

---

① 叙目(注)。

《潜夫论》法治思想初探

《潜夫论》作者王符(约85—162年)是东汉后期的思想家,一生未仕,隐居著述。他洞悉东汉社会的状况及封建统治弊端的症结所在,也甚懂得法治对巩固封建统治与维护其社会稳定的益处。他对东汉后期的政治腐败,社会浮伪,百姓生活困苦的真貌作了比较客观的全面揭露,并以历史的经验教训为鉴戒,进行了系统的总结,其中对法治的论述尤为突出。

《潜夫论》中的法治思想,是我国古代法思想史上比较完整而又具有独创性的体系。从中可以看到:先秦道、儒、法诸家的法思想的相互影响的演化过程。汉初,"黄老学说"一度盛行80余载,后为董仲舒的"罢黜百家,独尊儒术"所取代;到了东汉时期,反过来又批判了西汉以董仲舒为代表的儒家法思想,这时,出现了对先秦道、儒、法诸家的思想遗产,采取各取其精华,兼而收之的融合趋势。《淮南子》已萌现了这种倾向,但由于它极力高扬和发挥当时盛行的"黄老学说"而形成另一富有个性的体系,即凝聚了我国古老的民本思想精华的系统而完整的法思想,影响着封建统治阶级。而王符的法治思想的独创性,更充分地体现了上述倾向,而且由于它十分忠实地反映了客观历史的本来面目,因此其现实意义尤大。可是,在当时却没有像《淮南子》那样,产生那么大的震撼力,它甚至对封建统治阶级几乎没有发生什么影响作用。

王符是一位耿介而异于俗的历史人物。他对东汉统治集团的腐败和社会黑暗,采取的是消极抵触的态度,但又非常关注当时的政治局势的变化,竭力思考问题的根源之所在。这种矛盾现象的冲破,是由于他具有乐行忧危的气质,终生不求闻达的风格,本着立德而立言的严肃、慎思的态度,从事隐居著述生活。他以纯正朴素、鲜明贴切的语言,毫无诡谲、偏激地表述自己对当时政局和社会风尚的看法,给后人留下平凡而宝贵的精神财富。

《潜夫论》的命名,也反映了王符的智慧和他的宿愿。根据《易》中"潜之为言,隐而未见,行而未成,是以君子弗困也"的精神,为自己的著述定名。这正与他不欲彰显其名的心态相吻合。此书经后人(包括历代官方)多次为之整理、刻印而流传下来,足见其后来影响的深远。

王符直接承袭和发展了《淮南子》的法思想成果。《潜夫论》与《淮南子》都非常重视预防犯罪问题。两位作者论述封建法治时,都强调依法治吏的重要性,以及如何依法治吏问题。他们在分析吏风与社会风尚的关系时,都强调吏风的优劣对社会风尚的好坏起着关键性作用。尽管他们之间在法思想上互有许多差异,但是这不妨碍彼此倾向上的一致性。

一、"政令必行,宪禁必从"的法治思想

王符在阐明他的"政令必行,宪禁必从"的法治思想过程中,就权力与法律的关系、法治的目的与作用、人君的权威与法律的实施、法与法治的关系等方面进行了有力的论证。王符认为,实行封建法治的首要的前提条件是"先致治国"。就是说,根本的是凭借和运用好的国家,即做符合百姓愿望之事的政权,使社会稳定,百姓安居乐业。这样,才能产生权威力量,使政令畅行,政令无违,法和法治的实施才有保障。他说:"且夫法也者,先王之政也;令也者,己之命也。先王之政所以与众共也,己之命所以独制人也,君诚能授法而时贷之,则群臣百吏莫敢不悉心从己令矣。己令无违,则法禁必行矣。故政令必行,宪禁必从,而国不治者,未曾有也。"他还说,"先致治国""政乃可施""化乃可行""道乃可从"。在这里,他并把凭借政权比作登山,说:"且夫治世者若登丘矣,必先蹑其卑者,然后乃得履其高。"因此,他强调了"先致治国"的极端重要,这是根本,即实行法治的基础,其内容就是一切为了实现百姓的愿望。

正因此,王符又明确地提出,实行封建法治必须以"和海内""齐万民"为宗旨,才能使法和法治充分发挥其作用。他说,"明法禁而和海内""行赏罚而齐万民""无慢制而成天下者。"还说:"行赏罚而齐万民者,治国也;君立法而下不行者,乱国也;臣作政而君不制者,亡国也。"这是王符总结历史经验教训中所得出的结论。"先致治国"这个前提条件的形成,与坚持"和""齐"之宗旨是分不开的。

王符认为,实行封建法治的关键,最重要的是:一要"人君思正以出令""而贵贱贤愚莫得违也";二要对"奸臣逆道",必须及时采取措施,予以严厉制裁。只有这样,才能做到"政令必行,宪禁必从"。他说:"君出令而不从,是与无君等";"主令不从则臣令行,国危矣"。还说:"奸臣逆道","皆以其毒素奇君之辔策也"。"要蚤(早)变,妄违法之吏,妄造令之臣,不可不诛"。这里他特别强调了"人君"要"思正以出令"。

他认为,凭借和运用政权,实行法治,还必须通变,不能一味的突出和独任"德化",尤其是当社会处于动荡、混乱之际,为了止乱,应当"以诛止杀,以刑御残"。他说:"议者必将以为刑杀当不用,而德化可独任。此非变通者之论也,非叔世者之言也。""以止乱","故有以诛止杀,以刑御残。"要巩固政权,"当先致平""遭衰牧奸,得不用刑?"这里所谓通变,就是懂得根据客观政局的变化,随时灵活的变换统治策略,即镇压与德化的两手交替使用。就是说,要实行法治,必须懂得和重视掌握政权的"一张一弛"的策略。否则,就会造成政令不通,宪禁不止的局面,而加剧形势的恶化。这是王符针对东汉政治腐败,社会浮伪而提出的主张,批判了以董仲舒为代表的儒家法思想。

不难看出,王符法治思想,已涉及政权与法律的关系,封建法治的目的和作用,权威与法律的实施,法治与德治的关系问题等。当然,对他而言,不可能看到政权与法律的阶级实质。(以上原文,引自《潜夫论·衰制·叙系》。)

二、"立义顺法,遏绝其原(源)""防奸恶以救祸败"的刑事立法思想

这一立法指导思想正是在总结东汉后期"辞讼"繁兴的原因及其根源时,在具体分析和提出"辞讼自消"的措施的基础上,论证了政治教化与立法、执法、守法的关系中确立的。

首先,王符分析了东汉后期"辞讼"繁兴的具体原因及其根源。他指出主要原因是两个:一是封君王侯贵戚豪富中,不少人骄奢淫侈,高额负债,不肯偿还,而且还去"残掠官民"。二是社会上贪财欺诈,侵凌妇幼,迫胁人命的案件时有发生。尤其是前者,极为严重,所以造成"辞讼"繁兴,官方难以招架。

王符认为,除固有的赦赎之法所产生的弊端之外,其根源就在于:一是州司官府违法争相任用贵族,豪富中为非作歹,作奸犯科者,助长了他们"崇骄奢奉淫湎"之风。二是社会上由于"民不诚信而数相欺绐",而乡部狱官断案又不加区别,促使贪财欺诈、迫胁人命成风。三是乡亭官吏办案不及时断绝祸源,促使欺诈滋蔓,所以说,大半欺诈都是乡亭官吏所造成的。

在上述分析的基础上,他提出"辞讼自消"的四项措施:一是从立法上,防祸乱之源。"欲绝欺诈之端,必国家之法,防祸乱之原(源),以利民也。"二是"责知诛率""行之不疑",即要果断。及时了解和掌握犯罪情况,坚决杀掉首恶。"君行之不疑""一人伏正法而万民蒙乎福者"。"君不敢负民,而世自节俭,辞讼自消。"三是"表显有行,痛诛无状",即对执法官吏要褒奖有功者,罪无绩者。"今欲变巧伪以崇美化,息辞讼以(闲)官事者,莫若表显有行,痛诛无状,导文武之法,明诈伪之信。"四是"先慎已喉舌,以元示(小)民"。

其次,王符随即提出"立义顺法,遏绝其原(源)"的刑事立法指导思想。他认为,应当把"立义"的政治教化与立法、执法结合起来,使百姓从思想和意志上树立起守法的自觉,使他们中不法者不敢存侥幸的心理来逃避法律制裁,才是遏绝违法犯罪的根本之计。他说:"先王因人情喜怒之所以不能已者,则为之立礼制而崇德让;人所可已者,则为之设法禁而明赏罚。今市卖勿相欺,婚姻勿相诈,非人情之不可为者也。是故不若立义顺法,遏绝其原(源)。初虽惭怵于一人,然其终也,长利于万世。小惩而大戒,此所以全小(人),而济顽凶也。"还指出:"夫立法之大要,必令善人劝其德而乐其政,邪人痛其祸而悔其行。诸一女许数家虽生十子,更百赦,勿令得蒙一还私家,则此奸绝矣。不则髡其夫妻,徙千里外剧县,乃可以毒其心绝其后,奸乱绝则太平兴矣。"他并认为,刑事立法的目的是让法起到防奸救祸的作用。这也就是"凡立法者,非以司(伺)民短诛过误,乃以防奸恶而救祸败,检淫邪而内正道尔。"

在上述思想指导下,他又提出三项立法原则:一是要"先知民之所苦,祸之所起"。

"民为国之基""为国者,必先知民之所苦,祸之所起,然后设之以禁,故奸可塞国可安。"二是要"革定法""随时宜""劝善消恶"。他说:"俗化异,则乱殊。""五代不同礼,三家不同教,非其苟相反也,盖世推移而俗化异也。俗化异则乱原(源)殊,故三家符(当作'拊',拊、抚古通用)世,皆革定法。"还说:"高祖制三章之约,孝文除克(肤)之刑,是故自非杀伤盗臧,文罪之法,轻重无常,各随其异,要取足用劝善消恶而已。"三是要"知其原(源)""塞其原(源)""有防"的原则。他说:"夫制法之意,若为藩篱沟(堑)以有防矣,择禽兽之九可数犯者,而加深厚焉。""今奸宄虽众,然其原(源)少;君是虽繁,然其约。知其原(源)少奸易塞,见其守约政易持。塞其原(源)则奸宄绝,施其术则远看近治。"(以上原文,引自《潜夫论·断讼·德化·述赦》。)

这些立法、执法思想内容,可以概括为:以"知民""利民"为前提,以"遏绝奸恶"为目标,"防"与"救"、"劝"与"惩"兼施的本末结合的原则。王符的刑事立法思想是在总结东汉后期"辞讼"繁兴的原因,揭示其根源,指明其"自消"的措施的基础上提出的;并论证了政治教化与立法、执法、守法之间的关系。在这方面,实乃对西汉《淮南子》的凝聚民本精华的法思想的弘扬。

三、"惠奸宄者贼良民"的"数赦"危害论与"明法""显行赏罚""严督"官吏的执法、守法思想

这是他针对"数赦"(即常赦)所进行的批判性总结。他认为"数赦"是因循已久的封建司法制度中一种弊端,其危害就在于,不但实现不了"遏绝奸恶"的目标而且造成"惠奸宄者贼良民"的严重后果。因此,他在提出革除"数赦"的同时,又从预防犯罪,消除封建司法弊端出发,在"论衷刺刀者"即论故意中,提出严格区分故意与过失犯罪的"原心定罪""原情论意,以救善人"的主题。

首先,他从"民为国之基"出发,把了解民情,立法安国,设禁塞奸,比喻为治病。他说:"凡治病者,必先知脉之虚实,气之所结,然后为之方,故疾可愈而寿可长也。"他认为:"养稗者伤禾稼,惠奸宄者贼良民。"罪无轻重的赦赎制度,其危害是极大的。当时,东汉继续实行:"赦天下,每赦自殊死以下及谋反、大逆不道,诸不当赦者,皆赦除之"(《初学记》卷十二引《旧汉仪》)。还有一种对女徒犯的赎罪办法,叫"顾(雇)山"(即雇人代服役),"天下女轩已论,归家,顾(雇)山钱月三百"(《汉书·平帝纪》)。王符分析这种赦赎制度的危害时,指出:一是"恶人昌(猖)而善人伤";二是"岁赦之,适劝奸耳"。他说:"今日贼良民之甚者,莫大于赦赎数,则恶人昌(猖而善人伤矣)。""正直之士之为吏也,不避强(御),不辞上官,从事督察,方怀不快,而奸滑(猾)之党,又加诬言,皆知赦之不久,则且共横枉侵冤,诬奏罪法。今主上妄刑弄辟,高至死徒,下乃(沦)冤,而被冤之家;乃甫当乞鞠告故以信,亦无益于死亡矣。"由此,被谗妄而冤枉的人,横遭诬陷,上告无门,能告到上层的,寥寥无几,就是告到上中层官府,在"考覆"中,州郡官

吏,也是官官相护,若留其事,推拖塞责;而祖护凶恶为其创造逢赦的机会的,更是不可胜数。造成凶恶之人的嚣张气焰更高,照样搞奸邪,盗窃、贪财色杀人,甚至"灭人之门";而凶恶弊吏,取人之贿,贪残不轨,掠杀无辜,侵冤小民,反而祖护凶恶,"一门赦之"。腐败助长了犯罪,强化了赦赎制度的危害。由此可见,当时罪无轻重的赦赎制度所带来的恶果:恶人猖狂,百姓遭殃。他还认为:"大恶之资,终不可化,虽岁赦之,适劝奸耳。""今夫性恶之人,居家不孝悌,出入不恭敬,轻薄慢傲,凶悍无辨,明以威侮侵利为行,以贼残酷虐为贤,故数陷王法者,此乃民之贼,下愚极恶之人也。虽脱桎梏而出囹圄,终无悔改之心。"屡屡复犯法者,就更加肆无忌惮。这里,王符还例举了当时洛阳一个犯罪集团的严重罪恶事实,来说明和验证这一点。"洛阳至有主谐和杀人者,谓之会任之家,受人十万,谢客数千。又重馈部吏,吏与通奸,利人深重,幡党盘牙,请至贵戚宠臣,说听于上,谒行于下。"封建统治集团虽在严格要求令、尹方面做文章,最终也不能断绝这种串通和勾结。为什么?"凡敢为大奸,材必有过于众,而能自媚于上者也。多散苟得之财,奉以诒谀之辞,以转相驱,非有第五公之廉直,就能不为顾?"洛阳这一犯罪集团,可以说是穷凶极恶,"身不死则杀不止,皆以数赦所至也"。这有力地说明"数赦"是纵容、助长犯罪的弊端所在,以及官府与官吏的腐败而加重了这弊端所带来的危害。不过,王符反对"数赦"这种"宽大无边"的做法虽有其合理性的一面,但从几千年的中国政治而言,危害百姓的主要不是"数赦",而倒是皇权和官吏的暴政和严刑峻罚。所为,王符的论述并未抓住主要问题。

王符所说的"明法",就是尊重和重视立法及其实施。他说:"且夫国无常法,又无常治,法令行则国治,法令弛则国乱;法无常行,亦无常弛,君敬法则法行,君慢法则法弛。"他举了东汉初的一个案例,来验证这个道理。"昔孝明帝时,制举茂才,过阙谢恩,赐食事讫,问何异闻? 对曰:'巫有剧贼九人,刺史数以窃郡,讫不能得。'帝曰:'汝非部南郡从事邪?'对曰:'是。'帝乃振怒,曰:'贼发部中而不能擒,然材何以为茂?'捶数百,便免官,而切让州郡,十日之(间),贼即伏诛。由此观之,擒灭盗贼,在于明法,不在数赦。"这里,可见"明法"的重要,同时,也表明了法与策略之间的关系。

所以,他认为"显行赏罚""严督牧守"的目的就在于"明善恶""擒奸猾",这是"明法"的实际表现。他说:"今不显行赏罚,严督牧守以擒奸猾,而反数赦以劝之,其文常曰:谋反大逆不道诸犯,不当得赦皆除之,将与士大夫洒心更始。岁岁洒之,然未(尝)见奸人冗吏,有肯变心悔服称诏者也。有司奏事,又俗以赦前之微过,妨今日之显举。然则改往修来,更始之诏,亦不信也。"这是从不"明法"的教训中,总结出的经验:"显行赏罚,严督牧守",是"明法"的实际表现。

总之,王符认为,"数赦",不如"希其令,必其言","无赦"为好。因为"赦"乃招乱之本原(源)。他说:"凡民之所以轻为盗贼,吏之所以易作奸慝者,以赦赎数而有侥望也。若使犯罪之人终身命,得而必刑,则奸计之谋破,而虑恶之心绝矣。"还说:"故凡立王者,将以诛邪恶而养正善,而以逞邪恶逆,妄莫甚焉。"王符反对罪无轻重的赦赎制度并提出了"明法"要"显行赏罚""严督"官吏的主张。

其次,王符还"论衷刺刀者",即论故意。他主张严格区分故意和过失犯罪,提出"原心定罪""原情论意""以救善人"的执法思想,也是其力主实行法治必须坚持的原则。"夫有罪而备辜,冤结而信,此天之正也,而王之法也。故曰:'无纵诡随,以谨无良。'若枉善人以惠奸恶,此谓'敛怨以为德'。先帝制法,论衷刺刀者。何者?以其怀奸恶之心,有杀害之意,故诛之,况成罪乎。"还说:"恶人有罪虽小然非以过差为之也,乃欲终身行之,故虽小,不可不杀也。何则?是本顽凶思恶而为之者也。""杀人虽有大罪,非欲以终身为恶,乃过误尔,是不杀也。若此者,虽曰赦之可也。金作赎刑,赦作宥罪,皆谓良人吉士,时有过误,不幸陷离者尔。"可见,王符不是一般地反对"赦赎",而反对的是不区别罪的轻重的"赦赎",即"常赦"制度。因为后者必然导致放纵"恶逆",伤害"善人"。所以他主张严格区分故意和过失犯罪,强调"原情论意""原心定罪"。这里,作为区分故意和过失犯罪,是无可厚非的。但在司法实践中,孤立的强调犯罪动机,是不科学的。同样会出现偏差和弊端。只有在查清犯罪事实,取得真凭实据的基础上,弄清其犯罪动机来定罪量刑,才是稳妥可靠的。他的"原情论意"思想,也只有在这个意义上,才是可取的。他认为,按照上述其执法思想去做,社会才能达到安定与和谐。他说:"先王议谳狱以制,原情论意,以救善人,非欲令兼纵恶逆以伤人也。是故《周官》差八议之辟,此先王所整万民而致时雍也。《易》故观民设教,变通移时之议。今日救世,莫乎此意。"(以上原文,引自《潜夫论·述赦》。)

所述"明法",显行赏罚,严督官吏的执法、守法思想,是王符针对"数赦"(即常赦)所进行的批判性总结。他认为,"数赦"是因循已久的司法制度中的一种弊端,其危害就在于:不但实现不了"遏绝奸恶"的目标,而且造成"惠奸宄""贼良民"的严重后果。因此,主张革除"数赦"。与此同时,他从预防犯罪,消除封建司法弊端出发,在"论衷刺刀者"即论故意中,提出严格区分故意同过失犯罪的"原心定罪""原情论意,以救善人"的主张。

四、依法治吏思想

王符认为,实行封建法治的关键,从主观条件上来说,在于治吏。因此,他提出一套完整的依法治吏主张。其完整性就表现在他的依法治吏的内涵,是一个有着内在联系的多个方面内容的综合:从治吏的指导思想到赏罚原则,科察考绩制度,官吏的教化与综合,选人标准与用人策略等;而严格依法、遵循制度,又是贯穿这些内容的一条纲。

(一)"赏重禁严"的赏罚原则

王符针对东汉当时"列侯率多袭爵,无德于民,而州郡牧守,亦多不恤公事,风俗陵夷,积怠已甚"的局面,在纵观汉代以来贯彻古老的三条封建遗法和制度的经验教训中,重新解释了它的宗旨和精神,并提出按"赏重禁严"的原则来重新立法治吏。

他认为,"封爵三公:以褒有德,尸素则从渥刑";"分封诸侯,有功者迁,无状者奇";"审选守相,称职者封,怀奸者戮。"这一遗法和制度,在汉初虽承袭其要,但也有较大的演变。高祖刘邦时,曾与群臣约定:"非刘氏不得王,非有武功不得侯。"文帝时,开始扩大到刘氏旁系,并作为定制,沿袭下来。武帝时,又封爵丞相,也相继很久,直到东汉光武帝,才予以废除。这里既有经验,又有严重的教训。

他解释说:"《易》曰:'鼎析足,覆公𫗧,其刑渥,凶。'此言公不胜任,则有渥刑也。是故三公在三载之后,宜明考绩黜刺,简练其材。"有"致治之效者,封为列侯","其尸禄素餐,无进治之效、无忠善之言者,使从渥刑。是则所谓明德慎罚,而简练能否之术也。诚如此,则三公竞思其职,而百僚争竭其忠矣。"还说:"先王之制,继体立诸侯,以象贤也。子孙虽有食旧德之义,然封疆立国,不为诸侯,张官置吏不为大夫,必有功于民,乃得保位,故有考绩黜刺九锡(赐)三削之义。""由此观之,未有得以无功而禄者也。"又说:"昔先王抚世,选练明德,以统理民,建正封不过百,取法于震,以为贤人聪明不是过也;又欲德能优material所治(纤),则职修理而民被泽矣。今之守相,制地千里,威权势,盛于列侯,材明德义,未必过古,而所治逾百姓,此以所治多荒乱也。是故守相不可不审也。"简言之,王符认为,古之遗法的宗旨,在于"明德慎罚""简练其材""以明好恶""期于佐治"。要体现这一宗旨,必须在实践中坚持"审选""考绩黜刺""信赏必罚"诸原则。这样,才能使群臣百官竭忠思职,各尽其责。

与此同时,他分析了当时群臣百官中之所以出现上述吏风腐朽倾向的原因,提出体现遗法精神的"赏重禁严"治吏原则的措施。他认为,一是"当今诸侯,率皆袭先人之爵,因祖考之位,其身无功于汉,无德于民,专国南面,卧食重禄,下殚百姓,富有国家,此素餐之甚者也"。二是"今列侯或有德宜子民,而道不得施;或有凶顽丑,不宜有国,而恶不上闻"。三是"今者刺史、守相,率多怠慢,违背法律,废忽诏令,专情务利,不邮(恤)公事。细民冤结,无所控告,下土边远,能诣阙者,万无数人,其得省治,不能百一。郡县负其如此也,故敢延期,民日往上书,此皆太宽之所致也"。这些都是由于今"有功不赏,无德不削,甚非劝善惩恶,诱进忠贤,移风易俗之法术也"。他认为,这里的关键是:不懂"宽以济猛,猛以济宽,政是以和"的道理;又不能及时了解下情与民情;"有功不赏,无德不削",不能"功善惩恶"。所以造成吏风怠慢,凶顽丑皆有。缘此,他提出以下措施:一要皇帝"执术督责总监独断","当循王制,皆使贡士,不宜阙也";"必有功于民,乃得保位",对"素餐之甚者","乃令酎金以黜之"。二要本着"赏重禁严"的原则立法,因为"积怠之俗,赏不隆则善不劝,罚不重则恶不惩。凡欲变风改俗者,其行赏罚者也,必使足警心破胆,民乃易视"。三要"明选守相","其初除者,必躬见之,观其志趣,以昭其能,明察其治,重其赏罚。""赏赐金帛,爵至封侯。其耗乱无状者,皆衔刀沥血于市。"

总之,他认为:"赏重而信,罚痛而必,群臣畏劝,竞思其职。故能致治安而世升平。""由此观之,牧守大臣者,诚盛衰之本原(源)也,不可不选练也;法令赏罚者,诚治乱之枢机也,不可不严行也。"这就是王符强调依法治吏所提出的"赏重禁严"原则的思想与实际的依据和贯彻这一原则应采取的切实措施。(以上原文,引自《潜夫论·三式》。)

(二)建立"科察考功"的考绩制度

王符针对东汉末期"政俗陵夷,黜陟不当"而强调重新建立考绩制度的重要意义。他认为,"科察考功":一是能知贤防奸。二是能"昭贤愚而劝能否"。"凡南面之大务,莫急于知贤;知贤之途,莫急于考功。功诚考则治乱暴而明,善恶信则直贤不得见障蔽,而佞巧不得窜其奸矣。"还说:"夫剑不试则利钝,弓不试则劲挠诬,鹰不试则巧拙惑,马不试则良驽疑。此四者之有相纷也,由不考试故得然也。今群臣之不试也,其祸非直止于诬、钝、疑、惑而已,又必致于怠慢之节焉。""《传》曰:'善恶无彰,何以沮勤?'是故大人不考功,则子孙惰家破贫;官长不考功,则吏怠傲而奸宄兴;帝王不考功,则直贤抑而伪胜。故《书》曰:'三载考绩,黜陟幽明。'盖所以昭贤愚而劝能否也。"

他以对历史经验与现实教训的分析总结,进一步验证了重建考绩制度的必要性。他说:"古者诸侯贡士,一适谓之好德,载适谓之尚贤,三适谓之有功,则加之赏。其不贡士也,一则黜爵,载则黜地,三黜则爵土俱毕";"附下罔上者死,附上罔下者刑,与闻国政而无益于民者斥,在上位而不能进贤者逐";"其受事而重选举,审名实而赏罚也如此。故能别贤愚而获多士,成教化而安民氓。三代于贡,皆致太平。"同时,他指出:"圣汉践作,载祀四八,而犹未者,教不假而功不考,赏罚稽而赦赎数也。谚曰:'曲木恶直绳,重罚恶明证。'此群臣所以乐总猥恶考功也。"这里,说明历史上"科察考功"的成效及两汉以来的现实恰恰与上述历史经验的诸原则相悖,正是由于"教不假而功不考""赏罚稽而赦赎数"的积累,而在群臣百官中酿成"乐总猥而恶考功"的不良倾向。

他进而深入地揭露了东汉封建统治集团中存在的腐败事实,论证了重建考绩制度的必要及其重要意义。指出:在地方,"令长守相不思立功,贪残专恣,不奉法令,侵冤小民,州司不治,令远诣阙上书讼诉。"在中央与地方各级关系上,"尚书不以责三公,三公不以让州郡,州郡不以讨县邑,是以凶恶狡猾易相冤也。"在参谏、练谏的官吏里,"侍中、博士谏议之官,或处位历年,终无进贤嫉恶拾遗补阙之语,而贬黜之忧。"在推举人才方面,"群寮举士者,或以顽鲁应茂才,以桀逆应至孝,以贪饕应廉吏,以狡猾应方正,以谀谄应直言,以轻薄应敦厚,以空虚应有道,以应明经,以残酷应宽博,以怯弱应武猛,以愚顽应治剧,名实不相副,求与贡不相称。"以及,在富贵者中间,"富者乘其材(财)力,贵者阻其势要,以钱多为贤,以刚强为上。凡在位所以多非人,而官听所以数乱荒也。"

他认为,这些问题,只有通过"科察考功",建立考绩制度,做到"有号者必称于典,名理者必效于实",才能达到"官无废职,位无非人"。正如"贤人之所说,圣人之意也。先师京君,科察考功,以遗贤俊,太平之基,必自此始,无为之化,必自此来"。他指出:"世主不循考功而思太平,此犹欲舍规矩而为方圆,无舟楫而欲济大水,虽或云纵,然不知循其虑度之易且速也。”他认为,历史上成功的治吏经验,也证明了这一点。他说:“群寮师尹,咸有典司,各守其职,以责其效,百郡千县,各因其前,各谋其后;辞言应对,各缘其文,以其实,则奉职不解(懈),而陈言者不得诬矣。《书》云:‘赋纳以言,明试以功,车服以庸,谁能不让?谁能不敬应?’此尧、舜所以养黎民而致时雍也。”

以上就是王符的依法治吏,建立“科察考功”的考绩制度的内容。总之,王符认为,依法治吏,建立考绩制度不仅仅是关乎官吏群体的优劣,吏风的良莠的问题,而且它对百姓教化与社会风尚的和谐有着直接影响。

(三)“积微伤行,怀安败名”的“慎微”教化

王符认为,官吏修养教化问题是防止吏风腐败,预防官吏犯罪的战略性举措。所以说,是其依法治吏思想不可分割的组成部分。

首先,他论证了天下兴废,“在其所积”。他说:“积上不止,必致嵩山之高;积下不已,必极黄泉之深。”“非独山川”,“人行亦然”。“有布衣积善不怠,必致颜、闵之贤;积恶不休,必致桀、跖之名。”“非独布衣也,人臣亦然,积正不倦,必生节义之志;积邪不止,必生暴弑之心。”“非人臣也,国君亦然,政教积德,必致安泰之福;举错(措)数失,必致危亡之祸。”还说:“非一善而王”,“非一恶而亡”。“积善多者,虽有一恶,是为过失,未足以亡。积恶多者,虽有一善,是为误中,未足以存。”这里,渗透着我国古代朴素辩证法思想,把官吏的个人修养与社会、政治、法律实际的内在联系,言简意赅地表述出来,具有深刻、广泛的意义。

其次,他从总结历史经验教训当中,进一步论证如何做到“慎微”。他指出,做到“慎微”在于“克己三省”“日慎一日”。他说:“孔子曰:‘善不积不足以成名,恶不积不足以灭身。’小人以小善谓无益而不为也,以小恶谓无伤而不去也,是以恶积而不掩,罪大而不可解也。”所以,其“迷途而不返,遂往而不振”。还说:“圣人常慎其微也。文王小心翼翼,武王夙夜敬止,思慎微时,早防未萌,故能太平而传子孙。”

再者,“邪之与正,犹水与火不同原(源),不得并胜。”“正性胜,则遂重已不忍亏也,故伯夷饿死而不恨。邪性胜,则怵怵而不忍舍也,故王莽窃位而不惭,积恶习之所致也。夫积恶、非久,致死亡非一也”,即积恶非一日,亦以渐至。王符从历史经验教训中,引出这样的结论:“积微成显积著成象。”强调了“思慎微时,早防未萌”,即防微杜渐的重要。进而从认识上解决了坚持“克己三省”“日慎一日”做法的重要意义。

最后,他从上述论证中,得出一条至理名言:“知己曰明,自胜曰疆(强)。”说明“慎微”的修养还需要“知己”“自胜”,是一个长期的实践磨炼过程。由此,可以看出王符的依法治吏思想,是从法治到教化,从治到防,从措施到制度的有着内在逻辑联系的完整而系统的内容,是有历史借鉴价值和认识价值的。

(四)“贵忠”“明忠”的选人标准和用人策略

这是王符依法治吏思想体系中的最重要的一环,即选贤任能问题。王符针对东汉当时存在的“弗问志行,官爵是纪”的倾向,鲜明地提出“贵忠”“明忠”的主张。

首先,他论证了如何识别和选拔士。应从士阶层的一般特点出发,考察他们重志行,轻地位,所谓"宠位不足以尊我""卑贱不足以卑已"。一是"应定于志行",即要区别他们中的"志节美"者和"心行恶"者,"不可必以族""不可必以位"。他说:"故论士苟定于志行,勿以遭命,则虽有天下不足以为重,无所用不足以为轻,处禁围不足以为耻,抚四海不足以为荣。况乎其未能相县(悬)若此者哉?""以族举德","以位命贤","非至论"。他举例说:"尧,圣父也,而丹凶傲;舜,圣子也,而叟顽恶;叔(向),贤兄也,而鲋贪暴;季友,贤弟也,而庆父淫乱。论若必以族,是丹宜禅而舜宜诛,鲋宜赏而友宜夷也。论之不可必以族也若是。"还说,"昔祁奚有言:鲧殛而禹兴,管、蔡为戮周公祐王。故《书》称父子兄弟不相及也。幽、厉之贵,天子也,而又富有四海。颜、原之贱,匹夫也,而又冻馁屡空。论者必以位,则是两王是为世士,而二处为愚鄙也。论之不可必以位也,又若是焉。"二是不求备于一人。他说:"昔自周公不求备于人,(况)乎其德义举,乃可以它故而弗之采乎?由余生于五狄,越蒙产于八蛮,而功施齐、秦,德立诸夏,令名美誉,载于图书,至今不灭。张仪,中国之人也;卫鞅,康叔之孙也,而皆谗佞反覆,交乱四海。由此观之,人之善恶,不必世族;性之贤愚,不必世俗。"还说:"中堂生负苞,山野生兰芷。夫和氏之璧,出于璞石,隋氏之珠,产于蜃蛤。""故有大美可尚于世,则虽细行小瑕曷足以累乎?"

其次,他对忠与德的关系重新作了解释。他说:"位以德兴,德贵忠立,社稷所赖,安危是系。"所以说,忠于一人而贱于兆民者,则不得谓之忠。"君子任职则思利民","是故明臣不敢以私爱,忠臣不敢以诬能。"由此,他认为,用士上有两患:一患是"以用士不患其非国士,而患其非患;世非患无臣,而患其非贤"。"陈平、韩信,楚俘也,而高祖以为藩辅,实平四海,安汉室;卫青、霍去病,平阳之私人也,而武帝以为司马,实攘北狄,郡河西。"二患是"无是能而处是位,无是德而处是贵"。他说:"处莫高之位者,不可以无莫大之功。窃亢龙之极贵者,未尝不破亡也,成天地之大功者,未尝不蕃昌也。""《易》曰:德薄而位尊,智小而谋大,力少而任重,鲜不及矣。故德不称其任,其祸必酷;能不称其位,其殃必大。"

他还揭露了"窃位之人"表现上的特征,说:"窃位之人""贫贱之时,虽有鉴明之资,仁义之志,一旦富贵,则背亲媚旧,丧其本心,皆疏骨肉而亲便辟,薄知友而厚狗马。财货满于仆妾,禄赐尽于猎奴。宁见朽贯千万,而不忍赐人一钱;宁积粟腐仓,而不忍货人一斗。人多骄肆,负债不偿,骨肉怨望于家,细民于道。前人以败,后争袭之,诚可伤哉。"他认为,这种人"或以背叛横逆不道,或以德薄不称其贵"。"覆宗灭族,皆无功于民氓者也。""而后人贪权□宠,蓄积无极,思登颠陨之台,乐循覆车之迹,愿裨福祚,以备员满贯者,何世无之?"他并揭露"贵戚"的本质,说:他们"常若崇财货而行骄僭,虐百姓而失民心尔"。这些,都是不忠的表现。

总之,王符通过揭露批判上述不"忠"行为,表述了其"忠"的内涵。最后他指出,"竭精思职,推诚辅君,效功百姓,下自附于民氓,上承顺于天心,而乃任其私志,窃君威德,以陵(凌)下民,反戾天地,欺诬神明,偷进苟得,以自奉厚,居累卵之危,而图泰山之安,为朝露之行,而思传世之功,譬犹始皇之舍德任刑,而欲计一以至于万也。岂不惑哉!"

再次,他以法、术、势关系论,阐述用人策略。①他论证用人"离术舍权"的危害。他解释说:"所谓术者,使下不得欺也";"夫术之为道也,精微而神,言之不足,而行有余,故能兼四海而照幽冥。""所谓权者,使势不得乱也";"权之为势也,健悍以大,不待贵贱,操之者重;重,故能夺主威而顺当世。""周室之末则不然,离其术而舍其权,怠于己而恃于人。是以公卿不思忠,百僚不尽力,君王孤蔽于上,兆黎冤乱于下,故遂衰微侵夺而不振。""要在于明操法术,自握权秉(柄)而已矣。"从历史经验教训中,他得出这样的结论,就是:"明据下起,忠依上成,二人同心,则利断金,通知此者,两誉俱具。"②他提出"徒县(悬)重利""徒设严威"的用人赏罚主张,即对"赏重禁严"原则的进一步发挥。他说:"徒县(悬)重利,足以劝善;徒设严威,可以惩奸。""乃张重利以诱民,操大威以驱之,则举世之人,可令□白刃而不恨,赴汤火而不难,岂云但率之以共治而不宜哉?"③他强调了人君独揽权与术。他说:"夫神明之术,具在君身,而君忽之,故令臣钳口结舌而不敢言。此耳目所以闭塞,聪明所以不得也。""制下之权,日陈君权,而君释之,故令群臣懈弛而背朝,此威德所以不照,而功名所以不建也。"那么人君如何独揽权与术? 他总结了四条经验:其一,要开精诚以示贤忠。他说:"人君不开精诚以示贤忠,贤忠亦无以得达。""是以忠臣必待明君乃能显其节,良吏心得察主乃能成其功。君不明,则大臣隐下而遏忠,又群司舍法而阿贵。"其二,要"求之于己,不以责下"。他说:"夫忠言所以为安也,不贡则危;法禁所以为治也,不奉必乱。忠之贡与不贡,法之奉与不奉,其秉(柄)皆在于君,非臣下之所能为也。是故圣人求之于己,不以责下。"其三,要"法术明""赏罚必"。他说:"凡为人上,法术明而赏罚必者,虽无言语而势自治。治势一成,君自不能乱也,况(况)臣下乎? 法术不明而赏罚不必者,虽号令,然势自乱。乱势一成,君自不能治也,况臣下乎? 是故势治者,虽委之不乱;势乱者,虽勤之不治也。"故曰:"善者求之于势,弗责于人。"其四,要"审法度而布教令"。他说:"以是明王审法度而布教令,不行私以欺法,不赎赦以辱命,故臣下敬其言奉其禁,竭其心而称其职。此由法术明而威权任也。"

以上就是王符的依法治吏思想组成部分的"贵忠""明忠"的内容,即选人标准和用人策略。(以上原文,引自《潜夫论·三式·考绩·贵忠·明忠·论荣·慎微·叙录》。)这里,王符运用法、术、势关系论所进行的论证,与《韩非子》《淮南子》相比较,可以说是一个相承袭的认识的不断深化过程,无疑,王符的认识显得更为高明。

简言之,王符认为,实行封建法治的关键,在于依法治吏。这是一个带有普遍历史意义的问题,而在封建专制历史条件下,全部问题都在于"人君"。在这方面,王符有的放矢的做了历史与现实的经验教训的借鉴,形成深刻而具体、全面而系统的理论概括。

王符针对东汉当时存在的问题,指出:人君之明(暗),是关乎国家兴乱的根本问题。他说:"国之所以治者君明也,其所乱者君(暗)也。""君之所以明者兼听也,其所以暗者偏信也。""是故人君通必兼听,则日圣广矣;庸说偏信,则愚日甚矣。"

他认为,为了防止和克服"专君""蔽贤","忠佞"混淆,"竞进下材",而便于擅夺君权的问题出现,即"人君"如何不唯言是听,而做到"明",有如下五个方面的经验:第一,既要"招贤",又要"辨奸",要把两者统一起来。第二,要"公法行",不以私欺法,不让奸臣乱吏,无法之徒,有隙可乘。第三,对臣下要"察言观志,见其苦心",以识贤辨奸。第四,要"参听民氓",以"辨识正义与邪枉"。第五,"不弃疏远,不轻幼贱",建立"参而任之""天子听政"制度。他的结论是:"在者之好蔽贤而务进党也,自古而然",所以说:"明君不可欺,德彰不可蔽。"

以上,王符的封建法治思想,特别是其依法治吏,含有比较集中、比较多的朴素唯物论与朴素辩证法因素,吸收了先前的法思想,由此而有着许多合理的、可取的思想内容,也是顺理成章的。这种客观真理的反映,亘古以来就存在的,也不会为其固有的时代与阶级的局限所掩盖。就是说,王符的思想虽被历史唯心论的外壳所包藏,但只要我们遵循意识形态发展的客观规律,在实际上,是可以获得借鉴的,只有这样,我们也才会取得认识上的长足进步(以上原文,引自《潜夫论·明·叹·思贤·叙录》。)

与杨恩翰合写。1985 年稿,2003 年修改。

唐太宗的法律思想研究

第一章　李世民生平业绩与贞观之治的历史背景

第一节　李世民传略

唐太宗李世民是唐朝开国皇帝唐高祖李渊的次子。公元 599 年 1 月 23 日（隋文帝开皇十八年十二月戊午），"生於武功（陕西武功）之别馆"。祖籍陇西成纪（甘肃泰安）。他的曾祖父——李虎，是"后魏左仆射，封陇西郡公"；曾利用自己握有的兵权，与北魏六镇军人集团首领宇文泰共同割据了关、陇地区，并帮助宇文泰建立了关中政权，后遂成为北周封建政权的八大支柱之一。因此，李虎家族也被列入"当时荣盛莫与为比"的称之为"八柱国家"的军事贵族集团；并在李虎去世后，追封为唐国公。隋朝时，显赫的"八柱国家"，伴随着整个旧贵族的没落，权势日衰。这时，李渊作为李虎的后代，一方面承袭了祖父的唐国公封号，另一方面又凭借裙带关系——"文帝独孤皇后，即高祖从母也，由是特见亲爱，累转谯、陇、岐三州刺史"，因此仍保持有相当大的政治权势。大业年间，又历任郡守、卫尉少卿等职。李世民就是出身于这样一个关、陇地区的旧军事贵族高门。尽管到了隋朝时李氏家族已非当年的荣盛景况，而青少年时代的李世民，依然受着军事贵族传统的家庭教养，为继承其祖先的勋业和权势，立志有所作为，孜孜不倦地攻读兵书战策，身先士卒，刻苦地操练骑射。

公元 615 年（隋炀帝大业十一年）4 月，李渊被派遣到山西，充任山西、河东（永济）安抚大使，掌有选补郡、县官吏和调兵"讨捕""群盗"的大权。安抚使的遣任，是隋王朝加紧镇压农民起义的措施。就是从这一年开始，18 岁的李世民踏上了政治舞台，跟随其父参加对农民起义的镇压。次年，由于李渊镇压魏刀儿（自唤历山飞）、母端儿、柴保昌、甄霍儿（魏刀儿的部将，后复号历山飞）等率领的农民起义军，有"讨捕"之功，而"迁右骁卫将军"。

公元 615 年秋（大业十二年），"炀帝于雁门为突厥所围，太宗应募救援，隶屯卫将军云定兴营"，由于李世民献策——以寡胜众的诈兵之计，为云定兴所采纳，使雁门解围。可见，李世民的政治生涯的起点，从根本上说，是为了维护和挽救处于风雨飘摇、穷途末路的隋王朝的统治，即一方面随从其父李渊参加了对农民起义的镇压；另一方面又直接参与了打击乘虚而来的外族入侵和掠夺。

公元 617 年（大业十三年），李渊晋迁为太原留守。李世民又随从其父镇守着隋王朝的这个北部军事要地。此时，隋炀帝的统治已经面临崩溃的境地。公元 614 年到616 年冬（大业十年—十二年），风起云涌的农民起义，早已遍及全国各地。农民起义军开始由分散状态迅速走向集中，加强了对隋王朝统治的攻势。由翟让、李密、窦建德、杜伏威等统率的几支较大的农民起义队伍，几乎控制了黄河下游及江淮之间的人烟稠密、土地肥沃、物产富饶的广袤地区，隋王朝赖以维持其统治的生命线受到极其严重的扼制。

尽管隋炀帝被迫结束了侵略高丽的战争，转而从军事上、政治上更加疯狂地镇压农民起义，但也无法拯救其垂死的命运。与此同时，乘虚而入的东突厥，更加频繁地骚扰和掠夺北部边郡地区，勾结那里的豪门望族，制造分裂，扩大事端。在农民大起义的风暴沉重打击下，加上外患频仍，促使隋朝封建统治阶级内部的分裂加剧。早在公元613 年（大业九年），就发生了杨玄感起兵事件，如果说这一事件还是发生在统治集团上层的话（贵族、官僚的子弟 40 余人参加，还有少数中央的官僚与之通谋），那么，从公元 616 年底到 617 年春夏之际，则发生的是全国范围的巨大分裂，罗艺、徐园朗、梁师都、刘武周、薛举等官僚与豪门地主，纷纷摆脱隋王朝的统辖，割据城郡，各霸一方，有的甚至投靠突厥来维持和扩展自己的势力。

这个危在旦夕的局面的出现，还有一个因素是：由于杨玄感起兵事件发生，引起隋炀帝的惊慌失措，隋炀帝为了维护自己摇摇欲坠的皇冠，稳住统治集团的阵脚，而对其内部采取了极端措施。例如，公元 613 年到 614 年间（大业九年—十年），接连处斩了宿将鱼俱罗、董纯等，名将吐万绪因被治罪，忧愤而死；尤为甚者，疑忌右骁卫大将军李浑，唯恐其凭借荣盛门族的影响篡夺政权，统治天下，就杀掉李氏一门 30 余人。其结果适得其反，如此昏庸残暴的隋炀帝，更加迅速地将自己置于众叛亲离的境地。

正是在这种形势下，李渊父子开始看到隋王朝的大势已去，在踌躇中被迫走上叛隋的道路。隋炀帝升迁李渊为太原留守，本意是为了加强镇压农民起义，防止外族入侵，同时对李渊守卫这个北方军事重镇又有所提防，特派亲信王威、高君雅充任副留守，以协助李渊之名，行监视和防范李渊产生二心之实。面对现实所发生的一切，无疑，促使李渊心目中产生了罪死与叛隋之间的抉择，而行动上一度又是举棋不定的。在两者之间，使李渊最终起兵叛隋的一个直接因素，是李渊的军队在马邑同突厥作战，打了败仗，被隋炀帝囚捕治罪。正在这时，由于东都洛阳形势吃紧，隋炀帝忽而改变了他的诏命，又赦免了李渊，并恢复了他的原任。李渊获释后，立即作了起兵的部署。

在策划和组织起兵过程中，李世民起了重要作用：

一是，李世民较早地意识到他们父子处境的危险，他曾对李渊说："今'盗贼'日繁，遍于天下，大人受诏讨'贼'，'贼'可尽乎？要之终不免罪！"并一再敦促其父，趁早起兵，另觅发展自己的道路。

二是，积极参与策划，并为组织太原起兵作了充分的准备。他和刘文静秘密"部署宾客""潜结死士"；同时，命长孙顺德、刘弘基等，四处奔走，招兵买马，于"旬日间"，就募集了万余人。

三是，在战略部署和行动策略上，都作出了一定的贡献。为了取得起兵后顺利地向关中进军的条件，需要缓和来自背后的严重威胁（即来自当时太原以北的东突厥同包括刘武周在内的边郡起兵的土豪势族相勾结的威胁）。李渊就是采纳了李世民的主张，而派刘文静北使突厥，称臣纳贡，缓和矛盾，以集中力量西进。

四是，在关键时刻，切谏其父，作出果断的决策。太原起兵一开始就遇到不利的情况，据史料记载：大军西上贾胡堡，隋将宋老生，率精兵两万屯霍邑，以拒义师。会久雨、粮尽，高祖与裴寂议，且还太原，以备后举。太宗曰："本兴大义以救苍生，当须先入咸阳，号令天下；遇小敌即班师，将恐从义之徒一朝解体，还守太原一城之地，此为贼耳，何以自全！"高祖不纳，促令引发。太宗随号泣于外，声闻账中。高祖召问其故，对曰："今兵以义动，进战则心克，退还则必散。众散于前，敌乘于后，死亡须臾至，是以悲耳。"高祖乃悟而止。终于接受了李世民的主张，命李元吉留守太原，集结了分别由李建成和李世民统帅的大军，迅速沿着汾水河谷向东南进发。于公元617年（大业十三年）8月，攻克霍邑，斩了隋将宋老生；与此同时，并以少数兵力牵制、战败另一支为了阻截太原起兵的大军西进而把守河东的隋将屈突通；之后，招降了农民起义队伍冯翊的部下孙华等；此外，还得到关中地区李渊的亲族的响应，如李渊的从父弟李神通起兵于户县，其女儿（高祖第三个女儿，即平阳公主，柴绍的妻子）也起兵于司竹，并与李世民统帅的大军会合。

这时，特别是瓦岗农民起义队伍横扫了河南诸郡县，围困了东都洛阳；关中各地农民起义队伍空前活跃，造成隋王朝的京都长安孤立无援的局面，这些就是在极短的时间内李渊父子获得南进节节胜利的重要条件。李渊终于在同年11月以20万大军攻占了长安，连同整个关中地区，置于李渊父子的统治之下，立国号为唐，定都长安，制年号为武德，立李建成为皇太子，封李世民为秦王，李元吉为齐王。

公元618年（大业十四年、武德元年）3月，在江都，隋炀帝被其亲信宇文化及等绞杀，并立秦王浩为帝，改年号为义宁。实际上，隋炀帝的被弑，隋王朝即宣告灭亡。从此，反隋的农民战争转化为封建统一战争。这个急剧的转化过程，就是李渊父子由镇压农民起义到利用农民起义和夺取农民起义成果的过程。隋王朝的覆灭，就是这个转化的终结。封建统一战争，主要的是李渊父子统率的军事力量同分布全国各地的旧贵族、地方豪强势力和已经向地主阶级方面转化了的原农民起义领袖们所统辖的武装集团之间进行的封建统一同封建割据的战争。

公元618年3月到公元624年春（武德元年—七年），整整6年的封建统一战争，终于奠定了唐朝封建统治的根基。在封建统一战争中，李世民立下了赫赫的战功。

由于封建统一战争的胜利，唐封建统治集团内部孕育已久的矛盾，显现了出来。

公元 624 年秋,突厥首领颉利可汗趁唐刚刚取得全国统一,且尚待巩固之机,再次大举南侵,即自原州(甘肃固原)出兵,直接威胁着长安。而对这次突厥的进犯,采取什么样的对策?唐封建统治集团内部发生了严重的分歧,形成了显明的以李建成为首的一方同以李世民为首的另一方的政治分野。前者主张迁都,后者主张抵御。尽管按照李世民的主张使突厥入侵问题暂时获得了解决。然而,唐封建统治集团内部的矛盾却仍在积聚和增长,明争暗斗,时起时伏,愈演愈烈,持续两年之久,终于酿成干戈相见的事件的发生。

公元 626 年,即武德九年六月四日,发生了玄武门事变。这场唐封建统治集团内部两股势力的角逐,以李世民一方的胜利而告终。不久,李渊被迫退位,李世民做了皇帝,改年号为贞观。他执政 23 年,励精图治,举贤任能,奠定了"太平盛世"的基础。卒于公元 649 年(贞观二十三年五月己巳),是年 52 岁。

李世民完全是自己时代的产儿。李世民以亡隋为鉴去治理新兴的唐王朝,并取得巨大成就。

研讨唐太宗李世民经历中的封建统一战争和玄武门之变,是全面而恰当地评价其历史功绩,具体而深刻地了解唐朝实现封建统一的社会历史背景及其阶级基础的两个极其重要的历史环节。下面就此略作一些分析和论证。

第二节　李世民与唐初封建统一战争

李世民参与并直接参加指挥的唐初封建统一战争,除镇压农民起义外,基本上是进步性质的战争。恩格斯指出:"封建主义的基础是农业,它对外征讨主要是为了取得土地。"①但是在封建制度历史上为取得土地而战的性质有两种:一种是进步性质的,即为了封建统一而取得土地的战争;另一种是落后反动性的,即为了封建割据而取得土地的战争。在唐初,李世民参与并指挥的战争,属于前者。属于后者的战争有:东突厥族的侵犯战争;勾结突厥侵犯、代表反动地主的薛举、薛仁杲父子的割据战争;勾结突厥侵犯、代表西北反动地主的刘武周的割据战争;代表河南中州一带反动地主的王世充的割据战争;以及勾结突厥侵犯、做了农民起义叛徒的刘黑闼的割据战争;等等。

现在,我们就来简述唐初封建统一战争的经过情况。

公元 617 年(大业十三年)11 月,李渊父子夺取关中、巴蜀、山西地区之后,凭借这些地区优越的自然条件和社会基础,以及握有的雄厚的长安府库、永丰粮仓、赤岸译牧监的马匹等实力,迅速地采取了"安民"措施。例如,进行"赈穷乏""给复三年"。废除《大业律》,"颁新格"等;并收拢关、陇一带的地主,恢复其势力,取得其支持,据史料称,"三秦士庶,衣冠子弟,郡县长吏,豪族弟兄,老幼相携,来者如市,帝皆引见,亲劳问,仍

---

① 《马克思恩格斯全集》第 1 卷,第 450 页。

节级授官。"特别是利用农民起义队伍的力量和影响,创造有利于己的条件。史料记载,李渊见到李密的来信表示:"密夸诞不达天命,适所以为吾拒东都之兵,守成皋之,更觅韩、彭,莫如用密。宜卑辞推奖,以骄其志,使其不虞于我。得入关,据蒲津而屯永丰,阻崤、函而临伊、洛,东看群'贼'鹬蚌之势,吾然后为秦人之渔父矣。"随后,李密果真"遂注意东都,无心外略"。与此同时,也镇压和瓦解了关中地区的一些农民起义队伍,如丘师利、何潘人、唐弼等。根据这些地区的原有条件,还沿用了府兵制。关中、河东一带即是原来隋的府兵集中的地方;唐统一全国后,对府兵制进行一些改革。从而,在短暂的时间内,人力、物力、财力和军力都迅速获得积聚和休整,为封建统一战争的胜利和建立全国封建统一的政权,创造了相适应的条件。

从这场封建统一战争的过程和结局,可以看出其战略计划和部署是周详的、稳妥的:首先打击以薛举、薛仁杲父子为主要目标的西北一带的武装集团,以解除来自背后和侧翼的威胁,然后,再转向东方收拾王世充、窦建德两个武装集团,以奠定封建统一的基础。这和太原起兵的路数有相似之处,可见它又是在总结和吸取太原起兵经验的基础之上制定的。李世民不仅是制订这个战略计划的参与者,而且是这个战略计划的主要执行者。

从公元617年底到公元624年秋,是唐朝所经历的整整6年封建统一战争的时期。

公元617年底到公元618年11月,李世民率领大军一马当先,相继击溃不甘心先前失败而又勾结突厥的薛举和残暴的薛仁杲,不仅打破了薛氏父子进犯关中,夺取长安的意图,而且由于这场胜利,获得了对整个陇东地区的控制。

公元619年3月至公元620年4—5月间,李世民的大军又连续打败割据马邑的刘武周与突厥的联军及其下属宋金刚部,收复被太原总管齐王李元吉丢掉的这个军事要地——太原。从此,西北地区完全置于李渊父子的统辖之下,解除向东进军的背后和侧翼的钳制和威胁。

公元620年7月至公元621年5月,李世民大军冲入河南,打开东进的门户。进军河南之前,通过游说,争取了割据江淮之间的杜伏威。不久,盘踞洛阳的王世充武装集团就陷入李世民大军的重重包围之中,围而不攻;首先生擒前来救援王世充的窦建德,继而迫使大势已去的王世充自缚投降。至此,唐在封建统一战争中开始取得决定性的胜利。

公元621年7月至公元624年春,北方的突厥见到唐的封建统一战争的胜利迅速发展,而更加紧其分裂、侵犯和破坏活动。先前刘黑闼在漳南起兵,就是得到突厥派兵相助的。洺水决战,李世民军获得大胜,刘黑闼逃奔突厥。不久,刘黑闼再次得到突厥的支使,带领突厥颉利可汗交给他的万余骑兵,侵掠河北地区,为了直接配合刘黑闼这次行动,颉利可汗还亲自出兵入侵汾、晋、陕、甘地区。在这次战役中,李渊遣李世民首先率军抵挡突厥的主力,击退颉利可汗的南侵之后,又命李建成再讨刘黑闼,刘军瓦解,河北地区的局势迅速扭转。此后,直到公元624年(武德七年)春,消灭了辅公拓丹阳起兵,带有牵动或影响全局的战争方告结束。经过整整 6 年的封建统一战争,终于巩固了唐朝封建统治的根基。

我们可以看到,在封建统一战争的全过程中,李世民立下了卓越的战功。这不仅在当时的封建统治阶级中,而且在广大农民群众中也发生过深远的影响,是毋庸讳言的。然而,唐王朝的建立和封建统一的实现,暂且不论其深刻的政治、经济的背景及其社会阶级基础,仅就这个封建统治集团的每个成员来说,在李渊周围还有李建成及一批名臣宿将,都起了各自不同的作用,作出了不同的贡献。这其中,李渊的决定性作用,也是客观存在过的历史事实。在评价李世民的功绩时,这方面,是很值得我们注意的。

第三节　李世民与"玄武门之变"

由于国家统一战争的胜利,唐王朝所处的内外环境发生了带有根本性的变化。为要巩固其中央集权的封建统治,迫切需要在全国范围内进行一系列的改革,上述李渊建唐时所采取的措施,远远不能适应这一要求。同时,对外也有亟待着手解决的问题,如突厥的反复入侵、骚扰和破坏。在国内局势相对稳定的条件下,唐封建统治集团内部积聚已久的矛盾,围绕着这两个方面的问题,突出地表现了出来,而且矛盾在急剧地发展。

恩格斯说:"以往的一切革命,都是归结于某一阶级的统治由另一个阶级的统治所替换;但是,以往的一切统治阶级,对被统治的人民群众而言,都不是区区少数。这样,一个统治的少数被推翻了,另一个少数又起而掌握国家政权并依照自己的利益改造国家制度。……在第一次巨大的成功以后,胜利的少数照例发生分裂,其中一部分人满足于已经达到的成就,另一部分人则想继续前进,提出一些新的要求,这些要求至少有一部分是符合广大人民群众的真正的或想象的利益。"

这里,虽然恩格斯所总结的内容是指封建地主阶级取代奴隶主阶级、资产阶级取代封建地主阶级统治的革命而言,但是,它具有更普遍的更深刻的指导意义,也就是说,对于我们观察、分析中国封建社会里一个个王朝统治的更替过程,认识这种更替的本质和规律性,给予极大的启示。尽管中国封建王朝的更替,其本身不是什么革命,然而大都出现过相类似的情况。

唐朝建立在隋末农民大起义之后所形成的封建新割据(区别于隋前五胡乱华和南北朝时的封建旧割据)的历史环境中,通过统一战争的胜利,获得全国范围内的安定局面。正当急需进一步巩固这一胜利的时刻,潜伏已久的封建统治集团内部的矛盾,日益明朗化、尖锐化起来。在封建统一战争结束以前,以李建成、李世民各自为首的两个对立的政治集团,由于能否做到一致对外和实现全国统一,是关系两者共同利害的事情,因此,其内部矛盾的发展受到来自外部矛盾的制约而沉潜下来。但是,在新的历史环境出现即封建统一战争胜利后,情况就变化了。因为两者的矛盾冲突都关联到各自的利害,所以双方之间的矛盾便迅速增长和恶性地发展起来,其斗争的激烈程度,也达到了极点。

争斗的焦点,无疑是由谁来掌握统治天下的大权问题。这是摆在整个封建统治集团面前的非常现实而又尖锐的问题。由于李建成、李世民都是李渊“创业”的直接参与者,和他们各自的具体的经历、地位所造成的可以暂时互抵消的那些不同的条件,就构成一时的势均力敌的形势,使这场争斗持续两年之久,受封建经济基础和社会阶级关系制约的封建政治权力,终于向封建宗法秩序挑战了,作为未来皇位的当然继承者李建成的地位的维护,这种秩序和观念是无能为力了。

在这场最高权力再分配的斗争中,谁胜谁负的问题,也带有极大的偶然性。因为,关键的问题,即带有必然性的是:唐朝建立后,面临着在全国范围实现统一问题。由于集中全力进行全国统一战争,来不及也不可能进行各方面的改革,基本上是沿袭应用隋的旧制。封建统一战争胜利后,迫切的任务就是必须进行一系列的真正的改革。谁能满足这一社会发展的客观需要,也是人心所向往的要求,谁就能够取得胜利。当然,要达到这一点,要看其双方各自具备的实际条件,而这种条件又包含着胜负的必然性。

从太原起兵到统一战争的胜利,李世民的功绩,无论是在封建统治阶级中,还是在广大农民中,都发生深刻的影响。他所统率的军队,大都是随着统一战争的进展而陆续收编的农民起义队伍,他的部将多是从归附或降服的农民起义和各割据势力的武装集团中选拔的干将,如出身于工匠和农民的尉迟敬德、张亮等,还有做过卫士和基层军官的秦叔宝,以及出身于封建贵族或大地主的李靖、李勣等。与此同时,他还广泛地网罗各方面有用的人才。这些人中,有的出身于“山东冠族”,也有的是破落的士族,但都是些熟谙传统文化的、具有专长或富有政治经验的人物。他们大都被安置在“登瀛州”的“文学馆”中,也有的一直跟随在李世民身边,为唐王朝的建立和巩固,发挥着各自的作用,如房玄龄、杜如晦等,其贡献就更为杰出了。

他们不仅战时为李世民积极出谋划策,扩展势力,而且后来为其夺得皇位、辅翼朝政,立下了极大的功劳。因此,在封建统一战争获得胜利时,李世民所具备的优越条件:一是他手中已握有唐王朝的重要的军事力量,而且其统率的军队是兵勇将猛、精悍善战的;二是由于他立下了影响深广的功绩,因而造成其具有广泛的社会基础;三是他十分重视而且已经集合了一批能够适应唐王朝所需要的各方面人才。

李建成从太原起兵以来,同样统率着一支军队,为封建统一战争的胜利,也立下了一定的战功。但与李世民对比起来,就显得逊色多了。可是,李建成也有其独特的贡献,由于他长期留守关中,辅助李渊处理政务;并且为京师长安及其周围地区的安全,打下了坚固的基础,连守卫宫廷的包括玄武门禁卫军,也在其直接控制之下;在关中,他有齐王李元吉作为可靠的助手,还有镇守幽州的庐江郡王李瑗作为得力的外援,他们也都各自掌握着一部分军队。这样,内外联结地形成了起着直接影响全国局势稳定的作用。这些正是李建成所仗恃的,而同时这恰恰又是他不如李世民的一个弱点。所以,使他感到握有重要兵权并具有卓越指挥才能的李世民是一个严重的威胁。由于李建成上述经历的限制,从太原起兵到封建统一战争的过程中,他接触的世面同李世民相比,就显得狭窄得多了。

因此,其影响也就不如李世民有那样深广的社会基础,而且在实际才能的锻炼上也受到了限制。但另一方面,李建成也有其"得天独厚"的条件,就是有李渊和一些重臣的支持,以及宫中的妃嫔、贵戚的奉迎和靠拢,使李建成以嫡长子而立为皇太子这种传统的封建宗法地位,受到有力的维护。李建成周围虽有如魏徵、王珪、韦挺等忠谏、栋梁之臣,然而远不及李世民周围的人才济济,特别是在物色、选拔和使用人才上,更为李建成望尘莫及。后来,李世民夺得皇位后,上述李建成周围的重臣,转而在辅佐李世民上,依然发挥着更为重要作用,也充分证明了这一点。

封建统治集团内部的矛盾和斗争从来不是孤立存在的,影响和决定这种权力之争双方胜负的有两个主要方面的因素:首先是对立双方所代表的社会力量;其次才是对立双方代表人物的个人品质、才能等因素。而在一般情况下,前者又具有决定性的作用,这就是通常所说的人心向背的问题。从以下两个具有典型性的历史事件就可以说明这个情况:

其一是,公元621年,即唐取得封建统一战争的决定胜利的时刻,由于王世充武装集团的垮台,而使唐统治集团又获得大片的沃饶土地,照例是要赏赐给有功之臣的。当时,李世民身兼陕东道行台,正是负责办理此事,其中淮安王李神通因战功受到数十项田地的赐赏;与此同时,张婕妤的父亲凭借裙带关系,却偏偏看中赐给李神通的那份田产,并取得了李渊的一道赐田诏令,于是发生了一场激烈的争斗。而在这个过程中,据有分配实权的李世民却坚持不要李神通退田。这说明李世民还是按照论功行赏的原则,赐予有关的臣将土地,就处理统治集团内部关系来说,是秉公合理的。因此,必然获得封建统治阶级中绝大多数人的拥护和支持,这是不言而喻的。

相反,张婕妤一家仗势欲占别人受赏的土地,也必然会遭到封建统治阶级中绝大多数人的愤懑和反对。由此可见,后来李世民集团之所以能够取得地主阶级中各个阶层的广泛支持,并不是偶然的,这一点也是其成功的诸因素中的一个主要方面。而李建成在这一事件中恰恰是站在李渊一边。这就说明,作为这个由皇亲贵族和身边一些重臣所组成的保守势力的代表——李建成,因囿于保持封建既得利益而骄纵奢求、徇私非理,也就很难获得地主阶级广泛的支持。

其二是,公元624年秋,即发生上述突厥首领颉利可汗乘机南侵的事件。面对这一严重事件,唐封建统治集团内部发生了分歧:李建成以及李渊、李元吉、裴寂等策划迁都,竟荒唐地认为焚毁京师,远避他处,突厥就达不到入侵和掠夺的目的。而李世民等反对迁都,力主坚决抵抗,给突厥颉利可汗以迎头痛击。李世民等人的主张和行动,不仅符合地主阶级的利益,而且也适应唐王朝统一全国后所面临任务的要求和广大劳动人民的愿望。因为只有坚决抵御、击败突厥，才能巩固刚刚建立的封建统一政权，才能保障封建统一局面的稳定而不遭受破坏，才能有利于因连年战火涂炭而不能聊生的广大劳动人民得以喘息的机会。

由此可见，李建成集团的主张正是符合那些只是从维护既得利益出发和适应"竞求恩惠"的皇亲贵戚的愿望，代表着既求安于现状，又想获得更多利益的保守势力。而李世民集团的主张则反映了广泛的社会各阶层人们的愿望，代表着为了唐王朝封建统治的巩固、发展力图建树的革新势力。这场由突厥入侵事件为诱因的争斗，使唐封建统治集团内部的矛盾升级，政治分野更加明朗。实质上，就是决定由谁来掌握统治天下的大权，即皇位继承问题，它是由其具体的历史条件所造成的唐王朝统治集团内部的一次带有必然性的权力再分配的斗争。虽然，这种权力之争不能最终决定客观的历史发展的总趋势，但是，在一个特定的短暂的历史阶段上，进步、革新势力的胜利，总比保守、腐朽势力取胜对历史的前进要有利得多。在这种历史条件下，对广大农民及其他劳动人民来说，无疑也是有利的。

在这场权力之争中，就其双方代表人物的个人主观方面所具备的条件，也起着很大的作用。就李世民来说，由于他经受的教养和实践，特别是所经历的战争，造就了他，使他具有深谋远虑，文韬武略，善于选拔、使用人才等才能。在这些方面，李建成就相形见绌了。这一点，当时的魏徵似乎有所察觉。在刘黑闼第二次起兵时，魏徵就曾力劝李建成亲自出马东征，不外乎让李建成走出京师，扩大视野，增强才干，同时还可以广泛地结识中、下层官吏和地方土著势力，并取得他们的支持，若征战获胜，李建成的威望就会大大提高。李建成的危机早已潜藏着。突厥入侵事件发生时，李建成在政治上的弱点就集中地暴露出来。随之而来的问题，就是在李建成的主张不被支持的情况下，为了维护自己的地位就另施一计，他向李渊推举齐王李元吉挂帅出征颉利可汗，企图借机把秦王府李世民的精兵骁将搞到自己手中来，然后杀掉李世民。这一密谋，被李建成的近侍亲信王晊透露给李世民。李世民也早有应变的准备，曾遣张亮率一千多人到洛阳，"一朝有变，将出保之。"因而，此事未成。但矛盾仍在尖锐地发展着，双方都极力地扩大自己的实力，特别是军队。于是李建成遣杨文幹"募壮士，送长安"；李世民则命早已在洛阳的张亮，以大量的金、帛"阴引山东豪杰"。与此同时，相互加紧分化、瓦解对方的力量。李建成曾以金银器物等收买、引诱过尉迟敬德、段志玄，特别是拉拢李安远"潜行以为党援"，都遭到拒绝，失败了。而李世民却极为成功地运用了这一手，不仅有李建成的近侍亲信王晊，甚至连守卫宫城北阙玄武门这一重要禁地的李建成的喽罗常何、敬君弘等人都被买通了。尽管李建成绞尽脑汁拆散李世民的力量，可是仍无济于事。如李世民的亲信程知节被委任康州刺史，而程知节虽预感到自己危险临头，却提醒李世民说："大王手臂今并翦除，身必不久。"可能是由于李建成过于自信，专以李世民手下重要亲信和部将为收买对象，这就难于奏效；而李世民则着眼于李建成手下的关键性的小人物为收买对象，并能在不引人注目的情况下发挥内奸的作用。可见,他们之间的角逐,是何等的不择手段。更为主要的还是李世民在"知人善任"方面高超于李建成的缘故。此外,双方都竭尽全力从朝廷大臣到李渊的妃嫔中争取支持者,如当时的宰相中裴寂、封德彝就是处处支持李建成;而萧瑀、陈叔达则倾向于李世民。在李渊的妃嫔中,由于李建成身为皇太子,"竞求恩惠"的趋炎附势者,大有人在,因而他获得相当多数的支持。在这方面,李世民也不甘示弱,让他的妻子长孙氏在宫廷中广泛地展开活动,争取李渊的同情和妃嫔的支持。在地方上,也都早已树立起各自的势力。在除掉刘黑闼时,李建成就曾把幽州的罗艺拉拢过来,从而在河北一带发展了自己的势力;李世民身兼陕东道行台尚书令,在河南一带结纳了许多山东豪杰。

持续两年之久的明争暗斗,局势已紧张到剑拔弩张的程度,摊牌的时候到了。李元吉揭露了李世民遣使张亮到洛阳的阴谋。说:"亮谋不轨",以此口实将张亮下狱讯问,立案追查;就成为"玄武门之变"的导火线。李世民则在李渊面前揭露李建成、李元吉"淫乱后宫"的丑行,李渊随即决定次日鞠问此事。就在这同一天(公元 626 年,即武德九年六月三日),李世民迅速地作了兵变的部署,在玄武门外,安排自己的军队;在宫内,彻夜地进行着精心策划和布置,除其亲信尉迟敬德等人外,连他的妻子长孙氏、妻舅高士廉都上了阵。

次日晨,李世民亲自率领亲信兵甲埋伏在玄武门内,在常何等人的协助下,做好突袭的准备。当李建成、李元吉还认为常何是自己的亲信,毫无戒备地照常入朝,行至临湖殿方发觉有变故,而事已迟,李建成被李世民一箭射死,尉迟敬德也把李元吉射死。与此同时,在玄武门处,双方军队也发生激战,李世民的军队遂取得胜利。这就是"玄武门之变"的经过。之后,李世民又以叛逆罪名加诸于李建成、李元吉的年幼之子,将他们全部杀掉。不久(同年 8 月),李渊被迫退位,于是李世民就以皇太子的身份登上唐王朝第二代皇帝的宝座,揭开"贞观之治"的序幕。

据史料记载:当李世民年幼(4 岁)的时候,有一位善于相面的书生,观察他生得"龙凤之姿,天日之表",就断定他未来必成为"济世安民"的皇帝(也是李世民这个名字的由来)。无疑,这是一种荒诞无稽的编造。"玄武门之变",李世民获胜,继而做了皇帝,并非是他生来就命中注定了的。这里,既有其历史偶然性的一面,又有其历史必然性的一面。我们想通过"贞观之治"的历史背景及其内容的简括分析,来进一步验证和说明这个问题。

第四节　贞观之治的历史背景

一、隋朝末年反动腐朽的封建统治

隋末，封建统治集团对广大劳动人民的奴役、暴敛、搜刮达到无以复加的地步，使劳动力受到严重的摧残，农业生产遭到了破坏。

（一）残酷地奴役广大农民，把他们的生命视如草芥

仅从建东都、筑长城、开运河三项浩大的工程所耗费的民力，以及劳动力的被摧残，就可见一斑。凶残、贪婪的隋炀帝建造东都时，每月役使二百万人，据称："东都役使促进，僵仆而毙者十四五焉。每月载死丁车至城皋，北至河阳，车相望于道"①，就是说每月役使的二百万人中，被折磨而死者近大半，这是何等凄惨的景象！公元 607 年（大业三年），修筑长城，征丁百余万人，在短短的十天里，就死去十分之五六。开凿运河时，死于苦役之下的就更多了。后来，在开通济、永济两渠时，甚至丁男不足，连妇女也被征来服役了。

（二）残酷地剥削广大农民，任意搜刮、挥霍人民的血汗

一贯穷奢极欲的隋炀帝，对广大农民横征暴敛，"租赋之外，一切征敛"，甚至"逆折十年之租"②，就是说一切可征的尽征之，无可征的也要征，即如上述预征十年的田租。尤为甚者，是赤裸裸的搜刮，例如，建东都西苑时，就勒令天下诸州进贡奇材、异石、草木、花果、珍禽、怪兽。

史料记载："筑西苑，周二百里。其内为海，周十余里，为蓬莱、方丈、瀛洲诸山，高出水百余尽，台观殿阁，罗络山上，向背如神，北有龙麟渠，萦纡注海内。缘渠作十六院，门皆临渠，每院以四品夫人主之。殿堂楼观，穷极华丽。宫树秋冬凋落，则剪彩为华叶，缀纡枝条，色渝则易以新者，常如阳春。沼内亦剪彩为荷芰菱芡，乘舆游幸，则去冰而布之。十六院竞以殽羞精丽相高，求市恩宠。上好以月夜从宫女数千骑游西苑，作《清夜游》曲，于马上奏之。"③如此豪华奢侈的场面，耗费不知几多劳动人民的血汗。

又如三次游江都，更是有过之无不及。史料记载："上行幸江都……御龙舟。龙舟四重，高四十五尺，长二百尺。上重有正殿内殿东西朝堂，中二重有百二十房，皆饰以金玉，下重内侍处之。皇后乘翔螭舟，制度差小，而装饰无异。别有浮景九艘，三重，皆水殿也。又有漾彩、朱鸟、苍螭、白虎、玄武、飞羽、青凫、陵波、五楼、道场、玄坛、板舟

---

① 《隋书·食货志》卷二四。
② 《旧唐书·李密传》卷五三。
③ 《资治通鉴》卷一八〇。

翁、黄篾等数千艘,后宫诸王公主百官僧尼道士蕃客乘之,及载内外百司供奉之物。共用挽船士八万余人。其挽漾彩以上者九千余人,谓之殿脚,皆以锦彩为袍。又有平乘、青龙、艨艟、艚艟、八櫂、艇舸等数千艘,并十二卫兵乘之,并载兵器帐幕,兵士自引,不给夫。舳舻相接,二百余里,照耀川陆。骑兵翊两岸而行,旌旗蔽野。所过州县,五百里内皆令献食,一州至百舆,极水陆珍奇,后宫厌饫,将发之际,多弃埋之①。”从江都返回时,则又改由陆路到洛阳,又命“课天下州县,凡骨角、齿牙、皮革、毛羽可饰器用,堪为氅毦者,皆责焉。征发仓卒,朝命夕办。百姓求捕,网罟遍野,水陆禽兽殆尽,犹不能给。”②并用搜括来的这些东西,制作成黄麾三万六千人仗和车、舆、仪服等器物,耗费“役工十余万人,用金银钱物巨亿计”③。这里,不仅使我们进一步看到隋封建统治集团搜括、奴役劳动人民的情况,而且还可以看到他们如何最大程度地耗损和浪费劳动人民的劳动成果的。尤其是第三次游江都时,由于杨玄感起兵,以前所有船只都被烧掉。又下令重新建造“凡数千艘,制度仍大于细者”④。随之而来的则是对广大劳动人民敲骨吸髓般的盘剥和勒索。至于经常在洛阳演奏散乐百戏,劳民伤财的事,那就不胜枚举了。

(三)穷兵黩武,征伐频仍,置广大劳动人民于水深火热之中

据史料记载:准备进攻高丽时,“遣弘嗣往东莱海口监造船。诸州役丁,苦其棰楚,官人督役,昼夜立于水中,略不敢息。自腰以下,无不生蛆,死者十三四。”⑤在公元611年(大业七年秋),转运饷械,去攻打高丽,“发江、淮以南民夫及船,运黎阳及洛口诸仓米至郡,舳舻相次千余里,载兵甲及攻取之具。往还在道,常数十万人,填咽于道,昼夜不绝,死者相忱,臭秽盈路,天下骚动。”“发民夫运米,积于泸河、怀远二镇,车牛往者皆不返,士卒死亡过半,耕稼失时,田畴多荒。”“又发鹿车夫六十余万。二人共推米三石,道途险远,不足充粮粮,至镇无可输,皆坏罪亡命。”⑥再让我们来看看征伐中,广大劳动人民所付出的代价吧!例如,隋炀帝亲征吐谷浑时,行军路上,遇到特大风雪,士卒死亡过半。又如攻打林邑时,士卒多患脚肿病,死去有十分之四五。尤其是进攻高丽的战争,征集和死亡的人数就更多了。由于这些被征的服工、兵役都是农村的壮丁,是农业生产上的主要劳动力,因此,给农业生产带来灾难,形成“虽有田畴,贫弱不能自耕种”的严重局面,使广大劳动人民难于聊生。

不仅隋封建统治集团的最上层如此,就是一般官吏,也大都脏污狼藉,有的还勾结商贾来盘剥劳动人民。例如取幸得宠于时的大贵族杨素、宇文述等,广占邸店水碾和

---

① 《资治通鉴》卷一八〇。
② 《隋书·食货志》卷二四。
③ 《隋书·何稠传》卷六八。
④ 《资治通鉴》卷一八二,《隋纪六·炀皇帝》。
⑤ 《隋书·元弘嗣传》卷七四。
⑥ 《资治通鉴》卷一八一。

田宅,家僮千人,甚至达数千人,后庭妓妾数百人,乃至上千人。地方官吏,更为非作歹,敲诈勒索,祸害劳动人民,例如趁朝廷"每急徭卒赋,有所征求,长必吏先贱买之,然后宣下,乃贵卖与人,旦暮之间,价盈数倍。衰刻征敛,取办一时"①。因此,在重重暴敛之下,劳动人民更加难于生活下去。在这种情况下,甚至连无法转嫁负担于劳动人民的中小地主也难于承受。例如,隋炀帝准备进攻高丽,命富人出钱买战马,一匹价到十万钱,又命关中富人出驴往河源,且尚未运粮,一头驴价就到一万多钱。因此,中小地主也多半破产。

二、天灾频仍,民生涂炭

在隋王朝横征暴敛、肆意征战的同时,全国广大富饶的地区,又发生了连年的天灾。公元611年(大业七年),山东、河南等地特大水灾,淹没了三十余郡。次年,山东又发生大旱灾,还有流行疫疠。以后,关中也发生了时疫和大旱。在人祸天灾交加之下,农业生产几乎陷于停顿,广大劳动人民挣扎在死亡线上。史料记载:"自燕、赵跨于齐、韩,江、淮入于襄、邓,东周洛邑之地,西秦陇山之右……宫观鞠为茂草,乡亭绝其烟火。"②"万户则城廓空虚,千里则烟火断灭。"③在广大农村,到处呈现荒连阡陌,饿殍盈野的场面,真是鸡声茅店月,乍回新冢之魂;人迹板桥霜,半是黎丘之鬼。这是何等凄凉悲惨的景象!各种生产,尤其是农业生产遭到如此严重的破坏,人民的衣食全无着落,只有剥树皮,摘树叶充饥,甚至煮土浆及草末等为食。可是当时在隋封建统治集团仓库里的粮食"犹大充轫"④,甚至许多仓粟被霉腐掉。就是在这个时候,贪得无厌、暴虐成性的隋炀帝,还征集数万人在兴建昆陵郡宫,并想再建会稽宫和丹阳宫。如不起来推翻隋王朝的残暴统治,广大劳动人民是毫无生路了。这就是隋末农民大起义的根源所在。

三、对广大人民变本加厉的镇压

隋封建统治集团害怕广大劳动人民起来造反。他们在不断地加重对广大劳动人民的奴役和剥削的同时,又不断地加强对广大劳动人民的镇压。

隋炀帝即位初,就制定颁发了《大业律》。但是,他从来没有让既定的刑律条文束缚住自己的手脚。由于隋炀帝的横征暴敛,苦役百端,广大劳动人民的反抗日趋激烈,于是他就大肆施用酷刑,不断加紧镇压。他规定凡是起来反抗的,"罪无轻重,不待闻

① 《隋书·食货志》卷二四。
② 《隋书·食货志》卷二四。
③ 《旧唐书·李密传》卷五三。
④ 《隋书·食货志》卷二四。

奏,皆斩。"后来,他还感到不足以儆效尤,继而规定反抗者"籍没其家"①。这样,就造成地方官吏"各专威福,生杀任情"。实际上,就是怂恿他的地方官吏随便屠杀广大劳动人民。杨玄感起兵事件发生后,进而制定诛九族之法,"其尤重者,行辕裂,枭首之刑,或磔而射之②。"并把隋文帝时所废掉的酷刑,又恢复施行。于是,在更大的规模上,更为残暴地镇压广大劳动人民。隋炀帝曾对裴蕴说:"玄感一呼而从者十万,益知天下人不欲多,多即相聚为'盗'耳,不尽加诛,则后无以劝。""蕴由是乃峻法治之,所戮者数万人,皆籍没其家。"③又如,隋将于士澄,一次逮捕两千人,苦施酷刑,枉承招认,实际上,其中参加反隋的只有四人,却将两千人全部杀掉④。还有,樊子盖镇压绛郡(山西新绛县)敬槃陀起义时,大肆屠戮。他"无所分别,汾水之北村坞尽焚之。百姓大骇,相率为'盗'。其有归首者,悉坑之⑤。如此凶残的屠杀,也无法把广大劳动人民求生存的反抗斗争镇压下去。

另一方面,隋炀帝还调动军队,集中对付反抗斗争。自公元615年(大业十一年)起,由于隋王朝的残暴统治,人民的反抗,已由一般的、局部的斗争发展到大规模的、有组织的农民起义,熊熊的革命烈火,遍燃全国。这时,隋炀帝被迫结束了侵略高丽的战争,调转锋芒,集中力量镇压农民起义。一是他把许多精锐的侍卫军队和惯于征伐的干将调到农民起义的地区;二是在各个农民起义地区设置和派遣"安抚大使""讨捕大使"之类建制和官吏,统掌所属郡县文武官吏的选补和调兵"讨捕"的大权。

隋封建统治集团,已经极端腐败堕落,他们无法再继续统治下去了。如隋炀帝之游江都时,"所经州县,并令供顿,献食丰办者加官爵,阙乏者谴至死。"⑥王世充曾进献扬州特产铜镜、屏风,因此而超升江都通守,就是一例。又如,许公宇文述,以奇服异物,屡屡进献,得到隋炀帝欢心,因此得势,其"言无不从,势倾朝廷"⑦。再如,内史侍郎虞世基,其妻孙氏携前夫子来京,"为其聚敛,鬻官卖狱,贿赂公行,其门如市,金宝盈积⑧。"

还有,御史大夫裴蕴。"善候伺人主微意,若欲罪者,则曲法顺情,锻成其罪;所欲宥者,则附从轻典,因而释之。""引致奸黠,其为朋党,郡县有不附者,阴中之。""宾客附隶,遍于郡国,侵扰百姓⑨。"而地方和地方官吏,也是"政刑日紊,书吏多脏污⑩。"由此

---

① 籍没:我国旧制籍录并没收犯人所有家口和财产的制度。
② 《隋书·刑法志》卷二五。
③ 《隋书·裴蕴传》卷六七。
④ 《贞观政要》卷三《论君臣鉴戒》。
⑤ 《隋书·樊子盖传》卷六三。
⑥ 《隋书·食货志》卷二四。
⑦ 《隋书·宇文述传》卷六一。
⑧ 《隋书·虞世基传》卷六七。
⑨ 《隋书·裴蕴传》卷六七。
⑩ 《隋书·陈孝意传》卷七一。

可见,从中央到地方,无官不贪,无吏不赃,政以贿成,刑以情行。尤其是官吏的升降与赏罚,无论是加官晋爵,还是贬谪遣死,则以进献隋炀帝的多寡丰啬为准,这样,就更加助长了贪赃、贿赂之风盛行。如此恶性蔓延所带来的后果,是日益加重广大劳动人民的负担,因为这一切都取自于广大劳动人民用血汗创造的财富。隋末的政治,可以说是已经腐败透顶了。隋王朝妄想用强化暴力来挽救其垂死的命运,也无法逃脱农民大起义对他们的历史性的惩罚。他们再也统治不下去了。

四、农民起义,终于埋葬了隋王朝

农民起义首先爆发于山东地区(即太行山以东的广大地区,它包括今山东和河北、河南一部分)。而后迅速地发展起来,遍及于南北。这个地区之所以成为隋末农民大起义的引爆线,并不是偶然的。这时,山东地区已成为隋王朝凶残统治下的一切社会矛盾的集合点。由北朝以来,这里势力雄厚、影响深远的士族地主比较集中,是崔、卢、李、郑四大士族的根据地。由于他们对广大农民及其他劳动人民剥削、压榨得非常苛刻,地主同农民之间的阶级矛盾一直是非常尖锐的。到隋末,则更加激化。人祸天灾,同时加诸广大农民身上,逼迫得他们无法生活下去。

公元611年(大业七年),山东、河南遭特大水灾,淹没了三十多郡,而隋炀帝却仍将这个地区作为进攻高丽的后方基地。在这里增置军府,制造船只,征集车畜。兵役、工役、粮食以及其他物资的供应,统统加在这个地区的农民头上,使之难以喘息。广大农民已毫无生路了,只有起来造反。因此,可以说隋王朝积极准备侵略高丽的战争,又是这个地区首先爆发农民起义的直接导因。首先发难的是山东邹平(山东邹平县)王薄,在公元611年(大业七年),起义于长白山(山东章丘县境内)。随后,鄃(山东夏津县)人张金称,蓚(河南景县)人高士达,相继响应。还有漳南(山东平原县西归恩县)人孙安祖,在同县人窦建德的帮助下,起义于山东高鸡泊。窦建德因此全家被隋王朝官吏杀害,不久也参加了起义。

于是声势浩大的山东地区农民起义队伍就敲响了隋王朝覆灭的丧钟。与此同时,平原县富豪刘霸道,起兵于豆子坑(山东惠民县境),部众十多万,号称阿舅军。他从地主阶级营垒中走出来,并打起反隋的旗帜,就反映了隋王朝统治的阶级基础已经动摇,开始分化瓦解了。

山东地区的农民起义沉重地打击了隋王朝的腐败统治,促使封建统治集团内部加速分崩离析,而封建统治集团内部的分崩离析,更有利于农民起义的迅速发展。公元612年(大业八年),隋炀帝第一次进攻高丽,败北而归。这时,全国不少地区又遇大旱,黎民死亡情况,日趋严重。而荒淫无耻的隋炀帝却"密诏江、淮诸郡,阅视民间童女姿质端丽者，每岁贡之"①，过着极端奢侈糜烂的生活，更加激起民怨。于是当隋炀帝再次发动对高丽进攻的时候(公元613年即大业九年)，农民起义的烈火，异常迅猛地燃遍南北。这一年初，聚众起义的杜彦冰、王润、李德逸、向榆婆等，就屡屡打败王朝的军队，尤其是向榆婆统率之号称"奴军"的起义队伍，所到之处，隋军望风披靡，打出了威风。

之后，相继起义的有济北(山东荏平县)的韩进洛，北海(山东益都县)的郭方顶，齐郡(山东济南市)的孟让，平原的郝孝德，河南的格谦，渤海(河北南皮县)的孙宣雅，以及济北的甄宝车等，每支队伍，少者数万人，多者十余万人。这半年，起义规模之大，人数之众，都是空前的，而且在向更北方伸展。农民起义新高潮的到来，再一次震撼了封建统治集团，其上层内部开始出现大分裂。这年的6月，大贵族杨素之子礼部尚书杨玄感，起兵于黎阳，大贵族、大官僚子弟参加者就有四十余人。例如，观王杨雄的儿子杨恭道、虞世基的儿子虞柔、来护儿的儿子来渊、裴蕴的儿子裴爽、郑善果的儿子郑俨、周罗睺的儿子周仲、韩擒虎的儿子韩世咢等。还有通谋者光禄大夫赵元淑、兵部侍郎斛斯政以及户部尚书李子雄。蒲山公李宽的儿子李密，也成了杨玄感的"参谋总长"。七八月间，杨玄感又得到余杭等地的刘元进、朱燮、管崇起兵会合十余万人的响应。

尽管杨玄感起兵围攻东都后不久就失败了，然而，隋封建统治集团的这个大裂痕的出现，已是无法缝补了。而农民起义却在更广泛的地区迅速地发展。这一年的下半年，农民起义在南方也得到了广泛的伸展，例如，8月间，陈瑱等率众三万起义，并攻克信安郡(广东肇庆市)。9月，又有吴海流、彭孝才、梁慧尚、李三儿、向但子等人率众起义，各股队伍，都有几万人，其中梁慧尚还率众四万人，攻下了苍梧郡(广东封川北)。此外，10月间，吕明星率众数千起义，围攻东郡(河南滑县东)，这是农民起义爆发以来一次向最接近隋王朝统治的腹心地带的进攻。在此期间，孟让、王薄、格谦、孙宣雅等起义队伍，仍在继续发展、壮大。直到年末，还有北方的唐县(河北唐县南)人宋子贤、腹心地带的扶风(陕西凤翔县)僧人向海明、章丘人杜伏威、临济(山东济阳东南)人辅公祐等率众起义，其中杜伏威还说服了在下邳(江苏宿迁县东南)起义的苗海潮，汇合起来向淮南发展。这就是农民起义再次出现高潮的背景和情况。

在斗争中，农民起义队伍继续发展壮大，同时，又从斗争的挫折中吸取了教训。因此，它的发展趋势又出现了新的特点：由分散到集中。而隋王朝对农民起义的镇压，由采取各个击破的进攻围剿，到实行堡垒政策的节节退却。隋王朝，就是沿着这种趋势走向末路的，终于在农民起义的熊熊烈火中被埋葬。

经过前3年(公元611年—613年，即大业七年—九年)的斗争，农民起义在继续高涨中，出现了新情况：这一阶段，农民起义的烽火已由山东地区向南北方向转为向东西

---

① 《隋书·炀帝纪下》卷4。

伸展,直至隋王朝统治的腹心地带,形成北起长城内外,南到岭南一带,西越陇右地区,东抵沧海之滨,使隋王朝处于四面楚歌、极端孤立的状态。而且对隋王朝发动进攻的规模和声势,越来越大。其次,由于斗争中分散的农民起义队伍受到一些挫折的教训,而逐步汇合集中。

公元 614 年(大业十年),全国各地不断涌现出新的起义队伍。这一年先后起义的有扶风的唐弼,彭城(江苏徐州市)的张大彪,琅郡(山东临沂市)的宋世谟,延安的迦论,建安郡的郑文雅和林宝护,邯郸的杨公卿,汲郡的王德仁,齐郡的左孝友,涿郡的卢明月以及离石胡人刘苗王等十余起,队伍约五六十万人之多。此外,孟让率众十余万,又占据了都梁宫(安徽盱眙县境内)。由于农民起义如此不断高涨,隋王朝已无力招架,于是,隋炀帝改变了对策,以堡垒政策来对付和镇压广大农民。

公元 615 年(大业十一年),隋炀帝命"民悉城居,田随近给,郡县驿亭村坞,皆筑城"①。然而,这一招,在强大的起义队伍的进攻下,也无济于事。恰恰从这一年开始,全国各地起义队伍向隋王朝的统治势力展开了更加猛烈的攻击。这一年,杨仲绪率众万人,进攻了北军(河北卢龙县),卢明月率十余万大军,进攻陈(河南淮阳县)、汝(河南汝南县)等地。东海人李子通率众进攻江都,谯都(安徽亳县)人朱粲,率众十余万人,辗转于荆、襄、汉南一带,都在不同程度上打击着隋军。

此外,还有上谷(河北易县)人王须拔和魏刀儿,彭城人魏麒麟,绛郡的敬槃陀、柴保昌等,都各自拥众数万人到十余万人,经年同隋军交手,很少失利。转年(公元 616年,即大业十二年),在起义队伍的沉重打击下,隋王朝已经精疲力竭,陷于瘫痪状态。三游江都的隋炀帝,正在那里等待着全国各地前来进贡的时候,就有二十多个郡的朝集使没有到来。而想进一步调动各地军队镇压农民起义队伍,那就更是无能为力了。而这时各地起义队伍发动进攻的规模和声势,更是越来越大。例如,这年 4 月间,魏刀儿的部将甄翟儿,率众十万多人,转攻军事重镇太原。8 月间,赵万海率领起义队伍数十万人,自恒山(河北正定县南)进攻高阳(河北蠡县南)。

还有,这一年末,鄱阳人操师乞的部将林士弘继起而连续攻取了九江、南康、宜春等郡。特别值得提及的是,这年 7 月间,韦城(河南滑县东南)人翟让在瓦岗寨(河南滑县南)的起义队伍,发展得尤其迅速,单雄信、徐世勣等加入这支队伍,李密也投奔过来。它成为农民起义队伍由分散走向集中的标志。这一趋势的形成,不是偶然的。分散的各地农民起义队伍,并非都是顺利地由小到大、由弱到强地发展着,而有不少农民起义队伍遭到隋王朝军队的各个击破而被镇压下去。这种由分散到集中的趋势的形成,正是自然地总结了由于分散而反复遭到毁灭性的镇压的教训之后出现的。

另一方面,隋王朝的覆灭,已显而易见,这种形势也要求农民起义队伍以集中的优势力量向垂死挣扎的隋朝统治者做最后的冲击。于是,在公元 617 年(大业十三年),

---

① 《资治通鉴》卷一八二,《隋纪六·炀皇帝中》。

各地农民起义队伍逐渐趋向汇合。最后，终于形成由翟让、李密统帅的瓦岗军，以窦建德为首的河北义军和由杜伏威、辅公祐率领的江淮义军三支主要的起义队伍。在各地分散的农民起义队伍的配合下，他们向隋王朝发动了声势浩大的进攻，使正在江都过着极端奢侈豪华、荒淫无耻生活的隋炀帝陷于起义队伍的包围之中。

伴随着农民起义队伍战斗的胜利，在起义地区采取了许多有益于改善广大劳动人民处境的措施。例如，这一年，瓦岗军攻克兴洛仓后，随即"开仓恣人所取，老弱襁负，道路不绝，众至数十万"①，缓解了饥馑问题。之后，又连克四洛仓，黎阳仓以及金墉城（洛阳市东）、偃师等地，发布讨伐隋炀帝的檄文，揭露隋炀帝的十大罪状，指斥其罪恶之深重实在是"罄南山之竹，书罪无穷；决东海之波，流恶难尽"②。从政治上，给隋王朝的腐败统治以空前沉重的打击，大长了广大人民的威风。

又如，次年，江淮起义军渡江大胜，移据丹阳（江苏南京市）地区时，"大修机械，薄赋敛，除殉葬法，其犯奸盗及官人贪污者，无轻重，皆杀人"③。这有力地打击了隋王朝的残暴统治及其在地方的爪牙，摧毁了维护它的社会基础。此外，还对封建地主阶级的思想意识展开猛烈的进攻，"经籍道息""五礼六乐，翦焉煨尽"。但是，由于农民起义自身无法摆脱的历史的、阶级的局限性，加上内外交织的种种影响、干扰和破坏的因素，在复杂、曲折、艰难的斗争中，终不免于失败。尽管如此，它彻底摧毁了隋王朝腐败统治的根基，这一宏伟的历史功绩是无法抹杀的。更确切地说，是历经8个年头的农民大起义所进行的英勇斗争，埋葬了凶残、腐败的隋王朝。这就是历史的本来面目。

当公元617年（即大业十三年）隋王朝处于覆灭边缘的时刻，整个封建统治集团分崩离析，有的贵族、官僚，为了重建封建地主阶级的统治，重整旗鼓，也趁机起兵反隋。这一年，连续发生了六七起这类事件，其中获得最大成功的，就是李渊父子的太原起兵。他们是由效忠、维护隋王朝的统治，镇压农民起义，到起兵反隋，利用农民起义；直到窃取农民起义的成果，不断扩大自己的力量，夺取全国统一战争的胜利。所以说，唐王朝是建立在农民大起义所摧毁了的隋王朝的废墟之上的。而励精图治，实行真正改革的是始于唐太宗的贞观年代，即所谓"贞观之治"。

上述就是隋末激烈的阶级斗争所造成的局势和历史条件，即"贞观之治"的历史背景的概貌。

---

① 《旧唐书·李密传》卷五三。
② 《旧唐书·李密传》卷五三。
③ 《旧唐书·杜伏威传》卷五六。

第二章 贞观之治与各项改革

第一节 贞观年代在经济制度方面的改革

一、继续推行均田制度

隋炀帝的暴政,使整个农业遭到了破产,土地荒芜,民生凋敝,户口锐减。封建统一战争胜利之后,在唐高祖李渊的《劝农诏》中,就曾提及隋末天下大乱之后,这种"百姓凋残,弊于兵甲,田亩荒废,饥馑荐臻"①的严重情况。

为了稳定封建统一后的局势,巩固新兴的唐王朝的统治,势在必行的,就是必须使广大劳动人民得以休养生息。故在《申禁差科诏》中,就提出对所谓的"新附之民"暂且蠲除徭赋的措施。他说:"率土之众,百不存一。干戈未静,桑农咸废,凋弊之后,饥寒重切。永言于此,悼于厥心。今……天下无事,百姓安堵,各务称职,家给人足,给事可期。所以新附之民,将蠲徭赋,欲其休息,更无烦扰。使获安静,自修产业。"②相继颁布的相类似的诏令还有《禁止迎送营造科差诏》《简徭役诏》③等。其内容,都是类似的。

公元624年(武德七年),颁布了均田令,开始推行均田制度。唐太宗李世民继位后(公元627年,即贞观元年),曾与群臣议论过"户殷之处,听徙宽乡"④的问题。次年,又在一次议政时,提出:"凡事皆须务本。国以人为本,人以食为本。凡营衣食不以失时为本。夫不失时者,在人君简静,乃可致耳。若兵戈屡动,土木不息,而欲不夺农时,其可得乎!?"⑤李世民的这种创造和平安定环境,努力抓紧生产的思想,在当时是具有战略意义的思想。在这种思想指导下,使均田制度获得进一步的推行,从而调整了封建统治阶级同广大农民之间的关系,促使农业的恢复和发展。

后来,到公元642年(贞观十六年),他进一步提出:"国以民为本,人以食为命,若禾黍不登,则兆庶非国家所有。……今省徭赋,不夺其时,使比屋之人,恣其耕稼,此则富矣。"⑥到公元644年(贞观十八年),并下诏"雍州(长安)尤少田者,并给复,移之于

① 《全唐文》卷二。
② 同上。
③ 《唐大诏令集》卷一一一。
④ 《唐会要》卷八四,移户。
⑤ 《贞观政要》卷八,务农。
⑥ 《贞观政要》卷八,务农。

宽乡"①。这些主张和政策措施的推行,都为继续推行均田制度奠定了良好的基础。

(一)唐初以来,继续推行的均田制度的内容,同隋以前比较是更为周详的

从编户造籍,区划乡里,重置里正、保长之职入手。"凡男始生为黄,四岁为小,十六为中,二十有一为丁,六十为老。每一岁一造计账,三年一造户籍。"②"百户为里,五里为乡。两京及州县之廓内分为坊,郊外为村里及村坊,皆有正,以司督察。四家为邻,五家(邻)为保,保有长,以相禁约。"③里正督察之责,即"掌按比户口,课植桑田,检察非违,催驱赋役"④;"一岁一造计账,三年一造户籍",也由"里正预校勘造簿"送县⑤;"诸里正,依命授人田,课农桑。若应受而不授,应还而不收,应课而不课,如此事类,违法者,失一事,笞四十"⑥。这里,与其说是对里正的严格要求,不如说是对广大劳动人民的约束。对户籍加以管理,并规定"凡天下之田,五尺为步,二百有四十步为亩,百亩为顷。度其肥瘠宽狭居其人"⑦;乐住之制,居狭乡者听其从宽,居远者听从其近,居轻役之地者听其从重(原注:畿内诸州),不得乐住畿外,其关内诸州,不得住余州;其京城县,不得住余县;有军府州,不得住无军府州⑧的原则。由此可见,户籍管理与均田、赋役的密切联系。这是因为人口的检察和户籍的管理,直接涉及掌握授田对象、还授时限、人口变动情况,发现和防止隐漏,保证"课植农桑,催驱赋役"的顺利进行。

(二)授田的一般对象,比隋以前有了较大的变化

唐统治集团根据本阶级利益的需要,做了增减和调整。据史料记载:"凡给田之制有差,丁男中男以一顷,老男笃疾废疾以四十亩,寡妻妾以三十亩,若为户者则减丁之半。凡田分为二等,一曰永业,二曰口分。丁之田二为永业,八为口分。凡道士给田三十亩,僧尼亦如之。凡官户授田,减百姓口分之半。凡天下百姓给园宅地者,良口三人以上给一亩,三口加一亩;贱口五人给一亩,五口加一亩。其口分、永业不与焉。凡给口分田皆从便近,居城之人,本县无田者,则隔县给受。"⑨

"诸以工商为业者,永业、口分各减半给之,在狭乡者并不给。"⑩

"凡应收授之田,皆起十月,毕十二月。凡授田先课后不课,先贫后富,先无后少。"⑪

---

① 《册府元龟》卷一〇五,惠民。

② 《唐六典》卷三,户部尚书。

③ 同上。

④ 《通典》卷三,乡党。

⑤ 《唐律疏议》卷十三,户婚。

⑥ 同上。

⑦ 《唐六典》卷三,户部尚书。

⑧ 《唐六典》卷三,户部郎中员外郎。

⑨ 《唐六典》卷三,户部尚书。

⑩ 《通典》卷三,田制下。

⑪ 《唐六典》卷三,户部尚书。

"凡州县界内所授田悉足者,为宽乡;不足者为狭乡。"①

这里可以看到除"寡妻妾"外,一般妇女是不授田的,因此也不交赋税。隋以前,一般妇女是授田的,其亩数相当于男的一半;而已婚丁男,由于妻子的这份授田,在赋税负上要增加一倍,甚至两倍。这一情况,不利于当时农业生产的恢复,不利于人口的稳定和增长。所以唐初均田法令中,做了上述改革。

其次,新增加了对道士、女冠、僧尼和工商业者的授田。唐初,鉴于历史上早已形成的寺观占有的田产甚广,依附的劳动力甚众,以及"驱策田产,聚积货物"②的情况,唐高祖李渊一度曾下诏停废寺观。事实上,是行不通的。在均田令中,随又作出这种规定,试图以法令的形式确认寺观所占田产,将其纳入统一的均田制度之内,加以限制,即或如此也始终没有获得解决。至于对工商业者授田的规定,也近似上述情况。尽管规定狭乡不准对工商业者授田,只准在宽乡者给予一般丁男口分、永业田的一半。实际上,一些大商豪富(往往是商人地主合而为一的)所占有的田产,远远超越这个规定,同样也是历史上形成了的,而又是均田制度本身无法改变的现实。所以说,上述两个方面的规定,发生的实际效力是微弱的。实质上,却是起了宽容的作用。

从中央到地方,文武官吏,都授田。在均田制度的历史上,唐王朝在官吏授田方面,已达到了详尽而完善的地步。"其永业田:亲王百顷,职事官正一品六十顷,郡王及职事官从一品各五十顷;国公若职事官正二品各四十顷;郡公若职事官从二品各三十五顷;县公若职事官正三品各二十五顷,职事官从三品二十顷;候若职事官正四品各十四顷;伯若职事官从四品各十顷;子若职事官正五品各八顷;男若职事官从五品各五顷。上柱国三十顷,柱国二十五顷,上护军二十顷,护军十五顷;上轻车都尉十顷,轻车都尉七顷;上骑都尉六顷,骑都尉四顷;骁骑尉,正骑尉各八十亩;云骑尉、武骑尉各六十亩。其散官五品以上,同职事给。兼有官爵及勋,俱应给者,惟从多,不并给。若当家口分之外,先有地非狭乡者,并即回受,有剩追权,不足给者更给。诸永业田,皆传于孙,不在收授之限。……所给五品以上永业者,皆不得狭乡受。任于宽乡隔越射无主荒地充。任六品以下永业,即听本乡取还公田充。愿于宽乡取者亦听。"③

"诸京官文武职事职分田:一品一十二顷,二品十顷,三品九顷,四品七顷,五品六顷,六品四顷,七品三顷五十亩,八品二顷五十亩,九品二顷。并去京城百里内给。其京北河南府及京县官人职分田,亦准此。即百里外给者,亦听。诸州及都护府亲王府官人职分田:二品一十二顷,三品一十顷,四品八顷,五品七顷,六品五顷(京畿县亦准此),七品四顷,八品三顷,九品二顷五十亩。镇戍关津岳渎及在外监官:五品五顷,六品三顷五十亩,七品三顷,八品二顷,九品一顷五十亩。三卫中郎将、上府折冲都尉各六顷,中府五顷五十亩,下府及郎将各五顷。上府果毅都尉四顷,中府三顷五十亩,下

---

① 《唐六典》卷三,户部尚书。
② 《旧唐书·高祖纪》卷一。
③ 《通典》卷二,田制下。

府三顷。上府长史、别将各三顷,中府、下府各二顷五十亩。亲王府典军五顷五十亩,副典军四顷,千牛备身、左右太子千牛备身各三顷。诸军上折冲府兵二顷,中府、下府各一顷五十亩。其外军校尉一顷二十亩,旅帅一顷,队正副各八十亩。皆于领所州县内给。其校尉以下在本县及去家百里内领者,不给。"①

"凡天下诸州公廨田:大都督府四十顷;中都督府三十五顷;下都督、都护、上州各三十顷,中州二十顷,官总监、下州各十五顷;上县十顷,中县八顷,中下县六顷,上牧监、上镇各五顷,下县及中牧、下牧、司竹监、中镇、诸军折冲府各四顷,诸冶监、诸仓监、下镇、(上)关各三顷,互市监、诸屯监、上戍、中关及津各二顷,下关一顷五十亩,中戍、下戍、岳、渎各一顷。"②

上述官吏的授田,其中永业田,或代代相传给子孙,或买卖而成为私田;职分田是文武官吏俸禄的一部分;公廨田是各级文武官吏办公费用的来源,这后两种仍属公田,就是说解任时需要移交给继任的官吏。因此,还规定了"诸职分陆田限三月三十日、稻田限四月三十日以前上者,并入后人,以后上者入前人。其麦田以九月三十日为限"③。这种"凡官人及勋,授永业田"④的措施,是采取扩大和发展封建土地私有制的办法,来调整和稳定封建统治集团内部关系和合理调节封建制内各等级阶层的土地分配关系,起着巩固和加强封建中央集权统治的作用。

同时,由于封建土地私有制的日益发展和土地的买卖所造成的土地兼并的加剧,而不断地在加重对广大农民的剥削和压榨。就是仍属公田的职分田、公廨田也是如此。因为"其田亦借民佃植,至秋冬受数而已"⑤。据史料记载:"两京百官职田,承前佃民自送",即"京官职田,准式并令佃民输送至京","既纳地租,仍收桑课,田树兼税"⑥,就可以证明这一情况。还要特别指出的是,除上述地方政府各机构的公廨田外,在中央政府各机构,也都有授予公廨田的详细规定。就是说一切负担,都要压在广大劳动人民的头上。

(三)推行均田制度中的具体问题

如在倍田、买卖、赁质等方面,也较前有了更为详细和完备的规定。"其给口分田者,易田则倍给⑦。""诸庶人有身死家贫无以供葬者,听卖永业田。即流移者,亦如之。乐迁就宽乡者,并听卖口分。诸卖地者不得过本制,虽居狭乡亦听依宽乡制。其卖者不得更请。凡卖买皆需经所部官司申牒,年终彼此除附。若无文牒辄卖买,财没不追,

---

① 《通典》卷二,田制下。
② 《唐六典》卷三,户部尚书。
③ 《通典》卷二,田制下。
④ 《旧唐书》卷四三,职官志二。
⑤ 《通典》卷三五,职田公廨田。
⑥ 《唐会要》卷九二,内外官职田。
⑦ 《通典》卷二,田制下。

地还本主。"①"诸因王事没落外藩不还,有亲属同居,其身份之地,六年乃追,身还之日,随便先给。即身死王事者,其子孙虽未成丁,身份地勿追。其因战伤及笃疾废疾者,亦不追减,听终其身也。"②"诸田不得贴赁及质,违者财没不追,地还本主。若从远役外,无人守业者,听贴赁及质。其官人永业田及赐田,欲卖及贴赁者,皆不在禁限。"③"诸给口分田务从便近,不得隔越,若因州县改易,隶地入他境,及犬牙相接者,听依旧受。"④

从上述规定中可以看出,唐初继续推行均田制度,其总的出发点,是围绕着当时劳动力不足与土地荒芜的严重情况来解决问题的。这一点,是隋亡的鉴戒和面临着的尖锐现实,使他们认识到,只有从这里着手,才能使社会生产得到恢复和发展,也才能稳定局势,安定民心,巩固其统治。当然,对广大劳动人民来说,一大部分直接获得耕地,得以休养生息,是有益的。而唐王朝的最终目的,乃在于使广大农民更多地担负起赋役罢了。至于其中对"笃疾废疾者""远役者""战伤者""身死于王事者"诸种情况的宽优的规定,虽是前所未见的,但实际上也是不离其宗的。就是说,作为府兵将士,不但是授田的重要对象,而且对其伤死者也予以特殊的照顾,有利于这种兵役制度的巩固。

还有,从土地买卖(包括变相的土地买卖的贴赁、质等)的限制上来看,较隋以前大大宽待了。同时,也更清晰地体现出由于封建等级差别的制约,而在土地买卖限制的范围和程度上,都有所不同。它有这样更为简明的一般规定:"诸卖口分田者,一亩笞十,二十亩加一等,罪止杖一百;地还本主,财没不追。"⑤同时,对口分田的买卖又有特殊的准行,"即应合卖者:谓永业田,家贫卖供葬。及口分田,卖充宅及碾硙店之类。狭乡乐迁就宽者,准令并许卖之。其赐田欲卖者,亦不在禁限。其五品以上,若勋官永业地,亦并听卖。"⑥这些,就为土地的兼并开辟蹊径,而只有利于官僚、地主、豪商占有土地的不断扩大,使越来越多的自耕农民丧失耕地,重陷破产的境地。这是由唐初这种以土地国有占统治地位的土地制度的本质所决定的,又是其自身无法克服的矛盾。

在法令上规定,有"诸占田过限者,一亩笞十,十亩加一等。过杖六十,二十亩加一等。罪止徒一年"。"诸在官侵夺私田者,一亩下杖六十;三亩加一等,过杖一百;五亩加一等,罪止徒二年半。"⑦目的是限制官吏、豪强的过限占地。但由于上述规定中对土地买卖限制上的放宽和对官吏普遍的大量的授田,就从根本上为土地私有制的不断扩大和发展创造了条件。

---

① 《通典》卷二,田制下。
② 同上。
③ 同上。
④ 同上。
⑤ 《唐律疏议》卷十二,户婚。
⑥ 同上。
⑦ 《唐律疏议》卷十三,户婚。

此外,还有鼓励垦荒、迁入宽乡和处罚荒废耕地的规定。开垦荒地,占田过限,也不予处罚,就是说"若占于宽闲之处不坐。谓计口授田,以外仍有剩田,各从垦辟,庶尽地利。故所占虽多,律不与罪。"①在这种规定的鼓励下,确实开垦了许多荒地,扩大了耕地面积。同时,也给地主、豪强以可乘之隙,他们以垦荒为名,大量侵夺土地。这种矛盾状态发展的必然趋势,则导致后来均田制度的崩溃。

(四)均田制度的社会性质

均田制度是我国封建土地制度史上的一种特定形式,它存在了近三百年。这种以封建土地国有制占统治地位的土地制度,始于北魏孝文帝太和九年(公元485年),经过北齐、北周和隋朝的几代沿革,到唐初臻于完备,终结于唐德宗元年(公元780年)。唐初,继续推行均田制度,一方面有隋王朝行之有效的历史借鉴,在不改变封建土地国有制占统治地位的前提下,即不损害唐封建统治集团既得的根本利益,被习惯地沿袭下来,加以适当的改革、完备,是很自然的。另一方面,唐王朝夺取隋末农民战争的果实,握有隋王朝的大量公田,以及种种无主荒田,也具备了继续推行均田制度的条件。这里需要说明的是:唐统治集团为了保证封建土地国有制的统治地位,同样是直接占有和掌握着大量的已耕垦的和未耕垦的土地,以及山川、园池、苑囿等。其中由中央政府和地方政府直接管理的屯田、营田和牧地所占的土地面积,就是相当大的。仅就屯田为例,有二部屯田郎中所掌管的屯田,有司农寺所掌管的屯田,还有州、镇掌管的屯田。

据史料记载,屯田郎中,"管屯总九百九十有二,大者五十顷,小者二十顷"②。"诸屯隶司农寺者,每三十顷以下,二十顷以上为一屯,隶州、镇诸军者,每五十顷为一屯。"③而这些屯田,多是选择水利条件好,土质肥沃的地方,不仅所占面积庞大,而且收获丰硕。还有用于均田的,仍属于国家所有的职分田、公廨田,以及尚握在国家手中准备随时赐赏勋贵的土地。由此可见,土地国有制占有绝对优势。土地私有制的基本内容,包括官僚占有的授田——永业田、赐田;地主、豪富以及寺观所占有的大片土地。因此说均田制度是封建土地国有制占统治地位的土地制度,而封建土地私有制是与其并存的。

唐初,继续推行均田制度的一系列规定中,最显著的特点之一,是有利于土地私有制的扩大和发展。就自耕农民来说,均田制度的继续推行,包含着两个方面的内容,一是国家确认隋末农民战争夺回小块土地的农民、原有一定耕地的农民的占有,统统纳入均田户;一是对无地或少地的农民予以授田,其土地的来源是极有限的,主要是经过长期战乱出现的荒闲无主的田地,以及被流放、贬谪的罪犯和无子孙后代继承的绝户

---

① 《唐律疏议》卷十三,户婚。
② 《旧唐书·职官志二》卷四三。
③ 《通典》卷二,屯田。

等的土地。由此可见,所谓均田,实际上是极大的不均,其先天的封建等级特色,突出地存在着。

(五)均田制度的历史作用和目的

唐初,继续推行均田制度,调整了封建统治集团同广大劳动人民之间的关系,使农业生产得到恢复和发展,人口也得以稳定和增长,暂时缓和了地主阶级同农民阶级的矛盾。从一定意义上,也可以说,这是通过"欲取姑予"的手段,把自耕农民束缚在一小块一小块土地上,以种种赋役的形式,来剥削和榨取农民的剩余劳动。被历史赞颂为"太平盛世"的皇帝,大都是这样在土地问题上打主意、做调整,以缓和阶级矛盾的。应当肯定,这同那种"衰乱之世"的皇帝,同不做对多少有利于农民的土地调整,一味主使或纵容"横征暴敛"相对比,广大劳动人民的处境毕竟是好一些的。均田制度上,封建土地国有制和封建土地私有制是互相依存,又互相排斥着。整个封建地主阶级内部又矛盾又统一的关系的种种表现,都渊源于此。

由于均田制度的继续推行,使唐初封建统治集团获得越来越多的剥削对象,即通过公田、荒地直接控制着大量的劳动力;开垦许多的荒地,扩大了耕种面积,剥削到更多的财物,保证了兵役以及其他杂役的来源,使土地国有制的统治地位获得比较可靠的保障。同时,对官吏依品第等级普遍地大量授予永业田,以及对有功勋者的格外赐田,使他们在经济上的等级特权也有了保障,因此对调整和稳定封建统治阶级的内部关系,巩固和加强封建中央集权统治有很大作用。

上述均田制度的一系列规定,虽都具有律令的效力,但在实际推行上,又是另一回事。从一些史料记载上来看,对授田的一般对象实授数额符合上述条文规定的应授数额的是少数,普遍存在的是实授数额的不足。有的实授数额只达应授数额的三分之一以下。例如,唐太宗"幸灵口,村落侧,向其授田,丁三十亩。……诏雍州(长安)录尤少田者,给复,移之于宽乡"①,就是一个有力的证明。有的实授数额还少于此;甚至根本没有授田,而租种官田或地主的土地,其处境就更为严重了。这种情况,在中央京畿地区,有军府的州、宽乡较州县地方和无军府的州,狭乡还好一些。其主要原因,是可供均田使用的土地,对应授田的一般对象说来,是极其有限的。还有,官僚、地主、豪富乘均田之隙,兼并侵夺,也是一个重要因素。这就是唐初继续推行均田制度的另一个侧面,这里,我们只作这样一个大致的简单的概括。

总之,唐初继续推行均田制度,其根本目的是在保证封建土地国有制占统治地位的前提下,扩大和发展封建土地私有制(或者说大土地占有制),并使之制度化,以巩固其统治的经济基础。至于对广大自耕农民,如上所述,并非彻底实现了按法定数额普遍授田;即或在授田户中,也存在着授田数额大量不足的情况。所谓"均田",对广大自耕农民说来,实际上是意味着一种剥夺,在无法否定从隋末农民起义中部分农民夺回

---

① 《册府元龟》卷一〇五,惠民。

的小块土地这一既成事实的情况下,通过均田制度的推行,一方面,将授田区分为口分田、永业田,而把占授田80%的口分田,以"死退"以及"剩退"的形式,保留国家对这大部分土地的所有权;另一方面,就此将广大自耕农民纳入编户,使他们束缚在这小块土地上,从而使他们无法摆脱承担封建国家的赋役。

二、制定了租庸调法

唐初制定的租庸调法,是建立在均田制度的基础上的一套完整的赋役制度。

租庸调法的基本内容是:"凡赋役之制有四:一曰租,二曰调,三曰役,四曰杂徭。课户每丁租粟二石。其调随乡土所产绫绢各二丈,布加五分之一(即《唐律疏议》卷十三《户婚》、《通典》卷6《赋税下》中规定的输布二丈五尺),输绫绢者棉三两,输布者麻三斤,皆书印焉。凡丁岁役二旬,无事则收其庸,每日三尺,布加五分之一(即《通典》卷六《赋税下》中规定布为三尺七寸五分);有事而加役者,旬有五日免其调,三旬则租调俱免(通正役并不得过五十日)。"①从这里可以看出,什么叫租庸调? 而租庸调法的内容,是不止于这三个方面的。其中"庸",也并非是唐初首创。

从前,隋文帝时,由于全国统一,边境安定,而调整和减少了军府,并采取了"输庸停防"的措施,不过"输庸停防"只是针对应服兵役去戍边的农民,可以交纳规定的实物,代替服兵役戍防;以及按规定对五十岁以上的农民,实行的输庸代役。唐初,制定上述赋役制度,则吸取了这种办法,把它扩大到一般力役,即以交纳绫绢等实物,可顶替服正役或加役,作为整个赋役制度的一项重要改革的内容。上述租调徭的负担标准和办法,是根据均田制度下广大自耕农民授田为基准的一般规定。在未推行均田制度的江南地区,则以租庸调的名义,加以减轻折征,力役办法亦略有差异。对岭南边远一带和外人内附者,则另行规定:"凡诸国蕃戎内附者,亦定为九等。四等以上为上户,七等以上为次户,八等以下为下户。上户丁税银钱十文,次户五文,下户免之。附贯经二年以上者,上户丁输羊二口,次户一口,下户三口共一口(无羊之处,准白羊估折纳轻货。若有征行,令自备鞍马,过三十日以上者,免当年输羊。凡内附后所生子,即同百姓,不得为蕃户也)。凡岭南诸州税米者,上户一石二斗,次户八斗,下户六斗。若夷獠之户,皆从半输轻税。诸州高丽、百济差征镇者,并令免课役。"②

租庸调法有关赋役减免的规定,也是非常具体的。对遭受自然灾害地区的减免规定:"凡水旱虫霜为灾害,则有分数。十分损四以上免租,损六以上免租调,损七以上课役俱免。若桑麻损尽者,各免调。若已役已输者,听免其来年。"③对新附户和享有免除赋役特权的户规定:"凡丁新附于籍账者,春附则课役并征,夏附则免课从役,秋附则课

---

① 《唐六典》卷三,户部尚书。

② 同上。

③ 同上。

役俱免（其诈冒避以免课役,不限附之早晚,皆征之）。凡丁户皆有优复蠲免之制（诸皇宗籍属宗正者,及诸亲五品以上父祖兄弟子孙,及诸色杂有职掌人）。若孝子顺孙义夫节妇,志行闻于乡闾者,州县申省奏闻,表其门闾,同籍悉免课役。"①对迁居和隐没外蕃归来的人等的赋役减免规定:"诸人居狭乡乐迁就宽乡者。去本居千里外,复三年;五百里外,复二年;三百进而外,复一年。一迁之后,不复更移。诸没落外蕃得还者,一年以上复三年,二年以上复四年,三年以上复五年。外番之人投化者,复十年。诸部曲奴婢于附户贯,复三年。"②

租庸调的征收单位与课户不课户的划分问题。租庸调是以"人丁为本"③,即以人丁作为计算和征收单位。这是唐初在均田制度基础上制定的赋役办法异于以前各朝的地方。因为在均田制度的发展历史上,从北魏直到隋朝,妇人都授田,唐朝则妇人不授田。过去,各朝均以"一夫一妇"或"一床"作为计算和征收单位,而到唐朝改为丁口作计算和征收单位,还是顺理成章。

以"人丁为本",还有另一方面的含意,就是唐朝为了按户区分赋役负担情况,规定"诸户主皆以家长为之。户内有课口者为课户,无课口者为不课户。诸视流内九品以上官及男年二十以上,老男废疾妻妾部曲客女奴婢,皆为不课户"④。所谓"课口"就是丁口,以户内有无课口作为区分课户与不课户的标志,就是以是否负担租庸调作为划分课户与不课户的依据。这个区分的实际意义,一方面在于明显地体现出赋役负担的封建社会等级特色;另一方面,在推行均田制度过程中,对广大自耕农民来说,并非做到普遍授田或按法定数额授足田,而这里课户就有了优先权。

上述均田制度中有"授田先课后不课"的规定,正是这个意思。尤其是,对官僚贵族来说,课户又是被皇帝赐予他们作为封户的对象,"凡有功之臣,赐实封者,皆以课户充。准户数州县与国官邑官执账共收其租调。各准配租调远近,州县官司收其脚直,然后付国邑官司。其丁亦准此。入国邑者,收其庸。凡食封,皆传于子孙"⑤。这就是说,作为有功勋的官僚贵族的封户都是课户,从课户征收来的租调归于这些官僚贵族,庸则归予国家。

关于户税和地税问题。租庸调是唐初制定的赋役制度的基本内容,但它不是唐初赋役制度的全部内容,因为除租庸调外,还征有户税和地税。从租庸调法作为唐初赋役制度的通称这个意义上来说,它包括户税、地税的有关规定才是完整的。据史料记载,唐高祖武德六年三月（公元 623 年）,"今,天下户量其赀产,定为三等";至武德九年

---

①　《唐六典》卷三,户部尚书。

②　《通典》卷六,赋税。

③　《新唐书》卷一五二,食货志。

④　《通典》卷七,丁中。

⑤　《唐六典》卷三,户部尚书。

三月(公元629年),"诏,天下三等户,未尽升降,依为九等"①,按户等收户税。在唐初,地税是以"立义仓"、备灾荒的名义交纳的。这种交纳,就称之为地税。按史料记载,唐太宗贞观二年四月,由戴胄建议"议立条制",后又由韩仲良提出:"王公已下,垦田亩纳二升,其粟麦粳稻之属,各依土地。贮之州县,以备凶年。"②这里所谓"王公以下",无疑包括授田的广大自耕农民在内,以垦田亩数为依据,来计算和征收。还有王公以下"据己授田及借荒等"和"商贾户无田及不足者",则按户等交纳:"上上户税五石,上中以下递减一石,中中户一石五斗,中下户一石,下上七斗,下中五斗,下下户及全户逃、并夷獠薄税并不在取限。"③这个记载,进一步证明上述地税是在推行均田制度的基础上,"立条"征收的,不但授田的广大自耕农民毫无例外,而且扩大到上述一切不课户。

户税、地税的征收,超出租庸调有关课户与不课户的规定,其根本目的在于保障封建土地国有制的统治地位与保证国家(皇室)税收入的稳定和增长。直接控制国家土地的皇室同拥有大量私有土地的官僚、地主、商贾之间的矛盾,一个主要方面表现在争夺劳动人手上,封建国家通过户籍管理,扩大编户,以一定程度上的限制土地买卖等项措施来保障土地国有制的优势,限制土地的兼并、掠夺,对占有大量土地的官僚、地主、商贾征收户税、地税,也具有这方面的作用,与此同时,也大大增加了国家(皇室)的税收入。对承担着封建国家一切赋役的广大自耕农民来说,户税、地税的征收是租庸调的补充,所谓以立"义仓"、备灾荒的名义来征收地税,恰恰反映了问题的本质,即把封建国家的一切负担都集中或转嫁到广大劳动人民身上。

总之,租庸调是压榨广大自耕农民的主要剥削形式,是一种特殊形式的地租,即综合了实物地租和力役地租的剥削形式,兼而有之,又以实物为主。"庸"的出现,说明广大自耕农民对地主阶级的依附性的松弛,这是隋末农民起义斗争的结果。均田制度的继续推行,一定程度上土地买卖的合法化,土地兼并的扩大,使封建官僚、地主土地私有制获得发展,由占统治地位的封建土地国有制开始向庄田土地所有制(即封建地主土地私有制)过渡的趋势,已经显露了出来。

三、经济制度方面改革的实质

综上所述,唐初贞观年代体现经济制度改革的均田制度的继续推行和租庸调法的实施,其实质乃在于把广大农民重新束缚在小块土地上,榨取他们的血汗。然而,在客观上,应当肯定的是:它毕竟使部分无地或少地的农民,得到一些土地,加上上述租调力役办法所做的相应改变,尤其是除去正税以外的苛敛,还是大大减轻了农民的负担,

---

① 《唐会要》卷八十五,定户等地。
② 《唐会要》卷八十八,仓及常平仓。
③ 《唐六典》卷三,户部尚书。

使广大农民得以休养生息。对农民"乐迁者就宽乡"及迁居宽乡"给复"的办法,以及五品以上官吏的永业田、工商授田者,也要在宽乡,还有在宽闲地方多占地,不算犯罪,如若出现田地荒芜者,要受到处罚等。把劳力与荒地结合起来,使不少荒地得到垦辟,扩大了耕种面积,使农业生产获得迅速地恢复和发展。对占田过限及官吏侵夺私田的处罚办法,固然不能从根本上制止土地的兼并,但对豪强、官僚多少起到限制作用。

此外,在均田制度下的兵农合一化,保证"自食其力,不赋于民",相对地也减轻了一些农民的负担。总之,由于均田制度的继续推行和租庸调法的实施,把广大农民束缚在小块土地上,大大减少了浮游人口,安定了民心和社会秩序,广大农民得以休养生息,使阶级斗争获得暂时的缓和。

综上所述,贞观年代,由于均田制度的继续推行,而且相对地说来比隋王朝更为彻底,以及与其相适应的租庸调法的实施,所带来的结果是:一方面,封建地主土地私有制不断扩大和发展了起来;另一方面,农业生产迅速地获得恢复,使社会生产力有了发展,社会经济获得复苏和繁荣,给巩固唐王朝的统治奠定了较为牢固的经济基础和社会基础。

第二节　贞观年代在政治制度方面的改革

一、在封建国家的行政体制方面

(一) 中央三省六部体制的完善

贞观年代初,由于李世民十分注意调整社会矛盾和封建统治集团内部关系,采取君臣议政的方式,总结历史经验,特别是以秦、隋两朝速亡的教训,作为立法建治的鉴戒。他空前地完善了整个政治制度,强化了封建专制主义中央集权统治的官僚机构。这不仅给唐朝统治的延续奠定基础,也为后来的封建王朝树立典范。

唐朝的封建国家制度,虽然大体上承袭隋朝的体制,但在各机构的职权、官员的职责划分上更加严密;官员的设置和人数的编制上更加精简;各机构之间行使职权,既有协调、合作,又有牵制、独立。但这一切都是以进一步强化君权为原则。贞观元年,李世民曾召集房玄龄等人议及此事。他说:"致理之本,惟在于量才授职,务省官员。故书称:'任官惟贤才',又云:'官不必备,惟其人。'若得其善者,虽少亦足矣,其不善者,纵多亦奚为!古人亦以官不得其才,比于画地作饼,不可食也。诗曰:'谋夫孔多,是用不然。'又孔子曰:'官事不摄,焉得俭。'且千羊之皮,不如一狐之腋。此皆载在经典,不能具道,当须更并省官员,使得各当所任,则无为而理矣。卿宜详细此理,量定庶官员位。"①随后,房玄龄等人本着以事任人的原则,"置文武总六百四十员"。

① 《贞观政要·择官》。

　　其封建中央机构体系:皇帝居于最高统治地位,是总揽全国政权的首脑。皇帝以下,设"三师"(即太师、太傅、太保)、三公(即太尉、司徒、司空),辅弼军国大事。"三师"为"训导之官";"三公"为"论道之官"。"但存名位耳","皆不视事"①。就是说,这些官员多是无实权而品位高的元勋,为皇帝所赐赠,既无官衙,又无僚属,但赋予上述荣誉的职责。

　　封建中央机构的中枢是"三省",即中书省、门下省、尚书省。"三省"分权制的机构是中央最高的行政领导机关,"三省"长官由握有一定实权、处同等政治地位的宰相担任。

　　中书省:其职责"盖以佐天子而执大政者也"②,即是中枢决策的最高出令机关。中书省的长官是中书令,参与军国大事,负责审理尚书省及其他机关的章奏公文,遵谕起草皇帝的诏令及下行文书,送交门下省审核,副署,付诸施行。中书省所属组织机构:中书令下设中书侍郎作为辅佐、中书舍人具体负责起草下行文书,还有右散骑常侍、右补阙、右拾遗、起居舍人、通事舍人等官吏,附名于省内。中书省的职位和权力是至关机要的,然而,作为中枢机构的组成部分,它辅佐皇帝实际上只起的是遵谕行事的作用。

　　门下省:其职责是"所谓佐天子而统大政者也"③,即是中枢决策的最高参谋机关。门下省的长官是侍中,居于中书令同等的政治地位,"参议朝政",负责审查诏令、签署章奏、纠正朝政得失、审阅各种上行文书。门下省所属组织机构:侍中下设门下侍郎作为辅佐、给事中具体负责执掌封驳事宜,还有左散骑常侍、谏议大夫、起居郎、左补阙、左拾遗等官吏,附名于该省。侍中握有的特殊权力,就是对中书省草拟的下行诏令文书,如认为不妥或不宜施行,可以封驳奏还,并提出皇帝裁决的意见。它起着保证皇帝的诏令更符合整个统治阶级的利益和需要的参谋作用,同时,也能起到中书、门下两省之间"以相检察"的牵制效果。

　　贞观元年就这两省的职责及相互之间的关系问题,李世民曾对黄门侍郎王珪说:"中书所出诏敕,颇有意见不同,或兼错失,而相正以否!? 元置中书、门下,本拟相防过误。人之意见,每或不同,有所是非,本为公事。或有护己之短,忌闻其失,有是有非,衔以为怨;若有苟避私隙,相惜颜面,知非政事,遂即施行,难违一官之小情,顿为万人之大弊,此实亡国之政。卿辈特须在意防也。"他并以隋朝在这方面的教训告诫侍臣们:"卿等特须灭私徇公。坚守直道,庶事相启沃,勿上下雷同也。"④

　　这里,李世民进一步明确和交代了设置中书、门下两者来共同辅佐皇帝的目的及如何做到尽职尽责。后来,在贞观三年,李世民再次就中书、门下两省的问题提出告

---

① 《唐六典》卷七。
② 《唐六典》卷九。
③ 同上。
④ 《贞观政要·政体》。

诚:"中长、门下机要之司,擢才而居,委任实重,诏敕如有不稳便,皆须执论。比来,惟觉阿旨顺情,唯唯苟过,遂无一言谏诤者,岂是道理! 若惟署诏敕文书而已,人谁不堪?! 何烦简择以相委付。自今诏敕,疑有不稳便,必须执言,无得妄有畏,知而寝默。"①这里,他又重申了中书、门下两省地位的重要性及其应尽的职责。

从上述李世民对中书、门下两省的关注,也可以看出它们在整个封建中央官僚机构中所居的地位的重要性,可以说是巩固和加强封建专制主义中央集权统治的重要环节,会起到有利于强化皇权的作用。

尚书省:是封建中央的最高行政管理的职能机关。尚书省的长官,由于唐初李世民以秦王身份出任过尚书令,其后遂不再实授此职,而以左右仆射掌管尚书省,以下有左右丞。尚书省长官左右仆射,参与军国大事,领导尚书省执行中书、门下两省议决的事项。

尚书省设有吏、户、礼、兵、刑、工六部,各部分辖四司,共二十四司。尚书省为了统一管理六部事务,还设立了总的办事机构——都省。这个行政管理机构和体制,从隋、唐确立,一直被沿袭至明清,一千余年未改,足见它在封建国家机器中所起的相适应的重要作用。

吏部:负责管理全国文官的任免、升降、考核、赏罚。与此相应,下辖吏部、司封、司勋、考功四司。

户部:负责管理全国户口、土地、赋税、钱粮、财政支出。与此相应,下辖户部、度支、金部、仓部四司。

礼部:负责管理全国礼仪、祭祀、科举、学校教育。与此相应,下辖礼部、祠部、膳部、主客四司。

兵部:负责管理全国武官任免、升降、赏罚、考核与军事行政。与此相应,下辖兵部、职方、驾部、库部四司。

刑部:负责管理全国司法行政与审判。与此相应,下辖刑部、都官、比部、司部四司。

工部:负责管理全国农林水利、工程营建及工匠管理。与此相应,下辖工部、屯田、虞部、水部四司。

上述六部各设尚书、侍郎为正、副长官。部下各司设郎中、员外郎为正、副长官。此外,还有执行具体事务的属吏。

中央官僚机构除上述三省、六部外,还设有九寺、五监等管理机关。

九寺:太常、光禄、卫尉、宗正、太仆、大理、鸿胪、司农、太府,九寺设卿、少卿为正、副长官。他们均为皇室、宫廷的侍官,按其职权相当于尚书六部下面的事务官的地位。贞观元年,分太府寺为五署:中尚方、左尚方、右尚方、织染方、掌冶方。

_____

① 《贞观政要·政体》。

　　五监:国子监,负责管理有关学校教育事项;少府监,负责管理国家和宫廷手工业生产;将作监,负责管理全国宫殿、宗庙、城廓、官衙等工程的修建;军械监,负责管理武器制造;都水监,负责管理水利、舟船航运、堤防、桥梁。贞观元年,恢复少府监(武德初年废),将军械监并入少府监;贞观六年,又另复置都水监(武德八年,设都水署,隶属将作监)。

　　以上是贞观年代的封建中央三省、六部和九寺、五监等体制的大致情况。其较先前完善的方面,如上所述,中心在于进一步强化了皇权,因为它是全面地建立封建政治制度和加强专制主义中央集权统治最最核心的问题,其主要的建制措施表现在"三省"分权制的宰相权力的分割上。贞观年代,"宰相常于门下省议事,谓之政事堂(故长孙无忌、魏征、房玄龄皆知门下事)"①,即由于宰相是多人而议政需要有联合办公机构,这个机构名为政事堂,它置于门下省。参加政事堂议政的官员,除确认的中书令、侍中等"三省"长官为正式宰相外,还有被皇帝特别指定的其他官员,也称宰相,而这种兼理宰相职务的官员编制,无疑,也无须另行定制。

　　因此,在贞观年代中,先后就有 29 名之多的兼理宰相。"三省"分权制本身就意味着宰相权力的分割,加上皇帝因"三省"长官名位较高,权力较大,而有意识地不于委任,往往以副职或更下一级的官员兼理,如杜淹曾以吏部尚书参议朝政、魏徵曾以秘书监参议朝政,而这种兼理宰相职务,不但品位不会随之晋升,而且权力也不会增加,只不过是增添了"参议朝政""参预朝政""参知政事""平章事""同三品"(即同侍中、中书会)等不同称号的荣誉,起个"参谋"作用罢了。再加上"三省"分权制中各省之间的牵制作用,以及其他一些单行措施,如贞观二年,李世民"敕,中书令、侍中,于朝堂受词讼,众庶已上有陈事者,悉令封上,朕将亲览焉"②,就使宰相的权力大大削弱。因此,这种做法,一方面可以防止宰相专权;另一方面,又便于集中封建官僚的智慧和经验,从而大大强化了皇权。这也就是中央三省六部体制完善的实质。

　　(二)中央监察机构和职权的扩大

　　贞观年代,由于封建中央三省六部官僚体制的完善和发展,封建中央监察机构和职权,相应地也有了明显的加强和扩大,这是维护封建专制主义中央集权统治和强化皇权的需要和保证。贞观初年,李世民曾对侍臣们说:"看古之帝,有兴有衰,犹朝之有暮,皆为蔽其耳目,不知时政得失。忠正者不言,邪谄者日进,既不见过,所以至于灭亡。"③可见他在总结历史经验中,深知通下情,是防壅蔽而知时政得失的关键,就是说皇帝身居深宫高高在上,为达此目的,就必须有一批忠正的大臣,成为其耳目,而中央监察机关就是皇帝的一个重要的"耳目之司"。它不仅能够起到耳目的作用,而且还能

---

　　① 《唐会要・中书令》卷五一。
　　② 《唐会要・杂录》卷五三。
　　③ 《贞观政要・政体》。

够起到彰善瘅恶,激浊扬清,以正朝廷纲纪的作用。

唐初,沿袭隋制,设置了独立的监察机关御史台。御史台的长官为御史大夫,并设御史中丞二人为辅佐。其职责是"掌邦国刑宪典章之政令,以肃整朝列"①,有权弹劾百官,参与大狱的审讯,监督府库的出纳。御史台的机构是由台院、殿院、察院组成,它较隋朝以前因事设置的职权不清的诸御史,更为完善,从而使监察机关进一步扩大了。

台院:设侍御史四人。执堂纠弹劾中央百官、参加大理寺审判和推鞫由皇帝制敕交付的案件。由于侍御史职权甚重,因此,在诸御史中其政治地位最高,或由皇帝直接委任,或由宰相、御史大夫商定由吏部选任。

殿院:设殿中侍御史四人。执掌纠察朝仪、巡视京城及其他朝会、郊祀等,以维护皇帝神圣不可侵犯的尊严为其主要职责。贞观二十二年末,御史大夫李乾祐"奏增两员,以李文礼,张敬一为之"②,这可能与当时封建统治集团内部斗争的激化有关,是适应维护皇帝尊严,整肃朝序的需要而加强的。

察院:设监察御史八人。执掌监察州县地方官吏。贞观二年,御史大夫李乾祐"奏加两员,以李义琛、韦务静为之"③。这是适应全国增置"道"的建制的需要而增加的。贞观年代,全国共划分10个道,按道设置监察区,每道设监察史1人(即巡按使)。在诸御史中其品级最低,任务最重。然而,由于它是皇帝设置在地方上的耳目,权力却是极大的。

以上是御史台的组织机构及其分工的情况。贞观年代,监察机构的扩大,不仅表现在由于御史台的建立,内部有了明确的分工,因而增加了编制,而且在职权上也相应地扩大了。

除上述台、院的职责、职权外,其职权的扩大,还表现在如下三个方面:一是,为了监督官吏对皇帝诏旨的遵行,台院御史有权"分察尚书之司,纠其过失"④;二是,为了保证诸御史行使监察权,允许其不预先经过御史台长官,"独立弹事",而直接向皇帝奏疏;三是,"御史台正朝廷纲纪,举百司紊失,有弹邪佞之文,无受词讼之例",因此,原本"台中无狱,须留问,寄系于大理寺","至贞观二十二年二月,李乾祐为大夫,别置台狱,由是大夫而下已各自禁人"⑤。这一发展,使诸御史的职权扩大到极点。此外,还建立了定期巡视监察制度。李世民常派李靖、褚遂良、孙伏迦等人作为专使"使于四方,观省风俗""巡察四方,黜陟官吏"⑥。多至20余人出动,巡省天下,正肃风纪。

总之,封建监察机构和职权的扩大,一方面是统治集团内部斗争的需要,另一方面

① 《唐六典》卷十三。

② 《贞观政要·殿中侍御史》卷六十。

③ 《唐会要·监察御史》卷六十。

④ 《唐六典》卷十二。

⑤ 《唐会要·御史台》卷六十。

⑥ 《旧唐书·太宗纪》。

是为了保证整个国家机器效能的充分发挥,以加强和巩固专制主义中央集权的统治。

(三)省以下地方行政体制的改进

州、县之上,道的设置。

唐初,地方政权的建制大体上是因袭隋制,但也有较大的改革。地方政权设州、县二级。州设刺史,有别驾(贞观二年,改为长史)、司马等属吏。首都和陪都所在之州,一律称府,设府尹、少尹等官。州下各县,设县令,有县丞、主簿、县尉(即武德年间的县正)等属吏。州、县长官及主要属吏,均由中央任免,这是专制主义中央集权制度的一个重要的发展。

县以下的乡、里、村等基层组织,较先前也更为严密。

县下之乡,设有乡正;百户为里,里有里正;里下有村,村有村正。此外,还有邻保组织。

唐初,在边境诸州划定军区,设置总管。后又扩大军区,改设都督府,总管改称都督,总揽数州军事,而其僚属仍与州相仿。都督中有大都督衔称的,则例归亲王遥领,具体事务由属吏长史代办。

贞观元年三月十日,颁布“并省州、县,始因关河近便,分为十道”,“凡天下三百六十州”①,即关内、河南、河东、河北、山南、陇右、淮南、江南、剑南、岭南十道,各道所辖州数不等,州、县建制的升降,即由州的建制降为县或由县升为州的建制,也陆续有所调整。

州、县之上,道的设置,是专制主义中央集权制度发展的需要,是统治集团为了巩固和加强自己的统治所采取的重大的政治措施。唐初以来,皇帝经常监视派遣中央专使大臣巡视,考察地方州、县官吏和处理地方有关重大事宜,如巡按使、营田使、转运使、租廉使等。同时,唐初,为了加强中央同地方的联系,开始着手建立更为周密的驿传制度,在各主要交通线上,每隔30里设置一驿;分陆驿、水驿和水陆相兼的驿站;每驿都备有驿舍、驿马。

从中央下达的重要诏令,或州有急事上报,都能及时遣使传递。主管机关派出驿使时,斟酌紧急程度,在符契上注明驿程日限和日行程里数,如驿使在行途稽留,违限不到,则依误期日数和造成的后果的严重程度,依律处于刑罚。随着州、县政务的开展和日益繁杂,封建中央在上述一些政治实践的基础上,为了进一步加强对地方的控制,逐渐采取了在州、县之上设置道的建制这一重大政治措施。可以说,道则高于州一级的政权机关是封建统治发展逐渐演变而成的,它是进一步加强和巩固专制主义中央集权统治的保证。

贞观年代,道的建制的出现,反映了中央对地方控制的加强,其最终目的,乃在于强化国家机器,充分发挥其调整社会矛盾和镇压劳动人民的效能。从实行这一重大政

---

① 《唐会要·州县分望道》卷七十。

治措施也可以看出,通过历史的借鉴,李世民的统治经验逐渐成熟。贞观二年,他同侍臣们"论周,秦修短。萧对曰:'纣为不道,武王征之;周及六国无罪,始皇灭之。得天下虽同,失人心则异。'上曰:'公知其一,未知其二。周得天下,增修仁义;秦得天下,益尚诈力,此修短之所以殊也。盖取之或可以逆得,而守之不可以不顺也'"①。可见,他很能够把握封建统治的张弛。事实上,根据当时全国局势,国家机器主要发挥的还是调整社会矛盾的效能。

二、在选拔地方官吏和科举制度方面

精选地方官吏和科举制度的确立。自贞观年代始,州、县长官及其重要属吏,均由中央任免,这是封建政治制度的一大发展。李世民即位后,对地方官吏都督、刺史的选择十分关注,并认为"治人之本,莫重刺史"。贞观二年,他曾对侍臣们说:"朕每夜恒思百姓间事,或至夜半不寐,唯恐都督、刺史堪养百姓以否?! 故于屏风上录其姓名,坐卧恒看,在官如有善事,亦具列于名下,朕居深宫之中,视听不能及远,所委者,惟督都、刺史,此辈实理乱所系尤须得人。"②因此,在地方官吏的选择上,是比较慎重的。李世民曾申斥吏部择人"惟取其言词刀笔,不悉其景行"的做法,提出要"慎择","不可造次即用",要坚持选用"才行俱兼"的人。

当时,不仅在地方官吏的选择是慎重而严格的,而且在使用中也十分注意对他们的考察。吏部以殊功异行、祥瑞灾荒、户口赋税的增减和盗贼的多少,作为考核地方官吏政绩的内容和标准。同时,按全国 10 道划分的监察区,不仅每道都设有监察御史(即巡按史),而且皇帝还随时派遣巡按使,去考察每道的州、县官吏。这种精选和考察地方官吏的做法,固然是从维护统治集团的根本利益出发的,但是,在客观上自然会减少贪官酷吏的出现,当时,对广大劳动人民来说,还是有利于他们休养生息的。

贞观年代,是封建政治史上官僚政治比较发展的一个时期,为了吸收天下贤才,更加全面地完善地确立了科举制度。进士等考试制度,本是先前的老办法,而这时不但承袭下来且更加完善,设有"常贡之科",即:秀才、明经、进士、明法、明字、明算、选举童子等八科。贞观八年,吏部"以选集无限,随到随职,时渐太平,选人稍众,请以冬初,一时大集,终季春而毕"③,又规定固定的集中时间。参加科举的有国子监的生徒;在州、县自行报考合格,由州、县保举参加上书省考试的"乡贡";此外,也有经皇帝特别下诏,考取名士的"制科"。科举考试的内容比较庞杂,例如明经试贴经;进士试诗赋和时务策,这是主要的两科考试的内容。不过也时有变化,例如贞观八年,李世民又下诏:要

①《唐会要·识量上》卷五十一。
②《贞观政要·择官》。
③《唐会要·选限》卷七十五。

"进士试读一部经史"①。各科考中以后,只是取得做官的资格,还须再经吏部考试,即省试,合格后方授给官职;至于"制科",其考试项目、日期,均不在此限,而且考取后,即可得高官厚禄;考不取省试的,仍保有做官的资格,即通过给大官做幕僚的途径,得到国家正式委任的官职,或还可以继续再参加省试。科举考试成绩合格,一般均可获得授官,但它也不是绝对作为授官与否的依据。

例如,贞观二十二年,"考功员外郎王师旦知举。时进士张昌龄、王公瑾,并有俊才,声振京邑。而师旦考其文策全下,举朝不知所以。及奏等第,太宗怪无昌龄等名,因诏师旦问之,对曰:'此辈诚有文章,然其体性轻薄,文章浮艳,必不成令器,臣若擢之,恐后生相效,有变陛下风雅'。"②李世民听后,非常赞赏王师旦的上述道理。可见科举考试取材是坚持封建政治标准,坚持"才行俱兼"原则的。从上述事例,可以看到吏部官吏识别人才的观文风识人风的本领,这可以说是他们忠于封建统治集团根本利益的一种特殊的政治敏感。

总之,贞观年代,在这方面,李世民吸取和集中了先前统治者成就,更加全面地完善地确立了科举制度。据史料记载:"若列之于科目,则俊秀盛于汉、魏,而进士,隋大业中所置也。……然彰于武德,而甲于贞观。"③这个追溯的概括,还是符合史实的。科举制度的确立,由于李世民提高了进士的社会地位,通过科举考试,坚持宁缺毋滥的原则,严格选拔,择优授官,因而引起天下不羁之才,醉心向往,以中进士为荣。于是,社会上迅速出现和形成了一种异于隋朝的新风气。如"父教其子,兄教其弟",甚至有的人青衿下帷,皓首穷经,"老死于文场者,亦无所恨,故有诗云:'太宗皇帝真长策,赚得英雄尽白头'"④。这样,封建统治集团,既广泛地笼络人才,激励了有志之士的向上,又收拢人心,稳定了社会秩序。

科举制度的确立,由于科举应试以儒家经典为内容,以儒家经义为准则,于是儒家思想的社会影响再一次大发展,从而加强了封建统治集团进行思想统治的以儒为主,儒、道、佛兼收并容的方针之推行。

科举制度的确立,使考选和任用官吏的权力,进一步牢牢地掌握在中央手中,同时也为地主士大夫登上仕途铺平道路,因而封建统治集团同地主士大夫之间,有了更加密切的联结,稳定和巩固了封建统治的社会基础。

唐初,继续推行均田制度,对比说来,它比隋朝推行得更为彻底,因此,地主土地私有制获得显著的发展,伴随着地主经济力量的增长,中小地主的政治要求与日俱增,他们为赢得保护和扩大自己的经济利益权利,要求参加政权,获得相应的政治地位。而李世民为首的统治集团,为了扩大、加强和巩固自己的政治力量,一方面,以各个领域

---

① 《唐会要·贡举中》卷七十六。
② 《唐会要·贡举中》卷七十六。
③ 《唐摭言·述进士上篇》卷一。
④ 《唐摭言·散序进士》卷一。

不断扶植庶族地主势力,另一方面,又从各个领域不断打击和削弱旧士族势力(以山东地区四大旧士族为代表的)及其影响,藉以使李氏关陇军事贵族为核心的统治集团的统治立于不败之地。

科举制度的确立和实施,一方面,正是包含着满足庶族地主势力的上述政治愿望和要求,从他们中广泛地选拔人才,充实官僚机构,扩大和加强统治集团的力量,另一方面,却意味着在政治上对旧士族进一步的打击,旧士族不仅早已失去了保证其特权及其特殊地位的九品中正制度,而且在科举制度的确立和实施中,也受到排斥。可见,科举制度只不过是调整封建统治阶级内部各阶层之间权力地位分配的一种形式、手段和途径而已。唐以后的千余年中,几个封建王朝一直承袭这种选拔人才和任用官吏的制度,也说明它保证封建地主阶级特权和统治地位的本质。

三、贞观年代政治制度改革的核心

综上所述,可以清楚地看到,贞观年代,在政治制度上的几个主要方面的改革,是围绕着加强专制主义中央集权统治的最核心的问题,即强化皇权而进行,是与封建土地国有制占统治地位的封建土地国有制与封建地主土地私有制并存的经济基础相适应的。因此,上述贞观年代的政治制度的改革,保证了均田制度较为彻底的推行,迅速地恢复和发展了农业生产;同时,也为封建统治集团加强思想统治创造条件,稳定人心,安定社会秩序,从而使"贞观之治"成为我国封建政治史上光辉夺目的一面。

第三节　贞观年代在法律制度方面的改革

为唐朝法律制度全面奠定基础的标志,是《贞观律》的制定和颁行。

在此以前,唐高祖李渊,在起兵时,就举起"除隋苛法"的旗帜,"约法十条。惟制杀人、劫盗、背军、叛逆者死,余并蠲除之"[①]。武德元年间,李渊先后诏令刘文静、裴寂、殷开山、郎楚之、沈叔安、崔善为、王敬业、萧瑀、李纲、丁孝乌等人,本着"从宽简,便于时"的原则,"因隋开皇律令,而损益之,遂制为五十三条"新格;随后,为适应当时社会状况的需要,又"大略以开皇为准"着手制定《武德律》,"正五十三条,凡律五百条,格入于新律,他无所改正"[②],于武德七年初,颁行于天下,并相应地编纂了武德令、格、式等。

到贞观年代初,由于农业生产逐步地恢复,政治局势也日趋稳定,唐太宗李世民为巩固这一局势,着手全面地进行立法建设,使武德年间未来得及进行的或初具规模的各项法律制度,获得新建、改革或完善。首先李世民认为《武德律》还不够宽简,不能适

---

①　《唐会要·定格令》卷三十六。
②　同上。

应巩固统治集团的既得利益的需要,随命房玄龄、长孙无忌等着手修订《武德律》,历经整整 10 年的光景,边实施,边修订,于贞观十一年初,才正式完成,即《贞观律》,并立即颁布执行。《贞观律》仍为 12 篇,500 条,同时"定令一千五百四十六条,以为令;又删武德以来敕三千余条为七百条,以为格;又取尚书省列曹及诸寺、监,十六卫计账,以为式"①,即贞观令、格、式。就总的情况来说,它从轻就简地进行了较大的删削。由于唐律是以刑法为主体,其中还包含民法、行政法、诉讼法、婚姻法等方面法规的综合性法典,因此,唐朝的法律制度,在其中大都有反映。而后来的《永徽律》,即承袭《贞观律》,无甚大的改动,更重要的是对律做了逐条逐句的注解,即所谓"律疏"。所以说,唐朝法律制度的完备,从《武德律》到《永徽律》,先后经历 20 年的时间,而《贞观律》的完成,使唐律具有了自己鲜明的特点,对唐朝的立法建设,起了真正的奠基作用。

一、在立法制度方面的改革

唐初立法制度的改革,有以下几个特点:

(一)确立"于礼以为出入",即以儒家的"礼",作为立法的思想基础

贞观年代把封建的法律规范和封建的道德规范以法律的形式统一起来,从而使封建的"法"与"礼"融合为一体。这是一个显著的特点。这样,不但使封建法律成为统治集团更加有力的统治工具,而且也有助于加强思想统治,即以法的强制性推行礼的规范,藉以维护和巩固封建国家的统治秩序。它突出地体现在法律条文上,规定:反叛、大不敬、不孝、不睦、不义、不道等为十恶重罪,处以最重的刑罚。这样,也把封建的家族主义与国家专制主义紧密地结合起来,以君权为核心的政权、族权、夫权、神权被贯穿在一起,进一步强化了皇权,使政权的作用得以空前充分的发挥,贞观年代,鲜明地确立以封建的"礼"作为封建立法的纲领和制度,并把它固定下来,成为唐朝法律制度的特色。

(二)把封建等级压迫制度直接纳入封建法典之中,是贞观年代确立的立法制度上的又一特点

唐朝的尊卑、良贱、上下的等级界限,是非常严格的。在法律上,贱人不具有独立的人格,被公开宣布为"律比畜产"。贞观二年,李世民曾诏示:"奴告主谋逆,此极弊法,特须禁断。便令有谋反者,必不独成,终将与人计之,事必有他人论之,岂藉奴告也。自今奴告主者,不须受,尽令斩决。"②可见,在法律上,尊卑、良贱之间绝对不平等的地位和权利,是何等的鲜明。与此相反,在法律上,公开保护贵族、官吏、地主分子特权的议亲、议故、议贤等"八议"及"请""减""赎""当""免"等规定,则对他们中的犯罪

---

① 《旧唐书·刑法志》。
② 《贞观政要·刑法》。

人给予合法的减免。这种以最公开的形式和周详完备的条文确认各个社会等级截然不平等的地位和与其身份相适应的权利义务关系,以及根据犯罪人的不同身份,适用迥然不同的刑罚,都充分地体现了这种把等级压迫制度纳入法典的封建立法制度的阶级实质。

(三)以多种法律形式来完善立法并形成立法制度,也是唐朝法律制度上的一个特点

唐朝创制的法律形式,有律、令、格、式四种。在贞观年代,通过删削繁苛,严格地明确了每一种法律形式所属的内容,使法典更加系统、周密、完备。据史料记载:"凡律以正刑定罪,令以设范立制,格以禁违止邪,式以轨物程事"①;还有一种类似的解释,所谓"令者,尊卑贵贱之等数,国家之制度也;格者,百官有司之所常行之事也;式者,其所常守之法也。凡邦国之政必从事于此三者,其有所违,及人之为恶而入于罪戾者,一断以律。"②

从上述解释中,可以看到,律的形式,是以刑事镇压的法律条文为主要内容,并含有民事和诉讼的法律规范;令的形式,是国家组织制度以及国家在其他方面立法的规定;格的形式,是皇帝随时颁布的国家机关必须遵守或执行的各种单行的敕令、诏示;式的形式,是国家机关的公文程式和职能活动细则,是带有行政管理法规的性质和内容。其中,格,这种法律形式,由于皇帝是当然的最高立法者,因此,它不仅在所含的内容上是极其具体而广泛的,而且具有最高的法律效力,是法律体系的重要组成部分之一,因而都编纂成集,起着法律强制的作用。这种以多种法律形式来完善立法的立法制度,使各种不同形式的法律内容相得益彰,更有力地发挥了整个国家的职能并推动法律、法令的实施。它反映了专制主义中央集权的国家制度的进一步发展,以及皇帝对立法所起的支配和决定作用的加强。

(四)律条的简明,也是唐初在立法制度改革的要求和特点

把贞观年代在这方面所做的艰巨工作,如果同先前一些封建王朝相对比,就显得非常突出。例如:汉律60篇359章,其中涉及死刑的条款,就有1882事;除律、令外,还有"决事比",即与律、令具有同等效力的案例。西汉时,仅判死刑的"决事比",就有13472事;"律令繁多,百有余万言","文书盈于几阁,典者不能遍睹","或罪同而论异,奸吏因缘为市"③。

后来的《魏律》《晋律》《北齐律》等,都有这种弊病。接着,隋朝《开皇律》的制定者,更加意识到这种弊端,因而进行过较大的删减和归并。《北齐律》简约到12篇949条,隋朝的《开皇律》又进一步删减为12篇500条。当然,这仅是就"律"这一种形式而

---

① 《唐六典·刑部门》卷六。
② 《新唐书·刑法志》。
③ 《汉书·刑法志》。

言的,但也不难看出这方面的变化。

唐朝建立,高祖李渊一开始立法定制,就十分注意这个问题,《武德律》即是"参取隋律修易,条章既少,极成省便"①。太宗李世民即位后,进一步总结了历史上的经验教训,他认为"国家法令惟须简约,不可一罪作数种条。格式既多,官不能尽记,更生奸诈,若欲出罪,即引轻条;欲入罪,则引重条。数变法者,实不益道理,宜令细审,毋使互文。"②正是在这种指导思想下,对《武德律》及武德令、格、式进行了全面的修订,又做了大量的删削和归并。据史料记载,贞观年代,"律(即贞观律)为五百条,分为十二卷(即十二篇),大辟(即死刑)者九十二条,减流入徒者七十一条,分为三十卷;令二十七篇,一千五百九十条;格七百条(武德格为三千条)。"③

可见,贞观年代的法律条文简约得多了。这样,就能够更充分地发挥立法的实效,使中央更有力地执掌和控制地方政权,更准确、有效地实施司法镇压和调整各种社会关系的职能。它反映了唐初的专制主义中央集权国家制度的进一步发展和对立法制度的要求。它是在不断地对封建阶级统治的历史经验教训的总结中,使立法制度获得更加完善。因此,作为立法制度的法律形式的确立,就不仅仅是一些孤立的、法律形式的问题,而且是关系到法律的效力和作用的重要问题。这也正是自曹魏以来封建统治者最为关注这个问题的理由之所在。

贞观年代,在立法制度方面的改革是多方面的,这里,仅对其中几个主要问题作了简略评述。

二、在司法制度方面的改革

(一)"三级三审"制度的完备

唐朝中央司法机关有大理寺、刑部、御史台,各有分工,又相互牵制。在地方,司法机关的职能由地方行政机关兼理,中级有州、府,并在要冲的地方有都督府,边远的地方有都护府;县,既是基层地方行政机关,又是最低级的审判机关。

大理寺,是中央最高审判机关。其职权是负责审理中央百官中的犯罪和京城徒刑以上的案件。但对徒、流刑罪犯的判决,须送经刑部复核,才生效;对死刑罪犯的判决,要直接奏请皇帝批准;还有,对刑部移送来的判决死刑的疑案,有重审权。大理寺设有卿、少卿、正、丞、司直、评事及有关属史。

刑部,是中央司法行政机关。其职权范围,除负责司法政令外,并复核大理寺判决流刑以下和全国各州、县判决徒刑以上的犯罪案件。如出现疑案、错案属于徒、流刑以

① 《旧唐书·刑法志》。
② 《贞观政要·刑法》。
③ 《唐会要·定格令》卷三十九。

下的案件,驳令原州县重审复判;死刑案件则移送大理寺复审。

御史台,是中央监察机关。其职责是掌管纠察弹劾事宜,兼负责监督大理寺、刑部的司法审判活动。同时,也参与特别重大案件的审判或受理有关行政诉讼的案件。

除上述一般的职责分工外,还有如下有关制度性的特殊规定:"三司推事"制,即当遇到特别重大的或冤情严重的案件,由大理寺卿、刑部侍郎、御史中丞共同审理,"三司"合议审判上报,由皇帝裁决;"异议请裁判"制,凡"三司推事"中,"议律论情,各申异见",不能统一的,须报上级作最后的决定;非司法机关参与审理案,即皇帝对死刑案件或其他重大案件,认为有必要这样做时,则由皇帝责令刑部会同中书、门下二省更议;对地方上交的未解决的重大案件,则派监察御史、刑部员外郎、大理评事充任"三司使",前往原地审判;还有特别法庭的形式,即规定由门下省给事中、中书省中书舍人、御史台御史共同组成法庭,称之"三小司",专门负责审理所谓"申冤"的诉讼案件。

在地方,虽无独立的司法机关,由行政机关兼理,但设有直接管理诉讼事宜的属吏,这样就增加了许多司法官吏。州刺史和府牧,都是行政兼理司法的负责长官,刺史每年一度巡视所属各县,录囚徒,察狱讼,尤异者亦以上闻,其常则申于尚书省,对所属各县具有广泛的监督、检查的权力。州、府所设置的专职司法官吏,在上、中州有司户参军事和法曹参军事二人;下州为一人。在上、中府有户曹参军事和法曹军事二人;下府为一人。司户参军事和户曹参军事负责"剖断人之诉章,凡男女婚姻之令,必辨其族姓,以举其违。凡井田利害之宜,必止其争讼,以从其顺";司法参军事和法曹参军事则负责"律令格式,鞫狱定刑,督捕盗贼,纠逖奸非之事,以究其情伪而制其文法,赦从重而罚从轻,使人知所避而迁善远罪"。他们又都受中央监察御史的监督和检查。

县所设置的专职司法官吏有司法佐、史等。县以下乡官里正、坊正、村正对婚姻、土地等纠纷的民事案件,有调解仲裁权,不服可上诉至县重审复判。刑事案件则由县直接审判。

从上述"三级三审"制度可以看出,封建中央司法审判权的一分三,一方面是增加了相互的牵制,以减少冤滥,也就是为了更有效地实施司法镇压,它也是加强司法镇压的根本性措施;另一方面,中央司法审判权的分散,意味着皇帝对司法权控制的加强,实际上皇帝是全国最高的法官。

加强司法镇压,还表现在:在地方,司法机关的职能,由行政机关兼理,这一权力的集中,是便于地方官吏利用行政权力,独揽诉讼,迫害、镇压和统治广大劳动人民。

加强司法镇压,也表现在相应地提高司法官职的选拔条件上,贞观年代,凡属高级司法官吏,多由科举出身的人担任,再者就是妙选"忠直每事用心"的官员来担当;同时,还十分注意司法官吏的培养和造就,每年贡举有"明法"一科,试律令各十贴,唐太宗李世民还特置律学博士1人,学生50人,进行专门的训练。

上述"三级三审"的司法制度的内容,其中大部分是在贞观年代初期开始制定和实施的。可见,唐太宗李世民,一方面在立法上推行"宽平""简约"的原则;另一方面,又在司法上,加强国家的司法镇压职能的发挥,并以完善司法制度来保证。这恰恰反映了贞观年代所谓"盛世"的政治特色,完备立法,正是为了加强封建司法的实效。

可是到贞观年代的中期,即《贞观律》正式颁行后,开始发生变化,出现刑罚日渐深刻的趋势。正如在贞观十一年,魏徵所指出的那样:"顷年以来,意渐深刻,虽开三面之网,而察见渊中之鱼,取舍在于爱憎,轻重由乎喜怒,爱之者虽重而强为之辞,恶之者虽小而深探其意。"①从中可以看出,在封建制度下,往往是"人治"左右"法治"的,统治者从来不会让既成的法律、法令完全束缚住自己的手脚,总是要根据他们的政治需要或出于维护自己切身利益,而任意制定和实施立法、司法的措施。另一方面,即或在"盛世"之下,贪赃枉法的官吏也大有人在。这就是出现上述变化的原因。

（二）审判制度的进一步完善

在上述"三级三审"制度完备的过程中,审判制度相应地更加周详、完善起来。首先是拷刑的制度化。刑讯是封建司法审判的基本特征之一,这种强制性的刑讯逼供的肉刑,在贞观年代把它进一步制度化,就是说有关规定更为周详而系统。以李世民为首的统治集团深深懂得,案件的审理直接关乎司法镇压的效果,因此,主张"皆宜详慎而行之"②,并建立一系列制度性的规定。如在《唐律·断狱》中,有关鞫狱、审讯、拷囚、科刑等规定达34条之多。为了防止审判官吏的滥施刑讯,威逼取供,曾规定"诸应讯囚者,必先以情,审察辞理,反复参验,犹未能决,事须讯者,立案同判,然后拷讯。违者杖六十"。就是说审讯要先把案情的真伪搞清楚,为了弄清案情的原委,就要纠问被告人和查验犯罪的各种凭证,当反复查核得比较确实而被告人还不供认的情况下,才准予刑讯,并且规定要"立案同判",即这时要求承审官吏会同现任长官共同进行刑讯。

与此同时,还严格地规定刑讯的一些要求和主审官吏的责任。"诸拷囚不得过三度,总数不得过二百,杖罪以下,不得过所犯之数;拷满不承,取保放之";"若拷过三度,及杖外以他法拷掠者,杖一百;杖过数者,反坐所剩;以故致死者,徒二年";"即有疮病,不待差而拷者,亦杖一百;若决杖笞者,笞五十;以故致死者,徒一年半;若依法拷决而邂逅致死者勿论,仍令官长等勘验,违者杖六十";"诸拷囚,限满不首者,反拷告人;其被杀被盗家人及亲属告者不反拷(被水火损败者亦同);拷满不首,取保并放,违者以故失论";"诸应议请减,若七十以上,十五以下及废疾者,并不令拷讯,皆据众证定罪,违者以故失论"。"据众证定罪"的规定,要求"三人以上,明证其事始令定罪",并规定犯罪者的家属"年八十以上,十岁以下,及笃疾,皆不得令其为证"。问题的关键在于封建司法审判是重口供、轻证据的,而且主要是依靠口供来作为"立证"判决的依据,加上"审察辞理"是用所谓辞听、色听、气听、耳听、目听等"五听"的办法,即察言观色的办法,往往不易弄清案情的原委和真伪,于是不逼就不供,不供就不能判决,于是,刑讯往

---

① 《贞观政要·公平》。
② 《资治通鉴·唐纪》卷一九四。

往就成了审理案件程序中必经的一个环节。上述刑讯的要求及承审官吏的责任的规定,只不过是在一定程度上减少一些冤滥而已,绝不可能根绝由于刑讯逼供而造成的冤滥现象。所以说刑讯是封建司法审判的强制最本质的表现。

此外,贞观年代在审判制度中还进一步改革或完善了其他一些具体制度。

1. 审讯回避制度

这是为了防止承审官吏因亲故或仇嫌关系而发生偏袒或构陷。这种制度规定"凡鞫狱官与被鞫人有亲属或仇嫌者皆听更之"①。就是说,遇到上述情况,主审官吏必须予以更换。此外,还规定徒刑以上的判决,要"各呼囚及其家属,具告罪名",并要犯人具"服辩状",以免翻案,如罪犯不服,准许上诉,由司法机关"更为详审",以防止承审官吏草率定案。

2. 司法官吏责任制度

首先,要求司法审判官吏必须严格地按照律文定罪。如果承审官吏援引比附,或用其他办法,无论是故意,还是过失所造成出入人罪者,都要受到惩处。规定:"诸官司入人罪者(谓故增减情状,足以动事者,若闻知有恩赦,而故论决,及示导令失实辞之类),若入全罪,以全罪论(虽入罪,但本应收赎及加杖者,止以收赎加杖之法)。""从轻入罪,以所剩论;刑名易者,从笞入杖,从徒入流,亦以所剩论(从徒入流者、三流同比徒一年为剩,即以近流而入远流者同比徒半年为剩,若入加役流者,各计加役年为剩)。从笞杖入徒流,从徒流入死罪,亦以全罪论。其出罪者各如之。""即断罪失于入者,各减三等;失于出者,各减五等;若未决放,及放而还获,若囚自死。各听减一等。""即别使推事,通状失情者,各又减二等,所司已承误断讫,即从失出入法,虽有出入,于决罚不异者勿论。"从上述规定,可以看到,司法官吏故意违法判决同由于过失误判而出入人罪的情况,在惩处上是有区别的,前者要重于后者。

其次,要求司法审判官吏必须依据诉状审理和判决。如果司法审判官吏舞文弄法,在诉状以外,另给人加其他罪名或与人罗织成罪,均以故入人罪论处。还有虽据状审理,而判决畸轻畸重的,也要受到一定的处分,规定"诸断性罪应决配而听收赎,应收赎而决配之,各以本罪减故失一等;应绞而斩,斩而绞,徒一年,自尽亦知之,失者减二等"。

再次,要求司法审判官吏必须按法定限期审结案件。为了收到司法镇压的实效,保证审理案件的效率,避免无辜的"淹禁不决",根据案情的大小和情节的繁简,规定了长短不等的审理日程和审理期限。在《唐律·取制》中,有这样的规定:"依令,小事五日程,中事十日程,大事二十日程。徒以上狱案,辨定须断者三十日程。其通判及旬,经三人以下者,给一日程,经四人以上,给二日程,大事各加一日程,若有机速,不在此例。"此外,还规定禁囚五日一虑,二十日一讯;在京城羁押的囚犯,每月二十五日以前,

---

① 《唐六典·刑部门》卷六。

本司得录其所犯案情与囚禁月日,申报刑部。

3.自诉制度的发展

贞观年代,自诉制度也有了很大的发展。封建法制中,诉讼程序一般都是自下而上进行的,并不允许越级告状。但是,对案情重、冤情深而又走投无路的,也还是有限制的允许直接向中央司法机关或皇帝进行申诉。可以说,它是诉讼程序的一种非常形式,在封建法制的基本内容中并非主要的问题,只不过是权宜措施的制度化。这样,不但无损于统治集团的根本利益,相反地还会对司法活动起到补偏救弊的作用。

贞观年代,直诉的方式有四种:一是"邀车驾",即乘皇帝出巡时,在路旁迎驾,直接向皇帝申诉。二是"挝登闻鼓",在东(洛阳)西(长安)两京城门外,置有大鼓,供申冤者敲挝,向中央司法机关或皇帝告状。三是"上表",就是直接向朝廷上表章,披陈冤情。受冤枉者的家属,可按以上不同方式,代为申诉。既允许自诉,又有所限制,因此,从法律上,对自诉者相应地采取一方面保护,一方面又限制的政策:"即邀车驾及挝登闻鼓,若上表申诉者,主司即须为受,不即受者,加罪一等";"诸邀车驾,及挝登闻鼓,若上表以身事自理诉不实者,杖八十(即故增减情状,有所隐避诈妄者,以上书作不实论)"①。上述这种制度和政策,无非是从有利于宣扬皇帝"圣明"出发,来维护至高无上的皇权而已。然而,对当时的广大劳动人民来说,这毕竟比处于昏聩无能或暴虐无道的皇帝统治之下的情况,要好得多了。

此外,还有死刑复奏制度、监狱管理制度等,也都有所改革或进一步完善。

总之,贞观年代的审判制度,可以说,达到了空前完善的地步。它既总结和吸收了先前统治者所积累的司法的经验,又有很大的发展,特别是司法官吏责任制度和自诉制度的进一步完善和发展。由此也可以看作是唐太宗李世民整饬吏治,试图革除一切弊端所获司法成果的记录。

三、在监察制度方面的改革

贞观年代,在监察制度方面也有所改革。唐初,监察权力更为集中和统一;监察机关的职能进一步扩大,并获得充分的发挥;监察制度更加缜密,更加严紧。监察官吏切实起到了"掌邦国刑宪典之政令,以肃整朝列"的作用,从弹劾百官,参与重大案件的审理,监督府库的出纳,参与朝政献计献策,定期巡视地方,直到纠察朝仪、巡视京城及其他朝会、郊祀等,成为皇帝的耳目。这不仅维护了封建法纪,整饬了封建吏治,而且应当承认它在客观上也起了约束官吏的专横跋扈、欺骗群众的作用。

---

① 《唐律·斗讼》。

第四节 贞观年代在军事制度方面的改革

唐初,在军事制度方面,基本上是沿袭着先前的府兵制度。贞观年代,则采取了一些改革措施,使军队的编制有所扩充,组织系统更加完备,以及军队的部署、训练、征调、统帅等方面,都有着自己的特点。

贞观十年,在推行均田制度的基础上和道的建置实施后,对军事制度做了相应的改革。就府兵的编制和组织系统来说,即是由卫将军府、折冲府、团、旅、队、伙组成的。卫将军府是府兵的最高机关,卫大将军为府兵的最高军官,都直接隶于皇帝。诸道折冲府是府兵的基层组织单位,分上、中、下三等,以兵士人数为依据,上府为1200人,中府1000人,下府800人。折冲府的官员设有折冲都尉1人,左右果毅都尉各1人,长史、兵曹、别将各1人,校尉6人。全国置634府,分统于中央的左右卫、左右骁卫、左右武卫、左右威卫、左右领军卫、左右金吾卫等12卫;此外,还有监门卫、左右千牛卫共为16卫。每卫统兵府,多者60府,少者50或40府。每卫设有大将军1人、将军2人。兵士以300人为团,团有校尉;100人为旅,旅有旅帅;50人为队,队有队正;10人为伙,伙有伙长。

府兵的征点标准和服役。征点的原则和标准是:"财均者取强,力均者取富,财力又均,先取多丁。"①服兵役的年龄是20岁入军,60岁老免。兵士被征调服役时,本人免租、调,"其家不免徭役"②。凡府兵不能随意地从狭乡迁至宽乡。府兵所使用的武器、装备以及征途所需要的粮食,皆由兵士自己准备,所谓"伙备六驮马,凡伙具:乌布幕、铁马盂、布槽、锸、镢、凿、碓、筐、斧、钳、锯皆一,甲床二,镰二。队具:火钻一,胸马绳一,首羁、足绊各三。人具:弓一,矢三十,胡禄、横刀、励石、大觿、毡帽、毡装、行藤皆一,麦饭九斗,米二斗,皆自备。"③其中"人具"即由士兵自己准备和负担;原初,伙备八驮马,后改为六驮,"米粮、介胄、戎器、锅、幕、贮之府库,以备武事"④。

府兵的训练和征调。府兵的训练时间在冬季,由折冲都尉率领兵士,在府上进行教战。府兵的征调,是由兵部下符契,即铜鱼兵符,州刺史和折冲都尉勘契相合,而后发兵,全府调发,则折冲都尉以下一起率兵士出动,较少则由果毅都尉去,少则别将率领去。调往京城宿卫,按路程的远近,分番轮流而去。500里内为五番,以外则为七番;1000里以外,为八番;1500里以外,为九番;2000里以外,为十番;再远者为十二番。每番为1个月。府兵被调于边寨防守,谓"镇兵",每年或数年一更换。

府兵的部署。全国634府,拥兵60万。则以关中为重心,关中有261府,26万兵

---

① 《唐律疏议·擅兴》卷十六。
② 《唐会要·府兵》卷七十二。
③ 《新唐书·兵志》卷五〇。
④ 《唐会要·府兵》卷七十二。

士,起到"举关中之众,以临四方"的作用。

贞观年代,所改定的上述府兵制度的内容,具有异于先前的特点:即"府兵之置,居无事时耕于野;其番上者,宿卫京师而已;若四方有事,则命将以出,事解则罢,兵散于府,将归朝。故士不失业,而将帅无握兵之重。"①可见,唐初,府兵制度可称是寓兵于农的一种选农训兵制,而且是实行"三时耕稼""一时治武""居闲力穑""有事荷戈"的原则,进一步做到"兵农合一"。唐初的兵农合一,在使国家减少军费开支的同时,保证了在实行均田制度下的兵源,巩固了国家的军事力量。

唐初的兵农合一,使统治集团能够主动地处于"居重驭轻"的地位,即把三分之一的兵力集结、部署在中央的周围,更为有力地掌握着作为国家的重要支柱的府兵这支军事力量,充分发挥这支军事力量的实力作用。唐初的兵农合一,在使地方军政分立的同时,也保证兵士的日常的集中训练,而积存战斗力;将帅不能长期握兵在手,而防止专兵跋扈,甚至酿成分裂割据的出现。由于它实施的是拣点选农训兵的办法,相对地说来,胜过招募的办法,即兵士多少具有保卫乡土的观念,有利于使它担负起番上宿卫的防戍征伐的双重任务。还有贞观年代,李世民大举进攻高丽的战争等,为了稳定后方和巩固其统治则是采取招募的办法,另行组建的军队,并未动用府兵。这样,就形成了以寓兵于农的选农训兵为主体的征兵制,辅之以募兵制的军事制度。

贞观年代的府兵制是建立在均田制度的基础上的,这也是它的最根本的特点。因此府兵制度下的兵士,就是均田制度下的农兵。府兵从太原的禁军起就已授田,到贞观年代,只不过是更加制度化罢了。通过均田制度来巩固府兵制,而府兵制又保证了均田制度的顺利推行和封建统治赖以存在的经济基础的稳固。这种"农战交修"的军事制度的实质,乃是把封建国家的财政负担进一步直接转嫁给广大农兵,可称是榨取广大农民剩余劳动并与均田制度相适的赋税、徭役制度的一个补充。实际上,府兵虽然可以免去租、调、徭役,但仅从上述府兵自备武器、装备及征途所需粮食的负担来说,就比所免去的租、调、徭役还要重。而一户农家有府兵就等于少了一名全劳力,在"其家不免徭役"的情况下,无疑不少农民的负担更加沉重了。因而,"一人就役、举家便废"的情况,很难说是个别的了。

据史料记载,贞观十一年,马周曾上疏说:"供官徭役,道路相继,兄去弟还,首尾不绝。远者往来五六千里,春秋冬夏,略无休时。陛下虽每有恩诏,令其减省,而有司作既不废,自然须人,徒行文书,役之如故。"②在这种局面下,有府兵的农户,其负担的沉重情况是可想而知的了。贞观十三年,魏徵上疏说:"顷年以来,疲于徭役,关中之人,劳弊尤甚。杂匠之徒,下日悉留和雇;正兵之辈,上番多别驱使;和市之物,不绝于乡间;递送之夫。相继于道路。"③这里,特别值得注意的是"正兵之辈,上番多别驱使"的

---

① 《新唐书·兵志》卷五〇。

② 《贞观政要·论奢纵》。

③ 《贞观政要·论奢纵》。

情况。足资说明统治集团利用府兵制对点征为府兵的农民的榨取，是何等的严重。另一方面，从总体上看，"关中之人，劳弊尤甚"，反映了府兵集中的地区，广大农民并没有由于府兵的租、调、徭役的蠲免而较普遍地减轻负担，相反地倒普遍地加重了徭役的负担。正因为如此，就连兵府较少的"河北之地，人逐渐逃散，年月渐久，逃死者不补，三辅渐寡弱，宿卫之数不给"①。更为严重的是，贞观十四年，河西地区由于兵役、粮运、"飞粟，十室九空，数郡萧然，五年不复"②。这也是唐太宗李世民之所以采取以府兵制为主体，辅之以募兵制的历史背景，以及唐太宗李世民执政由初期转入中、晚期的政治情况。

第五节　贞观年代在文化制度方面的改革

贞观年代文化制度方面的改革，对进一步加强思想统治，巩固统治集团内部的统一，以及促进社会生产的恢复和发展，都起了重要的作用。

一、褒崇先圣，禁中办学

唐朝初立，高祖李渊曾下诏，在秘书外省为皇族子孙及功臣子弟单独设立小学，兴礼乐之教，使他们学而成材。与此同时，还令国子监立周公、孔庙各一所，四时致祭，仍博求其后，具以名闻，详考得宜，当加爵士。这样，就把立儒家思想为唐统治集团的正统思想的影响迅速扩大到社会上去。在李渊看来，周公乃是"达人命世，流庆后昆"，"创设礼经，大明典宪，启生民之耳目，穷法度之本源"的先圣，而孔丘则是"四科之教"的始祖。他们都是"道著生民"的圣人，应当永世祭祀。所以，为此李渊下了一道诏令，实际上是宣布和表明了唐统治集团在思想领域实行统治的宗旨。

贞观二年，李世民根据尚书左仆射房玄龄、国子博士朱子奢的建议，改立孔丘为先圣。房、朱的建议内容是："武德中，诏释奠于太学，以周公为先圣，孔子配享。臣以周公尼父，俱称圣人。庠序置奠，本缘夫子，故晋、宋、梁、陈，及隋大业故事，皆以孔子为先圣，颜回为先师，历代所行，古人通允，伏请停祭周公，升夫子为先圣，以颜回配享。"③这个改制，并不意味着改变了封建统治集团实行上述思想统治的宗旨。只不过是标明在全国政治局势呈现稳定的情况下，进一步加强思想统治的突出地位而已。

为了达到这一改制的目的，首先，李世民令扩大禁中办学的规模和增置国子、太学、广文、四门、律、书、算等七学。据史料记载，贞观年代，设置上述七学，"皆置博士"，并规定按官吏的不同的品级，及其子孙后代分别享受上述七学。"国子掌教三品以上

---

① 《唐会要·府兵》卷七十二。
② 《贞观政要·仪安边》。
③ 《唐会要·褒崇先圣》卷三十五。

及国公子孙从二品以上曾孙为生者";"太学掌学五品以上,及郡县公子孙从三品曾孙为生者";"广文馆掌领国子学生业进士者";"四门馆掌教七品以上侯伯子男为生及庶人子为俊士生者";"律学、书学、算学掌教八品以下及庶人子为俊士生者"。此外,还有五经博士"掌以其经教国学"。这一举动,影响极为深广。在"贞观五年以后,太宗数幸国学太学,遂增筑学舍一千二百间。国学太学四门,亦增生员,其书、算等,各置博士。凡三千二百六十员,其屯营飞骑,亦给博士,授以经义",逐形成"天下师老德以为学官","四方秀艾坌集京师"。"已而高丽、百济、新置、高昌、吐蕃诸国酋长,亦遣子弟请入国学,于是国学之内,八千余人,国学之盛,近古未有。"①这是为历史所公认的。

上述贞观年代所建立的一套完整的国学制度,造就了统治集团所需要的人才。同时,也加强了以儒家思想为主要内容的封建思想统治。

二、禁中设置宏文馆,修撰经籍

宏文馆的设置及经籍的修撰,是强化思想统治所采取的又一重大措施,并形成了定制。还在统一战争未息时,李世民就十分留情于经术。至"武德四年十月,秦王即平天下,乃锐经籍,于宫城之西,开文学馆,以待四方之士。于是以僚属大行台司勋郎中杜如晦,记室考功郎中房玄龄及于志宁,军咨祭酒苏世长,安策府记室薛收,文学褚亮、姚思濂,太学博士陆德明、孔颖达,主簿李元道,天策仓曹李守素,记室参军虞世南,参军事蔡允恭、颜相对,著作郎摄天,记室许敬宗、薛元敬,太学助教盖文达,军咨典签苏勖等,并以本官兼文学馆学士。及薛收卒,征东虞州录事参军刘孝孙入馆,令库直阎立本图其状,具题其爵里,命褚亮为文赞。号曰十八学士,写真图藏之书府,用彰礼贤之重地。诸学士食五品珍膳,分为三番,更直宿阁下。每日引见,讨论文典。得入馆者,时人谓之登瀛州。"②

不久,更名为修文馆,置于门下省,在李世民即位前夕,方改名为宏文馆。宏文馆实际上是李世民的一个智囊团,它集中了具有各种专门才能的官吏,让他们享有极其厚重的政治待遇和生活待遇,抬高他们的社会地位。它的主要任务有两个方面:一是充当皇帝的参谋部;二是修撰经籍。而这种官吏兼学士的做法,更加有力地使它发挥出充分的实际效用。

有鉴于此,李世民即位后,根据政治局势发展的需要,重新调整和扩大宏文馆,完善它的建制,增加它所肩负的任务。据史料记载,"太宗初即位,大阐文教,于宏文殿,聚四部群书二十余万卷,于殿侧置宏文馆,精选天下贤良文学之士,虞世南、褚亮、姚思濂、欧阳询、蔡允恭、萧德言等,以本官兼学士,令更宿直,听朝之隙,引入内殿,讲论文

---

① 《唐会要·学校》卷三十五。
② 《唐会要·文学馆》卷六十四。

义,商量政事,或至夜分方罢。令褚遂良检校馆务,号为馆主,因为故事,其后得刘祎之、范履冰,并特敕相次为馆主。"并下敕选拔有培养条件的官僚子弟进宏文馆,授以经典和书法。"见在京文武职事五品以上子,有性爱学书,及有书性者,听于馆内学书,其书内出。""敕虞世南、欧阳询教示楷法。"并根据黄门侍郎王珪的先后建议,"敕太学助教侯教孝,授其经籍,著作郎许敬宗授以史汉。"随后又专置讲经博士"考试经业,准试贡举,兼学书法"①。这样,宏文馆又肩负起一部分国学的任务,造就更出色的文职人才。

在武德年间,高祖李渊采纳秘书监令狐德棻的奏谏,由于连年战争,经籍亡逸者甚多,随以重金帛,购募遗书,并增置楷书专职官员,令其缮写经籍。经过数年,搜集、缮写的群书俱备。李世民即位初,秘书监魏徵因"典章纷杂"又上奏,建议组织学者,校订上述群书,也是用了几年的工夫才完成了这项任务,使禁中藏书更加精备。

同时,李世民欲览前王得失,从中获得借鉴。魏徵与虞世南、褚亮、萧德言等编撰《群书政要》。"爰自六经、讫于诸子,上始五帝、下尽晋年",于贞观五年成此书50卷后,随即呈上。

正是基于上述政治上的需要,随后,相继由国子祭酒孔颖达撰了《五经疏》,名曰《义赞》,共170卷,李世民为此下诏,更名为《五经正义》,并令太学博士马嘉运加以详定;扬州长史李袭誉撰了《忠孝图》20卷;魏徵还撰修了《类礼》20卷;太常博士吕才及阴阳学者10余人,撰修《阴阳书》53卷;尚书左仆射申国公高士廉等撰修《文思博要》1200卷,同撰人有魏徵、中书令杨师道、中书侍郎岑文本、礼部侍郎颜相时、国子司业朱子奢、给事中许敬宗、国子博士刘伯庄、太常博士吕才、秘书监房玄龄、太学博士马嘉运、起居舍人褚遂良、晋王友姚思濂、太子舍人司马宅相、秘书郎宋正人等;以及魏王泰在司马苏勖的建议下,以他的名义组织著作郎萧德言、秘书郎颜允、记室参军蒋亚卿,在全国各道、州的协助下,撰修《括地志》50卷。而李世民本人也于贞观二十三年,即其子高宗李治出世前几月,也"撰帝范十三篇,赐于皇太子,颜谓王公曰:圣公阐政之道,备在其中矣"②。实际上,《帝范》成了李世民对高宗李治的遗嘱。

贞观年代,宏文馆的设置已臻于完善,经籍的修撰以及大型类书的编辑,都取得空前的成就。

三、禁中设置史馆,撰修史志

唐武德四年,起居舍人令狐德棻曾向高祖李渊建议说:"近代以来,多无正史。梁、陈及齐,犹有文籍,至于周、隋,多有遗阙。当今耳目犹接,尚有可凭,如更十数年后,恐

---

① 《唐会要·宏文馆》卷六十四。
② 《唐会要·修撰》卷三十六。

事迹湮没,无可纪录。"①次年,李渊随诏令萧瑀、陈叔达、令狐德棻、颜师右、萧德言、魏征、欧阳询、姚思廉等17名官员,着手撰修齐、梁、陈、魏、周、隋六史,据说正如令狐德棻所担心的那样,由于史料上的短缺和湮落以及搜集、整理、处置上的困难,"绵历数载,竟不就而罢"。然而,官修史书的制度,却由此成为定制。

贞观年代初,李世民对史馆隶属关系和人员机构进行了改革和调整,进一步完善这个定制。武德年间因袭隋制隶属于秘书省的著作局(担负史志撰修)撤销,改为专设的史馆,移到门下省,由宰相直接监修,多人合撰。由贞观三年末至十年初的5年间,相继完成由房玄龄等监修,署名唐太宗御撰的《晋书》;姚思廉等撰修的《梁书》《陈书》;李百药等撰修的《北齐书》;令狐德棻等撰修的《周书》;魏徵监修的《隋书》。此外,李世民还为上述《晋书》中宣、武二帝的纪和陆机、王羲之二人的传写了论。《二十四史》中就有6部是这个年代修成的。可见李世民对撰修前代史的关注。事后,并对监修和撰修的官吏分别予以进见和颁赐奖励。

李世民对"国史"的撰修准备工作也非常重视。

首先,建立极其完善的文书档案制度,规定报送史馆的文书内容、方式、时限及负责承报者。据史料记载:"祥瑞(礼部每季具录送),天文祥异(太史每季并所占候祥验同报),蕃国朝贡(每使至,鸿胪勘向土地风俗,衣服贡献,道里远近,并其主名字报),蕃夷入寇及束降(表状,中书录状报;露布,兵部录报;军还日,军将具录陷破城堡、杀伤吏人、掠掳畜产,并报),变改音律及新造曲调(太常侍具所由及乐词报),州县废置及孝义旌表(户部有即报),法令变改、断狱新议(刑部有即报),有年,及饥、并水、旱、虫、霜、风、雹及地震、流水泛滥(户部及州、县,每有即勘其年、月、日,及赈贷存恤同报),诸色封建(司府勘报,袭封者不在报限),京诸司长官,及刺史都督护、行军大总管、副总管除授(并录制调,文官,吏部送;武官,兵部送),刺史、县令善政异迹(有灼然者,本州录附考使送)。硕学异能,高人逸士,义夫节妇(州、县有此色,不限官品,勘知的实,每年录附考使送),京诸司长官薨卒(本司责由历状迹送),刺史、督都护及行军副大总管己下薨(本州、本军责由历状,附便使送),公主、百官定谥(考绩录行状、谥议同送),诸王来朝(宗正寺勘报),己上事,并依本条所由,有既报史馆,修入国史。(如史官访知事由,堪入史者,虽不与前件色同,亦任直牒索,承牒之处,即依状勘,并限一月内报)。"②

可见,上述应送史馆的文书范围,就是"国史"撰修的史料基础。

其次,李世民还特别关心史官对他自己的"起居"的记录。贞观九年,针对李世民欲打破历史惯例亲览"起居"记录一事,谏议大夫朱子奢曾上表劝阻,表中说"今月十六日,陛下出圣旨,发德音,以起居记录书帝王臧否? 前代但藏之史官,人主不见。今欲亲自观览,用知得失,臣以为圣躬举无过事,史官所述,义归尽善,陛下独览起居,于事

---

① 《唐会要·修前代史》卷六十三。

② 《唐会要·诸司应送史馆事例》卷六十三。

无失。若以此法传示子孙,窃有未喻。大唐虽七百之祚,天命无改,至于曾元之后,或非上智,但中主庸居,饰非护短,见时吏直辞,极陈善恶,必不省躬罪己,惟当致怨史官。但君上尊崇,臣下卑贱,有一于此,何地逃刑,既不能效朱云廷折,董孤无隄,排霜触电,无顾死亡。惟应希风顺旨,全身远害,悠悠千载,何所闻乎!所以前代不观,盖为此也。"①

尽管朱子奢如此清楚地陈述了不能开皇帝亲览当朝"国史"的先例的理由,当时李世民也未执著非览不可,然而,他对此事却是始终放心不下的。从一段有趣的史料记载中,就可以弄明白他的本意了。贞观十六年四月十八日,他与群臣再一次议及此事,李世民问谏议大夫褚遂良说:"卿知起居,纪录何事,大抵人君得观之否?"褚遂良回答说:"今之起居,古之左右史,以记人君言行。善恶必书,庶几人主不为非法。不闻帝王躬自观史!"李世民又说:"朕有不善,卿必记之耶!"褚遂良接着说:"守道不如守官,臣职当载笔,君举必书。"这时,黄门侍郎刘洎插话说:"设令遂良不记,天下人皆记之矣!"

李世民又转而问房玄龄说:"国史何因不令帝王观见?"房玄龄回答说:"国史善恶必书,恐有忤旨,故不得见也!"李世民见群臣理尽辞穷,一反群臣的因循顾忌,则对房玄龄下了令,他说:"朕意不同,今欲看国史,若善事固不须论;若有恶事,亦欲以为鉴诚,卿可撰录进来。"不久,房玄龄把经过删略的"国史"进上。李世民见到其中"玄武门事变"的记录,所谓"语多微文",就对房玄龄说:"昔周公诛管蔡,而周室安;季友鸩叔牙,而鲁国宁。朕之所以安社稷,利万人耳。史官执笔,何烦过隐,宜即改削,直书其事。"

随后,又对褚遂良说:"尔知起居,记何事善恶?!朕今力行三事,望尔史官不书吾恶:一则远鉴前代败事,以为元龟;二则进用善人,共成政道;三则斥弃群小,不听谗言。吾能守之,终不改也。鹰犬,平生所好,今也罢之;虽有顺时冬狩,不逾旬而返。亦不曾绝域访奇异,远方求珍羞,比日已来,馔无兼味,自非膏雨有年,师行剋捷,未尝与公等举杯酒、奏管弦。朕至每日兢惧,终藉公等匡翊,各宜勉之②。"

次年,为了进一步满足李世民的上述愿望,司空房玄龄、给事中许敬宗、著作郎敬播等人,又编撰了高祖、太宗实录各二十卷,李世民听了诵读,甚为感动,令"仍遣编之秘阁,并赐皇太子及诸王各一部;京官三品以上,欲写者亦听"③。

可见,李世民最不放心的是"玄武门事变"的记录,藉此不仅对"国史"的撰修原则下了诏示,而且把这一工作直接掌握在自己手中。它不只是反映了李世民本人的气质、风格问题,更主要的是反映了专制主义中央集权统治的进一步发展,以及从这一历史发展过程的经验教训中,使封建统治者深刻地认识到史籍的撰修与其政治命运的联系及其在加强封建思想方面的功利作用。

---

① 《唐会要·史馆杂录上》卷六十三。
② 《唐会要·史馆杂录上》卷六十三。
③ 《唐会要·修国史》卷六十三。

此外,贞观十二年初完成的《氏族志》的修订,就更为明显地反映出史志撰修的此一功用。唐太宗李世民在地主阶级内部采取抑制旧士族地主势力(当时主要是山东崔、卢、李、郑四大姓),抬高庶族地主的社会地位,以巩固关陇军事贵族为核心的统治策略。《氏族志》的修订正是进一步打击山东旧士族势力的一次举动。他曾诏令"礼部尚书高士廉、御史大夫幸挺、中书侍郎岑文本、礼部侍郎令狐德棻,及四方士大夫谙练族姓者,普索天下谱谍,约诸史传,考其真伪"①,来完成这一修订任务。而这一年初完成的《氏族志》却仍把山东旧士族崔氏列为第一等,李世民大为不满,令高士廉等人重新修订,说:"我与山东崔、卢、李、郑,旧既无嫌,为其世代衰微,全无冠盖,犹自云士大夫,婚姻之间,则多邀钱币,才识凡下,而偃仰自高,贩鬻松槚,依托富贵,我不解人间,何为重之? ……我今特定姓族者,欲崇今朝冠冕,何因崔干犹为第一等? ……不须论数世以前,止取今日官爵高下等级。"②就这样,把崔氏改列为三等。

《氏族志》再次改订后,合计293姓,1651家,分为9等,颁于天下。

从这里可以看出,李世民之所以集中打击山东旧士族势力,是因为在历史上的李氏关陇军事贵族集团,无论从传统上还是就声望上来说,其影响都不如山东士族。当时,山东士族虽已衰落,但还不同于其他旧士族一蹶不振,它尚有一定的社会地位和政治影响。因此,这对中央统治集团或多或少具有较量或抗衡的威胁,是一种危险的政治因素。李世民修订和颁布《氏族志》的实质,是要通过加强维护封建等级秩序,来进一步抑制山东旧士族势力的影响。但这毕竟是封建地主阶级内部的矛盾。这一措施,只不过是把崔氏排列的等级次序降了下来而已。然而,它实际的社会影响,却不仅是进一步抑制了山东的士族势力,而且给广大劳动人民套上了封建等级观念的枷锁,深化了封建皇权思想的影响。

贞观年代,文化制度的改革是非常广泛而深刻的,由此推动和保证了封建文化的繁荣和发展。特别是科学技术的发达,如雕版印刷、天文历法、医学、药学、地理学,以及制图、屯法、绘画、雕刻等艺术方面的成就,为封建文明的发展,提供了条件。还有对外的文化和科学技术的交流,随着交通和对外贸易的发展,也空前地频繁起来。与此同时,中央统治集团出于政治上的需要,在对外文化交流中,把外国的宗教也引了进来,如景教(基督教的一个教派)、祆教(亦名拜火教),都是在贞观年代传入我国的。特别是早已传入我国的佛教,在这个时期,也空前地兴盛了起来。

上述文化制度方面的改革,只是与封建统治集团政治斗争联系最为直接的几个问题。

第三章 李世民法律思想的基本内容

唐太宗李世民的法律思想,是根据其封建统治集团既得利益的需要,以隋王朝"富

---

① 《唐会要·氏族》卷三十六。
② 《旧唐书·高俭传》卷六五。

强而丧败"为鉴戒,继承了其先前法律思想上的成果,通过君臣议政的方式,在权衡施政利弊的基础上,陆续总结出来的。就这方面来说,无论在见地上,还是在做法上,都是有所建树的。它不仅对"贞观之治"局面的形成起了重要的促进作用,而且对后来各朝代的影响也是深远的。

李世民执政之后,面临的问题是如何进一步稳定社会秩序,巩固唐王朝的统治。因此,在相当长的一段时间里,寻求所谓"国祚延长"的办法,就成为他们君臣议政的主题。而首先回答了这个问题的是魏徵,他说:"夫鉴形之美恶,必就于止水;鉴国之安危,必取于亡国。""当今之动静,必思隋氏,以为殷鉴,则存亡治乱可得而知。若能思其所以危,则安矣;思其所以乱,则治矣。"①对于这一点,由于李世民及其主要辅臣都亲身经历了隋王朝由富强而迅速被灭亡的过程,目睹了农民起义风暴的巨大威力。因而,也就很自然地成为他们思虑大政方针的出发点。他们总结隋王朝覆亡的一个重要原因是在于统治集团内部,刑滥赏谬,法纪败坏;而对百姓则又倍如繁刑苛法,恣意杀戮,因此导致"人不堪命,遂至于亡"②的结局。于是,在政治活动中,他们就把整顿法纪,惩革弊风,立法定制放在首位,视为"安民立政"之本。

李世民执政之后,随即着手修订《唐律》,作为立法、执法和守法的一些基本原则。例如,魏徵就曾提出"作法"贵在"宽平"的原则,强调"法"对封建国家活动所起的"权衡"与"准绳"作用,说:"法,国之权衡也,时之准绳也。权衡所以定轻重,准绳所以定曲直,今作法贵其宽平。罪人欲其严酷,喜怒肆志,高下在心,是则舍准绳以正曲直,弃权衡而定轻重者也,不亦惑哉。"③

又如,戴胄就提出"法"与"言"的不同,强调统治者执法不可忘记其立法的目的,要"取信于天下",他说:"法者,国家所以布大信于天下;言者,当时喜怒之所发耳。"④李世民不仅赞赏和发挥了诸如此类的主张,而且还强调统治者本身要认真执法、守法,而不可"挠法"。他说:"法者,非朕一人之法,乃天下之法,何得以无忌国之亲戚,便欲挠法耶。"⑤就是说,像长孙无忌已经越禁违法,也不能因为他是"国戚",而就不执行禁律。类似这些思想、原则,对当时《唐律》的修订和执行,都起到了积极的作用。所以说李世民的法律思想得以形成和展开,正是集中了整个统治集团的意志,反映了整个地主阶级的根本利益需要。

---

① 《贞观政要》卷八,刑法第三十一。
② 《旧唐书·刑法志》。
③ 《贞观政要》卷五,公平第十六。
④ 同上。
⑤ 同上。

第一节　李世民法律思想的总原则
——德礼为本，刑罚为用

德礼为本，刑罚为用，是唐太宗李世民立法建制总的指导思想。

在君臣议政中，李世民反复地表明了这一点。他曾说："古来帝王，以仁义为治者，国祚延长；任法御人者，虽救弊于一时，败之亦促。"①还说："周既克殷，务弘仁义，秦及得志，专行诈力，非但取之有异，抑亦守之不同，祚之修短，意在于滋。"②并告诫他的辅臣们说："饬兵备寇，虽是要事。然，惟欲卿等以存心理道，各尽忠贞，使百姓安乐，便是朕之甲仗。隋炀帝岂为甲仗不足，以至灭亡？正由仁义不修，而群下怨叛，故也。宜识此心。"③

这里，李世民总结了自古以来我国历朝历代的统治经验和隋亡的教训。在李世民看来，使百姓安乐，赢得民心，是巩固和加强统治最有力的"甲仗"。也就是说，他把民心的向背及如何赢得民心看作关键的问题，甚至比"甲仗"还重要。因此，他提出的"安民立政"之道，概括起来说，就是"务积于人""务理民心"，即只有从"务积于人""务理民心"入手，才是长治久安之计。他曾比喻说："林深则鸟栖，水广则鱼游。仁义积，则物自归之。人皆知畏避灾害，不知行仁义，则灾害不生。夫仁义之道，当思之在心，常令相继，若斯须懈怠，去之已远。犹如资身，恒令饱腹，乃可存其性命。"④还说："凡理国者，务积于人，不在盈其仓库。古人云：'百姓不足，君孰与足'？"⑤

并且，李世民非常赞赏甚切其意的魏徵的一次疏言，魏徵说："仁义，理之本也；刑罚，理之末也。为理之有刑罚，犹执御之有鞭策也。人皆从化而刑罚无所施，马尽其力则有鞭策无所用，由此言之，刑罚不可以致理亦已明矣。"⑥总之，要取之于民，就得"务积于人"，要取信于民，就得"务理民心"；而"务理民心"，一方面是要使"百姓安乐"，来赢得民心，另一方面又要以"礼""德"来教化百姓，使其"从化"，即使广大劳动人民安于封建秩序和封建统治集团的统治；礼教德化是"宁人安国"的关键，刑罚乃是防范和对付广大劳动人民的不"从化"的"鞭策"，只有把两者结合起来，才能使统治秩序处于长治久安。这就是李世民立法建制总的指导思想的基本内容，也就是后来《唐律疏议》中所总结和概括的："德礼为政教之本，刑罚为政教之用，犹昏晓阳秋相须而成者也。"⑦

---

① 《贞观政要》卷五，仁义第十三。
② 《贞观政要》卷八，辩兴亡第三十四。
③ 《贞观政要》卷五，仁义第十三。
④ 《贞观政要》卷五，仁义第十三。
⑤ 《贞观政要》卷八，辩兴亡第三十四。
⑥ 《贞观政要》卷五，公平第十六。
⑦ 《唐律疏议·名例疏》。

李世民对其法律思想的上述总结,我们有必要论证以下两点:

第一,德礼为本、仁义为治,是儒家的传统思想。自汉以后,孔孟的这种法律思想,一直为历代封建帝王所继承和沿用,而在封建鼎盛时期的唐初,更不例外。李世民认定:"以仁义为治者,国祚延长",这就总结了中国古代三皇、五帝、周公、孔子的治国安邦的法律思想,作为自己统治的法律思想。而对于商鞅、韩非、慎到、申不害、李斯等先秦法家的法律思想,则持批判和否定的态度,指出法家主张的"任法御人"(即以严刑峻法来控制人、惩办人),虽能救弊于一时,但"败之亦促"(即灭亡也快),这是针对秦始皇用法家思想实行统治而言的。这一总结,符合历史发展演变的基本事实。

第二,对于李世民一贯主张的并且为魏徵加以明确指出的儒家"仁义,理之本也,刑罚,理之末也"的法律思想,我们认为:①从科学的刑法理论的观点来看,是不科学的。仁(教育)与刑(惩罚)的关系,不是本与末的关系,儒家的仁本刑末思想和法家的刑本仁末思想,都是不正确的。刑罚与教育相结合的原则(两者都是统治的手段,而不是本与末的关系),其总的目的是改造罪犯、预防犯罪和消灭犯罪。②以封建制度的历史发展来看,也是不能实现的,中国封建历史告诉我们,没有任何一个王朝真正实行过"仁本刑末"的政策,即使是倡导"四轻"(轻租、轻赋、轻役、轻刑)的李世民,他的刑罚制度本质上也是封建重刑主义。所谓仁本刑末,对一切阶级社会来说都是始终不能实现的,因而也带有虚伪性和欺骗性。

考之历史,仁义和刑罚的关系的发展大致是这样的。

自汉以来,我国封建阶级的统治经验,随着他们的政治实践而日趋成熟。在他们看来,除运用国家机器施行重刑镇压外,从所谓礼教德化来说,只靠思想教化是不够的,还必须有法律的强制。因此,在改朝换代过程中,每个朝代的统治者都十分注意立法、司法的建设,即使是处于长期政治局势动荡,社会秩序混乱,朝代更替频繁的三国、两晋、南北朝的统治者们也没有松弛过对立法、司法的建设,就连皈依佛教的梁武帝也是如此。这种封建的"礼""刑"结合的政治实践,就产生了"礼"与"刑"的关系问题上的一系列法律思想主张。唐太宗李世民所提出的这一基本原则,正是这方面的一次理论上的总结,承前启后,影响深远。

以往的封建统治者们的政治实践及其法律思想主张,就"礼"与"刑"的关系问题无论在认识上和实际处理来说,都有一个从不成熟到成熟的历史发展过程。起初,汉朝始参以"春秋经义决狱",即参以"三纲五常"为主要内容的"礼"的规范来定罪科刑,作为正式法典条文的阐发和补充。后来,从《魏律》规定庇护皇帝贵族的"八议"特权原则的出现,到北齐创立"重罪"十条和隋《开皇律》将其发展为"十恶"大罪的条款,可以看到我国封建法典"礼入刑条"的发展趋势。

李世民正是继承了这一实践经验,更为直截了当地提出这个问题,说"失礼之禁,著在刑书"①。"为臣贵于尽忠,亏之者有罪;为子在于行孝,违之者必诛。大则肆诸市朝,小则终身贻黜辱。"②由于失礼禁入刑,所以"刑典仍用,盖风化未洽之咎"③。并使一部《贞观律》成为完满体现"礼""刑"融合为一体的典型的中国封建法典。由于"礼"的规范被法典化,而终结了汉以来"春秋经义决狱"的"礼""刑"结合的形式。它反映了我国封建地主阶级统治经验和统治手段的完全成熟,也说明我国封建中央集权专制主义的发展已达到了极其完善的地步。其后的封建统治者,尽管有各自的立法建制,但总的说来,始终没有跳出《唐律》所确立的栏楯。

唐太宗李世民的"礼德为本,刑罚为用"的指导思想的形成,除借助于先前封建统治者的政治经验外,还与吸收了我国古代统治阶级的思想成就分不开的,尤其是与其政治思想和法律思想的发展和演变有着直接的关联。

早在春秋时期,反映西周奴隶主法律思想的孔丘,面对"礼崩乐坏"的政治局面,提出"克己复礼"的政治主张的同时,还具体地提出:"为国以孔""为政以德""导之以德,齐之以礼""宽猛相济""以德去刑"的立法的基本原则。为了付诸实行,他认为必须以"周礼"规范为准则,从"正名"入手,方是复兴"周礼"的首要的保证条件,即所谓"名不正,则言不顺;言不顺,则事不成;事不成,则礼乐不兴;礼乐不兴,则刑罚不中;刑罚不中,则民无所措手足。"④这就是说,只有做到"名正言顺",即名君以制臣,名臣以轭民,名夫以制妻,名父以教子,才能恢复和维护"尊尊""亲亲"的宗法的等级秩序,也才能更充分更全面地发挥"周礼"规范的实际作用。"周礼"规范的作用,被概括为:"夫礼者,所以定亲疏,决嫌疑,别同异,明是非也。道德仁义,非礼不成;教训正俗,非礼不备;分争辩讼,非礼不决;班朝治军,莅官行法,非礼威仪不行。"⑤这也就是孔丘提出上述"德主刑辅"基本原则的理论根据和实际措施。

战国末期,荀卿适应新兴地主阶级统治的需要,主要的是批判地吸收了以孔、孟为代表的儒家和前期法家的思想成就,改造和融合了儒、法两家思想,赋予"礼"以不同的阶级内容,即以维护新兴地主阶级的封建官僚等级制和封建家长制的新的宗法关系,加强国君至高无上的权威作为核心内容,也即所谓"君者,国之隆也;父者,家之隆也。隆一而治,二而乱。自古及今,未有二隆争重而长久者。"⑥以此作为出发点,荀卿提出:"隆礼至法"的基本原则,所谓"国之命在礼,人君者隆礼尊贤而王,重法爱民而霸"⑦。他还说:"以善至者待之以礼;以不善至者待之以刑"⑧。"不教而诛,则邪繁而邪不胜;

① 《全唐文·薄葬诏》。
② 《全唐文·黜魏王泰诏》。
③ 《通典》卷十七,《刑八·宽恕》。
④ 《论语·子路》。
⑤ 《礼记·曲礼》。
⑥ 《荀子·致士》。
⑦ 《荀子·疆国》。
⑧ 《荀子·正论》。

教而不诛,则奸民不惩;诛而不赏,则勤励之民不劝;诛赏而不类,则下疑俗俭而百姓不一"①。

至于对"元恶""奸人之雄",他又主张"不待教而诛"②,并认为"杀人者不死,而伤人者不刑,是谓惠暴而宽贼也,非恶恶也"③。而且,荀卿还认为,这一切的关键在于"君国长民者……必先修正其在我者,然后徐责其在人者,威乎刑罚"④。

从上述可以看到,荀卿是把礼教德化与法治刑罚相提并重,认为两个方面各有各的作用,但又都是不可偏废的。所以说,"隆礼至法"可称之为德刑并举而分治的原则。它既有别于孔丘"德主刑辅"的主张,也有别于前期法家慎到的尚"法"、"重势"和申不害的"任法""重术"的主张,而是把势、礼、法、德、刑统一起来,并看作是缺一不可的。他说:"古者圣人以人之性恶,以为偏险而不正,悖乱而不治,故为之立君上之势以临之,明礼义以化之,起法正以治之,量刑罚以禁之,使天下皆出于治,合于善也,……是圣王之治礼义之化也。"⑤

荀卿的政治法律思想所表述的以上几个方面,不仅缺一不可,而且其中哪一方面施行得好与坏,都会引起治与乱的不同结果。例如刑罚的轻重问题,他认为"刑称罪则治,不称罪则乱"⑥,不但刑罚不可去废,而且其轻重必须因时制宜、因罪制宜。这既有别于孔丘的刑辅于德、"宽猛相济"、"以德去刑"的主张,也有别于后来者韩非的"以法为本""重刑止奸""以刑去刑"的主张。荀卿提出的"隆礼至法则国有常"的思想,正是反映了封建生产关系基本确立以后,新兴地主阶级进一步在上层建筑领域冲破没落奴隶主阶级赖以维持其统治的要害,为准备建立统一的本阶级的统治,打下了思想基础。

其后,反映新兴地主阶级意志的法家集大成者韩非,"彻底"地也是片面地批判了儒家思想。他在荀卿思想成就的基础上,吸取和总结了前期法家思想的成就,提出"以法为本","法""术""势"相结合的法律思想和原则,从另一个极端批判和反对儒家的"礼教德化",主张"以法为教,以吏为师"。他说:"法之为道,前苦而长利;仁之为道,偷乐而后劣。圣人权其轻重,出其大利,故用法之相忍,而弃仁人之相怜也。犹之治家,相忍以饿寒,相强以劳苦,岁当灾乱,可以温衣美食;反之,相怜以衣食,相患以佚乐,天饥岁荒,便不免于嫁妻卖子。"⑦这就是韩非批判儒家的"礼治",提出"法治"主张的着眼点,即把实行严刑重法作为实现新兴地主阶级"大利"(长远的根本的利益)的至高无上的国策。实质上,它反映了新兴地主阶级在同奴隶主阶级的大决战中最后的关

---

① 《荀子·富国》。
② 《荀子·王制》。
③ 《荀子·正论》。
④ 《荀子·富国》。
⑤ 《荀子·性恶》。
⑥ 《荀子·正论》。
⑦ 《韩非子·六反》。

键时刻,为要摆脱儒家王道仁政思想影响而走向另一个极端,即唯一的依靠暴力一举而成其封建统一大业的迫切愿望。这也就是韩非走向另一个极端即严刑峻法至上、完全否定教化的法律思想的时代背景和阶级局限。

秦始皇(嬴政)是全面推行先秦法家法治主张的独一无二的封建皇帝。他继承了先前商鞅辅政所积累的政治经验,特别是以先秦法家集大成者韩非的思想体系作为治国的依据,并以战国的封建割据所造成的"律令异法"的局面为鉴戒,把"法令由一统""事皆决于法"作为立法建制的指导思想。在其实现和巩固封建统一的实践过程中,把先秦法家的法治主张发挥到极致。他集中诸如"以杀去杀,虽杀可也;以战去战,虽战可也;以刑去刑,虽重刑可也"①,"行刑,重其轻者,轻者不至,重者不来"②等一类的主张,作为立法、司法的原则,把一部《秦律》修订成为我国封建法典中极端重刑主义的典型。在实践中,不仅他本人滥施刑罚,妄杀无辜,而且其下属"贪暴之吏",刑戮妄加于广大劳动人民者尤甚,造成"民愁亡聊,亡逃山林,转为盗贼,赭衣半道,断狱以千万数"③的岌岌可危的恐怖政治局面。

在政治上施行严刑峻法的暴力镇压的同时,还辅之以"以法为教,以吏为师"的愚民思想文化政策。从历史的联系和历史的渊源来看,是先前商鞅辅政所积累的政治经验的自然延续,并与应运而生的韩非思想体系附合在一起的产物。应当指出,对于当时阻碍封建生产力和封建生产关系进一步发展的封建割据局面必须被打破,已经不仅是新兴地主阶级根本利益的需要,同时也是饱尝战乱涂炭的广大劳动人民渴望休养生息的迫切要求。也就是说,实现封建统一已成为整个历史时代的要求。而实现这一时代要求的主要手段,无疑就是封建地主阶级的暴力。但滥施暴力、过分实行严刑重法的结果,是导致秦王朝的迅速灭亡的因素之一。

实现封建统一后,秦始皇更加迷信先秦法家思想的灵验,在巩固统一政权的过程中,继续认为"法令由一统""事皆决于法",以及严刑峻法一类的暴力正是最能收到统治功效的唯一手段。它反映出我国新兴封建地主阶级的统治尚处于幼稚时期,政治经验尚未臻于成熟的情况。封建统治者的这一失败,也从反面促进儒、法思想融合趋势的发展。

汉初,以刘邦为首的封建统治集团,殷鉴于秦王朝严刑峻法,妄加于民,横征暴敛,滥用于民,严禁私学,威吏愚民,而被陈胜、吴广率领的农民起义一举推翻的历史教训,为了赢得和维护国家的统一和政治的稳定,则改弦更张,采取了一系列缓和阶级矛盾、安定民心的措施。在重新立法建制方面,从辅臣萧何、曹参到思想家陆贾,为了寻找和制造理论上的依据,一方面,糅合了黄老的"无为而治"的思想和儒家的仁义学说,着重发挥了黄老的思想主张,扬道抑法,道法结合。另一方面,他们提出:"与民休息""约法

① 《商君书·画策》。
② 《韩非子·饬令》。
③ 《汉书·食货志》。

省禁""文武并用""刑德并凑",作为立法建制的指导思想。这里,强调了道、法结合和简法省刑,也夹杂了一些儒家的仁义教化的思想。

萧何制定《九章律》,于完成章法重建的同时,也始终在探寻如何避免重蹈秦王朝的覆辙。陆贾的《新语》,正是不断总结秦亡历史教训的记录和为上述指导思想的确立提供了理论根据。从西汉整个历史阶段来看,在立法建制的指导思想上,前后是有变化的。它是由道、法结合开始向礼、法结合转变。汉文帝刘恒和思想家贾谊的法律思想,是这个转变的代表。"文景之治"的出现,以及汉武帝时大一统局面的形成,正是以贾谊提出的一套完整的政治法律思想为铺垫而董仲舒最终完成了这一个转变。

贾谊从维护和巩固封建统治秩序,加强中央集权的封建统治出发,对礼的内容做了适时的新概括。他说:"礼者,所以固国家、定社稷,使君无失其民者也。主主臣臣,礼之正也;威德在君,礼之分也;尊卑大小,强弱有位,礼之数也。"①并从历史经验的总结中,提出了礼是治国之本的思想,说:"汤武置天下于仁义礼乐,而德泽洽,……德被蛮貊四夷,累祖孙数十世","秦王置天下于法令刑罚,德泽无一有,而怨毒盈于世,下憎恶之如仇仇,祸几及身,子孙诛绝。"②

同时,贾谊还认为以礼治国,就要从确立封建等级制入手,分明尊卑贵贱之差,使人们的言行有规范可循,才能维护封建统治秩序,保证天下的长治久安。他说:"人主之尊譬如堂,群臣如陛,众庶如地。……故古者圣王制为等列,内有公卿、大夫、士。外有公、侯、伯、子、男,然后有官师小吏,延及庶人,等级分明","岂如今定经制,令主主臣臣,上下有差,父子六亲各得其宜,奸人无所冀幸,群臣信上而不疑惑哉。世世常安,而后有所持循矣。"③因此,贾谊特别强调礼的作用,并就这一点做了新的估量和阐述。他说,"以礼义治之者",才能够"积礼义"。一方面,"礼义积民和亲";另一方面,只有施行礼义教化,才能"绝恶于未萌,而起教于微妙,使民日迁善远罪而不自知也"。这里,我们更清楚地看到贾谊重礼思想的实质。

与此同时,贾谊还借鉴历史的经验,进一步阐发了礼、法结合的思想。他说:"夫礼者禁于将然之前,而法者禁于已然之后,是故法之所用易见,而礼之所为生难知也。"他有针对性地说:"若夫庆赏以劝善,刑罚以惩恶,先王执此之政,坚如金石,行此之令,信如四时,据此之公,无私如天地耳,岂顾不用哉。"他将礼与法的不同作用做了形象的比喻,把礼教德化的作用比作"芒刃",把法制刑罚的作用比作"斤斧",作用相异,缺一不可。总之,在继承先秦儒家的"德主刑辅"和"以德去刑"的思想基础上,他特别强调了礼教德化的功利实效。他说:"夫胡、粤之人,生而同声,嗜欲不异。及其长而成俗,累数泽而不能相通,行者有虽死而不相为者,则教习然也。"因此,"道之以德教者,德教洽而民气乐;驱之以法令者,法令极而民风衰","兴礼乐,然后诸侯轨道,百姓素朴,狱讼

---

① 《新书·礼》。
② 《汉书·贾谊传》。
③ 《新书·俗激》。

衰息"。因此,在司法实践中,他提出"诸侯听狱断刑,仁于治,陈于行"的主张。这些,就是贾谊所阐述的重礼和礼法结合的基本原则的大体内容。

从陆贾的扬道抑法、道法结合,到贾谊的重礼、礼法结合的提出,这个指导思想上的发展和变化,是同平息诸吕篡权而引起正统集团注意加强其内部关系的调整有关的。适应这种形势的需要,贾谊在深入总结秦亡的历史和吸取诸吕篡权造成混乱局势的教训的基础上,提出重礼与礼法结合的立法建制的基本原则,试图继承并以先秦儒家的政治法律思想为武器,借以调整封建统治集团内部的关系,维护封建等级秩序,加强中央集权的统治。但是,由于当时在统治集团中,黄老"无为而治"的思想影响,仍以开国奠基的传统占据着统治地位。因此,贾谊提出的上述思想主张虽有一定影响,但实际上并没有完全付诸实现。

直到汉武帝时,董仲舒提出"罢黜百家,独尊儒术",以先秦儒家思想为基础,杂糅了阴阳五行说和法家思想成分,创立了"天人感应"论这个思想体系。从根本上结束了西汉以来黄老"无为而治"思想占据的统治地位,并取而代之。董仲舒把先秦儒家的"礼"即"君君、臣臣、父父、子子"以及"忠孝仁义"等思想,进一步概括成为"三纲五常"的伦理儒学。

所谓三纲五常,就是:"君为臣纲,父为子纲,夫为妻纲"及"仁、义、礼、智、信五常之道"。他并把上述这种"主从"关系说成是天的意志,受"阴阳之道"支配的,永远不会改变的,"阳为主,阴为辅""阳尊阴卑""阳贵阴贱",而"君臣父子夫妇之义,皆取诸阴阳之道"。所以,君、父、夫永远是臣、子、妻的统治者。他还进一步引申了"君为臣纲"的含义,并以《春秋》经义来加以发挥,他说:"《春秋》之法,以人随君,以君随天","屈民而伸君"。这就是说,君主在人间是至高无上的主宰,是秉承天意、体现天意的立法者。他的言行是当然具有法律效力的,百姓必须绝对服从,不得违抗。换句话说,"三纲五常"就是君主集中了的"天意",违背了它,就是违反了天意,就应受到国家法律的惩罚。这也就为以"春秋经义决狱"开了先例,并提供了系统的理论根据。

董仲舒还提出"大德而小刑"的立法建制的基本原则。所谓"大德",就是以上述思想主张为内容的。"大德而小刑"的概括,同样是以阴阳说为理论根据的。董仲舒还说:"天地之大者在阴阳,阳为德,阴为刑,刑主杀而德主生。是故阳常居大夏而以生育养长为事,阴常居大冬而积于空虚不用之处,以此见天之任德不任刑也。……王者承天意以从事,故任德教而不任刑。刑者不可任以治世,犹阴之不可任以成岁也。为政而任刑,不顺于天,故先王莫之肯为也。"因此,在人间也要"大德而小刑",即德教为主,刑罚为辅。在德教与刑罚的作用及其相互关系的问题上,董仲舒认为德教就是以仁义礼乐教化百姓,并把这种礼乐教化比作是防止臣民犯上作乱的"堤防",教化的兴废,也就是这种"堤防"的有无。所谓以德教为主的主要意义就在这里。

同时,董仲舒又认为,设立刑罚,也是加强君主专制、维护封建等级秩序、巩固封建统治不可缺少的。并把所谓"设刑罚以畏之",称之为"务刚",说:"天不刚则列星乱其

行,主不圣则邪臣乱其君","刚坚然后阳道制命"。刑罚为辅的意义,就在于它能起到
"畏民"的作用,没有它,君主的"阳道制命"也是不灵的。因此,他得出的结论就是:君
主"莫不以教化为大务",同时,也要"务刚",即"设刑罚以畏之"。这就是说,没有礼乐
的教化,只靠刑罚,刑罚也难于起作用,就是说刑罚的实施也失去了依据和准则;可是,
没有刑罚之威,德教也难以发挥作用,两者又是不可偏废的。在董仲舒的"大德而小
刑"的法律思想指导下,开了"以春秋经义决狱"的先河。一言以蔽之,凡违背礼乐教化
约束的,就是刑律所要惩罚的。这一点,从董仲舒的"性三品"说的阐发中,就更直截了
当了。他认为人间有三种不同的人性:即"圣人之性""中民之性""斗筲之性"。"圣人
之性",天生来就是善的,是实施礼乐教化和刑罚的主宰者;"中民之性",善德兼而有
之,对他们要"厚其德而简其刑",先德而后刑;"斗筲之性",天生来就是恶的,冥顽不
灵,不可教化,对他们又有"发刑罚,以立其威"。显然,刑罚的锋芒主要的还是针对劳
动人民的,只不过是有的先教而后刑,有的不教而刑,以示区别对待而已。

董仲舒认为,只是一味"任法""重刑",否定"文德"的教化作用,而走上极端,是秦
王朝速亡的根本原因,必须加以汲取。他说:秦"师申商之法,行韩非之说,憎帝王之
道,以贪狼为俗,非有文德以教训于下",因而导致"群盗并起,是以刑者甚众,死者相
望,而奸不息","十四岁而国破亡矣"[1]。

董仲舒提出"大德而小刑"的原则,不仅是对法家学说的否定,也是对西汉以来道
法结合的原则下简单的"约法省禁"的否定。这是一个发展和进步,不过这种进步只是
统治集团的统治手段和统治艺术的进步。"大德"丝毫没有也不可能改变其暴力镇压
的锋芒所向;"小刑"也丝毫没有削弱其刑罚作为封建地主阶级镇压工具的作用。

由此可见,在整个西汉时期,从陆贾的扬道抑法、道法结合,到贾谊的重礼、礼法结
合,一直演变到董仲舒的"大德而小刑",反映了封建统治经验逐步地趋向成熟,并由此
确立了封建法律思想的正统。

这个正统法律思想,是建立在我国第一个封建王朝——秦速亡的历史教训和西汉
封建统治集团在"文景之治"出现后再次实现封建大一统的历史经验的基础之上,吸收
和杂糅了先秦儒家、法家和道家适合其政治需要的法律思想成分逐渐演变而形成的。
它的发展也同样是经历着曲折的过程。以董仲舒为代表的正统的封建法律思想出现
之后,它有过被推向极端而发生变态的历史阶段,也有过被批判而遭到否定的历史影
响,也曾有不同形式、不同程度地被恢复。这个漫长的历史过程,反映着封建地主经济曲
折而缓慢的发展,反映着封建政治风云的瞬息变幻,特别反映着阶级斗争的起伏以及封建
统治集团在不断更替中其政治舆论和统治方法的变化,如此等等。后来的历史证明这个
封建正统法律思想原则并非绝对牢固地占据着统治地位,它还在不断地演变。

唐太宗李世民的"德礼为本,刑罚为用"的立法建制的指导思想,是继承和发扬董

---

[1] 《汉书·董仲舒传》。

仲舒创立的封建正统法律思想实践的又一次大总结,在政治和法律思想史上起了承前启后的历史作用,使封建正统的地主阶级法律思想日臻完善。李世民的法律思想,集中地反映和显明地标志着封建阶级统治经验的成熟。

所谓"礼德为本,刑罚为用",就是以"礼"作为治国的根本准则和依据,并把"礼"的规范"注入刑条"使之实证化,以便于操作。这样就把礼教德化(即思想统治)与暴力镇压更加紧密地结合起来;刑罚则是暴力镇压的工具,作为"禁暴惩奸,弘风阐化"①的工具和保障。"安民立政"就必须把这种"本"和"用"的关系统一起来,而不可偏废。李世民对中国先秦以来封建法律思想原则的历史性的总结,是对封建统治的文武"两手"政策的进一步系统地法典化。这是唐王朝封建经济与封建政治臻于成熟形态的法律表现。

第二节　贯彻"德礼为本,刑罚为用" 的法律思想的几个主要方面

李世民在立法、司法、治安以及制臣正吏等方面所提出的一系列具体的重要法律思想,都充分地体现了这一指导思想。

一、删削繁苛,安人宁国

隋炀帝以苛暴的赋税、徭役来盘剥和搜刮的同时,又设重刑繁法来残酷地镇压老百姓,在农民大起义的沉重打击下迅速覆亡了。这是李世民及其侍臣们所亲身经历的历史教训。而唐王朝建立,战火未停,灾害频繁,农业生产仍未能获得迅速地恢复,老百姓依然贫困,无法聊生,更加引起人心惶惶不安,如何避免重蹈隋亡的覆辙,就成了当时非常尖锐的问题。贞观初年,李世民曾对侍臣们说:"为国之道,必须抚之以仁义,示之以威信,因人之习,去其苛刻,不作异端,自然安静。"②因此,他从巩固其统治出发,一再强调统治集团同老百姓之间的关系,并采取了一些带有根本性的改进措施。一次君臣议政时,他进一步对侍臣们说:"为君之道,义先存百姓。若损百姓以奉其身,犹割股以啖腹,腹饱而身毙。若安天下必先正其身,未有身正而影曲,上理而下乱者。"③还说:"安人宁国,惟在于君。君无为则人乐,君多欲则人苦,朕所以抑情损欲,已自励耳。"④

李世民引证先秦荀卿把君民关系比喻成舟与水的关系的一句名言,来告诫太子、

---

① 《旧唐书·刑法志》。
② 《贞观政要·仁义》。
③ 《贞观政要·君道》。
④ 《贞观政要·务农》。

诸王和侍臣们说:"舟所以比人君,水所以比黎庶。水能载舟,也能覆舟。"①正基于此,他提出"务积于人""务理民心"的方针。一方面,实行删削繁苛,尽量减轻广大劳动人民的赋税徭役的负担。李世民认为:"凡事皆须务本,国以人为本,人以食为本,凡营衣食以不失时为本。""今省徭赋,不夺其时,使比屋之人,恣其耕稼,此则富矣。"②另一方面,从君臣做起,厉行节俭,限制奢侈。李世民从立法上采取了诸如停止各方进贡珍贵异品,限制营建宫室,规定从简的葬制等措施,若有违反,则依法问罪。

例如,贞观二年,他曾对诸州朝集使(奉贡物入京的官吏)说:"任土作贡,布在前典,当州所产,则充庭实。比闻都督刺史,邀穿声名,厥土所赋,或嫌其不善,逾意外求,更相仿效,遂已成俗,极为劳扰,宜改此弊,不得更然。"③这里,既反映了当时在进贡中出现的流弊,形成贪污贿赂之风的严重情况,也说明了李世民之所以从立法上采取措施的原因。也正因如此,当时许多重臣都能崇尚俭约的生活和有着简肃的作风。与此同时,在"务理民心"上,李世民还把礼教德化看做是与"省徭赋"同等重要的事情,他说:"敦行礼让,使乡闾之间,少敬长,妻敬夫,此则贵。"④

在李世民看来,使民富与使民贵是密不可分的,换句话说,"务理人心"与"务积于人"是缺一不可的,必须同时着手去做。所以,他把省徭赋、务俭约和对百姓进行上述礼让的教化,看做是"安人宁国"必须力行的三项根本之计。就此,他比喻说:"治国如栽树,本根不摇,则枝叶茂荣。君能清静,百姓何得不安乐乎。"⑤他本着从"务积于人"入手,通过"仁义诚信为治"来"务理民心",收到了恢复经济,改善政治,加强法制,安定人心,稳定社会的实效。

总之,在李世民看来,"民之所以为盗者,由赋繁役重,官吏贪求,饥寒切身,故不顾廉耻耳。朕当去奢省费,轻徭薄赋,选用廉吏,使民衣食有余,则自不为盗,安用重法乎。"⑥这一治国安民的法律思想,就是在历史上为人们所赞颂的封建的圣君明主中,也是高出一筹的。李世民的这种立法思想、实际措施及其带来的结果,使广大劳动人民的处境,比在那些施行横征暴敛、苛政酷刑的封建统治者统治之下要好得多。中国封建制度的历史屡屡证明,推行一种直接或间接地对人民群众有利的政策和措施,比起相反地对人民有害的政策和措施,实具有天壤之别。实际上,这正是被人民群众誉为明主或骂作昏君的原则界限。

① 《贞观政要·论教戒太子诸王》。
② 《贞观政要·务农》。
③ 《贞观政要·贡赋》。
④ 《贞观政要·务农》。
⑤ 《贞观政要·政体》。
⑥ 《资治通鉴·唐纪八》卷一九二。

二、务求宽简,稳定慎行

在立法方面,李世民还确定了宽平简约的思想原则。西汉以来,律令日趋繁杂,其间虽有不少去繁苛、存简约之举的王朝,但总的说来,都未达到《贞观律》那样简约宽平的程度。例如,汉武帝时,律令达 359 章,其中死刑的条文就有 40 条,188 目,还附有死罪的案例 13472 事,造成"文书盈于几阁,典者不能遍睹""或罪同而异论,奸吏因缘为市"①的严重情况。又如,隋文帝时,以"上采魏晋刑典,下至齐梁,沿革轻重,取其折衷"为宗旨而制定的新律,仍不能冲破繁苛的樊篱,竟出现"律条严密,人多陷罪,每年断狱,犹至万数"的情况,不久,只得重新更订,删去死罪十一条,流罪 154 条,徒枷等罪 1000 余条,方形成 12 篇,500 条的《开皇律》。此外,还有《开皇令》30 卷。

李世民总结和吸取了上述历史经验教训,指出了"务求宽简"的原则。他说:"国家法令,惟须简约,不可一罪作数种条。格式既多,官人不能尽记,更生奸诈。若欲出罪,即引轻条,若欲入罪,即引重条。"②他并且认为,立法不仅应当删繁就简,而且应当削重从轻,尽量减少死列,因为"死者不可再生,用法务在宽简""宜令审细,毋使互文"③。

唐初,制定《武德律》时,高祖李渊就曾提出:"本设法令,使人共解,而往代相承,多为隐语,执法之官,缘此舞弄,宜更刊定,务使易知。"④然而,由于"诸事始定,边防尚梗,救时之弊,有所未暇",当时所谓"尽削大业所用繁峻之法",实际上,只不过是全部废除了隋炀帝的《大业律》,又依隋文帝的《开皇律》为准,进行删增,复制新格 53 条,入于新律,其他几乎无所改动,因此制定新律的任务并没有完成。鉴于此,在李世民即位后,仍认为"旧律令重",随命长孙无忌、房玄龄等与一批学士、法官来重新修订《武德律》,对该律作了重大的删改后,于贞观十一年颁行了《贞观律》,共立律"五百条,立刑名二十等,比隋律减大辟九十二条,减流入徒七十一条。凡削繁去蠹,变重为轻者不可胜纪"⑤。尤其是对死刑,一再从轻。最初,"议绞刑之属五十条免死罪,断其右趾",后来又把"断趾"改为"流刑"。此外,还删去"兄弟连坐俱死之法"。这样,"自是比古死刑,殆除其半"⑥。

为了坚持在刑事立法上宽平简约的法律思想原则,李世民认为对制定法律或修改律令,必须持慎重的态度,既要应机适变,又要保持稳定,否则,宽简之法也会流于繁苛。从李渊到李世民都强调"古今异务,文质不同,丧乱之后,事殊曩代,应机适变,救

---

① 《汉书·刑法志》。
② 《贞观政要·赦令》卷八。
③ 同上。
④ 《旧唐书·刘文静传》。
⑤ 《资治通鉴·唐纪十》卷一九四。
⑥ 《旧唐书·刑法志》。

弊斯在。是以……取令时宜……务以体要"①。另一方面,李世民还一直谈到"法令不可数变"和"数变"会产生弊端,他说:"法令不可数变,数变则繁,官长不可尽记,又前后差违,吏得以为奸。自今变法,皆宜详慎而行之。"②他又说:"诏令格式、若不常定,则人心多惑,奸诈益生。"③他还以"治天下如建此屋,营造既成,勿数改移"的比喻来说明"变法度,不恒其德,劳扰实多"④的道理。

因此,李世民主张"不可轻出诏令,必须审定,以为永式"⑤。只有这样做,才能取信于民,即"行之在久,久则信"⑥。为了坚持宽平简约的原则,也在立法上给予约束,对执法的官吏如果擅自改行而失出入出者,要依法惩处。《唐律》中就有这样的严格规定:"诸律令格式,不便于事者,皆须申尚书议定,奏闻;若不申议,辄奏改行者,徒二年。"这一规定的实质,从一次李世民与大理卿孙伏伽的谈话中,即可得到更清楚的回答。他说:"夫作甲者欲其坚,恐人之伤,作箭者欲其锐,恐人不伤。何则各有司,存利在称职,故也。朕常问法官,刑罚轻重,每称法网,宽于往代,乃恐主狱之司,利在杀人,危人自达,以钓声价。今之所忧,正在此耳。深宜禁之,务在宽平。"⑦

上述宽平简约的立法原则,正是李世民法律思想上力主删削繁苛的一个重要方面。无疑,这个原则的本质,是从巩固封建地主阶级统治出发的,有利于维护其压迫广大农民的统治秩序。正因为如此,唐代封建统治集团也同样不会坐以自毙。当其进行司法镇压时,既运用法律武器,又不会使之束缚住自己的手脚。但也不能就此推论而否定李世民的上述立法主张所具有的历史上的积极作用。"宽平简约"的立法原则,毕竟比起那些政刑繁苛,或制法毁法,或以吏为法,或任意为法,以及益肆淫刑,恣意杀戮等昏庸暴虐的封建皇帝的统治,在弹压的残酷程度上,还是减轻得多、宽大得多的。大量史料也证明体现上述立法原则的《贞观律》,曾起到"安人宁国"的作用。"贞观之治"在中国封建历史上之所以被人们一再传颂,并非偶然,也绝不是以简单的推论所能否定得了的。

三、明正赏罚,一断以律

明正赏罚,一断以律,是唐太宗李世民法律思想在立法和执法方面的重要原则之一。在李世民看来,"法者,人君所受于天,不可以私而失信。"⑧他在总结先前历史上司

---

① 《旧唐书·刑法志》。
② 《资治通鉴·唐纪十》。
③ 《贞观政要·赦令》。
④ 《资治通鉴·唐纪十》。
⑤ 《贞观政要·赦令》。
⑥ 《新唐书·刑法志》。
⑦ 《贞观政要·赦令》。
⑧ 《资治通鉴·唐纪十二》。

法镇压的经验教训时说:"自古帝王多任情喜怒,喜则滥赏无功,怒则滥杀无罪,是以天下丧乱,莫不由此。"①而他从中得出的结论则是:"国家大事,惟赏与罚。赏当其劳,无功则退;罚当其罪,为恶者咸惧。则知赏不可轻行也。"②他还说:"赏不避仇仇,罚不阿亲戚,此天地至公之道。"③这就是说,李世民认为明正赏罚必须做到赏罚得当而公允;"尽忠益时者虽仇必赏,犯法怠慢者虽亲必罚"④,而不能任情滥施。李世民的这种执法思想,在一定程度上反映了"法律面前平等"的原则。只有这样,才能使律令在执行中充分发挥司法的威力。否则,即或有宽简之法,但在执行上如果是"以私而失信",也会导致失民亡国的。因此,坚持明正赏罚的原则,首先必须在执法中严格地做到"一断以律"。

例如,贞观九年,处理盐泽道行军总管、岷州督都高甑生诬告李靖谋逆一案时,有人以高甑生是旧秦府的功臣请求宽恕其过,而李世民则说:"虽是藩邸旧劳,诚不可忘,然理国守法,事须划一,今若赦之,使(便)开侥幸之路。且国建议太原,元从及征战有功者甚众,若甑生获免,谁不觊觎,有功之人,皆须犯法。我所以必不赦者,正为此也。"⑤又如,贞观元年,李世民针对吏部尚书长孙无忌犯禁(应召入见,误带佩刀)应受惩处一事,他说:"法者,非朕一人之法,乃天下之法,何得以无忌国之亲戚,使欲挠法耶。"⑥当尚书右仆射封德彝"议以监门校尉不觉,罪死;无忌误带刀入,徒二年,罚铜二斤"得到李世民的同意时,大理寺少卿戴胄再次驳奏说:"校尉缘无忌以致罪,于法当轻,若论其过误,则为情一也,而生死顿殊,敢以固请。"⑦

李世民认为还是戴胄的意见得当,即免校尉死刑。还有濮州刺史庞相寿,因犯贪污罪而被撤职,庞相寿依仗他是旧秦府的部属,上书请求免罪。当李世民拟恢复他的原职时,由于魏徵的及时谏言,而放弃这一做法,并对庞相寿说:"我昔为秦王,乃一府之主,今居大位,乃四海之主,不得独私故人,大臣执法如此,朕何敢违。"⑧随赐给庞相寿一些财物,将他打发走了。

特别值得提出的是李世民把他长子李承乾废为庶人,流放黔州一事,影响更大。据史料记载,李承乾"广造宫室,奢侈过度,耽好声乐","务农之时,召驾士等役,不许分番,人怀怨苦;又私引突厥群竖入宫",不但如此胡作非为,而且当太子詹事于志宁出于尽辅导太子之责,规劝不成,即上奏李世民,而李承乾得知此事后,大怒,竟派张师政、纥干承基行刺暗杀于志宁,未遂事败。

---

① 《贞观政要·求谏》。

② 《贞观政要·封建》。

③ 《资治通鉴·唐纪十三》。

④ 《贞观政要·仁义》。

⑤ 《贞观政要·刑法》。

⑥ 《贞观政要·公平》。

⑦ 同上。

⑧ 《资治通鉴·唐纪十》卷一九四。

　　随后,又于贞观十七年,与汉王元昌、扬州刺史赵节(太宗的姐姐长广公主的儿子)等共同谋反,李世民对他们果断地采取了上述治罪措施。可见,在执法上,李世民坚持明正赏罚的原则,能够率先从封建统治集团内部做到不分亲疏贵贱,不分官职大小,不论过去功劳如何,"断以律",同时也注意到赏罚得当。其次,为了坚持明正赏罚的原则,还在中央和地方设置监察机构,督促各级官吏奉法守法,同时查办、严惩贪赃枉法的官吏。在贞观初年,李世民就曾下诏指出,律令虽已颁布施行,"内外群官,多不寻究,所行之事,动乖文旨"①。他并告诫群臣说:"朕见隋炀帝都不以官人违法为意,性多猜忌,惟虑有反叛者。朕则不然,但虑公等不尊法式,致有冤滞。"②他不仅如此告诫群臣,而且自己也严格地如此执行。

　　例如,他将其"生赃下狱"的皇叔江夏王李道宗给免了官,削了封邑③。这一点,从魏徵的一次规谏中,也可以得到证实。魏征说:"贞观初年,志存公道,人有所犯,一一于法。纵临时处断,或有轻重,但见臣下执论,无不忻然受纳。民知罪之无私,故甘心而不怨;臣下见言无忤,故尽力以效忠。"④

　　为了坚持明正赏罚的原则,李世民以自责其错误来教诫和影响他的臣下,而其臣下也敢于以法相谏诤,因此,在执法过程中,减少了冤滥,起到了明法正刑的作用。且不说贞观年代的中、后期,就是在贞观初年,李世民也犯过不少乘怒错杀和放纵罪犯的错误,不过,这时尚能做到自责纠正。

　　例如,广州督都党仁弘贪赃百余万,罪当处死,李世民则"哀其老而有功",而免其死罪⑤。后又为此下诏罪己,"请罪于天",以示自己不应曲法。他说:"法者……不可以私而失信。今朕私党仁弘而欲赦之,是乱其法,上负于天,欲……谢罪于天三日"⑥,并承认了自己有三罪:"纵舍任心,以欺众庶,罪一也;知人不明,委用贪肴,罪二也;善善未赏,恶恶不诛,罪三也。"⑦又如,温州司户参军柳雄诈冒资荫一案被查明,大理寺少卿戴胄"据法断流"。李世民认为不是罪犯自首,而如此断决,有失自己的威信,说:"朕初下敕,不首者死,今断从流,是示天下以不信矣。"戴胄说:"陛下当即杀之,非臣所及。既付所司,臣不敢亏法。"李世民又说:"卿自守法,而令朕失信邪。"戴胄则对答说:"法者,国家所以布大信于天下;言者,当时喜怒之所发耳。陛下发一朝之忿而许杀之,既知不可而置之以法,此乃忍小忿而存大信,臣窃为陛下惜之。"李世民认为还是戴胄所言有道理,于是,他表示说:"朕法有所失,卿能之,朕复何忧也。"⑧

---

　　① 《册府元龟》卷一五一。
　　② 《魏郑公谏录》卷八。
　　③ 《旧唐书·李道宗传》。
　　④ 《贞观政要·公平》。
　　⑤ 《新唐书·刑法志》。
　　⑥ 《资治通鉴》卷一九六。
　　⑦ 《册府元龟》卷一五〇。
　　⑧ 《贞观政要·公平》。

又如，令裴仁轨私自役使门夫，是犯禁的，按法律规定："诸监临之官，私役使所监临……各计庸赁，以受所监临财物论。"而李世民一怒之下，"欲斩之"，监察御史李乾祐据法谏净，李乾祐说："法者，陛下所与天下共也。非陛下所独有也。今仁轨坐轻罪而抵极刑，臣恐人无所措手足。"①就此，李世民不但收回成命，而且破格提升了李乾祐。

对李世民在责己从严和能够及时改正自己错误的问题上，还可以从一次议政的对答中，看到这一点。贞观十一年，李世民就当时"刑网稍密"一事，问到大理寺少卿刘德威，刘回答说："此在主上，不在群臣，人主好宽则宽，好急则急。……今失入无辜，失出更获大罪，是以吏各自免。竞就深文，非有教使之然，畏罪故耳。陛下傥一断以律，则此风立变矣。"②魏徵也曾直言不讳地指出过："居人上者，其身正，不令而行，其身不正，虽令不从。"③

从处理上述案例中可以看出，执法中所以能够坚持明正赏罚，一断以律，一方面，是由于李世民在总结历史经验教训中，深知"法之不行，自上犯之"的道理，执法中发生问题，也能从谏自责；另一方面，辅佐的群臣敢于直言相谏净。这是执法中能够做到明正赏罚，一断以律的最主要的条件。如若制法者毁法乱刑，执法者任情滥施，贯彻这一原则，也就无从谈起了。

封建制法律，主要是封建统治集团镇压农民阶级的工具，集中体现地主阶级的意志和根本利益。在其法律条文中赤裸裸地规定着形式上的不平等，权利就是特权，而且有着显明的等级差别。上述案例的处理，多是贞观初年的一些情况，《贞观律》颁行，其中"八议"的规定，正是封建法律对封建特权的合法化、固定化，达到详密而完善的典型。因此，唐太宗为首的统治集团严格要求中央和地方官吏都要奉法守法，明正赏罚，这是与他们的根本利益相一致的。而封建法律又是他们办案断狱的准绳和依据，如若不能准确地惩罚犯罪，甚至贪赃受贿，曲法枉纵，就不利于巩固统治，而且久而久之还会造成自身的危亡。

所以说，坚持明正赏罚这一原则，与维护他们的特权，不但不矛盾，恰恰是更有利于维护封建等级秩序，使封建统治集团享有的等级特权获得更加可靠保证。以唐太宗为首的封建统治集团在执法中坚持不分亲疏贵贱，不分官职大小，不论过去功劳如何，一断以律，无疑，这主要是针对其统治阶级内部而言的，是为了督励各级官吏奉法守法。但也绝不是同被统治阶级毫无关联的事，各级官吏的奉法守法，对取信于民，缓和阶级矛盾，起着直接的影响作用。同时，在统治阶级内部君与臣之间，臣与民之间，中央与地方之间等，都存在着尖锐的利害冲突和权力之争，明正赏罚，一断以律，也是调整其内部矛盾，巩固和加强中央集权的君主专制统治的需要。

正是在这种意义上，李世民关于明正赏罚、一断于律的法律思想，体现了开明的封

---

① 《资治通鉴》卷一九二。
② 《资治通鉴》卷一九四。
③ 《魏郑公谏录》卷五。

建帝王在一定程度上能够有限的实行"依法办法"和法律面前平等的原则。

四、恤刑慎杀,防止枉纵

贞观初年,李世民告诫侍臣们说:"朕谓乱离之后,风俗难移。比观百姓渐知廉耻,官人奉法,盗贼日稀,故知人无常俗,但政有治乱耳。是以为国之道,必须抚之以仁义,示之以威信,因人之心,去其苛刻,不作异端,自然安静。公等宜行斯事也。"①这里,他强调兴仁义之政,并把恤刑慎罚、官吏奉法看做是达到安定民心、天下大治的重要条件。他还以形象的比喻来教诫群臣说:"林深则鸟栖,水广则鱼游。仁义积则物归,人皆知畏避灾害,不知行仁义则灾害不生。夫仁义之道,当思之在心,常令相继,若斯须懈怠,去之已远。犹如饮食资身,恒令腹饱,乃可存其性命。"②同时,他率先示范地信守法律,勖勉群臣对他决定政事中脱离律令的地方,要及时执奏,直言谏净。他说:"朕比来决事或不能皆如律令,公辈以为小事,不复执奏。夫事无不由小而致大,此乃危亡之端也。"③

在李世民看来,只有广积仁义,信守律令,才能使民心归顺,天下大治。与此相反,如若"任法御人",严刑峻法,任情滥施,则天下必遭丧乱。他深知先前封建统治者经历的这方面的经验教训,说:"古来帝王以仁义为治者,国祚延长;任法御人者,虽救弊于一时,败亡也促。"④还说:"自古帝王多任情喜怒,喜则滥赏无功,怒则滥杀无罪,是以天下丧乱莫不由此。"⑤因此,他提出恤刑慎杀、防止枉纵的一系列措施,并将形成制度,固定下来。

首先,是防止曲法枉纵,任情滥施,要求中央和地方各级官吏都要严格地据法断罪。任何案件的断罪都要援引律令格式的正文,"诸断罪,皆须具引律令格式正文,违者笞四十。"⑥如果执行律令格式的条文或决定遇到问题,不可擅自改行,必须向中央申议,否则也要受到惩处,"诸律令格式不便于事者,须申尚书省,议定奏闻;若不申议辄奏改行者,徒二年。"⑦而且还有这样的规定,无论什么原因,断案枉纵者,都要受到严厉的惩罚,凡"断狱而失于出入者,以其罪罪之。失人者,各减三等;失出者,各减五等"⑧。

特别是对贪赃枉法者,要置以重法。据史料记载,李世民"深恶官使贪浊,有枉法

---

① 《贞观政要·仁义》。

② 同上。

③ 《资治通鉴·唐纪十》。

④ 《贞观政要·仁义》。

⑤ 《贞观政要·求谏》。

⑥ 《唐律·断狱》。

⑦ 《唐律·职制》。

⑧ 《旧唐书·刑法志》。

受财者,必无赦免。在京流外有犯赃者,皆遣执奏,随其所犯,置以重法。"①

还有,贞观五年,相州人精神病患者李好德,因发"妖妄"之言惑众,被下狱。大理丞张蕴古为之上言申辩,李世民许将宽宥。由于张蕴古事先泄漏了这个消息,在李世民"圣怒"之下,被处极刑。由此在执法官吏中引起很大的震动,都心有余悸以出罪为戒,加上断案中,时有失入者又不加罪,于是出现"宁失入不失出"的倾向,一度造成"刑网过密"的后果。对此,李世民深为重视,他下诏说:"比来有司断狱,多据律文,虽情在可矜,而不敢违法。守文定罪,或恐有冤,自今门下省复有据法令死而情有可矜者,宜录奏闻。"②这就是说,据法断罪的同时,对死刑案件中"情有可矜者",更应慎重,要如实上报申议,或许仍有获得宽免的机会。并且重申,断罪中无论失出或失入者,一律严格地依法惩处,"由是断狱平允"③。

其次,为了防止执法中的枉纵、冤滥,还规定了议刑制度和死刑复奏的司法程序以及审讯制度。贞观初年,在一次谈到死刑复奏的司法程序时,他说:"在京诸司,比来奏决死囚,虽云五复,一日即了,都未假审思,五奏何益? 纵有追悔,义无所及。自今后,在京诸司,奏决死囚,宜三日中五复奏,天下诸州三复奏。"④不仅如此,他还一再强调既要"守文定罪",又要据法原情,恤刑慎杀。同时,还规定了反复参验,以赃、证定罪,以及刑讯等有关的审讯制度。审案中,要求做到反复参验,查诸证、赃,同时严禁不加区别地乱用刑讯:"凡察狱之官先备五听:一曰辞听,二曰色听,三曰气听,四曰耳听,五曰目听。又稽诸证信,有可征焉,而不首实者,然后拷掠,二十日一讯之……"⑤还规定:"诸应讯囚者,必先以情审察辞理,反复参验;犹未解决,事须讯问者立案同判,然后拷讯。违者杖六十。"⑥还有强调以赃定罪和以证定罪问题,对"强窃盗""官吏渎职贿赂""侵占""监临主守自盗及盗所监临财物"等罪,都以赃物数量的多少和价值的贵贱来定犯罪的轻重和作为定罪的证据,而对上述监守自盗者,还要加重治罪。

其他方面的犯罪,同样强调证据不足者,不得轻易下狱治罪。例如,刑部尚书张亮揭发侯君集串连他人谋反,李世民则说:"君集独以语卿,无人闻见,若以属吏,君集必然无此,两个相证,事未可知。"⑦直到侯君集"反形"已具,才将他处斩,并"籍没其家"。

再次,为了防止冤滥横生,而表彰议刑坚持公平和敢于谏诤的官吏。据史料史载,上述那位张亮,后来由于被诬告牵连另一谋反案而定为谋反罪下狱,李世民"诏令百官议之,多言亮当诛。惟殿中少监李道裕奏:'亮反形未具,明其无罪'。"太宗既盛怒竟

---

① 《贞观政要·政体》。
② 《贞观政要·刑法》。
③ 《资治通鉴·唐纪十》。
④ 《贞观政要·刑法》。
⑤ 《唐六典》卷六。
⑥ 《唐律·断狱》。
⑦ 《旧唐书》卷六五。

杀之，并"籍没其家"，造成一件大冤案。后来，因缺刑部侍郎一职，令宰相物色推举，但多次上奏推举均未成。于是，李世民对侍臣们说："吾已得其人矣！往者李道裕议张亮云：反形未具。可谓公平矣，当时虽不用其言，至今追悔。"①随即提拔李道裕为刑部侍郎，也给张亮平了反。

又如，贞观八年，陕县丞皇甫德参上书，慷慨激昂地反对挥霍人力、物力的做法，忤逆了太宗的"圣旨"，李世民大怒，欲定讪谤罪杀掉他。魏徵当即进言说："昔贾谊当汉文帝上书云云，可为痛哭者一，可为长叹息者六。自古上书多激切，若不激切，则不能起人主之心，激切即似讪谤，惟陛下详其可否。"李世民听后，感到是自己的过失，并认为只有魏徵能够这样直言不讳。于是，不仅未给皇甫德参任何惩处，而且还下令赐赏了他。

此外，李世民对经过查勘证实了冤、错案件，包括高祖李渊在位时的这一类案件在内，都能够认真地予以平反昭雪。例如，唐朝开国元勋刘文静，因得罪了高祖李渊的幸臣裴寂，被诬陷致死，经证实后，尽管李渊尚在，李世民也无所顾忌地为其平反昭雪，"追复官爵，以子树义袭封鲁国公，许尚公主"②。又如，曾做过并州总管刘世让，由于李渊中了突厥的反间计而将他杀掉。后来，到贞观初年，证实了这个问题。"突厥来降者言世让初无逆谋"，是由于当时"突厥惧其威名，乃纵反间，言世让与可汗通谋，将为乱，高祖不之察，遂诛世让，籍没其家"③。李世民也给他平了反。

同时应指出，李世民自己也曾错杀过一些人，如上述大理卿张蕴古和大理丞张亮两起错杀案，他也能够做到责己谴过，予以平反。这可称是坚持恤刑慎杀原则的一种特殊形式；它有助于调整统治集团内部矛盾和整饬吏治，维护封建法律秩序。

从上面所引证的一些史料可以看出，防止枉纵、恤刑慎杀的关键，在于中央和地方各级官吏的奉法守法，依法办事。而以身作则的李世民，不仅严格要求执法官吏必须做到据法断狱，履行审讯、议刑、复奏等制度，而且他自己也能够做到不以言废法，而信守法律，依法办事。即或他做出以言代法，甚至错杀了人的事，他也还能严于律己，采纳谏净之言，使这类事情得到及时纠正。

无疑，李世民提出并认真推行的防止枉纵、恤刑慎杀的刑事政策，是为了达到其"宁人安国"的目的，在执行中重视整饬吏治，采取一系列措施，并使其制度化，保证这一原则在司法实践中取得实际效果。

由此可见，在封建皇帝中，李世民法律思想的重要特色之一，也正在于他很懂得"务理人心"的极端重要性，而在执法中坚持"恤刑慎杀"的思想原则和防止枉纵的一系列措施，正是有利于安抚民心，争取民心，赢得民心。否则，如果任情枉纵，滥刑乱杀，就会民心骚乱，待丧尽民心时，就要失掉天下。

---

① 《贞观政要·公平》。
② 《旧唐书·玄宗诸子传》卷五七。
③ 《旧唐书·刘世让传》卷六九。

当然,李世民提出这一执法的思想原则,并不能冲淡和淹没封建司法的阶级本质所决定的必然存在的弊端,更不能彻底消除和杜绝封建不法官吏对广大劳动人民实施的枉杀、重刑。然而,也应当肯定的是,这一执法思想原则的提出和李世民身体力行的影响后果,将对广大劳动人民有利,将使他们减少遭受不法官吏滥刑杀戮、罪及无辜的迫害。因此,李世民为防止枉纵而推行的"恤刑慎杀"的刑事政策,无疑是进步的法律思想,它对当时司法实践提供了一个良好的执法范例。

五、令出惟行,慎重放赦

唐太宗李世民对"放赦"持特别慎重的态度。在李世民看来,"放赦"是"行非常之恩","施小仁"而乱大治的事情,它不但无助于"宁人安国",兴礼义之政,而且有害于维护封建法律秩序和巩固封建统治。尤其是在天下大治的形势下,更不得"放赦"。他曾对侍臣们说:"天下愚人者多,智人者少。智者不肯为恶,愚人好犯宪章。凡赦宥之恩,惟及不轨之辈。……一岁再赦,善人喑哑。凡养粮莠者伤禾稼,惠奸宄者贼良人……故我有天下已来,绝不放赦,令四海安宁、礼义兴行;非常之恩,弥不可数,将恐愚人常冀侥幸,惟欲犯法,不知改过。"①

李世民还从与先前统治者的司法实践对比中,吸收他认为是可取的内容。他说:"古语云,'小人之幸,君子之不幸。'……昔文王作刑罚,兹无赦。又蜀先主尝谓诸葛亮曰:'吾周旋陈元方、郑康成之间,每见启告理乱之道备矣,曾不语赦。'故诸葛亮蜀十年不赦,而蜀大化。梁武帝每年数赦,卒至倾败。"②他从中得出的结论就是:"夫谋小仁者,大仁之贼。"③

在李世民看来,治与乱的关键,并不在于行大赦与否,不行则无害,滥行反会导致国家的倾败。所以,只要在立法上做到上述"简约""宽平""划一""常定";在司法上有效地防止"若欲出罪,则引轻条,若欲入罪,则引重条",任情滥施,而坚持明正赏罚,"一断于律","守文定罪",恤刑慎杀;特别是在立法和司法中,保持这种严肃的态度,即"慎出令""令出惟行",如此就能够起到维护法律的尊严和秩序的作用,就能够达到兴礼义之政的目的。为此他曾引经据典地说:"周易称,'涣汗其大号'。言发号施令,若汗出于体,一出而不复也。书曰:'慎乃出令,令出惟行,弗为反。'"④

上述李世民所谓"绝不放赦",是针对滥行大赦而言的,他从先前统治者因政治需要而滥行大赦产生的弊端中吸取了教训,因此,对这个问题,他持反对的态度。另一方面,对断罪不当而应当获释或应当纠正的案件,即所谓"常赦",他也是持慎重的态度,

① 《贞观政要·赦令》。
② 《贞观政要·赦令》。
③ 《贞观政要·赦令》。
④ 《贞观政要·赦令》。

"凡赦前断罪不当者,若处轻为重者,宜改从轻;处重为轻者,即依轻法。其为常赦听不免者,则依常律;即赦书定罪名,令从轻者,又引律比附不得入重,违者各以故失论。"①"诸以赦前事相告者,以其罪罪之;官司受而为理者,以故入人罪论,事死者各加役流。"②

上述规定,同时附着实施"常赦"中对执法官吏的严格约束,也体现对"常赦"的慎重态度。它还表现在对以下几种犯罪,规定绝对不予"常赦",即"凡闻知有恩赦而故犯,及犯恶逆,或部曲奴婢殴主及谋杀,或强奸者,皆不得以赦原之;即杀小功尊属从父兄姊及谋反大逆者,身虽令赦,犹流两千里。"③

由此可见,李世民的慎重放赦,包含着反对滥行大赦,慎行"常赦"这两个方面的内容,从《唐律》的上述规定中是可以得到印证的。同时还可以看出,这与他上述一系列立法、司法原则的精神也是相一致的。在赦罪与否问题上,历代统治集团总是根据他们的政治斗争的需要来决定的。李世民也不例外,他没有被自己提出的上述基本主张束缚住手脚。据史料记载,贞观六年,曾纵死囚290人归家,后来都如期回狱,随下诏皆赦之。这是在国内局势开始好转,边境尚未完全安定的情况下,继赎回没入突厥的8万人之后,为了安定国内,收揽民心的又一举动。

在赦罪问题上,李世民的上述思想主张,乃在于维护封建法制的尊严和秩序,不仅同他的立法、司法的宽平简约、恤刑慎杀等主要原则精神相一致,而且在司法实践中也有利于对上述诸原则的贯彻实施。这里,有一点还要指出,李世民创造的所谓"天下愚人者多,智人者少。智者不肯为恶,愚人好犯宪章"的理论,并作为他确定"绝不放赦"的方针的根据,这是一种极端荒诞的阶级偏见。实际上,他所谓的"愚者",主要指的还是广大劳动人民,而且客观历史上也不存在这种必然的逻辑。

六、惩革弊风,加强治安

李世民继承和发扬了李渊在颁行《武德律》的诏书中所申明的"禁暴惩奸,弘风阐化"的立法宗旨,他还特别重视"弘风阐化"这一方面,并进一步把封建法制的实质归结为"劝善而惩恶"。于是,对当时不符合封建统治集团愿望和利益的社会风习,采取了一系列惩革措施,并把这些措施制度化、法律化。

贞观初年,李世民曾告诫侍臣们说:"自古帝王,凡兴造必须贵顺物情。昔大禹凿九山、通九江,用人力极广而无怨者,物情所欲而众所共有,故也。秦始皇营造宫室,而人多谤议者,为徇其私欲,不与众共,故也。今欲造一殿,材木已具,远想秦皇之事,遂不复作也。古人云:'不作无益害有益','不见可欲,使民心不乱',故知见可欲,其心必

①《唐律·斗讼》。
② 同上。
③ 同上。

乱矣。至如雕镂器物、珠玉服玩，若恣其骄奢，则危亡之期可立待也。自王公以下第宅、车服、婚嫁、丧葬，准品秩不合服用者，宜一切禁断。"①

李世民对统治集团内部的这一率先示范的倡导和诏示，不仅在其辅臣中形成崇尚清廉简朴之风，诸如魏徵、戴胄、温彦博等都能终生不渝，而且所谓"由是二十年间，风俗简朴，衣无锦绣，财帛富饶，无饥寒之弊"。这虽属过高估计，然而还是要肯定它带来的正面的社会影响。这就是说，封建统治集团对于某些社会风习的惩革，在客观上，也并非对广大劳动人民都是不利的。抑制骄奢，倡导简朴，固然此举是出于他们一定历史时期内的政治需要，而且他们之中个别成员甚至一些人，也能够身体力行，有的始终不渝。但就其整体来说，毕竟带有极大的偶然性。由于它同封建统治阶级的贪婪本性是不一致的，因而也是不能持久的。可是，就劳动人民来说，简朴的美德是固有的，皇帝如此倡导，在广大劳动人民中，就会更加得到发扬。

譬如，贞观六年，李世民召见吏部尚书高士廉、御史大夫韦挺、中书侍郎岑文本、礼部侍郎令狐德棻等大臣议政，着手整理和重新刊订《氏族志》，是由于山东崔、卢、李、郑四姓旧士族"虽累叶陵迟，犹持其旧地，好自矜大，称为士大夫，每嫁女他族，必广索聘财，以多为贵，论数定约，同于市贾，甚损风俗"引起的②。显然，这一措施，不仅是革除"广索聘财"的不良风俗，而更重要的是达到进一步打击旧士族豪强地主势力的政治目的。可是，禁止"广索聘财"，对社会风俗不良影响的革除，在客观上并不是无益的事。尤其是关乎社会秩序、社会生产、生活安定方面的问题，把存在不利于这几方面的弊风整治得如何，就更直接涉及对改善广大劳动人民的处境有助与否了。

譬如，禁止斗殴、禁止赌博，对广大劳动人民也是有益的。从《唐律》的有关条文规定来看，对违犯者的惩处，都是很严厉的。惩处斗殴方面的规定有"诸斗殴杀人者绞，以刃及故杀人者斩。虽因斗而用兵刃杀者与故杀论。不因斗故殴伤人者如斗殴伤罪一等。虽因斗但绝时而杀伤者以故杀伤法"③。还规定：斗殴伤人，也要分别按其所造成的后果，处以笞、杖直到徒1年至3年的刑罚。

在惩处赌博方面规定"诸博戏赌财务者，各杖一百；赃重者，各依己分，准盗论"④。

又如，失火、"于城内街巷及人众中走牛马"、"在市及人众中故相掠动令扰乱"的⑤，都要追究刑事责任。

此外，还有对与吏治有密切关联的诬告、伪证、诈奏等犯罪的惩处规定："诸诬告人者各反坐。即纠缠之官挟私缠事不实，亦如之"；"诬告谋反及大逆者"，要判处斩首，从

---

① 《贞观政要·俭约》。
② 《贞观政要·礼乐》。
③ 《唐律·斗讼》。
④ 《唐律·杂律》。
⑤ 同上。

犯也要判处绞刑①；并规定"诸证不言情及译人诈伪，致罪有出入者，证人减工等，译人与同罪"；"诸对制及奏事上书，诈以不实者徒二年；非密而妄言密者加一等"②。这些规定，也都有利于社会秩序的维护、社会生产的进行和社会生活的安定。

还可以看出，李世民在加强社会治安的同时，特别注意整饬吏治。贞观元年，在青州发生一起"谋反"案，州、县官吏滥施追捕，"收系满狱"。李世民即派殿中侍御史崔仁师前往复查处理，崔仁师到后，纠正了地方官吏的做法，对被捕者一律去掉刑具，给以饮食、沐浴，并加以宽慰。经过复查，只抓起"魁首"10多人，其余的人全部释放。当时，大理少卿孙伏伽对崔仁师说："足下平反者多，人情谁不贪生，恐见徒侣得免，未肯甘心，深为足下忧之。"崔仁师回答说："凡治狱当以平恕为本。岂可自规免死，知其冤而不为伸耶！万一暗短，误有所纵，以一身易十囚之死，亦所愿也。"后来，李世民又派人更审。"无一人异辞者"，证明确无枉滥③。

通过这个案例可以说明，李世民即位，一开始对选择官吏、整饬吏治就非常重视，尤其是对法官的选择。就在这同一年，他曾对封伦（即右仆射封德彝）说："大理之职，人命所悬，此官极宜妙选公直""戴胄忠直，每事用心，即其人也"④。上述殿中侍御史崔仁师也正是这类官吏。由于李世民一再强调："为官择人，不可马虎"，"官在得人，不在员多"，"千羊之皮，不如一狐之腋"，等等，而司法官吏的选择，从上述案例来看，就显得更为重要。

惩革社会弊风，也是统治集团为了加强和巩固自己统治的需要。也就是说，他们要按照本阶级的道德观念、伦理规范和善恶标准来树立巩固封建统治的社会风气和社会秩序。要实现他们的这一愿望，只靠礼教德化的思想灌输是不够的，还必须通过立法司法实践的强制手段来保证。另一方面，也要看到，上述李世民的惩革弊风，加强治安的思想和措施，固然是从他们政治斗争的需要出发的。然而，当时对某些社会风习的惩革，在客观上所收到的稳定社会秩序的效果，对广大劳动人民休养生息来说，也是有利的社会条件。

本章小结

李世民在总结先前统治者的立法经验和司法实践的基础上提出的上述法律思想和主张，在《唐律》中获得充分的体现。其中最突出的具有特色的方面，是"宽平简约"的立法思想和"一断以律"的司法原则，也正是这种特色，使《唐律》在我国封建诸法典中，特放异彩。相对之下，《唐律》显然异于历代封建法典中带有普遍性的那种律条繁

---

① 《唐律·斗讼》。
② 《唐律·诈伪》。
③ 《资治通鉴·唐纪八》卷一九二。
④ 《贞观政要·择官》。

密、刑罚酷苛的情况。《唐律》中所体现的"宽平简约"的立法原则,不仅减少了死刑,而在降重刑为轻刑的方面也不少,并且还有约束畸轻畸重,出入人罪的挟嫌陷害,通融作弊等现象发生的条款,轻罪轻罚,重罪重罚,以罪的轻重不同,据理论情,严守律文,使"刑之轻重不失"。而"一断以律",更是加强封建法制,防止制法毁法现象的发生所确立的司法原则,也异于我国封建诸法典中那种完全以诏、敕代律,以言代律,例、律并立,以例破律,随事创例,以例代律,以及以权乱法、以私乱法等等制法毁法的做法。同时,这一原则,也有助于法律颁行后的相对稳定性。

当然,尽管在《唐律》中,李世民的上述立法、司法思想得到体现,但是它不会也不可能改变《唐律》作为封建统治阶级严厉镇压广大劳动人民的工具的这一本质。例如,仅就死刑来说,就是在"宽平简约"的指导思想下制定的《唐律》,它的死刑条款还占了全部条文的百分之四十一强,而其中多数都是指向劳动人民的。至于我国封建法典中那些保护封建统治集团享有的封建特权的条款,在《唐律》中不但没有丝毫的改变,而且是加以因袭和完善,对比"八议"与"十恶"的条文规定,就更能显明地看出这一层。

李世民之所以能够提出上述法律思想和主张,不仅反映了统治集团所处的历史环境所决定的经济、政治上的需要;同时,先前历史也为其提供了更为全面的封建立法建制上的经验。例如既有"文景之治"的正面经验,也有嬴政、杨广的反面教训,还有五颜六色的封建统治阶级内部斗争的经验教训;李世民能够"克己励精图治",知人善任、虚心纳下,获得一批干练忠谏之臣和贯知经史、精通律令的学士的辅弼,上下通力共议,总结了治乱兴亡、利害得失的历史经验,经过 10 年左右的施政实践,才形成一些比较成熟的法律思想。而李世民的精选司法人才和整饬吏治方面的原则和措施,也是他的法律思想在立法、司法实践中得以充分发挥作用的一个极其重要的条件。

历史上给予李世民上述法律思想和主张的评价,也有不少具有深切可取的结论。如,魏徵曾说:"贞观之初,志存公道,人有所犯,一一其法",而出现"法良政善"的局面。① 又如,卫尉少卿兼国史修文馆学士吴兢说:"太宗时,政化良足可见,振史而来,未之有也。"②还有,明代史学家朱翌曾说:"自三代而下,创业守文之君,兼之者惟太宗,汉之文、景、武、宣,皆不及也。"③还提到唐太宗李世民之后的永徽、开元、建中诸年代的皇帝,虽尚存"贞观风",但也不及贞观年代了。这些看法和评价,还是符合历史实际的。唐太宗李世民在政治、法律上的建树,也反映出他本人"克己励精图治"的精神面貌,使他的后代越来越望尘莫及。

---

① 《贞观政要·公平》。
② 《贞观政要序》。
③ 《猗觉寮杂记》卷上。

第四章　李世民法律思想的基础和根源

第一节　李世民法律思想的核心
——巩固和加强封建中央集权统治

唐太宗李世民即位后，在一个较长的时间里，君臣议政中的主要内容之一，是关于皇室、功臣的分封问题，就此遂形成一场论争。起初，李渊建唐后，由于天下尚未统一，出自政治上的需要，就"广封宗室，以威天下，皇从弟及，年始孩童者，数十人皆封为郡王"。李世民即位，为了巩固和加强封建中央集权统治，就进一步着手进行立法建制，而皇室、功臣的分封问题，首当其冲地摆在议事日程上。

他曾向侍臣们说："遍封宗子，于天下便乎？"尚书右仆射封德彝回答说："不便！历观往古封王者，今日最多。两汉以降，惟封帝子及亲兄弟；若宗室远疏者，非有大功如周之郇、滕，汉之贾、泽，并不得滥叨名器，所以别亲疏也。先朝敦睦九族，一切封王，爵命既崇，多给力役，盖以天下为私，殊非至公驭物之道也。"李世民认为封德彝的回答有道理，他说："然，朕理天下，本为百姓，非欲劳百姓以养己之亲也。"①于是他决定"属疏降爵，惟有功者数人得王，馀并封为县公"。这种做法，近似汉制。西汉初年，就分封本身，不但不同于商周，而且实行的是一种诸侯封国与郡县犬牙交错的制度。后来酿成危害封建中央集权统治的祸患，在异姓七国被削平，宗室封国势力仍很强的情况下，贾谊提出了"众诸侯少其力"的主张。到削平同姓七国之乱后，宗室封国势力才衰落下来，又改行主父偃的"推恩分封"和付金夺爵等办法，这就和汉初完全不同了，即诸侯只是享有食租衣税，再无统辖所封地方的实权了。

李世民的上述做法，也是如此。随后，就发生了淮安王李神通争功夺利的事情，据史料记载："贞观元年，封中书令房玄龄为邢国公、兵部尚书杜如晦为蔡国公、吏部尚书长孙无忌为齐国公，并为第一等，食邑实封一千三百户。皇从父淮安王神通上言：'义旗初起，臣率兵先至，今玄龄等刀笔之人，功居第一，臣窃不服。'太宗曰：'国家大事，惟赏与罚。赏当其劳，无功者自退；罚当其罪，为恶者咸惧。则知赏罚不可轻行也。今计勋行赏，玄龄等有筹谋帷幄，画定社稷之功，所以汉之萧何，虽无汗马，指踪推毂，故居功第一。叔父于国至亲，诚无爱惜，但以不可缘私滥与勋臣同赏矣。'②可见，这时所谓"封建"，已非国家的根本制度，只是作为赏罚制度的一种形式而保留下来，因为这种形式尚能起到维护等级特权利益的作用。

---

① 《唐会要·封建》卷四十六。
② 《贞观政要·封建》。

由于上述事情的发生,引起李世民的思虑。次年末,召集了群臣,议论如何使他的"子孙长久,社稷永安",而引起了封建制和郡县制问题的论争。李世民对群臣们说:"朕欲使子孙长久,社稷永安,其理如何?"尚书右仆射宋国公萧瑀就主张封建诸侯,他说:"臣观前代,国祚所以长久者,莫不封建诸侯,以为磐石之固。秦并六国,罢侯置守,二世而亡。汉有天下,众建藩屏,年踰四百。魏晋废之,不能永久。封建之法,实可遵行。"而礼部尚书李百药则反对立即实行封建诸侯,说:"臣以为自古皇王,居临宇内,莫不受命上元,飞名帝籙。"至于国家的兴衰"此乃钦明昏乱,自系安危;固非守宰诸侯,以成兴废",即并非系于封建或郡县。因此,他并认为封建诸侯也不是绝对不可实行的,不是条件尚不成熟,得"待琢琱成朴,以质待文,刑措之教一行,登封之礼云毕,然后定疆理之制,议山河之赏,未为晚焉"。

中书侍郎颜师古主张封国和州县相杂错,他说:"臣愚以为当今之要,莫如量其远近,分置王国,均其户邑,强弱相济,画野分疆,不得过大,间以州县,杂错而居,互相维持,永无倾夺,使各守其境,而不能为非,协力同心,则足扶京室。陛下然后命诸子,各就封之,为置官寮,皆一省选用。法令之外,不得擅作威刑,朝贡礼仪,具为条式,一定此制,万代永久。"魏徵和监察御史马周则直截了当地反对封建诸侯。魏徵说:"自隋氏乱离,百殃俱起,黎元涂炭,十不一存,始蒙敷至仁以流元泽,沐春风而需夏雨,一朝弃之,为诸侯之隶,众心未定,或至逃亡,其未可一也;既立诸侯,当建社稷,礼乐文物,仪卫左右,顿阙则理必不安,粗修则事有未暇,其未可二也;大夫卿士,咸资禄俸,薄赋则官府困穷,厚敛则人不堪命,其未可三也;王畿千里,地税不多,至于贡赋所资,在于侯甸之外,今并分为国邑,京师府藏必虚,诸侯朝宗,无所取给,其未可四也;今燕秦赵代,修带蕃夷,黜羌旅拒,匈奴未灭,追兵内地,远赴边庭,不堪其劳,将有他变,难安易动,悔或不追,其不可五也。"

基于上述五点理由,他认为封建诸侯是不合时宜的,并指出封建国家各种制度的建立"贵在相时""理资通变"。而马周认为封建诸侯未必有利于宗室勋贤的子孙后代,"傥有孩童嗣职,万一骄愚,则兆庶被其殃,而国家受其败"。他主张"宜赋以茅土,酌其户邑,必有材器,随器方授,则虽其翰翮非强,亦可以获免凶累"[1]。在这场论争后,李世民则采纳了反对封建诸侯的意见。于是"竟罢子弟及功臣世袭制度"。

贞观初年,这一场有关世封和郡县这种地方行政制度问题的论争,是在封建土地国有制占主导地位,而封建土地私有制日益发展的基础上发生的,是在旧士族地主势力日衰,庶族地主势力增长的形势下,李世民试图通过支持反对世封制,实行郡县制来进一步打击和削弱旧士族地主势力,发展和巩固封建中央集权统治。其实质是封建统治集团内部就采取何种政治形式来统治广大劳动人民的论争,是统治集团内部代表着本阶级中不同阶层的势力之间争夺政治权力的反映。

---

① 《唐会要·封建杂录上》。

这次论争,与先前几代封建王朝所发生的封建制和郡县制之争,虽然是一脉相承,但就其内容来说,还不是完全一样的。秦统一六国后,在封建统治阶级内部,经过一场激烈论争,废除封建诸侯,改置郡县,保证统一的封建中央集权专制主义统治的确立,标志着新兴地主阶级取代没落奴隶主阶级统治的最终胜利。西汉初年,由于封建统治集团对秦速亡的经验教训的认识上的局限,以及调整封建统治集团内部关系的政治需要而出现反复,推行一种特殊形式的地方行政制度,即诸侯封国与郡县犬牙交错的并立,后来,它给统一的封建中央集权统治的巩固便带来不利。在"异姓七国""同姓七国"之乱发生后,封建统治集团又相继采取削弱诸侯封国势力的措施。实际上,这时的封建诸侯已徒有其名,而无其实,即只享食租衣税,毫无管治地方的军、政实权了。

这种局面的出现,反映着秦末以来土地买卖的盛行所造成的豪强地主兼并土地的状况日趋激烈,以及其与诸侯封国势力的角逐。在这种形势下,汉王朝统治集团一方面试图通过诸侯封国来调整和稳定其内部关系,另一方面又想以郡县制来维护和巩固其统治的阶级基础,即保护豪强地主的权益。这种犬牙交错的矛盾状态,不但没有起到巩固中央集权的统治的作用,反而遭其危害。后来,削弱了诸侯封建势力,仍保留着封建诸侯的形式,以调和整个封建统治阶级内部的矛盾。

到了魏晋,统治集团内部又展开了一场大论争,主张封建诸侯的势头,几乎占了上风。然而,建立在奴隶制经济基础上的五等封爵制,在其经济基础不复存在的历史条件下,是不可能恢复原状的。但是,这种主张,也并不是没有它的客观根据的。曹魏和西晋的封建统治集团的共同特点,是以豪门士族势力为支柱的。从曹魏推行的"屯田制"到西晋实行的"占田制",不断地增强了豪门士族的经济实力,并且按照官吏的品级直接享受着种种特权,加强了豪门士族势力的发展。因此,上述封建诸侯的主张,只是反映他们之间为了维护和扩大既得利益,在重新寻找实现统一和巩固统一的出路,以稳定其统治地位,事实上并没有也不可能使五等封爵制在新的历史条件下得以复苏。

可见,贞观初年世封制与郡县制问题的论争,在封建统治史及其法律思想史上是有其渊源的。然而,它并不是简单的历史再现。因为一种法律制度的确立、巩固和成熟,决不是统治者的意愿决定的,而是以其客观经济发展为基础所形成的阶级关系的变化以及阶级斗争发展的需要相适应的产物,统治集团内部的矛盾和斗争仅起着一定的影响作用。而它的发展和巩固,又是在曲折、反复的历史过程中获得的。秦统一六国后所确立的以郡县制为基础的封建中央集权专制主义制度,是适应封建经济基础发展成熟的需要以及阶级关系变化的产物。例如,到了唐朝,为了加强封建中央集权统治,从贞观年代开始,在地方行政制度郡县之上又增加了道一级的建制。对于贞观初年的论争以及后来柳宗元就此所作的历史性的理论总结,才使历经800余年的封建中央集权专制主义制度获得大体上的巩固和完善。

贞观初年,君臣议政中的另一个重要内容,是创业与守成的问题。李世民试图通过这个问题的议论,达到在统治集团中,统一对加强和巩固中央集权政治的重要性的认识。李世民认为,这方面问题的关键在于统治集团成员从思想上警惕和防止骄逸。据史料记载,在一次君臣议政中,他向侍臣们提出:"帝王之业,草创与守成孰难?"当时,尚书左仆射房玄龄回答说:"天地草昧,群雄竞起,攻破乃降,战胜乃剋,由此言之,草创为难。"而魏徵征则认为创业与守成对比起来,创业尚易,守成则难,他说:"帝王之起,必承衰乱,覆彼昏狡,百姓乐推,四海归命,天授人与,乃不为难。然,既得之后,志趣骄逸,百姓欲静,而徭役不休;百姓凋残,而侈务不息。国之衰弊,恒由此起。以斯而言,守成则难。"李世民针对他们的看法指出:"玄龄昔从我定天下,备尝艰苦,出万死而遇一生,所以见草创之难也。魏徵与我安天下,虑生骄逸之端,必践危亡之地,所以见守成之难也。今草创之难,既已往矣。守成之难者。当思与公等慎之。"①

从这里可以看出,李世民提出这个问题的实际意义,在于告诫他的侍臣们得了天下要防止骄逸,"若安天下必先正其身,未有身正而影曲,上理而下乱者。"然而,在思想上如果只认为创业是艰难的,就容易产生居功自傲的情绪,而忽视面临的守成之难;与此相反,认为创业"不为难",只知守成"为难",也会产生畏难情绪。在李世民看来,问题是创业的艰苦已经成为过去,群臣多未经历的是如何治理天下,尚不知守成之难。因此,他提出要为长治久安深思远虑,谨慎从事,切不可滋骄纵逸。李世民之所以能如此提出问题,一是与他的经历有关,即他自身兼据创业与守成的地位,二是由于他常以历史为鉴戒,并能兼听纳下,而有远见卓识。

由此可见,时代的要求和新兴地主阶级代表人物李世民的实践活动统一起来,历史地产生了李世民既知创业艰难更知守成艰难并把二者联系起来的思想,这正是贞观之治和李世民胜利统治天下的法律思想的基础。

随后,在君臣议政中,李世民又进一步提出居安思危、理不忘乱的思想。他说:"自古帝王,亦不能常化,假令内安,必有外扰。当今,远夷率服,百谷丰稔,盗贼不作,内外宁静,非朕一人之力,实由公等共相匡辅。然安不忘危,理不忘乱,虽知今日无事,亦须思其终始,常得如此,始是可贵也。"②他并一再强调自始至终都不要忘记这一点,使唐王朝立于不倾败之地,万代遵行而永存。李世民的这种愿望,正是围绕着其政权的长远的根本的利益设想的。

根据"封建王朝万万岁"的封建帝王正统思想,李世民自然也非常重视他们家天下的传宗接代问题。因此,自然也非常重视对太子诸王的教戒,并将其视为关乎国家能否永存的大事。李世民把太子诸王定分问题,看作是消除国家危亡之患的大计,试图通过采取这一重大措施,来对诸王子进行严格的教戒。他曾就此对侍臣们说:"父子之情,岂不欲常相见耶。但家国事殊,须出作藩屏,且令其早有定分,绝觊觎之心,我百年后,使其兄弟无危亡之患也。"③

---

① 《贞观政要·君道》。
② 《贞观政要·慎终》。
③ 《贞观政要·太子诸王定分》。

这里,李世民认为,在皇家中,诸王子具有双重关系。"外为之君臣,内为之父子",要把这两种关系区分开来,不可以父子之情和溺爱之私淹没一切,要"以义制事,以礼制心",定期"藩屏"之分,让他们及早地离开自己的身边,以"绝觊觎之心"。在这方面,李世民也是煞费一番心机的。起初,他曾要求侍臣们为太子诸王精选和推举师傅,以进行礼义之教。他说:"上智之人,自无所染,但中智之人,无恒,以教而变。况太子师保,古难其选。成王幼小,周召为保傅,左右皆贤,日闻雅足以长仁益德,使为圣君。秦之胡亥,用赵高作傅,教以刑法,及其嗣位,诛功臣,杀亲族,酷暴不已,旋踵而亡。故知人之善恶,诚由近习。朕今为太子诸王精选师傅,令其式瞻礼度,有所裨益。公等可访正直忠信者,各举三两人。"①

与此同时,李世民还特地召见魏徵,对他说:"自古信王能自保全者甚少,皆由生长富贵,好尚骄逸,多不解亲君子远小人故尔,朕所有子弟欲使见前言往行,冀具以为规范。"遂命魏徵将古来帝王子弟的行事得失都集录起来,区分善恶之事,各编一篇,取名为《诸王善恶录》。李世民亲自审阅后,认为很好,赐予诸王子,并对他们说:"此宜置于座右,用为立身之本。"②后来,太子承乾"数亏礼度,侈纵日甚",直至发展到派刺客杀害为此上谏太宗的太子詹事于志宁。此事发生后,更引起李世民对太子诸王的教戒问题的重视,他一方面及时地惩罚了承乾,将其贬为庶人;另一方面,经常亲自对太子诸王进行谆谆的教诲。

据史料记载,"贞观十八年,太宗谓侍臣曰:古有胎教世子,朕则不暇。但近自建立太子,遇物必有诲谕。见其临食,将饭,谓曰:汝知饭乎?对曰:不知。曰:凡稼穑艰难,皆出人力,不夺其时,常有此饭。见其乘马,又谓曰:汝知马乎?对曰:不知。曰:能代人劳苦者也,以时消息,不尽其力,则可以常有马也。见其乘舟,又谓曰:汝知舟乎?对曰:不知。曰:舟所以比人君,水所以比黎庶,水能载舟,亦能覆舟,尔方为人主,可不畏。见其休于曲木之下,又谓曰:汝知此树乎?对曰:不知。曰:此木虽曲,得绳则正;为人君虽无道,受谏则圣,此傅说所言,可以自鉴。"③他还以赐书的方式,对太子进行严肃的教诲。他说:"尔国之储式,府藏是同,金玉绮罗,不足为赐,但先圣典籍,可为鉴诫耳。"④随赐予太子《尚书》《毛诗》《孝经》各一部。这同他对诸王子定分,授英王恪为齐州都督时,所说的"不遗汝珍,而遗汝言,其念之哉"的做法是一致的。

这就是说,在李世民看来,与其留给后代子孙享受不尽的"金玉绮罗",不如给后代子孙留下可鉴戒的使之永怀不忘的教诲,后者才是使唐王朝万代永存的可靠保证。

李世民深知对太子诸王的教戒问题,是关于其中央集权统治能否获得真正加强和巩固的大事。他曾对魏徵说:"观近古帝王,有传位十代者,有一代两代者,亦有身得身

① 《贞观政要·尊敬师傅》。
② 《贞观政要·教戒太子诸王》。
③ 《贞观政要·教戒太子诸王》。
④ 《唐会要·皇太孙》卷四。

失者,朕所以常怀忧。"①这就是李世民之所以非常重视对太子诸王的教戒问题的出发点及其实质所在。

李世民的这些所想所为,虽没有超出先前更替中的封建王朝所经历过的带有规律性的一些问题,但如此全面地涉猎这些问题,并非偶然随意。它适应遭到严重破坏后的封建经济开始再度复苏和由此形成的社会生活日趋安定的形势;是为了满足在封建土地国有制仍占主导地位与官僚豪族大土地占有制日益发展的矛盾斗争中,封建统治集团内部坚持维护封建土地国有制主导地位的势力的要求。就李世民来说,也正是从先前的历史借鉴中,自然地增长了自己的远见卓识的才能,既能面对现实,又能汲取历史的教训,全面权衡历史经验中的利弊而提出较先前封建统治者更为高明的思想主张。尽管由于历史的阶级的局限,他不可能做出更系统的科学的历史经验总结,然而它给后来封建王朝统治者们的影响是深远的。李世民的深刻见地是在其政治活动中,能够把历史和现实联系起来,始终围绕着封建统治集团的根本利益来权衡一切,并能通过君臣议政的方式,广开言路,兼听众议。这不能不说是民主制的萌芽。这种民主性的萌芽,虽然非常有限,但对地主阶级的统治和人民群众的被统治的安定,都将是有益的。在从秦始皇到唐太宗八百多年中国封建中央集权专制制度下,能够出现"议政""纳谏",从而便于集中群臣中的先进或合理的见解而付诸实行,实属凤毛麟角。这正是李世民具有进步的民主性和法制思想的突出表现。

第二节　知人善任与纳谏

"贞观之治"在历史上的出现,从封建统治集团的主观条件上来说,李世民能够知人善任与用贤纳谏是一个极其重要的方面。

李世民提出"选天下之才,为天下之务","至公无私"以"服天下心"的主张。他认为一个人的殚精竭虑,不能应付天下千端万绪的事务,只有"广任贤良""委任责成,各尽所用",才能治理好天下。贞观初年,李世民与尚书右仆射萧瑀一次议论起隋文帝,他向萧瑀说:"隋文帝何如主也?"萧瑀说:"克己复礼,勤劳思政,每一坐朝,或至日昃,五品以上,引坐论事,宿卫之士,传飧而食。性虽非仁明,亦是励精之主。"李世民则说:"公知其一,未知其二。此人性至察而心不明,夫心暗则照有不通,至察则多疑于物。又欺孤儿寡妇以得天下,恒恐群臣内怀不服,不肯信任百司,每事皆自决断,虽则劳神苦形,未能尽合于理。朝臣既知其意,亦不敢直言,宰相以下,惟即承顺而已。朕意则不然,以天下之广,四海之众,千端万绪,须令变通,皆委百司商量,宰相筹画于事,稳便方可奏行。岂得以一日万机,独断一人之虑也。且日断十事,五条不中,中者信善,其如不中者何?以日继月,乃至累年,乖谬既多,不亡何待?岂如广任贤良,高居深视,法

---

① 《贞观政要·慎终》。

令严肃,谁敢为非。"①又说:"朕方选天下之才,为天下之务,委任责成,各尽其用,庶几理矣。"②

另一方面,李世民对隋炀帝的"刚愎猜忌,予智自雄"的思想和做法,更是反复地进行了批判和指责。李世民深知这样一个道理,即"得道者多助,失道者寡助。寡助之至,亲戚畔之;多助之至,天下顺之。"③而在李世民看来,得道就须"至公无私",才能"服天下心",如若徇私灭公,就要失道,众叛亲离。他并以此告诫侍臣,一次,房玄龄上奏说:"今阅武库,甲仗胜隋日远矣。"而李世民却回答说:"饬兵备寇,虽是要事,然惟欲卿等以存心理道,务尽忠贞,使百姓安乐,便是朕之甲仗。隋炀帝岂为甲仗不足,以至灭亡? 正由仁义不修,而群下怨叛,故也。宜识此心。"④这里,李世民同样要求侍臣们"存心理道""修仁义""尽忠贞""使百姓安乐",以"服天下心",并把"服天下心"看作是自己统治的最强大的"甲仗"。这就是李世民之所以如此重视人心归向问题的原因所在。

李世民知人善任,用贤纳谏的才能的发挥,正是出自上述指导思想和政治目的。他借鉴和继承了先前统治阶级的政治实践和思想成就,发表了一系列荟萃人才、收服人心的思想和议论,并采取了一些有效措施。

正己自贤与选贤任能

首先李世民把正己自贤与选贤任能两个问题联系在一起。在他看来,选贤任能必须正己自贤,而正己自贤又离不开忠臣的辅弼匡正。贞观初年,他曾对萧瑀说:"朕少好弓矢,自谓能尽其妙,近得良弓十数,以示弓工,乃曰:'皆非良材也。'朕问其故,工曰:'木心不正,则脉理皆邪;弓虽刚劲,而遣箭不直,非良弓也。'朕始悟焉。朕以弧矢定四方,用弓多矣,而犹不得其理,况有天下之日浅,得为理之意,固未及于弓,弓犹失之,而况于理乎。"⑤从与弓工的回答中,似乎李世民悟出这样一个道理,即倘若君心不正,其言行同样是邪的,空有其尊严,也不会治理好天下。他并从中感到自己治理天下比夺取天下的经历还浅,不懂的东西会更多,需要借助于群臣的辅弼。

因此,他常对侍臣们说:"人欲自照,必须明镜,主欲知过,必籍忠臣。主若自贤,臣不匡正,欲不危败,岂可得乎。故君失其国,臣亦不能独全其家。至于隋炀帝暴虐,臣下钳口,卒令不闻其过,遂至灭亡,虞世基等寻亦诛死。前事不远,公等每看事有不利

① 《贞观政要·政体》。
② 《旧唐书·太宗纪》。
③ 《孟子·公孙丑下》。
④ 《贞观政要·仁义》。
⑤ 《贞观政要·政体》。

于人,必须极言规谏。"①实际上,李世民把正己自贤看作是选贤用能的先决条件的同时,还把贤能人才的辅弼匡正看作是君主正己自贤、治理好天下的必不可少的重要条件。同样,他并告诫群臣,对统治集团内的任何人的过失和不正,也都应当极言规劝。

正因为如此,李世民在选贤任能方面能够显现出不植私于党,不窥避仇嫌的特点。李世民对其叔父李神通的批评,前已有叙。

当时,在秦府旧人与齐府新人之间也曾发生过类似的问题,李世民同样予以批驳。他说:"王者至公无私,故能服天下之心。朕与卿辈日所衣食,皆取诸民者也。故设官分职,以为民也,当择贤才而用之,岂以新旧为先后哉。必也新而贤,旧而不肖,安可舍新而取旧乎。"②李世民这种不植私于党,不论亲疏,不论先后,而坚持论功行赏,择贤而用的法律思想和做法,正是他正己自贤的一种表现。特别要指出的,就是作为封建皇帝的李世民,并能不避仇嫌地重用贤能,更是难能可贵的。

对魏徵的重用,就是一个非常突出的事例。魏徵本是孤贫落拓、怀才志不遇而出家的道士,隋大业末年,曾一度为李密所召用,继义降于窦建德;唐武德年间,因闻名于世而被引见,紧事太子李建成。魏徵"见太宗勋业日隆,每劝建成早为之所。及败,太宗使召之,谓曰:'汝离间我兄弟,何也?'徵曰:'皇太子若以征言,必无今日之祸。'太宗素器之,引为詹事之簿。及践祚,擢拜谏议大夫、封巨鹿县男,使安辑河北,许以便宜行事。"③李世民经常"引之卧内,访以政术,征雅有经国之才,性又抗直,无法屈挠。太宗每与之言,未尝不说。徵亦喜逢知己之主,竭其力用。义劳之曰:'卿所谏前后二百余事,皆称朕意。非卿忠诚奉国,何能若是。'"④可见,魏徵由李世民的"政敌"转变成为他的忠臣,与李世民不避仇嫌,不计恩怨,推诚相见,深信重用,充分发挥其才智,是密不可分的。

还有,李世民对屈突通、尉迟敬德等人的重用,也是如此。由于李世民"拔人物不私于党,负志业咸尽其才。所以屈突通、尉迟由仇敌而愿倾心膂;马周、刘洎自疏远而卒委钧衡。"⑤李世民还曾对侍臣们说:"朕今孜孜求士,欲专心政道。闻有好人,则抽擢驱使。而议者多称彼者皆宰臣亲故,但公等至公行事,勿避此言,便为形迹。古人内举不避亲,外举不避仇,两为举得其真贤故也。但能举用得才,虽有子弟及有仇嫌,不得不举。"⑥同样,李世民也是以这种任人唯贤、任人唯才的原则,嘱托臣下。

由此可见,李世民上述正己自贤的思想,正是继承和发扬了儒家的"克己复礼""己不正焉能正人""选贤任能"等公平、公正、平等的进步法律思想,它表现了又一个新兴

---

① 《贞观政要·求谏》。
② 《资治通鉴》卷十九。
③ 《旧唐书·魏徵传》。
④ 《贞观政要·任贤》。
⑤ 《旧唐书·太宗纪》史臣评语。
⑥ 《贞观政要·公平》。

地主阶级代表"治国安民"的封建统治者进步法律思想的一面。

正因为如此,李世民在选贤任能方面能够收到扬长避短,咸尽其才的实效。经过隋末农民大起义,唐初封建统一战争以及玄武门事变持续动荡的年代,由群雄竞起到理乱人才的辈出,随着客观形势的发展、变化,从不同道路上,相继集结到李世民的周围。这种客观历史环境造就的种种人才,并使其集中起来,而就他们中每一个人来说,又由于具体的经历和条件的不同,有着各自不同的长处和不足。就他们同李世民的关系来说,无论是原属下,还是归附者,自然存在着先与后、新与旧、亲与疏的区别,他们中甚至有被迫留下来的仇嫌者。

李世民面对这种现实,从封建统治集团的根本利益出发,不仅进行了分化瓦解,收罗安置,而且在使用上还采取了上述不植私于党,不窥避仇嫌的做法,尤其是李世民能够了解他们各自的长处和弱点,扬长避短,各得所宜,充分发挥出他们各自的长处。从李世民身边主要的一些侍臣各自所具备的才能,即可验证这方面的情况,他们中既有"孜孜奉国,知无不为""高见远谋""用人之材"的房玄龄;又有"聪明世达""剖断如流"的杜如晦,"房知杜之能断大事,杜知房之善建嘉谋,禅谟草创,东里润色,相须而成,俾无悔事"①,他们均被李世民任命为丞相,两个人的长处互为补充,房谋杜断相得益彰。不仅有"深谋远算""犯颜切谏"的魏徵,而且还有"正己正君",与魏徵齐名的王珪;李世民对他们不但重用,更是"许以便宜行事"。既有"才兼文武,出将入相"的李靖;又有"感德推功,精于术数",镇抚边境,与李靖齐名的李勣;更有"德行忠直",博学能文的虞世南,均为李世民所推服信用。还有如"敷奏详明,出纳惟允"的温彦博;"处繁理剧,众务必举"的戴胄;"见事敏速,性甚慎矣""深识事端,动无不中"的马周等,他们的这些长处,也都深为李世民所了解,并委以重任,使其各自尽用。

李世民这种知人善任的才能,并非是先天生就的,而是在他的政治实践中增长起来的。特别是在"共康时政"的君臣议政中受益的。譬如,在选贤任能问题上,他曾提出过"自举"和令侍臣们"推举"的办法,而通过君臣之间的议论,权衡其利弊尤著,从而获得更符合封建统治集团根本利益的做法。就此李世民曾问侍臣们说:"朕闻太平后必有大乱,大乱后必有太平。大乱之后,即是太平之运也。能安天下者,惟在用得贤才,公等既不知贤,朕又不可偏识,日复一日,无得人之理,今欲令人自举,于事何如?"魏徵说:"知人者智,自知者明。知人既以为难,自知诚亦不易,且愚暗之人,皆矜能伐善,恐长浇竞之风,不可令其自举。"又一次,侍御史马周上疏说:"治天下者,以人为本。欲令百姓安乐,惟在刺史、县令。县令既众,不可皆贤,若每州得良刺史,则合境苏息;天下刺史悉称圣意,则陛下可端拱岩廊之上,百姓不虑不安。自古郡守、县令,皆妙选贤德,欲有迁擢为将相,必先试以临人,或从二千石入为丞相及司徒、太尉者,朝廷必不可独重内臣,外刺史、县令,遂轻其选。所以百姓未安,殆由于此。"李世民由此作出决

---

① 《旧唐书·房玄龄、杜如晦传》。

定说:"刺史,朕当自简择;县令,诏京官五品以上,各举一人。"①

通过这种君臣议政的方式,李世民不仅作出更为妥当的各种决定,从而也直接了解了臣的情况,所以说,由于李世民在他的政事活动中,能够正己自贤,开怀抱纳,谏中从善,留心用人与治道,因此,也就使贤良之才各得其宜,各自尽用。李世民所具备的知人善任的才能,固然其中还有先前统治者的实践经验和教训予以借鉴,但更主要的是他自己的政治实践体验的结果。

通过治国用人的亲身实践经验和继承先前经验的结合,李世民在选贤任能方面才能够收到"君臣同气,义均一体,协力同心"的结果。贞观五年,天下方呈现出安定的局面,李世民就对侍臣们提出防止骄逸,协力同心地治理好封建王国的要求。他说:"治国与养病无异也。病人觉愈,弥须将护,若有触犯,必至殒命;治国亦然,天下稍安,尤须竞慎,若使骄逸,必至丧败。今天下安危,系之于朕,故日慎一日,虽休勿休;然耳目股肱,寄于卿辈,既义均一体,宜协力同心,事有不安,可极言无隐。倘君臣相疑,不能备尽肝膈,实为国之大害也。"②这里,李世民强调了君臣之间互相信任,同心同德,共康时政的意义。他把君臣关系比作是人的元首与耳目、股肱之间相关联的关系,是一个有主有辅的活动整体;并把人君的自防自正与大臣的辅弼匡正看作是处理好君臣关系缺一不可的两个重要条件。李世民为此还提醒侍臣们说:"看古之帝王,有兴有衰,犹朝之有暮,皆为蔽其耳目,不知时政得失。忠正者不言,邪谄者日进,既不见过,所以至于灭亡。朕既在九重,不能尽见天下事,故布之卿等,以为朕之耳目。莫以天下无事,四海安宁,便不存意。可爱非君,可畏非民,天子者,有道则人推而为主,无道则人弃而不用,诚可畏也。"并告诫他们:"古人云:'危而不持,颠而不扶。焉用彼相。'君臣之义,得不尽忠匡救乎?朕尝读书,见桀杀关龙逢,汉诛晁错,未尝不废书叹息,公等但能正词直谏,裨益政教,终不以犯颜忤旨,妄有诛责。朕比来临朝断决,亦有乖于律令者,公等以为小事,遂不执言,凡大事起于小事,小事不论,大事又将不可救,社稷倾危,莫不由此。隋主残暴,身死匹夫之手,率土苍生罕闻嗟痛。公等为朕思隋氏灭亡之事,朕为公等思龙逢、晁错之诛,君位保全,岂不美哉。"③

李世民总结了先前统治者的历史教训,进一步说明了以下两点:①处理好君臣关系是系于封建国家安危存亡的大事,要时刻存意,切不可稍许疏忽,强调大臣要敢于犯颜匡谏,使人君成为有道之主。这反映了贞观初年,李世民虚己纳下,存意理道的心情。②突出依法办事的法律思想。李世民带检讨性地指出,当他亲自判案时"亦有乖于律令者",为此他严肃地告诫侍臣们说,这决不是小事,而是关系到"社稷倾危"的国家大事。这种强调执法要严、依法办事的法律思想,至今仍可作为我们的借鉴。

与此同时,李世民也深知君臣关系的维系不可恣意任情,经常以君臣共同鉴戒的

---

① 均见《贞观政要·择官》。
② 《贞观政要·政体》。
③ 《贞观政要·政体》。

态度来告诫他的臣下。他曾对房玄龄等人说："自古帝王多任情喜怒,喜则滥赏无功,怒则滥杀无罪,是以天下丧乱,莫不由此。朕今夙夜未尝不以此为心,恒欲公等尽情极谏。公等亦须受人谏语,岂得以人言不同己意,便即护短不纳。若不能受谏,安能谏人。"①而且他对臣下不逼不遏,不嫉不仇。通过一次君臣议政的场面,也可略见一斑。贞观七年,李世民与魏徵等人议论自古以来理政得失的经验教训,他说:"当今大乱之后,造次不可致理。"魏徵则说:"不然,凡人在危困,则忧死亡,忧死亡则思理,思理则易教。然则乱后易教,犹饥人易食也。"李世民又反问:"善人为邦百年,然后胜残去杀,大乱之后,将求致理,可造次而望乎?"魏徵说:"此据常人,不在圣哲。若圣哲施化,上下同心,人应如响,不疾而速,期月而可,信不为难,三年成功,犹谓其晚。"李世民听了这番对答,认为其言有理。

可是,封德彝等人却不同意魏徵的这种看法。封德彝反驳说:"三代以后,人渐浇讹,故秦任法律,汉杂霸道,皆欲理而不能,岂能理而不欲?!信魏徵所说,恐败乱国家。"接着,魏徵就说:"五帝三王,不易人而理,行帝道则帝,行王道则王,在于当时所理,化之而已。考之载籍,可得而知:昔黄帝与蚩尤,七十余战,其乱甚矣,既胜之后,便致太平;九黎乱德,颛顼征之,既克之后,不失其理;桀为乱虐,而汤放之,在汤之代,既致太平;纣为无道,武王伐之,成王之代,亦致太平。若言人渐浇讹,不及纯朴,至今应悉为鬼魅。宁可复得而教化耶。"封德彝等人虽再无言对答,但仍都认为魏徵的主张是行不通的。这次议论就此告终了。

几年后,由于李世民采纳了魏徵的主张,力行不倦,收效甚大。就此,他对群臣说:"贞观初,人皆异论,云:当今必不可行帝道王道。惟魏徵劝我,既从其言,不过数载,遂得华夏安宁,远戎宾服。突厥,自古以来,常为中国勍敌,今酋长并带刀宿卫,部落皆袭衣冠。使我遂至于此,皆魏徵之力也。"李世民看了看魏徵,对他说:"玉虽有美质,在于石间,不值良工琢磨,与瓦砾不别;若遇良工,即万代之宝。朕虽无美质为公所切磋,劳公约朕以仁义,弘朕以道德,使朕功业至此,公亦足为良工尔。"②我们姑且不论这场论争的内容及其实质如何,但从整个对话的从容平和的气氛中可知,李世民是以不逼不遏,不疑不惑,竭诚待下,兼听己见,虚心以纳下,择善而从之的态度来对待群臣的。因此,群臣也能够务其忠贞,尽其智谋,正词直方,无所顾忌。还有,上述对魏徵、屈突通、尉迟敬德等人的使用,也反映出对待臣下不嫉不仇的态度。由于李世民对待臣下的这种态度,造成了君臣同气的团结一致,从而开创了中国地主阶级最高统治集团内部在君主专制政体中具有一定生动活泼的民主作风的政治局面。

李世民也懂得君臣关系的维系,不仅在政事活动中,要以上述正确的态度对待臣下;而且还要有正确的政策和措施来选拔和使用臣下。他把选用贤良人材,看作是治

---

① 《贞观政要·求谏》。
② 《贞观政要·政体》。

国的重要条件。他说:"为政之要,惟在得人,用非其才,必难致治。今所任用,必须以德行、学识为本。"①他还说:"吾为官择人,惟才是与。苟或不才,虽亲不用,如其有才,虽仇不弃,魏征等是也。今日所举,非私亲也。"②在李世民看来,才的内容应当包含德行与学识两个方面,要任人唯才,如不才,虽亲不用;有才,虽仇不弃。这就是李世民选拔和使用人材的标准和原则。李世民还特别指出那种用人只取学识,不了解其德行的做法,难以维护君主的统治。他对吏部尚书杜如晦说:"比见吏部择人,惟取其言词、刀笔,不悉其景行,数年之后,恶弥始彰,虽加刑戮,而百姓已受其弊。"③因此,李世民认为选拔人材必须慎重,要坚持宁缺毋滥的原则。他说:"古人云:王者须为官择人,不可造次即用。朕今行一事,则为天下所观,出一言,则为天下所听。用得正人,为善者皆劝;误用恶人,不善者竞进。赏当其劳,无功者自退;罚当其罪,为恶者戒。故知赏罚不可轻行,用人弥须慎择。"④在李世民看来,选贤任能和明正赏罚一样,都是国家的大事,既不可急,又不可滥,必须谨慎从事。而且,从一定意义上说,慎选择比慎赏罚更为重要些。他把选拔和任用人才也会给统治直接带来影响,选用一些"正人",就可以树立互相勉励为善之风,误用几个"恶人",就会滋长竞相钻营的邪恶之风。而选拔和任用人才要慎重,就必须坚持宁缺毋滥,宁简毋冗的原则。因此,他又说:"致理之本,惟在于审,量才授职,务省官员。故书称:'任官惟贤才。'又云:'官不必备惟其人。'若得其善者,虽少亦足矣;其不善者,纵多亦奚为? 古人亦以官不得其才,比于画地作饼,不可食也。诗曰:'谋夫孔多,是用不就。'又孔子曰:'官事不摄焉,得俭。'且千羊之皮,不如一狐之腋,此皆载在经典,不能具道。当须更并省官员,使得各当所任。"⑤这里,李世民还特别强调了在人才的使用上,要"量才授职""各当所任",要坚持省而精的原则。

最后,还要指出,李世民不但重视选拔贤良人才,而且还十分爱护他们。这不仅表现在重用上,即"百官中有学业优长,兼识政体者,多进其阶品,累加迁擢"⑥,而且经常留意考察他们。在朝廷中,如君臣议政,也是他考察群臣的一种方式。对地方官员,也是如此,不仅采取了他"自简择"刺史以上官员的措施,而且他还把都督、刺史"于屏风上录其姓名,坐卧恒看,在官如有善事,亦具列名下"⑦,以备随时考察了解。并常派朝廷大臣到地方巡察,如派李靖、褚遂良、孙伏迦等人,"使于四方,观省风俗"或"巡察四方,黜陟官吏"⑧。

为了选贤任能,李世民还采取了各种有效措施:一是他"自简择"刺史以上官员。

---

① 《贞观政要·崇儒学》。
② 《资治通鉴·唐纪十》。
③ 《贞观政要·择官》。
④ 《贞观政要·择官》。
⑤ 《贞观政要·择官》。
⑥ 《贞观政要·政体》。
⑦ 《贞观政要·择官》。
⑧ 《旧唐书·太宗纪》。

二是命大臣举贤,他曾屏斥过大臣中嫉贤忌能的表现。有一次,他向右仆射封德彝问及此事,封德彝本不积极举贤荐能,却回答说:"臣愚岂敢不尽情,但今未见奇才异能。"李世民则指出:"前代明王,使人如器,皆取士于当时,不借才于异代。岂得待梦传说,逢吕尚,然后为政乎? 且何代无贤,但患遗而不知耳。"可见,李世民并没有为封德彝所谓"未见奇才异能",实即"未有如己者"的嫉贤忌能的言词所惑,而这种责斥,也是留有余地的,这也反映了李世民对臣下不逼不遏、不疑不惑的态度。三是改进了进士等考试制度。据史料记载:"若列之于科目,则俊秀盛于汉、魏。而进士,隋大业中所置也,如侯君集、孙伏迦皆隋之进士也明矣。然彰于武德,而甲于贞观。盖文皇帝,修文偃武,正赞神授,尝私幸端门,见新进士缀行而出,喜曰:'天下英雄,入吾彀中矣'。"①这里概括了进士考试制度的始末,说明贞观年代出于"修文偃武"的需要,抬高进士的地位,选拔收拢人才,而人才辈出,以及李世民见此情景的喜悦心情,由此起,知识分子的普遍向往,总以中考进士为荣。"缙绅,虽极人臣,不由进士者,终不为。"②这样,就形成了一种社会风气。它对社会的稳定,人心的归向也起了有利的影响和促进作用,增长了"太平盛世"的气氛。这就是李世民采用各种办法,选拔、荟集人才,激励人心所收到的实效。

第三节　广开言路和开怀抱纳,兴民主性之风气

选贤任能与求谏纳谏是李世民维系和调整统治集团内部关系的两个不可分割的方面。选贤任能,使他的求谏纳谏收到有益的效果。而通过广开言路,求谏纳谏,又为他考察臣下,发现人才,创造有利的条件。

一、李世民把"直言正谏"与"扬善隐恶"看作是关乎封建国家兴亡存废的关键性的大事

李世民以历史为鉴戒,总结了这个方面的经验。贞观初年,李世民曾问过魏徵:"何谓为明君、暗君?"魏徵说:"君之所以明者,兼听也;其所以暗者,偏信也。"他还列举了先前统治者在政治实践中的经验教训,并对李世民说:"故人君兼听纳下,则贵臣不得壅蔽,而下情必得上通也。"③不久,由于魏徵答话的启示,李世民向侍臣们再次提出这个问题。

他说:"明主思短而益善,暗主护短而永愚。隋炀帝好自矜夸,护短拒谏,诚亦实难犯忤。虞世基不敢直言,或恐未有深罪。箕子佯狂自全,孔子亦称其仁。及炀帝被杀,

---

①　《唐摭言·述进士上篇》卷一。

②　《唐摭言·散进士序》卷一。

③　《贞观政要·论君道》。

世基何同死否?"杜如晦则说:"天子有诤臣,虽无道不失其天下。仲尼称:'直哉! 史鱼,邦有道如矢,邦无道如矢。'世基岂得以炀帝无道,不纳谏诤,遂杜口无言,偷安重位,又不能辞职请退,则与箕子佯狂而去,事理不同。昔晋惠帝贾后,将废愍怀太子。司空张华竟不能苦争,阿意苟免。及赵王伦举兵废后,遣使收华,华曰:'将废太子日,非是无言,当不被纳用。'其使曰:'公为三公,太子无罪被废,言既不从,何不引身而退?'华无辞以答,遂斩之,夷其三族。古人有云:'危而不持,颠而不扶,则将焉用彼相。故君子临大节而不可夺也。张华既抗直不能成节,逊言不足全身,王臣之节固已坠矣;虞世基位居宰辅,在得言之地,竟无一言谏诤,诚亦令死'。"李世民接着说:"公言是也。人君必须忠良辅弼,乃得身安国宁。炀帝岂不以下无忠臣,身不闻过,恶积祸盈,灭亡斯及。若人主所行不当,臣下又无匡谏,苟在阿顺,事皆称美,则君为暗主,臣为谀臣。君暗臣谀,危亡不远。朕今志在君臣上下,各尽至公,共相切磋,以成理道。公等各宜务尽忠,傥匡救朕恶,终不以直言忤意,辄相责怒。"①

这里可以看出,实际上,是他们君臣从各自的角度,共同总结了这个问题。历史的教训,使李世民认识到君臣关系的维系,就要靠"君臣上下,各尽至公,共同切磋,以成理道"。而"各尽至公"表现在君臣关系的处理上,就是君应虚己思短,求谏纳下,臣应竭尽忠贞,直言匡谏,只有这样,才能下情上通,共同切磋,治理好天下。与此相反,就要导致"君暗臣谀",迟早陷入危亡的绝境。

二、李世民强调了广开直言之路,是君臣同治乱共安危的需要

李世民说:"君臣本同治乱共安危,若主纳忠谏,民进直言,斯故君臣合契,古来所重。若君自贤,臣不匡正,不危亡不可得也。"②因此,李世民不仅把群臣看作是自己的"耳目""股肱",并且还把君臣关系比作是鱼水关系,他曾对侍臣们说:"正主任邪臣,不能致理;正臣事邪主,亦不能致理。惟君臣相遇有同鱼水,则海内可安,朕虽不明,幸诸公数相匡救,冀凭直言鲠议。"③还说:"每思臣下,有谠言直谏,可以施于政教者,当拭目以师友待之。"④

为了广开直言之路,李世民总是以用心不倦的态度来对待群臣的奏章和上疏。贞观初,有一次,他对司空裴寂说:"比有上书奏事,条数甚多,朕总黏之屋壁,出入观看。所以孜孜不倦者,欲尽臣下之情,每一思政理,或三更方寝。亦望公辈用心不倦,以副朕怀也。"⑤李世民这种试图以自己的用心不倦来赢得臣下的同心不倦,为广开直言之

① 《贞观政要·求谏》。
② 《贞观政要·君臣鉴戒》。
③ 《贞观政要·求谏》。
④ 《贞观政要·政体》。
⑤ 《贞观政要·求谏》。

路,提供了良好的开端。同时,李世民还对那种出于个人利害,利用奏事和上疏攻讦别人的过失或阴私的不正行径,进行严厉的斥责和处罚。他说:"朕开直言之路,以利国也。而比来上封事者多讦人细事,自今复有为是者,朕当以谗人罪之。"①这样,不仅明确了广开直言之路的目的,而且也排除了干扰和障碍。

这里需要特别指出的是:

(1)为了广开直言之路,李世民以闻过即改、知失必纠的态度来对待臣下的正词直言的匡谏,激励群臣敢于犯颜切谏。他曾对王珪说:"自古人君莫不欲社稷永安,然而不得者,只为不闻己过,或闻而不能改故也。今朕有所失,卿能直言,朕复闻过能改,何虑社稷之不安乎?"②他还曾对褚遂良说:"朕所为事,若有不当,或在其渐,或已将终,皆宜进谏。比见前史,或有人臣谏事,遂答云,业已为之,或道,业已许之,竟不为停改,此则危亡之祸可反手而待也。"③

李世民不仅这样说,而且确有许多的实际行动。例如,贞观四年,李世民下诏修洛阳乾元殿,以备巡狩。给事中张玄素上谏,陈述了反对这一举动的理由,言词锋利,论据雄辩,切中要害。他提醒李世民应当吸取历史上的教训:"臣闻阿房成,秦人散;章华就,楚众离;乾元毕工,隋人解体。"并尖锐指出:"且以陛下今时功力,何如隋日?承凋残之后,役疮痍之人,费亿万之功,袭百王之弊,以此言之,恐甚于炀帝远矣!愿陛下思之,无为由余所笑,则天下幸甚矣。"李世民接着就问张玄素:"卿以我不如炀帝,何如桀纣?"张玄素说:"若此殿卒兴,所谓同归于乱。"至此,李世民不但当群臣之面承认自己没有很好思量这件事,而且立即下令停止修葺乾元殿,并表奖了张玄素。他说:"然以卑干尊,古来不易,非其忠直,安能如此,且众人之唯唯,不如一士之谔谔。"④

李世民从谏如流和富于自我批评的精神,对封建帝王来说,都是难能可贵的。这就不能不使我们联想到"贞观之治"之所以能出现的主观方面的有利条件。同时也就不能不使我们更联想到,专制制度下的帝王具有虚心纳下、自我批评的精神,与树立依法办事和实行封建的法律建设,具有密不可分的关系。从一定意义上可以说,李世民的严以责己、虚心纳下、自我批评的精神,是封建依法办事和加强法制建设的具有决定性的一个主观因素。由此可见,法制和民主,统治者的以身作则和国家实行依法办事,早在封建制度下就是联结在一起的。

由于李世民有如此从谏乐善的诚意和行动,其影响所及,那就不只使直接参预朝政的大臣敢于犯颜直谏,而且也使一些地方官吏跟着这样做,上行下效,蔚然成风。例如,贞观十四年,李世民要到同州游览狩猎,被栎阳县丞刘仁轨谏阻。刘仁轨说:"今兹

---

① 《资治通鉴·唐纪十》。

② 《贞观政要·任贤》。

③ 《贞观政要·求谏》。

④ 《贞观政要·纳谏》。

澍泽沾足,百谷炽茂,收十二,常日赘调,已有所妨,又供猎事,缮桥治道"①,百姓的负役就更重了。李世民听到这一谏阻后,不但就此罢猎,而且还"擢拜仁轨为新安令",即将他提拔了一级。就是一个突出的例证。

(2)为了广开直言之路,李世民还经常告诫臣下,要"灭私徇公,坚守直道",并特赐赏、提拔敢于直言谏诤的官吏。贞观初,李世民与侍臣们就中书、门下两省的职责问题,进行过议论,他摒斥了当时实施中的一些弊端,他说:"中书所出诏敕,颇有意见不同,或兼错失,而相正以否。元置中书、门下,本拟相防过误,人之意见,每或不同,有所是非,本为公事,或有护己之短,忌闻其失,有是有非,衔以为怨;或有苟避私隙,相惜颜色,知非政事,遂即施行,难违一官之小情,顿为万人之大弊。此实亡国之政,卿辈特烦在意防也。隋日,内外庶官,政以依违,而致祸乱,人多不能深思此理。当时皆谓祸不及身,间从背言,不以为患;后至大乱一起,家国俱丧,虽有脱身之人,纵不遭刑戮,皆辛苦仅免,甚为时论所贬黜。卿等特须灭私徇公,坚守直道,庶事相启沃,勿上下雷同也。"他还说:"中书、门下,机要之司,擢才而居,委任实重,诏敕如有不稳便,皆须执论。比来,惟觉阿旨顺情,唯唯苟过,遂无一言谏诤者,岂是道理!若惟署诏敕,行文书而已,人谁不堪,何烦简择,以相委付。自今,诏敕疑有不稳便,必须执言,无得妄有畏惧,知而寝默。"②

从以上引证可以看出,李世民告诫群臣在君与臣之间、臣与臣之间,既不要"护己之短,忌闻其失",也不要"苟避私隙,相惜颜面",更不要"阿旨顺情,唯唯苟过";而应当特别注意防止和杜绝这类情况发生,因为历史教训告诉人们这是亡国的"大弊";一定要"灭私徇公,坚守直道"。只有这样,才能使君臣关系、臣臣关系始终密切。对不正确的意见,或疑有不稳妥的事情,不要"妄有畏惧,知而寝默"。而要敢于直言,敢于谏诤,直言不隐。只有这样,"庶事相启沃,勿上下雷同",也才能真正收到"集众思,广忠益",把天下治理好的效果。

在这方面,李世民也能在他和魏徵之间,率先垂范,做出了榜样。魏徵的"犯颜强谏"与李世民的"乐于受谏",两者虽属君臣关系,但这种表现,却起到了相辅相成的作用。魏徵曾坦率地流露出这种心情,说:"陛下导臣使言,臣所以敢言。若陛下不受臣言,臣亦何敢犯龙麟,触忌讳也。"而李世民推诚相见,也说出肺腑之言:魏徵等人"犯颜切谏,不许我为非",足资说明这一点。由于这种以"臣以进言为忠,君以听言为急"为其特点的君臣关系,使唐初迅速出现"君臣同气,义均一体,协力同心"的协调、和谐的政治局面。魏徵去世之后,李世民非常哀痛,罢朝五日,道出了流传久长、寓意深刻的至理名言:"夫以铜为镜,可以正衣冠;以古为镜,可以知兴衰;以人为镜,可以明得失。朕常保此三镜,以防己过。今魏徵殂逝,遂亡一镜矣。"③这对于没有过亲身经历和感受

---

① 《贞观政要·论畋猎》。
② 《贞观政要·政体》。
③ 《贞观政要·任贤》。

的人,是总结不出来的。客观地说,作为封建皇帝的李世民,也堪称是个出类拔萃的政治家了。

(3)为了广开直言之路,李世民还采取了一些实际措施,也收到了集思广益、补偏纠过的实效。诸如,贞观元年,诏令"自是宰相入内,平章国计,必使谏官随入,预闻政事,有所开说,必虚己纳之"①。这就从更大范围来集思广益,更大限度地减少君臣议政中可能出现的思虑之失。随后,又诏"京官五品以上,更宿中书省内",更便于及时了解到民间的疾苦及政事的得失,"每召见皆赐坐,与语询访外事务"②。同时,还可以更广泛地听取到臣下的治理天下的意见,"询谋于众而不自用"。再有"军国大事,中书舍人各陈所见,谓之五花判事,而宰相审之,此会议之始也。敕旨既下,给事中、黄门侍郎驳正之,则抄参封驳之始也。"③这既有明确的职权范围的划分,又有协力的配合;既有互相牵制,又创造了集中封建统治经验的条件。这些措施本身广开了直言之路,沟通了上下情况,集中了左右经验,密切了君臣关系,更加发挥了集思广益、补偏纠过的作用。

上述李世民的知人善任与用贤纳谏的思想主张,是封建统治集团在政治上维系和调整其内部关系的依据。这一套完整而系统的指导思想,并非是简单的由李世民主观的良好愿望产生的。

首先,它是同经济上的改革和推行均田制度相适应的产物。李世民即位时,"霜旱为灾,米谷踊贵,突厥侵扰,州县骚然。帝志在忧人,锐精为政,崇尚节俭,大布恩德。是时自京师及河东、河南、陇右,饥馑尤甚,一匹绢才得一斗米。百姓虽东西逐食,未尝嗟怨,莫不自安,至贞观三年,关中丰熟,咸自归乡,竟无一人逃散。其得人心如此,加以从谏如流,雅好儒术,孜孜求士,务在择官,改革旧弊,兴复制度,每因一事,触类为善。初,息隐、海陵之党,同谋害太宗者数百千人,事宁,复引居左右近侍,心述豁然,不有疑阻,时论以为能断决大事,得帝王之体。深恶官吏贪浊,有枉法受财者,必无赦免;在京流外,有犯赃者,皆遣执奏,随其所犯,实以重法,由是官吏多自清谨制驭。王公、妃主之家,大姓豪猾之伍,皆畏威屏迹,无敢侵欺细人,商旅野次,无复盗贼,囹圄常空,马牛布野,外户不闭。又频致丰稔,米斗三四钱,行旅自京师至于岭表,自山东至于沧海,皆不赍粮,取给于路,入山东村落,行客经过者,必厚加供待,或发时有赠遗,此皆古昔未有也。"④

这段对李世民即位前后的内外局势的评述,虽有几分渲染,但还不失有参考价值。可以肯定的是这种局势的出现,是推行均田制度的结果,由此而广大农民被重新束缚在小块土地上,使农业生产得到迅速的恢复和发展,改变了贞观初年尚存在的由长期战乱和连年灾荒所造成的流离、饥馑的状况,以及平息了地方上曾发生过的局部变乱,

---

① 《贞观政要·求谏》。
② 《贞观政要·政体》。
③ 《资治通鉴·太宗三》卷二十。
④ 《贞观政要·政体》。

使社会生活秩序日趋稳定。均田制度的推行,就封建统治集团内部来说,是经济利益上的一次再分配,伴随而来的是政治权力上的再分配。上述定功臣爵邑以及由此而引发了"诸将争功,纷纭不已"情况的出现,正是反映了这种相应的要求。李世民相继提出的上述思想主张,也正是适应这种需要的产物。

三、是调整和巩固统治集团内部关系的产物

由于客观政治局势的发展,直接引起封建统治集团内部关系的变化,为了巩固其统治,需要调整这种变化了的内部关系。因此说,李世民的上述思想主张又是调整和巩固统治集团内部关系的产物。

李世民即位时,所面临的统治集团内部关系是错综复杂的。其中,既有李渊在位时的重臣和李建成的东宫官属,又有秦王府的旧僚,还有李元吉齐王府的官属。李世民取得皇位,主要是依靠秦王府属这支力量,无疑,在执掌朝政时,仍然需要以这支力量为基干。然而,由于李世民地位的变化,他和秦王府旧僚的关系也发生了变化。一方面,李世民担心他们凭借功勋和旧僚关系,把持和垄断大权,左右和控制政局,包围自己而成为傀儡。另一方面,秦王府的旧僚对李建成、李元吉的余党怀有势不两立的敌对情绪。"玄武门事变"后,就有一些将领曾想尽杀李建成、李元吉周围的人,并抄没他们所有的家财。后又有一些谋士唯恐李建成、李元吉的党羽被李世民重用,会削弱自己的权势与损害自己的既得利益。

这两个方面,对李世民来说,都是由于他的地位的变化而新产生的不利因素,影响统治集团内部的协调,有碍政局的迅速稳定。

至于李建成的东宫官属和李元吉的齐王府属,虽曾是李世民的政敌,也因李世民地位的变化,而有发生转变的可能:一是他们曾反对甚至要杀害李世民,是为了维护李建成的太子地位,从中取得自己的荣贵与显赫,但实质上他们和李世民并没有直接的根本的利害冲突,要采取宽宥的态度,还会使他们感恩听用;二是起用他们,还可以起到牵制李元吉王府旧僚的作用,同时也会解除他们的疑惧,有利于消除封建统治阶级内部和整个政治局势的不稳定因素。遗留下来的李渊在位时的重臣,和李建成、李元吉的党羽的政治状况还有所不同。前者多是来自各地区的贵族和士族,他们大多思想保守,而且对农民抱着极端仇视的态度。这些人中虽也有支持过李世民的,但以裴寂为代表的一些幸臣则拥有占上风的势力。他们不仅从朝廷上面维护和支持过李建成,而且在隋末农民起义的策源地山东、河北地区为李建成树立势力而出谋尽力。"玄武门事变"后,由于历史的和现实的因素交织在一起,山东、河北地区也就成为全国各种矛盾的焦点。李世民为了巩固自己的统治,需要调整统治阶级内部关系及其同广大劳动人民的关系。李渊的原班底的上述状况,在李世民看来,不仅不能依靠它来解决这个问题,而且对以裴寂为代表的势力也不能不予提防,而后者,就大不一样了。在李建

成的东宫府属中,不少人参加过隋末关东农民起义军,与山东、河北地区的豪杰和地方势力有着千丝万缕的联系(在这方面,连秦王府的旧僚,也是不具备的)。只有起用他们,才能有利于缓和和稳定山东、河北的局势,解决这个地区的问题。另一方面,在他们中确有不少是政治、军事的干材,选拔、重用他们来治理天下,也能够发挥有效的作用。正因为如此,李世民先后利用几年的时间,调整了封建中央机构中的官员成分,他把秦王府的旧僚高士廉、房玄龄、长孙无忌、杜如晦等人相继提拔为宰相;并曾召见了魏徵,委以安定山东的重任,还召回被流放在外的韦挺、王珪,安置在朝廷内,充任谏官,后又提升为尚书左、右丞和门下省要职,直至宰相,负责纠弹、审驳,以起牵制秦王府旧僚的作用;同时选拔一批有才干的关东地区的寒族地主代表人物,如戴胄、杜正伦、张玄素、马周、李勣、张亮等,进入国家中央机构,担任要职。就从整体上起到参错并行,相辅相正的作用。与此同时,他把陈叔达、萧瑀先后罢掉相职,最后把裴寂也贬流到南方。这样,就组成以秦王府旧僚为基干栋梁,兼收东宫府属的干材,充实一批关东地区寒族地主代表人物的新班底,完成了官僚机构的这一重要调整工作。

第四节　李世民调整社会诸关系的法律思想之重要方面
——"国以民为本,人以食为本"

李世民着手调整其统治集团内部关系的同时,也特别重视同广大劳动人民之间的关系的调整。贞观初年,局势仍然十分严重,迫使统治集团必须正视它,并要认真地对待它。否则,仍会有随时丧失其统治的危险。从一次君臣议政的对答中,就可以清楚地看到这一点。

"贞观六年,匈奴克平,远夷入贡,符瑞日至,年谷频登,岳牧等屡请封禅,群臣等又称述功德,以为时不可失,天不可违。今行之,臣等犹谓其晚。惟魏徵以为不可。太宗曰:'朕欲得卿直言之,勿有所隐,朕功不高耶?'曰:'高矣';'德未厚耶?'曰:'厚矣';'华夏未安耶?'曰:'安矣';'远夷未慕耶?'曰:'慕矣';'符瑞未至耶?'曰:'至矣';'年谷未登耶?'曰:'登矣'。'然何为不可?'对曰:'陛下功高矣,民未怀惠;德厚矣,泽未旁流;华夏安矣,未足以供事;远夷慕矣,无以供其求;符瑞虽臻,而罗犹密;积岁丰稔,而仓廪尚虚,此臣所以切谓不可。臣未能远譬,且借近喻于人,有人长患疼痛,不能任持疗理,且愈皮骨仅存,使欲负一石米,日行百里,必不可得。隋氏之乱,非止十年,陛下为之良医,除其疾苦,虽已乂安,未甚充实。告成天地,臣窃有疑,且陛下东封,万国咸萃,要荒之外,莫不奔驰。今自伊、洛之东,暨乎海、岱,崔莽巨泽,茫茫千里,人烟断绝,鸡犬不闻,道路萧条,进退艰阻。宁可引彼戎狄,示以虚弱,竭财以赏,未厌远人之望;加年给复,不偿百姓之劳,或遇水旱之灾,风雨之变,庸夫邪议,悔不可追,岂独臣之诚恳,亦有舆人之论。'太宗称:'善'!于是乃止。"①

这虽是有关封禅一事的争论,从中却可以看出当时尚存在的严重局势的真实描述。魏徵的直言不讳,无非是要引起唐太宗对这一局势的高度重视,把精力集中到如何改变这种尚存在着危险的局势上来,不可忙于封禅泰山,颂述功德,而干下劳民伤财的事。

贞观初年,魏徵等人还经常以隋王朝速亡的教训作为殷鉴,不断提醒唐太宗,起到了更为积极的作用。魏徵曾说:"昔在有隋,统一寰宇,甲兵强锐,三十余年,风行万里,威动殊俗,一旦举而弃之,尽为他人所有。"并分析说,这是由于隋炀帝"恃其富强,不虞后患,驱天下以从欲,罄万物而自奉,采域中之子女,求远方之奇异。宫苑是饰,台榭是崇,徭役无时,干戈不戢,外示威重,内多险忌,谗邪者必受其福,忠正者莫保其生,上下相蒙,君臣道隔,民不堪命,率土分崩。遂以四海之尊,殒于匹夫之手,子孙殄绝,为天下笑。"

因此,他提醒唐太宗说:"今宫观台榭,尽居之矣;奇珍异物,尽收之矣;姬姜淑媛,尽侍于侧矣;四海九州,尽为臣妾矣。若能鉴彼之所以失,念我之所以得,日慎一日,虽休勿休,焚鹿台之宝衣,毁阿房之广殿,惧危亡于峻宇,思安处于卑宫,则神化潜通,无为而治,德之上也。"②李世民呢?他不但能够虚心地听从魏徵的谏言,而且能够采取实际的政治措施。从君臣议政中可以看出,多从隋之所以失天下的教训的角度来汲取和总结经验,做出比较适宜的决策,君臣并以此共鉴戒之。

根据当时面临的严重局势和隋速亡的教训,李世民从维护和巩固其统治利益出发,提出富于远见的带有根本性的主张。他认为要使天下长治久安,必须从"务理民心""务积于人"入手。贞观初年,他曾对侍臣们说:"为君之道,必须先存百姓。若损百姓,以奉其身,犹割股以啖腹,腹饱而身毙。若安天下,必先正其身,未有身正而影曲,上理而下乱者。朕每思伤其身者,不在外物,皆由嗜欲以成其祸,若耽嗜滋味,玩悦声色,所欲既多,所损亦大,既妨政事,又扰生人,且复出一非理之言,百姓为之解体,怨讟既作,离叛亦兴。"③

这里,他不仅以浅显的比喻把"务积于人"的道理作了深刻的说明,而且着重指出推行安定天下的关键,在于统治者本身,即要"先正其身",勤于政事,与此相反,不顾百姓的生计,而放纵自己的嗜欲,就犹如自戕的"割股啖腹",必将酿成国败身亡之祸。

李世民针对当时尚存在着危险的局势,他就进一步指出:"治国与养病无异也。病人觉愈,弥须将护,若有触犯,必至殒命。治国亦然,天下稍安,尤须竞慎,若使骄逸,必致丧败。"④这就是说,面临这种局势,更须特别小心谨慎勤于政事,不可有稍许的骄逸

---

① 《贞观政要·直谏》。
② 《贞观政要·君道》。
③ 《贞观政要·君道》。
④ 《贞观政要·政体》。

情绪。这些,在李世民看来,都是关乎民心向背的根本问题。他常对侍臣们说:"可爱非君,可畏非民。天子者,有道,则人推而为主;无道,则人弃而不用。诚可畏也。"①这里,他所说的"有道",即指施政要知民情,得民心,而要知民情,一人是不能尽见天下的,这就需要设置和调动从中央到地方的耳目,即各级官吏;而得民心,不仅需要有适宜的国策和施政措施,而且更需要统治者"先正其身"。所以,在他们君臣之间,经常以荀卿的"夫君者,舟也;庶人者,水也。水所以载舟,亦所以覆舟"②作为警语,共省之。这就为统治阶层调整他们同广大劳动人民之间的关系,打下较适应的基础。

因此,在贞观初年的施政中,首先采取了与民休息、奖励生产等一系列争取民心、安定民心的措施。除上述经济上、政治上的一些改革措施外,每遇到水、旱、虫等自然灾害出现,随即"遣使赈恤",发赐帛、粟,减免田赋。贞观二年,并开始设"义仓",备荒自救,即"王公已下,垦田亩纳二升,其粟、麦、粳、稻之属,各依土地,贮之州县,以备凶年。"③李世民有时还亲临视察灾区,并曾用废宫殿来收留和安置灾民。"贞观十一年,淫雨为灾,谷水、洛水泛滥,漂没六百余家","废明德宫及飞山宫之玄圃院,分给遭水之家,仍赐帛有差。"④由于隋末以来连年战争,百姓颠沛流离,逃亡塞外,或加遇自然灾害,而转相鬻卖者甚众。贞观二年,李世民以"御府金宝"向突厥赎回难民8万人。这一年,关中大旱,他还派人巡检关中各州,同样以"御府金宝"赎回"男女自卖者还其父母"⑤。据史料记载,至贞观三年,自塞外归来者或向慕内附者,竟达120余万人,足见上述举动之影响。此外,李世民即位,前后曾两次遣放隋王朝的宫女3000余人,他对侍臣们说:"妇人幽闭深宫,情实可愍。隋氏末年,求采无已。至于离宫别室,非幸御之所,多聚宫人,皆竭人财力,朕所不取。而洒扫之余,更何所用,今将出之,任求伉俪。非独以省费,兼以息人,亦各得逐其情性。"⑥这些措施,在政治上,也有效地争取了民心,安定了民心。

由于隋末以来连年战争,使人口减少,大量土地荒芜,农业生产遭到严重破坏。而唐初在恢复生产、发展生产方面,及时地采取了一些措施,局势也有所好转。据史料记载:"唐之始时,授人以口分、世业田,而取之以租庸调之法。其用之也有节,盖其畜兵以府卫之制,故兵虽多而无所损,设官有常员之数,故官不滥而易禄。"⑦而全面地着手大治,还是始于李世民即位以后,他采取了更为有力的鼓励生产、实行礼教的措施。除继续推行均田制度,寓农于兵的府兵制度和租庸调法外,首先强调"藏粮于民"。

① 《贞观政要·政体》。
② 《荀子·王制》。
③ 《唐会要·仓及常平仓》。
④ 《旧唐书·太宗纪》。
⑤ 《旧唐书·太宗纪》。
⑥ 《贞观政要·仁恻》。
⑦ 《新唐书·食货志》。

他说:"仓庾之积,足以备凶年","其余何用哉"①。这就是说,与其"藏粮于国",就不如"藏粮于民"还有利于农民生产积极性的发挥。其次,更加注意实行"去奢省费,轻徭薄赋"的政策,以尽量减轻农民的负担,安定农民,使农业生产稳定而迅速地发展。再次,当农业生产得到恢复和有所发展的时候,他仍对侍臣们反复强调:"国以民为本,人以食为本。若禾黍不登,则兆庶非国家所有。"他还说:"既丰稔若斯,朕为亿兆人父母,惟欲躬务俭约,必不辄为奢侈。朕常欲赐天下之人,皆使富贵。今省徭赋,不夺其时,使比屋之人,恣其耕稼,此则富矣;敦行礼让,使乡闾之间,少敬长,妻敬夫,此则贵矣。但令天下皆然,朕不听管弦,不从畋猎,乐在其中矣。"②

这里可以看出,李世民把"务积于人"和"务理民心"紧密地联系在一起,来着手进行调整统治集团同广大劳动人民之间关系,同时他还强调了封建统治集团本身要"务俭约",杜绝骄逸、奢侈,特别是他要求自己要做到这一点。否则会"以天下奉一人"造成"民不堪命,率土分崩",而重蹈隋亡的覆辙。

可见,"国以民为本,人以食为本"的思想,是李世民施政的指导思想,在实践中,其推行与民休息和鼓励生产,"使民衣食有余"的政策,正基于此。李世民这一思想,固然与当时封建统治集团所面临的局势有关;同时,也应当看到在他们君臣之间还是认真地总结了剥削阶级统治的得失兴亡的历史经验,特别是殷鉴不远的隋亡的教训,能够"鉴彼之所以失,念我之所以得"③。把这个传统政治思想推向新的高度,有利于推动当时社会生产力的恢复和发展,也或多或少地改变了当时广大劳动人民的困苦处境,这是应予肯定的。

"贞观之治"的出现,就在于李世民当时适应了他所处的地位和满足了当时历史背景下的社会要求,即他所面临的局势的客观需要。特殊的历史造就了李世民,即把他推上了政治历史舞台而使他发挥与历史要求相适应的杰出的历史作用,但是他不会也不可能使之成为广大劳动人民利益的代表者。李世民自命是"亿兆人的父母",他要赐于天下人"富贵",这种思想本身,就足资说明他是凌驾万民之上的统治者。

第五节　李世民法律思想体系的政治基础

封建统治的需要及经验形成李世民以儒为主,儒、道、佛思想兼收并容的法律思想体系的政治基础。

李世民即位不久,就"锐意经籍,开文学馆以待四方之士",并精选、任命杜如晦等18人"令以本官,兼署学士","每更置阁下,降以温颜,与之讨论经义,或夜分而罢",并

---

① 《资治通鉴·唐纪八》卷一九二。
② 《贞观政要·务农》。
③ 《贞观政要·君通》。

把"勋贤三品以上子孙",招为"弘文学士",来造就他们①。贞观二年,李世民下诏停止以"周公为先圣",立"孔子庙堂于国学,稽式旧典,以仲尼为先圣,颜子为先师";随后,"国学增筑学舍四百余间","太宗又数幸国学","令祭酒司业、博士讲论毕,各赐以束帛";此外,在"太学、国子、四门、广文"四馆,"亦增置生员","其书称各置博士学生,以备众艺"②。贞观四年,李世民还责成曾任中书侍郎的颜师古"于秘书省,考定五经",完成后,又令左仆射房玄龄"集诸儒,重加详议";之后,又令颜师古与国子祭酒孔颖达等诸儒"撰定五经疏义,凡一百八十卷,名曰:五经正义,付国学施行",并对颜师古给予奖升。

这一系列的活动,迅速形成"儒学之兴,古昔未有"的局面,当时,不仅国内"儒生负书而至者,盖以千数",就连"吐蕃及高昌、高丽、新罗等诸夷酋长,亦遣子弟请入于学",在国学之内,有近万人。这一局面的出现,一方面,有利于统治集团稳定社会秩序,为从中央到地方官吏以及庶族地主的弟子创造进取的条件;另一方面,恢复传统思想的影响,迎合整个社会曾经习惯了的信仰、观念和思想方式,也有利于争取民心、安定民心。李世民曾说:"朕所好者,惟尧、舜、周、孔之道,以为如鸟有翼,如鱼有水,失之则死,不可暂无耳。"③李世民对儒家思想如此推崇备至,正是反映了统治集团维护其既得利益的需要和日益增长起来的庶族地主势力的政治愿望。

李世民对佛、道教及其思想的态度,有一个由矛盾状态发展到扶植、利用的过程。最初,他是处于矛盾状态的,表现在一些问题引起他的兴趣,而另一些问题又引起他的厌恶,甚至反对。不过,从这种矛盾状态中,仍可清晰地看出他是如何从现实政治需要出发,来对待佛、道的。

早在李世民以太尉、尚书令、秦王的身份统率大军围攻洛阳王世充时,就曾与已有一定名声的少林寺打过交道。他曾给少林寺的和尚们写过信,表示要:"护持正谛","化阐缁林","开八正之途,复九寓之迹"④。在他即位后不久,于贞观二年,下令说:"章敬寺是先朝创造,从今已后,每至先朝忌日,常令设斋行香,仍永为恒式。"⑤贞观三年,为报"母恩",又下诏书,决定舍通义宫为尼寺,并大行布施,诏书说:"……永怀慈训,欲报无从,静言因果,思凭冥福。通义宫皇家旧宅(注:即高祖李渊旧居),制度弘敞,以崇仁祠,敬增灵,宜舍为尼寺,仍以兴圣为名。"⑥

随后,又大行布施,并下手疏,以表"虔诚",手疏中说:"……欲报靡因,惟资冥助。

---

① 《旧唐书·太宗纪》、《贞观政要·崇儒学》。
② 《贞观政要·崇儒学》。
③ 《资治通鉴·唐纪八》卷一九二。
④ 《全唐文》卷十,《告柏谷坞少林寺上座书》。
⑤ 《唐会要·杂录》卷四九。
⑥ 《全唐文》卷九,《舍归宅造兴圣寺诏》。

敬以绢二百匹,奉兹悲大道。倘至诚有感,冀销过去之愆;为善有因,庶获后缘之庆。"①
可是,随后李世民却又流露出厌恶和反对的情绪。贞观五年,有一次,他对侍臣们说:
"佛、道设教,本行善事。岂遣僧、尼、道士等,妄自尊崇,坐受父母之拜,损害风俗,悖乱
礼经,宜即禁断,仍令致拜于父母。"②还有,在长孙皇后病重时,他倒反对太子普度僧道
的做法。他说:"佛、老异方教耳,皆上所不为,岂宜以吾乱天下法。"③这里,又以儒家思
想为正统的立场,几乎把佛、道视为异端。

其实,这种矛盾状态,并不奇怪,恰恰反映了李世民起初的政治意图,即以儒家思
想为主,试图把佛、道教及其思想作为这个统治思想的补充,使佛、道思想从属于儒家
正统,自然地对待佛、道总是要以这种政治需要为转移的。在实践中,当李世民发现自
己的这种政治意图有所成效,这种矛盾状态就不复存在了。后来一系列史实证明,这
种兼收并容,正适合于为封建政治服务的需要。

随着时间的推移和政治斗争的发展变化,李世民的思想显得格外复杂起来。据史
料记载,贞观五年,他想了解历代统治者的执政得失的情况,当时身居秘书监的魏徵主
持"撰群书政要,上之",这部"政要","爰自六经,讫于诸子,上始五帝,下尽晋年","凡
五十卷"④。李世民对其中老庄的一些思想也颇欣赏,认为老庄所言"劳我以形,见我以
死","生者天地之大德,寿者修短之一期","皆得之于自然","不可分外企也"等,都是
"圣人远鉴,通贤深识"⑤。当时,道士成玄英注了《老子道德经》二卷、《庄子》三十卷,
曾被他"召至京师"⑥。后来,他还召见过道士孙思邈,"嗟其容色甚少",由此很钦佩道
教徒的修炼术,说:"故知有道者诚可尊重,羡门广成,岂虚言哉。"⑦贞观十一年,在李世
民的授意下,并"修老君庙于亳州,宣尼庙于兖州,各给二十户享祀焉"⑧。李世民对道
教及其思想如此感兴趣,是有其政治目的的。

贞观十一年,曾发生一场佛、道先后问题的争论。本来在武德八年,李渊亲幸国
学,并下诏评定三家次序:先老、次孔、末释⑨,当时并未引起什么风波。可是,这次争
论,恰恰是由于李世民下了一道《道士、女冠在僧、尼之上诏》而掀起来的,诏中说:
"……大道之行,肇于遂古,源出无名之始,事高有形之外,迈两仪而运行,包万物而亭
育,故能兴邦致泰,反朴还淳。至如佛法之兴,基于西域,爰自东汉,方被中华。……洎
乎近世,崇信滋深。……遂使殊方之典,郁为众妙之先;诸华之教,翻居一乘之后。流

---

① 《全唐文》卷十,《为太穆皇后追福手疏》。
② 《贞观政要·礼乐》。
③ 《新唐书·后妃列传》。
④ 《唐会要·修撰》卷三六。
⑤ 《旧唐书·太宗纪》。
⑥ 《新唐书·艺文志》。
⑦ 《旧唐书·孙思邈传》。
⑧ 《旧唐书·太宗纪》。
⑨ 《集古今佛道论衡》丙。

遁忘返,于滋累代,朕夙夜寅畏,缅为至道,思革前弊,纳诸轨物。况朕之本系,起自柱下,鼎祚克昌,既凭上德之庆;天下大定,亦赖无为之功。宜有改张,阐兹玄化。自今已后,斋供、行法、至于称谓,道士、女冠,可在僧尼之前。庶敦本之俗,畅于九有;尊祖之风,贻诸万叶。"①

这里,李世民把道教及其思想看作是能够"兴邦致泰,反朴还淳"的,并追溯道教的历史,认定老子是他的"始祖";而竟把几代以来传自西域,其思想影响远远超过了道教的佛教,看作是应当革除的"弊端";要正本清源,"纳诸轨物""阐兹玄化",让"尊祖之风"流传万年。

这道诏书,并不是孤立地在续"宗谱"、讲传统,它和当时发生的氏族问题密切相关,是地主阶级内部在意识形态上发生的一场激烈的斗争。李世民即位后,竭力抬高以他为首的新的统治集团的地位,继续打击和削弱魏晋、南北朝遗留下来的门阀士族地主势力。

当时,在李世民看来,以山东地区的崔、卢、李、郑四大族为代表的这股势力,虽已大大削弱,而他们的气焰仍然是很嚣张的,处处妄自尊大,自高门第,必须给予狠狠的打击。一方面,李世民令高士廉等人撰修《氏族志》,来重新排列封建地主阶级内部各阶层的社会地位和等级次序,遗憾的是,高士廉等人并没有理解李世民的政治意图,虽然经过认真细致地调查研究,查阅了大量的史料,却把"黄门侍郎崔民干"列为第一,引起李世民大怒,他说:"我与山东崔、卢、李、郑旧既无嫌,为其世代衰微,全无冠盖,犹自云士大夫,婚姻之间,则多邀钱币,才识凡下,而偃仰自高。……我今特定族姓者,欲崇重今朝冠冕"②;"而卿曹犹以崔民干为第一,是轻我官爵而徇流俗之情也"。随后,"乃更命刊定,专以今朝品秩为高下。于是以皇族为首,外戚次之,降崔民干为第三。凡二百九十三姓,千六百五十一家,颁行天下"③。另一方面,就是李世民亲自颁布的这道诏书,借以进一步消除以山东地区崔、卢、李、郑四族为代表的旧门阀士族地主势力的影响,打击这个残余势力。

由此可见,这道诏书的本意乃在于利用抬高道教及其思想的社会地位,来牢固地确立唐王朝李氏高居于(包括各家氏族在内)万姓之上的具有绝对的统治权威,也就是说,借助于"太上老君"(李姓)的神权,来进一步调整地主阶级内部的关系,维护其内部的等级秩序,加强统治。这种利用和联系道家思想的法律思想,正是替封建阶级服务的正统思想——儒家思想。

由于这个诏书的颁布遭到佛教僧尼的反对而引起一场佛、道先后问题的争论,到贞观十四年发生的所谓"法琳事件"达到了高峰。这位法琳和尚只是从不满李世民借与老子续"宗谱"来扬道抑佛从而使道高于佛、先于佛的角度,散布了自己的看法,煞费

---

① 《唐大诏令集》卷一一三。
② 《旧唐书·高士廉传》。
③ 《资治通鉴·唐纪十一》卷一九五。

苦心地做了一番"考证"。他得出的结论是:"李"姓的远祖有两支系,一是"代北李",即拓跋氏;一是"陇西李",即"老聃之李"。证明李世民是"代北李",而不是"陇西李"。他认为李世民"弃代北"而"认陇西"是错误的。特别是宣扬:老聃的父亲叫韩虔(实即"寒蹇"的谐音),字元卑(实即"原来就卑下"的含意),是一个有残疾的只眼、跛脚、没有耳朵的乞丐,72岁还讨不起老婆,后与邻居家中的一个老女仆私通,才生下老聃,因生于李树下,所以就姓"李"了。这显然不是什么考证,而是有意的诋毁和诬蔑。

由此,引起李世民的大怒,说:"朕闻,周之同盟,异姓为后。尊祖、重亲,实由先古。何为追逐其短,首鼠两端,广引形似之言,备陈不逊之喻。擢发数罪,比此犹轻;尽竹书愆,方斯未拟。"①于是下令把法琳和尚逮捕并判处了死刑(未执行)。

通过"法琳事件",使李世民觉察到佛教僧尼中的反诏情绪是相当激烈的,同时也使他进一步看到佛教及其思想的影响和作用。为了缓和由于这场争论及对"法琳事件"的处理所带来的紧张和矛盾激化的情况,李世民不久就免除了法琳的死刑而改为流放。转年,又"躬幸"宏福寺,召集了"大德五人",进行叙谈,做了一番解释,他对寺主说:"比以老君是朕先宗,尊祖、重亲,有生之本,故令在前。师等大应恨恨!"寺主道懿回答:"陛下尊重祖宗,使天下成式,诏旨行下,咸大欢喜,岂敢恨恨。"李世民又说:"……自有国以来何处别造道观?凡有功德,并归寺家。国内战场之始,无不一心归命于佛,今天下大定,惟置佛寺。朕敬有处。所以尽命归依。师等宜悉朕怀。彼道士者,止是师习先宗,故应在前。今李家据国,李老在前;若释家治化,则释门居上。"②

从这番对话中可以看出,李世民在态度上给人以平和的气氛,但在道理上却是咄咄逼人的。由于他的"躬幸",使平和的气氛冲淡了咄咄逼人的刺激。实际上,他没有从上述诏书的原则上倒退一步,反而借此机会进一步说明他宣诏道先佛后的理由:一是"尊主、重亲"是人们的"有生之本";二是"李家据国"理应"李老在前"。同时,他又摆出唐王朝建立以来一贯扶植佛教的事实,让寺僧们考虑他们与道教争先后是没有道理的。他在寺僧们面前所说的"师等宜悉朕怀",其用心乃在于:把由于上述诏书引起的争论和"法琳事件"的发生所造成的紧张和矛盾激化的局面缓和下来,为他的道、佛并用,扫除思想障碍。

在上述对话中,李世民所追溯的唐王朝建立以来一贯扶植佛教的事实,据一些史料记载来看,还是切合实际的。但在唐初,在思想领域曾发生过一次震动较大的反佛事件,武德七年(这里是根据新、旧《唐书》记载的年限,有的史料,与此不同),太史令傅奕上《请除佛疏》,要求唐高祖李渊废除佛教,他认为:"佛在西域,言妖路远,汉译胡书,恣其假托。故使不忠不孝,削发而揖君亲;游手游食,易服以逃租赋。演期妖书,述其邪法,伪启之途,谬张六道,恐吓愚夫,诈欺庸品。……乃追既往之罪,虚规将来之福。

---

① 《全唐文》卷六,《诘沙门法琳诏》。
② 《集古今佛道论衡》丙。

布施一钱，希万倍之报；持斋一日，冀百日之粮。……其有造作恶逆，身坠刑网，方乃狱中礼佛，口诵佛经，昼夜忘疲，规免其罪。且生死、寿夭，由于自然；刑德威福，关之人主；乃谓贫富贵贱，功业所招。而愚僧矫诈，皆云由佛。窃人主之权，擅造化之力，其为害政，良可悲矣。"①并建议将"天下僧尼，数盈十万……请令匹配，即成十万余户，产育男女，十年长养，一纪教训，自然益国，可以足兵，四海免蚕食之殃，百姓知威福所在，则妖惑之风自革，淳朴之化还兴……"②他还曾把魏晋以来有关反佛者事迹，编集成《高识传》一书，用来宣传反佛思想。

傅奕以儒家思想来反对佛教，本来是为了维护地主阶级的统治及其根本利益的，他在上述疏文中就曾指出："天下僧尼，数盈十万"，"剥削民财，割截国贮"，是危国害民的，然而，却得不到朝廷的有力支持。相反，傅奕不仅遭到如上述法琳之流的反对和攻击，而且连尚书右仆射萧瑀等一批大臣也出来反对。面对这场斗争，李渊颁布了《沙汰僧道诏》，试图着手清理、整顿和纯洁僧尼等宗教行列，在诏书中指令："诸僧、尼、道士、女冠等，有精勤练行，守戒律者，并令就大寺、观居住，官给衣食，勿令乏短。其不能精进、戒行有阙者，不堪供养，并令罢退，各还桑梓。……京城留寺三所、观二所，其余天下诸州，各留一所。余悉罢之。"③

这样，在李渊看来，既可大挫反佛的锐气，又可保护佛教，继续扶植和利用佛教，作为实现其思想统治的辅助工具。不料事与愿违，诏书一出，就遇到极大的阻力，而无法认真推行。这种阻力，无疑，主要是来自佛教僧尼和佞佛的官方势力。可是李渊也并没有坚持他的意图，不久，就此只好再下一道"僧、尼、道士、女冠，宜依旧定"的敕文④。实际上，等于收回成命，撤销了《沙汰僧道诏》。这一反佛事件的失败，恰恰反映了这时佛教及其思想影响和封建统治集团巩固其统治结成了不可分割的血肉关系。李渊早就是一个佛教的笃信者，建唐后，尽管他把佛教列入"末位"，毕竟还是把它作为实现思想统治的补充，即以儒家思想为主要思想武器的同时，道、佛并用，作为辅助工具。

李世民即位初年，在扶植佛教的表现上就显得更为突出了。他曾经两次下诏，指令全国整修寺院，普度僧尼。一次，在诏书中说："……比因丧乱，僧徒减少，华台宝塔，窥户无人；绀发青莲，栉风沐雨。眷言凋毁，良用慨然！其天下诸州有寺之处，宜令度人为僧、尼，总数以三千为限。其州有大小，地有华夷，当处所度多少，委有司量定。务须精诚德业，无问年之幼长。其往因减省还俗及私度白首之徒，若行业可称，通在取限。……"⑤由于隋末以来的连年战争，寺院受到严重的冲击，建筑设施遭到毁损，僧尼人数大减，为此要全国各地根据自己的情况，凡有寺院之处，均须度僧尼，不仅要新度

---

① 《资治通鉴·唐纪七》卷一九一。
② 《旧唐书·新唐书·傅奕传》。
③ 《全唐文·沙汰僧道诏》卷三。
④ 《唐会要·议释教上》卷四七。
⑤ 《全唐文·度僧于天下诏》卷五。

人出家为僧、尼,而且先前被淘汰还俗或私度的人,也可以再回寺院当僧、尼。

在另一次诏书中他又指令说:"昔隋季失御,天下分崩,四海涂炭,八埏鼎沸。朕属当戡乱,躬履兵锋,亟犯风霜,宿于马上,比加药饵,犹未痊除,近日已来,方就平复。岂非福善所感,而致休征耶? 京城天下诸州寺,宜各度五人,宏福寺宜度五十人。"①这里,连他本人在戎马生涯中患的风湿症好了,也要归功于佛的"保祐"所致,因此,也就成了全国大度僧、尼的理由。据史料记载,这两次宣诏之后"计海内寺三千七百一十六所,计度僧尼一万八千五百余人"②。由此可见,李世民对佛教的"情深护持"是言行一致的。

更富有显明政治色彩的举动,是为了"超度"战死者。李世民下诏在当年战场旧地立建寺院。贞观三年末,他下诏说:"有隋失道,九服沸腾,朕亲总元戎,致兹明罚。……各殉所奉,咸有可嘉。日往月来,逝川斯远。犹恐九泉之下,尚沦鼎镬;八难之间。永缠冰炭。愀然疚怀,用妄兴寝,思所以树其福田,济其营魄。可于建义以来,交兵之处,为义士、凶徒陨身戎阵者,各建寺刹,招延胜侣。望法鼓所震,变炎火于青莲;清梵所闻,易苦海于甘露。所司宜量定处所,并立寺名,支配僧徒,及修造院宇,具为事条以闻,称朕矜愍之意。"③

在这里,李世民把所谓"义士""凶徒",即当时敌我双方的战死者,一律列入建寺"超度"范围,以显示他的"冤亲平等"的"矜愍之意"。据史料记载,遵照这道诏旨,先后在7个旧战场地方,修建了7所寺院,即在幽州(破薛举处)立名为昭仁寺、莒州(破宋老生处)立名为普济寺、晋州(破宋金刚处)立名为兹云寺、汾州(破刘武周处)立名为弘济寺、邙山(破王世充处)立名为昭觉寺、郑州(破窦建德处)立名为等慈寺、洺州(破刘黑闼处)立名为弘福寺,并"给家人、车、马、田庄",实际上使上述各寺院,都成为庄园。李世民不仅如上所述为战死者建寺"超度",而且还为他在当年战争中亲手杀掉的人,"建斋行道"。他为此也特别下了一道诏书。诏中说:"朕自隋末创义,志存拯溺,北征东伐,所向平殄。然黄钺之下,金镞之端,凡所伤殪,难以胜纪。……窃以如来圣教,深尚慈仁;禁戒之科,杀害为重。永言此理,弥增悔惧。今宜为自征讨以来,手所诛翦,前后之数,将近一千。皆为建斋行道,竭诚礼忏。朕之所服衣物,并充檀舍。冀三途之难,因斯解脱;万劫之苦,籍此宏济。灭怨障之心,趋菩提之道。"④

这里,李世民又进一步以"如来圣教"的宗旨和禁戒来为他的上述活动作了解释,即找到一种有着根深蒂固影响的更易于人们接受的理论根据,它具有儒家思想所不能代替的,但却有为儒家思想作补充的特殊作用。上述战死者中的绝大多数,无疑是来自广大劳动人民,此举无论是对当年战争中劫后余生者来说,还是对战死者的家属、后

---

① 《大唐大慈恩寺三藏法师传》卷七。
② 《全唐文·为故礼部尚书虞世南斋僧诏》卷九。
③ 《全唐文·为战阵处立寺诏》卷五。
④ 《全唐文·为战亡人设斋行道诏》卷五。

裔来说,在精神上都起着安抚的作用,有利于争取民心、安定民心。根据上述贞观初年全国的局势,此举不但可以防止危险的出现,而且还有助于使广大劳动人民成为统治集团的恭顺的"臣民",因为宗教总是会发挥"精神鸦片"作用的。

李世民在扶植佛教和利用佛教思想方面,影响最大最深远的举动,莫过于他与玄奘的交往活动了。贞观十九年,玄奘自西域(印度)传经回到长安以后,"唐太宗见之大悦,与之谈论,于是诏将梵本六百五十七部于弘福寺翻译",并命房玄龄、许敬宗两位大臣"广召硕学沙门五十余人,相助整比(理)"①,为玄奘提供了优越的人力物力,使他集中精力完成了中国佛教史上具有重大意义的译经工作。他还命玄奘写了《大唐西域记》一书,介绍西域各国情况,当呈送给李世民时,受到李世民的诏答和推崇。

后来,在贞观二十二年李世民幸玉华宫,邀见了玄奘,当玄奘告诉他近已译成《瑜珈师地论》佛经一百卷,他立即敕令秘书省,把这部经论缮写九部,颁发给雍、洛、并、相、兖、荆、杨、凉、益等九州,以"展转流通,使率土之人,同禀未闻之义"②。玄奘并请他为这部经论写了序,当他写成后,还命上官仪对群臣读之。他在这篇《大唐三藏圣教序》中说:"……佛道崇虚,乘幽控寂,弘济万品,典御十方。……然则大教之兴,基于西土。腾汉庭而皎梦,照东域而流慈。……于是,微言广被,拯含类于三途;遗训遐宣,导群生于十地。……有玄奘法师者,沙门之领袖也。幼怀贞,早悟三空之心;长契神情,先苞四忍之行。松风明月,未足比其清华,仙露明珠,讵能方其朗润……超六尘而迥出,只千古而无对。方冀兹流施,将日月而无穷;斯福遐敷,与乾坤而永大。"③

从李世民如此评价佛教和玄奘,就可以看出当时他的精神状态及其政治上的变化了。就是说,这篇文中集中反映了李世民在他执政的中、晚期思想走了下坡路的情况。在他即位后的初期,念念不忘隋速亡的教训,处处以隋亡为鉴戒来建树一切。然而,在思想领域,他却从来也没有议论过隋朝两代皇帝,特别是隋炀帝佞佛的教训。这一点,恰恰反映出问题的本质,对李世民来说,他不会也不可能自觉地认识到这一点。因为佛教及其思想影响是大大有助于从思想上来巩固和加强封建统治的,所以李世民对佛教的态度发展到这般狂热程度是不奇怪的。在这方面,他与隋朝两代皇帝又有着一脉相承的共同点。

在此期间,李世民上述扶植佛教的一系列实际活动的影响,仅从封建统治集团的上层来看,诸如萧瑀、裴寂、杜如晦、薛万彻、杜正伦等人,都成为佛教虔诚的信奉者,有的甚至受戒出家当了和尚。后来,还接受了玄奘的建议,允许他建寺度僧。这样,就使佛教及其思想影响,更加广泛而深刻,并使它继隋后再度呈现出"繁荣"景象。

总之,从整体来看,李世民所代表的新兴地主阶级的阶级统治的基本思想,是实行孔孟儒学"忠恕""仁爱""王道""仁政"的封建正统思想,但同时将道、佛两家的思想兼

① 《大慈恩寺三藏法师传》卷六。
② 《大慈恩寺三藏法师传》卷六。
③ 《全唐文·大唐三藏圣教序》卷十。

收并容。这一思想的形成，反映了在整个封建土地所有制中调整封建土地国有制同封建地主土地私有制两种经济成分之间的矛盾的需要。唐初，由于僧道"驱策田产，聚积货物"①，即早已发展起来的寺院经济，同以保障封建土地国有制为首要目的均田制度的推行发生了矛盾。

解决这一社会经济矛盾并不是一帆风顺的。起初，李渊试图通过清理和整顿寺院的办法来加以限制；随后他又企图在承认寺观广占田产的条件下，把寺观田产纳入均田制度的轨道，如傅奕等人屡次奏疏历述全国的寺观占田占户的严重情况，就是属于要把寺观田产纳入均田制度之轨道的例证。但在实际上，这个问题一直也没有获得解决。这就说明：在整个封建土地所有制中土地国有制同地主土地私有制的矛盾，即包括了它们之间在争土地、争劳动力以及争地租收入等矛盾的始终存在。

李世民即位后，从上述扶植佛教的事实可以看出，他不但对寺院经济不加限制，而且还为其发展独辟蹊径，如上述在旧战场建寺度僧，超度战死者中，对修建的 7 所寺院"给家人、车、马、田庄"，从而使寺院经济（即僧侣地主经济）获得同庶族地主经济一样的宽待。寺院经济的发展，固然同巩固封建土地国有制所占据的统治地位相矛盾，然而在上述贞观初年的那种局势下，为了全面地迅速恢复和发展生产，吸收尚无着落的流散人口，它还能够起一定的补充作用。就是说，从巩固封建经济基础、稳定封建统治秩序的需要来说，与其限制，就不如宽容。因此，在封建统治集团的统治思想中必然产生相应的反映。但是，作为封建土地制度的一种特定形式的均田制度所存在的这种内在矛盾，是不可能依靠其自身的调整获得根本克服的。一是限制不得，二是宽容的结果也不美妙，伴随着封建地主土地私有制的发展，在土地的买卖和激烈的兼并中，使它必然陷入绝境。后来，唐德宗建中元年（公元 780 年），以两税法取代了均田制度的历史事实，有力地证明了这一点。

进一步来说，在思想领域，李世民推行以儒为主，儒、道、佛三结合的政治法律思想，又正是封建统治集团进行封建统治阶级内部斗争的需要。从上述道、佛先后问题的争论的实质，可以清楚地看到这一点。但更主要的方面，还是对被统治阶级，即对广大劳动人民实行思想统治的需要，坚持以儒家思想的灌输为主，同时，充分发挥道佛两家的麻痹劳动人民思想、瓦解劳动人民斗志的"牧师"作用，会更有力地维护封建压迫制度和封建等级秩序，巩固和加强封建统治。在这方面，李世民可以说是直接承袭了隋王朝两代皇帝的衣钵，完成了李渊试图进行而未能完成的任务。这就是李世民以儒为主，儒、道、佛相结合的政治法律思想方针的实质。

李世民的政治法律思想是极其复杂而丰富的。这是由于先前统治阶级，特别是封建地主阶级统治历史的发展过程中，积累了丰硕的经验，为他提供了可资借鉴的更为成熟了的东西。再加上李世民又有身经创业与守成的较全面的政治实践，使其具备了

---

① 《旧唐书·高祖纪》卷一。

封建君主的多方面的才能。尤其是他善于从历史上出现过的兴衰成败中,汲取经验教训,以及善于用人、纳谏等一系列积极因素相结合并且得到充分的发挥。这就是"贞观之治"和中国封建鼎盛时期所以出现的社会经济、政治和思想的根源。

第五章　对李世民法律思想的综合评论

第一节　李世民执政的中、晚期之变化

李世民在位执政 23 年(公元 627—649 年)。在他执政的初期,能够"克己励精图治",堪称守业中的创业,为唐王朝 280 余年的统治,在各方面奠定了基础。可是,在他执政的中、晚期,未能始终如一。这个情况,从魏徵、马周的谏疏中,可以得到较全面的了解和印证。贞观十一年到十三年间,尤其是魏徵曾屡屡上疏,如论时政四书、十渐疏等,其谏疏的内容,集中到一点,就是见到李世民"近岁颇好奢纵""恐太宗不能克终俭约",由此下去,就会"居安忘危""不辨邪正""莫虑不虞之变",而重蹈隋的"富强而丧败"的覆辙。历史表明,李世民正是从这段时间开始,在政治(包括法律思想)上走了下坡路。针对这种情况,魏徵给李世民提出注意"十思"的建议,让他从思想上时刻保持清醒状态,以警惕和防范可能发生的弊端,同时也是劝告他要坚持以往那样克己正身,谦虚审慎,"弘兹九德",以"德见于行""慎始而敬终"。

魏徵说:"君人者诚能见可欲,则思知足以自戒;将有作,则思知止以安人;念高危,则思谦而自牧;惧满盈,则思江海下百川;乐盘游,则思三驱以为度;忧懈怠,则思慎始而敬终;虑壅蔽,则思虚心以纳下;惧谗邪,则思正身以黜恶;恩所加,则思无因喜以谬赏;罚所及,则思无因怒而滥刑。"对此,李世民虽表"虚襟",实际上,只是"勉强受谏",而"意终不平"。后来,魏徵以"甘从斧钺"的精神,再次忤情直谏,这就是贞观十三年魏徵上的所谓十渐疏。这个谏疏中,列举了李世民十条"渐不克终"的言行,希望他能以"十渐"为戒,"思而改之",以免"九仞之积""亏一篑之功"。

魏徵所列举李世民的"渐不克终"的言行及其带来的影响,可归纳成两个方面:

其一,是穷奢极欲,忽视理政。由于近年李世民的"奢纵","好尚奇异,难得之货,无远不臻;珍玩之作,无时能止","求骏马于万里,市珍奇于域外";追逐"盘游之娱","道路遥遥侵晨而出,入夜方还,以驰骋为欢",由此内则"轻用人力",外则"取怪于道路,见轻于戎狄"。造成"倾年以来,疲于徭役,关中之人,劳弊尤甚。杂匠之徒,下日悉留;和雇正兵之辈,上番多别驱使;和市之物,不绝于乡间;递送之夫,相继于道路"的局面,加上水、旱灾害,谷麦歉收或不收,百姓之心"不如前日之宁帖"。

其二,是主观遂意性膨胀,骄矜滋肆。由于李世民的"矜放","恃功业之大,意蔑前王;负圣智之明,心轻当代","欲有所为,皆取遂意"。用人则"由心好恶,或众善举而用

之,或一人毁而弃之,或积年任而用之,或一朝疑而远之";侍臣不辨邪正,"轻亵小人,礼重君子。重君子也,敬而远之;轻小人也,狎而近之"。造成"近之则不见其非,远之则莫知其是。莫知其是,则不间自;不思其非,则有时而自昵"。与此同时,在是非面前,"亲狎者阿旨而不肯言,疏远者畏威而莫敢谏"。因此,贞观正风日坠,"上下同心,君臣交泰"的局面日衰。

而尤甚者,是李世民对自己滋长的"奢纵""矜放"行为,不但不虚心纳下,不正视其危险,反而自以为是,自鸣得意。魏徵对他尖锐地指出:"倾年以来,意在奢纵,忽忘卑俭,轻用人心,乃云:'百姓无事则骄逸,劳役则易使!'自古以来,未有由百姓逸乐而倾败者也,何有逆畏骄逸而故劳役者哉?!"还说:你"虽爱人之言不绝口,而乐身之事实际于心。或时欲有所营,虑人致谏,乃云:'若不为此,不便我身,人臣之情,何可复争。'此直意在杜谏者之口,岂择善而行者乎?"仍望李世民能够"见诚而惧","从周文之小心,追殷汤之罪已","思而改之","勤而行之"。但是,魏徵的这些忠谏,对李世民来说,是再也不可能做到了。尽管李世民也曾觉察到自己的骄矜之过,但觉察到与实际改正之间的矛盾,也是不可能克服的。

如贞观八年,他自责地说:"朕年十八,便为经纶王业,北翦刘武周,西平薛举,东擒窦建德、王世充,二十四而天下定,二十九而居大位,四夷降伏,海内乂安,自谓古来英雄拨乱之主无见及者,颇有自矜之意,此吾之过也。"[①]后来,对魏徵等人的谏疏,也"深觉词强理直",并"列为屏障,朝夕瞻仰",表示要"克终善"。而直到贞观十五年前后,在这些方面,也仍有所警惕,说:"朕有二喜一惧,比年丰稔,长安斗粟直三四钱,一喜也。北虏久服,边都无虞,二喜也。治安则骄侈易生,骄侈则危亡立至,此一惧也。"但是,在实际上,已经是言不由衷,或难于见诸行动了。

李世民这种政治上和思想上的变化,并不是偶然的。当时,国内形势好转,农业生产得到恢复和发展,社会开始呈现出安定局面;封建法制建设基本完成,统治集团新的班底不但较顺利地组成,而且得心应手;边疆胜利的扩大以及由此出现的相对稳定,等等。这些带有历史转折性的变化,已经满足了李世民"致治"的愿望。他自认为大功业已告成。这也就是说,由于他的局限性所决定,使他不可能在已有的基础上推动"贞观之治"继续向前发展,社会经济、政治的繁荣和富强,促使日近暮年的李世民的创业思想停滞不前,并开始走向僵化。

从政治上说,在上述局势发生的带有历史转折性变化的时候,统治集团内部,也必然会出现两种倾向:即它的大部分成员都满足于既得利益,竭力维护其已有的权势,而处于停滞不前的保守状态;但也有少数人要在巩固既得利益的基础上再前进一步。而反映在思想上,前者必然会出现种种停滞、倒退现象和逆行措施;后者则表现要求坚持使他们获得胜利的经验和主张。这两种倾向,都不会触动他们所代表的封建地主阶级

---

① 《贞观政要·灾祥》。

的根本利益,也不可能摆脱反映这种根本利益的思想体系的约束和限制。在他执政的中期,同晚期相比,无论是变化的程度和范围,都有所不同。在他执政的中期,如上述魏徵所指出的几个方面,虽一度有所收敛,但并没有得到根本的纠正。李世民到了晚年,问题反映得更集中,表现得更严重了。

晚年,他所面临着的一个带有根本性的问题,即帝位继承人问题需要解决,而围绕这个问题,统治集团内部出现了激烈矛盾和斗争。李世民为首的势力,大体上是以李氏关陇军事贵族为核心,吸收了一批寒族地主或普通地主的代表人物组成的。当时,这种吸收,并不是由于偶然的机缘拼凑起来的,他们与李世民(或者说与李氏关陇军事贵族集团)都有过休戚与共的关系,加上贞观初年李世民的用人政策和调整措施的适时得当,增强了他们与李氏皇室贵族之间的结合力,从而形成"君臣交泰""上下同心"的团结局面。这也正是出现"贞观之治"的主要原因之一。然而,他们之间也始终存在着矛盾,如果说魏徵奏谏的十渐疏,是这种矛盾的集中化、明朗化的信号,那么在李世民晚年围绕着帝位继承人问题所发生的矛盾和斗争,乃是这种矛盾的继续和激化的表现。这种矛盾,依然是反映统治集团内部的保守与革新之间两种政治倾向的斗争。

唐太宗长孙文德皇后生三子,即长子中山王承乾、四子魏王泰、九子晋王治。李世民即位后,即立承乾为太子。后来,魏王泰同太子承乾发生争夺帝位继承人的矛盾,实际上是揭开了统治集团内部斗争激化的序幕。李世民虽立承乾为太子,但却非常宠爱魏王泰。贞观十六年,对李世民下诏将魏王泰移居武德殿,给予同太子一样的待遇一事,魏徵就曾及时进谏,提醒李世民说:"陛下爱魏王,宜使知定分,抑其骄奢,不处嫌疑之地。今武德殿近储后焉,上陵下替,不可以训。"①李世民虽口头承认这种做法是错误的,也"遣泰归本第",但并没有引以为戒,注意严格教育魏王。次年,李承乾与汉王元昌谋反,而被废为庶人,流放到黔州。据史料记载,这一年"承乾既废,魏王泰因入侍奉,太宗面许,立为太子。翌日,谓侍臣曰:'泰昨入见,自投我怀中云:臣今日始得与陛下为子,是更生之日。臣有一孽子。臣百年后,当为陛下杀之,传国晋王。父子之道,固当天性,我见其如此,甚怜之'。"②可见,这时魏王泰还在乘机谋取帝位继承人,同时,也证明李世民没有认真地接受魏徵的谏言。

随后,在统治集团内部围绕着这个问题的斗争中,李世民经过反复权衡利害,终于做出了抉择:承乾被废后不久,对魏王泰"以罪降爵为东莱郡王",并决定立晋王治为太子(即高宗)。他向侍臣们宣布:"今太子不道,藩王窥伺者,两弃之,传之子孙,以为永制。"③在李世民看来,"若立泰,则太子之位可经营而得","且泰立,承乾与治皆不全;治立,则承乾与泰皆无恙矣"。

可见,这个抉择,是从维护皇室贵族的根本利益和维系封建等级秩序出发的。在

① 《唐会要·杂录》卷五。
② 《唐会要·杂录》卷五。
③ 《唐会要·杂录》卷五。

魏王泰同太子承乾之间争夺帝位继承人的斗争,由于太子承乾谋反而被废,使这一矛盾未能深入展开。虽连及汉王元昌、扬州刺史赵节(太宗姐姐长广公主的儿子)以及宰相侯君集,均被处死,甚至连泄漏太宗的话给承乾的前太子左庶子杜正伦,也被再度左迁为交州都督,但这对封建皇室贵族的根本利益所造成的损失和危害,从总体上说还不大,且尚有回旋和再选择的余地。太子承乾被废后,而在魏王泰同晋王治的选择上,就不然了。事情的发展,好像把由此而形成的两股势力推向非摊牌不可的地步。

身居皇亲外戚和宰相地位的长孙无忌,出于维护自己的既得利益和权势,则坚决主张立晋王治,得到谏议大夫褚遂良等皇室贵族势力的支持;而宰相岑文本、刘洎和殿中侍御史崔仁师等则劝立魏王泰,同样是出于维护其早已潜结的势力以及本人的既得利益和权势。围绕着帝位继承人问题的这一斗争,反映了李氏关陇军事贵族同寒族地主或普通地主势力之间的矛盾。它之所以激化起来,正是由于这个问题关乎对立双方权势的消长和各自的切身利益。而面对这一斗争,李世民终于做出弃魏王泰、立晋王治的决定。

贞观十七年,是李世民执政以来,统治集团内部最不稳定的一年。也可以说是李世民执政的中期向晚期的转折点。由于围绕帝位继承人问题发生的矛盾和斗争,并没有随着立晋王治的决定而终止。因此,在李世民执政的晚期,对内,几乎把他的全部精力倾注在清理统治集团内部矛盾所造成的不稳定的因素,藉以巩固和加强晋王治立为太子后的李氏关陇军事贵族的统治地位。因此,在李世民看来,凡是与承乾、李泰事件有瓜葛的人物,都是一种隐患,必须尽早清除掉,以免后患。加上李世民执政晚期这段时间里,经常患病,精力不支,也是促使他加速清理的步子的一个因素,为此目的,直到一反往常地不择手段。

首先,李世民把一切怒火都倾泻到已死去的魏徵身上,转而把魏徵视为万祸之源,借死人来镇压活人。与承乾谋反事件有牵连的侯君集、杜正伦本来已及时地做了处置,但这时李世民却怀疑起魏徵生前与侯君集、杜正伦结朋党,唯一的根据就是所谓过去魏徵曾竭力推荐侯、杜二人。于是,解除了李世民自己亲口许下的衡山公主与魏徵长子叔玉的婚约;推倒了李世民自己亲为魏徵撰制并书写的墓碑。这正是李世民狐疑猜忌、阴谋迫害臣下的保守倒退思想的大暴露。这也是他晚年所表演的一场影响极坏的大悲剧。

其次,李世民对曾劝立魏王泰的岑文本、刘洎和崔仁师等人,则采取了欲擒故纵的策略手段,寻找借口——除掉了他们。贞观十七年,当晋王治立为太子后,刘洎见"皇太子尚未尊贤重道",随即上书给李世民,详尽地陈述了如何给予太子以很好的教育的建议。李世民就此"乃令洎与岑文本、马周日往东宫与皇太子谈论"①。贞观十八年,李世民又提升岑文本为中书令,而岑文本通过此举已识破李世民对他怀有戒心和猜忌,

———————
① 《贞观政要·论尊敬师傅》。

为此十分忧虑,一年后,遂死于幽州。

贞观十九年,李世民亲自率军去打高丽,临行前,又命刘洎辅导太子李治于定州,并对他说:"我今远征,尔辅太子,安危所寄,宜深识我意!"刚直果敢的刘洎却泰然自若地回答说:"愿陛下无忧,大臣有罪者,臣谨即行诛。"那知此言更加使李世民不放心了,李世民当即警告他说:"卿性疏而太健,必以此败,宜以慎之。"随后,李世民攻安市不下,从辽东回到定州,患了痈肿病,刘洎见此病情,甚为担忧,说了一句:"疾势如此,圣躬可忧。"于是,就被长孙无忌的亲信褚遂良所诬陷,硬说刘洎要在李世民天下行伊尹、霍光之举,李世民听了褚遂良的谗言,随即下诏宣布刘洎谋执朝衡,自处伊、霍,命刘洎自尽了。

接着,贞观二十年,又以谋反罪无辜杀掉了张亮。贞观二十二年,马周病死后不久,又听了褚遂良的谗隐之言,以"罔上"的罪名,流放了崔仁师。这样,朝中出身于寒族或普通地主的大臣,已经所剩无几了。贞观二十三年,在他临死前,还把李勣贬为叠州都督,并嘱太子李治说:"李世勣(即李勣)才智有余,然汝与之无恩,恐不能怀服。我今黜之,若且即行,俟我死,汝于后用为射,亲任之;若徘徊顾望,当杀之耳。"[①]可见,李世民晚年为了确保皇室贵族的根本利益及其统治地位,对出身于寒族或普通地主的大臣所采取的态度和手段,比起当年清除其周围的李建成势力,是有过之无不及的。

由此看来,利用权势,施展阴谋诡计来排除异己,以巩固其狭小的宗派的封建统治小集团的长治之安,对这一关,任何开明的封建帝王都是"闯"不过去的,李世民也不会例外。

从上述情况可以看出,李世民从执政的中期到其晚年的停滞、倒退同封建统治集团内部矛盾和斗争发展相联系。也正是由于李世民转而采取排斥和打击封建统治集团中出身于寒族或普通地主的大臣,专倚信于以长孙无忌为首的关陇军事贵族势力,而使他的晚年政治生涯呈现出更为浓厚的悲剧色彩。

总之,"贞观之治"是我国封建地主阶级统治的历史上出现的"盛世"的典型代表。它在世界历史上所发生的实际影响,无论就其深度和广度来说,都超越被历代颂为"盛世"的先前封建王朝而居于首位。它不仅为整个唐王朝统治延续280余年奠定了基础,而且也在我国封建政治法律制度史上真正起了承前启后的作用,它较认真地总结了从秦始皇到隋炀帝的历史经验和教训,为后来的诸封建王朝在各方面创造了可资借鉴的较完整的经验和历史条件。正因为如此,它闪烁着中华民族古代文明的光辉,同时,它在世界史上,也是独放异彩的,而成为古代历史上人类进步的骄傲。

恰当地说,李世民是"贞观之治"的杰出的总代表,他不愧于历史赋予他的使命,在他为革新封建制度和稳定社会秩序所立下的功绩,客观上促进了社会生产力的恢复和发展,推动了社会进步。因此,在封建社会历史条件下,相对地大大减轻了广大劳动人

---

① 《旧唐书·李勣传》。

民被剥削牺牲和摧残压迫的痛苦。在封建统一战争中和贞观初期的执政中,充分显示出他的政治、军事方面的才能,尤其是他的"知人善任",集拢了一批具有特长的各方面人才,并能充分发挥其辅弼作用,也更加增长了他本人的聪明和才智,从而适应了当时社会经济、政治的迫切需要。其执政的中、晚期,从主观上说,由于他在政治上、思想上的停滞和倒退而走了下坡路,使他的政治生涯涂上较浓厚的悲剧色彩。不能否认这种停滞和倒退,在历史上所起的反面作用和有害的后果。

然而,"贞观之治"的成果,以及由这一成果所引起的社会关系和社会条件一系列变化和发展的趋向,已经不是李世民个人的"欲有所为,皆取遂意"所能改变或逆转得了的。因此,从这个意义上说,李世民的历史功绩大于他的历史过错。从总的看来,李世民仍不失其为我国历史上最杰出的封建地主阶级政治家和开明的封建皇帝。

第二节　对李世民法律思想的总评

一、李世民法律思想的阶级性和历史特殊性

前面我们对"贞观之治"形成的历史背景及其经济、政治、法律、军事、文化方面的改革,对唐太宗李世民的法律思想及其产生的基础和根源,以及他执政的中、晚期在政治上、思想上的变化和如何评价他的一生,做了初步的探讨。从中使我们感到"贞观之治"的历史成果,作为中华民族的历史遗产来说,是值得我们认真加以整理研究的。就其中的法律思想部分来说,固然具有其更为强烈、显明的阶级性,以及更为直接、更为敏感的为封建地主阶级统治服务的目的性,但是,在我们划清这种阶级界限,揭示和批判它的阶级实质时,不能忘记历史赋予我们的使命,就是批判和反对一切剥削阶级和剥削制度的同时,还有对一切剥削阶级代表人物在历史上的进步和反动加以区别的历史责任;还有从一切剥削阶级历史人物的形形色色的思想体系中,区别出那些具有历史进步意义的和尚"没有成为过去而是属于未来的东西",并加以批判地挖掘和继承的历史任务,这既是人类思维发展的客观规律所要求的,又是我们整个社会主义事业的组成部分。

因此,我们研究唐太宗李世民的法律思想中那些具有历史进步意义的东西的时候,还需要对他的法律思想的阶级实质及其产生的具体社会历史条件,做出进一步的分析和总结。唐太宗李世民的法律思想的阶级性,概括起来,主要表现在如下两个方面。

(一)李世民的法律思想,是封建地主阶级为维护封建剥削制度和巩固封建统治秩序的经济基础之需要的反映

李世民执政时期,正是处于我国封建社会土地所有制形式发生演变的一个过渡阶段,即由封建土地国有制占据主导地位向封建地主土地私有制占据优势过渡的阶段。

这个过渡阶段，是以北朝到隋朝实行均田制度发生的，而李世民在继续推行均田制度过程中采取了一系列新的法令规定，客观上为这个过渡阶段的完成创造了使之日趋成熟的条件。这种封建土地所有制形式的演变，是在我国封建社会经济发展过程中自然形成的，不仅不会改变封建生产关系的性质，而且巩固了封建生产关系，维持了封建社会生产的继续发展。这就是李世民采取的一系列均田法令之所以收到实效的客观历史条件。

李世民一方面要维护封建地主阶级，特别是皇室、贵族的根本利益和绝对权力；另一方面又必须迅速恢复农业生产，休养生息，以安定民心，才能够巩固其封建统治。于是他提出"务积于民""务理民心"，使民"富贵"的主张，在立法建制上，还提出更为具体的"删削繁苛""务求宽简""安人宁国"等原则。这些思想主张，在实践中究竟是怎样体现的呢？我们考察一下历史，就会清楚地看到它的真实情况。

在继续推行均田制度的过渡中，皇室、贵族这个封建地主阶级的最高阶层代替隋王朝的统治，当然地掌握了全国绝大部分土地，其中贵族还享受着定制的封户和均田法令规定之外的大量田地，如长孙无忌、尉迟敬德、房玄龄、杜如晦等都食邑 1300 户，李勣1000 户。均田法令规定："凡有功之臣，赐实封者，皆以课户。先准户数，州、县与国邑官执账供租调"，就是将负担租庸调的农民，按各贵族、勋臣食邑户数划分给他们，其中除"庸"仍归封建中央外，课征的"租""调"，分别归各贵族、勋臣所有。除受封户外，贵族、勋臣们还占有许多田地，有永业田、勋田、赐田。占有永业田、勋田数是有法令规定的；而赐田则无定制，且数量还多，如李勣就曾得赐田 50 顷。

在李世民执政时期内，规定这些爵位封户和赐田是世袭的，可荫及子孙，"非有大故，或无黜免"，相沿不绝。后来，于贞观二十三年，又规定"诸王并宜食一千户封"，公主或食 500 户或食 1000 户①。实际上，远远超越这个定制，如相王、太平公主食邑多至10000 户，安乐公主至 4000 户，宁王、薛王也有 2000 户。而且皇室成员的封户更多是土地肥沃，并以富户为封户。皇室成员依均田法令同样占有永业田，又可得到大量赐田，如淮安王李神通有功"太宗乃给田数十顷"。皇室成员和贵族的经济特权就是这样获得和得到保障的。而那些被划为封户的农民，也就成为贵族们直接剥削的对象。

于是，这里就随之产生了两种不同性质的矛盾：一是中央（即皇室）和贵族之间，由于上述租庸调的分割，而发生了贵族们资用有余，国家支计不足的矛盾，这是统治阶级内部的矛盾。一是贵族和封户之间，由于"封户之物，诸家是征，或是官典，或是奴仆，多挟势骄威凌蔑州县，凡是封户，不胜侵渔"而产生的两个阶级之间的矛盾。因此，李世民一方面通过有关的均田法令确保贵族的经济特权；另一方面又采取限制贵族利用经济特权和实力在土地兼并中的扩张。然而，由于皇权是以贵族为支柱的，所以这种限制往往又是有限的和无力的妥协。

---

① 《唐会要·缘封杂记》卷九十。

与此同时,李世民进一步抑制和打击了旧士族(即还有一定势力和影响的山东地区的崔、卢、李、郑四姓),却又培植了新士族。所谓新士族,同样是世官世禄的具有身份特权的地主,其中主要的是上述享有爵位封户和田地的子孙,它是封建地主阶级内部仅次于皇室贵族的阶层。这时,旧士族从整体上说,已经没落,由贵族的爵位封户和田地延荫其子孙而出现了一批新贵族,于是唐太宗李世民命高士廉等修《氏族志》时,提出"欲崇重今朝冠冕""不须论数世以前,止取今日官爵高下作等级"的诏示。这样,新士族则凭借政治上的特权地位,使自己的土地占有数量有增无减,保障了自己在经济上的特殊权益。

另一方面,普通地主经济势力更是不断地迅速增长。主要是他们原来占有的很多土地和劳动人手没有受到损失,且始终享受着免除课役的特权;由于奖励垦荒和允许一定范围的土地买卖的法律规定,而发生土地兼并,反倒为普通地主经济势力的增长创造了条件。加上李世民从出身于这个阶层的成员中选拔了不少人才,予以封官赐田,使其在封建统治集团上层占居高位,如马周、刘洎、张玄素、李义府等。

这样,作为封建地主阶级内部第三等级的普通地主,又获得政治权益的代表和保证,更有利于普通地主经济势力的扩张。于是因普通地主经济势力的迅速上升,产生了普通地主和皇室、贵族以及新士族之间以争夺土地和劳动力为内容的矛盾。而李世民的均田法令及其他经济法令的提出和实行,就是由当时这种阶级关系和阶级矛盾所决定的:一方面由于普通地主势力是唐朝中央集权统治的积极支持者和社会基础;另一方面普通地主经济势力的扩张又会造成广大个体自耕农民的破产,日益严重起来,不利于封建农业生产的恢复和发展,也会危及封建统治的巩固。这种阶级矛盾,正是李世民有关经济和政治等法令产生的根源。

此外,还有豪商富贾和僧侣地主,也是整个地主阶级的组成部分,他们隶属于上述三个不同阶层。封建社会的商业主要是为整个地主阶级服务的,而且皇室、贵族、士族、普通地主等各个等级都有兼营商业者,那些专营的豪商富贾也大都与他们相勾结。所以说,当时的商业基本上就是操纵在地主阶级手中。在继续推行均田制度过程中,他们凭借其政治力量,牟取暴利,又在土地兼并中,仰仗其财力,掠夺了更多的土地,如史料记载的富商郑凤炽"常与朝贵游,因是势倾朝市。邸店田宅,遍满海内",就是一个具有代表性的例证。至于寺院占有的土地,如前所述,起初,封建统治集团虽欲把它纳入均田制度的轨道,实际上是行不通的。后来由于唐太宗李世民崇奉佛教,扩建和新建寺院,并予享受蠲免课役等特权,寺院占有的土地和经济力量反倒有所增长。

由此可见,李世民采取继续推行均田制度的一系列法令规定,使整个地主阶级获得占有和垄断大量的土地,同时也就赋予了他们统治和支配的权力,为地主经济的发展创造了最基本的条件。地主经济的剥削手段就是把劳动者束缚在土地上,以便于剥削他们的剩余劳动。推行有关均田等土地的"法令",正是国家保持长期占有和垄断经济,使地主阶级进行掠夺劳动成果的法律保证。

与此同时,作为农民阶级主体占总人户中分量最高的个体自耕农民,如前所述,一般都授田不足;另外,还有不少个体自耕农民原来就有小块土地,实际没有授田;还有极少数"自贴买得田地"的个体自耕农民,但无论是前者还是后两者,都同样要负担国家的租庸调,并被统称之为课户,也是上述被划为封户的对象及府兵制的兵士来源。其余的劳动人民,除个体手工业者和小商人(他们和个体自耕农民的身份差不多)外,都是不同程度依附于官府和私户(这些劳动者同奴隶没有多大区别,实际上是尚存在的奴隶制残余)。封户是这些课户充当的,而被划为封户的个体自耕农民则受着封建国家和贵族的双重压榨。

至于府兵,也从这些课户中点征。点征的原则,即所谓"财均者取强,力均者取富,财力又均,先取多丁";府兵"居无事时耕于野",有事时"则命将以出,事解辄罢,兵散于府,将归于朝";被点征的府兵在役期内虽蠲免其本人的赋役,但须自备粮饷、器械,这是对课户的双重奴役。

以上就是李世民所提出的"务积于民""务理民心",使民"富贵"的主张,以及在立法建制上的"删削繁苛""务求宽简""安人宁国"等原则的实际阶级内容。它之所以具有历史进步意义,就在于唐高祖父子,特别是唐太宗李世民及其侍臣们能够认真地总结秦以来封建地主阶级统治的历史经验,特别是汲取了秦、隋在既富且强的情况下而速亡的历史教训。李渊见于隋王朝赋役繁重,刑政残苛,民不堪其苦,在熊熊的农民大起义的烽火中覆灭,"既平京城,约法十二条,惟制杀人、劫盗、背军、叛逆者死,余并蠲除之",甚得民心,"百姓苦隋苛政,竞来归附","旬月之间,遂成帝业"①。几年后,李世民继位,在开国经验的基础上,又进行了全面的封建改革和进一步总结了封建统治的历史经验教训。

由此可见,李世民的法律思想是从维持封建地主阶级,特别是皇室、贵族的根本利益和绝对权力出发的,反映了封建地主阶级为了维护封建剥削,巩固其统治的经济基础的需要。

(二)李世民的法律思想,是封建地主阶级为了保卫封建特权,维护封建等级秩序,加强皇权集中统治之需要的反映

我国封建社会的阶级差别,同样是用人为的等级划分而固定下来的,同时也就确立了每个阶级、阶层在封建国家中的特殊法律地位。等级次序及其政治权力的地位,也同样是按照地产的不同情况来排列的。在地主阶级同农民阶级的阶级对立中,法律赤裸裸地保障地主阶级在经济上、政治上的特权,他们之间的不平等,是显而易见的。那么,李世民的法律思想是怎样反映出这种实质的呢?我们对这一历史实际的具体阶级内容,作以下的进一步考察和探讨。

唐王朝建立时,旧氏族(或称门阀地主)已经没落,由于在封建地主经济的恢复过

---

① 《旧唐书·刑法志》卷五十。

程中,普通地主经济势力迅速增长的趋势,导致整个封建地主阶级内部的阶层结构及其之间的关系发生了变化,同时,作为封建地主阶级意识形态的门阀观念(即等级观念),不但没有因旧士族的没落而消失,反而自然地以新的形式得到了加强。另一方面,以个体自耕农民为主体的农民阶级以及不同程度依附官府和私户的劳动者的社会地位和法律地位的变化,只不过是由于个体自耕农经济地位不稳定的发展趋势的延缓,而暂时免于急遽的下降到依附于官府和私户的地位罢了。

在李世民执政时期,整个地主阶级所享有的种种特权及各阶级、阶层所处的社会地位和法律地位的情况,大体如下:

皇室与贵族、士族,普通地主,是封建地主阶级内部的三个阶层。此外,还有从属于这三个不同阶层的富商豪贾和僧侣地主。他们都居于最高的几个等级,并享有种种封建特权。

所谓"创业君臣,俱是贵族",不能完全概括皇室、贵族的情况,它还包括那些开国后的新贵、新门。唐朝贵族阶层具有的特点,一是其成员多原是贵胄子弟,如萧瑀、陈叔达就是梁、陈帝王之子,封德彝则是隋朝师保之裔,李靖、屈突通等,也都是贵胄子弟;二是较隋以前的贵族阶层的阵容更大,它包括江南、山东、关中等地的封建地主的上层,以及被李世民提拔到封建统治集团上层的寒族阶层人物。他们都享有最基本的封建特权,在经济上是大地主,在政治权力地位上,大都居于高位,参与议政,握有一定的职事权柄,他们并在法律上享有各种封建特权。

所谓"官有世胄,谱有世官"的士族,即历史旧称的世族、甲族、高门、旧门、冠族、著姓、右姓等,是世代为官的贵族。又多"营产业",也可称是世官世禄的身份性地主。作为封建地主阶级的上层,它又具有很强的血缘关系和浓厚的地方色彩,以及由此产生的很深的门阀观念,主要表现在重视谱谍和区别郡望上。经过历次农民起义的打击,加上先前一些王朝统治集团不同程度的抑制,逐渐走上衰落。特别是隋末农民起义的大扫荡,给予它的打击更为沉重。当时起义的农民"得隋官及山东士子皆杀之",有的士族,全家都被镇压掉了。可以说是"世代衰微""累叶凌迟"了。进入唐初,作为封建地主阶级的一个阶层,它已经完全没落。

可是,当时作为这个阶层的成员,他们中还有不少人(或者说族姓)仍具有很大的力量。如拥有大量的田地;为数众多的奴僮、部曲、佃客等劳动人手;长期的文化教养等,而这个基础又支撑着他们不甘心已经没落了的"族望"和现实所处的社会地位,以及由此产生的心理状态和情绪。他们蔑视唐朝封建统治集团,如反对进士科,标榜经,炫耀名教礼法和习俗等。在地方上,他们排斥日益增长的而门第甚低的普通地主势力。与此同时,他们又利用进士科,取得禄位,争夺"朝廷显官";离开士族传统,与新朝勋贵联婚,以维护其"族望"。

正如史料所载,唐朝"王妃、主婿皆取当世勋贵名臣家,未尝尚山东旧族。后房玄龄、魏徵、李勣复与婚,故望不减"。上述李世民重新修订旨在正等级之名的《氏族志》，从动因上来说，正是针对这种情况，从根本上抑制了尚有一定势力的山东地区的崔、卢、李、郑四姓士族的政治影响。所以说，唐初，士族作为地主阶级的一个阶层来说，主要的成分是由于李世民的上述政策所培植起来的新门、新贵。他们凭借荫袭祖、父的爵位封户和田地，以及取得官位的捷径，来维护其既得的封建特权，盘剥广大农民和其他劳动者。虽然他们还有不同于上述旧士族的特点，但是，作为这个阶层的共性——封建地主阶级中最腐朽的阶层来说，他们的腐朽性也不减于旧士族。

普通地主，即历史旧称的庶族、寒门、寒素，以及寒微出身的地主、官僚。他们或由个体自耕农民中的富裕层分化而来；或由工商业者转化而来；或由吏胥、勋功出身上升而来；或是起家于归附的蕃民，其特点是非世官世禄，无身份特权，也可称其为非身份性地主。在整个封建地主阶级中，这个阶层分布广而众多。李世民通过建立和健全科举制度，网罗天下人才的同时，间或从这个阶层破格提拔了一些人材，如"马周、刘洎、自疏远而卒委均衡"，直至成为宰相。唐初旧士族势力同普通地主势力之间的消长的发展趋势，正是集中地反映着皇权的提高和封建统治的巩固过程。

此外，封建地主阶级的组成部分中还有：富商豪贾和僧侣地主。皇室贵族、士族、普通地主等阶层，都有不少人兼营商业者或从事一些商业活动的；专门商业者中，也有一些人转化为官僚和地主，或与贵族、官僚相勾结。他们大都是凭借封建权势，来牟取暴利的。因此，他们的社会地位分别从属于上述三个阶层中的不同等级。至于僧侣地主的社会地位，与其说是取决于他们的寺庙财产状况，不如说是决定于朝廷的赐名和赏识。以上是李世民执政期间封建地主阶级内部的阶层、等级序列和特权以及他们之间的相互关系方面的一些基本情况。

作为被统治阶级的农民阶级，是以个体自耕农民为主体和佃官府或私户"田宅"而被统称为客户的农民构成的。他们是当时创造社会财富的主要力量。

个体自耕农民是农民阶级的上层，即通常被称为"编户"或"百姓"，在法律上则称之为"良人"或"良口"。他们的社会身份，不仅比那些"贱民"高，而且也强于客户，就是说，他们既有一定的形式上的人身自由，也被列入九等户制中最低的几个等级。李世民执政时期，在户数上，经历了由缩小到扩大和由扩大到缩小的变化，但总的发展趋势是增长大于减少。它反映了李世民围绕着均田制度的继续推行所采取的措施，收到了迅速恢复和发展封建农业生产和使农民休养生息的社会效果。同时，它也反映出李世民这些措施的阶级实质，即这些措施不会也不可能超越或摆脱封建生产关系的约束而损害整个封建地主阶级的根本利益的，而且还反映出对封建生产关系起催化剂作用的赋役的日益加重和土地兼并的发展。

至于他们中负有特定封建义务的封户，如上所述，则受着国家和贵族的双重剥削和奴役；从他们中点征的府兵，虽蠲免了少数的赋役，但服役期内，必须自备粮饷、器械，加上"多别驱使"，而成为贵族、官僚任意奴役的对象，可以说，减轻的有限，所加的更重。

在李世民执政的中期,如上所述,由于日益加重的赋役和土地兼并的发展,以及天灾人祸而破产的个体自耕农民,沦落他乡,靠佃耕于官府或私户为生的所谓的客户,有所增长。客户的社会地位介于个体自耕农民和隶属于官府的杂户、官户、工乐户与隶属于私家的部曲、客女之间,仍属于"良口",只是不编户贯,而成为官府的佃民和私家的荫附。在法律上称这些佃耕者为"作人",即所谓"官田宅私家借得,令人佃食;或私田宅有人借得,亦令人佃(食)……"者。在佃私家"田宅"中,他们的劳动收获大半以上为"强家"所有,不仅要交纳农产品谷物,还要交纳手工业产品布帛等;不仅要负担种种力役,甚至遇有战事,还要听从役使。

在皇室、贵族同普通地主争夺土地和劳动人手的矛盾和斗争中,客户中的极少数,或佃耕私家"田宅"者,可能摆脱荫附关系,自立户籍,上升为编户,被列入八、九两个等级,或佃耕官府"田宅"者(主要的是营田和荒地)也可能上升为正式编户;就他们中的绝大多数来说,其社会地位很难再上升了。

以上就是构成农民阶级的两个阶层:即处于社会最低几个等级的个体自耕农民和"准等级"的客户的大致情况。他们是农业生产的主力军。

此外,还有和个体自耕农民的社会地位相似的佣工、个体手工业者和小商小贩。他们大都是从个体自耕农民分化出去的劳动者,其社会地位低于个体自耕农民,而高于隶属官府的杂户、官户、工乐户和隶属于私家的部曲、客女。所谓佣工就是当时靠单纯出卖劳动力来糊口的流离失所的农民,多数还是在封建农业上受佣的,所得报酬低微,主要是实物,如粮食、衣服、鞋等。

在小商小贩中,有的是个体自耕农民兼做的小本生意,有的是个体自耕农民破产流落出来靠贩卖为生的,有的是自做自卖的"工作贸易者",就是独立手工业者。这里,可以看出作为农民阶级主体的个体自耕农民与手工业者、小商小贩、佣工之间的错综交织的关系,所以说,个体自耕农民发生的变化,不可能不直接影响着手工业者、小商小贩、佣工的状况。

至于隶属于官府的杂户、官户、工乐户和隶属于私家的部曲、客女等,都是所谓的"贱民"。他们是社会阶级中的底层,是生活苦、劳役重、被压迫深重而社会地位又很庞杂的被剥削、被压迫的附属阶层。因此,他们在阶级关系变动和阶级斗争的发展中,都不能起主要作用。

以上,就是唐初以封建等级形式表现出来的各阶级、阶层所处的社会地位和法律地位,以及它们之间的相互关系的大致情况。我们从中可以看出,李世民为首的封建统治集团为了满足封建统治阶级维护既得利益的需要,从法律上进一步完善了封建国家行政权力;为了巩固封建统治的需要,又从法律上强化了封建等级界限,以维护封建等级秩序。这一切又都是为了加强皇权集中统治,因为它既是维护整个封建地主阶级根本利益的需要,又是保护统治集团既得利益、巩固封建统治的根本保证。

从法律上进一步完善封建特权,一方面是根据资产、官爵重新确立等级,严明了统治阶级内部不同等级享有不同的特权；另一方面将封建特权全面地从法律上固定下来，并在适用上又有一条共同不可逾越的根本界限，就是犯有"十恶"大罪者，特别是"反逆"即"谋反""谋大逆""谋叛"三项，是不能得到宽宥的。这些又是调整和维护封建统治阶级内部关系所必需的。否则，连封建统治阶级内部关系也无法稳定，也就失去了皇权集中统治的支柱。而从法律上强化封建等级界限，其主要目的，还在于加强对广大农民及其他劳动人民的统治。重新确立的封建等级中的尊卑、良贱的等级界限是非常显明的。虽把个体自耕农民划入九等户类之中，但都是最低的等级，以及由他们中破落流离为客户的农民则被剔除九等户类之外。

因此，并没有冲淡尊卑界限的色彩，更不可能改变个体自耕农民仍然是封建国家的依附农民的实质；居于客户和奴婢之间的劳动人民则统统列入"贱民"等级，而奴婢是低于"贱民"的社会最低层，这种良贱的界限也是非常清晰的。维持这种封建等级秩序的是全面贯注到法律条文中的"礼"的规范，即把"礼"法律化、制度化。例如"十恶"大罪的规定，更主要的则是以此来把封建司法镇压的矛头集中对准广大劳动人民，用以无条件地强使不得"违礼"。还有，李世民就认为："比有奴告主谋逆，此极弊，法特须禁断"，并诏示，"自今奴告主者，不须受，尽令斩决。"又如立法"简约"的目的在于防止"格式既多，官不能尽记，更生奸诈"，可以说是从维护皇帝的至高至尊的权威和皇权集中统治的目的出发的。这一点，也正是贯穿于李世民的前述一系列法律思想、原则之中的。

李世民的法律思想同贯穿于封建制度历史全过程的重刑主义，虽在阶级本质特征上是一致的，但它又具有自己的特点。大体说来，就是能够实行儒家德主刑辅的进步的轻典、恤刑思想作为立法建制的指导。而决定这种法律思想特点的社会历史条件是当时我国封建社会的封建土地所有制形式发生了变化，即由土地国有制（皇室的土地垄断）占主导，开始向封建地主土地私有制占优势的封建土地所有制形式过渡的历史时期。原来的士族地主（门阀地主）经济势力日趋衰落，普通地主（庶族地主）经济势力日益高涨。随之，普通地主争得政治权力地位的愿望日益炽烈。这个阶层成了封建地主阶级发展过程中的新兴力量。占这个阶层中绝大多数的中、小地主，又处于接近封建社会被统治阶级的农民的地位，而有一定程度的不满暴政和反对腐朽的情绪，特别是要求有利于他们发展的改革。在这方面，也不同程度地符合了广大农民的愿望。

而这种形势的出现，从根本上说来，是由于隋末农民起义给予整个封建地主阶级，特别是最腐朽的士族地主势力以沉重的打击所赢得的。换句话说，这就是李世民法律思想产生的社会基础，及其所反映的时代的、阶级的内容。从李世民为首的统治集团的主观条件上来说，面对的是这样的现实：由于隋王朝苛刑暴政和繁重赋税的压榨，使封建农业生产遭到严重的破坏，造成广大农民及其他劳动人民颠沛流离，不得聊生，人口大减。李世民继位后，能够通过君臣议政的方式，在唐朝开国经验的基础上，进一步总结和借鉴先前封建统治的历史经验教训，特别是汲取了隋亡的教训，即所谓"动静必思隋氏,以为殷鉴",并以"宁人安国"的政治方针进行了全面的封建改革。这就是决定李世民前面所述的一系列法律思想、原则所具有的特点的主、客观条件。

二、李世民法律思想中的人治主义和法治主义

在李世民法律思想中,人治主义和法治主义是交融在一起的。他一面强调"德化""礼教"为治国之本和举贤任能对治国的决定性作用,以及"务理民心"、取信于民的重要;一面把封建的等级序列、道德伦理规范和政治原则,统统贯注于法典,或直接纳入刑条,或颁布于诏令,强调"令出推行""一断以律",从而把封建的人治和封建的法治融为一体,构成他的法律思想的总原则:"德礼为本,刑罚为用。"

李世民的这一总的指导思想的形成,是在继承先前历史上的人治主义和法治主义两种不同倾向的政治法律思想成就的同时,首先是总结了当时隋亡的经验教训,从中获得借鉴,他认为隋亡不仅在于后来者隋炀帝的暴虐无道,早在隋文帝执政时,就种下了危亡之因。他认为隋文帝"每事皆自决断",而累积了"乖谬","天下之广,四海之众,千端万绪,须合变通","岂得以一日万机,独断一人之虑"。在李世民看来,只有"皆委百司商量,宰相筹划于事,稳便方可奏行","若诏敕颁下,有未稳便者,必须执奏,不得顺旨便即施行,务尽臣下之意。"而整吏治民,只要"法令严肃,谁敢为非"?

因此,他得出结论,君主治国之道,不外乎两条:一是"广任贤良";一是"法令严肃"。这两者,又是不可偏废的。其次,李世民更重视本朝开国以来的实践经验,直接为这一总的指导思想的确立奠定了基础。贞观初年,他曾对侍臣们说:"朕谓乱离之后,风俗难移。比观百姓渐知廉耻,官人奉法,盗贼日稀,故知人无常俗,但政有治乱耳。是以为国之道,必须抚之以仁义,示之以威信,因人之心,去其苛刻,不作异端,自然安静。"可见,这一总结,比上述借鉴,更为深刻和实际。

李世民法律思想中的人治主义,主要反映在举贤任能和突出地强调贤良人才在治国中的决定性作用,即所谓"理天下者,以人为本"。他曾对侍臣们说:"朕闻太平后,必有大乱,大乱后必有太平,大乱之后,即是太平之运也。能安天下者,惟在用得贤才。"后来,他还深有体验地说:"朕即位之初,有上书者非一,或言人主必须威权独任,不得委任群下;或耀兵振武,威摄四夷。惟有魏徵劝朕偃革兴文,布德施惠,中国既安,远人自服。朕从此语,天下大宁,绝域君长,皆来朝贡,九夷重译,相望于道。凡此等事,皆魏徵之力也。朕任用岂不得人。"这里提到的"布德施惠"与"用得贤才"之间的联系及其在治国中的作用,正是为他的"礼德为本"和"人治主义"所作的注脚。

李世民不仅重视封建统治集团上层的所谓"内臣"的贤良与否,而且也非常关注地方官吏的简择,尤其是州一层的官吏,它承上命下,能否"称圣意",使"合境苏息""百姓不虑不安",起着关键性的作用。地方官吏直接接触百姓,"县令既众,不可皆贤",只要有"妙选贤德"的州刺史,也无妨大局;且又可从中选拔迁擢统治集团上层所需的贤

良人才。因此，李世民作出"刺史，朕当自简择，县令诏京五品已上各举一人"的诏示。由此可见，反映在李世民法律思想中的人治主义的核心内容，就是所谓的"吏治"，也就是特别强调贤良官吏在治国中的决定性作用。由此派生了他的法律思想中人治主义的另一个问题，就是所谓的"治吏"的问题。

如前所述，就此他提出用人的选择标准、考察方法、赏罚原则等一系列主张，概括起来，大致是这样：他认为"为政之要，惟在得人，用非所才，必难致治。今所任用，必须以德行学识为本"；他认为"用得正人，为善者皆劝；误用恶人，不善者竞进"，"用人弥须慎择"；他认为"古人内举不避亲，外举不避仇，而为举得其真贤故也。但能举用得才，虽是子弟及有仇嫌，不得不举"；他认为"国家大事，惟赏与罚。赏当其劳，无功者退；罚当其罪，为恶者咸惧，则知赏罚不可轻行也"，"尽忠益时者虽仇必赏，犯法怠慢者虽亲必罚"。

他认为"择人惟取其言词、刀笔，不悉其景行，数年之后，恶迹始彰，虽加刑戮，而百姓已受其弊"，就是说"审官"要注重"悉其景行"。李世民之所以如此重视"治吏"问题，归根结底，还在于维护和巩固皇权集中统治的需要，"治吏"的实质乃是治民。就"自古草创之主至于子孙多乱"问题，他曾对侍臣们说："夫功臣子弟多无才行，藉祖、父资荫，遂处大官，德义不修，奢纵是好。主既幼弱，臣又不才，颠而不扶，岂能无乱？隋炀帝宇文述在藩之功，擢化及于高位，不思报效，翻行弑逆，此非臣下之过欤？朕发此言，欲公等戒勖子弟，使无愆过，即家、国之庆也。""化及与玄感即隋大臣受恩深者，子孙皆反，其何故也？"

在李世民看来，关键就在于君主能否用得贤良，且能否做到"明正赏罚"。这里，又涉及关乎维持和巩固封建统治的皇权继承人问题，这也是李世民法律思想中所反映的人治主义内容的一个组成部分。

在这个问题上，李世民曾教诫诸王说："知人之立身所贵者，惟在德行，何必要论荣贵，汝等列位藩王，家食实封，更能克修德行，岂不俱美也。且君子小人本无常，行善事则为君子，行恶事则为小人。当须自克，励使善事日闻，勿纵欲肆惰，自刑戮！"这样的教诫，固然含有维持统治集团内部关系的作用，更主要的是为了维持和延续皇权集中统治。为了达到这一目的，李世民深深懂得："可爱非君，可畏非民。天子者，有道则人推而为主，无道则人弃而不用"的道理，在他晚年完成的《帝范》十二篇，赐予太子，传教之以治国之道。从尚存的《帝范》十二篇目录看，有：君体、建亲、求贤、审官、纳谏、去谗、戒盈、崇俭、赏罚、务农、阅武、崇文等，也可略见其人治主义之一斑。

李世民法律思想中的人治主义，在于维护皇帝的至尊地位和至高权威，加强和巩固皇权集中统治。他曾就"治吏"方面有过一番云云："流水清浊在其源也。君者，政源；人庶犹水。君自为诈，欲臣下行直，是犹源浊而望水清，不可得。朕常以魏武帝多诡诈，深鄙其人，如此岂堪教令。""朕欲使大信行于天下，不欲以诈道训俗。"这里，虽有"克己"之意，实质却在"政源"出于君，就是说，天下或治或乱，皆取决于君主的"有道"

与"无道",而不是臣庶。臣下毕竟是君主的"耳目"或"股肱",他们离开首脑,就无所适从了。李世民认为有道之君主是要"使大信行于天下",因此,他常以"积德、累仁、丰功、厚利"四者兼行而"自勉",同时也赞赏以"仁、义、礼、智、信"这五常来"理民心"。正于己,信于民。其实,这一切都是从封建地主阶级的功利主义出发的。换句话说,"德"与"礼"收了社会实效,功和利就在其中了。所以,李世民说"'不作无益害有益','不见可欲,使民心不乱'","必须贵顺物情",一句话"仁义积则物归"。

这里,并不难理解的,正如前所述,李世民提出"务积于心""务理民心",使民"富贵"的真谛,乃在于能使百姓"感恩戴德"地承担起封建国家的一切义务。而李世民"治吏"的根本要求,也正是要各级官吏都能够按照他的诏示,"存心理道,务尽忠贞,使百姓安乐"。所以说,"政源"出于君,加强"治吏"的终极目的,就是更有力地统治广大劳动人民。

从历史实际来考察,礼教德化确是李世民加强皇权集中统治的有力的思想工具,但李世民也并没把它看作唯一的和万能的。例如,后来有的史官对李世民推行礼教德化曾做过这样的详论:"太宗之于仁义也,慕其名而不得其实;喜其文而不究其本;知求之于纪纲政事,而不知反之于吾身方寸之间;知求之于外庭朝著,而不知行之于宫闱隐微之际。故始以谏为美,而终不免仆婢之失;外以出宫女为名,而内不免怀嬴之累。"这个评论还比较中肯,尽管不可能指出问题的实质,但从中却可以看出李世民是把"礼教德化"当作统治手段,彰明于"纪纲政事""外庭朝著"之间,确是历史的事实。

又如,在贞观十四年,戴州刺史贾崇因部下有犯"十恶"大罪者而自己亲自去劾奏,这按法律规定是要"从坐"治罪的,李世民就此则对侍臣们说:"昔陶唐大圣,柳下惠大贤,其子丹朱甚不肖,其弟盗跖为巨恶。夫以圣贤之训,父子兄弟之亲,尚不能使陶染变革,去恶从善。今遣刺史化被下人,咸归善道,岂可得也!若令缘此皆被贬降,或恐相掩蔽,罪人斯失。诸州有犯十恶者,刺史不须从坐,但令明加纠访科罪,庶可肃清奸恶。"这里,不仅说明了礼教德化不能也不会代替一切封建统治手段,而且也说明了封建刑罚的施行是以怎样有利于封建统治为转移的,绝不会自己束缚自己的手脚。

综上所述,我们可以得出这样的结论:李世民法律思想中的人治主义,是以"吏治"来巩固和加强皇权集中统治的,是以加强"吏治"来更有力地统治广大劳动人民的。把"德""礼"的规范上升到法律,化为封建国家的意志,使它对整个社会发生强制性的实际效力,这样既可以直接调整和维系其君臣之间的关系,又可以间接地防范、约束和镇压广大劳动人民的反抗。

再谈李世民法律思想中的法治主义。

其一,李世民强调法在封建国家的政事纪纲中的"权衡"和"准绳"的作用。他赞赏"法,国家权衡也,时之准绳也"这种思想。因此,他说:"法者,非朕一人之法,乃天下之法。"然而,这种思想,又与封建政治的本质——皇权至尊的专制主义,往往发生矛盾和冲突。例如,贞观初年,有人为了当官获得阶品,伪造"阶资",李世民大怒,下诏令其自首,不自首者,罪至于死。当发现这种人时,戴胄却依法判了"流刑"。上奏时,李世民问他:"朕初下敕,不首者,死。今断从法,是示天下以不信矣!"戴胄说:"陛下当即杀之,非臣所及,既付所司,臣不敢亏法。"李世民又说:"卿自守法,而今朕失信耶?"戴胄进而申述:"法者,国家所以布大信于天下;言者,当时喜怒之所发耳。陛下发一朝之忿,而许杀之;既知不可,而实之以法。此乃忍小忿而存大信,臣窃为陛下惜之。"听后,李世民自责地说:"朕法有所失,卿能正之,朕复何忧也!"这个事例,验证了皇权至尊的专制主义是产生有法不依、"朕"言即"为天下法"的根源。可是,在这方面由于李世民有上述思想和广开言路、开怀抱纳之风,又大大减少了这种现象的发生。也正因这样,"贞观之初,志存公道,人有所犯,一一于法",从而出现了"法良政善"的局面。

其二,李世民强调"事须画一""一断以律"的法治原则,不赞成任情滥施,缘私挠法。他认为:"自古帝王多任情喜怒,喜则滥赏无功,怒则滥杀无罪,是以天下丧乱,莫不由此。"因此,在封建司法实践中,他不仅注意整饬任意出入人罪的问题,而且他自己能做到信守法律。固然,李世民执政的中、晚期发生了变化,但这是不应该否定的历史事实。在这方面,上述法治原则和封建法律的本质是相一致的。因为,封建法律是封建国家制定的,它集中地体现了地主阶级的意志和利益,或形成明文的法律制度,或直言书于解释条文的注疏,或渗透在法律条文的字里行间,是毫无掩饰的。如上述《唐律》中的"议""请""减""赎""当""免",都是适用于统治集团成员的法律特权的明文规定。统治者自己守法和他们阶级的总体利益是相符合的。因此,开明的封建统治者也能提出所谓"夫奉圣典者,若操刀执绳。刀妄加则伤人,绳妄弹则侵直"一类的舆论,以教诫其官吏严肃认真地执法。

还应看到封建官吏恪守法纪,取信于民,有缓和阶级矛盾的作用。如若枉法害民,就必然会激起人民更大的反抗。像李世民这样的统治者,是深知"方求天下之不慢,不可绳从不信之法"的。由于统治集团内部存在着君臣之间,中央与地方之间,各阶层之间的财产、权力、地位的矛盾和争斗,要维系和调整其内部关系,巩固皇权集中统治,也需要它的所有成员守法、执法的。正因为这样,李世民才能做出如前所述的把"谋反"的太子承乾改废为庶,把违犯宫禁的长孙无忌处徒2年、罚铜20斤。然而,这只是问题的一个方面。

问题的另一个方面,由于封建阶级本质所决定,又不可能不出现与此相反的现象。如前所说的李世民盛怒之下,以"与囚博戏,漏朕言"的罪名,错杀了大理丞张蕴古,又以"谋反"罪冤杀了刑部尚书张亮。这就是说,李世民的"事须画一""一断以律"的法治原则,在司法实践中,又必将受到封建特权,尤其至尊皇权的实际需要而有所扭曲。

为说明这个问题,让我们援引三个案件而加以比较,就可得到有力的回答。

第一个案件,就是盐泽道行军总管、岷州都督高甑生因诬告李靖"谋逆"、受到惩处的案件。当时有人上言:"甑生旧秦府功臣,请宽其过",而李世民则说:"虽是藩邸旧劳,诚不可忘。然理国守法,事须画一,今若赦之,使开侥幸之路,且国家建义太原,元从及征战有功者,甚众。若甑生获免,谁不凯觎? 有功之人,皆须犯法! 我所以必不赦,正为此也。"

第二个案件,就是濮州刺史庞相寿因犯贪污罪,被撤职罢官,而庞相寿依仗自己是旧秦府的部属,上书请免。李世民也想把他官复原职,由于魏徵的直言谏诤,感到自己乃是"四海之主",岂能"独私故人",于是放弃了这个意图,遂把庞相寿打发走了。

第三个案件,就是党仁弘因贪赃百余万,罪当处死,而李世民很器重他的才能,欲免其一死,却又顾虑由此而开曲法的先例,于是想出用"对天请罪"的办法,使党仁弘得到开脱。李世民说:"党仁弘犯罪当死,朕欲哀矜,是朕自弄文法,诚负天地。臣有过请罪于君,君有过请罪于天。"为此下了罪己诏,这可以说是一幕非常令人可笑的历史滑稽剧。

从以上三件案例中,可以看出:高甑生案同后两案相比较,相对地说来,对皇权集中统治的危害,显然是更严重、更直接一些,当然李世民是不会宽宥他的。从庞相寿案又可以看到,当时之所以尚能坚持上述法治原则,在一定程度上,与当时封建朝廷中的谏诤、抱纳之风是分不开的。从党仁弘案说明,李世民不可能从根本上摆脱所谓的任情、缘私。把对这一案件的宽宥同杀掉张蕴古、张亮的冤错案相对照,与其说是李世民的任情、缘私,不如说是受着当时封建统治集团内部矛盾和争斗中的利害所支配。而其中,李世民又总是要以维护皇权集中统治而趋利避害。它反映了封建统治阶级的根本利益的需要。这几个案例,无论是对党仁弘的宽宥,还是错杀了张蕴古、冤杀了张亮,都是与前面所指的法治原则相反的现象,即都是李世民突出地推行人治主义的明证。它再一次告诉我们,封建法律毕竟是维护皇权集中统治的工具。封建统治者的法律思想和原则,又总是受地主阶级的根本利益所制约,而以皇权至尊的专制主义思想所贯穿。

再次,李世民吸取了《周易》中的"涣汗其大号"和《尚书》中的"慎乃出令,令出惟行,弗为反"的思想,特别强调令出惟行,使百姓知所信。在李世民的心目中,"天下愚人者多,智人者少。智者,不肯为恶;愚人好犯宪章。"这里,他把广大劳动人民看作是"愚人",而且这些所谓的"愚人"生来就"好犯宪章","常冀侥幸,惟欲犯法,不能改过",因此,他们中如若有犯法者,就不能对其"行非常之息","凡养粮莠者伤禾稼,惠奸宄者贼良人"。由此可见,令出惟行的法治原则,就是要使法律在广大人民面前显示出它的严肃性和威力,使人民对它有森严感,藉以加强皇权的威严。所以,李世民法律思想中的法治主义的核心内容是"治"民,就是专制主义的惩民、理乱之道。

由于人治主义与法治的交融,而使李世民的法律思想构成独具的特色,这就是使它异于我国封建时代法律思想的主流——重刑主义和极端的人治主义。这种交融,使唐初法律和刑制出现了"宽""简""平""慎""信"等特点,使司法上的任情滥施、缘私挠法、贪赃枉法的现象大大减少。这种交融,强化了封建的思想统治,使思想统治和司法镇压更加紧密地结合在一起,使整个封建专制主义的统治呈现出等级严明,界限彰著;轻中有重、宽中有严;平若持衡,轻重不失;宽非纵弛,张弛有度的景象。但是一切又都是万变不离其宗的,就是确保皇帝的至尊地位、至上权威和维护皇权的集中统治。这样,不但没有削弱而且加强和完善了封建中央集权的统治。这种交融,反映了李世民执政时期普遍地主经济势力日趋增长及其在政治权力地位上的开明的要求和愿望,反映了封建统治阶级汲取隋亡教训而加强皇权集中统治的根本需要。总之,李世民的法律思想,反映了封建地主阶级专政历史经验臻于完全成熟,从而产生了我国封建时代的"盛世"——"贞观之治"——的典范。

三、对李世民法律思想的历史评价

李世民法律思想产生在我国封建时代经济、政治、军事、文化等方面高度发展而又出现新的特点的历史转折阶段。这时,旧士族地主经济已经崩溃,旧士族势力虽"世代衰微""累叶凌迟"了,但它的政治影响和思想影响依然存在,甚至在局部地区仍有实际力量。由于均田制度的继续推行,普通地主经济势力获得迅速增长,普通地主渐趋成熟。均田制度的继续推行,也把农民阶级的主体——个体自耕农民的数量推向高峰,使它居于总户口的高位,其经济地位也处于短暂的稳定,使封建农业生产获得迅速的恢复和发展。另一方面,李世民法律思想的产生又是处于我国封建刑制发展的高峰时期,这个客观历史条件,为他提供了可继承和借鉴的大量的法律历史遗产和历史经验。他本人身兼创业和守业的经历,也能够比较认真地汲取这些历史遗产和总结这些历史经验。他经常以隋亡为鉴,力除弊政;君臣议政中,较多地受纳臣下的谏诤,大大减少专制独断,注重整饬吏治,发挥国家机器的作用。这就是李世民法律思想的形成及其独具特色的主客观历史条件。

据史料记载,隋文帝杨坚参用南北朝时周、齐旧政,以定律令,除苛惨之法,务在宽平,以及晚年,渐亦滋虐。炀帝忌刻,法令尤峻,人不堪命,遂至于亡。这个总结,从历史发展过程中指明了富而且强的隋王朝灭亡的一个主要原因。这是李渊父子所耳闻目见亲身经历的,作为一面镜子,当时使他们从经验和教训两个方面受到更为深刻的启示。因此,李渊太原起兵时,就打起"除隋苛法"的旗号,"布宽大之令",即前所述"约法十二条"。建唐后,又提出"务在宽简,取便于时"的思想主张,作为立法建制的原则,参酌"开皇"律令,"尽削'大业'所用烦峻之法",首先于武德二年制定了 53 条新格,后又于武德七年颁布了新律,即《武德律》。

李世民即位后,以隋炀帝的立法"烦峻"和执法"忌刻"自诫,继续延着开国以来所取得的成效,对律令进行了全面的修订,于贞观十一年颁行了《贞观律》。据史料记载,贞观刑制和隋代旧律相比,减大辟者 92 条;减流入徒者 71 条。其当徒之法,惟夺一官;除名之人,仍同士伍。凡削烦去,变重刑为轻刑者,不可胜纪。与此同时,李世民特别召见了魏徵,君臣再次进行总结。魏徵说:"昔隋氏未乱,自谓必无乱,隋氏之未亡,自谓必不亡,所以甲兵屡动,徭役不息,至于将受戮辱,竟未悟其灭亡之所由也,可不哀哉。夫鉴形之美恶,必就于止水;鉴国之安危,必取于亡国。……臣愿当今之动静,必思隋氏,以为殷鉴,则存亡治乱可得而知。若能思其危,则安矣;思其乱,则治矣;思其所以亡,则存矣。"并着重指出:"夫刑赏之本,在乎劝善而惩恶。……今之刑赏,未必尽然,或屈伸在乎好恶,或轻重由乎喜怒。遇喜则矜其情于法中,逢怒则求其罪于事外,所好则钻皮出其毛羽,所恶则洗垢求其瘢痕,瘢痕可求,则刑斯滥矣。刑滥则小人道长,赏谬则君子道消。小人之恶不惩,君子之善不劝,而望治安刑措,非所闻也。且夫暇豫清谈,皆敦尚于孔、老;威怒所至,则取法于申、韩。直道而行,非无之黜,危人自危,盖亦多矣。故道德之旨未弘,刻薄之风已扇。夫刻薄既扇,则人生百端,人竞趋时,则宪章不一,稽之王度,实亏君道。"他认为只有遵循《尚书》中的"明德慎罚,惟刑恤"和《礼记》中的"为上易事,为下易知,下易知,则刑不烦"的思想来治国,才能够做到"君长不劳,百姓不惑"。"君有一德,臣无二心,上播忠厚之诚,下竭股肱之力,然后太平之基不坠,康哉之咏斯起。"后来,李世民对大理卿孙伏加说:"夫作甲者,欲其坚,恐人之伤;作箭者,欲其锐,恐人不伤。何则?各有司存利在称职故也。朕常问法官,刑罚轻重,每称法网,宽于往代,仍恐主狱之司,利在杀人,危人自达,以钓声价。今之所忧,正在此耳。深宜禁止,务在宽平。"总之,他们君臣所鉴戒的,乃是避免重蹈隋王朝"富强而丧败"的覆辙。

李世民法律思想集中到一点,就是反映并适应了封建地主阶级加强专制主义的中央集权统治的需要。从上面我们引证魏徵的一段话中,也可以看到这一点。魏徵始终强调,"易曰:'君子安不忘危,存不忘亡,治不忘乱,是以身安而国家可保也。'诚哉!斯言不可以不深察也。"而李世民则一再说:"君臣本同治乱共安危。若主纳忠谏,臣进直言,斯故君臣合契,古来所重;若君自贤,臣不匡正,欲不危亡,不可得也。君失其国,臣也不能独全其家。至如炀帝暴虐,臣下钳口,卒令不闻其过,遂至灭亡,虞世基等,寻以诛死。前事不远,朕与卿等可得不慎,无为后所嗤。"可见,他们"君臣合契"的目的,也就在于此。

在李世民用贤纳谏、广开言路的同时,注重整饬"吏治",明正赏罚的思想主张支配下,不仅调整了统治集团内部关系,而且加强了"吏治"。这里再例举一个简单的事实,据相关史料统计:在统一的封建时代,隋朝的官吏大概为12576员;而唐朝的官吏大概为18805员,比隋朝增加了6000余员。在当时全国人口总数大幅度下降的情况下,这个增加,是非同小可的。无疑,它强化了国家机器的同时,也把负担转嫁到劳动群众身上。虽然,李世民即位后,就提出"各省官员"的原则,后来也有侍臣提出精简官员之谏,但由于加强统治的实际需要,也就无济于事了。如前所述,正是"吏治"的加强,才起到了维持和保证皇权集中统治的实际作用。而皇权集中统治是整个封建地主阶级的根本利益所在。在封建地主阶级内部各阶层关系中矛盾的调整,等级秩序的维系,特权的享有等,全仰仗于它的保证。因此,封建等级特权也不得逾越于它。

在李世民的"国以民为本，人以食为本"以及"务积于人""务理民心"，使民"富贵"的思想主张支配下，在调整统治阶级同农民阶级之间的关系，缓和阶级矛盾的过程中，加强了对人民的统治。李世民法律思想中的"宽""简""平""慎""信"的特点，就集中地反映了这一点，在其刑制、律令中也体现了出来。宽则缓，可得其情；急则刻，有失其情；宽非纵弛，宽中有严而又有度。简则明，简则易知；繁则易生奸诈，任情滥施，缘私挠法等任意出入人罪者丛生。平若持衡，轻重不失；罪在于轻而从轻，罪在于重而从重。慎则恤刑，防宽滥；纵则枉法，宽滥生。令出惟行，一断以律，才能维护法律的威严，使民信知。李世民的这些法律思想、原则，在很大程度上，反映了当时日趋成熟的普通地主势力的改革要求和争取政治权力地位的愿望。在客观上，从不同角度，不同程度地也符合了广大人民的愿望。

唐太宗李世民的慎刑、恤刑、宽刑、轻刑等法律思想，经历了半个多世纪的岁月（从贞观元年至武则天垂拱元年前——公元627年至684年）的实践检验，大量史料说明它在此期间的立法司法的全部活动中，对当时社会的发展，都起了积极的进步的作用。李世民的整个政治法律思想的积极因素，概括起来主要是：一警（以隋亡为鉴），二统（统一统治集团内部、统一国家），三民（民族性、民主性、一定程度的人民性），四轻（轻赋税、轻役、轻租、轻刑），五严（治军严、理政严、肃内严、用人严、克己严）。李世民法律思想成为形成"贞观盛世"重要因素之一。他的法律思想，在我国封建时代独步一时，使他以前的西周三王之治（文公、武王、周公），西汉"文景之治"，东汉"光武中兴"及其以后的清初"康乾之治"，都未免逊色。他的法律思想，摆在世界法律史上，也是放射异彩的。他的社会改革思想和进步法律思想，实为古今中外历史上所罕见。

写于1984—1985年，拙作主要是杨恩翰教授的功劳，而我仅有少许作为。在书的写作过程中，学术老前辈李光灿先生自始至终予以指导，使我们永远铭记于心。

第三部分　法律制度史学

宪法史考评

民主和法治意义上的宪法,是近代资产阶级民主革命的产物;社会主义宪法是无产阶级社会主义革命的产物。它们二者虽然存在着历史类型的差别,但作为人类文明的共同成果相互之间又有诸多一致之处。这个简单的道理,对于宪法学研究是颇为重要的。

一、西方宪法

(一)西方宪法产生的条件

1. 经济条件

西方宪法产生的最基本的根据,是商品(市场)经济的发展。马克思曾经指出,在原始社会末期,商品交换一开始就包含了"人的法律因素",即自由、平等以及权利义务的因素。这种"人的法律因素"起先尚不表现为法律,而是表现为风俗习惯,进而上升为道德;最后,由刚刚出现的国家再把它提升为法律。不过,在前资本主义社会制度之下,商品经济所能达到的水平是有限的,因而法律也不可能有很大的发展。只是到了封建社会末期,商品经济加快了前进的脚步,推动立法的发展,客观上就需要其形成体系,相应地需要有一个统率这个体系的根本法,这就是宪法。

2. 政治条件

制定宪法意味着为大规模的商品经济(市场经济)开辟广阔的发展道路,意味着让资产阶级当然地居于主导地位。在这种情况下,保守的封建势力一定要予以阻挠和对抗。所以,先进的资产阶级要率领广大群众进行政治革命,推翻旧政权。这样便可以把封建阶级控制的经济资源和束缚在土地上的广大劳动力解放出来,给资本主义发展提供物质的尤其劳动力的需要。这就是为什么西方最早形成的资本主义国家英、美、法诸国的宪法,都是经过资产阶级大革命之后才出现的根本原因。

3. 思想文化条件

宪法的产生还需要具备宪政思想的条件和文化上的支持,否则也不会有宪法。这种意识形态的准备,还在 11—15 世纪欧洲文艺复兴的年代就已经开始。它的核心是人文主义。也就是把封建力量所埋没了的人,重新加以挖掘,尊重人格,反对特权,用人的眼光来看待社会。文艺复兴运动具有非常广泛的思想文化内容。它包括文化艺术的复兴,如达·芬奇、拉菲尔等的绘画、雕刻、建筑,但丁等的诗歌、文学创作;包括路德、喀尔文的宗教改革;包括马基雅弗利和布丹的近代政治思想的诞生;包括莫尔《乌托邦》和康帕内拉《太阳城》反映下层群众要求的空想社会主义思潮的产生;特别要强调的是,以意大利波伦亚法学派为代表的罗马法的复兴运动,直接为宪法的产生奠定了法律和法律思想的牢固基础。以文艺复兴运动为前提,到 17—18 世纪掀起更大声势、更深刻的思想启蒙运动,主要是古典自然法思想,直接为资产阶级革命提供理论根据。其代表人物有:英国的霍布斯、洛克;荷兰的格劳秀斯、斯宾诺莎;法国的孟德斯鸠、伏尔泰尤其卢梭(法国大革命的旗帜),以及狄德罗、霍尔巴赫、爱尔维修的"百科全书派";美国的杰弗逊、潘恩及联邦党人。这种启蒙运动的主要口号是"天赋人权"或"自然权利"、"主权在民"、"社会契约"、"权力分立"(尤其三权分立),系统地提出民主、自由、平等、人权和财产或"追求幸福"的宪法主题思想。

(二)近代几部典型的西方宪法

1. 英国宪法

英国资产阶级革命是从 1640 年开始到 1644 年完成的。从正式的意义上说,英国是世界上第一个拥有近代性宪法的国家,也是拥有奇特的非成文宪法的国家。按照 A. V. 戴雪的见解,英国宪法的精义有三个方面:第一,议会(巴力门)主权。乍然看来,这个观点同早先洛克所论证的"人民主权"的意思是相悖的。其实不然。在英国人的传统观念中,议会就是人民权力的集中代表和参政议政的基本形式。所以,议会主权就是人民主权。鉴于此原因,有人才说"除了不能把男人变女人、女人变男人之外,议会无所不能"之类的话。当然,终极地说,"议会主权"概念并不能完全代替"人民主权"概念。毕竟在议会后边还存在着高于它的人民。可见,议会主权并非议会对整体的人民享有专断的权力。相反,议会要服从整体人民的利益与意志,这应当是不言而喻的事。若非如此,就没有什么民主法治可言了。第二,法律主治。其主旨就是,国家的一切事情均由代表人民的法律来办理,坚决杜绝权力(政权)的任何专断。法律主治的基本任务,在于保卫和保证公民的权利或自由,包括:人身自由,"人身自由的权利不是宪法的结果而是宪法的根源";议论(以口头和文字的形式)自由,在这方面应坚持"法律只问事实,不问意思"的原则,不论毁谤他人或政府都是违法的,但就政府而言应尽可能地宽容;集会自由,这是人民表达意志、实现管理国家之权利的运用,所以"将欲保持公众集会所有权利法律,甚至否认国中之最高威权机关以极大裁夺权力,使不能采取非常手段,以预防由法律权利的运用而产生之流弊";财产的自由,等等。第三,宪法的不成文性,也就是非法典化。英国是普通法系的发祥地,历史悠久,富于典型性,影响最大。英国宪法的渊源复杂,而且宪法规范与其他全国性的法律规范具有同等的效力。但是,由于传统原因,它所规定的有关内容却能被普遍的认可和恪守。大体上说,英国宪法的渊源有三个组成部分:①法规。如1215年《自由大宪章》、1295年《无承诺不课税法》、1628年《权利请愿书》、1676年《人身保护律》、1689年《权利法案》、1700年《王位继承法》、1911年《国会法》、1918年《国民参政法》、1928年《男女选举平等法》、1969年《人民代表法》等。②法院判例。主要是围绕人权保障方面的内容。③宪法性的惯例或习惯。如在全国大选中获胜的政党才能成为执政党,执政党党魁担任内阁首相,内阁对下议院负责之类的制度。几百年的实践证明,英宪在实现民主、法治、保护人权以及整个国家发展上确有效能,丝毫不亚于其他民主国家的成文宪法制度。但是,英国宪法制度是同该国人民长期形成的民主法治传统观念密不可分的。因此,这种宪制并非对任何国家都会行之有效。

2. 美国宪法

美国宪法是反对英国殖民主义独立战争胜利的产物。1775年英国殖民地的美利坚东部13个州打响反英的独立战争的枪声,翌年(1776年)发表《独立宣言》,1783年迫使英国承认这个地区的独立,使13个州各自成为一个小共和国,并相互结成邦联。1787年13个州代表在费城(费拉德尔菲亚)召开制宪会议,制定了世界上的第一部成文宪法典。由于这部宪法是在《独立宣言》《邦联条约》及一些州的成文的宪法性文件的基础上制定的,所以美国宪法自然地采取成文法的形式。美国宪法的主要特点是:第一,如刚才所说,它是成文的宪法即宪法典。第二,它直接以法国孟德斯鸠《论法的精神》一书倡导的三权分立为理论基础,确立了三权分立的民主共和国的体制。特别是它所确立的总统制,在后来,特别是二战以来,被许多国家所采纳。第三,它在邦联制和联邦制的激烈争论的过程中,最终确立为联邦制的国家结构形式。第四,它一开始尚没有关于人权的保障条款,还刺目地保留着种族歧视的精神。只是在法国大革命及其宪法的强烈影响之下,才于同年增加了10个条文的"权利法案",即宪法的人权保障修正案。第五,应当承认,近代宪政的形成是以美国宪法产生作为正式的契机的。200余年的历史已经有力地证明,这部宪法对于民主法治乃至对美国政治、经济、文化的全面发展,起到了强有力的推动作用。再者,美国从来不对宪法正文进行修改这一点,也让人们体会到保持宪法的稳定性是很重要的。

3. 法国宪法

马克思和恩格斯曾指出,从中世纪晚期以来,法国的政治斗争发展的每个阶段大多具有典型性。不仅如此,这种政治力量对比关系变化,都要敏感及时地通过宪法的形式来表现。因而,法国的宪法变化快,数量多。这一点既不同于北美国家,也与其余西欧国家相区别。法国大革命是历史上最彻底的资产阶级革命,与封建势力,特别是特权传统势力决裂的力度最大。法国革命是在美国独立战争的直接影响下爆发的。1789年7月革命开始爆发,8月由国民议会通过《人和公民权利宣言》。它同美国《独立宣言》一样,是纲领性的宪法,亦是后来大多数宪法的基本指导思想。200余年来,在法国先后制定过 10 余部宪法:①1791 年公民完全取得胜利,并制定法国的第一部宪法即 1791 年宪法。这部宪法直接把《人权宣言》作为序言,其进步性是不言而喻的。但是,由于掌权的代表上层资产阶级的斐扬派的影响,使这部宪法又带有明显的局限性,主要表现是确认君主立宪政体以及公然把国民划分为"积极公民"与"消极公民"两部分。②由激进的雅各宾派主导制定的 1792 年宪法,习惯上称为共和元年宪法。③1794 年宪法,是雅各宾派遭到镇压的产物。④1795 年宪法即共和三年宪法。它是资产阶级右派的热月党操纵制定的。尽管该部宪法仍同前个宪法一样,将《人权宣言》作为序言,但却倒退了一大步,主要表现在强化了对公民权利的限制,尤其是规定以间接选举代替直接选举,以及政治上的财产权资格等。⑤1799 年宪法,或共和八年的拿破仑宪法,后来亦被拿破仑所抛弃。⑥1814 年"宪章",由复辟的波旁王朝国王路易十八钦定的,宣布实行君主立宪制,恢复贵族制。⑦1830 年"宪章",是这一年法国民主革命后建立路易—菲力普王朝时期的宪法。它增大民主性,但事实上主要维护金融贵族的利益。⑧1848 年宪法,即法兰西第二共和国宪法。该宪法诞生于激烈的二月民主革命过程之中,民主色彩颇为浓厚。马克思和列宁都认为,这部宪法确定了最发达、最完备的资产阶级议会制的民主共和国。但这同时也意味着它必然地向着完备行政权力的方向转化。路易·波拿巴所发动的政变,就是个标志。⑨1852 年宪法,又叫做法兰西第二帝国宪法。它是维护皇帝独裁的工具。⑩1875 年宪法,法兰西第三共和国宪法。它是 1870 年路易·波拿巴在普法战争中失败和 1871 年巴黎公社失败的历史背景下出现的。宪法由议会通过的几个文件构成,实际上是一部政权机构组织和活动法。直到 1940 年纳粹德国占领之后,这部宪法才告废止。⑪二战后的 1946 年宪法,系法兰西第四共和国宪法。它是通过全民公决产生的,重新恢复《人权宣言》精神,并将这个文件作为主导部分。⑫1958 年宪法,俗称戴高乐宪法,系现行宪法。它也是经全民公决之后生效的。该宪法充分强调 1789 年大革命的精神,庄重地重申"热爱"《人权宣言》,规定"共和国的口号是:自由、平等、博爱。它的原则是:民有、民治、民享。"在权力配置方面,强化了总统的地位,但又没有抹去议会制的色彩。现代以来西方国家宪法的总趋势,是沿着社会整体主义方向发展,强化国家对社会经济的干预(如公民的社会、经济、文化权利的拓展,"福利国家"的出现,以及可持续发展政策的推行),行政权力突出,传统的议会权力有所收敛。不过,除了德国、意大利和日本几个少数国家走上法西斯道路并迅速遭到惨败之外,西方国家的民主法治获得了进一步的提高。这一点在二战以后,尤其"冷战"结束后,更为明显。此外,国家间的联合(如东盟、亚太国家会议、非统、拉美国家组织,特别是欧盟)和法律的全球化越来越成为无法遏制的时代大潮。

二、中国宪法

(一)清末和中华民国时期的宪法

1.中国宪政问题的提出

进入19世纪,专制腐败的清王朝的统治导致极度的国弱民贫。1840年鸦片战争,英国一举击溃老大的中国,使之变成帝国主义列强的半殖民地。自我坐大的中国统治者,其无能顿时暴露无遗。而这种状况则激起国人的深刻反思,寻找救国富民的出路。首先是一批先进知识分子的启蒙。龚自珍认为,必须通过"更法""改革"来触动专制制度。其中包括变更旧的礼仪、科举和官吏奖惩制度。他还向负责"禁烟"的两广总督林则徐建议使用"重典"严惩鸦片贩子。他疾呼:"九州生气恃风雷,万马齐喑究可哀。我劝天公重抖擞,不拘一格降人才。"魏源提倡要"大革","师夷长技以制夷",因此必须强化国家法制。龚魏的呼吁,得到林则徐的积极支持。其次,是洋务运动派张之洞等人的"中体西用",主张"采西法以补中法之不足"。再次,是太平天国农民起义派领袖洪秀全、洪仁玕等,他们把西方基督教教义同中国农民的实际需要相结合,并颁布一系列的法律,规定打击封建势力,均田亩,男女平等,废除酷刑等直接关系到保障人权的措施;认为"国家以法制为先……有法制而后有国家",只有依靠法制才能"救时弊"。

1895年中日甲午战争,中国大败。这一事实进一步惊醒国人。从此,法制思想已上升为学习西方宪政的高度。这个世纪的60年代,郭嵩焘、张树等人主张移入西方议会制及其他宪政制度的改良主义主张,现在被纷纷响应。郑观应、黄遵宪之流相继发表文章介绍西方宪政制度。在这方面最有成就的当属严复。康有为、梁启超更组成维新变法派,提出一整套的"申民权,争民主,开议会,立宪法"的行动方案,宣布中国宪政运动的开始。但遭到慈禧太后为首的保守派的镇压而失败。特别是以孙中山为领袖的革命民主派,清醒地认识到"不革命决不能立宪"。1905年成立"同盟会",以"驱除鞑虏,建立民国,平均地权"为纲领,号召和领导人民进行暴力斗争。

2.《钦定宪法大纲》和《重大信条》

1905年清政府被迫派遣五大臣前往欧洲诸国进行考察。他们得出的结论是推行宪政有助于减轻外患,消除内乱,保持"皇位永固"。于是,1906年清政府宣布为期9年的预备立宪。但因革命形势所迫,便于1908年匆匆抛出《钦定宪法大纲》。1911年10月辛亥革命爆发,清政府一边镇压革命,一边又在11月3日颁布《重大信条》即《十九信条》,以便苟延残喘。

《钦定宪法大纲》共23条,主体部分是"君上大权"14条,附则为"臣民权利义务"9条,是模仿日本宪法制定的。"君上大权"规定:大清皇帝统治大清帝国,万世一系;君上尊严神圣不可侵犯;君上钦定法律及向议院提交法案,议院若无诏令批准无效;君主全权控制议会、官吏、军权、和战、臣民自由、奖惩、司法财政。作为附则的"臣民权利义务"规定:权利有臣民可以做官,有言论、著作、出版、集会、结社、居住的自由,非依法不得限制人身自由,诉讼权利;义务有纳税、当兵和遵守法律。显然,《钦定宪法大纲》的核心仍是君主独裁。

《十九信条》是对国家内政和外交的规定,基本精神同《钦定宪法大纲》无异。唯一变动是第3条"皇帝之权,以宪法规定者为限"这句话,目的在于缓和人民对专制制度的愤怒。但这已经无济于事了。

3.《中华民国临时约法》

这部宪法是1912年3月11日由中华民国临时大总统孙中山颁布的。《中华民国临时约法》有7章56条。主要内容是:①实行民主共和制和多民族联合的单一制的国家。主权在民。②公民享有广泛的民主自由权利,包括人身、言论、出版、集会、结社、通信、财产、营业、居住、迁徙等自由;请愿、诉讼、考试、选举与被选举的权利;以及纳税、服兵役的义务。③依三权分立原则建立国家机构,统治权由参议院、临时大总统、国务员、法院行使。具体说,立法权属参议院;行政权属临时大总统和国务员;司法权属法院。参议院的立法与决定权限颇大,国务员则有广泛的执行权,而临时大总统主要是荣誉角色,独立权限极少。这明显是要防止即将登台的大总统袁世凯的专制野心。《中华民国临时约法》为中国几千年历史上唯一的现代资产阶级民主共和国宪法。由于它的诞生,结束了传统的封建专制制度,并向国人灌输了强有力的民主共和观念,把中国民主革命推向新阶段。这样一部宪法,必然受到袁世凯之流的敌视。

4.《中华民国宪法草案》或《天坛宪章》

这个宪法文件是1912年4月袁世凯窃取临时大总统,迁都北京,建立北洋军阀政权的产物。它是由1913年10月31日国会宪法起草委员会三读通过的。在此过程中,袁世凯的总统制主张和在国会中居优势的国民党的内阁制主张之间展开激烈的斗争。最后以内阁制取胜,挫败袁氏独揽国权的阴谋。这位清朝重臣、慈禧太后的心腹,一开始就暴露其阴险的军阀和政客的丑恶野心家嘴脸;他凶恶地绞杀了维新变法,先是镇压辛亥革命继而又投机革命的窃国大盗,一直敌视民主共和制度。如今夺得国家高位,更不能容忍任何一部带有民主共和制色彩的宪法存在。于是1914年他便下令解散国会,使这部刚刚成型的宪章就变成废纸一张。

5.《中华民国约法》或"袁记宪法"

袁世凯毁弃《天坛宪章》之后,随即炮制自己的这部宪法。1914年3月21日由他钦定的"约法会议"修订孙中山的"约法",出笼了这个变态的"新约法",并于同年5月1日由袁氏公布实施。全文10章68条。文件中明确规定"大总统为国之元首,总揽统治权",使袁氏拥有几乎能够控制和干预国中的一切权力,为他日后复辟帝制作好铺垫。果不其然,1916年他冒着天下之大不韪,黄袍加身,复辟称帝;但在国人一致讨檄之下,旋即呜呼哀哉了。

6.《中华民国宪法》或"贿选宪法"

袁世凯毙命后,中华民国进入了一个军阀混战时期。直系军阀曹锟以"恢复法统"为名,用军队包围国会,以每张选票 5000 大洋来收买"猪仔议会"的议员,选曹氏为大总统,并同时赶制一部《中华民国宪法》,有 13 章 141 条。其主要内容为:形式上是议会制,实质上是总统操纵议会的总统制;形式上是责任内阁制,实质上是总统专制,即总统操纵内阁全权;实行中央与地方军阀的分权,以便稳住各派系的军阀;列出一些关于人民自由的条款,但又强调政府"得以法律限制之"。

7.《中华民国宪法草案》即"段氏宪法"

曹锟垮台后,段祺瑞自称"中华民国临时执政",随即声明"法统已坏",下令废止"贿选宪法"和宣布孙中山的《临时约法》失效。1925 年成立"国宪起草委员会"炮制《中华民国宪法草案》,于同年 12 月 11 日通过。不过,因为段氏政府在拥有"决议宪法权"的国民议会召开之前已垮台,这部宪草便付诸东流了。

8.《中华民国训政时期约法》

孙中山先生生前曾提出,国家政治发展有军政、训政、宪政的三个时期。蒋介石利用这个理论,冀图维系自己的独裁而迟迟不肯颁布宪法,搞宪政,认为中国仍应继续实行"训政",把人民无止境地置于他的"训导"之下。为此,在 1928 年《训政纲领》之后,又于 1931 年 6 月颁布由国民党操纵的"国民议会"通过《中华民国训政时期约法》,共 8 章 89 条,是确认国民党的一党专政和蒋氏的个人独裁。如,文件规定:训政时期由国民党全国代表大会来代表"国民大会"行使中央统治权;闭会期间其职权由国民党中央执行委员会行使之。在执委会内设置以蒋氏为主席的政治会议对国民政府进行"指导"和"监督"。文件还规定,蒋介石担任主席的国民政府"总揽中华民国的治权"。容易想象,"训政"二字本身就同现代人民主权观念格格不入。

9.《五五宪章》

1931 年"九·一八"事变之后,全国掀起要求抗日和民主的巨浪。迫于形势,国民党政府 1932 年底通过制宪的决议,1933 年初成立宪法起草委员会,1934 年通过宪草一稿,再拖延到 1936 年 5 月 5 日公布,称曰《五五宪章》,8 章 148 条。其主要内容有两方面:一是总统总揽国家的几乎全部权力,一个活脱脱的专制皇帝形象;二是土地、矿产的国有和公营,实际上给蒋、宋、孔、陈四大垄断家族所私有,至于说到人民的权利义务,那不过是文字的修饰。我们这样揭示《五五宪章》,并不是把它绝对化,而是说明其实质。从笼统的意义上说,这个"宪草"强调"国情"、总结实际政治经验那是不错的,强调文字表达应简明也无可非议。但这些都不是最基本的东西。

10.《中华民国宪法》

抗日战争胜利,1946 年初在重庆召开国共两党为主的"政治协商会议",通过《政协关于宪草问题的决议》,确定国会制、内阁制、省自治和保障民权与少数民族自治等原则。但是,会后国民党立即撕毁决议,向解放区发动全面进攻,在占领张家口之后,自以为胜券在握的蒋介石便迫不及待地召开"国民大会",出笼了《中华民国宪法》,14章175条,于1947年元旦公布。国民党没有想到,这种玩弄制宪的把戏,只能加快自己走向灭亡的脚步。

概括以上,我们看到,从清政府到北洋军阀,再到蒋介石为首的国民党政府,他们所制定的宪法都是同现代人民主权和宪政是格格不入的。在他们手中,宪法只是一种统治和欺骗人民的、专制主义的工具和玩具罢了。这是具有几千年绝对政治传统的中国,短时期内不可避免的历史悲剧。对此,孙中山先生的《中华民国临时约法》是一枝独秀,愈发显得珍贵。

(二)新民主主义宪法

马克思主义的生命力在于,它能够适应客观的社会发展情况提出的新要求和各国的具体国情,而其发挥指导作用。新民主主义正是以毛泽东为首的中国共产党人,从中国革命的实际需要出发,对马克思主义创造性地运用和发展。它是使中国由半封建半殖民地社会通向社会主义社会的过渡形态。由于革命的途径是共产党领导下的武装割据,因而新民主主义政权只能从分散的各个地方逐步地向全国范围推进。这就决定了,新民主主义的宪法长时期地仅能存在于分散的革命根据地或解放区。

1.《中华苏维埃共和国宪法大纲》

1927年第一次国内革命战争失败后,以毛泽东为代表的中共党人高举武装斗争的旗帜。至1930年,先后开辟了15块红色区域,跨十几个省300余县,人口1000余万,其中毛泽东领导的江西井冈山地区为中央苏区,以瑞金为首府。1931年11月7日,中华苏维埃第一次全国代表大会召开,宣告中华苏维埃共和国的成立。大会通过了《中华苏维埃共和国宪法大纲》17条。1934年第二次代表大会又补充或增加了联合中农的内容。这个文件最重要的意义在于,确定了新民主主义革命历史阶段的反帝反封建的任务、目的和基本政策,对推进革命发挥了很大的作用。《中华苏维埃共和国宪法大纲》的主要内容是:①国体为"工人和农民的民主专政国家",承担新民主主义革命的任务。②政体为工农兵苏维埃代表大会制,最高权力机关是这一大会,其闭会期间是其中央执委会,执委会下设政府机构为人民委员会。③人民享有基本的权利和承担相应的义务(主要是服兵役参加武装革命)。④社会、经济、政治、文化、教育、宗教、民族、妇女等方面的政策,以及对外联合苏联和世界劳动者与被压迫民族共同斗争的政策。该文件主要的缺点是明显地搬运苏联的制度,对国情考虑得不够。这同"左"倾的党中央领导和共产国际的影响是分不开的。还需要看到,鉴于民族资产阶级暂时退出革命,《中华苏维埃共和国宪法大纲》中所体现的是"工农民主专政",革命主体的范围比较狭窄(刚开始甚至连中农也被排除在外)。但无论如何,它毕竟是新民主主义革命过程中诞生的第一部宪法性文件。

2.《陕甘宁边区施政纲领》

1935年工农红军"长征"之后,延安成为中共中央的所在地和革命的大本营。陕甘宁边区又是全国最大的革命根据地。该边区 1939 年成立了"参议会",是按照"三三制"(共产党人、进步分子、中间分子各占三分之一)原则设置的。参议会通过了《陕甘宁边区抗战时期施政纲领》28 条。1941 年改为《陕甘宁边区施政纲领》21 条,由边区二次参议会通过,是抗日时期解放区的首部宪法性文件。它改变了原先的《苏维埃宪法大纲》的"工农民主专政",系统地表达中共建立最广泛统一战线,保卫解放区,争取抗战胜利的新策略。这部纲领的主要内容是:①动员一切人、财、物和智力支持抗战。②抗日政权实行"三三制"原则。③保障人权,"地主、资本家、工人、农民"均有各种自由权。④各方面的基本政策,包括司法、工农商业、文教卫、民族和各种阶级关系的政策,对俘虏的政策,以及对海外华侨与外国的政策。

3.《陕甘宁边区宪法原则》

该文件是抗日战争胜利后的 1946 年 4 月 23 日,由陕甘宁边区第三届参议会通过的,有 5 部分 26 条。《陕甘宁边区宪法原则》的内容:①边区、县、乡的人民代表会议(参议会)为人民对政权的管理机关,也就是权力机关,人民代表经直接、平等、无记名的选民投票产生。各级代表会议选举政府人员并对代表会议负责和接受其监督。②人民的权利。③司法机关独立行使职权,除法律外,不受任何干涉;司法机关、公安机关依法执行职务,一切机关团体不得有逮捕审讯行为;对犯人采用感化主义。④经济。⑤文化。《陕甘宁边区宪法原则》是解放区新民主主义宪政的重要成果。文件中确定的"人民代表会议"制度,是继二次国内革命战争期间先后实行的苏维埃和抗战期间的"三三制"政治体制之后,对新民主主义政权体制的重要发展,是人民代表大会制的前驱。

(三)中华人民共和国社会主义宪法

1.《中国人民政治协商会议共同纲领》

本纲领发表于人民解放战争取得胜利的前夕。1948 年中共中央发布"五一"劳动节口号,提出"各民主党派、各人民团体及社会贤达,迅速召开新的政治协商会议"的主张。这一号召立即获得国内人民和民主党派、人民团体、无党派民主人士、少数民族代表人物、海外侨胞的热烈响应。同年 11 月 25 日有 23 个单位的代表,在哈尔滨组成新政协筹备会。1949 年 6 月 15 日,新政协筹备会在北平召开第一次会议,推选毛泽东等 21 人组成筹委会的常委会,并议决由周恩来等负责起草政协共同纲领。9 月 11 日,新政协筹备会召开第二次全体会议,将新政协正式定名为"中国人民政治协商会议",并通过《共同纲领草案》。9 月 21 日,新政协第一届全体会议在北平开幕。会议决定,在全国人民代表大会召开之前,政协全体会议执行全国人大的职权。会议还一致通过《中国人民政治协商会议共同纲领》和《中华人民共和国人民政府组织法》。10 月 1 日举行开国大典,毛泽东庄严地宣告中华人民共和国成立。《中国人民政治协商会议共同纲领》有 7 章 60 条,主要内容是:①国体为"工人阶级领导的、以工农联盟为基础的、团结各民主阶级和国内各民族的人民民主专政";是工人阶级、农民阶级、小资产阶级、民族资产阶级和其他爱国民主人士组成的人民民主统一战线的政权,以反帝、反封建、反官僚资本主义为共同的政治基础。②政体是人民代表大会制。全国人大是全国最高权力机关;其闭会期间,由中央人民政府行使国家权力的最高机关,但在普选的全国人大召开前,由政协全体会议执行全国人大的权力。③广泛的人民权利以及义务。④国家的经济、文化、教育、民族、外交等政策的基本内容。《中国人民政治协商会议共同纲领》是从新民主主义性质的宪法向社会主义宪法过渡的成功尝试。如同毛泽东主席指出的,《中国人民政治协商会议共同纲领》"是我们现时的根本法"即临时宪法。

2.1954年宪法

中华人民共和国经过3年已顺利完成恢复国民经济的任务,社会制度基本稳定,因而制定正式宪法的条件业已成熟。1952年12月24日政协根据中共中央的提议,向中央人民政府建议召开全国和地方各级人大,并着手起草人大选举法和宪法。据此,中央政府成立以毛泽东领导的起草委员会负责起草。自1953年3月开始讨论宪法初稿,9月9日中央政府委员会通过,并决定提交全国人大审议。在起草过程中,用了半年时间,进行了三次大规模的群众讨论。1954年9月15日第一届全国人大第一次会议在京召开,20日大会通过《中华人民共和国宪法》即"五四宪法"。这部宪法的基本原则是社会主义原则和人民民主原则,前者主要讲的是经济方面的原则,后者主要指政治原则。宪法除了序言外,共4章106条,主要内容是:①序言。概括中国百年来人民革命特别是新民主主义革命的过程和新中国成立后的成就,提出"过渡时期的总任务"是"逐步实现国家的社会主义工业化,逐步完成对农业、手工业和资本主义工商业的社会主义改造",开展有计划的经济建设,最后建成社会主义社会。②总纲。它所规定的国体和政体与《中国人民政治协商会议共同纲领》基本相同。即,"中华人民共和国是工人阶级领导的、以工农联盟为基础的人民民主国家。"国家的一切权力属于人民,人民通过全国和地方人大行使权力;结构形式是统一的多民族国家。还规定生产资料所有制分为国家(全民)、合作社(集体)、个人三种形式。国营经济是国民经济的领导力量和实现社会主义改造的物质基础,要优先发展之。国家依靠法律保护各种形式的经济。实行计划经济制度。③国家机构。包括全国人大,国家主席,国务院,地方各级人大和人民委员会(政府),民族自治地方的自治机关,人民法院和检察院。④公民的基本权利和义务(把《中国人民政治协商会议共同纲领》中的"人民"改为"公民")。⑤国旗、国徽、首都。这部宪法作为新中国首部宪法,是《中国人民政治协商会议共同纲领》的完善和发展。它的性质是社会主义的。

3.1975年宪法

在1953年毛泽东提出的"过渡时期总路线"的社会主义改造已于1956年完成,国家面临全面的经济建设新时期。因而,1956年及时召开了党的第八次代表大会。大会认为,当前社会的主要矛盾已从阶级斗争转为落后的生产力与人民不断增长着的物质文化需要之间的矛盾;大会还借鉴苏联斯大林破坏法制的教训,明确提出要加强社会主义民主法制建设。但是,"八大"精神没有得到认真地贯彻;相反,毛泽东的"左"倾思想却在发展。1957年春,他发动了"反资产阶级右派"运动,50多万知识分子和干部戴上了"右派分子"的帽子,还有更多的人被划为"中偏右分子"。凡强调发展经济为中心者,宣扬民主法制者,纷纷遭到批判。这些都是根本违背"八大"精神的。反右派之后,继而便是1958年的"总路线、大跃进、人民公社"即"三面红旗"的运动,匆忙搞"共产主义",使国民经济受到巨大的破坏。1959年中共庐山会议本来说是纠正"左"的倾向,但按照毛泽东的个人主张,以批判彭德怀的不满"三面红旗"的《万言书》为开端,又掀起"反右倾"运动。许多干部尤其领导干部就被确定为"右倾机会主义分子"。1959年至1961年三年大饥荒,算是安定了几年。1964年困难时期刚刚挨过,立即再发动"四清""社教"运动。跟着1965年末,借批判吴晗《海瑞罢官》剧本为理由,掀起意识形态里的阶级斗争高潮。翌年即1966年春天,毛泽东"亲自发动和领导了无产阶级文化大革命"运动,一闹便是10年,使国家和人民陷入空前的浩劫之中。在"文革"时期,宪法变成废纸,人大停开,公检法机关被砸烂。林彪和"四人帮"操纵"红卫兵"到处"夺权",用党政"一元化领导"的"革命委员会"取代人民政府。为了确认这些"革命成果",使之合法化,就需要对"五四宪法"动大手术。于是1975年召开四届人大,通过了1975年宪法,仅有4章30条,不足1954年宪法的三分之一。这部宪法的主要内容是:①"序言"和"总纲"中确认我国是"工人阶级领导的以工农联盟为基础的无产阶级专政的社会主义国家"。在这里,"无产阶级专政"代替"人民民主专政",统一战线也不提了。生产资料所有制形式是"全民所有制和社会主义劳动群众集体所有制",个体经济不存在了。还有,在意识形态领域,基本的指导思想是"无产阶级专政下的继续革命理论";再就是无产阶级在上层建筑对资产阶级实行"全面专政","大鸣、大放、大字报、大辩论"是"无产阶级革命的新形式"。②"国家机构"中把1954年宪法的64条删为10条,支离破碎、残缺不全。其中,取消国家主席,取消法院的民主审判原则,取消检察机关,将检察职权归于公安机关行使。地方的各级"革委会"是人大的常设机关,也是政府。③"公民的权利和义务"中,先规定义务,后规定权利,特别是大大缩小了公民权利的范围,取消公民在法律上一律平等及经济、政治、文化方面的物质保障权,取消人民的科研、文艺创造和其他文化活动的自由。1975年宪法明显的是1954年宪法的大倒退。这种极左倾向,是为林彪"四人帮"们搞法西斯专政开辟道路的。

4.1978年宪法

1976年10月粉碎"四人帮","文革"结束。1977年中共十一次全国代表大会,提出召开五届全国人大。中共十一大之后,成立以华国锋为首的党中央政治局全体会议成员组成的修宪委员会负责起草宪法改革案。1978年2月党中央十一届二中全会通过宪草,25日五届人大召开,叶剑英作《关于修改宪法的报告》;3月5日大会通过第三部《中华人民共和国宪法》,有4章60条。它吸收1954年宪法的内容,但却保留了1975年宪法的一些基本性东西,主要是肯定"文化大革命"、无产阶级专政下的继续革命理论、"四大"、革委会等,简言之仍是坚持"以阶级斗争为纲"的指导思想。这部1978 年宪法的主要内容:①"序言"和"总纲"中,规定新时期国家建设的总任务是"坚持无产阶级专政下的继续革命,开展阶级斗争、生产斗争和科学试验的三大革命运动,本世纪内把我国建设成为农业、工业、国防和科学技术现代化的社会主义强国",取消1975 年宪法的"全面专政"的提法。保留 1975 年宪法关于所有制的规定。肯定要保障人民管理国家和各项经济文化事业及监督国家机关及其工作人员的民主原则。②"国家机构"中,基本恢复 1954 年宪法规定,比较完善。强化各级人大及其职权;国务院的性质、职权比较明确,但地方政府仍叫"革委会";恢复法院的民主审判制度,恢复检察院。③"公民的基本权利义务"中,大抵恢复 1954 年宪法的规定,还特别增加了公民对违法的国家机关、企业事业单位工作人员的控告权和申诉权。正由于 1978 年宪法存在着重大的极"左"的痕迹,不符合人民的愿望,特别是不符合国家面临的急迫的改革开放的需要。所以 1979 年五届人大二次会议通过《关于修改中华人民共和国宪法的若干规定决议》,在县和其以上各级地方设人大常委会;地方各级革委会改为"人民政府"。五届人大三次会议,取消"四大"权利的规定。

5. 1982 年宪法即现行宪法

1978 年 12 月中共中央召开具有重大历史意义的十一届三中全会,邓小平开始主持党和国家的工作。会议将全国工作的重点转移到现代化建设,放弃"以阶级斗争为纲"的极左错误,清除"文革"的严重后果。为此亟须对 1978 年宪法进行全面性的修改。1980 年 8 月中共中央向全国人大第三次会议主席团提出《关于修改宪法和成立宪法修改委员会的建议》,获得一致同意。1982 年宪法修改委员会提出《宪法修改草案》,由人大常委会公布,交全面讨论。11 月 23 日宪法修改委员会,根据全民讨论的意见修订并通过这个宪草。11 月 25 日五届人大第五次会议上彭真作了关于宪草的报告,12 月 4 日获得通过。1982 年宪法,除了序言以外,有 4 章 138 条,结构与 1954 年宪法基本相同,仅调整和增加部分章节,是 1954 年宪法的继承和发展。这部宪法的主要内容是:①"序言"中总结过去尤其"文革"的经验和教训,宣布"今后国家的根本任务是集中力量进行社会主义现代化建设";在坚持"四项基本原则"的条件下,发展社会主义民主和健全社会主义法制,逐步实现工农业、国防与科技现代化,建成"高度民主、高度文明的社会主义国家"。②"总纲"中规定,人民民主专政是国家的"根本制度",不得破坏。政体仍是人大制度。人民通过各种途径和形式,管理国家事务,管理经济和文化事务,管理社会事务。国家经济制度的基础是全民所有制和集体所有制,社会主义公共财产"神圣不可侵犯";但承认城乡劳动者个体经济是社会主义经济的"重要补充"。实行"计划经济"。其他的新规定,如把人民公社的"政社合一"改为政社分开,其政治职能变成由乡政权行使;必要时得设立"特别行政区",目的是解决港澳台的问题;推行计划生育;保护和改善人民生活和生态环境等。③在"公民的基本权利和义务"中,新宪法第一次把公民权利义务置于国家机构之前,这本身就表明对人权的重视,而且权利的规定比 1954 年宪法还要详细和具体得多,并指出"任何公民享有宪法和法律规定的权利,同时必须履行宪法和法律规定的义务"。④"国家机构"的新规定有:恢复国家主席和副主席;设立国家的中央军委;国务院实行总理负责制,国务院的各部委和地方政府的首长负责制,增设各级政府的审计机关;设县和县以上的地方各级人大常委会,省级人大及其常委会可制定"地方性法规";城市的居民委员会和农村的村民委员会是基层群众性的自治组织;国家正副主席、全国人大常委会的正副委员长、国务院正副总理连续任职不得超过两届,以改变领导干部终身制。

对 1982 年现行宪法的修正。新宪法颁布实施后,国家以经济建设为中心的改革开放和各种事业的进展迅速,不断提供重大的新经验,所以就会认为对宪法不免要进行修改而且是比较频繁的修改是必要的。

(1)第一个修正案。1988 年 4 月 12 日七届人大第一次会议通过两条修正案:①允许私营经济在法定范围内存在和发展,认为它是社会主义公有制经济的"补充"。②土地政策,即"土地使用权可以依照法律的规定转让"。这两条规定体现改革开放和加速经济发展的精神。

(2)第二个修正案。1993 年 3 月 29 日八届人大一次会议通过 9 条修正案,主要是:①"序言"中增加"我国正处于社会主义的初级阶段""根据建设有中国特色的社会主义理论""坚持改革开放"的内容。②国家建设的目标,由原来的"高度文明、高度民主"的国家,修改为"富强、民主、文明"的国家,即强调"富强"二字。③增加"中国共产党领导的多党合作和政治协商制度将长期存在和发展"。④将"国营经济""国营企业"改为"国有经济""国有企业"。⑤将"农村人民公社、农业合作社"制度改为"农村中的家庭联产承包为主的责任制"。⑥将原来的"计划经济"改为"社会主义市场经济和国家加强经济立法,完善宏观调控"。⑦将县、不设区的市、市辖区的人大每届任期由 3 年改为 5 年。

(3)第三个修正案。根据 1997 年的中共十五大精神,九届全国人大二次会议通过 6 条宪法修正案,其内容是:①"序言"中增加"邓小平理论"。将"我国正处于社会主义初级阶段"改为"将长期处于……"。②第 5 条增加了国家实行"依法治国,建设社会主义法治国家"的醒目内容。③第 6 条增加"坚持公有制为主体、多种所有制经济共同发展的经济制度","坚持按劳分配为主体、多种分配方式并存的分配制度"。④第 8 条第 1 款增加"农村集体经济组织实行家庭承包为基础、统分结合的双层经营体制",删去"家庭联产承包为主的责任制"的规定。⑤第 11 条增加"在法律规定范围内的个体经济、私营经济等非公有制经济,是社会主义市场经济的重要组成部分",删去原来"社会主义公有制经济的补充"规定。⑥第 28 条中的"反革命的活动"改为"危害国家安全的犯罪活动"。显然,这个修正案及时地表达了急速发展的改革开放的新经验。

对 1982 年现行宪法的三个修正案,共为 17 条。

小　结

中华人民共和国宪法的运行，是同国家历程相一致的，都经历了曲折坎坷的变迁。1982 年的现行宪法力图体现与时俱进的精神，在经济方面不断地适应市场经济规律；在政治上适应民主化的时代大潮；在法制上适应依法治国的现代化的要求，取得了相当的成就和进展。不过，总结 50 多年的经验教训，以及世界各国（特别是西方国家）的宪政历程所提供的经验教训，笔者认为我国宪法建设尚存在着不少有待改进之处。

第一，宪法作为国家的根本大法必须带有常驻性，即必须是"常法"，而不应当是"随机应变"。即令想要"与时俱进"，亦当慎之又慎。宪法变之太快，会使人们难以追及；变之太多，难以卒读尽思。党领导人一个新想法和说法，政策的某种改变，计划的更动，就修改宪法，显然不利于保持宪法的稳定性。

第二，宪法应更充分体现当代人权的进展。最近中央领导班子提出"以人为本"的理念，是极其科学的。这与当年"政治挂帅""以阶级斗争为纲"形成鲜明的对照。"以人为本"，依照马克思的解释就是充分表达作为人的根本属性的自由，以及自由人与自由人之间的平等，实现人的普遍的全面发展，向着"自由人联合体"社会前进的大方向迈进。这就意味着对宪法而言，最核心的东西是确认、保障和实现人权。宪法是最高的、法典化或系统化了的人权宣言，也是所谓"宪政"的出发点和归宿。从这样的观点来考察，我国宪法还是很局限的，还不能认为是切实体现了"以人为本"的理念。如，宪法中没有明确写上"思想自由"，至今没有恢复 1954 年宪法的"迁徙"自由，甚至连 1975 年宪法规定的"罢工"自由的规定也没有恢复。其次，现行宪法在体现公民平等的法精神方面，也存在着问题。比如依然保留着从前阶级不平等的规定；最刺目的是公开规定对城乡居民选举人民代表的名额比例差别，以及种种形式的特权现象的事实存在。最后，当代世界上新产生的一些人权，如生存权和发展权、环境权、陈述权与听证权、对国家的重大事务与决定的知情权等，亦应列入宪法。

第三，宪法关于国家权力和行使权力的机关如何体现"人民主权"，是颇值得迫切研究和解决的问题。首先，作为国家机关（党组织也如此）组织和活动的基本原则的"民主集中制"是亟待澄清的。在我国的长期（一定程度上直至如今）的政治实践中，"民主集中制"的根本点，显然不是"民主"而是"集中"，而且民主与集中形成两张皮。本来，按照人民主权原则，公民的整体拥有全权，他们或者直接（通过全民公决），或者间接（通过代表大会）行使主权权力。这种民主的结果就是集中；不管"正确"与否都必须集中。所以，集中不过是民主自身的一种属性，并非与民主平行更非凌驾民主之上的东西。如果人们觉得从前的集中不合适，可以随时加以改变。但是，从中华人民共和国建立以来所展示的普遍现象则是：由人民群众行使"民主"权力，而领导者行使"集中"权力，并且还声称是"集中正确的意见"，由他们来"指导"民主。这样一来，民主很容易导致一种倒置即领导者的"主民"。对"民主集中制"原则的这种理解与贯彻,官民关系(也包括党政关系)往往就难免处于颠倒的不正常的状态。因而,这是无利而有害的。笔者认为,为避免这种现象,应当把"民主集中制"改为"集中的民主制",即:坚持"民主基础上的集中",以避免无政府主义;放弃"集中指导下的民主",以防止领导人(包括党委书记)的专断主义。其次,宪法中设专门条款突出防止和反对国家机关和公职人员的腐败。不能不看到,腐败是广大人民最深恶痛绝的现象。它确实是关系到党和国家生死存亡的大事。虽然中央三令五申反腐败,但腐败现象却在愈演愈烈,极大地破坏着党和社会主义国家的形象,破坏国家同广大人民的正常关系。

第四,宪法实施的保障,实际就是"宪政"实施的保障。毛泽东早在40年代的抗日战争时期已专门发表过有关的见解。但是,到现在,我国宪政的实施还不能认为已经找到有效的保障办法。宪法实施的保障,最根本是有一套靠得住的程序安排。对此,近几年来我国法学家们想到许多可以参照的建议。如,在国家中央权力机关中建立专门的宪法监督委员会,或者借鉴外国设立宪法法院等做法,以有力地监督宪法的实施和对违宪行为的处置。这些建议的确值得重视,宪法中必须有相关的规定。有宪法而无宪法实施的监督,特别是无对违宪的处置,那么宪法很容易流于形同虚设。现今法治的时代,不妨认为就是程序的时代。这里所谓程序完全不限于诉讼法上的程序,全部法律其实都可以看作是社会解决自身问题的强制程序。事实证明,一个国家的宪法作出哪些规定相对地说是简单的,而如何落实这些规定则是困难得多的事。如果缺乏宪法实施的良好程序,宪政就是一个缘何谈起的问题了。

2001 年草稿,2004 年初修改稿。

普通法系的判例法制度

一、普通法系的形成

与大陆法系的成文法制度相对应,普通法系的判例法制度肇始于英国,迄今已有800余年的演进历程。

在1077年诺曼人占领之前,英吉利的盎格鲁—撒克逊民族同西欧的日耳曼人一样,奉行各地域性的习惯法制度。但从诺曼人统治以来,英国法律制度向着统一的普通法转化。《牛津法律大词典》指出:"随着英国国王强有力的中央集权司法制度在12世纪及其以后的发展,皇家司法日益发展,并实施全英格兰共同的一般规则,即英格兰普通法。它不同于地方习惯、特殊规定和各种其他规定,如肯特郡土地保有习惯。"这种中央集权的司法制度,首先是御前会议的设立。御前会议作为国王的咨询机构,不仅掌握全国行政事务,也掌握全国的司法事务。它先是处理重大案件。从亨利二世改革起,又迈进一大步:在御前会议中,除原先的财务法院以外,又增设民事诉讼高等法院,负责审理私人民事案件;设立王座法院,负责审理刑事案件及高等民事诉讼法院管辖的部分民事案件,并拥有对全国初级法院的监督权。这种司法制度的全国统一,乃英国普通法形成的大前提。

普通法形成的具体环节是:第一,国王向地方派遣巡回法官制度。巡回法官在审理案件中,理所当然地必须遵循诏令,但更大量的则是适用富有地方色彩的习惯法。通过适用习惯法和法律,特别是审理其中的疑难案件之后,经常要把审理结果带回中央(威斯特敏斯特)进行研讨,求得一致的看法,使之具有全国的普遍效力,即成为"普通法"。第二,陪审制度的建立。由于来自社会中的众多陪审员熟知各地不成文的习惯法,从而为巡回法官学习和掌握习惯法提供了很大的帮助,可以说陪审制度是普通法形成的一个重要因素。

与英国普通法有不可分割的密切关系的,是衡平法。按照法律史学开拓者梅因在《古代法》一书的解释,衡平的基本涵义是平均和按比例分配,属于"正义"的范畴。它其实就是古希腊(尤其亚里士多德)以来传统的分配正义和平均正义的体现。英国衡平法产生的原因,主要是在社会经济的迅速发展和各种社会关系日趋复杂化的情况下,出现越来越多的普通法所不能解决的案件。对此,只能求助于被假定为"正义化身"的国王。鉴于此,国王便指定他的首辅大臣以"大法官"的身份,采用正义、公平的价值标准(不妨视为自然法)来处理案件。后来就演变成大法官法院。当衡平法与普通法相矛盾时,衡平法是优先的。衡平法的案例和原则逐渐地被普通法所吸收,而成为普通法的补充(当然普通法的案例和原则也有许多被衡平法吸收)。尽管普通法法院与衡平法法院二元制在基本方面相一致,但冲突也在所难免。因此,19世纪两种法院便加以合并。

需要说明,普通法的渊源主要是在适用日耳曼习惯法的基础上形成的判例法。但是,如同上述,衡平法也迅速地判例法化。纵然是同判例法形式不同的成文的制定法,经过司法实践的反复"冶炼",亦不知不觉地判例法化。判例法之所以在英国法律制度中占据如此强大的主导地位,完全是由久已存在的坚固的盎格鲁—撒克逊民族法律文化观念决定的。他们历来相信,法律不是也不应当是抽象的和被什么人制定出来的,而是存在于实证的社会生活之中,由经验所"发现"的。判例恰恰是这种"发现"的结晶体,它们的积累和系统化就是英国的判例法体系。

概括起来,我们对于普通法要突出强调以下诸点。

(1)普通法系又称英美法系,起源于英国,有别于欧洲大陆成文法系的地方颇多。英国法的主要渊源有:普通法;衡平法;制定法。

(2)普通法实际上就是判例法,主要的法律原则是归纳全国各地通行的习惯,记载在许许多多法院的判例中。法院在审理案件时,是以法院以前所作出的判决作为判例来遵循。

(3)衡平法是根据公平和公正的原则,用于在特殊情况下,弥补普通法的不足,使法律能更好地适应社会发展需要的不成文法律。和普通法一样,衡平法也是采用遵循判例原则,通过法院的判例逐渐累积而成的。

(4)制定法是由英国立法机关制定成条文的成文法。许多单行法令也是归纳判例而成的。制定法不管多么完好,在解释和适用时也需要借助判例。

(5)因此,遵循判例是英国法的特色。经过数百年的实践和演变后,英国的法院也为原来简单的遵循判例原则定下许多规则,作为实际操作的指导,从而形成了一个错综复杂的判例制度。

由于英国是普通法系的鼻祖,本文概要讲述英国法判例制度的基本原则和概念及其实际操作的规则等,让读者了解普通法系判例制度的一般情况。不过,要特别指出的是,虽然属于普通法系的国家的法律制度都采用遵循判例原则,但各国在实践上的规则都不尽相同。当然这只是侧重点的差异,在很大程度上它们都保存普通法系的基本模式。目前许多不属于普通法系的国家,虽然没有采用遵循判例原则,却常以判例作为法院审理案件的指导。

二、判例制度的基本原则和概念

判例制度是以遵循判例原则(doctrine of binding precedent)作为基础。英国法院从13世纪开始就有遵循判例的惯例,但是遵循判例原则是在19世纪才真正建立起来的。英国法常以"doctrine of staredecisis"这个拉丁名词来代表这个原则。遵循判例原则的基本含义就是：所有法院的判例对其下级法院都具有约束力；而有些法院的判例对法院本身也具有约束力。

英国法院的判决发生两种作用：第一种作用是对当事人之间争议的裁决，它发生既判的效力；第二种作用是建立新的法律规则，作为将来法院审理同类案件的根据。具有上述第二种作用的法院判决称为判例。当法院有义务遵循判例所定下的法律规则，来作为审理同类案件的根据时，该判例就成为具有约束力的判例。

判例的约束力是指判例对法院发生的约束作用，即当法院根据判例制度的规定必须遵循判例时，法院就有遵循判例的义务。

当法院根据判例制度的规定必须遵循某一判例时，就算法院认为该判例是错误的，法院也必须遵循该判例，唯有等待当事人提起上诉时，由上级法院去纠正判例的错误。当然，立法机关也可以通过制定法来更改判例所定下的法律规则。根据英国法的规定，当判例法和制定法发生抵触时，法院必须根据制定法的规定来作出判决。这就是所谓制定法的效力优于判例法的原则。

法院的等级在判例制度中是一个关键性的因素。英国法把法院分为两大类，即高级法院和初级法院。只有高级法院判决才能成为具有约束力的判例。贵族院上诉委员会（简称贵族院，又称上议院）是英国最高审级的法院，所以是英国的高级法院。根据1981年《高级法院法令》第一条的规定，上诉院、高等法院和刑事法院也属于高级法院。除此之外，英国的其他法院均为初级法院。初级法院的判决不能成为具有约束力的判例。因此，根据英国法判例制度的规定，只有贵族院、上诉院、高等法院和刑事法院的判决才能成为具有约束力的判例。

英国法院的等级系统简图如下：

英国法院等级系统简图
(The Hierarchy of the English Courts)

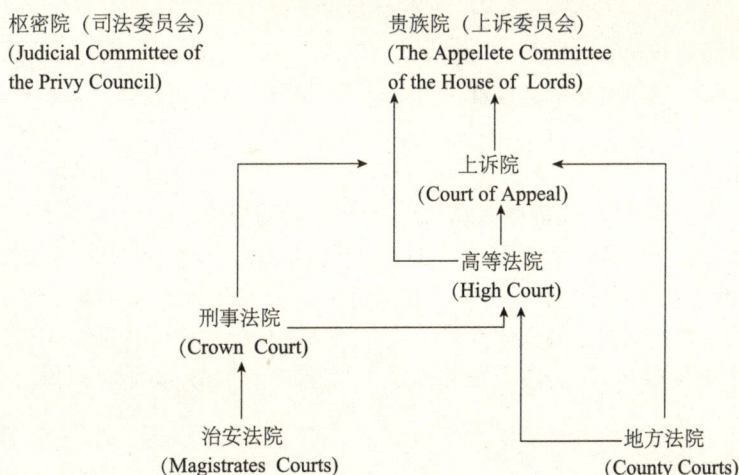

枢密院（司法委员会）
(Judicial Committee of
the Privy Council)

贵族院（上诉委员会）
(The Appellete Committee
of the House of Lords)

上诉院
(Court of Appeal)

高等法院
(High Court)

刑事法院
(Crown Court)

治安法院
(Magistrates Courts)

地方法院
(County Courts)

＊箭头是指上诉程序

三、判例发生约束力的具体情况

至于在什么情况之下,英国法院才有遵循判例的义务,这是有其固定规则的。遵循判例原则的根本意义是:所有法院的判例对其下级法院都具有约束力,而有些法院的判例对法院本身也具有约束力。这也是判例在实践中发生约束作用的基本公式。公式的前半段是指判例发生由上而下的(vertical)约束作用,而公式的后半段是指判例发生横向(horizontal)的约束作用。

(一)判例由上而下的约束作用

判例由上而下的约束作用是指上级法院判例对下级法院发生的约束作用。因此,法院在英国司法系统中的等级就成为决定性的因素。兹根据英国法院的等级,将判例由上而下的约束作用简述如下:

1. 贵族院和上诉院

作为英国最高审级法院的贵族院,其判例对上诉院具有约束力。因此,上诉院有绝对遵循贵族院判例的义务。一般上,这是个没有争论性的规则。但是,最近有些法官提出新的论点,认为在特殊的情况下,上诉院为了达到法律公正的目的,在必要时可以不遵循贵族院的判例。英国司法界对这个新论点还未达至共识,所以至今尚未有定论。

2. 上诉院和高等法院

上诉院的判例对高等法院(包括刑事法院)具有约束力。因此,高等法院有遵循上诉院判例的义务。当贵族院和上诉院对同一课题作出不同的判决时,高等法院必须选择遵循上诉院的判决。这是因为根据判例制度的规则,下一级法院必须遵循上一级法院的判例。

3. 高等法院和初级法院

高等法院的判例对初级法院都具有约束力。因此,初级法院有遵循高等法院判例的义务。

4. 枢密院

枢密院司法委员会(简称枢密院)是一个特殊性的法院,其主要任务是审理共和联邦国家和殖民地所提起的上诉案件。在法律上,枢密院的判决对英国的法院(包括高级法院)不具有任何约束力。由于枢密院几乎都是由贵族院的大法官所组成的,因此枢密院的判决就具有很强的说服性影响力。枢密院不受本身判决的约束,也不受贵族院判例的约束。但是,在实践上枢密院一般上都遵循法院本身的判决和贵族院的判例。

(二)判例的横向约束作用

判例的横向约束作用是指判例对法院本身的约束力。换言之,当法院作出判决

后,同一级法院以后在审理同类的案件时,是否要遵循法院本身以前所作出的判决。兹将判例对各审级法院的横向约束作用简述如下:

1. 贵族院

到19世纪中叶为止,贵族院的立场是它不受法院本身判例的约束。过后,贵族院就改变了立场。直至1966年为止,贵族院必须遵循法院本身的判例。换言之,贵族院也有遵循法院本身判例的义务。尽管判例如何不当,贵族院也要严格遵循。遇到这种情况时,只有通过国会制定法律来纠正判例所定下的法律规则。

1966年贵族院在得到全体大法官的同意后,发布了《判例实践常规》(以下简称《常规》)。根据《常规》的规定,贵族院一般上都遵循法院本身的判例,但在认为适当时,贵族院可以背离(不遵循)法院本身的判例。为了维护法律的确定性和连贯性,贵族院只有在罕有的情况下,才援用《常规》所授予的权力,不遵循法院本身的判例。例如:在法院认为由于情况改变的需要,贵族院才不遵循法院本身的判例。

贵族院作出这项更改的原因有二:第一,法院太过死板的遵循判例会带来不公正的后果;第二,太过严格遵循判例会妨碍法律的正常发展。

2. 上诉院

1966年贵族院发布的《常规》不适用于英国的其他法院。因此,上诉院一般上都受法院本身判例的约束。只有在下列三种情况下,上诉院才不必遵循法院本身的判例:

(1)当上诉院本身以前曾对同一课题作出两个不同的判例时,上诉院可选择其中一个判例来遵循;

(2)当贵族院对同一课题所作出的判例和上诉院所作出的判例不相同(但贵族院并未推翻上诉院的判决),而上诉院又认为这两个判例是不能同时并存的,上诉院可以不必遵循本身的判例;

(3)当上诉院确认法院本身的判例是在"未经详细考虑"的情况下作出的,上诉院可以不必遵循法院本身的判例。

3. 高等法院

高等法院通常执行三类的审判权:①第一审审判权;②上诉审审判权;③监督审判权。当高等法院执行第一审审判权时,在法律上高等法院没有遵循本身判例的义务。但是,在实践上高等法院都依照司法礼让(法院之间互相尊重和承认)的规则遵循法院本身的判例。当高等法院执行上诉审判权时,高等法院遵守适用于上诉院的判例制度规则。当高等法院执行监督审判权时,高等法院可能是遵守适用于执行第一审审判权的规则,但是至今仍未有定论。

四、判例中具有约束力的部分

英国法院审理案件所作出的判决,事实上是对当事人之间的争议作出裁决。但是,根据惯例英国法官都在判决书中详细讨论和审理案件有关的法律原则和说明判决的理由。因此,英国法官所书写的判决书的篇幅通常都很长,这也是普通法系的特色之一。

一般判决书的内容包括下列三个主要部分:①当事人争议的内容和法院认定为正确的事实;②与审理案件有关法律原则的讲述,这包括和案件直接有关和间接有关的法律原则;③法院以认定事实为根据,以法律原则为准绳作出的裁决。对判例制度而言,判决书中最重要的部分就是对法院具有约束力的部分。

根据判例制度的规定,判例中只有法院以案件主要事实为根据,以法律原则为准绳作出裁决的部分才具有约束力;判例中其他与法院裁决无直接关联的部分都不具有约束力;判例中具有约束力的部分常以拉丁文"ratio decidendi"来代表。这个拉丁名词可以直译为"判决理由",为了方便讲述本文把它译为"法理"。判例中不具有约束力的部分则常以拉丁文"obiter dictum"来代表。这个拉丁名词可直译为"附带性论述",为了方便讲述本文把它译为"附论"。

(一)"法理"

"法理"是审理案件的法律中心点,是法院作出判决时所发表的决定性理由。"法理"也可以说是判例中"主要事实"和"法院裁决"的总和。法院的任务就是要鉴定判例中的"法理"是什么,因为只有"法理"才对法院发生约束的作用。鉴定判例的"法理"有时并非是一件容易的事。兹将判例中的"主要事实"和"法院裁决"分别举例简述如下:

1."主要事实"

遵循判例原则所要达到的目标是:当法院审理两个案件的"主要事实"是相同时,法院对这两个案件的判决也必须是相同的。当然,判例制度并不要求两个案件的事实都是完全相同的,因为在实践上很难遇到两个事实完全相同的案件。因此,只要两个案件的"主要事实"是相同的,法院的判决就应该统一。举例来说,某个案件的事实有甲、乙和丙三项。法院认定乙和丙是案件的"主要事实",同时也以乙和丙作为根据作出裁决为"X"。根据遵循判例原则的规定,法院在将来审理案件时,只要乙和丙这两项"主要事实"同时出现,法院就必须遵循判例作出"X"的裁决。反之,要是甲、乙、丙和丁四项事实同时出现,而法院又认定丁为"主要事实"时,法院就没有遵循判例的义务。

2."法院裁决"

"法院裁决"是指法院以审理案件的"主要事实"为根据,以法律原则为准绳所作出的裁决。当法院是遵循判例作出裁决时,"法院裁决"只是重申判例中所定下的法律规则。当法院在完全没有判例可遵循的情况下,以法律的基本原理为准绳作出裁决时,"法院裁决"加上案件的"主要事实"就成为新的法律规则("法理")。以后法院在审理案件时,只要案件的"主要事实"是相同的,法院必须遵循判例所定下的新法律规则作出裁决。

3. 举例

1932 年 Donog hue V. Stevenson 这个侵权行为判例的"主要事实"是：原告喝被告所生产的饮料时，发现瓶中有死去的蜗牛。过后原告因而生病并遭受损失。贵族院判决中的"法理"是：饮料制造商在生产饮料过程中沾染了饮料，消费人喝了沾染饮料后便生病，饮料制造商负有赔偿的责任。

在 1936 Grant V. Australian Knitting Mill 这个案件中，衣服制造商（被告）所生产的内衣染有化学品，造成原告染上皮肤病。枢密院遵循上述 Donog hue V. Stevenson 判例所定下的法律规则，宣判被告必须负责赔偿。

4. 多个法理

一个判例并不一定只含有一个"法理"。要是法院是根据几项法律原则作出同一个判决，该判例就含有几个具有约束力的"法理"。要是组成上诉院的几位法官是根据不同的理由作出相同的判决，而法院又无法鉴定该判例的"法理"时，法院就把该判例没有定下任何"法理"来处理。

（二）"附论"

英国法常以拉丁文"obiter dictum"一词来代表"附论"，这个拉丁名词可直译为"附带性论述"。

法院审理案件作出判决时，除了讨论和案件有直接关联的法律原则外，也时常讨论到一些和案件有间接关系的法律原则。判例中这些和案件没有直接关系的法律原则，或者是不用来作为裁决准绳的法律原则，都不是审理案件所绝对需要的，也对法院的判决不发生决定性的作用，所以称为"附论"，简单地说，"附论"是法院在判例中发表的非决定性意见。

因为"附论"只是判例中"附带性论述"，所以不具有约束力。根据判例制度的规则，法院没有遵循"附论"的义务。但是，"附论"并非是完全没有价值的。法院的等级越高，它所发表的"附论"就越具有说服性的影响力，同样的，法官在司法界的威望越高，他所发表的"附论"就越受法院的重视。

五、不必遵循判例的规则

遵循判例原则要求法院在法律规定范围内必须严格遵循判例。所以，法院在法律认可的情况下就没有遵循判例的义务。根据判例制度的规定，法院可以根据下列三个规则不遵循判例：

（一）区别规则

判例中具有约束力的"法理"是案件的"主要事实"和"法院裁决"的总和，而"法理"是法院以"主要事实"为根据，以法律原则为准绳作出的裁决。因此，当判例中的"主要事实"和审理案件的"主要事实"是相同的，法院才有遵循该判例的义务。反之，当判例中的"主要事实"和审理案件的"主要事实"是不相同的,法院就没有遵循该判例的义务。根据这个理由而不必遵循判例的规则称为"区别原则"。

"区别"是指判例中的"主要事实"和审理案件的"主要事实"有所区别。判例中的"主要事实"既然与审理案件的"主要事实"有所差异,判例的"法理"便不适用于审理案件,法院也就没有遵循的义务。

从另一个角度来看,当法院根据区别原则不遵循判例时,也就是说明判例是与审理案件无关的。既然判例是与审理案件无关,该判例对法院就不发生约束的作用。

例如:在 1852 年 Bridges v. Hawkerworth 这个判例中,顾客从商店地板上捡到钱币,法院宣判所捡到的钱币归顾客所有。相反的,在 1896 年 South Strarffordshire Water Company v. Sharword 这个判例中,S 先生在蓄水池的泥堆中捡到两个戒指,法院宣判捡到的戒指不属于 S 君所有,理由是蓄水池不是开放给公众人士自由进出的场所。由于案件的"主要事实"和判例的"主要事实"有所区别,所以法院就不必遵循判例。

(二)"未经详细考虑"规则

英国法常以拉丁文"per incuriam"一词来代表这个规则。这个拉丁名词可以直译为"因不谨慎"。在实践中,法院必须确保下列两个条件同时存在时,才能根据这个原则拒绝遵循判例:

(1)法院的判例是在不知悉有约束性判例或制定法存在的情况下作出的;

(2)要是法院有考虑到这些资料(判例或制定法),法院必定会作出不同的判决。

换言之,法律的要求是比"因不谨慎"程度还要高。因为法院是在没有经过详细考虑的情况下作出判决,所以本文把这个规则译为"未经详细考虑"规则。

特别要指出的是,下级法院是不能根据"未经详细考虑"规则拒绝遵循上级法院的判例。根据判例制度的规定,下一级法院要绝对遵循上一级法院的判例;只有上一级法院或者立法机关才能更改法院的判例。

(三)"情况改变"规则

这个规则是以拉丁文"cassente vatione,cesset ipsa lex"一词来代表。这个拉丁名词可直译为"当使法律原则存在的理由消失时,法律原则也随之消失"。

这个规则特别适用于贵族院。1966 年后,贵族院可以根据这个规则背离(不遵循)法院本身的判例。在实践上,这个规则的适用范围并不如上述拉丁格言所说的那样广泛。上级法院可以根据这个规则推翻下级法院的判例。但是,下级法院却不能根据这个规则拒绝遵循上级法院的判例。

六、判例汇编

英国法是以判例法为主,所以就需要有准确、可靠的判例汇编来作为法院审理案件的根据。判例汇编虽然重要,英国至今仍未有"官方"编纂出版的判例汇编。从 13

世纪开始,判例汇编都是由私人编纂出版的。由于私人编纂的判例汇编比较杂乱,而且体系也不统一,英国法律专业团体就于 1865 年成立"判例编纂委员会"这个非营利性的法人团体,来负责编纂出版判例汇编。这个唯一"半官方"性质的汇编称为《判例汇编》,它采用两种形式出版,即"年刊"和"周刊"(《判例汇编周刊》)的形式。其他的判例汇编都是由私人编纂出版,并以营利为目的,主要有如《全英判例汇编》等。除此之外,许多专业杂志和报刊也有报道法院的判决。

判例汇编的主要用途有三种:①供律师作为参考之用,鉴定法律规则指导当事人解决面对实际法律问题;②供学术研究或者教学之用;③当事人提起诉讼时,供法院引用来证明法院审理案件时所应遵循的法律规则。因此,判例汇编的准确性或者可靠性就成为关键性的问题。法院必须要确保判例汇编的报道是准确、可靠的,否则法官便不能引用它来作为审理案件的根据。虽然法律没有规定律师在法院应引用哪一种判例汇编的报道,1995 年英国法院颁布的《实践常规》规定如下:

(1)当由"判例编纂委员会"所编纂出版的《判例汇编》有报道某一判例时,就应引用《判例汇编》的报道;

(2)当《判例汇编》没有或者尚未报道某一判例时,就引用《判例汇编周刊》或者是《全英判例汇编》的报道;

(3)当上述的判例汇编没有报道某一判例时,方可引用其他有权威性的专业报道。

值得一提的是:判例是从法院公开宣告判决之日起发生效力,而判例汇编则往往要经过一段时间才能报道。这应可以说是法律专业所应面对的"职业风险"。

根据律师专业道德准则的规定,律师在法院办案时,有责任把和审理案件有关的判例通知法院;就算某一判例是对律师的当事人不利的,律师也有通知法院的责任。在这种情况下,律师唯有应用"区别"规则,来把判例和审理案件分开。

七、欧洲共同体法与英国的关系

欧洲共同体除了建立超越成员国的机构外,也有其本身的法律体系。由于欧洲共同体法和英国法律有许多差异之处,英国加入欧洲共同体后,就产生了英国法和欧洲共同体法如何协调的问题。现将和判例制度有关联的两个法律问题简述如下:

(一)当欧洲共同体法和英国法发生抵触时,英国法院应以哪一种法律为准

根据英国法的规定,国际公约只适用于国际事务的范畴,国际公约并不自动成为英国法的组成部分。如有必要把国际公约并入英国法时,最简便的方法便是通过立法把国际公约并入英国法。为了配合英国加入欧洲共同体,英国国会于 1972 年通过了《欧洲共同体法令》(以下简称《法令》)。《法令》的主要目的是把欧洲共同体公约的条款并入英国法。因此,通过《法令》的制定,欧洲共同体法就变成为英国法的组成部分。既然有两个不同的法律体系同时存在,随着产生的问题便是:当欧洲共同体和英国法

发生抵触时,英国法院应以哪一种法律为准。

根据欧洲共同体法的规定,如果成员国国内法和欧洲共同体法发生抵触时,其法院应以欧洲共同体法为准。所以当英国法和欧洲共同体法发生抵触时,欧洲共同体的法院当然是以欧洲共同体法为准。

就英国法而言,这个问题的答案就比较复杂。第一,欧洲共同体法和英国法的地位不是同等的;欧洲共同体法是超越成员国的法律制度,而英国法只是其中一个成员国的法律制度。第二,英国宪法的一个主要原则是:英国国会的立法权是至高无上的(supremacy of parliament);国会有权制定、修正或废止任何法律,没有任何其他权力或机关可以超过国会的权力。加入欧洲共同体后,英国法所处的地位就和国会至高无上的立法权冲突。英国法院将面对的问题分为两部分来解决:

1. 国会在 1972 年以前制定的法律

按照英国法解释制定法的规则,国会在 1972 年通过《法令》后,凡是国会在 1972 年之前所制定的法律中和欧洲共同体法发生抵触的部分便自动失效。所以当 1972 年之前国会制定的法律和欧洲共同体法发生抵触时,英国法院可以合法地以欧洲共同体法为准来作出判决。这样就完全配合了欧洲共同体的立场。

2. 国会在 1972 年以后制定的法律

英国国会的立法权既然是至高无上的,1972 年通过的《法令》便不能限制国会在 1972 年后的立法权。换言之,国会可以合法地在 1972 年以后制定和欧洲共同体法发生抵触的法律。对于这个法律难题,英国法院采取了非常实际的解决方案。英国法院认为英国既已加入欧洲共同体,国会是为了履行成员国的义务而制定法律,所以法院就要把这些法律解释为是和欧洲共同体互相配合的,而不是互相冲突的。因此,贵族院于 1988 年根据这种解释方式宣判当英国法和欧洲共同体法发生抵触时,英国法院应以欧洲共同体法为准。因此,到目前为止英国法院的立场就和欧洲共同体法的立场完全一致。虽然如此,在理论上这个问题还是继续存在的。要是英国国会在 1972 年后制定法律时,同时也明确地说明立法的宗旨是对抗欧洲共同体法的规定,英国法院便处于无可适从的处境。

(二)英国法院是否遵循欧洲共同体法院的判例

欧洲共同体有两个法院,即欧洲共同体法院和第一审法院。对判例而言,这两个法院所遵守的规则是一样的。为了方便讲述,本文只称欧洲共同体法院。

欧洲共同体法院并没有采用遵循判例原则。但是,在实践上欧洲共同体法院一般上都遵循法院的判例作为审理案件的根据。在理论上,欧洲共同体法院并不受判例的约束。法院遵循判例是因为判例中记载了许多法律原则和规则,法院是以这些法律原则和规则作为审理案件的根据。因此,在欧洲共同体法中判例亦有其独特的地位,只是在理论依据方面和普通法系不同而已。

根据欧洲共同体法,任何对欧洲共同体法的争议均以法院的判决为准。由于欧洲共同体法已成为英国法的组成部分,英国法院在审理涉及欧洲共同体法的案件时,当然也应遵循欧洲共同体法院的判例。

八、判例制度和法律改革

在英国法的发展中,法官起了非常重要的作用。通过判例制度,法官的判决起着立法的作用。因此,在英国法中有所谓"法官立法"这个概念。根据判例制度的规定,法院可以根据"情况改变"规则不必遵循判例,从而通过判例建立配合新环境所需要的新法律规则。这就是通过"应变性的判决"(responsive decision mahng)所产生的法律改革。

"法官立法"有以下几个优点:

(1)通过判例法院可以根据社会的需要迅速完成法律改革的工作,通过法院改革法律往往比立法程序快很多。

(2)法院在审判实践中所面对的问题,都是一些在现实生活中发生的现实的问题,所以通过法院的改革更能够配合新社会环境的需要。

(3)法院是一个非政治机关,所以"法官立法"就没有政治因素的存在。

"法官立法"当然也有其缺点。法官通常只受到法律专业的训练,没有足够的其他学识和经验来进行社会改革的工作。除此之外,"法官立法"只能通过审理个别案件来进行片面性的法律改革,不可能从事全面性的法律改革工作。

在英国法中,"法官立法"的范畴也有其一定的局限。虽然英国不是实行严格的三权分立的制度,英国的宪法是以国会至高无上的立法权为主。法院的主要职务是行使司法权,而不是从事立法的工作。法律改革是立法机关的职权。因此英国司法界都认为法院通过判例进行法律改革应该是有局限的。法官不能以执行司法权为名来从事立法的工作。换言之,"法官立法"和"国会立法"之间应该有一定的界限。

九、判例制度的利弊

作为一种制度,判例制度当然不是一个完美的制度;它有其优点,也有其缺点。最令人感兴趣的是,判例制度的某一优点,往往也同时变成为判例制度的缺点。例如:判例制度的优点是使法律具有灵活性,但是太过灵活的法律制度就失去其应有的可预测性。这是因为判例制度是要达到几个目标,但是这些目标本身都是互相冲突或者互相排斥的。法院或者立法者往往只能从这些冲突的利益中选择其中一种,希望决策所带来的好处会多于坏处。所以,判例制度就永远不能成为一个十全十美的制度。现将判例制度的主要利弊用相对的方式讨论如下:

1. 确定性与僵化性

遵循判例原则所要到达的目标是:对两个事实相同的案件,法院所作出的判决必须是相同的。法院在审理案件时,因为有遵循判例的义务,所以法院的判决就有了确定性。英国是以判例法为主,所以整个法律体系也就有了确定性。人们可以明确地预先知道他们在法律上的权利和义务是什么。当这些权利受到侵犯时,人们也能明确地知道法律能给予的保障是什么。这一切都是判例制度的优点。

相反的,要是为了要达到法律确定性的目标,法院严格地遵循判例,经过一段时期后,判例制度就使得法律完全变成僵化。社会在不断地演变,僵化了的法律就不能配合新环境的需要,再庄严的法律规则也会失去其存在的价值。与此同时,严格地遵循判例,也使法院不能作出"应变性的判决",因而,阻碍了法律的正常发展。因此,判例制度的"确定性"优点就变成为"僵化性"的缺点。

法院或者立法者的职责就是要在这两个概念之间作出适当的"协调"(balancing),使判例制度的优点不会变成缺点。1996年贵族院改变立场,不再严格遵循法院本身的判例,同时也规定只有在非常罕有的情况下才能背离(或不遵循)法院本身的判例,就是"协调"工作的最好例子。

2. 灵活性与不可预测性

判例制度的另一优点就是它使得英国法具有灵活性。判例制度允许法院根据"情况改变"规则拒绝遵循判例。所以面对社会情况改变时,法院可以作出"应变性的判决",通过判例及时作出适当的调整,使法律规则不会和社会脱节。通过"法官立法"改革法律往往也比"国会立法"程序快得多。

相反的,要是法院时常作出"应变性的判决",经常通过判例改变法律规则,法律制度便失去其应有的可预测性。法治的基本要求是人们可以预先知道某一项行为(或不作为)的法律后果。太灵活的法律制度就变成为"不可预测"的法律制度,也违背了法治的基本精神。如何使法律既灵活,而又不失去其应有的可预测性,绝非易事。

3. 丰富的资料与杂乱无章

判例制度的优点之一是判例汇编报道了许许多多判例,作为法院审理案件的依据。判例汇编所报道判例的种类可以说是无所不有,内容也非常详尽。这些丰富的资料也成为普通法系特色之一。

根据非正式的统计,判例汇编报道了贵族院百分之七十五的判决,上诉院百分之二十五的判决和高等法院百分之十的判决。英国法官书写的判决书又以篇幅长而著名。经过几百年后,判例的数和量实在太大了,除此之外,有些判例的"法理"很不明确。判例之间的"法理"又时常发生抵触。判例数量增加后,判例之间的冲突就越多。所以判例制度的缺点便是判例繁多,而且又杂乱无章。法官和律师都花费大量宝贵时间来寻找有关的判例和鉴定判例的"法理"。

十、尾论

从理论上来看,英国法判例制度是规定法院必须严格遵循判例,以确保法律具有"确定性"和"可预测性"。但在实践上,判例制度允许法院"灵活"、有伸缩性地去遵循判例或不遵循判例,"可预测性"根本就是两个互相冲突和互相排斥的概念。然而,判例制度的基本目标就是要使得英国法既具有"灵活性",而又不失去其应有的"可预测性"。

判例中的许多规则都是为了要达到上述的基本目标而设的。对法院应否遵循本身的判例,贵族院曾两次改变其立场,也是为了达到上述的基本目标而作出的。所以,判例制度所要达到的基本目标是简单、明确的。但是,用来试图达到这个基本目标的方法是错综复杂的。因此,普通法系判例制度就成为普通人所不能理解的、错综复杂的制度。

与黄俊杰合作。黄先生是杰出的政治家,先后出任马来西亚的教育部副部长和卫生部长、房地产部长、财政部长,后来作专职大律师,是中国人民的好朋友。他1998年应中国人民大学法学院的邀请,专程为高年级本科生和研究生作了学术报告。本文的主体部分是该报告的内容,我仅对次要部分进行稍许补充。

近代刑法制度中"罪刑法定主义"之历史意义

——读贝卡利亚《犯罪和刑罚》

　　贝卡利亚是18世纪后半期行将胜利的资产阶级民主革命（法国大革命）的理论先驱的启蒙思想家之一。因此，与其他启蒙思想家一样，在社会思想方面，他也采取社会契约说，其刑法思想，如同文字上所表现的那样，是从社会契约说引申出来的。

　　就是说，刑罚权的根据在于各个人缔结社会契约的时候，相互转让出来的每个人一部分自由的总和。为此，贝卡利亚所建立的刑罚理论的基本原理是：行使超越这个根据（即每个人提供的些微的总和）的刑罚权都属权力的滥用和不正当的，每个人没有必要承受它。从这一原理出发，他得出如下的几项归结。

　　（1）什么是犯罪、什么是对犯罪行为应当科处的刑罚，必须事先以法律加以规定。没有法律规定或超越所规定的范围，既不可以认定犯罪，也不可以科处刑罚。

　　（2）主权者有用法律规定哪些行为是犯罪，并规定对其科处什么刑罚的权限，但是判断某人的行为是否符合于哪一法律规定的权限，却仅属于法官。

　　（3）对于法律规定的犯罪实施的刑罚，对犯该罪的每个人都必须平等地、不能逃避地接受。因身份的不同而刑罚不同，因司法权以外的权力而妨碍司法权的正确行使的科刑，是不允许的。

　　（4）对犯罪科处刑罚的行为，以尽可能少规定为好。对于无所谓的行为加于不必要的刑罚，从而扩展犯罪的范围，那只能在社会上增加犯罪，把社会搞坏。

　　（5）犯罪和刑罚必须平衡。例如，假若对杀死一只山鸡的人、杀死一个人的人、伪造证券的人都一律采用死刑，那么这些犯罪之间便没有什么区别了，正义就丧失了。

　　（6）同样，有关相同的犯罪，未遂和既遂必须有刑罚的差别。在共犯者之间如行为有轻有重的情况下，亦应如此。

　　（7）由于刑罚以儆戒为目的，加于犯人身体上的痛苦必须尽可能地少而缓和。残酷的刑罚，在任何场合都不必要和有害，都是反契约本身的。

　　（8）死刑有害无益，应当废止。

　　（9）法官不拥有解释刑事法规的权限。他仅仅能够以法律为大前提，以被告人的特定行为为小前提，得出被告人有罪或无罪的结论，宣判相应犯罪的刑罚。

　　（10）与法官不能以自己的头脑来解释法律这点相联系，法律不可以是不明确的。在这里，不明确（obscurity）意味着法律的词语的暧昧不清或者费解，法律在遮瞒市民的眼睛。贝卡利亚特别从后一种意义上非难不明确,主张:作为当时特权阶级独占物而置市民于无知状态的法律,必须把它从地窖里拿出来,交到市民手中。

(11)认定犯罪必须有充分的证据。

(12)自白不可成为证据。因为,把自白当作证据,强迫、拷问就成为必要的审问程序,就发生将认定无辜者为有罪的误判。

(13)自白、证人的证言等供述证据是不确切的东西,凭信力软弱的东西。因为,证人出于利害关系,被告人出于强制和拷问作假供述,再现来自供述者的记忆是不可靠的,并且以稍许的表现差异来表示完全相反的意识也是不正确的。与此相关,令被告人和证人宣誓的制度,是把他们置于要么欺骗神(良心)、要么使自己获罪二者择其一之境地,是有害无益的。

(14)逮捕、拘留,除了合乎法律明示的嫌疑案件之外,不得进行。

(15)未决拘留中的被告人,不当作犯罪人处置;并且,未决期间即审问期间,必须尽可能缩短。因为,真正的犯罪者,处罚的迅速性符合刑罚的目的;对无辜的人而言,理应把判决前被事实上的科处刑罚的不正当性加以减少。

(16)预防犯罪胜于处罚犯罪。并且,预防犯罪的正确方法是,增大处罚犯罪所起到的儆戒作用,使社会变好,宏布正当的法制。

作为主要的以上这些,是贝卡利亚的"犯罪和刑罚理论"的基本命题。其后,由安·费尔巴哈以"罪刑法定主义"予以公式化。再后,由概念法学予以固定化。

不过,我想,通读过这本书的现代读者已经注意到,与一切涉及具有历史发展意义的思想一样,在理解贝卡利亚的"罪刑法定主义"的方法方面,大体上存在两种相反的方法。

关于这一点,早在本书的旧版即《对岩波文库版的序言》中已经言及。一种方法是把他的说法当作理论的世界观,在运用其刑法理论时,作为概念性的固定化,进行字面上议论的方法。按照这种把握方法,贝卡利亚主张的历史的、革命的意义就失去精髓。与此相反,另一种方法是,把他的思想作为新兴资产阶级对具体的封建刑罚制度的批判,在其思想形成的历史发展意义上加以把握的方法。前者可以说是概念的方法,终至于使罪刑法定主义变成僵死的东西。这样就难免把阅读这本书的意义,降低到满足于18世纪的古董趣味;或者把罪刑法定主义局限于其思想的片断(例如"若无法律就无刑罚"mullapoena sine lage 的原则),或充其量是满足于把罪刑法定主义扩大到禁止刑罚类推的解释原则。

从这种思维方法出发,便产生这样狭窄的理解:所谓旧宪法有第 23 条"日本臣民非依法律不受逮捕、监禁、审问、处罚"的罪刑法定主义的规定,或所谓新宪法第 31 条"任何人,如不根据法律规定的程序,不得剥夺其生命或自由,也不得科处其他的刑罚"是罪刑法定主义的原则规定。

但是,贝卡利亚绝非提倡一种任何把罪刑法定主义凝固化的主义。比什么都重要的是,他植根于当时受到虐待的新兴市民阶级(亦包括平民阶级)的立场,点燃起对实施虐行的僧侣贵族等特权阶级批判的烽火。

"社会的利益,理应平等地分配给社会的一切成员。尽管如此,在实际的社会历史中,一切权力和幸福集中于特权的少数人,把一切危难和悲惨集中于其余大多数人的倾向,是平常的事。"(本书,第 19 页)

"打开历史看看吧。理应为自由人同志间自由契约的法律,其实常常充当少数人欲望的工具,或者仅仅是反复无常的一时需要的产物……"(本书,第 19—20 页)

他把解决这种社会性矛盾的方法,寄托于"良好法律"的制定。就这一主张本身而言,确乎没有超出资产阶级的法理世界观。此种场合的"良好法律"的制定,是当作市民抑制宗教的、封建的、专制的统治的武器。这一历史性的意义是不能忽略的。正当资产阶级民主革命的时候,这一理论的基础不可能超出贝卡利亚理论的世界观,而他也确实存在于这个界限之内。

但是,这样说,丝毫不否定其思想的、历史的、革命的意义。如果把他处于此种历史制约之下的思想,原封不动地固定化,一直原样地搬到今日的话,那么不仅没有再向他学习的必要,而且还会成为有害无益的事情。

譬如,说旧宪法就有上述的罪刑法定主义规定,这就是有害的误解乃至骗局。因为,旧宪法一边讲"非依法律不得做",一边又随心所欲地制定完全否认言论、集会、结社的自由及其他基本人权的"法律",其结果不仅把这套东西置于宪法之上,进而把来自天皇的敕令、行政命令置于法律之上。于是,旧宪法的"罪刑法定主义"的规定完全沦为一纸空文。

关于新宪法,假若说前记的第 31 条真的作为罪刑法定主义的原则规定的话,其根据不是这一个个条文的本身,而是由于新宪法在三项基本原则(永久和平主义、国民主权主义、尊重国民基本人权主义)之下,周密地保障人权,并且还有宣布同这个保障人权的完全相反的一切法律、诏令、命令及其他行政命令为无效的第 10 章的各条规定。新宪法所具有的罪刑法定主义,只能在它所具有的革命意义之中才真正存在。这个问题只能如此来把握。

离开此种意义,单纯从前记的一个个条文里寻求罪刑法定主义的根据,其结果就会产生一些可笑的理由,如说什么在刑法典上没有罪刑法定主义的规定,什么不能使受嫌疑的人受刑之类的同罪刑法定主义无关的一些话。这不仅把"罪刑法定主义"概念化、固定化而抽掉它的精髓,也有碍于它的思想在今天获得正确的历史的发展,即在这两重意义上均为有害。

正确理解贝卡利亚《犯罪和刑罚》的方法,从别的角度上说,就是不把"罪刑法定主义"单纯局限于刑事程序法(诉讼法)上的问题,要把它广泛地当作一种巨大的法思想,并实践地加以理解的方法。阅读本书的人可以看到,贝卡利亚的主张,从刑法学、法哲学、法社会学出发,断断续续地广泛涉及政治学、行政学等的实际。由贝卡利亚倡导的

"罪刑法定主义",确实是风靡于全欧洲的一大人道主义运动。

　　而且,他通过那种渊博的议论所主张的,归根到底,就是奔向"最大多数的最大幸福的"社会目标。(参阅本书的序论)

　　《犯罪和刑罚》通过达到这个"最大多数的最大幸福"社会目标的方法,以求得"良好的法律"。这肯定是在贝卡利亚所生活的历史阶段上最适宜、最进步的方法。在这里,《犯罪和刑罚》具有的革命意义,已经说过了。因此,在现代,正确理解贝卡利亚的罪刑法定主义的方法,必须是把《犯罪和刑罚》置于这样的历史阶段的意义上来把握,使它在现代能得到发展(即作为在历史的现阶段中,同妨碍"最大多数的最大幸福"的一切不公正现象进行斗争的最适宜方法的原理,来理解"罪刑法定主义"方法)。在这种意义上,《犯罪和刑罚》是常新的古典作品。

　　此文原载〔日本〕风早八十二《犯罪和刑罚》,岩波文库1980年,译于1982年。

近代律师制度缘起

近代律师制度,是欧美资产阶级民主革命的产物,是同封建司法与诉讼制度斗争的成果。

中世纪西欧各国的法,是封建主的特权和专横法。法庭上通行的是法官对当事人的单方审讯,即所谓纠问式或审问式的方法,并伴之以野蛮的逼供,屈打成招。针对这种情况,17—18世纪不少资产阶级革命启蒙思想家们,如英国的李尔本、洛克和法国的伏尔泰、狄德罗等,都提出:在诉讼中必须用辩论式代替纠问式,当事人(尤其被告人)有权为自己辩护,有权请律师或其他公民为自己辩护。1679年《英国人身保护律》明文规定了诉讼中的辩论原则,同时承认被告人有权获得保护。法国及其他一些国家的诉讼实践,亦程度不等地认可了公民的类似权利,律师制度正是行使这些诉讼权利,特别是辩论和辩护权利的独立化和职业化。但律师制度带来的好处,多为资产阶级所享受。因为他们最有钱、最有法律知识,只有他们才出得起钱财请律师,而且律师又大多数出身于有产者;即或资产者自己出庭,也不乏知识能力的支撑。当然,在律师中也有一些富于正义感、同情和帮助劳动群众的。如第一共产国际和巴黎公社里,就有做律师的人。

资产阶级夺取政权以后,为了确保对广大劳动群众的统治,以及资本之间的自由和平等的竞争权利,非常需要专门法律家的协助。所以,各国的立法便竞相肯定和支持律师制度。1791年美国宪法修正案第6条规定,刑事案件被告人有权要求司法机关,以"强制手段取得对本人有益的证据,并受法庭律师辩护之协助"。同年的法国宪法也实现了1789年5月《巴黎第三等级陈情书》的要求,规定从预审开始就"不得禁止被告人接受辩护人的援助"。1793年雅各宾宪法进一步规定,国家还有"公设辩护人"。到1808年,拿破仑刑事诉讼法典将辩论和辩护原则以及律师制度系统化。于是,律师制度便迅速地发展起来。在资本主义社会,律师队伍中确实不少是无耻的讼棍,往往同政府、法官、检察官串通一气,徇私舞弊,敲诈勒索,甚为人民群众所痛恨。列宁告诫革命者说:"对律师要有戒心,因为这些有知识的混蛋们时常作出丑陋肮脏的事情。"其理由正在这里。至于少数革命的和进步的律师,反动专制政府当局则常常是百般地加以迫害。例如,在我国1923年"二·七"事件中,北洋军阀政府就枪杀了武汉江岸工会法律顾问、优秀的共产党员施洋大律师。蒋介石政府统治时期,对一些进步派的律师,也是动辄进行威胁和陷害。这是人们所熟知的。

社会主义律师制度是在否定资产阶级律师制度的基础上建立起来的。中华人民共和国刚刚成立便明令取缔国民党的律师制度,解散律师组织。在 50 年代,许多城市成立了新的律师协会和法律顾问处,对于国家的法制建设起到积极的作用,受到人民群众的热情支持。但是好景不长,1957 年"反右派"运动风暴一起,许多律师被打成"右派分子",律师协会和法律顾问处顿时垮掉了。"文化大革命"期间,林彪、"四人帮"一伙"砸烂公检法",我国律师制度更被诬蔑为"站在反革命和犯罪分子立场上,与无产阶级专政相对抗",终于扫荡已尽。当前,在我国重新恢复和大力发展律师制度,实在是健全社会主义法制的迫切需要,是保障国家"四化"的迫切需要。

载《北京日报》1979 年 8 月 23 日。

美国人谈美国司法制度

资产阶级的理论家们每每说：在他们的国家里法院是"正义"和"公平"的化身，法院对一切人都加以平等保护，法官是独立的。他们把资产阶级的司法制度吹嘘成似乎是超阶级的资产阶级"民主"的一种典范。

但是，关于资产阶级法院是超阶级的和公平的这样一类鬼话早已为人所不齿了。生活在步步地证明着马克思在一百年前所作的下述结论是正确的："当立法者存在着偏颇的时候，似乎可以有公平法官的幻想，一般的说是多么愚蠢和不切合实际？假如法律是自私的，无私的判决还能有任何意义呢？"①

现代资产阶级国家，特别是美国的日常生活中的许许多多事实都生动地表明了资产阶级法制的腐朽、在"审判"幌子下的无限专横和疯狂恐怖以及资产阶级司法制度的完全破产。

就是一些资产阶级法学家和社会活动家也不能不看到这一点。

近几年来在美国出版了不少著作和发表了许多文章，这些论著的作者，都是有意无意地令人深信不疑地揭示了美国"审判"和美国司法制度的伪善和腐朽。

美国司法制度所独具的特点是繁琐和混乱。在每一个州（很少例外），除联邦法院的体系以外还有州自己的审判机关体系。各州法院是由调解法院与警察法院、城市法院与乡村法院、郡法院、控告法院以及州最高法院等组成的。

联邦法院的体系包括州法院、控告法院以及"把整个司法网都揽在自己手里"（梅耶尔斯语）的美国最高法院。

在谈到州法院体系的多级性（所谓它的三级）以及它的复杂性时，梅耶尔斯指出，复杂的美国司法制度是历史的遗迹；专门审理民事案件的法院——"在各州竟如此之多和如此之形形色色，以至要给它们一个总括性的说明是实在太难了"②。

梅耶尔斯不止一次地强调指出美国司法制度的庞杂、保守和陈腐。他写道："把我国的司法制度同外国的对比起来，它的庞杂真可使欧洲人惊讶……从国库的观点看来，无疑是极可悲的。"③

这种说法是很出众的，因为这是科学博士、法学教授、任职二十八年的律师、纽约专科学校的教员说的……

---

① 《马克思恩格斯全集》，俄文第2版，第1卷，第158页。
② 梅耶尔斯：《美国司法制度》，第89页。
③ 梅耶尔斯：《美国司法制度》，第69页。

　　但是，对州司法制度进行评价的并不是梅耶尔斯一个人。新泽西州最高法院法官阿勒比尔·汪吉尔布里特和梅耶尔斯教授不约而同地得出一个很有洞察力的结论，他断言道："在许多州都存在着复杂的法院体系，它们的管辖权或者彼此部分相同或者彼此部分矛盾……我们有充分的理由怀疑，在美国的许多州里，许多法学家不经过特别准备，而能列举出他们的全部法院和写出这些法院的管辖范围。"①

　　名记者柯里松得出一个更加可悲的结论。这位记者对美国司法内幕作了二十年的研究以后，出版了一本自称为《州司法的破产，非审判的法院》的著作。出版界把这本书叫作对美国司法的控诉书。柯里松在序言里指出，他的著作"所要达到的唯一目的是让美国人民了解国家管理最重要的部门——司法的悲惨的瓦解"②。

　　柯里松在谈到司法制度时，把它比作是"支离破碎的肢体"，是"法院的堆积"③。

　　他用大量的事实、各州各种法院和法官数量的统计数字，论证了这个结论。

　　例如，在拥有近七百万人口的俄亥俄州，就同时存在着两千个调解法官，八百个高级环节的法官，约四十个警察法院和自治法院，八十八个威化法院（其中不包括大量的只审理民事的行政案件的法院在内）。在纽约总共有二十种不同类型的法院，而在整个纽约州仅调解法官就有四千人以上。而所有这些法官的工作，又都是彼此隔绝的，在司法体系上是互不通气的。

　　这个司法大队的供养，成了压在普通美国人——纳税者肩上的沉重担子。柯里松写道："我敢断言，像已经形成的并且今天还存在着的这样一种美国司法制度乃是最新时代的破产。在世界上再也找不出任何一项国家管理职能像美国的司法制度这样，让居民负担这样高的代价而给予他们的却又是那样的少。"④

　　到底是什么在妨碍着美国司法制度的改善呢？为什么对这样一个重要的国家管理部门，在现代美利坚合众国竟让混乱与成规在其中占据统治地位呢？

　　让我们来看看美国作者的叙述。

　　例如，汪吉尔布里特认为，公民在法院组织方面的冷淡和惰性妨碍了组织措施的实现……在引证选民参加选举的最低百分数时，他提出一个问题："我们可以期望一个愿意关心四年一次投票选举总统的公民来关心审判么？"而其基本的原因，他则认为是那些反对简化司法制度的法官的消极性。因为这样一来"……法官们就不得不去研究新法律，掌握新的、更有效的工作方法"⑤。

　　在这些表面上看来是极其天真的说法的背后，掩藏着一种规避直接回答的企图，即掩藏着一种想把笼罩着全国的专横与非法的责任，从真正的罪人——政治和金融巨

　　① 汪吉尔布里特：《必须进行法律改革》，第38—39页。
　　② 柯里松：《州司法的破产，非审判的法院》，第7页。
　　③ 柯里松：《州司法的破产，非审判的法院》，第325页。
　　④ 柯里松：《州司法的破产，非审判的法院》，第10页。
　　⑤ 汪吉尔布里特：《必须进行法律改革》，第3—4页。

头们的身上转嫁给美国人民的企图。梅耶尔斯则比较直截了当地说道："虽然简化州司法制度这种措施很简单，但进行得极为缓慢，这是因为它同我们选举法官的政治组织——即同随着幕后集团旋转的问题有着紧密的联系。直至把简化审判的问题弄到缩减法官的数目（直接地或间接地），政治组织还是竭力企图保持现有的状态。"①

执政党和立于执政党背后的金融和工业垄断组织所深切关心的是尽可能地保存大量的法院，给他们以更多的司法职能，以便通过披着法官外衣的仆从们，利用司法职能来实行有关政策。

柯里松指出："在美国的政治中，尤其是居民密集的城市中心，在很多场合主宰一切的是卖身投靠的党魁或者追逐自己目的的政治组织。法官职务，像其他官方职务一样，成了一种政治锦标，是用来作为对于政治上效劳的一种奖励的……"②

皮杰尔逊在《我们中间的野蛮人》一书中证实道："有一些法官公开承认，在自治法院（芝加哥）中有一个席位乃是为组织（指金融寡头组织和政治组织——译者注）聚集选票的'慰问锦标'。"③

美国司法的破产，不仅仅表现在："审判权"由紊乱不堪的法院（即"裁判权上互相矛盾和错杂"的法院）来行使，而且也表现在选择司法干部的原则方面。这个问题在美国法学家和社会活动家们的著作中，占据着醒目的地位。

汪吉尔布里特牢骚满腹地说道："我们需要的是这样的法官，他们不仅仅懂得书本上的法律，而且能够把法律运用到审判中去；我们需要的是对任何人都没义务的、独立的和诚实的法官……除此以外，我们还需要根据立法精神热情地把正义推行到一切男人、妇女和儿童的法官，能站在他们的前面，保护他们的人身自由免受政府侵害的法官……然而具备这些素质的法官是不容易找到的。"④

毫无疑问，汪吉尔布里特是正确的：在美国确实很难找到像上面所讲的法官，但这决不因为是美国没有正直和有知识的法官，而是因为选择司法干部的制度本身是根本有毛病的。

这个制度到底是怎样的呢？

有五个州，全部法官都是由执行机关（通常是州长）指定的，有四个州——法官是由立法机关选举的，有三个州——部分法官是指定的，部分法官是选举的，有三十六个州，全部法官是通过所谓的"普选"选举出来的。而华尔街的宣传家们却企图把这些所谓的选举用来冒充美国民主的"成就"。然而，这种鬼话只能用来蒙蔽头脑简单的人。

甚至连美国的反动杂志《读者文摘》也不得不承认说"……我国数千法官，假若政治机器不把他们放在这个位置上的话，那么他们在任何时候也不能成为法官"。

---

① 梅耶尔斯：《美国司法制度》，第68页。
② 柯里松：《州司法的破产，非审判的法院》，第63页。
③ 皮杰尔逊：《我们中间的野蛮人》，第343页。
④ 汪吉尔布里特：《必须进行法律改革》，第11—12页。

换句话说,事实的本质绝不会因为多数州里的法官在形式上不是指定的而是"选举"出来的就会有所改变。"选举制度"使得地方的政治寡头完全可以借助于各种阴谋诡计,把自己的仆从拖到司法岗位上去。

柯里松写道:"……法官的提出,不受政治寡头的控制,就受当政集团的控制……为个人目的而参与布置骗局,利用肮脏的政治运动,向有特别利害关系的人和政客律师索取参与运动的费用,阿谀寡头,给党的机关或统治集团效劳——这一切都需要来这么一套'普选'。"①

伴随着"普选"而来的还有美国所特有的大吹大擂和肮脏龌龊的广告宣传,以及低级的各式各样的"预选"花招,而这一切稀奇古怪的把戏,法官候选人本身都是直接参与的。

皮杰尔逊说:"在进行预选时——法官们就恬不知耻地在法院处所贴上宣传标语,大肆号召人们再选举他们一次;同时,他们的法警也向刑事被告人和民事被告人的亲戚朋友们散发请求投他们一票的请帖……。"②

斯吉林·尔逊在《第十三号陪审官》一书中写道,在宾夕法尼亚州最高法院里,有一种在选举前获取廉价声誉的极其"奇妙的"办法。匹兹堡市的一个法官姆斯曼诺,为了当选为最高法院的法官,竟自吹自擂地说,他曾作过一份因自己违反街道交通规则而拘禁自己的裁定。

既然如此,人们难道还能对如柯里松所指出的下列事情感到惊奇么?"……法官之能被选为法官,并不是因为他有相当的能力,而是因为他有很好的关系,并为当权的政治寡头或政治集团效忠而已。"③

汪吉尔布里特在《法官和陪审官》一书中对选择法官的制度也描绘得十会清晰。

他直截了当地指出,想干司法的人往往是一些"无能的水平很低的人"。而有知识和有经验的法学家则常常拒绝提出自己当法官的候选人,他们之所以如此,只因不愿意卷入这种"肮脏的游戏"中④。

参加选举的人甚至连投谁的票都不知道。

皮杰尔逊写道:"广大的选民阶层,根本得不到了解法官候选人真实情况的材料。法官候选人的名单多半是由区的党魁拟定的。"⑤

因此,"选举"法官实质上同任命法官毫无二致。不论在何种情况下,担任法官职务的都必然是垄断集团的奴仆。

然而万能的垄断集团的权力,并不仅仅于指定地方法官的州长。即便美国总统和

---

① 柯里松:《州司法的破产,非审判的法院》,第68页。
② 皮杰尔逊:《我们中间的野蛮人》,第343页。
③ 柯里松:《州司法的破产,非审判的法院》,第14页。
④ 汪吉尔布里特:《法官和陪审官》,第43页。
⑤ 皮杰尔逊:《我们中间的野蛮人》,第343页。

参议院任命联邦法院法官，也要按垄断集团的指使行事。正如梅耶尔斯所表明的，代表"工业和银行集团立场"的参议员们，对于这些法院的形成，起着巨大的影响作用①。哈佛大学教授 A.赛切尔林得实际上也承认这一点。他写到"……政治见解，可能是而且往往是影响任命联邦法院法官的因素"②。

关于这一点汪吉尔布里特也写道："……在任命法院尤其是在任命州法院法官时，虽则可以设想，总统是可以自由发表意见的，而能发生影响的则是参议员。"③

法官的"选举"与任命，常常只不过是那些贪婪的党魁们所玩弄的鬼蜮伎俩的遮羞布而已。目前在美国习以为常的司法职务的交易，已经是臭名远扬了。柯里松在自己的著作里提出了许多这样的事实。例如，在调查一个叫里卡尔得·克罗克尔的人的案件时证明了，他操纵着纽约全部担任司法职务的人的挑选。任命一个最高法院的职务需要一万七千五百美元。柯里松断言道，为纽约居民服务的法官，都是"政治寡头——土皇帝任命的……"④

乌依特敏和其他一些美国作者都阐述过广泛的司法职务的交易问题。诚然，他们引用了取得一个州最高法院法官职位的不同定价，不同"价格"：有些人说是一万七千五百美元，有些人说是五百美元，还有些人说是十万美元，但问题的实质决不会因为价钱的不同就有所改变……

1951 年在纽约揭发了汤姆斯·留切则的黑幕活动。留切则是过去曾因杀人而被提起控诉三次的匪徒，他曾利用他与国家机关的关系贩卖过司法职务。

贩卖司法职务的贩子们为了私利，竟然想出办法来利用某些州的法官任期较短的机会；期限越短，缺额就越常出现；他们就越能从中获取一笔"横财"。

非常明显，这样来"挑选"法官，预先就决定了法官一切活动的内容、性质和方向。他们完全是仰赋予他们这种职务的人或集团的鼻息进行活动的。

梅耶尔斯教授认为："即使取得职务的经过是光明磊落的，被任命或选出的法官，由于受到个别人和集团的庇护，要打算很好地实现自己的职责，也免不了要感到政治债务的压力。虽然他可能是一个受过高等教育的人，但也几乎不可能完全拒绝他的债权人提出返还司法保护费的厌恶要求。这种要求的数目有时是较少的，而有时则不是那么少的。"⑤

梅耶尔斯教授是企图缓和已经形成的局势的，但不管他说得怎么样"婉转"，都掩饰不了美国司法的腐败透顶的悲惨真相。美国的法官一方面是无情地镇压美国进步人士，残酷地追究自由思想的各种表现，另一方面是对那些有产阶级的人物表现出特

---

① 梅耶尔斯：《美国司法制度》，第 386 页。
② 《现代法律评论》杂志，1957 年 3 期，第 205 页。
③ 汪吉尔布里特：《法官和陪审员》，第 38 页。
④ 柯里松：《州司法的破产，非审判的法院》，第 70 页。
⑤ 梅耶尔斯：《美国司法制度》，第 376 页。

殊的同情心,即使在他们已构成所谓有组织的犯罪的时候也是如此。

目前,万恶的卡特尔和辛迪加的巨头们,在支配垄断组织的同时,在许多场合也决定着美国的政治,这已经不是什么秘密了。例如,皮杰尔逊这位美国犯罪通,就证明过这一点。他写道:"事实无可争辩地证明着,赌博、淫荡和一切乌烟瘴气的下流场所,都成了授予各种职务的政治机器的不可分割的组成部分……芝加哥的加保、纽约的伏冷柯·加斯茄罗以及堪萨斯—斯琪的察尔列查·维纳吉奥萨匪党——他们都是一丘之貉。因此,几乎在国内的每一个地方,一些出名的匪徒们都爬上了政治领导的地位。"

柯里松在谈到有组织的犯罪对于美国政治和司法机关的影响时写道:"由于犯罪是有组织的……所以犯罪分子对于政治影响的力量也在增长着。犯罪分子在影响地方政治机关和政治寡头的同时……也夺得了对于行使审判权的监督。这样一来,就建立了一个循环……犯罪分子借助于政治监督,绝对地主宰着法院。这种情况,目前在许多大城市的基层法院中,实际上早已存在了。"①

一些美国法学家企图证明,法官依赖于政治寡头的现象只发生在州法院里。但赛切尔林得教授的说法,却是无可怀疑的,即在美国的实践中,就是联邦法院的法官也根本谈不上什么独立性。例如他写道:"……基层联邦法院的法官是在他们行使自己职权的情况下产生的;他们赞同地方政权的一些基本的观念,而在某种程度上还赞同地方政权的成见。"

具有各种称呼的美国法官(自下而上)的依赖性,乃是不可争辩的事实:法官不只是依赖资产阶级的垄断集团,依赖政治巨头,而且也依赖犯罪集团的头目。皮杰尔逊指出,还在上世纪,陶克维利就已预料到:在美国选举法官,可能发生营私舞弊的现象。皮杰尔逊强调说:"不过,他从来也没有想到:芝加哥、纽约和其他自治市的法官会深深地依赖于地方上干秘密勾当的卖身投靠组织,会关心德冶姆·哥拉西谟、阿尔·甘本埃等大亨们及其喽啰们的福利,或者用'至死忠诚'的担保来把自己同伏冷柯·加斯茄罗之流的匪党联系起来,以便讨得一个司法职务。"②

例如,纽约州最高法院的成员阿乌列略就提出过这种担保。他向加斯茄罗表示说:"我愿意向您保证:我将为您永远效忠,您为我做的一切,我将永志不忘……"

看了这些以后,对于汪吉尔布里特得出的下列结论也就没有什么可以觉得奇怪的了:"过去几年的经验和利用选举制度所进行的大量营私舞弊的行为表明,选择法官因此也就成为一小撮无法无天的党魁们的事情了。"③

美国宪法规定,"在一切刑事诉追的案件中,被告人都有得到公正的陪审官审判的权利……美国'生活方式'的辩护士往往喜欢引用这一宪法规范。然而,实际上陪审制在美国已经是一个丑恶不堪的东西了。"

---

①　柯里松:《州司法的破产,非审判的法院》,第516页。
②　皮杰尔逊:《我们中间的野蛮人》,第342—344页。
③　汪吉尔布里特:《法官和陪审官》,第42页。

首先要说明的是,与宪法相反,在美国绝大多数刑事案件是由独任法官审理的,而陪审官事实上却几乎被排除在审判之外。根据柯里松证明,全部案件的百分之八十五至九十五是由基层法院审理的,而在这些法院中,众所周知,案件是由独任法官审理的。大批案件(即所谓综合审理的案件)的审理,在美国法院中是没有陪审官参加的。梅耶尔斯教授指出,不仅对于轻微的犯罪案件,而且在许多场合下,对于所有未成年人的犯罪案件和其他案件都是用这种简易程序来进行审理的。

专门研究陪审官在美国民事诉讼中的地位的梅耶尔斯教授的结论,引起了人们的极大兴趣。他断言说,目前在民事诉讼中缩小运用陪审制度的范围的倾向已经出现;陪审官参加的诉讼程序"已进入衰退时期了"。梅耶尔斯继续说:"在已经工业化的州里,陪审官只参加审理权利争议之诉(特别是合同之诉)的倾向显得越来越大了,因为对于当事人来说,有陪审官参加诉讼要比没有陪审官参加诉讼花费得多。"①

应当指出,在美国当事人是要向陪审官支付"酬劳费"的!

但是,问题还不仅止于此,问题还在于,在美国法院中有陪审官参加审判时,也绝不会保障判决的公正。马克思早在谈到哥特舍尔克及其同志的诉讼时就已写道:"……在像现在所组成的那种陪审法院里,我们就很少能看到对审判有什么保障。"②美国的现实,每天都在说明这一点。在那里陪审官照例是从当权阶级及其仆从中配备起来的,而陪审官的名单是这样编制的:即保证有利于己的人作陪审官,而不许劳动者作陪审官。

汪吉尔布里特写道:"在二十四个州里,陪审官的名单都是属于这个或那个政治组织的公职人员编成的。在这些州里,永远有这样一种危险性和现实可能性:那就是编制名单时要考虑到政治见解。"③汪吉尔布里特与一个参议员的谈话很说明问题。他们在谈话中提到了关于改变编制陪审官名单的程序的问题,这位参议员坚决反对作任何改变,因为他"……作为一个政治案,不愿意失去选择有志于担任刑事案件裁判员的人的权利……"④

伪造陪审官名单,对陪审官进行恐吓,对陪审官的意见施加压力,这都已经是司空见惯的现象了。在"保障法制全国委员会"的官方报告里曾指出:"在对待陪审人员的关系上曾发现这种情况:伪造名单,公开从陪审人员中去掉那些表现某种独立见解的人……为了促使陪审官判罪,对他们采用恫吓手段,在陪审人员中间煽劝种族偏见与阶级仇视……"

这种情况也不少见:即在反对一个不受劝诱、不怕威吓的陪审官时,就动用打手和棍棒。在匹兹堡,在对进步活动家 C. 涅尔逊进行所谓审判的时候,就曾发生过类似有

① 多梅耶尔斯:《美国司法制度》,第276页。
② 《马克思恩格斯全集》,俄文版,第7卷,第495页。
③ 汪吉尔布里特:《必须进行法律改革》,第34页。
④ 汪吉尔布里特:《法官和陪审官》,第67—68页。

目共睹的事实。当一个陪审官没加小心说出了自己的意见,认为涅尔逊无罪,并且要举手赞成宣告无罪判决的时候,就被毒打得失去了知觉,打手们在殴打陪审官时说:"教训教训你,让你知道必须怎样发表意见。"

这就是美国法院的组织,在那里就是这样行使"审判权"的。

M. 拉金斯基著,《苏维埃司法》杂志 1957 年第 10 期;此译文载《政法译丛》1958 年第 6 期。

〔附〕

与研究生们探讨如何做学问

——答李强①、梁宁②同学

记：您在 50 年代初就开始从事法理学的学习与研究，可以说见证了我们人民大学法理学乃至整个新中国法理学的变迁。您是否可以先向大家简单地介绍和评价一下我国 50 年来的法理学发展？

吕：好的。1950 年中国人民大学建立伊始就设有法律系。这是当时全国唯一的正规大学法律系，北京大学法学系及全国各政法院系大多是 1954 年起才陆续恢复或建立的。从这个角度上，人大法律系的历程，不妨被我们看作中华人民共和国法学发展的一个缩图。

我国法理学和法学同全国一样，它的发展是以 1978 年中共十一届三中全会来划分，分为前后两大阶段。第一阶段经过三个时期：第一个时期是从 1950 到 1956 年——马克思主义法学的启蒙。这一时期最突出的情况就是照抄照搬前苏联的法学教材和法学理论，那个时候，法理学还被称为"国家与法权理论"，中国的独立建树极少。我国大多数老法学家都是这个时候开始接触马克思主义法学的，这点不能抹杀。不过，受到前苏联高度集权政治的影响，这种法学理论不觉夹杂着许多非马克思主义的东西，主要有：强调国家多，对法，尤其是法治强调得不够；讲专政制度多，讲民主少；回避宪政、人权、权利制约等重大问题；对西方的法学理论采取一棍子打死的态度。第二个时期是从 1957 到 1966 年——人治思想和法律虚无主义大膨胀。在 1957 年反右派时，主张党政分开、民主改革、司法独立、法的继承性、无罪推定、不能以政策代替法律等观点的一大批法律家和法学家被打成"资产阶级右派分子"。由此顿时造成"万马齐喑"的局面，极少再有人写文章和讲话来表达自己的独立见解了，刚刚宣布的"双百方针"已形同虚设。继而，就是中央主要领导人发表一系列的宪法和法律的虚无主义言论，宣布政策就是法、《人民日报》社论就是法、共产党开会就是法。乃至于公然声言不要法治而要人治或曰党治。于是法学领域只剩下两个课题，即党的领导和群众路线。必须坦率地承认，我本人也卷入这股大潮之中，如 1963 年 4 月我发表在《人民日报》上的长篇论文《为帝国主义服务的现代自然法学》和不久后发表的《美国实在主义法学批判》，

---

① 中国人民大学法学院 2001 级法理学专业硕士研究生。
② 中国人民大学法学院 2002 级法律硕士。

均充满片面的不实之词。第三个时期是 1966 到 1976 年——"文化大革命"时期,宪法和法律践踏殆尽。砸烂公检法,解散法律院系,使国家陷于一片"无法无天"的无政府状态和暴民政治。

第二阶段,1976 年粉碎"四人帮",特别是十一届三中全会至今,是我国社会主义法学的黄金时代。

记:改革开放以后,我国的法学有了长足的进步,您认为我国的法理学取得了哪些成就? 另外,您认为与民法、刑法、经济法等部门法学的发展相比,法理学的发展处于一种什么状况? 目前我国的法理学面临哪些问题?

吕:改革开放,特别是 1992 年邓小平正式提出实施社会主义市场经济体制以来,我国法学获得了新生和飞跃,法理学也空前地繁荣起来。可以概括地作如下的列举:首先,法理学摆脱了前苏联将国家与法律混在一起进行研究的体系,而集中地以法律为研究对象。这种新体系有利于开阔和深化对法现象的探索。其次,除了狭义的法理学之外,还开拓了法哲学;它主要研究法的本体论、价值论和法学方法论、法社会学、法经济学、法政策学、法美学等理论法学的新部门。第三,有力地论证市场经济是法治经济。第四,帮助中央确立"依法治国,建设社会主义法治国家"的基本治国方略。这一点有根本性的意义。第五,冲破从前所设置的诸多理论禁区,并取得相关的成就。如,对民主的科学理解、国家与法的正常关系、人权与主权、权利与权力、权利与义务、权力的制约、市民社会与国家、法与社会自治、法制现代化、法律与发展、法与法律、法的继承与移植、法律全球化,以及完备立法、依法行政、公正司法、司法独立、法律监督。第六,阐发党与法的关系、政策与法的关系和党政关系。第七,深化对中国传统法律文化的研究。第八,越来越多地引进现代西方法律思想中的合理成分,为我所用。如此等等。

目前,我国法理学,我指的是广义上的法理学,与各部门法学是齐头并进的。值得注意的是,法理学家已开始摆脱纯抽象思维的状态,而进入对社会和法律实践的探讨;各部门法学家则摆脱以往那种法条注释主义的状态,而向着理论方面深化。后者如有的刑法学家采纳法哲学的思维,特别是运用价值论来研究犯罪与刑罚;有的运用经济分析方法,对刑事法律进行经济分析。我们还看到《行政法哲学》的专著;在一些民法学家中,有的注重市民社会与法的问题,有的系统探讨法律的原则,有的研究法律漏洞和法律解释等问题。这种情况让我们看到了法理学与部门法学之间互相促进、互相融合的新气氛。

至于说现在我国法理学所面临的问题,我认为有:第一,解放思想不够。妨碍法理学发展的,主要是两种教条主义:一是传统的马克思主义的教条主义,抱着从前已被歪曲了的或僵化了的马列经典作家的某些结论不放,对改革开放的新事物或思想观点总怀有"戒心"或抵触情绪;二是西方自由主义的教条主义,似乎凡西方的东西就是时髦的,以挑战马克思主义为"创造精神"的准绳。这两种偏向都是思想枷锁,而不是真正的思想解放。第二,法理学尚不能自如地应对当前国内外形势发展中提出的各种现实问题。如,社会主义民主建设、集权与分权、社会主义市场经济对产权和知识产权的保护、法律与西部大开发、加入 WTO 后的中国法律机制、法律全球化对中国法律的影响,从法律理论角度总结国际金融危机的教训、国际关系中的主权与人权、大陆与港澳台地区的法律连接与冲突、国际反霸权主义与反恐怖主义的法律问题,等等。第三,法理学体系的改革。到目前为止,不论国内与国外,"法理学"一词已经泛化,同理论法学的范畴差不多等同了。法理学除了实证法的一般理论外,还把大量的法哲学、法社会学等领域的内容收罗进来,因而失去了自己独立的对象与体系。这不论是对法理学自身的发展,还是对法哲学、法社会学等部门理论法学学科的发展,都是极为不利的。

记:您治学范围跨西方法哲学和马克思主义法哲学两大块,我们知道学术的发展总是在不断地互动和交流的过程中完成的。那么您认为马克思主义法学能从西方法学中吸取哪些有益成分?

吕:确实,自 20 世纪 50 年代以来,我一直坚持把马克思主义法律思想史同西方法律思想史结合起来进行研究。我觉得这样做的最大益处在于,能够从总体上观察和理解支配当代世界命运的两大法律思潮的影响并对二者予以强有力的对比。在这种对比中,我深切体会到马克思主义法律思想并非离开人类法律文化的大道而另辟蹊径。相反,它是继承、吸纳和发展了人类法律文化才创造出来的。在此过程中,马克思主义创始人发扬前人,特别是近代以来的思想家的优秀思维成果,而扬弃其不科学的东西。正因为马克思站在巨人的肩膀上,所以他的法律思想就高于前人。但是,西方法律思想是不断发展的,所以马克思主义法律理论也要持续地对它进行借鉴,从而与时俱进。

对于马克思主义法学应从西方法学中吸取哪些东西,我在一篇文章中讲了几点:一是民主思想;二是法治思想;三是国家各职能部门的科学分工并互相制约的思想;四是人权思想;五是秩序思想;六是公平思想;七是效益思想。可以参见《法学家》1999 年第 1—2 期合刊。现在,我想补充一点,即西方法学方法论相当发达,这方面也大有借鉴的余地。

记:现在我们总是强调借鉴西方法学的先进经验。而有的学者似乎不满足于这种状况,提出中国法学界要有自己的贡献,要问问"什么是你的贡献"。您认为以我国目前的学术底蕴,有没有这种可能性? 或者,从另一个角度,即目前我国学术界所主要面临的任务来看,是否有这种必要性?

吕:法学是一门科学,不创新就没有生命力。这当然就要求法学家需有自己的东西代表自己的"贡献"。对于西方人的法律思想,也应持有这种态度。固然,有些个别具体问题,西方人的某种观点搬过来就可能解决问题。但多数情况下,特别是在一些重大事项上却没有那么简单。这就是通常所说的"国情"的差别。对此,孟德斯鸠在200 多年前已经把话说到前头了。盲目地生搬硬套西方人的法律思想,不仅会把自己的头脑禁锢起来,更危险的是会误国误民的。

作出自己的贡献,并不是让你白手起家或闭门造车,而是让你能够在广泛借鉴前人或外域知识的基础上,经过自己的独立思考,来说明面临的问题或解决前人未曾解决的问题。所以,贡献是多数人可以做到的。更确切地说,作大贡献难,而作小贡献并不难。我相信,在新的历史时期,我国大多数法学家都有这种志气,为法学作出自己的贡献。

记:有的学者为了反对西方的话语霸权,提出要重视"本土资源",认为"越是民族的,就越是世界的",您认为对"本土资源"的强调就可以算中国法学对世界法学的贡献吗?您认为存在着为一切民族和国家所共享的普适的原则和标准吗?

吕:所谓"西方的话语霸权",无非是"西欧中心论"和"西化"在学术领域的一种翻版而已。它的错误越来越被全世界的学界所认识到了。当然,拒绝西方的话语霸权完全不意味着拒绝西方人的法学成果。反过来,"本土资源"由于它作为传统性的东西而为国人所熟悉,因此借鉴起来便容易见效。不过也不容忽视,我国的本土法律资源的"土"中也含有几千年沉积下来的糟粕。这些东西是不能当作"资源"来吸取的。同样道理,要使民族的东西成为世界的东西,那么这个民族的东西一定是对人类具有真正价值的东西,而不是那些落后的、不文明的东西。我们这个地球,恰恰是因一切民族所提供的多种有益的成果而变得流光溢彩、充满生气的。当然,它也依靠人类千百年来形成的共同生活准则或起码的道德而得以维护。否认人类普遍的生活准则的存在是站不住脚的。

记:您在研究马克思主义法哲学时,似乎特别强调市民社会、人权与人的解放等内容,而且我们也看到了您对国家主义的批判,请您就此谈谈看法。

吕:好的。马克思主义法哲学是以对人的关怀为基点的。如同马克思所说,在真正民主的国家里,不是人为法律而存,相反的是法律为人而存在。这种法律只能是充分体现人的价值和理性的法律,即作为法的法律。马克思主义法哲学的终极目标,在于要实现人的彻底解放和普遍的人权。人的命运或人权的状态经历了不同的历史阶段。建立在人身依赖关系基础上的前资本主义社会里,法律是特权的产物和保障,没有平等的人权可言的。但到了19世纪的市民社会时代,人与人之间在政治上、法律上被宣布为一律平等,从而就在世界范围内提出权利平等即人权问题。但这种人权平等掩盖着人们在社会,尤其是在经济领域中事实上的不平等即资本主义特权。所以,马克思主义主张要逐步地把这种形式平等变成实质平等。为此,首要条件便是使凌驾于社会之上的国家重新回归社会,变成为社会服务的组织,克服国家对社会的异化,实现社会自己管理自己的事务。这个过程同时就是消灭阶级的过程。阶级消灭了,从而国家消亡了,普遍的平等才能变为现实。这是社会历史的必然。在现今世界已经出现了这种趋向,如西方多元民主论的风行。但我们认为,唯有社会主义国家才能彻底完成这一历史使命。所以,在社会与国家关系问题上,马克思主义坚持社会主义,而反对国家主义或曰权力主义,同时也反对自由主义。令人遗憾的是,许多人并不理解这一点,常常把国家主义强加于马克思主义。

记:是否可以认为新中国成立后的法学研究中存在着一些对马克思主义的误解,比如片面强调经济基础的决定作用、片面强调国家的阶级镇压职能、对人权的忽视等?

吕:你所提的这个问题,前面我也讲到过。新中国成立以后形成的马克思主义教条主义,最主要的弊病就在于把马克思、恩格斯和列宁一再批评和斥责的国家迷信即国家主义与无产阶级专政学说混淆在一起,因而必然导致对于民主、法治、法和人权的漠视。这种影响于今仍一定程度地存在着。

记:您治学之严谨和对学生之严格在我们法学院是出了名的。我们知道您每次上课都会提前半小时到,而且严格要求学生不能迟到。您认为培养一种严谨的作风是不是对治学有很大作用?

吕:应当老实地承认,我的治学之路并不是成功的记录,当然就完全谈不上什么"名气"。可以肯定的,仅仅是我当了半个世纪的教师,在教学方面比较勤恳,负责任。为此,我对学生的要求也比较严格。就像学生上课迟到这样的"小事",我也当作大事来管。学术水平的高低涉及做事,而学风的优劣则涉及做人。人做得如何,必然影响到治学态度。很难期望一个松松垮垮、缺乏时间观念的人,会在学术上和将来的工作上能够获得出色的成就。再说,像迟到为常规这种作风,不论过去的国民党还是今天的共产党,不论西方国家还是社会主义国家的机关、企业、事业单位,一般地都是不允许的。那么,你带着这样的习性去工作能够行得通、能够有所发展吗?年轻时养成严谨的作风,是会终身受益的。

记:您治学非常勤奋,听说您每天都要工作到很晚,而且您在不断地阅读西方的最新著作。您的这种精神让我们感到十分钦佩,又让我们有些汗颜。现在的学生很少有您这样的态度,但学生也有自己的苦衷,要应付各种考试、扩招后就业压力的增大、经济上的拮据等。这些都让他们很难静下心来专心于学习。您认为我们应该如何处理这种矛盾?

吕:你的溢美之词,我愧不敢当。我注意到一种颇为明显的事实是,今天的学生们比起我们当年来,各方面的条件已是优越得多了。至少你们已不再把青春年华浪费到参加这个那个"运动"了。特别是国家的"科教兴国"战略,给了你们的发展以强大的支撑。不容置疑,在总体上,你们这代人具有很大的优势。你们接触国内外的新事物多,知识宽广,对新东西敏感,外国语和计算机的基础厚实,是我们所不及的。

当然,你们所说的困难和苦衷,也确实是存在的,怎么办呢?要让我说,便是一个"挤"字。即在百忙之中巧于安排,找出空隙,挤出时间,强迫自己安下心来多读点书、多想点问题、多动点笔,动笔最为重要。这种动力只能来自于"非干不可"的迫切感。实际上,老师们已经看到许多同学是做得比较好的,成长很快。自满不好,自卑同样不可取。

记:除治学态度外,学习的方法也很重要。现在是个"信息爆炸的时代",各种新著作、新观点层出不穷,应该如何选择自己阅读的范围? 在经典著作与流行著作之间应该更侧重哪一个? 如何读书才最有效率呢? 请您谈一谈。

吕:方法是治学的基本手段,但方法除了共同性之外,更多的是灵活多样性。究竟采用什么方法,应视每个人的具体情况而定。"信息爆炸时代"是个天赐良机。对于搞学问的人,怕的不是信息太多,而是信息不足;有了足够的信息,方能做出好文章来。当然,面对大量的信息,应当避免兼收并蓄,贪多嚼不烂,还可能把人噎住。这就需要你能按照所学习的课程,或者按照你正在思考的课题,有选择地搜集和处理有关的信息。但要注意一点,就是鲁迅所说的,宁可把写一部小说的材料写成一篇散文,却不能把一篇散文的材料拉长为一本小说,以保证论据的充分。

至于说马列经典著作与流行著作之间应侧重哪一方面,我认为二者应当并重。读马列著作是为了掌握法学研究的基本观点和方法。其目的主要在于帮助和指导我们更有效地学习和研究好自己的专业。如果你对马克思主义基本观点与方法缺乏了解,那么就应当补上这一课。如果你已经有了这方面的基础,那么就应该侧重于你所从事的法学专业的学习,大量地掌握同专业相关的流行著作,对它们做出有分析的思考。这是培养专业人才和发展马克思主义法学所必需的。由此可知,不管读马列的法学著作也好,读专业法学著作也好,只有自觉地、有计划地进行,才会是有效率的。

记:请您谈谈对年轻学生们的一些希望。

吕:我们年轻的学生们是国家未来的最宝贵的财产,最强而有力的栋梁,是继往开来的一代。所以,你们应当发奋图强,一往无前,决不辜负时代、国家和人民的殷切期望。我希望我们师生共勉、相互取长补短,坚定地贯彻党的十六大精神,在新世纪作出新的贡献。

采访后记:

在整个采访过程中,我们深深地被吕老师之严谨认真的治学态度和博大精深的学术功底所折服,而更让我们钦佩的,还是他的谦虚和诚恳。吕老师在我国法理学界耕耘多年,著作等身,却仍然称自己在学界"完全谈不上什么名气";而且,他还毫不讳言自己当年在学术上的一些偏颇之处,这更让我们领略到这位法学前辈深厚的学术功底之外的高尚的学术人格。采访结束后,吕老师的谆谆教诲言犹在耳,"学术的高低涉及做事,而学风的优劣则涉及做人",这不仅是吕老师对我们青年一代的严格要求,也是他对我们青年一代的殷切期盼,这更让我们感受到自己肩负的责任和使命,诚可谓诚惶诚恐矣。诸君可不勉乎哉?

(李强、梁宁)

载中国人民大学法学院《法苑》2002 年第 8 期。

后　记

　　此书是在我的研究生和一些朋友们的鼓励与支持之下,得以编辑和付梓的。他们的热情与善意,令我甚为感动,铭记于心。在成书的过程中,我所熟悉的中国检察出版社的领导、编辑和出版发行部门的诸位同志,亦付出许多精力。为此,我对前面言及的诸位答以真诚的礼意。

吕世伦　2004 年初春